suhrkamp taschenbuch
wissenschaft 663

Arthur Schopenhauer
Sämtliche Werke

Textkritisch bearbeitet
und herausgegeben von
Wolfgang Frhr. von Löhneysen

Band III

Arthur Schopenhauer
Kleinere Schriften

Suhrkamp

Die vorliegende Ausgabe ist text- und seitenidentisch
mit der von der Arbeitsgemeinschaft Cotta-Insel,
Stuttgart/Frankfurt am Main,
herausgegebenen Schopenhauer-Ausgabe

Die Deutsche Bibliothek – CIP-Einheitsaufnahme
Schopenhauer, Arthur:
Sämtliche Werke / Arthur Schopenhauer. Textkritisch
bearb. und hrsg. von Wolfgang Frhr. von Löhneysen. –
Frankfurt am Main : Suhrkamp.
ISBN 3-518-09737-7
NE: Löhneisen, Wolfgang Frhr. von [Bearb.];
Schopenhauer, Arthur: [Sammlung]
Bd. 3. Kleinere Schriften. – 3. Aufl. – 1993
(Suhrkamp-Taschenbuch Wissenschaft ; 663)
ISBN 3-518-28263-8
NE: GT

suhrkamp taschenbuch wissenschaft 663
Erste Auflage 1986
© Arbeitsgemeinschaft Cotta-Insel,
Stuttgart/Frankfurt am Main 1962
Lizenzausgabe mit freundlicher Genehmigung
der Arbeitsgemeinschaft Cotta-Insel
Suhrkamp Taschenbuch Verlag

3 4 5 6 7 8 – 98 97 96 95 94 93

ÜBER DIE VIERFACHE WURZEL
DES SATZES VOM ZUREICHENDEN GRUNDE

EINE PHILOSOPHISCHE ABHANDLUNG

Ναὶ μὰ τὸν ἁμετέρᾳ ψυχᾷ παραδόντα τετρακτύν
Παγὰν ἀενάου φύσεως ῥιζώματ' ἔχουσαν.
[Bei Ihm, der einpflanzte die Vierzahl unserem Geiste,
Sie, die Quelle und Wurzel der ewig strömenden Schöpfung.

SCHWURFORMEL DER PYTHAGOREER
Sextus emqiricus: ›Adversus mathematicos‹ 4,2]

VORREDE

Diese elementarphilosophische Abhandlung, welche zuerst im Jahr 1813 erschien, als ich mir die Doktorwürde damit erworben hatte, ist nachmals der Unterbau meines ganzen Systems geworden. Dieserhalb darf sie im Buchhandel nicht fehlen; wie dies, ohne daß ich es wußte, seit vier Jahren der Fall gewesen ist.

Nun aber eine solche Jugendarbeit nochmals mit allen ihren Flecken und Fehlern in die Welt zu schicken schien mir unverantwortlich. Denn ich bedenke, daß die Zeit, da ich nichts mehr werde emendieren können, nicht mehr sehr ferne sein kann, mit ihr aber erst die Periode meiner eigentlichen Wirksamkeit eintritt, von der ich mich getröste, daß sie eine lange sein wird, im festen Vertrauen auf die Verheißung des Seneca: ›Etiamsi omnibus tecum viventibus silentium livor indixerit, venient, qui sine offensa, sine gratia iudicent.‹ [Wenn auch allen, die mit dir lebten, der Neid Schweigen auferlegt hat, so werden diejenigen kommen, die ohne Mißgunst und ohne Gunst urteilen.] (›Epistulae‹ 79, [17]). Ich habe daher, soweit es anging, der vorliegenden Jugendarbeit nachgeholfen und muß sogar bei der Kürze und Ungewißheit des Lebens es als ein besonderes Glück ansehn, daß mir vergönnt gewesen ist, im sechzigsten Jahre noch zu berichten, was ich im sechsundzwanzigsten geschrieben hatte.

Dabei nun aber ist es mein Vorsatz gewesen, mit meinem jungen Menschen glimpflich zu verfahren und ihn, soviel als immer möglich, zum Worte kommen und auch ausreden zu lassen. Allein wo er Unrichtiges oder Überflüssiges vorbrachte oder auch das Beste zur Seite liegen ließ, habe ich ihm denn doch ins Wort fallen müssen; und dies ist oft genug der Fall gewesen, so daß vielleicht mancher den Eindruck davon erhalten wird, wie wenn ein Alter das Buch eines jungen Mannes vorliest, jedoch es öfter sinken läßt, um sich in eigenen Exkursen über das Thema zu ergehn.

Es ist leicht abzusehn, daß ein in dieser Art und nach so langer Zeit nachgebessertes Werk nimmermehr die Einheit und Abründung erlangen konnte, welche nur denen zukommt, die aus einem Gusse sind. Sogar schon im Stil und Vortrag wird eine so unverkennbare Verschiedenheit sich fühlbar machen, daß der taktbegabte Leser wohl nie im Zweifel sein wird, ob er den Alten oder den Jungen hört. Denn freilich ist ein weiter Abstand zwischen dem sanften, bescheidenen Ton des jungen Mannes, der seine Sache vertrauensvoll vorträgt, indem er noch einfältig genug ist, ganz ernstlich zu glauben, daß es allen, die sich mit Philosophie beschäftigen, um nichts anderes als die Wahrheit zu tun sein könne und daß folglich, wer diese fördert, ihnen willkommen sein werde – und der festen, mitunter aber etwas rauhen Stimme des Alten, der denn doch endlich hat dahinterkommen müssen, in welche noble Gesellschaft von Gewerbsleuten und untertänigen Augendienern er da geraten ist und worauf es bei ihnen eigentlich abgesehn sei. Ja wenn jetzt mitunter ihm die Indignation aus allen Poren quillt, so wird der billige Leser ihm auch das nicht verdenken; hat es doch nachgerade der Erfolg gelehrt, was dabei herauskommt, wenn man, das Streben nach Wahrheit im Munde, die Augen immer nur auf die Intentionen höchster Vorgesetzten gerichtet hält; und wenn dabei, von der andern Seite, das ›E quovis ligno fit Mercurius‹[1] [Aus jedem Holze läßt ein Gott sich schnitzen] auch auf die großen Philosophen ausgedehnt und demnach ein plumper Scharlatan wie Hegel getrost zu einem solchen gestempelt wird *[vgl. S. 494]*[2]. Die deutsche Philosophie steht nämlich da, mit Verachtung beladen, vom Auslande verspottet, von den redlichen Wissenschaften ausgestoßen – gleich einer Metze, die für schnöden Lohn sich gestern jenem, heute diesem preisgegeben hat; und die Köpfe der jetzigen Gelehrtengeneration sind desorganisiert durch Hegelschen Unsinn: zum Denken unfähig, roh und betäubt werden sie die Beute des platten Materialismus, der aus dem Basiliskenei hervorgekrochen ist. Glück zu! Ich kehre zu meiner Sache zurück.

1. [Vgl. Apuleius: ›Apologia‹ (›De magia‹) 43]
2. [Kursiv gesetzte Seitenverweisungen ohne Bandangabe beziehen sich auf diesen Band.]

Über die Disparität des Tones also wird man sich zu trösten haben: denn ich konnte hier nicht, wie ich bei meinem Hauptwerke getan, die spätern Zusätze abgesondert beifügen; kommt es doch auch nicht darauf an, daß man wisse, was ich im sechsundzwanzigsten und was im sechzigsten Jahre geschrieben habe; vielmehr nur darauf, daß die, welche in den Grundbegriffen alles Philosophierens sich orientieren, sich festsetzen und klarwerden wollen, auch an diesen wenigen Bogen ein Büchelchen erhalten, woraus sie etwas Tüchtiges, Solides und Wahres lernen können: und dies, hoffe ich, wird der Fall sein. Sogar ist bei der Ausführung, die manche Teile jetzt erhalten haben, eine kompendiose Theorie des gesamten Erkenntnisvermögens daraus geworden, welche, indem sie immer nur dem Satz vom Grunde nachgeht, die Sache von einer neuen und eigentümlichen Seite vorführt, ihre Ergänzung dann aber durch das erste Buch der ›Welt als Wille und Vorstellung‹ *[Bd. 1, S. 29–147]* nebst dazugehörigen Kapiteln des zweiten Bandes *[S. 9–243]* und durch die Kritik der Kantischen Philosophie *[Bd. 1, S. 559 bis 715]* erhält.

Frankfurt a. M., im September 1847.

ERSTES KAPITEL

EINLEITUNG

§ 1
Die Methode

Platon, der göttliche, und der erstaunliche Kant vereinigen ihre nachdrucksvollen Stimmen in der Anempfehlung einer Regel zur Methode alles Philosophierens, ja alles Wissens überhaupt[1]. Man soll, sagen sie, zweien Gesetzen, dem der *Homogeneität* und dem der *Spezifikation*, auf gleiche Weise, nicht aber dem einen zum Nachteil des andern Genüge leisten. Das Gesetz der *Homogeneität* heißt uns durch Aufmerken auf die Ähnlichkeiten und Übereinstimmungen der Dinge Arten erfassen, diese ebenso zu Gattungen und diese zu Geschlechtern vereinigen, bis wir zuletzt zum obersten alles umfassenden Begriff gelangen. Da dieses Gesetz ein transzendentales, unserer Vernunft wesentliches ist, setzt es Übereinstimmung der Natur mit sich voraus, welche Voraussetzung ausgedrückt ist in der alten Regel: ›Entia praeter necessitatem non esse multiplicanda.‹[2] [Man darf die Anzahl der seienden Wesenheiten nicht ohne Not vergrößern.] – Das Gesetz der *Spezifikation* drückt Kant dagegen so aus: ›Entium varietates non temere esse minuendas‹ [Man darf die Varietäten der seienden Wesenheiten nicht unnötig vermindern; ›Kritik der reinen Vernunft‹, 2. Auflage S. 684].

---

1. Platon: ›Philebus‹ 219–223; ›Politica‹ 62, 63; ›Phaedrus‹ 361 bis 363 (editio Bipontini). Kant: ›Kritik der reinen Vernunft‹, Anhang zur transzendentalen Dialektik.
2. [William von Occams Grundsatz für den Aufbau seines Nominalismus]

Es heischt nämlich, daß wir die unter einem vielumfassenden Geschlechtsbegriff vereinigten Gattungen und wiederum die unter diesen begriffenen höhern und niederern Arten wohl unterscheiden, uns hütend, irgendeinen Sprung zu machen und wohl gar die niedern Arten oder vollends Individuen unmittelbar unter den Geschlechtsbegriff zu subsumieren, indem jeder Begriff noch einer Einteilung in niedrigere fähig ist und sogar keiner auf die bloße Anschauung herabgeht. Kant lehrt, daß beide Gesetze transzendentale, Übereinstimmung der Dinge mit sich a priori postulierende Grundsätze der Vernunft seien, und Platon scheint dasselbe auf seine Weise auszudrücken, indem er sagt, diese Regeln, denen alle Wissenschaft ihre Entstehung verdanke, seien zugleich mit dem Feuer des Prometheus vom Göttersitze zu uns herabgeworfen.

§ 2
Ihre Anwendung in gegenwärtigem Fall

Das letztere dieser Gesetze finde ich, so mächtiger Empfehlung ungeachtet, zuwenig angewendet auf einen Hauptgrundsatz in aller Erkenntnis, den *Satz vom zureichenden Grunde*. Obgleich man nämlich längst und oft ihn allgemein aufgestellt hat, so hat man dennoch seine höchst verschiedenen Anwendungen, in deren jeder er eine andre Bedeutung erhält und welche daher seinen Ursprung aus verschiedenen Erkenntniskräften verraten, gehörig zu sondern vernachlässigt. Daß aber gerade bei Betrachtung unserer Geisteskräfte die Anwendung des Prinzips der Homogeneität, mit Vernachlässigung des ihm entgegengesetzten, viele und langdauernde Irrtümer erzeugt und dagegen die Anwendung des Gesetzes der Spezifikation die größten und wichtigsten Fortschritte bewirkt hat – dies lehrt die Vergleichung der Kantischen Philosophie mit allen früheren. Es sei mir deshalb vergönnt, eine Stelle herzusetzen, in der Kant die Anwendung des Gesetzes der Spezifikation auf die Quellen unserer Erkenntnisse empfiehlt, indem solche meinem gegenwärtigen Bestreben seine Würdigung gibt. ›Es ist von der äußersten Erheblichkeit, Erkenntnisse, die ihrer Gattung und [ihrem] Ursprunge nach von andern unterschieden sind, zu isolieren und sorgfältig zu verhüten, daß sie nicht mit andern, mit welchen sie im Gebrauche gewöhnlich verbunden sind, in ein Gemische zusammenfließen. Was Chemiker beim Scheiden der Materien, was Mathematiker in ihrer reinen Größenlehre tun, das liegt noch weit mehr dem Philosophen ob, damit er den Anteil, den eine besondre Art der Erkenntnis am herumschweifenden Verstandesgebrauch hat, ihren eignen Wert und Einfluß, sicher bestimmen könne‹ (›Kritik der reinen Vernunft‹, der Methodenlehre 3. Hauptstück).

§ 3
Nutzen dieser Untersuchung

Sollte mir zu zeigen gelingen, daß der zum Gegenstand dieser Untersuchung gemachte Grundsatz nicht unmittelbar aus *einer*, sondern zunächst aus *verschiedenen* Grunderkenntnissen unsers Geistes fließt; so wird daraus folgen, daß die Notwendigkeit, welche er als ein a priori feststehender Satz bei sich führt, ebenfalls nicht *eine* und überall *dieselbe*, sondern eine ebenso vielfache wie die Quellen des Satzes selbst ist. Dann aber wird jeder, der auf den Satz einen Schluß gründet, die Verbindlichkeit haben, genau zu bestimmen, auf welche der verschiedenen dem Satze zum Grunde liegenden Notwendigkeiten er sich stütze, und solche durch einen eignen Namen (wie ich welche vorschlagen werde) zu bezeichnen. Ich hoffe, daß dadurch für die Deutlichkeit und Bestimmtheit im Philosophieren einiges gewonnen sein wird, und halte die durch genaue Bestimmung der Bedeutung jedes Ausdrucks zu bewirkende größtmögliche Verständlichkeit für ein zur Philosophie unumgänglich nötiges Erfordernis, um uns vor Irrtum und absichtlicher Täuschung zu sichern und jede im Gebiet der Philosophie gewonnene Erkenntnis zu einem sicheren und nicht durch später aufgedeckten Mißverstand oder [durch] Zweideutigkeit uns wieder zu entreißenden Eigentum zu machen. Überhaupt wird der echte Philosoph überall Helle und Deutlichkeit suchen und stets bestrebt sein, nicht einem trüben, reißenden Regenbach zu gleichen, sondern vielmehr einem Schweizer See, der durch seine Ruhe bei großer Tiefe große Klarheit hat, welche eben erst die Tiefe sichtbar macht. ›La clarté est la bonne foi des philosophes‹ [Die Klarheit ist der Kreditbrief der Philosophen], hat Vauvenargues [›Réflexions et maximes‹ 729] gesagt. Der unechte hingegen wird zwar keineswegs nach Talleyrands[1] Maxime durch die Worte seine Gedanken, vielmehr nur seinen Mangel daran zu verbergen suchen und wird die aus eigener Unklarheit des Denkens erwachsende Unverständlichkeit seiner Philosopheme dem Leser ins Gewissen schieben. Hieraus erklärt sich, warum in einigen Schriften, z. B. den Schellingschen, der didaktische Ton so häufig in den scheltenden übergeht, ja oft die Leser schon zum voraus durch Antizipation ihrer Unfähigkeit gescholten werden.

§ 4
Wichtigkeit des Satzes vom zureichenden Grunde

Sie ist überaus groß, da man ihn die Grundlage aller Wissenschaft nennen darf. *Wissenschaft* nämlich bedeutet ein *System* von Erkenntnissen, d. h. ein Ganzes von verknüpften Erkenntnissen im Gegensatz des bloßen Aggregats derselben. Was aber anderes als der Satz vom zureichenden Grunde verbindet die Glieder eines Systems? Das eben zeichnet jede Wissenschaft vor dem bloßen Aggregat aus, daß ihre Erkenntnisse eine aus der andern als ihrem Grunde folgen. Darum sagt schon Platon: Καὶ γὰρ αἱ δόξαι αἱ ἀληθεῖς οὐ πολλοῦ ἄξιαί εἰσιν, ἕως ἄν τις αὐτὰς δήσῃ αἰτίας λογισμῷ. (Etiam opiniones verae non multi pretii sunt, donec quis illas ratiocinatione a causis ducta liget.) [Denn

---

1. [La parole a été donnée à l'homme pour déguiser sa pensée. – Die Sprache ist dem Menschen gegeben, um seine Gedanken zu verbergen, sagte nach dem Bericht von Barère, ›Mémoires‹ 4, 447: Talleyrand zu dem spanischen Gesandten Izquierdo; vgl. Voltaire, ›Discours sur l'homme‹ 14; zuerst bei Plutarch: ›Moralia: De eraudition‹ cap. 5.]

auch die wahren Meinungen sind nicht viel wert, bis man sie durch begründendes Denken anbindet.] (›Meno‹ [p. 97 E–98 A] p. 385 editio Bipontini). – Zudem enthalten fast alle Wissenschaften Kenntnisse von Ursachen, aus denen die Wirkungen sich bestimmen lassen, und ebenso andere Erkenntnisse von Notwendigkeiten der Folgen aus Gründen, wie sie in unserer ferneren Betrachtung vorkommen werden; welches bereits Aristoteles ausdrückt in den Worten: Πᾶσα ἐπιστήμη διανοητικὴ ἢ καὶ μετέχουσά τι διανοίας περὶ αἰτίας καὶ ἀρχάς ἐστι. (Omnis intellectualis scientia sive aliquo modo intellectu participans circa causas et principia est.) [Jedes Wissen, das theoretischer Art ist oder irgendwie mit Theoretischem zusammenhängt, hat es mit Gründen und Prinzipien zu tun.] (›Metaphysica‹ 5, 1). Da es nun die von uns stets a priori gemachte Voraussetzung, daß alles einen Grund habe, ist, die uns berechtigt, überall ›Warum?‹ zu fragen, so darf man das Warum die Mutter aller Wissenschaften nennen.

§ 5
Der Satz selbst

Weiterhin soll gezeigt werden, daß der Satz vom zureichenden Grunde ein gemeinschaftlicher Ausdruck mehrerer a priori gegebener Erkenntnisse ist. Vorläufig muß er indessen in irgendeiner Formel aufgestellt werden. Ich wähle die Wolffische als die allgemeinste: Nihil est sine ratione, cur potius sit quam non sit. [Nichts ist ohne Grund, warum es sei und nicht vielmehr nicht sei.] (›Ontologia‹ § 70).

ZWEITES KAPITEL

ÜBERSICHT DES HAUPTSÄCHLICHSTEN, SO BISHER ÜBER DEN SATZ VOM ZUREICHENDEN GRUNDE GELEHRT WORDEN

§ 6
Erste Aufstellung des Satzes und Unterscheidung zweier Bedeutungen desselben

Für einen solchen Ur-Grundsatz aller Erkenntnis mußte auch der mehr oder weniger genau bestimmte abstrakte Ausdruck sehr früh gefunden werden; daher es schwer und dabei nicht von großem Interesse sein möchte, nachzuweisen, wo zuerst ein solcher vorkommt. Platon und Aristoteles stellen ihn noch nicht förmlich als einen Hauptgrundsatz auf, sprechen ihn jedoch öfter als eine durch sich selbst gewisse Wahrheit aus. So sagt *Platon* mit einer Naivetät, welche gegen die kritischen Untersuchungen der neuen Zeit wie der Stand der Unschuld gegen den der Erkenntnis des Guten und Bösen erscheint: Ἀναγκαῖον πάντα τὰ γιγνόμενα διά τινα αἰτίαν γίγνεσθαι· πῶς γὰρ ἂν χωρὶς τούτων γίγνοιτο; (Necesse est, quaecunque fiunt, per aliquam causam fieri; quomodo enim absque ea fierent?) [Es ist notwendig, das alles, was geschieht, durch eine Ursache geschieht; denn wie könnte es ohne diese geschehen?] ›Philebus‹ ([p. 26 E] p. 240 editio Bipontini), und wieder im ›Timaeus‹ ([p. 28 A] p. 302): Πᾶν δὲ τὸ γιγνόμενον ὑπ' αἰτίου τινὸς ἐξ ἀνάγκης γίγνεσθαι· παντὶ γὰρ ἀδύνατον χωρὶς αἰτίου γένεσιν σχεῖν. (Quidquid gignitur, ex aliqua causa necessario gignitur; sine causa enim oriri quidquam impossibile est.) [Alles, was geschieht, muß notwendig vermöge einer Ursache geschehen; denn keiner Sache ist es möglich, ohne eine Ursache ins Dasein zu treten.] – *Plutarch*, am Schlusse seines Buches ›De fato‹ [cap. 11, p. 574 E], führt unter den Hauptsätzen der *Stoiker* an: Μάλιστα μὲν καὶ πρῶτον εἴναι δόξειε τὸ μηδὲν ἀναιτίως γίγνεσθαι, ἀλλὰ κατὰ προηγουμένας αἰτίας. (Maxime id primum esse videbitur nihil fieri sine causa, sed omnia causis antegressis.) [Der wichtigste und erste Grundsatz dürfte sein, daß nichts ohne Ursache erfolgt, sondern gemäß den vorhergehenden Ursachen.]

Aristoteles stellt in den ›Analytica posteriora‹ 1, 2 [p. 71 b 9] den Satz vom Grunde gewissermaßen auf durch die Worte: Ἐπίστασθαι δὲ οἰόμεθα ἕκαστον ἁπλῶς, ὅταν τήν τ' αἰτίαν οἰόμεθα γιγνώσκειν, δι' ἣν τὸ πρᾶγμά ἐστιν, ὅτι ἐκείνου αἰτία ἐστὶν καὶ μὴ ἐνδέχεσθαι τοῦτο ἄλλως εἶναι. (Scire autem putamus unamquamque rem simpliciter, cum putamus causam cognoscere, propter quam res est eiusque rei causam esse nec posse eam aliter se habere.) [Zu verstehen glauben wir jede Sache ohne weiteres, wenn wir den Grund zu erkennen glauben, vermöge dessen die Sache da ist, nämlich daß er für sie der Grund ist und daß es nicht möglich sei, daß dieser sich anders verhalte.] Auch gibt er in der ›Metaphysik‹ lib. 4, cap. 1 [p. 1013 a 17] schon eine Einteilung der verschiedenen Arten der Gründe oder vielmehr der Prinzipien, ἀρχαί, deren er acht Arten annimmt; welche Einteilung aber weder gründlich noch scharf genug ist. Jedoch sagt er hier vollkommen richtig: Πασῶν μὲν οὖν κοινὸν τῶν ἀρχῶν τὸ πρῶτον εἶναι, ὅθεν ἢ ἔστιν ἢ γίγνεται ἢ γιγνώσκεται. (Omnibus igitur principiis commune est esse primum, unde aut est aut fit aut cognoscitur.) [Alle Prinzipien haben das Gemeinsame, daß sie das Erste sind, wodurch etwas ist oder geschieht oder erkannt wird.] Im folgenden Kapitel unterscheidet er verschiedene Arten der Ursachen, wiewohl mit einiger Seichtigkeit und Verworrenheit zugleich. Besser jedoch als hier stellt er vier Arten der Gründe auf in den ›Analytica posteriora‹ 2, 11 [p. 94 a 21]: Αἰτίαι δὲ τέσσαρες· μία μὲν τὸ τί ἦν εἶναι· μία δὲ τὸ τίνων ὄντων ἀνάγκη τοῦτο εἶναι· ἑτέρα δὲ ἥ τι πρῶτον ἐκίνησε· τετάρτη δὲ τὸ τίνος ἕνεκα. (Causae autem quattuor sunt: una, quae explicat, quid res sit; altera, quam, si quaedam sint, necesse est esse; tertia, quae quid primum movit; quarta id, cuius gratia.) [Es gibt vier Arten von Gründen: der erste besteht in dem, was das Wesen der Sache ausmacht; der zweite in dem, was, wenn er vorhanden ist, notwendig (als Substrat) vorausgesetzt werden muß; der dritte in dem, was etwas zuerst bewegte; der vierte, um dessentwillen etwas ist.] Dieses ist nun der Ursprung der von den Scholastikern durchgängig angenommenen Einteilung der causarum [Gründe] in causas materiales, formales, efficientes et finales [die materialen, formalen, bewirkenden und End-Ursachen], wie dies denn auch zu ersehn aus Suarii ›Disputationibus metaphysicis‹, diesem wahren Kompendio der Scholastik, disputatio 12, sectiones 2 et 3. Aber sogar noch *Hobbes* (›De corpore‹ pars 2, cap. 10, § 7) führt sie an und erklärt sie. – Jene Einteilung ist im Aristoteles nochmals, und zwar etwas ausführlicher und deutlicher zu finden: nämlich ›Metaphysica‹ I, 3. Auch im Buche ›De somno et vigilia‹ cap. 2 ist sie kurz angeführt. – Was jedoch die so höchst wichtige Unterscheidung zwischen Erkenntnisgrund und Ursache betrifft, so verrät zwar Aristoteles gewissermaßen einen Begriff von der Sache, sofern er in den ›Analytica posteriora‹ I, 13 ausführlich dartut, daß das Wissen und Beweisen, *daß* etwas sei, sich sehr unterscheide von dem Wissen und Beweisen, *warum* es sei: was er nun als letzteres darstellt, ist die Erkenntnis der Ursache, was als ersteres, der Erkenntnisgrund. Aber zu einem ganz deutlichen Bewußtsein des Unterschiedes bringt er es doch nicht; sonst er ihn auch in seinen übrigen Schriften festgehalten und beobachtet haben würde. Dies aber ist durchaus nicht der Fall: denn sogar, wo er wie in den oben beigebrachten Stellen darauf ausgeht, die verschiedenen Arten der Gründe zu unterscheiden, kommt ihm der in dem hier in Betracht genommenen Kapitel angeregte, so wesentliche Unterschied nicht mehr in den Sinn; und überdies gebraucht er das Wort αἴτιον durchgängig für jeden Grund, welcher Art er auch sei, nennt sogar sehr häufig den Erkenntnisgrund, ja die Prämissen eines Schlusses, αἰτίας: so z. B. ›Metaphysica‹ 4, 18; ›Rhetorica‹ 2, 21; ›De plantis‹ 1, p. 816 (editio Berolinensis), besonders ›Analytica posteriora‹ I, 2 [p. 71 b 22], wo geradezu die Prämissen eines Schlusses αἰτίαι τοῦ συμπεράσματος [Ursachen des Schlusses] heißen. Wenn man aber zwei verwandte Begriffe durch dasselbe Wort bezeichnet; so ist dies ein Zeichen, daß man ihren Unterschied nicht kennt oder doch nicht festhält: denn zufällige Homonymie[1] weit verschiedener Dinge ist etwas ganz anderes. Am auffallendsten kommt aber dieser Fehler zutage in seiner Darstellung des Sophismas ›non causae ut causa‹, παρὰ τὸ μὴ αἴτιον ὡς αἴτιον [auf Grund der Nichtursache als Ursache] im Buche ›De sophisticis elenchis‹ cap. 5 [p. 167b 21]. Unter αἴτιον versteht er hier durchaus nur den Beweisgrund, die Prämissen, also einen Erkenntnisgrund, indem das Sophisma darin besteht, daß man ganz richtig etwas als unmöglich dartut, dasselbe jedoch auf den damit bestrittenen Satz gar nicht einfließt, welchen man dennoch dadurch umgestoßen zu haben vorgibt. Von physischen Ursachen ist also dabei gar nicht die Rede. Allein der Gebrauch des Wortes αἴτιον hat bei den Logikern neuerer Zeit so viel Gewicht gehabt, daß sie, bloß daran sich haltend, in ihren Darstellungen der ›fallaciarum extra dictionem‹ [Trugschlüsse, die nicht nur auf Worten beruhen] die ›fallacia non causae ut causa‹ [den Trugschluß auf Grund einer Ursache, die nicht Ursache ist] durchgängig erklären als die Angabe einer physischen Ursache, die es nicht ist: so z.B. Reimarus, Gottlieb Ernst Schulze, Fries und alle, die mir vorgekommen; erst in Twestens ›Logik‹ finde ich dies Sophisma richtig dargestellt. Auch in sonstigen wissenschaftlichen Werken und Disputationen wird in der Regel durch die Anschuldigung einer ›fallacia non causae ut causa‹ die Einschiebung einer falschen Ursache bezeichnet.

Von dieser bei den Alten durchgängig vorhandenen Vermengung und Verwechselung des logischen Gesetzes vom Erkenntnisgrund mit dem transzendentalen Naturgesetz der Ursache und Wirkung liefert uns noch *Sextus Empiricus* ein starkes Beispiel. Nämlich im 9. Buche ›Adversus mathematicos‹, also dem Buche ›Adversus physicos‹ § 204, unternimmt er, das Gesetz der Kausalität zu beweisen, und sagt: Einer, der behauptet, daß es keine Ursache (αἰτία) gebe, hat ent-

1. [Gleichnamigkeit]

weder keine Ursache (αἰτία), aus der er dies behauptet, oder er hat eine. Im ersten Falle ist seine Behauptung nicht wahrer als ihr Gegenteil: im andern stellt er eben durch seine Behauptung fest, daß es Ursachen gibt.

Wir sehn also, daß die Alten es noch nicht zur deutlichen Unterscheidung zwischen der Forderung eines Erkenntnisgrundes zur Begründung eines Urteils und der einer Ursache zum Eintritt eines realen Vorganges gebracht haben. – Was nun späterhin die Scholastiker betrifft, so war das Gesetz der Kausalität ihnen eben ein über alle Untersuchung erhabenes Axiom: ›Non inquirimus, an causa sit, quia nihil est per se notius‹ [Wir untersuchen nicht, ob es (von etwas) eine Ursache gibt, weil nichts an sich gewisser ist], sagt Suarez, ›Disputationes metaphysica‹ 12, sect. 1. Dabei hielten sie die oben beigebrachte Aristotelische Einteilung der Ursachen fest: hingegen die hier in Rede stehende notwendige Unterscheidung haben, soviel mir bekannt, auch sie sich nicht zum Bewußtsein gebracht.

§ 7
Cartesius

Denn sogar unsern vortrefflichen Cartesius [Descartes], den Anreger der subjektiven Betrachtung und dadurch den Vater der neueren Philosophie, finden wir in dieser Hinsicht noch in kaum erklärlichen Verwechselungen begriffen und werden sogleich sehn, zu welchen ernstlichen und beklagenswerten Folgen diese in der Metaphysik geführt haben. Er sagt in der ›Responsio ad secundas obiectiones‹ in [den] ›Meditationes de prima philosophia‹ axioma 1: ›Nulla res existit, de qua non possit quaeri, quaenam sit causa, cur existat. Hoc enim de ipso Deo quaeri potest, non quod indigeat ulla causa, ut existat, sed quia ipsa eius naturae immensitas est causa sive ratio, propter quam nulla causa indiget ad existendum. [Nichts existiert, wovon nicht gefragt werden könnte, aus welcher Ursache es existiere. Denn dieses kann sogar in bezug auf Gott gefragt werden, nicht als wenn er irgendeiner Ursache bedürfte, um zu existieren, sondern weil gerade die Unendlichkeit seiner Natur die Ursache (causa) oder der Grund (ratio) ist, weswegen er keiner Ursache bedarf, um zu existieren.] Er hätte sagen müssen: die Unermeßlichkeit Gottes ist ein Erkenntnisgrund, aus welchem folgt, daß Gott keiner Ursache bedarf. Er vermengt jedoch beides, und man sieht, daß er sich des großen Unterschiedes zwischen Ursache und Erkenntnisgrund nicht deutlich bewußt ist. Eigentlich aber ist es die Absicht, welche bei ihm die Einsicht verfälscht. Er schiebt nämlich hier, wo das Kausalitätsgesetz eine *Ursache* fordert, statt dieser einen *Erkenntnisgrund* ein, weil ein solcher nicht gleich wieder weiterführt wie jene; und bahnt sich so, durch eben dieses Axiom, den Weg zum *ontologischen Beweise* des Daseins Gottes, dessen Erfinder er ward, nachdem *Anselmus* nur die Anleitung dazu im allgemeinen geliefert hatte. Denn gleich nach den Axiomen, von denen das angeführte das erste ist, wird nun dieser ontologische Beweis förmlich und ganz ernsthaft aufgestellt: ist er ja doch in jenem Axiom eigentlich schon ausgesprochen oder liegt wenigstens so fertig darin wie das Hühnchen im lange bebrüteten Eie. Also während alle andern Dinge zu ihrem Dasein einer Ursache bedürfen, genügt dem auf der Leiter des kosmologischen Beweises herangebrachten Gotte statt derselben die in seinem eigenen Begriffe liegende immensitas [Unendlichkeit] oder wie der Beweis [axioma 10] selbst sich ausdrückt: ›In conceptu entis summe perfecti existentia necessaria continetur‹. [In dem Begriff des allervollkommensten Wesens ist die Existenz notwendig enthalten.] Dies also ist der tour de passe-passe [Taschenspielertrick], zu welchem man die schon dem Aristoteles geläufige *Verwechselung der beiden Hauptbedeutungen des Satzes vom Grunde* sogleich in maiorem Dei gloriam[1] [zum größeren Ruhme Gottes] gebrauchte.

Beim Lichte und unbefangen betrachtet, ist nun dieser berühmte ontologische Beweis wirklich eine allerliebste Schnurre. Da denkt nämlich einer bei irgendeiner Gelegenheit sich einen Begriff aus, den er aus allerlei Prädikaten zusammen-

1. [Nach den ›Canones concilii Tridentini‹ der Wahlspruch der Jesuiten]

gesetzt, dabei jedoch Sorge trägt, daß unter diesen entweder blank und bar oder aber, welches anständiger ist, in ein anderes Prädikat, z. B. perfectio, immensitas [Vollkommenheit, Unendlichkeit] oder so etwas eingewickelt, auch das Prädikat der Realität oder Existenz sei. Bekanntlich kann man aus einem gegebenen Begriffe alle seine wesentlichen, d. h. in ihm mit gedachten Prädikate und ebenso auch die wesentlichen Prädikate dieser Prädikate mittelst lauter analytischer Urteile herausziehn, welche demnach *logische* Wahrheit, d. h. an dem gegebenen Begriff ihren Erkenntnisgrund haben. Demgemäß holt nun jener aus seinem beliebig erdachten Begriff auch das Prädikat der Realität oder Existenz heraus: und darum nun soll ein dem Begriff entsprechender Gegenstand unabhängig von demselben in der Wirklichkeit existieren!

Wär' der Gedank' nicht so verwünscht gescheit,
Man wär' versucht, ihn herzlich dumm zu nennen.
[Schiller, ›Die Piccolomini‹ 2, 7]

Übrigens ist die einfache Antwort auf eine solche ontologische Demonstration: ›Es kommt alles darauf an, wo du deinen Begriff her hast: ist er aus der Erfahrung geschöpft; à la bonne heure [zur glücklichen Stunde], da existiert sein Gegenstand und bedarf keines weitern Beweises: ist er hingegen in deinem eigenen sinciput [Hohlkopf] ausgeheckt; da helfen ihm alle seine Prädikate nichts: er ist eben ein Hirngespinst.‹ Daß aber die Theologie, um in dem ihr ganz fremden Gebiet der Philosophie, als wo sie gar zu gerne wäre, Fuß zu fassen, zu dergleichen Beweisen hat ihre Zuflucht nehmen müssen, erregt ein sehr ungünstiges Vorurteil gegen ihre Ansprüche. – Aber o über die prophetische Weisheit des Aristoteles! Er hatte nie etwas vernommen vom ontologischen Beweise: aber als sähe er vor sich in die Nacht der kommenden finstern Zeiten, erblickte darin jene scholastische Flause und wollte ihr den Weg verrennen, demonstriert er sorgfältig im siebenten Kapitel des zweiten Buchs ›Analyticorum posteriorum‹, daß die Definition einer Sache und der Beweis ihrer Existenz zwei verschiedene und ewig geschiedene Dinge sind, indem wir durch das eine erfahren, *was* gemeint sei, durch das andere aber, *daß* so etwas existiere; und wie ein Orakel der Zukunft spricht er die Sentenz aus: Τὸ δ' εἶναι οὐκ οὐσία οὐδενί· οὐ γὰρ γένος τὸ ὄν. (Esse autem nullius rei essentia est, quandoquidem ens non est genus.) [Das Dasein gehört nicht zum Wesen einer Sache; denn Existieren ist kein Merkmal.] Das besagt: ›Die Existenz kann nie zur Essenz, das Dasein nie zum Wesen des Dinges gehören.‹ – Wie sehr hingegen Herr *von Schelling* den ontologischen Beweis veneriert, ist zu ersehn aus einer langen Note S. 152 des ersten Bandes seiner ›Philosophischen Schriften‹ von 1809. Aber etwas noch Lehrreicheres ist daraus zu ersehn, nämlich, wie dreistes, vornehmtuendes Schwadronieren hinreicht, den Deutschen Sand in die Augen zu streuen. Daß aber gar ein so durchweg erbärmlicher Patron wie *Hegel*, dessen ganze Philosophasterei eigentlich eine monstrose Amplifikation des ontologischen Beweises war, diesen gegen Kants Kritik hat verteidigen wollen, ist eine Allianz, deren der ontologische Beweis selbst sich schämen würde, sowenig sonst das Schämen seine Sache ist. – Man erwarte nur nicht, daß ich mit Achtung von Leuten spreche, welche die Philosophie in Verachtung gebracht haben.

§ 8
Spinoza

Obgleich Spinozas Philosophie hauptsächlich im Negieren des von seinem Lehrer Cartesius aufgestellten zwiefachen Dualismus, nämlich zwischen Gott und Welt und zwischen Seele und Leib, besteht; so blieb er ihm doch völlig getreu in der oben nachgewiesenen Verwechselung und Vermischung des Verhältnisses zwischen Erkenntnisgrund und Folge mit dem zwischen Ursache und Wirkung; ja er suchte aus derselben für seine Metaphysik womöglich noch größere Vorteile zu ziehn, als sein Lehrer für die seinige daraus gezogen hatte: denn die besagte Verwechselung ist die Grundlage seines ganzen Pantheismus geworden.

In einem Begriffe nämlich sind alle seine wesentlichen Prädikate enthalten, implicite; daher sie durch bloß analytische

Urteile sich explicite aus ihm entwickeln lassen: die Summe dieser ist seine Definition. Diese ist daher von ihm selbst, nicht dem Inhalt, sondern nur der Form nach, verschieden; indem sie aus Urteilen besteht, die alle in ihm mitgedacht sind und daher in ihm ihren Erkenntnisgrund haben, sofern sie sein Wesen darlegen. Diese können demnach angesehn werden als die Folgen jenes Begriffs, als ihres Grundes. Dieses Verhältnis eines Begriffs zu den in ihm gegründeten und aus ihm entwickelbaren analytischen Urteilen ist nun ganz und gar das Verhältnis, welches Spinozas sogenannter Gott zur Welt, oder richtiger, welches die einzige und alleinige Substanz zu ihren zahllosen Akzidenzien hat. (›Deus sive substantia constans infinitis attributis‹ [Gott oder die aus unendlich vielen Attributen bestehende Substanz]; ›Ethica‹ I, propositio 11. – ›Deus sive omnia Dei attributa‹ [Gott oder alle Attribute Gottes].) Es ist also das Verhältnis des *Erkenntnisgrundes* zu seiner Folge; statt daß der *wirkliche* Theismus (der des Spinoza ist bloß ein nomineller) das Verhältnis der *Ursache* zur Wirkung annimmt, in welchem der Grund von der Folge nicht wie in jenem bloß der Betrachtungsart nach, sondern wesentlich und wirklich, also an sich selbst und immer verschieden und getrennt bleibt. Denn eine solche Ursache der Welt mit Hinzufügung der Persönlichkeit ist es, die das Wort Gott, ehrlicherweise gebraucht, bezeichnet. Hingegen ist ein unpersönlicher Gott eine contradictio in adiecto [ein Widerspruch im Beiwort]. Indem nun aber Spinoza auch in dem von ihm aufgestellten Verhältnisse das Wort Gott für die Substanz beibehalten wollte und solche sogar ausdrücklich die *Ursache* der Welt benannte, konnte er dies nur dadurch zustande bringen, daß er jene beiden Verhältnisse, folglich auch den Satz vom Erkenntnisgrunde mit dem der Kausalität, ganz und gar vermischte. Dies zu belegen bringe ich von unzähligen nur folgende Stelle in Erinnerung. ›Notandum dari necessario uniuscuiusque rei existentis certam aliquam *causam*, propter quam existit. Et notandum hanc causam, propter quam aliqua res existit, vel debere contineri in ipsa natura et definitione rei existentis (nimirum quod ad ipsius naturam pertinet existere) vel debere extra ipsam dari.‹ [Es ist zu beachten, daß für eine jede Sache, welche existiert, notwendigerweise eine bestimmte Ursache vorhanden ist, wegen der sie existiert. Und es ist zu beachten, daß diese Ursache, wegen der eine Sache existiert, entweder inbegriffen sein muß in der eigenen Natur und Definition der Sache, welche existiert (indem es nämlich zu ihrer Natur selbst gehört zu existieren), oder daß sie außerhalb ihrer selbst gegeben sein muß.] (›Ethica‹ pars 1, prop. 8, schol. 2). Im letztern Fall meint er eine wirkende Ursache, wie sich dies aus dem Folgenden ergibt; im erstern hingegen einen bloßen Erkenntnisgrund: er identifiziert jedoch beides und arbeitet dadurch seiner Absicht, Gott mit der Welt zu identifizieren, vor. Einen im Innern eines gegebenen Begriffes liegenden Erkenntnisgrund mit einer von außen wirkenden Ursache zu verwechseln und dieser gleichzustellen ist überall sein Kunstgriff; und vom Cartesius hat er ihn gelernt. Als Belege dieser Verwechselung führe ich noch folgende Stellen an: ›Ex necessitate divinae naturae omnia, quae sub intellectum infinitum cadere possunt, sequi debent.‹ [Aus der Notwendigkeit der göttlichen Natur muß alles folgen, was unter den Begriff des unendlichen Intellekts fallen kann.] (›Ethica‹ pars 1, prop. 16). Zugleich aber nennt er Gott überall die Ursache der Welt: ›Quidquid existit, Dei potentiam, quae omnium rerum causa est, exprimit.‹ [Alles, was existiert, bringt die Macht Gottes zum Ausdruck, welche die Ursache aller Dinge ist.] (ibidem prop. 36, demonstratio). – ›Deus est omnium rerum causa immanens, non vero transiens.‹ [Gott ist für alle Dinge die immanente, nicht die transzendente Ursache.] (ibidem prop. 18). – ›Deus non tantum est causa efficiens rerum existentiae, sed etiam essentiae‹. [Gott ist die bewirkende Ursache, nicht nur für die Existenz, sondern auch für die Essenz der Dinge.] (ibidem prop. 25). – ›Ethica‹ pars 3, prop. 1, demonstratio heißt es: ›Ex data quacunque idea aliquis effectus necessario sequi debet.‹ [Aus einer gegebenen beliebigen Idee muß irgendeine Wirkung notwendigerweise folgen.] Und ibidem prop. 4: ›Nulla res nisi a causa externa potest destrui.‹ [Keine Sache kann zerstört werden, es sei denn durch eine äußere Ursache.]

Demonstratio: ›Definitio cuiuscunque rei ipsius essentiam (Wesen, Beschaffenheit zum Unterschied von existentia, Dasein) affirmat, sed non negat; sive rei essentiam ponit, sed non tollit. Dum itaque ad rem ipsam tantum, non autem ad causas externas attendimus, nihil in eadem poterimus invenire, quod ipsam possit destruere.‹ [Beweis: Die Definition irgendeiner Sache bejaht ihr Wesen, aber verneint es nicht; mit andern Worten, sie behauptet das Wesen der Sache, aber leugnet es nicht. Wenn wir daher auf die Sache selbst achten, aber nicht auf äußere Ursachen, so können wir in ihr nichts bemerken, was imstande wäre, sie zu zerstören.] Dies heißt: weil ein Begriff nichts enthalten kann, was seiner Definition, d.i. der Summe seiner Prädikate, widerspricht, kann auch ein Ding nichts enthalten, was Ursache seiner Zerstörung werden könnte. Diese Ansicht wird aber auf ihren Gipfel geführt in der etwas langen zweiten Demonstration der elften Proposition, woselbst die Ursache, welche ein Wesen zerstören oder aufheben könnte, vermischt wird mit einem Widerspruch, den die Definition desselben enthielte und der sie deshalb aufhöbe. Die Notwendigkeit, Ursache und Erkenntnisgrund zu konfundieren, wird hierbei so dringend, daß Spinoza nie causa [Ursache] oder auch ratio [Grund] allein sagen darf, sondern jedesmal ratio seu causa [Grund oder Ursache] zu setzen genötigt ist, welches daher hier auf *einer* Seite achtmal geschieht, um den Unterschleif zu dekken. Dasselbe hatte schon Cartesius in dem oben angeführten Axiom getan.

So ist denn Spinozas Pantheismus eigentlich nur die *Realisation* des ontologischen Beweises des Cartesius. Zunächst adoptiert er den oben *[S. 20]* angeführten ontotheologischen Satz des Cartesius: ›Ipsa naturae Dei immensitas est causa sive ratio, propter quam nulla causa indiget ad existendum‹ [Gerade die Unendlichkeit der Natur Gottes ist die Ursache (causa) oder der Grund (ratio), wegen dessen er keiner Ursache bedarf, um zu existieren]; statt ›Deus‹ sagt er (im Anfang) stets ›substantia‹ und nun schließt er: ›Substantiae essentia necessario involvit existentiam, ergo erit substantia causa sui.‹ [Das Wesen der Substanz schließt ihr Dasein notwendigerweise in sich; folglich muß die Substanz Ursache ihrer selbst sein.] (›Ethica‹ pars 1, prop. 7). Also durch dasselbe Argument, womit Cartesius das Dasein Gottes bewiesen hatte, beweist er das absolut notwendige Dasein der Welt – die also keines Gottes bedarf. Dies leistet er noch deutlicher im 2. Scholion zur 8. Proposition: ›Quoniam ad naturam substantiae pertinet existere, debet eius definitio necessariam existentiam involvere et consequenter ex sola eius definitione debet ipsius existentia concludi.‹ [Da es nun zur Natur der Substanz gehört zu existieren, so muß ihre Definition das Dasein als notwendig in sich schließen und folglich muß aus ihrer bloßen Definition auf ihr Dasein geschlossen werden.] Diese Substanz aber ist bekanntlich die Welt. – Im selben Sinne sagt die Demonstration zur Proposition 24: ›Id, cuius natura in se considerata (d. i. Definition) involvit existentiam, est causa sui.‹ [Dasjenige, dessen Natur für sich allein betrachtet das Dasein einschließt, ist Ursache seiner selbst.]

Was nämlich Cartesius nur *ideal*, nur *subjektiv*, d. h. nur für uns, nur zum Behuf der *Erkenntnis*, nämlich des Beweises des Daseins Gottes, aufgestellt hatte, das nahm Spinoza *real* und *objektiv* als das wirkliche Verhältnis Gottes zur Welt. Beim Cartesius liegt im *Begriffe* Gottes die Existenz und wird also zum Argument für sein wirkliches Dasein: beim Spinoza steckt Gott selbst in der Welt. Was demnach beim Cartesius bloßer Erkenntnisgrund war, macht Spinoza zum Realgrund: hatte jener im ontologischen Beweise gelehrt, daß aus der essentia [Wesenheit] Gottes seine existentia [Dasein] folgt, so macht dieser daraus die causa sui und eröffnet dreist seine Ethik mit: ›Per causam sui intellego id, cuius essentia (Begriff) involvit existentiam‹ [Unter einer Ursache seiner selbst verstehe ich das, dessen Wesen das Dasein in sich schließt] – taub gegen den Aristoteles, der ihm zuruft: Τὸ δ' εἶναι οὐκ οὐσία οὐδενί *[vgl. S. 23]*. Hier haben wir nun die handgreiflichste Verwechselung des Erkenntnisgrundes mit der Ursache. Und wenn die Neospinozisten (Schellingianer, Hegelianer usw.), gewohnt, Worte für Gedanken zu halten, sich oft in vornehm andächtiger Bewunderung über dieses

›causa sui‹ ergehn; so sehe ich meinerseits in ›causa sui‹ nur eine contradictio in adiecto, ein Vorher, was nachher ist, ein freches Machtwort, die unendliche Kausalkette abzuschneiden, ja ein Analogon zu jenem Österreicher, der, als er die Agraffe auf seinem festgeschnallten Tschako zu befestigen nicht hoch genug hinaufreichen konnte, auf den Stuhl stieg. Das rechte Emblem der ›causa sui‹ ist Baron Münchhausen, sein im Wasser sinkendes Pferd mit den Beinen umklammernd und an seinem über den Kopf nach vorn geschlagenen Zopf sich mitsamt dem Pferde in die Höhe ziehend; und darunter gesetzt: ›Causa sui‹.

Zum Schluß werfe man noch einen Blick auf die Proposition 16 des ersten Buchs des ›Ethik‹, wo aus dem Grunde, daß ›ex data cuiuscunque rei definitione plures proprietates intellectus concludit, quae re vera ex eadem necessario sequuntur‹ [aus der gegebenen Definition irgendeiner Sache der Intellekt Schlüsse auf weitere Eigentümlichkeiten zieht, die tatsächlich aus ebenderselben Definition notwendig folgen], gefolgert wird: ›ex necessitate divinae naturae‹ (d.h. real genommen) ›infinita infinitis modis sequi debent‹ [aus der Notwendigkeit der göttlichen Natur müssen unendliche Bestimmungen auf unendlich viele Arten sich ergeben]; unstreitig also hat dieser Gott zur Welt das Verhältnis eines Begriffes zu seiner Definition. Nichtsdestoweniger knüpft sich gleich daran das Korollarium: ›Deum omnium rerum esse causam efficientem‹ [daß Gott für alle Dinge die bewirkende Ursache sei]. Weiter kann die Verwechselung des Erkenntnisgrundes mit der Ursache nicht getrieben werden, und bedeutendere Folgen als hier konnte sie nicht haben. Dies aber zeugt für die Wichtigkeit des Themas gegenwärtiger Abhandlung.

Zu diesen aus Mangel an Deutlichkeit im Denken entsprungenen Verirrungen jener beiden großen Geister der Vergangenheit hat in unsern Tagen Herr von Schelling noch ein kleines Nachspiel geliefert, indem er dem vorliegenden Klimax noch die dritte Stufe aufzusetzen sich bemüht hat. War nämlich Cartesius der Forderung des unerbittlichen Kausalitätsgesetzes, welches seinen Gott in die Enge trieb, dadurch begegnet, daß er der verlangten Ursache einen Erkenntnisgrund substituierte, um die Sache zur Ruhe zu bringen; und hatte Spinoza aus diesem eine wirkliche Ursache und also ›causa sui‹ gemacht, wobei ihm der Gott zur Welt ward, so ließ Herr von Schelling (in seiner Abhandlung ›Von der menschlichen Freiheit‹) in Gott selbst den Grund und die Folge auseinandertreten, konsolidierte also die Sache noch viel besser dadurch, daß er sie zu einer realen und leibhaften Hypostase des Grundes und seiner Folge erhob, indem er uns mit etwas bekannt machte, ›das in Gott nicht Er selbst sei, sondern sein Grund, als ein Urgrund oder vielmehr *Ungrund*.‹ Hoc quidem vere palmarium est. [Das übertrifft in Wahrheit alles.] – Daß er übrigens die ganze Fabel aus Jacob Böhmes ›Gründlichem Bericht vom irdischen und himmlischen Mysterio‹ genommen hat, ist heutzutage bekannt genug: woher aber Jacob Böhme selbst die Sache habe und wo also eigentlich der Ungrund zu Hause sei, scheint man nicht zu wissen; daher ich mir erlaube, es herzusetzen. Es ist der βυθός, d.i. abyssus, vorago, also bodenlose Tiefe, *Ungrund* der Valentianer (einer Ketzersekte des zweiten Jahrhunderts), welcher das ihm konsubstantiale Schweigen befruchtete, das nun den Verstand und die Welt gebar: wie es *Eirenaios*, ›Contra haereses‹ lib. 1, cap. 1 in folgenden Worten berichtet: Λέγουσι γάρ τινα εἶναι ἐν ἀοράτοις καὶ ἀκατονομάστοις ὑψώμασι τέλειον Αἰῶνα προόντα· τοῦτον δὲ καὶ προαρχὴν καὶ προπάτορα καὶ βυθὸν καλοῦσιν ... Ὑπάρχοντα δὲ αὐτὸν ἀχώρητον καὶ ἀόρατον ἀίδιόν τε καὶ ἀγέννητον ἐν ἡσυχίᾳ καὶ ἠρεμίᾳ πολλῇ γεγονέναι ἐν ἀπείροις αἰῶσι χρόνων. Συνυπάρχειν δὲ αὐτῷ καὶ Ἔννοιαν, ἣν δὲ καὶ Χάριν καὶ Σιγὴν ὀνομάζουσι· καὶ ἐννοηθῆναί ποτε ἀφ' ἑαυτοῦ προβαλέσθαι τὸν βυθὸν τοῦτον ἀρχὴν τῶν πάντων καὶ καθάπερ σπέρμα τὴν προβολὴν ταύτην (ἣν προβαλέσθαι ἐνενοήθη) καθέσθαι ὡς ἐν μήτρᾳ τῇ συνυπαρχούσῃ ἑαυτῷ Σιγῇ. Ταύτην δὲ ὑποδεξαμένην τὸ σπέρμα τοῦτο καὶ ἐγκύμονα γενομένην ἀποκυῆσαι Νοῦν ὅμοιόν τε καὶ ἴσον τῷ προβαλόντι καὶ μόνον χωροῦντα τὸ μέγεθος τοῦ Πατρός. Τὸν δὲ νοῦν τοῦτον καὶ μονογενῆ καλοῦσι καὶ ἀρχὴν τῶν πάντων. (Dicunt enim esse quendam in sublimitatibus illis, quae nec oculis cerni nec nominari possunt, perfectum Aeonem praeexistentem, quem et proarchen et propatorem et bythum vocant. ... Eum autem, cum incomprehensibilis et invisibilis, sempiternus idem et ingenitus esset, infinitis temporum saeculis in summa quiete ac tranquillitate fuisse. Una etiam cum eo cogitationem exstitisse, quam et gratiam et silentium (sigen) nuncupant; hunc porro bythum in animum aliquando induxisse rerum omnium initium proferre atque hanc, quam in animum induxerat, productionem in sigen (silentium), quae una cum eo erat, non secus atque in vulvam demisisse. Hanc vero suscepto hoc semine praegnantem effectam peperisse intellectum parenti suo parem et aequalem atque ita comparatum, ut solus paternae magnitudinis capax esset. Atque hunc intellectum et monogenem et patrem et principium omnium rerum appellant.) [Denn sie behaupten, daß in unsichtbarer und unsagbarer Erhabenheit ein gewisser vollkommener Aion präexistiere; diesen aber nennen sie den Uranfang und Urvater und Urgrund ... Indem er aber unfaßbar und unsichtbar, ewig und unentstanden vorhanden gewesen sei, habe er sich während unendlicher Aionen von Zeiten in Stille und großer Ruhe befunden. Es habe aber zugleich mit ihm die Einsicht bestanden, die sie auch die Gnade und das Schweigen nennen; da habe einstmals jener Urgrund den Gedanken gehabt, aus sich selbst den Anfang der Welt hervorgehen zu lassen, und dieses Hervorgehen (welches hervorgehen zu lassen er den Gedanken gehabt hatte) habe er gleichwie den Samen in einen Mutterschoß in das mit ihm gleichzeitig bestehende Schweigen gesenkt. Nachdem dieses aber jenen Samen empfangen habe und schwanger geworden sei, habe es den Intellekt geboren als ähnlich und gleich mit dem, der ihn hervorgehen ließ, und als allein fähig, die Größe des Vaters zu erfassen. Diesen Intellekt aber nennen sie den Eingeborenen und den Ursprung des Weltalls.] Dem Jacob Böhme muß das irgendwie aus der Ketzergeschichte zu Ohren gekommen sein, und aus dessen Händen hat Herr von Schelling es gläubig entgegengenommen.

§ 9
Leibniz

Leibniz hat zuerst den Satz vom Grunde als einen Hauptgrundsatz aller Erkenntnis und Wissenschaft förmlich aufgestellt. Er proklamiert ihn an vielen Stellen seiner Werke sehr pomphaft, tut gar wichtig damit und stellt sich, als ob er ihn erst erfunden hätte; jedoch weiß er von demselben nichts weiter zu sagen als nur immer, daß alles und jedes einen zureichenden Grund haben müsse, warum es so und nicht anders sei; was die Welt denn doch wohl auch vor ihm gewußt haben wird. Die Unterscheidung der zwei Hauptbedeutungen desselben deutet er dabei gelegentlich zwar an, hat sie jedoch nicht ausdrücklich hervorgehoben noch auch sonst sie irgendwo deutlich erörtert. Die Hauptstelle ist in seinen ›Principiis philosophiae‹ § 32 und ein wenig besser in der französischen Bearbeitung derselben, überschrieben ›Monadologie‹: ›En vertu du principe de la raison suffisante nous considérons qu'aucun fait ne sauroit se trouver vrai ou existant, aucune énonciation véritable, sans qu'il y ait une raison suffisante, pourquoi il en soit ainsi et non pas autrement‹ [Kraft des Prinzips vom zureichenden Grunde nehmen wir an, daß keine Tatsache wahr oder wirklich und kein Urteil richtig sein kann, ohne daß ein zureichender Grund vorhanden ist, warum es so und nicht anders ist] – womit zu vergleichen ›Theodicée‹ § 44 und der 5. Brief an Clarke § 125.

§ 10
Wolff

Wolff ist also der erste, welcher die beiden Hauptbedeutungen unsers Grundsatzes ausdrücklich gesondert und ihren Unterschied auseinandergesetzt hat. Er stellt jedoch den Satz vom zureichenden Grunde noch nicht, wie es jetzt geschieht, in der ›Logik‹ auf, sondern in der ›Ontologie‹. Daselbst dringt er zwar schon § 71 darauf, daß man den Satz vom zureichenden Grund der Erkenntnis nicht mit dem der Ursache und Wirkung verwechseln solle, bestimmt hier aber

doch nicht deutlich den Unterschied und begeht selbst Verwechselungen, indem er eben hier im Kapitel ›De ratione sufficiente‹ §§ 70, 74, 75, 77 zum Beleg für das ›principium rationis sufficientis‹ [den Satz vom zureichenden Grunde] Beispiele von Ursache und Wirkung und Motiv und Handlung anführt, die, wenn er jene Unterscheidung machen will, im Kapitel ›De causis‹ desselben Werks angeführt werden müßten. In diesem nun führt er wieder ganz ähnliche Beispiele an und stellt auch hier wieder das principium cognoscendi [den Erkenntnisgrund] auf (§ 876), das zwar, als oben bereits abgehandelt, nicht hieher gehört, jedoch dient, die bestimmte und deutliche Unterscheidung desselben vom Gesetz der Kausalität einzuführen, welche sodann §§ 881 bis 884 folgt. ›Principium‹, sagt er hier ferner, ›dicitur id, quod in se continet rationem alterius‹ [Prinzip wird dasjenige genannt, was in sich den Grund (ratio) für ein anderes enthält], und er unterscheidet drei Arten desselben, nämlich:
1. ›principium fiendi‹ (causa) [Grund des Werdens], das er definiert als ›ratio actualitatis alterius; exempli gratia si lapis calescit, ignis aut radii solares sunt rationes, cur calor lapidi insit‹. [Grund für die Aktualität eines andern; z. B. wenn der Stein warm wird, so sind das Feuer oder die Sonnenstrahlen die Gründe, weshalb dem Stein die Wärme innewohnt.] –
2. principium essendi [Grund des Seins], das er definiert: ›ratio possibilitatis alterius; in eodem exemplo ratio possibilitatis, cur lapis calorem recipere possit, est in essentia seu modo compositionis lapidis.‹ [Grund für die Möglichkeit eines andern; in demselben Beispiel liegt der Grund für die Fähigkeit des Steines, die Wärme aufzunehmen, in dem Wesen, d. h. in der Art der Zusammensetzung des Steines.] Dies letztere scheint mir ein unstatthafter Begriff. Möglichkeit überhaupt ist, wie Kant zur Genüge gezeigt hat, Übereinstimmung mit den uns a priori bewußten Bedingungen aller Erfahrung. Aus diesen wissen wir in Beziehung auf Wolffs Beispiel vom Stein, daß Veränderungen als Wirkungen von Ursachen möglich sind, d. h. daß ein Zustand auf einen andern folgen kann, wenn dieser die Bedingungen zu jenem enthält: hier finden wir als Wirkung den Zustand des Warm-

seins des Steins und als Ursache den ihm vorhergehenden der endlichen Wärmekapazität des Steins und seiner Berührung mit freier Wärme. Daß nun Wolff die zuerst genannte Beschaffenheit dieses Zustandes principium essendi und die zweite principium fiendi nennen will, beruht auf einer Täuschung, die ihm daraus entsteht, daß die auf der Seite des Steins liegenden Bedingungen bleibender sind und daher auf die übrigen länger warten können. Daß nämlich der Stein ein solcher ist, wie er ist, von solcher chemischen Beschaffenheit, die so und so viel spezifische Wärme, folglich eine im umgekehrten Verhältnis derselben stehende Wärmekapazität mit sich bringt, ist eben wie andrerseits sein In-Berührung-mit-freier-Wärme-Kommen Folge einer Kette früherer Ursachen, sämtlich principiorum fiendi: das Zusammentreffen beiderseitiger Umstände aber macht allererst den Zustand aus, der als Ursache die Erwärmung als Wirkung bedingt. Nirgends bleibt dabei Raum für Wolffs principium essendi, das ich daher nicht anerkenne und über welches ich hier teils deshalb etwas ausführlich gewesen bin, weil ich den Namen in einer ganz andern Bedeutung unten gebrauchen werde, und teils, weil die Erörterung beiträgt, den wahren Sinn des Kausalitätsgesetzes faßlich zu machen. – 3. unterscheidet Wolff, wie gesagt, principium cognoscendi, und unter causa führt er noch an ›causa impulsiva sive ratio voluntatem determinans‹ [die treibende Ursache oder der Grund, der den Willen bestimmt].

§ 11
Philosophen zwischen Wolff und Kant

Baumgarten, in seiner ›Metaphysica‹ §§ 20–24 und §§ 306 bis 313, wiederholt die Wolffischen Unterscheidungen.

Reimarus, in der ›Vernunftlehre‹ § 81, unterscheidet 1. *innern Grund*, wovon seine Erklärung mit Wolffs ratio essendi übereinstimmt, indessen von der ratio cognoscendi gelten würde, wenn er nicht auf Dinge übertrüge, was nur von Begriffen gilt; und 2. *äußern Grund*, d.i. causa. – § 120 sq. bestimmt er die ratio cognoscendi richtig als eine Bedingung der Aussage; allein § 125 verwechselt er doch in einem Beispiel Ursache damit.

Lambert, im ›Neuen Organon‹, erwähnt die Wolffischen Unterscheidungen nicht mehr, zeigt aber in einem Beispiel, daß er Erkenntnisgrund von Ursache unterscheide, nämlich Bd. 1, § 572, wo er sagt, Gott sei principium essendi der Wahrheiten und die Wahrheiten principia cognoscendi Gottes.

Platner, in den ›Aphorismen‹ § 868, sagt: ›Was innerhalb der Vorstellung Grund und Folge (principium cognoscendi, ratio – rationatum) heißt, das ist in der Wirklichkeit Ursache und Wirkung (causa efficiens – effectus). Jede Ursache ist Erkenntnisgrund, jede Wirkung Erkenntnisfolge.‹ Er meint also, daß Ursache und Wirkung dasjenige seien, was in der Wirklichkeit den Begriffen von Grund und Folge im Denken entspricht, daß jene zu diesen sich verhielten etwan wie Substanz und Akzidenz zu Subjekt und Prädikat oder wie Qualität des Objekts zur Empfindung derselben in uns usf. Ich halte es für überflüssig, diese Meinung zu widerlegen, da jeder leicht einsehn wird, daß das Verhältnis von Grund und Folge in Urteilen etwas ganz anderes ist als eine Erkenntnis von Wirkung und Ursache; obwohl in einzelnen Fällen auch Erkenntnis einer Ursache als solcher Grund eines Urteils sein kann, das die Wirkung aussagt (vgl. § 36 *[S. 158]*).

§ 12
Hume

Bis auf diesen ernstlichen Denker hatte noch niemand gezweifelt an folgendem. Zuerst und vor allen Dingen im Himmel und auf Erden ist der Satz vom zureichenden Grunde, nämlich als Gesetz der Kausalität. Denn er ist eine veritas aeterna [ewige Wahrheit], d. h. er selbst ist an und für sich, erhaben über Götter und Schicksal: alles übrige hingegen, z. B. der Verstand, der den Satz vom Grunde denkt, nicht weniger die ganze Welt und auch, was etwan die Ursache dieser Welt seyn mag, wie Atome, Bewegung, ein Schöpfer usw., ist dies erst in Gemäßheit und vermöge desselben. *Hume* war der erste, dem es einfiel zu fragen, woher denn dieses Gesetz der Kausalität seine Auktorität habe, und die Kreditive derselben zu verlangen. Sein Ergebnis, daß die Kausalität nichts weiter als die empirisch wahrgenommene und uns gewöhnlich gewordene *Zeitfolge* der Dinge und Zustände sei, ist bekannt: jeder fühlt sogleich das Falsche desselben, und es zu widerlegen ist auch nicht schwer. Allein das Verdienst lag in der Frage selbst: sie wurde die Anregung und der Anknüpfungspunkt zu *Kants* tiefsinnigen Untersuchungen und dadurch zu einem ungleich tiefer gefaßten und gründlicheren Idealismus, als der bisherige, der hauptsächlich der Berkeleysche ist, gewesen war, zum transzendentalen Idealismus, aus welchem uns die Überzeugung hervorgeht, daß die Welt so abhängig von uns im Ganzen ist, wie wir es von ihr im Einzelnen sind. Denn indem er die transzendentalen Prinzipien nachwies als solche, vermöge deren wir über die Objekte und ihre Möglichkeit einiges a priori, d. h. *vor* aller Erfahrung, bestimmen können, bewies er daraus, daß diese Dinge nicht unabhängig von unserer Erkenntnis so dasein können, wie sie sich uns darstellen. Die Verwandtschaft einer solchen Welt mit dem Traume tritt hervor.

§ 13
Kant und seine Schule

Kants Hauptstelle über den Satz vom zureichenden Grunde steht in der kleinen Schrift ›Über eine Entdeckung, nach der alle Kritik der reinen Vernunft [durch eine ältere] entbehrlich gemacht werden soll‹, und zwar im ersten Abschnitt derselben, unter A. Daselbst dringt Kant auf die Unterscheidung des logischen (formalen) Prinzips der Erkenntnis: ›Ein jeder Satz muß seinen Grund haben‹ von dem transzendentalen (materialen) Prinzip: ›Ein jedes Ding muß seinen Grund haben‹, indem er gegen *Eberhard* polemisiert[1], der beides

---

1. [›*Ein jeder Satz muß einen Grund haben* ist das logische (formale) Prinzip der Erkenntnis, welches dem Satze des Widerspruchs nicht beigesellet, sondern untergeordnet ist. *Ein jedes Ding muß seinen Grund haben* ist das transzendentale (materielle) Prinzip, welches kein Mensch aus dem Satze des Widerspruchs (und überhaupt aus bloßen Begriffen, ohne Beziehung auf sinnliche Anschauung) jemals bewiesen hat noch beweisen wird.‹]

hatte identifizieren wollen. – Seinen Beweis der Apriorität und dadurch Transzendentalität des Kausalitätsgesetzes werde ich weiterhin in einem eigenen Paragraphen kritisieren, nachdem ich den allein richtigen zuvor werde geliefert haben.

Nach diesen Vorgängern bestimmen denn die mancherlei Lehrbücher der Logik, welche die Kantische Schule geliefert hat, z. B. die von Hofbauer, Maaß, Jakob, Kiesewetter u. a., den Unterschied zwischen Erkenntnisgrund und Ursache ziemlich genau. Kiesewetter besonders gibt ihn in seiner ›Logik‹ (Bd. 1, S. 16) völlig genügend also an: ›Logischer Grund (Erkenntnisgrund) ist nicht zu verwechseln mit dem realen (Ursache). Der Satz des zureichenden Grundes gehört in die Logik, der Satz der Kausalität in die Metaphysik.‹ S. 60: ›Jener ist Grundsatz des Denkens, dieser der Erfahrung. Ursache betrifft wirkliche Dinge, logischer Grund nur Vorstellungen.‹

Die Gegner Kants dringen noch mehr auf diese Unterscheidung. *Gottlob Ernst Schulze*, in seiner ›Logik‹ § 19 (Anmerkung 1) und § 63, klagt über Verwechselung des Satzes vom zureichenden Grund mit dem der Kausalität. *Salomon Maimon*, in seiner ›Logik‹ S. 20, 21, klagt, daß man viel vom zureichenden Grunde gesprochen habe, ohne zu erklären, was man darunter verstehe, und in der Vorrede S. XXIV tadelt er, daß Kant das Prinzip der Kausalität von der logischen Form der hypothetischen Urteile ableite.

Friedrich Heinrich Jacobi, in seinen ›Briefen über die Lehre des Spinoza‹ Beilage 7, S. 414, sagt, daß aus der Vermischung des Begriffes des Grundes mit dem der Ursache eine Täuschung entstehe, welche die Quelle verschiedener falscher Spekulationen geworden sei: auch gibt er den Unterschied derselben auf seine Weise an. Indessen findet man hier wie gewöhnlich bei ihm mehr ein selbstgefälliges Spiel mit Phrasen als ernstliches Philosophieren.

Wie endlich Herr von *Schelling* Grund und Ursache unterscheide, kann man ersehn aus seinen ›Aphorismen zur Einleitung in die Naturphilosophie‹ § 184, welche das erste Heft des ersten Bandes der ›Jahrbücher der Medizin‹ [als Wissenschaft] von Marcus und Schelling eröffnen. Daselbst wird man belehrt, daß die Schwere der *Grund* und das Licht die *Ursache* der Dinge sei – welches ich bloß als ein Kuriosum anführe, da außerdem ein solches leichtfertiges In-den-Tag-hinein-Schwätzen keine Stelle unter den Meinungen ernster und redlicher Forscher verdient.

§ 14
Über die Beweise des Satzes

Noch ist zu erwähnen, daß man mehrmals vergeblich versucht hat, den Satz vom zureichenden Grund überhaupt zu beweisen, meistens ohne genau zu bestimmen, in welcher Bedeutung man ihn nahm, z. B. Wolff in der ›Ontologie‹ § 70, welchen Beweis Baumgarten in der ›Metaphysik‹ § 20 wiederholt. Es wäre überflüssig, ihn auch hier zu wiederholen und zu widerlegen, da es in die Augen fällt, daß er auf einem Wortspiel beruht. Platner in den ›Aphorismen‹ § 828, Jakob in der ›Logik‹ und ›Metaphysik‹ (S. 38 [der Ausgabe von] 1794) haben andre Beweise versucht, in denen der Zirkel sehr leicht zu erkennen ist. Von Kants Beweise soll, wie gesagt, weiter unten geredet werden *[S. 107]*. Da ich durch diese Abhandlung die verschiedenen Gesetze unsers Erkenntnisvermögens, deren gemeinschaftlicher Ausdruck der Satz vom zureichenden Grunde ist, aufzuweisen hoffe; so wird sich von selbst ergeben, daß der Satz überhaupt nicht zu beweisen ist, sondern von allen jenen Beweisen (mit Ausnahme der Kantischen, als welcher nicht auf die Gültigkeit, sondern auf die Apriorität des Kausalitätsgesetzes gerichtet ist) gilt, was Aristoteles sagt: Λόγον ζητοῦσι ὧν οὐκ ἔστι λόγος· ἀποδείξεως γὰρ ἀρχὴ οὐκ ἀπόδειξίς ἐστι. (Rationem eorum quaerunt, quorum non est ratio; demonstrationis enim principium non est demonstratio.) [Sie suchen einen Grund für das, was keinen Grund hat; denn der letzte Ausgangspunkt des Beweises ist nicht wiederum ein Beweis.] ›Metaphysica‹ 3, 6 [p. 1011 a 12], womit zu vergleichen ›Analytica posteriora‹ 1, 3. Denn jeder Beweis ist die Zurückführung des Zweifelhaften auf ein Anerkanntes, und wenn wir von diesem, was es auch sei, immer wieder einen Beweis fordern, so werden wir zuletzt auf gewisse Sätze geraten, welche die Formen und Gesetze und daher die Bedingungen alles Denkens und Erkennens ausdrücken, aus deren Anwendung mithin alles Denken und Erkennen besteht; so daß Gewißheit nichts weiter ist als Übereinstimmung mit ihnen, folglich ihre eigne Gewißheit nicht wieder aus andern Sätzen erhellen kann. Wir werden im 5. Kapitel *[vgl. S. 132]* die Art der Wahrheit solcher Sätze erörtern.

Einen Beweis für den Satz vom Grunde insbesondre zu suchen ist überdies eine spezielle Verkehrtheit, welche von Mangel an Besonnenheit zeugt. Jeder Beweis nämlich ist die Darlegung des Grundes zu einem ausgesprochenen Urteil, welches eben dadurch das Prädikat *wahr* erhält. Eben von diesem Erfordernis eines Grundes für jedes Urteil ist der Satz vom Grunde der Ausdruck. Wer nun einen Beweis, d. i. die Darlegung eines Grundes für ihn fordert, setzt ihn eben hierdurch schon als wahr voraus, ja stützt seine Forderung eben auf diese Voraussetzung. Er gerät also in diesen Zirkel, daß er einen Beweis der Berechtigung, einen Beweis zu fordern, fordert.

DRITTES KAPITEL

UNZULÄNGLICHKEIT DER BISHERIGEN DARSTELLUNG
UND ENTWURF ZU EINER NEUEN

§ 15
*Fälle, die unter den bisher aufgestellten Bedeutungen
des Satzes nicht begriffen sind*

Aus der im vorigen Kapitel gegebenen Übersicht ergibt sich als allgemeines Resultat, daß man, obwohl erst allmälig und auffallend spät, auch nicht, ohne öfter von neuem in Verwechselungen und Fehlgriffe zu geraten, zwei Anwendungen des Satzes vom zureichenden Grunde unterschieden hat: die eine auf Urteile, die, um wahr zu sein, immer einen Grund, die andre auf Veränderungen realer Objekte, die immer eine Ursache haben müssen. Wir sehn, daß in beiden Fällen der Satz vom zureichenden Grund zur Frage ›Warum?‹ berechtigt, welche Eigenschaft ihm wesentlich ist. Allein sind unter jenen beiden Verhältnissen alle Fälle begriffen, in denen wir ›Warum?‹ zu fragen berechtigt sind? Wenn ich frage: Warum sind in diesem Triangel die drei Seiten gleich? so ist die Antwort: weil die drei Winkel gleich sind. Ist nun die Gleichheit der Winkel *Ursache* der Gleichheit der Seiten? Nein, denn hier ist von keiner Veränderung, also von keiner Wirkung, die eine Ursache haben müßte, die Rede. – Ist sie bloß Erkenntnisgrund? Nein, denn die Gleichheit der Winkel ist nicht bloß Beweis der Gleichheit der Seiten, nicht bloß Grund eines Urteils: aus bloßen Begriffen ist ja nimmermehr einzusehn, daß, weil die Winkel gleich sind, auch die Seiten gleich sein müssen; denn im Begriff von Gleichheit der Winkel liegt nicht der von Gleichheit der Seiten. Es ist hier also keine Verbindung zwischen Begriffen oder Urteilen, sondern zwischen Seiten und Winkeln. Die Gleichheit der

Winkel ist nicht *unmittelbar* Grund zur *Erkenntnis* der Gleichheit der Seiten, sondern nur *mittelbar*, indem sie Grund des *So-Seins*, hier des Gleichseins der Seiten ist: darum, daß die Winkel gleich sind, müssen die Seiten gleich sein. Es findet sich hier eine notwendige Verbindung zwischen Winkeln und Seiten, nicht unmittelbar eine notwendige Verbindung zweier Urteile. – Oder wiederum, wenn ich frage, warum zwar infecta facta [Ungeschehenes zu einem Geschehenen], aber nimmermehr facta infecta fieri possunt[1] [Geschehenes zu einem Ungeschehenen gemacht werden kann], also warum denn eigentlich die Vergangenheit schlechthin unwiederbringlich, die Zukunft unausbleiblich sei; so läßt sich dies auch nicht rein logisch mittelst bloßer Begriffe dartun. Und ebensowenig ist es Sache der Kausalität; da diese nur die *Begebenheiten* in der Zeit, nicht diese selbst beherrscht. Aber nicht durch Kausalität, sondern unmittelbar durch ihr bloßes Dasein selbst, dessen Eintritt jedoch unausbleiblich war, hat die jetzige Stunde die verflossene in den bodenlosen Abgrund der Vergangenheit gestürzt und auf ewig zu nichts gemacht. Dies läßt sich aus bloßen Begriffen nicht verstehn noch durch sie verdeutlichen; sondern wir erkennen es ganz unmittelbar und intuitiv eben wie den Unterschied zwischen rechts und links und was von diesem abhängt, z.B. daß der linke Handschuh nicht zur rechten Hand paßt.

Da nun also nicht alle Fälle, in denen der Satz vom zureichenden Grunde Anwendung findet, sich zurückführen lassen auf logischen Grund und Folge und Ursache und Wirkung; so muß bei dieser Einteilung dem Gesetz der Spezifikation kein Genüge geschehen sein. Das Gesetz der Homogeneität nötigt uns jedoch vorauszusetzen, daß jene Fälle nicht ins unendliche verschieden sein, sondern auf gewisse Gattungen müssen zurückgeführt werden können. Ehe ich nun diese Einteilung versuche, ist es nötig zu bestimmen, was dem Satz vom zureichenden Grunde als sein eigentümlicher Charakter in allen Fällen eigen sei; weil der Geschlechtsbegriff vor den Gattungsbegriffen festgestellt werden muß.

1. [Nach Plautus: ›Aulularia‹ 4, 10, 15]

§ 16
Die Wurzel des Satzes vom zureichenden Grund

Unser erkennendes Bewußtsein, als äußere und innere Sinnlichkeit (Rezeptivität), Verstand und Vernunft auftretend, zerfällt in Subjekt und Objekt und enthält nichts außerdem. Objekt für das Subjekt sein und unsere Vorstellung sein ist dasselbe. Alle unsere Vorstellungen sind Objekte des Subjekts, und alle Objekte des Subjekts sind unsere Vorstellungen. Nun aber findet sich, daß alle unsere Vorstellungen unter einander in einer gesetzmäßigen und der Form nach a priori bestimmbaren Verbindung stehn, vermöge welcher nichts für sich Bestehendes und Unabhängiges, auch nichts Einzelnes und Abgerissenes Objekt für uns werden kann. Diese Verbindung ist es, welche der Satz vom zureichenden Grund in seiner Allgemeinheit ausdrückt. Obgleich dieselbe nun, wie wir schon aus dem Bisherigen entnehmen können, je nach Verschiedenheit der Art der Objekte verschiedene Gestalten annimmt, welche zu bezeichnen der Satz vom Grunde dann auch wieder seinen Ausdruck modifiziert; so bleibt ihr doch immer das allen jenen Gestalten Gemeinsame, welches unser Satz, allgemein und abstrakt gefaßt, besagt. Die demselben zum Grunde liegenden, im folgenden näher nachzuweisenden Verhältnisse sind es daher, welche ich die Wurzel des Satzes vom zureichenden Grunde genannt habe. Diese nun sondern sich bei näherer den Gesetzen der Homogeneität und der Spezifikation gemäß angestellter Betrachtung in bestimmte von einander sehr verschiedene Gattungen, deren Anzahl sich auf *vier* zurückführen läßt, indem sie sich richtet nach den *vier Klassen*, in welche alles, was für uns Objekt werden kann, also alle unsere Vorstellungen zerfallen. Diese Klassen werden in den nächsten vier Kapiteln aufgestellt und abgehandelt.

In jeder derselben werden wir den Satz vom zureichenden Grund in einer andern Gestalt auftreten, sich aber überall dadurch, daß er den oben angegebenen Ausdruck zuläßt, als denselben und als aus der hier angegebenen Wurzel entsprossen zu erkennen geben sehn.

VIERTES KAPITEL

ÜBER DIE ERSTE KLASSE DER OBJEKTE FÜR DAS SUBJEKT UND DIE IN IHR HERRSCHENDE GESTALTUNG DES SATZES VOM ZUREICHENDEN GRUNDE

§ 17
Allgemeine Erklärung dieser Klasse von Objekten

Die erste Klasse der möglichen Gegenstände unsers Vorstellungsvermögens ist die der *anschaulichen, vollständigen, empirischen* Vorstellungen. Sie sind *anschauliche* im Gegensatz der bloß gedachten, also der abstrakten Begriffe; *vollständige*, sofern sie, nach Kants Unterscheidung, nicht bloß das Formale, sondern auch das Materiale der Erscheinungen enthalten; *empirische* teils, sofern sie nicht aus bloßer Gedankenverknüpfung hervorgehn, sondern in einer Anregung der Empfindung unsers sensitiven Leibes ihren Ursprung haben, auf welchen sie zur Beglaubigung ihrer Realität stets zurückweisen; teils, weil sie gemäß den Gesetzen des Raumes, der Zeit und der Kausalität im Verein zu demjenigen end- und anfangslosen Komplex verknüpft sind, der unsere *empirische Realität* ausmacht. Da jedoch diese, nach dem Ergebnis der Kantischen Belehrung, die *transzendentale Idealität* derselben nicht aufhebt; so kommen sie hier, wo es sich um die formellen Elemente der Erkenntnis handelt, bloß als Vorstellungen in Betracht.

§ 18
Umriß einer transzendentalen Analysis der empirischen Realität

Die Formen dieser Vorstellungen sind die des innern und äußern Sinnes, *Zeit* und *Raum*. Aber nur als *erfüllt* sind diese *wahrnehmbar*. Ihre *Wahrnehmbarkeit* ist die *Materie*, auf welche ich weiterhin wie auch § 21 *[S. 104]* zurückkommen werde.

Wäre die Zeit die alleinige Form dieser Vorstellungen; so gäbe es kein *Zugleichsein* und deshalb nichts *Beharrliches* und keine *Dauer*. Denn *die Zeit* wird nur wahrgenommen, sofern sie erfüllt ist, und ihr Fortgang nur durch den *Wechsel* des sie Erfüllenden. Das *Beharren* eines Objekts wird daher nur erkannt durch den Gegensatz des *Wechsels* anderer, die mit ihm *zugleich* sind. Die Vorstellung des *Zugleichseins* aber ist in der bloßen Zeit nicht möglich, sondern zur andern Hälfte bedingt durch die Vorstellung vom *Raum*; weil in der bloßen Zeit alles *nacheinander*, im Raum aber *nebeneinander* ist: dieselbe entsteht also erst durch den Verein von Zeit und Raum.

Wäre andrerseits der Raum die alleinige Form der Vorstellungen dieser Klasse; so gäbe es keinen *Wechsel*: denn Wechsel oder Veränderung ist *Sukzession* der Zustände, und *Sukzession* ist nur in der *Zeit* möglich. Daher kann man die Zeit auch definieren als die Möglichkeit entgegengesetzter Bestimmungen am selben Dinge.

Wir sehn also, daß die beiden Formen der empirischen Vorstellungen, obwohl sie bekanntlich unendliche Teilbarkeit und unendliche Ausdehnung gemein haben, doch grundverschieden sind darin, daß, was der *einen* wesentlich ist, in der *andern* gar keine Bedeutung hat: das Nebeneinander keine in der Zeit, das Nacheinander keine im Raum. Die empirischen, zum gesetzmäßigen Komplex der Realität gehörigen Vorstellungen erscheinen dennoch in beiden Formen zugleich, und sogar ist eine *innige Vereinigung* beider die Bedingung der Realität, welche aus ihnen gewissermaßen wie ein Produkt aus seinen Faktoren erwächst. Was diese *Vereinigung* schafft, ist der Verstand, der mittelst seiner ihm eigentümlichen Funktion jene heterogenen Formen der Sinnlichkeit verbindet, so daß aus ihrer wechselseitigen Durchdringung, wiewohl eben auch nur für ihn selbst, die *empirische Realität* hervorgeht als eine Gesamtvorstellung, welche einen durch die Formen des Satzes vom Grunde zusammengehaltenen Komplex, jedoch mit problematischen

Grenzen bildet, von dem alle einzelnen dieser Klasse angehörigen Vorstellungen Teile sind und in ihm, bestimmten uns a priori bewußten Gesetzen gemäß, ihre Stellen einnehmen, in welchem daher unzählige Objekte *zugleich* existieren, weil in ihm ungeachtet der Unaufhaltsamkeit der Zeit die Substanz, d. i. die Materie, beharrt und ungeachter der starren Unbeweglichkeit des Raums ihre Zustände wechseln, in welchem also, mit *einem* Wort, diese ganze objektive reale Welt für uns daist. Die Ausführung der hier nur im Umriß gegebenen Analysis der empirischen Realität durch eine nähere Auseinandersetzung der Art und Weise, wie durch die Funktion des Verstandes jene Vereinigung und mit ihr die Erfahrungswelt für ihn zustande kommt, findet der teilnehmende Leser in der ›Welt als Wille und Vorstellung‹ Bd. 1, § 4 (oder erste Auflage S. 12f. *[Bd. 1, S. 37–44]*), wozu ihm die dem 4. Kapitel des 2. Bandes beigegebene und seiner aufmerksamen Beachtung empfohlene Tafel der ›Praedicabilia a priori der Zeit, des Raumes und der Materie‹ *[Bd. 2, S. 66–70]* eine wesentliche Beihülfe sein wird, da aus ihr besonders erhellt, wie die Gegensätze des Raumes und der Zeit sich in der Materie als ihrem in der Form der Kausalität sich darstellenden Produkt ausgleichen.

Die Funktion des Verstandes, welche die Basis der empirischen Realität ausmacht, soll sogleich ihre ausführliche Darstellung erhalten: nur müssen zuvor durch ein paar beiläufige Erörterungen die nächsten Anstöße, welche die hier befolgte idealistische Grund-Auffassung finden könnte, beseitigt werden.

§ 19
Unmittelbare Gegenwart
der Vorstellungen

Weil nun aber ungeachtet dieser Vereinigung der Formen des innern und äußern Sinnes durch den Verstand zur Vorstellung der Materie und damit zu der einer beharrenden Außenwelt das Subjekt *unmittelbar* nur durch den *innern*

Sinn erkennt, indem der äußere Sinn wieder Objekt des innern ist und dieser die Wahrnehmungen jenes wieder wahrnimmt, das Subjekt also in Hinsicht auf die *unmittelbare Gegenwart* der Vorstellungen in seinem Bewußtsein den Bedingungen der *Zeit* allein als der Form des *innern Sinnes* unterworfen bleibt[1]; so kann ihm nur *eine* deutliche Vorstellung, wiewohl diese sehr zusammengesetzt sein kann, auf *einmal* gegenwärtig sein. Vorstellungen sind *unmittelbar gegenwärtig* heißt: sie werden nicht nur in der vom Verstande (der, wie wir sogleich sehn werden, ein intuitives Vermögen ist) vollzogenen Vereinigung der Zeit und des Raums zur Gesamtvorstellung der empirischen Realität, sondern sie werden als Vorstellungen des innern Sinnes in der bloßen Zeit erkannt, und zwar auf dem Indifferenzpunkt zwischen den beiden auseinandergehenden Richtungen dieser, welcher *Gegenwart* heißt. Die im vorigen Paragraphen berührte Bedingung zur unmittelbaren Gegenwart einer Vorstellung dieser Klasse ist ihre kausale Einwirkung auf unsere Sinne, mithin auf unsern Leib, welcher selbst zu den Objekten dieser Klasse gehört, mithin dem in ihr herrschenden, sogleich zu erörternden Gesetze der Kausalität unterworfen ist. Weil dieserhalb das Subjekt nach den Gesetzen sowohl der innern wie der äußern Welt bei jener *einen* Vorstellung nicht bleiben kann, in der bloßen Zeit aber kein Zugleichsein ist; so wird jene Vorstellung stets wieder verschwinden, von andern verdrängt, nach einer nicht a priori bestimmbaren, sondern von bald zu erwähnenden Umständen abhängigen Ordnung. Daß außerdem Phantasie und Traum die unmittelbare Gegenwart der Vorstellungen reproduzieren, ist eine bekannte Tatsache, deren Erörterungen jedoch nicht hieher, sondern in die empirische Psychologie gehört. Da nun aber ungeachtet dieser Flüchtigkeit und dieser Vereinzelung der Vorstellungen in Hinsicht auf ihre unmittelbare Gegenwart im Bewußtsein des Subjekts diesem dennoch die Vorstellung von einem alles begreifenden Komplex der

---

1. Vgl. ›Kritik der reinen Vernunft‹, [Transzendentale] ›Elementarlehre‹ Abschnitt 2 [§ 6], ›Schlüsse aus diesen Begriffen‹ [des Raumes und der Zeit], b) und c) der ersten Auflage S. 33; der fünften S. 49.

Realität, wie ich diesen oben beschrieben, durch die Funktion des Verstandes bleibt; so hat man in Hinsicht auf diesen Gegensatz die Vorstellungen, sofern sie zu jenem Komplex gehören, für etwas ganz anderes gehalten, als sofern sie dem Bewußtsein unmittelbar gegenwärtig sind, und in jener Eigenschaft sie *reale Dinge*, in dieser aber allein Vorstellungen κατ' ἐξοχήν [schlechthin] genannt. Diese Auffassung der Sache, welche die gemeine ist, heißt bekanntlich *Realismus*. Ihr hat sich mit dem Eintritte der neueren Philosophie der *Idealismus* entgegengestellt und immer mehr Feld gewonnen. Zuerst durch Malebranche und Berkeley vertreten, wurde er durch Kant zum transzendentalen Idealismus potenziert, welcher das Zusammenbestehen der empirischen Realität der Dinge mit der transzendentalen Idealität derselben begreiflich macht und demgemäß *Kant* in der ›Kritik der reinen Vernunft‹ sich unter anderm so ausspricht: ›Ich verstehe unter dem transzendentalen Idealismus aller Erscheinungen den Lehrbegriff, nach welchem wir sie insgesamt als bloße Vorstellungen und nicht als Dinge an sich selbst ansehn.‹ Weiterhin in der Anmerkung: ›Der Raum ist selbst nichts anderes als Vorstellung; folglich, was in ihm ist, muß in der Vorstellung enthalten sein, und im Raum ist gar nichts, außer sofern es in ihm wirklich vorgestellt wird‹ (›Kritik des vierten Paralogismus der transzendentalen Psychologie‹, S. 369 und 375 der ersten Auflage). Endlich in der diesem Kapitel angehängten ›Betrachtung‹ heißt es: ›Wenn ich das denkende Subjekt wegnehme, muß die ganze Körperwelt wegfallen, als die nichts ist als die Erscheinung in der Sinnlichkeit unsers Subjekts und eine Art Vorstellungen desselben‹ [S. 383]. In Indien ist sowohl im Brahmanismus als im Buddhaismus der Idealismus sogar Lehre der Volksreligion: bloß in Europa ist er infolge der wesentlich und unumgänglich realistischen jüdischen Grundansicht paradox. Der Realismus übersieht aber, daß das sogenannte Sein dieser realen Dinge doch *durchaus nichts anderes ist als ein Vorgestelltwerden* oder, wenn man darauf besteht, nur die unmittelbare Gegenwart im Bewußtsein des Subjekts ein Vorgestelltwerden κατ' ἐντελέχειαν [der Wirklichkeit nach]

zu nennen, gar nur ein Vorgestelltwerdenkönnen κατὰ δύ-
ναμιν [der Möglichkeit nach]: er übersieht, daß das Objekt
außerhalb seiner Beziehung auf das Subjekt nicht mehr
Objekt bleibt und daß, wenn man ihm diese nimmt oder
davon abstrahiert, sofort auch alle objektive Existenz aufgehoben ist. *Leibniz*, der das Bedingtsein des Objekts durch
das Subjekt wohl fühlte, jedoch sich von dem Gedanken
eines Seins an sich der Objekte unabhängig von ihrer Beziehung auf das Subjekt, d. h. vom *Vorgestelltwerden* nicht
freimachen konnte, nahm zuvörderst eine der Welt der Vorstellung genau gleiche und ihr parallel laufende Welt der
Objekte an sich an, die aber mit jener nicht direkt, sondern
nur äußerlich mittelst einer harmonia praestabilita [vorher-
bestimmten Harmonie] verbunden war – augenscheinlich das
Überflüssigste auf der Welt, da sie selbst nie in die Wahrnehmung fällt und die ihr ganz gleiche Welt in der Vorstellung auch ohne sie ihren Gang geht. Als er nun aber
wieder das Wesen der an sich selbst objektiv existierenden
Dinge näher bestimmen wollte, geriet er in die Notwendigkeit, die Objekte an sich selbst für Subjekte (monades) zu
erklären, und gab eben dadurch den sprechendsten Beweis
davon, daß unser Bewußtsein, soweit es ein bloß erkennendes ist, also innerhalb der Schranken des Intellekts,
d. h. des Apparats zur Welt der Vorstellung eben nichts
weiter finden kann als Subjekt und Objekt, Vorstellen-
des und Vorstellung, und wir daher, wenn wir vom Objekt-
sein (Vorgestelltwerden) eines Objekts abstrahiert, d. h.
als solches es aufgehoben haben und dennoch etwas setzen wollen, auf gar nichts geraten können als *das Subjekt*.
Wollen wir aber umgekehrt vom Subjektsein des Subjekts
abstrahieren und dennoch nicht nichts übrigbehalten, so
tritt der umgekehrte Fall ein, der sich zum *Materialismus*
entwickelt.

Spinoza, der mit der Sache nicht aufs reine und daher
nicht zu deutlichen Begriffen gekommen war, hatte dennoch die notwendige Beziehung zwischen Objekt und Subjekt als eine ihnen so wesentliche, daß sie durchaus Bedingung ihrer Denkbarkeit ist, sehr wohl verstanden und sie

deshalb als eine Identität des Erkennenden und Ausgedehnten in der allein existierenden Substanz dargestellt.

Anmerkung: Ich bemerke bei Gelegenheit der Haupterörterung dieses Paragraphen, daß, wenn ich im Fortgange der Abhandlung mich der Kürze und leichtern Faßlichkeit halber des Ausdrucks *reale Objekte* bedienen werde, darunter nichts anderes zu verstehn ist als eben die anschaulichen, zum Komplex der an sich selbst stets ideal bleibenden empirischen Realität verknüpften Vorstellungen.

§ 20
Satz vom zureichenden Grunde des Werdens

In der nunmehr dargestellten Klasse der Objekte für das Subjekt tritt der Satz vom zureichenden Grunde auf als *Gesetz der Kausalität*, und ich nenne ihn als solches den *Satz vom zureichenden Grunde des Werdens*, principium rationis sufficientis fiendi. Alle in der Gesamtvorstellung, welche den Komplex der erfahrungsmäßigen Realität ausmacht, sich darstellenden Objekte sind hinsichtlich des Ein- und Austritts ihrer Zustände, mithin in der Richtung des Laufes der Zeit durch ihn miteinander verknüpft. Er ist folgender: Wenn ein neuer Zustand eines oder mehrerer realer Objekte eintritt; so muß ihm ein andrer vorhergegangen sein, auf welchen der neue regelmäßig, d. h. allemal, sooft der erstere da ist, folgt. Ein solches Folgen heißt ein *Erfolgen* und der erstere Zustand die *Ursache*, der zweite die *Wirkung*. Wenn sich z. B. ein Körper entzündet, so muß diesem Zustand des Brennens vorhergegangen sein ein Zustand 1. der Verwandtschaft zum Oxygen, 2. der Berührung mit dem Oxygen, 3. einer bestimmten Temperatur. Da, sobald dieser Zustand vorhanden war, die Entzündung unmittelbar erfolgen mußte, diese aber erst jetzt erfolgt ist; so kann auch jener Zustand nicht immer dagewesen, sondern muß erst jetzt eingetreten sein. Dieser Eintritt heißt eine *Veränderung*. Daher steht das Gesetz der Kausalität in ausschließlicher Beziehung auf *Veränderungen* und hat es stets nur mit diesen zu tun. Jede Wirkung ist bei ihrem Eintritt eine *Veränderung* und gibt, eben weil sie nicht schon früher eingetreten, unfehlbare Anweisung auf eine andere ihr vorhergegangene *Veränderung*, welche in Beziehung auf sie *Ursache*, in Beziehung auf eine dritte, ihr selbst wieder notwendig vorhergegangene *Veränderung* aber *Wirkung* heißt. Dies ist die Kette der Kausalität: sie ist notwendig anfangslos. Demnach also muß jeder eintretende Zustand aus einer ihm vorhergegangenen Veränderung erfolgt sein, z.B. in unserm obigen Fall aus dem Hinzutreten freier Wärme an den Körper, aus welchem die Temperaturerhöhung erfolgen mußte: dieses Hinzutreten der Wärme ist wieder durch eine vorhergehende Veränderung, z.B. das Auffallen der Sonnenstrahlen auf einen Brennspiegel bedingt; dieses etwan durch das Wegziehn einer Wolke von der Richtung der Sonne; dieses durch Wind; dieser durch ungleiche Dichtigkeit der Luft; diese durch andere Zustände, und so in infinitum. Daß, wenn ein Zustand, um Bedingung zum Eintritt eines neuen zu sein, alle Bestimmungen bis auf *eine* enthält, man diese *eine*, wenn sie jetzt noch, also zuletzt, hinzutritt, die Ursache κατ' ἐξοχήν nennen will, ist zwar insofern richtig, als man sich dabei an die letzte, hier allerdings entscheidende Veränderung hält: davon abgesehn aber hat für die Feststellung der ursächlichen Verbindung der Dinge im Allgemeinen eine Bestimmung des kausalen Zustandes dadurch, daß sie die letzte ist, die hinzutritt, vor den übrigen nichts voraus. So ist im angeführten Beispiel das Wegziehn der Wolke zwar insofern die Ursache der Entzündung zu nennen, als es später eintritt als das Richten des Brennspiegels auf das Objekt: dieses hätte jedoch später geschehn können als das Wegziehn der Wolke und das Zulassen des Oxygens wieder später als dieses: solche zufällige Zeitbestimmungen haben denn in jener Hinsicht zu entscheiden, welches die Ursache sei. Bei genauerer Betrachtung hingegen finden wir, daß der *ganze Zustand* die Ursache des folgenden ist, wobei es im wesentlichen einerlei ist, in welcher Zeitfolge seine Bestimmungen zusammengekommen seien. Demnach mag man in Hinsicht auf einen gegebenen einzelnen Fall die zuletzt eingetretene Bestimmung eines Zustandes, weil sie die Zahl der hier erforderlichen Bedingungen vollmacht, also ihr Eintritt die hier entscheidende Veränderung wird, die Ursache κατ' ἐξοχήν nennen: jedoch für die allgemeine Betrachtung darf nur der *ganze* den Eintritt des folgenden herbeiführende Zustand als Ursache gelten. Die verschiedenen einzelnen Bestimmungen aber, welche erst zusammengenommen die Ursache komplettieren und ausmachen, kann man die ursächlichen Momente oder auch die *Bedingungen* nennen und demnach die Ursache in solche zerlegen. Ganz falsch hingegen ist es, wenn man nicht den Zustand, sondern die Objekte Ursache nennt, z. B. im angeführten Fall würden einige den Brennspiegel Ursache der Entzündung nennen, andere die Wolke, andere die Sonne, andere das Oxygen und so regellos nach Belieben. Es hat aber gar keinen Sinn zu sagen, ein Objekt sei Ursache eines andern: zunächst, weil die Objekte nicht bloß die Form und Qualität, sondern auch die *Materie* enthalten, diese aber weder entsteht noch vergeht; und sodann, weil das Gesetz der Kausalität sich ausschließlich auf *Veränderungen*, d. h. auf den Ein- und Austritt der Zustände in der Zeit bezieht, als woselbst es dasjenige Verhältnis reguliert, in Beziehung auf welches der frühere *Ursache*, der spätere *Wirkung* heißt und ihre notwendige Verbindung *das Erfolgen*.

Den nachdenkenden Leser verweise ich hier auf die Erläuterungen, welche ich in der ›Welt als Wille und Vorstellung‹ Bd. 2, Kap. 4, besonders S. 42 und ff. *[Bd. 2, S. 59–62]* geliefert habe. Denn es ist von der höchsten Wichtigkeit, daß man von der wahren und eigentlichen Bedeutung des Kausalitätsgesetzes, wie auch vom Bereich seiner Geltung vollkommen deutliche und feste Begriffe habe, also vor allen Dingen klar erkenne, daß dasselbe allein und ausschließlich auf *Veränderungen* materieller Zustände sich bezieht und schlechterdings auf nichts anderes, folglich nicht herbeigezogen werden darf, wo nicht *davon* die Rede ist. Es ist nämlich der Regulator der in der Zeit eintretenden *Veränderungen* der Gegenstände der äußern *Erfahrung*: diese aber sind sämtlich materiell. Jede Veränderung kann nur eintreten dadurch, daß eine andere, nach einer Regel bestimmte, ihr vorhergegangen ist, durch welche sie aber dann als notwendig herbeigeführt eintritt: diese Notwendigkeit ist der Kausalnexus.

So einfach demnach das Gesetz der Kausalität ist; so finden wir in den philosophischen Lehrbüchern von den ältesten Zeiten an bis auf die neuesten in der Regel es ganz anders ausgedrückt, nämlich abstrakter, mithin weiter und unbestimmter gefaßt. Da heißt es denn etwan, Ursache sei, wodurch ein anderes zum Dasein gelangt oder was ein anderes hervorbringt, es wirklich macht u. dgl. mehr; wie denn schon Wolff [›Ontologia‹ § 881] sagt: ›Causa est principium, a quo existentia sive actualitas entis alterius dependet‹ [Die Ursache ist das Prinzip, von dem die Existenz oder die Wirklichkeit eines anderen Seienden abhängt]; während doch bei der Kausalität es sich offenbar nur um Formveränderungen der unentstandenen und unzerstörbaren Materie handelt und ein eigentliches Entstehn, ein Ins-Dasein-Treten des vorher gar nicht Gewesenen eine Unmöglichkeit ist. An jenen hergebrachten zu weiten, schiefen, falschen Fassungen des Kausalitätsverhältnisses mag nun zwar größtenteils Unklarheit des Denkens schuld sein: aber zuverlässig steckt mitunter auch Absicht dahinter, nämlich theologische, schon von ferne mit dem kosmologischen Beweise liebäugelnde, welche bereit ist diesem zu Gefallen selbst transzendentale Wahrheiten a priori (diese Muttermilch des menschlichen Verstandes) zu verfälschen. Am deutlichsten hat man dies vor Augen im Buche des Thomas Browne, ›On the relation of cause and effect‹, welches, 460 Seiten zählend, schon 1835 seine vierte Auflage, und seitdem wohl mehrere, erlebt hat und, abgesehn von seiner ermüdenden, kathedermäßigen Weitschweifigkeit, seinen Gegenstand nicht übel behandelt. Dieser Engländer nun hat ganz richtig erkannt, daß es allemal *Veränderungen* sind, welche das Gesetz der Kausalität betrifft, daß also jede Wirkung eine *Veränderung* sei: aber daß die Ursache ebenfalls eine *Veränderung* sei, woraus folgt, daß die ganze Sache bloß der ununterbrochene Nexus der in der Zeit sich sukzedierenden *Veränderungen* sei – damit will er nicht heraus, obwohl es ihm unmöglich entgangen sein kann; sondern er nennt jedesmal höchst ungeschickt die Ursache ein der Veränderung *vorhergehendes Objekt* oder auch Substanz, und mit diesem ganz falschen Ausdruck, der ihm seine Auseinandersetzungen überall verdirbt, dreht und quält er sich sein ganzes langes Buch hindurch erbärmlich herum gegen sein besseres Wissen und *Gewissen* – einzig und allein, damit seine Darstellung dem etwan anderweitig und von andern dereinst aufzustellenden kosmologischen Beweise nur ja nicht im Wege stehe. – Wie muß es doch mit einer Wahrheit bestellt sein, der man durch solche Schliche schon von ferne den Weg zu bahnen hat.

Aber was haben denn unsere guten, redlichen, Geist und Wahrheit höher als alles schätzenden deutschen Philosophie-Professoren ihrerseits für den so teuern kosmologischen Beweis getan, nachdem nämlich *Kant* in der Vernunftkritik ihm die tödliche Wunde beigebracht hatte? Da war freilich guter Rat teuer: denn (sie wissen es, die Würdigen, wenn sie es auch nicht sagen) causa prima ist ebensogut wie causa sui eine contradictio in adiecto; obschon der erstere Ausdruck viel häufiger gebraucht wird als der letztere und auch mit ganz ernsthafter, sogar feierlicher Miene ausgesprochen zu werden pflegt, ja manche, insonderheit englische Reverends recht erbaulich die Augen verdrehn, wenn sie mit Emphase und Rührung the first cause [die erste Ursache] – diese contradictio in adiecto – aussprechen. Sie wissen es: eine erste Ursache ist gerade und genau so undenkbar wie die Stelle, wo der Raum ein Ende hat, oder der Augenblick, da die Zeit einen Anfang nahm. Denn jede Ursache ist eine *Veränderung*, bei der man nach der ihr vorhergegangenen Veränderung, durch die *sie* herbeigeführt worden, notwendig fragen muß, und so in infinitum, in infinitum! Nicht einmal ein erster Zustand der Materie ist denkbar, aus dem, da er nicht noch immer ist, alle folgenden hervorgegangen wären. Denn wäre er an sich ihre Ursache gewesen; so hätten auch sie schon von jeher sein müssen, also der jetzige nicht erst jetzt. Fing er aber erst zu einer gewissen Zeit an, kausal zu werden; so muß ihn, zu der Zeit, etwas *verändert* haben, damit er aufhörte zu ruhen: dann aber ist etwas hinzugetreten, eine Veränderung vorgegangen, nach deren Ursache, d. h. einer *ihr* vorhergegangenen Veränderung wir sogleich fragen müssen, und wir sind wieder auf der Leiter der Ursachen und werden höher und höher hinaufgepeitscht von dem unerbittlichen Gesetze der Kausalität – in infinitum, in infinitum. (Die Herren werden sich doch nicht etwan entblöden, mir von einem Entstehn der Materie selbst aus nichts zu reden? Weiter unten stehn Korollarien, ihnen aufzuwarten.) Das Gesetz der Kausalität ist also nicht so gefällig, sich brauchen zu lassen wie ein Fiaker, den man, angekommen, wo man hingewollt, nach Hause schickt. Vielmehr gleicht es dem von Goethes Zauberlehrlinge belebten Besen, der, einmal in Aktivität gesetzt, gar nicht wieder aufhört zu laufen und zu schöpfen; so daß nur der alte Hexenmeister selbst ihn zur Ruhe zu bringen vermag. Aber die Herren sind samt und sonders keine Hexenmeister. Was haben sie also getan, die edelen und aufrichtigen Freunde der Wahrheit, sie, die allezeit nur auf das Verdienst in ihrem Fache warten, um, sobald es sich zeigt, es der Welt zu verkünden, und die, wenn einer kommt, der wirklich ist, was sie denn doch nur vorstellen, weit entfernt, durch tückisches Schweigen und feiges Sekretieren seine Werke ersticken zu wollen, vielmehr alsbald die Herolde seines Verdienstes sein werden – gewiß, so gewiß ja bekanntlich der Unverstand den Verstand über alles liebt – was also haben sie getan für ihren alten Freund, den hart bedrängten, ja schon auf dem Rücken liegenden kosmologischen Beweis? – O, sie haben einen feinen Pfiff erdacht: ›Freund‹, haben sie zu ihm gesagt, ›es steht schlecht mit dir, recht schlecht, seit deiner fatalen Renkontre mit dem alten Königsberger Starrkopf; so schlecht – wie mit deinen Brüdern, dem ontologischen und dem physikotheologischen. Aber getrost, *wir* verlassen dich darum nicht (du weißt, wir sind dafür bezahlt): jedoch – es ist nicht anders – du mußt Namen und Kleidung wechseln; denn nennen wir dich bei deinem Namen, so läuft uns alles davon. Inkognito aber fassen wir dich untern Arm und bringen dich wieder unter Leute; nur, wie gesagt, inkognito: es geht! Zunächst also: dein Gegenstand führt von jetzt an den Namen ›das absolutum'; das klingt fremd, anständig und vornehm – und wieviel man mit Vornehmtun bei den Deutschen ausrichten kann, wissen wir am besten: was gemeint sei, versteht doch jeder und dünkt sich noch weise dabei. Du selbst aber trittst verkleidet in Gestalt eines Enthymems[1] auf. Alle deine Prosyllogismen und Prämissen nämlich, mit denen du uns den langen Klimax hinaufzuschleppen pflegtest, laß nur hübsch zu Hause: man weiß ja doch, daß es nichts damit ist. Aber als ein Mann von wenig Worten, stolz, dreist und vornehm auftretend, bist du mit *einem* Sprunge am Ziele: ,Das absolutum', schreist du (und wir mit), ,*das* muß denn doch, zum Teufel, *sein*; sonst wäre ja gar nichts!' (hierbei schlägst du auf den Tisch.) Woher aber das sei? ,Dumme Frage! habe ich nicht gesagt, es wäre das absolutum?' – Es geht, bei unserer Treu, es geht! Die Deutschen sind gewohnt, Worte statt der Begriffe hinzunehmen: dazu werden sie von Jugend auf durch uns dressiert – sieh nur die Hegelei, was ist sie anderes als leerer, hohler, dazu ekelhafter Wortkram? Und doch, wie glänzend war die Karriere dieser philosophischen Ministerkreatur! Dazu bedurfte es nichts weiter als einiger feilen Gesellen, den Ruhm des Schlechten zu intonieren, und ihre Stimme fand an der leeren Höhlung von tausend Dummköpfen ein noch jetzt nachhallendes und sich fortpflanzendes Echo: siehe, so war bald aus einem gemeinen Kopf, ja einem gemeinen Scharlatan ein großer Philosoph gemacht. Also Mut gefaßt! Überdies, Freund und Gönner, sekundieren wir dich noch anderweitig; können wir doch ohne dich nicht leben! – Hat der alte Königsberger Krittler die Vernunft kritisiert und ihr die Flügel beschnitten – gut! so erfinden wir eine *neue* Vernunft, von der bis dahin noch kein Mensch etwas gehört hatte, eine Vernunft, welche nicht denkt, sondern unmittelbar *anschaut*, Ideen (ein vornehmes Wort, zum Mystifizieren geschaffen) anschaut, leibhaftig; oder auch sie *vernimmt*, unmittelbar vernimmt, was du und die andern erst beweisen wollten; oder – bei denen nämlich, welche nur wenig zugestehn, aber auch mit wenig vorliebnehmen – es *ahndet*. Früh eingeimpfte

1. [Verkürzten Syllogismus]

Volksbegriffe geben wir so für unmittelbare Eingebungen dieser unserer neuen Vernunft, d. h. eigentlich für Eingebungen von oben aus. Die alte auskritisierte Vernunft aber, die degradieren wir, nennen sie *Verstand* und schicken sie promenieren. Und den wahren, eigentlichen Verstand? – was, in aller Welt, geht uns der wahre, eigentliche Verstand an? – Du lächelst ungläubig: aber wir kennen unser Publikum und die harum, horum[1], die wir da auf den Bänken vor uns haben. Hat doch schon Baco von Verulam gesagt: ,Auf Universitäten lernen die jungen Leute glauben.'[2] *Da* können sie von uns etwas Rechtschaffenes lernen! Wir haben einen guten Vorrat von Glaubensartikeln. – Will dich Verzagtheit anwandeln, so denke nur immer daran, daß wir in Deutschland sind, wo man gekonnt hat, was nirgend anderswo möglich gewesen wäre, nämlich einen geistlosen, unwissenden, Unsinn schmierenden, die Köpfe durch beispiellos hohlen Wortkram von Grund aus und auf immer desorganisierenden Philosophaster, ich meine unsern teuern Hegel, als einen großen Geist und tiefen Denker ausschreien: und nicht nur ungestraft und unverhöhnt hat man das gekonnt; sondern wahrhaftig, sie glauben es, glauben es seit dreißig Jahren, bis auf den heutigen Tag! – Haben wir also trotz Kant und ›Kritik‹ mit deiner Beihülfe nur erst das absolutum; so sind wir geborgen. – Dann philosophieren wir von oben herab, lassen aus demselben mittelst der verschiedenartigsten und nur durch ihre marternde Langweiligkeit einander ähnlichen Deduktionen die Welt hervorgehn, nennen diese auch wohl das Endliche, jenes das Unendliche – was wieder eine angenehme Variation im Wortkram gibt – und reden überhaupt immer nur von Gott, explizieren, wie, warum, wozu, weshalb, durch welchen willkürlichen oder unwillkürlichen Prozeß er die Welt gemacht oder geboren habe; ob er draußen, ob er drinne sei usf., als wäre die Philosophie Theologie und suchte nicht Aufklärung über die Welt, sondern über Gott.‹

Der kosmologische Beweis also, dem jene Apostrophe galt

---

1. [Vgl. Goethe: ›Zeichen der Zeit‹ in: ›Epigrammatisch‹]
2. [Vermutlich nach ›De dignitate et augmentis scientiae‹ 6, 4]

und mit dem wir es hier vorhaben, besteht eigentlich in der Behauptung, daß der Satz vom Grunde des Werdens oder das Gesetz der Kausalität notwendig auf einen Gedanken führe, von dem es selbst aufgehoben und für null und nichtig erklärt wird. Denn zur causa prima (absolutum) gelangt man nur durch Aufsteigen von der Folge zum Grunde, eine beliebig lange Reihe hindurch: bei ihr stehnbleiben aber kann man nicht, ohne den Satz vom Grunde zu annullieren.

Nachdem ich nun hier die Nichtigkeit des kosmologischen, wie im zweiten Kapitel *[S. 21]* die des ontologischen Beweises kurz und klar dargelegt habe, wird der teilnehmende Leser vielleicht wünschen, auch über den physikotheologischen, der viel mehr Scheinbarkeit hat, das Nötige beigebracht zu sehn. Allein der ist durchaus nicht dieses Orts, da sein Stoff einem ganz andern Teil der Philosophie angehört. Ich verweise also hinsichtlich seiner zunächst auf Kant sowohl in der ›Kritik der reinen Vernunft‹ als, ex professo [dem Vorhaben gemäß], in der ›Kritik der Urteilskraft‹ und zur Ergänzung seines rein negativen Verfahrens auf mein positives im ›Willen in der Natur‹ *[S. 395]*, dieser an Umfang geringen, an Inhalt reichen und gewichtigen Schrift. Der nicht teilnehmende Leser hingegen mag diese und alle meine Schriften intakt auf seine Enkel übergehn lassen. Mich kümmert's wenig; denn ich bin nicht für *ein* Geschlecht da, sondern für viele.

Da, wie im nächsten Paragraphen nachgewiesen wird, das Gesetz der Kausalität uns a priori bewußt und daher ein transzendentales, für alle irgend mögliche Erfahrung gültiges, mithin ausnahmsloses ist; da ferner dasselbe feststellt, daß auf einen bestimmt gegebenen relativ ersten Zustand ein zweiter ebenfalls bestimmter nach einer Regel, d. h. jederzeit folgen muß; so ist das Verhältnis der Ursache zur Wirkung ein notwendiges: daher berechtigt das Gesetz der Kausalität zu hypothetischen Urteilen und bewährt sich hierdurch als eine Gestaltung des Satzes vom zureichenden Grunde, auf welchen alle hypothetischen Urteile sich stützen müssen und auf welchem, wie weiterhin gezeigt werden soll, alle *Notwendigkeit* beruht.

Ich nenne diese Gestaltung unsers Satzes den Satz vom zureichenden Grunde des *Werdens* deswegen, weil seine Anwendung überall eine Veränderung, den Eintritt eines neuen Zustandes, also ein Werden voraussetzt. Zu seinem wesentlichen Charakter gehört ferner, daß die Ursache allemal der Wirkung, der Zeit nach, vorhergehe (vgl. § 47 *[S. 179]*), und nur daran wird ursprünglich erkannt, welcher von zwei durch den Kausalnexus verbundenen Zuständen Ursache und welcher Wirkung sei. Umgekehrt gibt es Fälle, wo uns aus früherer Erfahrung der Kausalnexus bekannt ist, die Sukzession der Zustände aber so schnell erfolgt, daß sie sich unsrer Wahrnehmung entzieht: dann schließen wir mit völliger Sicherheit von der Kausalität auf die Sukzession, z.B. daß die Entzündung des Pulvers der Explosion vorhergeht. Ich verweise hierüber auf die ›Welt als Wille und Vorstellung‹ Bd. 2, Kap. 4, S. 41 *[S. 55]*.

Aus dieser wesentlichen Verknüpfung der Kausalität mit der Sukzession folgt wieder, daß der Begriff der *Wechselwirkung*, strenge genommen, nichtig ist. Er setzt nämlich voraus, daß die Wirkung wieder die Ursache ihrer Ursache sei, also daß das Nachfolgende zugleich das Vorhergehende gewesen. Ich habe die Unstatthaftigkeit dieses so beliebten Begriffes ausführlich dargetan in meiner der ›Welt als Wille und Vorstellung‹ angehängten ›Kritik der Kantischen Philosophie‹, S. 517–521 der zweiten Auflage *[Bd. 1, S. 617–623]*, wohin ich demnach verweise. Man wird bemerken, daß Schriftsteller sich jenes Begriffes in der Regel da bedienen, wo ihre Einsicht anfängt, unklar zu werden; daher eben sein Gebrauch so häufig ist. Ja wo einem Schreiber die Begriffe ganz ausgehn, ist kein Wort bereitwilliger sich einzustellen wie ›Wechselwirkung‹; daher der Leser es sogar als eine Art Alarmkanone betrachten kann, welche anzeigt, daß man ins Bodenlose geraten sei. Auch verdient angemerkt zu werden, daß das Wort Wechselwirkung sich allein im Deutschen findet und keine andere Sprache ein gebräuchliches Äquivalent desselben besitzt.

Aus dem Gesetze der Kausalität ergeben sich zwei wichtige *Korollarien*, welche eben dadurch ihre Beglaubigung als

Erkenntnisse a priori, mithin als über allen Zweifel erhaben und keiner Ausnahme fähig erhalten: nämlich das *Gesetz der Trägheit* und das der *Beharrlichkeit der Substanz*. Das erstere besagt, daß jeder Zustand, mithin sowohl die Ruhe eines Körpers als auch seine Bewegung jeder Art unverändert, unvermindert, unvermehrt fortdauern und selbst die endlose Zeit hindurch anhalten müsse, wenn nicht eine Ursache hinzutritt, welche sie verändert oder aufhebt. − Das andere aber, welches die Sempiternität der Materie ausspricht, folgt daraus, daß das Gesetz der Kausalität sich nur auf die *Zustände* der Körper, also auf ihre Ruhe, Bewegung, Form und Qualität bezieht, indem es dem zeitlichen Entstehn und Vergehn derselben vorsteht; keineswegs aber auf das Dasein des *Trägers* dieser Zustände, als welchem man, eben um seine Exemtion von allem Entstehn und Vergehn auszudrücken, den Namen *Substanz* erteilt hat. *Die Substanz beharrt*: d.h. sie kann nicht entstehn noch vergehn, mithin das in der Welt vorhandene Quantum derselben nie vermehrt, noch vermindert werden. Daß wir dieses a priori wissen, bezeugt das Bewußtsein der unerschütterlichen Gewißheit, mit welcher jeder, der einen gegebenen Körper, sei es durch Taschenspielerstreiche oder durch Zerteilung oder Verbrennung oder Verflüchtigung oder sonst welchen Prozeß, hat verschwinden sehn, dennoch fest voraussetzt, daß, was auch aus der *Form* des Körpers geworden sein möge, die Substanz, d.i. die *Materie* desselben unvermindert vorhanden und irgendwo anzutreffen sein müsse; imgleichen, daß, wo ein vorher nicht dagewesener Körper sich vorfindet, er hingebracht oder aus unsichtbaren Teilchen, etwan durch Präzipitation[1], konkresziert sein müsse, nimmermehr aber seiner Substanz (Materie) nach entstanden sein könne, als welches eine völlige Unmöglichkeit impliziert und schlechthin undenkbar ist. Die Gewißheit, mit der wir das zum voraus (a priori) feststellen, entspringt daraus, daß es unserm Verstande an einer Form, das Entstehn oder Vergehn der Materie zu denken, durchaus fehlt;

1. [Niederschlagen schwebender oder gelöster Stoffe bei chemischen Prozessen]

indem das Gesetz der Kausalität, welche die alleinige Form ist, unter der wir überhaupt Veränderungen denken können, doch immer nur auf die *Zustände* der Körper geht, keineswegs auf das Dasein des *Trägers* aller Zustände, die *Materie*. Darum stelle ich den Grundsatz der Beharrlichkeit der Substanz als ein Korollarium des Kausalitätsgesetzes auf. Auch können wir die Überzeugung von der Beharrlichkeit der Substanz gar nicht a posteriori erlangt haben; teils, weil in den meisten Fällen der Tatbestand empirisch zu konstatieren unmöglich ist, teils, weil jede empirische, bloß durch Induktion gewonnene Erkenntnis immer nur approximative, folglich prekäre, nie unbedingte Gewißheit hat. – daher eben auch ist die Sicherheit unserer Überzeugung von jenem Grundsatz ganz anderer Art und Natur als die von der Richtigkeit irgendeines *empirisch* herausgefundenen Naturgesetzes, indem sie eine ganz andere, völlig unerschütterliche, nie wankende Festigkeit hat. Das kommt eben daher, daß jener Grundsatz eine *transzendentale* Erkenntnis ausdrückt, d.h. eine solche, welche das in aller Erfahrung irgend Mögliche *vor* aller Erfahrung bestimmt und feststellt, eben dadurch aber die Erfahrungswelt überhaupt zu einem bloßen Gehirnphänomen herabsetzt. Sogar das allgemeinste und ausnahmsloseste aller anderartigen Naturgesetze, das der Gravitation, ist schon empirischen Ursprungs, daher ohne Garantie für seine Allgemeinheit; weshalb auch es bisweilen noch angefochten wird, imgleichen mitunter Zweifel entstehn, ob es auch über unser Sonnensystem hinaus gelte, ja die Astronomen nicht ermangeln, die gelegentlich gefundenen Anzeichen und Bestätigungen hievon hervorzuheben, hiedurch an den Tag legend, daß sie es als bloß empirisch betrachten. Man kann allerdings die Frage aufwerfen, ob auch zwischen Körpern, welche durch eine *absolute* Leere getrennt wären, Gravitation stattfände; oder ob dieselbe innerhalb eines Sonnensystems, etwan durch einen Äther, vermittelt würde und daher zwischen Fixsternen nicht wirken könnte; welches dann nur empirisch zu entscheiden ist. Dies beweist, daß wir es hier mit keiner Erkenntnis a priori zu tun haben. Wenn wir hingegen der

Wahrscheinlichkeit zufolge annehmen, daß jedes Sonnensystem sich durch allmälige Kondensation eines Urweltnebels und darauf gemäß der Kant-Laplaceschen Hypothese gebildet habe; so können wir doch keinen Augenblick denken, daß jener Urstoff aus *nichts* entstanden wäre, sondern sind genötigt, seine Partikeln als vorher irgendwo vorhanden gewesen und nur zusammengekommen vorauszusetzen; eben weil der Grundsatz der Beharrlichkeit der Substanz ein transzendentaler ist. Daß übrigens *Substanz* ein bloßes Synonym von *Materie* sei, weil der Begriff derselben nur an der Materie sich realisieren läßt und daher aus ihr seinen Ursprung hat, habe ich ausführlich dargetan und, wie jener Begriff bloß zum Behuf einer Erschleichung gebildet worden, speziell nachgewiesen in meiner ›Kritik der Kantischen Philosophie‹, S. 550f. der 2. Auflage *[Bd. 1, S. 658f.]*. Diese a priori gewisse Sempiternität der Materie (genannt Beharrlichkeit der Substanz) ist gleich vielen andern ebenso sichern Wahrheiten für die Philosophie-Professoren eine verbotene Frucht; daher sie mit einem scheuen Seitenblick daran vorüberschleichen.

Von der endlosen Kette der Ursachen und Wirkungen, welche alle *Veränderungen* leitet, aber nimmer sich über diese hinaus erstreckt, bleiben eben dieserhalb zwei Wesen unberührt: einerseits nämlich, wie soeben gezeigt, die *Materie* und andererseits die ursprünglichen *Naturkräfte*; jene, weil sie der *Träger* aller Veränderungen oder dasjenige ist, *woran* solche vorgehn; diese, weil sie das sind, *vermöge* dessen die Veränderungen oder Wirkungen überhaupt möglich sind, das, was den Ursachen die Kausalität, d.i. die Fähigkeit zu wirken, allererst erteilt, von welchen sie also diese bloß zur Lehn haben. Ursache und Wirkung sind die zu notwendiger Sukzession in der Zeit verknüpften *Veränderungen*: die Naturkräfte hingegen, vermöge welcher alle Ursachen wirken, sind von allem Wechsel ausgenommen, daher in diesem Sinne außer aller Zeit, ebendeshalb aber stets und überall vorhanden, allgegenwärtig und unerschöpflich, immer bereit, sich zu äußern, sobald nur am Leitfaden der Kausalität die Gelegenheit dazu eintritt. Die Ursache ist allemal, wie auch ihre Wirkung, ein Einzelnes, eine einzelne Veränderung: die Naturkraft hingegen ist ein Allgemeines, Unveränderliches, zu aller Zeit und überall Vorhandenes. Z. B. daß der Bernstein jetzt die Flocke anzieht, ist die Wirkung: ihre Ursache ist die vorhergegangene Reibung und jetzige Annäherung des Bernsteins; und die in diesem Prozeß tätige ihm vorstehende *Naturkraft* ist die Elektrizität. Die Erläuterung der Sache durch ein ausführliches Beispiel findet man in der ›Welt als Wille und Vorstellung‹ Bd. 1, § 26, S. 153 f. *[Bd. 1, S. 203f.]*, woselbst ich an einer langen Kette von Ursachen und Wirkungen gezeigt habe, wie darin die verschiedenartigsten Naturkräfte sukzessive hervortreten und ins Spiel kommen; wodurch denn der Unterschied zwischen Ursache und Naturkraft, dem flüchtigen Phänomen und der ewigen Tätigkeitsform, überaus faßlich wird: und da überhaupt daselbst jener ganze lange § 26 dieser Untersuchung gewidmet ist, war es hier hinreichend, die Sache kurz anzugeben. Die *Norm*, welche eine Naturkraft hinsichtlich ihrer *Erscheinung* an der Kette der Ursachen und Wirkungen befolgt, also das Band, welches sie mit dieser verknüpft, ist das *Naturgesetz*. Die Verwechselung der Naturkraft mit der Ursache ist aber so häufig wie für die Klarheit des Denkens verderblich. Es scheint sogar, daß vor mir diese Begriffe nie rein gesondert worden sind, so höchst nötig es doch ist. Nicht nur werden die Naturkräfte selbst zu Ursachen gemacht, indem man sagt: die Elektrizität, die Schwere usf. ist Ursache; sondern sogar zu Wirkungen machen sie manche, indem sie nach einer Ursache der Elektrizität, der Schwere usw. fragen, welches absurd ist. Etwas ganz anderes ist es jedoch, wenn man die Zahl der Naturkräfte dadurch vermindert, daß man eine derselben auf eine andere zurückführt, wie in unsern Tagen den Magnetismus auf die Elektrizität. Jede *echte*, also wirklich ursprüngliche Naturkraft aber, wozu auch jede chemische Grund-Eigenschaft gehört, ist wesentlich qualitas occulta[1] [verborgene Eigenschaft], d. h. keiner physischen Erklärung weiter fähig, sondern nur noch einer metaphysischen, d. h.

1. [Ausdruck der Scholastiker]

über die Erscheinung hinausgehenden. Jene Verwechselung oder vielmehr Identifikation der Naturkraft mit der Ursache hat nun aber keiner so weit getrieben wie *Maine de Biran* in seinen ›Nouvelles considérations des rapports du physique au moral‹; weil dieselbe seiner Philosophie wesentlich ist. Merkwürdig ist dabei, daß, wenn er von Ursachen redet, er fast nie cause allein setzt, sondern jedesmal sagt ›cause ou force‹ [Ursache oder Kraft]; geradeso, wie wir oben § 8 *[S. 26]* den Spinoza achtmal auf einer Seite ›ratio sive causa‹ setzen sahen. Beide nämlich sind sich bewußt, zwei disparate Begriffe zu identifizieren, um nach Umständen bald den einen, bald den andern geltend machen zu können: zu diesem Zwecke nun sind sie genötigt, die Identifikation dem Leser stets gegenwärtig zu erhalten. –

Die Kausalität also, dieser Lenker aller und jeder Veränderung, tritt nun in der Natur unter *drei* verschiedenen Formen auf: als *Ursache* im engsten Sinn, als *Reiz* und als *Motiv*. Eben auf dieser Verschiedenheit beruht der wahre und wesentliche Unterschied zwischen unorganischem Körper, Pflanze und Tier, nicht auf den äußern anatomischen oder gar chemischen Merkmalen.

Die *Ursache* im engsten Sinne ist die, nach welcher ausschließlich die Veränderungen im *unorganischen* Reiche erfolgen, also diejenigen Wirkungen, welche das Thema der Mechanik, der Physik und der Chemie sind. Von ihr allein gilt das dritte Newtonische Grundgesetz: ›Wirkung und Gegenwirkung sind einander gleich‹; es besagt, daß der vorhergehende Zustand (die Ursache) eine Veränderung erfährt, die an Größe der gleichkommt, die er hervorgerufen hat (der Wirkung). Ferner ist nur bei dieser Form der Kausalität der Grad der Wirkung dem Grade der Ursache stets genau angemessen, so daß aus dieser jene sich berechnen läßt, und umgekehrt.

Die zweite Form der Kausalität ist der *Reiz*: sie beherrscht das organische Leben als solches, also das der Pflanzen und den vegetativen, daher bewußtlosen Teil des tierischen Lebens, der ja eben ein Pflanzenleben ist. Sie charakterisiert sich durch Abwesenheit der Merkmale der ersten Form.

Also sind hier Wirkung und Gegenwirkung einander nicht gleich, und keineswegs folgt die Intensität der Wirkung durch alle Grade der Intensität der Ursache: vielmehr kann durch Verstärkung der Ursache die Wirkung sogar in ihr Gegenteil umschlagen.

Die dritte Form der Kausalität ist das *Motiv*: unter dieser leitet sie das eigentlich animalische Leben, also das *Tun*, d. h. die äußern mit Bewußtsein geschehenden Aktionen aller tierischen Wesen. Das Medium der Motive ist die *Erkenntnis*: die Empfänglichkeit für sie erfordert folglich einen Intellekt. Daher ist das wahre Charakteristikon des Tiers das Erkennen, das Vorstellen. Das Tier bewegt sich als Tier allemal nach einem Ziel und Zweck; diesen muß es demnach *erkannt* haben: d. h. derselbe muß ihm als ein von ihm selbst Verschiedenes, dessen es sich dennoch bewußt wird, sich darstellen. Demzufolge ist das Tier zu definieren ›was erkennt‹: keine andere Definition trifft das Wesentliche; ja vielleicht ist auch keine andere stichhaltend. Mit der Erkenntnis fehlt notwendig auch die Bewegung auf Motive: dann bleibt also nur die auf Reize, das Pflanzenleben; daher sind Irritabilität und Sensibilität unzertrennlich. Die Wirkungsart eines Motivs aber ist von der eines Reizes augenfällig verschieden: die Einwirkung desselben nämlich kann sehr kurz, ja sie braucht nur momentan zu sein; denn ihre Wirksamkeit hat nicht wie die des Reizes irgendein Verhältnis zu ihrer Dauer, zur Nähe des Gegenstandes und dergleichen mehr; sondern das Motiv braucht nur wahrgenommen zu sein, um zu wirken, während der Reiz stets des Kontakts, oft gar der Intussuszeption[1], allemal aber einer gewissen Dauer bedarf.

Diese kurze Angabe der drei Formen der Kausalität ist hier hinreichend. Die ausführliche Darstellung derselben findet man in meiner ›Preisschrift über die Freiheit‹ (S. 30 bis 34 der ›Beiden Grundprobleme der Ethik‹ *[S. 547]*). Nur eins ist hier zu urgieren. Der Unterschied zwischen Ursache, Reiz und Motiv ist offenbar bloß die Folge des Grades der *Empfänglichkeit* der Wesen; je größer diese, desto leichterer

1. [Aufnahme in das Innere]

Art kann die Einwirkung sein: der Stein muß gestoßen werden; der Mensch gehorcht einem Blick. Beide aber werden durch eine zureichende Ursache, also mit gleicher Notwendigkeit bewegt. Denn die Motivation ist bloß die durch das Erkennen hindurchgehende Kausalität: der Intellekt ist das Medium der Motive, weil er die höchste Steigerung der Empfänglichkeit ist. Allein hiedurch verliert das Gesetz der Kausalität schlechterdings nichts an seiner Sicherheit und Strenge. Das Motiv ist eine Ursache und wirkt mit der Notwendigkeit, die alle Ursachen herbeiführen. Beim Tier, dessen Intellekt ein einfacher, daher nur die Erkenntnis der Gegenwart liefernder ist, fällt jene Notwendigkeit leicht in die Augen. Der Intellekt des Menschen ist doppelt: er hat zur anschaulichen auch noch die abstrakte Erkenntnis, welche nicht an die Gegenwart gebunden ist, d. h. er hat Vernunft. Daher hat er eine Wahlentscheidung, mit deutlichem Bewußtsein: nämlich er kann die einander ausschließenden Motive als solche gegen einander abwägen, d. h. sie ihre Macht auf seinen Willen versuchen lassen, wonach sodann das stärkere ihn bestimmt und sein Tun mit eben der Notwendigkeit erfolgt wie das Rollen der gestoßenen Kugel. Freiheit des Willens bedeutet (nicht Philosophie-Professoren-Wortkram, sondern) ›*daß einem gegebenen Menschen, in einer gegebenen Lage, zwei verschiedene Handlungen möglich seien*‹. Daß aber dies zu behaupten vollkommen *absurd* sei, ist eine so sicher und klar bewiesene Wahrheit, wie irgendeine über das Gebiet der reinen Mathematik hinausgehende es sein kann. Am deutlichsten, methodischesten, gründlichsten und dazu mit besondrer Rücksicht auf die Tatsachen des Selbstbewußtseins, durch welche unwissende Leute obige Absurdität zu beglaubigen vermeinen, findet man die besagte Wahrheit dargelegt in meiner von der Königlich Norwegischen Sozietät der Wissenschaften gekrönten ›Preisschrift über die Freiheit des Willens‹. In der Hauptsache haben jedoch schon Hobbes, Spinoza, Priestley, Voltaire, auch Kant[1] dasselbe gelehrt. Das hält nun freilich

---

1. ›Was man sich auch in metaphysischer Absicht für einen Begriff von der Freiheit des Willens machen möge; so sind doch die Erscheinun-

unsere würdigen Philosophie-Professoren nicht ab, ganz unbefangen, und als wäre nichts vorgefallen, von der Freiheit des Willens als einer ausgemachten Sache zu reden. Wozu glauben denn die Herren, daß von Gnaden der Natur die genannten großen Männer dagewesen seien? – damit *sie* von der Philosophie leben können – nicht wahr? – Nachdem nun aber ich in meiner Preisschrift die Sache klärer, als jemals geschehn, dargelegt hatte und noch dazu unter der Sanktion einer Königlichen Sozietät, die auch meine Abhandlung in ihre Denkschriften aufgenommen hat; da war es bei obiger Gesinnung doch wohl die Pflicht der Herren, einer solchen verderblichen Irrlehre und abscheulichen Ketzerei entgegenzutreten und sie auf das gründlichste zu widerlegen; ja es war dies um so mehr, als ich in demselben Bande mit jener ›Grundprobleme der Ethik‹ ir der ›Preisschrift über das Fundament der Moral‹ *[S. 629]* Kants praktische Vernunft mit ihrem kategorischen Imperativ, den die Herren unter dem Namen ›Sittengesetz‹ noch immer zum Grundstein ihrer platten Moralsysteme gebrauchen, als eine

gen desselben, die menschlichen Handlungen, ebensowohl als jede andere Naturbegebenheit nach allgemeinen Naturgesetzen bestimmt‹ (›Ideen zu einer allgemeinen Geschichte‹, der Anfang).

›Alle Handlungen des Menschen in der Erscheinung sind aus seinem empirischen Charakter und den mitwirkenden andern Ursachen nach der Ordnung der Natur bestimmt: und wenn wir alle Erscheinungen seiner Willkür bis auf den Grund erforschen könnten; so würde es keine einzige menschliche Handlung geben, die wir nicht mit Gewißheit vorhersagen und aus ihren vorhergehenden Bedingungen als notwendig erkennen könnten. In Ansehung dieses empirischen Charakters gibt es also keine Freiheit, und nach diesem können wir doch allein den Menschen betrachten, wenn wir lediglich *beobachten* und, wie es in der Anthropologie geschieht, von seinen Handlungen die bewegenden Ursachen physiologisch erforschen wollen‹ (›Kritik der reinen Vernunft‹, S. 548 der 1. und S. 577 der 5. Auflage).

›Man kann also einräumen, daß, wenn es für uns möglich wäre, in eines Menschen Denkungsart, so wie sie sich durch innere sowohl als äußere Handlungen zeigt, so tiefe Einsicht zu haben, daß jede, auch die mindeste Triebfeder dazu uns bekannt würde, imgleichen alle auf diese wirkenden äußern Veranlassungen, man eines Menschen Verhalten auf die Zukunft mit Gewißheit so wie eine Mond- oder Sonnenfinsternis ausrechnen könnte‹ (›Kritik der praktischen Vernunft‹, S. 230 der Rosenkranzischen und S. 177 der 4. Auflage).

völlig unbegründete und nichtige Annahme so unwiderleglich und deutlich nachgewiesen habe, daß kein Mensch, der nur ein Fünkchen Urteilskraft hat, wenn er es gelesen, an jene Fiktion noch länger glauben kann. – ›Nun, das werden sie doch wohl getan haben!‹ – Werden sich hüten, aufs Glatteis zu gehn! Schweigen, das Maul halten, das ist ihr ganzes Talent und ihr einziges Mittel gegen Geist, Verstand, Ernst und Wahrheit. In keinem der seit 1841 erschienenen Produkte ihrer unnützen Vielschreiberei ist meiner Ethik mit einem Worte erwähnt, obwohl sie unstreitig das Wichtigste ist, was seit 60 Jahren in der Moral geschehn: ja so groß ist ihre Angst vor mir und meiner Wahrheit, daß in keiner der von Universitäten oder Akademien ausgehenden Literaturzeitungen das Buch auch nur angezeigt worden ist. Zitto, zitto [Leise, leise], daß nur das Publikum nichts merke: dies ist und bleibt ihre ganze Politik. Freilich mag diesem pfiffigen Benehmen der Selbsterhaltungstrieb zum Grunde liegen. Denn muß nicht eine rücksichtslos auf Wahrheit gerichtete Philosophie zwischen den unter tausend Rücksichten und von ihrer guten Gesinnung halber dazu berufenen Leuten verfaßten Systemchen die Rolle des eisernen Topfes zwischen den irdenen spielen? Ihre erbärmliche Angst vor meinen Schriften ist Angst vor der Wahrheit. Und allerdings steht z. B. schon eben diese Lehre von der vollkommenen Notwendigkeit aller Willensakte in schreiendem Widerspruch mit sämtlichen Annahmen der beliebten nach dem Judentume zugeschnittenen Rockenphilosophie: aber, weit gefehlt, daß jene streng bewiesene Wahrheit davon angefochten würde, beweist vielmehr sie als ein sicheres Datum und Richtepunkt, als ein wahres Δός μοι, ποῦ στῶ [Gib mir einen Standort[1]] die Nichtigkeit jener ganzen Rockenphilosophie und die Notwendigkeit einer von Grund aus andern, ungleich tiefer gefaßten Ansicht vom Wesen der Welt und des Menschen – gleichviel, ob eine solche mit den Befugnissen der Philosophie-Professoren bestehn könne oder nicht.

---

1. [... und ich bewege die Erde; Ausspruch des Archimedes]

§ 21
Apriorität des Kausalitätsbegriffes
Intellektualität der empirischen Anschauung
Der Verstand

In der Professoren-Philosophie der Philosophie-Professoren wird man noch immer finden, daß die Anschauung der Außenwelt Sache der Sinne sei; worauf dann ein langes und breites über jeden der fünf Sinne folgt. Hingegen die Intellektualität der Anschauung, nämlich daß sie in der Hauptsache das Werk des *Verstandes* sei, welcher mittelst der ihm eigentümlichen Form der Kausalität und der dieser untergelegten der reinen Sinnlichkeit, also Zeit und Raum, aus dem rohen Stoff einiger Empfindungen in den Sinnesorganen diese objektive Außenwelt allererst schafft und hervorbringt, davon ist keine Rede. Und doch habe ich die Sache in ihren Hauptzügen bereits in der ersten Auflage gegenwärtiger Abhandlung vom Jahre 1813, S. 53–55, aufgestellt und bald darauf im Jahre 1816 in meiner Abhandlung ›Über das Sehn und die Farben‹ *[S. 204]* sie völlig ausgeführt, welcher Darstellung der Prof. Rosas in Wien seinen Beifall dadurch bezeugt hat, daß er sich durch sie zum Plagiat verleiten ließ; worüber das Nähere zu ersehn im ›Willen in der Natur‹ S. 19 *[S. 333]*. Hingegen haben die Philosophie-Professoren sowenig von dieser wie von andern großen und wichtigen Wahrheiten, welche darzulegen, um sie dem menschlichen Geschlechte auf immer anzueignen, die Aufgabe und Arbeit meines ganzen Lebens gewesen ist – irgend Notiz genommen: ihnen mundet das nicht; es paßt alles nicht in ihren Kram; es führt zu keiner Theologie; es ist ja auf gehörige Studentenabrichtung zu höchsten Staatszwecken gar nicht einmal angelegt; kurzum, sie wollen von mir nichts lernen und sehn nicht, wie sehr viel sie von mir zu lernen hätten: alles das nämlich, was ihre Kinder, Enkel und Urenkel von mir lernen werden. Statt dessen setzt jeder von ihnen sich hin, um in einer lang ausgesponnenen Metaphysik das Publikum mit seinen Originalgedanken zu bereichern. Wenn Finger dazu berechtigen, so ist er berechtigt. Aber wahrlich,

Machiavelli hat recht, wenn er – wie schon vor ihm Hesiodos (ἔργα [Tagewerke] 293) – sagt: ›Es gibt dreierlei Köpfe: erstlich solche, welche aus eigenen Mitteln Einsicht und Verstand von den Sachen erlangen; dann solche, die das Rechte erkennen, wenn andere es ihnen darlegen; endlich solche, welche weder zum einen noch zum andern fähig sind‹ (›Il principe‹ cap. 22). –

Man muß von allen Göttern verlassen sein, um zu wähnen, daß die anschauliche Welt da draußen, wie sie den Raum in seinen drei Dimensionen füllt, im unerbittlich strengen Gange der Zeit sich fortbewegt, bei jedem Schritte durch das ausnahmslose Gesetz der Kausalität geregelt wird, in allen diesen Stücken aber nur die Gesetze befolgt, welche wir vor aller Erfahrung davon angeben können – daß eine solche Welt da draußen ganz objektiv-real und ohne unser Zutun vorhanden wäre, dann aber durch die bloße Sinnesempfindung in unsern Kopf hineingelangte, woselbst sie nun, wie da draußen, noch einmal dastände. Denn was für ein ärmliches Ding ist doch die bloße Sinnesempfindung! Selbst in den edelsten Sinnesorganen ist sie nichts mehr als ein lokales, spezifisches, innerhalb seiner Art einiger Abwechselung fähiges, jedoch an sich selbst stets subjektives Gefühl, welches als solches gar nichts Objektives, also nichts einer Anschauung Ähnliches enthalten kann. Denn die Empfindung jeder Art ist und bleibt ein Vorgang im Organismus selbst, als solcher aber auf das Gebiet unterhalb der Haut beschränkt, kann daher an sich selbst nie etwas enthalten, das jenseit dieser Haut, also außer uns läge. Sie kann angenehm oder unangenehm sein – welches eine Beziehung auf unsern Willen besagt – aber etwas Objektives liegt in keiner Empfindung. Die Empfindung in den Sinnesorganen ist eine durch den Zusammenfluß der Nervenenden erhöhte, wegen der Ausbreitung und der dünnen Bedeckung derselben leicht von außen erregbare und zudem irgendeinem speziellen Einfluß – Licht, Schall, Duft – besonders offenstehende: aber sie bleibt bloße Empfindung sogut wie jede andere im Innern unsers Leibes, mithin etwas wesentlich Subjektives, dessen Veränderungen unmittelbar bloß in der Form des *innern* Sinnes, also der Zeit allein, d. h. sukzessiv zum Bewußtsein gelangen. Erst wenn der *Verstand* – eine Funktion nicht einzelner zarter Nervenenden, sondern des so künstlich und rätselhaft gebauten drei, ausnahmsweise aber bis fünf Pfund wiegenden Gehirns – in Tätigkeit gerät und seine einzige und alleinige Form, *das Gesetz der Kausalität*, in Anwendung bringt, geht eine mächtige Verwandlung vor, indem aus der subjektiven Empfindung die objektive Anschauung wird. Er nämlich faßt vermöge seiner selbst-eigenen Form, also a priori, d. i. *vor* aller Erfahrung (denn diese ist bis dahin noch nicht möglich), die gegebene Empfindung des Leibes als eine *Wirkung* auf (ein Wort, welches er allein versteht), die als solche notwendig eine *Ursache* haben muß. Zugleich nimmt er die ebenfalls im Intellekt, d. i. im Gehirn prädisponiert liegende Form des *äußern* Sinnes zu Hülfe, den *Raum*, um jene Ursache *außerhalb* des Organismus zu verlegen: denn dadurch erst entsteht ihm das Außerhalb, dessen Möglichkeit eben der Raum ist; so daß die reine Anschauung a priori die Grundlage der empirischen abgeben muß. Bei diesem Prozeß nimmt nun der Verstand, wie ich bald näher zeigen werde, alle, selbst die minutiösesten Data der gegebenen Empfindung zu Hülfe, um, ihnen entsprechend, die *Ursache* derselben im Raume zu konstruieren. Diese (übrigens von Schelling im ersten Band seiner ›Philosophischen Schriften‹ von 1809, S. 237, 238, desgleichen von Fries in seiner ›Kritik der Vernunft‹ Bd. 1, S. 52–56 und 290 der ersten Auflage ausdrücklich geleugnete) Verstandesoperation ist jedoch keine diskursive, reflektive, in abstracto mittelst Begriffen und Worten vor sich gehende; sondern eine intuitive und ganz unmittelbare. Denn durch sie allein, mithin im Verstande und für den Verstand stellt sich die objektive, reale, den Raum in drei Dimensionen füllende Körperwelt dar, die alsdann in der Zeit demselben Kausalitätsgesetze gemäß sich ferner verändert und im Raume bewegt. – Demnach hat der Verstand die objektive Welt erst selbst zu schaffen: nicht aber kann sie, schon vorher fertig, durch die Sinne und die Öffnungen ihrer Organe bloß in den Kopf hineinspazieren. Die Sinne nämlich liefern nichts weiter als den rohen Stoff, welchen allererst der Verstand mittelst der angegebenen einfachen Formen, Raum, Zeit und Kausalität, in die objektive Auffassung einer gesetzmäßig geregelten Körperwelt umarbeitet. Demnach ist unsere alltägliche *empirische Anschauung eine intellektuale*, und *ihr* gebührt dieses Prädikat, welches die philosophischen Windbeutel in Deutschland einer vorgeblichen Anschauung erträumter Welten, in welchen ihr beliebtes absolutum seine Evolution vornähme, beigelegt haben. Ich aber will jetzt zunächst die große Kluft zwischen Empfindung und Anschauung näher nachweisen, indem ich darlege, wie roh der Stoff ist, aus dem das schöne Werk erwächst.

Der objektiven Anschauung dienen eigentlich nur zwei Sinne: das Getast und das Gesicht. Sie allein liefern die Data, auf deren Grundlage der Verstand durch den angegebenen Prozeß die objektive Welt entstehn läßt. Die andern drei Sinne bleiben in der Hauptsache subjektiv: denn ihre Empfindungen deuten zwar auf eine äußere Ursache, aber enthalten keine Data zur Bestimmung *räumlicher* Verhältnisse derselben. Nun ist aber der *Raum* die Form aller Anschauung, d.i. *der* Apprehension, in welcher allein *Objekte* sich eigentlich darstellen können. Daher können jene drei Sinne zwar dienen, uns die Gegenwart der uns schon anderweitig bekannten Objekte anzukündigen: aber auf Grundlage ihrer Data kommt keine räumliche Konstruktion, also keine objektive Anschauung zustande. Aus dem Geruch können wir nie die Rose konstruieren; und ein Blinder kann sein Leben lang Musik hören, ohne von den Musikern oder den Instrumenten oder den Luftvibrationen die mindeste objektive Vorstellung zu erhalten. Das Gehör hat dagegen seinen hohen Wert als Medium der Sprache, wodurch es der Sinn der *Vernunft* ist, deren Name sogar von ihm stammt; sodann als Medium der Musik, des einzigen Weges, komplizierte Zahlenverhältnisse nicht bloß in abstracto, sondern unmittelbar, also in concreto aufzufassen. Aber der Ton deutet nie auf räumliche Verhältnisse, führt also nie auf die Beschaffenheit seiner Ursache; sondern wir bleiben bei ihm selbst stehn: mithin ist er kein Datum für den die objektive Welt konstruierenden Verstand. Dies sind allein die Empfindungen des Getasts und Gesichts: daher würde ein Blinder ohne Hände und Füße zwar den Raum in seiner ganzen Gesetzmäßigkeit a priori sich konstruieren können, aber von der objektiven Welt nur eine sehr unklare Vorstellung erhalten. Dennoch aber ist, was Getast und Gesicht liefern, noch keineswegs die Anschauung, sondern bloß der rohe Stoff dazu: denn in den Empfindungen dieser Sinne liegt so wenig die Anschauung, daß dieselben vielmehr noch gar keine Ähnlichkeit haben mit den Eigenschaften der Dinge, die mittelst ihrer sich uns darstellen; wie ich sogleich zeigen werde. Nur muß man hiebei das, was wirklich der Empfindung angehört, deutlich aussondern von dem, was in der Anschauung der Intellekt hinzugetan hat. Dies ist anfangs schwer; weil wir so sehr gewohnt sind, von der Empfindung sogleich zu ihrer Ursache überzugehn, daß diese sich uns darstellt, ohne daß wir die Empfindung, welche hier gleichsam die Prämissen zu jenem Schlusse des Verstandes liefert, an und für sich beachten.

Getast und Gesicht nun also haben zuvörderst jedes seine eigenen Vorteile; daher sie sich wechselseitig unterstützen. Das Gesicht bedarf keiner Berührung, ja keiner Nähe: sein Feld ist unermeßlich, geht bis zu den Sternen. Sodann empfindet es die feinsten Nuancen des Lichts, des Schattens, der Farbe, der Durchsichtigkeit: es liefert also dem Verstande eine Menge fein bestimmter Data, aus welchen er nach erlangter Übung die Gestalt, Größe, Entfernung und Beschaffenheit der Körper konstruiert und sogleich anschaulich darstellt. Hingegen ist das Getast zwar an den Kontakt gebunden, gibt aber so untrügliche und vielseitige Data, daß es der gründlichste Sinn ist. Die Wahrnehmungen des Gesichts beziehn sich zuletzt doch auf das Getast; ja das Sehn ist als ein unvollkommenes, aber in die Ferne gehendes Tasten zu betrachten, welches sich der Lichtstrahlen als langer Taststangen bedient: daher eben ist es vielen Täuschungen ausgesetzt, weil es ganz auf die durch das Licht vermittelten Eigenschaften beschränkt, also einseitig ist; während das Getast ganz unmittelbar die Data zur Erkenntnis der Größe,

Gestalt, Härte, Weiche, Trockenheit, Nässe, Glätte, Temperatur usw. liefert und dabei unterstützt wird teils durch die Gestalt und Beweglichkeit der Arme, Hände und Finger, aus deren Stellung beim Tasten der Verstand die Data zur räumlichen Konstruktion der Körper entnimmt; teils durch die Muskelkraft, mittelst welcher er die Schwere, Festigkeit, Zähigkeit oder Spröde der Körper erkennt: alles mit geringster Möglichkeit der Täuschung.

Bei allen dem geben diese Data durchaus noch keine Anschauung; sondern diese bleibt das Werk des Verstandes. Drücke ich mit der Hand gegen den Tisch, so liegt in der Empfindung, die ich davon erhalte, durchaus nicht die Vorstellung des festen Zusammenhangs der Teile dieser Masse, ja gar nichts dem Ähnliches; sondern erst indem mein Verstand von der Empfindung zur Ursache derselben übergeht, konstruiert er sich einen Körper, der die Eigenschaft der Solidität, Undurchdringlichkeit und Härte hat. Wenn ich im Finstern meine Hand auf eine Fläche lege oder aber eine Kugel von etwan drei Zoll Durchmesser ergreife: so sind es in beiden Fällen dieselben Teile der Hand, welche den Druck empfinden; bloß aus der verschiedenen Stellung, die im einen oder im andern Fall meine Hand annimmt, konstruiert mein Verstand die Gestalt des Körpers, mit welchem in Berührung gekommen zu sein die Ursache der Empfindung ist, und er bestätigt sie sich dadurch, daß ich die Berührungsstellen wechseln lasse. Betastet ein Blindgeborner einen kubischen Körper, so sind die Empfindungen der Hand dabei ganz einförmig und bei allen Seiten und Richtungen dieselben: die Kanten drücken zwar einen kleinern Teil der Hand; doch liegt in diesen Empfindungen durchaus nichts einem Kubus Ähnliches. Aber von dem gefühlten Widerstande macht sein Verstand den unmittelbaren und intuitiven Schluß auf eine Ursache desselben, die jetzt eben dadurch sich als fester Körper darstellt; und aus den Bewegungen, die beim Tasten seine Arme machen, während die Empfindung der Hände dieselbe bleibt, konstruiert er in dem ihm a priori bewußten Raum die kubische Gestalt des Körpers. Brächte er die Vorstellung einer Ursache und eines

Raumes nebst den Gesetzen desselben nicht schon mit; so könnte nimmermehr aus jener sukzessiven Empfindung in seiner Hand das Bild eines Kubus hervorgehn. Läßt man durch seine geschlossene Hand einen Strick laufen; so wird er als Ursache der Reibung und ihrer Dauer bei solcher Lage seiner Hand einen langen, zylinderförmigen, sich in *einer* Richtung gleichförmig bewegenden Körper konstruieren. Nimmermehr aber könnte ihm aus jener bloßen Empfindung in seiner Hand die Vorstellung der Bewegung, d. i. der Veränderung des Ortes im Raum mittelst der Zeit entstehn: denn so etwas kann in ihr nicht liegen noch kann sie allein es jemals erzeugen. Sondern sein Intellekt muß vor aller Erfahrung die Anschauungen des Raumes, der Zeit und damit der Möglichkeit der Bewegung in sich tragen und nicht weniger die Vorstellung der Kausalität, um nun von der allein empirisch gegebenen Empfindung überzugehn auf eine Ursache derselben und solche dann als einen sich also bewegenden Körper von der bezeichneten Gestalt zu konstruieren. Denn wie groß ist doch der Abstand zwischen der bloßen Empfindung in der Hand und den Vorstellungen der Ursächlichkeit, Materialität und der durch die Zeit vermittelten Bewegung im Raum! Die Empfindung in der Hand, auch bei verschiedener Berührung und Lage, ist etwas viel zu Einförmiges und an Datis Ärmliches, als daß es möglich wäre, daraus die Vorstellung des Raumes mit seinen drei Dimensionen und der Einwirkung von Körpern auf einander nebst den Eigenschaften der Ausdehnung, Undurchdringlichkeit, Kohäsion, Gestalt, Härte, Weiche, Ruhe und Bewegung, kurz: die Grundlage der objektiven Welt zu konstruieren; sondern dies ist nur dadurch möglich, daß im Intellekt selbst der Raum als Form der Anschauung, die Zeit als Form der Veränderung und das Gesetz der Kausalität als Regulator des Eintritts der Veränderungen präformiert seien. Das bereits fertige und aller Erfahrung vorhergängige Dasein dieser Formen macht eben den Intellekt aus. Physiologisch ist er eine Funktion des Gehirns, welche dieses sowenig erst aus der Erfahrung erlernt wie der Magen das Verdauen oder die Leber die Gallenabsonderung. Nur hieraus ist es erklärlich, daß manche Blindgeborne eine so vollständige Kenntnis der räumlichen Verhältnisse erlangen, daß sie dadurch den Mangel des Gesichts in hohem Grade ersetzen und erstaunliche Leistungen vollbringen; wie denn vor hundert Jahren der von Kindheit auf blinde *Saunderson* zu Cambridge Mathematik, Optik und Astronomie gelehrt hat (ausführlichen Bericht über *Saunderson* gibt Diderot: ›Lettres sur les aveugles‹). Und ebenso nur ist der umgekehrte Fall der *Eva Lauk* erklärlich, welche, ohne Arme und Beine geboren, durch das Gesicht allein ebensobald wie andere Kinder eine richtige Anschauung der Außenwelt erlangt hat (den Bericht über sie findet man in der ›Welt als Wille und Vorstellung‹ Bd. 2, Kap. 4 *[Bd. 2, S. 54]*). Alles dieses also beweist, daß Zeit, Raum und Kausalität weder durch das Gesicht noch durch das Getast, sondern überhaupt nicht von außen in uns kommen, vielmehr einen innern, daher nicht empirischen, sondern intellektuellen Ursprung haben; woraus wieder folgt, daß die Anschauung der Körperwelt im wesentlichen ein intellektueller Prozeß, ein Werk des Verstande ist, zu welchem die Sinnesempfindung bloß den Anlaß und die Data zur Anwendung im einzelnen Falle liefert.

Jetzt will ich dasselbe am Sinne des Gesichts nachweisen. Das unmittelbar Gegebene ist hier beschränkt auf die Empfindung der Retina, welche zwar viele Mannigfaltigkeit zuläßt, jedoch zurückläuft auf den Eindruck des Hellen und Dunkeln nebst ihren Zwischenstufen und den der eigentlichen Farben. Diese Empfindung ist durchaus subjektiv, d. h. nur innerhalb des Organismus und unter der Haut vorhanden. Auch würden wir ohne den Verstand uns jener nur bewußt werden als besondrer und mannigfaltiger Modifikationen unserer Empfindung im Auge, die nichts der Gestalt, Lage, Nähe oder Ferne von Dingen außer uns Ähnliches wären. Denn was beim Sehn die *Empfindung* liefert ist nichts weiter als eine mannigfaltige Affektion der Retina, ganz ähnlich dem Anblick einer Palette mit vielerlei bunten Farbenklecksen: und nicht mehr als dies ist es, was im Bewußtsein übrigbleiben würde, wenn man dem, der vor einer ausgebreiteten reichen Aussicht steht, etwan durch Lähmung des

Gehirns, plötzlich den Verstand ganz entziehn, jedoch die Empfindung übriglassen könnte: denn dies war der rohe Stoff, aus welchem vorhin sein Verstand jene Anschauung schuf.

Daß nun aus einem so beschränkten Stoff wie Hell, Dunkel und Farbe der Verstand durch seine so einfache Funktion des Beziehns der Wirkung auf eine Ursache unter Beihülfe der ihm beigegebenen Anschauungsform des Raums die so unerschöpflich reiche und vielgestaltete sichtbare Welt hervorbringen kann, beruht zunächst auf der Beihülfe, die hier die Empfindung selbst liefert. Diese besteht darin, daß erstlich die Retina als Fläche ein Nebeneinander des Eindrucks zuläßt; zweitens, daß das Licht stets in geraden Linien wirkt, auch im Auge selbst geradlinig gebrochen wird; und endlich, daß die Retina die Fähigkeit besitzt, auch die Richtung, in der sie vom Lichte getroffen wird, unmittelbar mitzuempfinden, welches wohl nur dadurch zu erklären ist, daß der Lichtstrahl in die Dicke der Retina eindringt. Hiedurch aber wird gewonnen, daß der bloße Eindruck auch schon die Richtung seiner Ursache anzeigt, also auf den Ort des das Licht aussendenden oder reflektierenden Objekts geradezu hindeutet. Allerdings setzt der Übergang zu diesem Objekt als Ursache schon die Erkenntnis des Kausalverhältnisses, wie auch der Gesetze des Raums, voraus: diese beiden aber sind eben die Ausstattung des *Intellekts*, der auch hier wieder aus der bloßen Empfindung die Anschauung zu schaffen hat. Sein Verfahren hiebei wollen wir jetzt näher betrachten.

Das erste, was er tut, ist, daß er den Eindruck des Objekts, welcher verkehrt, das Unterste oben, auf der Retina eintrifft, wieder aufrecht stellt. Jene ursprüngliche Umkehrung entsteht bekanntlich dadurch, daß, indem jeder Punkt des sichtbaren Objekts seine Strahlen geradlinig nach allen Seiten aussendet, die von dessen oberm Ende kommenden Strahlen sich in der engen Öffnung der Pupille mit den vom untern Ende kommenden kreuzen, wodurch diese oben, jene unten und ebenso die von der rechten Seite kommenden auf der linken eintreffen. Der dahinter liegende Brechungsapparat im Auge, also humor aqueus [wässerige Flüssigkeit], lens et corpus vitreum [Linse und Glaskörper], dient bloß, die vom Objekt ausgehenden Lichtstrahlen so zu konzentrieren, daß sie auf dem kleinen Raum der Retina Platz finden. Bestände nun das Sehn im bloßen Empfinden; so würden wir den Eindruck des Gegenstandes verkehrt wahrnehmen, weil wir ihn so empfangen; sodann aber würden wir ihn auch als etwas im Innern des Auges Befindliches wahrnehmen, indem wir eben stehnblieben bei der Empfindung. Wirklich hingegen tritt sogleich der Verstand mit seinem Kausalgesetze ein, bezieht die empfundene Wirkung auf ihre Ursache, hat von der Empfindung das Datum der Richtung, in welcher der Lichtstrahl eintraf, verfolgt also diese rückwärts zur Ursache hin, auf beiden Linien: die Kreuzung wird daher jetzt auf umgekehrtem Wege wieder zurückgelegt, wodurch die Ursache sich draußen, als Objekt im Raum, aufrecht darstellt, nämlich in der Stellung, wie sie die Strahlen aussendet, nicht in der, wie sie eintrafen (siehe Fig. 1). – Die reine Intellektuali-

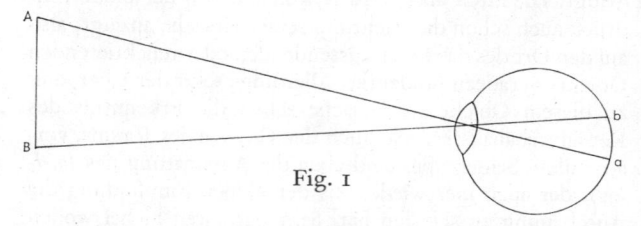

Fig. 1

tät der Sache mit Ausschließung aller anderweitigen, namentlich physiologischen Erklärungsgründe läßt sich auch noch dadurch bestätigen, daß, wenn man den Kopf zwischen die Beine steckt oder am Abhange, den Kopf nach unten, liegt, man dennoch die Dinge nicht verkehrt, sondern ganz richtig erblickt, obgleich den Teil der Retina, welchen gewöhnlich das Untere der Dinge traf, jetzt das Obere trifft und alles umgekehrt ist, nur der Verstand nicht.

Das zweite, was der Verstand bei seiner Umarbeitung der Empfindung in Anschauung leistet, ist, daß er das zweimal Empfundene zu einem einfach Angeschauten macht, da jedes Auge für sich, und sogar in einer etwas verschiedenen

Richtung den Eindruck vom Gegenstand erhält, dieser aber doch als nur *einer* sich darstellt; welches nur im Verstande geschehn kann. Der Prozeß, durch den dies zustande kommt, ist folgender: Unsere Augen stehen nur dann parallel, wenn wir in die Ferne, d.h. über 200 Fuß weit sehn: außerdem aber richten wir sie beide auf den zu betrachtenden Gegenstand, wodurch sie konvergieren und die beiden von jedem Auge bis zum genau fixierten Punkte des Objekts gezogenen Linien daselbst einen *Winkel* schließen, den man den *optischen*, sie selbst aber die *Augenachsen* nennt. Diese treffen bei gerade vor uns liegendem Objekt genau in die Mitte jeder Retina, mithin auf zwei in jedem Auge einander genau *entsprechende Punkte*. Alsbald erkennt der Verstand, als welcher zu allem immer nur die *Ursache* sucht, daß, obwohl hier der Eindruck doppelt ist, derselbe dennoch von nur *einem* äußern Punkte ausgeht, also nur *eine* Ursache ihm zum Grunde liegt: demnach stellt nunmehr diese Ursache sich als Objekt und nur einfach dar. Denn alles, was wir anschauen, schauen wir als *Ursache* an, als Ursache empfundener Wirkung, mithin *im Verstande*. Da wir indessen nicht bloß *einen* Punkt, sondern eine ansehnliche Fläche des Gegenstandes mit beiden Augen und doch nur einfach auffassen; so ist die gegebene Erklärung noch etwas weiter fortzuführen. Was im Objekt seitwärts von jenem Scheitelpunkte des optischen Winkels liegt, wirft seine Strahlen nicht mehr gerade in den Mittelpunkt der Retina, sondern ebenso seitwärts von demselben, jedoch in beiden Augen auf die nämliche, z.B. die linke Seite jeder Retina: daher sind die Stellen, welche diese Strahlen daselbst treffen, ebensogut wie die Mittelpunkte *einander symmetrisch entsprechende* oder *gleichnamige Stellen*. Der Verstand lernt diese bald kennen und dehnt demnach die obige Regel seiner kausalen Auffassung auch auf *sie* aus, bezieht folglich nicht bloß die auf den Mittelpunkt jeder Retina fallenden Lichtstrahlen, sondern auch die, welche die übrigen *einander symmetrisch entsprechenden* Stellen beider Retinen treffen, auf einen und denselben solche aussendenden Punkt im Objekt, schaut also auch alle diese Punkte, mithin das ganze Objekt nur *einfach* an. Hiebei nun ist wohl zu merken, daß nicht etwan die äußere Seite der einen Retina der äußern Seite der andern und die innere der innern, sondern die rechte Seite der rechten Retina der rechten Seite der andern entspricht usf., die Sache also nicht im physiologischen, sondern im geometrischen Sinne zu verstehn ist. Deutliche und mannigfaltige diesen Vorgang und alle damit zusammenhängenden Phänomene erläuternde Figuren findet man in Robert Smiths ›Optics‹, auch zum Teil in Kästners deutscher Übersetzung von 1755. Ich habe (Fig. 2) nur *eine* gegeben, welche eigentlich einen weiterhin beizubringenden speziellen Fall darstellt, jedoch auch dienen kann, das Ganze zu erläutern,

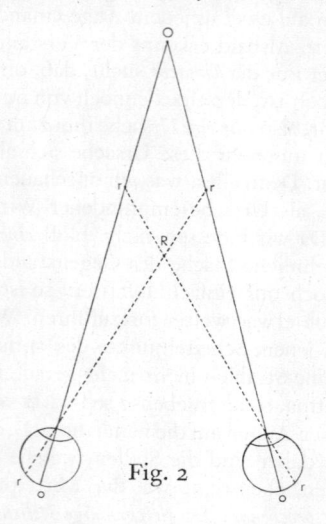

Fig. 2

wenn man vom Punkte R ganz absieht. Wir richten demgemäß beide Augen allezeit gleichmäßig auf das Objekt, um die von denselben Punkten ausgehenden Strahlen mit den einander symmetrisch entsprechenden Stellen beider Retinen aufzufangen. Bei der Bewegung der Augen seitwärts, aufwärts, abwärts und nach allen Richtungen trifft nun der Punkt des Objekts, welcher vorhin den Mittelpunkt jeder Retina traf, jedesmal eine andere, aber stets in beiden Augen eine gleichnamige der im andern entsprechende Stelle. Wenn wir einen Gegenstand mustern (perlustrare), lassen wir die Augen hin und her darauf gleiten, um jeden Punkt desselben sukzessive mit dem Zentro der Retina, welches am deutlichsten sieht, in Kontakt zu bringen, betasten also das Objekt mit den Augen. Hieraus wird deutlich, daß das Einfachsehen mit zwei Augen sich im Grunde ebenso verhält wie das Betasten eines Körpers mit zehn Fingern, deren jeder einen andern Eindruck und auch in anderer Richtung erhält, welche sämtlichen Eindrücke jedoch der Verstand als von *einem* Körper herrührend erkennt, dessen Gestalt und Größe er danach apprehendiert und räumlich konstruiert. Hierauf beruht es, daß ein Blinder ein Bildhauer sein kann: ein solcher war seit seinem fünften Jahre der im Jahre 1853 in Tirol gestorbene rühmlich bekannte *Joseph Kleinhanns*[F]. Denn die Anschauung geschieht immer durch den Verstand; gleichviel, von welchem Sinn er die Data erhält.

Wie nun aber, wenn ich eine Kugel mit gekreuzten Fingern betaste, ich sofort zwei Kugeln zu fühlen glaube, weil mein auf die Ursache zurückgehender und diese den Gesetzen des Raumes gemäß konstruierender Verstand, die natürliche Lage der Finger voraussetzend, zwei Kugelflächen, welche die äußeren Seiten des Mittel- und des Zeigefingers zugleich berühren, durchaus zweien verschiedenen Kugeln zuschreiben muß; ebenso nun wird mir ein gesehenes Objekt doppelt erscheinen, wenn meine Augen nicht

[F] Über diesen berichtet das ›Frankfurter Konversationsblatt‹ vom 22. Juli 1853: ›In Nauders (Tirol) starb am 10. Juli der blinde Bildhauer *Joseph Kleinhanns*. In seinem fünften Jahre infolge der Kuhpocken erblindet, tändelte und schnitzte der Knabe für die Langeweile. Prugg gab ihm Anleitung und Figuren zum Nachbilden, und in seinem zwölften Jahre verfertigte der Knabe einen Christus in Lebensgröße. In der Werkstätte des Bildhauers Nißl in Fügen profitierte er in der kurzen Zeit sehr viel und wurde vermöge seiner guten Anlage und seines Talents der weithin bekannte blinde Bildhauer. Seine verschiedenartigen Arbeiten sind sehr zahlreich. Bloß seine Christusbilder belaufen sich auf vierhundert, und in diesen tritt auch in Anbetracht seiner Blindheit seine Meisterschaft zutage. Er verfertigte auch andere anerkennenswerte Stücke und vor zwei Monaten noch die Büste des Kaisers Franz Joseph, welche nach Wien übersendet wurde.‹

mehr gleichmäßig konvergierend den optischen Winkel an *einem* Punkte desselben schließen, sondern jedes in einem andern Winkel nach demselben schaut, d. h. wenn ich schiele. Denn jetzt werden nicht mehr von den aus *einem* Punkte des Objekts ausgehenden Strahlen auf den beiden Retinen die einander symmetrisch entsprechenden Stellen getroffen, welche mein Verstand durch fortgesetzte Erfahrung kennengelernt hat; sondern ganz verschiedene Stellen, welche bei gleichmäßiger Lage der Augen nur von verschiedenen Körpern also affiziert werden könnten: daher sehe ich jetzt *zwei* Objekte; weil eben die Anschauung durch den Verstand und im Verstande geschieht. – Dasselbe tritt auch ohne Schielen ein, wenn nämlich zwei Gegenstände in ungleicher Entfernung vor mir stehn und ich den entfernteren fest ansehe, also an ihm den optischen Winkel schließe: denn jetzt werden die vom näher stehenden Gegenstande ausgehenden Strahlen auf einander nicht symmetrisch entsprechende Stellen in beiden Retinen treffen, mein Verstand wird daher sie zweien Gegenständen zuschreiben, d. h. ich werde das näher stehende Objekt doppelt sehn (hiezu Fig. 2). Schließe ich hingegen an diesem letzteren den optischen Winkel, indem ich es fest ansehe; so wird aus dem nämlichen Grunde das entfernere Objekt mir doppelt erscheinen. Man darf, um dies zu erproben, nur etwan einen Bleistift zwei Fuß vom Auge halten und abwechselnd bald ihn, bald ein weit dahinter liegendes Objekt ansehn.

Aber das schönste ist, daß man auch das umgekehrte Experiment machen kann; so daß man, zwei wirkliche Gegenstände gerade und nahe vor beiden offenen Augen habend, doch nur *einen* sieht; welches am schlagendsten beweist, daß die Anschauung keineswegs in der Sinnesempfindung liegt, sondern durch einen Akt des Verstandes geschieht. Man lasse zwei pappene Röhren von etwan 8 Zoll Länge und $1^1/_2$ Zoll Durchmesser vollkommen parallel, nach Art des Binokularteleskops, zusammenfügen und befestige vor der Öffnung eines jeden derselben ein Achtgroschenstück. Wenn man jetzt, das andere Ende an die Augen legend, durchschaut, wird man nur *ein* Achtgroschenstück, von *einer*

Röhre umschlossen, wahrnehmen. Denn durch die Röhren zur gänzlich parallelen Lage genötigt, werden beide Augen von beiden Münzen gerade im Zentro der Retina und den dieses umgebenden, einander folglich symmetrisch entsprechenden Stellen ganz gleichmäßig getroffen; daher der Verstand, die bei nahen Objekten sonst gewöhnliche, ja notwendige konvergierende Stellung der Augenachsen voraussetzend, ein einziges Objekt als Ursache des also zurückgestrahlten Lichtes annimmt, d. h. wir nur *eines* sehn: so unmittelbar ist die kausale Apprehension des Verstandes.

Die versuchten physiologischen Erklärungen des Einfachsehns einzeln zu widerlegen ist hier kein Raum. Ihre Falschheit geht aber schon aus folgenden Betrachtungen hervor: 1. Wenn die Sache auf einem organischen Zusammenhange beruhte, müßten die auf beiden Retinen einander entsprechenden Stellen, von denen nachweislich das Einfachsehn abhängt, die im *organischen* Sinne gleichnamigen sein: allein sie sind es, wie schon erwähnt, bloß im *geometrischen*. Denn organisch entsprechen einander die beiden innern und die beiden äußern Augenwinkel und alles demgemäß: hingegen zum Behuf des Einfachsehns entspricht umgekehrt die rechte Seite der rechten Retina der rechten Seite der linken Retina usw.; wie dies aus den angeführten Phänomenen unwiderleglich erhellt. Eben weil die Sache intellektual ist, haben auch nur die verständigsten Tiere, nämlich die obern Säugetiere, sodann die Raubvögel, vorzüglich die Eulen, u. a. mehr so gestellte Augen, daß sie beide Achsen derselben auf *einen* Punkt richten können. 2. Die zuerst von Newton (›Optics‹ query 15th) aufgestellte Hypothese aus dem Zusammenfluß oder partieller Kreuzung der Sehnerven vor ihrem Eintritt ins Gehirn ist schon darum falsch, weil alsdann das Doppeltsehn durch Schielen unmöglich wäre: zudem haben bereits Vesalius und Caesalpinus [Cesalpini] anatomische Fälle angeführt, in denen gar keine Vermischung, ja kein Kontakt der Sehnerven daselbst stattfand, die Subjekte aber nichtsdestoweniger einfach gesehn hatten. Endlich spricht gegen jene Vermischung des Eindrucks dieses, daß, wenn man, das rechte Auge fest zuhaltend, mit dem linken in die Sonne sieht, man das nachher lange anhaltende Blendungsbild nur im linken, nie im rechten Auge haben wird, oder vice versa.

Das dritte, wodurch der Verstand die Empfindung in Anschauung umarbeitet, ist, daß er aus den bis hieher gewonnenen bloßen Flächen Körper konstruiert, also die dritte Dimension hinzufügt, indem er die Ausdehnung der Körper in derselben in dem ihm a priori bewußten Raume nach Maßgabe der Art ihrer Einwirkung auf das Auge und der Gradationen des Lichtes und Schattens kausal beurteilt. Während nämlich die Objekte den Raum in allen drei Dimensionen füllen, können sie auf das Auge nur mit zweien wirken: die Empfindung beim Sehn ist infolge der Natur des Organes bloß planimetrisch, nicht stereometrisch. Alles Stereometrische der Anschauung wird vom Verstande allererst hinzugetan: seine alleinigen Data hiezu sind die Richtung, in der das Auge den Eindruck erhält, die Grenzen desselben und die verschiedenen Abstufungen des Hellen und Dunkeln, welche unmittelbar auf ihre Ursachen deuten und wonach wir erkennen, ob wir z. B. eine Scheibe oder eine Kugel vor uns haben. Auch diese Verstandesoperation wird gleich den vorhergehenden so unmittelbar und schnell vollzogen, daß von ihr nichts als bloß das Resultat ins Bewußtsein kommt. Daher eben ist die Projektionszeichnung eine so schwierige, nur nach mathematischen Prinzipien zu lösende Aufgabe und muß erst erlernt werden, obgleich sie nichts weiter zu leisten hat als die Darstellung der Empfindung des Sehns, wie solche dieser dritten Verstandesoperation als Datum vorliegt, also des Sehns in seiner bloß planimetrischen Ausdehnung, zu deren allein gegebenen *zwei* Dimensionen nebst den besagten Datis in ihnen der Verstand alsbald die dritte hinzutut, sowohl beim Anblick der Zeichnung wie bei dem der Realität. Eine solche Zeichnung ist nämlich eine Schrift, welche gleich der gedruckten jeder lesen, hingegen wenige schreiben können; weil eben unser anschauender Verstand die Wirkung bloß auffaßt, um aus ihr die Ursache zu konstruieren, sie selbst aber über dieser alsbald ganz außer acht läßt. Daher erkennen wir z. B. einen

Stuhl augenblicklich in jeder ihm möglichen Stellung und Lage; aber ihn in irgendeiner zu zeichnen ist Sache derjenigen Kunst, die von dieser dritten Verstandesoperation abstrahiert, um bloß die Data zu derselben dem Beschauer zu eigener Vollziehung vorzulegen. Dies ist, wie gesagt, zunächst die Projektions-Zeichenkunst, dann aber, im alles umfassenden Sinn, die Malerkunst. Das Bild liefert Linien, nach perspektivischen Regeln gezogen, helle und dunkle Stellen nach Maßgabe der Wirkung des Lichtes und Schattens, endlich Farbenflecke, in Qualität und Intension der Erfahrung abgelernt. Der Beschauer liest dies ab, indem er zu gleichen Wirkungen die gewohnten Ursachen setzt. Die Kunst des Malers besteht darin, daß er die Data der Empfindung beim Sehn, wie sie *vor* dieser dritten Verstandesoperation sind, mit Besonnenheit festzuhalten weiß; während wir andern, sobald wir von ihnen den besagten Gebrauch gemacht haben, sie wegwerfen, ohne sie in unser Gedächtnis aufzunehmen. Wir werden die hier betrachtete dritte Verstandesoperation noch genauer kennenlernen, indem wir jetzt zu einer vierten übergehn, welche als ihr sehr nahe verwandt sie miterläutert.

Diese vierte Verstandesoperation besteht nämlich im Erkennen der Entfernung der Objekte von uns: diese aber ist eben die dritte Dimension, von der oben die Rede war. Die Empfindung beim Sehn liefert uns zwar, wie schon gesagt, die *Richtung*, in welcher die Objekte liegen, aber nicht ihre *Entfernung*, also nicht ihren *Ort*. Die Entfernung muß also erst durch den *Verstand* herausgebracht werden, folglich aus lauter *kausalen* Bestimmungen sich ergeben. Von diesen nun ist die vornehmste der *Sehewinkel*, unter dem das Objekt sich darstellt: dennoch ist dieser durchaus zweideutig und kann für sich allein nichts entscheiden. Er ist wie ein Wort von zwei Bedeutungen: man muß erst aus dem Zusammenhang abnehmen, welche gemeint sei. Denn bei gleichem Sehewinkel kann ein Objekt klein und nahe oder groß und fern sein. Nur wenn uns seine Größe anderweitig schon bekannt ist, können wir aus dem Sehewinkel seine Entfernung erkennen, wie auch umgekehrt, wenn uns diese anderweitig gegeben ist, seine Größe. Auf der Abnahme des Sehewinkels infolge der Entfernung beruht die Linearperspektive, deren Grundsätze sich hier leicht ableiten lassen. Weil nämlich unsere Sehkraft nach allen Seiten gleich weit reicht, sehn wir eigentlich alles wie eine Hohlkugel, in deren Zentro das Auge stände. Diese Kugel nun hat erstlich unendlich viele Durchschnittskreise nach allen Richtungen, und die Winkel, deren Maß die Teile dieser Kreise abgeben, sind die möglichen Sehewinkel. Zweitens wird diese Kugel, je nachdem wir ihren Radius länger oder kürzer annehmen, größer oder kleiner: wir können sie daher auch als aus unendlich vielen konzentrischen und durchsichtigen Hohlkugeln bestehend denken. Da alle Radien divergieren, so sind diese konzentrischen Hohlkugeln in dem Maße, als sie ferner von uns stehn, größer, und mit ihnen wachsen die Grade ihrer Durchschnittskreise, also auch die wahre Größe der diese Grade einnehmenden Objekte. Diese sind daher, je nachdem sie von einer größern oder kleinern Hohlkugel den gleichen Teil, z.B. 10°, einnehmen, größer oder kleiner, während ihr Sehewinkel in beiden Fällen derselbe bleibt, also unentschieden läßt, ob es 10° einer Kugel von 2 Meilen oder von 10 Fuß Durchmesser sind, die sein Objekt einnimmt. Steht umgekehrt die Größe dieses Objekts fest, so wird die Zahl der Grade, die es einnimmt, abnehmen in dem Maße, als die Hohlkugel, auf die wir es versetzen, entfernter und daher größer ist: in gleichem Maße werden mithin alle seine Grenzen zusammenrücken. Hieraus folgt die Grundregel aller Perspektive: denn da demnach in stetiger Proportion mit der Entfernung die Objekte und ihre Zwischenräume abnehmen müssen, wodurch alle Grenzen zusammenrücken; so wird der Erfolg sein, daß mit der wachsenden Entfernung alles über uns Liegende herab-, alles unter uns Liegende herauf-, alles zu den Seiten Liegende zusammenrückt. Soweit wir eine ununterbrochene Folge sichtbarlich zusammenhängender Gegenstände vor uns haben, können wir aus diesem allmäligen Zusammenlaufen aller Linien, also aus der Linearperspektive allerdings die Entfernung erkennen. Hingegen aus dem bloßen Sehewinkel für sich allein können wir es nicht; sondern alsdann muß der Verstand immer noch ein anderes Datum zu Hülfe nehmen, welches gleichsam als Kommentar des Sehewinkels dient, indem es den Anteil, den die Entfernung an ihm hat, bestimmter bezeichnet. Solcher Data sind hauptsächlich vier, die ich jetzt näher angeben werde. Vermöge ihrer geschieht es, selbst wo mir die Linearperspektive fehlt, daß, obwohl ein Mensch, der hundert Fuß von mir steht, mir in einem vierundzwanzigmal kleinern Sehewinkel, als wenn er zwei Fuß von mir stände, erscheint, ich dennoch in den meisten Fällen seine Größe sogleich richtig auffasse; welches alles abermals beweist, daß die Anschauung intellektual und nicht bloß sensual ist. – Ein spezieller und interessanter Beleg zu dem hier dargelegten Fundament der Linearperspektive, wie auch der Intellektualität der Anschauung überhaupt, ist folgender. Wenn ich infolge des längern Ansehens eines gefärbten Gegenstandes von bestimmtem Umriß, z. B. eines roten Kreuzes, dessen physiologisches Farbenspektrum, also ein grünes Kreuz im Auge habe; so wird mir dieses um so größer erscheinen, je entfernter die Fläche ist, auf die ich es fallen lasse, und um so kleiner, je näher diese. Denn das Spektrum selbst nimmt einen bestimmten und unveränderlichen Teil meiner Retina, die zuerst vom roten Kreuz erregte Stelle, ein, schafft also, indem sie nach außen geworfen, d. h. als Wirkung eines äußern Gegenstandes aufgefaßt wird, einen ein für allemal gegebenen Sehewinkel desselben, nehmen wir an 2°: verlege ich nun diesen (hier, wo aller Kommentar zum Sehewinkel fehlt) auf eine entfernte Fläche, mit der ich ihn unvermeidlich als zu ihrer Wirkung gehörig identifiziere; so sind es 2° einer entfernten, also sehr großen Kugel, die es einnimmt, mithin ist das Kreuz groß: werfe ich hingegen das Spektrum auf einen nahen Gegenstand; so füllt es 2° einer kleinen Kugel, ist mithin klein. In beiden Fällen fällt die Anschauung vollkommen objektiv aus, ganz gleich der eines äußern Gegenstandes, und belegt dadurch, indem sie ja von einem völlig subjektiven Grunde (das ganz anderweitig erregte Spektrum) ausgeht, die Intellektualität aller objektiven Anschauung. – Über diese Tatsache (welche im Jahre 1815 zuerst bemerkt zu haben ich mich lebhaft und umständlich erinnere) findet sich in den ›Comptes rendus‹ vom 2. August 1858 ein Aufsatz von Mr. Séguin, der die Sache als eine neue Entdeckung auftischt und allerlei schiefe und alberne Erklärungen derselben gibt. Die Herrn illustres confrères[1] häufen bei jedem Anlaß Experimente auf Experimente, und je komplizierter, desto besser. Nur *expérience*! [Erfahrung!] ist ihre Losung; aber ein wenig richtiges und aufrichtiges Nachdenken über die beobachteten Phänomene ist höchst selten anzutreffen: expérience, expérience! und albernes Zeug dazu.

Zu den erwähnten subsidiarischen Datis also, die den Kommentar zum gegebenen Sehewinkel liefern, gehören erstlich die mutationes oculi internae [inneren Veränderungen des Auges], vermöge welcher das Auge seinen optischen Brechungsapparat durch Vermehrung oder Verminderung der Brechung verschiedenen Entfernungen anpaßt. Worin nun aber diese Veränderungen physiologisch bestehn, ist noch immer unausgemacht. Man hat sie in der Vermehrung der Konvexität bald der cornea [Hornhaut], bald der lens [Linse] gesucht: aber die neueste, in der Hauptsache jedoch schon von *Kepler* ausgesprochene Theorie, wonach die Linse beim Fernesehn zurücktritt, beim Nahesehn aber vorgeschoben und dabei durch Seitendruck stärker gewölbt wird, ist mir die wahrscheinlichere: denn danach wäre der Hergang dem Mechanismus des Opernguckers ganz analog. Diese Theorie findet man ausführlich dargelegt in Alexander Huecks Abhandlung ›Die Bewegung der Kristallinse‹, 1841. Jedenfalls haben wir von diesen innern Veränderungen des Auges, wenn auch keine deutliche Wahrnehmung, doch eine gewisse Empfindung, und diese benutzen wir unmittelbar zur Schätzung der Entfernung. Da aber jene Veränderungen nur dienen, von etwan 7 Zoll bis auf 16 Fuß weit das vollkommen deutliche Sehn möglich zu machen; so ist auch das besagte Datum für den Verstand nur innerhalb dieser Entfernung anwendbar.

Darüber hinaus findet dagegen das zweite Datum Anwendung, nämlich der bereits oben beim Einfachsehn erklärte,

---

1. [Anrede der Mitglieder der französischen Akademie der Wissenschaften]

von den beiden Augenachsen gebildete *optische Winkel*. Offenbar wird er kleiner, je ferner, und größer, je näher das Objekt liegt. Dieses verschiedene Richten der Augen gegen einander ist nicht ohne eine gewisse leise Empfindung davon, die aber auch nur sofern ins Bewußtsein kommt, als der Verstand sie bei seiner intuitiven Beurteilung der Entfernung als Datum gebraucht. Dieses Datum läßt zudem nicht bloß die Entfernung, sondern auch genau den *Ort* des Objekts erkennen vermöge der Parallaxe der Augen, die darin besteht, daß jedes derselben das Objekt in einer etwas andern Richtung sieht, weshalb es zu rücken scheint, wenn man ein Auge schließt. Daher wird man mit einem geschlossenen Auge nicht leicht das Licht putzen können; weil dann dies Datum wegfällt. Da aber, sobald der Gegenstand 200 Fuß oder weiter abliegt, die Augen sich parallel richten, also der optische Winkel ganz wegfällt; so gilt dieses Datum nur innerhalb der besagten Entfernung.

Über diese hinaus kommt dem Verstande die *Luftperspektive* zu Hülfe, als welche durch das zunehmende Dumpfwerden aller Farben, das Erscheinen des physischen Blau vor allen dunkeln Gegenständen (Goethes vollkommen wahrer und richtiger Farbenlehre gemäß) und das Verschwimmen der Konturen ihm eine größere Entfernung ankündigt. Dieses Datum ist in Italien wegen der großen Durchsichtigkeit der Luft äußerst schwach; daher es uns daselbst leicht irreführt: z.B. von Frascati aus gesehn scheint Tivoli sehr nahe. Hingegen erscheinen uns im Nebel, welcher eine abnorme Vermehrung dieses Datums ist, alle Gegenstände größer, weil der Verstand sie entfernter annimmt.

Endlich bleibt uns noch die Schätzung der Entfernung mittelst der uns intuitiv bekannten Größe der dazwischen liegenden Gegenstände, wie Felder, Ströme, Wälder usw. Sie ist nur bei ununterbrochenem Zusammenhang, also nur auf irdische, nicht auf himmlische Objekte anwendbar. Überhaupt sind wir mehr eingeübt, sie in horizontaler als perpendikularer Richtung zu gebrauchen; daher die Kugel auf einem Turm von 200 Fuß Höhe uns viel kleiner erscheint, als wenn sie auf der Erde 200 Fuß von uns liegt; weil wir hier die Entfernung richtiger in Anschlag bringen. Sooft Menschen irgendwie uns so zu Gesicht kommen, daß das zwischen ihnen und uns Liegende großenteils verborgen bleibt, erscheinen sie uns auffallend klein.

Teils dieser letztern Schätzungsart, sofern sie gültig nur auf irdische Objekte und in horizontaler Richtung anwendbar ist, teils der nach der Luftperspektive, die sich im selben Fall befindet, ist es zuzuschreiben, daß unser anschauender Verstand nach dem Horizont hin alles für entfernter, mithin für größer hält als in der senkrechten Richtung. Daher kommt es, daß der Mond am Horizont so viel größer erscheint als im Kulminationspunkt, während doch sein wohlgemessener Sehewinkel, also das Bild, welches er ins Auge wirft, alsdann durchaus nicht größer ist; wie auch, daß das Himmelsgewölbe sich abgeplattet darstellt, d.h. horizontal weiter als perpendikular ausgedehnt. Beides ist also rein intellektual oder zerebral; nicht optisch oder sensual. Die Einwendung, daß der Mond, auch wenn kulminierend, bisweilen getrübt und doch nicht größer erscheine, ist dadurch zu widerlegen, daß er daselbst auch nicht rot erscheint, weil die Trübung durch gröbere Dünste geschieht und daher anderer Art als die durch die Luftperspektive ist; wie auch dadurch, daß wir, wie gesagt, diese Schätzung nur in der horizontalen, nicht in der perpendikularen Richtung anwenden, auch in dieser Stellung andere Korrektive eintreten. *Saussure* soll vom Montblanc aus den aufgehenden Mond so groß gesehn haben, daß er ihn nicht erkannte und vor Schreck ohnmächtig ward.

Hingegen beruht auf der isolierten Schätzung nach dem Sehewinkel allein, also der Größe durch die Entfernung und der Entfernung durch die Größe, die Wirkung des Teleskops und der Lupe; weil hier die vier andern supplementarischen Schätzungsmittel ausgeschlossen sind. Das Teleskop vergrößert wirklich, scheint aber bloß näher zu bringen; weil die Größe der Objekte uns empirisch bekannt ist und wir nun ihre vermehrte scheinbare Größe aus der geringern Entfernung erklären: so erscheint z.B. ein Haus, durch das Teleskop gesehn, nicht zehnmal größer, sondern zehnmal näher.

Die Lupe hingegen vergrößert nicht wirklich, sondern macht es uns nur möglich, das Objekt dem Auge so nahe zu bringen, wie wir dies außerdem nicht könnten, und dasselbe erscheint nur so groß, wie es in solcher Nähe auch ohne Lupe erscheinen würde. Nämlich die zu geringe Konvexität der lens und cornea gestattet uns kein deutliches Sehn in größerer Nähe als acht bis zehn Zoll vom Auge: vermehrt nun aber die Konvexität der Lupe statt jener die Brechung; so erhalten wir selbst bei $^1/_2$ Zoll Entfernung vom Auge noch ein deutliches Bild. Das in solcher Nähe und ihr entsprechender Größe gesehene Objekt versetzt unser Verstand in die natürliche Entfernung des deutlichen Sehns, also acht bis zehn Zoll vom Auge, und schätzt nun nach dieser Distanz unter dem gegebenen Sehewinkel seine Größe.

Ich habe alle diese das Sehn betreffenden Vorgänge so ausführlich dargelegt, um deutlich und unwiderleglich darzutun, daß in ihnen vorwaltend *der Verstand* tätig ist, welcher dadurch, daß er jede Veränderung als *Wirkung* auffaßt und sie auf ihre Ursache bezieht, auf der Unterlage der apriorischen Grundanschauungen des Raums und der Zeit das Gehirnphänomen der gegenständlichen Welt zustande bringt, wozu ihm die Sinnesempfindung bloß einige Data liefert; und zwar vollzieht er dieses Geschäft allein durch seine eigene Form, welche das Kausalitätsgesetz ist, und daher ganz unmittelbar und intuitiv ohne Beihülfe der Reflexion, d. i. der abstrakten Erkenntnis, mittelst Begriffen und Worten, als welche das Material der *sekundären* Erkenntnis, d. i. des *Denkens*, also der *Vernunft* sind.

Diese Unabhängigkeit der Verstandeserkenntnis von der Vernunft und ihrer Beihülfe erhellt auch daraus, daß, wenn einmal der Verstand zu gegebenen Wirkungen eine unrichtige Ursache setzt und mithin diese geradezu anschaut, wodurch der *falsche Schein* entsteht; die Vernunft immerhin den wahren Tatbestand in abstracto richtig erkennen mag, ihm damit jedoch nicht zu Hülfe kommen kann; sondern ihrer bessern Erkenntnis ungeachtet der falsche Schein unverrückt stehnbleibt. Dergleichen Schein ist z. B. das oben erörterte Doppeltsehn und Doppelttasten infolge der Verrückung der Sinneswerkzeuge aus ihrer normalen Lage; imgleichen der erwähnte am Horizont größer erscheinende Mond; ferner das sich ganz als schwebender solider Körper darstellende Bild im Brennpunkt eines Hohlspiegels; das gemalte Rilievo, welches wir für ein wirkliches ansehn; die Bewegung des Ufers oder der Brücke, worauf wir stehn, während ein Schiff durchfährt; hohe Berge, die viel näher erscheinen, als sie sind, wegen des Mangels der Luftperspektive, welcher eine Folge der Reinheit der Atmosphäre, in der ihre hohen Gipfel liegen, ist; und hundert ähnliche Dinge, bei welchen allen der Verstand die gewöhnliche, ihm geläufige Ursache voraussetzt, diese also sofort anschaut, obgleich die Vernunft den richtigen Tatbestand auf andern Wegen ermittelt hat, damit aber jenem, als welcher ihrer Belehrung unzugänglich, weil in seinem Erkennen ihr vorhergängig ist, nicht beikommen kann; wodurch der falsche *Schein*, d.i. der Trug des Verstandes, unverrückbar stehnbleibt, wenngleich der *Irrtum*, d.i. der Trug der Vernunft, verhindert wird. – Das vom *Verstande* richtig Erkannte ist die *Realität*; das von der *Vernunft* richtig Erkannte die *Wahrheit*, d.i. ein Urteil, welches Grund hat: jener ist der *Schein* (das fälschlich Angeschaute), dieser der *Irrtum* (das fälschlich Gedachte) entgegengesetzt.

Obgleich der rein formale Teil der empirischen Anschauung, also das Gesetz der Kausalität nebst Raum und Zeit a priori im Intellekt liegt; so ist ihm doch nicht die Anwendung desselben auf empirische Data zugleich mitgegeben: sondern diese erlangt er erst durch Übung und Erfahrung. Daher kommt es, daß neugeborene Kinder zwar den Licht- und Farbeneindruck empfangen, allein noch nicht die Objekte apprehendieren und eigentlich sehn; sondern sie sind die ersten Wochen hindurch in einem Stupor[1] befangen, der sich alsdann verliert, wann ihr Verstand anfängt, seine Funktion an den Datis der Sinne, zumal des Getasts und Gesichts zu üben, wodurch die objektive Welt allmälig in ihr Bewußtsein tritt. Dieser Eintritt ist am Intelligentwerden ihres Blicks und einiger Absichtlichkeit in ihren Bewe-

1. [Unempfindlichkeit]

gungen deutlich zu erkennen, besonders wenn sie zum erstenmal durch freundliches Anlächeln an den Tag legen, daß sie ihre Pfleger erkennen. Man kann auch beobachten, daß sie noch lange mit dem Sehn und Tasten experimentieren, um ihre Apprehension der Gegenstände unter verschiedener Beleuchtung, Richtung und Entfernung derselben zu vervollkommnen und so ein stilles, aber ernstes Studium treiben, bis sie alle die oben beschriebenen Verstandesoperationen des Sehns erlernt haben. Viel deutlicher jedoch ist diese Schule an spät operierten Blindgebornen zu konstatieren; da diese von ihren Wahrnehmungen Bericht erstatten. Seit *Cheseldens* berühmt gewordenem Blinden (über welchen der ursprüngliche Bericht in den ›Philosophical Transactions‹ vol. 35 steht) hat der Fall sich oft wiederholt und es sich jedesmal bestätigt, daß diese spät den Gebrauch der Augen erlangenden Leute zwar gleich nach der Operation Licht, Farben und Umrisse sehn, aber noch keine objektive Anschauung der Gegenstände haben: denn ihr Verstand muß erst die Anwendung seines Kausalgesetzes auf die ihm neuen Data und ihre Veränderungen lernen. Als Cheseldens Blinder zum erstenmal sein Zimmer mit den verschiedenen Gegenständen darin erblickte, unterschied er nichts daran, sondern hatte nur einen Totaleindruck wie von einem aus einem einzigen Stücke bestehenden Ganzen: er hielt es für eine glatte, verschieden gefärbte Oberfläche. Es fiel ihm nicht ein, gesonderte, verschieden entfernte, hintereinandergeschobene Dinge zu erkennen. Bei solchen hergestellten Blinden muß das Getast, als welchem die Dinge schon bekannt sind, diese dem Gesicht erst bekanntmachen, gleichsam sie präsentieren und einführen. Über Entfernungen haben sie anfangs gar kein Urteil, sondern greifen nach allem. Einer konnte, als er sein Haus von außen sah, nicht glauben, daß alle die großen Zimmer in dem kleinen Dinge da sein sollten. Ein andrer war hocherfreut, als er mehrere Wochen nach der Operation die Entdeckung machte, daß die Kupferstiche an der Wand allerlei Gegenstände vorstellten. Im ›Morgenblatt‹ vom 23. Oktober 1817 steht Nachricht von einem Blindgebornen, der im 17. Lebensjahre das

Gesicht erhielt. Er mußte das verständige Anschauen erst lernen, erkannte keinen ihm vorher durch das Getast bekannten Gegenstand sehend wieder, hielt daher Ziegen für Menschen usw. Der Tastsinn mußte dem Gesichtssinn erst jeden einzelnen Gegenstand bekanntmachen. So auch hatte er gar kein Urteil über die Entfernungen der gesehenen Objekte, sondern griff nach allem. – *Franz*, in seinem Buche: ›The eye – a treatise on the art of preserving this organ in healthy condition, and of improving the sight‹ (London, Churchill 1839), sagt pag. 34–36: ›A definite idea of distance, as well as of form and size, is only obtained by sight and touch, and by reflecting on the impressions made on both senses; but for this purpose we must take into account the muscular motion and voluntary locomotion of the individual. – Caspar Hauser[1], in a detailed account of his own experience in this respect states, that upon his first liberation from confinement, whenever he looked through the window upon external objects, such as the street, garden etc., it appeared to him as if there were a shutter quite close to his eye, and covered with confused colours of all kinds, in which he could recognise or distinguish nothing singly. He says farther, that he did not convince himself till after some time during his walks out of doors, that what had at first appeared to him as a shutter of various colours, as well as many other objects, were in reality very different things; and that at length the shutter disappeared, and he saw and recognised all things in their just proportions. Persons born blind who obtain their sight by an operation in later years only, sometimes imagine that all objects touch their eyes, and lie so near to them that they are afraid of stumbling against them; sometimes they leap towards the moon, supposing that they can lay hold of it; at other times they run after the clouds moving along the sky, in order to catch them, or commit other such extravagancies. . . . Since ideas are gained by reflection upon sensation, it is further necessary in all cases, in order that an accurate idea of objects may

---

1. Feuerbachs ›Caspar Hauser – Beispiel eines Verbrechens am Seelenleben eines Menschen‹, Ansbach 1832, pag. 79 etc.

be formed from the sense of sight, that the powers of the mind should be unimpaired, and undisturbed in their exercise. A proof of this is afforded in the instance related by Haslam[1], of a boy who had no defect of sight, but was weak in understanding, and who in his seventh year was unable to estimate the distances of objects, especially as to height; he would extend his hand frequently towards a nail on the ceiling, or towards the moon, to catch it. It is therefore the judgment which corrects and makes clear this idea, or perception of visible objects.‹ [Eine bestimmte Vorstellung von der Entfernung, wie auch von der Gestalt und Größe kann nur gewonnen werden durch das Gesicht und den Tastsinn und mittels der Reflexion über die Eindrücke in beiden Sinnesorganen; aber zu diesem Zwecke muß man die muskulare und willkürliche Bewegung des betreffenden Individuums berücksichtigen. – Caspar Hauser sagt in dem ausführlichen Bericht über seine Erfahrung in dieser Hinsicht, daß es nach seiner ersten Befreiung aus der Gefangenschaft ihm, wenn er durch das Fenster auf äußere Gegenstände, wie Straße, Garten usw. blickte, geschienen habe, als ob er nahe vor seinen Augen einen Vorhang hätte, der mit Farbenflecken aller Art bedeckt wäre, unter denen er nichts Einzelnes habe erkennen oder unterscheiden können. Er sagt ferner, daß er bei Spaziergängen auf der Straße einige Zeit gebraucht habe, um sich zu überzeugen, daß dasjenige, was ihm zuerst wie ein mit allerlei Farben bedeckter Vorhang erschienen sei, ebensogut wie viele andere Dinge in Wahrheit sehr verschiedene Gegenstände gewesen seien; und daß schließlich der Vorhang verschwunden sei und er alle Dinge in ihren richtigen Verhältnissen gesehen und erkannt habe. Personen, die blind geboren waren und ihr Augenlicht durch eine Operation in späteren Jahren erhalten hatten, bilden sich eine Zeitlang ein, daß alle Gegenstände ihre Augen berühren und ihnen so nahe sind, daß sie fürchten, an sie zu stoßen; zuweilen greifen sie nach dem Monde, in der Meinung, daß sie ihn fassen können; ein andermal

1. Haslams ›Observations on madness and melancholy‹, 2. edition p. 192

laufen sie den am Himmel hinziehenden Wolken nach, um sie zu erhaschen, oder begehen andere ähnliche Torheiten ... Da Vorstellungen durch Reflexion über die Sinneswahrnehmung gewonnen werden, ist es weiter in allen Fällen notwendig, wenn eine genaue Vorstellung von dem Gesehenen erlangt werden soll, daß die Kräfte des Verstandes ungehemmt und ungestört ihre Verrichtung ausführen können. Ein Beweis dafür liegt in dem von Haslam beigebrachten Falle eines Knaben, der keinen Fehler des Gesichtssinnes hatte, aber schwach an Verstand war und der noch in seinem siebenten Jahre nicht imstande war, die Entfernung der Gegenstände abzuschätzen, namentlich nicht ihre Höhe; er war imstande, oft die Hand nach einem Nagel an der Decke auszustrecken oder nach dem Mond, um ihn zu fangen. Es ist also die Urteilskraft, welche diese Vorstellung oder Wahrnehmung sichtbarer Gegenstände erst richtigstellt und klarmacht.]

Physiologische Bestätigung erhält die hier dargelegte Intellektualität der Anschauung durch *Flourens*: ›De la vie et l'intelligence‹ (deuxième édition, Paris, Garnier Frères, 1858) pag. 49; unter der Überschrift: ›Opposition entre les tubercules et les lobes cérébraux‹ sagt Flourens: ›Il faut faire une grande distinction entre les sens et l'intelligence. L'ablation d'un tubercule détermine la perte de la sensation, du sens de la vue; la rétine devient insensible, l'iris devient immobile. L'ablation d'un lobe cérébral laisse la sensation, le sens, la sensibilité de la rétine, la mobilité de l'iris; elle ne détruit que la perception seule. Dans un cas, c'est un fait sensorial; et, dans l'autre, un fait cérébral; dans un cas, c'est la perte du sens; dans l'autre, c'est la perte de la perception. La distinction des perceptions et des sensations est encore un grand résultat; et il est démontré aux yeux. Il y a deux moyens de faire perdre la vision par l'encéphale: 1° par les tubercules, c'est la perte du sens, de la sensation; 2° par les lobes, c'est la perte de la perception, de l'intelligence. La sensibilité n'est donc pas l'intelligence, penser n'est donc pas sentir; et voilà toute une philosophie renversée. L'idée n'est donc pas la sensation; et voilà encore une autre preuve

du vice radical de cette philosophie.‹ [Man muß einen großen Unterschied machen zwischen den Sinnen und dem Verstand. Die Entfernung des Hirnhügels bedingt den Verlust der Sinneswahrnehmung, des Gesichtssinnes; die Retina wird unempfindlich; die Iris wird unbeweglich. Die Entfernung eines Hirnlappens läßt die Sinneswahrnehmung, den Sinn, die Empfindlichkeit der Retina, die Beweglichkeit der Iris bestehen; sie zerstört lediglich die Perzeption. In einem Falle handelt es sich um ein sensoriales, im andern um ein zerebrales Faktum; in einem Falle geht die Wahrnehmung, im andern Falle die Perzeption verloren. Die Unterscheidung von Perzeptionen und Wahrnehmungen ist ein weiteres großes Ergebnis; sein Beweis liegt vor Augen. Es gibt zwei Mittel, um das Sehen mittels des Gehirns verlorengehen zu lassen: 1. durch die Hirnhügel, das ist der Verlust des Sinnes, der Sinneswahrnehmung; 2. durch die Hirnlappen, das ist der Verlust der Perzeption, des Verstandes. Die Sinnesempfindung ist also etwas anderes als der Verstand, denken etwas anderes als wahrnehmen; und damit ist eine ganze Philosophie umgestürzt. Die Vorstellung ist also etwas anderes als die Sinneswahrnehmung, und darin haben wir einen neuen Beweis des radikalen Fehlers dieser Philosophie.]
Ferner sagt Flourens pag. 77 unter der Überschrift: ›Séparation de la sensibilité et de la perception‹: ›Il y a une de mes expériences qui sépare nettement la sensibilité de la perception. Quand on enlève le cerveau proprement dit (lobes ou hémisphères cérébraux) à un animal, l'animal perd la vue. Mais, par rapport à l'œil, rien n'est changé: les objets continuent à se peindre sur la rétine; l'iris reste contractile, le nerf optique sensible, parfaitement sensible. Et cependant l'animal ne voit plus; il n'y a plus vision, quoique tout ce qui est sensation subsiste; il n'y a plus vision, parce qu'il n'y a plus perception. Le percevoir, et non le sentir, est donc le premier élément de l'intelligence. La perception est partie de l'intelligence, car elle se perd avec l'intelligence, et par l'ablation du même organe, les lobes ou hémisphères cérébraux; et la sensibilité n'en est point partie, puisqu'elle subsiste après la perte de l'intelligence et l'ablation des lobes

ou hémisphères.‹ [Eines meiner Experimente beweist, daß man die Sinnesempfindungen von der Perzeption genau unterscheiden muß. Wenn man das eigentliche Gehirn (die Hirnlappen oder zerebralen Hemisphären) bei einem Tiere entfernt, so verliert das Tier sein Gesicht. Aber am Auge hat sich nichts geändert: die Gegenstände zeichnen sich nach wie vor auf der Retina ab; die Iris behält ihre Fähigkeit, sich zusammenzuziehen; der Sehnerv bleibt empfindlich, vollkommen empfindlich. Und doch kann das Tier nicht mehr sehen; es verliert das Sehvermögen, obgleich alles, was zur Sinneswahrnehmung gehört, fortbesteht; es verliert das Sehvermögen, weil die Perzeption aufgehoben ist. Die Perzeption und nicht die Sinnesempfindung ist somit die Hauptaufgabe des Verstandes; denn sie verliert sich mit dem Verstande und mit der Entfernung des nämlichen Organs, der Hirnlappen oder zerebralen Hemisphären; die Sinnesempfindung ist nicht seine Sache, da sie bei dem Verlust des Verstandes und der Entfernung der Hirnlappen oder Hemisphären fortbesteht.]

Daß die Intellektualität der Anschauung im allgemeinen schon von den Alten eingesehn wurde, bezeugt der berühmte Vers des alten Philosophen Epicharmos:

Νοῦς ὁρῇ καὶ νοῦς ἀκούει· τἆλλα κωφὰ καὶ τυφλά.

(Mens videt, mens audit; cetera surda et caeca.) [Nur der Verstand kann sehn und hören; alles sonst ist taub und blind.] Plutarch, der ihn (›De sollertia animalium‹ cap. 3 [p. 961 A]) anführt, setzt hinzu: ὡς τοῦ περὶ τὰ ὄμματα καὶ ὦτα πάθους, ἂν μὴ παρῇ τὸ φρονοῦν, αἴσθησιν οὐ ποιοῦντος (quia affectio oculorum et aurium nullum affert sensum intelligentia absente) [weil die Empfindung in den Augen und Ohren, wenn nicht das Erkennen hinzukommt, keine Wahrnehmung bewirkt], und sagt kurz zuvor: Στράτωνος τοῦ φυσικοῦ λόγος ἐστὶν ἀποδεικνύων ὡς οὐδ' αἰσθάνεσθαι τὸ παράπαν ἄνευ τοῦ νοεῖν ὑπάρχει. (Stratonis physici exstat ratiocinatio, qua ›sine intelligentia sentiri omnino nihil posse‹ demonstrat.) [Es ist die Theorie des Physikers Straton, die beweist, daß ›ein Wahrnehmen ohne den Verstand ganz unmöglich ist«.] Bald darauf aber sagt er: "Ὅθεν ἀνάγκη πᾶσιν, οἷς τὸ αἰσθάνεσθαι, καὶ τὸ νοεῖν ὑπάρχειν, εἰ τῷ νοεῖν αἰσθάνεσθαι πεφύκαμεν. (Quare necesse est, omnia, quae sentiunt, etiam intelligere, siquidem intelligendo demum sentiamus.) [Daher müssen alle Wesen, die wahrnehmen, auch Verstand haben, wenn wir nur durch Verstand wahrzunehmen vermögen; p. 961 B.] Hiemit wäre denn wieder ein Vers desselben Epicharmos in Verbindung zu setzen, den Diogenes Laertios [›De vitis, dogmatibus et apophthegmatibus philosophorum‹] (3, [1], 16) anführt:

Εὔμαιε, τὸ σοφόν ἐστιν οὐ καθ᾽ ἓν μόνον,
Ἀλλ᾽ ὅσα περ ζῇ, πάντα καὶ γνώμαν ἔχει.

(Eumaee, sapientia non uni tantum competit, sed quaecunque vivunt, etiam intellectum habent.) [Die Klugheit, o Eumaios, kommt nicht uns nur zu; denn jedes Wesen, das da lebt, hat auch Verstand.] Auch Porphyrios (›De abstinentia‹ 3, 21) ist bemüht, ausführlich darzutun, daß alle Tiere Verstand haben.

Daß nun diesem so sei, folgt aus der Intellektualität der Anschauung notwendig. Alle Tiere, bis zum niedrigsten herab, müssen Verstand, d. h. Erkenntnis des Kausalitätsgesetzes haben, wenn auch in sehr verschiedenem Grade der Feinheit und Deutlichkeit; aber stets wenigstens so viel, wie zur Anschauung mit ihren Sinnen erfordert ist; denn Empfindung ohne Verstand wäre nicht nur ein unnützes, sondern ein grausames Geschenk der Natur. Den Verstand der obern Tiere wird keiner, dem es nicht selbst daran gebricht, in Zweifel ziehn. Aber auch daß ihre Erkenntnis der Kausalität wirklich a priori und nicht bloß aus der Gewohnheit, dies auf jenes folgen zu sehn, entsprungen ist, tritt bisweilen unleugbar hervor. Ein ganz junger Hund springt nicht vom Tisch herab, weil er die Wirkung antizipiert. Vor kurzem hatte ich in meinem Schlafzimmer große bis zur Erde herabreichende Fenstergardinen anbringen lassen von der Art, die in der Mitte auseinanderfährt, wenn man eine Schnur zieht: als ich nun dies zum erstenmal morgens beim Aufstehn ausführte, bemerkte ich zu meiner

Überraschung, daß mein sehr kluger Pudel ganz verwundert dastand und sich aufwärts und seitwärts nach der Ursache des Phänomens umsah, also die Veränderung suchte, von der er a priori wußte, daß sie vorhergegangen sein müsse; dasselbe wiederholte sich noch am folgenden Morgen. – Aber auch die untersten Tiere [haben diese Fähigkeit], sogar noch der Wasserpolyp ohne gesonderte Sinneswerkzeuge, wann er auf seiner Wasserpflanze, um in helleres Licht zu kommen, mit seinen Armen sich anklammernd, von Blatt zu Blatt wandert, hat Wahrnehmung, folglich Verstand.

Und von diesem untersten Verstande ist der des Menschen, den wir jedoch von dessen Vernunft deutlich sondern, nur dem Grade nach verschieden; während alle dazwischenliegenden Stufen von der Reihe der Tiere ausgefüllt werden, deren oberste Glieder, also Affe, Elefant, Hund, uns durch ihren Verstand in Erstaunen setzen. Aber immer und immer besteht die Leistung des Verstandes in unmittelbarem Auffassen der kausalen Verhältnisse: zuerst, wie gezeigt, zwischen dem eigenen Leib und den andern Körpern, woraus die objektive Anschauung hervorgeht; dann zwischen diesen objektiv angeschauten Körpern unter einander, wo nun, wie wir im vorigen Paragraphen gesehn haben, das Kausalitätsverhältnis unter drei verschiedenen Formen auftritt, nämlich als Ursache, als Reiz und als Motiv, nach welchen dreien sodann alle Bewegung auf der Welt vorgeht und vom Verstande allein verstanden wird. Sind es nun von jenen dreien die *Ursachen* im engsten Sinne, denen er nachspürt; dann schafft er Mechanik, Astronomie, Physik, Chemie und erfindet Maschinen, zum Heil und zum Verderben: stets aber liegt allen seinen Entdeckungen in letzter Instanz ein unmittelbares intuitives Auffassen der ursächlichen Verbindung zum Grunde. Denn dieses ist die alleinige Form und Funktion des Verstandes; keineswegs aber das komplizierte Räderwerk der zwölf Kantischen Kategorien, deren Nichtigkeit ich nachgewiesen habe *[vgl. Bd. 1, S. 631]*. – Alles Verstehn ist ein unmittelbares und daher intuitives Auffassen des Kausalzusammenhangs, obwohl es sogleich in abstrakte Begriffe abgesetzt werden muß, um fixiert zu werden. Daher ist Rechnen nicht Verstehn und liefert an sich kein Verständnis der Sachen. Dies erhält man nur auf dem Wege der Anschauung durch richtige Erkenntnis der Kausalität und *geometrische* Konstruktion des Hergangs; wie solche *Euler* besser als irgend jemand gegeben hat, weil er die Sachen von Grund aus verstand. Das Rechnen hingegen hat es mit lauter abstrakten Größenbegriffen zu tun, deren Verhältnis zu einander es feststellt. Dadurch erlangt man nie das mindeste Verständnis eines physischen Vorgangs. Denn zu einem solchen ist erfordert *anschauliche* Auffassung der räumlichen Verhältnisse, mittelst welcher die Ursachen wirken. Das Rechnen bestimmt das Wieviel und Wiegroß, ist daher zur *Praxis* unentbehrlich. Sogar kann man sagen: *wo das Rechnen anfängt, hört das Verstehn auf*; denn der mit Zahlen beschäftigte Kopf ist, während er rechnet, dem kausalen Zusammenhang und der geometrischen Konstruktion des physischen Hergangs gänzlich entfremdet: er steckt in lauter abstrakten Zahlenbegriffen. Das Resultat aber besagt nie mehr als *Wieviel*; nie *Was*. Mit l'expérience et le calcul [der Erfahrung und der Berechnung], diesem Weidspruch der französischen Physiker, reicht man also keineswegs aus. – Sind hingegen die *Reize* der Leitfaden des Verstandes; so wird er Physiologie der Pflanzen und Tiere, Therapie und Toxikologie zustande bringen. Hat er endlich sich auf die *Motivation* geworfen; dann wird er entweder sie bloß theoretisch zum Leitfaden gebrauchen, um Moral, Rechtslehre, Geschichte, Politik, auch dramatische und epische Poesie zutage zu fördern; oder aber sich ihrer praktisch bedienen entweder bloß, um Tiere abzurichten, oder sogar, um das Menschengeschlecht nach seiner Pfeife tanzen zu lassen, nachdem er glücklich an jeder Puppe das Fädchen herausgefunden hat, an welchem gezogen sie sich beliebig bewegt. Ob er nun die Schwere der Körper mittelst der Mechanik zu Maschinen so klug benutzt, daß ihre Wirkung, gerade zu rechter Zeit eintretend, seiner Absicht in die Hände spielt; oder ob er ebenso die gemeinsamen oder die individuellen Neigungen der Menschen zu seinen Zwekken ins Spiel versetzt, ist hinsichtlich der dabei tätigen Funktion dasselbe. In dieser praktischen Anwendung nun wird der Verstand Klugheit und, wenn sie mit Überlistung anderer geschieht, Schlauheit genannt; auch wohl, wenn seine Zwecke sehr geringfügig sind, Pfiffigkeit; auch, wenn sie mit dem Nachteil anderer verknüpft sind, Verschmitztheit. Hingegen heißt er im bloß theoretischen Gebrauch *Verstand* schlechtweg, in den höhern Graden aber alsdann Scharfsinn, Einsicht, Sagazität, Penetration; sein Mangel hingegen Stumpfheit, Dummheit, Pinselhaftigkeit usw. Diese höchst verschiedenen Grade seiner Schärfe sind angeboren und nicht zu erlernen; wiewohl Übung und Kenntnis des Stoffs überall zur richtigen Handhabung erfordert sind; wie wir dies ja selbst an seiner ersten Anwendung, also an der empirischen Anschauung gesehn haben. Vernunft hat jeder Tropf: gibt man ihm die Prämissen, so vollzieht er den Schluß. Aber der Verstand liefert die *primäre* Erkenntnis, folglich die intuitive, und da liegen die Unterschiede. Demgemäß ist auch der Kern jeder großen Entdeckung, wie auch jedes welthistorischen Plans, das Erzeugnis eines glücklichen Augenblicks, in welchem durch Gunst äußerer und innerer Umstände dem Verstande komplizierte Kausalreihen oder verborgene Ursachen tausendmal gesehener Phänomene oder nie betretene dunkle Wege sich plötzlich erhellen. –

Durch die obigen Auseinandersetzungen der Vorgänge beim Tasten und Sehn ist unwidersprechlich dargetan, daß die empirische Anschauung im wesentlichen das Werk des *Verstandes* ist, dem dazu die Sinne nur den im ganzen ärmlichen Stoff in ihren Empfindungen liefern; so daß *er* der werkbildende Künstler ist, *sie* nur die das Material darreichenden Handlanger. Durchweg aber besteht dabei sein Verfahren im Übergehn von gegebenen Wirkungen zu ihren Ursachen, welche eben erst dadurch sich als Objekte im Raume darstellen. Die Voraussetzung dazu ist das Gesetz der Kausalität, welches ebendeshalb vom Verstande selbst hinzugebracht sein muß; da es nimmermehr ihm von außen hat kommen können. Ist es doch die erste Bedingung aller empirischen Anschauung, diese aber die Form in der alle äußere Erfahrung auftritt: wie also sollte es erst aus der Erfahrung geschöpft sein, deren wesentliche Voraussetzung es selbst ist? – Eben weil es dies schlechterdings nicht kann, *Lockes* Philosophie aber alle Apriorität aufgehoben hatte, leugnete *Hume* die ganze Realität des Kausalitätsbegriffes. Dabei erwähnte schon er (im siebenten seiner ›Essays on human understanding‹) zwei falsche Hypothesen, die man in unsern Tagen wieder vorgebracht hat: die eine, daß die Wirkung des Willens auf die Glieder des Leibes; die andere, daß der Widerstand, den die Körper unserm Druck gegen sie entgegensetzen, der Ursprung und Prototyp des Kausalitätsbegriffes sei. Hume widerlegt beides in seiner Weise und seinem Zusammenhang. Ich aber so: zwischen dem Willensakt und der Leibesaktion ist gar kein Kausalzusammenhang; sondern beide sind unmittelbar eins und dasselbe, welches doppelt wahrgenommen wird: einmal im Selbstbewußtsein oder innern Sinn als Willensakt; und zugleich in der äußern räumlichen Gehirnanschauung als Leibesaktion (vgl. ›Welt als Wille und Vorstellung‹, dritte Auflage Bd. 2, pag. 41 *[Bd. 2, S. 51]*). Die zweite Hypothese ist falsch erstlich, weil, wie oben ausführlich gezeigt, eine bloße Empfindung des Tastsinnes noch gar keine objektive Anschauung, geschweige den Kausalitätsbegriff liefert: nie kann dieser bloß aus dem Gefühl einer verhinderten Leibesanstrengung hervorgehn, die ja auch oft ohne äußere Ursache eintritt; und zweitens, weil unser Drängen gegen einen äußern Gegenstand, da es ein Motiv haben muß, schon die Wahrnehmung desselben, diese aber die Erkenntnis der Kausalität voraussetzt. – Die Unabhängigkeit des Kausalitätsbegriffes von aller Erfahrung konnte aber gründlich nur dadurch dargetan werden, daß die Abhängigkeit aller Erfahrung ihrer ganzen Möglichkeit nach von ihm nachgewiesen wurde; wie ich dies im obigen geleistet habe. Daß *Kants* in derselben Absicht aufgestellter Beweis falsch ist, werde ich § 23 *[S. 107]* dartun.

Hier ist auch der Ort, darauf aufmerksam zu machen, daß Kant die Vermittlung der empirischen Anschauung durch das uns vor aller Erfahrung bewußte Kausalitätsgesetz entweder nicht eingesehn oder, weil es zu seinen Absichten nicht paßte, geflissentlich umgangen hat. In der ›Kritik der reinen Vernunft‹ kommt das Verhältnis der Kausalität zur Anschauung nicht in der Elementarlehre, sondern an einem Orte, wo man es nicht suchen würde, zur Sprache, nämlich im Kapitel von den Paralogismen der reinen Vernunft, und zwar in der ›Kritik des vierten Paralogismus der transzendentalen Psychologie‹, in der ersten Auflage allein (S. 367 ff.). Schon daß er jener Erörterung diese Stelle angewiesen, zeigt an, daß er bei Betrachtung jenes Verhältnisses immer nur den Übergang von der Erscheinung zum Dinge an sich, nicht aber das Entstehn der Anschauung selbst im Auge gehabt hat. Demgemäß sagt er hier, daß das Dasein eines wirklichen Gegenstandes außer uns nicht geradezu in der Wahrnehmung gegeben sei, sondern als äußere Ursache derselben hinzugedacht und also geschlossen werden könne. Allein wer dies tut, ist ihm ein transzendentaler Realist, mithin auf dem Irrwege begriffen. Denn unter dem ›äußern Gegenstande‹ versteht Kant hier schon das Ding an sich. Der transzendentale Idealist hingegen bleibt bei der Wahrnehmung eines empirisch Realen, d. h. im Raume außer uns Vorhandenen stehn, ohne, um ihr Realität zu geben, erst auf eine Ursache derselben schließen zu müssen. Die *Wahrnehmung* ist nämlich bei Kant etwas ganz Unmittelbares, welches ohne alle Beihülfe des Kausalnexus und mithin des Verstandes zustande kommt: er identifiziert sie geradezu mit der Empfindung. Dies belegt a. a. O. die Stelle S. 371: ›Ich habe in Absicht auf die Wirklichkeit äußerer Gegenstände ebensowenig nötig‹ usw., wie auch (S. 372) diese: ›Man kann zwar einräumen, daß‹ usw. Aus diesen Stellen geht vollkommen deutlich hervor, daß bei ihm die *Wahrnehmung* äußerer Dinge im Raum aller Anwendung des Kausalgesetzes vorhergängig ist, dieses also nicht in jene als Element und Bedingung derselben eingeht: die bloße Sinnesempfindung ist ihm sofort Wahrnehmung. Bloß sofern man nach dem, was, im *transzendentalen* Sinne verstanden, *außer uns* sein mag, also nach dem Dinge an sich selbst frägt, kommt bei der Anschauung die Kausalität zur Sprache. Kant nimmt ferner das Kausalgesetz als allein in der Reflexion, also in abstrakter, deutlicher Begriffserkenntnis vorhanden und möglich an, hat daher keine Ahndung davon, daß die Anwendung desselben *aller Reflexion vorhergeht*, was doch offenbar der Fall ist, namentlich bei der empirischen Sinnesanschauung, als welche außerdem nimmermehr zustande käme; wie dies meine obige Analyse derselben unwiderleglich beweist. Daher muß denn Kant das Entstehn der empirischen Anschauung ganz unerklärt lassen: sie ist bei ihm wie durch ein Wunder gegeben, bloß Sache der Sinne, fällt also mit der Empfindung zusammen. Ich wünsche sehr, daß der denkende Leser die angeführte Stelle Kants nachsehe, damit ihm einleuchte, wie sehr viel richtiger meine Auffassung des ganzen Zusammenhanges und Herganges ist. Jene äußerst fehlerhafte Kantische Ansicht hat seitdem in der philosophischen Literatur immer fortbestanden, weil keiner sich getraute, sie anzutasten, und ich habe hier zuerst aufzuräumen gehabt, welches nötig war, um Licht in den Mechanismus unsers Erkennens zu bringen.

Übrigens hat durch meine Berichtigung der Sache die von Kant aufgestellte idealistische Grundansicht durchaus nichts verloren; ja sie hat vielmehr gewonnen; sofern bei mir die Forderung des Kausalgesetzes in der empirischen Anschauung als ihrem Produkt aufgeht und erlischt, mithin nicht ferner geltend gemacht werden kann zu einer völlig transzendenten Frage nach dem Ding an sich. Sehn wir nämlich auf meine obige Theorie der empirischen Anschauung zurück; so finden wir, daß das erste Datum zu derselben, die Sinnesempfindung, ein durchaus Subjektives, ein Vorgang innerhalb des Organismus, weil unter der Haut, ist. Daß diese Empfindungen der Sinnesorgane, auch angenommen, daß äußere Ursachen sie anregen, dennoch mit der Beschaffenheit dieser durchaus keine Ähnlichkeit haben können – der Zucker nicht mit der Süße, die Rose nicht mit der Röte – hat schon Locke ausführlich und gründlich dargetan. Allein auch, daß sie nur überhaupt eine äußere Ursache haben müssen, beruht auf einem Gesetze, dessen Ursprung nachweislich in uns, in unserm Gehirn liegt, ist folglich zuletzt nicht weniger subjektiv als die Empfindung selbst. Ja die

Zeit, diese erste Bedingung der Möglichkeit jeder *Veränderung,* also auch der, auf deren Anlaß die Anwendung des Kausalitätsbegriffs erst eintreten kann; nicht weniger der *Raum,* welcher das Nach-außen-Verlegen einer Ursache, die sich darauf als Objekt darstellt, allererst möglich macht, ist, wie *Kant* sicher dargetan hat, eine subjektive Form des Intellekts. Wir finden demnach sämtliche Elemente der empirischen Anschauung in uns liegend und nichts darin enthalten, was auf etwas schlechthin von uns Verschiedenes, ein Ding an sich selbst, sichere Anweisung gäbe. – Aber noch mehr: unter dem Begriff der *Materie* denken wir das, was von den Körpern noch übrigbleibt, wenn wir sie von ihrer Form und allen ihren spezifischen Qualitäten entkleiden, welches ebendeshalb in allen Körpern ganz gleich, eins und dasselbe sein muß. Jene von uns aufgehobenen Formen und Qualitäten nun aber sind nichts anderes als die besondere und speziell bestimmte *Wirkungsart* der Körper, welche eben die Verschiedenheit derselben ausmacht. Daher ist, wenn wir davon absehn, das dann noch Übrigbleibende *die bloße Wirksamkeit überhaupt,* das reine Wirken als solches, die Kausalität selbst, objektiv gedacht – also der Widerschein unsers eigenen Verstandes, das nach außen projizierte Bild seiner alleinigen Funktion, und die Materie ist durch und durch lautere Kausalität: ihr Wesen ist das Wirken überhaupt (vgl. ›Welt als Wille und Vorstellung‹ Bd. 1, § 4, S. 9 und Bd. 2, S. 48 f. *[Bd. 1, S. 40; Bd. 2, S. 63 f.]*). Daher eben läßt die reine Materie sich nicht anschauen, sondern bloß denken: sie ist ein zu jeder Realität als ihre Grundlage Hinzugedachtes. Denn reine Kausalität, bloßes Wirken ohne bestimmte Wirkungsart kann nicht anschaulich gegeben werden, daher in keiner Erfahrung vorkommen. – Die Materie ist also nur das objektive Korrelat des reinen Verstandes, ist nämlich Kausalität überhaupt und sonst nichts; so wie dieser das unmittelbare Erkennen von Ursache und Wirkung überhaupt und sonst nichts ist. Eben dieserhalb nun wieder kann auf die Materie selbst das Gesetz der Kausalität keine Anwendung finden: d. h. sie kann weder entstehn noch vergehn, sondern ist und beharrt. Denn da aller

Wechsel der Akzidenzien (Formen und Qualitäten), d. i. alles Entstehn und Vergehn nur vermöge der Kausalität eintritt, die Materie aber die reine Kausalität als solche, objektiv aufgefaßt, selbst ist; so kann sie ihre Macht nicht an sich selbst ausüben; wie das Auge alles, nur nicht sich selbst sehn kann. Da ferner ›Substanz‹ identisch ist mit Materie; so kann man sagen: *Substanz* ist das *Wirken*, in abstracto aufgefaßt; *Akzidenz* die besondere Art des Wirkens, das Wirken in concreto. – Dies sind nun also die Resultate, zu denen der wahre, d. i. der transzendentale Idealismus leitet. Daß wir zum Dinge an sich selbst, d. i. dem überhaupt auch außer der Vorstellung Existierenden, nicht auf dem Wege der Vorstellung gelangen können, sondern dazu einen ganz andern, durch das Innere der Dinge führenden Weg, der uns gleichsam durch Verrat die Festung öffnet, einschlagen müssen, habe ich durch mein Hauptwerk dargetan *[vgl. Bd. 2, S. 253]*. –

Wenn man aber etwan die hier gegebene ehrliche und tiefgründliche Auflösung der empirischen Anschauung in ihre Elemente, welche sich sämtlich als subjektiv ergeben, vergleichen oder gar identifizieren wollte mit *Fichtes* algebraischen Gleichungen zwischen Ich und Nicht-Ich [und] mit seinen sophistischen Scheindemonstrationen, die der Hülle der Unverständlichkeit, ja des Unsinns bedurften, um den Leser zu täuschen, mit den Darlegungen, wie das Ich das Nicht-Ich aus sich selbst herausspinnt, kurz, mit sämtlichen Possen der Wissenschaftsleere[1]; so würde dies eine offenbare Schikane und nichts weiter sein. Gegen alle Gemeinschaft mit diesem *Fichte* protestiere ich, sogut wie *Kant* öffentlich und ausdrücklich in einer Anzeige ad hoc in der ›Jenaischen Literatur-Zeitung‹ dagegen protestiert hat (Kant, ›Erklärung über Fichtes Wissenschaftslehre‹ im Intelligenzblatt der ›Jenaischen Literatur-Zeitung‹, 1799, Nr. 109). Mögen immerhin Hegelianer und ähnliche Ignoranten von einer Kant-Fichteschen Philosophie reden: es gibt eine Kantische Philosophie und eine Fichtesche Windbeutelei – das ist das

---

1. [Ironisierende Rechtschreibung nach dem Titel der Schrift Fichtes: ›Über den Begriff der Wissenschaftslehre oder der sogenannten Philosophie‹, 1794; *vgl. S. 711.*]

wahre Sachverhältnis und wird es bleiben trotz allen Präkonen[1] des Schlechten und Verächtern des Guten, an denen das deutsche Vaterland reicher ist als irgendein anderes.

§ 22
Vom unmittelbaren Objekt

Die Sinnesempfindungen des Leibes also sind es, welche die Data zur allerersten Anwendung des Kausalgesetzes abgeben, aus welcher ebendadurch die Anschauung dieser Klasse von Objekten entsteht, die folglich ihr Wesen und Dasein nur vermöge und in der Ausübung der also eingetretenen Verstandesfunktion hat.

Insofern nun der organische Leib der Ausgangspunkt für die Anschauung aller andern Objekte, also das diese Vermittelnde ist, hatte ich ihn in der ersten Auflage dieser Abhandlung das *unmittelbare Objekt* genannt; welcher Ausdruck jedoch nur in sehr uneigentlichem Verstande gelten kann. Denn obwohl die Wahrnehmung seiner Empfindungen eine schlechthin unmittelbare ist; so stellt doch er selbst sich dadurch noch gar nicht als Objekt dar; sondern soweit bleibt alles noch subjektiv, nämlich Empfindung. Von dieser geht die Anschauung der übrigen Objekte als Ursachen solcher Empfindungen allerdings aus, worauf jene sich als Objekte darstellen; nicht aber er selbst: denn er liefert hiebei dem Bewußtsein bloße Empfindungen. Objektiv, also als Objekt wird auch er allein *mittelbar* erkannt, indem er gleich allen andern Objekten sich im Verstande oder Gehirn (welches *eins* ist) als erkannte Ursache subjektiv gegebener Wirkung und ebendadurch *objektiv* darstellt; welches nur dadurch geschehn kann, daß seine Teile auf seine eigenen Sinne wirken, also das Auge den Leib sieht, die Hand ihn betastet usf., als auf welche Data das Gehirn oder Verstand auch ihn gleich andern Objekten seiner Gestalt und Beschaffenheit nach räumlich konstruiert. – Die unmittelbare Gegenwart der Vorstellungen dieser Klasse im Bewußtsein hängt demnach ab von der Stellung, welche sie in der alles

1. [Herolde, Lobredner]

verbindenden Verkettung der Ursachen und Wirkungen zu dem jedesmaligen Leibe des alles erkennenden Subjekts erhalten.

§ 23
*Bestreitung des von Kant aufgestellten Beweises
der Apriorität des Kausalitätsbegriffes*

Die Darlegung der Allgemeingültigkeit des Gesetzes der Kausalität für alle Erfahrung, seiner Apriorität und seiner eben aus dieser folgenden Beschränkung auf die Möglichkeit der Erfahrung ist ein Hauptgegenstand der ›Kritik der reinen Vernunft‹. Jedoch kann ich dem daselbst gegebenen Beweis der Apriorität des Satzes nicht beistimmen. Er ist im wesentlichen folgender: ›Die zu aller empirischen Kenntnis nötige Synthesis des Mannigfaltigen durch die Einbildungskraft gibt Sukzession, aber noch keine bestimmte: d. h. sie läßt unbestimmt, welcher von zwei wahrgenommenen Zuständen nicht nur in meiner Einbildungskraft, sondern im Objekt vorausgehe. Bestimmte Ordnung aber dieser Sukzession, durch welche allein das Wahrgenommene Erfahrung wird, d. h. zu objektiv gültigen Urteilen berechtigt, kommt erst hinein durch den reinen Verstandesbegriff von Ursache und Wirkung. Also ist der Grundsatz des Kausalverhältnisses Bedingung der Möglichkeit der Erfahrung und als solche uns a priori gegeben‹ (siehe ›Kritik der reinen Vernunft‹, 1. Auflage S. 201; 5. Auflage S. 246).

Danach also soll die Ordnung der Sukzession der Veränderungen realer Objekte allererst vermittelst der Kausalität derselben für eine objektive erkannt werden. Kant wiederholt und erläutert diese Behauptung in der ›Kritik der reinen Vernunft‹, besonders in seiner ›Zweiten Analogie der Erfahrung‹ (1. Auflage S. 189; vollständiger in der 5. Auflage, S. 232), sodann am Schlusse seiner ›Dritten Analogie‹, welche Stellen ich jeden, der das Folgende verstehn will, nachzulesen bitte. Er behauptet hier überall, daß die *Objektivität der Sukzession der Vorstellungen*, welche er als ihre Übereinstimmung mit der Sukzession realer Objekte erklärt, lediglich erkannt werde durch die Regel, nach der sie einander folgen, d. h.

durch das Gesetz der Kausalität; daß also durch meine bloße Wahrnehmung das objektive Verhältnis aufeinanderfolgender Erscheinungen völlig unbestimmt bleibe, indem ich alsdann bloß die Folge meiner Vorstellungen wahrnehme, die Folge in meiner Apprehension aber zu keinem Urteil über die Folge im Objekt berechtigt, wenn mein Urteil sich nicht auf das Gesetz der Kausalität stützt; indem ich außerdem in meiner Apprehension die Sukzession der Wahrnehmungen auch in ganz umgekehrter Ordnung könnte gehn lassen, da nichts ist, was sie als objektiv bestimmt. Zur Erläuterung dieser Behauptung führt er das Beispiel eines Hauses an, dessen Teile er in jeder beliebigen Sukzession, z.B. von oben nach unten und von unten nach oben betrachten kann, wo also die Bestimmung der Sukzession bloß subjektiv wäre und in keinem Objekt begründet, weil sie von seiner Willkür abhängt. Und als Gegensatz stellt er die Wahrnehmung eines den Strom herabfahrenden Schiffes auf, das er zuerst oberhalb und sukzessive immer mehr unterhalb des Laufs des Stroms wahrnimmt, welche Wahrnehmung der Sukzession der Stellen des Schiffs er nicht ändern kann: daher er hier die subjektive Folge seiner Apprehension ableitet von der objektiven Folge in der Erscheinung, die er deshalb eine *Begebenheit* nennt. Ich behaupte dagegen, *daß beide Fälle gar nicht unterschieden sind, daß beides Begebenheiten sind*, deren Erkenntnis objektiv ist, d.h. eine Erkenntnis von Veränderungen realer Objekte, die als solche vom Subjekt erkannt werden. *Beides sind Veränderungen der Lage zweier Körper gegen einander*. Im ersten Fall ist einer dieser Körper der eigene Leib des Betrachters, und zwar nur ein Teil desselben, nämlich das Auge, und der andere ist das Haus, gegen dessen Teile die Lage des Auges sukzessive geändert wird. Im zweiten Fall ändert das Schiff seine Lage gegen den Strom, also ist sie Veränderung zwischen zwei Körpern. Beides sind Begebenheiten: der einzige Unterschied ist, daß im ersten Fall die Veränderung ausgeht vom eigenen Leibe des Beobachters, dessen Empfindungen zwar der Ausgangspunkt aller Wahrnehmungen desselben sind, der jedoch nichtsdestoweniger ein Objekt unter Objekten, mithin den Gesetzen dieser objektiven Körperwelt unterworfen ist. Die Bewegung seines Leibes nach seinem Willen ist für ihn, sofern er sich rein erkennend verhält, bloß eine empirisch wahrgenommene Tatsache. Die Ordnung der Sukzession der Veränderung könnte sogut im zweiten wie im ersten Fall umgekehrt werden, sobald nur der Betrachter ebensowohl die Kraft hätte, das Schiff stromaufwärts zu ziehn, wie die, sein Auge in einer der ersten entgegengesetzten Richtung zu bewegen. Denn daraus, daß die Sukzession der Wahrnehmungen der Teile des Hauses von seiner Willkür abhängt, will Kant abnehmen, daß sie keine objektive und keine Begebenheit sei. Aber das Bewegen seines Auges in der Richtung vom Dach zum Keller ist eine Begebenheit und die entgegengesetzte vom Keller zum Dach eine zweite sogut wie das Fahren des Schiffs. Es ist hier gar kein Unterschied; so wie in Hinsicht auf das Begebenheitsein oder nicht kein Unterschied ist, ob ich an einer Reihe Soldaten vorbeigehe oder diese an mir: beides sind Begebenheiten. Fixiere ich vom Ufer aus den Blick auf ein diesem nahe vorbeifahrendes Schiff; so wird es mir bald scheinen, daß das Ufer mit mir sich bewege und das Schiff stillestehe: hiebei bin ich nun zwar in der Ursache der relativen Ortsveränderung irre, da ich die Bewegung einem falschen Objekte zuschreibe: aber die reale Sukzession der relativen Stellungen meines Leibes zum Schiff erkenne ich dennoch objektiv und richtig. Kant würde auch in dem von ihm aufgestellten Fall nicht geglaubt haben, einen Unterschied zu finden, hätte er bedacht, daß sein Leib ein Objekt unter Objekten ist und daß die Sukzession seiner empirischen Anschauungen abhängt von der Sukzession der Einwirkungen andrer Objekte auf seinen Leib, folglich eine objektive ist, d.h. unter Objekten, *unmittelbar* (wenn auch nicht mittelbar) unabhängig von der Willkür des Subjekts, statthat, folglich sehr wohl erkannt werden kann, ohne daß die sukzessive auf seinen Leib einwirkenden Objekte in einer Kausalverbindung unter einander stehn.

Kant sagt: die Zeit kann nicht wahrgenommen werden; also empirisch läßt sich keine Sukzession von Vorstellungen als objektiv wahrnehmen, d.h. als Veränderungen der Erscheinungen unterscheiden von den Veränderungen bloß subjektiver Vorstellungen. Nur durch das Gesetz der Kausalität, welches eine Regel ist, nach der Zustände einander folgen, läßt sich die Objektivität einer Veränderung erkennen. Und das Resultat seiner Behauptung würde sein, daß wir gar keine Folge in der Zeit als objektiv wahrnehmen, ausgenommen die von Ursache und Wirkung, und daß jede andere von uns wahrgenommene Folge von Erscheinungen bloß durch unsere Willkür so und nicht anders bestimmt sei. Ich muß gegen alles dieses anführen, daß Erscheinungen sehr wohl *aufeinanderfolgen* können, ohne *aus einander zu erfolgen*. Und dies tut dem Gesetz der Kausalität keinen Abbruch. Denn es bleibt gewiß, daß jede Veränderung Wirkung einer andern ist, da dies a priori feststeht: nur folgt sie nicht bloß auf die einzige, die ihre Ursache ist, sondern auf alle andern, die mit jener Ursache zugleich sind und mit denen sie in keiner Kausalverbindung steht. Sie wird nicht gerade in der Folge der Reihe der Ursachen von mir wahrgenommen, sondern in einer ganz andern, die aber deshalb nicht minder objektiv ist und von einer subjektiven, von meiner Willkür abhängigen, dergleichen z.B. die meiner Phantasmen ist, sich sehr unterscheidet. Das Aufeinanderfolgen in der Zeit von Begebenheiten, die nicht in Kausalverbindung stehn, ist eben, was man *Zufall* nennt, welches Wort vom Zusammentreffen, Zusammenfallen des nicht Verknüpften herkommt: ebenso τὸ συμβεβηκός [das zufällig Eingetretene] von συμβαίνειν [Zusammentreffen] (vgl. Aristoteles, ›Analytica posteriora‹ 1, 4). Ich trete vor die Haustür, und darauf fällt ein Ziegel vom Dach, der mich trifft; so ist zwischen dem Fallen des Ziegels und meinem Heraustreten keine Kausalverbindung, aber dennoch die Sukzession, daß mein Heraustreten dem Fallen des Ziegels vorherging, in meiner Apprehension objektiv bestimmt und nicht subjektiv durch meine Willkür, die sonst wohl die Sukzession umgekehrt haben würde. Ebenso ist die Sukzession der Töne einer Musik objektiv bestimmt und nicht subjektiv durch mich, den Zuhörer: aber wer wird sagen, daß die Töne der Musik nach dem Gesetz von Ursache und Wirkung aufeinanderfolgen? Ja sogar die Sukzession von Tag und Nacht wird ohne Zweifel objektiv von uns erkannt, aber gewiß werden sie nicht als Ursache und Wirkung von einander aufgefaßt, und über ihre gemeinschaftliche Ursache war die Welt bis auf Kopernikus im Irrtum, ohne daß die richtige Erkenntnis ihrer Sukzession darunter zu leiden gehabt hätte. Hiedurch wird, beiläufig gesagt, auch Humes Hypothese widerlegt; da die älteste und ausnahmsloseste Folge von Tag und Nacht doch nicht vermöge der Gewohnheit irgendeinen verleitet hat, sie für Ursache und Wirkung von einander zu halten.

Kant sagt a. a. O., daß eine Vorstellung nur dadurch objektive Realität zeige (das heißt doch wohl von bloßen Phantasmen unterschieden werde), daß wir ihre notwendige und einer Regel (dem Kausalgesetz) unterworfene Verbindung mit andern Vorstellungen und ihre Stelle in einer bestimmten Ordnung des Zeitverhältnisses unserer Vorstellungen erkennen. Aber von wie wenigen Vorstellungen erkennen wir die Stelle, die ihnen das Kausalgesetz in der Reihe der Ursachen und Wirkungen gibt! und doch wissen wir immer die objektiven von den subjektiven, reale Objekte von Phantasmen zu unterscheiden. Im Schlafe, als in welchem das Gehirn vom peripherischen Nervensystem und dadurch von äußern Eindrücken isoliert ist, können wir jene Unterscheidung nicht machen, daher wir, während wir träumen, Phantasmen für reale Objekte halten und erst beim Erwachen, d.h. dem Wiedereintritt der sensibeln Nerven und dadurch der Außenwelt ins Bewußtsein, den Irrtum erkennen, obgleich auch im Traum, solange er nicht abbricht, das Gesetz der Kausalität sein Recht behauptet, nur daß ihm oft ein unmöglicher Stoff untergeschoben wird. Fast möchte man glauben, daß Kant bei obiger Stelle unter Leibnizens Einfluß gestanden hat, sosehr er auch sonst diesem in seiner ganzen Philosophie entgegengesetzt ist; wenn man nämlich beachtet, daß ganz ähnliche Äußerungen sich in Leibnizens ›Nouveaux essais sur l'entendement‹ (livre 4, chap. 2, § 14) finden, z.B.: ›La vérité des choses sensibles ne consiste que dans la liaison des phénomènes, qui doit avoir sa raison, et c'est ce qui les distingue des songes. ... Le vrai critérion, en matière des objets des sens, est la liaison des phénomènes, qui garantit les vérités de fait, à l'égard des choses sensibles hors de nous.« [Die Wahrheit der Sinnendinge besteht nur in der Verknüpfung der Erscheinungen, welche ihren Grund haben muß, und das ist es, was sie von den Träumen unterscheidet ... Das wahre Kriterium, wo es sich um Sinnendinge handelt, ist die Verknüpfung der Phänomene, welche die tatsächlichen Wahrheiten hinsichtlich der Sinnendinge außer uns verbirgt.]

Bei diesem ganzen Beweise der Apriorität und Notwendigkeit des Kausalitätsgesetzes daraus, daß wir nur durch dessen Vermittelung die objektive Sukzession der Veränderungen erkennten und es insofern Bedingung der Erfahrung wäre, ist Kant offenbar in einen höchst wunderlichen und so palpabeln Irrtum geraten, daß derselbe nur zu erklären ist als eine Folge seiner Vertiefung in den apriorischen Teil unserer Erkenntnis, welche ihn aus den Augen verlieren ließ, was sonst jeder hätte sehn müssen. Den allein richtigen Beweis der Apriorität des Kausalitätsgesetzes habe ich § 21 *[S. 67]* gegeben. Bestätigt wird dieselbe jeden Augenblick durch die unerschütterliche Gewißheit, mit der jeder in allen Fällen von der Erfahrung erwartet, daß sie diesem Gesetze gemäß ausfalle, d. h. durch die Apodiktizität, die wir selbigem beilegen, die sich von jeder andern auf Induktion gegründeten Gewißheit, z. B. der empirisch erkannter Naturgesetze, dadurch unterscheidet, daß es uns sogar zu denken unmöglich ist, daß dieses Gesetz irgendwo in der Erfahrungswelt eine Ausnahme leide. Wir können uns z. B. *denken*, daß das Gesetz der Gravitation einmal aufhörte zu wirken, nicht aber, daß dieses ohne eine Ursache geschähe.

Kant in seinem Beweise ist in den dem des *Hume* entgegengesetzten Fehler geraten. Dieser nämlich erklärte alles Erfolgen für bloßes Folgen: Kant hingegen will, daß es kein anderes Folgen gebe als das Erfolgen. Der reine Verstand freilich kann allein das *Erfolgen* begreifen, das bloße *Folgen* aber sowenig wie den Unterschied zwischen rechts und links, welcher nämlich, eben wie das Folgen, bloß durch die reine Sinnlichkeit zu erfassen ist. Die Folge der Begebenheiten in der Zeit kann allerdings (was Kant a. a. O. leugnet) empirisch erkannt werden sogut wie das Nebeneinandersein der Dinge im Raum. Die Art aber, *wie* etwas auf ein anderes in der Zeit überhaupt *folge*, ist sowenig zu erklären als die Art, wie etwas aus einem andern *erfolge*: jene Erkenntnis ist durch die reine Sinnlichkeit, diese durch den reinen Verstand gegeben und bedingt. Kant aber, indem er objektive Folge der Erscheinungen für bloß durch den Leitfaden der Kausalität erkennbar erklärt, verfällt in denselben Fehler, den er (›Kritik der reinen Vernunft‹, 1. Auflage S. 275; 5. Auflage S. 331) dem *Leibniz* vorwirft, ›daß er die Formen der Sinnlichkeit intellektuiere‹. – Über die Sukzession ist meine Ansicht diese: Aus der zur reinen Sinnlichkeit gehörigen Form der Zeit schöpfen wir die Kenntnis der bloßen *Möglichkeit* der Sukzession. Die Sukzession der realen Objekte, deren Form eben die Zeit ist, erkennen wir empirisch und folglich als *wirklich*. Die *Notwendigkeit* aber einer Sukzession zweier Zustände, d. h. einer Veränderung, erkennen wir bloß durch den Verstand mittelst der Kausalität: und daß wir den Begriff von Notwendigkeit einer Sukzession haben, ist sogar schon ein Beweis davon, daß das Gesetz der Kausalität kein empirisch erkanntes, sondern ein uns a priori gegebenes ist. Der Satz vom zureichenden Grund überhaupt ist Ausdruck der im Innersten unsers Erkenntnisvermögens liegenden Grundform einer notwendigen Verbindung aller unserer Objekte, d. h. Vorstellungen: er ist die gemeinsame Form aller Vorstellungen und der alleinige Ursprung des Begriffes der *Notwendigkeit*, als welcher schlechterdings keinen andern wahren Inhalt noch Beleg hat als den des Eintritts der Folge, wenn ihr Grund gesetzt ist. Daß in der Klasse von Vorstellungen, die wir jetzt betrachten, wo jener Satz als Gesetz der Kausalität auftritt, derselbe die Zeitfolge bestimmt, kommt daher, daß die Zeit die Form dieser Vorstellungen ist, daher denn die notwendige Verbindung hier als Regel der Sukzession erscheint. In andern Gestalten des Satzes vom zureichenden Grunde wird uns die notwendige Verbindung, die er überall heischt, in ganz andern Formen als die Zeit und folglich nicht als Sukzession erscheinen, aber immer den Charakter einer notwendigen Verbindung beibehalten, wodurch sich die Identität des Satzes vom zureichenden Grunde in allen seinen Gestalten oder vielmehr die Einheit der Wurzel aller Gesetze, deren Ausdruck jener Satz ist, offenbart.

Wäre die angefochtene Behauptung Kants richtig, so würden wir die *Wirklichkeit* der Sukzession bloß aus ihrer *Notwendigkeit* erkennen: dieses würde aber einen alle Reihen von Ursachen und Wirkungen zugleich umfassenden, folglich allwissenden Verstand voraussetzen. Kant hat dem Verstand das Unmögliche aufgelegt, bloß um der Sinnlichkeit weniger zu bedürfen.

Wie läßt sich Kants Behauptung, daß Objektivität der Sukzession allein erkannt werde aus der Notwendigkeit der Folge von Wirkung und Ursache, vereinigen mit jener (›Kritik der reinen Vernunft‹, 1. Auflage S. 203; 5. Auflage S. 249), daß das empirische Kriterium, welcher von zwei Zuständen Ursache und welcher Wirkung sei, bloß die Sukzession sei? Wer sieht hier nicht den offenbarsten Zirkel?

Würde Objektivität der Sukzession bloß erkannt aus der Kausalität, so wäre sie nur als solche denkbar und wäre eben nichts als diese. Denn wäre sie noch etwas anderes, so hätte sie auch andere unterscheidende Merkmale, an denen sie erkannt werden könnte, was eben Kant leugnet. Folglich könnte man, wenn Kant recht hätte, nicht sagen: ›Dieser Zustand ist Wirkung jenes, daher folgt er ihm.‹ Sondern Folgen und Wirkungsein wäre eins und dasselbe und jener Satz tautologisch. Auch erhielte nach also aufgehobenem Unterschied von Folgen und Erfolgen Hume wieder recht, der alles Erfolgen für bloßes Folgen erklärte, also ebenfalls jenen Unterschied leugnete.

Kants Beweis wäre also dahin einzuschränken, daß wir empirisch bloß *Wirklichkeit* der Sukzession erkennen: da wir aber außerdem auch *Notwendigkeit* der Sukzession in gewissen Reihen der Begebenheiten erkennen und sogar vor aller Erfahrung wissen, daß jede mögliche Begebenheit in irgendeiner dieser Reihen eine bestimmte Stelle haben müsse; so folgt schon hieraus die Realität und Apriorität des Gesetzes der Kausalität, für welche letztere der oben § 21 *[S. 67]* gegebene Beweis der allein richtige ist.

Mit Kants Lehre, daß objektive Sukzession nur möglich und erkennbar sei durch Kausalverknüpfung, geht eine andere parallel, daß nämlich Zugleichsein nur möglich und erkennbar sei durch Wechselwirkung; dargelegt in der ›Kritik der reinen Vernunft‹ unter dem Titel ›Dritte Analogie der Erfahrung‹ [›Grundsatz des Zugleichseins nach dem Gesetz der Wechselwirkung oder Gemeinschaft‹, 1. Auflage S. 211 bis 218; 2. Auflage S. 256–265]. Kant geht hierin so weit zu sagen, ›daß das Zugleichsein von Erscheinungen, die nicht wechselseitig auf einander wirkten, sondern etwan durch einen leeren Raum getrennt würden, kein Gegenstand einer möglichen Wahrnehmung sein würde‹ [S. 212] (das wäre ein Beweis a priori, daß zwischen den Fixsternen kein leerer Raum sei) und ›daß das Licht, welches *zwischen* unserm Auge und den Weltkörpern *spiele*‹ (welcher Ausdruck den Begriff unterschiebt, als wirke nicht nur das Licht der Sterne auf unser Auge, sondern auch dieses auf jene), ›eine unmittelbare Gemeinschaft zwischen uns und diesen bewirke und dadurch das Zugleichsein der letztern beweise‹ [S. 213]. Dies letztere ist sogar empirisch falsch; da der Anblick eines Fixsterns keineswegs beweist, daß er jetzt mit dem Beschauer zugleich sei; sondern höchstens, daß er vor einigen Jahren, oft nur, daß er vor Jahrtausenden dagewesen. Übrigens steht und fällt diese Lehre Kants mit jener ersteren, nur ist sie viel leichter zu durchschauen: zudem ist von der Nichtigkeit des ganzen Begriffes der Wechselwirkung schon oben § 20 *[S. 57; vgl. Bd. 1, S. 617f.]* geredet worden.

Mit dieser Bestreitung des in Rede stehenden Kantischen Beweises kann man beliebig zwei frühere Angriffe auf denselben vergleichen, nämlich den von *Feder* in seinem Buche ›Über Raum und Kausalität‹ § 29 und den von *Gottlob Ernst Schulze* in seiner ›Kritik der theoretischen Philosophie‹ Bd. 2, S. 422f.

Nicht ohne große Scheu habe ich es [in der ersten Auflage dieser Schrift] (1813) gewagt, Einwendungen vorzubringen gegen eine hauptsächliche, als erwiesen geltende und noch in den neuesten Schriften (z. B. Fries, ›Kritik der Vernunft‹ Bd. 2, S. 85) wiederholte Lehre jenes Mannes, dessen Tiefsinn ich bewundernd verehre und dem ich so Vieles und Großes verdanke, daß sein Geist in Homers Worten zu mir sagen kann:

Ἀχλὺν δ'αὖ τοι ἀπ' ὀφθαλμῶν ἕλον, ἢ πρὶν ἐπῆεν.
[Auch den Nebel nahm ich hinweg, der dir lag
auf den Augen.
›Ilias‹ 5, 127]

§ 24
Vom Mißbrauch des Gesetzes der Kausalität

Unserer bisherigen Auseinandersetzung zufolge begeht man einen solchen, sooft man das Gesetz der Kausalität auf etwas anderes als auf *Veränderungen* in der uns empirisch gegebenen materiellen Welt anwendet, z. B. auf die Naturkräfte, vermöge welcher solche Veränderungen überhaupt erst möglich sind; oder auf die Materie, *an* der sie vorgehn; oder auf das Weltganze, als welchem dazu ein absolut objektives, nicht durch unsern Intellekt bedingtes Dasein beigelegt werden muß; auch noch sonst auf mancherlei Weise. Ich verweise hier auf das in der ›Welt als Wille und Vorstellung‹ Bd. 2, Kap. 4, S. 42 f. *[Bd. 2, S. 56 f.]* darüber Gesagte. Der Ursprung solches Mißbrauchs ist allemal teils, daß man den Begriff der Ursache wie unzählige andere in der Metaphysik und Moral viel *zu weit* faßt; teils, daß man vergißt, daß das Gesetz der Kausalität zwar eine Voraussetzung ist, die wir mit auf die Welt bringen und welche die Anschauung der Dinge außer uns möglich macht, daß wir jedoch eben deshalb nicht berechtigt sind, einen solchen aus der Vorrichtung unsers Erkenntnisvermögens entspringenden Grundsatz auch außerdem und unabhängig von letzterem als die für sich bestehende ewige Ordnung der Welt und alles Existierenden geltend zu machen.

§ 25
Die Zeit der Veränderung

Da der Satz vom zureichenden Grunde des Werdens nur bei *Veränderungen* Anwendung findet, darf hier nicht unerwähnt bleiben, daß schon die alten Philosophen die Frage aufgeworfen haben, in welcher Zeit die Veränderung vorgehe? sie könne nämlich nicht statthaben, während der frühere Zustand noch dasei, und auch nicht, nachdem schon der neue eingetreten: geben wir ihr aber eine eigene Zeit zwischen beiden; so müßte während dieser der Körper weder im ersten noch im zweiten Zustande, z.B. ein Sterbender weder tot noch lebendig, ein Körper weder ruhend noch bewegt sein; welches absurd wäre. Die Bedenklichkeiten und Spitzfindigkeiten hierüber findet man zusammengestellt im *Sextus Empiricus*, ›Adversus mathematicos‹ lib. 9, 267–271 und ›Pyrrhoniae hypotyposes‹ 3, cap. 14, auch etwas davon im *Gellius*, ›Noctes Atticae‹ lib. 6, cap. 13. – Platon hatte diesen schwierigen Punkt ziemlich cavalièrement [rücksichtslos] abgefertigt, indem er im ›Parmenides‹ ([21, p. 156 D] p. 138 editio Bipontini) eben behauptet, die Veränderung geschehe *plötzlich* und fülle *gar keine Zeit*; sie sei im ἐξαίφνης (in repentino) [plötzlich], welches er eine ἄτοπος φύσις ἐν χρόνῳ οὐδενὶ οὖσα [ein seltsames Wesen, das in keiner Zeit ist], also ein wunderliches zeitloses Wesen (das denn doch in der Zeit eintritt) nennt.

Dem Scharfsinn des *Aristoteles* ist es demnach vorbehalten geblieben, diese schwierige Sache ins reine zu bringen; welches er gründlich und ausführlich geleistet hat im 6. Buch der ›Physik‹, Kap. 1–8. Sein Beweis, daß keine Veränderung plötzlich (dem ἐξαίφνης des Platon), sondern jede nur allmälig geschehe, mithin eine gewisse Zeit ausfülle, ist gänzlich auf Grundlage der reinen Anschauung a priori der Zeit und des Raums geführt, aber auch sehr subtil ausgefallen. Das Wesentliche dieser sehr langen Beweisführung ließe sich allenfalls auf folgende Sätze zurückführen. Aneinander-Grenzen heißt die gegenseitigen äußersten Enden gemeinschaftlich haben: folglich können nur zwei Ausgedehnte, nicht zwei Unteilbare (da sie sonst *eins* wären) aneinandergrenzen; folglich nur Linien, nicht bloße Punkte. Dies wird nun vom Raum auf die Zeit übertragen. Wie zwischen zwei Punkten immer noch eine Linie, so ist zwischen zwei Jetzt immer noch eine Zeit. Diese nun ist die Zeit der Veränderung; wenn nämlich im ersten Jetzt *ein* Zustand und im zweiten ein anderer ist. Sie ist wie jede Zeit ins unendliche teilbar: folglich durchgeht in ihr das sich Verändernde unendlich viele Grade, durch die aus jenem *ersten* Zustande der zweite allmälig erwächst. – Gemeinverständlich ließe sich die Sache so erläutern: Zwischen zwei sukzessiven Zuständen, deren Verschiedenheit in unsere Sinne fällt, liegen immer noch mehrere, deren Verschiedenheit uns nicht wahrnehmbar ist; weil der neu eintretende Zustand einen gewissen Grad oder Größe erlangt haben muß, um sinnlich wahrnehmbar zu sein. Daher gehn demselben schwächere Grade oder geringere Ausdehnungen vorher, welche durchlaufend er allmälig erwächst. Diese zusammengenommen begreift man unter dem Namen der Veränderung, und die Zeit, welche sie ausfüllen, ist die Zeit der Veränderung. Wenden wir dies an auf einen Körper, der gestoßen wird; so ist die nächste Wirkung eine gewisse Schwingung seiner innern Teile, welche, nachdem durch sie der Impuls sich fortgepflanzt hat, in äußere Bewegung ausbricht. – Aristoteles schließt ganz richtig aus der unendlichen Teilbarkeit der Zeit, daß alles diese Ausfüllende, folglich auch jede Veränderung, d.i. Übergang aus einem Zustand in den andern, ebenfalls unendlich teilbar sein muß, daß also alles, was entsteht, in der Tat aus unendlichen Teilen zusammenkommt, mithin stets allmälig, nie plötzlich wird. Aus den obigen Grundsätzen und aus dem daraus folgenden allmäligen Entstehn jeder Bewegung zieht er im letzten Kapitel dieses Buches die wichtige Folgerung, daß nichts Unteilbares, folglich kein bloßer *Punkt* sich bewegen könne. Dazu stimmt sehr schön *Kants* Erklärung der Materie, daß sie sei ›das Bewegliche im Raum‹.

Dieses also zuerst vom Aristoteles aufgestellte und bewiesene Gesetz der Kontinuität und Allmäligkeit aller Veränderungen finden wir von *Kant* dreimal dargelegt: nämlich in seiner ›Dissertatio de mundi sensibilis et intelligibilis forma‹ § 14; in der ›Kritik der reinen Vernunft‹, 1. Auflage S. 207 und 5. Auflage S. 253; endlich in den ›Metaphysischen Anfangsgründen der Naturwissenschaft‹ am Schluß der ›Allgemeinen Anmerkung zur Mechanik‹. An allen drei Stellen ist seine Darstellung der Sache kurz, aber auch nicht so gründlich wie die des Aristoteles, mit der sie dennoch im wesentlichen ganz übereinstimmt; daher nicht wohl zu zweifeln ist, daß Kant diese Gedanken direkt oder indirekt vom Aristoteles überkommen habe; obwohl er ihn nirgends nennt. Der Satz des Aristoteles οὐκ ἔστιν ἀλλήλων ἐχόμενα τὰ νῦν[1] [es ist nicht möglich, daß die Augenblicke aneinandergrenzen] findet sich darin wiedergegeben mit ›zwischen zwei Augenblicken ist immer eine Zeit‹; gegen welchen Ausdruck sich einwenden läßt: ›sogar zwischen zwei Jahrhunderten ist keine; weil es in der Zeit wie im Raum eine reine Grenze geben muß.‹ – Statt also des Aristoteles zu erwähnen, will Kant in der ersten und ältesten der angeführten Darstellungen jene von ihm vorgetragene Lehre identifizieren mit der lex continuitatis[2] [dem Gesetz der Stetigkeit] des *Leibniz*. Wäre diese mit jener wirklich dasselbe, so hätte Leibniz die Sache vom Aristoteles. Nun hat Leibniz diese ›loi de la continuité‹ (nach seiner eigenen Aussage S. 189 der ›Opera philosophiae‹, editio Erdmann) zuerst aufgestellt in einem Briefe an Bayle (ibidem S. 104), wo er es jedoch ›principe de l'ordre général‹ nennt und unter diesem Namen ein sehr allgemeines und unbestimmtes, vorzüglich geometrisches Räsonnement gibt, welches auf die Zeit der Veränderung, die er gar nicht erwähnt, keine direkte Beziehung hat.

---

1. [Nicht wörtlich zitiert nach ›Physica‹ 4, 10; p. 218a 18]
2. [Nach ›Nouveaux essais‹ 4, 16]

FÜNFTES KAPITEL
ÜBER DIE ZWEITE KLASSE DER OBJEKTE FÜR DAS SUBJEKT UND DIE IN IHR HERRSCHENDE GESTALTUNG DES SATZES VOM ZUREICHENDEN GRUNDE

§ 26
Erklärung dieser Klasse von Objekten

Der allein wesentliche Unterschied zwischen Mensch und Tier, den man von jeher einem jenem ausschließlich eigenen und ganz besonderen Erkenntnisvermögen, der *Vernunft*, zugeschrieben hat, beruht darauf, daß der Mensch eine Klasse von Vorstellungen hat, deren kein Tier teilhaft ist: es sind die *Begriffe*, also die *abstrakten* Vorstellungen; im Gegensatz der anschaulichen, aus welchen jedoch jene abgezogen sind. Die nächste Folge hievon ist, daß das Tier weder spricht noch lacht; mittelbare Folge aber alles das Viele und Große, was das menschliche Leben vor dem tierischen auszeichnet. Denn durch den Hinzutritt der abstrakten Vorstellung ist nunmehr auch die Motivation eine anderartige geworden. Wenngleich die Handlungen des Menschen mit nicht minder strenger Notwendigkeit als die der Tiere erfolgen; so ist doch durch die Art der Motivation, sofern sie hier aus *Gedanken* besteht, welche die *Wahlentscheidung* (d.i. den bewußten Konflikt der Motive) möglich machen, das Handeln mit Vorsatz, mit Überlegung, nach Plänen, Maximen, in Übereinstimmung mit andern usw. an die Stelle des bloßen Impulses durch vorliegende anschauliche Gegenstände getreten, dadurch aber alles das herbeigeführt, was des Menschen Leben so reich, so künstlich und so schrecklich macht, daß er in diesem Okzident, der ihn weiß gebleicht hat und wohin ihm die alten wahren, tiefen Ur-Religionen seiner Heimat nicht haben folgen können, seine Brüder nicht mehr kennt, sondern wähnt, die Tiere seien etwas von Grund aus anderes als er, und, um sich in diesem Wahne zu befestigen, sie Bestien nennt, alle ihre ihm gemeinsamen Lebensverrichtungen an ihnen mit Schimpfnamen belegt und sie für rechtlos ausgibt, indem er gegen die sich aufdrängende Identität des Wesens in ihm und ihnen sich gewaltsam verstockt.

Dennoch besteht, wie eben gesagt, der ganze Unterschied darin, daß außer den anschaulichen Vorstellungen, die wir im vorigen Kapitel betrachtet haben und deren die Tiere ebenfalls teilhaft sind, der Mensch auch noch abstrakte, d. h. aus jenen abgezogene Vorstellungen in seinem hauptsächlich hiezu so viel voluminöseren Gehirn beherbergt. Man hat solche Vorstellungen *Begriffe* genannt, weil jede derselben unzählige Einzeldinge in oder vielmehr unter sich begreift, also ein *Inbegriff* derselben ist. Man kann sie auch definieren als *Vorstellungen aus Vorstellungen*. Denn bei ihrer Bildung zerlegt das Abstraktionsvermögen die im vorigen Kapitel behandelten vollständigen, also anschaulichen Vorstellungen in ihre Bestandteile, um diese abgesondert, jeden für sich, denken zu können als die verschiedenen Eigenschaften oder Beziehungen der Dinge. Bei diesem Prozesse nun aber büßen die Vorstellungen notwendig die Anschaulichkeit ein wie Wasser, wenn in seine Bestandteile zerlegt, die Flüssigkeit und Sichtbarkeit. Denn jede also ausgesonderte (abstrahierte) Eigenschaft läßt sich für sich allein wohl *denken*, jedoch darum nicht für sich allein auch *anschauen*. Die Bildung eines Begriffs geschieht überhaupt dadurch, daß von dem anschaulich Gegebenen vieles fallengelassen wird, um dann das übrige für sich allein denken zu können: derselbe ist also ein Weniger-Denken, als angeschaut wird. Hat man, verschiedene anschauliche Gegenstände betrachtend, von jedem etwas anderes fallenlassen und doch bei allen dasselbe übrigbehalten; so ist dies das genus jener species. Demnach ist der Begriff eines jeden genus der Begriff einer jeden darunter begriffenen species, nach Abzug alles dessen, was nicht *allen* speciebus zukommt. Nun kann aber jeder mögliche Begriff als ein genus gedacht werden: daher ist er stets ein Allgemeines und als solches ein nicht Anschauliches. Darum auch hat er eine *Sphäre*, als welche der Inbegriff alles durch ihn Denkbaren ist. Je höher man nun in der Abstraktion aufsteigt, desto mehr läßt man fallen, also desto weniger denkt man noch. Die höchsten, d. i. die allgemeinsten Begriffe sind die ausgeleertesten und ärmsten, zuletzt nur noch leichte Hülsen, wie z. B. Sein, Wesen, Ding, Werden u. dgl. mehr. – Was können, beiläufig gesagt, philosophische Systeme leisten, die bloß aus dergleichen Begriffen herausgesponnen sind und zu ihrem Stoff nur solche leichte Hülsen von Gedanken haben? Sie müssen unendlich leer, arm und daher eben auch suffokierend[1] langweilig ausfallen.

Da nun, wie gesagt, die zu abstrakten Begriffen sublimierten und dabei zersetzten Vorstellungen alle Anschaulichkeit eingebüßt haben; so würden sie dem Bewußtsein ganz entschlüpfen und ihm zu den damit beabsichtigten Denkoperationen gar nicht standhalten; wenn sie nicht durch willkürliche Zeichen sinnlich fixiert und festgehalten würden: dies sind die Worte. Daher bezeichnen diese, soweit sie den Inhalt des Lexikons, also die Sprache ausmachen, stets *allgemeine* Vorstellungen, Begriffe, nie anschauliche Dinge: ein Lexikon, welches hingegen Einzeldinge aufzählt, enthält nicht Worte, sondern lauter Eigennamen und ist entweder ein geographisches oder ein historisches, d. h. entweder das durch den Raum oder das durch die Zeit Vereinzelte aufzählend, indem, wie *meine* Leser wissen, Zeit und Raum das principium individuationis [Prinzip der Individuation] sind. Bloß weil die Tiere auf anschauliche Vorstellungen beschränkt und keiner Abstraktion, mithin keines Begriffes fähig sind, haben sie keine Sprache; selbst wenn sie Worte auszusprechen vermögen: hingegen verstehn sie Eigennamen. Daß derselbe Mangel es ist, der sie vom Lachen ausschließt, erhellt aus meiner Theorie des Lächerlichen im ersten Buche der ›Welt als Wille und Vorstellung‹ § 13 und Bd. 2, Kap. 8 *[Bd. 1, S. 104–106; Bd. 2, S. 121–135].*

Wenn man die längere und zusammenhängende Rede eines ganz rohen Menschen analysiert; so findet man darin einen solchen Reichtum an logischen Formen, Gliederungen, Wen-

1. [erstickend]

dungen, Distinktionen und Feinheiten jeder Art richtig ausgedrückt mittelst grammatischer Formen und deren Flexionen und Konstruktionen, auch mit häufiger Anwendung des sermo obliquus [der indirekten Rede], der verschiedenen Modi des Verbums usw., alles regelrecht; so daß es zum Erstaunen ist und man eine sehr ausgedehnte und wohlzusammenhängende Wissenschaft darin erkennen muß. Die Erwerbung dieser ist aber geschehn auf Grundlage der Auffassung der anschaulichen Welt, deren ganzes Wesen in die abstrakten Begriffe abzusetzen das fundamentale Geschäft der Vernunft ist, welches sie nur mittelst der Sprache ausführen kann. Mit der Erlernung dieser daher wird der ganze Mechanismus der Vernunft, also das Wesentliche der Logik zum Bewußtsein gebracht. Offenbar kann dieses nicht ohne große Geistesarbeit und gespannte Aufmerksamkeit geschehn, die Kraft zu welcher den Kindern ihre Lernbegierde verleiht, als welche stark ist, wenn sie das wahrhaft Brauchbare und Notwendige vor sich sieht, und nur dann schwach erscheint, wann wir dem Kinde das ihm Unangemessene aufdringen wollen. Also bei der Erlernung der Sprache samt aller ihrer Wendungen und Feinheiten sowohl mittelst Zuhören der Reden Erwachsener als mittelst Selbstreden vollbringt das Kind, sogar auch das roh aufgezogene, jene Entwickelung seiner Vernunft und erwirbt sich jene wahrhaft konkrete Logik, als welche nicht in den logischen Regeln, sondern unmittelbar in der richtigen Anwendung derselben besteht; wie ein Mensch von musikalischer Anlage die Regeln der Harmonie ohne Notenlesen und Generalbaß durch bloßes Klavierspielen nach dem Gehör erlernt. – Die besagte logische Schule mittelst Erlernung der Sprache macht nur der Taubstumme nicht durch: deshalb ist er fast so unvernünftig wie das Tier, wenn er nicht die ihm angemessene sehr künstliche Ausbildung durch Lesenlernen erhält, die ihm das Surrogat jener naturgemäßen Schule der Vernunft wird.

§ 27
Nutzen der Begriffe

Unsere Vernunft oder das Denkvermögen hat, wie in obigem gezeigt worden, zu ihrem Grundwesen das Abstraktionsvermögen oder die Fähigkeit, *Begriffe* zu bilden: die Gegenwart dieser im Bewußtsein ist es also, welche so erstaunliche Resultate herbeiführt. Daß sie dieses leisten könne, beruht im wesentlichen auf folgendem.

Eben dadurch, daß Begriffe weniger in sich enthalten als die Vorstellungen, daraus sie abstrahiert worden, sind sie leichter zu handhaben als diese und verhalten sich zu ihnen ungefähr wie die Formeln in der höheren Arithmetik zu den Denkoperationen, aus denen solche hervorgegangen sind und die sie vertreten, oder wie der Logarithmus zu seiner Zahl. Sie enthalten von den vielen Vorstellungen, aus denen sie abgezogen sind, gerade nur den Teil, den man eben braucht; statt daß, wenn man jene Vorstellungen selbst durch die Phantasie vergegenwärtigen wollte, man gleichsam eine Last von Unwesentlichem mitschleppen müßte und dadurch verwirrt würde: jetzt aber durch Anwendung von Begriffen denkt man nur die Teile und Beziehungen aller dieser Vorstellungen, die der jedesmalige Zweck erfordert. Ihr Gebrauch ist demnach dem Abwerfen unnützen Gepäckes oder auch dem Operieren mit Quintessenzen statt mit den Pflanzenspezies selbst, mit der Chinine statt der China[1] zu vergleichen. Überhaupt ist es die Beschäftigung des Intellekts mit *Begriffen*, also die Gegenwart der jetzt von uns in Betrachtung genommenen Klasse von Vorstellungen im Bewußtsein, welche eigentlich und im engern Sinne *Denken* heißt. Sie auch wird durch das Wort *Reflexion* bezeichnet, welches als ein optischer Tropus zugleich das Abgeleitete und Sekundäre dieser Erkenntnisart ausdrückt. Dieses Denken, diese Reflexion erteilt nun dem Menschen jene *Besonnenheit*, die dem Tiere abgeht. Denn indem sie ihn befähigt, tausend Dinge durch *einen* Begriff, in jedem aber immer nur

1. [Cortex Chinae, Chinarindenbaum, aus dessen Rinde Chinin gewonnen wird]

das Wesentliche zu denken, kann er Unterschiede jeder Art, also auch die des Raumes und der Zeit, beliebig fallenlassen, wodurch er in Gedanken die Übersicht der Vergangenheit und Zukunft, wie auch des Abwesenden, erhält; während das Tier in jeder Hinsicht an die Gegenwart gebunden ist. Diese Besonnenheit nun wieder, also die Fähigkeit sich zu *besinnen*, zu sich zu kommen, ist eigentlich die Wurzel aller seiner theoretischen und praktischen Leistungen, durch welche der Mensch das Tier so sehr übertrifft; zunächst nämlich der Sorge für die Zukunft unter Berücksichtigung der Vergangenheit, sodann des absichtlichen, planmäßigen, methodischen Verfahrens bei jedem Vorhaben, daher des Zusammenwirkens vieler zu einem Zweck, mithin der Ordnung, des Gesetzes, des Staats usw. – Ganz besonders aber sind die Begriffe das eigentliche Material der Wissenschaften, deren Zwecke sich zuletzt zurückführen lassen auf Erkenntnis des Besonderen durch das Allgemeine, welche nur mittelst des ›dictum de omni et nullo‹ [des Satzes (daß, was) von allem (gilt, auch von jedem einzelnen gilt) und (was) von keinem (gilt, auch von jedem einzelnen nicht gilt)] und dieses wieder nur durch das Vorhandensein der Begriffe möglich ist. Daher sagt Aristoteles: Ἄνευ μὲν γὰρ τοῦ καθόλου οὐκ ἔστιν ἐπιστήμην λαβεῖν. (Absque universalibus enim non datur scientia.) [Denn ohne das Allgemeine ist ein Wissen unmöglich.] (›Metaphysica‹ 12, cap. 9 [p. 1086 b 5]). Die Begriffe sind eben jene universalia, um deren Daseinsweise sich im Mittelalter der lange Streit der Realisten und Nominalisten drehte.

§ 28
Repräsentanten der Begriffe. Die Urteilskraft

Mit dem Begriff ist, wie schon gesagt, das Phantasma überhaupt nicht zu verwechseln, als welches eine anschauliche und vollständige, also einzelne, jedoch nicht unmittelbar durch Eindruck auf die Sinne hervorgerufene, daher auch nicht zum Komplex der Erfahrung gehörige Vorstellung ist. Auch dann aber ist das Phantasma vom Begriff zu unterscheiden, wann es als *Repräsentant eines Begriffs* gebraucht wird.

Dies geschieht, wenn man die anschauliche Vorstellung, aus welcher der Begriff entsprungen ist, selbst, und zwar diesem entsprechend haben will; was allemal unmöglich ist: denn z. B. von Hund überhaupt, Farbe überhaupt, Triangel überhaupt, Zahl überhaupt gibt es keine Vorstellung, kein diesen Begriffen entsprechendes Phantasma. Alsdann ruft man das Phantasma z. B. irgendeines Hundes hervor, der als Vorstellung durchweg bestimmt, d. h. von irgendeiner Größe, bestimmter Form, Farbe usw. sein muß, da doch der Begriff, dessen Repräsentant er ist, alle solche Bestimmungen nicht hat. Beim Gebrauch aber eines solchen Repräsentanten eines Begriffs ist man sich immer bewußt, daß er dem Begriff, den er repräsentiert, nicht adäquat, sondern voll willkürlicher Bestimmungen ist. In Übereinstimmung mit dem hier Gesagten äußert sich *Hume* in seinen ›Essays on human understanding‹ essay 12, part 1 gegen das Ende; und ebenfalls *Rousseau*, ›Sur l'origine de l'inégalité‹ part 1 in der Mitte. Etwas ganz anderes hingegen lehrt darüber Kant im Kapitel vom Schematismus der reinen Verstandesbegriffe. Nur innere Beobachtung und deutliches Besinnen kann die Sache entscheiden. Jeder untersuche demnach, ob er sich bei seinen Begriffen eines ›Monogramms der reinen Einbildungskraft a priori‹, z. B. wenn er Hund denkt, so etwas ›entre chien et loup‹[1] [zwischen Hund und Wolf] bewußt ist oder ob er den hier aufgestellten Erklärungen gemäß entweder einen Begriff durch die Vernunft denkt oder irgendeinen Repräsentanten des Begriffs als ein vollendetes Bild durch die Phantasie vorstellt.

Alles Denken im weitern Sinne des Worts, also alle innere Geistestätigkeit überhaupt bedarf entweder der Worte oder der Phantasiebilder: ohne eines von beiden hat es keinen Anhalt. Aber beide zugleich sind nicht erfordert; obwohl sie zu gegenseitiger Unterstützung ineinandergreifen können. Das Denken im engern Sinne, also das abstrakte, mit Hülfe der Worte vollzogene ist nun entweder rein logisches Räsonnement, wo es dann gänzlich auf seinem eigenen Gebiete bleibt; oder es streift an die Grenze der anschaulichen Vor-

1. [D. h. in der Dämmerung; redensartlich]

stellungen, um sich mit diesen auseinanderzusetzen, in der Absicht, das empirisch Gegebene und anschaulich Erfaßte mit deutlich gedachten abstrakten Begriffen in Verbindung zu bringen, um es so ganz zu besitzen. Es sucht also entweder zum gegebenen anschaulichen Fall den Begriff oder die Regel, unter die er gehört; oder aber zum gegebenen Begriff oder [zur] Regel den Fall, der sie belegt. In dieser Eigenschaft ist es Tätigkeit der *Urteilskraft,* und zwar (nach Kants Einteilung) im erstern Falle reflektierende, im andern subsumierende. Die Urteilskraft ist demnach die Vermittlerin zwischen der anschauenden und der abstrakten Erkenntnisart oder zwischen Verstand und Vernunft. Bei den meisten Menschen ist sie nur rudimentarisch, oft sogar nur nominell vorhanden[1]; sie sind bestimmt, von andern geleitet zu werden. Man soll mit ihnen nicht mehr reden, als nötig ist.

Das mit Hülfe anschaulicher Vorstellungen operierende Denken ist der eigentliche Kern aller Erkenntnis, indem es zurückgeht auf die Urquelle, auf die Grundlage aller Begriffe. Daher ist es der Erzeuger aller wahrhaft originellen Gedanken, aller ursprünglichen Grundansichten und aller Erfindungen, sofern bei diesen nicht der Zufall das beste getan hat. Bei demselben ist der *Verstand* vorwaltend tätig, wie bei jenem ersteren, rein abstrakten die *Vernunft*. Ihm gehören gewisse Gedanken an, die lange im Kopfe herumziehn, gehn und kommen, sich bald in diese, bald in jene Anschauung kleiden, bis sie endlich, zur Deutlichkeit gelangend, sich in Begriffen fixieren und Worte finden. Ja es gibt deren, welche sie nie finden; und leider sind dies die besten: ›quae voce meliora sunt‹ [welche für Worte zu gut sind], wie Apuleius [›Metamorphoses‹ 11, 23] sagt.

Aber *Aristoteles* ist zu weit gegangen, indem er meinte, daß kein Denken ohne Phantasiebilder vor sich gehn könne. Seine Äußerungen hierüber in den Büchern ›De anima‹ 3, cap. 3, 7 und 8 – wie οὐδέποτε νοεῖ ἄνευ φαντάσματος ἡ ψυχή (anima sine phantasmate nunquam intelligit) [nie

---

[1]. Wer dies für hyperbolisch hält, betrachte das Schicksal der Goetheschen ›Farbenlehre‹: und wundert er sich, daß ich daran einen Beleg finde; so hat er selbst einen zweiten dazu gegeben.

denkt die Seele ohne ein Phantasiebild; p. 431 a 16] und ὅταν θεωρῇ, ἀνάγκη ἅμα φάντασμά τι θεωρεῖν (qui contemplatur, necesse est, ut una cum phantasmate contempletur) [wenn man etwas denkt, muß man zugleich ein Phantasiebild mit hinzudenken; p. 432 a 8], desgleichen ›De memoria‹ cap. 1 νοεῖν οὐκ ἔστιν ἄνευ φαντάσματος (fieri non potest, ut sine phantasmate quidquam intelligatur) [ein Denken ohne ein Phantasiebild ist unmöglich; p. 449 b 31] – haben jedoch viel Eindruck gemacht auf die Denker des 15. und 16. Jahrhunderts, von welchen sie daher öfter und mit Nachdruck wiederholt werden: so z. B. sagt Pico de Mirandola, ›De imaginatione‹ cap. 5: ›Necesse est eum, qui ratiocinatur et intelligit, phantasmata speculari‹ [Wer überlegt und denkt, muß notwendig auf Phantasiebilder hinblicken] – Melanchthon, ›De anima‹ p. 130, sagt: ›Oportet intelligentem phantasmata speculari.‹ [Wer denkt, muß dabei auf Phantasiebilder hinblicken.] – und Jordanus Brunus [Giordano Bruno], ›De compositione imaginum‹ p. 10, sagt: ›Dicit Aristoteles: oportet scire volentem phantasmata speculari.‹ [Aristoteles sagt: wer etwas wissen wolle, müsse auf die Phantasiebilder hinblicken.] Auch Pomponatius, ›De immortalitate‹ pp. 54 et 70, äußert sich in diesem Sinn. – Nur soviel läßt sich behaupten, daß jede wahre und ursprüngliche Erkenntnis, auch jedes echte Philosophem zu ihrem innersten Kern oder ihrer Wurzel irgendeine anschauliche Auffassung haben muß. Diese, obgleich ein Momentanes und Einheitliches, teilt nachmals der ganzen Auseinandersetzung, sei sie auch noch so ausführlich, Geist und Leben mit – wie ein Tropfen des rechten Reagenz der ganzen Auflösung die Farbe des bewirkten Niederschlags. Hat die Auseinandersetzung einen solchen Kern; so gleicht sie der Note einer Bank, die Kontanten in Kasse hat: jede andere aus bloßen Begriffskombinationen entsprungene hingegen ist wie die Note einer Bank, die zur Sicherheit wieder nur andere verpflichtende Papiere hinterlegt hat. Jedes bloß rein vernünftige Gerede ist so eine Verdeutlichung dessen, was aus gegebenen Begriffen folgt, fördert daher eigentlich nichts Neues zutage, könnte also jedem selbst zu machen überlassen bleiben, statt daß man täglich ganze Bücher damit füllt.

§ 29
Satz vom zureichenden Grunde des Erkennens

Aber auch das Denken im engern Sinne besteht nicht in der bloßen Gegenwart abstrakter Begriffe im Bewußtsein, sondern in einem Verbinden oder Trennen zweier oder mehrerer derselben unter mancherlei Restriktionen und Modifikationen, welche die Logik in der Lehre von den Urteilen angibt. Ein solches deutlich gedachtes und ausgesprochenes Begriffsverhältnis heißt nämlich ein *Urteil*. In Beziehung auf diese Urteile nun macht sich hier der Satz vom Grunde abermals geltend, jedoch in einer von der im vorigen Kapitel dargelegten sehr verschiedenen Gestalt, nämlich als Satz vom Grunde des Erkennens, principium rationis sufficientis cognoscendi. Als solcher besagt er, daß, wenn ein Urteil eine *Erkenntnis* ausdrücken soll, es einen zureichenden Grund haben muß: wegen dieser Eigenschaft erhält es sodann das Prädikat *wahr*. Die *Wahrheit* ist also die Beziehung eines Urteils auf etwas von ihm Verschiedenes, das sein Grund genannt wird und, wie wir sogleich sehen werden, selbst eine bedeutende Varietät der Arten zuläßt. Da es jedoch immer etwas ist, darauf das Urteil sich stützt oder beruht; so ist der deutsche Name *Grund* passend gewählt. Im Lateinischen und allen von ihm abzuleitenden Sprachen fällt der Name des *Erkenntnisgrundes* mit dem der *Vernunft* selbst zusammen: also hießen beide ratio, la ragione, la razon, la raison, the reason. Dies zeugt davon, daß man im Erkennen der Gründe der Urteile die vornehmste Funktion der Vernunft, ihr Geschäft κατ' ἐξοχήν erkannte. Diese Gründe nun, worauf ein Urteil beruhen kann, lassen sich in vier Arten abteilen, nach jeder von welchen dann auch die Wahrheit, die es erhält, eine verschiedene ist. Diese sind in den nächsten vier Paragraphen aufgestellt.

§ 30
Logische Wahrheit

Ein Urteil kann ein anderes Urteil zum Grunde haben. Dann ist seine Wahrheit eine *logische* oder *formale*. Ob es auch materiale Wahrheit habe, bleibt unentschieden und hängt davon ab, ob das Urteil, darauf es sich stützt, materiale Wahrheit habe oder auch die Reihe von Urteilen, darauf dieses sich gründet, auf ein Urteil von materialer Wahrheit zurückführe. – Eine solche Begründung eines Urteils durch ein anderes entsteht immer durch eine Vergleichung mit ihm: diese geschieht nun entweder unmittelbar in der bloßen Konversion oder Kontraposition desselben oder aber durch Hinzuziehung eines dritten Urteils, wo denn aus dem Verhältnisse der beiden letzteren zu einander die Wahrheit des zu begründenden Urteils erhellt. Diese Operation ist der vollständige *Schluß*. Es kommt sowohl durch Opposition als Subsumtion der Begriffe zustande. Da der Schluß als Begründung eines Urteils durch ein anderes mittelst eines dritten es immer nur mit Urteilen zu tun hat und diese nur Verknüpfungen der Begriffe sind, welche letztere eben der ausschließliche Gegenstand der Vernunft sind; so ist das Schließen mit Recht für das eigentümliche Geschäft der Vernunft erklärt worden. Die ganze Syllogistik ist nichts weiter als der Inbegriff der Regeln zur Anwendung des Satzes vom Grunde auf Urteile unter einander; also der Kanon der *logischen Wahrheit*.

Als durch ein anderes Urteil begründet sind auch diejenigen anzusehn, deren Wahrheit aus den vier bekannten Denkgesetzen erhellt: denn eben diese sind Urteile, aus denen die Wahrheit jener folgt. Z.B. das Urteil ›Ein Triangel ist ein von drei Linien eingeschlossener Raum‹ hat zum letzten Grunde den Satz der Identität, d. h. den durch diesen ausgedrückten Gedanken. Dieses ›Kein Körper ist ohne Ausdehnung‹ hat zum letzten Grunde den Satz vom Widerspruch. Dieses ›Jedes Urteil ist entweder wahr oder nicht wahr‹ hat zum letzten Grunde den Satz vom ausgeschlossenen Dritten. Endlich dieses ›Keiner kann etwas als wahr annehmen, ohne zu wissen, warum‹ hat zum letzten Grunde den Satz vom zureichenden Grunde des Erkennens. Daß man im gewöhnlichen Gebrauch der Vernunft die aus den vier Gesetzen des Denkens folgenden Urteile als wahr annimmt, ohne sie erst auf jene als ihre Prämissen zurückzuführen, da sogar der größte Teil der Menschen jene abstrakten Gesetze nie gehört hat, macht jene Urteile sowenig von diesen als ihren Prämissen unabhängig, als wenn jemand sagt: ›Nimmt man jenem Körper da seine Stütze, so wird er fallen‹, dieses Urteil, weil es möglich ist, ohne daß der Satz ›Alle Körper streben zum Mittelpunkt der Erde‹ jemals seinem Bewußtsein gegenwärtig gewesen sei, dadurch von diesem als seiner Prämisse unabhängig wird. Daß man bisher in der Logik allen auf nichts außer den Denkgesetzen gegründeten Urteilen eine *innere Wahrheit* beilegte, d.h. sie für *unmittelbar wahr* erklärte und diese *innere logische Wahrheit* unterschied von der *äußern logischen Wahrheit*, welche das Beruhen auf einem andern Urteil als Grund wäre, kann ich daher nicht billigen. Jede Wahrheit ist die Beziehung eines Urteils auf etwas *außer* ihm und *innere Wahrheit* ein Widerspruch.

§ 31
Empirische Wahrheit

Eine Vorstellung der ersten Klasse, also eine durch die Sinne vermittelte Anschauung, mithin Erfahrung kann Grund eines Urteils sein: dann hat das Urteil *materiale* Wahrheit, und zwar ist diese, sofern das Urteil sich *unmittelbar* auf die Erfahrung gründet, *empirische Wahrheit*.

Ein Urteil hat *materiale Wahrheit* heißt überhaupt: seine Begriffe sind so miteinander verbunden, getrennt, eingeschränkt, wie es die anschaulichen Vorstellungen, durch die es begründet wird, mit sich bringen und erfordern. Dies zu erkennen ist unmittelbar Sache der *Urteilskraft*, als welche, wie gesagt, das Vermittelnde zwischen dem anschauenden und dem abstrakten oder diskursiven Erkenntnisvermögen, also zwischen Verstand und Vernunft ist.

§ 32
Transzendentale Wahrheit

Die im Verstande und [in] der reinen Sinnlichkeit liegenden *Formen* der anschauenden, empirischen Erkenntnis können als Bedingungen der Möglichkeit aller Erfahrung Grund eines Urteils sein, das alsdann ein synthetisches a priori ist. Da ein solches Urteil dennoch materiale Wahrheit hat; so ist diese eine transzendentale, weil das Urteil nicht bloß auf der Erfahrung, sondern auf den in uns gelegenen Bedingungen der ganzen Möglichkeit derselben beruht. Denn es ist durch eben das bestimmt, wodurch die Erfahrung selbst bestimmt wird: nämlich entweder durch die a priori von uns angeschauten Formen des Raumes und der Zeit oder durch das a priori uns bewußte Gesetz der Kausalität. Beispiele solcher Urteile sind Sätze wie: Zwei gerade Linien schließen keinen Raum ein. – Nichts geschieht ohne Ursache. – $3 \times 7 = 21$. – Materie kann weder entstehn noch vergehn. Eigentlich kann die ganze reine Mathematik, nicht weniger meine Tafel der ›Praedicabilia a priori‹ im 2. Bande der ›Welt als Wille und Vorstellung‹ *[Bd. 2, S. 65–70]*, wie auch die meisten Sätze in Kants ›Metaphysischen Anfangsgründen der Naturwissenschaft‹ als Beleg dieser Art der Wahrheit angeführt werden.

§ 33
Metalogische Wahrheit

Endlich können auch die in der Vernunft gelegenen formalen Bedingungen alles Denkens der Grund eines Urteils sein, dessen Wahrheit alsdann eine solche ist, die ich am besten zu bezeichnen glaube, wenn ich sie *metalogische Wahrheit* nenne; welcher Ausdruck übrigens nichts zu schaffen hat mit dem ›Metalogicon‹, den Joannes Saresberiensis [Johannes von Salisbury] im 12. Jahrhundert geschrieben hat; da dieser in seinem ›Prologus‹ erklärt: ›Quia Logicae suscepi patrocinium, Metalogicus inscriptus est liber‹ [Weil ich die Logik in Schutz nehme, heißt mein Buch Metalogicus] und von dem Worte weiter keinen Gebrauch macht. Solcher Urteile von metalogischer Wahrheit gibt es aber nur vier, die man längst durch Induktion gefunden und Gesetze alles Denkens genannt hat, obgleich man sowohl über ihre Ausdrücke als ihre Anzahl noch immer nicht ganz einig, wohl aber über das, was sie überhaupt bezeichnen sollen, vollkommen einverstanden ist. Sie sind folgende: 1. Ein Subjekt ist gleich der Summe seiner Prädikate oder a = a. 2. Einem Subjekt kann ein Prädikat nicht zugleich beigelegt und abgesprochen werden oder a = — a = o. 3. Von jeden zwei kontradiktorisch entgegengesetzten Prädikaten muß jedem Subjekt eines zukommen. 4. Die Wahrheit ist die Beziehung eines Urteils auf etwas außer ihm als seinen zureichenden Grund.

Daß diese Urteile der Ausdruck der Bedingungen alles Denkens sind und daher diese zum Grunde haben, erkennen wir durch eine Reflexion, die ich eine Selbstuntersuchung der Vernunft nennen möchte. Indem sie nämlich vergebliche Versuche macht, diesen Gesetzen zuwider zu denken, erkennt sie solche als Bedingungen der Möglichkeit alles Denkens: wir finden alsdann, daß ihnen zuwider zu denken sowenig angeht wie unsere Glieder der Richtung ihrer Gelenke entgegen zu bewegen. Könnte das Subjekt sich selbst erkennen, so würden wir auch *unmittelbar* und nicht erst durch Versuche an Objekten, d.i. Vorstellungen, jene Gesetze erkennen. Mit den Gründen der Urteile von transzendentaler Wahrheit ist es in dieser Hinsicht ebenso: auch sie kommen ins Bewußtsein nicht unmittelbar, sondern zuerst in concreto, mittelst Objekten, d. h. Vorstellungen. Versuchen wir z.B. eine Veränderung ohne vorhergängige Ursache oder auch ein Entstehn oder Vergehn von Materie zu denken; so werden wir uns der Unmöglichkeit der Sache bewußt, und zwar als einer objektiven; obwohl sie ihre Wurzel in unserm Intellekt hat; sonst wir sie ja nicht auf subjektivem Wege zum Bewußtsein bringen könnten. Überhaupt ist zwischen den transzendentalen und metalogischen Wahrheiten eine große Ähnlichkeit und Beziehung bemerkbar, die auf eine gemeinschaftliche Wurzel beider deutet. Den Satz vom zureichenden Grunde vorzüglich sehn wir hier als metalogische Wahrheit, nachdem er im vorigen Kapitel[1] als transzendentale Wahrheit aufgetreten war und im folgenden noch in einer andern Gestalt als transzendentale Wahrheit erscheinen wird. Daher eben bin ich in dieser Abhandlung

1. [Gemeint ist der vorige Paragraph ›Transzendentale Wahrheit‹.]

bemüht, den Satz vom zureichenden Grunde als ein Urteil aufzustellen, das einen vierfachen Grund hat, nicht etwan vier verschiedene Gründe, die zufällig auf dasselbe Urteil leiteten, sondern einen sich vierfach darstellenden Grund, den ich bildlich vierfache Wurzel nenne. Die drei andern metalogischen Wahrheiten haben eine so große Ähnlichkeit miteinander, daß man bei ihrer Betrachtung beinah notwendig auf das Bestreben gerät, einen gemeinschaftlichen Ausdruck für sie zu suchen; wie auch ich dies im 9. Kapitel des zweiten Bandes meines Hauptwerks [S. 137f.] getan habe. Dagegen sind sie vom Satze des zureichenden Grundes sehr unterschieden. Wollte man für jene drei andern metalogischen Wahrheiten ein Analogon unter den transzendentalen suchen; so würde wohl diese, daß die Substanz, will sagen: die Materie beharrt, zu wählen sein.

§ 34
Die Vernunft

Da die in diesem Kapitel in Betrachtung genommene Klasse von Vorstellungen dem Menschen allein zukommt und da alles das, was sein Leben von dem der Tiere so mächtig unterscheidet und ihn so sehr in Vorteil gegen sie stellt, nachgewiesenermaßen auf seiner Fähigkeit zu diesen Vorstellungen beruht; so macht diese offenbar und unstreitig jene *Vernunft* aus, welche von jeher als das Vorrecht des Menschen gerühmt worden ist; wie denn auch alles das, was zu allen Zeiten und von allen Völkern ausdrücklich als Äußerung oder Leistung der Vernunft, des λόγος, λόγιμον, λογιστικόν, ratio, la ragione, la razon, la raison, reason betrachtet worden, augenfällig zurückläuft auf das nur der abstrakten, diskursiven, reflektiven, an Worte gebundenen und mittelbaren Erkenntnis, nicht aber der bloß intuitiven, unmittelbaren, sinnlichen, deren auch die Tiere teilhaft sind, Mögliche. ›Ratio et oratio‹ stellt Cicero, ›De officiis‹ 1, 16 ganz richtig zusammen und beschreibt sie als ›quae docendo, discendo, communicando, disceptando, iudicando conciliat inter se homines‹ [Die Vernunft und die Rede ..., welche durch

Lehren, Lernen, Mitteilen, Verhandeln und Urteilen die Menschen unter einander zu Freunden macht] usw. Ebenso ›De natura deorum‹ 2, 7: ›Rationem dico et, si placet, pluribus verbis mentem, consilium, cogitationem, prudentiam.‹ [Das nenne ich Vernunft oder, wenn ihr wollt, mit mehreren Worten den Geist, die Überlegung, das Denken, die Umsicht.] Auch ›De legibus‹ 1, 10: ›Ratio, qua una praestamus beluis, per quam coniectura valemus, argumentamur, refellimus, disserimus, conficimus aliquid, concludimus.‹ [Die Vernunft, die allein unsern Vorzug vor den Tieren ausmacht und durch die wir die Macht haben vorauszusehen, zu beweisen, zu widerlegen, darzulegen, etwas auszurichten und zu folgern.] In diesem Sinne aber haben alle Philosophen überall und jederzeit von der Vernunft geredet, bis auf *Kant*, welcher übrigens selbst sie noch als das Vermögen der Prinzipien und des Schließens bestimmt; wiewohl nicht zu leugnen ist, daß er Anlaß gegeben hat zu den nachherigen Verdrehungen. Über jene Übereinstimmung aller Philosophen in diesem Punkt und über die wahre Natur der Vernunft im Gegensatz der Verfälschung ihres Begriffs durch die Philosophie-Professoren in diesem Jahrhundert habe ich schon ausführlich geredet in der ›Welt als Wille und Vorstellung‹ Bd. 1, § 8 *[Bd. 1, S. 75 f.]*, wie auch im Anhange S. 577–585 *[Bd. 1, S. 583 f.]* und abermals Bd. 2, Kap. 6 *[Bd. 2, S. 86–95]*; endlich auch in den ›Grundproblemen der Ethik‹ S. 148–154 *[S. 675 bis 679]*, brauche also nicht alles dort Gesagte hier zu wiederholen; sondern knüpfe daran folgende Betrachtungen.

Die Philosophie-Professoren haben geraten gefunden, jenem den Menschen vom Tier unterscheidenden Vermögen des Denkens und Überlegens mittelst der Reflexion und der Begriffe, welches der Sprache bedarf und zu ihr befähigt, an dem die menschliche Besonnenheit hängt und mit ihr alle menschlichen Leistungen, welches daher in solcher Weise und in solchem Sinn von allen Völkern und auch von allen Philosophen stets aufgefaßt worden ist, seinen bisherigen Namen zu entziehn und es nicht mehr *Vernunft*, sondern wider allen Sprachgebrauch und allen gesunden Takt *Verstand* und ebenso alles aus demselben Fließende *verständig* statt *vernünftig* zu nennen; welches dann allemal quer und ungeschickt, ja wie ein falscher Ton herauskommen mußte. Denn jederzeit und überall hat man als *Verstand*, intellectus, acumen, perspicacia, sagacitas usw. das im vorigen Kapitel dargestellte unmittelbare und mehr intuitive Vermögen bezeichnet und die aus ihm entspringenden, von den hier in Rede stehenden vernünftigen spezifisch verschiedenen Leistungen verständig, klug, fein usw. genannt, demnach verständig und vernünftig stets vollkommen unterschieden als Äußerungen zweier gänzlich und weit verschiedener Geistesfähigkeiten. Allein die Philosophie-Professoren durften sich hieran nicht kehren: denn ihre Politik verlangte dieses Opfer, und in solchen Fällen heißt es: ›Platz da, Wahrheit! wir haben höhere, wohlverstandene Zwecke: Platz, Wahrheit! in maiorem Dei gloriam, wie du es längst gewohnt bist! Bezahlst du etwan Honorar und Gehalt? Platz, Wahrheit, Platz! geh zum Verdienst und kauere in der Ecke.‹ Sie hatten nämlich die Stelle und den Namen der *Vernunft* nötig für ein erfundenes und erdichtetes, richtiger und aufrichtiger: ein völlig erlogenes Vermögen, das ihnen in den Nöten, darin *Kant* sie versetzt hatte, aushelfen sollte, ein Vermögen unmittelbarer, metaphysischer, d. h. über alle Möglichkeit der Erfahrung hinausgehender, die Welt der Dinge an sich und ihre Verhältnisse erfassender Erkenntnisse, welches demnach vor allem ein ›Gottesbewußtsein‹ ist, d. h. Gott den Herrn unmittelbar erkennt, auch die Art und Weise a priori konstruiert, wie er die Welt geschaffen oder, wenn das zu trivial sein sollte, wie er sie durch einen mehr oder minder notwendigen Lebensprozeß aus sich herausgetrieben und gewissermaßen erzeugt oder auch, was das Bequemste, wenngleich hochkomisch ist, sie nach Sitte und Brauch vornehmer Herren am Ende der Audienz bloß ›entlassen‹ habe, da sie dann selbst sich auf die Beine machen und marschieren möge, wohin es ihr gefällt. Zu diesem letzteren war freilich nur die Stirn eines frechen Unsinnschmierers wie Hegel dreist genug. Dergleichen Narrenspossen also sind es, welche seit fünfzig Jahren unter dem Namen von Vernunfterkenntnissen breit ausgesponnen Hunderte sich philosophisch nen-

nender Bücher füllen und, man sollte meinen: ironischerweise, Wissenschaft und wissenschaftlich genannt werden, sogar mit bis zum Ekel getriebener Wiederholung dieses Ausdrucks. Die *Vernunft*, der man so frech alle solche Weisheit anlügt, wird erklärt als ein ›Vermögen des Übersinnlichen‹, auch wohl ›der Ideen‹, kurz als ein in uns liegendes, unmittelbar auf *Metaphysik* angelegtes, orakelartiges Vermögen. Über die Art ihrer Perzeption aller jener Herrlichkeiten und übersinnlichen Wahrnehmungen herrscht jedoch seit fünfzig Jahren große Verschiedenheit der Ansichten unter den Adepten. Nach den Dreistesten hat sie eine unmittelbare Vernunftanschauung des absolutums oder auch ad libitum des Unendlichen und seiner Evolutionen zum Endlichen. Nach andern, etwas Bescheideneren verhält sie sich nicht sowohl sehend als hörend, indem sie nicht gerade anschaut, sondern bloß *vernimmt*, was in solchem Wolkenkuckucksheim (νεφελοκοκκυγία[1]) vorgeht, und dann dieses dem sogenannten Verstande treulich wiedererzählt, der danach philosophische Kompendien schreibt. Und von diesem angeblichen Vernehmen soll nun gar nach einem Jacobischen Witz die Vernunft ihren Namen haben – als ob es nicht am Tage läge, daß er von der durch sie bedingten Sprache und dem Vernehmen der Worte im Gegensatz des bloßen Hörens, welches auch den Tieren zukommt, genommen ist. Aber jener armselige Witz floriert seit einem halben Jahrhundert, gilt für einen ernsthaften Gedanken, ja einen Beweis und ist tausendmal wiederholt worden. Nach den Bescheidensten endlich kann die Vernunft weder sehn noch hören, empfängt also von allen besagten Herrlichkeiten weder den Anblick noch den Bericht, sondern hat davon nichts weiter als eine bloße Ahndung, aus welchem Worte nun aber das d ausgemerzt wird, wodurch dasselbe einen ganz eigenen Anstrich von Niaiserie erhält, welcher, durch die Schafsphysiognomie des jedesmaligen Apostels solcher Weisheit unterstützt, ihr notwendig Eingang verschaffen muß.

    Meine Leser wissen, daß ich das Wort *Idee* nur in seinem ursprünglichen, dem Platonischen Sinne gelten lasse und die-

1. [Nach Aristophanes: ›Aves‹ 821]

sen besonders im dritten Buche meines Hauptwerks *[Bd. 1, S. 246–252]* gründlich ausgeführt habe. Der Franzose und Engländer andererseits verbindet mit dem Worte idée oder idea einen sehr alltäglichen, aber doch ganz bestimmten und deutlichen Sinn. Hingegen dem Deutschen, wenn man ihm von Ideen redet (zumal wenn man Üdähen¹ ausspricht), fängt an der Kopf zu schwindeln, alle Besonnenheit verläßt ihn, ihm wird, als solle er mit dem Luftballon aufsteigen. Da war also etwas zu machen für unsere Adepten der Vernunftanschauung; daher auch der frechste von allen, der bekannte Scharlatan Hegel, sein Prinzip der Welt und aller Dinge ohne weiteres die Idee genannt hat – woran dann richtig alle meinten etwas zu haben. – Wenn man jedoch sich nicht verdutzen läßt, sondern fragt, was denn eigentlich die Ideen seien, als deren Vermögen die Vernunft bestimmt wird; so erhält man gewöhnlich als Erklärung derselben einen hochtrabenden, hohlen, konfusen Wortkram in eingeschachtelten Perioden von solcher Länge, daß der Leser, wenn er nicht schon in der Mitte derselben eingeschlafen ist, sich am Ende mehr im Zustande der Betäubung als in dem der erhaltenen Belehrung befindet oder auch wohl gar auf den Verdacht gerät, es möchten ungefähr so etwas wie Chimären gemeint sein. Verlangt er inzwischen, dergleichen Ideen speziell kennenzulernen; so wird ihm allerlei aufgetischt: bald nämlich die Hauptthemata der Scholastik, welche leider Kant selbst unberechtigter- und fehlerhafterweise, wie ich in meiner Kritik seiner Philosophie *[Bd. 1, S. 655]* dargetan habe, Ideen der Vernunft genannt hat, jedoch nur, um sie als etwas schlechthin Unbeweisbares und theoretisch Unberechtigtes nachzuweisen: nämlich die Vorstellungen von Gott, einer unsterblichen Seele und einer realen, objektiv vorhandenen Welt und ihrer Ordnung – auch wird wohl als Variation bloß Gott, Freiheit und Unsterblichkeit angeführt: bald wieder soll es sein das absolutum, welches wir oben § 20 *[S. 53]* als den notgedrungen inkognito reisenden kosmologischen Beweis kennengelernt haben; bisweilen aber auch das Unendliche im Gegensatz des Endlichen, da an diesem Wortkram

1. [Anspielung auf Hegels schwäbischen Dialekt]

der deutsche Leser in der Regel sein Genügen hat und nicht merkt, daß er am Ende nichts Deutliches dabei denken kann als nur ›was ein Ende hat‹ und ›was keines hat‹. Sehr beliebt sind ferner als angebliche Ideen vorzüglich bei den Sentimentalen und Gemütlichen ›das Gute, das Wahre und das Schöne‹; obwohl dies eben nur drei sehr weite und abstrakte, weil aus einer Unzahl von Dingen und Verhältnissen abgezogene, mithin auch sehr inhaltsarme Begriffe sind wie tausend andere dergleichen abstracta mehr. Ihren Inhalt anlangend, habe ich oben § 29 *[S. 129]* die Wahrheit nachgewiesen als eine ausschließlich den Urteilen zukommende, also logische Eigenschaft; und über die beiden andern hier in Rede stehenden abstracta verweise ich teils auf die ›Welt als Wille und Vorstellung‹ Bd. 1, § 65 *[S. 491]* und teils auf das ganze dritte Buch desselben Werks. Allein wenn bei jenen drei magern abstractis nur recht mysteriös und wichtig getan und die Augenbrauen bis in die Perücke hinaufgezogen werden; so können junge Leute leicht sich einbilden, daß wunder was dahinter stecke, nämlich etwas ganz Apartes und Unaussprechliches, weshalb sie den Namen Ideen verdienen und somit vor den Triumphwagen jener vorgeblichen metaphysischen Vernunft gespannt werden.

Wenn nun also gelehrt wird, wir besäßen ein Vermögen unmittelbarer materieller (d. h. den Stoff, nicht bloß die Form liefernder) übersinnlicher (d. h. über alle Möglichkeit der Erfahrung hinausführender) Erkenntnisse, ein ausdrücklich auf metaphysische Einsichten angelegtes und zu solchem Behuf uns einwohnendes Vermögen, und hierin bestände *unsere Vernunft* – so muß ich so unhöflich sein, dies eine bare Lüge zu nennen. Denn die leichteste, aber ehrliche Selbstprüfung muß jeden überzeugen, daß in uns ein solches Vermögen schlechterdings nicht vorhanden ist. Diesem entspricht eben auch, was im Laufe der Zeit aus den Forschungen der berufenen, befähigten und redlichen Denker sich als Resultat ergeben hat, daß nämlich das Angeborene, daher Apriorische und von der Erfahrung Unabhängige unsers gesamten Erkenntnisvermögens durchaus beschränkt ist auf den *formellen* Teil der Erkenntnis, d. h. auf das Bewußtsein der selbst-eigenen Funktionen des Intellekts und der Weise ihrer allein möglichen Tätigkeit, welche Funktionen jedoch samt und sonders des Stoffs von außen bedürfen, um materielle Erkenntnisse zu liefern. So liegen in uns die Formen der äußern objektiven Anschauung, als Zeit und Raum, sodann das Gesetz der Kausalität, als bloße Form des Verstandes, mittelst welcher dieser die objektive Körperwelt aufbaut, endlich auch der formelle Teil der abstrakten Erkenntnis: dieser ist niedergelegt und dargestellt in der *Logik,* die deshalb von unsern Vätern ganz richtig *Vernunftlehre* benannt worden ist. Eben sie lehrt jedoch auch, daß die *Begriffe,* aus denen die Urteile und Schlüsse bestehn, auf welche alle logischen Gesetze sich beziehn, ihren *Stoff* und *Inhalt* von der *anschaulichen* Erkenntnis zu erwarten haben – eben wie der *diese* schaffende Verstand den Stoff, welcher seinen apriorischen Formen Inhalt gibt, aus der Sinnesempfindung nimmt.

Also alles *Materielle* in unserer Erkenntnis, d. h. alles, was sich nicht auf subjektive *Form,* selbst-eigene Tätigkeitsweise, Funktion des Intellekts zurückführen läßt, mithin der gesamte *Stoff* derselben kommt von außen, nämlich zuletzt aus der von der Sinnesempfindung ausgehenden objektiven Anschauung der Körperwelt. Diese anschauliche und dem Stoffe nach empirische Erkenntnis ist es, welche sodann die *Vernunft,* die *wirkliche* Vernunft zu Begriffen verarbeitet, die sie durch Worte sinnlich fixiert und dann an ihnen den Stoff hat zu ihren endlosen Kombinationen mittelst Urteilen und Schlüssen, welche das Gewebe unserer Gedankenwelt ausmachen. Die *Vernunft* hat also durchaus keinen *materiellen,* sondern bloß einen *formellen* Inhalt, und dieser ist der Stoff der Logik, welche daher bloße Formen und Regeln zu Gedankenoperationen enthält. Den materiellen Inhalt muß die Vernunft bei ihrem Denken schlechterdings von außen nehmen, aus den anschaulichen Vorstellungen, die der Verstand geschaffen hat. An diesen übt sie ihre Funktionen aus, indem sie, zunächst *Begriffe* bildend, von den verschiedenen Eigenschaften der Dinge einiges fallenläßt und anderes behält und es nun verbindet zu einem Begriff. Dadurch aber büßen die

Vorstellungen ihre Anschaulichkeit ein, gewinnen dafür jedoch an Übersichtlichkeit und Leichtigkeit der Handhabung; wie im obigen gezeigt worden. – Dies also und dies allein ist die Tätigkeit der Vernunft: hingegen *Stoff aus eignen Mitteln* liefern kann sie nimmermehr. – Sie hat nichts als Formen: sie ist weiblich, sie empfängt bloß, erzeugt nicht. Es ist nicht zufällig, daß sie sowohl in den lateinischen wie den germanischen Sprachen als weiblich auftritt, der Verstand hingegen als männlich.

Wenn nun etwan gesagt wird: ›Dies lehrt die gesunde Vernunft‹ oder auch: ›Die Vernunft soll die Leidenschaften zügeln‹ und dgl. mehr; so ist damit keineswegs gemeint, daß die Vernunft aus eigenen Mitteln materielle Erkenntnisse liefere; sondern man weist dadurch hin auf die Ergebnisse des vernünftigen Nachdenkens, also auf die logische Folgerung aus den Sätzen, welche die aus der Erfahrung bereicherte abstrakte Erkenntnis allmälig gewonnen hat und vermöge welcher wir sowohl das empirisch Notwendige, also vorkommendenfalls Vorauszusehende als auch die Gründe und Folgen unsers eigenen Tuns deutlich und leicht überblicken können. Überall ist ›vernünftig‹ oder ›vernunftgemäß‹ gleichbedeutend mit ›folgerecht‹ oder ›logisch‹, wie auch umgekehrt; da ja die Logik eben nur das als ein System von Regeln ausgesprochene natürliche Verfahren der Vernunft selbst ist: jene Ausdrücke (vernünftig und logisch) verhalten sich also zu einander wie Praxis und Theorie. In eben diesem Sinne versteht man unter einer *vernünftigen* Handlungsweise eine ganz konsequente, also von allgemeinen Begriffen ausgehende und von abstrakten Gedanken als Vorsätzen geleitete, nicht aber durch den flüchtigen Eindruck der Gegenwart bestimmte; wodurch inzwischen über die Moralität einer solchen Handlungsweise nichts entschieden wird, sondern diese sowohl schlecht als gut sein kann. Hierüber findet man ausführliche Erläuterungen in meiner ›Kritik der Kantischen Philosophie‹ S. 576 f. *[Bd. 1, S. 689 bis 706]*, wie auch in den ›Grundproblemen der Ethik‹ S. 152 (2. Auflage S. 149 f. *[S. 676]*). Erkenntnisse aus *reiner Vernunft* endlich sind solche, deren Ursprung im *formellen* Teil unsers

Erkenntnisvermögens, sei es des denkenden oder des anschauenden, liegt, die wir also a priori, d. h. ohne Hülfe der Erfahrung uns zum Bewußtsein bringen können: sie beruhen allemal auf Sätzen von transzendentaler oder auch von metalogischer Wahrheit.

Hingegen eine materielle Erkenntnisse ursprünglich und aus eigenen Mitteln liefernde, uns daher über alle Möglichkeit der Erfahrung hinaus positiv belehrende Vernunft, als welche dazu *angeborene Ideen* enthalten müßte, ist eine reine Fiktion der Philosophie-Professoren und ein Erzeugnis der durch die ›Kritik der reinen Vernunft‹ in ihnen hervorgerufenen Angst. – Kennen die Herren wohl einen gewissen *Locke* und haben sie ihn gelesen? Vielleicht einmal, vor langer Zeit, obenhin, stellenweise, dabei mit wohlbewußter Superiorität auf den großen Mann herabsehend, zudem in schlechter deutscher Tagelöhnerübersetzung – denn daß die Kenntnis der neuern Sprachen in dem Maße zunähme, wie, dem Himmel sei's geklagt, die der alten abnimmt, merke ich noch nicht. Freilich haben sie auch keine Zeit auf solche alte[n] Knasterbärte zu verwenden gehabt; ist doch sogar eine wirkliche und gründliche Kenntnis der Kantischen Philosophie höchstens nur noch in einigen sehr wenigen alten Köpfen zu finden. Denn die Jugendzeit der jetzt im Mannesalter stehenden Generation hat verwendet werden müssen auf die Werke des ›Riesengeistes Hegel‹, des ›großen Schleiermacher‹ und des ›scharfsinnigen Herbart‹. Leider, leider, leider! Denn das eben ist das Verderbliche solcher Universitäts-Zelebritäten und jenes aus dem Munde ehrsamer Kollegen im Amte und hoffnungsvoller Aspiranten zu solchem emporsteigenden Kathederheldenruhmes, daß der guten, gläubigen, urteilslosen Jugend mittelmäßige Köpfe, bloße Fabrikware der Natur als große Geister, als Ausnahmen und Zierden der Menschheit angepriesen werden; wonach dann dieselbe sich mit aller ihrer Jugendkraft auf das sterile Studium der endlosen und geistlosen Schreibereien solcher Leute wirft und die wenige, kostbare Zeit, die ihr zu höherer Bildung vergönnt worden, vergeudet, statt solche der wirklichen Belehrung zu widmen, welche die Werke der so seltenen echten Denker darbieten, dieser wahren Ausnahmen unter den Menschen, welche, ›rari nantes in gurgite vasto‹[1] [einzelne Schwimmer im wüsten Gewoge], im Laufe der Jahrhunderte nur hin und wieder einmal aufgetaucht sind, weil eben die Natur jeden ihrer Art nur *einmal* machte und dann ›die Form zerbrach‹[2]. Auch für sie würden diese gelebt haben, wenn sie nicht um ihren Anteil an ihnen wären betrogen worden durch die so überaus verderblichen Präkonen des Schlechten, diese Mitglieder der großen Kamerad- und Gevatterschaft der Alltagsköpfe, die allezeit floriert und ihr Panier hochflattern läßt als stehender Feind des sie demütigenden Großen und Echten. Durch eben diese und ihr Treiben ist die Zeit so heruntergebracht, daß die von unsern Vätern nur nach jahrelangem ernstlichem Studium und unter großer Anstrengung verstandene Kantische Philosophie der jetzigen Generation wieder fremdgeworden ist, die nun davorsteht wie ὄνος πρὸς λύραν[3] [der Esel bei (dem Ton) der Leier] und etwan rohe, plumpe, tölpelhafte Angriffe darauf versucht – wie Barbaren Steine werfen gegen ein ihnen fremdartiges griechisches Götterbild. Weil es denn nun so steht, liegt auch mir heute ob, den Verfechtern der unmittelbar erkennenden, vernehmenden, anschauenden, kurz: materielle Kenntnisse aus eigenen Mitteln liefernden Vernunft als etwas ihnen Neues in dem seit 150 Jahren weltberühmten Werke *Lockes* das *erste*, ausdrücklich gegen alle angebornen Erkenntnisse gerichtete Buch zu empfehlen und noch speziell im dritten Kapitel desselben die §§ 21–26. Denn obwohl *Locke* in seinem Leugnen aller angeborenen Wahrheiten insofern zu weit geht, als er es auch auf die *formalen* Erkenntnisse ausdehnt, worin er später von *Kant* auf das glänzendste berichtigt worden ist; so hat er doch hinsichtlich aller materialen, d.i. Stoff gebenden Erkenntnisse vollkommen und unleugbar recht.

    Ich habe es schon in meiner ›Ethik‹ gesagt, muß es jedoch

1. [Nach Vergil: ›Aeneis‹ 1, 118]
2. [Vgl. Ariosto: ›Orlando furioso‹ 10, 84]
3. [Bei Diogenian: ›Proverbia‹ 7, 38]

wiederholen, weil, wie das spanische Sprichwort lehrt, es keinen ärgern Tauben gibt als den, der nicht hören will (›No hay peor sordo, que el que no quiere oir‹): wenn die *Vernunft* ein auf Metaphysik angelegtes, Erkenntnisse ihrem Stoffe nach lieferndes und demnach alle Möglichkeit der Erfahrung überschreitende Aufschlüsse gebendes Vermögen wäre; so müßte ja notwendig über die Gegenstände der Metaphysik, mithin auch der Religion, da sie dieselben sind, eine ebenso große Übereinstimmung unter dem Menschengeschlechte herrschen wie über die Gegenstände der Mathematik; so daß, wenn etwan einer in seinen Ansichten über dergleichen von den andern abwiche, er sofort als nicht recht bei Troste angesehen werden müßte. Aber gerade das Umgekehrte findet statt: über kein Thema ist das Menschengeschlecht so durchaus uneinig wie über das besagte. Seitdem Menschen denken, liegen überall die sämtlichen philosophischen Systeme im Streit und sind einander zum Teil diametral entgegengesetzt; und seitdem Menschen glauben (welches noch länger her ist), bekämpfen einander die Religionen mit Feuer und Schwert, mit Exkommunikationen und Kanonen. Für sporadische Heterodoxe aber gab es zur Zeit des recht lebendigen Glaubens nicht etwan Narrenhäuser, sondern Inquisitionsgefängnisse nebst Zubehör. Also auch hier spricht die Erfahrung laut und unabweisbar gegen das lügenhafte Vorgeben einer Vernunft, die ein Vermögen unmittelbarer metaphysischer Erkenntnisse oder, deutlicher geredet, Eingebungen von oben wäre und über welche einmal strenges Gericht zu halten es wahrlich an der Zeit ist; da, horribile dictu [schrecklich zu sagen], eine so lahme, so palpable Lüge seit einem halben Jahrhundert in Deutschland überall kolportiert wird, jahraus, jahrein vom Katheder auf die Bänke und dann wieder von den Bänken aufs Katheder wandert, ja sogar unter den Franzosen ein paar Pinsel gefunden hat, die sich das Märchen haben aufbinden lassen und nun damit in Frankreich hausieren gehn; woselbst jedoch der bon sens [gesunde Menschenverstand] der Franzosen der raison transcendentale [›transzendentalen‹ Vernunft] bald die Türe weisen wird.

Aber wo ist denn die Lüge ausgeheckt, und wie ist das Märchen in die Welt gekommen? - Ich muß es gestehn: den nächsten Anlaß hat leider *Kants* praktische Vernunft gegeben mit ihrem kategorischen Imperativ. Diese nämlich einmal angenommen, hatte man weiter nichts nötig, als derselben eine ebenso reichsunmittelbare, folglich ex tripode [vom Dreifuß (der Pythia) aus] die metaphysischen Wahrheiten verkündende theoretische Vernunft als ihren Pendant oder ihre Zwillingsschwester beizugeben. Den glänzenden Erfolg der Sache habe ich geschildert in den ›Grundproblemen der Ethik‹ S. 148 ff. *[S. 675]*, wohin ich verweise. Indem ich also einräume, daß *Kant* zu dieser erlogenen Annahme den Anlaß gegeben, muß ich jedoch hinzufügen: wer gerne tanzt, dem ist leicht gepfiffen. Ist es doch wie ein Fluch, der auf dem bipedischen Geschlechte lastet, daß vermöge seiner Wahlverwandtschaft zum Verkehrten und Schlechten ihm sogar an den Werken großer Geister gerade das Schlechteste, ja geradezu die Fehler am besten gefallen; so daß es diese lobt und bewundert, hingegen das wirklich Bewunderungswürdige ihnen nur so mit hingehn läßt. Das wahrhaft Große, das eigentlich Tiefe in Kants Philosophie ist jetzt äußerst wenigen bekannt: denn mit dem ernstlichen Studio seiner Werke mußte auch das Verständnis derselben aufhören. Sie werden nur noch kursorisch zum Behuf historischer Kenntnisnahme gelesen von jenen, welche wähnen, nach ihm sei auch etwas gekommen, ja erst das Rechte: daher man allem Gerede dieser von Kantischer Philosophie anmerkt, daß sie nur die Schale, die Außenseite derselben kennen, einen rohen Umriß davon nach Hause getragen, hie und da ein Wort aufgeschnappt haben, aber nie in den tiefen Sinn und Geist derselben eingedrungen sind. Was nun allen solchen von jeher am besten im Kant gefallen hat, sind zuvörderst die Antinomien als ein gar vertracktes Ding, noch mehr aber die praktische Vernunft mit ihrem kategorischen Imperativ und wohl gar noch die darauf gesetzte Moraltheologie, mit der es jedoch Kanten nie Ernst gewesen ist; da ein theoretisches Dogma von ausschließlich praktischer Geltung der hölzernen Flinte gleicht, die man ohne Gefahr den Kindern geben kann, auch ganz eigentlich zum ›Wasch mir den Pelz, aber mach ihn mir nicht naß!‹[1] gehört. Was nun aber den kategorischen Imperativ selbst betrifft, so hat Kant ihn nie als Tatsache behauptet, hiegegen vielmehr wiederholentlich protestiert und denselben bloß als das Resultat einer höchst wunderlichen Begriffskombination aufgetischt; weil er eben einen Notanker für die Moral brauchte. Die Philosophie-Professoren aber haben niemals das Fundament der Sache untersucht, so daß, wie es scheint, vor mir dasselbe nicht einmal erkannt worden ist: statt dessen haben sie sich beeilt, unter dem puristischen Namen ›das Sittengesetz‹, der mich jedesmal an Bürgers ›Mamsell La Regle‹ erinnert, den kategorischen Imperativ als felsenfest begründete Tatsache in Kredit zu bringen, ja haben etwas so Massives daraus gemacht wie die steinernen Gesetztafeln des Moses, welche er ganz und gar bei ihnen vertreten muß. Nun habe ich zwar in meiner Abhandlung ›Über das Fundament der Moral‹ [S. 629–813] die praktische Vernunft mit ihrem Imperativ unter das anatomische Messer genommen und, daß nie Leben und Wahrheit in ihnen gewesen ist, so deutlich und sicher nachgewiesen, daß ich *den* sehn will, der mich mit Gründen widerlegen und ehrlicherweise dem kategorischen Imperativ wieder auf die Beine helfen kann. Das macht jedoch die Philosophie-Professoren nicht irre. Sie können ihr ›Sittengesetz der praktischen Vernunft‹ als einen bequemen deus ex machina[2] zur Begründung ihrer Moral sowenig wie die Freiheit des Willens entbehren: denn dies sind zwei höchst wesentliche Stücke ihrer Alteweiber- und Rocken-Philosophie. Daß ich nun beide totgeschlagen habe, tut nichts: bei ihnen leben sie noch immer – wie man bisweilen einen bereits gestorbenen Monarchen aus politischen Gründen noch einige Tage fortregieren läßt. Gegen meine unerbittliche Demolition jener beiden alten Fabeln gebrauchen die Tapfern eben nur ihre alte Taktik: schweigen, schweigen, fein

1. [Angeblich von Herzog Georg von Sachsen gegenüber Erasmus von Rotterdam gebrauchte Redensart]
2. [Nach Platon: ›Cratylus‹ 425 D]

leise vorüber schleichen, tun, als ob nichts geschehn wäre, damit das Publikum glaube, daß, was so einer wie ich sagt, nicht wert sei, daß man auch nur hinhöre: nun freilich; sind sie doch vom Ministerio zur Philosophie berufen und ich bloß von der Natur. Zwar wird sich wohl am Ende ergeben, daß diese Helden es machen wie der idealistisch gesinnte Vogel Strauß, welcher meint, daß, wenn nur er die Augen verhüllt, der Jäger nicht mehr da sei. Je nun, kommt Zeit, kommt Rat: wenn nur noch einstweilen, etwan bis ich tot bin und man sich meine Sachen nach eigenem gusto appretieren kann, das Publikum sich an dem unfruchtbaren Gesalbader, dem unerträglich langweiligen Gekaue, den arbiträren Konstruktionen des Absolutums und der Kinderschulenmoral der Herren genügen lassen will, da wird man später weiter sehn.

>   Morgen habe denn das Rechte
>   Seine Freunde wohlgesinnt,
>   Wenn nur heute noch das Schlechte
>   Vollen Platz und Gunst gewinnet.
>   [Goethe:] ›West-östlicher Divan‹ [5, 15, 3] p. 97

Aber wissen die Herren auch, was es an der Zeit ist? – Eine längst prophezeite Epoche ist eingetreten: die Kirche wankt, wankt so stark, daß es sich frägt, ob sie den Schwerpunkt wiederfinden werde: denn der Glaube ist abhanden gekommen. Ist es doch mit dem Licht der Offenbarung wie mit andern Lichtern: einige Dunkelheit ist die Bedingung. Die Zahl derer, welche ein gewisser Grad und Umfang von Kenntnissen zum Glauben unfähig macht, ist bedenklich groß geworden. Dies bezeugt die allgemeine Verbreitung des platten Rationalismus, der sein Bulldoggsgesicht immer breiter auslegt. Die tiefen Mysterien des Christentums, über welche die Jahrhunderte gebrütet und gestritten haben, schickt er sich ganz gelassen an, mit seiner Schneiderelle auszumessen, und dünkt sich wunderklug dabei. Vor allem ist das christliche Kerndogma, die Lehre von der Erbsünde, bei den rationalistischen Plattköpfen zum Kinderspott geworden; weil eben ihnen nichts klärer und gewisser dünkt, als daß das Dasein eines jeden mit seiner Geburt angefangen habe, daher er unmöglich verschuldet auf die Welt gekommen sein könne. Wie scharfsinnig! – Und wie, wenn Verarmung und Vernachlässigung überhandnehmen, dann die Wölfe anfangen sich im Dorfe zu zeigen; so erhebt unter diesen Umständen der stets bereitliegende Materialismus das Haupt und kommt mit seinem Begleiter, dem Bestialismus (von gewissen Leuten Humanismus genannt), an der Hand heran. – Mit der Unfähigkeit zum Glauben wächst das Bedürfnis der Erkenntnis. Es gibt einen Siedepunkt auf der Skala der Kultur, wo aller Glaube, alle Offenbarung, alle Auktoritäten sich verflüchtigen, der Mensch nach eigener Einsicht verlangt, belehrt, aber auch überzeugt sein will. Das Gängelband der Kindheit ist von ihm gefallen: er will auf eigenen Beinen stehn. Dabei aber ist sein metaphysisches Bedürfnis (›Welt als Wille und Vorstellung‹ Bd. 2, Kap. 17 *[Bd. 2, S. 206–220]*) so unvertilgbar wie irgendein physisches. Dann wird es Ernst mit dem Verlangen nach Philosophie, und die bedürftige Menschheit ruft alle denkenden Geister, die sie jemals aus ihrem Schoß erzeugt hat, an. Mit hohlem Wortkram und impotenten Bemühungen geistiger Kastraten ist da nicht mehr auszureichen; sondern es bedarf dann einer ernstlich gemeinten, d.h. einer auf Wahrheit, nicht auf Gehalte und Honorare gerichteten Philosophie, die daher nicht frägt, ob sie Ministern oder Räten gefalle oder dieser oder jener Kirchenpartei der Zeit in ihren Kram passe; sondern an den Tag legt, daß der Beruf der Philosophie ein ganz anderer sei, als eine Erwerbsquelle für die Armen am Geiste abzugeben.

Doch ich kehre zu meinem Thema zurück. Dem *praktischen* Orakel, welches Kant der Vernunft fälschlich zugeschrieben hatte, wurde mittelst einer bloß einiger Kühnheit bedürfenden Amplifikation ein *theoretisches* Orakel zugesellt. Die Ehre der Erfindung wird wohl auf Friedrich Heinrich Jacobi zurückzuführen sein, von welchem teueren Manne die Philosophie-Professoren das wertvolle Geschenk freudig und dankbar entgegennahmen. Denn dadurch war ihnen geholfen aus der Not, in die Kant sie versetzt hatte. Die kalte, nüchterne, überlegende Vernunft, welche Kant so grausam kritisiert hatte, wurde zum *Verstande* degradiert und mußte fortan diesen Namen führen: der Name der Vernunft aber wurde einem gänzlich imaginären, zu deutsch: erlogenen Vermögen beigelegt, an dem man gleichsam ein in die supralunarische, ja übernatürliche Welt sich öffnendes Fensterlein hatte, durch welches man daher alle die Wahrheiten ganz fertig und zugerichtet in Empfang nehmen konnte, um welche die bisherige, altmodische, ehrliche, reflektierende und besonnene Vernunft sich jahrhundertelang vergeblich abgemüht und gestritten hatte. Und auf einem solchen völlig aus der Luft gegriffenen, völlig erlogenen Vermögen basiert sich seit fünfzig Jahren die deutsche sogenannte Philosophie, erst als freie Konstruktion und Projektion des absoluten Ich und seiner Emanationen zum Nicht-Ich, dann als intellektuale Anschauung der absoluten Identität oder Indifferenz und ihrer Evolutionen zur Natur oder auch des Entstehns Gottes aus seinem finstern Grunde oder Ungrunde, à la Jacob Böhme, endlich als reines Sichselbstdenken der absoluten Idee und Schauplatz des Balletts der Selbstbewegung der Begriffe, daneben aber stets noch als unmittelbares Vernehmen des Göttlichen, des Übersinnlichen, der Gottheit, der Schönheit, Wahrheit, Gutheit und was sonst noch für -heiten gefällig sein mögen oder auch als bloßes Ahnen (ohne d) aller dieser Herrlichkeiten. – Das also wäre Vernunft? O nein, das sind Possen, welche den durch die ernsthaften Kantischen Kritiken in Verlegenheit gesetzten Philosophie-Professoren zum Notbehelfe dienen sollen, um irgendwie, per fas aut nefas [mit Recht oder Unrecht], die Gegenstände der Landesreligion für Ergebnisse der Philosophie auszugeben.

Nämlich die erste Obliegenheit aller Professoren-Philosophie ist, die Lehre von Gott, dem Schöpfer und Regierer der Welt, als einem persönlichen, folglich individuellen, mit Verstand und Willen begabten Wesen, welches die Welt aus nichts hervorgebracht hat und sie mit höchster Weisheit, Macht und Güte lenkt, philosophisch zu begründen und über allen Zweifel hinaus festzustellen. Dadurch aber geraten die Philosophie-Professoren in eine mißliche Stellung zur ernstlichen Philosophie. Nämlich *Kant* ist gekommen, die ›Kritik der reinen Vernunft‹ ist geschrieben, schon vor mehr als 60 Jahren, und das Resultat derselben ist gewesen, daß alle Beweise, die man im Lauf der christlichen Jahrhunderte für das Dasein Gottes aufgestellt hatte und die auf drei allein mögliche Beweisarten zurückzuführen sind, durchaus nicht vermögen, das Verlangte zu leisten, ja die Unmöglichkeit jedes solchen Beweises und damit die Unmöglichkeit aller spekulativen Theologie wird ausführlich a priori dargetan, und zwar, wohlverstanden, nicht etwan, wie es in unsern Tagen Mode geworden, mit hohlem Wortkram, Hegelschem Wischiwaschi, woraus jeder machen kann, was er will; nein, ganz ernstlich und ehrlich, nach alter guter Sitte, folglich so, daß seit 60 Jahren, so höchst ungelegen die Sache auch vielen gekommen, keiner etwas Erhebliches dagegen hat einwenden können, vielmehr infolge davon die Beweise des Daseins Gottes ganz außer Kredit und Gebrauch gekommen sind. Ja gegen dieselben haben von dem an die Philosophie-Professoren äußerst vornehm getan, sogar eine entschiedene Verachtung dagegen an den Tag gelegt; weil nämlich die Sache sich so ganz von selbst verstände, daß es lächerlich sei, sie erst beweisen zu wollen. Ei, ei, ei! hätte man doch das früher gewußt! Dann würde man sich nicht jahrhundertelang um solche Beweise abgemüht haben, und Kant hätte nicht nötig gehabt, dieselben mit dem ganzen Gewicht der Vernunftkritik zu zermalmen. Da wird denn wohl bei besagter Verachtung manchem der Fuchs mit den sauern Trauben einfallen. Wer übrigens eine kleine Probe derselben sehn möchte, findet eine recht charakteristische in Schellings ›Philosophischen Schriften‹ Bd. 1, 1809, S. 152. – Während nun andere sich damit trösteten, daß Kant gesagt habe, das Gegenteil ließe sich auch nicht beweisen – als ob dem alten Schalk das ›affirmanti incumbit probatio‹[1] [dem, der eine Behauptung aufstellt, obliegt der Beweis] unbekannt gewesen wäre – kam als ein Retter in der Not für die Philosophie-Professoren

1. [Juristische Regel]

die bewundernswürdige Jacobische Erfindung, welche den deutschen Gelehrten dieses Jahrhunderts eine ganz aparte Vernunft verlieh, von der bis dahin kein Mensch etwas gehört noch gewußt hatte.

Und doch waren alle diese Schliche keineswegs nötig. Denn durch jene Unbeweisbarkeit wird das Dasein Gottes selbst nicht im mindesten angefochten; da es auf viel sicherm Boden und unerschütterlich feststeht. Es ist ja Sache der Offenbarung, und zwar ist es dies um so gewisser, als solche Offenbarung allein und ausschließlich demjenigen Volke, welches deshalb das auserwählte heißt, zuteil geworden ist. Dies ist daraus ersichtlich, daß die Erkenntnis Gottes als des persönlichen Regierers und Schöpfers der Welt, der alles wohlgemacht, sich ganz allein in der jüdischen und den beiden aus ihr hervorgegangenen Glaubenslehren, die man im weitern Sinne ihre Sekten nennen könnte, findet, nicht aber in der Religion irgendeines andern Volkes alter oder neuer Zeit. Denn es wird doch wohl keinem in den Sinn kommen, etwan das *Brahm* der Hindu, welches in mir, in dir, in meinem Pferde, deinem Hunde lebt und leidet – oder auch den Brahma, welcher geboren ist und stirbt, andern Brahmas Platz zu machen, und dem überdies sein Hervorbringen der Welt zur Schuld und Sünde angerechnet wird[1] – geschweige den üppigen Sohn des betrogenen Saturns, dem Prometheus trotzt und seinen Fall verkündet – mit Gott dem Herrn zu verwechseln. Sehn wir aber gar *die* Religion an, welche auf Erden die größte Anzahl von Bekennern, folglich die Majorität der Menschheit für sich hat und in dieser Beziehung die vornehmste heißen kann, also den Buddhaismus; so läßt es heutzutage sich nicht mehr verhehlen, daß dieser, so wie streng idealistisch und asketisch, auch entschieden und ausdrücklich atheistisch ist; so sehr,

1. ›If Brimha be unceasingly employed in the creation of worlds... how can tranquillity be obtained by inferior orders of being?‹ (Wenn Brahma unaufhörlich Welten schafft, ... wie sollen Wesen niedrigerer Art zur Ruhe gelangen?) ›Prabodha-candra-udaya‹, translated by James Taylor, p. 23. – Auch ist Brahma Teil des Trimurti, dieser aber die Personifikation der Natur als Zeugung, Erhaltung und Tod: er vertritt also die erstere.

daß die Priester, wenn ihnen die Lehre des reinen Theismus vorgetragen wird, solche ausdrücklich perhorreszieren. Daher (wie uns in den ›Asiatic researches‹ vol. 6, p. 268, desgleichen von Sangermano in seiner ›Description of the Burmese empire‹[F] p. 81 berichtet wird) der Oberpriester der Buddhaisten in Ava in einem Aufsatze, den er einem katholischen Bischofe übergab, zu den sechs verdammlichen Ketzereien auch die Lehre zählte, ›daß ein Wesen dasei, welches die Welt und alle Dinge geschaffen habe und allein würdig sei, angebetet zu werden‹. Ebendeswegen sagt auch Isaak Jakob Schmidt in Petersburg, welchen trefflichen Gelehrten ich entschieden für den gründlichsten Kenner des Buddhaismus in Europa halte, in seiner Schrift ›Über die Verwandtschaft der gnostischen Lehren mit dem Buddhaismus‹ S. 9: ›In den Schriften der Buddhaisten fehlt jede positive Andeutung eines höchsten Wesens als Prinzips der Schöpfung und scheint sogar dieser Gegenstand, wo er sich der Konsequenz gemäß von selbst darbietet, mit Fleiß umgangen zu werden.‹ In seinen ›Forschungen im Gebiete der ältern Bildungsgeschichte Mittelasiens‹ S. 180 sagt derselbe: ›Das System des Buddhaismus kennt kein ewiges, unerschaffenes, einiges göttliches Wesen, das vor allen Zeiten war und alles Sichtbare und Unsichtbare erschaffen hat. Diese Idee ist ihm ganz fremd, und man findet in den buddhaistischen Büchern nicht die geringste Spur davon. Ebensowenig gibt es eine Schöpfung; zwar ist das sichtbare Weltall nicht ohne Anfang, es ist aber aus dem leeren Raume nach folgerechten, unabänderlichen Naturgesetzen *entstanden*. Man würde sich indes irren, wenn man annähme, daß etwas, man nenne es nun Schicksal oder Natur, von den Buddhaisten als göttliches Prinzip angesehen oder verehrt würde: vielmehr das Gegenteil; denn gerade diese Entwikkelung des leeren Raumes, dieser Niederschlag aus demselben oder dessen Zerstückelung in unzählige Teile, diese nun entstandene Materie ist das Übel des Jirtintschü oder des Weltalls in seinen innern und äußern Beziehungen, aus

---

F. Siehe Isaak Jakob Schmidts ›Forschungen im Gebiete der ältern Bildungsgeschichte Mittelasiens‹, Petersburg 1824, S. 276

welchem der Ortschilang¹ oder der beständige Wechsel nach unabänderlichen Gesetzen *entstanden* ist, nachdem diese durch jenes Übel begründet waren.‹ Ebenso sagt er in seiner am 15. September 1830 in der Petersburger Akademie gehaltenen Vorlesung S. 26: ›Der Ausdruck Schöpfung ist dem Buddhaismus fremd, indem derselbe nur von Weltentstehungen weiß‹ und S. 27: ›Man muß einsehn, daß bei ihrem System keine Idee irgendeiner urgöttlichen Schöpfung stattfinden kann.‹ Es ließen sich hundert dergleichen Belege anführen. Nur auf einen jedoch will ich noch aufmerksam machen, weil er ganz populär und zudem offiziell ist. Nämlich der dritte Band des sehr belehrenden buddhaistischen Werkes ›‚Mahavansa‘, ‚Raja-ratnacari‘ and ‚Raja-vali‘‹ from the Singhalese, by Ernest Upham, London 1833, enthält die aus den holländischen Protokollen übersetzten offiziellen Interrogatorien, welche um 1766 der holländische Gouverneur von Ceylon mit den Oberpriestern der fünf vornehmsten Pagoden einzeln und sukzessive abgehalten hat. Der Kontrast zwischen den Interlokutoren, welche sich nicht wohl verständigen können, ist höchst ergötzlich. Die Priester, den Lehren ihrer Religion gemäß von Liebe und Mitleid gegen alle lebenden Wesen, selbst wenn es holländische Gouverneure sein sollten, erfüllt, sind auf das bereitwilligste bemüht, allen seinen Fragen zu genügen. Aber der naive und arglose Atheismus dieser frommen und sogar enkratistischen Oberpriester gerät in Konflikt mit der innigen Herzensüberzeugung des schon in der Wiege judaisierten Gouverneurs. Sein Glaube ist ihm zur zweiten Natur geworden, er kann sich gar nicht darin finden, daß diese Geistlichen keine Theisten sind, frägt daher immer von neuem nach dem höchsten Wesen und wer denn die Welt geschaffen habe und dgl. mehr. – Jene meinen dann, es könne doch kein höheres Wesen geben als den Siegreich-Vollendeten, den Buddha Sakyamuni, der, ein geborener Königssohn, freiwillig als Bettler gelebt und bis ans Ende seine hohe Lehre gepredigt hat, zum Heil der Menschheit,

1. [Die Begriffe Jirtintschü und Ortschilang sind wahrscheinlich tibetischer Herkunft; die Umschrift Schopenhauers ist unsicher.]

um uns alle vom Elend der steten Wiedergeburt zu erlösen; die Welt nun aber sei von niemanden gemacht[F], sie sei selbst-geschaffen (self-created), die Natur breite sie aus und ziehe sie wieder ein: allein sie sei das, was existierend nicht existiert; sie sei die notwendige Begleitung der Wiedergeburten, diese aber seien die Folgen unsers sündlichen Wandels usw. So gehn denn diese Gespräche gegen hundert Seiten fort. – Ich erwähne solche Tatsachen hauptsächlich darum, weil es wirklich skandalös ist, wie noch heutzutage in den Schriften deutscher Gelehrten durchgängig Religion und Theismus ohne weiteres als identisch und synonym genommen werden; während Religion sich zum Theismus verhält wie das genus zu einer einzigen species und in der Tat bloß Judentum und Theismus identisch sind; daher eben auch alle Völker, die nicht Juden, Christen oder Mohammedaner sind, von uns durch den gemeinsamen Namen Heiden stigmatisiert werden. Sogar werfen Mohammedaner und Juden den Christen vor, daß sie nicht reine Theisten wären, wegen der Lehre von der Trinität. Denn das Christentum, was man auch sagen möge, hat indisches Blut im Leibe und daher einen beständigen Hang, vom Judentume loszukommen. – Wäre Kants Vernunftkritik, welche der ernsthafteste Angriff auf den Theismus ist, der je gewagt worden, weshalb die Philosophie-Professoren sich beeilt haben, ihn zu beseitigen, in buddhaistischen Landen erschienen; so hätte man obigen Anführungen gemäß darin nichts weiter gesehn als einen erbaulichen Traktat zu gründlicherer Widerlegung derer Ketzer und heilsamer Befestigung der orthodoxen Lehre des Idealismus, also der Lehre von der bloß scheinbaren Existenz dieser unsern Sinnen sich darstellenden Welt. Ebenso atheistisch wie der Buddhaismus sind auch die beiden andern neben ihm in China sich behauptenden Religionen: die der Tao-she[1] und die des Konfuzius

---

F. Κόσμον τόνδε, φησὶν Ἡράκλειτος, οὔτε τις θεῶν οὔτε ἀνθρώπων ἐποίησεν. [Diese Welt, sagt Heraklit, hat weder ein Gott noch ein Mensch gemacht.] (Plutarch: ›De animae procreatione‹ cap. 5).

1. [Die Lehre des Lao-tse über den Tao, den Urgrund der Welt = Taoismus]

[Kung-fu-tse]; daher eben die Missionare den ersten Vers des Pentateuchs nicht ins Chinesische übersetzen konnten; weil diese Sprache für Gott und Schaffen gar keine Ausdrücke hat. Sogar der Missionar Gützlaff, in seiner soeben erschienenen ›Geschichte des Chinesischen Reichs‹, ist so ehrlich, S. 18 zu sagen: ›Es ist außerordentlich, daß keiner der Philosophen (in China), welche jedoch das Naturlicht in vollem Maße besaßen, sich zur Erkenntnis eines Schöpfers und Herrn des Universums emporgeschwungen hat.‹ Ganz übereinstimmend hiemit ist, was John Francis Davis (›The Chinese‹ chapt. 15, p. 156) anführt, daß Milne, der Übersetzer des ›Shing-yu‹, im Vorbericht über dieses Werk sagt, man könne daraus ersehn, ›that the bare light of nature, as it is called, even when aided by all the light of pagan philosophy, is totally incapable of leading men to the knowledge and worship of the true God.‹ [daß das bloße Licht der Natur, wie es genannt wird, selbst wenn es von allem Lichte heidnischer Philosophie unterstützt wird, ganz unfähig ist, die Menschen zur Erkenntnis des wahren Gottes zu führen.] Alles dieses bestätigt, daß das alleinige Fundament des Theismus die Offenbarung ist; wie es auch sein muß, wenn nicht die Offenbarung eine überflüssige sein soll. Bei dieser Gelegenheit sei bemerkt, daß das Wort Atheismus eine Erschleichung enthält; weil es vorweg den Theismus als sich von selbst verstehend annimmt. Man sollte statt dessen sagen: Nichtjudentum, und statt Atheist Nichtjude; so wäre es ehrlich geredet.

Da nun, wie oben gesagt, das Dasein Gottes Sache der Offenbarung und dadurch unerschütterlich festgestellt ist, bedarf es keiner menschlichen Beglaubigung. Die Philosophie nun aber ist bloß der eigentlich zum Überfluß und müßigerweise angestellte Versuch, einmal die Vernunft, also das Vermögen des Menschen, zu denken, zu überlegen, zu reflektieren, ganz allein ihren eigenen Kräften zu überlassen – etwan wie man einem Kinde auf einem Rasenplatz einmal das Gängelband abnimmt, damit es seine Kräfte versuche – um zu sehn, was dabei herauskommt. Man nennt solche Proben und Versuche die Spekulation; wobei es in der Natur der Sache liegt, daß sie von aller Auktorität, göttlicher wie menschlicher, einmal absehe, solche ignoriere und ihren eigenen Weg gehe, um auf ihre Weise die höchsten und wichtigsten Wahrheiten aufzusuchen. Wenn nun auf diesem Grund und Boden ihr Resultat kein anderes als das oben angeführte unsers großen Kant ist; so hat sie deshalb nicht sofort aller Ehrlichkeit und Gewissenhaftigkeit zu entsagen und wie ein Schelm Schleichwege zu gehn, um nur irgendwie auf den jüdischen Grund und Boden als ihre conditio sine qua non zurückzugelangen: vielmehr hat sie ganz redlich und einfach nunmehr der Wahrheit auf anderweitigen Wegen nachzuspüren, wie solche sich etwan vor ihr auftun, nie aber irgendeinem andern Lichte als dem der Vernunft zu folgen, sondern unbekümmert, wohin sie gelange, ihren Weg zu gehn, getrost und beruhigt wie einer, der in seinem Berufe arbeitet.

Wenn unsere Philosophie-Professoren die Sache anders verstehn und vermeinen, ihr Brot nicht mit Ehren essen zu können, solange sie nicht Gott den Herrn (als ob er ihrer bedürfte) auf den Thron gesetzt haben; so ist schon hieraus erklärlich, warum sie an meinen Sachen keinen Geschmack haben finden können und ich durchaus nicht ihr Mann bin: denn freilich kann ich mit dergleichen nicht dienen und habe nicht wie sie jede Messe die neuesten Berichte über den lieben Gott mitzuteilen.

SECHSTES KAPITEL

ÜBER DIE DRITTE KLASSE DER OBJEKTE FÜR DAS SUBJEKT UND DIE IN IHR HERRSCHENDE GESTALTUNG DES SATZES VOM ZUREICHENDEN GRUNDE

§ 35
Erklärung dieser Klasse von Objekten

Die dritte Klasse der Gegenstände für das Vorstellungsvermögen bildet der formale Teil der vollständigen Vorstellungen, nämlich die a priori gegebenen Anschauungen der Formen des äußern und innern Sinnes, des Raums und der Zeit.

Als reine Anschauungen sind sie für sich und abgesondert von den vollständigen Vorstellungen und den erst durch diese hinzukommenden Bestimmungen des Voll- oder Leerseins Gegenstände des Vorstellungsvermögens, da sogar reine Punkte und Linien gar nicht dargestellt, sondern nur a priori angeschaut werden können, wie auch die unendliche Ausdehnung und unendliche Teilbarkeit des Raumes und der Zeit allein Gegenstände der reinen Anschauung und der empirischen fremd sind. Was diese Klasse von Vorstellungen, in welcher Zeit und Raum *rein angeschaut* werden, von der ersten Klasse, in der sie (und zwar im Verein) *wahrgenommen* werden, unterscheidet, das ist die Materie, welche ich daher einerseits als die Wahrnehmbarkeit von Zeit und Raum und andererseits als die objektiv gewordene Kausalität erklärt habe.

Hingegen ist die Verstandesform der Kausalität nicht für sich und abgesondert ein Gegenstand des Vorstellungsvermögens, sondern kommt erst mit und an dem Materiellen der Erkenntnis ins Bewußtsein.

§ 36
Satz vom Grunde des Seins

Raum und Zeit haben die Beschaffenheit, daß alle ihre Teile in einem Verhältnis zu einander stehn, in Hinsicht auf welches jeder derselben durch einen andern bestimmt und bedingt ist. Im Raum heißt dies Verhältnis *Lage*, in der Zeit *Folge*. Diese Verhältnisse sind eigentümliche von allen andern möglichen Verhältnissen unserer Vorstellungen durchaus verschiedene, daher weder der Verstand noch die Vernunft mittelst bloßer Begriffe sie zu fassen vermag; sondern einzig und allein vermöge der reinen Anschauung a priori sind sie uns verständlich: denn was oben und unten, rechts und links, hinten und vorn, was vor und nach sei, ist aus bloßen Begriffen nicht deutlich zu machen. Kant belegt dies sehr richtig damit, daß der Unterschied zwischen dem rechten und linken Handschuh durchaus nicht anders als mittelst der Anschauung verständlich zu machen ist. Das Gesetz nun, nach welchem die Teile des Raumes und der Zeit in Absicht auf jene Verhältnisse einander bestimmen, nenne ich den Satz vom *zureichenden Grunde des Seins*, principium rationis sufficientis essendi. Ein Beispiel von diesem Verhältnis ist schon im fünfzehnten Paragraph *[S. 39]* gegeben an der Verbindung zwischen den Seiten und den Winkeln eines Dreiecks und daselbst gezeigt, daß dieses Verhältnis sowohl von dem zwischen Ursache und Wirkung als dem zwischen Erkenntnisgrund und Folge ganz und gar verschieden sei, weshalb hier die Bedingung Grund des *Seins*, ratio essendi genannt werden mag. Es versteht sich von selbst, daß die Einsicht in einen solchen *Seinsgrund* Erkenntnisgrund werden kann, eben wie auch die Einsicht in das Gesetz der Kausalität und seine Anwendung auf einen bestimmten Fall Erkenntnisgrund der Wirkung ist, wodurch aber keineswegs die gänzliche Verschiedenheit zwischen Grund des Seins, des Werdens und des Erkennens aufgehoben wird. In vielen Fällen ist das, was nach *einer* Gestaltung unsers Satzes *Folge* ist, nach der andern Grund: so ist sehr oft die Wirkung Erkenntnisgrund der Ursache. Z.B. das Steigen des Thermometers ist nach dem Gesetze der Kausalität *Folge* der vermehrten Wärme; nach dem Satze vom Grunde des Erkennens aber ist es *Grund*, Erkenntnisgrund der vermehrten Wärme, wie auch des Urteils, welches diese aussagt.

§ 37
Seinsgrund im Raume

Im Raum ist durch die Lage jedes Teils desselben, wir wollen sagen: einer gegebenen Linie (von Flächen, Körpern, Punkten gilt dasselbe) gegen irgendeine andere Linie auch ihre von der ersten ganz verschiedene Lage gegen jede mögliche andere durchaus bestimmt, so daß die letztere Lage zur ersteren im Verhältnis der Folge zum Grunde steht. Da die Lage der Linie gegen irgendeine der möglichen andern ebenso ihre Lage gegen alle andern bestimmt, also auch die vorhin als bestimmt angenommene Lage gegen die erste; so ist es einerlei, welche man zuerst als bestimmt und die andern bestimmend, d.h. als ratio [Grund] und die andern als rationata [begründet] betrachten will. Dies daher, weil im Raume keine Sukzession ist, da ja eben durch Vereinigung des Raumes mit der Zeit zur Gesamtvorstellung des Komplexes der Erfahrung die Vorstellung des Zugleichseins entsteht. Bei dem Grunde des Seins im Raum herrscht also überall ein Analogon der sogenannten Wechselwirkung: wovon das Ausführlichere bei Betrachtung der Reziprokation der Gründe § 48 *[S. 180]*. Weil nun jede Linie in Hinsicht auf ihre Lage sowohl bestimmt durch alle andern als sie bestimmend ist; so ist es nur Willkür, wenn man irgendeine Linie bloß als die andern bestimmend und nicht als bestimmt betrachtet, und die Lage jeder gegen irgendeine andre läßt die Frage zu nach ihrer Lage gegen irgendeine dritte, vermöge welcher zweiten Lage die erste notwendig so ist, wie sie ist. Daher ist auch in der Verkettung der Gründe des Seins wie in der der Gründe des Werdens gar kein Ende a parte ante [von seiten des Vorher] und wegen der Unendlichkeit des Raums und der in ihm möglichen Linien auch keines a parte post [von seiten des Nachher].

Alle möglichen relativen Räume sind Figuren, weil sie begrenzt sind, und alle diese Figuren haben wegen der gemeinschaftlichen Grenzen ihren Seinsgrund eine in der andern. Die series rationum essendi [Reihe der Gründe des Seins] im Raum geht also wie die series rationum fiendi [Reihe der Gründe des Werdens] in infinitum [ins unendliche], und zwar nicht nur wie jene nach einer, sondern nach allen Richtungen.

Ein Beweis von allem diesen ist unmöglich: denn es sind Sätze, deren Wahrheit transzendental ist, indem sie ihren Grund unmittelbar in der a priori gegebenen Anschauung des Raumes haben.

§ 38
Seinsgrund in der Zeit. Arithmetik

In der Zeit ist jeder Augenblick bedingt durch den vorigen. So einfach ist hier der Grund des Seins als Gesetz der Folge; weil die Zeit nur *eine* Dimension hat, daher keine Mannigfaltigkeit der Beziehungen in ihr sein kann. Jeder Augenblick ist bedingt durch den vorigen; nur durch jenen kann man zu diesem gelangen; nur sofern jener *war*, verflossen ist, *ist* dieser. Auf diesem Nexus der Teile der Zeit beruht alles Zählen, dessen Worte nur dienen, die einzelnen Schritte der Sukzession zu markieren; folglich auch die ganze Arithmetik, die durchweg nichts anderes als methodische Abkürzungen des Zählens lehrt. Jede Zahl setzt die vorhergehenden als Gründe ihres Seins voraus: zur Zehn kann ich nur gelangen durch alle vorhergehenden, und bloß vermöge dieser Einsicht in den Seinsgrund weiß ich, daß, wo zehn sind, auch acht, sechs, vier sind.

§ 39
Geometrie

Ebenso beruht auf dem Nexus der Lage der Teile des Raums die ganze Geometrie. Sie wäre demnach eine Einsicht in jenen Nexus: da solche aber, wie oben gesagt, nicht durch bloße Begriffe möglich ist, sondern nur durch Anschauung;

so müßte jeder geometrische Satz auf diese zurückgeführt werden, und der Beweis bestände bloß darin, daß man den Nexus, auf dessen Anschauung es ankommt, deutlich heraushöbe; weiter könnte man nichts tun. Wir finden indessen die Behandlung der Geometrie ganz anders. Nur die zwölf Axiome Euklids läßt man auf bloßer Anschauung beruhen, und sogar beruhen von diesen eigentlich nur das neunte, elfte und zwölfte auf einzelnen verschiedenen Anschauungen, alle die andern aber auf der Einsicht, daß man in der Wissenschaft nicht wie in der Erfahrung es mit realen Dingen, die für sich nebeneinander bestehn und ins unendliche verschieden sein können, zu tun habe; sondern mit Begriffen und in der Mathematik mit *Normalanschauungen*, d. h. Figuren und Zahlen, die für alle Erfahrung gesetzgebend sind und daher das Vielumfassende des Begriffs mit der durchgängigen Bestimmtheit der einzelnen Vorstellung vereinigen. Denn obgleich sie als anschauliche Vorstellungen durchweg genau bestimmt sind und auf *diese* Weise für Allgemeinheit durch das Unbestimmtgelassene keinen Raum geben; so sind sie doch allgemein: weil sie die bloßen Formen aller Erscheinungen sind und als solche von allen realen Objekten, denen eine solche Form zukommt, gelten. Daher von diesen Normalanschauungen selbst in der Geometrie so gut als von den Begriffen das gelten würde, was Platon von seinen Ideen sagt, daß nämlich gar nicht zwei gleiche existieren können, weil solche nur *eine* wären[1]. Dies würde, sage ich, auch von den Normalanschauungen in der Geometrie gelten, wären sie nicht als allein *räumliche* Objekte durch das bloße *Nebeneinandersein*, den *Ort*, unterschieden. Diese Bemerkung hat nach dem Aristoteles schon Platon selbst gemacht: Ἔτι δὲ παρὰ τὰ αἰσθητὰ καὶ τὰ εἴδη τὰ μαθηματικὰ τῶν πραγμάτων εἶναί φησι μεταξύ, διαφέ-

---

1. Die *Platonischen Ideen* lassen sich allenfalls beschreiben als Normalanschauungen, die nicht nur wie die mathematischen für das Formale, sondern auch für das Materiale der vollständigen Vorstellungen gültig wären: also vollständige Vorstellungen, die als solche durchgängig bestimmt wären und doch zugleich wie die Begriffe vieles unter sich befaßten; d. h. nach meiner § 28 *[S. 125]* gegebenen Erklärung Repräsentanten der Begriffe, die ihnen aber völlig adäquat wären.

ροντα τῶν μὲν αἰσθητῶν τῷ ἀΐδια καὶ ἀκίνητα εἶναι, τῶν δὲ εἰδῶν τῷ τὰ μὲν πολλ' ἄττα ὅμοια εἶναι, τὸ δὲ εἶδος αὐτὸ ἓν ἕκαστον μόνον. (Item praeter sensibilia et species mathematica rerum ait media esse, a sensibilibus quidem differentia eo, quod perpetua et immobilia sunt, a speciebus vero eo, quod illorum quidem multa quaedam similia sunt, species vero ipsa unaquaeque sola.) [Ferner behauptet er, daß im Vergleich mit den Sinnendingen und den Ideen die mathematischen Gebilde die Mitte haben, sofern sie von den Sinnendingen sich dadurch unterscheiden, daß sie ewig und unbewegt sind, von den Ideen aber dadurch, daß jene viele und gleiche sind, von den Ideen aber jede einzelne nur als Einheit besteht.] (›Metaphysica‹ 1, 6 [p. 987 b 14], womit 10, 1 zu vergleichen). Die bloße Einsicht nun, daß ein solcher Unterschied des Orts die übrige Identität nicht aufhebt, scheint mir jene neun Axiome ersetzen zu können und dem Wesen der Wissenschaft, deren Zweck es ist, das Einzelne aus dem Allgemeinen zu erkennen, angemessener zu sein als die Aufstellung neun verschiedener Axiome, die auf *einer* Einsicht beruhen. Alsdann nämlich wird von den geometrischen Figuren gelten, was Aristoteles, ›Metaphysica‹ 10,3, sagt: Ἐν τούτοις ἡ ἰσότης ἑνότης. (In illis aequalitas unitas est.) [Bei diesen ist die Gleichheit soviel wie Einheit.]

Von den Normalanschauungen in der Zeit aber, den Zahlen, gilt sogar kein solcher Unterschied des Nebeneinanderseins, sondern schlechthin wie von den Begriffen die identitas indiscernibilium[1] [die Identität der nicht unterscheidbaren Dinge], und es gibt nur *eine* Fünf und nur *eine* Sieben. Auch hier ließe sich ein Grund dafür finden, daß 7+5 =12 nicht, wie Herder in der ›Metakritik‹ meint, ein identischer, sondern, wie Kant so tiefsinnig entdeckt hat, ein synthetischer Satz a priori ist, der auf reiner Anschauung beruht. 12=12 ist ein identischer Satz.

Auf die Anschauung beruft man also in der Geometrie sich eigentlich nur bei den Axiomen. Alle übrigen Lehrsätze werden demonstriert, d. h. man gibt einen Erkenntnisgrund

1. [Nach Leibniz: ›Nouveaux essais‹ chap. 27, §§ 1, 3]

des Lehrsatzes an, welcher jeden zwingt, denselben als wahr anzunehmen: also man weist die logische, nicht die transzendentale Wahrheit des Lehrsatzes nach (§§ 30 und 32 *[S. 129 und S. 131]*). Diese aber, welche im Grund des Seins und nicht in dem des Erkennens liegt, leuchtet nie ein als nur mittelst der Anschauung. Daher kommt es, daß man nach so einer geometrischen Demonstration zwar die Überzeugung hat, daß der demonstrierte Satz wahr sei, aber keineswegs einsieht, warum, was er behauptet, so ist, wie es ist: d. h. man hat den Seinsgrund nicht, sondern gewöhnlich ist vielmehr erst jetzt ein Verlangen nach diesem entstanden. Denn der Beweis durch Aufweisung des Erkenntnisgrundes wirkt bloß Überführung (convictio), nicht Einsicht (cognitio): er wäre deswegen vielleicht richtiger elenchus [Gegenbeweis] als demonstratio [Beweis] zu nennen. Daher kommt es, daß er gewöhnlich ein unangenehmes Gefühl hinterläßt, wie es der bemerkte Mangel an Einsicht überall gibt, und hier wird der Mangel der Erkenntnis, *warum* etwas so sei, erst fühlbar durch die gegebene Gewißheit, *daß* es so sei. Die Empfindung dabei hat Ähnlichkeit mit der, die es uns gibt, wenn man uns etwas aus der Tasche oder in die Tasche gespielt hat und wir nicht begreifen wie. Der, wie es in solchen Demonstrationen geschieht, ohne den Grund des Seins gegebene Erkenntnisgrund ist manchen Lehren der Physik analog, die das Phänomen darlegen, ohne die Ursache angeben zu können, wie z. B. der Leidenfrostische Versuch[1], sofern er auch im Platintiegel gelingt. Hingegen gewährt der durch Anschauung erkannte Seinsgrund eines geometrischen Satzes Befriedigung wie jede gewonnene Erkenntnis. Hat man diesen, so stützt sich die Überzeugung von der Wahrheit des Satzes allein auf ihn, keineswegs mehr auf den durch Demonstration gegebenen Erkenntnisgrund, z. B. den sechsten Satz des ersten Buchs Euklids: ›Wenn in einem Dreieck zwei Winkel gleich sind,

---

1. [Der Arzt Johann Gottlob Leidenfrost stellte fest, daß Tropfen in einer glühenden Platinschale nicht sieden, sondern in Form plattgedrückter Tropfen, im sphäroidalen Zustand, schwingen und im Gefäß rotieren.]

sind auch die ihnen gegenüberliegenden Seiten gleich‹ beweist Euklid so (siehe Fig. 3): das Dreieck sei a b g, worin der Winkel a b g dem Winkel a g b gleich ist; so behaupte ich, daß auch die Seite a g der Seite a b gleich ist.

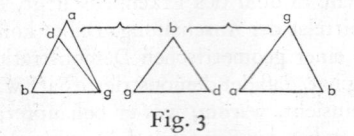

Fig. 3

Denn ist die Seite a g der Seite a b ungleich, so ist eine davon größer. a b sei größer. Man schneide von der größern a b das Stück d b ab, das der kleinern a g gleich ist, und ziehe d g. Weil nun (in den Dreiecken d b g, a b g) d b gleich a g und b g beiden gemeinschaftlich ist, so sind die zwei Seiten d b und b g den zwei Seiten a g und g b gleich, jede einzeln genommen, der Winkel d b g dem Winkel a g b und die Grundlinie d g der Grundlinie a b und das Dreieck a b g dem Dreieck d g b, das größere dem kleineren, welches ungereimt ist. a b ist also a g nicht ungleich, folglich gleich.

In diesem Beweis haben wir nun einen Erkenntnisgrund der Wahrheit des Lehrsatzes. Wer gründet aber seine Überzeugung von jener geometrischen Wahrheit auf diesen Beweis? und nicht vielmehr auf den durch Anschauung erkannten Seinsgrund, vermöge welches (durch eine Notwendigkeit, die sich weiter nicht demonstrieren, sondern nur anschauen läßt), wenn von den beiden Endpunkten einer Linie sich zwei andere gleich tief gegen einander neigen, sie nur in einem Punkt, der von beiden jenen Endpunkten gleichweit entfernt ist, zusammentreffen können, indem die entstehenden zwei Winkel eigentlich nur *einer* sind, der bloß durch die entgegengesetzte Lage als zwei erscheint, weshalb kein Grund vorhanden ist, aus dem die Linien näher dem *einen* als dem andern Punkte sich begegnen sollten.

Durch Erkenntnis des Seinsgrundes sieht man die notwendige Folge des Bedingten aus seiner Bedingung, hier der Gleichheit der Seiten aus der Gleichheit der Winkel, ein, ihre Verbindung: durch den Erkenntnisgrund aber bloß das Zusammendasein beider. Ja es ließe sich sogar behaupten, daß man durch die gewöhnliche Methode der Beweise eigentlich nur überführt werde, daß beides in gegenwärtiger zum Beispiel aufgestellter Figur zusammen dasei, keineswegs aber, daß es immer zusammen dasei, von welcher Wahrheit (da die notwendige Verknüpfung ja nicht gezeigt wird) man hier eine bloß auf Induktion gegründete Überzeugung erhalte, die darauf beruht, daß bei jeder Figur, die man macht, es sich so findet. Freilich ist nur bei so einfachen Lehrsätzen, wie jener sechste Euklids, der Seinsgrund so leicht in die Augen fallend: doch bin ich überzeugt, daß bei jedem, auch dem verwickeltesten Lehrsatze, derselbe aufzuweisen und die Gewißheit des Satzes auf eine solche einfache Anschauung zurückzuführen sein muß. Auch ist sich jeder der Notwendigkeit eines solchen Seinsgrundes für jedes räumliche Verhältnis sogut wie der Notwendigkeit der Ursache für jede Veränderung a priori bewußt. Allerdings muß derselbe bei komplizierten Lehrsätzen sehr schwer anzugeben sein, und zu schwierigen geometrischen Untersuchungen ist hier nicht der Ort. Ich will daher, bloß um noch deutlicher zu machen, was ich meine, einen nur wenig komplizierteren Satz, dessen Seinsgrund jedoch wenigstens nicht sogleich in die Augen fällt, auf selbigen zurückzuführen suchen. Ich gehe zehn Lehrsätze weiter, zum sechzehnten: ›In jedem Dreieck, dessen eine Seite verlängert worden, ist der äußere Winkel größer als jeder der beiden gegenüberstehenden innern.‹ Euklids Beweis ist folgender (siehe Fig. 4):

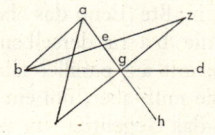

Fig. 4

Das Dreieck sei a b g: man verlängere die Seite b g nach d, und ich behaupte, daß der äußere Winkel a g d größer sei als jeder der beiden innern gegenüberstehenden. – Man halbiere die Seite a g bei e, ziehe b e, verlängere sie bis z und mache e z gleich e b, verbinde z g und verlängere a g bis h. – Da nun a e gleich e g und b e gleich e z ist, so sind die zwei Seiten a e und e b gleich den zwei Seiten g e und e z, jede einzeln genommen, und der Winkel a e b gleich dem Winkel z e g: denn es sind Scheitelwinkel. Mithin ist die Grundlinie a b gleich der Grundlinie z g, und das Dreieck a b e ist gleich dem Dreieck z e g und die übrigen Winkel den übrigen Winkeln, folglich auch der Winkel b a e dem Winkel e g z. Es ist aber e g d größer als e g z, folglich ist auch der Winkel a g d größer als der Winkel b a e. – Halbiert man auch b g, so wird auf ähnliche Art bewiesen, daß auch der Winkel b g h, d.i. sein Scheitelwinkel a g d, größer sei als a b g.

Ich würde denselben Satz folgendermaßen beweisen (siehe Fig. 5):

Fig. 5

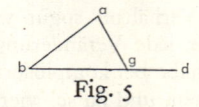

Damit Winkel b a g nur gleichkomme, geschweige übertreffe Winkel a g d, müßte (denn das eben heißt Gleichheit der Winkel) die Linie b a auf g a in derselben Richtung liegen wie b d, d.h. mit b d parallel sein, d.h. nie mit b d zusammentreffen: sie muß aber (Seinsgrund), um ein Dreieck zu bilden, auf b d treffen, also das Gegenteil dessen tun, was erfordert wäre, damit Winkel b a g nur die Größe von a g d erreichte.

Damit Winkel a b g nur gleichkomme, geschweige übertreffe Winkel a g d, müßte (denn das eben heißt Gleichheit der Winkel) die Linie b a in derselben Richtung auf b d liegen wie a g, d.h. mit a g parallel sein, d.h. nie mit a g zusammentreffen: sie muß aber, um ein Dreieck zu bilden, auf a g treffen, also das Gegenteil tun von dem, was erfordert wäre, damit Winkel a b g nur die Größe von a g d erreichte.

Durch alles dieses habe ich keineswegs eine neue Methode mathematischer Demonstrationen vorschlagen, auch ebensowenig meinen Beweis an die Stelle des Euklidischen setzen wollen, als wohin er seiner ganzen Natur nach und auch schon, weil er den Begriff von Parallellinien voraussetzt, der im Euklid erst später vorkommt, nicht paßt; sondern ich habe nur zeigen wollen, was Seinsgrund sei und wie er sich vom Erkenntnisgrunde unterscheide, indem dieser bloß convictio [durch Überführung] wirkt, welche etwas ganz anderes ist, als Einsicht in den Seinsgrund. Daß man aber in der Geometrie nur strebt, convictio zu wirken, welche, wie gesagt, einen unangenehmen Eindruck macht, nicht aber Einsicht in den Grund des Seins, die wie jede Einsicht befriedigt und erfreut; dies möchte nebst anderm ein Grund sein, warum manche sonst vortreffliche Köpfe Abneigung gegen die Mathematik haben.

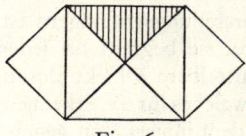

Fig. 6

Ich kann mich nicht entbrechen, nochmals die schon an einem andern Orte *[vgl. Bd. 1, S. 123]* gegebene Figur herzusetzen (Fig. 6), deren bloßer Anblick ohne alles Gerede von der Wahrheit des Pythagorischen Lehrsatzes zwanzigmal mehr Überzeugung gibt als der Euklidische Mausefallenbeweis. Der für dieses Kapitel sich interessierende Leser findet den Gegenstand desselben weiter ausgeführt in der ›Welt als Wille und Vorstellung‹ Bd. 1, § 15 *[Bd. 1, S. 118 bis 136]* und Bd. 2, Kap. 13 *[Bd. 2, S. 168–171]*.

SIEBENTES KAPITEL

ÜBER DIE VIERTE KLASSE DER OBJEKTE FÜR DAS SUBJEKT UND DIE IN IHR HERRSCHENDE GESTALTUNG DES SATZES VOM ZUREICHENDEN GRUNDE

§ 40
Allgemeine Erklärung

Die letzte unserer Betrachtung noch übrige Klasse der Gegenstände des Vorstellungsvermögens ist eine gar eigene, aber sehr wichtige: sie begreift für jeden nur *ein* Objekt, nämlich das unmittelbare Objekt des innern Sinnes, *das Subjekt des Wollens,* welches für das erkennende Subjekt Objekt ist, und zwar nur dem innern Sinn gegeben, daher es allein in der Zeit, nicht im Raum erscheint und auch da noch, wie wir sehn werden, mit einer bedeutenden Einschränkung.

§ 41
Subjekt des Erkennens und Objekt

Jede Erkenntnis setzt unumgänglich Subjekt und Objekt voraus. Daher ist auch das Selbstbewußtsein nicht schlechthin einfach; sondern zerfällt eben wie das Bewußtsein von andern Dingen (d.i. das Anschauungsvermögen) in ein Erkanntes und ein Erkennendes. Hier tritt nun das Erkannte durchaus und ausschließlich als Wille auf.

Demnach erkennt das Subjekt sich nur als ein *Wollendes,* nicht aber als ein *Erkennendes.* Denn das vorstellende Ich, das Subjekt des Erkennens, kann, da es als notwendiges Korrelat aller Vorstellungen Bedingung derselben ist, nie selbst Vorstellung oder Objekt werden; sondern von ihm gilt der schöne Ausspruch des heiligen Upanischad: ›Id videndum non est: omnia videt; et id audiendum non est: omnia audit; sciendum non est: omnia scit; et intelligendum non est: omnia intelligit. Praeter id videns et sciens et audiens et intelligens ens aliud non est. [Es ist nicht zu sehen: es sieht alles; es ist nicht zu hören: es hört alles; es ist nicht zu wissen: es weiß alles, und es ist nicht zu erkennen: es erkennt alles. Außer diesem Sehenden, Wissenden, Hörenden und Erkennenden gibt es kein anderes Wesen.] (›Oupnekhat‹ vol. 1, p. 202). –

Daher also gibt es kein *Erkennen des Erkennens*; weil dazu erfordert würde, daß das Subjekt sich vom Erkennen trennte und nun doch das Erkennen erkennte, was unmöglich ist.

Auf den Einwand: ›Ich erkenne nicht nur, sondern ich weiß doch auch, daß ich erkenne‹ würde ich antworten: Dein Wissen von deinem Erkennen ist von deinem Erkennen nur im Ausdruck unterschieden. ›Ich weiß, daß ich erkenne‹ sagt nicht mehr als ›Ich erkenne‹, und dieses, so ohne weitere Bestimmung, sagt nicht mehr als ›Ich‹. Wenn dein Erkennen und dein Wissen von diesem Erkennen zweierlei sind, so versuche nur einmal jedes für sich allein zu haben: jetzt zu erkennen, ohne darum zu wissen, und jetzt wieder bloß vom Erkennen zu wissen, ohne daß dies Wissen zugleich das Erkennen sei. Freilich läßt sich von allem *besonderen* Erkennen abstrahieren und so zu dem Satz ›Ich erkenne‹ gelangen, welches die letzte uns mögliche Abstraktion ist, aber identisch [ist] mit dem Satz ›Für mich sind Objekte‹ und dieser identisch mit dem ›Ich bin Subjekt‹, welcher nicht mehr enthält als das bloße ›Ich‹.

Nun könnte man aber fragen, woher uns, wenn das Subjekt nicht erkannt wird, seine verschiedenen Erkenntniskräfte, Sinnlichkeit, Verstand, Vernunft, bekannt seien. – Diese sind uns nicht dadurch bekannt, daß das Erkennen Objekt für uns geworden ist, sonst würden über selbige nicht so viele widersprechende Urteile vorhanden sein; vielmehr sind sie erschlossen, oder richtiger: sie sind allgemeine Ausdrücke für die aufgestellten Klassen der Vorstellungen, die man zu jeder Zeit eben in jenen Erkenntniskräften mehr oder weniger bestimmt unterschied. Aber sie sind mit Rücksicht auf das als Bedingung notwendige Korrelat jener Vorstellungen, das Subjekt, von ihnen abstrahiert, verhalten sich folglich zu den Klassen der Vorstellungen geradeso wie das Subjekt überhaupt zum Objekt überhaupt. Wie mit dem Subjekt sofort auch das Objekt gesetzt ist (da sogar das Wort sonst ohne Bedeutung ist) und auf gleiche Weise mit dem Objekt das Subjekt, und also Subjekt-Sein geradesoviel bedeutet als ein Objekt haben und Objekt-Sein soviel als vom Subjekt erkannt werden: genau ebenso nun ist auch mit einem *auf irgendeine Weise bestimmten* Objekt sofort auch das Subjekt als *auf eben solche Weise erkennend* gesetzt. Insofern ist es einerlei, ob ich sage: die Objekte haben solche und solche ihnen anhängende und eigentümliche Bestimmungen; oder: das Subjekt erkennt auf solche und solche Weisen – einerlei, ob ich sage: die Objekte sind in solche Klassen zu teilen; oder: dem Subjekt sind solche unterschiedne Erkenntniskräfte eigen. Auch von dieser Einsicht findet sich die Spur bei jenem wundersamen Gemisch von Tiefsinn und Oberflächlichkeit, dem Aristoteles, wie überhaupt bei ihm schon der Keim zur kritischen Philosophie liegt. ›De anima‹ 3, 8 [p. 431 b 21] sagt er: ἡ ψυχὴ τὰ ὄντα πώς ἐστι πάντα (anima quodammodo est universa, quae sunt) [die Seele ist im gewissen Sinne alles, was ist]; sodann [p. 432a 2]: ὁ νοῦς ἐστι εἶδος εἰδῶν, d. h. der Verstand ist die Form der Formen, καὶ ἡ αἴσθησις εἶδος αἰσθητῶν, und die Sinnlichkeit die Form der Sinnesobjekte. Demnach nun, ob man sagt: Sinnlichkeit und Verstand sind nicht mehr; oder: die Welt hat ein Ende – ist eins. Ob man sagt: es gibt keine Begriffe; oder: die Vernunft ist weg, und es gibt nur noch Tiere – ist eins.

Das Verkennen dieses Verhältnisses ist der Anlaß des Streites zwischen Realismus und Idealismus, zuletzt auftretend als Streit des alten Dogmatismus mit den Kantianern oder der Ontologie und Metaphysik mit der transzendentalen Ästhetik und transzendentalen Logik, welcher auf dem Verkennen jenes Verhältnisses bei Betrachtung der ersten und dritten der von mir aufgestellten Klassen der Vorstellungen beruht; wie der Streit der Realisten und Nominalisten, im Mittelalter, auf dem Verkennen jenes Verhältnisses in Beziehung auf die zweite unserer Klassen der Vorstellungen.

§ 42
Subjekt des Wollens

Das Subjekt des Erkennens kann laut obigem nie erkannt, nie Objekt, Vorstellung, werden. Da wir dennoch nicht nur eine äußere (in der Sinnesanschauung), sondern auch eine innere Selbsterkenntnis haben, jede Erkenntnis aber ihrem Wesen zufolge ein Erkanntes und ein Erkennendes voraussetzt; so ist das Erkannte in uns als solches nicht das Erkennende, sondern das Wollende, das Subjekt des Wollens, der Wille. Von der Erkenntnis ausgehend kann man sagen, ›Ich erkenne‹ sei ein analytischer Satz, dagegen ›Ich will‹ ein synthetischer, und zwar a posteriori, nämlich durch Erfahrung, hier durch innere (d.h. allein in der Zeit) gegeben. Insofern wäre also das Subjekt des Wollens für uns ein Objekt. Wenn wir in unser Inneres blicken, finden wir uns immer als *wollend*. Jedoch hat das Wollen viele Grade vom leisesten Wunsche bis zur Leidenschaft, und daß nicht nur alle Affekte, sondern auch alle die Bewegungen unsers Innern, welche man dem weiten Begriffe Gefühl subsumiert, Zustände des Willens sind, habe ich öfter auseinandergesetzt, z.B. in den ›Grundproblemen der Ethik‹ S. 11 *[S. 529]* und auch sonst.

Die Identität nun aber des Subjekts des Wollens mit dem erkennenden Subjekt, vermöge welcher (und zwar notwendig) das Wort ›Ich‹ beide einschließt und bezeichnet, ist der Weltknoten und daher unerklärlich. Denn nur die Verhältnisse der Objekte sind uns begreiflich: unter diesen aber können zwei nur insofern eins sein, als sie Teile eines Ganzen sind. Hier hingegen, wo vom Subjekt die Rede ist, gelten die Regeln für das Erkennen der Objekte nicht mehr, und eine wirkliche Identität des Erkennenden mit dem als wollend Erkannten, also des Subjekts mit dem Objekte, ist *unmittelbar gegeben*. Wer aber das Unerklärliche dieser Identität sich recht vergegenwärtigt, wird sie mit mir das Wunder κατ' ἐξοχήν [schlechthin] nennen.

Wie nun das subjektive Korrelat der ersten Klasse der Vorstellungen der Verstand ist, das der zweiten die Vernunft, das der dritten die reine Sinnlichkeit; so finden wir als das dieser vierten den innern Sinn oder überhaupt das Selbstbewußtsein.

§ 43
Das Wollen. Gesetz der Motivation

Eben weil das Subjekt des Wollens dem Selbstbewußtsein unmittelbar gegeben ist, läßt sich nicht weiter definieren oder beschreiben, was Wollen sei: vielmehr ist es die unmittelbarste aller unserer Erkenntnisse, ja die, deren Unmittelbarkeit auf alle übrigen, als welche sehr mittelbar sind, zuletzt Licht werfen muß.

Bei jedem wahrgenommenen Entschluß sowohl anderer als unserer selbst halten wir uns berechtigt zu fragen: ›Warum?‹ d.h. wir setzen als notwendig voraus, es sei ihm etwas vorhergegangen, daraus er erfolgt ist und welches wir den Grund, genauer: das Motiv der jetzt erfolgenden Handlung nennen. Ohne ein solches ist dieselbe uns so undenkbar wie die Bewegung eines leblosen Körpers ohne Stoß oder Zug. Demnach gehört das Motiv zu den Ursachen und ist auch bereits unter diesen als die dritte Form der Kausalität § 20 *[S. 63]* aufgezählt und charakterisiert worden. Allein die ganze Kausalität ist nur die Gestalt des Satzes vom Grunde in der ersten Klasse der Objekte, also in der in äußerer Anschauung gegebenen Körperwelt. Dort ist sie das Band der Veränderungen unter einander, indem die Ursache die von außen hinzutretende Bedingung jedes Vorgangs ist. Das Innere solcher Vorgänge hingegen bleibt uns dort ein Geheimnis: denn wir stehn daselbst immer draußen. Da sehn wir wohl diese Ursache jene Wirkung mit Notwendigkeit hervorbringen: aber wie sie eigentlich das könne, was nämlich dabei im Innern vorgehe, erfahren wir nicht. So sehn wir die mechanischen, physikalischen, chemischen Wirkungen und auch die der Reize auf ihre respektiven Ursachen jedesmal erfolgen; ohne deswegen jemals den Vorgang durch und durch zu verstehn; sondern die Hauptsache dabei bleibt uns ein Mysterium: wir schreiben sie alsdann den Eigenschaften der Körper, den Naturkräften, auch der Lebenskraft zu, welches jedoch lauter qualitates occultae [verborgene Eigenschaften] sind. Nicht besser nun würde es mit unserm Verständnis der Bewegungen und Handlungen der Tiere und Menschen stehn, und wir würden auch diese auf unerklärliche Weise durch ihre Ursachen (Motive) hervorgerufen sehn; wenn uns nicht hier die Einsicht in das Innere des Vorgangs eröffnet wäre: wir wissen nämlich aus der an uns selbst gemachten innern Erfahrung, daß dasselbe ein Willensakt ist, welcher durch das Motiv, das in einer bloßen Vorstellung besteht, hervorgerufen wird. Die Einwirkung des Motivs also wird von uns nicht bloß wie die aller andern Ursachen von außen und daher nur mittelbar, sondern zugleich von innen, ganz unmittelbar und daher ihrer ganzen Wirkungsart nach erkannt. Hier stehn wir gleichsam hinter den Kulissen und erfahren das Geheimnis, wie dem innersten Wesen nach die Ursache die Wirkung herbeiführt: denn hier erkennen wir auf einem ganz andern Wege, daher in ganz andrer Art. Hieraus ergibt sich der wichtige Satz: *die Motivation ist die Kausalität von innen gesehn*. Diese stellt sich demnach hier in ganz anderer Weise, in einem ganz andern Medio, für eine ganz andere Art des Erkennens dar: daher nun ist sie als eine besondere und eigentümliche Gestalt unsers Satzes aufzuführen, welcher sonach hier auftritt als *Satz vom zureichenden Grunde des Handelns*, principium rationis sufficientis agendi, kürzer: *Gesetz der Motivation*.

Zu anderweitiger Orientierung in bezug auf meine Philosophie überhaupt füge ich hier hinzu, daß, wie das Gesetz der Motivation sich zu dem oben § 20 aufgestellten Gesetz der Kausalität verhält; so diese vierte Klasse von Objekten für das Subjekt, also der in uns selbst wahrgenommene Wille, zur ersten Klasse. Diese Einsicht ist der Grundstein meiner ganzen Metaphysik.

Über die Art und die Notwendigkeit der Wirkung der Motive, das Bedingtsein derselben durch den empirischen, individuellen Charakter, wie auch durch die Erkenntnisfähigkeit der Individuen usw. verweise ich auf meine ›Preisschrift über die Freiheit des Willens‹, woselbst dies alles ausführlich abgehandelt ist *[S. 551]*.

§ 44
Einfluß des Willens auf das Erkennen

Nicht auf eigentlicher Kausalität, sondern auf der § 42 *[S. 171]* erörterten Identität des erkennenden mit dem wollenden Subjekt beruht der Einfluß, den der Wille auf das Erkennen ausübt, indem er es nötigt, Vorstellungen, die demselben einmal gegenwärtig gewesen, zu wiederholen, überhaupt die Aufmerksamkeit auf dieses oder jenes zu richten und eine beliebige Gedankenreihe hervorzurufen. Auch hierin wird er bestimmt durch das Gesetz der Motivation, welchem gemäß er auch der heimliche Lenker der sogenannten Ideenassoziation ist, der ich im zweiten Bande der ›Welt als Wille und Vorstellung‹ ein eigenes Kapitel (das 14. *[Bd. 2, S. 171–176]*) gewidmet habe und welche selbst nichts anderes ist als die Anwendung des Satzes vom Grunde in seinen vier Gestalten auf den subjektiven Gedankenlauf, also auf die Gegenwart der Vorstellungen im Bewußtsein. Der Wille des Individuums aber ist es, der das ganze Getriebe in Tätigkeit versetzt, indem er dem Interesse, d. h. den individuellen Zwecken der Person gemäß den Intellekt antreibt, zu seinen gegenwärtigen Vorstellungen die mit ihnen logisch oder analogisch oder durch räumliche oder zeitliche Nachbarschaft verschwisterten herbeizuschaffen. Die Tätigkeit des Willens hiebei ist jedoch so unmittelbar, daß sie meistens nicht ins deutliche Bewußtsein fällt; und so schnell, daß wir uns bisweilen nicht einmal des Anlasses zu einer also hervorgerufenen Vorstellung bewußt werden, wo es uns dann scheint, als sei etwas ohne allen Zusammenhang mit einem andern in unser Bewußtsein gekommen: daß aber dies nicht geschehn könne, ist eben, wie oben gesagt, die Wurzel des Satzes vom zureichenden Grunde und hat in dem erwähnten Kapitel seine nähere Erörterung gefunden. Jedes unserer Phantasie sich plötzlich darstellende Bild, auch jedes Urteil, das nicht auf seinen vorher gegenwärtig gewesenen Grund folgt, muß durch einen Willensakt hervorgerufen sein, der ein Motiv hat, obwohl das Motiv, weil es geringfügig, und der Willensakt, weil seine Erfüllung so leicht ist, daß sie mit ihm zugleich daist, oft nicht wahrgenommen werden.

§ 45
Gedächtnis

Die Eigentümlichkeit des erkennenden Subjekts, daß es in Vergegenwärtigung von Vorstellungen dem Willen desto leichter gehorcht, je öfter solche Vorstellungen ihm schon gegenwärtig gewesen sind, d. h. seine *Übungsfähigkeit*, ist das *Gedächtnis*. Der gewöhnlichen Darstellung desselben als eines Behältnisses, in welchem wir einen Vorrat fertiger Vorstellungen aufbewahrten – die wir folglich immer hätten, nur ohne uns derselben immer bewußt zu sein – kann ich nicht beistimmen. Die willkürliche Wiederholung gegenwärtig gewesener Vorstellungen wird durch Übung so leicht, daß, sobald ein Glied einer Reihe von Vorstellungen uns gegenwärtig geworden ist, wir alsbald die übrigen, selbst oft scheinbar gegen unsern Willen, hinzurufen. Will man von dieser Eigentümlichkeit unsers Vorstellungsvermögens ein Bild (wie Platon eines gibt, indem er das Gedächtnis mit einer weichen Masse vergleicht, welche Eindrücke annimmt und bewahrt), so scheint mir das richtigste das eines Tuchs, welches die Falten, in die es oft gelegt ist, nachher gleichsam von selbst wieder schlägt. Wie der Leib dem Willen durch Übung gehorchen lernt, ebenso das Vorstellungsvermögen. Keineswegs ist, wie die gewöhnliche Darstellung es annimmt, eine Erinnerung immer dieselbe Vorstellung, die gleichsam aus ihrem Behältnis wieder hervorgeholt wird, sondern jedesmal entsteht wirklich eine neue, nur mit besondrer Leichtigkeit durch die Übung: daher kommt es, daß Phantasmen, welche wir im Gedächtnis aufzubewahren glauben, eigentlich aber nur durch öftere Wiederholung üben, unvermerkt sich ändern, was wir innewerden, wenn wir einen alten bekannten Gegenstand nach langer Zeit wiedersehn und er dem Bilde, das wir von ihm mitbringen, nicht vollkommen entspricht. Dies könnte nicht sein, wenn wir ganz fertige Vorstellungen aufbewahrten. Ebendaher kommt es, daß alle erworbenen Kenntnisse, wenn wir sie nicht üben, allmälig aus unserm Gedächtnis verschwinden; weil sie eben nur aus der Gewohnheit und dem Griffe kommende Übungsstücke sind: so z.B. vergessen die meisten Gelehrten ihr Griechisch und die heimgekehrten Künstler ihr Italienisch. Ebenfalls erklärt sich daraus, daß, wenn wir einen Namen, einen Vers oder dergleichen ehemals wohl gewußt, aber in vielen Jahren nicht gedacht haben, wir ihn mit Mühe zurückbringen, aber, wenn dieses gelungen ist, ihn abermals auf einige Jahre zur Disposition haben; weil jetzt die Übung erneuert ist. Daher soll, wer mehrere Sprachen versteht, in jeder derselben von Zeit zu Zeit etwas lesen; wodurch er seinen Besitz sich erhält.

Hieraus erklärt sich auch, warum die Umgebungen und Begebenheiten unserer Kindheit sich so tief dem Gedächtnis einprägen: weil wir nämlich als Kinder nur wenige und hauptsächlich anschauliche Vorstellungen haben und wir diese daher, um beschäftigt zu sein, unablässig wiederholen. Bei Menschen, die zum Selbstdenken wenig Fähigkeiten haben, ist dieses ihr ganzes Leben hindurch (und zwar nicht nur mit anschaulichen Vorstellungen, sondern auch mit Begriffen und Worten) der Fall, daher solche bisweilen, wenn nämlich nicht Stumpfheit und Geistesträgheit es verhindert, ein sehr gutes Gedächtnis haben. Dagegen hat das Genie bisweilen kein vorzügliches Gedächtnis, wie Rousseau dies von sich selbst angibt: es wäre daraus zu erklären, daß dem Genie die große Menge neuer Gedanken und Kombinationen zu vielen Wiederholungen keine Zeit läßt; wiewohl dasselbe sich wohl nicht leicht mit einem ganz schlechten Gedächtnis findet, weil die größere Energie und Beweglichkeit der gesamten Denkkraft hier die anhaltende Übung ersetzt. Auch wollen wir nicht vergessen, daß die Mnemosyne die Mutter der Musen ist. Man kann demnach sagen: das Gedächtnis steht unter zwei einander antagonistischen Einflüssen: dem der Energie des Vorstellungsvermögens einerseits und dem der Menge der dieses beschäftigenden Vorstellungen andrerseits. Je kleiner der erste Faktor, desto kleiner muß auch der andere sein, um ein gutes Gedächtnis zu liefern; und je größer der zweite, desto größer muß der andere sein. Hieraus erklärt sich auch, warum Menschen, die unablässig Romane lesen, dadurch ihr Gedächtnis verlieren; weil nämlich auch bei ihnen, eben wie beim Genie, die Menge von Vorstellungen, die hier aber nicht eigne Gedanken und Kombinationen, sondern fremde, rasch vorüberziehende Zusammenstellungen sind, zur Wiederholung und Übung keine Zeit noch Geduld läßt: und was beim Genie die Übung kompensiert, geht ihnen ab. Übrigens unterliegt die ganze Sache noch der Korrektion, daß jeder das meiste Gedächtnis hat für das, was ihn interessiert, das wenigste für das übrige. Daher vergißt mancher große Geist die kleinen Angelegenheiten und Vorfälle des täglichen Lebens, imgleichen die ihm bekanntgewordenen unbedeutenden Menschen unglaublich schnell; während beschränkte Köpfe das alles trefflich behalten: nichtsdestoweniger wird jener für die *ihm* wichtigen Dinge und für das an sich selbst Bedeutende ein gutes, wohl gar ein stupendes Gedächtnis haben.

Überhaupt aber ist leicht einzusehn, daß wir am besten solche Reihen von Vorstellungen behalten, welche unter sich am Bande einer oder mehrerer der angegebenen Arten von Gründen und Folgen zusammenhängen; schwerer aber die, welche nicht unter sich, sondern nur mit unserm Willen nach dem Gesetze der Motivation verknüpft, d. h. willkürlich zusammengestellt sind. Bei jenen nämlich ist in dem uns a priori bewußten Formalen die Hälfte der Mühe uns erlassen: dieses, wie überhaupt alle Kenntnis a priori, hat auch wohl Platons Lehre, daß alles Lernen nur ein Erinnern sei, veranlaßt. –

ACHTES KAPITEL

ALLGEMEINE BEMERKUNGEN UND RESULTATE

§ 46
Die systematische Ordnung

Die Reihenfolge, in welcher ich die verschiedenen Gestaltungen unsers Satzes aufgestellt habe, ist nicht die systematische, sondern bloß der Deutlichkeit wegen gewählt, um das Bekanntere und das, welches das übrige am wenigsten voraussetzt, voranzuschicken; gemäß der Regel des Aristoteles: [οἷον] καὶ μαθήσεως οὐκ ἀπὸ τοῦ πρώτου καὶ τῆς τοῦ πράγματος ἀρχῆς ἐνίοτε ἀρκτέον, ἀλλ' ὅθεν ῥᾷστ' ἂν μάθοι. (et doctrina non a primo ac rei principio aliquando inchoanda est, sed unde quis facilius discat.) [wie ja auch beim Unterricht mitunter nicht bei dem Ersten und dem Anfange der Sache zu beginnen ist, sondern mit dem, von welchem aus man sie am leichtesten begreift.] (›Metaphysica‹ 4, 1 [p. 1013 a 2]). Die systematische Ordnung, in der die Klassen der Gründe folgen müßten, ist aber diese: Zuerst müßte der Satz vom Seinsgrund angeführt werden, und zwar von diesem wieder zuerst seine Anwendung auf die *Zeit*, als welche das einfache, nur das Wesentliche enthaltende Schema aller übrigen Gestaltungen des Satzes vom zureichenden Grunde, ja der Urtypus aller Endlichkeit ist. Dann müßte, nach Aufstellung des Seinsgrundes auch im Raum, das Gesetz der Kausalität, diesem das der Motivation folgen und der Satz vom zureichenden Grunde des Erkennens zuletzt aufgestellt werden; da die andern auf unmittelbare Vorstellungen, dieser aber auf Vorstellungen aus Vorstellungen geht.

Die hier ausgesprochene Wahrheit, daß die Zeit das einfache, nur das Wesentliche enthaltende Schema aller Gestaltungen des Satzes vom Grunde ist, erklärt uns die absolut vollkommene Klarheit und Genauigkeit der Arithmetik, worin keine andere Wissenschaft ihr gleichkommen kann. Alle Wissenschaften nämlich beruhen auf dem Satze vom Grunde, indem sie durchweg Verknüpfungen von Gründen und Folgen sind. Die Zahlenreihe nun aber ist die einfache und alleinige Reihe der Seinsgründe und Folgen in der Zeit: wegen dieser vollkommenen Einfachheit, indem nichts ihr zur Seite liegenbleibt noch irgendwo unbestimmte Beziehungen sind, läßt sie an Genauigkeit, Apodiktizität und Deutlichkeit nichts zu wünschen übrig. Hierin stehn alle andern Wissenschaften ihr nach, sogar die Geometrie: weil aus den drei Dimensionen des Raums so viele Beziehungen hervorgehn, daß die Übersicht derselben sowohl der reinen wie der empirischen Anschauung zu schwer fällt; daher die komplizierteren Aufgaben der Geometrie nur durch Rechnung gelöst werden, die Geometrie also eilt, sich in Arithmetik aufzulösen. Daß die übrigen Wissenschaften mancherlei verdunkelnde Elemente enthalten, brauche ich nicht darzutun.

§ 47
Zeitverhältnis zwischen Grund und Folge

Nach den Gesetzen der Kausalität und der Motivation muß der Grund der Folge, der Zeit nach, vorhergehn. Dies ist durchaus wesentlich, wie ich ausführlich dargetan habe im zweiten Bande meines Hauptwerks [›Die Welt als Wille und Vorstellung‹] Kap. 4, S. 41 f. *[Bd. 2, S. 55 f.]* – worauf ich hier verweise, um mich nicht zu wiederholen. Danach wird man sich nicht irremachen lassen durch Beispiele, wie Kant (›Kritik der reinen Vernunft‹, 1. Auflage S. 202; 5. Auflage S. 248) eines anführt, nämlich daß die Ursache der Stubenwärme, der Ofen, mit dieser seiner Wirkung zugleich sei – sobald man nur bedenkt, daß nicht ein Ding Ursache des andern, sondern ein Zustand Ursache des andern ist. Der Zustand des Ofens, daß er eine höhere Temperatur als das ihn umgebende Medium hat, muß der Mitteilung des Überschusses seiner Wärme an dieses vorhergehn; und da nun jede erwärmte Luftschicht einer hinzuströmenden kälteren Platz macht, erneuert sich der erste Zustand, die Ursache, und folglich auch der zweite, die Wirkung, so lange, als Ofen und Stube nicht dieselbe Temperatur haben. Es ist hier also nicht eine dauernde Ursache, Ofen, und eine dauernde Wirkung, Stubenwärme, die zugleich wären, sondern eine Kette von Veränderungen, nämlich eine stete Erneuerung zweier Zustände, deren einer Wirkung des andern ist. Wohl aber ist aus diesem Beispiel zu ersehn, welchen unklaren Begriff von der Kausalität sogar noch Kant hatte.

Hingegen der Satz vom zureichenden Grunde des Erkennens bringt kein Zeitverhältnis mit sich, sondern allein ein Verhältnis für die Vernunft: also sind *vor* und *nach* hier ohne Bedeutung.

Beim Satz vom Grunde des Seins ist, sofern er in der Geometrie gilt, ebenfalls kein Zeitverhältnis, sondern allein ein räumliches, von dem sich sagen ließe, alles wäre zugleich, wenn nicht das Zugleich hier sowohl als das Nacheinander ohne Bedeutung wäre. In der Arithmetik dagegen ist der Seinsgrund nichts anderes als eben das Zeitverhältnis selbst.

§ 48
Reziprokation der Gründe

Der Satz vom zureichenden Grunde kann in jeder seiner Bedeutungen ein hypothetisches Urteil begründen, wie denn auch jedes hypothetische Urteil zuletzt auf ihm beruht, und immer bleiben dabei die Gesetze der hypothetischen Schlüsse gültig, nämlich: vom Dasein des Grundes auf das Dasein der Folge und vom Nichtsein der Folge auf das Nichtsein des Grundes ist der Schluß richtig; aber vom Nichtsein des Grundes auf das Nichtsein der Folge und vom Dasein der Folge auf das Dasein des Grundes ist der Schluß unrichtig. Nun ist es merkwürdig, daß dennoch in der Geometrie fast überall auch vom Dasein der Folge auf das Dasein des Grundes und vom Nichtsein des Grundes auf das Nichtsein der Folge geschlossen werden kann. Dies kommt daher, daß, wie § 37 *[S. 159]* gezeigt ist, jede Linie die Lage der andern bestimmt und es dabei einerlei ist, von welcher man anfangen, d. h. welche man als Grund und welche als Folge betrachten will. Man kann hievon sich überzeugen, indem man sämtliche geometrische Lehrsätze durchgeht. Nur da, wo nicht bloß von Figur, d. h. von Lage der Linien, sondern von Flächeninhalt, abgesehn von der Figur, die Rede ist, kann man meistens nicht vom Dasein der Folge auf das Dasein des Grundes schließen oder vielmehr die Sätze reziprozieren und das Bedingte zur Bedingung machen. Ein Beispiel hievon gibt der Satz: Wenn Dreiecke gleiche Grundlinien und gleiche Höhen haben, sind sie an Flächeninhalt gleich. Er läßt sich nicht also umkehren: Wenn Dreiecke gleichen Flächeninhalt haben, sind auch ihre Grundlinien und Höhen gleich. Denn die Höhen können sich auch umgekehrt wie die Grundlinien verhalten.

Daß das Gesetz der Kausalität keine Reziprokation zulasse, indem die Wirkung nie die Ursache ihrer Ursache sein könne und daher der Begriff der Wechselwirkung seinem eigentlichen Sinne nach nicht zulässig sei, ist schon oben § 20 *[S. 57]* zur Sprache gekommen. – Eine Reziprokation nach dem Satz vom Grunde des Erkennens könnte nur bei Wechselbegriffen stattfinden; indem nur die Sphären dieser sich gegenseitig decken. Außerdem gibt sie den circulus vitiosus [fehlerhaften Zirkel, der den Beweisgrund beweist].

§ 49
Die Notwendigkeit

Der Satz vom zureichenden Grunde in allen seinen Gestalten ist das alleinige Prinzip und der alleinige Träger aller und jeder Notwendigkeit. Denn *Notwendigkeit* hat keinen andern wahren und deutlichen Sinn als den der Unausbleiblichkeit der Folge, wenn der Grund gesetzt ist. Demnach ist jede Notwendigkeit *bedingt*; absolute, d. h. unbedingte Notwendigkeit also eine contradictio in adiecto [ein Widerspruch im Beiwort]. Denn *Notwendig-Sein* kann nie etwas anderes besagen als ›aus einem gegebenen Grunde folgen‹. Will man es hingegen definieren ›was nicht nichtsein kann‹; so gibt man eine bloße Worterklärung und flüchtet sich, um die Sacherklärung zu vermeiden, hinter einen höchst abstrakten Begriff; von wo man jedoch sogleich herauszutreiben ist durch die Frage, wie es denn möglich oder nur denkbar sei, daß irgend etwas nicht nichtsein könne; da ja doch alles Dasein bloß empirisch gegeben ist? Da ergibt sich denn, daß es nur insofern möglich sei, als irgendein *Grund* gesetzt oder vorhanden ist, aus dem es folgt. ›Notwendig-Sein‹ und ›Aus einem gegebenen Grunde folgen‹ sind mithin Wechselbegriffe, welche als solche überall einer an die Stelle des andern gesetzt werden können. Der bei den Philosophastern beliebte Begriff vom ›absolut *notwendigen Wesen*‹ enthält also einen Widerspruch: durch das Prädikat ›*absolut*‹ (d. h. ›von nichts anderm abhängig‹) hebt er die Bestimmung auf, durch welche allein das ›*Notwendige*‹ denkbar ist und einen Sinn hat. Wir haben daran wieder ein Beispiel vom *Mißbrauch abstrakter Begriffe* zum Behuf metaphysischer Erschleichung, wie ich ähnliche nachgewiesen habe am Begriff ›*immaterielle Substanz*‹, ›*Grund schlechthin*‹, ›*Ursache überhaupt*‹ usw.[F] Ich kann es nicht genug wiederholen, daß alle abstrakte[n] Begriffe durch die *Anschauung* zu kontrollieren sind.

Demnach gibt es, den vier Gestalten des Satzes vom Grunde gemäß, eine vierfache Notwendigkeit: 1. die logische nach dem Satz vom Erkenntnisgrunde, vermöge welcher, wenn man die Prämissen hat gelten lassen, die Konklusion unweigerlich zuzugeben ist; 2. die physische nach dem Gesetz der Kausalität, vermöge welcher, sobald die Ursache eingetreten ist, die Wirkung nicht ausbleiben kann; 3. die mathematische nach dem Satz vom Grunde des Seins, vermöge welcher jedes von einem wahren geometrischen Lehrsatze ausgesagte Verhältnis so ist, wie er es besagt, und jede richtige Rechnung unwiderleglich bleibt; 4. die moralische, vermöge welcher jeder Mensch, auch jedes Tier, nach eingetretenem Motiv die Handlung vollziehn *muß*, welche seinem angeborenen und unveränderlichen Charakter allein gemäß

F. Vgl. über ›immaterielle Substanz‹: ›Die Welt als Wille und Vorstellung‹ Bd. 1, S. 582 ff. *[Bd. 1, S. 658 f.]* und über ›Grund schlechthin‹ den § 52 des vorliegenden Werkes *[S. 188]*.

ist und demnach jetzt so unausbleiblich wie jede andere Wirkung einer Ursache erfolgt; wenn sie gleich nicht so leicht wie jede andere vorherzusagen ist wegen der Schwierigkeit der Ergründung und vollständigen Kenntnis des individuellen empirischen Charakters und der ihm beigegebenen Erkenntnissphäre; als welche zu erforschen ein ander Ding ist, als die Eigenschaften eines Mittelsalzes kennenzulernen und danach seine Reaktion vorherzusagen. Ich darf nicht müde werden, dies zu wiederholen, wegen der Ignoranten und Dummköpfe, welche, die einhellige Belehrung so vieler großen Geister für nichts achtend, noch immer zugunsten ihrer Rockenphilosophie das Gegenteil zu behaupten dreist genug sind. Bin ich doch kein Philosophie-Professor, der nötig hätte, vor dem Unverstande des andern Bücklinge zu machen.

§ 50
Reihen der Gründe und Folgen

Nach dem Gesetz der Kausalität ist die Bedingung immer wieder bedingt, und zwar auf gleiche Art: daher entsteht a parte ante [von seiten des Vorher] eine series in infinitum [Reihe ins Unendliche]. Ebenso ist es mit dem Seinsgrund im Raum: jeder relative Raum ist eine Figur, hat Grenzen, die ihn mit einem andern in Verbindung setzen und wieder die Figur dieses andern bedingen und so nach allen Dimensionen, in infinitum. Betrachtet man aber eine einzelne Figur in sich, so hat die Reihe der Seinsgründe ein Ende; weil man von einem gegebenen Verhältnis anhub: wie auch die Reihe der Ursachen ein Ende hat, wenn man bei irgendeiner Ursache beliebig stehnbleibt. In der Zeit hat die Reihe der Seinsgründe sowohl a parte ante [seitens des Vorher] wie [a] parte post [seitens des Nachher] eine unendliche Ausdehnung, indem jeder Augenblick durch einen früheren bedingt ist und den folgenden notwendig herbeiführt, die Zeit also weder Anfang noch Ende haben kann. Die Reihe der Erkenntnisgründe dagegen, d.h. eine Reihe von Urteilen, deren jedes dem andern logische Wahrheit erteilt, endigt immer irgendwo, nämlich entweder in einer empirischen oder transzendentalen oder metalogischen Wahrheit. Ist das erstere, also eine empirische Wahrheit der Grund des obersten Satzes, darauf man geführt worden, und man fährt fort zu fragen ›Warum?‹; so ist, was man jetzt verlangt, kein Erkenntnisgrund mehr, sondern eine Ursache: d.h. die Reihe der Gründe des Erkennens geht über in die Reihe der Gründe des Werdens. Macht man nun aber es einmal umgekehrt, läßt nämlich die Reihe der Gründe des Werdens, damit sie ein Ende finden könne, übergehn in die Reihe der Gründe des Erkennens; so ist dies nie durch die Natur der Sache herbeigeführt, sondern durch spezielle Absicht, also ein Kniff, und zwar ist es das unter dem Namen des ontologischen Beweises bekannte Sophisma. Nämlich nachdem man durch den kosmologischen Beweis zu einer Ursache gelangt ist, bei welcher man stehnzubleiben Belieben trägt, um sie zur *ersten* zu machen, das Gesetz der Kausalität jedoch sich nicht so zur Ruhe bringen läßt, sondern fortfahren will, ›Warum?‹ zu fragen; so schafft man es heimlich beiseite und schiebt ihm den ihm von weitem ähnlich sehenden Satz vom Erkenntnisgrunde unter, gibt also statt der hier verlangten Ursache einen Erkenntnisgrund, der aus dem zu beweisenden, seiner Realität nach also noch problematischen Begriff selbst geschöpft wird und der nun, weil er doch ein Grund ist, als Ursache figurieren muß. Natürlich hat man jenen Begriff schon zum voraus darauf eingerichtet, indem man die Realität, allenfalls des Anstandes halber noch in ein paar Hüllen gewickelt, hineinlegte und sich also die nunmehrige freudige Überraschung, sie darin zu finden, vorbereitete – wie wir dies schon oben § 7 *[S. 20]* näher beleuchtet haben. – Beruht hingegen eine Kette von Urteilen zuletzt auf einem Satz von transzendentaler oder metalogischer Wahrheit und man fährt fort zu fragen: ›Warum?‹; so gibt es darauf keine Antwort, weil die Frage keinen Sinn hat, nämlich nicht weiß, was für einen Grund sie fordert. Denn der Satz vom Grunde ist das *Prinzip aller Erklärung*: eine Sache erklären heißt ihren gegebenen Bestand oder Zusammenhang zurückführen auf irgendeine Gestaltung des Satzes vom Grund, der gemäß er sein muß, wie er ist. Diesem gemäß ist der Satz vom Grund selbst, d.h. der Zusammenhang, den er in irgendeiner Gestalt ausdrückt, nicht weiter erklärbar; weil es kein Prinzip gibt, das Prinzip aller Erklärung zu erklären – oder wie das Auge alles sieht, nur sich selbst nicht. – Von den Motiven gibt es zwar Reihen, indem der Entschluß zur Erreichung eines Zwecks Motiv wird des Entschlusses zu einer ganzen Reihe von Mitteln: doch endigt diese Reihe immer a parte priori [von seiten des Vorher] in einer Vorstellung aus den zwei ersten Klassen, woselbst das Motiv liegt, welches ursprünglich vermochte, diesen individuellen Willen in Bewegung zu setzen. Daß es nun dieses konnte, ist ein Datum zur Erkenntnis des hier gegebenen empirischen Charakters: warum dieser aber dadurch bewegt werde, kann nicht beantwortet werden, weil der intelligible Charakter außer der Zeit liegt und nie Objekt wird. Die Reihe der Motive als solcher findet also in einem solchen letzten Motiv ihr Ende und geht, je nachdem ihr letztes Glied ein reales Objekt oder ein bloßer Begriff war, über in die Reihe der Ursachen oder in die der Erkenntnisgründe.

§ 51
*Jede Wissenschaft hat eine der Gestaltungen des Satzes
vom Grunde vor den andern zum Leitfaden*

Weil die Frage ›Warum?‹ immer einen zureichenden Grund will und die Verbindung der Erkenntnisse nach dem Satz vom zureichenden Grunde die Wissenschaft vom bloßen Aggregat von Erkenntnissen unterscheidet, ist § 4 *[S. 15]* gesagt worden, daß das Warum die Mutter der Wissenschaften sei. Auch findet sich, daß in jeder derselben eine der Gestaltungen unsers Satzes vor den übrigen der Leitfaden ist; obgleich in derselben auch die andern, nur mehr untergeordnet, Anwendung finden. So ist in der reinen Mathematik der Seinsgrund Hauptleitfaden (obgleich die Darstellung in den Beweisen nur am Erkenntnisgrunde fortschreitet); in der angewandten tritt zugleich das Gesetz der Kausalität auf; und dieses gewinnt ganz die Oberherrschaft in der Physik, Chemie, Geologie u.a. mehr. Der Satz vom Grunde des

Erkennens findet durchaus in allen Wissenschaften starke Anwendung, da in allen das Besondre aus dem Allgemeinen erkannt wird. Hauptleitfaden und fast allein herrschend aber ist er in der Botanik, Zoologie, Mineralogie und andern klassifizierenden Wissenschaften. Das Gesetz der Motivation ist, wenn man alle Motive und Maximen, welche sie auch seien, als Gegebenes betrachtet, aus dem man das Handeln erklärt, Hauptleitfaden der Geschichte, Politik, pragmatischen Psychologie u. a. – wenn man aber die Motive und Maximen selbst ihrem Wert und Ursprung nach zum Gegenstand der Untersuchung macht, Leitfaden der Ethik. Im zweiten Bande meines Hauptwerks findet man Kap. 12, S. 126 *[Bd. 2, S. 165]* die oberste Einteilung der Wissenschaften nach diesem Prinzip ausgeführt.

§ 52
Zwei Hauptresultate

Ich habe mich bestrebt, in dieser Abhandlung zu zeigen, daß der Satz vom zureichenden Grund ein gemeinschaftlicher Ausdruck sei für vier ganz verschiedene Verhältnisse, deren jedes auf einem besonderen und (da der Satz vom zureichenden Grund ein synthetischer a priori ist) a priori gegebenen Gesetze beruht, von welchen vier nach dem Grundsatz der *Spezifikation* gefundenen Gesetzen nach dem Grundsatz der *Homogeneität* angenommen werden muß, daß so, wie sie in einem gemeinschaftlichen Ausdruck zusammentreffen, sie auch aus einer und derselben Urbeschaffenheit unsers ganzen Erkenntnisvermögens als ihrer gemeinschaftlichen Wurzel entspringen, welche demnach anzusehn wäre als der innerste Keim aller Dependenz, Relativität, Instabilität und Endlichkeit der Objekte unsers in Sinnlichkeit, Verstand und Vernunft, Subjekt und Objekt befangenen Bewußtseins oder derjenigen Welt, welche der hohe Platon [›Timaeus‹ cap. 5, p. 28 A] wiederholentlich als das ἀεὶ γιγνόμενον μὲν καὶ ἀπολλύμενον, ὄντως δὲ οὐδέποτε ὄν [immer nur Entstehende und Vergehende, in Wahrheit aber nie Seiende], deren Erkenntnis nur eine δόξα μετ' αἰσθήσεως ἀλόγου [ein bloßes Meinen mittels vernunftloser Wahrnehmung] wäre, herabsetzt und welche das Christentum mit richtigem Sinn nach derjenigen Gestaltung unsers Satzes, welche ich § 46 [*S. 178*] als sein einfachstes Schema und den Urtypus aller Endlichkeit bezeichnet habe, die *Zeitlichkeit* nennt. Der allgemeine Sinn des Satzes vom Grunde überhaupt läuft darauf zurück, daß immer und überall jegliches nur *vermöge eines andern* ist. Nun ist aber der Satz vom Grunde in allen seinen Gestalten a priori, wurzelt also in unserm Intellekt: daher darf er nicht auf das Ganze aller daseienden Dinge, die Welt mit Einschluß dieses Intellekts, in welchem sie dasteht, angewandt werden. Denn eine solche vermöge apriorischer Formen sich darstellende Welt ist eben deshalb bloße Erscheinung: was daher nur infolge eben dieser Formen von ihr gilt, findet keine Anwendung auf sie selbst, d. h. auf das in ihr sich darstellende Ding an sich. Daher kann man nicht sagen: ›Die Welt und alle Dinge in ihr existieren vermöge eines andern‹ – welcher Satz eben der kosmologische Beweis ist.

Ist mir die Ableitung des soeben ausgesprochenen Resultats durch gegenwärtige Abhandlung gelungen; so wäre, dächte ich, an jeden Philosophen, der bei seinen Spekulationen auf den Satz vom zureichenden Grunde einen Schluß baut oder überhaupt nur von einem Grunde spricht, die Forderung zu machen, daß er bestimme, welche Art von Grund er meine. Man könnte glauben, daß, sooft von einem Grunde die Rede ist, jenes sich von selbst ergebe und keine Verwechselung möglich sei. Allein es finden sich nur gar zu viele Beispiele, teils daß die Ausdrücke Grund und Ursache verwechselt und ohne Unterscheidung gebraucht werden, teils daß *im allgemeinen* von einem Grund und Begründeten, Prinzip und Prinzipat, Bedingung und Bedingten geredet wird ohne nähere Bestimmung; vielleicht eben weil man sich im stillen eines unberechtigten Gebrauchs dieser Begriffe bewußt ist. So spricht selbst Kant von dem Ding an sich als dem *Grunde* der Erscheinung. So spricht er (›Kritik der reinen Vernunft‹, 5. Auflage S. 590) von einem *Grunde* der *Möglichkeit* aller Erscheinung; von einem *intelligiblen Grund* der Erscheinungen; von einer *intelligiblen Ursache*, einem *unbe-*

kannten Grund der Möglichkeit der sinnlichen Reihe überhaupt (S. 592); von einem den Erscheinungen *zum Grunde* liegenden *transzendentalen Objekt* und dem *Grunde*, warum unsere Sinnlichkeit diese viel mehr als alle andern obersten Bedingungen habe (S. 641); und so an mehreren Stellen – welches alles mir schlecht zu passen scheint zu jenen gewichtigen, tiefsinnigen, ja unsterblichen Worten (S. 591): ›daß die Zufälligkeit[1] der Dinge *selbst nur Phänomen* sei und auf keinen andern Regressus führen könne als den empirischen, der die Phänomene bestimmt‹.

Daß seit Kant die Begriffe Grund und Folge, Prinzip und Prinzipat usw. noch viel unbestimmter und ganz und gar transzendent gebraucht sind, weiß jeder, dem die neueren philosophischen Schriften bekannt sind.

Gegen diesen unbestimmten Gebrauch des Wortes *Grund* und mit ihm des Satzes vom zureichenden Grunde überhaupt ist folgendes meine Einwendung und zugleich das zweite mit dem ersten genau verbundene Resultat, welches diese Abhandlung über ihren eigentlichen Gegenstand gibt. Obgleich die vier Gesetze unsers Erkenntnisvermögens, deren gemeinschaftlicher Ausdruck der Satz vom zureichenden Grunde ist, durch ihren gemeinsamen Charakter und dadurch, daß alle Objekte des Subjekts unter sie verteilt sind, sich ankündigen als durch eine und dieselbe Urbeschaffenheit und innere Eigentümlichkeit des als Sinnlichkeit, Verstand und Vernunft erscheinenden Erkenntnisvermögens gesetzt, so daß sogar, wenn man sich einbildete, es könnte eine neue, fünfte Klasse von Objekten entstehn, dann ebenfalls vorauszusetzen wäre, daß in ihr auch der Satz vom zureichenden Grund in einer neuen Gestalt auftreten würde; so dürfen wir dennoch nicht von einem *Grunde schlechthin* sprechen, und es gibt sowenig einen *Grund überhaupt* wie einen *Triangel überhaupt* anders als in einem abstrakten, durch diskursives Denken gewonnenen Begriff, der als Vorstellung

---

1. Die empirische Zufälligkeit ist gemeint, welche bei Kant so viel bedeutet wie Abhängigkeit von andern Dingen; worüber ich auf meine Rüge, S. 524 meiner ›Kritik der Kantischen Philosophie‹ *[Bd. 1, S. 626 f.]*, verweise.

aus Vorstellungen nichts weiter ist als ein Mittel, *vieles* durch *eines* zu denken. Wie jeder Triangel spitz-, recht- oder stumpfwinklicht, gleichseitig, gleichschenklicht oder ungleichseitig sein muß; so muß auch (da wir nur vier, und zwar bestimmt gesonderte Klassen von Objekten haben) jeder Grund zu einer der angegebenen vier möglichen Arten der Gründe gehören und demnach innerhalb einer der vier angegebenen möglichen Klassen von Objekten unsers Vorstellungsvermögens – die folglich mitsamt diesem Vermögen, d. h. der ganzen Welt sein Gebrauch schon als gegeben voraussetzt und sich diesseit hält – gelten, nicht aber außerhalb derselben oder gar außerhalb aller Objekte. Sollte dennoch jemand hierüber anders denken und meinen, Grund überhaupt sei etwas anderes als der aus den vier Arten der Gründe abgezogene, ihr Gemeinschaftliches ausdrückende Begriff; so könnten wir den Streit der Realisten und Nominalisten erneuern, wobei ich in gegenwärtigem Fall auf der Seite der letztern stehn müßte.

ÜBER DAS SEHN UND DIE FARBEN

EINE ABHANDLUNG

Est enim verum index sui et falsi.
[Denn das Wahre legt Zeugnis ab für sich selbst
und das Falsche.]

SPINOZA
›Epistulae‹ 74

VORREDE ZUR ZWEITEN AUFLAGE

Ich befinde mich in dem seltenen Fall, ein Buch, welches ich vor vierzig Jahren geschrieben habe, zur zweiten Auflage nachbessern zu müssen. Wie nun zwar der Mensch seinem Kern und eigentlichen Wesen nach stets derselbe und unverändert bleibt, hingegen an seiner Schale, also seinem Aussehn, Manieren, Handschrift, Stil, Geschmacksrichtungen, Begriffen, Ansichten, Einsichten, Kenntnissen usw. im Laufe der Jahre große Veränderungen vorgehn; so ist dem analog auch dieses Werkchen meiner Jugend im wesentlichen ganz dasselbe geblieben, weil eben sein Stoff und Inhalt heute noch so wahr ist wie damals; aber an seiner Außenseite, Ausstattung und Form habe ich nachgebessert, soweit es anging; wobei man indessen zu bedenken hat, daß die nachbessernde Hand vierzig Jahre älter ist als die schreibende; daher hier derselbe Übelstand nicht zu vermeiden war, den ich schon bei der zweiten Auflage der Abhandlung ›Über den Satz vom Grunde‹ *[S. 7]* habe beklagen müssen, daß nämlich der Leser zwei verschiedene Stimmen vernimmt, die des Alten und die des Jungen – so deutlich, daß, wer ein feines Ohr hat, nie im Zweifel bleibt, wer eben jetzt spreche. Dieses aber stand nicht zu ändern, ist auch im Grunde nicht meine Schuld, sondern kommt zuletzt daher, daß ein verehrtes deutsches Publikum vierzig Jahre braucht, um herauszufinden, wem es seine Aufmerksamkeit zuzuwenden wohltäte.

Ich habe nämlich diese Abhandlung im Jahre 1815 abgefaßt, worauf Goethe das Manuskript länger behielt, als ich erwartet hatte, indem er es auf seiner damaligen Rheinreise mit sich führte: dadurch verzögerte sich die letzte Bearbeitung und der Druck, so daß erst zur Ostermesse 1816 das Werkchen an das Licht trat. – Seitdem haben weder Physiologen noch Physiker es der Berücksichtigung würdig gefunden, sondern sind, davon ungestört, bei ihrem Text geblieben. Kein Wunder also, daß es fünfzehn Jahre später den Plagiarius verlockte, nunmehr (›as a snapper-up of unconsidered trifles‹ [als ein Aufschnapper von unbedeutenden Kleinigkeiten; Shakespeare] ›Winter's tale‹ p. 489) es zu eigenem Nutzen zu verwenden; worüber ich das Nähere beigebracht habe im ›Willen in der Natur‹, erste Auflage S. 19 und zweite Auflage S. 14 *[S. 334]*.

Inzwischen habe ich vierzig Jahre Zeit gehabt, meine Farbentheorie auf alle Weise und bei mannigfaltigen Anlässen zu prüfen: jedoch ist meine Überzeugung von der vollkommenen Wahrheit derselben keinen Augenblick wankend geworden, und auch die Richtigkeit der Goetheschen Farbenlehre ist mir noch ebenso einleuchtend als vor 41 Jahren, da er selbst mir seine Experimente vorzeigte. So darf ich denn wohl annehmen, daß der Geist der Wahrheit, welcher in größeren und wichtigeren Dingen auf mir ruhte, auch in dieser untergeordneten Angelegenheit mich nicht verlassen hat. Das macht, er ist dem Geiste der Ehrlichkeit verwandt und sucht sich die redlichen Häupter aus – wobei er denn freilich keine sehr große Auswahl hat; zumal er eine Hingebung verlangt, welche weder die Bedürfnisse noch die Überzeugungen noch die Neigungen des Publikums oder Zeitalters irgend berücksichtigt, sondern ihm allein die Ehre gebend bereit ist, Goethesche Farbenlehre unter Newtonianern wie asketische Moral unter modernen Protestanten, Juden und Optimisten zu lehren.

Bei dieser zweiten Auflage habe ich aus der ersten bloß ein paar nicht unmittelbar zur Sache gehörige Nebenerörterungen ausfallen lassen, dagegen aber sie durch beträchtliche Zusätze bereichert. Zwischen der gegenwärtigen und der ersten Auflage dieser Abhandlung liegt nun aber noch meine lateinische Bearbeitung derselben, welche ich unter dem Titel: ›Theoria colorum physiologica eademque primaria‹ im Jahre 1830 dem dritten Bande der von *Justus Radius* herausgegebenen ›Scriptores ophthalmologici minores‹ einverleibt habe. Diese ist keine bloße Übersetzung der ersten Auflage, sondern weicht schon in Form und Darstellung merklich von ihr ab und ist auch an Stoff ansehnlich bereichert. Obgleich ich daher sie bei der gegenwärtigen benutzt habe, behält sie noch immer ihren Wert, zumal für das Ausland. Ferner habe ich im Jahre 1851 im zweiten

Bande meiner ›Parerga und Paralipomena‹ *[Band 5]* eine Anzahl Zusätze zu meiner Farbentheorie niedergelegt, um sie vor dem Untergange zu retten; indem, wie ich daselbst angegeben habe, mir bei meinem vorgerückten Alter wenig Hoffnung blieb, eine zweite Auflage gegenwärtiger Abhandlung zu erleben. Inzwischen hat es sich anders gefügt: die meinen Werken endlich zugewendete Aufmerksamkeit des Publikums hat sich auch auf diese kleine und frühe Schrift erstreckt, obwohl ihr Inhalt nur dem kleineren Teile nach der Philosophie, dem größern nach der Physiologie angehört. Jedoch wird dieser letztere auch dem bloß auf Philosophie gerichteten Leser keineswegs unfruchtbar bleiben, indem eine genauere Kenntnis und festere Überzeugung von der ganz subjektiven Wesenheit der Farbe beiträgt zum gründlicheren Verständnis der Kantischen Lehre von den ebenfalls subjektiven intellektuellen Formen aller unserer Erkenntnisse und daher eine sehr passende philosophische Vorschule abgibt. Eine solche aber muß uns um so willkommener sein, als in diesen Zeiten überhandnehmender Roheit Plattköpfe der seichtesten Art sich sogar erdreisten, den apriorischen und daher subjektiven Anteil der menschlichen Erkenntnis, welchen entdeckt und ausgesondert zu haben das unsterbliche Verdienst Kants ist, ohne Umstände abzuleugnen; während zugleich andererseits einige Chemiker und Physiologen ganz ehrlich vermeinen, ohne alle Transzendentalphilosophie das Wesen der Dinge ergründen zu können und demnach mit dem unbefangensten Realismus täppisch Hand anlegen: sie nehmen eben das Objektive unbesehn als schlechthin gegeben, und fällt ihnen nicht ein, das Subjektive in Betracht zu ziehn, mittelst dessen allein jenes dasteht. Die Unschuld, mit welcher diese Leute, von ihrem Skalpell und Tiegel kommend, sich an die philosophischen Probleme machen, ist wirklich zum Erstaunen: sie schreibt sich jedoch daher, daß jeder ausschließlich sein Brotstudium treibt, nachher aber von allem mitreden will. Könnte man nur solchen Herren begreiflich machen, daß zwischen ihnen und dem wirklichen Wesen der Dinge ihr Gehirn steht wie eine Mauer, weshalb es weiter Umwege bedarf, um nur einigermaßen dahinterzukommen – so würden sie nicht mehr so dreist von ›Seelen‹ und ›Stoff‹ und dgl. in den Tag hinein dogmatisieren – wie die philosophierenden Schuster[F].

Also die in Rede stehenden, in meinen ›Parergis‹ einstweilen deponierten, daher aber auch wie in einer Rumpelkammer zusammengehäuften Zusätze habe ich notwendigerweise der gegenwärtigen Auflage an ihren gehörigen Stellen einverleiben müssen; weil ich diese doch nicht unvollkommen lassen konnte, um betreffenden Ortes allemal den Leser auf jenes Kapitel der ›Parerga‹ zu verweisen. Natürlich sollen dagegen die hier verwendeten Zusätze aus der zweiten Auflage der ›Parerga‹ weggelassen werden.

Frankfurt am Main, im November 1854.

[F]. Der ganze im Jahre 1855/56 so laut gewordene Streit zwischen Materialisten und Spiritualisten ist bloß ein Beweis der unglaublichen Roheit und schamlosen Unwissenheit, zu welcher der gelehrte Stand herabgesunken ist infolge des Studiums Hegelschen Unsinns und [der] Vernachlässigung Kantischer Philosophie.

EINLEITUNG

Der Inhalt nachstehender Abhandlung ist eine neue Theorie der Farbe, die schon am Ausgangspunkte von allen bisherigen sich gänzlich entfernt. Sie ist hauptsächlich für diejenigen geschrieben, welche mit Goethes ›Farbenlehre‹ bekannt und vertraut sind. Doch wird sie auch außerdem der Hauptsache nach allgemein verständlich sein, immer aber um so mehr, als man einige Kenntnis der Farbenphänomene mitbringt, namentlich der physiologischen, d.i. dem Auge allein angehörigen Farbenerscheinungen, von denen zwar die vollkommenste Darstellung sich in Goethes ›Farbenlehre‹ findet, die jedoch auch früher, hauptsächlich von Buffon[1], Waring Darwin[2] und Himly[3] mehr oder minder richtig beschrieben sind.

Buffon hat das Verdienst, der Entdecker dieser merkwürdigen Tatsache zu sein, deren Wichtigkeit, ja Unentbehrlichkeit zum wahren Verständnis des Wesens der Farbe aus meiner Theorie derselben erhellt. Zur Auffindung dieser selbst aber hat *Goethe* mir den Weg eröffnet durch ein zwiefaches Verdienst. Erstlich, sofern er den alten Wahn der Newtonischen Irrlehre brach und dadurch die Freiheit des Denkens über diesen Gegenstand wiederherstellte: denn, wie Jean Paul richtig bemerkt, ›jede Revolution äußert sich früher, leichter, stärker polemisch als thetisch‹ (›Vorschule der Ästhetik‹ Bd. 3, S. 861). Jenes Verdienst aber wird dann zur Anerkennung gelangen, wann Katheder und Schreibtische von einer ganz neuen Generation besetzt sein werden, die nicht, und wäre es auch nur in ihren Greisen, ihre eigene Ehre gefährdet zu halten hat durch den Umsturz einer Lehre, welche sie ihr ganzes Leben hindurch nicht als Glau-

---

1. [›Dissertation sur les couleurs accidentelles‹ in] ›Histoire de l'académie des sciences‹, 1743.
2. Erasmus Darwins ›Zoonomia‹ [or the laws of organic life], auch [Waring Darwin: ›New experiments on the ocular spectra of light and colours‹, communicated by Erasmus Darwin] in den ›Philosophical Transactions‹ vol. 76 [p. 313].
3. [›Einiges über die Polarität der Farben‹ in] ›Ophthalmologische Bibliothek‹ Bd. 1, St. 2 [1803, S. 1].

bens-, sondern als Überzeugungs-Sache vortrug. – Das zweite Verdienst Goethes ist, daß er in seinem vortrefflichen Werke in vollem Maße das lieferte, was der Titel verspricht: Data *zur* Farbenlehre. Es sind wichtige, vollständige, bedeutsame Data, reiche Materialien zu einer künftigen Theorie der Farbe. Diese Theorie selbst zu liefern hat er indessen nicht unternommen: daher er sogar, wie er p. XXXIX der Einleitung selbst bemerkt und eingesteht, keine eigentliche Erklärung vom Wesen der Farbe aufstellt, sondern sie als Erscheinung wirklich postuliert und nur lehrt, wie sie entstehe, nicht, was sie sei. Die physiologischen Farben, welche *mein* Ausgangspunkt sind, legt er als ein abgeschlossenes, für sich bestehendes Phänomen dar, ohne auch nur zu versuchen, sie mit den physischen, seinem Hauptthema, in Verbindung zu bringen.

Wohl ist Theorie, wenn nicht durchgängig auf Fakta gestützt und gegründet, ein eitles leeres Hirngespinst, und selbst jede einzelne, abgerissene, aber wahre Erfahrung hat viel mehr Wert. Andererseits aber bilden alle einzeln stehende[n] Fakta aus einem bestimmten Umkreise des Gebiets der Erfahrung, wenn sie auch vollständig beisammen sind, doch nicht eher eine Wissenschaft, als bis die Erkenntnis ihres innersten Wesens sie unter einen gemeinsamen Begriff vereinigt hat, der alles umfaßt und enthält, was nur in jenen sich vorfinden kann, dem ferner wieder andere Begriffe untergeordnet sind, durch deren Vermittelung man zur Erkenntnis und Bestimmung jeder einzelnen Tatsache sogleich gelangen kann. Die so vollendete Wissenschaft ist einem wohlorganisierten Staate zu vergleichen, dessen Beherrscher das Ganze, jeden größeren und auch den kleinsten Teil jeden Augenblick in Bewegung setzen kann. Daher steht derjenige, welcher im Besitz der Wissenschaft, der wahren Theorie einer Sache ist, gegen den, welcher nur eine empirische, ungeordnete, wenngleich sehr ausgebreitete Kenntnis derselben sich erworben hat, wie ein poliziertes, zu einem Reich organisiertes Volk gegen ein wildes. Diese Wichtigkeit der Theorie hat ihren glänzendsten Beleg an der neueren Chemie, dem Stolze unsers Jahrhunderts.

Nämlich die faktische Grundlage derselben war schon lange vor *Lavoisier* vorhanden in den Tatsachen, welche vereinzelt von Johann [Jean] Rey (1630), Robert Boyle, Mayow, Hales, Black, Cavendish und endlich Priestley aufgefunden waren: aber sie halfen der Wissenschaft wenig, bis sie in Lavoisiers großem Kopfe sich zu einer Theorie organisierten, welche gleichsam die Seele der gesamten neuern Naturwissenschaft ist, durch die unsere Zeit über alle früheren emporragt.

Wenn wir (ich meine hier sehr wenige) ferner die Newtonische Irrlehre von Goethe teils durch den polemischen Teil seiner Schrift, teils durch die richtige Darstellung der Farbenphänomene jeder Art, welche Newtons Lehre verfälscht hatte, auch völlig widerlegt sehn; so wird doch dieser Sieg erst vollständig, wenn eine neue Theorie an die Stelle der alten tritt. Denn das Positive wirkt überall mächtiger auf unsere Überzeugung als das Negative. Daher ist so wahr wie schön, was Spinoza sagt: ›Sicut lux se ipsam et tenebras manifestat, sic veritas norma sui et falsi est.‹ [Wie das Licht sich selbst und die Finsternis offenbar macht, so ist die Wahrheit der Maßstab für sich und für das Falsche.] (›Ethica‹ pars 2, propositio 43, scholium).

Es sei ferne von mir, Goethes sehr durchdachtes und in jeder Hinsicht überaus verdienstliches Werk für ein bloßes Aggregat von Erfahrungen ausgeben zu wollen. Vielmehr ist es wirklich eine systematische Darstellung der Tatsachen: es bleibt jedoch bei diesen stehn. Daß er dies selbst und nicht ohne einige Beunruhigung gefühlt hat, bezeugen folgende Sätze aus seinen ›Einzelnen Betrachtungen und Aphorismen über Naturwissenschaft im allgemeinen‹ (Nachlaß Bd. 10, S. 150; S. 152): ›Es gibt eine zarte Empirie, die sich mit dem Gegenstand innigst identisch macht und dadurch zur eigentlichen Theorie wird.‹ – ›Das Höchste wäre, zu begreifen, daß alles Faktische schon Theorie ist. Die Bläue des Himmels offenbart uns das Grundgesetz der Chromatik. Man suche nur nichts hinter den Phänomenen: sie selbst sind die Lehre.‹ – ›Wenn ich mich beim Urphänomen zuletzt beruhige, so ist es doch nur Resignation: aber es bleibt ein großer Unterschied, ob ich mich an den Grenzen der Menschheit resigniere oder innerhalb der Beschränktheit meines bornierten Individuums.‹ – Ich hoffe, meine hier zu liefernde Theorie wird dartun, daß es nicht die Grenzen der Menschheit gewesen sind. Wie aber jene Beschränkung auf das rein Faktische in Goethes Geiste begründet war, ja gerade mit seinen höchsten Fähigkeiten zusammenhing, habe ich dargelegt in meinen ›Parergis‹ Bd. 2, S. 146 *[Band 5]*; unserm Gegenstande aber ist es nicht so wesentlich, daß ich es hier wiederholen müßte. Eine eigentliche Theorie also ist nicht in Goethes Farbenlehre enthalten; wohl aber ist sie dadurch vorbereitet, und ein Streben nach ihr spricht so deutlich aus dem Ganzen, daß man sagen kann, sie werde, wie ein Septimen-Akkord den harmonischen, der ihn auflöst, gewaltsam fordert, ebenso vom Totaleindruck des Werks gefordert. Wirklich gegeben ist indessen in diesem nicht der eigentliche Bindungspunkt des Ganzen, der Punkt, auf den alles hinweist, von dem alles immer abhängig bleiben muß und auf den man von jedem Einzelnen immer zurückzusehn hat. In dieser Hinsicht nun das Goethesche Werk zu ergänzen, dasjenige oberste Prinzip, auf welchem alle dort gegebenen Data beruhen, in abstracto aufzustellen und so die Theorie der Farbe im engsten Sinne des Worts zu liefern – dies ist es, was gegenwärtige Abhandlung versuchen wird; zwar zunächst nur in Hinsicht auf die Farbe als physiologische Erscheinung betrachtet: allein eben diese Betrachtung wird sich infolge der jetzt zu gebenden Darstellung als die erste, ja durchaus die wesentlichste Hälfte der gesamten Farbenlehre herausstellen, zu welcher die zweite, die physischen und chemischen Farben betrachtende, wenn sie gleich reicher an Tatsachen ist, in theoretischer Hinsicht immer in einem abhängigen und untergeordneten Verhältnisse stehn wird.

Die hier aufzustellende Theorie wird aber wie jede wahre Theorie den Datis, denen sie ihre Entstehung verdankt, diese Schuld dadurch abtragen, daß, indem sie vor allen Dingen zu erklären sucht, was die Farbe ihrem Wesen nach sei, alle jene Data jetzt erst in ihrer eigentlichen Bedeutung durch den Zusammenhang, in den sie gesetzt sind, hervortreten und eben dadurch wieder gar sehr bewährt werden. Von ihr ausgehend wird man sogar in den Stand gesetzt, über die Richtigkeit der Newtonischen und der Goetheschen Erklärung der physischen Farben a priori zu urteilen. Ja sie wird aus sich selbst in einzelnen Fällen jene Data berichtigen können: so z. B. werden wir besonders auf einen Punkt treffen, wo Goethe, der im ganzen vollkommen recht hat, doch irrte und Newton, der im ganzen völlig unrecht hat, die Wahrheit gewissermaßen aussagte, wiewohl eigentlich mehr den Worten als dem Sinne nach und selbst *so* nicht ganz. Dennoch ist meine Abweichung von Goethen in diesem Punkte der Grund, weshalb er in seinem 1853 von Düntzer herausgegebenen Briefwechsel mit dem Staatsrat Schultz[1] (S. 149) mich als einen Gegner seiner Farbenlehre bezeichnet, eben auf Anlaß gegenwärtiger Abhandlung, in der ich doch als ihr entschiedenster Verfechter auftrete, und dies, wie ich es damals in meinem 28. Jahre schon war, beharrlich geblieben bin bis ins späte Alter, wovon ein besonders ausdrückliches Zeugnis ablegt mein in dem von seiner Vaterstadt an seiner hundertjährigen Geburtsfeier ihm zu Ehren eröffneten Album vollgeschriebenes großes Pergamentblatt, auf welchem man mich, noch immer ganz allein die Fahne seiner Farbenlehre hoch emporhaltend, erblickt, im furchtlosen Widerspruch mit der gesamten gelehrten Welt[2]. Er jedoch verlangte die unbedingteste Beistimmung und nichts darüber noch darunter. Daher er, als ich durch meine Theorie einen wesentlichen Schritt über ihn hinausgetan hatte, seinem Unmut in Epigrammen Luft machte, wie:

> Trüge gern noch länger des Lehrers Bürden,
> Wenn Schüler nur nicht gleich Lehrer würden.

Darauf zielt auch schon das vorhergehende:

> Dein Gutgedachtes, in fremden Adern,
> Wird sogleich mit dir selber hadern.   [›Lähmung‹]

1. [Brief vom 19. VII. 1816]
2. Abgedruckt in ›Parerga‹ Bd. 2, S. 165 *[Band 5; vgl. auch S. 494].*

Ich war nämlich in der Farbenlehre persönlich sein Schüler gewesen; wie er dies auch in dem oben angeführten Briefe erwähnt.

Ehe ich jedoch zu dem eigentlichen Gegenstande dieser Abhandlung, den Farben, komme, ist es notwendig, etwas über das Sehn überhaupt voranzuschicken: und zwar ist die Seite dieses Problems, deren Erörterung mein Zweck hier erfordert, nicht etwan die optisch-physiologische, sondern vielmehr diejenige, welche ihrem Wesen nach in die Theorie des Erkenntnisvermögens und sonach ganz in die allgemeine Philosophie einschlägt. Eine solche konnte hier, wo sie nur als Nebenwerk auftritt, nicht anders als fragmentarisch und unvollständig behandelt werden. Denn sie steht eigentlich bloß deswegen hier, damit wo möglich jeder Leser zu dem folgenden Hauptkapitel die wirkliche Überzeugung mitbringe, daß die Farben, mit welchen ihm die Gegenstände bekleidet erscheinen, durchaus nur in seinem Auge sind. Dieses hat zwar schon Cartesius [Descartes] (›Dioptrique‹ chap. 1) gelehrt und viele nach ihm am gründlichsten *Locke*; lange vor beiden jedoch schon *Sextus Empiricus* (›Pyrrhoniae hypotyposes‹ lib. 2, cap. 7, § 72–75), als welcher bereits es ausführlich und deutlich dargetan hat, ja dabei so weit geht, zu beweisen, daß wir die Dinge nicht erkennen nach dem, was sie an sich sein mögen, sondern nur ihre Erscheinungen; welches er sehr artig erläutert durch das Gleichnis, daß, wer das Bildnis des Sokrates sieht, ohne diesen selbst zu kennen, nicht sagen kann, ob es ähnlich sei. Bei allen dem glaube ich nicht, eine richtige, recht deutliche und unbezweifelte Erkenntnis von der durchaus subjektiven Natur der Farbe ohne weiteres voraussetzen zu dürfen. Ohne eine solche aber würden bei der folgenden Betrachtung der Farben noch immer einige Skrupel sich regen und die Überzeugung von dem Vorgetragenen stören und schwächen.

Was ich demnach hier, jedoch nur soweit es unser Zweck erfordert, also aphoristisch und in einem leichten Umrisse darstelle, nämlich die Theorie der äußern empirischen Anschauung der Gegenstände im Raum, wie sie auf Anregung der Empfindung in den Sinnesorganen durch den Verstand und die ihm beigegebenen übrigen Formen des Intellekts zustande kommt, das habe ich in spätern Jahren vollendet und auf das faßlichste ausführlich und vollständig dargelegt in der zweiten Auflage meiner Abhandlung ›Über die vierfache Wurzel des Satzes vom Grunde‹ §21 *[S. 67–106]*. Dahin also verweise ich hinsichtlich dieses wichtigen Gegenstandes meinen Leser, der das hier Gegebene nur als einen früheren prodromus [Vorboten] dazu anzusehn hat.

ERSTES KAPITEL

VOM SEHN

§ 1

Verständigkeit der Anschauung — Unterscheidung des Verstandes von der Vernunft und des Scheines vom Irrtum — Erkenntnis, der Charakter der Tierheit — Anwendung alles Gesagten auf die Anschauung durch das Auge

Alle Anschauung ist eine intellektuale. Denn ohne den *Verstand* käme es nimmermehr zur Anschauung, zur Wahrnehmung, Apprehension von *Objekten*, sondern es bliebe bei der bloßen Empfindung, die allenfalls, als Schmerz oder Wohlbehagen, eine Bedeutung in bezug auf den Willen haben könnte, übrigens aber ein Wechsel bedeutungsleerer Zustände und nichts einer Erkenntnis Ähnliches wäre. Zur Anschauung, d. i. zum Erkennen eines *Objekts* kommt es allererst dadurch, daß der *Verstand* jeden Eindruck, den der Leib erhält, auf seine *Ursache* bezieht, diese im a priori angeschaueten Raum dahin versetzt, von wo die Wirkung ausgeht, und so die Ursache als wirkend, als *wirklich*, d. h. als eine Vorstellung derselben Art und Klasse, wie der Leib ist, anerkennt. Dieser Übergang von der Wirkung auf die Ursache ist aber ein unmittelbarer, lebendiger, notwendiger; denn er ist eine Erkenntnis des *reinen Verstandes*: nicht ist er ein Vernunftschluß, nicht eine Kombination von Begriffen und Urteilen nach logischen Gesetzen. Eine solche ist vielmehr das Geschäft der *Vernunft*, die zur Anschauung nichts beiträgt, sondern deren Objekt eine ganz andre Klasse von Vorstellungen ist, welche auf der Erde dem Menschengeschlecht allein zukommt, nämlich die abstrakten, nicht-anschaulichen Vorstellungen, d. i. die *Begriffe*; durch welche aber dem Menschen seine großen Vorzüge gegeben sind: Sprache, Wissenschaft und vor allem die durch Übersicht des Ganzen des Lebens in Begriffen allein mögliche Besonnenheit, welche ihn vom Eindruck der Gegenwart unabhängig erhält und dadurch fähig macht, überlegt, prämeditiert, planmäßig zu handeln, wodurch sein Tun und Treiben sich von dem der Tiere so mächtig unterscheidet und wodurch endlich auch die Bedingung zu jener überlegten Wahl zwischen mehreren Motiven gegeben ist, vermöge welcher das vollkommenste Selbstbewußtsein die Entscheidungen seines Willens begleitet. Dies alles verdankt der Mensch den *Begriffen,* d.i. der *Vernunft.* Das Gesetz der Kausalität als abstrakter Grundsatz ist freilich wie alle Grundsätze in abstracto Reflexion, also Objekt der Vernunft: aber die eigentliche, lebendige, unvermittelte, notwendige Erkenntnis des Gesetzes der Kausalität geht aller Reflexion wie aller Erfahrung vorher und liegt im *Verstande.* Mittelst derselben werden die Empfindungen des Leibes der Ausgangspunkt für die Anschauung einer Welt, indem nämlich das a priori uns bewußte Gesetz der Kausalität angewandt wird auf das Verhältnis des unmittelbaren Objekts (des Leibes) zu den andern nur mittelbaren Objekten: die Erkenntnis desselben Gesetzes, angewandt auf die mittelbaren Objekte allein und unter einander, gibt, wenn sie einen höhern Grad von Schärfe und Genauigkeit hat, die Klugheit, welche ebensowenig als die Anschauung überhaupt durch abstrakte Begriffe beigebracht werden kann: daher ›vernünftig sein‹ und ›klug sein‹ zwei sehr verschiedene Eigenschaften sind.

Die Anschauung also, die Erkenntnis von Objekten, von einer objektiven Welt ist das Werk des Verstandes. Die Sinne sind bloß die Sitze einer gesteigerten Sensibilität, sind Stellen des Leibes, welche für die Einwirkung anderer Körper in höherm Grade empfänglich sind: und zwar steht jeder Sinn einer besondern Art von Einwirkung offen, für welche die übrigen entweder wenig oder gar keine Empfänglichkeit haben. Diese spezifische Verschiedenheit der Empfindung jedes der fünf Sinne hat jedoch ihren Grund nicht im Nervensystem selbst, sondern nur in der Art, wie es affiziert wird. Danach kann man jede Sinnesempfindung ansehn als eine Modifikation des Tastsinnes oder der über den ganzen Leib verbreiteten Fähigkeit, zu fühlen. Denn die Substanz der Nerven (abgesehn vom sympathischen System) ist im ganzen Leibe eine und dieselbe ohne den mindesten Unterschied. Wenn sie nun, vom Lichte durch das Auge, vom Schalle durch das Ohr getroffen, so spezifisch verschiedene Empfindungen erhält; so kann dies nicht an ihr selbst liegen, sondern nur an der Art, wie sie affiziert wird. Diese aber hängt ab teils von dem fremden Agens, von dem sie affiziert wird (Licht, Schall, Duft), teils von der Vorrichtung, durch welche sie dem Eindruck dieses Agens ausgesetzt ist, d.i. von dem Sinnesorgan. Daß im Ohr der Nerv des Labyrinths und der Schnecke, im Gehörwasser schwimmend, die Vibrationen der Luft durch Vermittelung dieses Wassers erhält, der Sehnerv aber die Einwirkung des Lichts durch die im Auge es brechenden Feuchtigkeiten und [die] Linse, dies ist die Ursache der spezifischen Verschiedenheit beider Empfindungen; nicht der Nerv selbst[1]. Demnach könnte auch der Gehörnerv sehn und der Augennerv hören, sobald der äußere Apparat beider seine Stelle vertauschte. – Immer aber ist die Modifikation, welche die Sinne durch solche Einwirkung erleiden, noch keine Anschauung, sondern ist erst der Stoff, den der Verstand in Anschauung umwandelt. Unter allen Sinnen ist das Gesicht der feinsten und mannigfaltigsten Eindrücke von außen fähig: dennoch kann es an sich bloß Empfindung geben, welche erst durch Anwendung des Verstandes auf dieselbe zur Anschauung wird. Könnte jemand, der vor einer schönen weiten Aussicht steht, auf einen Augenblick alles Verstandes beraubt werden, so würde ihm von der ganzen Aussicht nichts übrigbleiben als die Empfindung einer sehr mannigfaltigen Affektion seiner Retina, den vielerlei Farbenflecken auf einer Malerpalette ähnlich – welche gleichsam der rohe Stoff ist, aus welchem vorhin sein Verstand jene Anschauung schuf[2].

---

1. Cabanis: ›Des rapports du physique et du moral‹ [de l'homme] : ›Mémoire‹ 3, § 5.
2. Hier gehn die Seiten an, welche Herr Prof. *Rosas* in Wien sich angeeignet hat, worüber und [über] fernere Plagiate desselben berichtet worden ist im ›Willen in der Natur‹, zweite Auflage S. 14f. *[S. 334]*.

Das Kind, in den ersten Wochen seines Lebens, empfindet mit allen Sinnen; aber es schaut nicht an, es apprehendiert nicht: daher starrt es dumm in die Welt hinein. Bald indessen fängt es an, den Verstand gebrauchen zu lernen, das ihm vor aller Erfahrung bewußte Gesetz der Kausalität anzuwenden und es mit den ebenso a priori gegebenen Formen aller Erkenntnis, Zeit und Raum, zu verbinden; so gelangt es von der Empfindung zur Anschauung, zur Apprehension: und nunmehr blickt es mit klugen, intelligenten Augen in die Welt. Da aber jedes Objekt auf alle fünf Sinne verschieden wirkt, diese Wirkungen dennoch auf eine und die nämliche Ursache zurückleiten, welche sich eben dadurch als Objekt darstellt; so vergleicht das die Anschauung erlernende Kind die verschiedenartigen Eindrücke, welche es vom nämlichen Objekte erhält: es betastet, was es sieht, besieht, was es betastet, geht dem Klange nach zu dessen Ursache, nimmt Geruch und Geschmack zu Hülfe, bringt endlich auch für das Auge die Entfernung und Beleuchtung in Anschlag, lernt die Wirkung des Lichts und des Schattens kennen und endlich mit vieler Mühe auch die Perspektive, deren Kenntnis zustande kommt durch Vereinigung der Gesetze des Raums mit dem der Kausalität, die beide a priori im Bewußtsein liegen und nur der Anwendung bedürfen, wobei nun sogar die Veränderungen, welche beim Sehn in verschiedene Entfernungen teils die innere Konformation der Augen, teils die Lage beider Augen gegen einander erleidet, in Anschlag gebracht werden müssen: und alle diese Kombinationen macht für den Verstand schon das Kind, für die Vernunft, d. h. in abstracto erst der Optiker. Dergestalt also verarbeitet das Kind die mannigfaltigen Data der Sinnlichkeit nach den ihm a priori bewußten Gesetzen des *Verstandes* zur *Anschauung,* mit welcher allererst die Welt als Objekt für dasselbe daist. Viel später lernt es die *Vernunft* gebrauchen; dann fängt es an, die Rede zu verstehn, zu sprechen und eigentlich zu *denken.*

Das hier über die Anschauung Gesagte wird noch einleuchtender werden durch eine speziellere Betrachtung der Sache. Zur Erlernung der Anschauung gehört zuallernächst das Aufrechtsehn der Gegenstände, während ihr Eindruck ein verkehrter ist. Weil nämlich die von einem Körper ausgehenden Lichtstrahlen bei ihrem Durchgang durch die Pupille sich kreuzen; so trifft der Eindruck, den sie auf die Nervensubstanz der Retina machen und den man unrichtig ein Bild derselben genannt hat, in verkehrter Ordnung ein, nämlich das von unten kommende Licht zuoberst, das von oben kommende zuunterst, das von der rechten Seite auf der linken und vice versa [umgekehrt]. Wäre nun, wie man angenommen hat, hier ein wirkliches Bild auf der Retina der Gegenstand der Anschauung, welche dann etwan von einer im Gehirn dahintersitzenden Seele vollzogen würde, so würden wir den Gegenstand verkehrt sehn, wie dies in jeder dunkeln Kammer, die durch ein bloßes Loch das Licht von äußern Gegenständen empfängt, wirklich geschieht: allein so ist es hier nicht; sondern die Anschauung entsteht dadurch, daß der Verstand den auf der Retina empfundenen Eindruck augenblicklich auf seine Ursache bezieht, welche nun eben dadurch sich im Raum, seiner ihn begleitenden Anschauungsform, als Objekt darstellt. Bei diesem Zurückgehn nun von der Wirkung auf die Ursache verfolgt er die Richtung, welche die Empfindung der Lichtstrahlen mit sich bringt; wodurch wieder alles an seine richtige Stelle kommt, indem jetzt am Objekt sich als oben darstellt, was in der Empfindung unten war. – Das zweite zur Erlernung der Anschauung Wesentliche ist, daß das Kind, obwohl es mit zwei Augen sieht, deren jedes ein sogenanntes Bild des Gegenstandes erhält, und zwar *so*, daß die Richtung vom selbigen Punkt des Gegenstandes zu jedem Auge eine andere ist, dennoch nur *einen* Gegenstand sehn lernt. Dies geschieht eben dadurch, daß vermöge der ursprünglichen Erkenntnis des Gesetzes der Kausalität die Einwirkung eines Lichtpunkts, obwohl jedes Auge in einer andern Richtung treffend, doch als von *einem* Punkt und Gegenstand ursächlich herrührend anerkannt wird. Die zwei Linien von jenem Punkt durch die Pupillen auf jede Retina heißen die Augenachsen, ihr Winkel an jenem Punkt der optische Winkel. Hat, indem ein Gegenstand betrachtet wird, jeder bulbus

[Augapfel] zu seiner orbita [Augenhöhle] respektiv dieselbe Lage als der andere, wie es im normalen Zustande der Fall ist; so wird in jedem der beiden Augen die Augenachse auf *einander entsprechenden gleichnamigen* Stellen der Retina ruhen. Nun entspricht aber nicht etwan die äußere Seite der einen Retina der äußern Seite der andern sondern die rechte Seite der linken Retina der rechten Seite der rechten Retina usw. Bei dieser gleichmäßigen Lage der Augen in ihren Orbiten, welche bei allen natürlichen Bewegungen der Augen immer beibehalten wird, lernen wir nun empirisch die auf beiden Retinen einander genau entsprechenden Stellen kennen, und von nun an beziehn wir die auf diesen analogen Stellen entstehenden Affektionen immer nur auf einen und denselben Gegenstand als ihre Ursache. Daher nun, obwohl mit zwei Augen sehend und doppelte Eindrücke erhaltend, erkennen wir alles nur einfach: das *doppelt Empfundene* wird nur ein *einfaches Angeschautes*, eben weil die Anschauung intellektual ist und nicht bloß sensual. – Daß aber die Konformität der affizierten Stellen jeder Retina es sei, nach welcher wir uns bei jenem *Verstandesschluß* richten, ist daraus erweislich, daß, während die Augenachsen auf einen entfernteren Gegenstand gerichtet sind und dieser den optischen Winkel schließt, alsdann ein näher vor uns stehender Gegenstand doppelt erscheint, eben weil nunmehr das von ihm aus durch die Pupillen auf die Retinen gehende Licht zwei nicht analoge Stellen dieser trifft: umgekehrt sehn wir aus demselben Grund den entfernteren Gegenstand doppelt, wenn wir die Augen auf den näheren gerichtet haben und auf diesem den optischen Winkel schließen. Auf der meiner Abhandlung ›Über die vierfache Wurzel‹ in der zweiten Auflage beigegebenen Tafel *[vgl. Fig. 1 und 2, S. 76 und 78]* findet man die anschauliche Darstellung der Sache, welche zum vollkommenen Verständnis derselben sehr dienlich ist. Eine ausführliche und durch viele Figuren sehr einleuchtend gemachte Darstellung der verschiedenen Lagen der Augenachsen und der durch sie herbeigeführten Phänomene findet man in Robert Smiths ›Optics‹, Cambridge 1738.

Mit diesem Verhältnis zwischen den Augenachsen und

dem Objekt ist es im Grunde nicht anders als damit, daß der Eindruck, den ein betasteter Körper auf jeden der zehn Finger macht und der nach der Lage jedes Fingers gegen ihn verschieden ist, doch als von *einem* Körper herrührend erkannt wird: nie geht aus dem bloßen Eindruck, immer nur aus der Anwendung des Kausalitätsgesetzes und mithin des Verstandes auf ihn die Erkenntnis eines Objekts hervor. – Daher, beiläufig gesagt, ist es so sehr absurd, die Kenntnis des Kausalitätsgesetzes, als welches die alleinige Form des Verstandes und die Bedingung der Möglichkeit irgendeiner objektiven Wahrnehmung ist, erst aus der Erfahrung entspringen zu lassen, z.B. aus dem Widerstand, welchen die Körper unserm Druck entgegensetzen. Denn das Kausalitätsgesetz ist die vorhergängige Bedingung unserer Wahrnehmung dieser Körper, welche wieder erst das Motiv unsers Wirkens auf sie sein muß. Und wie sollte doch, wenn der Verstand nicht das Gesetz der Kausalität schon besäße und fertig zur Empfindung hinzubrächte, dasselbe hervorgehn aus dem bloßen Gefühl eines Drucks in den Händen, welches ja gar keine Ähnlichkeit damit hat! (Über Kausalität zwischen Willen und Leibesaktion vgl. ›Welt als Wille und Vorstellung‹, dritte Auflage Bd. 2, S. 41–44 *[Bd. 2, S. 51–54]*, und ›Über die vierfache Wurzel des Satzes vom zureichenden Grunde‹, zweite Auflage S. 74 *[S. 101]*). Wenn Engländer und Franzosen sich noch mit dergleichen Possen schleppen, kann man es ihrer Einfalt zugute halten, weil die Kantische Philosophie bei ihnen noch gar nicht eingedrungen ist und sie sich daher noch mit dem dürftigen Empirismus Lockes und Condillacs herumschlagen. Wenn aber heutzutage deutsche Philosophaster sich unterfangen, Zeit, Raum und Kausalität für Erfahrungserkenntnisse auszugeben, also dergleichen seit 70 Jahren völlig beseitigte und explodierte Absurditäten, über die schon ihre Großväter die Achsel zuckten, jetzt wieder zu Markte bringen (wohinter inzwischen gewisse Absichten lauern, die ich in der Vorrede zur zweiten Auflage des ›Willens in der Natur‹ *[S. 308]* bloßgelegt habe); so verdienen sie, daß man ihnen mit dem Goethe-Schillerschen Xenion begegne:

Armer empirischer Teufel! du kennst nicht einmal das
In dir selber: es ist, ach, a priori so dumm. [Dumme
›Empirischer Querkopf‹]

Insbesondere rate ich jedem, der das Unglück hat, ein Exemplar der dritten Auflage des ›Systems der Metaphysik‹ von *Ernst Reinhold*, 1854, zu besitzen, diesen Vers auf das Titelblatt zu schreiben. – Eben weil die Apriorität des Kausalitätsgesetzes so sehr evident ist, sagt sogar *Goethe*, der mit Untersuchungen dieser Art sich sonst nicht beschäftigt, bloß seinem Gefühle folgend: ›der *eingeborenste Begriff*, der notwendigste, von Ursache und Wirkung‹ (›Über Naturwissenschaft im allgemeinen‹ in den ›Nachgelassenen Werken‹ Bd. 10, S. 123). Doch ich kehre zu unserer Theorie der empirischen Anschauung zurück.

Nachdem die Anschauung längst erlernt ist, kann ein sehr merkwürdiger Fall eintreten, der zu allem Gesagten gleichsam die Rechnungsprobe gibt. Nämlich nachdem wir viele Jahre hindurch jeden Augenblick die in der Kindheit erlernte Verarbeitung und Anordnung der Data der Sinnlichkeit nach den Gesetzen des Verstandes geübt haben, können diese Data uns verrückt werden durch eine Veränderung der Lage der Sinneswerkzeuge. Allbekannt sind zwei Fälle, in denen dies geschieht: das Verschieben der Augen aus ihrer natürlichen, gleichmäßigen Lage, also das Schielen, und zweitens das Übereinanderlegen des Mittel- und Zeigefingers. Wir sehn und tasten jetzt *einen* Gegenstand *doppelt*. Der Verstand verfährt wie immer richtig: allein er erhält lauter falsche Data; denn die vom selbigen Punkte gegen beide Augen gehenden Strahlen treffen nicht mehr auf beiden Netzhäuten die einander entsprechenden Stellen und die äußern Seiten beider Finger berühren die entgegengesetzten Flächen derselben Kugel, was bei der natürlichen Lage der Finger nie sein konnte. Hieraus entsteht das Doppeltsehn und das Doppelttasten als ein falscher Schein, der gar nicht wegzubringen ist; weil der Verstand die so mühsam erlernte Anwendung nicht sogleich wieder fahrenläßt, sondern immer noch die bisherige Lage der Sinnesorgane voraussetzt. – Aber eine noch auffallendere, weil viel seltnere Rechnungsprobe zu unserer Theorie gibt der umgekehrte Fall, nämlich daß man *zwei* Gegenstände als *einen* erblickt; welches dadurch geschieht, daß jeder von beiden mit einem andern Auge gesehn wird, aber in jedem Auge die gleichnamigen, d. h. denen im andern entsprechenden Stellen der Retina affiziert. Man füge zwei gleiche Pappröhren parallel aneinander, so daß der Raum zwischen ihnen gleich sei dem Raum zwischen den Augen. Im Objektivende jeder Röhre sei etwan ein Achtgroschenstück in senkrechter Stellung befestigt. Indem man nun mit beiden Augen durch die Röhren sieht, wird sich nur *eine* Röhre und *ein* Achtgroschenstück darstellen; weil die Augenachsen den optischen Winkel, der dieser Entfernung angemessen wäre, nicht schließen können, sondern ganz parallel bleiben, indem jedes seiner Röhre folgt, wodurch nun in jedem Auge die entsprechenden Stellen der Retina von einem andern Achtgroschenstück getroffen werden, welchen doppelten Eindruck jetzt der Verstand einem und demselben Gegenstande zuschreibt und daher nur *ein* Objekt apprehendiert, wo doch zwei sind. – Hierauf beruht auch das neuerlich erfundene Stereoskop. Zu diesem nämlich werden zwei Daguerrotype desselben Objekts aufgenommen, jedoch mit dem geringen Unterschiede der Lage desselben, welcher der Parallaxe vom einen zum andern Auge entspricht: diese werden nun in dem eben dieser Parallaxe angemessenen sehr stumpfen Winkel aneinandergefügt und dann durch den Binokulartubus betrachtet. Der Erfolg ist erstens, daß die einander symmetrisch entsprechenden Stellen beider Retinen von den gleichen Punkten der beiden Bilder getroffen werden; und zweitens, daß jedes der beiden Augen auf dem ihm vorliegenden Bilde auch noch *den* Teil des abgebildeten Körpers sieht, der dem andern Auge wegen der Parallaxe seines Standpunkts bedeckt bleibt – wodurch erlangt wird, daß die zwei Bilder nicht nur in der intuitiven Apprehension des Verstandes zu *einem* zusammenschmelzen, sondern auch infolge des zweiten Umstandes volkommen als ein solider Körper sich darstellen – eine Täuschung, welche ein bloßes Gemälde auch bei der größten Kunst und Vollendung nie hervorbringt; weil es uns seine Gegenstände stets nur so zeigt, wie ein Einäugiger sie sehn würde. Ich wüßte nicht, wie ein Beweis der Intellektualität der Anschauung schlagender sein könnte. Auch wird man nie ohne die Erkenntnis dieser das Stereoskop verstehn; sondern vergeblich es mit rein physiologischen Erklärungen versuchen.

Wir sehn nun also alle jene Illusionen dadurch entstehn, daß die Data, auf welche der Verstand seine Gesetze anzuwenden in der frühesten Kindheit gelernt und ein ganzes Leben hindurch sich gewöhnt hat, ihm verschoben werden, indem man sie anders stellt, als sie im natürlichen Verlauf der Dinge zu stehn kommen. Zugleich nun aber bietet diese Betrachtung uns eine so deutliche Ansicht des Unterschiedes zwischen Verstand und Vernunft dar, daß ich nicht umhin kann, darauf aufmerksam zu machen. Nämlich eine solche Illusion läßt sich zwar für die Vernunft beseitigen, nicht aber für den Verstand zerstören, der, eben weil er reiner Verstand ist, unvernünftig ist. Ich meine dies: bei einer solchen absichtlich veranstalteten Illusion *wissen* wir sehr wohl in abstracto, also für die *Vernunft*, daß z. B. nur *ein* Objekt da ist, obwohl wir mit schielenden Augen und verschränkten Fingern zwei sehn und tasten, oder daß zwei da sind, obwohl wir nur *eines* sehn: aber trotz dieser abstrakten Erkenntnis bleibt die Illusion selbst noch immer unverrückt stehn. Denn der Verstand und die Sinnlichkeit sind für die Sätze der Vernunft unzugänglich, d. h. eben unvernünftig. Auch ergibt sich hier, was eigentlich *Schein* und was *Irrtum* sei: jener der Trug des *Verstandes*, dieser der Trug der *Vernunft*; jener der *Realität*, dieser der *Wahrheit* entgegengesetzt. *Schein* entsteht allemal entweder dadurch, daß der stets gesetzmäßigen und unveränderlichen Apprehension des *Verstandes* ein ungewöhnlicher (d. h. von dem, auf welchen er seine Funktion anzuwenden gelernt hat, verschiedener) Zustand der Sinnesorgane untergelegt wird; oder dadurch, daß eine Wirkung, welche die Sinne sonst täglich und stündlich durch eine und dieselbe Ursache erhalten, einmal durch eine ganz andere Ursache hervorgebracht wird: so z. B., wenn man eine Malerei für ein Rilievo ansieht oder ein ins Wasser getauchter Stab gebrochen erscheint oder der Konkavspiegel einen Gegenstand als vor ihm schwebend, der Konvexspiegel als hinter ihm befindlich zeigt oder der Mond am Horizont viel größer als am Zenit sich darstellt, welches nicht auf Strahlenbrechung, sondern allein auf der vom Verstande vollzogenen unmittelbaren Abschätzung seiner Größe nach seiner Entfernung und dieser wie bei irdischen Gegenständen nach der Luftperspektive, d. h. nach der Trübung durch Dünste beruht. – *Irrtum* hingegen ist ein *Urteil der Vernunft*, welches *nicht* zu etwas außer ihm in derjenigen Beziehung steht, die der Satz vom Grund in derjenigen Gestalt, in welcher er für die Vernunft als solche gilt, erfordert, also ein wirkliches, aber falsches Urteil, eine grundlose Annahme in abstracto. Schein kann Irrtum veranlassen; dergleichen wäre z. B. beim angeführten Fall das Urteil: ›Hier sind zwei Kugeln‹, welches zu nichts in der eben besagten Beziehung steht, also keinen Grund hat. Hingegen wäre das Urteil: ›Ich fühle eine Einwirkung gleich der von zwei Kugeln‹ wahr; denn es steht zur empfundenen Affektion in der angegebenen Beziehung. Der Irrtum läßt sich tilgen eben durch ein Urteil, welches wahr ist und den Schein zum Grunde hat, d. h. durch eine Aussage des Scheins als solchen. Der Schein aber läßt sich nicht tilgen: z. B. durch die abstrakte Vernunfterkenntnis, daß die Abschätzung nach der Luftperspektive und die in horizontaler Linie stärkere Trübung durch Dünste den Mond vergrößert, wird er nicht kleiner. Jedoch kann der Schein allmälig verschwinden, wenn seine Ursache bleibend ist und dadurch das Ungewohnte gewohnt wird. Wenn man z. B. die Augen immer in der schielenden Lage läßt; so sucht der Verstand seine Apprehension zu berichtigen und durch richtige Auffassung der äußern Ursache Übereinstimmung zwischen den Wahrnehmungen auf verschiedenen Wegen, z. B. zwischen Sehn und Tasten, hervorzubringen. Er tut dann von neuem, was er im Kinde tat: er lernt die Stellen auf jeder Retina kennen, welche der von *einem* Punkt ausgehende Strahl jetzt bei der neuen Lage der Augen trifft.

Darum sieht der habituell Schielende doch alles nur einfach. Wenn aber jemand durch einen Zufall, z. B. eine Lähmung der Augenmuskeln, *plötzlich* zu einem konstanten Schielen gezwungen wird, so sieht er in der ersten Zeit fortdauernd alles doppelt. Dies bezeugt der Fall, den Cheselden (›Anatomy‹, third edition p. 324) erzählt, daß durch einen Schlag auf den Kopf, den ein Mann erhielt, seine Augen eine bleibende verdrehte Stellung annahmen: er sah nunmehr alles doppelt, nach einiger Zeit aber wieder einfach, obgleich die unparallele Lage der Augen blieb. Eine ähnliche Krankengeschichte steht in der ›Ophthalmologischen Bibliothek‹[1] (Band 3, drittes Stück S. 164). Wäre der dort geschilderte Kranke nicht bald geheilt worden, so würde er zwar fortdauernd geschielt, aber endlich nicht mehr doppelt gesehn haben. Noch ein Fall dieser Art wird erzählt von Home in seiner Vorlesung [›in which some of the morbid actions of the straight muscles and cornea of the eye are explained, and their treatment considered‹] in den ›Philosophical Transactions‹ für 1797. – Ebenso würde, wer immer die Finger übereinandergeschlagen behielte, zuletzt auch nicht mehr doppelt tasten. Solange aber einer jeden Tag in einem andern optischen Winkel schielt, wird er alles doppelt sehn. – Übrigens mag es immer sein, was Buffon behauptet ([›Dissertation sur la cause du strabisme ou des yeux louches‹ in der] ›Histoire de l'académie des sciences‹, 1743), daß die sehr stark und nach innen Schielenden mit dem verdrehten Auge gar nicht sehn: nur wird dieses nicht von allen Fällen des Schielens gelten.

Da nun also keine Anschauung ohne Verstand ist, so haben unstreitig alle Tiere Verstand: ja er unterscheidet Tiere von Pflanzen, wie die Vernunft Menschen von Tieren. Denn der eigentlich auszeichnende *Charakter der Tierheit ist das Erkennen*, und dieses erfordert durchaus Verstand. Man hat auf vielerlei Weise versucht, ein Unterscheidungszeichen zwischen Tieren und Pflanzen festzusetzen, und nie etwas ganz Genügendes gefunden. Das Treffendste blieb noch immer

1. [Albers: ›Plötzlich entstandenes Schielen und Doppeltsehen durch Galvanismus geheilt‹]

motus spontaneus in victu sumendo [die willkürliche Bewegung bei der Nahrungsaufnahme]. Aber dies ist nur ein durch das Erkennen begründetes Phänomen, also diesem unterzuordnen. Denn eine wahrhaft willkürliche, nicht aus mechanischen, chemischen oder physiologischen Ursachen erfolgende Bewegung geschieht durchaus nach einem *erkannten Objekt*, welches das *Motiv* jener Bewegung wird. Sogar das Tier, welches der Pflanze am nächsten steht, der Polyp, wenn er mit seinen Armen seinen Raub ergreift und ihn zum Munde führt, hat ihn (wiewohl noch ohne gesonderte Augen) gesehn, wahrgenommen, und selbst zu dieser Anschauung wäre es nimmermehr ohne Verstand gekommen: das angeschaute Objekt ist das Motiv der Bewegung des Polypen. – Ich würde den Unterschied zwischen unorganischem Körper, Pflanze und Tier also festsetzen: *Unorganischer Körper* ist dasjenige, dessen sämtliche Bewegungen aus einer äußern Ursache geschehn, die dem Grade nach der Wirkung gleich ist, so daß aus der Ursache die Wirkung sich messen und berechnen läßt und auch die Wirkung eine völlig gleiche Gegenwirkung in der Ursache hervorbringt. *Pflanze* ist, was Bewegungen hat, deren Ursachen durchaus nicht dem Grade nach den Wirkungen gleich sind und folglich nicht den Maßstab für letztere geben, auch nicht eine gleiche Gegenwirkung erleiden: solche Ursachen heißen *Reize*. Nicht bloß die Bewegungen der sensitiven Pflanzen und des Hedysarum gyrans [bengalischen Schildklees], sondern alle Assimilation, Wachstum, Neigung zum Licht usw. der Pflanzen ist Bewegung auf Reize. *Tier* endlich ist das, dessen Bewegungen nicht direkt und einfach nach dem Gesetz der Kausalität, sondern nach dem der Motivation erfolgen, welche die durch das Erkennen hindurchgegangene und durch dasselbe vermittelte Kausalität ist: nur *das* ist folglich Tier, was erkennt, und *das Erkennen ist der eigentliche Charakter der Tierheit*. Man wende nicht ein, das Erkennen könne kein charakteristisches Merkmal abgeben, weil wir, als außer dem zu beurteilenden Wesen befindlich, nicht wissen können, ob es erkenne oder nicht. Denn dies können wir allerdings, indem wir nämlich beurteilen, ob dasjenige, worauf seine Bewegungen erfolgen, auf dasselbe als *Reiz* oder als *Motiv* gewirkt habe; worüber nie ein Zweifel übrigbleiben kann. Denn obgleich Reize sich auf die angegebene Weise von Ursachen unterscheiden, so haben sie doch noch dies mit ihnen gemein, daß sie, um zu wirken, allemal des Kontakts, oft sogar der Intussuszeption, stets aber einer gewissen Dauer und Intensität der Einwirkung bedürfen; da hingegen das als Motiv wirkende Objekt nur wahrgenommen zu sein braucht, gleichviel, wie lange, wie entfernt, wie deutlich, sobald es nur wirklich wahrgenommen ist. Daß in manchem Betracht das Tier zugleich Pflanze, ja auch unorganischer Körper ist, versteht sich von selbst. – Diese hier nur aphoristisch und kurz dargelegte sehr wichtige Unterscheidung der drei Kausalitätsstufen findet man gründlicher und spezieller ausgeführt in den ›Beiden Grundproblemen der Ethik‹, Kap. 3 der ersten Preisschrift, S. 30ff. *[S. 544]*, sodann auch in der zweiten Auflage der Abhandlung ›Über die vierfache Wurzel‹ § 20, S. 45 *[S. 62]*.

Ich komme jetzt endlich zu dem, was die Beziehung des bisher Gesagten auf unsern eigentlichen Gegenstand, *die Farben*, enthält, und gehe damit zu einem gar speziellen und untergeordneten Teil der Anschauung der Körperwelt über: denn wie der bis hieher in Betrachtung genommene intellektuale Anteil derselben eigentlich die Funktion der so beträchtlichen, drei bis fünf Pfund wiegenden Nervenmasse des Gehirns ist; so habe ich im folgenden Kapitel bloß die Funktion eines feinen Nervenhäutchens auf dem Hintergrunde des Augapfels, der *Retina*, zu betrachten, als deren besonders modifizierte Tätigkeit ich die Farbe, welche als eine allenfalls entbehrliche Zugabe die angeschauten Körper bekleidet, nachweisen werde. Nämlich die Anschauung, d. h. die Apprehension einer objektiven, den Raum in seinen drei Dimensionen ausfüllenden Körperwelt entsteht, wie oben im allgemeinen gezeigt, im bereits angezogenen § 21 der Abhandlung ›Über die vierfache Wurzel‹ *[S. 75]* aber näher ausgeführt worden ist, durch den Verstand, für den Verstand, im Verstande, welcher, wie auch die ihm zum Grunde liegenden Formen Raum und Zeit, die Funktion des Gehirns ist. Die Sinne sind bloß die Ausgangspunkte dieser Anschauung der Welt. Ihre Modifikationen sind daher vor aller Anschauung gegeben, als bloße Empfindungen, sind die Data, aus denen erst im Verstande die erkennende Anschauung wird. Zu diesen gehört ganz vorzüglich der Eindruck des Lichts auf das Auge und demnächst die Farbe, als eine Modifikation dieses Eindrucks. Diese sind also die Affektion des Auges, sind die Wirkung selbst, welche daist, auch ohne daß sie auf eine Ursache bezogen werde. Das neugeborne Kind empfindet Licht und Farbe, ehe es den leuchtenden oder gefärbten Gegenstand als solchen erkennt und anschaut. Auch ändert kein Schielen die Farbe. Verwandelt der Verstand die Empfindung in Anschauung, dann wird freilich auch diese Wirkung auf ihre Ursache bezogen und übertragen und dem einwirkenden Körper Licht oder Farbe als Qualitäten, d. h. Wirkungsarten beigelegt. Dennoch wird er nur als das diese Wirkung Hervorbringende anerkannt. ›Der Körper ist rot‹ bedeutet, daß er im Auge die rote Farbe bewirkt. Sein ist überhaupt mit Wirken gleichbedeutend: daher auch im Deutschen überaus treffend und mit unbewußtem Tiefsinn alles, was *ist*, *wirklich*, d. i. wirkend genannt wird. – Dadurch daß wir die Farbe als einem Körper inhärierend auffassen, wird ihre diesem vorhergegangene unmittelbare Wahrnehmung durchaus nicht geändert: sie ist und bleibt Affektion des Auges; bloß als deren Ursache wird der Gegenstand angeschaut: die Farbe selbst aber ist allein die Wirkung, ist der im Auge hervorgebrachte Zustand und als solcher unabhängig vom Gegenstande, der nur für den Verstand daist; denn alle Anschauung ist eine intellektuale.

ZWEITES KAPITEL

VON DEN FARBEN

§ 2
Volle Tätigkeit der Retina

Aus unserer bisherigen Betrachtung ergibt sich, daß Helle, Finsternis und Farbe, im engsten Sinne genommen, Zustände, Modifikationen des Auges sind, welche unmittelbar bloß empfunden werden. Eine gründliche Betrachtung der Farbe muß von diesem Begriff derselben ausgehn und demnach damit anfangen, sie als physiologische Erscheinung zu untersuchen. Denn um regelrecht und überlegt zu Werke zu gehn, muß man, ehe man zu einer gegebenen Wirkung die Ursache zu entdecken unternimmt, vorher diese Wirkung selbst vollständig kennenlernen; weil man allein aus ihr Data zur Auffindung der Ursache schöpfen kann und nur sie die Richtung und den Leitfaden zu dieser gibt. *Newtons* Fundamentalversehn war eben, daß er, ohne die Wirkung irgend genau und ihren innern Beziehungen nach kennenzulernen, voreilig zur Aufsuchung der Ursache schritt. Jedoch ist dasselbe Versehn allen Farbentheorien von den ältesten bis auf die letzte von Goethe gemeinsam: sie alle reden bloß davon, welche Modifikation der Oberfläche ein Körper oder welche Modifikation das Licht, sei es durch Zerlegung in seine Bestandteile, sei es durch Trübung oder sonstige Verbindung mit dem Schatten, erleiden muß, um Farbe zu zeigen, d. h. um jene spezifische Empfindung im Auge zu erregen, die sich nicht beschreiben, sondern nur sinnlich nachweisen läßt. Statt dessen ist offenbar der rechte Weg, sich zunächst an diese Empfindung selbst zu wenden, um zu erforschen, ob nicht aus ihrer Beschaffenheit und Gesetzmäßigkeit sich herausbringen ließe, worin sie an und für sich, also physiologisch bestehe. Offenbar wird eine solche genaue Kenntnis der Wirkung, von welcher eigentlich, wenn man von Farben spricht, die Rede ist, auch Data liefern zur Auffindung der Ursache, d.h. des äußern Reizes, der solche Empfindung erregt. Zunächst nämlich muß überall zu jeder möglichen *Modifikation* einer Wirkung eine ihr genau entsprechende *Modifikabilität* der Ursache nachweisbar sein; ferner, wo die Modifikationen der Wirkung keine scharfe Grenze gegen einander zeigen, da dürfen auch in der Ursache dergleichen nicht abgesteckt sein, sondern muß auch hier dieselbe Allmäligkeit der Übergänge sich vorfinden; endlich, wo die Wirkung Gegensätze zeigt, d.h. eine gänzliche Umkehrung ihres Charakters gestattet, da müssen auch hiezu die Bedingungen in der Natur der Ursache liegen, gemäß der Regel des Aristoteles: τῶν γὰρ ἐναντίων τὰ ἐναντία αἴτια (nam contrariorum contrariae sunt causae) [denn vom Entgegengesetzten ist das Entgegengesetzte die Ursache] (›De generatione et corruptione‹ 2, cap. 10). Diesem allen gemäß wird man finden, daß meine Theorie, welche die Farbe nur an sich selbst, d.h. als gegebene spezifische Empfindung im Auge betrachtet, schon Data a priori an die Hand gibt zur Beurteilung der Newtonischen und Goetheschen Lehre vom Objektiven der Farbe, d.h. von den äußeren Ursachen, die im Auge solche Empfindung erregen: und da wird sich ergeben, daß alles für die Goethesche und gegen die Newtonische Lehre spricht. – Also erst nach der Betrachtung der Farbe als solcher, d.h. als spezifischer Empfindung im Auge, ist als eine von ihr völlig verschiedene die der äußeren Ursachen jener besondern Modifikationen der Lichtempfindung anzustellen, d.h. die Betrachtung derjenigen Farben, welche Goethe sehr richtig in physische und chemische eingeteilt hat.

Es ist unbezweifelte Lehre der Physiologie, daß alle Sensibilität nie reine Passivität sei, sondern Reaktion auf empfangenen Reiz. Sogar in spezieller Hinsicht auf das Auge, und namentlich, sofern es Farben sieht, hat sie schon Aristoteles ausgesprochen: Οὐ μόνον πάσχει, ἀλλὰ καὶ ἀντιποιεῖ τὸ τῶν χρωμάτων αἰσθητήριον. (Non modo patitur sensorium, quo natura colorum percipitur, sed etiam vicissim agit.) [Das Vermögen des Farbensinnes erleidet nicht nur Eindrücke, sondern es reagiert auch darauf.] (›De insomniis‹ cap. 2 [p. 460a 24–26]). – Eine sehr überzeugende Auseinandersetzung der Sache findet man unter andern in Darwins ›Zoonomia‹ p. 19 seqq. – Ich werde die dem Auge überhaupt eigentümliche Reaktion auf äußern Reiz seine *Tätigkeit* nennen, und zwar näher: die Tätigkeit der *Retina*; da diese der unbezweifelte Sitz dessen ist, was beim Sehn in der bloßen Empfindung besteht. Dasjenige, was durch sich selbst, unmittelbar und ursprünglich, diese Tätigkeit anreizt, ist das *Licht*. Das die volle Einwirkung des Lichts empfangende Auge äußert also die *volle Tätigkeit der Retina*. Mit Abwesenheit des Lichtes oder [bei] *Finsternis* tritt *Untätigkeit* der Retina ein.

Körper, welche unter Einwirkung des Lichtes auf sie ganz wie das Licht selbst auf das Auge zurückwirken, sind *glänzend* oder *Spiegel*.

Weiß aber sind die Körper, welche, der Einwirkung des Lichtes ausgesetzt, nicht ganz wie das Licht selbst auf das Auge zurückwirken, sondern mit einer geringen Verschiedenheit, nämlich mit einer gewissen Milderung und gleichmäßigen Verbreitung, die man, wenn man nicht von der Erscheinung im Auge auf ihre Ursache abgehn will, nicht näher bestimmen kann, als daß sie die Abwesenheit des Glanzes und der strahlenden Beschaffenheit des Lichtes sei. Man könnte, wie man strahlende Wärme von der diffundierten unterscheidet, die Weiße diffundiertes Licht nennen. Will man aber die Wirkung durch die Ursache ausdrücken, dann ist Goethes Erklärung des auf physischem Wege erscheinenden Weißen, daß es die vollendete Trübe sei, überaus treffend und richtig. Körper, welche unter Einwirkung des Lichtes auf sie gar nicht auf das Auge zurückwirken, sind *schwarz*.

Vom Glanze wird in dieser ganzen Betrachtung als etwas ihren Gegenstand nicht Angehendem abgesehn. Das Weiße wird als das zurückwirkende Licht und daher die Wirkung beider (des Lichtes und des Weißen) auf das Auge als im wesentlichen dieselbe angesehn. Wir sagen demnach: unter

Einwirkung des Lichtes oder des Weißen ist die Retina in *voller Tätigkeit*; mit Abwesenheit jener beiden aber, d. h. bei Finsternis oder Schwarz tritt *Untätigkeit* der Retina ein.

§ 3
Intensiv geteilte Tätigkeit der Retina

Die Einwirkung des Lichtes und des Weißen auf die Retina und die aus ihr erfolgende Tätigkeit derselben hat Grade, in denen mit stetigem Übergang das Licht der Finsternis und das Weiße dem Schwarzen sich annähert. Im ersten Fall heißen sie Halbschatten und im andern Grau. Wir erhalten also folgende zwei Reihen der Bestimmungen der Tätigkeit der Retina, die im wesentlichen nur *eine* Reihe ausmachen und bloß durch den Nebenumstand der unmittelbaren oder der vermittelten Einwirkung des Reizes auseinandertreten:

Licht	Halbschatten	Finsternis
Weiß	Grau	Schwarz

Die Grade der verminderten Tätigkeit der Retina (Halbschatten und Grau) bezeichnen eine nur teilweise Intensität derselben: ich nenne deshalb die Möglichkeit solcher Grade überhaupt die *intensive Teilbarkeit der Tätigkeit der Retina*.

§ 4
Extensiv geteilte Tätigkeit der Retina

Wie wir die Tätigkeit der Retina intensive teilbar fanden, so kann dieselbe auch, da sie einem ausgedehnten Organ inhäriert, eben mit diesem extensive geteilt werden: wodurch eine *extensive Teilbarkeit der Tätigkeit der Retina* gegeben ist.

Das Dasein dieser ergibt sich schon daraus, daß das Auge mannigfaltige Eindrücke zugleich, also nebeneinander erhalten kann. Besonders hervorgehoben aber wird es durch die von Goethe (›Farbenlehre‹ Bd. 1, S. 9 und 13) dargestellte Erfahrung, daß ein schwarzes Kreuz auf weißem Grunde, eine Weile angesehn und dann diesen Eindruck gegen den gleichgültigen einer grauen oder dämmernden Fläche vertauscht, die umgekehrte Erscheinung im Auge veranlaßt, nämlich ein weißes Kreuz auf schwarzem Grunde. Der Versuch läßt sich jeden Augenblick am Fensterkreuze machen. Diese Erscheinung erklärt sich daraus, daß auf denjenigen Stellen der Retina, welche vom weißen Grunde getroffen wurden, die Tätigkeit derselben durch diesen Reiz so erschöpft ist, daß sie gleich darauf nicht mehr merklich erregt werden kann durch den viel geringern Reiz der grauen Fläche, welche hingegen auf die übrigen vorhin vom schwarzen Kreuz getroffenen und während dieser Untätigkeit ausgeruhten Stellen mit ihrer ganzen Kraft wirkt und daselbst einen dieser angemessenen intensiven Grad der vollen Tätigkeit der Retina hervorruft. Demnach ist die Umkehrung der Erscheinung hier eigentlich nur scheinbar, wenigstens nicht, wie man übrigens zu glauben geneigt sein möchte, spontan, nämlich eine wirkliche Aktion, in die der vorhin ausgeruhte Teil *von selbst* geriete: denn wenn man nach erhaltenem Eindruck das Auge schließt (wobei man aber die Augen mit der Hand bedecken muß) oder ins völlig Finstere sieht, so kehrt die Erscheinung sich nicht um, sondern bloß der empfangene Eindruck dauert eine Weile fort; wie dies auch Goethe angibt (›Farbenlehre‹ Bd. 1, Teil 1, § 20): diese Tatsache würde mit jener Annahme nicht zu vereinigen sein. Wenn man jedoch hiebei die Augen mit der Hand zu bedecken vernachlässigt; so wird das durch die Augenlider eindringende Licht die oben angeführte Wirkung einer grauen Fläche tun und demnach die Erscheinung allerdings sich umkehren: daß aber dies die Folge des besagtermaßen eindringenden Lichtes ist, geht daraus hervor, daß, sobald man alsdann die Augen mit der Hand bedeckt, die Umkehrung sogleich wegfällt. Diese Erfahrung hat schon *Franklin* gemacht, dessen eigenen Bericht darüber Goethe wiedergibt im historischen Teil seiner ›Farbenlehre‹. – Es ist erfordert, daß man hierüber im klaren sei, damit man die wesentliche Verschiedenheit dieser Erscheinung von der sogleich zu erörternden wohl erkenne.

§ 5
Qualitativ geteilte Tätigkeit der Retina

Die bis hieher dargestellte und keinem Zweifel unterworfene intensive und extensive Teilbarkeit der Tätigkeit der Retina läßt sich zusammenfassen unter den gemeinsamen Begriff einer *quantitativen Teilbarkeit der Tätigkeit der Retina*. Nunmehr aber ist mein Vorhaben, zu zeigen, daß noch eine dritte von jenen beiden toto genere [durchaus] verschiedene Teilung jener Tätigkeit vorgehn kann, nämlich eine *qualitative* und daß diese wirklich vollzogen wird, sobald dem Auge irgendeine *Farbe*, auf welchem Wege es auch sei, gegenwärtig ist. Zu dieser Betrachtung bietet uns die am Ende des vorigen Paragraphen erwähnte Erscheinung einen bequemen Übergang dar. Ich werde sie sogleich nochmals vor die Augen bringen.

Zuvor aber muß ich hier dem Leser die Eröffnung machen, daß zum Verständnis des jetzt folgenden eigentlichen Kerns meiner Theorie der Farbe die Autopsie unerläßlich ist, er also die hier sogleich anzugebenden Versuche selbst nachzumachen hat. Glücklicherweise ist dies äußerst leicht. Es bedarf dazu weiter nichts als einiger in den anzugebenden Farben lebhaft gefärbter Stückchen Papiers oder Seidenbandes, welche man in die hier angenommene Scheibenform oder auch in jede beliebige andere wenige Quadratzoll groß schneidet, solche auf eine graue oder weiße Stubentüre leicht befestigt und alsdann nach etwa dreißig Sekunden unverwandten Anschauens derselben sie schnell wegreißt, jedoch die Stelle, welche sie einnahmen, im Auge behält, woselbst jetzt statt der dagewesenen eine völlig andere Farbe in derselben Figur sich zeigt. Diese kann nicht ausbleiben: sollte man sie nicht sogleich wahrnehmen; so liegt dies bloß am Mangel gehöriger Aufmerksamkeit und [an] der Gewohnheit, darauf zu achten. Die größte Energie erlangt das Experiment, wenn man Stückchen lebhaft gefärbter Seide an die Fensterscheibe klebt, wo man sie vom Lichte durchdrungen sieht. – Ohne diese Autopsie aber wird man nicht eigentlich wissen, wovon im weitern Verfolg durchweg die Rede ist, sondern sich mit bloßen Worten herumschleppen.

Man betrachte also zuvörderst zwanzig bis dreißig Sekunden hindurch eine weiße Scheibe auf schwarzem Grunde und sehe sodann auf eine dämmernde oder hellgraue Fläche: da wird dem Auge sich eine schwarze Scheibe auf hellem Grunde darstellen. Dies ist noch völlig die Erscheinung der *extensiven* Teilbarkeit der Tätigkeit der Retina. Auf *der* Stelle derselben nämlich, welche von der weißen Scheibe affiziert war, ist hiedurch die Sehkraft auf eine Weile erschöpft, wodurch völlige Untätigkeit derselben unter schwächerem Reize eintritt. Man kann dies damit vergleichen, daß ein Tropfen Schwefeläther, der auf der Hand verdunstet, die Wärme dieser Stelle wegnimmt, bis sie allmälig sich wieder herstellt. – Nunmehr aber setze man an die Stelle der weißen Scheibe eine *gelbe*. Jetzt wird, wenn man auf die graue Fläche blickt, statt der schwarzen Scheibe, welche die völlige Untätigkeit dieser Stelle der Retina aussprach, sich eine *violette* darstellen. Dies ist, was Goethe treffend das physiologische Farbenspektrum nennt; wie er denn auch sämtliche hiehergehörige Tatsachen mit großer Richtigkeit und erschöpfender Vollständigkeit dargestellt hat, jedoch darüber nicht hinausgegangen ist. Uns nun aber beschäftigt gegenwärtig das Rationale der Sache, also der hier vor sich gehende physiologische Prozeß, und wird es um so ernstlicher, als meiner Meinung nach allein aus der richtigen Erklärung desselben ein wahres Verständnis des eigentlichen Wesens der Farbe überhaupt möglich ist, aber aus ihr klar hervorgeht, sobald man nur Augen und Kopf zugleich anwenden will. Nämlich aus der Anschauung des besagten Phänomens und aus der aufmerksamen Vergleichung dessen, was auf eine weiße, mit dem, was auf eine gelbe Scheibe im Auge folgt, ergibt sich mir nachstehende Erklärung dieses Vorgangs, welche zunächst keiner andern Begründung fähig ist noch bedarf als eben der unmittelbaren Beurteilung des Phänomens selbst, indem sie bloß der richtige Ausdruck desselben ist. Denn hier sind wir zu dem Punkte gelangt, wo der sinnliche Eindruck das Seinige getan hat, weiter nichts zu geben vermag und nunmehr die Reihe an die Urteilskraft kommt, das empirisch Gegebene zu verstehn und auszusprechen. Jedoch wird die Richtigkeit dieser Erklärung aus unserer ferneren Betrachtung, die jenes Phänomen unter seinen verschiedenen Phasen verfolgt, mehr und mehr hervortreten, endlich aber ihre volle Bestätigung erhalten durch die § 10 *[S. 242]* darzulegende Rechnungsprobe der Sache.

Bei der Darstellung der *gelben* Scheibe im Auge ist nicht, wie vorhin von der *weißen*, die *volle* Tätigkeit der Retina erregt und dadurch mehr oder weniger erschöpft worden, sondern die gelbe Scheibe vermochte nur einen Teil derselben hervorzurufen, den andern zurücklassend; so daß jene Tätigkeit der Retina sich nunmehr *qualitativ geteilt* hat und in zwei Hälften auseinandergetreten ist, davon die eine sich als *gelbe* Scheibe darstellte, die andere dagegen zurückblieb und nun von selbst ohne neuen äußern Reiz als *violettes* Spektrum nachfolgt. Beide, die gelbe Scheibe und das violette Spektrum, als die bei dieser Erscheinung getrennten qualitativen Hälften der vollen Tätigkeit der Retina, sind zusammengenommen dieser gleich: ich nenne daher, und *in diesem Sinn*, jede das *Komplement* der andern. Da nun aber ferner der Eindruck des Gelben dem des vollen Lichtes oder des Weißen viel näher kommt als der Eindruck des Violetten; so müssen wir zur ersten Annahme sogleich die zweite fügen, nämlich daß die *qualitativen Hälften,* in welche hier die Tätigkeit der Retina sich teilte, einander *nicht gleich* sind, sondern die gelbe Farbe ein viel größerer qualitativer Teil jener Tätigkeit ist als ihr Komplement, die violette. Man bemerke aber wohl, daß das *unwesentliche* Hell und Dunkel, welches die Vermischung der Farbe mit Weiß oder Schwarz ist und unten noch besonders erörtert werden soll, hier nicht gemeint ist und nichts zur Sache tut. Jede Farbe nämlich hat einen Punkt der größten Reinheit und Freiheit von allem Weiß und Schwarz, welcher Punkt auf *Runges* sehr sinnreich erdachter *Farbenkugel* durch den Äquator, der vom weißen und schwarzen Pol gleich fern liegt, dargestellt ist. Auf diesen Äquator nämlich sind sämtliche Farben aufgetragen, mit ganz unmerklichen Übergängen der einen in die andere; so daß z. B. das Rot nach der einen Seite hin ganz allmälig ins Orange, dieses ins Gelbe, dieses ins Grüne, dieses ins Blaue, dieses ins Violette übergeht, welches letztere wieder zum Rot zurückkehrt. Diese sämtlichen Farben aber zeigen nur auf dem Äquator sich in voller Energie und verlieren diese nach dem schwarzen Pole hin durch Verdunkelung, nach dem weißen hin durch Verblassung, mehr und mehr. Auf diesem Punkt ihrer größten Energie nun also, wie solchen der Äquator darstellt, hat jede Farbe eine innere und wesentliche Annäherung zum Weißen oder Ähnlichkeit mit dem Eindruck des vollen Lichtes und andererseits wieder eine dieser im umgekehrten Verhältnis entsprechende Dunkelheit, also Annäherung zur Finsternis. Durch diesen jeder Farbe wesentlichen und eigentümlichen Grad von Helle oder Dunkelheit sind sie demnach auch abgesehn von ihrer sonstigen Differenz schon voneinander verschieden, indem die eine dem Weißen, die andere dem Schwarzen näher steht; und diese Verschiedenheit ist augenfällig. Jene der Farbe wesentliche innere Helle ist von aller ihr durch zufällige Beimischung gegebenen sehr unterschieden, indem die Farbe sie im Zustand ihrer größten Energie beibehält, das zufällige eingemischte Weiß aber diese schwächt. So ist z.B. Violett unter allen Farben die wesentlich dunkelste, unwirksamste; Gelb dagegen die wesentlich hellste und heiterste: nun kann zwar das Violette durch Beimischung von Weiß sehr hell werden; aber es erhält dadurch keine größre Energie, vielmehr verliert es nur noch mehr von der ihm eigentümlichen und wird in ein blasses, mattes, dem Hellgrau ähnliches Lila verwandelt, das keineswegs sich mit der Energie des Gelben vergleichen kann, ja nicht einmal die des Blauen je erreicht. Umgekehrt kann man allen und auch den wesentlich hellsten Farben durch Beimischung von Schwarz jeden beliebigen Grad von Dunkelheit erteilen; welches ihnen aufgedrungene Dunkel aber ebenfalls sogleich ihre Energie schwächt; so, wenn aus Gelb Braun wird. An der Wirksamkeit der Farben als solcher also, an ihrer Energie läßt sich erkennen, ob sie rein sind und frei von allem ihrem Wesen fremden Schwarz oder Weiß. Durch seine innere, wesentliche Helligkeit nun gibt das Gelbe sich als einen ungleich größeren qualitativen Teil der Tätigkeit der Retina zu erkennen als sein Komplement, das Violette, welches vielmehr von allen Farben die dunkelste ist.

Man lasse nunmehr die zum Beispiel gebrauchte vorhin gelbe Scheibe *rotgelb* werden; so wird das Violett des darauf erscheinenden Spektrums sich vom Roten genauso viel entfernen, als die Scheibe sich demselben genähert hat: ist diese gerade in der Mitte zwischen Gelb und Rot, also *Orange*; so ist das Spektrum rein *Blau*. Das Orange ist vom Weißen als der vollen Tätigkeit der Retina schon ferner als das Gelbe und dagegen das Blau, sein Komplement, um ebenso viel dem Weißen näher als das Violette. Hier sind also die qualitativen Hälften der geteilten Tätigkeit sich schon viel weniger ungleich. Ganz gleich werden sie endlich, wenn die Scheibe *rot* und das Spektrum vollkommen *grün* wird. Unter *Rot* ist hier jedoch Goethes Purpur, d. h. das wahre, reine, weder ins Gelbe noch ins Violette irgend ziehende Rot (so ziemlich die Farbe des auf einer weißen Porzellantasse aufgetrockneten Karmins) zu verstehn, nicht aber Newtons Rot, das prismatische, als welches ganz und gar gelbrot ist. Jenes wahre, reine Rot nun also ist vom Weißen und vom Schwarzen geradeso weit entfernt wie sein Komplement, das vollkommene *Grün*. Demnach stellen diese beiden Farben die in zwei *gleiche Hälften* qualitativ geteilte Tätigkeit der Retina dar. Hieraus erklärt sich ihre auffallende, jede andere übertreffende Harmonie, die Stärke, mit der sie sich fordern und hervorrufen, und die ausgezeichnete Schönheit, die wir jeder derselben für sich und noch mehr beiden nebeneinander zuerkennen; daher keine andere Farbe den Vergleich mit ihnen aushält und ich diese beiden völlig gleichen Hälften der qualitativ geteilten Tätigkeit der Retina, Rot und Grün, χρώματα κατ' ἐξοχήν, couleurs par excellence [Farben in hervorragendem Sinne] nennen möchte; weil sie das Phänomen der Bipartition der Tätigkeit der Retina in höchster Vollkommenheit darstellen. Denn in jedem andern Farbenpaar steht die *eine* Farbe dem Weißen näher als dem Schwarzen und die andre umgekehrt: nur in diesem ist es nicht so; die Teilung der Tätigkeit der Retina ist hier in eminentem Grade *qualitativ*, das Quantitative macht sich nicht wie dort direkt fühlbar. – Geht nun endlich unsere zuletzt *rot* gewesene Scheibe ins *Blaurote* (Violette) über; so wird nunmehr das Spektrum *gelb*, und wir durchwandern denselben Kreis in entgegengesetzter Richtung.

Folgende Verhältnisse lassen sich freilich vorderhand nicht beweisen und müssen insofern sich gefallen lassen, hypothetisch zu heißen[1]: allein aus der Anschauung erhalten sie eine so entschiedene, unmittelbare Bewährung und Überzeugungskraft, daß schwerlich jemand sie im Ernst und aufrichtig ableugnen wird; daher eben auch der Prof. Anton Rosas, der im ersten Bande seines ›Handbuchs der Augenheilkunde‹ sich per fas et nefas [mit Recht wie mit Unrecht] das Meinige aneignet, diese Verhältnisse geradezu als selbstevident einführt (das Nähere hierüber findet man im ›Willen in der Natur‹, 2. Auflage S. 15 *[S.334]*). Wie nämlich *Rot* und *Grün* die beiden *völlig gleichen* qualitativen Hälften der Tätigkeit der Retina sind, so ist *Orange* $2/3$ dieser Tätigkeit und sein Komplement *Blau* nur $1/3$; *Gelb* ist $3/4$ der vollen Tätigkeit und sein Komplement *Violett* nur $1/4$. Es darf uns hiebei nicht irremachen, daß Violett, da es zwischen Rot, das $1/2$ ist, und Blau, das $1/3$ ist, in der Mitte liegt, doch nur $1/4$ sein soll; es ist hier wie in der Chemie: aus den Bestandteilen läßt sich die Qualität der Zusammensetzung nicht vorhersagen. Violett ist die dunkelste aller Farben, obgleich es aus zwei hellern, als es selbst ist, entsteht; daher es auch, sobald es nach einer oder der andern Seite sich neigt, heller wird. Dies gilt von keiner andern Farbe: Orange wird heller, wenn es zum Gelben, dunkler, wenn es zum Roten sich neigt, Grün heller nach der gelben, dunkler nach der blauen Seite; Gelb als die hellste aller Farben tut umgekehrt dasselbe, was sein Komplement, das Violett: es wird nämlich dunkler, es mag sich zur orangen oder zur grünen Seite neigen. – Aus der Annahme eines solchen in ganzen und den ersten Zahlen ausdrückbaren Verhältnisses, und zwar allein daraus erklärt es sich vollkommen, warum Gelb, Orange, Rot, Grün, Blau, Violett feste und ausgezeichnete Punkte im sonst völlig ste-

---

1. Die Angabe zweier allenfalls zum Beweise für sie dienender Experimente findet man am Ende des § 13 *[S. 280]*.

tigen und unendlich nuancierten Farbenkreise, wie ihn der Äquator der Rungeschen Farbenkugel darstellt, sind und man sie durch Beilegung besonderer Namen überall und von jeher dafür erkannt hat. Liegen ja doch zwischen ihnen unzählige Farbennuancen, deren jede ebensogut einen eigenen Namen haben könnte: worauf also beruht das Vorrecht jener sechs? Auf dem soeben angeführten Grunde, daß in ihnen die Bipartition der Tätigkeit der Retina sich in den einfachsten Brüchen darstellt. Geradeso, wie auf der Tonleiter, welche ja ebenfalls in einen von der untern zur obern Oktave durch unmerkliche Übergänge heulend aufsteigenden Ton sich auflösen läßt, die sieben Stufen abgesteckt sind (wodurch eben sie zur *Leiter,* scala, wird) und eigene Namen erhalten haben, abstrakt als Prime, Sekunde, Terz usw., konkret als ut, re, mi usw., bloß aus dem Grunde, daß die Schwingungen gerade dieser Töne in rationalem Zahlenverhältnis zu einander stehn. – Bemerkenswert ist es, daß schon Aristoteles gemutmaßt hat, daß dem Unterschiede der Farben wie dem der Töne ein Zahlenverhältnis zum Grunde liegen müsse und daß, je nachdem dasselbe rational oder irrational wäre, die Farben rein und unrein ausfielen. Nur weiß er nicht, worauf eigentlich dasselbe beruhen soll. Die Stelle steht im Buche ›De sensu et sensibili‹ cap. 3 [p. 439 b], in der Mitte: Ἔστι μὲν οὖν οὕτως ὑπολαβεῖν[1] κ. τ. λ.

1. [Die Stelle lautet in der Übersetzung: ›Es ist somit folgende Annahme zu machen, daß es eine Mehrzahl von Farben außer Weiß und Schwarz gibt, sowie daß viele davon durch ein rationales Verhältnis bestimmt sind, denn es liegt so, daß die einen zu einander im Verhältnis von drei zu zwei und drei zu vier und anderen Zahlen stehen, die anderen aber insgesamt in keinem Verhältnis nach rationalen Zahlen, sondern nur nach einem unregelmäßigen Mehr oder Weniger, und daß es sich also bei diesen Dingen genauso verhält wie bei den Harmonien der Töne; daß nämlich die einen Farben, die sich nach gut begreiflichen Zahlen richten wie dort die Harmonien diejenigen sind, die am angenehmsten erscheinen, wie Blau und Purpur und wenige andere dergleichen, wenige, aus demselben Grunde, aus dem auch die Harmonien nur wenige sind, daß aber die andern, die man nicht in Zahlen fassen kann, die übrigen Farben sind, oder auch, daß alle Farben der Zahlengesetzlichkeit unterliegen, bald aber geordnet, bald ungeordnet, und ein und dieselben, sobald sie nicht rein sind, derartig werden, weil sie sich der rationalen Farbengesetzlichkeit entziehen.‹]

- wobei ich bemerke, daß man vor τρία γάρ [denn ... drei] einzuschalten hat τὰ μέν [die einen].

Anmerkung: Man hat nicht Anstoß daran zu nehmen, daß, indem die qualitative Teilung der Tätigkeit der Retina zum Unterschied und im Gegensatz der bloß quantitativen aufgestellt worden ist, dennoch bei jener von gleichen und ungleichen Hälften, also einem quantitativen Verhältnis die Rede ist. Jede qualitative Teilung nämlich ist zugleich in einer untergeordneten Hinsicht eine quantitative. So ist jede chemische Scheidung eine qualitative Teilung der Materie im Gegensatz der bloß quantitativen mechanischen Teilung: notwendig ist aber auch jene zugleich immer noch eine quantitative, ein Teilen der Masse als Masse, eben wie die mechanische.

Die gegebene Erklärung der Farbe ist also im wesentlichen folgende: *Die Farbe ist die qualitativ geteilte Tätigkeit der Retina.* Die Verschiedenheit der Farben ist das Resultat der Verschiedenheit der qualitativen Hälften, in welche diese Tätigkeit auseinandergehn kann, und ihres Verhältnisses zu einander. *Gleich* können diese Hälften nur *einmal* sein, und dann stellen sie das wahre Rot und das vollkommne Grün dar. *Ungleich* können sie in unzähligen Verhältnissen sein, und daher ist die Zahl der möglichen Farben unendlich. Jeder Farbe wird, nach ihrer Erscheinung, ihr im Auge zurückgebliebenes *Komplement zur vollen Tätigkeit der Retina* als physiologisches Spektrum nachfolgen. Dies geschieht, weil die Nervennatur der Retina es mit sich bringt, daß, wenn sie durch die Beschaffenheit eines äußern Reizes zur Teilung ihrer Tätigkeit in zwei qualitativ verschiedene Hälften genötigt worden ist, dann der vom Reiz hervorgerufenen Hälfte nach Wegnahme desselben die andere von selbst nachfolgt: indem nämlich die Retina den natürlichen Trieb hat, ihre Tätigkeit *ganz* zu äußern, sucht sie, nachdem solche auseinandergerissen war, sie wieder zu ergänzen. Ein je größerer Teil der vollen Tätigkeit der Retina eine Farbe ist, ein desto kleinerer muß ihr Komplement zu dieser Tätigkeit sein: d.h. je mehr eine Farbe, und zwar wesentlich, nicht zufällig hell, dem Weißen nahe ist, desto dunkler, der Finsternis näher wird das nach ihr sich zeigende Spektrum sein; und umgekehrt. Da der Farbenkreis eine zusammenhängende stetige Größe ohne innre Grenzen ist und alle seine Farben durch unmerkliche Nuancen ineinander übergehn; so erscheint es, wenn man auf diesem Standpunkt stehnbleibt, als beliebig, wie viele Farben man annehmen will. Nun aber finden sich bei allen Völkern, zu allen Zeiten für Rot, Grün, Orange, Blau, Gelb, Violett besondere Namen, welche überall verstanden werden, als die nämlichen ganz bestimmten Farben bezeichnend; obschon diese in der Natur höchst selten rein und vollkommen vorkommen: sie müssen daher gewissermaßen a priori erkannt sein, auf analoge Weise wie die regelmäßigen geometrischen Figuren, als welche in der Wirklichkeit gar nicht vollkommen darzustellen sind und doch von uns mit allen ihren Eigenschaften vollkommen erkannt und verstanden werden. Wenn nun gleich jene Namen den wirklichen Farben meistens nur a potiori beigelegt werden, d. h. jede vorkommende Farbe nach derjenigen aus jenen sechs benannt wird, der sie am nächsten kommt; so weiß doch jeder sie von der Farbe, der jener Name im engsten Sinn angehört, noch immer zu unterscheiden und anzugeben, ob und wie sie von dieser abweicht, z. B. ob ein empirisch gegebenes Gelb rein sei oder ob es ins Grüne oder Orange ziehe: er muß also eine Norm, ein Ideal, eine Epikurische Antizipation[1] der gelben und jeder Farbe unabhängig von der Erfahrung in sich tragen, mit welcher er jede wirkliche Farbe vergleicht. Den Schlüssel hiezu gibt uns einzig und allein die Erkenntnis, daß das sich als in gewissen ganzen und den ersten Zahlen ausdrückbar darstellende Verhältnis der beiden Hälften, in welche bei den angeführten Farben die Tätigkeit der Retina sich teilt, diesen drei *Farbenpaaren* einen Vorzug gibt, der sie vor allen andern auszeichnet. Demgemäß bezieht unsere Prüfung der Reinheit einer gegebenen Farbe, z. B. ob dieses Gelb genau ein solches sei oder aber ins Grüne oder auch ins Orange falle, sich auf die genaue Richtigkeit des durch sie ausgedrückten Bruchs. Daß

[1] ›Anticipationem, quam appellat πρόληψιν Epicurus, i. e. anteceptam animo rei quandam informationem, sine qua nec intellegi quidquam nec quaeri nec disputari potest.‹ [Eine Antizipation, welche Epikur πρόληψις nennt, d. i. eine im Bewußtsein gefaßte Vorstellung des Dinges, ohne welche sich gar nichts erkennen, fragen und erörtern läßt.] (Cicero: ›De natura deorum‹ 1, 16).

wir aber dies arithmetische Verhältnis durch das bloße Gefühl beurteilen können, erhält einen Beleg von der Musik, deren Harmonie auf den viel größeren und komplizierteren Zahlenverhältnissen der gleichzeitigen Schwingungen beruht, deren Töne wir jedoch nach dem bloßen Gehöre höchst genau und dennoch arithmetisch beurteilen; so daß jeder regelrecht beschaffene Mensch imstande ist anzugeben, ob ein angeschlagener Ton die richtige Terz, Quint oder Oktav eines andern sei. Wie die sieben Töne der Skala sich von den unzähligen andern der Möglichkeit nach zwischen ihnen liegenden nur durch die Rationalität ihrer Vibrationszahlen auszeichnen; so auch die sechs mit eigenen Namen belegten Farben von den unzähligen zwischen ihnen liegenden nur durch die Rationalität und Simplizität des in ihnen sich darstellenden Bruches der Tätigkeit der Retina. Wie ich, ein Instrument stimmend, die Richtigkeit eines Tones dadurch prüfe, daß ich seine Quint oder Oktav anschlage; so prüfe ich die Reinheit einer vorliegenden Farbe dadurch, daß ich ihr physiologisches Spektrum hervorrufe, dessen Farbe oft leichter zu beurteilen ist als sie selbst: so habe ich z.B., daß das Grün des Grases stark ins Gelbliche fällt, erst daraus ersehn, daß das Rot seines Spektrums stark ins Violette zieht. Wenn wir nicht eine subjektive Antizipation der sechs Hauptfarben hätten, die uns eine Norm a priori für sie gibt; so würden wir, da dann die Bezeichnung derselben durch eigene Namen bloß konventionell wäre, wie die der Modefarben es wirklich ist, über die Reinheit einer gegebenen Farbe kein Urteil haben und demnach manches gar nicht verstehn können, z.B. was Goethe vom wahren Rot sagt, daß es nicht das gewöhnliche Scharlachrot sei, als welches gelbrot ist, sondern mehr das des Karmins; während jetzt dies sehr wohl verständlich und dann auch einleuchtend ist.

Aus meiner Darstellung ergibt sich folgendes Schema:

Schwarz	Violett	Blau	Grün	Rot	Orange	Gelb	Weiß
0	$1/4$	$1/3$	$1/2$	$1/2$	$2/3$	$3/4$	1

Schwarz und Weiß, da sie keine Brüche, also keine qualitative Teilung darstellen, sind nicht im eigentlichen Sinne Farben; wie man dies auch allezeit erkannt hat. Sie stehn hier bloß als Grenzpfosten zur Erläuterung der Sache. Die wahre Farbentheorie hat es demnach stets mit *Farbenpaaren* zu tun, und die Reinheit einer gegebenen Farbe beruht auf der Richtigkeit des in ihr sich darstellenden Bruchs. Hingegen eine bestimmte Anzahl, z.B. sieben unabhängig von der Tätigkeit der Retina und den Verhältnissen ihrer Teilbarkeit realistisch da draußen vorhandener Ur-Farben, die zusammen die Summe aller Farben ausmachten, anzunehmen ist absurd. Die Zahl der Farben ist unendlich: dennoch enthalten jede zwei entgegengesetzte Farben die Elemente, die volle Möglichkeit aller andern. Hierin liegt die Ursache davon, daß, wenn man von den chemischen drei Grundfarben, Rot, Gelb, Blau, ausgeht, jede von ihnen die beiden andern im Verein zum Komplement hat. Denn die Farbe erscheint immer als *Dualität*; da sie die qualitative Bipartition der Tätigkeit der Retina ist. Chromatologisch darf man daher gar nicht von einzelnen Farben reden, sondern nur von *Farbenpaaren*, deren jedes die ganze in zwei Hälften zerfallene Tätigkeit der Retina enthält. Die Teilungspunkte sind unzählig und, als durch äußere Ursachen bestimmt, insofern für das Auge zufällig. Sobald aber die eine Hälfte gegeben ist, folgt die andere als ihr Komplement notwendig. Dies ist dem zu vergleichen, daß in der Musik der Grundton willkürlich, mit ihm aber alles andere bestimmt ist. Es war dem Gesagten zufolge eine doppelte Absurdität, die Summe aller Farben aus einer ungeraden Zahl bestehn zu lassen: hierin blieben aber die Newtonianer sich immer treu, wenn sie auch von der Zahl, welche ihr Meister festgesetzt, abgingen und bald fünf, bald drei Ur-Farben annahmen.

§ 6
Polarität der Retina und Polarität überhaupt

Diese nunmehr dargestellte sich qualitativ teilende Tätigkeit der Retina glaube ich mit dem vollsten Recht eine

Polarität nennen zu können, ohne zu den häufigen Mißbräuchen, welche dieser Begriff in der Periode der Schellingschen Naturphilosophie erlitten hat, einen neuen zu fügen. Jene eigentümliche Funktion der Retina wird dadurch unter *einen* Gesichtspunkt gebracht mit andern Erscheinungen, mit welchen sie dieses gemein hat, daß zwei in specie [der Art nach] entgegengesetzte, in genere [der Gattung nach] aber identische Erscheinungen wesentlich einander bedingen dergestalt, daß keine ohne die andere weder gesetzt noch aufgehoben werden kann, dennoch aber so, daß sie nur in der Trennung und im Gegensatze bestehn und ihre Vereinigung, nach der sie beständig streben, eben das Ende und Verschwinden beider ist. Die Polarität der Retina hat indessen das Unterscheidende, daß bei ihr in der Zeit, also sukzessiv ist, was bei den andern polarischen Erscheinungen im Raum, also simultan. Ferner hat sie das Besondere, daß der Indifferenzpunkt, wiewohl innerhalb gewisser Grenzen, verrückbar ist. Der hier aufgestellte und mit dem anschaulichsten Beispiele verbundene Begriff einer *qualitativ geteilten Tätigkeit* möchte sogar der Grundbegriff *aller Polarität* sein und unter ihn sich Magnetismus, Elektrizität und Galvanismus bringen lassen, von welchen jedes nur die Erscheinung einer in zwei sich bedingende, sich suchende und zur Wiedervereinigung strebende Hälften zerfallenen Tätigkeit ist. In diesem Sinne können wir sodann einen auf sie alle passenden Ausdruck in Platons Worten aufstellen: Ἐπειδὴ οὖν ἡ φύσις δίχα ἐτμήθη, ποθοῦν ἕκαστον τὸ ἥμισυ τὸ αὑτοῦ ξυνῄει. [Nachdem nun die Natur in zwei Teile zerschnitten war, sehnte sich ein jegliches nach der ihm zugehörigen Hälfte und vereinte sich mit ihr; ›Symposium‹ 15, p. 191 A.] Auch fallen sie unter den großen chinesischen Gegensatz des *Yin* und *Yang*[1]. Die Polarität des Auges könnte sogar als die uns zunächstliegende uns über das innere Wesen aller Polarität in mancher Hinsicht Aufschlüsse geben. Indem man die bei den andern übliche Bezeichnung auch auf sie anwendet, wird man nicht anstehn, das + dem Rot, Orange und Gelb, hin-

---

1. [Nach dem von Konfuzius herausgegebenen ›Buch der Wandlungen‹, dem ›Y-king‹]

gegen das — dem Grün, Blau und Violett beizulegen; weil die hellste Farbe und der größte Zahlenbruch der negativen Seite, das Grün, an Quantität der Tätigkeit erst der dunkelsten Farbe und dem kleinsten Bruch der positiven Seite, dem Rot, gleichkommt. Dieser polare Gegensatz muß sich bei der vollkommensten Teilung der Tätigkeit der Retina, welches die in zwei *gleiche* Hälften ist, am schärfsten aussprechen; daher denn Rot das Auge so merklich angreift und Grün dagegen es ausruht. – Ob nun vielleicht bei solcher qualitativen Teilung der Tätigkeit der Retina die chorioiides [Aderhaut] oder auch das pigmentum nigrum [der schwarze Farbstoff der Aderhaut] auf irgendeine Weise mitwirke, könnte am ersten aus der Obduktion der Augen solcher Personen abzunehmen sein, denen die Fähigkeit, Farben zu sehn, abging und auf welche ich weiter unten zurückkommen werde.

§ 7
Die schattige Natur der Farbe

Zu der aufgestellten Theorie der Farbe gehört nun aber wesentlich noch folgende für dieselbe, wie auch für Goethes Farbenlehre sehr wichtige Betrachtung, welche, das bis hieher Vorgetragene als feststehend genommen, eine Ableitung a priori des von Goethe so nachdrücklich behaupteten und wiederholt urgierten wesentlichen σκιερόν [Schattigen] der Farbe ist. Bekanntlich bezeichnet er mit diesem Ausdruck ihre dem Schatten oder dem Grau verwandte Natur, vermöge welcher sie stets heller als Schwarz und dunkler als Weiß ist.

Wir haben bei der qualitativ geteilten Tätigkeit der Retina das Hervortreten der einen Hälfte wesentlich bedingt gefunden durch die *Untätigkeit* der andern, wenigstens auf derselbigen Stelle. *Untätigkeit* der Retina aber ist, wie oben gesagt, *Finsternis*. Demnach muß das als Farbe erscheinende Hervortreten der qualitativen *Hälfte* der Tätigkeit der Retina durchaus von einem gewissen Grade von *Finsternis*, also von einiger Dunkelheit begleitet sein. Dies hat sie nun gemein mit der *intensiv* geteilten Tätigkeit der Retina, die wir oben im Grau oder Halbschatten erkannt haben: und diese Gemeinschaft eben – dieses, daß dort qualitativ ist, was hier intensiv – hat Goethe richtig aufgefaßt und durch den Ausdruck σκιερόν bezeichnet. Jedoch waltet hierbei folgender sehr bedeutender Unterschied ob. Daß die Tätigkeit der Retina der *Intensität* nach nur teilweise ist, führt keine spezifische und wesentliche Veränderung derselben herbei und bedingt keinen eigentümlichen Effekt; sondern es ist eben nur eine zufällige, gradweise Verminderung der vollen Tätigkeit. Bei der *qualitativ* teilweisen Tätigkeit der Retina hingegen hat die hervortretende Tätigkeit der einen Hälfte die Untätigkeit der andern zur wesentlichen und notwendigen Bedingung: denn sie besteht nur durch diesen Gegensatz. Aus dieser Scheidung aber und ihren mannigfaltigen Verhältnissen entspringt der eigentümliche Reiz, der heitere und ergötzliche Eindruck der Farbe im Gegensatz des ihr an Helligkeit gleichen, aber traurigen Grau; wie auch ihr bei aller Verschiedenheit der Farben sich gleichbleibendes ganz spezifisches Wesen. Dieses beruht nämlich gerade darauf, daß vermöge eines polaren Auseinandertretens die lebhafte Tätigkeit der einen Hälfte die gänzliche Ruhe der andern zur Stütze hat. Hieraus erklärt sich auch, warum das Weiße, wenn zwischen Farben befindlich, so auffallend nüchtern aussieht; während das Grau trübselig und das Schwarz finster ist. Imgleichen wird begreiflich, warum Abwesenheit des Reizes der Farbe, also Schwarz und Weiß, jenes bei uns, dieses bei den Chinesen Trauer symbolisieren. – Infolge des Unterschiedes zwischen bloß intensiver und qualitativer Teilung der Tätigkeit der Retina können wir ganz füglich den Halbschatten und das Grau *gleichnisweise* eine bloß mechanische, wenngleich unendlich feine Mengung des Lichts mit der Finsternis nennen; hingegen die in der qualitativ partiellen Tätigkeit der Retina bestehende Farbe als eine chemische Vereinigung und innige Durchdringung des Lichts und der Finsternis ansehn: denn beide neutralisieren hier gleichsam einander, und indem jedes seine eigene Natur aufgibt, entsteht ein neues Produkt, das mit jenen beiden nur noch entfernte Ähnlichkeit, dagegen hervorstechenden eigenen Charakter hat. Diese aus der qualitativ teilweisen Tätigkeit der Retina notwendig hervorgehende Vermählung des Lichts mit der Finsternis, deren Phänomen die Farbe ist, bewährt und erläutert also, was Goethe vollkommen richtig und treffend bemerkt hat, *daß die Farbe wesentlich ein Schattenartiges*, ein σκιερόν sei. Über diesen Goetheschen Satz aber hinaus lehrt sie uns noch, daß eben dasjenige, was in jeder dem Auge gegenwärtigen Farbe als Ursache ihrer dunkleren Natur die Rolle des σκιερόν spielt, es wieder ist, was nachher, als nachfolgendes Spektrum hervortretend, dem Auge erscheint: in diesem Spektrum selbst aber übernimmt die vorher dagewesene Farbe nunmehr die Rolle des σκιερόν, indem ihr Inhalt das jetzige Defizit ausmacht.

§ 8
Verhältnis der aufgestellten Theorie zur Newtonischen

In der dargelegten schattigen Natur der Farbe könnte man gewissermaßen die Quelle der Newtonischen Irrlehre suchen, ›daß die Farben Teile des bei der Brechung zersplitterten Lichtstrahls wären‹[1]. Er sah nämlich, daß die Farbe dunkler ist als das Licht oder das Weiße, nahm nun als extensiv, was intensiv ist, als mechanisch, was dynamisch ist, als quantitativ, was qualitativ ist, als objektiv, was subjektiv ist, indem er im Lichte suchte, was im Auge zu suchen war, und ließ demnach den Lichtstrahl aus sieben farbigen, noch dazu (Spartam, quam nactus es, orna![2] [Das erlangte Sparta verschöne!]) in ihrem Verhältnis den sieben Intervallen der Tonleiter gleichen Strahlen zusammengesetzt sein, denen die Farbe nach vom Auge unabhängigen Gesetzen als eine qualitas occulta [verborgene Eigenschaft] einwohne. Daß er dabei die Siebenzahl einzig und allein der Tonleiter zuliebe gewählt hat, ist nicht dem mindesten Zweifel unterworfen: er durfte ja nur die Augen aufmachen, um zu sehn, daß im prismatischen Spektrum durchaus nicht sieben Farben sind,

---

1. [›Optics‹ 1, 1, prop. 2, theor. 2, schol., third edition 1721, p. 53]
2. [Nach Stobaios: ›Florilegium‹ 39, 10 auf Grund eines Verses in Euripides' verlorener Tragödie ›Telephus‹]

sondern bloß vier, von denen bei größerer Entfernung des Prismas die zwei mittleren, Blau und Gelb, übereinandergreifen und dadurch Grün bilden. Daß noch jetzt die Optiker sieben Farben im Spektrum aufzählen, ist der Gipfel der Lächerlichkeit. Wollte man es aber ernsthaft nehmen, so wäre man 44 Jahre nach dem Auftreten der Goetheschen Farbenlehre berechtigt, es eine unverschämte Lüge zu nennen: denn man hat nachgerade Geduld genug gehabt.

Daß bei allem dem auch im Newtonischen Irrtum ein entferntes Analogon, eine Ahndung der Wahrheit gelegen hat, ist nicht abzuleugnen und ergibt sich eben von dem Gesichtspunkt unserer Betrachtung aus. Dieser gemäß nämlich haben wir statt *des geteilten Lichtstrahls eine geteilte Tätigkeit der Retina*: jedoch statt der sieben Teile haben wir nur zwei, aber auch wieder unzählige, je nachdem man es nimmt. Denn die Tätigkeit der Retina wird bei jeder möglichen Farbe halbiert; aber der Durchschnittspunkte gleichsam sind unzählige, und daraus entspringen die Nuancen der Farben, die, auch abgesehn vom Blaß oder Dunkel derselben, wovon bald die Rede sein wird, unzählig sind. Demnach wären wir auf diese Weise von einer *Teilung des Sonnenstrahls* zu einer *Teilung der Tätigkeit der Retina* zurückgeführt. Dieser Weg der Betrachtung überhaupt aber, der vom beobachteten Gegenstand auf den Beobachter selbst, vom Objektiven zum Subjektiven zurückgeht, ließe sich durch ein paar der glänzendsten Beispiele in der Geschichte der Wissenschaften empfehlen und als der richtige beurkunden: denn

Non aliter, si parva licet componere magnis,
[Ebenso, falls es erlaubt, mit Großem das Kleine zu messen,
Vergil, ›Georgica‹ 4, 176]

hat Kopernikus an die Stelle der Bewegung des ganzen Firmaments die der Erde und der große Kant an die Stelle der objektiv erkannten und in der Ontologie aufgestellten absoluten Beschaffenheit aller Dinge die Erkenntnisformen des Subjekts gesetzt. Γνῶθι σεαυτόν[1] stand auf dem [Apollon-]Tempel zu Delphi!

1. [Nach Chilon von Lakedaimon; vgl. Bd. 2, S. 271]

Anmerkung: Da wir hier einmal darauf aufmerksam geworden, daß wir in unserer Erklärung der Farbe vom Lichte zum Auge zurückgegangen sind, so daß für uns die Farben nichts weiter als in polaren Gegensätzen erscheinende Aktionen des Auges selbst sind; so mag auch die Bemerkung Platz finden, daß eine Ahndung hievon immer dagewesen ist, sofern die Philosophen stets gemutmaßt haben, daß die Farbe viel mehr dem Auge als den Dingen angehöre; wie denn auch besonders *Locke* unter seinen sekundären Qualitäten der Dinge allemal die Farbe obenan stellt und überhaupt kein Philosoph jemals die Farbe für einen wirklichen wesentlichen Bestandteil der Körper hat wollen gelten lassen, während mancher nicht etwan nur Ausdehnung und Gewicht, sondern auch jede Beschaffenheit der Oberfläche, das Weiche und Harte, Glatte und Rauhe, ja zur Not lieber den Geruch und Geschmack des Dings für wirkliche konstituierende Bestandteile desselben gelten ließ als die Farbe. Andererseits mußte man doch die Farbe als etwas dem Dinge Anhängendes, zu seinen Eigenschaften Gehörendes anerkennen, aber dennoch wiederum als etwas, das bei den allerverschiedensten Dingen sich völlig gleich, und bei übrigens gleichen verschieden findet, daher unwesentlich sein muß. Dies alles machte die Farbe zu einem schwierigen, perplexen und darum verdrießlichen Thema. Dieserhalb sagt denn auch ein alter Skribent, wie Goethe anführt: ›Hält man dem Stier ein rotes Tuch vor, so wird er wütend; aber der Philosoph, wenn man nur überhaupt von Farbe spricht, fängt an zu rasen‹ [›Farbenlehre‹, Einleitung].

Ein wesentlicher Unterschied meiner Theorie von der Newtonischen besteht noch darin, daß diese (wie schon erwähnt) jede Farbe bloß als eine qualitas occulta (colorifica) [verborgene (farbenerregende) Eigenschaft] eines der sieben homogenen Lichter anführt, ihr einen Namen gibt und sie dann laufenläßt; wobei die spezifische Verschiedenheit der Farben und die eigentümliche Wirkung einer jeden ganz und gar unerklärt bleibt. Meine Theorie hingegen gibt über diese Eigentümlichkeiten Aufschluß und macht uns begreiflich, worin der Grund des spezifischen Eindrucks und der besondern Wirkung jeder einzelnen Farbe liege; indem sie uns dieselbe erkennen lehrt als einen ganz bestimmten, durch einen Bruch ausgedrückten Teil der Tätigkeit der Retina, ferner als entweder zur plus- oder zur minus-Seite des Auseinandertretens jener Tätigkeit gehörig. Wir erhalten also erst hier die bisher stets vermißte Annäherung unsers Gedankens von der Farbe zur Empfindung derselben. Denn selbst Goethe begnügt sich damit, die Farben in warme und kalte einzuteilen, und stellt das übrige seinen ästhetischen Betrachtungen anheim.

Die nunmehr im Umriß aufgestellte Theorie der Farbe, welcher zufolge diese eine qualitativ partielle Tätigkeit der Retina ist, führt von selbst und noch mehr, wenn man ihre oben berührte Analogie mit der Newtonischen Irrlehre betrachtet, auf die Frage, ob denn nicht durch Wiedervereinigung der beiden qualitativen Hälften der Tätigkeit der Retina, welche sich uns in jeder Farbe und ihrem physiologischen Komplement darstellen, die volle Tätigkeit der Retina, d.i. die Wirkung des reinen Lichtes oder des Weißen sich herstellen lasse – eben wie nach Newtons Behauptung aus den sieben Farben der ganze Lichtstrahl oder das Weiße sich wieder zusammensetzen lassen soll. Inwiefern nun diese Frage in Hinsicht auf Theorie und Praxis zu bejahen sei, wird besser gezeigt werden können, nachdem die aufgestellte Theorie der Farbe noch durch folgende ihr angehörige Erörterung ergänzt sein wird.

§9
Ungeteilter Rest der Tätigkeit der Retina

Außer dem Verhältnis der Farben zu einander im in sich geschlossenen, durch völlig stetige Übergänge verschmolzenen Farbenkreise bemerken wir, wie schon oben (§ 5 *[S. 226]*) berührt, noch, daß jede Farbe an und für sich ein Maximum von Energie hat, welches auf der Rungeschen Farbenkugel der Äquator darstellt und von welchem abgehend sie einerseits durch Verblassen ins Weiße, andererseits durch Verdunkeln ins Schwarze sich verliert. Unserer Darstellung gemäß ist dies nur folgendermaßen zu erklären. Indem, durch äußern Reiz veranlaßt, die volle Tätigkeit der Retina sich qualitativ teilt und so irgendeine Farbe entsteht, kann jedoch ein Teil dieser vollen Tätigkeit unzersetzt bleiben. Ich rede nicht von einem Teil der Retina, der in ungeteilter Tätigkeit bleiben kann, während die Tätigkeit eines andern sich qualitativ teilt; dies wird noch unten zur Sprache kommen *[S. 264]*, sondern ich sage: die Tätigkeit der Retina, gleichviel ob auf ihrer ganzen Fläche oder einem Teil derselben, kann, indem sie zur Hervorbringung der Farbe sich qualitativ teilt, noch *einen ungeteilten Rest zugleich beibehalten*, und dieser wiederum kann entweder ganz aktiv oder ganz ruhend oder zwischen beiden, d.h. intensiv teilweise tätig sein. Nach Maßgabe hievon nun wird alsdann die Farbe statt in ihrer vollen Energie sich blaß oder auch schwärzlich in vielen Abstufungen, zeigen. Man sieht leicht ein, daß in diesem Fall eine Vereinigung der intensiven Teilung der Tätigkeit der Retina mit der qualitativen statnhat. Am anschaulichsten wird dieses dadurch, daß, wedn man eine durch ein ihr unwesentliches Schwarz vertunkelte und geschwächte Farbe betrachtet, ihr darauf als Spektrum sich zeigendes Komplement um ebensoviel durch Blässe geschwächt erscheint. Wenn man eine Farbe lebhaft, energisch, brennend nennt, so bedeutet dies dem Gesagten zufolge eigentlich, daß bei ihrer Gegenwart die ganze Tätigkeit des Auges sich rein teile, ohne daß ein ungeteilter Rest übrigbleibe.

§ 10
Herstellung des Weißen aus Farben

Ich kehre jetzt zurück zu der oben aufgeworfenen Frage nach der Wiederherstellung der vollen Tätigkeit der Retina oder des Weißen durch Vereinigung zweier entgegengesetzter Farben. Es ergibt sich von selbst, daß, wenn diese Farben schwärzlich waren, d.h. ein Teil der Tätigkeit der Retina unzersetzt und zugleich auch inaktiv blieb, diese Finsternis durch jene Vereinigung nicht aufgehoben wird, also Grau übrigbleibt. Waren aber die Farben in voller Energie, d.h. die Tätigkeit der Retina ohne Überrest geteilt, oder auch waren sie blaß, d.h. war der unzersetzte Überrest derselben aktiv; so muß zufolge unserer Theorie, welche zwei entgegengesetzte Farben als gegenseitige Ergänzungen zur vollen Tätigkeit der Retina, durch deren Teilung sie entstanden sind, betrachtet, ohne allen Zweifel die Vereinigung solcher Farben die volle Tätigkeit der Retina herstellen, also den Eindruck des reinen Lichts oder des Weißen hervorbringen.

Auf ein Beispiel angewandt, ließe sich dieses in Formeln so ausdrücken:

Rot = voller Tätigkeit der Retina — Grün
Grün = voller Tätigkeit der Retina — Rot
___
Rot + Grün = voller Tätigkeit der Retina = der Wirkung des Lichts oder des Weißen.

Auch die praktische Darstellung hiervon hat keine Schwierigkeit, sobald wir bei den Farben im engsten Sinne stehnbleiben, d.h. bei den Affektionen des Auges. Alsdann aber haben wir es allein mit physiologischen Farben zu tun, zudem wäre das Resultat des Experiments bloß ihr Ausbleiben, und dieser experimentale Beweis möchte manchem zu immateriell und ätherisch vorkommen. Es ist übrigens dieser. Wenn man z.B. ein lebhaftes Rot ansieht, so wird ein grünes Spektrum folgen; sieht man ein Grün an, so folgt ein rotes Spektrum. Blickt man nun aber nach angeschautem Rot sogleich und mit derselben Stelle der Retina ebensolange auf ein wirkliches Grünes, so bleiben beide Spektra aus.

Eigentliche Überzeugung kann nur das Experiment der Herstellung des Weißen aus physischen oder gar aus chemischen Farben bewirken. Hier ist es aber immer einer besondern Schwierigkeit unterworfen. Wenn wir nämlich uns an diese Farben halten wollen; so sind wir eigentlich von der Farbe abgegangen zu der Ursache, die, als Reiz auf das Auge wirkend, es zur Hervorbringung der Farbe, d.h. der qualitativen Teilung seiner Tätigkeit veranlaßt. Weiter unten wird von den Ursachen der Farbe in diesem Sinn und ihrem Verhältnis zur Farbe im engsten Sinn die Rede sein *[S. 268]*. Hieher gehört nur folgendes. Die Herstellung des Weißen aus zwei Farben beruht unserer Theorie zufolge einzig und allein auf physiologischem Grunde, nämlich darauf, daß es zwei Farben seien, in welche die Tätigkeit der Retina auseinandergetreten ist, also ein physiologisches Farbenpaar, in welchem Sinn allein und ausschließlich sie Ergänzungsfarben zu nennen sind. Solche zwei Farben müssen zur Herstellung des Weißen aus ihnen ganz eigentlich wieder vereinigt werden, und zwar auf der Retina selbst, also dadurch, daß die beiden gesonderten Hälften der Tätigkeit dieser *zugleich* angeregt werden, woraus dann ihre volle Tätigkeit, das Weiße sich herstellt. Dies aber kann nur dadurch geschehn, daß die zwei äußern Ursachen, jede von welchen im Auge die Ergänzungsfarbe der andern erregt, einmal zugleich und doch gesondert auf eine und dieselbe Stelle der Retina wirken. Dies nun wieder ist nur unter besonderen Umständen und Bedingungen möglich. Zunächst kann es nicht dadurch geschehn, daß man zwei chemische Farben zusammenmischt: denn diese wirken alsdann zwar im Verein, aber nicht gesondert. Dazu kommt, daß in der äußern materiellen Ursache der Farbe (d. h. in der chemischen oder physischen Farbe) nicht nur für die Aktivität der einen Hälfte der Tätigkeit der Retina, sondern auch für die Ruhe der andern, welche als das der Farbe wesentliche σχιερόν erscheint, eine ihr entsprechende konkrete Ursache, ein materieller Repräsentant sich vorfinden muß, welcher auch nach der Vereinigung entgegengesetzter Farben als Materie beharrt, seine Wirkung zu tun fortfährt und immer Grau verursachen wird. Er gibt zwar, sobald durch die Vereinigung der Gegensätze die Farben als Farben verschwunden sind, die Rolle auf, die er bei Hervorbringung derselben spielte: allein er bleibt jetzt als caput mortuum[1] [toter Kopf] oder als ihre abgeworfene Hülle zurück, und wie er vorhin zur *qualitativen* Teilung der Tätigkeit der Retina beitrug, so wirkt er jetzt eine *intensiv* teilweise Tätigkeit derselben, d. h. Grau. Dieserwegen nun wird an chemischen Farben ihrer durchaus materialen Natur wegen die Herstellung des Weißen aus einem Farbenpaar wohl nie dargestellt werden können, wenn nicht etwan besondre Modifikationen hinzutreten: ein Beispiel jener Herstellung unter solchen werde ich etwas weiter unten *[S. 247]* beibringen. Hingegen bei physischen Farben, ja in einzelnen Fällen beim Verein physischer und chemischer läßt jene Darstellung sich schon ausführen. Ist indessen bei der physischen Farbe die vermittelnde Trübe grob materialer Natur und vielleicht auch noch dazu nicht ganz gleich-

---

1. [Ausdruck der alten Chemie für den trockenen Rückstand nach der Erhitzung gewisser Stoffe in der Retorte]

artig und stellenweis undurchsichtig wie ein angerauchtes Glas, ein kohlenführender Rauch, ein Pergament u. dgl.; so gelingt auch hier aus den angeführten Gründen das Experiment nicht vollkommen. Dies ist hingegen der Fall bei den prismatischen Farben: denn hier ist das Trübe als ein bloßes Nebenbild von so zarter Natur, daß, wenn es bei der Vereinigung entgegengesetzter Farben auch nicht wirklich aufgehoben wird, es entweder, sobald es nicht mehr durch seine Stellung, vermöge welcher es die Farben hervorbrachte, bedeutsam ist, auch nicht mehr sichtbar bleibt oder auch wie jede gehäufte Trübe eben Weiß gibt. – Man erzeuge im objektiven prismatischen Versuch durch die Vereinigung des Violett eines Spektrums mit dem Gelbrot eines andern das wahre Rot (Goethes Purpur), führe auf dieses das Grün aus der Mitte eines dritten Prismas, und die Stelle erscheint *weiß*. Goethe selbst führt ([›Farbenlehre‹] Bd. 1, p. 600, § 556) diesen Versuch an, will ihn jedoch wegen seiner übrigens gerechten Polemik gegen Newton nicht als Beispiel und Beweis der Herstellung des Weißen aus Farben gelten lassen. Allein der Grund, den er dagegen vorbringt, daß nämlich hier ein dreifaches Sonnenlicht das eigentlich doch vorhandene Grau unsichtbar mache, ist in der Tat nicht triftig. Denn jede dieser drei prismatischen Farben enthält hier schon das σκιερόν so gut als das Sonnenlicht in sich. Wie nun jedes dieser drei σκιερῶν für sich, des mit ihm verbundenen Lichtes ungeachtet, doch in jeder einzelnen der drei Farben sichtbar ist, so kann dadurch, daß drei solche σκιερά mitsamt ihren drei Lichtern vereinigt werden, das Ganze nicht an Helle gewinnen. Wenn Divisor und Dividendus mit der gleichen Zahl multipliziert werden, ändert der Quotient sich nicht. Nicht die vermehrte Erleuchtung also, die durch das vermehrte Dunkel aufgewogen wird, sondern der Gegensatz der Farben ist es, der hier den Eindruck des reinen Lichts oder des Weißen herstellt. Zugleich leichter und deutlicher, dabei noch augenscheinlicher dem Goetheschen Einwurf nicht unterworfen, kann man dies Experiment auf folgende Weise machen. Man führe zwei prismatische Farbenspektra dergestalt übereinander, daß das Violett des ersten das Gelb des zweiten und das Blau des ersten das Orange (Newtons Rot) des zweiten deckt; dann wird ebenfalls aus der Vereinigung eines jeden dieser zwei Farbenpaare Weiß entstehn, und zwar wird, weil beide Farbenpaare nebeneinander liegen, die weiße Stelle noch einmal so breit sein als im vorigen Versuch. Dies ist Newtons dreizehntes Experiment des zweiten Teils des ersten Buchs. Dennoch stimmt es durchaus nicht zu seiner Theorie: denn er mag nun (wie er nach Gelegenheit abwechselnd tut) sieben oder unzählige homogene Lichter annehmen; so decken sich hier überall immer nur zwei, nicht aber sieben oder unzählige. Man kann dies Experiment auch mit *einem* Prisma ausführen. Auf schwarzem Grunde habe man zwei weiße Quadrate, ein größeres und ein kleineres; letzteres drei bis vier Linien unter dem andern. Diese betrachte man durch das Prisma und gehe nun so lange rückwärts, bis das Violett des kleineren das Gelb des größeren und das Blau des kleineren das Orange (Newtons Rot) des größeren bedeckt; wo dann diese ganze Stelle weiß erscheinen wird. So läßt sich also mit prismatischen Farben die Herstellung des Weißen an allen drei Hauptfarbenpaaren zeigen. Ferner läßt der Versuch sich subjektiv sogar mit Hinzuziehung einer chemischen Farbe machen: nur muß man alsdann ein solches Farbenpaar wählen, das aus den *ungleichsten* qualitativen Hälften der Tätigkeit der Retina besteht, also Gelb und Violett, und zwar muß die größte, also wesentlich hellste Hälfte die chemische Farbe, die kleinere, also dunklere die physische Farbe sein; weil nur dann das beharrende materielle σκιερόν der chemischen Farbe nicht Masse genug hat, um merklich zu wirken. Man sehe ein energisch gelbes, völlig ebenes und fleckenloses Papier auf weißem Grund durch das Prisma an: die Stelle, wo der violette Saum das Gelbe deckt, wird völlig *weiß* erscheinen. Dasselbe geschieht, wenn man das objektive Spektrum auf ein gelbes Papier fallen läßt; doch ist wegen der undeutlicheren Ränder des objektiven Spektrums der Erfolg hier nicht ganz so frappant. Mit den andern Farbenpaaren gelingt dieser Versuch unvollkommener, doch um so besser, je heller wesentlich die chemische Farbe ist. Einen ähnlichen und oft sich sogar von selbst einstellenden Versuch liefert der im Mai die Gärten und meistens auch in Vasen die Zimmer zierende Spanische Flieder (Syringa vulgaris, in Niedersachsen: Sirene, in Süddeutschland: Nägelchen, französisch: lila), und zwar die violettblauen Exemplare desselben, indem er beim Kerzenlichte weiß erscheint: denn sein bläuliches Violett wird vollkommen ergänzt durch das ins Orange ziehende Gelb der Kerzenbeleuchtung. Endlich sogar aus zwei chemischen Farben läßt sich das Weiße herstellen unter der besondern Bestimmung, daß solche eben wie die physischen vom Lichte durchdrungen seien und daher ihr σκιερόν, sobald es, indem durch Aufhebung des Gegensatzes die Farben verschwinden, seine Bedeutsamkeit verliert, für sich nicht merklich mehr wirken kann, z.B. durch Vereinigung einer transparenten mit einer reflektierten Farbe, wenn man auf einen Spiegel aus blauem Glase das Licht durch ein rotgelbes Glas fallen läßt. Sogar mit *einer* nicht transparenten Farbe gelingt es noch; man werfe in eine Schale aus blauem Glase eine Gold- und eine Silbermünze: jene wird weiß, diese blau erscheinen. Desgleichen ein auf beiden Seiten blau gefärbtes Papier, abgespiegelt von poliertem Kupfer[1]; ferner eine Rose, bloß von dem durch eine grünseidene Gardine fallenden Lichte beleuchtet. Und endlich auch aus zwei nicht transparenten chemischen Farben in einem von *Helmholtz* angegebenen Experiment. *Helmholtz* (in seiner Habilitationsschrift ›Über die Theorie der zusammengesetzten Farben‹, 1852, p. 19) gibt folgende Art der Herstellung des Weißen aus Komplementärfarben an: eine senkrecht aufgestellte Spiegelscheibe; auf deren einer Seite ein Rotes, etwan ein Stück Papier, eine Oblate; auf der andern ein Grünes, so gesehn, daß das Spiegelbild des Grünen das Rote decke – gibt Weiß. Bei allen diesen Versuchen müssen jedoch die beiden Farben von gleicher Energie und gleicher Reinheit sein. Endlich scheint sogar ausnahmsweise ein aus der wirklichen Verbindung zweier chemischer, jedoch im transparenten

1. [An der entsprechenden Stelle seiner ›Theoria colorum physiologica‹ weist Schopenhauer auf August Ficinus: ›Optik‹, 1828, § 135 hin, der dieses Experiment angibt.]

Zustande befindlicher Farben hergestelltes Weiß alles weiße Glas zu sein, wie ich dies schon in der ersten Auflage, also 1816 angegeben habe. Nämlich in den Glashütten gerät bekanntlich meist alles Glas ursprünglich grün; wovon die Ursache sein Eisengehalt ist. Dieses ins Gelbliche ziehende Grün läßt man aber nur dem schlechtern Glase: um es aufzuheben und weißes Glas zu liefern, braucht man als empirisch gefundenes Gegenmittel einen Zusatz von Braunstein; welches Manganoxyd aber an sich das Glas violettlichrot färbt, wie an den roten Glasflüssen zu sehn und auch daran, daß, wenn bei der Verfertigung des weißen Glases zu viel Braunstein der grünen Masse zugesetzt ist, das Glas rötlich spielt wie manche Biergläser und vorzüglich die englischen Fensterscheiben.

Die angeführten Beispiele mögen hinreichen zur Bestätigung dessen, was aus meiner Theorie notwendig folgt, daß aus zwei entgegengesetzten Farben das Weiße allerdings herzustellen ist; sobald man nur es so anzustellen weiß, daß die beiden äußern erregenden Ursachen zweier Ergänzungsfarben, ohne sich selbst direkt zu vermischen, *zugleich auf dieselbe Stelle* der Retina wirken. Diese Herstellung nun aber ist ein schlagender Beweis der Wahrheit meiner Theorie. Das Faktum selbst wird nirgends geleugnet, aber die wahre Ursache wird nicht begriffen; sondern man legt demselben und zugleich der Tatsache des physiologischen Farbenspektrums in Gemäßheit der Newtonischen Pseudotheorie eine ganz falsche Auslegung unter. Ersteres nämlich soll, wie bekannt, auf dem Wiederzusammenkommen der sieben homogenen Lichter beruhen, davon weiterhin; für das physiologische Spektrum aber gilt noch immer die Erklärung, welche bald nach der Entdeckung desselben durch *Buffon* der Pater *Scherffer* gegeben hat in seiner ›Abhandlung von den zufälligen Farben‹, Wien 1765, und früher ›De coloribus accidentalibus‹, 1761. Sie geht dahin, daß das Auge, durch das längere Anschauen einer Farbe ermüdet, für diese Sorte homogener Lichtstrahlen die Empfänglichkeit verlöre; daher es dann ein gleich darauf angeschautes Weiß nur mit Ausschluß eben jener homogenen Farbestrahlen empfände, wes-

HERSTELLUNG DES WEISSEN AUS FARBEN 249

halb es dasselbe nicht mehr weiß sähe, sondern statt dessen ein Produkt der übrigen homogenen Strahlen, die mit jener ersten Farbe zusammen das Weiße ausmachen, empfände: dieses Produkt nun also soll die als physiologisches Spektrum erscheinende Farbe sein. Diese Auslegung der Sache läßt sich aber ex suppositis [aus den Voraussetzungen] als absurd erkennen. Denn nach angeschautem Violett erblickt das Auge auf einer weißen (noch besser aber auf einer grauen) Fläche ein *gelbes* Spektrum. Dieses *Gelb* müßte nun das Produkt der nach Ausscheidung des Violetten übrigbleibenden sechs homogenen Lichter, also aus Rot, Orange, Gelb, Grün, Blau und Indigoblau zusammengesetzt sein: daraus Gelb zu brauen probiere man! Vor allen probiere es Herr *Pouillet*, welcher als echter und geschworener Stock-Newtonianer sich nicht entblödet, in seinen allbekannten ›Éléments de physique‹ [expérimentale et des météorologie] vol. 2, p. 223 die knollige Absurdität hinzuschreiben: ›L'orangé et le vert (mithin die drei chemischen Grundfarben) donnent du jaune‹ [Orange und Grün geben Gelb]. Man sollte meinen, daß diese Chromatiker blind wären; doch sind sie bloß blindgläubig. Eigentlich aber sind für sie die Farben bloße Worte, bloße Namen oder gar Zahlen: sie kennen sie nicht wirklich, sie sehn sie nicht an. Dem *Melloni* kann ich es noch immer nicht vergessen, daß ich vor ungefähr 25 Jahren in einem von ihm aufgesetzten Verzeichnis aller Farben mit ihren Nuancen ein *grünliches Rot* angeführt gefunden habe[F]. – Aus der obigen Mischung der sechs übrigen Farben also wird sich

---

F. [Alexander von] *Humboldt*, im dritten Bande des ›Kosmos‹ [Entwurf einer physischen Weltbeschreibung], spricht von der *Farbe* als rechtgläubiger, imperturbierter *Newtoniander* in folgenden Stellen: pp. 86, 93, 108, 129, 169, 170, 300, besonders p. 496 und dazu nota p. 539: ›Die am meisten brechbaren Farben im Spektro, vom Blau *bis* zum Violett, ergänzen sich, Weiß zu bilden, mit den weniger brechbaren von *Rot* bis *Grün* (!). Das gelbe Mondlicht erscheint bei Tage weiß, weil die blauen Luftschichten, durch welche wir es sehn, die Komplementärfarben zum Gelb darbieten.‹(!) Er beweist seine Qualifikation zum Urteilen über Farben p. 295, wo er von *rötlich grün* spricht! Er tut sehr gut, sich bei Lebzeiten ein Monument setzen zu lassen: denn nach seinem Tode wird es keinem einfallen.

nie etwas anderes als Straßenkotfarbe ergeben, statt Gelb. Zudem ist ja das Gelb fast ein homogenes Licht: wie sollte es denn erst das Resultat jener Mischung sein? Aber schon die einfache Tatsache, daß *ein* homogenes Licht, für sich allein, vollkommen die komplementäre, als physiologisches Spektrum ihm nachfolgende Farbe des andern ist, wie Gelb des Violetten, Blau des Orangen, Rot des Grünen, und vice versa [umgekehrt], stößt die Scherffersche Erklärung über den Haufen; indem es zeigt, daß, was nach anhaltendem Anschauen einer Farbe das Auge auf der weißen Fläche erblickt, nichts weniger als eine Vereinigung der sechs übrigen homogenen Lichter, sondern stets nur *eines* derselben ist: z. B. nach angeschautem Violett Gelb. Auch darf nicht angenommen werden, daß nach Wegnahme *eines* der sieben homogenen Lichtstrahlen, die übrigen sechs im Verein jetzt nichts weiter als die Farbe eines einzigen andern aus ihrer Zahl darstellen sollten: denn da würde man eine Ursache ohne Wirkung annehmen, indem die fünf andern die Farbe jenes einzigen nicht veränderten. Das Unstatthafte der Scherfferschen Erklärung geht auch schon daraus hervor, daß das physiologische Farbenspektrum nicht allein auf einem weißen Grunde gesehn wird, sondern auch vollkommen gut und deutlich auf einem völlig schwarzen und dazu beschatteten Grunde, ja sogar mit geschlossenen und noch dazu mit der Hand bedeckten Augen. Dies hatte bereits *Buffon* angegeben, und *Scherffer* selbst gesteht es § 17 seiner Schrift [›Abhandlung von den zufälligen Farben‹, 1765, S. 32] ein. Hier haben wir nun wieder einen Fall, wo einer falschen Theorie, sobald sie zu einem bestimmten Punkte gelangt ist, die Natur geradezu in den Weg tritt und ihr die Lüge ins Gesicht wirft. Auch wird hiebei *Scherffer* sehr betreten und gesteht, hier liege die größte Schwierigkeit. Jedoch statt an seiner Theorie, die nimmermehr damit bestehn kann, irrezuwerden, greift er nach allerlei elenden und absurden Hypothesen, windet sich erbärmlich und läßt zuletzt die Sache auf sich beruhen. Endlich auch auf jeder gefärbten Fläche stellt das physiologische Spektrum sich dar; wo freilich ein Konflikt ihrer Farbe mit der physiologischen entsteht: demgemäß erscheint, wenn man, ein durch angestarrtes Violett erregtes gelbes Spektrum im Auge habend, ein blaues Papier ansieht, Grün, entstehend aus der Verbindung des Blauen und Gelben: dies beweist unwiderleglich, daß das physiologische Spektrum dem Grunde, auf den es fällt, etwas *hinzufügt*, nicht aber von ihm etwas *abzieht*; denn aus Blau wird nicht durch irgendeine Wegnahme Grün, sondern durch eine Hinzufügung, nämlich des Gelben. – Übrigens ist begreiflicherweise eine weiße und noch viel mehr eine graue oder beschattete Fläche dem Hervortreten des physiologischen Farbenspektrums besonders günstig: weil, was die Tätigkeit der Retina überhaupt erregt, auch das spontane Hervortreten, ihrer qualitativen Hälfte entgegenkommend, erleichtern muß: eine graue Fläche, die schon an sich nur einen Teil, nämlich einen intensiven, der Tätigkeit der Retina hervorruft, muß das bereits determinierte Hervortreten eines qualitativen Teils vorzüglich begünstigen. Auch hängt dieses mit dem zusammen, was Goethe ([›Farbenlehre‹] Bd. 1, S. 216) bemerkt, daß die chemische Farbe eines weißen Grundes bedürfe, um zu erscheinen. – Daß der *Schatten* bei farbiger Beleuchtung nur dann das Komplement dieser Farbe zeigt, wann ihn eine zweite farblose Beleuchtung erhellt, kommt daher, daß jeder Schatten nur Halbschatten ist und jener daher auch, wenngleich nur schwach, von der farbigen Beleuchtung tingiert ist, welche Färbung erst, indem eine farblose Beleuchtung auf ihn fällt, in dem Grade verdünnt und geschwächt wird, daß, wo er das Auge trifft, dieses das Komplement der farbigen Beleuchtung hervorbringen kann. – Gegen die Scherffersche Auslegung des physiologischen Spektrums spricht ebenfalls die bekannte Erfahrung, daß wir dasselbe am deutlichsten und leichtesten frühmorgens gleich nach dem Erwachen ansichtig werden: gerade dann aber ist infolge der langen Ruhe die Retina in vollster Kraft, also am wenigsten geeignet, durch das einige Sekunden lang fortgesetzte anhaltende Anschauen einer Farbe ermüdet und bis zur Unempfindlichkeit gegen dieselbe abgestumpft zu werden. – Alles hier Angeführte beweist unwiderleglich, daß das physiologische Spektrum aus der selbst-eigenen Kraft der Retina erzeugt wird, zur Aktion derselben gehört, nicht aber ein durch die Ermüdung derselben mangelhaft und verkümmert ausfallender Eindruck einer weißen Fläche ist. Ich mußte aber diese Scherffersche Auslegung gründlich widerlegen; weil sie bei den Newtonianern noch in Geltung steht. Mit Bedauern erwähne ich, daß sogar *Cuvier* sie vorgebracht hat in seiner ›Anatomie comparée‹ leçon 12, article 1; worauf dieselbe als seine eigene neue Erfindung verkündet und belobt worden ist in Jamesons ›Edinburgh New Philosophical Journal‹, 1828, April bis September, p. 190. Daß die gemeinen Kompendienschreiber sie noch immer wiederkauen, ist nicht der Erwähnung wert, und daß Prof. *Dove* noch im Jahr 1853 in seiner ›Darstellung der Farbenlehre‹ sie S. 157 uns zum besten gibt, darf uns in einem Buche dieser Art nicht wundern.

Auf jener Scherfferschen Theorie beruht nun aber die ganze Lehre von den *komplementären Farben* aller heutigen Physiker und all ihr Gerede darüber. Als wahre Inkurable verstehn sie die Sache noch immer *objektiv* im Newtonischen Sinn: demgemäß bezieht ihr häufig erwähntes Komplement sich immer nur auf das Newtonische Spektrum von sieben Farben und bedeutet einen Teil dieser, getrennt von den übrigen, die dadurch ergänzt werden zum weißen Lichte als der Summe aller homogenen Lichter; wie dies auch *Pouillet* in seinen ›Éléments de physique‹ vol. 2, § 393 ausführlich darlegt. Diese Auffassung der Sache aber ist grundfalsch und absurd: und daß sie 44 Jahre nach Goethes ›Farbenlehre‹ und 40 Jahre nach dieser meiner Theorie noch in vollem Ansehn steht und der Jugend aufgebunden wird, ist unverzeihlich.

Andererseits jedoch ist nicht zu leugnen, daß Goethe, indem er die Herstellung des Weißen aus Farben unbedingt verneinte, zu weit ging und von der Wahrheit abirrte. Er tat es indessen nur, weil er beständig die Newtonische Irrlehre im Auge hatte und gegen diese mit Recht behauptete, daß die Anhäufung der Farben nicht zum Licht führe, da jede Farbe sowohl der Finsternis als dem Licht angehöre: er wollte also das σκιερόν der Farbe durch jene Verneinung besonders geltend machen, und obwohl er wußte, daß die sich physiologisch fordernden Farben, wenn vermischt, sich als Farben zerstören, so erklärte er dies doch hauptsächlich aus der dabei statthabenden Mischung der drei Grundfarben im chemischen Sinn und wollte Grau als das unbedingte und wesentliche Resultat behaupten. Weil er nämlich nicht bis zum letzten Grund aller Farbenerscheinung überhaupt, welcher rein physiologisch ist, vorgedrungen war, sondern sein Ziel im obersten Grundgesetz aller *physischen* Farben erreicht hatte; so war auch der wahre letzte Grund davon, daß entgegengesetzte Farben vereinigt sich aufheben, weil sie nämlich qualitative Hälften der geteilten Tätigkeit der Retina sind, welche also jetzt wieder zusammengesetzt wird, ihm noch verborgen geblieben und ebendadurch auch der eigentliche Grund und das innre Wesen des von ihm so sehr urgierten, von der Farbe unzertrennlichen σκιερόν, daß dies nämlich nichts anderes als die Erscheinung der Ruhe der inaktiven Hälfte der Tätigkeit der Retina ist und dasselbe folglich durch die Wiedervereinigung beider Hälften ebenfalls ganz und gar verschwinden muß; daß also endlich das Grau, welches die chemischen Farben bei ihrem Verschwinden durch Vereinigung der Gegensätze übriglassen, nicht den Farben selbst, sondern nur der materialen Bedingung in dieser ihrer grob materialen Ursache angehört und in bezug auf die Farben als solche ein zufälliges genannt werden kann. Es wäre übrigens die größte Unbilligkeit und Undankbarkeit, wenn man Goethen einen Vorwurf daraus machen wollte, daß in einem weitläuftigen Werk, welches so viele Irrtümer aufdeckt und so viele neue Wahrheiten lehrt, diese Irrung sich vorfindet. Der wahre Grund der Herstellung des Weißen aus zwei Farben konnte erst infolge meiner Theorie an den Tag kommen. ›Multi pertransibunt et augebitur scientia.‹[1] [Viele werden es durchforschen, und das Wissen wird vermehrt werden.]

Jedoch andererseits nun wieder kann man keineswegs behaupten, daß Newton in diesem Punkte die Wahrheit ge-

---

1. [Schlußwort in Goethes ›Farbenlehre‹, angeblich auch Motto zu Baco von Verulam: ›Novum organum‹, vgl. Daniel 12,4 und das Motto zur ›Lehre vom Idealen und Realen‹ in ›Parerga‹ in Band 4]

troffen habe. Denn wenn auch zugegeben werden muß, daß er im allgemeinen lehrt, aus Farben lasse sich das Weiße herstellen; so bleibt doch der Sinn, in welchem er es sagt, nämlich die Lehre, daß die sieben Farben die Grundbestandteile des Lichts seien, welches aus ihrer Vereinigung rekomponiert werde, von Grund aus falsch. Der physiologische Gegensatz der Farben, auf dem ihr ganzes Wesen beruht und in bezug auf welchen allein die Herstellung des Weißen oder des vollen Lichteindrucks aus Farben, und zwar aus *zwei*, aus jedem beliebigen *Farbenpaar*, nicht aus sieben bestimmten Farben statthat, ist ihm immer unbekannt, ja ungeahndet geblieben und mit diesem auch die wahre Natur der Farbe. Zudem beweist die Herstellung des Weißen aus zwei Farben die Unmöglichkeit derselben aus sieben. Man kann also zugunsten Newtons weiter nichts sagen, als daß er zufällig einen der Wahrheit nahekommenden Ausspruch getan hat. Weil er aber diesen in einem falschen Sinn und zum Behuf einer falschen Theorie vorbrachte; so sind auch die Experimente, durch die er ihn belegen will, größtenteils ungenügend und falsch. Eben hiedurch verleitete er nun Goethen, im Widerspruch gegen jene falsche Theorie zuviel zu leugnen. Und so ist denn der seltsame Fall eingetreten, daß das wahre und wirkliche Faktum der Herstellung des vollen Lichteindrucks oder des Weißen durch Vereinigung von Farben (man muß hier unbestimmt lassen, ob zwei oder sieben) von Newton aus einem unrichtigen Grund und zum Behuf einer falschen Theorie behauptet, von Goethen aber im Zusammenhange eines sonst richtigen Systems von Tatsachen geleugnet ist. Wäre dasselbe im Newtonischen Sinne wahr oder überhaupt Newtons Theorie richtig; so müßte zunächst jede Vereinigung zweier der von ihm angenommenen Grundfarben sofort eine hellere Farbe, als jede von ihnen allein ist, geben; weil die Vereinigung zweier homogener Teile des in solche zerfallenen weißen Lichtes sofort ein Rückschritt zur Herstellung dieses weißen Lichtes wäre. Allein jenes ist nicht ein einziges Mal der Fall. Bringen wir nämlich die drei im chemischen Sinne fundamentalen Farben, aus denen alle übrigen zusammengesetzt sind, paarweise zusammen; so gibt Blau mit Rot Violett, welches dunkler ist als jede von beiden; Blau mit Gelb gibt Grün, welches, obwohl etwas heller als jenes, doch viel dunkler als dieses ist; Gelb mit Rot gibt Orange, welches heller als dieses, aber dunkler als jenes ist. Schon hierin liegt eigentlich eine hinreichende Widerlegung der Newtonischen Theorie.

Aber die rechte, faktische, bündige und unabweisbare Widerlegung derselben ist der achromatische Refraktor; daher eben auch *Newton*, sehr konsequent, einen solchen für unmöglich hielt. Besteht nämlich das weiße Licht aus sieben Lichtarten, deren jede eine andere Farbe und zugleich eine andere Brechbarkeit hat; so ist Brechung unzertrennlich von Isolation der Lichter und sind notwendig der Grad der Brechung und die Farbe jedes Lichts unzertrennliche Gefährten: alsdann muß, wo Licht *gebrochen* ist, es sich auch *gefärbt* zeigen; wie sehr auch dabei die Brechung vermannigfaltigt und kompliziert, hin und her, hinauf und herab gezogen werden mag; solange nur nicht alle sieben Strahlen vollzählig wieder auf einen Klumpen zusammengebracht sind und dadurch nach Newtonischer Theorie das Weiße rekomponiert, zugleich aber auch aller Wirkung der Brechung ein Ende gemacht, nämlich alles wieder an Ort und Stelle gebracht ist. Als nun aber die Erfindung der Achromasie das Gegenteil dieses Resultats an den Tag legte, da griffen die Newtonianer in ihrer Verlegenheit zu einer Erklärung, welche man mit Goethen für sinnlosen Wortkram zu halten sich sehr versucht fühlt; denn beim besten Willen ist es sehr schwer, ihr auch nur einen verständlichen Sinn, d.h. ein anschaulich einigermaßen Vorstellbares unterzulegen. Da soll nämlich neben der Farbenbrechung noch eine von ihr verschiedene *Farbenzerstreuung* stattfinden und hierunter zu verstehn sein das Sichentfernen der einzelnen farbigen Lichter voneinander, das Auseinandertreten derselben, welches die nächste *Ursache* der Verlängerung des Spektri wäre. Dasselbe ist aber, ex hypothesi [der Voraussetzung zufolge], die *Wirkung* der verschiedenen Brechbarkeit jener farbigen Strahlen. Beruht nun also diese sogenannte Zerstreuung, d. h. die Verlängerung des Spektri, also des Sonnenbildes nach der Brechung darauf, daß das Licht aus verschiedenen farbigen Lichtern besteht, deren jedes seiner Natur nach eine verschiedene Brechbarkeit hat, d. h. in einem andern Winkel bricht; so muß doch diese bestimmte Brechbarkeit jedes Lichtes als seine wesentliche, von ihm unzertrennliche Eigenschaft stets und überall ihm anhängen, also das einzelne homogene Licht stets auf dieselbe Weise gebrochen werden, eben wie es stets auf dieselbe Weise gefärbt ist. Denn der Newtonsche homogene Lichtstrahl und seine Farbe sind durchaus *eines und dasselbe*; er ist eben ein farbiger Strahl und sonst nichts: mithin wo der Strahl ist, da ist seine Farbe, und wo diese ist, da ist der Strahl. Liegt es, ex hypothesi, in der Natur eines jeden solchen andersgefärbten Strahls, auch in einem andern Winkel zu brechen; so wird ihn in diesen und jeden Winkel auch seine Farbe begleiten: folglich müssen dann bei jeder Brechung die verschiedenen Farben zum Vorschein kommen. Um also der von den Newtonianern beliebten Erklärung ›zwei verschiedenartige brechende Mittel können das Licht gleich stark brechen, aber die Farben in verschiedenem Grade zerstreuen‹ einen Sinn unterzulegen, müssen wir annehmen, daß, während Kron- und Flintglas das Licht im ganzen, also das weiße Licht, gleich stark brechen, dennoch die Teile, aus welchen eben dieses Ganze durch und durch besteht, vom Flint- anders als vom Kronglas gebrochen werden, also ihre Brechbarkeit ändern. Eine harte Nuß! – Ferner müssen sie ihre Brechbarkeit in der Weise ändern, daß bei Anwendung von Flintglas die brechbarsten Strahlen noch stärkere Brechbarkeit erhalten, die am wenigsten brechbaren hingegen eine noch geringere Brechbarkeit annehmen; daß also dieses Flintglas die Brechbarkeit gewisser Strahlen vermehre und zugleich die gewisser anderer vermindere, und dabei dennoch das Ganze, welches allein aus diesen Strahlen besteht, seine vorherige Brechbarkeit behalte. Nichtsdestoweniger steht dieses so schwer faßliche Dogma noch immer in allgemeinem Kredit und Respekt und kann man bis auf den heutigen Tag aus den optischen

Schriften aller Nationen ersehn, wie ernsthaft von der Differenz zwischen Refraktion und Dispersion geredet wird. Doch jetzt zur Wahrheit!

Die nächste und wesentlichste Ursache der mittelst der Kombination eines Konvexglases aus Kron- und eines Konkavglases aus Flintglas zuwege gebrachten Achromasie muß wie alle Herstellung des Weißen aus Farben eine *physiologische* sein, nämlich die Herstellung der *vollen* Tätigkeit der Retina auf den von den physischen Farben getroffenen Stellen, indem daselbst zwar nicht sieben, aber doch zwei Farben, nämlich zwei sich zu jener Tätigkeit ergänzende Farben aufeinandergebracht werden, also ein Farbenpaar wieder vereinigt wird. Objektiv oder physikalisch wird dies in gegenwärtigem Fall folgendermaßen herbeigeführt. Durch die zweimalige Refraktion in entgegengesetzter Richtung (mittelst Konkav- und Konvexglas) entsteht auch die entgegengesetzte Farbenerscheinung, nämlich einerseits ein gelbroter Rand mit gelbem Saum und andererseits ein blauer Rand mit violettem Saum. Diese zweimalige Refraktion, in entgegengesetzter Richtung, führt aber auch zugleich jene beiden farbigen Randerscheinungen dergestalt übereinander, daß der blaue Rand den gelbroten Rand und der violette Saum den gelben Saum deckt, wodurch diese zwei physiologischen Farbenpaare, nämlich das von $1/3$ und $2/3$ und das von $1/4$ und $3/4$ der vollen Tätigkeit der Netzhaut, wieder vereinigt werden, mithin auch die Farblosigkeit wieder hergestellt wird. Dies also ist die *nächste* Ursache der Achromasie.

Was nun aber ist die *entferntere*? Da nämlich das verlangte dioptrische Resultat – ein Überschuß *farblos* bleibender Refraktion – dadurch herbeigeführt wird, daß das in entgegengesetzter Richtung wirkende Flintglas schon bei bedeutend geringerer Refraktion die Farbenerscheinung des Kronglases durch eine gleich breite ihr entgegengesetzte zu neutralisieren vermag, weil seine eigenen Farbenränder und -säume schon ursprünglich bedeutend breiter als die des Kronglases sind; so entsteht die Frage: wie geht es zu, daß zwei verschiedenartige brechende Mittel bei gleicher

Brechung eine so sehr verschiedene Breite der Farbenerscheinung geben? – Hievon läßt sich sehr genügende Rechenschaft gemäß der Goetheschen Theorie geben, wenn man nämlich diese etwas weiter und dadurch deutlicher ausführt, als er selbst es getan hat. Seine Ableitung der prismatischen Farbenerscheinung aus seinem obersten Grundsatz, den er Urphänomen nennt, ist vollkommen richtig: nur hat er sie nicht genug ins einzelne herabgeführt; während doch ohne eine gewisse Akribologie solchen Dingen kein Genüge geschieht. Er erklärt ganz richtig jene farbige die Refraktion begleitende Randerscheinung aus einem das durch Brechung verrückte Hauptbild begleitenden Nebenbilde. Aber er hat nicht die Lage und Wirkungsweise dieses Nebenbildes ganz speziell bestimmt und durch eine Zeichnung veranschaulicht; ja er spricht durchweg nur von *einem* Nebenbilde, wodurch denn die Sache so zu stehn kommt, daß wir annehmen müssen, nicht bloß das Licht oder leuchtende Bild, sondern auch die es umgebende Finsternis erleide eine Brechung. Ich muß daher hier seine Sache ergänzen, um zu zeigen, wie eigentlich jene bei gleicher Brechung, aber verschiedenen brechenden Substanzen verschiedene Breite der farbigen Randerscheinung entsteht, welche die Newtonianer durch den sinnlosen Ausdruck einer Verschiedenheit der Refraktion und Dispersion bezeichnen.

Zuvor ein Wort über den Ursprung dieser bei der Refraktion das Hauptbild begleitenden Nebenbilder. ›Natura non facit saltus‹[1] [Die Natur macht keine Sprünge] – so lautet das Gesetz der Kontinuität aller Veränderungen, vermöge dessen in der Natur kein Übergang, sei er im Raum oder in der Zeit oder im Grade irgendeiner Eigenschaft, ganz abrupt eintritt. Nun wird das Licht bei seinem Eintritt in das Prisma und abermals bei seinem Austritt, also zweimal, von seinem geraden Wege plötzlich abgelenkt. Sollen wir nun voraussetzen, dies geschehe so abrupt und mit solcher Schärfe, daß dabei das Licht auch nicht die geringste Vermischung mit der es umgebenden Finsternis erlitte, sondern

---

1. [Das Gesetz der Kontinuität, zuerst aufgestellt von Aristoteles: ›De incessu animalium‹ cap. 2, p. 704b 15]

mitten durch diese in so bedeutenden Winkeln sich schwenkend doch seine Grenzen auf das schärfste bewahrte – so daß es in ganz unvermischter Lauterkeit durchkäme und ganz vollständig zusammenbliebe? Ist nicht vielmehr die Annahme naturgemäßer, daß sowohl bei der ersten als bei der zweiten Brechung ein sehr kleiner Teil dieser Lichtmasse nicht schnell genug in die neue Richtung komme, sich dadurch etwas absondere und nun, gleichsam eine Erinnerung des eben verlassenen Weges nachtragend, als Nebenbild das Hauptbild begleite, nach der einen Brechung etwas über, nach der andern etwas unter ihm schwebend? Deshalb hat man auch bemerkt, daß mit jeder Brechung des Lichts eine Lichtschwächung notwendig verbunden ist (Birnbaum, ›Reich der Wolken‹ p. 61). Ja man könnte hiebei an die Polarisation des Lichts mittelst eines Spiegels denken, der einen Teil desselben zurückwirft, einen andern durchläßt. Das Wesentliche des Vorgangs aber ist, daß bei der Brechung das Licht mit der es begrenzenden Finsternis eine so innige Verschmelzung eingeht, daß diese nicht mehr, wie z. B. Halbschatten tun, bloß die intensive, sondern die qualitative Teilung der Tätigkeit der Retina hervorruft.

Beifolgende Figur zeigt nun spezieller, wie aus der Wirkung jener beiden bei der prismatischen Refraktion abfallenden Nebenbilder gemäß dem Goetheschen Grundgesetze die vier prismatischen Farben entstehn, als welche allein, nicht aber sieben wirklich vorhanden sind.

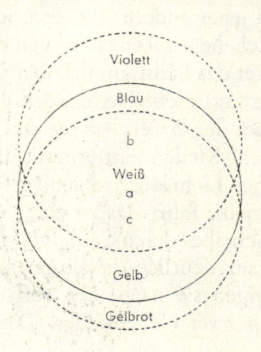

Diese Figur stellt eine auf schwarzes glanzloses Papier geklebte weiße Papierscheibe von etwa vier Zoll Durchmesser vor, wie sie, durch das Prisma aus einer Entfernung von etwan drei Schritten angeschaut, in der Natur und nicht nach Newtonischen Fiktionen sich darstellt. Hievon nun aber hat jeder, der wissen will, wovon die Rede sei, sich durch Autopsie zu überzeugen. Er wird alsdann, das Prisma vor die Augen haltend und bald näher, bald ferner tretend, die beiden Nebenbilder beinahe geradezu und unmittelbar wahrnehmen und wird sehn, wie sie, seiner Bewegung folgend, sich vom Hauptbilde bald mehr, bald weniger entfernen und übereinanderschieben. Tritt er beträchtlich weiter zurück, so greifen Blau und Gelb übereinander und er genießt das höchst erbauliche Schauspiel, aus ihnen das Newtonische *homogene* Licht-Grün, das reine Ur-Grün, sich zusammensetzen zu sehn. – Prismatische Versuche überhaupt lassen sich auf zweierlei Weise machen: entweder so, daß die Refraktion der Reflexion, oder so, daß diese jener vorhergeht: ersteres geschieht, wenn das Sonnenbild durch das Prisma auf die Wand fällt; letzteres, wenn man durch das Prisma ein weißes Bild betrachtet. Diese letztere Art ist nicht nur weniger umständlich auszuführen, sondern zeigt auch das eigentliche Phänomen viel deutlicher; welches teils daher kommt, daß hier die Wirkung der Refraktion unmittelbar zum Auge gelangt, wodurch man den Vorteil hat, die Wirkung aus erster Hand zu erhalten, während man sie, bei jener andern Art, erst aus zweiter Hand, nämlich nach geschehener Reflexion, von der Wand erhält; teils daher, daß hier das Licht unmittelbar von einem nahen, scharf begrenzten und nicht blendenden Gegenstande ausgeht; währernd, bei der ersten Art, es direkt das Bild eines zwanzig Millionen Meilen entfernten, dementsprechend großen und eigenes Licht ausstrahlenden Körpers ist, welches durch das Prisma fährt. Daher zeigt dann die hier abgebildete weiße Scheibe (deren Stelle bei der ersten Art die Sonne vertritt) ganz deutlich die sie begleitenden, auf Anlaß einer zweimaligen sie nach oben verrückenden Refraktion entstandenen zwei Nebenbilder. Das von der ersten

Refraktion, die beim Eintritt des Lichts in das Prisma stattfindet, herrührende Nebenbild schleppt hinten nach und bleibt daher mit seinem äußersten Rande noch in der Finsternis stecken und von ihr überzogen; das andere hingegen, welches bei der zweiten Refraktion, also beim Austritt des Lichts aus dem Prisma entsteht, eilt vor und zieht sich deshalb über die Finsternis her. Die Wirkungsart beider erstreckt sich aber auch, wiewohl schwächer, auf *den* Teil des Hauptbildes, der durch ihren Verlust geschwächt ist; daher nur *der* Teil desselben, welcher von *beiden* Nebenbildern bedeckt bleibt und also sein volles Licht behält, weiß erscheint: da hingegen, wo *ein* Nebenbild *allein* mit der Finsternis kämpft oder das durch den Abgang dieses Nebenbildes etwas geschwächte Hauptbild schon von der Finsternis beeinträchtigt wird, entstehn Farben, und zwar dem Goetheschen Gesetze gemäß. Demnach sehn wir am obern Teile, wo *ein* Nebenbild allein voreilend sich über die schwarze Fläche zieht, Violett entstehn; darunter aber, wo schon das Hauptbild, jedoch durch Verlust geschwächt wirkt, Blau: am untern Teile des Bildes hingegen zeigt sich da, wo das einzelne Nebenbild in der Finsternis steckenbleibt, Gelbrot, darüber aber, wo schon das geschwächte Hauptbild durchscheint, Gelb; eben wie die aufgehende Sonne, zuerst vom niedern, dickern Dunstkreise bedeckt, gelbrot, in den dünnern angelangt, nur noch gelb erscheint. Eben weil dieser Auslegung zufolge nicht die weiße Scheibe allein das Hervorbringende der Farben ist, sondern die Finsternis als zweiter Faktor mitwirkt, fällt die Farbenerscheinung viel besser aus, wenn die weiße Scheibe auf einem schwarzen Grunde haftet als wenn auf einem hellgrauen.

Nach dieser Erklärung der prismatischen Erscheinung wird es uns nicht schwer werden, wenigstens im allgemeinen zu begreifen, warum bei gleicher Brechung des Lichts einige brechende Mittel, wie eben das Flintglas, eine breitere, andere, wie das Kronglas, eine schmälere farbige Randerscheinung geben; oder, in der Sprache der Newtonianer, worauf die Ungleichmäßigkeit der Lichtbrechung und Farbenzerstreuung ihrer Möglichkeit nach beruhe. Die *Brechung* nämlich ist die Entfernung des Hauptbildes von seiner Einfallslinie; die *Zerstreuung* hingegen ist die dabei eintretende Entfernung der beiden Nebenbilder vom Hauptbilde: dieses *Akzidenz* nun aber finden wir bei verschiedenartigen lichtbrechenden Substanzen in verschiedenem Grade vorhanden. Demnach können zwei durchsichtige Körper gleiche Brechungskraft haben, d. h. das durch sie gehende Lichtbild gleich weit von seiner Einfallslinie ablenken; dabei jedoch können die *Nebenbilder*, welche allein die Farbenerscheinung verursachen, bei der Brechung durch den einen Körper mehr als bei der durch den andern sich vom *Hauptbilde* entfernen.

Um nun diese Rechenschaft von der Sache mit der so oft wiederholten, oben analysierten Newtonischen Erklärung des Phänomens zu vergleichen, wähle ich den Ausdruck dieser letztern, welcher am 27. Oktober 1836 in den ›Münchner Gelehrten Anzeigen‹, nach den ›Philosophical Transactions‹, mit folgenden Worten gegeben wird: ›Verschiedene durchsichtige Substanzen brechen die verschiedenen homogenen Lichter in sehr ungleichem Verhältnis[1], so daß das Spektrum, durch verschiedene brechende Mittel erzeugt, bei übrigens gleichen Umständen eine sehr verschiedene Ausdehnung erlangt.‹ – Wenn die Verlängerung des Spektrums überhaupt von der ungleichen Brechbarkeit der homogenen Lichter selbst herrührte; so müßte sie überall dem Grade der Brechung gemäß ausfallen, und demnach könnte nur infolge größerer Brechungskraft eines Mittels größere Verlängerung des Bildes entstehn. Ist nun aber dies nicht der Fall, sondern gibt von zwei gleich stark brechenden Mitteln das eine ein längeres, das andere ein kürzeres Spektrum; so beweist dies, daß die Verlängerung des Spektri nicht direkte Wirkung der *Brechung*, sondern bloß Wirkung eines die Brechung begleitenden *Akzidenz* sei. Ein solches nun sind die dabei entstehenden Nebenbilder: diese können sehr wohl bei gleicher Brechung nach Beschaffenheit der brechenden Substanz sich mehr oder weniger vom Hauptbilde entfernen.

1. Jedoch die Summe derselben, das weiße Licht, in gleichem! setze ich ergänzend hinzu.

§ 11
Die drei Arten der Teilung
der Tätigkeit der Retina im Verein

Ich bemerke noch der Vollständigkeit wegen, daß, wie die Abweichung einer Farbe von ihrer höchsten Energie, entweder ins Blasse oder ins Dunkle, eine Vereinigung der *qualitativen* Teilung der Tätigkeit der Retina mit der *intensiven* ist, gleichermaßen auch die *extensive* Teilung mit der qualitativen sich verbindet, indem ein Teil der Retina die eine, ein anderer eine andere Farbe auf äußern Reiz hervorbringt, wo dann bekanntlich nach Aufhören des Reizes die beiden geforderten Farben an jeder Stelle sich als Spektra einfinden. Beim gewöhnlichen Gebrauch des Auges werden meistens alle drei Arten der Teilung der Tätigkeit desselben zugleich und im Verein vollzogen.

Wollte man etwan darin eine Schwierigkeit finden, daß meiner Theorie zufolge beim Anblick einer sehr bunten Fläche die Tätigkeit der Retina an hundert Stellen zugleich in sehr verschiedenen Proportionen geteilt würde; so erwäge man, daß beim Anhören der Harmonie eines zahlreichen Orchesters oder der schnellen Läufe eines Virtuosen das Trommelfell und der Gehörnerv bald simultan, bald in der raschesten Sukzession in Schwingungen nach verschiedenen Zahlenverhältnissen versetzt wird, welche die Intelligenz alle auffaßt, arithmetisch abschätzt, die ästhetische Wirkung davon empfängt und jede Abweichung von der mathematischen Richtigkeit eines Tones sogleich bemerkt: dann wird man finden, daß ich dem viel vollkommeneren Gesichtssinn nicht zuviel zugetraut habe.

Hier verdient nun noch ein besonderes, gewissermaßen abnormes Phänomen erwähnt zu werden, welches mit der Schefferschen Auslegung schlechterdings unvereinbar ist, mithin zu ihrer Widerlegung beiträgt, nach der meinigen aber noch einer besonderen Erklärung bedarf. Wenn nämlich auf einer großen gefärbten Fläche einige kleinere farblose Stellen sind; so werden diese, wann nachher das durch die gefärbte Fläche hervorgerufene physiologische Spektrum eintritt, nicht mehr farblos bleiben, sondern sich in der zuerst dagewesenen Farbe der ganzen Fläche selbst darstellen, obgleich sie keineswegs vom Komplement derselben affiziert gewesen sind. Z.B. auf das Anschauen einer grünen Hausmauer mit kleinen grauen Fenstern folgt als Spektrum eine rote Mauer, nicht mit grauen, sondern mit grünen Fenstern. Gemäß meiner Theorie haben wir dies daraus zu erklären, daß, nachdem auf der ganzen Retina eine bestimmte qualitative Hälfte ihrer Tätigkeit durch die gefärbte Fläche hervorgerufen war, jedoch einige kleine Stellen von dieser Erregung ausgeschlossen blieben und nun nachher beim Aufhören des äußern Reizes die Ergänzung der durch ihn erregten Tätigkeitshälfte sich als Spektrum einstellt, alsdann die davon ausgeschlossen gebliebenen Stellen auf konsensuelle Weise in jene zuerst dagewesene qualitative Hälfte der Tätigkeit geraten, indem sie jetzt gleichsam nachahmen, was vorhin der ganze übrige Teil der Retina getan hat, während sie allein durch Ausbleiben des Reizes davon ausgeschlossen waren; mithin daß sie sozusagen nachexerzieren.

§ 12
Von einigen Verletzungen und einem abnormen Zustande des Auges

Auch mag hier die Bemerkung Platz finden, daß diejenigen Spektra, welche durch mechanische Erschütterung des Auges, und die, welche durch Blendung hervorgebracht werden, der Art nach als einerlei anzusehn und nur dem Grade nach verschieden sind. Man kann sie füglich pathologische Spektra nennen: denn wie die erstern durch offenbare Verletzung entstehn, so sind die letztern Erscheinungen einer durch Überreizung hervorgebrachten transitorischen Zerrüttung der Tätigkeit der Retina, welche alsdann, gleichsam aus ihrem Gleichgewicht gebracht, sich krampfhaft bald so, bald anders teilt und so die Erscheinungen zeigt, welche Goethe ([›Farbenlehre‹] Bd. 1, S. 15) beschreibt. Ein geblendetes Auge hat, wenn es ins Helle sieht, ein rotes, wenn ins Dunkle, ein grünes Spektrum, eben weil seine

Tätigkeit durch die Gewalt des Überreizes geteilt ist und nun nach Maßgabe des äußern Verhältnisses bald die eine, bald die andere Hälfte hervortritt.

Die der Blendung entgegengesetzte Verletzung des Auges ist die Anstrengung desselben in der Dämmerung. Bei der Blendung ist der Reiz von außen zu stark, bei der Anstrengung in der Dämmerung ist er zu schwach. Durch den mangelnden äußern Reiz des Lichtes ist nämlich die Tätigkeit der Retina intensiv geteilt, und nur ein kleiner Teil derselben ist wirklich aufgeregt. Dieser wird nun aber durch willkürliche Anstrengung, z.B. beim Lesen, vermehrt, also ein intensiver Teil der Tätigkeit wird ohne Reiz, ganz durch innere Anstrengung, aufgeregt. Um die Schädlichkeit hievon recht anschaulich zu machen, bietet sich mir kein anderer als ein obszöner Vergleich dar. Jenes schadet nämlich auf dieselbe Art wie Onanie; und überhaupt jede ohne Einwirkung des naturgemäßen Reizes von außen durch bloße Phantasie entstehende Aufreizung der Genitalien viel schwächender ist als die wirkliche natürliche Befriedigung des Geschlechtstriebes.

Warum die künstliche Beleuchtung der Lichtflamme das Auge mehr angreift als das Tageslicht, wird durch meine Theorie erst eigentlich verständlich. Die Lichtflamme beleuchtet alles rötlichgelb (daher auch die blauen Schatten). Folglich sind, solange wir bei Licht sehn, immer nur etwas über $2/3$ der Tätigkeit der Retina erregt und tragen die ganze Anstrengung des Sehns, während beinahe $1/3$ feiert. Dies muß auf eine ähnliche Art schwächen wie der Gebrauch eines geschliffenen Glases vor *einem* Auge; ja um so mehr, als hier die Teilung der Tätigkeit der Retina keine bloß intensive, sondern eine qualitative ist und die Retina unausgesetzt lange Zeit in derselben gehalten wird: daher auch ihr Drang, das Komplement hervorzubringen, welchen sie bei Gelegenheit jedes anderweitig schwach beleuchteten Schattens sogleich durch Färbung desselben befriedigt. Es war daher ein guter Vorschlag, die Nachtbeleuchtung durch blaue, ganz wenig ins Violette spielende Gläser dem Tageslicht ähnlich zu machen; wobei ich aus eigener Erfahrung empfehle, daß man die Gläser ja nicht zu dunkel oder zu dick nehme, da sonst nur der Anschein der Dämmerung entsteht. Man sehe übrigens *Parrot*, ›Traité de la manière de changer la lumière artificielle en une lumière semblable à celle du jour‹, Strasbourg 1791.

Einen hinzukommenden Beweis von der subjektiven Natur der Farbe, daß sie nämlich eine Funktion des Auges selbst ist, folglich diesem unmittelbar angehört und erst sekundär und mittelbar den Gegenständen, gibt uns zunächst der *Daguerreotyp*, der auf seinem rein objektiven Wege alles Sichtbare der Körper wiedergibt, nur nicht die Farbe. Einen andern, noch schlagenderen Beweis liefern uns die zwar selten, aber doch hin und wieder vorkommenden Menschen, welche gar keine Farben sehn, deren Retina also die Fähigkeit zur qualitativen Teilung ihrer Tätigkeit mangelt. Sie sehn demnach nur die Gradationen des Hellen und Dunkeln, folglich stellt ihnen die Welt sich dar wie ein getuschtes Bild oder ein Kupferstich oder ein Daguerreotyp: sie ist des eigentümlichen Reizes beraubt, welchen die Zugabe der Farbe ihr für uns verleiht. Ein Beispiel davon findet sich schon im 67. Bande der ›Philosophical Transactions‹ vom Jahre 1777, woselbst (S. 260) ausführlicher Bericht erteilt wird über drei Brüder *Harris*, die sämtlich keine Farben sahen; und im folgenden Bande steht ein Aufsatz von *Janus Scott*, der keine Farben sah, welchen Fehler mehrere Glieder seiner Familie ebenfalls hatten. An demselben Mangel litt der zu seiner Zeit berühmte, in Hamburg lebende Arzt *Unzer*: dieser war jedoch bemüht, ihn möglichst zu verbergen, weil er daran ein offenbares Hindernis bei der Diagnose und Semiotik hatte. Seine Frau hatte einmal, um der Sache auf den Grund zu kommen, sich blau geschminkt; worauf er bloß bemerkte, daß sie heute zuviel Rot aufgelegt habe. Ich verdanke diese Nachricht einem Maler *Demiani*, welcher vor vierzig Jahren Galerie-Inspektor in Dresden war und dem die Sache einst dadurch bekannt geworden war, daß er jene Frau porträtiert hatte, worauf *Unzer* ihm gestand, daß und warum er über das Kolorit nicht urteilen könne. Noch ein Beispiel dieser Art liefert ein Herr von *Zimmermann*, welcher im Anfang dieses Jahrhunderts in Riga lebte. Die folgenden Nachrichten über ihn verbürgt mir der Verleger dieser Schrift[1], der ihn selbst gekannt hat und sich auch auf den Herrn Oberschuldirektor Albanus beruft, welcher Erzieher jenes Herrn gewesen ist. Für diesen Herrn von *Zimmermann* also war durchaus keine Farbe vorhanden: er sah alles nur weiß, schwarz und in Nuancen von Grau. Er spielte sehr gut Billard, und da dieses in Riga mit gelbgefärbten und roten Bällen geschieht, konnte er solche doch sehr wohl unterscheiden, weil ihm die roten viel dunkler aussahen. (Nach meiner Theorie mußte ihm bei reinen Farben rot um die Hälfte dunkler als gelb sein.) Man hat mit ihm einen Versuch angestellt, der in Hinsicht auf meine Theorie nicht glücklicher hätte erdacht werden können. Er trug eine rote Uniform: man legte ihm statt ihrer eine grüne hin; er bemerkte gar nichts, zog diese an und war im Begriff, damit auf die Parade zu gehn. Denn freilich mußte für ihn reines Rot und reines Grün sich so gleich sein wie $1/2 = 1/2$ ist. Seiner Retina fehlte also gänzlich die Fähigkeit, ihre Tätigkeit qualitativ zu teilen. – Viel weniger selten sind Leute, welche die Farben nur sehr unvollkommen sehn, indem sie einige derselben erkennen, jedoch die meisten nicht. Mir sind in eigener Erfahrung drei solche vorgekommen: sie konnten am wenigsten Rot und Grün unterscheiden, aus der soeben angegebenen Ursache. Daß eine solche Achromatoblepsie auch temporär eintreten kann, ist zu ersehn aus einer Abhandlung von Theodor Clemens, ›Farbenblindheit während der Schwangerschaft, nebst einigen Erörterungen über Farbenblindheit im allgemeinen‹, befindlich im ›Archiv für physiologische Heilkunde‹ vom Jahre 1858 (über Farbenblindheit vgl. auch George Wilson, ›Researches on colour-blindness‹, Edinburgh 1855).

---

1. Johann Friedrich Hartknoch im Jahre 1815

§ 13
Von den äußern Reizen, welche die qualitative Teilung der Tätigkeit der Retina erregen

Wir haben bisher die Farben in der engsten Bedeutung betrachtet, nämlich als Zustände, Affektionen des Auges. Diese Betrachtung ist der erste und wesentlichste Teil der Farbenlehre, die Farbenlehre im engsten Sinne, welche als solche allen ferneren Untersuchungen über die Farben zum Grunde liegen muß und mit der sie stets in Übereinstimmung bleiben müssen. An diesen ersten Teil hat sich als der zweite zu schließen die Betrachtung der Ursachen, welche, von außen als Reize auf das Auge wirkend, nicht wie das reine Licht und das Weiße die ungeteilte Tätigkeit der Retina in stärkern oder schwächern Graden, sondern immer nur eine qualitative Hälfte derselben hervorrufen. Diese äußern Ursachen hat Goethe sehr richtig und treffend in zwei Klassen gesondert, nämlich in die chemischen und physischen Farben, d. h. in die den Körpern inhärierenden, bleibenden Farben und die bloß temporären, durch irgendeine besondere Kombination des Lichtes mit den durchsichtigen Medien entstehenden. Sollte nun ihr Unterschied durch einen einzigen völlig allgemeinen Ausdruck bezeichnet werden, so würde ich sagen: physische Farben sind diejenigen Ursachen der Erregung einer qualitativen Hälfte der Tätigkeit der Retina, die uns als solche zugänglich sind; daher wir einsehn, daß, wenn wir auch über die Art ihres Wirkens noch uneinig sind, dasselbe doch gewissen Gesetzen unterworfen sein muß, die auch unter den verschiedensten Umständen und bei den verschiedensten Materien obwalten, so daß das Phänomen stets auf sie zurückgeführt werden kann: die chemischen Farben hingegen sind die, bei denen dies nicht der Fall ist; sondern deren Ursache wir erkennen, ohne die Art ihres speziellen Wirkens auf das Auge irgend zu begreifen. Denn wenn wir gleich wissen, daß z. B. dieser oder jener chemische Niederschlag diese bestimmte Farbe gibt und insofern ihre Ursache ist; so wissen wir hier doch nicht die Ursache der Farbe *als sol-*

cher, nicht das Gesetz, demzufolge sie hier eintritt, sondern ihr Eintreten wird nur a posteriori erkannt und bleibt für uns insofern zufällig. Von den physischen Farben hingegen wissen wir *als solchen* die Ursache, das Gesetz ihrer Erscheinung; daher auch unsere Erkenntnis derselben nicht an bestimmte Materien gebunden ist, sondern von jeder gilt: so z. B. entsteht Gelb, sobald Licht durch ein trübes Mittel bricht, dies mag nun ein Pergament, eine Flüssigkeit, ein Dunst oder das prismatische Nebenbild sein. – Auch Schwarz und Weiß sind physisch wie chemisch vorhanden: das physische Schwarz ist die Finsternis, das physische Weiß die vollendete Trübe. Dem Gesagten zufolge kann man die *physischen* Farben auch die *verständlichen*, die *chemischen* aber die *unverständlichen* nennen. Durch Zurückführung der chemischen Farben auf physische in irgendeinem Sinne würde der zweite Teil der Farbenlehre zur Vollendung gebracht sein. Newton hat hievon das gerade Gegenteil getan und die physischen Farben auf chemische zurückgeführt, indem er lehrt, bei der Brechung zersplittere sich der weiße Strahl in sieben ungleich brechbare Teile und diese hätten eben per accidens [als Nebenerscheinung] eine violette, indigoblaue usw. Farbe.

Über die chemische Farbe werde ich weiterhin einiges beibringen: hier zunächst von der physischen. Da der äußere Reiz der Tätigkeit der Retina zuletzt immer das Licht ist; so muß für die Modifikation jener Tätigkeit, in deren Empfindung die Farbe besteht, auch eine ihr genau entsprechende Modifikation des Lichtes nachgewiesen werden können. Welche dieses sei, ist das punctum controversiae [der Streitpunkt] zwischen Newton und Goethe, welches in letzter Instanz durch vorgelegte Tatsachen und Versuche, unter richtiger Beurteilung derselben, zu entscheiden ist. Wenn wir nun aber in Erwägung nehmen, was oben § 2 *[S. 220]* über den notwendigen Parallelismus zwischen Ursache und Wirkung beigebracht worden ist; so werden wir nicht zweifeln, daß schon die durch das Bisherige gewonnene genauere Erkenntnis der zu erklärenden Wirkung, also der Farbe als physiologischer Tatsache uns in den Stand setzt, auch über die nachgeforschten äußern Ursachen derselben, unabhängig von aller experimentalen Untersuchung und also insofern a priori, einiges festzustellen. Dies wäre hauptsächlich folgendes:

1. Die Farben selbst, ihre Verhältnisse zu einander und die Gesetzmäßigkeit ihrer Erscheinung, dies alles liegt im Auge selbst und ist nur eine besondere Modifikation der Tätigkeit der Retina. Die äußere Ursache kann nur als Reiz, als Anlaß zur Äußerung jener Tätigkeit, also nur sehr untergeordnet wirken: sie kann bei der Hervorbringung der Farbe im Auge, d.i. bei der Erregung der Polarität seiner Retina immer nur eine solche Rolle spielen wie bei Hervorrufung der im Körper schlummernden Elektrizität, d.i. Trennung des + E und — E, die Reibung. Keineswegs aber können die Farben in bestimmter Zahl irgendwo außer dem Auge rein objektiv vorhanden sein, dort bestimmte Gesetze und Verhältnisse zu einander haben und nun ganz fertig dem Auge überliefert werden. Wollte man trotz allen diesem eine Vereinigung meiner Theorie mit der Newtonischen bewerkstelligen; so ließe dieser unglückliche Gedanke sich nur ausführen mittelst der Annahme der wunderlichsten harmonia praestabilita [vorherbestimmten Harmonie], zu welcher jemals ein Menschenkopf in seiner spekulativen Bedrängnis griff. Zufolge derselben nämlich müßten gewisse Farben, obwohl sie im Auge nach den Gesetzen seiner Funktionen eben wie alle übrigen unzähligen Farben entstehn, dennoch schon im Lichte selbst, und zwar in dessen Bestandteilen eigens dazu bereitliegende, gleichsam bestellte Ursachen haben.

2. Jede Farbe ist die qualitative Hälfte der vollen Tätigkeit der Retina, zu der sie durch eine andere Farbe, ihr Komplement, ergänzt wird. Folglich gibt es durchaus nur Farbenpaare und keine einzelne[n] Farben: also kann man nicht sieben (eine ungerade Zahl) einzig wirklich existierende Farben annehmen.

3. Die Farben bilden einen stetigen Kreis, innerhalb dessen es keine Grenzen, keine feste[n] Punkte gibt, den Äquator der oben § 5 *[S. 226]* beschriebenen Rungeschen Farbenkugel.

Durch Teilung dieses Kreises in zwei Hälften entsteht jede Farbe, und ihr ergänzender Gegensatz ist sofort gegeben: beide zusammen enthalten immer potentialiter [der Möglichkeit nach] den ganzen Kreis. Die Farben sind also der Zahl nach unendlich: daher kann man durchaus weder sieben noch irgendeine andre bestimmte Zahl feststehender Farben annehmen. Bloß durch das rationale, leicht aufzufassende und in den ersten Zahlen ausdrückbare Verhältnis, in welchem bei gewissen Farben die Tätigkeit der Retina sich teilt, zeichnen sich drei Farbenpaare besonders aus und sind deshalb immer und überall durch eigene Namen bezeichnet worden; wozu außer diesem kein anderer Grund ist, da sie übrigens vor den andern nichts voraushaben.

4. Der unendlichen Anzahl möglicher Farben, welche aus der auf unendliche Weisen modifikabeln Teilbarkeit der Tätigkeit der Retina entspringt, muß auch in der als Reiz wirkenden äußern Ursache eine ebenso unendliche und der zartesten Übergänge fähige Modifikabilität entsprechen. Dies leistet aber keineswegs die Annahme von sieben oder irgendeiner bestimmten Anzahl homogener Lichter als Teile des weißen Lichtes, die jedes für sich steif und starr dastehn, miteinander aber vereinigt nie etwas anderes geben könnten als einen Schritt zur Rückkehr in die Farblosigkeit. Ich weiß wohl, daß Newton bisweilen, wenn der Zusammenhang seines Gewebes es fordert, versichert, es sei mit den sieben homogenen Lichtern im Grunde doch nur Spaß, sie seien gar nicht homogen, sondern höchst zusammengesetzt, nämlich aus unendlich vielen wirklich und eigentlich homogenen Lichtern. Dies könnte nun, auch hier vorgebracht, allenfalls gegen die Anforderung dieser Nummer die homogenen Lichter retten; dasselbe Argument verdirbt sie aber um so sicherer in der nächsten: denn nicht zu gedenken, daß sie jetzt nur so existieren wie Demokrits Atome, so folgt, daß jedes echte homogene Licht, d.h. jede wirkliche Ur-Farbe sich zum Weißen verhält wie ein *unendlich kleiner* Bruch zu eins, wodurch sie durchaus in Dunkelheit verschwindet und unsichtbar wird. – Auf das Vollkommenste dagegen genügt der hier gemachten Forderung

Goethes Lehre. Denn ein Trübes, das sich bald diesseit, bald jenseit des Lichtes befinden, dabei in unzähligen Graden bald dichter, bald durchsichtiger sein, das endlich auch von beiden Seiten ungleich in den verschiedensten Verhältnissen beleuchtet werden kann: dies gibt uns in der Ursache dieselbe unendliche Modifikabilität wieder, die wir in der Wirkung gefunden hatten.

5. Das der Farbe wesentliche σκιερόν oder ihre schattige Natur haben wir im Auge darin begründet gefunden, daß die nur halbe Tätigkeit der Retina die Ruhe der andern Hälfte voraussetzt, deren Ausdruck eben jenes σκιερόν ist, dessen durch diese Notwendigkeit in der Farbe sich darstellende innige Verbindung mit dem Licht wir einer chemischen Mischung des Lichtes und der Finsternis verglichen haben. Dieses σκιερόν muß sich auch außer dem Auge in der äußern Ursache auf irgendeine Art repräsentiert wiederfinden. In diesem Punkt würde nun zwar Newtons Lehre, daß die Farbe immer $1/7$ des ganzen Lichtes sei, höchst notdürftig genügen, indem sie nämlich die Farbe für ein minder Helles als das Weiße anerkennt, jedoch in dem übertriebenen Maße, daß die Helle nach alle Farben (mit unbedeutenden Unterschieden) sich einzeln zum Weißen verhalten etwan wie 1 zu 7 oder allenfalls zu 6; wir aber wissen, daß sogar die schwächste und dunkelste aller Farben, das Violett, sich zum Weißen verhält wie 1 zu 4; blau wie 1 zu 3; grün und rot wie 1 zu 2; und gelb gar wie 3 zu 4. In der vorhergehenden Nummer ist schon gesagt worden, wie gar schlimm es hier um die Newtonische Theorie steht, wenn man, wie ihre eigentlich esoterische Lehre ist, statt sieben homogener Lichter unendliche annimmt. – Hingegen entspricht auch der Forderung über das σκιερόν auf das vollkommenste und befriedigendeste das von Goethe aufgestellte Urphänomen. Aus Licht und Finsternis, im innigsten Verein, läßt er die Farbe entstehn. Ein verdunkeltes Licht erregt im Auge Gelb; eine erleuchtete Finsternis Blau: beides jedoch darf nicht unmittelbar geschehn, wodurch bloß Dämmerung, Grau, intensive Teilung der Tätigkeit der Retina entstände; sondern mittelst des Dazwi-

schentretens eines dritten, des Trüben, welches gleichsam das menstruum[1] der chemischen Durchdringung des Lichtes und der Finsternis wird, welche nunmehr die Polarität des Auges, d.i. die qualitative Teilung seiner Tätigkeit hervorruft. – Goethe stellt, nachdem er den *physiologischen* Gegensatz der Farben in allen seinen Phänomenen trefflich geschildert hat, als *physischen* Gegensatz Gelb und Blau auf, als welche aus entgegengesetzten Ursachen entstehn: Gelb dadurch, daß ein Trübes dem Auge das Licht hemmt; Blau, indem das Auge durch ein beleuchtetes Trübes in das Finstre sieht. Es hat nun mit diesem physischen Gegensatz auch seine völlige Richtigkeit, solange man ihn als allgemeinen Ausdruck für zwei Hauptverhältnisse aller physischen Farben versteht und Blau und Gelb hier gleichsam als Repräsentanten zweier Klassen, der kalten und warmen Farben, ansieht. Wollte man aber es im engsten Sinne verstehn und gerade zwischen Gelb und Blau einen bestehenden physischen Gegensatz annehmen; so müßte man befremdet werden durch die Inkongruenz des Gegensatzes der physiologischen Farben mit dem der physischen, indem ja der eigentliche Gegensatz von Blau Orange, und von Gelb Violett ist und vorauszusetzen war, daß das Verhältnis, welches zwischen den Farben im eigentlichen Sinn besteht, auch zwischen ihren außer dem Auge liegenden Ursachen sich wiederfinden müßte, in Gemäßheit des oben erwähnten Aristotelischen Satzes: τῶν ἐναντίων τὰ ἐναντία αἴτια (contrariorum contrariae sunt causae) [denn vom Entgegengesetzen ist das Entgegengesetze die Ursache] (›De generatione et corruptione‹ [2], cap. 10). Allerdings ist es auch so, und jene Inkongruenz ist bloß scheinbar. Denn genauer betrachtet, gibt derselbe und nämliche Grad von Trübe, welcher, vor die Finsternis gezogen und beleuchtet, reines Blau erregt, wenn er umgekehrt das Licht hemmt, nicht Gelb, sondern Orange; und ebenso wird allemal ein und derselbe Grad von Trübe unter in bezug auf Licht und

---

1. [Flüssigkeit zur Auflösung oder Extraktion chemischer Substanzen, so genannt, weil nach Ansicht der Alchimie der vollständige Auflösungsprozeß einen (philosophischen) Monat von 40 Tagen benötigt.]

Finsternis entgegengesetzten Umständen zwei entgegengesetzte, einander ergänzende Farben geben. Daß dies sein muß, geht schon a priori aus folgender Betrachtung hervor. Die geforderte und nachher als Spektrum hervortretende Farbe ist das Komplement der gegebenen: daher muß ihr so viel von der vollen Tätigkeit des Auges abgehn, als jene davon hat; d. h. sie muß gerade so viel Finsternis (σκιερόν) enthalten, als jene Licht enthält. Nun ist bei allen physischen Farben der positiven Seite (d. h. allen, die zwischen Gelb und Rot liegen) das Trübe Ursache ihrer Finsternis, da es das Licht hemmt; umgekehrt ist bei allen Farben der negativen Seite das Trübe Ursache ihrer Helle, indem es das auffallende Licht, welches sich sonst in die Finsternis verlöre, zurückwirft. Also muß unter entgegengesetzten Umständen die nämliche Trübe in einem Fall geradeso viel Erhellung verursachen als im umgekehrten Verfinsterung: und da gezeigt ist, daß jede Farbe so viel Helle enthalten muß, als ihr Komplement Dunkelheit enthält; so wird notwendig die nämliche Trübe bei entgegengesetzter Beleuchtung die zwei Farben geben, welche sich fordern und ergänzen. Hieran nun aber haben wir einen vollkommenen Beweis a priori von der Wahrheit des Goetheschen Urphänomens und der Richtigkeit seiner ganzen Theorie der physischen Farben; welchen ich wohl zu beachten bitte. Nämlich bloß von der Kenntnis der Farbe im engsten Sinn, also als Phänomen im Auge ausgehend, haben wir gefunden, daß ihre äußere Ursache ein vermindertes Licht sein muß, jedoch ein auf eine bestimmte Art vermindertes, die das Eigentümliche haben muß, daß sie jeder Farbe geradeso viel Licht erteilt als ihrem Komplement Finsternis, σκιερόν. Dies aber kann auf einem unfehlbaren und allen Fällen angemessenen Wege nur dadurch geschehn, daß die Ursache der Helle in einer gegebenen Farbe gerade die Ursache des Schattigen oder Dunkeln in ihrem Komplement sei. Denn conversa causa convertitur effectus [bei Umkehrung der Ursache kehrt sich die Wirkung um]. Dieser Forderung nun genügt allein, aber auch vollkommen die Scheidewand eines zwischen Licht und Finsternis eingeschobenen Trüben, indem sie unter entgegengesetzter Beleuchtung allezeit zwei sich physiologisch ergänzende Farben verursacht, welche je nach dem Grade der Dicke und Dichtigkeit dieses Trüben verschieden ausfallen, zusammen aber immer zum Weißen, d.h. zur vollen Tätigkeit der Retina einander ergänzen. Bei der größten Dünne des Trüben werden diese Farben die gelbe und violette sein; bei zunehmender Dichtigkeit desselben werden sie allmälig in Orange und Blau übergehn und endlich bei noch größerer Rot und Grün werden; welches letztere jedoch auf diesem einfachen Wege.nicht wohl darzustellen ist, obgleich der Himmel bei Sonnenuntergang und -aufgang es bisweilen zu schwacher Erscheinung bringt. Wird endlich die Trübe vollendet, d.h. bis zur Undurchdringlichkeit verdichtet; so erscheint bei auffallendem Lichte Weiß, bei dahinter befindlichem die Finsternis oder Schwarz. – Infolge dieser Ableitung des Goetheschen Urphänomens aus meiner Theorie verdient dasselbe nicht mehr so zu heißen. Denn es ist nicht, wie Goethe es nahm, ein schlechthin Gegebenes und aller Erklärung auf immer Entzogenes: vielmehr ist es nur die Ursache, wie sie meiner Theorie zufolge zur Hervorbringung der Wirkung, also der Halbierung der Tätigkeit der Retina erfordert ist. Eigentliches Urphänomen ist allein die organische Fähigkeit der Retina, ihre Nerventätigkeit in zwei qualitativ entgegengesetzte, bald gleiche, bald ungleiche Hälften auseinandergehn und sukzessiv hervortreten zu lassen. Dabei freilich müssen wir stehnbleiben, indem von hier an sich nur noch Endursachen absehn lassen; wie uns dies in der Physiologie durchgängig begegnet: also etwan, daß wir durch die Farbe ein Mittel mehr haben, die Dinge zu unterscheiden und zu erkennen.

Aus der gegebenen Ableitung des Goetheschen Urphänomens folgt auch, daß der physische Gegensatz immer mit dem physiologischen zusammentreffen und übereinstimmen muß. Das prismatische Spektrum bestätigt an den vier Farben, die es ursprünglich und im einfachsten Zustande zeigt, das Gesagte vollkommen; wie aus der oben gegebenen Abbildung desselben leicht zu ersehn. Nämlich die doppelt dichte Trübung eines doppelten Nebenbildes erzeugt an einer Seite den blauen und an der andern den gelbroten Rand, also zwei Komplemente zur vollen Tätigkeit der Retina: und die halb so dichte Trübe gibt an korrespondierenden Stellen den violetten und den gelben Saum, die ebenfalls einander ergänzen. Also treffen physischer und physiologischer Gegensatz völlig zusammen. Ebenso geben gewisse trübe Auflösungen aus Quassia[1], lignum nephriticum[2] und ähnliche bei durchfallendem Lichte dasjenige Gelb, welches die Ergänzungsfarbe des Blauen ist, das sie bei auffallendem Lichte zeigen. Sogar Tabaksdampf, gegen das Licht geblasen, erscheint schmutzig orange; gegen die Schattenseite geblasen blau. – Diesem allen zufolge gilt der physische Gegensatz von Gelb und Blau, den Goethe aufstellt, durchaus nur im allgemeinen, nämlich sofern Gelb und Blau hier nicht zwei Farben, sondern zwei Klassen von Farben bedeuten. Es ist notwendig, sich diese Restriktion zu merken. Wenn nun aber Goethe noch weitergeht und diesen physischen Gegensatz von Gelb und Blau einen polaren nennt; so würde ich ihm nur mittelst einer höchst gezwungenen Auslegung beistimmen können und muß von ihm abweichen. Denn polarischen Gegensatz haben, wie meine ganze Darstellung zeigt, nur die Farben in engster Bedeutung, als Affektionen der Retina, deren Polarisation, d.h. Auseinandertreten in qualitativ entgegengesetzte Tätigkeiten sie eben offenbaren. Polarität des Lichtes behaupten heißt durchaus Teilung des Lichtes behaupten. Indem Goethe letztere verwirft, nun aber doch von einer Polarität der Farben, unabhängig vom Auge redet, die Farbe selbst aber aus dem Konflikte des Lichtes mit dem Trüben oder Dunkeln erklärt, sie nicht weiter ableitend; so könnte jene Polarität der Farbe nichts anderes als eine Polarität dieses Konflikts sein. Die Unzulässigkeit hievon bedarf keiner

1. [Aus Surinam stammende Pflanzengattung, deren Bitterstoff sich im Wasser bei Zusatz von etwas Salz auflöst und bei Erhitzung wie ein Harz schmilzt.]
2. [Blaues Sandelholz, enthält ein blaues Pigment und wurde aus Moringa pterygosperma, dem Meerrettichbaum, gewonnen; es diente zur Abführung von Nierensteinen.]

Auseinandersetzung. Jede Polarität muß aus einer Einheit entspringen, deren Entzweiung mit sich selbst, deren Auseinandertreten in zwei qualitative Gegensätze sie ist: keineswegs aber kann aus dem zufälligen Zusammentreffen zweier Dinge verschiedenen Ursprungs, wie Licht und trübes Mittel sind, je Polarität entstehn. –

Was nun endlich die chemische Farbe betrifft, so ist sie offenbar eine eigentümliche Modifikation der Oberfläche der Körper, die aber so fein ist, daß wir sie übrigens durchaus nicht erkennen und unterscheiden können, sondern sie einzig und allein sich kundgibt durch die Fähigkeit, diese oder jede bestimmte Hälfte der Tätigkeit des Auges hervorzurufen. Diese Fähigkeit ist für uns noch eine qualitas occulta [verborgene Eigenschaft]. Leicht einzusehn aber ist es, daß eine so zarte und feine Modifikation der Oberfläche, selbst durch unbedeutende Umstände, stark verändert werden und daher nicht in verhältnismäßigem Zusammenhange stehn kann mit den innern und wesentlichen Eigenschaften des Körpers. Diese leichte Veränderlichkeit der chemischen Farben geht so weit, daß bisweilen einem gänzlichen Wechsel der Farbe nur eine äußerst geringfügige oder selbst gar nicht einmal nachweisbare Veränderung in den Eigenschaften des Körpers, dem sie inhäriert, entspricht. So z. B. ist der durch Zusammenschmelzen des Merkurs[1] mit dem Schwefel erlangte Zinnober schwarz – eben wie eine ähnliche Verbindung des Bleies mit dem Schwefel: erst nachdem er sublimiert worden, nimmt der Zinnober die bekannte feuerrote Farbe an; wobei jedoch eine chemische Veränderung an ihm nicht nachweisbar ist. Durch bloße Erwärmung wird rotes Quecksilberoxyd schwarzbraun und gelber basischer salpetersaurer Merkur[1] rot. Eine bekannte chinesische Schminke kommt uns auf Stückchen dünner Pappe aufgetragen zu und ist dann dunkelgrün: mit benetztem Finger berührt, färbt sie diesen augenblicklich hochrot. Selbst das Rotwerden der Krebse durch Kochen gehört hieher; auch das Umschlagen des Grüns mancher Blätter in Rot beim ersten Frost und das Rotwerden der Äpfel auf der Seite, die

1. [Quecksilber]

von der Sonne beschienen wird, welches man einer stärkern Desoxydation dieser Seite zuschreiben will; imgleichen, daß einige Pflanzen den Stengel und das ganze Gerippe des Blattes hochrot haben, das Parenchyma[1] aber grün; überhaupt die Vielfarbigkeit mancher Blumenblätter, wie auch die der Varietäten einer einzigen Art, der Tulpen, Nelken, Malven, Georginen usw. In andern Fällen können wir die chemische Differenz, welche von der Farbe angezeigt wird, als eine sehr geringe nachweisen, z.B. wenn Lackmustinktur oder Veilchensaft durch die leichteste Spur von Oxydation oder Alkalisation ihre Farbe ändern. Dies alles bestätigt einerseits die aus meiner Theorie hervorgehende vorwaltend subjektive Natur der Farbe, welche man immer gefühlt hat, wie das alte Sprichwort ›Des goûts et des couleurs il ne faut disputer‹ [Über den Geschmack und die Farben soll man nicht streiten], imgleichen das bewährte ›Nimium ne crede colori!‹ [Nicht allzusehr traue der Farbe! Vergil, ›Eclogae‹ 2, 17] bezeugt und wegen welcher die Farbe beinah zum Symbol der Trüglichkeit und Unbeständigkeit geworden ist, so daß man es stets gefährlich gefunden hat, bei der Farbe stehnzubleiben. Dieserwegen hat man sich in acht zu nehmen, daß man den Farben in der Natur nicht zuviel Bedeutsamkeit beilege. Andererseits nun aber lehren uns die angeführten Beispiele, daß *das Auge das empfindlichste Reagens* im chemischen Sinne ist; indem es nicht nur die geringsten nachweisbaren, sondern sogar solche Veränderungen der Mischung, die kein anderes Reagens anzeigt, uns augenblicklich zu erkennen gibt. Auf dieser unvergleichlichen Empfindlichkeit des Auges beruht überhaupt die Möglichkeit der *chemischen* Farben, welche an sich selbst noch ganz unerklärt ist, während wir in die *physischen* durch Goethe die richtige Einsicht endlich erlangt haben; ungeachtet die vorgeschobene Newtonische falsche Theorie solche erschwerte. Die physischen Farben verhalten sich zu den chemischen ganz so wie der durch den galvanischen Apparat hervorgebrachte und insofern aus seiner nächsten Ursache verständliche Magnetismus zu dem im Stahl und in

1. [Gewebe aus dünnwandigen Zellen]

den Eisenerzen fixierten. Jener gibt einen temporären Magneten, der nur durch eine Komplikation von Umständen besteht und, sobald sie wegfallen, es zu sein aufhört: dieser hingegen ist einem Körper einverleibt, unveränderlich und bis jetzt unerklärt. Er ist hineingebannt wie ein verzauberter Prinz: dasselbe nun gilt von der chemischen Farbe eines Körpers. Daher liefern uns ein anderes Gleichnis die Turmaline in ihrem Verhältnis zu den Körpern, an welchen nur durch Reibung eine vorübergehende Elektrizität sich hervorrufen läßt: denn wie die physischen Farben nur durch eine Kombination von Umständen hervortreten, die chemischen hingegen bloß der Beleuchtung bedürfen, um zu erscheinen; so bedürfen die Turmaline bloß der Erwärmung, um die ihnen jederzeit inwohnende Elektrizität zu zeigen.

Eine allgemeine Erklärung der chemischen Farben scheint mir in folgendem zu liegen. Licht und Wärme sind Metamorphosen von einander. Die Sonnenstrahlen sind kalt, solange sie leuchten: erst wann sie, auf undurchsichtige Körper treffend, zu leuchten aufhören, verwandelt sich ihr Licht in Wärme; daher sie[F], durch eine dünne Eisplatte in einen innerlich verkohlten Kasten fallend, daselbst das Thermometer zu beträchtlichem Steigen bringen, ohne die Eisplatte zu schmelzen, ja sogar ein aus Eis geschliffenes Brennglas zündet, ohne dabei selbst zu schmelzen[1] – welches nicht sein könnte, wenn es ursprüngliche und unveränderliche, von den Lichtstrahlen verschiedene Wärmestrahlen gäbe, die, jenen beigemischt, von der Sonne ausgesandt würden, folglich schon als solche durch das Eis gingen, daher auch als solche wirken und es schmelzen müßten. (Eine über eine Pflanze gesetzte *Glasglocke* bringt einen hohen Grad von Wärme hervor, weil das Licht augenblicklich durchgeht und sich auf dem opaken Boden in Wärme verwandelt: die-

---

F. Dieses Saussuresche Experiment erwähnt Schelling: ›Weltseele‹ p. 38. [Das Kistchen, das innen mit Korkplatten versehen war, wurde mit drei Glasplatten – ›glaces de verre‹ – bedeckt, was Schelling in ›Eisplatten‹ verlas und so Schopenhauer irreführte; vgl. Horace Bénédict Saussure: ›Voyages dans les Alpes‹, 1786, vol. 2, chap. 35, § 932.]
1. [Nach Jules Jamin: ›La physique depuis les recherches d'Herschel‹ in ›Revue des deux mondes‹ 7, 1854, p. 1110 f.]

ser Wärme aber ist das Glas nicht so leicht permeabel [durchdringbar] wie dem Lichte; daher häuft sie sich unter der Glocke an und erreicht einen hohen Grad.) Umgekehrt verwandelt die Wärme sich in Licht beim Glühen der Steine, des Glases, der Metalle (auch in irrespirabeln Gasarten) und des Flußspates sogar bei geringer Erwärmung. Die nach Beschaffenheit eines Körpers speziell modifizierte Weise, wie er das auf ihn fallende Licht in Wärme verwandelt, ist für unser Auge seine chemische Farbe. Diese wird um so dunkler ausfallen, je leichter und vollkommener jener Umwandlungsprozeß vor sich geht; daher schwarze Körper am leichtesten warm werden: dies ist alles, was wir von ihr wissen. Doch wird hieraus begreiflich, wie die verschiedenen Farben des prismatischen Spektrums die Körper verschiedentlich erwärmen: auch läßt sich absehn, wie eine bloß physische Farbe eine chemische hervorbringen kann, indem z. B. Chlorsilber durch freies, also weißes Sonnenlicht geschwärzt wird, sogar aber auch die Farben des prismatischen Spektrums annimmt, wenn es diesem längere Zeit hindurch ausgesetzt bleibt. Denn hier ist die entstehende chemische Farbe für unser Auge der Ausdruck der modifizierten und dadurch geschwächten Weise, wie das Chlorsilber das Licht empfängt und in Wärme verwandelt, während der freie unverkümmerte Hergang dieses Prozesses bei weißem Licht sich durch die schwarze Färbung kundgibt. – Wie Wärme und Licht Metamorphosen von einander sind; so ist eine andre Metamorphose der Wärme die *Elektrizität*, wie der Seebecksche Thermoelektrizismus beweist, wo Wismut und Antimonium, wenn aneinandergelötet, die ihnen mitgeteilte Wärme sogleich in *Elektrizität* verwandeln. In Licht verwandelt die Elektrizität sich beim elektrischen Funken und beim Ausströmen im luftleeren Raum, und in Wärme, wenn ihr Strom im Elektroden gehemmt wird, wo dieser glüht und, wenn von Eisen, verbrennt. –

Die Richtigkeit der von mir aufgefundenen Zahlenbrüche, nach welchen bei den sechs Hauptfarben die Tätigkeit der Retina sich qualitativ teilt, ist, wie schon gesagt, eine augenfällige, bleibt aber Sache des unmittelbaren Urteils und muß als selbst-evident genommen werden; da sie zu beweisen schwer, vielleicht unmöglich ist. Doch will ich hier zwei Wege angeben, auf denen allenfalls ein Beweis zu finden sein möchte. Man hat öfter eine genaue Bestimmung der Verhältnisse gesucht, in welchen die drei chemischen Grundfarben paarweise zu mischen sind, um genau die zwischen ihnen gerade in der Mitte liegende Farbe hervorzubringen. Namentlich haben Lichtenberg[1], Erxleben[2] und Lambert[3] mit der Beantwortung dieser Frage sich beschäftigt. Allein sowohl die Bestimmung der eigentlichen Bedeutung des Problems als eine wissenschaftliche und nicht lediglich empirische Auflösung desselben ergibt sich erst aus meiner Theorie. Ich muß jedoch die Bemerkung voranschicken, daß die zu diesen Versuchen anzuwendenden Pigmente absolut vollkommne Farben haben müssen, d.h. solche, welche 1. die ganze Tätigkeit des Auges teilen, ohne einen ungeteilten Rest zu lassen, die demnach frei von allem ihrem Wesen fremden Blaß oder Dunkel sind, also höchst brennende, energische Farben; 2. solche Farben, die genau $1/3$, $1/2$ und $3/4$ der Tätigkeit des Auges sind, also vollkommnes Blau, Rot und Gelb, d.h. die drei chemischen Grundfarben in höchster Reinheit. Wenn man nun, mit solchen Farben operierend, z.B. aus Blau, welches $1/3$ der vollen Tätigkeit ist, und Gelb, welches $3/4$ ist, Grün, welches $1/2$ ist, zusammensetzen will; so muß die Menge des Blauen zu der des Gelben sich umgekehrt verhalten, wie die Differenz zwischen $1/3$ und $1/2$ zur Differenz zwischen $3/4$ und $1/2$: denn, um soviel als die eine gegebene Farbe der zusammenzusetzenden näherliegt als die andre, um soviel mehr von ihr, und um so viel, als die andre gegebene weiter von der zusammenzusetzenden liegt, um so viel weniger von ihr muß man nehmen. Also drei Teile Blau und zwei Teile Gelb geben vollkommnes Grün. Man mische sie als trockne Pul-

---

1. Anmerkungen zur Abhandlung ›De affinitate colorum‹ in: Operis ineditis Tobiae Mayeri, cura Lichtenberg [1775, Bd. 1, S. 93 ff.]
2. ›Physikalische Bibliothek‹ Bd. 1. St. 4, S. 403 ff.
3. ›Beschreibung einer [mit dem Calauschen Wachse ausgemalten] Farbenpyramide‹, Berlin 1772

ver, damit die Pigmente nicht chemisch auf einander wirken, und dem Maße, nicht dem Gewichte nach. Die an diesem Beispiel aufgestellte Regel gilt für jede Mischung solcher Art. Die genaue Übereinstimmung des Resultats nun mit den von mir aufgestellten Zahlenverhältnissen der verschiedenen Hälften, in welche die Tätigkeit der Retina in den drei Hauptfarbenpaaren auseinandertritt, würde den Beweis für die Richtigkeit dieser liefern. Freilich aber bleibt das Urteil sowohl über die Richtigkeit des Resultats als auch über die Vollkommenheit der zur Mischung genommenen Farben immer der Empfindung überlassen. Diese wird aber nie beiseite gesetzt werden können, wenn man von Farben redet. – Eine andere Art, den Beweis für die in Rede stehenden Zahlenbrüche zu führen, wäre folgende. Man verschaffe sich vollkommen schwarzen und vollkommen weißen Sand und mische diese in sechs Verhältnissen, deren jedes einer der sechs Hauptfarben an Dunkelheit genau gleichkommt. Dann muß sich ergeben, daß das Verhältnis des schwarzen zum weißen Sande bei jeder Farbe dem derselben von mir beigelegten Zahlenbruche entspricht, also z.B. zu einem dem Gelben an Dunkelheit gleichkommenden Grau drei Teile weißen und ein Teil schwarzen Sandes genommen wäre, ein dem Violetten entsprechendes Grau hingegen die Mischung des Sandes gerade in umgekehrtem Verhältnis erfordert hätte; Grün und Rot hingegen von beiden gleichviel. Jedoch entsteht hiebei die Schwierigkeit zu bestimmen, welches Grau jeder Farbe an Dunkelheit gleichkommt. Dies ließe sich dadurch entscheiden, daß man die Farbe hart neben dem Grau durch das Prisma betrachtete, um zu sehn, welches von beiden sich bei der Refraktion als Helles zum Dunkeln verhält: sind sie hierin gleich, so muß die Refraktion keine Farbenerscheinung geben.

§ 14
*Einige Zugaben zu Goethes Lehre
von der Entstehung der physischen Farben*

Zuvörderst will ich hier ein paar artige Tatsachen beibringen, welche zur Bestätigung des Goetheschen Grundsatzes der physischen Farben dienen, von ihm selbst aber nicht bemerkt worden sind.

Wenn man in einem finstern Zimmer die Elektrizität des Konduktors in eine luftleere Glasröhre ausströmen läßt; so erscheint dieses elektrische Licht sehr schön *violett*. Hier ist, eben wie bei den blauen Flammen, das Licht selbst zugleich das trübe Mittel: denn es ist kein wesentlicher Unterschied, ob das erleuchtete Trübe, durch welches man ins Dunkele sieht, eigenes oder reflektiertes Licht ins Auge wirft. Weil aber hier dies elektrische Licht ein überaus dünnes und schwaches ist, verursacht es, ganz nach Goethes Lehre, Violett; statt daß auch die schwächste Flamme, wie die des Schwefels, Weingeistes usw., schon Blau verursacht.

Ein alltäglicher und vulgarer, aber von Goethen übersehener Beleg zu seiner Theorie ist, daß manche mit rotem Wein oder dunkelm Bier gefüllte Bouteillen, nachdem sie längere Zeit im Keller gelegen haben, oft eine beträchtliche Trübung des Glases durch einen Ansatz im Innern erleiden, infolge welcher sie alsdann bei auffallendem Lichte blau erscheinen, und ebenso, wenn man, nachdem sie ausgeleert sind, etwas Schwarzes dahinter hält: bei durchscheinendem Lichte hingegen zeigen sie die Farbe der Flüssigkeit oder, wenn leer, des Glases.

Sogar aber ist die Farbe der blauen Augen keine chemische, sondern bloß eine physische, dem Goetheschen Gesetze gemäß entstehende. Denn nach *Magendies* Bericht über die Anatomie des Auges (›Précis élémentaire de physiologie‹ vol. 1, pp. 60, 61, deuxième édition) ist die hintere Wand der Iris mit einer schwarzen Materie bekleidet, welche bei braunen oder schwarzen Augen unmittelbar durchscheint. Bei blauen Augen aber ist das Gewebe der Iris weißlich – also trübe – und die durchscheinende schwarze Unterlage bringt das Blau der Augen hervor. (›Dans les yeux bleus le tissu de l'iris est à peu près blanc; c'est la couche noire postérieure, qui paraît à peu près seule et détermine la couleur des yeux.‹) Dies ist bestätigt von *Helmholtz*, ›Über das Sehn des Menschen‹ p. 8. – Ebenso verhält es sich mit der blauen Farbe der Venen, als welche ebenfalls nur physisch ist: sie entsteht, indem das schwärzliche Venenblut durch die Wände des Gefäßes schimmert.

In kolossaler Größe aber gibt uns einen Beleg zum Goetheschen Gesetz der neuentdeckte Planet Neptun. Nämlich die auf dem Observatorio des Collegium Romanum vom Pater *Secchi* angestellten und in den ›Comptes rendus‹ vom 22. September 1856 mitgeteilten astronomischen Beobachtungen enthalten die bestimmt ausgesprochene Angabe, daß jener große Planet *dunstförmig* (nébuleux) sei und seine Farbe *meerblau* (couleur de mer bleuâtre). Natürlich! Denn wir haben hier ein von der Sonne beleuchtetes Trübes mit einem finstern Grunde hinter sich.

Die gefärbten Ringe, welche sich zeigen, wenn man zwei geschliffene Spiegelgläser oder auch konvex geschliffene Gläser mit den Fingern fest zusammenpreßt, erkläre ich mir auf folgende Weise. Das Glas hat eine beträchtliche Elastizität. Daher gibt bei jener starken Kompression die Oberfläche etwas nach und wird eingedrückt: dadurch verliert sie auf den Augenblick die vollkommene Glätte und Ebenheit, wodurch dann eine gradweise zunehmende Trübung entsteht, derjenigen, welche mattgeschliffenes Glas zeigt, verwandt. Wir haben also auch hier ein trübes Mittel, und die verschiedenen Abstufungen seiner Trübung bei teils auffallendem, teils durchgehendem Licht verursachen die farbigen Ringe. Läßt man das Glas los, so stellt alsbald die Elastizität seinen vorigen Zustand wieder her, und die Ringe verschwinden. Etwas Spiritus über irgendein geschliffenes Glas gewischt, gibt ganz ebensolche Farben, nur nicht rund, sondern in Linien. Auf ganz analoge Weise verhält es sich mit den Seifenblasen, welche den Newton zuerst zur Betrachtung der gefärbten Ringe veranlaßten. Das Seifenwasser ist ein trübes Mittel: auf der Seifenblase bald herabfließend, bald wieder sich seitwärts verbreitend, selbst in aufsteigender Richtung, bietet es dem Lichte abwechselnde, verschiedene Grade von Trübung dar, welche hier ebenso die farbigen Ringe und ihren Wechsel verursachen[F].

Bei fast allen neu entdeckten Wahrheiten findet sich nachmals, daß schon früher eine Spur von ihnen dagewesen, etwas ihnen sehr Ähnliches gesagt, ja wohl gar sie selbst geradezu ausgesprochen worden sind, ohne Beachtung zu finden, meistens weil der Aufsteller selbst ihren Wert nicht erkannt und ihren Folgenreichtum nicht begriffen hatte; welches ihn verhinderte, sie auszuführen. In dergleichen Fällen hatte man, wenngleich nicht die Pflanze, doch den Samen gehabt.

So finden wir denn auch von Goethes Grundgesetz der physischen Farben oder seinem Urphänomen die Hälfte schon vom *Aristoteles* ausgesprochen in seinen ›Meteorologicis‹ 3, 4: Φαίνεται τὸ λαμπρὸν διὰ τοῦ μέλανος ἢ ἐν τῷ μέλανι (διαφέρει γὰρ οὐδέν) φοινικοῦν... ὁρᾶν δ᾽ ἔξεστι τό γε τῶν χλωρῶν ξύλων πῦρ, ὡς ἐρυθρὰν ἔχει τὴν φλόγα διὰ τὸ τῷ καπνῷ πολλῷ μεμῖχθαι τὸ πῦρ λαμπρὸν ὂν καὶ λευκόν· καὶ δι᾽ ἀχλύος καὶ καπνοῦ ὁ ἥλιος φαίνεται φοινικοῦς. (Quodcunque fulgidum est per atrum aut in atro (nihil enim refert) puniceum apparet: videre enim licet ignem e virentibus lignis conflatum rubram flammam habere, propterea quod ignis suapte natura fulgidus albusque multo fumo admixtus est: quin etiam sol ipse per caliginem et fumum puniceus apparet.) [Das Leuchtende erscheint durch Schwarzes hindurch oder in Schwarzem (denn das macht keinen Unterschied) rötlich. Man kann sehen, daß das Feuer von frischem Holz die Flamme rot zeigt, weil das eigentliche leuchtende und weiße Feuer mit vielem Rauch vermischt

---

[F]. In der ›Revue des deux mondes‹ vom 1. Januar 1858 sagt *Babinet*, daß bei der Sonnenfinsternis im März, da sie, beinahe total, nur $1/10$ der Sonne übriglassen wird, das durch eine enge Öffnung einfallende Licht derselben nicht wie sonst einen Kreis, sondern eine Lünelle, ein schmales Mondsegment, gleich dem nach dem Neumond, an die Wand werfen wird. Dies bestätigt *Goethes* ›Farbenlehre‹, indem es beweist, daß, wie er lehrt, durch das foramen exiguum [die kleine Öffnung] nicht ein Strahlenbündel einfällt, sondern ein kleines *Bild der Sonne*, welches sodann durch die Brechung verschoben wird.

ist; sogar die Sonne erscheint durch Finsternis und Rauch hindurch rötlich.] Dasselbe wiederholt mit beinahe denselben Worten und als Aristotelische Lehre *Stobaios* (›Eclogae physicae et ethicae‹ 1, 31). Und die andre Hälfte des Goetheschen Grundgesetzes hat schon Leonardo da Vinci in seinem ›Trattato della pittura‹, CLI, dargelegt (siehe: Brücke, ›Über die Farben, welche trübe Medien im auffallenden und durchfallenden Lichte zeigen‹ [in den ›Sitzungsberichten der Kaiserlichen Akademie der Wissenschaften zu Wien‹, Mathem.-naturw. Klasse Bd. 9, S. 536] 1852, p. 10). Ich kann nicht umhin zu bemerken, daß von diesem fast allgemeinen Schicksal, welches den Fluch: ›Pereant, qui ante nos nostra dixerunt!‹ [Nieder mit denen, die vor uns unsere Gedanken ausgesprochen haben!] hervorgerufen hat, meine Farbentheorie eine glückliche Ausnahme macht: denn nie und nirgends ist es vor 1816 jemandem eingefallen, die Farbe, diese so objektive Erscheinung, als die halbierte Tätigkeit der Retina zu betrachten und in diesem Sinn jeder einzelnen Farbe ihren *bestimmten Zahlenbruch* anzuweisen, der mit dem einer andern die Einheit ergänzt, welche das Weiße, die volle Tätigkeit der Retina, darstellt. Und doch sind diese Brüche so entschieden einleuchtend, daß Herr Prof. *Rosas*, indem er sie sich aneignen möchte, sie geradezu als selbst-evident einführt in seinem ›Handbuch der Augenheilkunde‹ von 1830, Bd. 1, § 535 und auch S. 308. Ich darf also wohl mit *Jordanus Brunus* [Giordano Bruno] sagen:

Obductum tenuitque diu quod tempus avarum,
Mi liceat densis promere de tenebris.
[Und was die geizige Zeit so lange verborgen gehalten,
Bring' ich – sei's mir vergönnt! – tief aus dem Dunkel herauf.
›Della causa, principio ed uno‹ praef., 19]

Seit 1816 freilich hat mancher es als seine eigene Ware einzuschwärzen gesucht, mich gar nicht oder doch nur so beiläufig erwähnend, daß keiner ein Arg daraus hat. –

Bloß in zwei Punkten nötigt meine Theorie mich, von Goethen abzuweichen, nämlich im Betreff der wahren Polarität der Farben, wie oben auseinandergesetzt, und hinsichtlich der

Herstellung des Weißen aus Farben, welche letztere Goethe mir nie verziehn, jedoch auch nie, weder mündlich noch brieflich, nur irgendein Argument dagegen vorgebracht hat.

Diese beiden Abweichungen von Goethe werden aber um so unbestochener und aus rein objektiven Gründen entsprungen erscheinen, als ich vom Werte des Goetheschen Werkes durchdrungen bin und es für vollkommen würdig achte, einen der größten Geister aller Zeiten zum Urheber zu haben. Allein selbst wenn sie von einem solchen stammt, kann eine neugeschaffene Lehre doch fast nicht ohne Wunder gleich bei ihrem Entstehn schon so vollendet sein, daß nichts hinzuzusetzen, nichts zu berichtigen für die Nachfolger übrigbliebe. Wenn daher die von mir nachgewiesenen Unrichtigkeiten, wenn vielleicht noch andere in Goethes Werk enthalten sind; so ist dies unbeträchtlich gegen die Wahrheit des Ganzen und wird als Fehler völlig ausgelöscht durch das große Verdienst, jenes jetzt bald zwei Jahrhunderte hindurch verehrte und geglaubte wunderliche Gemisch von Selbsttäuschung und absichtlichem Betruge in seiner Blöße gezeigt und zugleich eine im ganzen richtige Darstellung des in Betrachtung genommenen Teils der Natur geliefert zu haben:

Μηδὲν ἁμαρτεῖν ἐστι θεῶν καὶ πάντα κατορθοῦν·
'Εν βιοτῇ μοῖραν δ' οὔτι φυγεῖν ἔπορον[1].

[Simonides von Keos]

Uns aber liegt ob, das Geleistete anzuerkennen, es dankbar und mit reinem Sinn aufzunehmen und dann nach Kräften zu möglichster Vollkommenheit weiterzubilden.

Hievon ist nun freilich bisher das Gegenteil geschehn. Goethes ›Farbenlehre‹ hat eine nicht nur kalte, sondern entschieden ungünstige Aufnahme gefunden: ja sie ist (credite, posteri! [glaub es, Nachwelt! Horaz, ›Carmina‹ liber 2, 19, 2]) gleich anfangs förmlich durchgefallen, indem sie öffentlich von allen Seiten und ohne eigentliche Opposition das einstimmige Verdammungsurteil der Leute vom Fach erfahren hat, auf deren Auktorität das übrige gebildete Publikum,

---

1. Niemals zu fehlen ist Sache der Götter und alles zu treffen:
Sterblichen ward nicht vergönnt, ihrem Geschick zu entgehn.

schon durch Bequemlichkeit und Gleichgültigkeit hiezu prädisponiert, sich der eigenen Prüfung sehr gern entübrigt; daher auch jetzt nach 44 Jahren es dabei sein Bewenden hat. So teilt denn dieses Werk Goethes mit manchen aus früheren Zeiten, denen ihr Gegenstand, nicht dessen Behandlung höhern Rang gibt, die Ehre, nach seinem Auftreten viele Jahre hindurch fast unberührt gelegen zu haben; und noch am heutigen Tage ertönt Newtons Theorie ungestört von allen Kathedern und wird in den Kompendien nach wie vor angestimmt.

Um dieses Schicksal der Goetheschen Farbenlehre zu begreifen, darf man nicht außer acht lassen, wie groß und wie verderblich der Einfluß ist, den auf die Wissenschaften, ja auf alle geistigen Leistungen der *Wille* ausübt, d. h. die Neigungen, und noch eigentlicher zu reden, die schlechten, niedrigen Neigungen. In Deutschland, als dem Vaterlande jener wissenschaftlichen Leistung Goethes, ist ihr Schicksal am unverzeihlichsten. Den Engländern hat der Maler und Galerie-Inspektor *Eastlake* im Jahre 1840 eine so höchst vortreffliche Übersetzung der ›Farbenlehre‹ Goethes geliefert [›Goethe's theory of colours‹], daß sie das Original vollkommen wiedergibt und dabei sich leichter liest, ja leichter zu verstehn ist als dieses. Da muß man sehn, wie *Brewster*, der sie in der ›Edinburgh Review‹ rezensiert, sich dazu gebärdet, nämlich ungefähr so wie eine Tigerin, in deren Höhle man dringt, ihr die Jungen zu entreißen. Ist etwan dies der Ton der ruhigen und sichern bessern Überzeugung dem Irrtum eines großen Mannes gegenüber? Es ist vielmehr der Ton des intellektuellen schlechten Gewissens, welches mit Schrecken das Recht auf der andern Seite spürt und nun entschlossen ist, die ohne Prüfung gedankenlos angenommene Scheinwissenschaft, durch deren Festhalten man sich bereits kompromittiert hat, jetzt als Nationaleigentum πὺξ καὶ λάξ [mit Händen und Füßen] zu verteidigen. Wird nun also bei den Engländern die Newtonische Farbenlehre als Nationalsache genommen; so wäre eine gute französische Übersetzung des Goetheschen Werkes höchst wünschenswert: denn von der französischen Gelehrtenwelt, als einer insofern neutralen, wäre noch am ersten Gerechtigkeit zu hoffen. Jedoch sehn wir auch sie durch ihre ganz auf der Homogenenlichtertheorie basierten Lehren von den Äthervibrationen, von der Thermochrose, Interferenz usw. in dieser Sache tief kompromittiert; daher denn auch von ihrer Lehnspflichtigkeit gegen die Newtonische Farbenlehre belustigende Proben vorkommen. So z. B. erzählt im ›Journal des savants‹, April 1836, *Biot* mit Herzensbeifall, wie *Arago* gar pfiffige Experimente angestellt habe, um zu ermitteln, ob nicht etwan die sieben homogenen Lichter eine ungleiche Schnelligkeit der Fortpflanzung hätten; so daß von den veränderlichen Fixsternen, die bald näher bald ferner stehn, etwan das rote oder das violette Licht zuerst anlangte und daher der Stern sukzessiv verschieden gefärbt erschiene: er hätte aber am Ende glücklich herausgebracht, daß dem doch nicht so sei. Sancta simplicitas![1] [Heilige Einfalt!]. – Recht artig macht es auch Herr *Becquerel*, der in einem ›Mémoire [sur la constitution du spectre solaire] présenté à l'académie des sciences‹, le 13 juin 1842, vor der Akademie das alte Lied von frischem anstimmt, als wäre es ein neues: ›Si on réfracte un faisceau (!) de rayons solaires à travers un prisme, on distingue *assez nettement* (hier klopft das Gewissen an) sept sortes de couleurs, qui sont: le rouge, l'orangé, le jaune, le vert, le bleu, l'indigo (diese Mischung von $3/4$ Schwarz mit $1/4$ Blau soll im Lichte stecken!) et le violet.‹ [Wenn man ein Bündel Sonnenstrahlen durch ein Prisma (aus Flintglas sich brechen läßt und auf einem weißen Kartonblatt das längliche Brechungsbild) auffängt, so unterscheidet man *ziemlich deutlich* sieben Arten von Farben (oder sieben Teile des Bildes, deren jeder annähernd gleich gefärbt ist); diese (Farben) sind Rot, Orange, Gelb, Grün, Blau, Indigo und Violett, (das letztere entspricht den am meisten brechbaren Strahlen).] Da Herr *Becquerel* dieses Stück aus dem Newtonischen Credo 32 Jahre nach dem Erscheinen der Goetheschen ›Farbenlehre‹ noch so unbefangen und furchtlos herzusagen sich nicht entblödet; so könnte man sich versucht fühlen, ihm assez nettement zu deklarie-

1. [Nach Rufinus in der Fortsetzung der Kirchengeschichte des Eusebios bei Zincgref-Weidner: ›Apophthegmata‹, 1653, 3, 383 belegt]

ren: ›Entweder ihr seid blind oder ihr lügt.‹ Allein man würde ihm doch Unrecht tun: denn es liegt bloß daran, daß Herr Becquerel dem Newton mehr glaubt als seinen eigenen zwei offenen Augen. Das wirkt die Newton-Superstition. – Spezielle Erwähnung verdient hier noch das große zweibändige Kompendium der Physik (›Eléments de physique‹) von *Pouillet*, welches auf Anordnung der Regierung dem öffentlichen Unterricht in Frankreich zum Grunde gelegt wird. Da finden wir (liv. 6, part 1, chap. 3) auf zwanzig großen Seiten die ganze Newtonische geoffenbarte Farbenlehre vorgetragen, mit der Sicherheit und Dreistigkeit, als wäre es ein Evangelium, und mit sämtlichen Newtonischen Taschenspielerstückchen, nebst ihren Kautelen und Hinterlisten. Wer mit dem wahren Tatbestande und Zusammenhange der Sachen vertraut ist, wird dieses Kapitel nicht ohne große, wenn auch bisweilen durch Lachen unterbrochene Indignation lesen, indem er sieht, wie das Falsche und Absurde der heranwachsenden Generation von neuem aufgebunden wird, unter gänzlicher Verschweigung der Widerlegung – eine kolossale ignoratio elenchi![1] [Unkenntnis des Gegenbeweises] – Das Empörendeste ist die Sorgfalt, mit der die bloß auf Täuschung berechneten und sonst völlig unmotivierten Nebenumstände beigebracht werden, worunter auch einige von späterer Erfindung sind: denn dies verrät die fortdauernde Absichtlichkeit des Betruges. Z. E. § 392, Nr. 3 (édition de Paris 1847) wird ein Versuch beschrieben, der dartun soll, daß durch Vereinigung der sieben angeblichen prismatischen Farben Weiß hergestellt werde: da wird nun eine pappene Scheibe von ein Fuß Durchmesser mit *zwei schwarzen Zonen* bemalt, die eine rings um die Peripherie, die andere rings um das Zentralloch: zwischen beiden Zonen werden in der Richtung der Radien die mit den sieben prismatischen Farben tingierten Papierstreifen, in vielmaliger Wiederholung, aufgeklebt, und jetzt wird die Scheibe in schnelle Wirbelung versetzt, wodurch nunmehr die Farbenzone *weiß* erscheinen soll. Von den beiden *schwarzen Zonen* aber wird mit keiner Silbe Rechen-

---

[1] [Seit Aristoteles Ausdruck der Logik; vgl. ›De elenchis sophisticorum‹ cap. 6]

schaft gegeben, ist auch ehrlicherweise keine zu geben möglich, da sie ganz zweckwidrig die Farbenzone, welche allein zur Sache gehört, schmälern. Wozu also sind sie da? – Das würde *Goethe* euch sogleich sagen, in dessen Ermangelung nunmehr ich es muß: damit der Kontrast und die physiologische Nachwirkung des Schwarzen das durch jene Farbenmischung allein hervorgebrachte ›niederträchtige Grau‹ so hervorhebe, daß es für Weiß gelten könne. Mit solchen Taschenspielerstreichen also wird die französische studierende Jugend düpirt, in maiorem Neutoni gloriam![1] [zum größeren Ruhme Newtons!] Denn schon vor der erklecklichen Verbesserung durch die zwei schwarzen Zonen, als welche neuere Erfindung ist, hat Goethe dieses Stück folgendermaßen besungen:

Newtonisch Weiß den Kindern vorzuzeigen,
Die pädagogischem Ernst so gern sich neigen,
Trat einst ein Lehrer auf mit Schwungrads Possen:
Auf selbem war ein Farbenkreis geschlossen.
Das dorlte nun. ›Betracht' es mir genau!
Was siehst du, Knabe?‹ Nun, was seh' ich? *Grau*!
›Du siehst nicht recht! Glaubst du, daß ich das leide?
Weiß, dummer Junge, *Weiß*! so sagt's *Mollweide*.‹
   [›Dem Weißmacher‹]

Dieses verstockte Festhalten an der Newtonischen Farbenlehre und somit an der ganz *objektiven* Existenz der Farbe hat sich an den Physikern dadurch gerächt, daß es sie zu einer mechanischen, krassen, Cartesianischen, ja Demokritischen Farbentheorie geführt hat, nach welcher die Farbe auf der Verschiedenheit der Schwingungen eines gewissen Äthers beruhen soll, mit welchem sie sehr vertraut umgehn und ganz dreist um sich werfen, der aber ein völlig hypothetisches, ja mythologisches und recht eigentlich aus der Luft gegriffenes Wesen ist[F]. Denn daß, *wenn* er existierte, er *vielleicht* indirekt die Ursache der in Hinsicht auf eine Berech-

---

1. [Nach ›In maiorem Dei gloriam‹, zum größerem Ruhme Gottes.]
F. Vgl. ›Welt als Wille und Vorstellung‹, 3. Auflage Bd. 2, S. 358 ff. *[Bd. 2, S. 407 f.]*

nung angenommenen Verfrühung eines Kometen gewesen sein könnte – wird doch wohl keiner als einen Beweis seiner Existenz geltend machen wollen. Gegen *Enkes* Erklärung der Beschleunigung seines Kometen aus dem Widerstand des Äthers hat sich gleich anfangs *Bessel* erklärt und gesagt, man könne hundert Ursachen angeben, aus denen jene Beschleunigung sich ebensogut erklären ließe (vgl. ›Comptes rendus‹ vom 6. Dezember 1858, p. 893). Sie aber stellen jetzt getrost genaue Berechnungen der imaginären Längen der imaginären Schwingungen eines imaginären Äthers an: denn wenn sie nur Zahlen haben, sind sie zufrieden, und somit werden bemeldete Schwingungslängen in Millionenteilchen eines Millimeters vergnüglich berechnet – wobei es eine belustigende Zugabe ist, daß sie die *schnellsten* Schwingungen der dunkelsten und unwirksamsten aller Farben, dem Violett, zuteilen; die langsamsten hingegen dem unser Auge so lebhaft affizierenden und selbst Tiere in Aufruhr versetzenden Rot[1]. Aber, wie schon gesagt, für sie sind die Farben bloße Namen: sie sehn sie nicht an, sondern gehn ans Kalkulieren: das ist ihr Element, darin sie sich wohlbefinden.

Übrigens hat man sich nicht bloß vor der Theorie dieser modernen Newtonischen Chromatologen zu hüten, sondern wird wohltun, auch bei den Tatsachen und Experimenten zweimal zuzusehn. Da sind z.B. die Frauenhoferschen Linien, von denen so viel Wesens gemacht worden ist und angenommen wird, sie steckten im Lichte selbst oder wären die Zwischenräume der gesonderten, äußerst zahlreichen, eigentlich homogenen Lichter, wären daher auch anders beschaffen, je nachdem es Licht der Sonne, der Venus, des Syrius, des Blitzes oder einer Lampe sei. Ich habe mit vortrefflichen Instrumenten wiederholte Versuche ganz nach *Pouillets* Anweisung gemacht, ohne sie je zu erhalten; so daß ich es aufgegeben hatte, als mir zufällig die deutsche Bearbeitung des *Pouillet* von *Johann Müller* [›Lehrbuch der Physik und Meteorologie‹] in die Hände fiel. Dieser ehrliche Deutsche sagt (2. Auflage Bd. 1, S. 416) aus, was *Pouillet*

---

1. [Vgl. Jules Jamin: ›La physique depuis les recherches d'Herschel‹ 1, in der ›Revues des deux mondes‹ 7, 1854, p. 1121 f.]

weislich verschweigt, nämlich, daß die Linien nicht erscheinen, wenn nicht eine zweite Spalte unmittelbar vor dem Prisma angebracht wird. Dies hat mich in der Meinung, welche ich schon vorher hegte, bestätigt, daß nämlich die alleinige Ursache dieser Linien die Ränder der Spalte sind: ich wünsche daher, daß jemand die Weitläuftigkeit nicht scheuen möge, einmal bogenförmige oder geschlängelte oder fein gezahnte Spalten (aus Messing und mit Schrauben, wie die gebräuchlichen) verfertigen zu lassen; wo dann höchst wahrscheinlich die Frauenhoferschen Linien zum Skandal der gelehrten Welt ihren wahren Ursprung durch ihre Gestalt verraten werden – wie ein im Ehebruche gezeugtes Kind durch die Ähnlichkeit seinen Vater. Ja dies ist um so wahrscheinlicher, als es ein ganz gleiches Bewandtnis hat mit dem von *Pouillet* (Bd. 2, § 365) angegebenen Experiment, durch ein kleines rundes Loch das Licht auf eine weiße Fläche fallen zu lassen, wo dann in dem sich darstellenden Lichtkreise eine Menge konzentrischer Ringe sein sollen, die mir ebenfalls ausgeblieben sind und von denen ebenso der ehrliche *Müller* uns (Bd. 1, § 218) eröffnet, daß ein zweites Loch, vor dem ersten angebracht, dazu erfordert ist, ja hinzusetzt, daß, wenn man statt dieses Loches eine feine Spalte anwendet, dann statt der konzentrischen Ringe parallele Streifen erscheinen. Da haben wir ja die Frauenhoferschen Linien! Ich kann nicht umhin zu wünschen, daß einmal ein guter und unbefangener Kopf, ganz unabhängig von der Newtonischen Theorie und den mythologischen Ätherschwingungen, die gesamten von den französischen Optikern und dem Frauenhofer hoch angehäuften, so höchst komplizierten chromatischen Experimente mit Inbegriff der sogenannten Lichtpolarisation und Interferenz vornähme und den wahren Zusammenhang aller dieser Erscheinungen herauszufinden suchte. Denn mit der Vermehrung der Tatsachen hat die der Einsicht keineswegs gleichen Schritt gehalten, vielmehr hinkt diese erbärmlich hinterdrein. Und dies ist sehr natürlich: denn die Erfahrung zumal durch Anhäufung und Komplikation der Bedingungen zu vermehren, ist jeder tauglich; sie auszulegen wenige und seltene. Überhaupt haben die Physiker, zumal in unsern Tagen, sich durchgängig weniger um die *Gründe*, als um die *Folgen* der Naturpotenzen bekümmert, also um die Wirkungen, folglich Anwendungen derselben, z.B. um die Benutzung der Kraft elastischer Dünste zu Maschinen, Dampfschiffen und Lokomotiven oder des Elektromagnetismus zu Telegraphen, des Achromatismus zu Fernröhren usw. Dadurch eben erlangen sie Respekt beim Volke: aber was die *Gründe* betrifft, so hat es gute Wege, und da wird z.B. der letztgenannte noch immer über den Newtonischen Kamm geschoren, so wenig er dazu paßt, es mag biegen oder brechen.

Die *Frauenhoferschen Linien* sollen, wenn das Spektrum vom *elektrischen Lichte* kommt, statt schwarz, glänzend sein (siehe Pouillet). In einem Bericht darüber, ›Sur la lumière électrique‹ par *Masson* in den ›Comptes rendus de l'académie des sciences‹ vom 16. April 1855 wird nach genauer Untersuchung angegeben, daß die Ursache dieser rayes brillantes [glänzenden Streifen] die metallischen glühenden Partikeln der beim Schluß in Berührung stehenden Elektroden sind, welche von der Hitze losgerissen und vom elektrischen Strom in die Höhe gerissen werden. Bringt man den elektrischen Funken unter Wasser hervor, so bleiben sie aus.

Über die *Polarisation des Lichts* haben die *Franzosen* nichts als unsinnige Theorien aus der Undulation und der homogenen Lichter-Lehre, nebst Rechnungen, die sich auf nichts gründen. Stets sind sie eilig, nur zu messen und zu rechnen, halten es für die Hauptsache: ›le calcul! le calcul!‹ ist ihr Feldgeschrei. Aber ich sage: ›Où le calcul commence, l'intelligence des phénomènes cesse.‹ [Wo das Rechnen anfängt, hört das Verständnis der Erscheinungen auf.] Während einer bloße Zahlen und Zeichen im Kopfe hat, kann er nicht dem Kausalzusammenhang auf die Spur kommen. Das Wieviel und Wiegroß hat für *praktische* Zwecke Wichtigkeit: in der Theorie aber kommt es hauptsächlich und zunächst auf das *Was* an. Dies erlangt, kann man hinsichtlich des Wieviel und Wiegroß mit einer ungefähren Schätzung weit genug kommen.

Goethe wieder war zu alt, als die Phänomene entdeckt wurden – fängt an zu radotieren.

Ich lege mir im allgemeinen die Sache so aus. Die Reflexion des Lichts im Winkel von 35° zerlegt wirklich das Licht in zwei verschiedene Bestandteile, davon der reflektierte besondere Eigenschaften zeigt, die aber alle darauf zurücklaufen, daß dieses Licht nunmehr, eines integrierenden Bestandteils beraubt, sich schwach und schlaff, eben dadurch aber auch zur Erzeugung physischer Farben sehr geneigt zeigt: denn jede physische Farbe entsteht stets aus einer besondern Dämpfung, Schwächung des Lichts. Jene spezifische Schwächung also zeigt es zunächst darin, daß es von den zwei Bildern des isländischen Kalkspats nur eines liefert: das andere entstand also vermöge des andern, jetzt ausgeschiedenen Lichtbestandteils. Sodann den schnell gekühlten Glaskubus kann es nicht ganz ausfüllen, verbreitet sich jedoch nicht gleichmäßig in demselben, sondern zieht sich zusammen, wodurch es einige Stellen erleuchtet und andere leer läßt, die dadurch schwarz erscheinen und in gewissen Lagen ein Kreuz bilden, eigentlich aber zwei biegsame, schwarze Banden darstellen, die, je nachdem man den Kubus dreht, ihn bald wellenförmig in allerlei Richtungen durchziehn, bald einen schwarzen Rand bilden und bloß, wann der Kubus seine Seite horizontal dem Auge zuwendet, in der Mitte wie ein X zusammenstoßen und so das Kreuz darstellen: jedoch ist, um dies alles deutlich zu sehn, ein *Parallelepipedon* und nicht der eigentliche Kubus der geeignetste Glaskörper. Die vier gelben Flecken in den Winkeln des Kreuzes lassen sich ebenfalls durch Drehen als Streifen am Rande verteilen. Im ganzen zeugen sie von der großen Neigung dieses eines integrierenden Bestandteils beraubten Lichtes, physische Farben zu erzeugen, unter welchen bekanntlich die gelbe am leichtesten entsteht. Besagte Neigung gibt sich nun in allerlei Phänomenen kund: Glimmer- oder Gipsspatblättchen auf den Kubus oder aufeinander gelegt, zeigen allerlei Farben. Die Newtonischen Ringe, welche, um durch Spiegelglas oder Linsen hervorgebracht zu werden, sonst stets eines gewissen Druckes bedürfen, entstehn im polarisierten Licht mit größter Leichtigkeit: besonders bringen zwei geschliffene Bergkristallplatten sie ohne andern Druck als den ihres eigenen Gewichts in größter Schönheit und wundervoller Regelmäßigkeit hervor.

Das größte Wunder des polarisierten Lichtes liefert freilich das in eine Zange zwischen zwei Turmalinplatten eingeklemmte Stück Doppelspat, indem es ein je nach der Lage schwarzes oder weißes Kreuz, umgeben von einer Gloria Newtonischer Ringe, sehn läßt. Daß nämlich der Doppelspat das Licht ebenfalls (wie die Reflexion im Winkel von 35°) polarisiert, scheint gewiß. Dies Wunder muß also doch aus obigen Prinzipien abzuleiten sein. –

Die schwere Ungerechtigkeit, welche *Goethe* hinsichtlich seiner ›Farbenlehre‹ hat erleiden müssen, hat gar mancherlei Ursachen, welche alle aufzuzählen so schonungslos wie unerquicklich wäre. Eine derselben aber können wir in Horazens Worten aussprechen:

> ... turpe putant, [parere minoribus et] quae
> Imberbi didicere, senes perdenda fateri.
> [Schimpf ist's, meinen sie, Jüngern zu folgen
> Und, was sie bartlos lernten, im Alter als unhaltbar zu
>   erkennen.   ›Epistulae‹ 2, 1, 84 f.]

Dasselbe Schicksal ist jedoch, wie die Geschichte aller Wissenschaften bezeugt, jeder bedeutenden Entdeckung, solange sie neu war, zuteil geworden und ist etwas, darüber sich die wenigen nicht wundern werden, welchen die Einsicht geworden ist, ›daß das Treffliche selten gefunden, seltner geschätzt wird‹ und ›daß das Absurde eigentlich die Welt erfüllt‹ [Goethe, ›Wilhelm Meisters Lehrjahre‹ 7, 9 und ›Dichtung und Wahrheit‹ 3, 15]. Inzwischen wird auch für Goethes ›Farbenlehre‹ der Tag der Gerechtigkeit nicht ausbleiben; und dann wird abermals ein Ausspruch des *Helvétius* sich bestätigen: ›Le mérite est comme la poudre: son explosion est d'autant plus forte, qu'elle est plus comprimée‹ [Das Verdienst ist wie Pulver: seine Explosion ist um so stärker, je mehr es eingeengt worden] (›De l'esprit‹ disc. 2, chap. 10), und wird sodann das in der Literargeschichte schon so oft wiederholte Schauspiel von neuem aufgeführt und zum Schluß gelangt sein.

Aber der Nachkomme, der eine Nachkomme aus Millionen, welcher sich der Kraft bewußt sein wird, in Kunst oder Wissenschaft etwas Eigentümliches, Neues, Außerordentliches hervorzubringen und der daher in der Kunst wahrscheinlich mit irgendeiner alten Weise, in der Wissenschaft aber gewiß mit irgendeinem alten Wahn in Opposition tritt: möge dereinst doch dieser, bevor er sein Werk den Zeitgenossen hingibt, sich mit der Geschichte der ›Farbenlehre‹ Goethes bekanntmachen: er lerne aus den ›Optics‹ [von Newton], die dann nur noch als Material der Literargeschichte in den Bibliotheken ruhen werden, das alsdann schon längst in keinem Kopfe mehr spukende Newtonische Gespenst kennen: er lese darauf Goethes ›Farbenlehre‹ selbst, deren Hauptinhalt, kurz und bündig, ihm schon auf der Schule eingeprägt sein wird: endlich auch lese er von den Dokumenten der Aufnahme des Goetheschen Werkes so viel, als die Würmer übriggelassen haben werden und sein Gleichmut erträgt: er vergleiche nunmehr den handgreiflichen Trug, die taschenspielerischen Versuche der Newtonischen ›Optics‹ mit den so einfachen, so leicht faßlichen, so unverkennbaren Wahrheiten, die Goethe vortrug: er bedenke endlich, daß Goethe mit seinem Werke zu einer Zeit aufgetreten ist, wo der wohlverdiente Lorbeer sein ehrwürdiges Haupt kränzte und er wenigstens bei den Edelsten seiner Zeit einen Ruhm, eine Verehrung erlangt hatte, die seinem Verdienst und seiner Geistesgröße doch einigermaßen entsprachen, wo er also der allgemeinen Aufmerksamkeit gewiß war – und dann sehe er, wie wenig, wie so gar nichts alles dieses vermochte gegen jene Sinnesart, die nun einmal dem Menschengeschlecht im allgemeinen eigen ist. Nach dieser Betrachtung ziehe er nicht etwan die Hände zurück; sondern vollende sein Werk, weil diese Arbeit die Blüte seines Lebens ist, die zur Frucht gedeihen will: er gebe es hin; aber wissend wem, und gefaßt.

ÜBER DEN WILLEN IN DER NATUR

EINE ERÖRTERUNG DER BESTÄTIGUNGEN,
WELCHE DIE PHILOSOPHIE DES VERFASSERS SEIT IHREM
AUFTRETEN DURCH DIE EMPIRISCHEN WISSENSCHAFTEN
ERHALTEN HAT

Τοιαῦτ' ἐμοῦ λόγοισιν ἐξηγουμένου
Οὐκ ἠξίωσαν οὐδὲ προσβλέψαι τὸ πᾶν·
'Αλλ' ἐκδιδάσκει πάνθ' ὁ γηράσκων χρόνος.
[Ich spann am Webstuhl der Gedanken mein Gespinst:
Sie hielten's nicht der Mühe wert, nur hinzusehn;
Doch alles macht fortschreitend offenbar die Zeit.]

AISCHYLOS
[›Prometheus‹ 214f., 981]

VORREDE

Ich habe die Freude erlebt, auch an dieses kleine Werk die zweite, nachbessernde Hand legen zu können – nach 19 Jahren; und sie ist um so größer gewesen, als dasselbe für meine Philosophie von besonderer Wichtigkeit ist. Denn ausgehend vom rein Empirischen, von den Bemerkungen unbefangener den Faden ihrer Spezialwissenschaft verfolgender Naturforscher gelange ich hier unmittelbar zum eigentlichen Kern meiner Metaphysik, weise die Berührungspunkte dieser mit den Naturwissenschaften nach und liefere so gewissermaßen die Rechnungsprobe zu meinem Fundamentaldogma, welches eben dadurch sowohl seine nähere und speziellere Begründung erhält als auch deutlicher, faßlicher und genauer als irgendwo in das Verständnis tritt.

Die dieser neuen Auflage gegebenen Verbesserungen fallen fast ganz mit den Vermehrungen zusammen, indem aus der ersten nichts irgend der Erwähnung Wertes weggelassen, hingegen zahlreiche und zum Teil beträchtliche Zusätze eingefügt sind.

Aber auch im allgemeinen ist es ein gutes Zeichen, daß der Buchhandel eine neue Auflage dieser Schrift verlangt hat; indem es auf Anteil an ernstlicher Philosophie überhaupt deutet und bestätigt, daß das Bedürfnis wirklicher Fortschritte in derselben zu jetziger Zeit dringender als je fühlbar wird. Dieses aber beruht auf zwei Umständen. Einerseits nämlich auf dem beispiellos eifrigen Betriebe sämtlicher Zweige der Naturwissenschaft, welcher, größtenteils von Leuten gehandhabt, die nichts außerdem gelernt haben, droht, zu einem krassen und stupiden Materialismus zu führen, an welchem das *zunächst* Anstößige nicht die moralische Bestialität der letzten Resultate, sondern der unglaubliche Unverstand der ersten Prinzipien ist; da sogar die Lebenskraft abgeleugnet und die organische Natur zu einem zufälligen Spiel chemischer Kräfte erniedrigt wird[F]. Solchen

---

[F]. Und die Betörung hat den Grad erreichen können, daß man ganz ernstlich vermeint, der Schlüssel zu dem Mysterium des Wesens und Daseins dieser bewunderungswerten und geheimnisvollen Welt sei in

Herren vom Tiegel und der Retorte muß beigebracht werden, daß bloße Chemie wohl zum Apotheker, aber nicht zum Philosophen befähigt; wie nicht weniger gewissen andern ihrem Geiste verwandten Naturforschern, daß man ein vollkommener Zoolog sein und alle sechzig Affenspezies an einer Schnur haben kann und doch, wenn man außerdem nichts als etwan nur noch seinen Katechismus gelernt hat, im ganzen genommen ein unwissender dem Volke beizuzählender Mensch ist. Dies ist aber in jetziger Zeit ein häufiger Fall. Da werfen sich Leute zu Welterleuchtern auf, die ihre Chemie oder Physik oder Mineralogie oder Zoologie oder Physiologie, sonst aber auf der Welt nichts gelernt haben, bringen an diese ihre einzige anderweitige Kenntnis, nämlich was ihnen von den Lehren des Katechismus noch aus den Schuljahren anklebt, und wenn ihnen nun diese beiden Stükke nicht recht zueinander passen, werden sie sofort Religionsspötter und demnächst abgeschmackte, seichte Materialisten[F]. Daß es einen Platon und Aristoteles, einen Locke und zumal einen Kant gegeben hat, haben sie vielleicht einmal auf der Schule gehört, jedoch diese Leute, da sie weder Tiegel und Retorte handhaben noch Affen ausstopften, keiner näheren Bekanntschaft wert gehalten; sondern, die Gedankenarbeit zweier Jahrtausende gelassen zum Fenster hinauswerfend, philosophieren sie aus eigenen reichen Geistesmitteln auf Grundlage des Katechismus einerseits und der Tiegel und Retorten oder der Affenregister andererseits, dem Publiko etwas vor. Ihnen gehört die unumwundene Belehrung, daß sie Ignoranten sind, die noch vieles zu lernen haben, ehe sie mitreden können. Und überhaupt jeder, der so mit kindlich naivem Realismus in den Tag hinein dogmatisiert über Seele, Gott, Weltanfang, Atome u. dgl. mehr, als wäre die ›Kritik der reinen Vernunft‹ im Monde geschrieben und kein Exemplar derselben auf die Erde gekommen –

den armseligen *chemischen Verwandtschaften* gefunden! – Wahrlich der Wahn der Alchimisten, welche den Stein der Weisen suchten und bloß hofften, Gold zu machen, war Kleinigkeit, verglichen mit dem Wahn unserer *physiologischen* Chemiker.

F. Aut catechismus aut materialismus [Entweder Katechismus oder Materialismus] ist ihre Losung.

gehört eben zum Volke: schickt ihn in die Bedientenstube, daß er dort seine Weisheit an den Mann bringe[F].

Der andere zu wirklichen Fortschritten der Philosophie aufrufende Umstand ist der allen hypokritischen Verhüllungen und allem kirchlichen Scheinleben zum Trotz immer mehr überhandnehmende Unglaube, als welcher mit den immer weiter sich verbreitenden empirischen und historischen Kenntnissen jeder Art notwendig und unvermeidlich Hand in Hand geht. Dieser droht, mit der Form des Christentums auch den Geist und Sinn desselben (der sich viel weiter als es selbst erstreckt) zu verwerfen und die Menschheit dem *moralischen* Materialismus zu überliefern, der noch gefährlicher ist als der oben erwähnte chemische. Dabei arbeitet diesem Unglauben nichts mehr in die Hände als der jetzt überall und so dummdreist auftretende, obligate Tartüffianismus[1], dessen plumpe Jünger, ihr Trinkgeld noch in der Hand haltend, salbungsvoll und so eindringlich predigen, daß ihre Stimmen bis in die gelehrten von Akademien oder Universitäten herausgegebenen kritischen Zeitschriften und in die physiologischen wie philosophischen Bücher dringen, wo sie, als ganz am unrechten Ort, ihrem Zwecke schaden; indem sie indignieren[FF]. Unter diesen Umständen also ist es erfreulich, das Publikum Anteil an der Philosophie verraten zu sehn.

Nichtsdestoweniger habe ich den Philosophie-Professoren eine betrübte Nachricht mitzuteilen. Ihr Caspar Hauser (nach Dorguth[2]), den sie beinahe vierzig Jahre hindurch von

F. Er wird auch dort Leute antreffen, die gern mit aufgeschnappten Fremdwörtern, die sie nicht verstehn, um sich werfen, geradeso wie *er*, wenn er z. B. gern von ›*Idealismus*‹ redet, ohne zu wissen, was es bedeute, und es daher meistens statt Spiritualismus gebraucht (welcher als Realismus das Gegenteil des Idealismus ist), wie man dies in Büchern und kritischen gelehrten Zeitschriften hundertmal sehn kann; nebst ähnlichen quid-pro-quos [Verwechslungen.]

1. [Nach Molières Komödie ›Le Tartufe‹: ein scheinheiliger Betrüger.]

FF. Man sollte überall ihnen zeigen, daß man an ihren Glauben nicht glaubt.

2. [Verfasser der Schrift ›Grundkritik der Dialektik und des Identitätssystems‹, 1849, in der Schopenhauer auf S. 9 mit Caspar Hauser, dem Findling und vermeintlichen Prinzensohn, verglichen wird.]

Licht und Luft so sorgfältig abgesperrt und so fest eingemauert hatten, daß kein Laut sein Dasein der Welt verraten konnte – ihr Caspar Hauser ist entsprungen! ist entsprungen und läuft in der Welt herum – einige meinen gar, es sei ein Prinz. – Oder in Prosa zu reden: was sie über alles fürchteten, daher mit vereinten Kräften und seltener Standhaftigkeit mittelst eines so tiefen Schweigens, so einträchtigen Ignorierens und Sekretierens, wie es noch nie dagewesen, über ein Menschenalter hinaus glücklich zu verhüten gewußt haben – dies Unglück ist dennoch eingetreten: man hat angefangen mich zu lesen – und wird nun nicht wieder aufhören. Legor et legar [Man liest mich, und man wird mich lesen]: es ist nicht anders. Wahrlich schlimm und höchst ungelegen; ja eine rechte Fatalität, wo nicht gar Kalamität. Ist dies der Lohn für so viel treue, traute Schweigsamkeit? für so festes einträchtiges Zusammenhalten? Beklagenswerte Hofräte! Wo bleibt das Versprechen des Horaz:

Est et fideli tuta silentio
Merces, –?
[Auch treuem Schweigen wird sicherer Lohn gewiß
Zuteil. ›Carmina‹ liber 3, 2, 25]

Am ›fidelen Silentium‹ haben sie es doch wahrlich nicht fehlen lassen; vielmehr ist dies gerade ihre Stärke, wo immer sie Verdienste wittern, ist auch wirklich gegen diese der feinste Kunstgriff: denn was keiner weiß, ist, als ob es nicht wäre. Aber mit der ›merces‹, ob die so ganz ›tuta‹ bleiben wird, sieht es jetzt bedenklich aus – es wäre denn, daß man ›merces‹ im *schlimmen* Sinn interpretierte, der freilich auch durch gute klassische Auktoritäten belegt werden kann. Ganz richtig hatten die Herren eingesehn, daß das einzige gegen meine Schriften anwendbare Mittel wäre, dem Publiko aus denselben ein Geheimnis zu machen, mittelst tiefen Schweigens darüber, unter lautem Lärm bei der Geburt jedes mißgestalteten Kindes der Professorenphilosophie – wie einst die Korybanten durch lautes Tosen und Lärmen die Stimme des neugeborenen Zeus unvernehmbar machten. Aber jenes Mittel ist erschöpft und das Geheimnis ist verraten: das Publikum hat mich entdeckt. Der Grimm der Philosophie-Professoren darüber ist groß, aber ohnmächtig: denn nachdem jenes einzige wirksame und so lange mit Erfolg angewandte Mittel erschöpft ist, vermag nunmehr kein Belfern gegen mich meine Wirksamkeit zu hemmen, und vergeblich stellt jetzt der eine sich so, der andere anders. Freilich haben sie erlangt, daß die meiner Philosophie eigentlich gleichzeitige Generation ohne Kunde von ihr zu Grabe getragen ist. Aber es war ein bloßer Aufschub: die Zeit hat wie immer Wort gehalten.

Der Gründe aber, warum den Herren vom ›philosophischen Gewerbe‹ (sie selbst haben die unglaubliche Naivetät es so zu nennen[1]) meine Philosophie so sehr verhaßt ist, sind zwei. Erstlich, weil meine Werke den Geschmack des Publikums verderben, den Geschmack am leeren Phrasengewebe, an hoch aufgetürmten und nichtssagenden Wortakkumulationen, am hohlen, seichten und langsam marternden Geträtsche, an der im Gewande langweiligster Metaphysik vermummt auftretenden christlichen Dogmatik und der die Ethik vorstellenden systematisierten, plattesten Philisterei, sogar mit Anleitung zu Kartenspiel und Tanz, kurz: an der ganzen rockenphilosophischen Methode, die schon gar viele auf immer von aller Philosophie zurückgescheucht hat.

Der zweite Grund ist, daß die Herren vom ›philosophischen Gewerbe‹ meine Philosophie schlechterdings nicht dürfen gelten lassen und sie daher auch nicht zum Nutzen des ›Gewerbes‹ verwenden können – was sie sogar herzlich bedauern, da mein Reichtum ihrer bittern Armut herrlich zustatten kommen würde. Allein sie darf vor ihren Augen keine Gnade finden, nie und nimmer; auch nicht, wenn sie die größten, je gehobenen Schätze menschlicher Weisheit enthielte. Denn ihr geht alle spekulative Theologie, nebst rationaler Psychologie ab, und diese, gerade diese sind die Lebensluft der Herren, die conditio sine qua non [unerläßliche Bedingung] ihres Daseins. Sie wollen nämlich vor allen Dingen im Himmel und auf Erden ihre Ämter; und ihre Ämter verlangen, vor allen Dingen im Himmel und auf Erden, spekulative Theologie und rationale Psychologie: extra

1. Siehe ›Göttingische gelehrte Anzeigen‹ von 1853, S. 1.

haec non datur salus [außer diesem ist kein Heil zu finden]. Theologie soll und muß es sein; sie komme nun, woher sie wolle: Moses und die Propheten müssen recht behalten, dies ist der oberste Grundsatz der Philosophie; und dazu rationale Psychologie, wie sich's gehört. Nun aber ist dergleichen weder bei *Kant* noch bei mir zu holen. Zerschellen ja doch bekanntlich an seiner ›Kritik aller spekulativen Theologie‹ die bündigsten theologischen Argumentationen wie ein an die Wand geworfenes Glas und bleibt unter seinen Händen an der rationalen Psychologie kein ganzer Fetzen! Und nun gar bei mir, dem kühnen Fortsetzer seiner Philosophie, treten beide, wie es eben konsequent und ehrlich ist, gar nicht mehr auf[F]. Hingegen ist die Aufgabe der Kathederphilosophie im Grunde diese: unter einer Hülle sehr abstrakter, abstruser und schwieriger, daher marternd langweiliger Formeln und Phrasen die Hauptgrundwahrheiten des Katechismus darzulegen; daher diese sich allemal zuletzt als der Sache Kern enthüllen, so kraus, bunt, fremdartig und absonderlich solche auch dem ersten Blick erschienen sein mag. Dies Beginnen kann seinen Nutzen haben; wenn er mir auch unbekannt ist. Ich weiß nur soviel, daß in der Philosophie, d.h. dem Forschen nach der Wahrheit, will sagen der Wahrheit κατ' ἐξοχήν [schlechthin], worunter die höchsten, wichtigsten, dem Menschengeschlecht über alles auf der Welt am Herzen liegenden Aufschlüsse verstanden werden, man durch solches Treiben nie, auch nur um einen Zoll, weitergelangen wird: vielmehr wird jenem Forschen dadurch der Weg verrannt; weshalb ich schon längst in der Universitätsphilosophie den Antagonisten der wirklichen erkannt habe. Wenn nun aber bei so gestalteter Sachlage einmal eine es ehrlich meinende und in vollem Ernst auf Wahrheit, und nichts als Wahrheit, gerichtete Philosophie auftritt, muß da nicht den Herren vom ›philosophischen Gewerbe‹ zumute werden wie den in Pappe geharnischten Theaterrittern, wenn plötzlich unter ihnen ein wirklich Geharnischter stände, unter dessen schwerem Tritt die leichten Bühnen-

F. Denn auf Offenbarungen wird in der Philosophie nichts gegeben; daher ein Philosoph vor allen Dingen ein Ungläubiger sein muß.

bretter bebten? Eine solche Philosophie *muß* also schlecht und falsch sein und legt sonach den Herren vom ›Gewerbe‹ die peinliche Rolle desjenigen auf, der, um zu scheinen, was er nicht ist, andere nicht darf gelten lassen für das, was sie sind. Hieraus entwickelt sich aber jetzt das belustigende Schauspiel, welches wir genießen, wenn die Herren, da es mit dem Ignorieren leider zu Ende ist, nunmehr nach vierzig Jahren anfangen, mich mit ihrem Maßstäblein zu messen und von der Höhe ihrer Weisheit herab über mich aburteilen als von Amts wegen völlig kompetent; wobei sie am ergötzlichsten sind, wenn sie gegen mich die Respektspersonen spielen wollen.

Nicht viel weniger als ich, wenn auch mehr im stillen, ist ihnen *Kant* verhaßt, eben weil er die spekulative Theologie, nebst rationaler Psychologie, das gagne-pain [der Broterwerb] dieser Herren, in ihren tiefsten Fundamenten untergraben, ja bei allen, die Ernst verstehn, unwiederbringlich ruiniert hat. Und den sollten die Herren nicht hassen? ihn, der ihr ›philosophisches Gewerbe‹ ihnen so erschwert hat, daß sie kaum absehn, wie sie mit Ehren durchkommen sollen. Darum also sind wir beide schlecht, und die Herren übersehn uns weit. Mich haben sie beinahe vierzig Jahre hindurch nicht eines Blickes gewürdigt, und auf *Kant* sehn sie jetzt von der Höhe ihrer Weisheit mitleidig herab, seine Irrtümer belächelnd. Das ist sehr weise Politik und gar erklecklich. Denn da können sie ganz ungeniert, als gäbe es keine ›Kritik der reinen Vernunft‹ auf der Welt, von Gott und der Seele als von bekannten und ihnen besonders vertrauten Persönlichkeiten ganze Bände hindurch reden, das Verhältnis des einen zur Welt und der andern zum Leibe gründlich und gelehrt besprechen. Nur erst die ›Kritik der reinen Vernunft‹ unter die Bank, dann geht alles herrlich! Zu diesem Ende suchen sie nun schon seit vielen Jahren *Kanten* fein leise, allmälig beiseite zu schieben, zu antiquieren, ja über ihn die Nase zu rümpfen und werden jetzt, einer durch den andern ermutigt, dabei immer dreister[F]. Haben sie ja doch aus ihrer eigenen Mitte keinen Widerspruch zu fürch-

---

F. Einer gibt immer dem andern recht, und da meint ein einfältiges Publikum am Ende, sie hätten wirklich recht.

ten: sie haben ja alle dieselben Zwecke, die gleiche Mission und bilden eine zahlreiche Genossenschaft, deren geistreiche Mitglieder coram populo [im Angesicht des Volkes] sich gegenseitig mit Bücklingen bedienen, nach allen Richtungen. So ist es denn nach und nach dahin gekommen, daß die elendesten Kompendienschreiber in ihrem Übermut so weit gehn, Kants große und unsterbliche Entdeckungen als veraltete Irrtümer zu behandeln, ja sie mit der lächerlichsten Süffisance und den unverschämtesten Machtsprüchen, die sie jedoch im Ton der Argumentation vortragen, gelassen zu beseitigen, im Vertrauen darauf, daß sie ein gläubiges Publikum vor sich haben, welches die Sachen nicht kennt[1]. Und dies widerfährt *Kanten* von Schreibern, deren gänzliche Unfähigkeit aus jeder Seite, man möchte sagen: aus jeder Zeile ihres betäubenden gedankenleeren Wortschwalls in die Augen springt. Wenn das so fortginge, würde bald *Kant* das Schauspiel des toten Löwen darbieten, dem der Esel Fußtritte gibt. Sogar in Frankreich fehlt es nicht an Kameraden, die, von gleicher Orthodoxie beseelt, demselben Ziele entgegen arbeiten: namentlich hat ein Herr Barthélemy Saint-Hilaire in einer vor der ›Académie des sciences morales‹ im April 1850 gehaltenen Rede sich erdreistet, *Kanten* von oben herab zu beurteilen und auf die unwürdigste Weise von ihm zu reden; glücklicherweise aber so, daß jeder gleich sieht, was dahintersteckt[F].

Andere nun wieder aus unserm deutschen ›philosophischen Gewerbe‹ schlagen, bei ihrem Bestreben, sich den ihren Zwecken so sehr entgegenstehenden *Kant* vom Halse zu schaffen, den Weg ein, daß sie nicht etwan geradezu gegen seine Philosophie polemisieren, sondern die Fundamente, darauf sie gebaut ist, zu untergraben suchen, sind aber

---

1. Hier habe ich besonders vor Augen gehabt Ernst Reinholds ›System der Metaphysik‹, dritte Auflage 1854. Wie es zugeht, daß kopfverderbende Bücher wie dieses wiederholte Auflagen erleben, habe ich erklärt in den ›Parergis‹ Bd. 1, S. 171 *[Band 4]*.
F. Jedoch, beim Zeus, allen solchen Herren, in Frankreich und Deutschland, soll beigebracht werden, daß die Philosophie zu etwas anderm da ist, als den Pfaffen in die Hände zu spielen. Vor allem aber müssen wir ihnen deutlichst zu vermerken geben, daß wir *an ihren Glauben nicht glauben* – woraus folgt, wofür wir sie halten.

dabei von allen Göttern und aller Urteilskraft so gänzlich verlassen, daß sie Wahrheiten a priori angreifen, d. h. Wahrheiten, die so alt sind wie der menschliche Verstand, ja diesen selbst ausmachen, denen man also nicht widersprechen kann, ohne auch ihm den Krieg zu erklären. So groß aber ist der Mut dieser Herren. Leider sind mir ihrer drei[1] bekannt und ich fürchte, daß es deren noch mehrere gibt, welche an dieser Unterminierung arbeiten und die unglaubliche Vermessenheit haben, *den Raum* a posteriori, als eine Folge, ein bloßes Verhältnis der Gegenstände *in ihm* entstehn zu lassen, indem sie behaupten, daß Raum und Zeit empirischen Ursprungs seien und den Körpern anhingen, so daß allererst durch unsere Wahrnehmung des Nebeneinander der Körper der Raum und ebenso durch die des Nacheinander der Veränderungen die Zeit entstehe (sancta simplicitas! [heilige Einfalt!], als ob für uns die Worte Neben- und Nacheinander irgendeinen Sinn haben könnten ohne die vorhergängigen, ihnen Bedeutung erteilenden Anschauungen des Raumes und der Zeit[F]), und daß folglich, wenn die Körper nicht wären, auch der Raum nicht sein würde, mithin, wenn jene verschwänden, wegfallen müsse; und ebenso daß, wenn alle Veränderungen stockten, auch die Zeit stillstände[FF].

Und solches Zeug wird fünfzig Jahre nach Kants Tode

---

1. *Rosenkranz*: ›Meine Reform der Hegelschen Philosophie‹, 1852, besonders S. 41, im gewichtigen und auktoritativen Tone: ›Ich habe ausdrücklich gesagt, daß Raum und Zeit gar nicht existieren würden, wenn nicht die Materie existierte. Erst der in sich gespannte Äther ist der wirkliche Raum, erst die Bewegung desselben und in ihrer Folge das reale Werden alles Besondern und Einzelnen ist die wirkliche Zeit.‹
Ludwig Noack: ›Die Theologie als Religionsphilosophie‹, 1853, S. 8f.
von Reichlin-Meldegg: zwei Rezensionen des ›Geist in der Natur‹ von Örsted in den ›Heidelberger Jahrbüchern‹ vom November/Dezember 1850 und vom Mai/Juni 1854.
F. Die Zeit ist die Bedingung der *Möglichkeit* des Nacheinanderseins, als welches ohne sie weder statthaben noch von uns verstanden und durch Worte bezeichnet werden könnte. Ebenso ist die Bedingung der *Möglichkeit* des Nebeneinanderseins der Raum, und die Nachweisung, daß diese Bedingungen in der Anlage unseres Kopfes stecken, ist die transzendentale Ästhetik.
FF. Den Raum aus den Körpern in ihm ableiten ist ungefähr wie das Salz aus den gesalzenen Heringen ableiten.

ernsthaft vorgetragen. Aber Unterminierung der Kantischen Philosophie ist ja der Zweck, und allerdings würde sie, wenn jene Sätze der Herren wahr wären, mit *einem* Schlage umgestoßen sein. Allein glücklicherweise sind es Behauptungen von der Art, die nicht einmal eine Widerlegung, sondern ein Hohngelächter zur Antwort erhält, nämlich Behauptungen, bei denen es sich zunächst nicht um eine Ketzerei gegen die Kantische Philosophie, sondern um eine Ketzerei gegen den gesunden Menschenverstand handelt, und hier nicht sowohl ein Angriff auf irgendein philosophisches Dogma als ein Angriff auf eine Wahrheit a priori geschieht, die, eben als solche, den Menschenverstand selbst ausmacht und daher jedem, der bei Sinnen ist, augenblicklich einleuchten muß so gut wie, daß $2 \times 2 = 4$ ist. Holt mir einen Bauern vom Pfluge, macht ihm die Frage verständlich, und er wird euch sagen, daß, wenn alle Dinge am Himmel und auf Erden verschwänden, der Raum doch stehn bliebe, und daß, wenn alle Veränderungen am Himmel und auf Erden stockten, die Zeit doch fortliefe. Wie achtungswert steht doch gegen diese deutschen Philosophaster der französische Physiker *Pouillet* da, der sich nicht um Metaphysik kümmert, jedoch in seinem allbekannten, in Frankreich dem öffentlichen Unterricht zum Grunde gelegten Lehrbuch der Physik [›Éléments de physique expérimentale et de météorologie‹] nicht verfehlt, gleich dem ersten Kapitel zwei ausführliche Paragraphen, einen ›De l'espace‹ und einen ›Du temps‹, einzuverleiben, worin er dartut, daß, wenn alle Materie vernichtet würde, doch der Raum bliebe, wie auch, daß er unendlich ist; und daß, wenn alle Veränderungen stockten, doch die Zeit ihren Gang gehn würde, ohne Ende. Hiebei nun beruft er sich nicht, wie doch sonst überall, auf die Erfahrung, weil sie eben unmöglich ist: dennoch spricht er mit apodiktischer Gewißheit. Ihm nämlich, als Physiker, dessen Wissenschaft durchaus immanent ist, d. h. sich auf die empirisch gegebene Realität beschränkt, fällt es gar nicht ein zu fragen, woher er denn das alles wisse. *Kanten* ist dies eingefallen, und gerade dieses Problem, welches er in die strenge Form der Frage nach der Möglichkeit der synthetischen Urteile a priori kleidete, wurde der Ausgangspunkt und der Grundstein seiner unsterblichen Entdeckungen, also der Transzendentalphilosophie, welche durch Beantwortung eben dieser und verwandter Fragen nachweist, was für ein Bewandtnis es mit jener empirischen Realität selbst habe[F].

Und siebenzig Jahre nach dem Erscheinen der ›Kritik der reinen Vernunft‹ und nachdem die Welt ihres Ruhmes vollge-

---

[F] Schon *Newton*, im Scholion zur achten der Definitionen, welche an der Spitze seiner ›Principia‹ (p. 12) stehn, unterscheidet ganz richtig die *absolute*, d.i. *leere* Zeit von der erfüllten oder relativen und ebenso den absoluten und relativen Raum. Er sagt (p. 11): Tempus, spatium, locum, motum, ut omnibus notissima, non definio. Notandum tamen, quod *vulgus* (d.i. solche Philosophie-Professoren, wie die hier in Rede stehenden) quantitates hasce non aliter quam ex relatione ad sensibilia concipiat. Et inde oriuntur praeiudicia quaedam, quibus tollendis convenit easdem in absolutas et relativas, veras et apparentes, mathematicas et vulgares distingui. [Zeit, Raum, Ort und Bewegung definiere ich nicht, da sie allen ganz bekannt sind. Doch ist zu bemerken, daß das Volk diese Größen nicht anders als aus ihren Verhältnissen zu den Sinnendingen begreift. Und hieraus entspringen gewisse Vorurteile, zu deren Beseitigung es erforderlich ist, dieselben in absolute und relative, wahre und scheinbare, mathematische und empirische zu scheiden.] Hierauf sagt er (p. 12):

I. Tempus absolutum, verum et mathematicum, in se et natura sua sine relatione ad externum quodvis, aequabiliter fluit, alioque nomine dicitur Duratio: relativum, apparens et vulgare est sensibilis et externa quaevis Durationis per motum mensura (seu accurata seu inaequabilis), qua vulgus vice veri temporis utitur; ut Hora, Dies, Mensis, Annus. [Die absolute, wahre und mathematische Zeit ist diejenige, die in sich und ihrer Natur nach ohne Beziehung auf irgend etwas Äußeres gleichmäßig dahinfließt und mit anderem Namen Dauer genannt wird: die relative, scheinbare und empirische ist jedes wahrnehmbare und äußerliche Maß der Dauer durch die Bewegung (mag es genau oder aproximativ sein), das dem Volke anstatt der wahren Zeit dient, z.B. als Stunde, Tag, Monat, Jahr.]

II. Spatium absolutum, natura sua sine relatione ad externum quodvis, semper manet similare et immobile: relativum est spatii huius mensura seu dimensio quaelibet mobilis, quae a sensibus nostris per situm suum ad corpora definitur et a vulgo pro spatio immobili usurpatur: uti dimensio spatii subterranei, aerei vel caelestis definita per situm suum ad terram. [Der absolute Raum besteht seiner Natur nach ohne Beziehung auf irgend etwas Äußeres und bleibt immer gleichmäßig und unbeweglich: der relative Raum ist das Maß dieses Raumes, d.h. jede veränderliche Entfernung, das durch unsere Sinne nach seiner Lage zu den Körpern bestimmt wird und vom Volke statt des worden, wagen es die Herren, solche längst abgetane[n] krasse[n] Absurditäten aufzutischen und zu den alten Roheiten zurückzukehren. Käme *Kant* jetzt wieder und sähe solchen Unfug; so müßte wahrlich ihm zumute werden wie dem Moses, der, vom Berge Sinai kommend, sein Volk um das goldene Kalb tanzend vorfand, worauf er vor Zorn die Gesetzestafeln zerschmetterte. Wenn er aber ebenso es tragisch nehmen wollte, würde ich ihn mit Jesus Sirachs [22, 8–9] Worten trösten: ›Wer mit einem Narren redet, der redet mit einem Schlafenden; wenn es aus ist, so spricht er: was ist's?‹ Denn für jene Herren ist eben die transzendentale Ästhetik, dieser Diamant in Kants Krone, gar nicht dagewesen: sie wird als non avenue [nicht vorhanden] stillschweigend beiseite gesetzt. Wozu meinen sie denn, daß die Natur ihr seltenstes Werk, einen großen Geist, einen einzigen aus so vielen hundert Millionen zustande bringt, wenn es in Dero Alltagsköpfigkeit Belieben stehn soll, seine wichtigsten Lehren durch ihre bloße Gegenbehauptung zu annullieren oder gar sie ohne weiteres in den Wind zu schlagen und zu tun, als ob nichts geschehn wäre?

Aber dieser Zustand der Verwilderung und Roheit in der Philosophie, wo jetzt jeder in den Tag hinein naturalisiert über Dinge, welche die größten Köpfe beschäftigt haben, ist eben noch eine Folge davon, daß mit Hülfe der Philosophie-Professoren der freche Unsinnsschmierer Hegel die monstrosesten Einfälle hat dreist zu Markte bringen dürfen und damit dreißig Jahre lang in Deutschland für den größten aller Philosophen gelten konnte. Da denkt jeder, er dürfe eben auch nur, was ihm durch seinen Sperlingskopf fährt, dreist auftischen.

Vor allem also sind, wie gesagt, die Herren vom ›philosophischen Gewerbe‹ darauf bedacht, *Kants* Philosophie zu obliterieren, um wieder einlenken zu können in den ver-

unbeweglichen Raumes gebraucht wird: wie wenn man den Abstand des Raumes unter der Erde, in der Luft oder am Himmel nach seiner Lage zur Erde bestimmt.]

Aber auch dem Newton ist es nicht eingefallen zu fragen, woher denn diese zwei unendlichen Wesen, Raum und Zeit, da sie, wie er eben hier urgiert, nicht sinnenfällig sind, uns bekannt seien, und zwar so genau bekannt, daß wir ihre ganze Beschaffenheit und Gesetzlichkeit bis auf das Kleinste anzugeben wissen.

schlammten Kanal des alten Dogmatismus und lustig in den Tag hinein zu fabeln über ihre bekannten, ihnen anempfohlenen Lieblingsmaterien, als wäre eben nichts geschehn und kein *Kant,* keine kritische Philosophie je auf der Welt gewesen[F]. Daher stammt auch die seit einigen Jahren sich überall kundgebende affektierte Veneration und Anpreisung des *Leibniz,* den sie gern *Kanten* gleichstellen, ja über ihn erheben, indem sie mitunter ihn den größten aller deutschen Philosophen zu nennen dreist genug sind. Nun aber ist, *gegen Kant gehalten,* Leibniz ein erbärmlich kleines Licht. *Kant* ist ein großer Geist, dem die Menschheit unvergeßliche Wahrheiten verdankt, und zu seinen Verdiensten gehört eben auch, daß er die Welt auf immer erlöst hat von dem *Leibniz* und seinen Flausen von den prästabilierten Harmonien, Monaden und ›identitas indiscernibilium‹[1] [der Identität der nicht unterscheidbaren Dinge]. *Kant* hat den Ernst in die Philosophie eingeführt und ich halte ihn aufrecht. Daß die Herren anders denken ist leicht erklärlich: hat ja doch *Leibniz* eine Zentralmonade und eine ›Theodicée‹ dazu, sie aufzustutzen! Das ist so was für meine Herren vom ›philosophischen Gewerbe‹: dabei kann doch einer bestehn und sich redlich nähren. Hingegen bei so einer Kantischen ›Kritik aller spekulativen Theologie‹ stehn einem ja die Haare zu Berge. Also ist *Kant* ein Querkopf, den man beiseiteschiebt. Vivat Leibniz! vivat das philosophische Gewerbe! vivat die Rockenphilosophie! Die Herren meinen wirklich, sie könnten nach Maßgabe ihrer kleinlichen Absichten das Gute verdunkeln, das Große herabziehn, das Falsche in Kredit bringen. Auf eine Weile wohl; aber wahrlich nicht auf die Dauer, auch nicht ungestraft. Bin doch sogar ich am Ende durchgedrungen, trotz ihren Machinationen und ihrem hämischen vierzigjährigen Ignorieren, während dessen ich *Chamforts* Ausspruch verstehn lernte: ›En examinant la ligue des sots contre les gens d'esprit, on croirait voir une conjuration de valets pour écarter les maîtres.‹ [Wenn man

---

F. Kant hat nämlich die erschreckliche Wahrheit aufgedeckt, daß Philosophie etwas ganz anderes sein muß als *Judenmythologie.*
1. [Vgl. ›Nouveaux essais‹ cap. 27, §§ 1,3]

sieht, wie die Dummköpfe gegen die Leute von Geist zusammenhalten, so glaubt man, Knechte zu sehn, die sich verschworen haben, ihre Herren zu stürzen; ›Œuvre choisies‹, Bibliothèque Nationale tome 2, p. 44.]

Wen man nicht liebt, mit dem gibt man sich wenig ab. Daher ist eine Folge jenes Widerwillens gegen *Kant* eine unglaubliche Unkenntnis seiner Lehren, von welcher mir bisweilen Proben aufstoßen, daß ich meinen Augen nicht traue. Durch ein paar Beispiele muß ich dies denn doch belegen. Also zuvörderst ein rechtes Kabinettstück, wenn es auch schon einige Jahre alt ist. In des Prof. Michelets ›Anthropologie und Psychologie‹ wird S. 444 *Kants* kategorischer Imperativ in diesen Worten angegeben: ›Du sollst, denn du kannst.‹ Es ist kein Schreibfehler: denn in seiner drei Jahre später [1843] herausgegebenen ›Entwickelungsgeschichte der neuesten deutschen Philosophie‹ gibt er es S. 38 ebenso an. Also abgesehn davon, daß er sein Studium der Kantischen Philosophie in Schillers Epigrammen[1] gemacht zu haben scheint, hat er die Sache auf den Kopf gestellt, das Gegenteil des berühmten Kantischen Arguments ausgesprochen und ist offenbar ohne die allerleiseste Ahndung von dem, was *Kant* mit jenem Postulat der Freiheit auf Grund seines kategorischen Imperativs hat sagen wollen. Mir ist nicht bekannt, daß irgendwo einer seiner Kollegen die Sache gerügt hätte; sondern ›hanc veniam damus petimusque vicissim‹[F]

1. [In Schillers Xenion richtig: ›Du kannst, denn Du sollst‹, *vgl. S. 671.*]

F. *Michelet*, in dem Aufsatz *über mich*, im ›Philosophischen Journal‹, 1855, drittes oder viertes Heft [Fichtes ›Zeitschrift für Philosophie und philosophische Kritik‹ 27. Bd., 1. und 2. Heft], bringt p. 44 Kants berühmte Frage: ›Wie sind synthetische Urteile a priori möglich?‹ zur Sprache und fährt dann fort: ›Die *affirmative* Beantwortung dieser Frage‹ usw.; wodurch er beweist, daß er nicht die entfernteste Ahndung vom Sinn der Frage hat, als welche weder zum Affirmieren noch zum Negieren irgendwie Anlaß bietet, sondern besagt: ›*Wie geht es zu*, daß wir vor aller Erfahrung über alles, was Zeit, Raum und Kausalität *als solche* betrifft, apodiktisch zu urteilen fähig sind?‹ Den Kommentar zu dieser *schändlichen Ignoranz* des Michelet gibt eine Stelle in den letzten Jahrgängen der Hegelzeitung, als wo er sagt, daß, seitdem Kant jene Frage aufgeworfen hat, alle Philosophen *nach* synthetischen Urteilen a priori *suchten!* Eine solche Ignoranz im ABC der Philosophie verdient Kassation.

[Diese Freiheit gewähren wir und erbitten wir uns gegenseitig; Horaz, ›De arte poetica epistula ad Pisones‹ cap. 11]. — Und nur noch einen recht frischen Fall dazu. Der oben in der Anmerkung [S. 309] erwähnte Rezensent jenes Örstedschen Buchs, bei dessen Titel der unsere leider hat zu Gevatter stehn müssen, stößt in demselben auf den Satz, ›daß Körper krafterfüllte Räume sind‹: der ist ihm neu und, ohne alle Ahndung davon, daß er einen weltberühmten Kantischen Lehrsatz vor sich hat, hält er denselben für Örsteds eigene paradoxe Meinung und polemisiert demgemäß in seinen beiden drei Jahre auseinanderliegenden Rezensionen tapfer, anhaltend und wiederholt dagegen mit Argumenten, wie: ›Die Kraft kann den Raum nicht erfüllen ohne ein Stoffartiges, Materie‹; und drei Jahre später: ›Kraft im Raum macht noch kein Ding: es muß Stoff dasein, Materie, damit die Kraft den Raum erfülle. — Dies Erfüllen ist aber ohne Stoff unmöglich. Eine bloße Kraft wird nie ausfüllen. Die Materie muß dasein, damit sie ausfülle.‹ — Bravo! so würde mein Schuster auch argumentieren[F]. — Wenn ich dergleichen specimina eruditionis [Proben der Gelehrsamkeit] sehe; so wandelt mich ein Zweifel an, ob ich nicht oben dem Manne Unrecht getan habe, indem ich ihn unter denen anführte, die *Kanten* zu unterminieren trachten; wobei ich freilich vor Augen hatte, daß er sagt: ›Der Raum ist nur das Verhältnis des Nebeneinanderseins der Dinge‹, loco citato [am angegebenen Ort] S. 899, und weiterhin S. 908: ›Der Raum ist ein Verhältnis, unter welchem die Dinge sind, ein Nebeneinandersein der Dinge. Dieses Nebeneinandersein hört auf, ein Begriff zu sein, wenn der Begriff der Materie aufhört.‹ Denn er könnte am Ende diese Sätze ebenfalls in reiner Unschuld hingeschrieben haben, indem ihm die ›Transzendentale Ästhetik‹ ebenso fremd wäre wie die ›Metaphysischen Anfangsgründe der Naturwissenschaft‹. Aller-

[F]. Derselbe Rezensent (von Reichlin-Meldegg), im August-Heft der ›Heidelberger Jahrbücher‹ von 1855, S. 579, die Lehren der Philosophen über Gott darlegend, sagt: ›In Kant ist Gott ein unerkennbares Ding an sich.‹ In seiner Rezension der Frauenstädtschen ›Briefe‹ [in] ›Heidelberger Jahrbücher‹, 1855, Mai oder Juni, sagt er, es gäbe gar keine Erkenntnis a priori.

dings wäre das etwas stark für einen Professor der Philosophie. Aber heutzutage muß man auf alles gefaßt sein. Denn die Kenntnis der kritischen Philosophie ist ausgestorben, trotzdem daß sie die letzte wirkliche Philosophie ist, welche aufgetreten, und dabei eine Lehre, welche in allem Philosophieren, ja im menschlichen Wissen und Denken überhaupt eine Revolution und eine Weltepoche macht. Da demnach durch sie alle früheren Systeme umgestoßen sind; so geht jetzt, nachdem die Kenntnis von ihr ausgestorben ist, das Philosophieren meistens nicht mehr auf Grund der Lehren irgendeines der bevorzugten Geister vor sich, sondern ist ein reines Naturalisieren in den Tag hinein auf Grund der Alltagsbildung und des Katechismus. Vielleicht nun aber werden, von mir aufgeschreckt, die Professoren wieder die Kantischen Werke vornehmen. Jedoch sagt *Lichtenberg*: ›Man kann Kantische Philosophie in gewissen Jahren, glaube ich, ebensowenig lernen als das Seiltanzen‹ [›Vermischte Schriften‹, neue Ausgabe, 1844, S. 107].

Ich würde wahrlich nicht mich herbeigelassen haben, die Sünden jener Sünder aufzuzählen; aber ich mußte es, weil mir im Interesse der Wahrheit auf Erden obliegt, auf den Zustand der Versunkenheit hinzuweisen, in welchem fünfzig Jahre nach *Kants* Tode die deutsche Philosophie sich befindet, infolge des Treibens der Herren vom ›philosophischen Gewerbe‹, und wohin es kommen würde, wenn diese kleinen nichts als ihre Absichten kennenden Geister ungestört den Einfluß der großen die Welt erleuchtenden Genien hemmen dürften. Dazu darf ich nicht schweigen; vielmehr ist dies ein Fall, wo Goethes Aufruf gilt:

›Du Kräftiger, sei nicht so still,
Wenn auch sich andere scheuen.‹
Wer den Teufel erschrecken will,
Der muß laut schreien.   [›Zahme Xenien‹ 1]

Dr. Luther hat auch so gedacht.

Haß gegen *Kant*, Haß gegen mich, Haß gegen die Wahrheit, wiewohl alles in maiorem Dei gloriam [zum größeren Ruhme Gottes], beseelt diese Kostgänger der Philosophie.

VORREDE 317

Wer sieht nicht, daß die Universitätsphilosophie der Antagonist der wirklichen und ernstlich gemeinten geworden ist, deren Fortschritten sich zu widersetzen ihr obliegt. Denn die Philosophie, welche ihren Namen verdient, ist eben der reine Dienst der Wahrheit, mithin die höchste Anstrebung der Menschheit, als solche aber nicht zum Gewerbe geeignet. Am wenigsten kann sie ihren Sitz auf den Universitäten haben, als wo die theologische Fakultät obenan steht, die Sachen also ein für allemal abgemacht sind, ehe jene kommt. Mit der Scholastik, von der die Universitätsphilosophie abstammt, war es ein anderes. Diese war eingeständlich die ancilla theologiae[1] [Magd der Theologie], und da stimmte das Wort zur Sache. Die jetzige Universitätsphilosophie hingegen leugnet es zu sein und gibt Unabhängigkeit des Forschens vor: dennoch ist sie bloß die verkappte ancilla und so gut wie jene bestimmt, der Theologie zu dienen. Dadurch aber hat die ernstlich und aufrichtig gemeinte Philosophie an der Universitätsphilosophie eine angebliche Gehülfin, wirkliche Antagonistin. Daher eben habe ich schon längst[2] gesagt, daß nichts für die Philosophie ersprießlicher sein könnte, als daß sie aufhörte, Universitätswissenschaft zu sein; und wenn ich dort noch einräumte, daß neben der Logik, die unbedingt auf die Universität gehört, allenfalls noch ein kurzer, ganz sukzinkter[3] Kursus der Geschichte der Philosophie vorgetragen werden könnte; so bin ich auch von diesem voreiligen Zugeständnisse zurückgebracht worden durch die Eröffnung, welche in den ›Göttingischen gelehrten Anzeigen‹ vom 1. Januar 1853 S. 8 der ordinarius loci (ein dickbändiger Geschichtsschreiber der Philosophie) uns gemacht hat: ›Es war nicht zu verkennen, daß die Lehre Kants der gewöhnliche Theismus ist und zu einer Umgestaltung der verbreiteten Meinungen über Gott und sein Verhältnis zur Welt wenig oder nichts beigetragen hat.‹ – Wenn es so steht; so sind meines Erachtens auch für die Geschichte der Philosophie die Universitäten nicht mehr der geeignete Ort. Dort herrscht die Absicht unum-

---

1. [Nach einer Schrift von Robert Baronius: ›Philosophia theologiae ancillans‹]
2. ›Parerga‹ Bd. 1, S. 185–187 *[Band 4]* – 3. [das Rüstzeug vermittelnd]

schränkt. Freilich hatte mir schon längst geahndet, daß auf den Universitäten die Geschichte der Philosophie in demselben Geist und mit demselben grano salis[1] [Körnchen Salz] vorgetragen würde wie die Philosophie selbst: es bedurfte nur noch eines Anstoßes, um diese Erkenntnis zum Durchbruch zu bringen. Demnach ist mein Wunsch, die Philosophie mitsamt ihrer Geschichte aus dem Lektionskatalog verschwinden zu sehn, indem ich sie gerettet wissen möchte aus den Händen der Hofräte. Keineswegs aber ist dabei meine Absicht, die Philosophie-Professoren ihrer gedeihlichen Wirksamkeit auf den Universitäten zu entziehn. Im Gegenteil: ich möchte sie um drei Staffeln der Ehren erhöht und in die oberste Fakultät versetzt sehn als Professoren der Theologie. Im Grunde sind sie es ja schon längst und haben nun lange genug als Volontärs gedient.

Den Jünglingen erteile ich inzwischen den ehrlichen und wohlgemeinten Rat, keine Zeit mit der Kathederphilosophie zu verlieren, sondern statt dessen Kants Werke und auch die meinigen zu studieren. Dort werden sie etwas Solides zu lernen finden, das verspreche ich ihnen, und in ihren Kopf wird Licht und Ordnung kommen, soweit er fähig ist, solche aufzunehmen. Es ist nicht wohlgetan, sich um ein klägliches Ende Nachtlicht zu scharen, während strahlende Fackeln zu Gebote stehn; noch weniger aber soll man Irrwischen nachlaufen. Besonders, meine wahrheitsdurstigen Jünglinge, laßt euch nicht von den Hofräten erzählen, was in der ›Kritik der reinen Vernunft‹ steht; sondern lest sie selbst. Da werdet ihr ganz andere Dinge finden, als *die* zu wissen euch dienlich erachten. – Überhaupt wird heutzutage zu viel Studium auf die Geschichte der Philosophie verwendet, indem solches, schon seiner Natur nach geeignet, das Wissen die Stelle des Denkens einnehmen zu lassen, jetzt geradezu mit der Absicht getrieben wird, die Philosophie selbst in ihrer Geschichte bestehn zu lassen. Vielmehr aber ist es nicht gerade nötig, ja nicht einmal sehr fruchtbringend, von den Lehrmeinungen aller Philosophen seit drittehalb Jahrtausenden sich eine oberflächliche und halbe

---

1. [*Vgl. Bd. 2, S. 606, Anmerkung 1*]

Kenntnis zu erwerben: mehr jedoch liefert die Geschichte der Philosophie, sogar die ehrliche nicht. Philosophen lernt man nur aus ihren eigenen Werken kennen, nicht aus dem verzerrten Bilde ihrer Lehren, welches sich in einem Alltagskopfe darstellt[F]. Wohl aber ist es nötig, daß mittelst irgendeiner Philosophie Ordnung in den Kopf gebracht und zugleich gelernt werde, wirklich unbefangen in die Welt zu sehn. Nun aber liegt dem Zeitalter und der Sprache nach keine Philosophie uns so nahe wie die Kantische, und zugleich ist diese eine solche, mit der verglichen alle frühern oberflächlich sind. Daher sie unbedenklich vorzuziehn ist.

Aber ich werde gewahr, daß die Nachricht vom entsprungenen Caspar Hauser sich schon unter den Philosophie-Professoren verbreitet hat: denn ich sehe, daß einige ihrem Herzen bereits Luft gemacht haben mit Schmähungen über mich voll Gift und Galle, in allerlei Zeitschriften, wobei sie, was ihnen an Witz abgeht, durch Lügen ersetzen[1]. Jedoch beschwere ich mich darüber nicht; weil mich die Ursache freut und die Wirkung belustigt, als Erläuterung des Goetheschen Verses:

> Es will der Spitz aus unserm Stall
> Uns immerfort begleiten:
> Doch seines Bellens lauter Schall
> Beweist nur, daß wir reiten. [›Kläffer‹]

Frankfurt a. M., im August 1854.

F. ›Potius de rebus ipsis iudicare debemus, quam pro magno habere, de hominibus quid quisque senserit scire‹ [Wir sollten vielmehr über die Dinge selbst urteilen, als daß wir Wert darauf legten zu wissen, was für eine Meinung jeder über die Menschen gehabt habe], sagt *Augustinus* (›De civitate Dei‹ lib. 19, cap. 3). – Bei dem jetzigen Verfahren aber wird der philosophische Hörsaal zu einer Trödelbude alter längst abgelegter und abgetaner Meinungen, die daselbst alle halbe Jahr noch einmal ausgeklopft werden.

1. Bei dieser Gelegenheit bitte ich das Publikum ein für allemal, Berichten über das, was ich gesagt haben soll, selbst wenn sie als Anführungen auftreten, ja nicht unbedingt zu glauben, sondern erst in meinen Werken nachzusehn: dabei wird manche Lüge zutage kommen; aber erst hinzugefügte sogenannte Gänsefüße (›‹) können sie zum förmlichen falsum stempeln.

EINLEITUNG

Ich breche ein siebenzehnjähriges Schweigen[1], um den wenigen, welche, der Zeit vorgreifend, meiner Philosophie ihre Aufmerksamkeit geschenkt haben, einige Bestätigungen nachzuweisen, die solche von unbefangenen, mit ihr unbekannten Empirikern erhalten hat, deren auf bloße Erfahrungserkenntnis gerichteter Weg an seinem Endpunkt sie eben das entdecken ließ, was meine Lehre als das Metaphysische, aus welchem die Erfahrung überhaupt zu erklären sei, aufgestellt hat. Dieser Umstand ist um so ermutigender, als er mein System vor allen bisherigen auszeichnet, indem diese sämtlich, selbst das neueste von *Kant* nicht ausgenommen, noch eine weite Kluft lassen zwischen ihren Resultaten und der Erfahrung und gar viel fehlt, daß sie bis unmittelbar zu dieser herabgingen und von ihr berührt würden. Meine Metaphysik bewährt sich dadurch als die einzige, welche wirklich einen gemeinschaftlichen Grenzpunkt mit den physischen Wissenschaften[L] hat, einen Punkt, bis zu welchem diese aus eigenen Mitteln ihr entgegenkommen, so daß sie wirklich sich an sie schließen und mit ihr übereinstimmen: und zwar wird dieses hier nicht dadurch zuwege gebracht, daß man die empirischen Wissenschaften nach der Metaphysik dreht und zwängt, noch dadurch, daß diese zum voraus heimlich aus jenen abstrahiert war und nun nach Schellingischer Manier a priori findet, was sie a posteriori gelernt hatte; sondern von selbst und ohne Verabredung treffen beide an demselben Punkte zusammen. Daher

1. So schrieb ich im Jahre 1835, als ich gegenwärtige Schrift abfaßte. Ich hatte nämlich seit dem Jahre 1818, vor dessen Schluß ›Die Welt als Wille und Vorstellung‹ erschienen war, nichts veröffentlicht. Denn eine zum Nutzen der Ausländer abgefaßte lateinische Bearbeitung meiner bereits 1816 herausgegebenen Abhandlung ›Über das Sehn und die Farben‹, welche ich 1830 dem dritten Bande der ›Scriptores ophthalmologici minores‹, edente Justus Radio, einverleibt hatte, kann nicht für eine Unterbrechung jenes Schweigens gelten.

L. Sämtliche *Naturwissenschaften* unterliegen dem unermüdlichen Nachteil, daß sie die Natur ausschließlich von *der objektiven* Seite auffassen, unbekümmert um die *subjektive*. In dieser steckt aber notwendigerweise die Hauptsache: sie fällt der Philosophie zu.

EINLEITUNG

schwebt mein System nicht wie alle bisherigen in der Luft, hoch über aller Realität und Erfahrung; sondern geht herab bis zu diesem festen Boden der Wirklichkeit, wo die physischen Wissenschaften den Lernenden wieder aufnehmen.

Die nun hier anzuführenden fremden und empirischen Bestätigungen betreffen sämtlich den Kern und Hauptpunkt meiner Lehre, die eigentliche Metaphysik derselben, also jene paradoxe Grundwahrheit, daß das, was *Kant* als das *Ding an sich* der bloßen *Erscheinung*, von mir entschiedener *Vorstellung* genannt, entgegensetzte und für schlechthin unerkennbar hielt, daß, sage ich, dieses *Ding an sich*, dieses Substrat aller Erscheinungen, mithin der ganzen Natur, nichts anderes ist als jenes uns unmittelbar Bekannte und sehr genau Vertraute, was wir im Innern unsers eigenen Selbst als *Willen* finden; daß demnach dieser *Wille*, weit davon entfernt, wie alle bisherigen Philosophen annahmen, von der *Erkenntnis* unzertrennlich und sogar ein bloßes Resultat derselben zu sein, von dieser, die ganz sekundär und spätern Ursprungs ist, grundverschieden und völlig unabhängig ist, folglich auch ohne sie bestehn und sich äußern kann, welches in der gesamten Natur, von der tierischen abwärts, wirklich der Fall ist; ja daß dieser Wille, als das alleinige Ding an sich, das allein wahrhaft Reale, allein Ursprüngliche und Metaphysische in einer Welt, wo alles übrige nur Erscheinung, d. h. bloße Vorstellung ist, jedem Dinge, was immer es auch sein mag, die Kraft verleiht, vermöge deren es dasein und wirken kann; daß demnach nicht allein die willkürlichen Aktionen tierischer Wesen, sondern auch das organische Getriebe ihres belebten Leibes, sogar die Gestalt und Beschaffenheit desselben, ferner auch die Vegetation der Pflanzen, und endlich selbst im unorganischen Reiche die Kristallisation und überhaupt jede ursprüngliche Kraft, die sich in physischen und chemischen Erscheinungen manifestiert, ja die Schwere selbst – an sich und außer der Erscheinung, welches bloß heißt außer unserm Kopf und seiner Vorstellung, geradezu identisch sind mit dem, was wir in uns selbst als *Willen* finden, von welchem *Willen* wir die unmittelbarste und intimste Kenntnis haben, die überhaupt möglich ist; daß ferner die einzelnen Äußerungen dieses Willens in Bewegung gesetzt werden bei erkennenden, d.h. tierischen Wesen durch Motive, aber nicht minder im organischen Leben des Tieres und der Pflanze durch Reize, bei Unorganischen endlich durch bloße Ursachen im engsten Sinne des Worts; welche Verschiedenheit bloß die Erscheinung betrifft; daß hingegen die Erkenntnis und ihr Substrat, der Intellekt, ein vom Willen gänzlich verschiedenes, bloß sekundäres, nur die höhern Stufen der Objektivation des Willens begleitendes Phänomen sei, ihm selbst unwesentlich, von seiner Erscheinung im tierischen Organismus abhängig, daher physisch, nicht metaphysisch, wie er selbst; daß folglich nie von Abwesenheit der Erkenntnis geschlossen werden kann auf Abwesenheit des Willens; vielmehr dieser sich auch in allen Erscheinungen der erkenntnislosen, sowohl der vegetabilischen als der unorganischen Natur nachweisen läßt; also nicht, wie man bisher ohne Ausnahme annahm, Wille durch Erkenntnis bedingt sei; wiewohl Erkenntnis durch Wille.

Und diese auch noch jetzt so paradox klingende Grundwahrheit meiner Lehre ist es, welche in allen ihren Hauptpunkten von den empirischen, aller Metaphysik möglichst aus dem Wege gehenden Wissenschaften ebenso viele durch die Gewalt der Wahrheit abgenötigte, aber, als von solcher Seite kommend, höchst überraschende Bestätigungen erhalten hat, und zwar sind diese erst nach dem Erscheinen meines Werks, jedoch völlig unabhängig von demselben im Laufe vieler Jahre ans Licht getreten. Daß nun gerade dieses Grunddogma meiner Lehre es ist, dem jene Bestätigungen geworden sind, ist in zwiefacher Hinsicht vorteilhaft: nämlich teils, weil dasselbe der alle übrigen Teile meiner Philosophie bedingende Hauptgedanke ist; teils, weil nur ihm die Bestätigungen aus fremden, von der Philosophie ganz unabhängigen Wissenschaften zufließen konnten. Denn zwar haben auch zu den übrigen Teilen meiner Lehre, dem ethischen, ästhetischen und dianoiologischen, die seitdem unter beständiger Beschäftigung mit ihr mir verstrichenen siebenzehn Jahre zahlreiche Belege gebracht; allein diese

treten ihrer Natur nach vom Boden der Wirklichkeit, dem
sie entsprossen, unmittelbar auf den der Philosophie selbst:
deshalb können sie nicht den Charakter eines fremden
Zeugnisses tragen und, weil von mir selbst aufgefaßt, nicht
so unabweisbar, unzweideutig und schlagend sein wie jene
die eigentliche *Metaphysik* betreffenden, als welche zunächst
von dem Korrelat dieser, der *Physik* (dies Wort im weiten
Sinne der Alten genommen), geliefert werden. Die Physik
nämlich, also Naturwissenschaft überhaupt, muß, indem sie
ihre eigenen Wege verfolgt, in allen ihren Zweigen zuletzt
auf einen Punkt kommen, bei dem ihre Erklärungen zu
Ende sind: dieser eben ist das *Metaphysische*, welches sie nur
als ihre Grenze, darüber sie nicht hinauskann, wahrnimmt,
dabei stehnbleibt und nunmehr ihren Gegenstand der Metaphysik überläßt. Daher hat Kant mit Recht gesagt: ›Es ist
augenscheinlich, daß die allerersten Quellen von den Wirkungen der Natur durchaus ein Vorwurf der Metaphysik
sein müssen‹ (›Von der wahren Schätzung der lebendigen
Kräfte‹ § 51). Dieses also der Physik Unzugängliche und
Unbekannte, bei dem ihre Forschungen enden und welches
nachher ihre Erklärungen als das Gegebene voraussetzen,
pflegt sie zu bezeichnen mit Ausdrücken wie Naturkraft,
Lebenskraft, Bildungstrieb u. dgl., welche nicht mehr sagen
als x y z. Wenn nun aber in einzelnen günstigen Fällen es besonders scharfsichtigen und aufmerksamen Forschern im
Gebiete der Naturwissenschaft glückt, durch diesen dasselbe abgrenzenden Vorhang gleichsam einen verstohlenen
Blick zu werfen, die Grenze nicht bloß als solche zu fühlen,
sondern auch noch ihre Beschaffenheit einigermaßen wahrzunehmen und dergestalt sogar in das jenseit derselben liegende Gebiet der Metaphysik hinüberzuspähen, und die
nun so begünstigte Physik bezeichnet jetzt die solchermaßen
explorierte Grenze geradezu und ausdrücklich als dasjenige,
welches ein ihr zur Zeit völlig unbekanntes, seine Gründe
aus einem ganz andern Gebiete nehmendes metaphysisches
System aufgestellt hat als das wahre innere Wesen und letzte
Prinzip aller Dinge, welche es seinerseits außerdem nur als
Erscheinungen, d.i. Vorstellungen, anerkennt – da muß

doch wahrlich den beiderseitigen verschiedenartigen Forschern zumute werden wie den Bergleuten, welche im Schoße der Erde zwei Stollen von zwei weit voneinander entfernten Punkten aus gegeneinanderführen und, nachdem sie beiderseits lange im unterirdischen Dunkel auf Kompaß und Libelle allein vertrauend gearbeitet haben, endlich die lang ersehnte Freude erleben, die gegenseitigen Hammerschläge zu vernehmen. Denn jene Forscher erkennen jetzt, daß sie den so lange vergeblich gesuchten Berührungspunkt zwischen Physik und Metaphysik, die, wie Himmel und Erde, nie zusammenstoßen wollten, erreicht haben, die Versöhnung beider Wissenschaften eingeleitet und ihr Verknüpfungspunkt gefunden ist. Das philosophische System aber, welches diesen Triumph erlebt, erhält dadurch einen so starken und genügenden äußern Beweis seiner Wahrheit und Richtigkeit, daß kein größerer möglich ist. Im Vergleich mit einer solchen Bestätigung, die für eine Rechnungsprobe gelten kann, ist die Teilnahme oder Nichtteilnahme einer Zeitperiode von gar keinem Belang, am allerwenigsten aber, wenn man betrachtet, worauf solche Teilnahme unterdessen gerichtet gewesen und es findet – wie das seit Kant Geleistete. Über dieses während der letzten vierzig Jahre in Deutschland unter dem Namen der Philosophie getriebene Spiel fangen nachgerade an, dem Publiko die Augen aufzugehn und werden es immer weiter: die Zeit der Abrechnung ist gekommen, und es wird sehn, ob durch das endlose Schreiben und Streiten seit Kant irgendeine Wahrheit zutage gefördert ist. Dies überhebt mich der Notwendigkeit, hier unwürdige Gegenstände zu erörtern; zumal da, was mein Zweck erfordert, kürzer und angenehmer durch eine Anekdote geleistet werden kann: Als Dante, im Karneval, sich ins Maskengewühl verloren hatte und der Herzog von Medici ihn aufzusuchen befahl; zweifelten die damit Beauftragten an der Möglichkeit, ihn, der auch maskiert war, herauszufinden: weshalb der Herzog ihnen eine Frage aufgab, die sie jeder dem Dante irgend ähnlich sehenden Maske zurufen sollten. Die Frage war: ›Wer erkennt das Gute?‹ Nachdem sie auf selbige viele alberne

Antworten erhalten hatten, gab endlich eine Maske diese: ›Wer das Schlechte erkennt.‹ Daran erkannten sie den Dante[1]. Womit hier soviel gesagt sein soll, daß ich keine Ursache gefunden habe, mich durch das Ausbleiben der Teilnahme meiner Zeitgenossen entmutigen zu lassen, weil ich zugleich vor Augen hatte, worauf solche gerichtet gewesen. Wer die einzelnen waren, wird die Nachwelt an ihren Werken sehn; an der Aufnahme, die diesen geworden, aber nur, wer die Zeitgenossen. Auf den Namen der ›Philosophie der gegenwärtigen Zeit‹, welchen man den so ergötzlichen Adepten der Hegelschen Mystifikation hat streitig machen wollen, macht meine Lehre durchaus keinen Anspruch, aber wohl auf den der Philosophie der kommenden Zeit, jener Zeit, die nicht mehr an sinnleerem Wortkram, hohlen Phrasen und spielenden Parallelismen ihr Genüge finden, sondern realen Inhalt und ernstliche Aufschlüsse von der Philosophie verlangen, dagegen aber auch sie verschonen wird mit der ungerechten und ungereimten Forderung, daß sie eine Paraphrase der jedesmaligen Landesreligion sein müsse. ›Denn es ist sehr was Ungereimtes, von der Vernunft Aufklärung zu erwarten und ihr doch vorher vorzuschreiben, auf welche Seite sie notwendig ausfallen müsse‹ (Kant, ›Kritik der reinen Vernunft‹ S. 775, fünfte Ausgabe). – Traurig, in einer so tief gesunkenen Zeit zu leben, daß eine solche sich von selbst verstehende Wahrheit noch erst durch die Auktorität eines großen Mannes beglaubigt werden muß. Lächerlich aber ist es, wenn von einer Philosophie an der Kette große Dinge erwartet werden, und vollends belustigend zu sehn, wenn diese mit feierlichem Ernst sich anschickt, solche zu leisten, während jeder der langen Rede kurzen Sinn zum voraus weiß. Die Scharfsichtigeren aber wollen meistens unter dem Mantel der Philosophie die darin verkappte Theologie erkannt haben, die das Wort führe und den wahrheitsdurstigen Schüler auf ihre Weise belehre – welches denn an eine beliebte Szene des großen Dichters erinnert[1]. Jedoch andere, deren Blick noch tiefer eingedrun-

---

1. Balthasar Gracian: ›El criticon‹ 3, 9, der den Anachronismus vertreten mag, [da erst 1532 die Medici Herzöge von Florenz wurden.]

gen sein will, behaupten, daß, was in jenem Mantel stecke, sowenig die Theologie als die Philosophie sei, sondern bloß ein armer Schlucker, der, indem er mit feierlichster Miene und tiefem Ernst die hohe, hehre Wahrheit zu suchen vorgibt, in der Tat nichts weiter suche als ein Stück Brot für sich und dereinstige junge Familie, was er freilich auf andern Wegen mit weniger Mühe und mehr Ehre erreichen könnte, inzwischen um diesen Preis erbötig ist, was nur verlangt wird, nötigenfalls sogar den Teufel und seine Großmutter a priori zu deduzieren, ja, wenn es sein muß, intellektual anzuschauen – wo denn allerdings durch den Kontrast der Höhe des vorgeblichen mit der Niedrigkeit des wirklichen Zwecks die Wirkung des Hochkomischen in seltenem Grade erreicht wird, nichtsdestoweniger aber es wünschenswert bleibt, daß der reine, heilige Boden der Philosophie von solchen Gewerbsleuten wie weiland der Tempel zu Jerusalem von den Verkäufern und Wechslern gesäubert werde. – Bis also jene bessere Zeit gekommen sein wird, mag das philosophische Publikum seine Aufmerksamkeit und Teilnahme wie bisher verwenden. Wie bisher werde auch fernerhin neben *Kant* – diesem der Natur nur *einmal* gelungenen großen Geiste, der seine eigenen Tiefen beleuchtet hat – jedesmal und obligat, nämlich als eben noch so einer – Fichte genannt; ohne daß auch nur *eine* Stimme dazwischenriefe: ʽΗρακλῆς καὶ πίθηκος!² [Herakles und sein Affe!] – Wie bisher sei auch fernerhin Hegels Philosophie des absoluten Unsinns (davon $3/4$ bar und $1/4$ in aberwitzigen Einfällen) unergründlich tiefe Weisheit; ohne daß Shakespeares Wort ›such stuff as madmen tongue and brain not‹³ [›Cymbeline‹ 5, 4] zum Motto seiner Schriften vorgeschlagen werde und zum Vignetten-Emblem derselben ein Tintenfisch, der eine Wolke von Finsternis um sich schafft, damit man nicht sehe, was es sei, mit der Umschrift ›mea caligine tutus‹ [durch meine Dunkelheit sicher]. – Wie

1. [Vgl. Goethe ›Faust‹ 1, Vers 1982–2000]
2. [Svw. Großes und Läppisches, belegt bei Gregorius Cyprius Mosquensis 3,66, und Makarios 4, 53; vgl. ›Paroemiographia Graeci‹ 2].
3. Solches Zeug, wie die Tollen ›zungen‹, aber nicht ›hirnen‹.

bisher endlich bringe auch ferner jeder Tag neue Systeme, rein aus Worten und Phrasen zusammengesetzt, zum Gebrauch der Universitäten, nebst einem gelehrten Jargon dazu, in welchem man tagelang reden kann, ohne je etwas zu sagen, und nimmer störe diese Freude jenes arabische Sprichwort: ›Das Klappern der Mühle höre ich wohl; aber das Mehl sehe ich nicht.‹ – Denn alles dieses ist nun einmal der Zeit angemessen und muß seinen Verlauf haben; wie denn in jeder Zeitperiode etwas Analoges vorhanden ist, welches mit mehr oder weniger Lärm die Zeitgenossen beschäftigt und dann so gänzlich verhallt und so spurlos verschwindet, daß die nächste Generation nicht mehr zu sagen weiß, was es gewesen. Die Wahrheit kann warten: denn sie hat ein langes Leben vor sich. Das Echte und ernstlich Gemeinte geht stets langsam seinen Gang und erreicht sein Ziel; freilich fast wie durch ein Wunder: denn bei seinem Auftreten wird es in der Regel kalt, ja mit Ungunst aufgenommen, ganz aus demselben Grunde, warum auch nachher, wann es in voller Anerkennung und bei der Nachwelt angelangt ist, die unberechenbar große Mehrzahl der Menschen es allein auf Auktorität gelten läßt, um sich nicht zu kompromittieren, die Zahl der aufrichtigen Schätzer aber immer noch fast so klein bleibt wie am Anfang. Dennoch vermögen diese wenigen es in Ansehn zu halten, weil sie selbst in Ansehn stehn. Sie reichen es nun von Hand zu Hand über den Köpfen der unfähigen Menge einander zu, durch die Jahrhunderte. So schwierig ist die Existenz des besten Erbteils der Menschheit. – Hingegen wenn die Wahrheit, um wahr zu sein, bei denen um Erlaubnis zu bitten hätte, welchen ganz andere Dinge am Herzen liegen; da könnte man freilich an ihrer Sache verzweifeln, da möchte oft ihr zum Bescheide die Hexenlosung werden: ›Fair is foul, and foul is fair‹[1] [Shakespeare, ›Macbeth‹ 1, 1]. Allein glücklicherweise ist es nicht so: sie hängt von keiner Gunst oder Ungunst ab und hat bei niemandem um Erlaubnis zu bitten; sie steht auf eigenen Füßen, die Zeit ist ihr Bundesgenosse, ihre Kraft ist unwiderstehlich, ihr Leben unzerstörbar.

1. Schön ist häßlich, und häßlich ist schön.

PHYSIOLOGIE UND PATHOLOGIE

Indem ich die im obigen angekündigten empirischen Bestätigungen meiner Lehre nach den Wissenschaften klassifiziere, von denen sie ausgegangen, und dabei als Leitfaden meiner Erörterungen den Stufengang der Natur von oben nach unten verfolge, habe ich zuerst von einer sehr auffallenden Bestätigung zu reden, welche in diesen letzten Jahren meinem Hauptdogma geworden ist durch die physiologischen und pathologischen Ansichten eines Veteranen der Heilkunde, des königl. dänischen Leibarztes *Joachim Dietrich Brandis*, dessen ›Versuch über die Lebenskraft‹ (1795) schon von *Reil* mit besonderem Lobe aufgenommen wurde. In seinen beiden neuesten Schriften: ›Erfahrungen über die Anwendung der Kälte in Krankheiten‹, Berlin 1833, und ›Nosologie und Therapie der Kachexien‹[1], 1834, sehn wir ihn auf die ausdrücklichste, ja auffallendeste Weise als die Urquelle aller Lebensfunktionen einen *bewußtlosen Willen* aufstellen, aus diesem alle Vorgänge im Getriebe des Organismus sowohl bei krankem als bei gesundem Zustande ableiten und ihn als das primum mobile [erste Bewegende] des Lebens darstellen. Ich muß dieses durch wörtliche Anführungen aus jenen Schriften belegen, da selbige höchstens dem medizinischen Leser zur Hand sein könnten.

In der ersten jener beiden Schriften heißt es S. VIII: ›Das Wesen jedes lebendigen Organismus besteht darin, daß er sein eigenes Sein gegen den Makrokosmos möglichst erhalten will.‹ – S. X: ›Nur *ein* lebendiges Sein, nur *ein* Wille, kann in einem Organ zu derselben Zeit statthaben: ist also

1. [Systematische Krankheitslehre und Behandlung der Verfallserscheinungen]

ein kranker mit der Einheit nicht harmonierender *Wille* im Hautorgan vorhanden; so ist Kälte imstande, denselben so lange zu unterdrücken, als sie Wärmeerzeugung, einen normalen *Willen*, hervorbringen kann.‹

S. 1: ›Wenn wir uns überzeugen müssen, daß bei jedem Akt des Lebens ein *Bestimmendes* – ein *Wille* statthaben muß, wodurch die dem ganzen Organismo zweckmäßige Bildung veranlaßt und jede Formveränderung der Teile in Übereinstimmung mit der ganzen Individualität bedingt wird, und ein *Zubestimmendes* oder Bildsames usw.‹ – S. 11: ›In Rücksicht des individuellen Lebens muß dem Bestimmenden, dem organischen *Willen*, von dem Zubestimmenden Genüge geschehn können, wenn derselbe befriedigt aufhören soll. Selbst bei dem erhöhten Lebensprozesse in der Entzündung geschieht das: ein Neues wird gebildet, das Schädliche ausgestoßen; bis dahin wird mehr Zubildendes durch die Arterien zugeführt und mehr venöses Blut wird weggeführt, bis der Entzündungsprozeß vollendet und der organische *Wille* befriedigt ist. Dieser *Wille* kann aber auch so erregt werden, daß er nicht befriedigt werden kann. Diese erregende Ursache (Reiz) wirkt entweder unmittelbar auf das einzelne Organ (Gift, contagium) oder affiziert das ganze Leben, wo dieses Leben dann bald die höchsten Anstrengungen macht, um das Schädliche wegzuschaffen oder den organischen *Willen* umzustimmen und in einzelnen Teilen kritische Lebenstätigkeiten, Entzündungen, erregt oder dem unbefriedigten *Willen* erliegt.‹ – S. 12: ›Der nicht zu befriedigende anomale *Wille* wirkt auf diese Art den Organismum zerstörend, wenn nicht entweder a) das ganze nach Einheit strebende Leben (Tendenz zur Zweckmäßigkeit) andere zu befriedigende Lebenstätigkeiten hervorbringt (crises et lyses [plötzlicher, bzw. allmählicher Fieberabfall]), die jenen *Willen* unterdrücken und, wenn sie dieses vollkommen zustande bringen, entscheidende Krisen (crises completae), oder, wenn sie nur den *Willen* zum Teil ablenken, crises incompletae heißen, oder b) ein anderer Reiz (Arznei) einen andern *Willen* hervorbringt, der jenen kranken unterdrückt. – Wenn wir dieses mit dem durch Vorstellungen uns bewußt gewordenen *Willen* unter eine und dieselbe Kategorie setzen und uns verwahren, daß hier nicht von nähern oder entferntern Gleichnissen die Rede sein kann; so haben wir die Überzeugung, daß wir den Grundbegriff des *einen* als Unbegrenztes nicht teilbaren Lebens festhalten, das im menschlichen Körper das Haar wachsen und die erhabensten Kombinationen von Vorstellungen machen kann, je nachdem es sich in verschiedenen mehr oder weniger begabten und geübten Organen manifestiert. Wir sehn, daß der heftigste Affekt – unbefriedigte *Wille* – durch eine stärkere oder schwächere Erregung unterdrückt werden kann‹ usw. – S. 18: ›Die äußere Temperatur ist eine Veranlassung, wonach das Bestimmende – diese Tendenz, den Organismum als Einheit zu erhalten, dieser *organische Wille ohne Vorstellung* – seine Tätigkeit bald in demselben Organ, bald in einem entfernten modifiziert. – Jede Lebensäußerung ist aber Manifestation des organischen *Willens*, sowohl kranke als gesunde: *dieser Wille bestimmt die Vegetation*. Im gesunden Zustande in Übereinstimmung mit der Einheit des Ganzen. Im kranken Zustande wird derselbe ... veranlaßt, *nicht* in Übereinstimmung mit der Einheit zu *wollen*.‹ – S. 23: ›Eine plötzliche Anbringung von Kälte auf die Haut unterdrückt die Funktion derselben (Erkältung), kalter Trunk den *organischen Willen* der Verdauungsorgane und vermehrt dadurch den der Haut und bringt Transpiration hervor; ebenso den kranken *organischen Willen*: Kälte unterdrückt Hautausschläge‹ usw. – S. 33: ›Fieber ist die Teilnahme des ganzen Lebensprozesses an einem kranken *Willen*, ist also das im ganzen Lebensprozeß, was Entzündung in den einzelnen Organen ist: die Anstrengung des Lebens, etwas Bestimmtes zu bilden, um dem kranken *Willen* Genüge zu leisten und das Nachteilige zu entfernen. – Wenn dieses gebildet wird, so heißt das Krise oder Lyse. Die erste Perzeption des Schädlichen, welches den kranken *Willen* veranlaßt, wirkt eben so auf die Individualität, als das durch die Sinne apperzipierte Schädliche wirkt, ehe wir das ganze Verhältnis desselben zu unserer Individualität und die Mittel, es zu entfernen, zur Vorstellung gebracht haben. Es wirkt Schrecken und seine Folgen, Stillstand des Lebensprozesses im Parenchyma[1] und zunächst in dem der Außenwelt zugekehrten Teile desselben, in der Haut und den die ganze Individualität (den äußern Körper) bewegenden Muskeln: Schauder, Frost, Zittern, Gliederschmerzen usw. Der Unterschied zwischen beiden ist, daß in letzterem Falle das Schädliche sogleich oder nach und nach zu deutlichen Vorstellungen kommt, weil es, durch alle Sinne mit der Individualität verglichen, dadurch sein Verhältnis zur Individualität bestimmt und das Mittel, die Individualität dagegen zu sichern (Nichtachten, Fliehen, Abwehren), zu einem *bewußten Willen* gebracht werden kann; im erstern Falle hingegen das Schädliche nicht zum Bewußtsein gelangt, und das Leben allein (hier die Heilkraft der Natur) Anstrengungen macht, um das Schädliche zu entfernen und dadurch den kranken *Willen* zu befriedigen. Dieses darf nicht als Gleichnis angesehn werden, sondern ist die wahre Darstellung der Manifestation des Lebens.‹ – S. 58: ›Immer erinnere man sich aber, daß hier die Kälte als ein heftiges Reizmittel wirkt, um den kranken *Willen* zu unterdrücken oder zu mäßigen und statt seiner einen natürlichen *Willen* der allgemeinen Wärmeerzeugung zu erwecken.‹ –

Ähnliche Äußerungen findet man fast auf jeder Seite des Buches. In der zweiten der angeführten Schriften des Herrn Brandis mischt er die Erklärung aus dem Willen, wahrscheinlich aus der Rücksicht, daß sie eigentlich metaphysisch ist, nicht mehr so durchgängig seinen einzelnen Auseinandersetzungen ein, behält sie jedoch ganz und gar bei, ja spricht sie an den Stellen, wo er sie aufstellt, um so bestimmter und deutlicher aus. So redet er §§ 68 seqq. von einem ›*unbewußten Willen*, welcher vom bewußten nicht zu trennen ist‹ und welcher das primum mobile alles Lebens, der Pflanze wie des Tieres ist, als in welchen das Bestimmende aller Lebensprozesse, Sekretionen usw. ein in allen Organen sich äußerndes Verlangen und Abscheu ist. – § 71: ›Alle Krämpfe beweisen, daß die Manifestation des *Willens* ohne deutliches Vorstellungsvermögen statthaben kann.‹ –

1. [Grundgewebe des Organs]

§ 72: ›Überall kommen wir auf eine ursprüngliche nicht mitgeteilte Tätigkeit, die bald vom erhabensten humanen freien Willen, bald von tierischem Verlangen und Abscheu und bald von einfachen, mehr vegetativen Bedürfnissen bestimmt, in der Einheit des Individuums mehrere Tätigkeiten weckt, um sich zu manifestieren.‹ – S. 96: ›Ein Schaffen, eine ursprüngliche, nicht mitgeteilte Tätigkeit manifestiert sich bei jeder Lebensäußerung.‹ . . . ›Der dritte Faktor dieses individuellen Schaffens ist *der Wille, das Leben des Individuums selbst.*‹ . . . ›Die Nerven sind Leiter dieses individuellen Schaffens; vermittelst ihrer werden Form und Mischung nach Verlangen und Abscheu verändert.‹ – S. 97: ›Die Assimilation des fremden Stoffes . . . macht das Blut, . . . ist kein Aufsaugen noch Durchschwitzen der organischen Materie, . . . sondern überall ist der eine Faktor der Erscheinung *der schaffende Wille,* auf keine Art mitgeteilter Bewegung zurückzuführendes Leben.‹ –

Als ich dieses 1835 schrieb, war ich noch treuherzig genug, im Ernste zu glauben, Herrn Brandis sei mein Werk nicht bekannt gewesen: sonst würde ich seiner Schriften hier nicht erwähnt haben; da solche alsdann keine Bestätigung, sondern nur eine Wiederholung, Anwendung und Ausführung meiner Lehre in diesem Punkt sein würden. Allein ich glaubte mit Sicherheit annehmen zu können, daß er mich nicht kannte; weil er meiner nirgends erwähnt, und wenn er mich gekannt hätte, die schriftstellerische Redlichkeit durchaus erheischt haben würde, daß er den Mann, von dem er seinen Haupt-und-Grund-Gedanken entlehnte, nicht verschwiege, um so weniger, als er ihn alsdann durch das allgemeine Ignorieren seines Werkes eine unverdiente Vernachlässigung erleiden sah, welche gerade als einem Unterschleife günstig hätte ausgelegt werden können. Dazu kommt, daß es im eigenen literarischen Interesse des Herrn Brandis gelegen hätte, mithin auch Sache der Klugheit war, sich auf mich zu berufen. Denn die von ihm aufgestellte Grundlehre ist eine so auffallende und paradoxe, daß schon sein Göttinger Rezensent darüber verwundert ist und nicht weiß, was er daraus machen soll: und eine solche hat Herr Brandis nicht durch Beweis oder Induktion eigentlich begründet, noch sie in ihrem Verhältnis zum Ganzen unsers Wissens von der Natur festgestellt, sondern er hat sie bloß behauptet. Ich stellte mir daher vor, daß er durch jene eigentümliche Divinationsgabe, welche ausgezeichnete Ärzte am Krankenbette das Richtige erkennen und ergreifen lehrt, zu ihr gelangt wäre, ohne von den Gründen dieser eigentlich metaphysischen Wahrheit strenge und methodische Rechenschaft geben zu können; wenn er gleich sehn mußte, wie sehr sie den bestehenden Ansichten entgegenläuft. Hätte er, dachte ich, meine Philosophie gekannt, welche dieselbe Wahrheit in weit größerem Umfang aufstellt, sie von der gesamten Natur geltend macht, sie durch Beweis und Induktion begründet, im Zusammenhang mit der Kantischen Lehre, aus deren bloßem Zu-Ende-Denken sie hervorgeht – wie willkommen hätte es ihm da sein müssen, sich auf sie berufen und an sie lehnen zu können, um nicht mit einer unerhörten Behauptung, die bei ihm doch nur Behauptung bleibt, allein dazustehn. Dieses sind die Gründe, aus welchen ich damals glaubte, als ausgemacht annehmen zu dürfen, daß Herr Brandis mein Werk wirklich nicht gekannt hatte.

Seitdem nun aber habe ich die deutschen Gelehrten und die Kopenhagener Akademiker, zu denen Herr Brandis gehörte, besser kennengelernt *[vgl. S. 484]* und bin zu der Überzeugung gelangt, daß er mich sehr wohl gekannt hat. Die Gründe derselben habe ich bereits 1844 im zweiten Bande der ›Welt als Wille und Vorstellung‹ Kap. 20, S. 263 *[Bd. 2, S. 336 f.]* dargelegt und will sie, da der ganze Gegenstand unerquicklich ist, hier nicht wiederholen, sondern füge nur hinzu, daß ich seitdem von sehr guter Hand die Versicherung erhalten habe, daß Herr Brandis mein Hauptwerk allerdings gekannt und sogar besessen hat, da es sich in seinem Nachlaß vorgefunden. – Die unverdiente Obskurität, welche ein Schriftsteller wie ich lange Zeit zu erleiden hat, ermutigt solche Leute, sogar die Grundgedanken desselben sich anzueignen, ohne ihn zu nennen.

Noch weiter als Herr Brandis hat ein anderer Mediziner

dies getrieben, indem er es nicht bei den Gedanken bewenden ließ, sondern auch noch die Worte dazu nahm. Nämlich Herr *Anton Rosas*, o. ö. Professor an der Universität zu Wien, ist es, der im ersten Bande seines ›*Handbuchs der Augenheilkunde*‹ von 1830 aus meiner Abhandlung ›Über das Sehn und die Farben‹ von 1816, und zwar von S. 14 bis 16 *[S. 207]* derselben seinen ganzen § 507 wörtlich abgeschrieben hat, ohne meiner dabei zu erwähnen oder sonst durch irgend etwas merken zu lassen, daß hier ein anderer spricht als er. Schon hieraus erklärt sich genügend, warum er in seinen Verzeichnissen von 21 Schriften über die Farben und von 40 Schriften über die Physiologie des Auges, welche er §§ 542 und 567 gibt, meine Abhandlung anzuführen sich gehütet hat: allein dies war um so rätlicher, als er auch sonst sehr vieles aus ihr sich zu eigen gemacht hat, ohne mich zu nennen. Z.B. § 526 gilt, was von ›man‹ behauptet wird, bloß von mir. Sein ganzer § 527 ist, nur nicht ganz wörtlich, ausgeschrieben aus S. 59 und 60 *[S. 246]* meiner Abhandlung. Was er § 535 ohne weiteres mit ›offenbar‹ einführt, nämlich daß das Gelbe $^3/_4$ und das Violette $^1/_4$ der Tätigkeit des Auges sei, ist keinem Menschen jemals ›offenbar‹ gewesen, als bis ich es ›offenbart‹ hatte, ist auch bis auf den heutigen Tag eine von wenigen gekannte, von noch wenigern zugestandene Wahrheit, und damit sie ohne weiteres ›offenbar‹ heißen könne, ist noch mancherlei erfordert, unter anderm, daß ich begraben sei: bis dahin muß sogar die ernstliche Prüfung der Sache aufgeschoben bleiben; weil bei dieser leicht wirklich *offenbar* werden könnte, daß der eigentliche Unterschied zwischen Newtons Farbentheorie und meiner darin besteht, daß seine falsch und meine wahr ist; welches denn doch für die Mitlebenden nicht anders als kränkend sein könnte: weshalb man, weislich und nach altem Brauch, die ernstliche Prüfung der Sache noch die wenigen Jahre bis dahin aufschiebt. Herr Rosas hat diese Politik nicht gekannt, sondern eben wie der Kopenhagener Akademiker Brandis, weil von der Sache nirgends die Rede ist, gemeint, er könne sie ›de bonne prise‹ [für eine gute Beute] erklären. Man sieht, die norddeutsche und die süddeutsche Redlichkeit verstehn einander noch nicht genugsam. − Ferner ist der ganze Inhalt der §§ 538, 539, 540 im Buche des Herrn Rosas ganz aus meinem § 13 *[S. 264]* genommen, ja meistenteils wörtlich daraus abgeschrieben. Einmal sieht er sich aber doch gezwungen, meine Abhandlung zu zitieren, nämlich § 531, wo er für eine Tatsache einen Gewährsmann braucht. Belustigend ist die Art, wie er sogar die Zahlenbrüche, durch welche ich infolge meiner Theorie sämtliche Farben ausdrücke, einführt. Nämlich diese sich so ganz sans façon [ohne Umstände] anzueignen, mag ihm doch verfänglich geschienen haben; er sagt also S. 308: ›*Wollten* wir erstgedachtes Verhältnis der Farben zum Weiß mit Zahlen ausdrücken und nähmen wir Weiß $= 1$ an; so ließe sich beiläufig (wie bereits Schopenhauer tat) folgende Proportion feststellen: Gelb $= 3/4$, Orange $= 2/3$, Rot $= 1/2$, Grün $= 1/2$, Blau $= 1/3$, Violett $= 1/4$, Schwarz $= 0$.‹ − Nun möchte ich doch wissen, wie sich das so beiläufig tun ließe, ohne vorher meine ganze physiologische Farbentheorie erdacht zu haben, auf welche allein diese Zahlen sich beziehn und ohne welche sie unbenannte Zahlen ohne Bedeutung sind, und vollends, wie jenes sich tun ließe, wenn man wie Herr Rosas sich zur Newtonischen Farbentheorie bekennt, mit der diese Zahlen in geradem Widerspruch stehn; endlich, wie es zugeht, daß seit den Jahrtausenden, daß Menschen denken und schreiben, noch nie einem gerade diese Brüche als Ausdrücke der Farben in den Sinn gekommen sind, als bloß uns beiden, mir und Herrn Rosas? Denn daß er sie ganz ebenso aufgestellt haben würde, auch wenn ich es nicht zufällig 14 Jahre früher ›bereits‹ getan hätte und ihm dadurch nur unnötigerweise zuvorgekommen wäre, besagen seine obigen Worte, aus denen man sieht, daß es dabei nur auf das ›Wollen‹ ankommt. Nun aber liegt gerade in jenen Zahlenbrüchen das Geheimnis der Farben, über deren Wesen und Verschiedenheit von einander man den wahren Aufschluß ganz allein durch jene Zahlenbrüche erhält. − Aber ich wollte froh sein, wenn das Plagiat die größte Unredlichkeit wäre, welche die deutsche Literatur befleckt; es gibt deren viel mehr, viel tiefer eingreifende und verderblichere, zu welchen das Plagiat sich verhält wie ein wenig pickpocketing [Taschendiebstahl] zu Kapitalverbrechen. Jenen niedrigen, schnöden Geist meine ich, vermöge dessen das persönliche Interesse der Leitstern ist, wo es die Wahrheit sein sollte, und unter der Maske der Einsicht die Absicht redet. Achselträgerei und Augendienerei sind an der Tagesordnung, Tartüffiaden werden ohne Schminke aufgeführt, ja Kapuzinaden ertönen von der den Wissenschaften geweihten Stätte: das ehrwürdige Wort Aufklärung ist eine Art Schimpfwort geworden, die größten Männer des vorigen Jahrhunderts, Voltaire, Rousseau, Locke, Hume, werden verunglimpft, diese Heroen, diese Zierden und Wohltäter der Menschheit, deren über beide Hemisphären verbreiteter Ruhm, wenn durch irgend etwas, nur noch dadurch verherrlicht werden kann, daß jederzeit und überall, wo Obskuranten auftreten, solche ihre erbitterten Feinde sind – und Ursache dazu haben. Literarische Faktionen und Brüderschaften auf Tadel und Lob werden geschlossen, und nun wird das Schlechte gepriesen und ausposaunt, das Gute verunglimpft oder auch, wie *Goethe* sagt, ›*durch ein unverbrüchliches Schweigen sekretiert, in welcher Art von Inquisitionszensur es die Deutschen weit gebracht haben*‹ (›Tag- und Jahreshefte‹, zum Jahre 1821). Die Motive und Rücksichten aber, aus denen das alles geschieht, sind zu niedriger Art, als daß ich mit ihrer Aufzählung mich befassen möchte. Welch ein weiter Abstand ist doch zwischen der von unabhängigen gentlemen der Sache wegen geschriebenen ›Edinburgh Review‹, welche ihr edles, dem Publius Syrus [›Sententiae‹ 257] entnommenes Motto ›Iudex damnatur, cum nocens absolvitur‹ [Der Richter wird verurteilt, wenn der Schuldige freigesprochen wird] mit Ehren trägt[F], und den absichtsvollen, rücksichtsvollen, verzagten, unredlichen deutschen Literaturzeitungen, die, großenteils von Söldlingen des Geldes wegen fabriziert, zum Motto haben sollten: ›Accedas socius, laudes, lauderis ut absens.‹

F. Dies ist 1836 geschrieben, seit welcher Zeit die ›Edinburgh Review‹ gesunken und nicht mehr ist, was sie war: sogar auf bloßen Pöbel berechnete Pfäfferei ist mir darin vorgekommen.

[Werde Kumpan und lobe, damit man dich wieder lobt, wenn du fern bist; Horaz, ›Saturae‹ 2, 5, 72.] – Jetzt nach 21 Jahren verstehe ich, was *Goethe* mir 1814 sagte, in Berka, wo ich ihn beim Buch der *Staël* ›De l'Allemagne‹ gefunden hatte und nun im Gespräch darüber äußerte, sie mache eine übertriebene Schilderung von der Ehrlichkeit der Deutschen, wodurch Ausländer irregeleitet werden könnten. Er lachte und sagte: ›Ja freilich, die werden den Koffer nicht anketten, und da wird er abgeschnitten werden.‹ Dann aber setzte er ernst hinzu: ›Aber wenn man die Unredlichkeit der Deutschen in ihrer ganzen Größe kennenlernen will, muß man sich mit der deutschen Literatur bekanntmachen.‹ – Wohl! Allein unter allen Unredlichkeiten der deutschen Literatur ist die empörendeste die Zeitdienerei vorgeblicher Philosophen, wirklicher Obskuranten. Zeitdienerei: das Wort, wenn ich es gleich dem Englischen nachbilde, bedarf keiner Erklärung und die Sache keines Beweises: denn wer die Stirn hätte, sie abzuleugnen, würde einen starken Beleg zu meinem gegenwärtigen Thema geben. *Kant* hat gelehrt, daß man den Menschen nur als Zweck, nie als Mittel behandeln soll: daß die Philosophie nur als Zweck, nie als Mittel gehandhabt werden soll, glaubte er nicht erst sagen zu müssen. Zeitdienerei läßt sich zur Not in jedem Kleide entschuldigen, in der Kutte und dem Hermelin, nur nicht im Tribonion, dem Philosophenmantel: denn wer diesen anlegt, hat zur Fahne der Wahrheit geschworen, und nun ist, wo es ihren Dienst gilt, jede andere Rücksicht, auf was immer es auch sei, schmählicher Verrat. Darum ist Sokrates dem Schierling und Bruno dem Scheiterhaufen nicht ausgewichen. Jene aber kann man mit einem Stück Brot seitabwärts locken. Ob sie so kurzsichtig sind, daß sie nicht dort, schon ganz in der Nähe, die Nachwelt sehn, bei der die Geschichte der Philosophie sitzt und unerbittlich mit ehernem Griffel und fester Hand in ihr unvergängliches Buch zwei bittere Zeilen der Verdammung schreibt? oder ficht sie das nicht an? – freilich wohl, ›après moi le déluge‹[1] [nach

---

1. [Als Äußerung der Marquise von Pompadour nach der Schlacht bei Roßbach, 1757, überliefert; dann sprichwörtlich.]

mir die Sintflut] läßt sich zur Not sagen; jedoch ›après moi le mépris‹ [nach mir die Verachtung] will nicht über die Lippen. Ich glaube daher, daß sie zu jener Richterin sprechen werden: ›Ach, liebe Nachwelt und Geschichte der Philosophie, ihr seid im Irrtum, wenn ihr es mit uns ernstlich nehmt: wir sind ja gar nicht Philosophen, bewahre der Himmel! nein, bloße Philosophie-Professoren, bloße Staatsdiener, bloße Spaßphilosophen! es ist, wie wenn ihr die in Pappe geharnischten Theater-Ritter ins wirkliche Turnier schleppen wolltet.‹ Da wird wohl die Richterin ein Einsehn haben, alle jene Namen durchstreichen und ihnen das beneficium perpetui silentii [die Wohltat ewigen Schweigens] angedeihen lassen.

Von dieser Abschweifung, zu der mich vor achtzehn Jahren der Anblick der Zeitdienerei und des Tartüffianismus, die doch noch nicht so blühten wie heute, hingerissen hatte, kehre ich zurück zu dem durch Herrn Brandis, wenn auch nicht selbst-erkannten, doch bestätigten Teil meiner Lehre, um einige Erläuterungen zu demselben beizubringen, an welche ich sodann noch einige andere demselben von seiten der Physiologie gewordene Bestätigungen knüpfen werde.

Die drei von Kant in der transzendentalen Dialektik unter dem Namen der Ideen der Vernunft kritisierten und demzufolge in der theoretischen Philosophie beseitigten Annahmen haben, bis zu der durch diesen großen Mann hervorgebrachten gänzlichen Umgestaltung der Philosophie, der tiefern Einsicht in die Natur sich jederzeit hinderlich erwiesen. Für den Gegenstand unserer gegenwärtigen Betrachtung war ein solches Hindernis die sogenannte Vernunft-Idee der Seele, dieses metaphysischen Wesens, in dessen absoluter Einfachheit Erkennen und Wollen, ewig unzertrennlich *eins*, verbunden und verschmolzen waren. Solange sie bestand, konnte keine philosophische Physiologie zustande kommen; um so weniger, als mit ihr zugleich auch ihr Korrelat, die reale und rein passive Materie, als Stoff des Leibes notwendig gesetzt werden mußte als ein an sich selbst bestehendes Wesen, ein Ding an sich. Jene Vernunft-Idee der Seele also war schuld, daß am Anfange des vorigen

Jahrhunderts der berühmte Chemiker und Physiolog Georg Ernst *Stahl* die Wahrheit verfehlen mußte, welcher er ganz nahe gekommen war und sie erreicht haben würde, wenn er an die Stelle der ›anima rationalis‹ [zur Vernunft gehörigen Seele] den nackten, noch erkenntnislosen Willen, der allein metaphysisch ist, hätte setzen können. Allein unter dem Einfluß jener Vernunft-Idee konnte er nichts anderes lehren, als daß jene einfache vernünftige Seele es sei, welche den Körper sich baue und alle inneren organischen Funktionen desselben lenke und vollzöge, dabei aber doch, obschon Erkennen die Grundbestimmung und gleichsam die Substanz ihres Wesens sei, nichts von dem allen wisse und erfahre. Darin lag etwas Absurdes, welches die Lehre schlechterdings unhaltbar machte. Sie wurde verdrängt durch Hallers Irritabilität und Sensibilität, die zwar rein empirisch aufgefaßt, dafür aber auch zwei qualitates occultae [verborgene Eigenschaften] sind, bei denen die Erklärung zu Ende ist. Die Bewegung des Herzens und der Eingeweide wurde jetzt der Irritabilität zugeschrieben. Die anima rationalis aber blieb ungekränkt in ihren Ehren und Würden als ein fremder Gast im Hause des Leibes, woselbst sie das Oberstübchen bewohnt. – ›Die Wahrheit steckt tief im Brunnen‹ – hat Demokritos[1] gesagt, und die Jahrtausende haben es seufzend wiederholt: aber es ist' kein Wunder, wenn man, sobald sie herauswill, ihr auf die Finger schlägt.

Der Grundzug meiner Lehre, welcher sie zu allen je dagewesenen in Gegensatz stellt, ist die gänzliche Sonderung des Willens von der Erkenntnis, welche beide alle mir vorhergegangenen Philosophen als unzertrennlich, ja den Willen als durch die Erkenntnis, die der Grundstoff unsers geistigen Wesens sei, bedingt und sogar meistens als eine bloße Funktion derselben angesehn haben. Jene Trennung aber, jene Zersetzung des so lange unteilbar gewesenen Ichs oder Seele in zwei heterogene Bestandteile ist für die Philosophie das, was die Zersetzung des Wassers für die Chemie gewesen ist; wenn dies auch erst spät erkannt werden wird. Bei mir ist

---

1. [Diogenes Laertios: ›De vitis, dogmatibus et apophthegmatibus philosophorum‹ 9, 72]

das Ewige und Unzerstörbare im Menschen, welches daher auch das Lebensprinzip in ihm ausmacht, nicht die Seele, sondern, mir einen chemischen Ausdruck zu gestatten, das Radikal der Seele, und dieses ist *der Wille*. Die sogenannte Seele ist schon zusammengesetzt: sie ist die Verbindung des Willens mit dem νοῦς, Intellekt. Dieser Intellekt ist das Sekundäre, ist das posterius des Organismus und als eine bloße Gehirnfunktion durch diesen bedingt. Der Wille hingegen ist primär, ist das prius des Organismus und dieser durch ihn bedingt. Denn der Wille ist dasjenige Wesen an sich, welches erst in der Vorstellung (jener bloßen Gehirnfunktion) sich als ein solcher organischer Leib darstellt: nur vermöge der Formen der Erkenntnis (oder Gehirnfunktion), also nur in der Vorstellung ist der Leib eines jeden ihm als ein Ausgedehntes, Gegliedertes, Organisches gegeben, nicht außerdem, nicht unmittelbar im Selbstbewußtsein. Wie die Aktionen des Leibes nur die in der Vorstellung sich abbildenden einzelnen Akte des Willens sind, so ist auch ihr Substrat, die Gestalt dieses Leibes, sein Bild im ganzen: daher ist in allen organischen Funktionen des Leibes ebensogut wie in seinen äußern Aktionen der Wille das Agens. Die wahre Physiologie, auf ihrer Höhe, weist das Geistige im Menschen (die Erkenntnis) als Produkt seines Physischen nach; und das hat wie kein anderer *Cabanis* geleistet: aber die wahre Metaphysik belehrt uns, daß dieses Physische selbst bloßes Produkt oder vielmehr Erscheinung eines Geistigen (des Willens) sei, ja daß die Materie selbst durch die Vorstellung bedingt sei, in welcher allein sie existiert. Das Anschauen und Denken wird immer mehr aus dem Organismus erklärt werden, nie aber das Wollen, sondern umgekehrt: aus diesem der Organismus; wie ich unter der folgenden Rubrik nachweise. Ich setze also erstlich *den Willen, als Ding an sich,* völlig Ursprüngliches; zweitens seine bloße Sichtbarkeit, Objektivation, den Leib; und drittens die Erkenntnis, als bloße Funktion eines Teils dieses Leibes. Dieser Teil selbst ist das objektivierte (Vorstellung gewordene) Erkennenwollen, indem der Wille zu seinen Zwecken der Erkenntnis bedarf. Diese Funktion nun aber bedingt wieder die ganze Welt als Vorstellung, mithin auch den Leib selbst, sofern er anschauliches Objekt ist, ja die Materie überhaupt, als welche nur in der Vorstellung vorhanden ist. Denn eine objektive Welt ohne ein Subjekt, in dessen Bewußtsein sie dasteht, ist, wohlerwogen, etwas schlechthin Undenkbares. Die Erkenntnis und die Materie (Subjekt und Objekt) sind also nur relativ für einander da und machen die *Erscheinung* aus. Mithin steht durch meine Fundamentalveränderung die Sache so, wie sie noch nie gestanden hat.

Wenn er nach außen schlägt, nach außen wirkt, auf einen erkannten Gegenstand gerichtet, mithin durch das Medium der Erkenntnis hindurchgegangen ist – da erkennen alle als das hier Tätige *den Willen*, und da erhält er seinen Namen. Allein er ist es nicht weniger, welcher in den jenen äußern Handlungen als Bedingung vorhergängigen innern Prozessen, die das organische Leben und sein Substrat schaffen und erhalten, tätig ist, und auch Blutumlauf, Sekretion und Verdauung sind sein Werk. Aber eben weil man ihn nur da erkannte, wo er, das Individuum, von dem er ausgeht, verlassend, sich auf die Außenwelt, welche nunmehr gerade zu diesem Behuf sich als Anschauung darstellt, richtet, hat man die Erkenntnis für seine wesentliche Bedingung, sein alleiniges Element, ja sogar für den Stoff, aus welchem er bestehe, gehalten und damit das größte ὕστερον πρότερον [das Nachfolgende anstelle des Vorhergehenden; Verwechslung von Grund und Folge] begangen, welches je gewesen.

Vor allen Dingen aber muß man Wille von Willkür zu unterscheiden wissen und einsehn, daß jener ohne diese bestehn kann; was freilich meine ganze Philosophie voraussetzt. Willkür heißt der Wille da, wo ihn Erkenntnis beleuchtet und daher Motive, also Vorstellungen die ihn bewegenden Ursachen sind: dies heißt, objektiv ausgedrückt, wo die Einwirkung von außen, welche den Akt verursacht, durch ein *Gehirn* vermittelt ist. Das *Motiv* kann definiert werden als ein äußerer Reiz, auf dessen Einwirkung zunächst ein *Bild im Gehirn* entsteht, unter dessen Vermittelung der Wille die eigentliche Wirkung, eine äußere Leibesaktion, vollbringt. Bei der Menschenspezies nun aber kann ein Begriff, der sich aus frühern Bildern dieser Art durch Fallenlassen ihrer Unterschiede abgesetzt hat, folglich nicht mehr anschaulich ist, sondern bloß durch Worte bezeichnet und fixiert wird, die Stelle jenes Bildes vertreten. Weil demnach die Einwirkung der Motive überhaupt nicht an den Kontakt gebunden ist, können sie ihre Wirkungskräfte auf den Willen gegen einander messen, d. h. gestatten eine gewisse Wahl: diese ist beim Tiere auf den engen Gesichtskreis des ihm *anschaulich* Vorliegenden beschränkt; beim Menschen hingegen hat sie den weiten Umkreis des für ihn *Denkbaren*, also seiner Begriffe zum Spielraum. Demnach bezeichnet man als willkürlich *die* Bewegungen, welche nicht wie die der unorganischen Körper auf *Ursachen* im engsten Sinne des Worts erfolgen, auch nicht auf bloße *Reize* wie die der Pflanzen, sondern auf *Motive*[1]. Diese aber setzen *Erkenntnis* voraus, als welche das *Medium der Motive* ist, durch welches hindurch die Kausalität sich hier betätigt, ihrer ganzen sonstigen Notwendigkeit jedoch unbeschadet. Physiologisch läßt der Unterschied zwischen Reiz und Motiv sich auch so bezeichnen: der Reiz ruft die Reaktion *unmittelbar* hervor, indem diese ausgeht von demselben Teil, auf welchen der Reiz gewirkt hat; das Motiv hingegen ist ein Reiz, welcher den Umweg durch das Gehirn machen muß, woselbst bei Einwirkung desselben zunächst ein Bild entsteht und dieses allererst die erfolgende Reaktion hervorruft, welche jetzt Willensakt und willkürlich genannt wird. Der Unterschied zwischen willkürlichen und unwillkürlichen Bewegungen betrifft demnach nicht das Wesentliche und Primäre, welches in beiden der Wille ist, sondern bloß das Sekundäre, die Hervorrufung der Äußerung des Willens; ob nämlich diese am Leitfaden der eigentlichen Ursachen oder der Reize oder der Motive, d. h. der durch die Erkenntnis hindurchgegangenen Ursachen geschieht. Im menschlichen Bewußtsein, welches vom tierischen sich dadurch unterscheidet, daß es nicht bloß anschauliche Vorstellungen, sondern auch ab-

1. Den Unterschied zwischen Ursache im engsten Sinne, Reiz und Motiv habe ich ausführlich dargelegt in den ›Beiden Grundproblemen‹ der Ethik‹ S. 30f. *[S. 547]*

strakte Begriffe enthältt, welche vom Zeitunterschied unabhängig zugleich und nebeneinander wirken, wodurch Überlegung, d. h. Konflikt der Motive möglich geworden ist, tritt Willkür im engsten Sinne des Wortes ein, die ich Wahlentscheidung genannt habe, welche jedoch nur darin besteht, daß das für den gegebenen individuellen Charakter *mächtigste* Motiv die andern überwindet und die Tat bestimmt, wie Stoß vom stärkern Gegenstoß überwältigt wird; wobei also der Erfolg immer noch mit eben der Notwendigkeit eintritt wie die Bewegung des gestoßenen Steins. Hierüber sind alle große[n] Denker aller Zeiten einig und entschieden[L], ebenso gewiß, als der große Haufe es nie einsehn wird, nie die große Wahrheit fassen wird, daß das Werk unserer Freiheit nicht in den einzelnen Handlungen, sondern

L. Flourens hat dargetan, daß das kleine Gehirn der *Regulator* der Bewegungen ist: aber das große Gehirn ist es auch, im weitern Sinne; in ihm stellen sich die Motive dar, die den Willen seinem Charakter gemäß bestimmen: demnach faßt dasselbe große Gehirn die Beschlüsse, und nur das Detail dieser Beschlüsse wird durch das kleine Gehirn gelenkt: dieses verhält sich danach zum großen wie zum Generalstab die Subalternoffiziere. Mein Auge ist das Sehende: aber um zu sehn, bedarf es des *Lichts*. Ebenso ist es mein Wille, der mein *Tun* lenkt: aber er kann es nur unter Vermittelung der Erkenntnis, die wesentlich eine Gehirnfunktion ist; daher die einzelnen Willensbeschlüsse vom Gehirn ausgehn ... Das Gehirn ist nicht (wie Flourens will) der Sitz des Willens, sondern bloß der *Willkür*, d. h. es ist der Ort der Deliberation, die Werkstätte der Entschlüsse, der Kampfplatz der Motive, deren stärkstes finaliter [schließlich] den Willen bestimmt, indem es gleichsam die andern verjagt und nun das Roß besteigt. Dies Motiv nun aber ist nicht objektiv, sondern bloß subjektiv, d. h. für den hier herrschenden Willen das stärkste. Man denke sich zwei Menschen von gleichen Verstandeskräften und gleicher Bildung, aber von höchst verschiedenem, ja entgegengesetztem Charakter in ganz gleicher Lage. Da sind die Motive dieselben, auch die Deliberation (d. h. *Abwägung* derselben) im wesentlichen die gleiche: denn dies ist Arbeit des Intellekts, objektiv: Gehirns. Aber die Handlung wird bei beiden ganz entgegengesetzt ausfallen; das nun, was diesen Unterschied hervorbringt, indem es allein hier den Ausschlag gibt, *das ist der Wille*. Er allein bewegt die Glieder; nicht die Motive. Sein Sitz ist nicht das Gehirn, sondern der ganze Mensch ist es, als welcher bloß seine Erscheinung, d. h. seine anschauliche Objektivation ist. – In summa: das Gehirn ist nicht der Sitz des Willens, sondern bloß der motivierten Willensakte – oder der Willkür.

in unserm Dasein und Wesen selbst zu suchen ist. Ich habe sie auf das deutlichste dargelegt in meiner Preisschrift ›Über die Freiheit des Willens‹ *[S. 519].* Demnach ist das vermeinte liberum arbitrium indifferentiae [die freie, nach keiner Seite beeinflußte Willensentscheidung] als unterscheidendes Merkmal der vom *Willen* ausgehenden Bewegungen durchaus unzulässig: denn es ist eine Behauptung der Möglichkeit von Wirkungen ohne Ursachen.

Sobald man also dahin gelangt ist, Wille von Willkür zu unterscheiden und letztere als eine besondere Gattung oder Erscheinungsart des ersteren zu betrachten, wird man keine Schwierigkeit finden, den Willen auch in erkenntnislosen Vorgängen zu erblicken. Daß alle Bewegungen unsers Leibes, auch die bloß vegetativen und organischen vom *Willen* ausgehn, besagt also keineswegs, daß sie willkürlich sind; denn das würde heißen, daß sie von Motiven veranlaßt würden; Motive aber sind Vorstellungen und deren Sitz ist das Gehirn; nur die Teile, welche von ihm Nerven erhalten, können von ihm aus, mithin auf Motive bewegt werden: und diese Bewegung allein heißt willkürlich. Die der innern Ökonomie des Organismus hingegen wird durch *Reize* gelenkt wie die der Pflanzen; nur daß die Komplikation des tierischen Organismus, wie sie ein äußeres Sensorium zur Auffassung der Außenwelt und Reaktion des Willens auf dieselbe nötig machte, auch ein cerebrum abdominale [Bauchnervengeflecht], das sympathische Nervensystem, erforderte, um ebenso die Reaktion des Willens auf die innern Reize zu dirigieren. Ersteres kann dem Ministerio des Äußern, letzteres dem des Innern verglichen werden: der Wille aber bleibt der Selbstherrscher, der überall gegenwärtig ist.

Die Fortschritte der Physiologie seit Haller haben außer Zweifel gesetzt, daß nicht bloß die von Bewußtsein begleiteten äußeren Handlungen (functiones animales), sondern auch die völlig unbewußt vorgehenden Lebensprozesse (functiones vitales et naturales) durchgängig unter Leitung des *Nervensystems* stehn, und der Unterschied in Hinsicht auf das Bewußtwerden bloß darauf beruht, daß die ersteren durch Nerven gelenkt werden, die vom Gehirn ausgehn, die letzteren aber durch Nerven, die nicht direkt mit jenem hauptsächlich nach außen gerichteten Hauptzentrum des Nervensystems kommunizieren, dagegen aber mit untergeordneten kleinen Zentris, den Nervenknoten, Ganglien und ihren Verflechtungen, welche gleichsam als Statthalter den verschiedenen Provinzen des Nervensystems vorstehn und die innern Vorgänge auf innere Reize leiten, wie das Gehirn die äußern Handlungen auf äußere Motive; welche also Eindrücke des Innern empfangen und darauf angemessen reagieren, wie das Gehirn Vorstellungen erhält und darauf beschließt; nur daß jegliches von jenen auf einen engern Wirkungskreis beschränkt ist. Hierauf beruht die vita propria [das Eigenleben] jedes Systems, hinsichtlich auf welche schon *van Helmont* sagte, daß jedes Organ gleichsam sein eigenes Ich habe. Hieraus ist auch das fortdauernde Leben abgeschnittener Teile erklärlich, bei Insekten, Reptilien und andern niedrigstehenden Tieren, deren Gehirn kein großes Übergewicht über die Ganglien einzelner Teile hat; imgleichen, daß manche Reptilien nach weggenommenem Gehirn noch wochen-, ja monatelang leben. Wissen wir nun aus der sichersten Erfahrung, daß in den von Bewußtsein begleiteten und vom Hauptzentro des Nervensystems gelenkten Aktionen das eigentliche Agens der uns im unmittelbarsten Bewußtsein und auf ganz andere Art als die Außenwelt bekannte *Wille* ist; so können wir doch nicht wohl umhin anzunehmen, daß die von eben jenem Nervensystem ausgehenden, aber unter der Leitung seiner untergeordneten Zentra stehenden Aktionen, welche den Lebensprozeß fortdauernd im Gange erhalten, ebenfalls Äußerungen des Willens sind; zumal da uns die Ursache, weshalb sie nicht wie jene von Bewußtsein begleitet sind, vollkommen bekannt ist: daß nämlich das Bewußtsein seinen Sitz im Gehirn hat und daher auf solche Teile beschränkt ist, deren Nerven zum Gehirn gehn, und auch bei diesen wegfällt, wenn sie durchschnitten werden: hiedurch ist der Unterschied des Bewußten und Unbewußten und mit ihm der des Willkürlichen und Unwillkürlichen in den Bewegungen des Leibes vollkommen erklärt, und kein Grund bleibt übrig, zwei ganz verschiedene Urquellen der Bewegung anzunehmen; zumal da principia praeter necessitatem non sunt multiplicanda[1] [die Prinzipien nicht ohne Notwendigkeit vermehrt werden sollen]. Dies alles ist so einleuchtend, daß bei unbefangener Überlegung von diesem Standpunkt aus es fast als absurd erscheint, den Leib zum Diener zweier Herren machen zu wollen, indem man seine Aktionen aus zwei grundverschiedenen Urquellen ableitet und nun die Bewegung der Arme und Beine, der Augen, der Lippen, der Kehle, Zunge und Lunge, der Gesichts- und Bauch-Muskeln dem Willen zuschreibt; hingegen die Bewegung des Herzens, der Adern, die peristaltische Bewegung der Gedärme, das Saugen der Darmzotten und der Drüsen und alle den Sekretionen dienenden Bewegungen ausgehn läßt von einem ganz andern, uns unbekannten und ewig geheimen Prinzip, das man durch Namen wie Vitalität, Archäus[2], spiritus animales, Lebenskraft, Bildungstrieb, die sämtlich so viel sagen als x, bezeichnet[F].

Merkwürdig und lehrreich ist es zu sehn, wie der vortreffliche *Treviranus* in seinem Buche ›Die Erscheinungen und Gesetze des organischen Lebens‹ Bd. 1, S. 178–185 sich abmüht, bei den untersten Tieren, Infusorien und Zoophyten [Pflanzentiere], herauszubringen, welche ihrer Bewegungen willkürlich und welche, wie er es nennt, automatisch oder physisch – d. h. bloß vital – seien; wobei ihm die Voraus-

---

1. [Vgl. den Satz William von Occams, den Schopenhauer oben S. 11 in der Abhandlung ›Über den Satz vom Grunde‹ zitiert]
2. [Begriff des Johann Baptist van Helmont zur Erklärung der Grundkraft des Lebens]
F. Besonders ist bei den Sekretionen eine gewisse Auswahl des zu jeder Tauglichen, folglich *Willkür* der sie vollziehenden Organe nicht zu verkennen, die sogar von einer gewissen dumpfen Sinnesempfindung unterstützt sein muß und vermöge welcher aus demselben Blute jedes Sekretionsorgan bloß das ihm angemessene Sekret und nichts anderes entnimmt, also aus dem zuströmenden Blute die Leber nur Galle saugt, das übrige Blut weiterschickend, ebenso die Speicheldrüse und das Pankreas nur Speichel, die Nieren nur Urin, die Hoden nur Sperma usw. Man kann demnach die Sekretionsorgane vergleichen mit verschiedenartigem Vieh, auf derselben Wiese weidend und jedes nur das *seinem* Appetit entsprechende Kraut abrupfend.

setzung zum Grunde liegt, er habe es mit zwei ursprünglich verschiedenen Quellen der Bewegung zu tun; während in Wahrheit die einen wie die andern vom Willen ausgehn und der ganze Unterschied darin besteht, ob sie durch Reiz oder durch Motiv veranlaßt, d. h. durch ein Gehirn vermittelt werden oder nicht; welcher Reiz dann wieder ein bloß innerer oder ein äußerer sein kann. Bei mehreren schon höher stehenden Tieren – Krustaceen [Krebstiere] und sogar Fischen – findet er die willkürlichen und die vitalen Bewegungen ganz in eins zusammenfallend, z. B. die der Ortsveränderung mit der Respiration: ein deutlicher Beweis der Identität ihres Wesens und Ursprungs. – Er sagt S. 188: ›In der Familie der Aktinien [Seelilien], Asterien [Seesterne], Seeigel und Holothurien (Echinodermata pedata Cuv. [Seegurken]) ist es augenscheinlich, wie die Bewegung der Säfte von dem Willen derselben abhängt und ein Mittel zur örtlichen Bewegung ist.‹ – S. 288 heißt es: ›Der Schlund der Säugetiere hat an seinem obern Ende den Schlundkopf, der durch Muskeln, die in ihrer Bildung mit den willkürlichen übereinkommen, ohne doch unter der Herrschaft des Willens zu stehn, hervorgestreckt und zurückgezogen wird.‹ – Man sieht hier, wie die Grenzen der vom Willen ausgehenden und der ihm angenommenermaßen fremden Bewegungen ineinanderlaufen. – Ibidem S. 293: ›So gehn in den Magenkammern der Wiederkäuer Bewegungen vor, die ganz den Schein der Willkür haben. Sie stehn jedoch nicht bloß mit dem Wiederkauen in beständiger Verbindung. Auch der einfache Magen des Menschen und vieler Tiere gestattet nur dem Verdaulichen den Durchgang durch seine untere Öffnung und wirft das Unverdauliche durch Erbrechen wieder aus.‹

Auch gibt es noch besondere Belege dazu, daß die Bewegungen auf Reize (die unwillkürlichen) ebensowohl als die auf Motive (die willkürlichen) vom Willen ausgehn: dahin gehören die Fälle, wo dieselbe Bewegung bald auf Reiz, bald auf Motiv erfolgt, wie z. B. die Verengerung der Pupille: sie erfolgt auf Reiz bei Vermehrung des Lichts; auf Motiv, sooft wir einen sehr nahen und kleinen Gegenstand genau zu betrachten uns anstrengen; weil Verengerung der Pupille das deutliche Sehn in großer Nähe bewirkt, welches wir noch vermehren können, wenn wir durch ein mit einer Nadel in eine Karte gestochenes Loch sehn; und umgekehrt erweitern wir die Pupille, wenn wir in die Ferne sehn. Die gleiche Bewegung desselben Organs wird doch nicht abwechselnd aus zwei grundverschiedenen Quellen entspringen. – Erich Heinrich Weber, in seinem Programm, additamenta ad E. H. Weberi ›Tractatum de motu iridis‹, Lipsiae 1823, erzählt, er habe an sich selber das Vermögen entdeckt, die Pupille des einen auf einen und denselben Gegenstand gerichteten Auges, während das andere geschlossen sei, durch bloße Willkür so erweitern und verengern zu können, daß ihm der Gegenstand bald deutlich, bald undeutlich erscheine. – Auch Johann Müller, ›Handbuch der Physiologie‹ S. 764, sucht zu beweisen, daß der Wille auf die Pupille wirkt.

Ferner wird die Einsicht, daß die ohne Bewußtsein vollzogenen vitalen und vegetativen Funktionen zum innersten Triebwerk den Willen haben, auch noch durch die Betrachtung bestätigt, daß selbst die anerkannt willkürliche Bewegung eines Gliedes bloß das letzte Resultat einer Menge ihr vorhergängiger Veränderungen im Innern dieses Gliedes ist, die ebensowenig als jene organischen Funktionen ins Bewußtsein kommen und doch offenbar das sind, was zunächst durch den Willen aktuiert wird und die Bewegung des Gliedes bloß zur Folge hat, dennoch aber unserm Bewußtsein so fremd bleibt, daß die Physiologen es durch Hypothesen zu finden suchen, der Art wie diese, daß Sehne und Muskelfaser zusammengezogen werden durch eine Veränderung im Zellgewebe des Muskels, welche durch einen Niederschlag des in demselben enthaltenen Blutdunstes zu Blutwasser bewirkt wird, diese aber durch Einwirkung des Nerven und diese – durch den Willen. Die zunächst vom Willen ausgehende Veränderung kommt also auch hier nicht ins Bewußtsein, sondern bloß ihr entferntes Resultat, und selbst dieses eigentlich nur durch die räumliche Anschauung des Gehirns, in welcher es sich zusamt dem ganzen Leibe darstellt. Daß nun aber hiebei, in jener aufsteigenden Kausalreihe, das letzte Glied der *Wille* sei, würden die Physiologen nimmermehr auf dem Wege ihrer experimentalen Forschungen und Hypothesen erreicht haben; sondern es ist ihnen ganz anderweitig bekannt: das Wort des Rätsels wird ihnen von außerhalb der Untersuchung zugeflüstert, durch den glücklichen Umstand, daß der Forscher hier zugleich selbst der zu erforschende Gegenstand ist und dadurch das Geheimnis des innern Hergangs diesmal erfährt; außerdem seine Erklärung eben auch wie die jeder andern Erscheinung stehnbleiben müßte vor einer unerforschlichen Kraft. Und umgekehrt würde, wenn wir zu jedem Naturphänomen dieselbe innere Relation hätten wie zu unserm eigenen Organismus die Erklärung jedes Naturphänomens und aller Eigenschaften jedes Körpers zuletzt ebenso zurücklaufen auf einen sich darin manifestierenden Willen. Denn der Unterschied liegt nicht in der Sache, sondern nur in unserm Verhältnis zur Sache. Überall wo die Erklärung des Physischen zu Ende läuft, stößt sie auf ein Metaphysisches, und überall wo dieses einer unmittelbaren Erkenntnis offensteht, wird sich wie hier der Wille ergeben. – Daß die nicht vom Gehirn aus, nicht auf Motive, nicht willkürlich bewegten Teile des Organismus dennoch vom Willen belebt und beherrscht werden, bezeugt auch ihre Mitleidenschaft bei allen ungewöhnlich heftigen Bewegungen des Willens, d. h. Affekten und Leidenschaften: das beschleunigte Herzklopfen bei Freude oder Furcht, das Erröten bei der Beschämung, Erblassen beim Schreck, auch bei verhehltem Zorn, Weinen bei der Betrübnis, Erektion bei wollüstigen Vorstellungen, erschwertes Atmen und beschleunigte Darmtätigkeit bei großer Angst, Speichel im Munde bei erregter Leckerheit, Übelkeit beim Anblick ekelhafter Dinge, starkbeschleunigter Blutumlauf und sogar veränderte Qualität der Galle durch den Zorn und des Speichels durch heftige Wut: letzteres in dem Grade, daß ein aufs äußerste erzürnter Hund durch seinen Biß Hydrophobie erteilen kann, ohne selbst mit der Hundswut behaftet zu sein oder es von dem an zu werden; welches auch von Katzen und sogar von erzürnten Hähnen behauptet wird. Ferner untergräbt anhaltender Gram den Organismus im tiefsten und kann Schreck wie auch plötzliche Freude tödlich wirken. Hingegen bleiben alle die innern Vorgänge und Veränderungen, welche bloß das Erkennen betreffen und den Willen außer dem Spiel lassen, seien sie auch noch so groß und wichtig, ohne Einfluß auf das Getriebe des Organismus – bis auf diesen, daß zu angestrengte und zu anhaltende Tätigkeit des Intellekts das Gehirn ermüdet, allmälig erschöpft und endlich den Organismus untergräbt; welches abermals bestätigt, daß das Erkennen sekundärer Natur und bloß die organische Funktion eines Teils, ein Produkt des Lebens ist, nicht aber den innern Kern unsers Wesens ausmacht, nicht Ding an sich ist, nicht metaphysisch, unkörperlich, ewig wie der Wille: dieser ermüdet nicht, altert nicht, lernt nicht, vervollkommnet sich nicht durch Übung, ist im Kinde was er im Greise ist: stets einer und derselbe und sein Charakter in jedem unveränderlich. Imgleichen ist er, als das Wesentliche, auch das Konstante und daher im Tiere wie in uns vorhanden: denn er hängt nicht wie der Intellekt von der Vollkommenheit der Organisation ab, sondern ist dem Wesentlichen nach in allen Tieren dasselbe uns so intim Bekannte. Demnach hat das Tier sämtliche Affekte des Menschen: Freude, Trauer, Furcht, Zorn, Liebe, Haß, Sehnsucht, Neid usw.; die große Verschiedenheit zwischen Mensch und Tier beruht allein auf den Graden der Vollkommenheit des Intellekts. Doch führt uns dies zu weit ab; daher ich hier auf ›Die Welt als Wille und Vorstellung‹ Bd. 2, Kap. 19, sub 2 *[Bd. 2, S. 262–265]* verweise.

Nach den dargelegten einleuchtenden Gründen dafür, daß das ursprüngliche Agens im innern Getriebe des Organismus eben der Wille ist, der die äußern Aktionen des Leibes leitet und nur, weil er hier der Vermittelung der nach außen gerichteten Erkenntnis bedarf, in diesem Durchgang durch das Bewußtsein sich als Wille zu erkennen gibt, wird es uns nicht wundern, daß außer *Brandis* auch einige andere Physiologen auf dem bloß empirischen Wege ihres Forschens diese Wahrheit mehr oder weniger deutlich erkannt haben. *Meckel*, in seinem ›Archiv für die Physiologie‹ (Bd. 5, S. 195 bis 198), gelangt ganz empirisch und völlig unbefangen zu dem Resultat, daß das vegetative Leben, die Entstehung des

Embryo, die Assimilation der Nahrung, das Pflanzenleben wohl eigentlich als Äußerungen des Willens zu betrachten sein möchten, ja daß sogar das Streben des Magneten so einen Anschein gebe. ›Die Annahme‹, sagt er, ›eines gewissen freien Willens bei jeder Lebensbewegung ließe sich vielleicht rechtfertigen.‹ – ›Die Pflanze scheint freiwillig nach dem Lichte zu gehn‹, usf. – Der Band ist von 1819, wo mein Werk erst kürzlich erschienen war, und es ist wenigstens ungewiß, daß es Einfluß auf ihn gehabt oder ihm auch nur bekannt gewesen sei; daher ich auch diese Äußerungen zu den unbefangenen empirischen Bestätigungen meiner Lehre rechne. – Auch *Burdach*, in seiner großen ›Physiologie‹ [als Erfahrungswissenschaft] Bd. 1, § 259, S. 388, gelangt ganz empirisch zu dem Resultat, daß ›die Selbstliebe eine allen Dingen ohne Unterschied zukommende Kraft sei‹: er weist sie nach, zunächst in Tieren, dann in Pflanzen und endlich in leblosen Körpern. Was ist aber Selbstliebe anderes als Wille, sein Dasein zu erhalten, Wille zum Leben? – Eine meine Lehre noch entschiedener bestätigende Stelle desselben Buchs werde ich unter der Rubrik ›Vergleichende Anatomie‹ [*vgl. S. 356*] anführen. – Daß die Lehre vom Willen als Prinzip des Lebens anfängt, sich auch im weitern Kreise der Arzneikunde zu verbreiten und bei ihren jüngern Repräsentanten Eingang findet, sehe ich mit besonderm Vergnügen aus den Thesen, welche Herr Dr. von *Sigriz* bei seiner Promotion zu München im August 1835 verteidigt hat und welche so anheben: 1. Sanguis est determinans formam organismi se evolventis. – 2. Evolutio organica determinatur vitae internae actione et *voluntate*. [1. Das Blut ist es, das die Form des sich entwickelnden Organismus bestimmt. – 2. Die organische Entwicklung wird bestimmt durch die Tätigkeit des inneren Lebens und den Willen.]

Endlich ist noch eine sehr merkwürdige und unerwartete Bestätigung dieses Teiles meiner Lehre zu erwähnen, welche in neuerer Zeit *Colebrooke* aus der uralten Hindostanischen Philosophie mitgeteilt hat. In der Darstellung der philosophischen Schulen der Hindu, welche er im ersten Bande der ›Transactions of the Asiatic [London] Society of Great-Britain‹, 1824, gibt, führt er S. 110 folgendes als Lehre der Nyaga-Schule an[1]: ›Wille (volition, yatna), Willens-Anstrengung oder -Äußerung, ist eine Selbstbestimmung zum Handeln, welche Befriedigung gewährt. Wunsch ist ihr Anlaß und Wahrnehmung ihr Motiv. Man unterscheidet zwei Arten wahrnehmbarer Willensanstrengung: die, welche aus dem Wunsch entspringt, der das Angenehme sucht; und die, welche aus dem Abscheu entspringt, der das Widrige flieht. Noch eine andere Gattung, welche sich der Empfindung und Wahrnehmung entzieht, aber auf welche aus der Analogie mit den willkürlichen Handlungen geschlossen wird, begreift die animalischen Funktionen, welche die unsichtbare Lebenskraft zur Ursache haben.‹ (Another species, which escapes sensation or perception, but is inferred from analogy of spontaneous acts, comprises animal functions, having for a cause the vital unseen power.) Offenbar ist ›animalische Funktionen‹ hier nicht im physiologischen, sondern im populären Sinne des Worts zu verstehn: also wird hier unstreitig das organische Leben aus dem Willen abgeleitet. – Eine ähnliche Angabe *Colebrookes* findet sich in seiner Berichterstattung über die Veden (›Asiatic researches‹ vol. 8, p. 426), wo es heißt: ›*Asu ist unbewußtes Wollen*, welches einen zur Erhaltung des Lebens notwendigen Akt bewirkt, wie das Atmen usw.‹ (*Asu is unconscious volition*, which occasions an act necessary to the support of life, as breathing etc.)

Meine Zurückführung der Lebenskraft auf Willen steht übrigens der alten Einteilung ihrer Funktionen in Reproduktionskraft, Irritabilität und Sensibilität durchaus nicht entgegen. Diese bleibt eine tiefgefaßte Unterscheidung und gibt zu interessanten Betrachtungen Anlaß.

Die *Reproduktionskraft*, objektiviert im Zellgewebe, ist der Hauptcharakter der Pflanze und ist das Pflanzliche im Menschen. Wenn sie in ihm überwiegend vorherrscht, vermuten wir Phlegma, Langsamkeit, Trägheit, Stumpfsinn (Böotier);

---

[1]. Überall, wo ich Stellen aus Büchern in lebenden Sprachen anführe, übersetze ich sie, zitiere jedoch nach dem Original, füge dieses selbst aber nur da hinzu, wo meine Übersetzung irgendeinem Verdacht ausgesetzt sein könnte.

wiewohl diese Vermutung nicht immer ganz bestätigt wird. – Die *Irritabilität*, objektiviert in der Muskelfaser, ist der Hauptcharakter des Tieres und ist das Tierische im Menschen. Wenn sie in diesem überwiegend vorherrscht, pflegt sich Behändigkeit, Stärke und Tapferkeit zu finden, also Tauglichkeit zu körperlichen Anstrengungen und zum Kriege (Spartaner). Fast alle warmblütigen Tiere und sogar die Insekten übertreffen an Irritabilität den Menschen bei weitem. Das Tier wird sich seines Daseins am lebhaftesten in der Irritabilität bewußt; daher es in den Äußerungen derselben exultiert. Von dieser Exultation zeigt sich beim Menschen noch eine Spur als Tanz. – Die *Sensibilität*, objektiviert im Nerven, ist der Hauptcharakter des Menschen und ist das eigentlich Menschliche im Menschen. Kein Tier kann sich hierin mit ihm auch nur entfernt vergleichen. Überwiegend vorherrschend, gibt sie *Genie* (Athener). Demnach ist der Mensch von Genie in höherem Grade *Mensch*. Hieraus ist es erklärlich, daß einige Genies die übrigen Menschen, mit ihren eintönigen Physiognomien und dem durchgängigen Gepräge der Alltäglichkeit, nicht für Menschen haben anerkennen wollen: denn sie fanden in ihnen nicht ihresgleichen und gerieten in den natürlichen Irrtum, daß ihre eigene Beschaffenheit die normale wäre. In diesem Sinne suchte Diogenes mit der Laterne nach Menschen – der geniale ›Koheleth‹ [Prediger Salomo 7, 29] sagt: ›Unter tausend habe ich *einen* Menschen gefunden, aber kein Weib unter allen diesen‹ – und Gracian im ›Criticon‹, vielleicht der größten und schönsten Allegorie, die je geschrieben worden, sagt: ›Aber das Wunderlichste war, daß sie im ganzen Lande, selbst in den volkreichsten Städten, keinen *Menschen* antrafen; sondern alles war bevölkert von Löwen, Tigern, Leoparden, Wölfen, Füchsen, Affen, Ochsen, Eseln, Schweinen – nirgends einen Menschen! Erst spät brachten sie in Erfahrung, daß die wenigen vorhandenen Menschen, um sich zu bergen und nicht anzusehn, wie es hergeht, sich zurückgezogen hatten in jene Einöden, welche eigentlich die Wohnung der wilden Tiere hätten sein sollen‹ (aus crisi 5 und 6 der ersten Abteilung zusammengezogen). In der Tat beruht auf demselben Grunde der allen Genies eigene Hang zur Einsamkeit, als zu welcher sowohl ihre Verschiedenheit von den übrigen sie treibt, wie ihr innerer Reichtum sie ausstattet, denn von Menschen wie von Diamanten taugen nur die ungemein großen zu Solitärs: die gewöhnlichen müssen beisammensein und in Masse wirken.

Zu den drei physiologischen Grundkräften stimmen auch die drei *Gunas* oder Grundeigenschaften der Hindu. *Tama-Guna*, Stumpfheit, Dummheit, entspricht der Reproduktionskraft – *Radscha-Guna*, Leidenschaftlichkeit, der Irritabilität – und *Satva-Guna*, Weisheit und Tugend, der Sensibilität. Wenn aber hinzugefügt wird, Tama-Guna sei das Los der Tiere, Radscha-Guna der Menschen, und Satva-Guna der Götter; so ist dies mehr mythologisch als physiologisch geredet.

Den unter dieser Rubrik betrachteten Gegenstand behandelt ebenfalls das 20. Kapitel des zweiten Bandes der ›Welt als Wille und Vorstellung‹, überschrieben ›Objektivation des Willens im tierischen Organismus‹ *[Bd. 2, S. 316-343]*, welches ich daher als Ergänzung des hier Gegebenen nachzulesen empfehle. In den ›Parergis‹ gehört § 94 des zweiten Bandes hieher *[Band 5]*.

Noch sei hier bemerkt, daß die oben S. 14 und 15 aus meiner Schrift ›Über die Farben‹ zitierten Stellen *[vgl. S. 334]* sich auf die erste Auflage derselben beziehn, nächstens aber eine zweite erscheinen und andere Seitenzahlen haben wird.

VERGLEICHENDE ANATOMIE

Aus meinem Satze, daß Kants ›Ding an sich‹ oder das letzte Substrat jeder Erscheinung der Wille sei, hatte ich nun aber nicht allein abgeleitet, daß auch in allen innern unbewußten Funktionen des Organismus der Wille das Agens sei; sondern ebenfalls, daß dieser organische Leib selbst nichts anderes sei als der in die Vorstellung getretene Wille, der in der Erkenntnisform des Raums angeschaute Wille selbst. Demnach hatte ich gesagt, daß, wie jeder einzelne momentane Willensakt sofort unmittelbar und unausbleiblich sich in der äußern Anschauung des Leibes als eine Aktion desselben darstellt, so müsse auch das Gesamtwollen jedes Tieres, der Inbegriff aller seiner Bestrebungen, sein getreues Abbild haben an dem ganzen Leibe selbst, an der Beschaffenheit seines Organismus, und zwischen den Zwecken seines Willens überhaupt und den Mitteln zur Erreichung derselben, die seine Organisation ihm darbietet, müsse die allergenaueste Übereinstimmung sein. Oder kurz: der Gesamtcharakter seines Wollens müsse zur Gestalt und Beschaffenheit seines Leibes in eben dem Verhältnisse stehn wie der einzelne Willensakt zur einzelnen ihn ausführenden Leibesaktion. – Auch dieses haben in neuerer Zeit denkende Zootomen und Physiologen ihrerseits und unabhängig von meiner Lehre als Tatsache erkannt und demnach a posteriori bestätigt: ihre Aussprüche darüber legen auch hier das Zeugnis der Natur für die Wahrheit meiner Lehre ab.

In dem vortrefflichen Kupferwerke: ›Über die Skelette der Raubtiere‹ von *Pander* und *d'Alton*, 1822, heißt es S. 7: ›Wie das Charakteristische der Knochenbildung aus dem *Charakter* der Tiere entspringt; so entwickelt sich dieser dagegen aus den *Neigungen und Begierden* derselben. . . . Diese *Neigungen und Begierden* der Tiere, die in ihrer ganzen Organisation so *lebendig ausgesprochen* sind und wovon die Organisation nur als das Vermittelnde erscheint, können nicht aus besondern Grundkräften erklärt werden, da der innere Grund nur aus dem allgemeinen Leben der Natur herzuleiten ist.‹ – Durch diese letzte Wendung besagt der Verfasser eigentlich, daß er wie jeder Naturforscher hier zu dem Punkte gelangt ist, wo er stehnbleiben muß, weil er auf das Metaphysische stößt, daß jedoch an diesem Punkt das letzte Erkennbare, über welches hinaus die Natur sich seinem Forschen entzieht, *Neigungen und Begierden,* d. h. Wille war. ›Das Tier ist *so*,‹ weil es *so* will‹, wäre der kurze Ausdruck für sein letztes Resultat.

Nicht minder ausdrücklich ist das Zeugnis, welches der gelehrte und denkende *Burdach* für meine Wahrheit ablegt in seiner großen ›Physiologie‹ Bd. 2, § 474, wo er vom letzten Grunde der Entstehung des Embryo handelt. Leider darf ich nicht verschweigen, daß der sonst so vortreffliche Mann gerade hier, zur schwachen Stunde und der Himmel weiß, wie und wodurch verleitet, einige Phrasen aus jener völlig wertlosen, gewaltsam aufgedrungenen Pseudo-Philosophie anbringt über den ›Gedanken‹, der das Ursprüngliche (er ist gerade das Allerletzte und Bedingteste), jedoch ›keine Vorstellung‹ (also ein hölzernes Eisen) sei. Allein gleich darauf und unter dem wiederkehrenden Einfluß seines eigenen bessern Selbst spricht er die reine Wahrheit aus S. 710: ›Das Gehirn stülpt sich zur Netzhaut aus, weil das Zentrale des Embryo die Eindrücke der Welttätigkeit in sich aufnehmen *will*; die Schleimhaut des Darmkanals entwickelt sich zur Lunge, weil der organische Leib mit den elementaren Weltstoffen in Verkehr treten *will*; aus dem Gefäßsystem sprossen Zeugungsorgane hervor, weil das Individuum nur in der Gattung lebt und das in ihm begonnene Leben sich vervielfältigen *will*.‹ – Dieser meiner Lehre so ganz gemäße Ausspruch *Burdachs* erinnert an eine Stelle des uralten ›Mahabharata‹, die man von diesem Gesichtspunkt aus wirklich für einen mythischen Ausdruck derselben Wahrheit zu halten schwerlich umhinkann. Sie steht im dritten Gesange der

Episode Sundas und Upasundas in Bopps ›Ardschunas Reise zu Indras Himmel, nebst andern Episoden des Mahabharata‹, 1824. Da hat Brahma die Tilottama, das schönste aller Weiber, geschaffen, und sie umgeht die Versammlung der Götter: Schiwa hat solche Begierde, sie anzuschauen, daß, wie sie sukzessive den Kreis umwandelt, ihm vier Gesichter nach Maßgabe ihres Standpunkts, also nach den vier Weltgegenden hin entstehn. Vielleicht beziehn sich hierauf die Darstellungen Schiwas mit fünf Köpfen als Pansch Mukhti Schiwa. Auf gleiche Weise entstehn bei derselben Gelegenheit dem Indra unzählige Augen auf dem ganzen Leibe[F]. – In Wahrheit ist jedes Organ anzusehn als der Ausdruck einer universalen, d.h. ein für allemal gemachten Willensäußerung, einer fixierten Sehnsucht, eines Willensaktes, nicht des Individuums, sondern der Spezies. Jede Tiergestalt ist eine von den Umständen hervorgerufene Sehnsucht des Willens zum Leben: z.B. ihn ergriff die Sehnsucht, auf Bäumen zu leben, an ihren Zweigen zu hängen, von ihren Blättern zu zehren, ohne Kampf mit andern Tieren und ohne je den Boden zu betreten: dieses Sehnen stellt sich, endlose Zeit hindurch, dar in der Gestalt (Platonischen Idee) des Faultiers. Gehn kann es fast gar nicht, weil es nur auf Klettern berechnet ist: hülflos auf dem Boden, ist es behend auf den Bäumen und sieht selbst aus wie ein bemooster Ast, damit kein Verfolger seiner gewahr werde. – Aber wir wollen jetzt die Sache etwas prosaischer und methodischer betrachten.

Die augenfällige, bis ins Einzelne herab sich erstreckende Angemessenheit jedes Tieres zu seiner Lebensart, zu den äußern Mitteln seiner Erhaltung und die überschwengliche Kunstvollkommenheit seiner Organisation ist der reichste Stoff teleologischer Betrachtungen, denen der menschliche Geist von jeher gern obgelegen hat und die sodann, auch

F. Der ›*Matsya Purana*‹ läßt die vier Gesichter des *Brahma* auf dieselbe Weise entstehn, nämlich dadurch, daß er, in die *Satarupa*, seine Tochter, sich verliebend, sie starr ansah, sie aber diesem Blicke, seitwärts tretend, auswich, er jetzt, sich schämend, ihrer Bewegung nicht folgen wollte, worauf ihm nun aber ein Gesicht nach jener Seite wuchs, sie dann abermals dasselbe tat und so fort, bis er vier Gesichter hatte (›Asiatic researches‹ vol. 6, p. 473).

auf die unbelebte Natur ausgedehnt, das Argument des physikotheologischen Beweises geworden sind. Die ausnahmslose Zweckmäßigkeit, die offenbare Absichtlichkeit in allen Teilen des tierischen Organismus kündigt zu deutlich an, daß hier nicht zufällig und planlos wirkende Naturkräfte, sondern ein Wille tätig gewesen sei, als daß es je hätte im Ernst verkannt werden können. Nun aber konnte man, empirischer Kenntnis und Ansicht gemäß, das Wirken eines Willens sich nicht anders denken denn als ein vom Erkennen geleitetes. Denn bis zu mir hielt man, wie schon unter der vorigen Rubrik erörtert worden, Wille und Erkenntnis für schlechthin unzertrennlich, ja sah den Willen als eine bloße Operation der Erkenntnis, dieser vermeinten Basis alles Geistigen, an. Demzufolge mußte, wo Wille wirkte, Erkenntnis ihn leiten, folglich auch hier ihn geleitet haben. Das Medium der Erkenntnis aber, die als solche wesentlich nach außen gerichtet ist, bringt es mit sich, daß ein mittelst derselben tätiger Wille nur nach außen, also nur von *einem* Wesen auf das *andere* wirken kann. Deshalb suchte man den Willen, dessen unverkennbare Spuren man gefunden hatte, nicht da, wo man diese fand, sondern versetzte ihn nach außen und machte das Tier zum Produkt eines ihm fremden von Erkenntnis geleiteten Willens, welche Erkenntnis alsdann eine sehr deutliche, ein durchdachter Zweckbegriff gewesen sein und dieser der Existenz des Tieres vorhergegangen und mitsamt dem Willen, dessen Produkt das Tier ist, außer ihm gelegen haben mußte. Demnach hätte das Tier früher in der Vorstellung als in der Wirklichkeit oder an sich existiert. Dies ist die Basis des Gedankenganges, auf welchem der physikotheologische Beweis beruht. Dieser Beweis aber ist nicht ein bloßes Schulsophisma wie der ontologische: auch trägt er nicht einen unermüdlichen natürlichen Widersacher in sich selbst, wie der kosmologische einen solchen hat, an demselben Gesetz der Kausalität, dem er sein Dasein verdankt; sondern er ist wirklich für den Gebildeten das, was der keraunologische[1] für das

---

[1]. Unter dieser Benennung nämlich möchte ich zu den drei von Kant aufgeführten Beweisen einen vierten fügen, den a terrore, welchen das

Volk[F], und er hat eine so große, so mächtige Scheinbarkeit, daß sogar die eminentesten und zugleich unbefangensten Köpfe tief darin verstrickt waren, z. B. Voltaire, der nach anderweitigen Zweifeln jeder Art immer darauf zurückkommt, keine Möglichkeit absieht, darüber hinauszugelangen, ja seine Evidenz fast einer mathematischen gleichsetzt. Auch sogar *Priestley* (›Disquisition [relating] to matter and spirit‹ section 16, p. 188) erklärt ihn für unwiderleglich. Nur *Humes* Besonnenheit und Scharfsinn hielt auch hier Stich: dieser echte Vorläufer Kants macht in seinen so lesenswerten ›Dialogues concerning natural religion‹ (part 7 und an andern Stellen) darauf aufmerksam, wie doch im Grunde gar keine Ähnlichkeit sei zwischen den Werken der Natur und denen einer nach Absicht wirkenden Kunst. Desto herrlicher glänzt nun hier *Kants* Verdienst, sowohl in der ›Kritik der Urteilskraft‹ als in der der ›reinen Vernunft‹, als wo er wie den beiden andern, so auch diesem so höchst verfänglichen Beweise den nervus probandi [Nerv der Beweisführung] durchschnitten hat. Ein ganz kurzes Resümee dieser Kantischen Widerlegung des physikotheologischen Beweises findet man in meinem Hauptwerke Bd. 1, S. 597 *[Bd. 1, S. 684].* Kant hat sich dadurch ein großes Verdienst erworben: denn nichts steht der richtigen Einsicht in die Natur und in das Wesen der Dinge mehr entgegen wie eine solche Auffassung derselben als nach kluger Berechnung gemachter Werke. Wenn daher ein Herzog von Bridgewater große Summen als Preise ausgesetzt hat zum Zweck der Befestigung und Perpetuierung solcher Fundamentalirrtümer; so wollen wir ohne einen andern Lohn als den der Wahrheit, in Humes und Kants Fußstapfen tretend, unerschrocken an

---

alte Wort des Petronius ›Primus in orbe deos fecit timor‹ [Ursprung war für den Götterglauben die Furcht nur; ›Fragmenta‹ 27, 1] bezeichnet und als dessen Kritik *Humes* unvergleichliche ›Natural history of religion‹ zu betrachten ist. Im Sinne desselben verstanden, möchte wohl auch der von dem Theologen Schleiermacher versuchte Beweis, aus dem Gefühl der Abhängigkeit, seine Wahrheit haben; wenn auch nicht gerade die, welche der Aufsteller desselben sich dachte *[vgl. Bd. 1, S. 685 f.].*

F. Schon Sokrates trägt ihn beim ›Xenophon‹ (›Memorabilia‹ 1, 4) ausführlich vor.

ihrer Zerstörung arbeiten. Ehrwürdig ist die Wahrheit; nicht, was ihr entgegensteht. Kant hat jedoch auch hier sich auf die Negative beschränkt: diese aber tut ihre volle Wirkung immer erst dann, wann sie durch eine richtige Positive ergänzt worden, als welche allein ganze Befriedigung gewährt und schon von selbst den Irrtum verdrängt, gemäß dem Ausspruch des Spinoza: ›Sicut lux se ipsam et tenebras manifestat, sic veritas norma sui et falsi est.‹ [Wie das Licht sich selbst und die Finsternis offenbar macht, so ist die Wahrheit der Maßstab für sich und für das Falsche; ›Ethica‹ 2, prop. 43, schol.] Zuvörderst also sagen wir: die Welt ist nicht mit Hülfe der Erkenntnis, folglich auch nicht von außen gemacht, sondern von innen; und dann sind wir bemüht, das punctum saliens [den springenden Punkt] des Welteies nachzuweisen. So leicht auch der physikotheologische Gedanke, daß ein Intellekt es sein müsse, der die Natur geordnet und gemodelt hat, dem rohen Verstande zusagt, so grundverkehrt ist er dennoch. Denn der Intellekt ist uns allein aus der animalischen Natur bekannt, folglich als ein durchaus sekundäres und untergeordnetes Prinzip in der Welt, ein Produkt spätesten Ursprungs: er kann daher nimmermehr die Bedingung ihres Daseins gewesen sein noch kann ein mundus intelligibilis [eine denkende Welt] dem mundus sensibilis [der sinnlichen Welt] vorhergehn; da er von diesem allein seinen Stoff erhält. Nicht ein Intellekt hat die Natur hervorgebracht, sondern die Natur den Intellekt. Wohl aber tritt der Wille, als welcher alles erfüllt und in jeglichem sich unmittelbar kundgibt, es dadurch bezeichnend als seine Erscheinung, überall als das Ursprüngliche auf. Daher eben lassen alle teleologischen Tatsachen sich aus dem Willen des Wesens selbst, an dem sie befunden werden, erklären.

Übrigens läßt sich der physikotheologische Beweis schon durch die empirische Bemerkung entkräften, daß die Werke der tierischen Kunsttriebe, das Netz der Spinne, der Zellenbau der Bienen, der Termitenbau usw., durchaus beschaffen sind, als wären sie infolge eines Zweckbegriffs, weitreichender Vorsicht und vernünftiger Überlegung entstanden, wäh-

VERGLEICHENDE ANATOMIE

rend sie offenbar das Werk eines blinden Triebes, d. h. eines nicht von Erkenntnis geleiteten Willens sind: woraus folgt, daß der Schluß von solcher Beschaffenheit auf solche Entstehungsart, wie überall der Schluß von der Folge auf den Grund, nicht sicher ist. Eine ausführliche Betrachtung der Kunsttriebe liefert das 27. Kapitel des zweiten Bandes meines Hauptwerks *[Bd. 2, S. 443–451]*, welches mit dem ihm vorhergehenden Kapitel über die Teleologie als die Ergänzung der gesamten unter gegenwärtiger Rubrik uns beschäftigenden Betrachtung zu benutzen ist.

Gehn wir nun etwas näher ein auf die oben erwähnte Angemessenheit der Organisation jedes Tiers zu seiner Lebensweise und den Mitteln, sich seine Existenz zu erhalten; so entsteht zunächst die Frage, ob die Lebensweise sich nach der Organisation gerichtet habe oder diese nach jener. Auf den ersten Blick scheint das erstere das Richtigere, da der Zeit nach die Organisation der Lebensweise vorhergeht, und man meint, das Tier habe die Lebensweise ergriffen, zu der sein Bau sich am besten eignete, und habe seine vorgefundenen Organe bestens benutzt, der Vogel fliege, weil er Flügel hat, der Stier stoße, weil er Hörner hat; nicht umgekehrt. Dieser Meinung ist auch Lukrez (welches allemal ein bedenkliches Zeichen für eine Meinung ist):

> Nil ideo quoniam natum est in corpore, ut uti
> Possemus, sed quod natum est, id procreat usum.
> [Weil doch nichts im Körper entsteht, damit wir es
>   brauchen,
> Sondern das, was entstanden, ist Ursache, daß wir es
>   brauchen;
>   ›De rerum natura‹ 6, 831 f.]

welches er ausführt 4, 825–843. Allein unter dieser Annahme bleibt unerklärt, wie die ganz verschiedenen Teile des Organismus eines Tieres sämtlich seiner Lebensweise genau entsprechen, kein Organ das andere stört, vielmehr jedes das andere unterstützt, auch keines unbenutzt bleibt und kein untergeordnetes Organ zu einer andern Lebensweise besser taugen würde, während allein die Hauptorgane diejenige bestimmt hätten, die das Tier wirklich führt; vielmehr jeder Teil des Tieres sowohl jedem andern als seiner Lebensweise auf das genaueste entspricht, z. B. die Klauen jedesmal geschickt sind, den Raub zu ergreifen, den die Zähne zu zerfleischen und zu zerbrechen taugen und den der Darmkanal zu verdauen vermag, und die Bewegungsglieder geschickt sind, dahin zu tragen, wo jener Raub sich aufhält, und kein Organ je unbenutzt bleibt. So z. B. hat der Ameisenbär nicht nur an den Vorderfüßen lange Klauen, um den Termitenbau aufzureißen, sondern auch zum Eindringen in denselben eine lange zylinderförmige Schnauze mit kleinem Maul und eine lange fadenförmige, mit klebrigem Schleim bedeckte Zunge, die er tief in die Termitennester hineinsteckt und sie darauf mit jenen Insekten beklebt zurückzieht; hingegen hat er keine Zähne, weil er keine braucht. Wer sieht nicht, daß die Gestalt des Ameisenbären sich zu den Termiten verhält wie ein Willensakt zu seinem Motiv? Dabei ist zwischen den mächtigen Armen, nebst starken langen krummen Klauen des Ameisenbären und dem gänzlichen Mangel an Gebiß ein so beispielloser Widerspruch, daß, wenn die Erde noch eine Umgestaltung erlebt, dem dann entstandenen Geschlecht vernünftiger Wesen der fossile Ameisenbär ein unauflösliches Rätsel sein wird, wenn es keine Termiten kennt. – Der Hals der Vögel wie der Quadrupeden [Vierfüßer] ist in der Regel so lang wie ihre Beine, damit sie ihr Futter von der Erde erreichen können; aber bei Schwimmvögeln oft viel länger, weil diese schwimmend ihre Nahrung unter der Wasserfläche hervorholen[F]. Sumpfvögel haben unmäßig hohe Beine, um waten zu können, ohne zu ertrinken oder naß zu werden, und demgemäß Hals und Schnabel sehr lang, letztern stark oder schwach, je nachdem er Reptilien, Fische oder Gewürme zu zermalmen hat, und dem entsprechen

[F]. Ich habe (Zooplastisches Kabinett 1860) einen *Kolibri* gesehn, dessen Schnabel so lang war wie der ganze Vogel inklusive Kopf und Schwanz. Ganz zuverlässig hat dieser Kolibri seine Nahrung aus irgendeiner Tiefe, wäre es auch nur ein tiefer Blumenkelch, hervorzuholen (Cuvier: ›Anatomie comparée‹ vol. 4, 1, p. 374): denn ohne Not hätte er nicht den Aufwand eines solchen Schnabels gemacht und die Beschwerden desselben übernommen.

VERGLEICHENDE ANATOMIE

auch stets die Eingeweide: dagegen haben die Sumpfvögel weder Krallen wie die Raubvögel noch Schwimmhäute wie die Enten: denn die lex parsimoniae naturae [das Gesetz der Sparsamkeit der Natur] gestattet kein überflüssiges Organ. Gerade dieses Gesetz, zusammengenommen damit, daß andererseits keinem Tiere je ein Organ abgeht, welches seine Lebensweise erfordert, sondern alle, auch die verschiedenartigsten übereinstimmen und wie berechnet sind auf eine ganz speziell bestimmte Lebensweise, auf das Element, in welchem sein Raub sich aufhält, auf das Verfolgen, auf das Besiegen, auf das Zermalmen und Verdauen desselben, beweist, daß die Lebensweise, die das Tier, um seinen Unterhalt zu finden, führen wollte, es war, die seinen Bau bestimmte – nicht aber umgekehrt; und daß die Sache gerade so ausgefallen ist, wie wenn eine Erkenntnis der Lebensweise und ihrer äußern Bedingungen dem Bau vorausgegangen wäre und jedes Tier demgemäß sich sein Rüstzeug ausgewählt hätte, ehe es sich verkörperte; nicht anders, als wie ein Jäger, ehe er ausgeht, sein gesamtes Rüstzeug, Flinte, Schrot, Pulver, Jagdtasche, Hirschfänger und Kleidung, gemäß dem Wilde wählt, welches er erlegen will: er schießt nicht auf die wilde Sau, weil er eine Büchse trägt, sondern er nahm die Büchse und nicht die Vogelflinte, weil er auf wilde Säue ausging: und der Stier stößt nicht, weil er eben Hörner hat; sondern weil er stoßen will, hat er Hörner. Nun kommt aber, den Beweis zu ergänzen, noch hinzu, daß bei vielen Tieren, während sie noch im Wachstum begriffen sind, die Willensbestrebung, der ein Glied dienen soll, sich äußert, ehe noch das Glied selbst vorhanden ist, und also sein Gebrauch seinem Dasein vorhergeht. So stoßen junge Böcke, Widder, Kälber mit dem bloßen Kopf, ehe sie noch Hörner haben: der junge Eber haut an den Seiten um sich, während die Hauer, welche der beabsichtigten Wirkung entsprächen, noch fehlen: hingegen braucht er nicht die kleineren Zähne, welche er schon im Maule hat und mit denen er wirklich beißen könnte. Also seine Verteidigungsart richtet sich nicht nach der vorhandenen Waffe, sondern umgekehrt. Dies hat schon Galenus bemerkt (›De usu partium animalium‹ 1, 1) und vor ihm Lucretius ([›De rerum natura‹] 5, 1032–39). Wir erhalten hiedurch die vollkommene Gewißheit, daß der Wille nicht als ein Hinzugekommenes, etwan aus der Erkenntnis Hervorgegangenes die Werkzeuge benutzt, die er gerade vorfindet, die Teile gebraucht, weil eben sie und keine andere[n] dasind; sondern daß das Erste und Ursprüngliche das Streben ist, auf diese Weise zu leben, auf solche Art zu kämpfen; welches Streben sich darstellt nicht nur im Gebrauch, sondern schon im Dasein der Waffe, so sehr, daß jener oft diesem vorhergeht und dadurch anzeigt, daß, weil das Streben daist, die Waffe sich einstellt; nicht umgekehrt: und so mit jedem Teil überhaupt. Schon Aristoteles hat dies ausgesprochen, indem er von den mit einem Stachel bewaffneten Insekten sagt: Διὰ τὸ θυμὸν ἔχειν ὅπλον ἔχει (Quia iram habent, arma habent) [Weil sie Kampflust haben, haben sie Waffen] (›De partibus animalium‹ 4, 6 [p. 683a 7] – und weiterhin (cap. 12 [p. 964b 13]) im allgemeinen: Τὰ δ' ὄργανα πρὸς τὸ ἔργον ἡ φύσις ποιεῖ, ἀλλ' οὐ τὸ ἔργον πρὸς τὰ ὄργανα. (Natura enim instrumenta ad officium, non officium ad instrumenta accommodat.) [Die Natur schafft die Organe um der Betätigung willen, aber nicht die Betätigung wegen der Organe.] Das Resultat ist: nach dem Willen jedes Tiers hat sich sein Bau gerichtet.

Diese Wahrheit dringt sich dem denkenden Zoologen und Zootomen mit solcher Evidenz auf, daß er, wenn nicht zugleich sein Geist durch eine tiefere Philosophie geläutert ist, dadurch zu seltsamen Irrtümern verleitet werden kann. Dies ist nun wirklich einem Zoologen ersten Ranges begegnet, dem unvergeßlichen *de Lamarck*, ihm, der durch die Auffindung der so tief gefaßten Einteilung der Tiere in Vertebrata [Wirbeltiere] und Non-Vertebrata sich ein unsterbliches Verdienst erworben hat. Nämlich in seiner ›Philosophie zoologique‹ vol. 1, cap. 7 und in seiner ›Histoire naturelle des animaux sans vertèbres‹ vol. 1 introduction, p. 180–212 behauptet er im ganzen Ernst und bemüht sich ausführlich darzutun, daß die Gestalt, die eigentümlichen Waffen und nach außen wirkenden Organe jeder Art, jeglicher Tierspezies keineswegs beim Ursprung dieser schon vorhanden gewesen, sondern erst infolge der Willensbestrebungen des Tieres, welche die Beschaffenheit seiner Lage und Umgebung hervorrief, durch seine eigenen wiederholten Anstrengungen und daraus entsprungenen Gewohnheiten, allmälig *im Laufe der Zeit* und durch die fortgesetzte Generation *entstanden seien.* So, sagt er, haben schwimmende Vögel und Säugetiere erst dadurch, daß sie beim Schwimmen die Zehen auseinanderstreckten, allmälig Schwimmhäute erhalten; Sumpfvögel bekamen infolge ihres Watens lange Beine und lange Hälse; Hornvieh kriegte erst allmälig Hörner, weil es ohne taugliches Gebiß nur mit dem Kopfe kämpfte, und diese Kampflust erzeugte allmälig Hörner oder Geweihe; die Schnecke war anfangs wie andere Mollusken ohne Fühlhörner; aber aus dem Bedürfnis, die ihr vorliegenden Gegenstände zu betasten, entstanden solche allmälig; das ganze Katzengeschlecht erhielt erst mit der Zeit aus dem Bedürfnis, die Beute zu zerfleischen, Krallen, und aus dem Bedürfnis, diese beim Gehn zu schonen und zugleich nicht dadurch gehindert zu werden, die Scheide der Krallen und deren Beweglichkeit; die Giraffe, im dürren graslosen Afrika auf das Laub hoher Bäume angewiesen, streckte Vorderbeine und Hals so lange, bis sie ihre wunderliche Gestalt von zwanzig Fuß Höhe vorn erhielt. Und so geht er eine Menge Tierarten durch, sie nach demselben Prinzip entstehn lassend; wobei er den augenfälligen Einwurf nicht beachtet, daß ja die Tierspezies über solche Bemühungen, ehe sie allmälig im Lauf unzähliger Generationen die zu ihrer Erhaltung notwendigen Organe hervorgebracht hätte, aus Mangel daran inzwischen umgekommen und ausgestorben sein müßte. So blind macht eine aufgefaßte Hypothese. Diese hier ist jedoch durch eine sehr richtige und tiefe Auffassung der Natur entstanden, ist ein genialer Irrtum, der ihm trotz aller darinliegenden Absurdität noch Ehre macht. Das Wahre darin gehört ihm als Naturforscher an: er sah richtig, daß der Wille des Tiers das Ursprüngliche ist und dessen Organisation bestimmt hat. Das Falsche hingegen fällt dem zurückgebliebenen Zustand der Metaphysik in Frankreich zur Last, wo eigentlich noch immer *Locke* und sein schwacher Nachtreter *Condillac* herrschen und deshalb die Körper Dinge an sich sind, die Zeit und der Raum Beschaffenheiten der Dinge an sich und wohin die große, so überaus folgenreiche Lehre von der Idealität des Raumes und der Zeit, mithin auch alles in ihnen sich Darstellenden noch nicht gedrungen ist. Daher konnte *de Lamarck* seine Konstruktion der Wesen nicht anders denken als in der Zeit, durch Sukzession. Aus Deutschland hat Kants tiefe Einwirkung Irrtümer dieser Art ebenso wie die krasse absurde Atomistik der Franzosen und die erbaulichen physikotheologischen Betrachtungen der Engländer auf immer verbannt. So wohltätig und nachhaltig ist die Wirkung eines großen Geistes selbst auf eine Nation, die ihn verlassen konnte, um Windbeuteln und Scharlatanen nachzulaufen. *De Lamarck* aber konnte nimmer auf den Gedanken kommen, daß der Wille des Tiers, als Ding an sich, außer der Zeit liegen und in diesem Sinne ursprünglicher sein könne als das Tier selbst. Er setzt daher zuerst das Tier ohne entschiedene Organe, aber auch ohne entschiedene Bestrebungen, bloß mit Wahrnehmung ausgerüstet: diese lehrt es die Umstände kennen, unter welchen es zu leben hat, und aus dieser Erkenntnis entstehn seine Bestrebungen, d.i. sein Wille, aus diesem endlich seine Organe oder bestimmte Korporisation, und zwar mit Hülfe der Generation und daher in ungemessener Zeit. Hätte er den Mut gehabt, es durchzuführen; so hätte er ein Urtier annehmen müssen, welches konsequent ohne alle Gestalt und Organe hätte sein müssen und nun nach klimatischen und lokalen Umständen und deren Erkenntnis sich zu den Myriaden von Tiergestalten jeder Art, von der Mücke bis zum Elefanten, umgewandelt hätte. – In Wahrheit aber ist dieses Urtier der *Wille zum Leben*: jedoch ist er als solcher ein Metaphysisches, kein Physisches. Allerdings hat jede Tierspezies durch ihren eigenen Willen und nach Maßgabe der Umstände, unter denen sie leben wollte, ihre Gestalt und Organisation bestimmt, jedoch nicht als ein Physisches in der Zeit, sondern als ein Metaphysisches außer der Zeit. Der Wille ist nicht aus der Erkenntnis hervorgegangen und diese mitsamt dem

Tiere dagewesen, ehe der Wille sich einfand als ein bloßes Akzidenz, ein Sekundäres, ja Tertiäres; sondern der Wille ist das Erste, das Wesen an sich: seine Erscheinung (bloße Vorstellung im erkennenden Intellekt und dessen Formen Raum und Zeit) ist das Tier, ausgerüstet mit allen Organen, die den Willen, unter diesen speziellen Umständen zu leben, darstellen. Zu diesen Organen gehört auch der Intellekt, die Erkenntnis selbst, und ist wie das übrige der Lebensweise jedes Tieres genau angemessen; während *de Lamarck* erst aus ihr den Willen entstehn läßt.

Man betrachte die zahllosen Gestalten der Tiere. Wie ist doch jedes durchweg nur das Abbild seines Wollens, der sichtbare Ausdruck der Willensbestrebungen, die seinen Charakter ausmachen! Von dieser Verschiedenheit der Charaktere ist die der Gestalten bloß das Bild. Die reißenden auf Kampf und Raub gerichteten Tiere stehn mit furchtbarem Gebiß und Klauen und mit starken Muskeln da: ihr Gesicht dringt in die Ferne; zumal wenn sie wie Adler und Kondor aus schwindelnder Höhe ihre Beute zu erspähen haben. Die furchtsamen, welche ihr Heil nicht im Kampfe, sondern in der Flucht zu suchen den Willen haben, sind statt aller Waffen mit leichten, schnellen Beinen und scharfem Gehör aufgetreten; welches beim furchtsamsten unter ihnen, dem Hasen, sogar die auffallende Verlängerung des äußern Ohres erfordert hat. Dem Äußern entspricht das Innere: die Fleischfresser haben kurze Gedärme, die Grasfresser lange, zu einem längern Assimilationsprozeß; großer Muskelkraft und Irritabilität sind starke Respiration und rascher Blutumlauf, durch angemessene Organe repräsentiert, als notwendige Bedingungen beigesellt; und ein Widerspruch ist nirgends möglich. Jedes besondere Streben des Willens stellt sich in einer besondern Modifikation der Gestalt dar. Daher *bestimmte der Aufenthaltsort der Beute die Gestalt des Verfolgers*; hat nun jene sich in schwer zugängliche Elemente, in ferne Schlupfwinkel, in Nacht und Dunkel zurückgezogen; so nimmt der Verfolger die dazu passende Gestalt an, und da ist keine so grotesk, daß nicht der Wille zum Leben, um seinen Zweck zu erreichen, darin aufträte.

Um den Samen aus den Schuppen des Tannzapfens hervorzuziehn, kommt der Kreuzschnabel (Loxia curvirostra) mit dieser abnormen Gestalt seines Freßwerkzeugs. Die Reptilien in ihren Sümpfen aufzusuchen kommen Sumpfvögel mit überlangen Beinen, überlangen Hälsen, überlangen Schnäbeln, die wunderlichsten Gestalten. Die Termiten auszugraben kommt der vier Fuß lange Ameisenbär mit kurzen Beinen, starken Krallen und langer, schmaler, zahnloser, aber mit einer fadenförmigen, klebrigen Zunge versehenen Schnauze. Auf den Fischfang geht der Pelikan mit monstrosem Beutel unter dem Schnabel, recht viele Fische darein zu packen. Die Schläfer der Nacht zu überfallen fliegen Eulen aus, mit ungeheuer großen Pupillen, um im Dunkeln zu sehn, und mit ganz weichen Federn, damit ihr Flug geräuschlos sei und die Schläfer nicht wecke. Silurus, Gymnotus und Torpedo [Wels, Zitteraal und Zitterrochen] haben gar einen vollständigen elektrischen Apparat mitgebracht, die Beute zu betäuben, ehe sie solche erreichen können; wie auch zur Wehr gegen *ihren* Verfolger. Denn wo ein Lebendes atmet, ist gleich ein anderes gekommen, es zu verschlingen[F], und ein jedes ist durchweg auf die Vernichtung eines andern wie abgesehn und berechnet, sogar bis auf das Speziellste herab. Z.B. die Ichneumonen [Schlupfwespen] unter den Insekten legen zum künftigen Futter ihrer Brut ihre Eier in den Leib gewisser Raupen und ähnlicher Larven, welche sie hiezu mit einem Stachel anbohren. Nun haben die, welche auf frei herumkriechende Larven angewiesen sind, ganz kurze Stacheln, etwan von $1/8$ Zoll: hingegen Pimpla manifestator, welche auf Chelostoma maxillosa angewiesen

---

F. Im Gefühl dieser Wahrheit machte Richard Owen, als er die vielen und zum Teil sehr großen dem Rhinozeros [Nashorn] an Größe gleichen fossilen Marsupialia [Beuteltiere] Australiens durchmustert hatte, schon 1842 den richtigen Schluß, es müsse auch ein gleichzeitiges großes Raubtier gegeben haben: dieses hat sich später bestätigt, indem er 1846 einen Teil des fossilen Schädels eines Raubtieres von der Größe des Löwen erhielt, welches er Thylacoleo genannt hat, d.i. bebeutelter Löwe, da es auch ein Marsupiale ist (siehe Owens ›Lecture at the Government school of mines‹ in dem Artikel ›Palaeontology‹ in den ›Times‹ 1860, Mai 19).

ist, deren Larve tief im alten Holze verborgen liegt, in welches jene nicht gelangen kann, hat einen Stachel von zwei Zoll Länge; und fast ebensolang hat ihn Ichneumon strobillae[1], die ihre Eier in Larven legt, welche in Tannzapfen leben: damit dringen diese bis zur Larve, stechen sie und legen ein Ei in die Wunde, dessen Produkt nachher diese Larve verzehrt (Kirby and Spence, ›Introduction to entomology‹ vol. 1, p. 355). Ebenso deutlich zeigt sich bei den Verfolgten der Wille, ihrem Feinde zu entgehn, in der defensiven Armatur. Igel und Stachelschweine strecken einen Wald von Speeren in die Höhe. Geharnischt vom Kopfe bis zum Fuß, dem Zahn, dem Schnabel und der Klaue unzugänglich, treten Armadille, Schuppentiere, Schildkröten auf, und ebenso im kleinen die ganze Klasse der Krustaceen [Krebse]. Andere haben ihren Schutz nicht im physischen Widerstande, sondern in der Täuschung des Verfolgers gesucht: so hat die Sepia [der Tintenfisch] sich mit dem Stoffe zu einer finstern Wolke versehn, die sie im Augenblicke der Gefahr um sich verbreitet; das Faultier gleicht täuschend dem bemoosten Ast, der Laubfrosch dem Blatt und ebenso unzählige Insekten ihrem Aufenthalt: die Laus der Neger ist schwarz[2]; unser Floh ist es zwar auch, aber der hat sich auf seine weiten, regellosen Sprünge verlassen, als er zu ihnen den Aufwand eines so beispiellos kräftigen Apparats machte. – Die Antizipation aber, welche bei allen diesen Anstalten stattfindet, können wir uns faßlich machen an der, die sich bei den Kunsttrieben zeigt. Die junge Spinne und der Ameisenlöwe kennen noch nicht den Raub, dem sie zum erstenmal eine Falle stellen. Und ebenso auf der Defensive: das Insekt Bombyx [Seidenspinner] tötet, nach *Latreille*, mit seinem Stachel die Panorpe [Skorpionsfliege], obgleich es sie nicht frißt noch von ihr angegriffen wird; sondern weil diese späterhin ihre Eier in sein Nest legen und dadurch die Entwickelung seiner Eier hemmen wird; was es doch nicht weiß. In solchen

---

1. [Pimpla manifestator, Chelostoma maxillosa und Ichneumon strobillae gehören zur Familie der Schlupfwespen.]
2. Blumenbach: ›De humani generis varietati nativa‹ p. 50. – Sömmering: ›Vom Neger‹ S. 8.

Antizipationen bewährt sich wiederum die Idealität der Zeit; welche überhaupt stets hervortritt, sobald der Wille als Ding an sich zur Sprache kommt. In der hier berührten wie in manchen andern Rücksichten dienen die Kunsttriebe der Tiere und die physiologischen Funktionen sich gegenseitig zur Erklärung: weil in beiden der Wille ohne Erkenntnis tätig ist.

Wie mit jedem Organ und jeder Waffe, zur Offensive oder Defensive, hat sich auch in jeder Tiergestalt der Wille mit einem *Intellekt* ausgerüstet, als einem Mittel zur Erhaltung des Individuums und der Art: daher eben haben die Alten den Intellekt das ἡγεμονικόν, d.h. den Wegweiser und Führer genannt. Demzufolge ist der Intellekt allein zum Dienste des Willens bestimmt und diesem überall genau angemessen. Die Raubtiere brauchten und haben offenbar dessen viel mehr als die Grasfresser. Der Elefant und gewissermaßen auch das Pferd machen eine Ausnahme: aber der bewunderungswürdige Verstand des Elefanten war nötig; weil bei zweihundertjähriger Lebensdauer und sehr geringer Prolifikation[1] er für längere und sichere Erhaltung des Individuums zu sorgen hatte, und zwar in Ländern, die von den gierigsten, stärksten und behendesten Raubtieren wimmeln. Auch das Pferd hat längere Lebensdauer und spärlichere Fortpflanzung als die Wiederkäuer: zudem ohne Hörner, Hauzähne, Rüssel, mit keiner Waffe als allenfalls seinem Hufe versehn, brauchte es mehr Intelligenz und größere Schnelligkeit, sich dem Verfolger zu entziehn. Der außerordentliche Verstand der Affen war nötig: teils weil sie bei einer Lebensdauer, die selbst bei denen mittlerer Größe sich auf fünfzig Jahre erstreckt, eine geringe Prolifikation haben, nämlich nur *ein* Junges zur Zeit gebären; zumal aber, weil sie *Hände* haben, denen ein sie gehörig benutzender Verstand vorstehn mußte und auf deren Gebrauch sie angewiesen sind sowohl bei ihrer Verteidigung mittelst äußerer Waffen wie Steine und Stöcke als auch bei ihrer Ernährung, welche mancherlei künstliche Mittel verlangt und überhaupt ein geselliges und künstliches Raub-

1. [Svw. Nachkommenschaft]

system nötig macht, mit Zureichen der gestohlenen Früchte von Hand zu Hand, Ausstellen von Schildwachen u. dgl. mehr. Hiezu kommt noch, daß dieser Verstand hauptsächlich ihrem jugendlichen Alter eigen ist, als in welchem die Muskelkraft noch unentwickelt ist: z.B. der junge Pongo oder Orang-Utan hat in der Jugend ein relativ überwiegendes Gehirn und sehr viel größere Intelligenz als im Alter der Reife, wo die Muskelkraft ihre große Entwickelung erreicht hat und den Intellekt ersetzt, der demgemäß stark gesunken ist. Dasselbe gilt von allen Affen: der Intellekt tritt also hier einstweilen vikarisierend für die künftige Muskelkraft ein. Diesen Hergang findet man ausführlich erörtert im ›Résumé [analytique] des observations de Frédéric Cuvier sur l'instinct et l'intelligence des animaux‹ par Flourens, 1841, woraus ich die ganze hieher gehörige Stelle bereits beigebracht habe im zweiten Bande meines Hauptwerks am Schluß des 31. Kapitels *[Bd. 2, S. 512 f.]*, weshalb allein ich sie hier nicht wiederhole. – Im allgemeinen erhebt bei den Säugetieren die Intelligenz sich stufenweise, von den Nagetieren zu den Wiederkäuern, dann zu den Pachydermen [Dickhäutern], darauf zu den Raubtieren und endlich zu den Quadrumanen [Affen]: und diesem Ergebnis der äußern Beobachtung entsprechend weist die Anatomie die stufenweise Entwickelung des Gehirns in derselben Ordnung nach (nach Flourens und Frédéric Cuvier)[F]. – Unter den

---

[F]. Übrigens scheint die unterste Stelle den Nagetieren mehr aus Rücksichten a priori als a posteriori gegeben zu sein; weil sie nämlich keine oder doch nur äußerst schwache Gehirnfalten haben: auf diese hätte man demnach zuviel Gewicht gelegt. Schafe und Kälber haben sie zahlreich und tief; was aber ist ihr Verstand? Der Biber hingegen unterstützt seinen Kunsttrieb gar sehr durch Intelligenz: selbst Kaninchen zeigen eine bedeutende Intelligenz; worüber das Nähere zu finden ist in dem schönen Buche von Leroy: ›Lettres philosophique sur l'intelligence des animaux‹ lettre 3, p. 49. Sogar aber geben die *Ratten* Beweise einer ganz außerordentlichen Intelligenz: merkwürdige Beispiele von dieser findet man zusammengestellt in der ›Quarterly Review‹ Nr. 201, January/March 1857, in einem eigenen Artikel, überschrieben ›Rats‹. – Auch unter den Vögeln sind die Raubtiere die klügsten; daher manche, namentlich die Falken, sich in hohem Grade abrichten lassen.

Reptilien sind die Schlangen, als welche sich sogar abrichten lassen, die klügsten; weil sie Raubtiere sind und, zumal die giftigen, sich langsamer als die übrigen fortpflanzen. – Wie hinsichtlich der physischen Waffe, so finden wir auch hier überall den Willen als das prius und sein Rüstzeug, den Intellekt, als das posterius. Raubtiere gehn nicht auf die Jagd noch Füchse auf den Diebstahl, weil sie mehr Verstand haben; sondern weil sie von Jagd und Diebstahl leben wollten, haben sie, wie stärkeres Gebiß und Klauen, auch mehr Verstand. Sogar hat der Fuchs, was ihm an Muskelkraft und Stärke des Gebisses abgeht, sogleich durch überwiegende Feinheit des Verstandes ersetzt. – Eine eigentümliche Erläuterung unsers Satzes gibt der Fall des Vogels *Dudu*, auch Dronte (Didus ineptus), auf der Mauritius-Insel, dessen Geschlecht bekanntlich ausgestorben ist und der, wie schon sein lateinischer Spezialname anzeigt, überaus dumm war, woraus eben sich jenes erklärt; daher es scheint, daß die Natur in der Befolgung ihrer lex parsimoniae [ihres Gesetzes der Sparsamkeit] hier einmal zu weit gegangen sei und dadurch gewissermaßen wie oft am Individuo hier an der Spezies eine Mißgeburt zutage gefördert habe, die dann eben als solche nicht hat bestehn können. – Wenn bei diesem Anlaß jemand die Frage aufwürfe, ob nicht auch den Insekten die Natur wenigstens so viel Verstand hätte erteilen sollen wie nötig ist, um sich nicht in die Lichtflamme zu stürzen, so ist die Antwort: freilich wohl; nur war ihr nicht bekannt, daß die Menschen Lichte gießen und anzünden würden: und ›natura nihil agit frustra‹ [die Natur tut nichts vergebens; nach Aristoteles, ›De incessu animalium‹ cap. 2, p. 704 b 15.] Also bloß zu einer unnatürlichen Umgebung reicht der Verstand der Insekten nicht aus[F].

Allerdings hängt überall die Intelligenz zunächst vom Zerebralsystem ab, und dieses steht in notwendigem Verhältnis zum übrigen Organismus, daher kaltblütige Tiere bei

---

[F]. Daß die Neger vorzugsweise und im großen in Sklaverei geraten sind, ist offenbar eine Folge davon, daß sie gegen die andern Menschenrassen an Intelligenz zurückstehn – welches jedoch der Sache keine Berechtigung gibt.

weitem den warmblütigen und die wirbellosen den Wirbeltieren nachstehn. Aber eben der Organismus ist nur der sichtbar gewordene Wille, auf welchen als das absolut Erste stets alles zurückweist: seine Bedürfnisse und Zwecke, in jeder Erscheinung, geben das Maß für die Mittel, und diese müssen unter einander übereinstimmen. Die Pflanze hat keine Apperzeption, weil sie keine Lokomotivität[1] hat: denn wozu hätte jene ihr genützt, wenn sie nicht infolge derselben das Gedeihliche zu suchen, das Schädliche zu fliehen vermochte? und umgekehrt konnte ihr die Lokomotivität nicht nutzen, da sie keine Apperzeption hatte, solche zu lenken. Daher tritt in der Pflanze die unzertrennliche Dyas[2] von Sensibilität und Irritabilität noch nicht auf; sondern sie schlummern in ihrer Grundlage, der Reproduktionskraft, in welcher allein sich hier der Wille objektiviert. Die Sonnenblume und jede Pflanze will das Licht: aber ihre Bewegung zu ihm ist noch nicht getrennt von ihrer Wahrnehmung desselben, und beide fallen zusammen mit ihrem Wachstum. – Im Menschen steht der den übrigen so sehr überlegene Verstand, unterstützt von der hinzugekommenen Vernunft (Fähigkeit der nichtanschaulichen Vorstellungen, d.i. Begriffe: Reflexion, Denkvermögen), doch eben nur im Verhältnis teils zu seinen Bedürfnissen, welche die der Tiere weit übersteigen und sich ins unendliche vermehren, teils zu seinem gänzlichen Mangel an natürlichen Waffen und natürlicher Bedeckung und seiner verhältnismäßig schwächern Muskelkraft, als welche dem ihm an Größe gleichen Affen sehr weit nachsteht, imgleichen zu seiner Unfähigkeit zur Flucht, da er im Lauf von allen vierfüßigen Säugetieren übertroffen wird, endlich auch zu seiner langsamen Fortpflanzung, langen Kindheit und langen Lebensdauer, welche sichere Erhaltung des Individuums forderten. Alle diese großen Forderungen mußten durch intellektuelle Kräfte gedeckt werden: daher sind diese hier so überwiegend. Überall aber finden wir den Intellekt als das Sekundäre, Untergeordnete, bloß den Zwecken des Willens

1. [Beweglichkeit]
2. [Zweiheit]

zu dienen Bestimmte. Dieser Bestimmung getreu, bleibt er in der Regel allezeit in der Dienstbarkeit des Willens. Wie er sich dennoch in einzelnen Fällen durch ein abnormes Übergewicht des zerebralen Lebens davon losmacht, wodurch das rein objektive Erkennen eintritt, welches sich bis zum Genie steigert, habe ich im dritten Buche, dem ästhetischen Teile meines Hauptwerkes, ausführlich gezeigt *[Bd. 1, S. 264–274]* und später in den ›Parerga‹ Bd. 2, §§ 50–57, auch § 206 erläutert *[Band 5]*.

Wenn wir nun nach allen diesen Betrachtungen über die genaue Übereinstimmung zwischen dem Willen und der Organisation jedes Tieres und von diesem Gesichtspunkt aus ein wohlgeordnetes osteologisches Kabinett durchmustern; so wird es uns wahrlich vorkommen, als sähen wir ein und dasselbe Wesen (jenes Urtier de Lamarcks, richtiger: den Willen zum Leben) nach Maßgabe der Umstände seine Gestalt verändern und aus derselben Zahl und Ordnung seiner Knochen, durch Verlängerung und Verkürzung, Verstärkung und Verkümmerung derselben, diese Mannigfaltigkeit von Formen zustande bringen. Jene Zahl und Ordnung der Knochen, welche Geoffroy Saint-Hilaire (›Principes de philosophie zoologique‹, 1830) das *anatomische Element* genannt hat, bleibt, wie er gründlich nachweist, in der ganzen Reihe der Wirbeltiere dem Wesentlichen nach unverändert, ist eine konstante Größe, ein zum voraus schlechthin Gegebenes, durch eine unergründliche Notwendigkeit unwiderruflich Festgesetztes – dessen Unwandelbarkeit ich der Beharrlichkeit der Materie unter allen physischen und chemischen Veränderungen vergleichen möchte: ich werde sogleich darauf zurückkommen. Im Verein damit aber besteht die größte Wandelbarkeit, Bildsamkeit, Fügsamkeit dieser selben Knochen in Hinsicht auf Größe, Gestalt und Zweck der Anwendung: und diese sehn wir mit ursprünglicher Kraft und Freiheit durch den *Willen* bestimmt werden, nach Maßgabe der Zwecke, welche die äußern Umstände ihm vorschieben: er macht daraus, was sein jedesmaliges Bedürfnis heischt. Will er als Affe auf den Bäumen umherklettern; so greift er alsbald mit vier Händen nach den

Zweigen und streckt dabei ulna [Elle] nebst radius [Speiche] unmäßig in die Länge: zugleich verlängert er das os coccygis [den Steißbeinknochen] zu einem ellenlangen Wickelschwanze, um sich damit an die Zweige zu hängen und von einem Ast zum andern zu schwingen. Hingegen werden jene selben Armknochen bis zur Unkenntlichkeit verkürzt, wenn er als Krokodil im Schlamme kriechen oder als Seehund schwimmen oder als Maulwurf graben will, in welchem letztern Fall er den metacarpus [die Mittelhand] und die Phalangen [Fingerglieder] zu unverhältnismäßig großen Schaufelpfoten auf Kosten aller übrigen Knochen vergrößert. Aber will er als Fledermaus die Luft durchkreuzen, da werden nicht nur os humeri [Oberarmknochen], radius und ulna auf unerhörte Weise verlängert, sondern die sonst so kleinen und untergeordneten carpus [Handwurzel], metacarpus und phalanges digitorum [Fingerglieder] dehnen sich wie in der Vision des heiligen Antonius zu einer ungeheueren den Leib des Tieres übersteigenden Länge aus, um die Flughäute dazwischen auszuspannen. Hat er, um die Kronen hoher Bäume Afrikas benagen zu können, sich als Giraffe auf beispiellos hohe Vorderbeine gestellt; so werden dieselben der Zahl nach stets unwandelbaren sieben Halswirbel, welche beim Maulwurf bis zur Unkenntlichkeit zusammengeschoben waren, jetzt dermaßen verlängert, daß auch hier wie überall die Länge des Halses der der Vorderbeine gleichkommt, damit der Kopf auch zum Trinkwasser herabgelangen könne. Kann nun aber, wenn er als Elefant auftritt, ein langer Hals die Last des übergroßen, massiven und noch mit klafterlangen Zähnen beschwerten Kopfes unmöglich tragen; so bleibt solcher ausnahmsweise kurz, und als Nothülfe wird ein Rüssel zur Erde gesenkt, der Futter und Wasser in die Höhe zieht und auch zu den Kronen der Bäume hinauflangt. Bei allen diesen Verwandlungen sehn wir in Übereinstimmung damit zugleich den Schädel, das Behältnis der Intelligenz, sich ausdehnen, entwickeln, wölben, nach dem Maße, als die mehr oder minder schwierige Art, den Lebensunterhalt herbeizuschaffen, mehr oder weniger Intelligenz erfordert; und die verschiedenen Grade des Verstandes leuchten dem geübten Auge aus den Schädelwölbungen deutlich entgegen.

Hiebei bleibt nun freilich jenes oben als feststehend und unwandelbar erwähnte *anatomische Element* insofern ein Rätsel, als es nicht innerhalb der teleologischen Erklärung fällt, die erst nach dessen Voraussetzung anhebt; indem in vielen Fällen das beabsichtigte Organ auch bei einer andern Zahl und Ordnung der Knochen hätte ebenso zweckmäßig zustande kommen können. Man versteht z. B. wohl, warum der Schädel des Menschen aus acht Knochen zusammengefügt ist, damit nämlich diese mittelst der Fontanellen[1] sich bei der Geburt zusammenschieben können: aber warum das Hühnchen, welches sein Ei durchbricht, dieselbe Anzahl Schädelknochen haben müsse, sieht man nicht ein[L]. Wir müssen daher annehmen, daß dies anatomische Element teils auf der Einheit und Identität des Willens zum Leben überhaupt beruhe, teils darauf, daß die Urformen der Tiere eine aus der andern hervorgegangen sind (›Parerga‹ Bd. 2, § 91 *[Band 5]*) und daher der Grundtypus des ganzen Stammes beibehalten wurde. Dies anatomische Element ist es, was Aristoteles unter seiner ἀναγκαία φύσις [notwendigen Naturbeschaffenheit] versteht, und die Wandelbarkeit der Gestalten desselben, je nach den Zwecken, nennt er τὴν κατὰ λόγον φύσιν [die zweckentsprechende Naturbeschaffenheit] (siehe Aristoteles, ›De partibus animalium‹ 3, cap. 2 [p. 663 b 22 f.] sub finem: πῶς δὲ τῆς ἀναγκαίας φύσεως κ. τ. λ.) [wie aber der notwendigen Naturbeschaffenheit usw.] und erklärt daraus, daß beim Hornvieh der Stoff zu den obern Schneidezähnen auf die Hörner verwendet ist: ganz richtig, da allein die ungehörnten Wiederkäuer, also Kamel und Moschustier, die obern Schneidezähne haben, während sie allen gehörnten fehlen.

Sowohl die hier am Knochengerüste erläuterte genaue Angemessenheit des Baues zu den Zwecken und äußern Lebensverhältnissen des Tieres als auch die so bewunderungs-

---

1. [Knochenlücken am Schädel des Neugeborenen]
L. Hier Owen: [›Ostéologie comparée‹] p. 9 Walfisch *[vgl. Bd. 2, S. 428]*

VERGLEICHENDE ANATOMIE

würdige Zweckmäßigkeit und Harmonie im Getriebe seines Innern wird durch keine andere Erklärung oder Annahme auch nur entfernterweise so begreiflich wie durch die schon anderweitig festgestellte Wahrheit, daß der Leib des Tieres eben nur *sein Wille selbst* ist, angeschaut als Vorstellung, mithin unter den Formen des Raumes, der Zeit und der Kausalität im Gehirne – also die bloße Sichtbarkeit, Objektivität des Willens. Denn unter dieser Voraussetzung muß alles in und an ihm konspirieren zum letzten Zweck, dem Leben dieses Tiers. Da kann nichts Unnützes, nichts Überflüssiges, nichts Fehlendes, nichts Zweckwidriges, nichts Dürftiges oder in seiner Art Unvollkommnes an ihm gefunden werden; sondern alles Nötige muß dasein, genau soweit es nötig ist, aber nicht weiter. Denn hier ist der Meister, das Werk und der Stoff eines und dasselbe. Daher ist jeder Organismus ein überschwenglich vollendetes Meisterstück. Hier hat nicht der Wille erst die Absicht gehegt, den Zweck erkannt, dann die Mittel ihm angepaßt und den Stoff besiegt; sondern sein Wollen ist unmittelbar auch der Zweck und unmittelbar das Erreichen: es bedurfte sonach keiner fremden erst zu bezwingenden Mittel; hier war Wollen, Tun und Erreichen eines und dasselbe. Daher steht der Organismus als ein Wunder da und ist keinem Menschenwerk, das beim Lampenschein der Erkenntnis erkünstelt wurde, zu vergleichen[F].

F. Daher bietet der Anblick jeder Tiergestalt uns eine Ganzheit, Einheit, Vollkommenheit und streng durchgeführte Harmonie aller Teile dar, die so ganz auf *einem* Grundgedanken beruht, daß beim Anblick selbst der abenteuerlichsten Tiergestalt es dem, der sich darin vertieft, zuletzt vorkommt, als wäre sie die einzig richtige, ja mögliche und könne es gar keine andere Form des Lebens als eben diese geben. Hierauf beruht im tiefsten Grunde der Ausdruck ›natürlich‹, wenn wir damit bezeichnen, daß etwas sich von selbst versteht und nicht anders sein kann. Von dieser Einheit war auch *Goethe* ergriffen, als der Anblick der Seeschnecken und Taschenkrebse zu Venedig ihn veranlaßte auszurufen: ›Was ist doch ein Lebendiges für ein köstliches, herrliches Ding! wie abgemessen zu seinem Zustande, wie wahr, wie seiend!‹ (›Leben‹ Bd. 4, S. 223 [›Italienische Reise‹ 9. Oktober 1786]). Darum kann kein Künstler diese Gestalt richtig nachahmen, wenn er nicht viele Jahre hindurch sie zum Gegenstand seines Studiums gemacht hat

Unsere Bewunderung der unendlichen Vollkommenheit und Zweckmäßigkeit in den Werken der Natur beruht im Grunde darauf, daß wir sie im Sinn unsrer Werke betrachten. Bei diesen ist zuvörderst der Wille zum Werk und das Werk zweierlei; sodann liegen zwischen diesen beiden selbst noch zwei andere: erstlich das dem Willen, an sich selbst genommen, fremde Medium der Vorstellung, durch welches er, ehe er sich hier verwirklicht, hindurchzugehn hat; und zweitens der dem hier wirkenden Willen fremde Stoff, dem eine ihm fremde Form aufgezwungen werden soll, welcher er widerstrebt, weil er schon einem andern Willen, nämlich seiner Naturbeschaffenheit, seiner forma substantialis [wesentlichen Form], der in ihm sich ausdrückenden (Platonischen) Idee angehört: er muß also erst überwältigt werden und wird im Innern stets noch widerstreben, so tief auch die künstliche Form eingedrungen sein mag. Ganz anders steht es mit den Werken der Natur, welche nicht wie jene eine mittelbare, sondern eine unmittelbare Manifestation des Willens sind. Hier wirkt der Wille in seiner Ursprünglichkeit, also erkenntnislos; der Wille und das Werk sind durch keine sie vermittelnde Vorstellung geschieden: sie sind eins. Und sogar der Stoff ist mit ihnen eins, denn die Materie ist die bloße Sichtbarkeit des Willens. Deshalb finden wir hier die Materie von der Form völlig durchdrungen: vielmehr aber sind sie ganz gleichen Ursprungs, wechselseitig nur für einander da und insofern eins. Daß wir sie auch hier wie beim Kunstwerk sondern, ist eine bloße Abstraktion. Die reine absolut form- und beschaffenheitslose Materie, welche wir als den Stoff des Naturprodukts denken, ist bloß ein ens rationis [ein Gedankending] und kann in keiner Erfahrung vorkommen. Der Stoff des Kunstwerks hingegen ist die empirische, mithin bereits geformte Materie. Identität der Form und Materie ist Charakter des

---

und in den Sinn und Verstand derselben eingedrungen ist: außerdem sieht sein Werk aus wie zusammengekleistert: es hat zwar alle Teile; aber ihm fehlt das sie verbindende und zusammenhaltende Band, der Geist der Sache, die Idee, welche die Objektität des ursprünglichen Willensakts ist, der als diese Spezies sich darstellt.

Naturprodukts, Diversität beider · des Kunstprodukts[F].
Weil beim Naturprodukt die Materie die bloße Sichtbarkeit
der Form ist, sehn wir auch empirisch die Form als bloße
Ausgeburt der Materie auftreten, aus dem Innern derselben
hervorbrechend, in der Kristallisation, in vegetabilischer
und animalischer generatio aequivoca [Urzeugung]; welche
letztere wenigstens bei den Epizoen [Schmarotzern] nicht zu
bezweifeln ist[FF]. – Aus diesem Grunde läßt sich auch annehmen, daß nirgends, auf keinem Planeten oder Traban-
ten, die Materie in den Zustand *endloser* Ruhe geraten werde;
sondern die ihr inwohnenden Kräfte (d. h. der Wille, dessen
bloße Sichtbarkeit sie ist) werden der eingetretenen Ruhe
stets wieder ein Ende machen, stets wieder aus ihrem
Schlaf erwachen, um als mechanische, physikalische, chemische, organische Kräfte ihr Spiel von neuem zu beginnen,
da sie allemal nur auf den Anlaß warten.

Wollen wir aber das Wirken der Natur verstehn; so müssen wir dies nicht durch Vergleichung mit unsern Werken
versuchen. Das wahre Wesen jeder Tiergestalt ist ein außer
der Vorstellung, mithin auch ihren Formen Raum und Zeit,
gelegener Willensakt, der eben deshalb kein Nach- und
Nebeneinander kennt, sondern die unteilbarste Einheit hat.
Erfaßt nun aber unsere zerebrale Anschauung jene Gestalt
und zerlegt gar das anatomische Messer ihr Inneres; so tritt
an das Licht der Erkenntnis, was ursprünglich und an sich
dieser und ihren Gesetzen fremd ist, in ihr aber nun auch
ihren Formen und Gesetzen gemäß sich darstellen muß.
Die ursprüngliche Einheit und Unteilbarkeit jenes Willensaktes, dieses wahrhaft metaphysischen Wesens, erscheint

F. Es ist eine große Wahrheit, die *Bruno* ausspricht (›De immenso et
innumerabili‹ 8, 10): ›Ars tractat materiam alienam, natura materiam
propriam. Ars circa materiam est; natura interior materiae.‹ [Die
Kunst bearbeitet einen fremden Stoff, die Natur den eigenen. Die Kunst
steht der Materie äußerlich gegenüber, die Natur ist in der Materie.]
Noch viel ausführlicher behandelt er sie ›Della causa‹, [principio et
uno] dialogo 3, p. 252 seqq. – Pag. 255 erklärt er die *forma substantialis*
als die Form jedes Naturprodukts, welche dasselbe ist mit der *Seele*.
FF. Also bewährt sich das dictum der Scholastik: ›Materia appetit
formam.‹ [Der Stoff strebt nach der Form; vgl. Thomas von Aquino:
›Summa theologiae‹ 1, 50, 2, 4.]

nun auseinandergezogen in ein Nebeneinander von Teilen und Nacheinander von Funktionen, die aber dennoch sich darstellen als genau verbunden, durch die engste Beziehung auf einander, zu wechselseitiger Hülfe und Unterstützung, als Mittel und Zweck gegenseitig. Der dies so apprehendierende Verstand gerät in Bewunderung über die tief durchdachte Anordnung der Teile und Kombination der Funktionen; weil er die Art, wie er die aus der Vielheit (welche seine Erkenntnisform erst herbeigeführt hat) sich wiederherstellende ursprüngliche Einheit gewahr wird, auch der Entstehung dieser Tierform unwillkürlich unterschiebt. Dies ist der Sinn der großen Lehre Kants, daß die Zweckmäßigkeit erst vom Verstande in die Natur gebracht wird, der demnach ein Wunder anstaunt, das er erst selbst geschaffen hat[F]. Es geht ihm (wenn ich eine so hohe Sache durch ein triviales Gleichnis erläutern darf) so, wie wenn er darüber erstaunt, daß alle Multiplikationsprodukte der 9 durch Addition ihrer einzelnen Ziffern wieder 9 geben oder eine Zahl, deren Ziffern addiert 9 betragen; obschon er selbst im Dezimalsystem das Wunder sich vorbereitet hat. – Das physikotheologische Argument läßt das Dasein der Welt in einem Verstande ihrem realen Dasein vorhergehn und sagt: wenn die Welt zweckmäßig sein soll, mußte sie als Vorstellung vorhanden sein, ehe sie ward. Ich aber sage im Sinne Kants: wenn die Welt Vorstellung sein soll, so muß sie sich als ein Zweckmäßiges darstellen; und dieses tritt allererst in unserm Intellekt ein.

Aus meiner Lehre folgt allerdings, daß jedes Wesen sein eigenes Werk ist. Die Natur, die nimmer lügen kann und naiv ist wie das Genie, sagt geradezu dasselbe aus, indem jedes Wesen an einem andern, genau seinesgleichen, nur den Lebensfunken anzündet und dann vor unsern Augen sich selbst macht, den Stoff dazu von außen, Form und Bewegung aus sich selbst nehmend; welches man Wachstum und Entwickelung nennt. So steht auch empirisch jedes Wesen als sein eigenes Werk vor uns. Aber man versteht die Sprache der Natur nicht, weil sie zu einfach ist.

F. Vgl. ›Die Welt als Wille und Vorstellung‹ Bd. 2, p. 330 *[Bd. 2, S. 426]*

PFLANZEN-PHYSIOLOGIE

Über die Erscheinung des Willens in Pflanzen rühren die Bestätigungen, welche ich anzuführen habe, hauptsächlich von Franzosen her; welche Nation eine entschieden empirische Richtung hat und nicht gern einen Schritt über das unmittelbar Gegebene hinausgeht. Zudem ist der Berichterstatter *Cuvier*, der durch sein starres Beharren bei dem rein Empirischen Anlaß gab zu dem berühmten Zwiespalt zwischen ihm und *Geoffroy Saint-Hilaire*. Es darf uns also nicht wundern, wenn wir hier nicht einer so entschiedenen Sprache begegnen wie in den früher angeführten deutschen Zeugnissen und jedes Zugeständnis mit behutsamer Zurückhaltung gemacht sehn.

Cuvier sagt in seiner ›Histoire des progrès des sciences naturelles depuis 1789 jusqu'à ce jour‹ vol. 1, 1826, S. 245: ›Die Pflanzen haben gewisse anscheinend von selbst entstehende (spontanés) Bewegungen, die sie unter gewissen Umständen zeigen und welche denen der Tiere bisweilen so ähnlich sind, daß man wohl ihretwegen den Pflanzen eine Art Empfindung und *Willen* beilegen möchte, welches vorzüglich diejenigen tun würden, die etwas Ähnliches in den Bewegungen der *innern* Teile der Tiere sehn wollen. So streben die Wipfel der Bäume stets nach der senkrechten Richtung; es sei denn, daß sie sich nach dem Lichte beugen. Ihre Wurzeln gehn dem guten Erdreich und der Feuchtigkeit nach und verlassen, um diese zu finden, den geraden Weg. Aus dem Einfluß äußerer Ursachen aber sind diese verschiedenen Richtungen nicht erklärlich, wenn man nicht auch eine innere Anlage annimmt, welche erregt zu werden fähig und von der bloßen Trägheitskraft in den unorganischen Körpern verschieden ist. ... *Decandolle* hat merkwürdige Versuche gemacht, die ihm in den Pflanzen eine Art Gewohnheit dargetan haben, welche durch künstliche Beleuchtung erst nach einer gewissen Zeit überwunden wird. Pflanzen, in einem von Lampen fortwährend erleuchteten Keller eingeschlossen, hörten darum in den ersten Tagen nicht auf, sich beim Eintritt der Nacht zu schließen und am Morgen zu öffnen. Und so gibt es noch andere Gewohnheiten, welche die Pflanzen annehmen und ablegen können. Die Blumen, welche sich bei nassem Wetter schließen, bleiben, wenn es zu lange anhält, endlich offen. Als Herr *Desfontaines* eine Sensitive [Mimose] im Wagen mit sich führte, zog sie sich, auf das Rütteln, anfangs zusammen: aber endlich dehnte sie sich wieder aus wie bei voller Ruhe. Also wirken auch hier Licht, Nässe usw. bloß kraft einer innern Anlage, welche durch die Ausübung solcher Tätigkeit selbst aufgehoben oder verändert werden kann, und die Lebenskraft der Pflanzen ist wie die der Tiere der Ermüdung und Erschöpfung unterworfen. Das Hedysarum gyrans [der bengalische Schildklee] ist sonderbar ausgezeichnet durch die Bewegungen, die es bei Tag und Nacht mit seinen Blättern macht, ohne dazu irgendeines Anlasses zu bedürfen. Wenn im Pflanzenreich irgendeine Erscheinung täuschen und an die freiwilligen Bewegungen der Tiere erinnern kann, so ist es sicherlich diese. Broussonet, Silvestre, Cels und Hallé haben sie ausführlich beschrieben und gezeigt, daß ihre Tätigkeit allein vom guten Zustande der Pflanze abhängt.‹

Im dritten Bande desselben Werkes (1828), S. 166 sagt *Cuvier:* ›Herr *Dutrochet* fügt physiologische Betrachtungen hinzu, infolge von Versuchen, die er selbst angestellt hat und welche seiner Meinung nach beweisen, daß die Bewegungen der Pflanzen *spontan* sind, d.h. von einem innern Prinzip abhängen, welches den Einfluß äußerer Agentien unmittelbar empfängt. Weil er jedoch Anstand nimmt, den Pflanzen Sensibilität beizulegen; so setzt er an die Stelle dieses Worts Nervimotilität[1].‹ – Ich muß hiebei bemerken,

1. [Blattaderbewegung]

daß, was wir durch den Begriff der *Spontaneität* denken, wenn näher untersucht, allemal hinausläuft auf Willensäußerung, von welcher jene demnach nur ein Synonym wäre. Der einzige Unterschied dabei ist, daß der Begriff der Spontaneität aus der äußern Anschauung, der der Willensäußerung aus unserm eigenen Bewußtsein geschöpft ist. – Von der Gewalt des Dranges dieser Spontaneität, auch in Pflanzen, überliefert uns ein denkwürdiges Beispiel der ›Cheltenham Examiner‹, welches die ›Times‹ vom 2. Juni 1841 wiederholen: ›Am letzten Donnerstage haben in einer unsrer volkreichsten Gassen drei oder vier große Pilze eine Heldentat ganz neuer Art vollbracht, indem sie in ihrem eifrigen Streben nach dem Durchbruch in die sichtbare Welt einen großen Pflasterstein wirklich herausgehoben haben.‹

In den ›Mémoires de l'académie des sciences‹ de l'année 1821, vol. 5, Paris 1826, sagt *Cuvier* S. 171: ›Seit Jahrhunderten forschen die Botaniker nach, warum ein keimendes Korn, in welche Lage auch immer man es gebracht habe, stets die Wurzel nach unten, den Stengel nach oben sende. Man hat es der Feuchtigkeit, der Luft, dem Licht zugeschrieben: aber keine dieser Ursachen erklärt es. Herr *Dutrochet* hat Samenkörner in Löcher gebracht, welche in den Boden eines mit feuchter Erde gefüllten Gefäßes gebohrt waren, und dieses an den Balken eines Zimmers gehängt. Nun sollte man denken, daß der Stengel nach unten gewachsen wäre: aber keineswegs. Die Wurzeln senkten sich in die Luft herab, und die Stengel verlängerten sich durch die feuchte Erde hindurch, bis sie deren obere Fläche durchdringen konnten. Nach Herrn Dutrochet nehmen die Pflanzen ihre Richtung vermöge eines innern Prinzips und keineswegs durch die Anziehung der Körper, zu welchen sie sich begeben. An der Spitze einer auf einem Zapfen vollkommen beweglichen Nadel hatte man ein Mistelkorn befestigt und zum Keimen gebracht, in deren Nähe aber ein Brettchen gestellt: das Korn richtete bald seine Wurzeln nach dem Brettchen hin, und in fünf Tagen hatten sie es erreicht, ohne daß die Nadel die geringste Bewegung angenommen hätte. – Zwiebel- und Lauchstengel, mit ihren

Bulben [Zwiebeln] an finstern Orten niedergelegt, richten sich auf, wiewohl langsamer als im Hellen: sogar im Wasser niedergelegt richten sie sich auf: welches hinlänglich beweist, daß weder Luft noch Feuchtigkeit ihnen ihre Richtung erteilen.‹ – Carl Heinrich Schultz, in seiner von der Académie des Sciences 1839 gekrönten Preisschrift ›Sur la circulation [et sur les vaissaux] dans les plantes‹ sagt jedoch, er habe Samenkörner in einem finstern Kasten, mit Löchern unten, keimen lassen und, durch einen unter dem Kasten angebrachten, das Sonnenlicht reflektierenden Spiegel bewirkt, daß die Pflanzen in umgekehrter Richtung, Krone unten, Wurzel oben, vegetierten.

Im ›Dictionnaire des sciences naturelles‹, Artikel ›Animal‹, heißt es: ›Wenn die Tiere im Aufsuchen ihrer Nahrung Begierde und in der Auswahl derselben Unterscheidungsvermögen an den Tag legen; so sieht man die Wurzeln der Pflanzen ihre Richtung nach der Seite nehmen, wo die Erde am saftreichsten ist, sogar in den Felsen die kleinsten Spalten, die etwas Nahrung enthalten können, aufsuchen: ihre Blätter und Zweige richten sich sorgfältig nach der Seite, wo sie am meisten Luft und Licht finden. Beugt man einen Zweig so, daß die obere Fläche seiner Blätter nach unten kommt; so verdrehn sogar die Blätter ihre Stengel, um in die Lage zurückzukommen, welche der Ausübung ihrer Funktionen am günstigsten ist (d.h. die glatte Seite oben). Weiß man gewiß, daß dies ohne Bewußtsein vor sich geht?‹

Franz Julius Ferdinand Meyen, der im dritten Bande seines ›Neuen Systems der Pflanzenphysiologie‹ (1839) dem Gegenstande unserer gegenwärtigen Betrachtung ein sehr ausführliches Kapitel, betitelt ›Von den Bewegungen und der Empfindung der Pflanzen‹, gewidmet hat, sagt daselbst S. 585: ›Man sieht nicht selten, daß Kartoffeln in tiefen und dunkeln Kellern gegen den Sommer zu Stengel treiben, welche sich stets den Öffnungen zuwenden, durch welche das Licht in den Keller fällt, und so lange fortwachsen, bis daß sie den Ort erreichen, der unmittelbar beleuchtet wird. Man hat dergleichen Stengel der Kartoffel von zwanzig Fuß Länge beobachtet, während diese Pflanze sonst selbst unter den günstigsten Verhältnissen kaum drei bis vier Fuß hohe Stengel treibt. Es ist interessant, den Weg genauer zu betrachten, welchen der Stengel einer solchen im Dunkeln wachsenden Kartoffel nimmt, um endlich das Lichtloch zu erreichen. Der Stengel versucht, sich dem Lichte auf dem kürzesten Wege zu nähern: da er aber nicht fest genug ist, um ohne Unterstützung quer durch die Luft zu wachsen; so fällt er zu Boden und kriecht auf diese Weise bis zur nächsten Wand, an welcher er alsdann emporsteigt.‹ Auch dieser Botaniker wird a.a.O. S. 576 durch seine Tatsachen zu dem Ausspruch veranlaßt: ›Wenn wir die freien Bewegungen der Oszillatorien [Blaualgen] und andrer niederer Pflanzen betrachten; so bleibt wohl nichts übrig, als diesen Geschöpfen eine Art von *Willen* zuzuerkennen.‹

Einen deutlichen Beleg der Willensäußerung in Pflanzen geben die Rankengewächse, welche, wenn keine Stütze zum Anklammern in der Nähe ist, eine solche suchend ihr Wachstum immer nach dem schattigsten Ort hin richten, sogar nach einem Stück dunkel gefärbten Papiers, wohin man es auch legen mag: hingegen fliehn sie Glas, weil es glänzt. Sehr artige Versuche hierüber, besonders mit Ampelopsis quinquefolia [der fünfblätterigen Zaunrebe] gibt Thomas Andrew Knight in den ›Philosophical Transactions‹ von 1812, welche sich übersetzt finden in der ›Bibliothèque Britannique, section sciences et arts‹ vol. 52 – wiewohl er seinerseits bestrebt ist, die Sache mechanisch zu erklären, und nicht zugeben will, daß es eine Willensäußerung sei. Ich berufe mich auf seine Experimente, nicht auf sein Urteil. Man sollte mehrere stützenlose Rankenpflanzen im Kreise um einen Stamm pflanzen und sehn, ob sie nicht alle zentripetal dahinkröchen. – Über diesen Gegenstand hat *Dutrochet* am 6. November 1843 in der Académie des Sciences einen Aufsatz vorgetragen, ›Sur les mouvements révolutifs spontanés chez les végétaux‹, welcher, seiner großen Weitschweifigkeit ungeachtet, sehr lesenswert und in dem ›Compte rendu des séances de l'académie des sciences‹, November-Heft 1843, abgedruckt ist. Das Resultat ist, daß bei Pisum sativum (grüne Erbse), Bryonia alba [wilde Zaunrübe] und Cucumis sativus (Gurke) die Blattstengel, welche den cirrus (la vrille [die Ranke]) tragen, eine sehr langsame Zirkelbewegung in der Luft beschreiben, welche je nach der Temperatur in ein bis drei Stunden eine Ellipse vollendet und mittelst welcher sie aufs Geratewohl die festen Körper suchen, um welche, wenn sie solche antreffen, der cirrus sich wickelt und jetzt die Pflanze, als welche für sich allein nicht stehn kann, trägt. – Sie machen es also, nur viel langsamer, wie die augenlosen Raupen, die mit dem Oberleibe Kreise in der Luft beschreiben, ein Blatt suchend. – Auch über andre Pflanzenbewegungen bringt in obigem Aufsatz *Dutrochet* manches bei, z. B. daß Stylidium graminifolium [Säulenblume] in Neuholland in der Mitte der Korolle eine Säule hat, welche die Antheren [Staubbeutel] und das Stigma [Fruchtknoten] trägt und sich abwechselnd einbiegt und wieder aufrichtet. Diesem verwandt ist, was *Treviranus* in seinem Buche ›Die Erscheinungen und Gesetze des organischen Lebens‹ Bd. 1, S. 173 beibringt: ›So neigen sich bei Parnassia palustris[1] [Studentenröschen] und Ruta graveolens [Weinraute] die Staubfäden einer nach dem andern, bei Saxifraga tridactylites [Fingersteinbrech] paarweise zum Stigma und richten sich in gleicher Ordnung wieder auf.‹ – Über den obigen Gegenstand aber heißt es ebendaselbst kurz vorher: ›Die allgemeinsten der vegetabilischen Bewegungen, die freiwillig zu sein scheinen, sind das Hinziehn der Zweige und der obern Seite der Blätter nach dem Lichte und nach feuchter Wärme und das Winden der Schlingpflanzen um eine Stütze. Besonders in der letztern Erscheinung äußert sich etwas Ähnliches den Bewegungen der Tiere. Die Schlingepflanze beschreibt zwar, sich selbst überlassen, bei ihrem Wachstum mit den Spitzen der Zweige Kreise und erreicht vermöge dieser Art des Wachstums einen Gegenstand, der in ihrer Nähe ist. Allein es ist doch keine bloß mechanische Ursache, was sie veranlaßt, ihr Wachstum der Gestalt des Gegenstandes, zu welchem sie gelangt, anzupassen. Die Cuscuta [Flachs- und Kleeseide] windet sich nicht um Stützen jeder Art, nicht um tierische Teile, tote vegetabili-

1. [Eine Steinbrechart]

sche Körper, Metalle und andere unorganische Materie, sondern nur um lebende Pflanzen, und auch nicht um Gewächse jeder Art, z.B. nicht um Moose, sondern nur um solche, woraus sie durch ihre Papillen die ihr angemessene Nahrung ziehn kann, und von diesen wird sie schon in einiger Entfernung angezogen.‹^F – Besonders zur Sache aber ist folgende spezielle Beobachtung, mitgeteilt im ›Farmer's Magazine‹ und unter dem Titel ›Vegetable instinct‹ wiederholt in den ›Times‹ vom 13. Juli 1848: ›Wenn an eine beliebige Seite des Stengels eines jungen Kürbisses oder der großen Gartenerbsen innerhalb sechs Zoll Entfernung eine Schale mit Wasser gestellt wird; so wird im Verlaufe der Nacht der Stengel sich dieser nähern und am Morgen mit einem seiner Blätter auf dem Wasser schwimmend gefunden werden. Diesen Versuch kann man allnächtlich fortsetzen, bis die Pflanze anfängt in die Frucht zu schießen. – Wird ein Stecken innerhalb sechs Zoll Entfernung von einem jungen Convolvulus [Winde] aufgestellt; so wird dieser ihn finden, auch wenn man täglich die Stelle des Steckens wechselt. Hat er sich um den Stecken ein Stück weit hinaufgewunden, und man wickelt ihn ab und windet ihn in entgegengesetzter Richtung wieder um den Stecken; so wird er in seine ursprüngliche Stellung zurückkehren oder im Streben danach sein Leben lassen. Dennoch aber, wenn zwei dieser Pflanzen ohne einen Stecken, darum sie sich winden könnten, nahe

---

F. *Brandis*: ›Über Leben und Polarität‹, S. 88, sagt: ›Die Wurzeln der Felsenpflanzen suchen die nährende Dammerde in den feinsten Spalten der Felsen. Die Wurzeln der Pflanzen schlingen sich um einen nährenden Knochen in dichten Haufen. Ich sah eine Wurzel, deren weiteres Wachstum in die Erde eine alte Schuhsohle hinderte: sie teilte sich in so zahlreiche Fasern, als die Schuhsohle Löcher hatte, womit sie früher genäht war: sobald diese Fasern aber das Hindernis überwunden hatten und durch die Löcher gewachsen waren, vereinigten sie sich wieder in einen Wurzelstamm.‹ S. 87 sagt er: ›Wenn Sprengels Beobachtungen sich bestätigen, werden (von den Pflanzen) sogar Mittelrelationen perzipiert, um diesen Zweck (Befruchtung) zu erreichen: nämlich die Antheren der *Nigella* [Schwarzkümmel] biegen sich herab, um ihren Pollen auf den Rücken der Bienen zu bringen; und dann biegen die Pistille sich auf dieselbe Weise, um es von dem Rücken der Biene aufzunehmen.‹

aneinander wachsen; so wird eine von ihnen die Richtung ihrer Spirale ändern und sie werden sich um einander wikkeln. – *Duhamel* legte einige welsche Bohnen in einen mit feuchter Erde gefüllten Zylinder: nach kurzer Zeit fingen sie an zu keimen und trieben natürlich die plumula[1] [das Federchen] aufwärts zum Lichte und die radicula [Keimwurzel] abwärts in den Boden. Nach wenigen Tagen wurde der Zylinder um ein Viertel seines Umfangs gedreht, und dies wieder und nochmals, bis der Zylinder ganz herumgekommen war. Nun wurden die Bohnen aus der Erde genommen; wo es sich fand, daß beides, plumula und radicula, sich bei jeder Umwälzung gebogen hatten, um sich derselben anzupassen, die eine sich bemühend, senkrecht aufzusteigen, die andere, abwärts zu gehn, wodurch sie eine vollkommene Spirale gebildet hatten. Aber wiewohl das natürliche Streben der Wurzeln abwärts geht, so werden sie doch, wenn der Boden unten trocken ist und irgendeine feuchte Substanz höher liegt, aufwärts steigen, diese zu erreichen.‹

In Froriep's ›Notizen‹ [aus dem Gebiete der Natur- und Heilkunde], Jahrgang 1833 Nr. 832, steht ein kurzer Aufsatz über Lokomotivität der Pflanzen: im schlechten Erdreich, dem guten nahe stehend, senken manche Pflanzen einen Zweig in das gute; nachher verdorrt die ursprüngliche Pflanze; aber der Zweig gedeiht und wird jetzt selbst die Pflanze. Mittelst dieses Vorgangs ist eine Pflanze von einer Mauer herabgeklettert.

In derselben Zeitschrift, Jahrgang 1835 Nr. 981, findet man die Übersetzung einer Mitteilung des Prof. Daubeny zu Oxford (aus dem ›Edinburgh New Philosophical Journal‹, April/Juli 1835), der durch neue und sehr sorgfältige Versuche es gewiß macht, daß die Pflanzenwurzeln wenigstens bis zu einem gewissen Grade die Fähigkeit haben, unter den ihrer Oberfläche dargebotenen erdigen Stoffen eine Wahl zu treffen[F].

---

1. [Anlage des Stengels und der ersten Blätter]

F. Hierher gehört endlich auch eine ganz anderartige von dem französischen Akademiker *Babinet* in einem Aufsatz über die Jahreszeiten auf den Planeten gegebene Auseinandersetzung, welche man in der ›Revue des deux mondes‹ vom 15. Januar 1856 findet und von der ich hier das Hauptsächlichste deutsch wiedergeben will. Die Absicht derselben ist eigentlich, die bekannte Tatsache, daß die Zerealien [Feldfrüchte] nur in den gemäßigten Klimaten gedeihen, auf ihre nächste Ursache zurückzuführen. ›Wenn das Getreide nicht notwendig im Winter absterben müßte, sondern eine perennierende Pflanze wäre; so würde es nicht in die Ähre schießen, folglich keine Ernte geben. In den warmen Ländern Afrikas, Asiens und Amerikas, wo kein Winter die Zerealien tötet, lebt ihre Pflanze so fort wie bei uns das Gras: sie vermehrt sich durch Schößlinge, bleibt stets grün und bildet weder Ähren noch Samen. – In den kalten Klimaten hingegen scheint der Organismus der Pflanze vermöge eines unbegreiflichen Wunders die Notwendigkeit, durch den Samenzustand zu gehn, um nicht in der kalten Jahreszeit ganz auszusterben, vorherzufühlen. (L'organisme de la plante, *par un inconcevable miracle*, semble pressentir la nécessité de passer par l'état de graine, pour ne pas périr complètement pendant la saison rigoureuse.) – Auf analoge Weise liefern in den tropischen Ländern, z. B. auf Jamaika, diejenigen Landstriche Getreide, welche eine ‚dürre Jahreszeit', d. h. eine Zeit, wo alle Pflanzen verdorren, haben; weil hier die Pflanze aus demselben organischen Vorgefühl (par le même *pressentiment organique*) beim Herannahen der Jahreszeit, in der sie verdorren muß, sich beeilt, in den Samen zu schießen, um sich fortzupflanzen.‹ In der von dem Verfasser als ›unbegreifliches Wunder‹ dargelegten Tatsache erkennen wir eine Äußerung des Willens der Pflanze in erhöhter Potenz, indem er hier als Wille der Gattung auftritt und auf analoge Weise wie in den Instinkten mancher Tiere Anstalten für die Zukunft trifft, ohne dabei von einer Erkenntnis derselben geleitet zu sein. Wir sehn hier die Pflanze im warmen Klima einer weitläuftigen Veranstaltung sich überheben, zu welcher nur das kalte Klima sie genötigt hatte. Ganz dasselbe tun im analogen Fall die Tiere, und zwar die Bienen, von denen Leroy in seinem vortrefflichen Buche ›Lettres philosophiques sur l'intelligence des animaux‹ (im dritten Briefe, S. 231) berichtet, daß sie, nach Südamerika gebracht, im ersten Jahre wie in der Heimat Honig einsammelt und ihre Zellen gebaut hätten; als sie aber allmälig innewurden, daß hier die Pflanzen das ganze Jahr hindurch blühen, haben sie ihre Arbeit eingestellt. – Eine jener Veränderung der Fortpflanzungsweise des Getreides analoge Tatsache liefert die Tierwelt, in den wegen ihrer anomalen Fortpflanzung längst berühmten *Aphiden* [Blattläusen]. Bekanntlich pflanzen diese zehn bis zwölf Generationen hindurch sich ohne Befruchtung fort, und zwar durch eine Abart des ovoviviparen Hergangs [bei dem das Weibchen Eier mit mehr oder weniger entwickelten Embryonen legt, bei den Blattläusen gebärt das Weibchen lebendige Junge]. So geht es den ganzen Sommer hindurch: aber im Herbst erscheinen die Männchen, die Begattung geht vor sich, und Eier werden gelegt als Winterquartier für die ganze Spezies, da ja diese nur in solcher Gestalt den Winter überstehn kann.

Endlich will ich nicht unbemerkt lassen, daß schon Platon den Pflanzen Begierden, ἐπιθυμίας, also Willen beilegt (›Timaeus‹ p. 403, editio Bipontini). Ich habe jedoch die Lehren der Alten über diesen Gegenstand bereits erörtert in meinem Hauptwerk Bd. 2, Kap. 23 *[Bd. 2, S. 378–394]*, welches Kapitel überhaupt als Ergänzung des gegenwärtigen zu benutzen ist.

Das Zögern und die Zurückhaltung, mit der wir die hier angeführten Schriftsteller darangehn sehn, den sich nun doch einmal empirisch kundgebenden Willen den Pflanzen zuzuerkennen, entspringt daraus, daß auch sie befangen sind in der alten Meinung, daß Bewußtsein Erfordernis und Bedingung des Willens sei: jenes aber haben die Pflanzen offenbar nicht. Daß der Wille das Primäre und daher von der Erkenntnis, mit welcher als dem Sekundären erst das Bewußtsein eintritt, unabhängig sei, ist ihnen nicht in den Sinn gekommen. Von der Erkenntnis oder [der] Vorstellung haben die Pflanzen bloß ein Analogon, ein Surrogat; aber den Willen haben sie wirklich und ganz unmittelbar selbst: denn er als das Ding an sich ist das Substrat ihrer Erscheinung wie jeder. Man kann, realistisch verfahrend und demnach vom Objektiven ausgehend, auch sagen: das, was in der vegetabilischen Natur und dem tierischen Organismus lebt und treibt, wenn es sich auf der Stufenleiter der Wesen allmälig so weit gesteigert hat, daß das Licht der Erkenntnis unmittelbar darauffällt, stellt sich im nunmehr entstandenen Bewußtsein als Wille dar und wird hier unmittelbarer, folglich besser als irgendwo sonst, erkannt; welche Erkenntnis daher den Schlüssel zum Verständnis alles tiefer Stehenden abgeben muß. Denn in ihr ist das Ding an sich durch keine andere Form mehr verhüllt als allein durch die der unmittelbarsten Wahrnehmung. Diese unmittelbare Wahrnehmung des eigenen Wollens ist es, was man den innern Sinn genannt hat. An sich ist der Wille wahrnehmungslos und bleibt es im unorganischen und im Pflanzen-Reiche. Wie die Welt trotz der Sonne finster bliebe, wenn keine Körper dawären, das Licht derselben zurückzuwerfen, oder wie die Vibration einer Saite der Luft und selbst irgendeines Resonanzbodens bedarf, um zum Klange zu werden; so wird der Wille erst durch den Zutritt der Erkenntnis sich seiner selbst bewußt: die Erkenntnis ist gleichsam der Resonanzboden des Willens und der dadurch entstehende Ton das Bewußtsein. Dieses Sich-seiner-selbst-Bewußt-Werden des Willens hat man dem sogenannten innern Sinn zugeschrieben; weil es unser erstes und unmittelbares Erkennen ist. Das Objekt dieses innern Sinnes können bloß die verschiedenartigen Regungen des eigenen Willens sein: denn das Vorstellen kann nicht selbst wieder wahrgenommen werden; sondern höchstens nur in der vernünftigen Reflexion, dieser zweiten Potenz der Vorstellung, also in abstracto nochmals zum Bewußtsein kommen. Daher denn auch das einfache Vorstellen (Anschauen) zum eigentlichen Denken, d. h. dem Erkennen in abstrakten Begriffen sich verhält wie das Wollen an sich zum Innewerden dieses Wollens, d. i. dem Bewußtsein. Deshalb tritt ganz klares und deutliches Bewußtsein des eigenen wie des fremden Daseins erst mit der Vernunft (dem Vermögen der Begriffe) ein, welche den Menschen über das Tier so hoch erhebt wie das bloß anschauende Vorstellungsvermögen dieses über die Pflanze. Was nun wie diese keine Vorstellung hat, nennen wir bewußtlos und denken es als vom Nichtseienden wenig verschieden, indem es sein Dasein eigentlich nur im fremden Bewußtsein, als dessen Vorstellung, habe. Dennoch fehlt ihm nicht das Primäre des Daseins, der Wille, sondern bloß das Sekundäre: aber uns scheint ohne dieses das Primäre, welches doch das Sein des Dinges an sich ist, ins Nichts überzugehn. Ein bewußtloses Dasein wissen wir unmittelbar nicht deutlich vom Nichtsein zu unterscheiden; obwohl der tiefe Schlaf uns die eigene Erfahrung darüber gibt.

Erinnern wir uns aus dem vorhergehenden Abschnitte, daß bei den Tieren das Erkenntnisvermögen wie jedes andere Organ nur zum Behuf ihrer Erhaltung eingetreten ist und daher in genauem und unzählige Stufen zulassendem Verhältnis zu den Bedürfnissen jeder Tierart steht; dann werden wir begreifen, daß die Pflanze, da sie so sehr viel weniger Bedürfnisse hat als das Tier, endlich gar keiner Erkenntnis mehr bedarf. Dieserhalb eben ist, wie ich oft gesagt habe, das Erkennen wegen der dadurch bedingten Bewegung auf Motive der wahre und die wesentliche Grenze bezeichnende Charakter der Tierheit. Wo diese aufhört, verschwindet die eigentliche Erkenntnis, deren Wesen uns aus eigener Erfahrung so wohl bekannt ist, und wir können uns von diesem Punkt an das den Einfluß der Außenwelt auf die Bewegungen der Wesen Vermittelnde nur noch durch Analogie faßlich machen. Hingegen bleibt der Wille, den wir als die Basis und den Kern jedes Wesens erkannt haben, stets und überall einer und derselbe. Auf der niedrigeren Stufe der Pflanzenwelt, wie auch des vegetativen Lebens im tierischen Organismus, vertritt nun als Bestimmungsmittel der einzelnen Äußerungen dieses überall vorhandenen Willens und als das Vermittelnde zwischen der Außenwelt und den Veränderungen eines solchen Wesens *Reiz* und zuletzt im Unorganischen physische Einwirkung überhaupt die Stelle der Erkenntnis und stellt sich, wenn die Betrachtung wie hier von oben herabschreitet, als ein Surrogat der Erkenntnis, mithin als ein ihr bloß Analoges dar. Wir können nicht sagen, daß die Pflanzen Licht und Sonne eigentlich wahrnehmen: allein wir sehn, daß sie die Gegenwart oder Abwesenheit derselben verschiedentlich spüren, daß sie sich nach ihnen neigen und wenden, und wenn freilich meistenteils diese Bewegung mit der ihres Wachstums zusammenfällt wie die Rotation des Mondes mit seinem Umlauf; so ist sie darum doch nicht weniger als eben diese vorhanden, und die Richtung jenes Wachsens wird durch das Licht ebenso wie eine Handlung durch ein Motiv bestimmt und planmäßig modifiziert, desgleichen bei den rankenden, sich anklammernden Pflanzen durch die vorgefundene Stütze, deren Ort und Gestalt. Weil also die Pflanze doch überhaupt Bedürfnisse hat, wenngleich nicht solche, die den Aufwand eines Sensoriums und Intellekts erforderten; so muß etwas Analoges an die Stelle treten, um den Willen in den Stand zu setzen, wenigstens die sich ihm darbietende Befriedigung zu ergreifen, wenn auch nicht, sie aufzusuchen. Dieses nun ist die Empfänglichkeit für *Reiz*, deren Unterschied von der Erkenntnis ich so aussprechen möchte, daß bei der Erkenntnis das als Vorstellung sich darstellende Motiv und der darauf erfolgende Willensakt *deutlich von einander gesondert bleiben*, und zwar um so deutlicher, je vollkommner der Intellekt ist – bei der bloßen Empfänglichkeit für Reiz hingegen das Empfinden des Reizes von dem dadurch veranlaßten Wollen nicht mehr zu unterscheiden ist und beide in eins verschmelzen. Endlich in der unorganischen Natur hört auch die Empfänglichkeit für Reiz auf, deren Analogie mit der Erkenntnis nicht zu verkennen ist; es bleibt jedoch verschiedenartige Reaktion jedes Körpers auf verschiedenartige Einwirkung: diese stellt sich nun für den von oben herabschreitenden Gang unserer Betrachtung auch hier noch als Surrogat der Erkenntnis dar. Reagiert der Körper verschieden; so muß auch die Einwirkung verschieden sein und eine verschiedene Affektion in ihm hervorrufen, die in aller ihrer Dumpfheit doch noch entfernte Analogie mit der Erkenntnis hat. Wenn also z. B. eingeschlossenes Wasser endlich einen Durchbruch findet, den es begierig benutzt, tumultuarisch dahin sich drängend; so erkennt es ihn allerdings nicht, sowenig als die Säure das hinzugetretene Alkali, für welches sie das Metall fahrenläßt, wahrnimmt oder die Papierflocke den geriebenen Bernstein, zu welchem sie springt: aber dennoch müssen wir eingestehn, daß das, was in allen diesen Körpern so plötzliche Veränderungen veranlaßt, noch immer eine gewisse Ähnlichkeit haben muß mit dem, was in uns vorgeht, wenn ein unerwartetes Motiv eintritt. Früher haben Betrachtungen dieser Art mir gedient, den *Willen* in allen Dingen nachzuweisen: jetzt aber stelle ich sie an, um zu zeigen, als zu welcher Sphäre gehörig *die Erkenntnis* sich darstellt, wenn man sie nicht wie gewöhnlich von innen aus, sondern realistisch von einem außer ihr selbst gelegenen Standpunkt als ein Fremdes betrachtet, also den objektiven Gesichtspunkt für sie gewinnt, der zur Ergänzung des subjektiven von höchster Wichtigkeit ist[1]. Wir

1. Vgl. ›Welt als Wille und Vorstellung‹ Bd. 2, Kap. 22: ›Objektive Ansicht des Intellekts‹ *[Bd. 2, S. 352–378]*

sehn, daß sie alsdann sich darstellt als das *Medium der Motive*, d. i. der Kausalität auf erkennende Wesen, also als das, was die Veränderung von außen empfängt, auf welche die von innen erfolgen muß, das Vermittelnde zwischen beiden. Auf dieser schmalen Linie nun schwebt die *Welt als Vorstellung*, d. h. diese ganze in Raum und Zeit ausgebreitete Körperwelt, die *als solche* nirgends als in Gehirnen vorhanden sein kann; sowenig wie die Träume, als welche für die Zeit ihrer Dauer ebenso dastehn. Was dem Tier und dem Menschen die Erkenntnis als Medium der Motive leistet, dasselbe leistet den Pflanzen die Empfänglichkeit für Reiz, den unorganischen Körpern die für Ursachen jeder Art, und genau genommen ist das alles bloß dem Grade nach verschieden. Denn ganz allein infolge davon, daß beim Tier nach Maßgabe seiner Bedürfnisse die Empfänglichkeit für äußere Eindrücke sich gesteigert hat bis dahin, wo zu ihrem Behuf ein Nervensystem und Gehirn sich entwickeln muß, entsteht als eine Funktion dieses Gehirns das Bewußtsein und in ihm die objektive Welt, deren Formen (Zeit, Raum, Kausalität) die Art sind, wie diese Funktion vollzogen wird. Wir finden also die Erkenntnis ursprünglich ganz auf das Subjektive berechnet, bloß zum Dienste des Willens bestimmt, folglich ganz sekundärer und untergeordneter Art, ja gleichsam nur per accidens [zufällig] eintretend als Bedingung der auf der Stufe der Tierheit notwendig gewordenen Einwirkung bloßer Motive statt der Reize. Das bei dieser Gelegenheit eintretende Bild der Welt in Raum und Zeit ist bloß der Plan, auf welchem die Motive als Zwecke sich darstellen: es bedingt auch den räumlichen und kausalen Zusammenhang der angeschauten Objekte unter einander, ist aber dennoch bloß das Vermittelnde zwischen dem Motiv und dem Willensakt. Welch ein Sprung wäre es nun, dieses Bild der Welt, welches auf solche Art akzidentell im Intellekt, d. i. [in] der Gehirnfunktion tierischer Wesen entsteht, indem die Mittel zu ihren Zwecken sich ihnen darstellen und so einer solchen Ephemere ihr Weg auf ihrem Planeten sich aufhellt – dieses Bild, sage ich, dieses bloße Gehirnphänomen für das wahre letzte Wesen der Dinge (Ding an sich) und die Verkettung seiner Teile für die absolute Weltordnung (Verhältnisse der Dinge an sich) zu halten und anzunehmen, daß jenes alles auch unabhängig vom Gehirn vorhanden wäre! Diese Annahme muß uns hier als im höchsten Grade übereilt und vermessen erscheinen: und doch ist sie der Grund und Boden, worauf alle Systeme des vorkantischen Dogmatismus aufgebaut wurden: denn sie ist die stillschweigende Voraussetzung aller ihrer Ontologie, Kosmologie und Theologie, wie auch aller aeternarum veritatum [ewigen Wahrheiten], worauf sie sich dabei berufen. Jener Sprung nun aber wurde stets stillschweigend und unbewußt gemacht: ihn uns zum Bewußtsein gebracht zu haben ist eben Kants unsterbliche Leistung.

Durch unsere gegenwärtige realistische Betrachtungsweise gewinnen wir also hier unerwartet den *objektiven Gesichtspunkt* für *Kants* große Entdeckungen und kommen auf dem Wege empirisch-physiologischer Betrachtung dahin, von wo seine transzendental-kritische ausgeht. Diese nämlich nimmt zu ihrem Standpunkt das *Subjektive* und betrachtet das Bewußtsein als ein Gegebenes: aber aus diesem selbst und seiner a priori gegebenen Gesetzlichkeit erlangt sie das Resultat, daß, was darin vorkommt, nichts weiter als bloße Erscheinung sein kann. Wir hingegen sehn von unserm realistischen äußern, das *Objektive*, die Naturwesen als das schlechthin Gegebene nehmenden Standpunkt aus, was der Intellekt seinem Zweck und Ursprung nach ist und zu welcher Klasse von Phänomenen er gehört: daraus erkennen wir (insofern a priori), daß er auf bloße Erscheinungen beschränkt sein muß und daß, was in ihm sich darstellt, immer nur ein hauptsächlich *subjektiv* Bedingtes, also ein mundus phaenomenon [die Welt als Erscheinung] sein kann, nebst der ebenfalls subjektiv bedingten Ordnung des Nexus der Teile desselben, nie aber ein Erkennen der Dinge nach dem, was sie an sich sein und wie sie an sich zusammenhängen mögen. Wir haben nämlich im Zusammenhange der Natur das Erkenntnisvermögen als ein Bedingtes gefunden, dessen Aussagen ebendeshalb keine unbedingte Gültigkeit haben können. Nach dem Studium der ›Kritik der reinen Vernunft‹, welcher unser Standpunkt wesentlich fremd ist, muß es dem, der sie verstanden hat, doch noch vorkommen, als habe die Natur den Intellekt absichtlich zu einem Vexierspiegel bestimmt und spiele Versteck mit uns. Wir aber sind jetzt auf unserm realistisch-objektiven Wege, d. h. ausgehend von der objektiven Welt als dem Gegebenen zu demselben Resultat gelangt, welches *Kant* auf dem idealistisch-subjektiven Wege, d. h. durch Betrachtung des Intellekts selbst, wie er das Bewußtsein konstituiert, erhielt: und da hat sich uns ergeben, daß die Welt als Vorstellung auf der schmalen Linie schwebt zwischen der äußern Ursache (Motiv) und der hervorgerufenen Wirkung (Willensakt) bei erkennenden (tierischen) Wesen, als bei welchen das deutliche Auseinandertreten beider erst anfängt. ›Ita res accendent lumina rebus.‹ [So bringt eine Sache Licht in die andere; Lucretius, ›De rerum natura‹ 1, 1109.] Erst durch dieses Erreichen auf zwei ganz entgegengesetzten Wegen erhält das große von Kant erlangte Resultat seine volle Deutlichkeit, und sein ganzer Sinn wird klar, indem es so von zwei Seiten beleuchtet erscheint. Unser objektiver Standpunkt ist ein realistischer und daher bedingter, sofern er, die Naturwesen als gegeben nehmend, davon absieht, daß ihre objektive Existenz einen Intellekt voraussetzt, in welchem zunächst sie als dessen Vorstellung sich finden; aber *Kants* subjektiver und idealistischer Standpunkt ist ebenfalls bedingt, sofern er von der Intelligenz ausgeht, welche doch selbst die Natur zur Voraussetzung hat, infolge von deren Entwickelung bis zu tierischen Wesen sie allererst eintreten kann. – Diesen unsern realistisch-objektiven Standpunkt festhaltend, kann man *Kants* Lehre auch so bezeichnen, daß, nachdem *Locke*, um die Dinge an sich zu erkennen, von den Dingen, wie sie erscheinen, den Anteil der Sinnesfunktionen unter dem Namen der sekundären Eigenschaften abgezogen hatte, *Kant* mit unendlich größerm Tiefsinn den ungleich beträchtlichern Anteil der Gehirnfunktion abzog, welcher eben die primären Eigenschaften *Lockes* befaßt. Ich aber habe hier nur noch gezeigt, warum das alles sich so verhalten muß, indem ich die Stelle nachwies, die der Intellekt im Zusammenhange der Natur einnimmt, wenn man, realistisch, vom Objektiven als dem Gegebenen ausgeht, dabei aber den allein ganz unmittelbar bewußten Willen, dieses wahre ποῦ στῶ¹ [diesen wahren Standort] der Metaphysik, zum Stützpunkte nimmt als das ursprünglich Reale, von welchem alles andere nur die Erscheinung ist. Dieses zu ergänzen dient noch folgendes.

Oben erwähnte ich, daß, wo Erkenntnis stattfindet, das als Vorstellung auftretende Motiv und der darauf erfolgende Willensakt *um so deutlicher voneinander gesondert bleiben,* je vollkommner der Intellekt ist, also je höher hinauf wir in der Reihe der Wesen gegangen sind. Dies bedarf einer nähern Erklärung. Wo noch bloßer Reiz die Willenstätigkeit erregt und es noch zu keiner Vorstellung kommt, also bei Pflanzen, ist das Empfangen des Eindrucks vom Bestimmtwerden durch denselben noch gar nicht getrennt. In den allerniedrigsten tierischen Intelligenzen, bei Radiarien², Akalephen [Quallen], Akephalen [Muscheltieren] u. dgl. ist es nur wenig anders: ein Fühlen des Hungers, ein dadurch erregtes Aufpassen, ein Wahrnehmen der Beute und Schnappen danach macht hier noch den ganzen Inhalt des Bewußtseins aus, ist aber dennoch die erste Dämmerung der Welt als Vorstellung, deren Hintergrund, d. h. alles außer dem jedesmal wirkenden Motiv hier noch völlig dunkel bleibt. Auch sind dementsprechend die Sinnesorgane höchst unvollkommen und unvollständig, da sie einem embryonischen Verstande nur äußerst wenige Data zur Anschauung zu liefern haben. Überall jedoch, wo Sensibilität ist, begleitet sie schon ein Verstand, d. h. das Vermögen, die empfundene Wirkung auf eine äußere Ursache zu beziehn: ohne dieses wäre die Sensibilität überflüssig und nur eine Quelle zweckloser Schmerzen. Höher hinauf in der Reihe der Tiere stellen sich immer mehr und vollkommenere Sinne ein, bis sie alle fünf dasind; welches bei wenigen wirbellosen Tieren, durchgängig aber erst bei den Vertebraten [Wirbeltieren] eintritt. Gleichmäßig entwickelt sich das Gehirn und seine Funktion, der Ver-

1. *[Vgl. S. 66]*
2. [Nach Cuvier Benennung der Strahltiere, deren Organe strahlenförmig wie die Speichen eines Rades angeordnet sind.]

stand: nun stellt das Objekt sich deutlicher und vollständiger dar, sogar schon als im Nexus mit andern Objekten stehend; weil zum Dienste des Willens auch schon Beziehungen der Objekte aufzufassen sind: dadurch gewinnt die Welt der Vorstellung einigen Umfang und Hintergrund. Aber noch immer geht die Apprehension nur so weit, als der Dienst des Willens es erfordert: die Wahrnehmung und das Sollizitiertwerden durch dieselbe sind nicht rein auseinandergehalten: das Objekt wird nur, sofern es Motiv ist, aufgefaßt. Sogar die klügern Tiere sehn an den Objekten nur, was sie angeht, d. h. was auf ihr Wollen Bezug hat, oder allenfalls noch, was künftig solchen haben kann; wie denn in letzterer Hinsicht z. B. die Katzen bestrebt sind, sich eine genaue Kenntnis des Lokals zu erwerben, und der Fuchs, Verstecke für künftige Beute auszuspüren. Aber gegen alles andre sind sie unempfänglich: vielleicht hat noch nie ein Tier den gestirnten Himmel ins Auge gefaßt; mein Hund sprang sehr erschrokken auf, als er zufällig zum erstenmal die Sonne erblickt hatte. Bei den allerklügsten und noch durch Zähmung gebildeten Tieren stellt sich bisweilen die erste schwache Spur einer anteilslosen Auffassung der Umgebung ein. Hunde bringen es schon bis zum Gaffen; man sieht sie sich ans Fenster setzen und aufmerksam alles, was vorübergeht, mit ihren Blicken begleiten; Affen schauen bisweilen umher, als ob sie über die Umgebung sich zu besinnen strebten. Erst im Menschen tritt Motiv und Handlung, Vorstellung und Wille, ganz deutlich auseinander. Dies hebt aber nicht sofort die Dienstbarkeit des Intellekts unter dem Willen auf. Der gewöhnliche Mensch faßt an den Dingen doch nur das recht deutlich auf, was direkt oder indirekt irgendeine Beziehung auf ihn selbst (Interesse für ihn) hat; beim übrigen wird sein Intellekt unüberwindlich träge: es bleibt daher im Hintergrund, tritt nicht mit voller strahlender Deutlichkeit ins Bewußtsein. Die philosophische Verwunderung und das künstlerische Ergriffensein von der Erscheinung bleiben ihm ewig fremd, was er auch tun mag: ihm scheint im Grunde sich alles von selbst zu verstehn. Völlige Ablösung und Sonderung des Intellekts vom Willen und seinem Dienst ist der

Vorzug des Genies, wie ich dies im ästhetischen Teile meines Werks *[Bd. 1, S. 265-272; Bd. 2, S. 484-514]* ausführlich gezeigt habe. Genialität ist Objektivität. Die reine Objektivität und Deutlichkeit, mit welcher die Dinge sich in der Anschauung (diesem fundamentalen und gehaltreichsten Erkennen) darstellen, steht wirklich jeden Augenblick im umgekehrten Verhältnis des Anteils, den der Wille an denselben Dingen nimmt, und willenloses Erkennen ist die Bedingung, ja das Wesen aller ästhetischen Auffassung. Warum stellt ein gewöhnlicher Maler trotz aller Mühe die Landschaft so schlecht dar? Weil er sie nicht schöner sieht. Und warum sieht er sie nicht schöner? Weil sein Intellekt nicht genugsam von seinem Willen gesondert ist. Der Grad dieser Sonderung setzt große intellektuelle Unterschiede zwischen Menschen: denn das Erkennen ist um so reiner und folglich um so objektiver und richtiger, je mehr es sich vom Willen losgemacht hat; wie die Frucht die beste ist, welche keinen Beigeschmack vom Boden hat, auf dem sie gewachsen.

Dies so wichtige wie interessante Verhältnis verdient wohl, daß wir durch einen Rückblick auf die ganze Skala der Wesen es zu größerer Deutlichkeit erheben und uns den allmäligen Übergang vom unbedingt Subjektiven zu den höchsten Graden der Objektivität des Intellekts daran vergegenwärtigen. Unbedingt subjektiv nämlich ist die unorganische Natur, als bei welcher noch durchaus keine Spur von Bewußtsein der Außenwelt vorhanden ist. Steine, Blöcke, Eisschollen, auch wenn sie aufeinanderfallen oder gegeneinanderstoßen und -reiben, haben kein Bewußtsein von einander und von einer Außenwelt. Jedoch erfahren auch sie schon eine Einwirkung von außen, welcher gemäß ihre Lage und Bewegung sich ändert und die man demnach als den ersten Schritt zum Bewußtsein betrachten kann. Obgleich nun auch die Pflanzen noch kein Bewußtsein der Außenwelt haben, sondern das in ihnen vorhandene bloße Analogon eines Bewußtseins als ein dumpfer Selbstgenuß zu denken ist; so sehn wir sie doch alle das Licht suchen, viele von ihnen Blume oder Blätter täglich der Sonne zuwenden, sodann Rankenpflanzen zu einer sie nicht berührenden Stütze hinkriechen und endlich einzelne Spezies sogar eine Art Irritabilität äußern: unstreitig also ist schon eine Verbindung und [ein] Verhältnis zwischen ihrer selbst nicht unmittelbar sie berührenden Umgebung und ihren Bewegungen vorhanden, welches wir demnach als ein schwaches Analogon der Perzeption ansprechen müssen. Mit der Tierheit allererst tritt entschiedene Perzeption, d. i. Bewußtsein von andern Dingen als Gegensatz zum erst dadurch entstehenden deutlichen Selbstbewußtsein ein. Hierin eben besteht der Charakter der Tierheit im Gegensatz der Pflanzen-Natur. In den untersten Tierklassen ist dies Bewußtsein der Außenwelt sehr beschränkt und dumpf: es wird deutlicher und ausgedehnter mit den zunehmenden Graden der Intelligenz, welche selbst wieder sich nach den Graden des Bedürfnisses des Tieres richten; und so nun geht es die ganze lange Skala der Tierreihe hinauf bis zum Menschen, in welchem das Bewußtsein der Außenwelt seinen Gipfel erreicht und demgemäß die Welt sich deutlicher und vollständiger als irgendwo darstellt. Aber selbst hier noch hat die Klarheit des Bewußtseins unzählige Grade, nämlich vom stumpfsten Dummkopf bis zum Genie. Selbst in den Normalköpfen hat die objektive Perzeption der Außendinge noch immer einen beträchtlichen subjektiven Anstrich: das Erkennen trägt durchweg noch den Charakter, daß es bloß zum Behuf des Wollens dasei. Je eminenter der Kopf, desto mehr verliert sich dieses, löst mehr und mehr das Objekt sich vom Subjekt ab, wodurch die Außenwelt sich desto reiner objektiv darstellt, bis sie zuletzt im Genie die vollkommene Objektivität erreicht, vermöge welcher aus den einzelnen Dingen die Platonischen Ideen derselben hervortreten, weil das sie Auffassende sich zum reinen Subjekt des Erkennens steigert. Da nun die Anschauung die Basis aller Erkenntnis ist; so wird von einem solchen Grundunterschiede in der Qualität derselben alles Denken und alle Einsicht den Einfluß spüren; woraus der durchgängige Unterschied in der ganzen Auffassungsweise des gemeinen und eminenten Kopfes entsteht, den man bei jeder Gelegenheit merkt, also auch der dumpfe, dem der Tierheit sich nähernde Ernst der bloß zum Behuf des Wollens erkennenden Alltagsköpfe im Gegensatz des beständigen Spiels mit der überschüssigen Erkenntnis, welches das Bewußtsein der Überlegenen erheitert. – Aus dem Hinblick auf die beiden Extreme der hier dargelegten großen Skala scheint im Deutschen der hyperbolische Ausdruck Klotz (auf Menschen angewandt), im Englischen blockhead, hervorgegangen zu sein.

Aber eine anderweitige Folge der erst im Menschen eintretenden deutlichen Sonderung des Intellekts vom Willen, und folglich des Motivs von der Handlung ist der täuschende Schein einer Freiheit in den einzelnen Handlungen. Wo im Unorganischen Ursachen, im Vegetabilischen Reize die Wirkung hervorrufen, ist wegen der Einfachheit der Kausalverbindung nicht der mindeste Schein von Freiheit. Aber schon beim animalischen Leben, wo, was bis dahin Ursache oder Reiz war, als Motiv auftritt, folglich jetzt eine zweite Welt, die der Vorstellung, dasteht und die Ursache im einen, die Wirkung im andern Gebiet liegt, ist der kausale Zusammenhang zwischen beiden und mit ihm die Notwendigkeit nicht mehr so augenfällig, wie sie es dort waren. Indessen ist sie beim Tiere, dessen bloß anschauendes Vorstellen die Mitte hält zwischen den auf Reiz erfolgenden organischen Funktionen und dem überlegten Tun des Menschen, noch immer unverkennbar: das Tun des Tieres ist bei Gegenwart des anschaulichen Motivs unausbleiblich, wo nicht ein ebenso anschauliches Gegenmotiv oder Dressur entgegenwirkt; und doch ist seine Vorstellung schon gesondert vom Willensakt und kommt für sich allein ins Bewußtsein. Aber beim Menschen, wo sich die Vorstellung sogar zum Begriffe gesteigert hat und nun eine ganze unsichtbare Gedankenwelt, die er im Kopf herumträgt, Motive und Gegenmotive für sein Tun liefert und ihn von der Gegenwart und [der] anschaulichen Umgebung unabhängig macht, da ist jener Zusammenhang für die Beobachtung von außen gar nicht mehr und selbst für die innere nur durch abstraktes und reifes Nachdenken erkennbar. Denn für die Beobachtung von außen drückt jene Motivation durch Begriffe allen seinen Bewegungen das Gepräge des Vorsätzlichen auf, wodurch sie einen Anschein von Unabhängigkeit gewinnen, welcher sie von denen des Tieres augenfällig unterscheidet, jedoch im Grunde nur davon Zeugnis ablegt, daß der Mensch durch eine Gattung von Vorstellungen aktuiert wird, deren das Tier nicht teilhaftig ist; und im Selbstbewußtsein wiederum wird der Willensakt auf die unmittelbarste Weise, das Motiv aber meistens sehr mittelbar erkannt und sogar oft absichtlich, gegen die Selbsterkenntnis, schonend verschleiert. Dieser Hergang also im Zusammentreffen mit dem Bewußtsein jener echten Freiheit, die dem Willen als Ding an sich und außer der Erscheinung zukommt, bringt den täuschenden Schein hervor, daß selbst der einzelne Willensakt von gar nichts abhinge und frei, d.h. grundlos wäre; während er doch in Wahrheit bei gegebenem Charakter und erkanntem Motiv mit ebenso strenger Notwendigkeit als die Veränderungen, deren Gesetze die Mechanik lehrt, erfolgt und sich, Kants Ausdruck zu gebrauchen, wenn Charakter und Motiv genau bekannt wären, so sicher wie eine Mondfinsternis würde berechnen lassen oder, um eine recht heterogene Autorität danebenzustellen, wie es Dante gibt, der älter ist als Buridan[1]:

> Intra duo cibi distanti e moventi
> D'un modo, prima si morrìa di fame.
> Che liber' uomo l'un recasse a' denti[2].
>
> ›Il Paradiso‹ 4, 1

---

1. [Die dem französischen Scholastiker Jean Buridan zugeschriebene Redensart vom Esel, der zwischen zwei gleichen Heubündeln verhungern müßte, ist schon bei Aristoteles: ›De caelo‹ 2, 14 belegt.]
2. Zwischen zwei gleich entfernte und gleichmäßig bewegte Speisen gestellt, würde der Mensch eher Hungers sterben, als daß er, aus freiem Willen, eine derselben zum Munde führte.

PHYSISCHE ASTRONOMIE

Für keinen Teil meiner Lehre durfte ich eine Bestätigung von seiten der empirischen Wissenschaften weniger hoffen als für den, welcher die Grundwahrheit, daß Kants Ding an sich der Wille ist, auch auf die unorganische Natur anwendet und das, was in allen ihren Grundkräften wirksam ist, darstellt als schlechthin identisch mit dem, was wir in uns als Willen kennen. – Um so erfreulicher ist es mir gewesen zu sehn, daß ein ausgezeichneter Empiriker, von der Kraft der Wahrheit überwunden, dahin gekommen ist, im Kontexte seiner Wissenschaft auch diesen paradoxen Satz auszusprechen. Dies ist *Sir John Herschel* in seinem ›Treatise on astronomy‹, welcher 1833 erschienen ist und 1849 eine zweite, erweiterte Auflage unter dem Titel ›Outlines of astronomy‹ erhalten hat. Er also, der als Astronom die Schwere nicht bloß aus der einseitigen und wirklich plumpen Rolle kennt, die sie auf Erden spielt – sondern aus der edleren, die ihr im Weltraume zufällt, als wo die Weltkörper mit einander spielen[1], Zuneigung verraten, gleichsam liebäugeln, aber es nicht bis zur plumpen Berührung treiben, sondern, die gehörige Distanz bewahrend, ihren Menuett mit Anstand forttanzen, zur Harmonie der Sphären – *Sir John Herschel* also läßt sich im siebenten Kapitel, wo er an die Aufstellung des Gravitationsgesetzes geht, § 371 der ersten Auflage, also vernehmen:

›Alle uns bekannten Körper kommen, wenn in die Luft gehoben und dann ruhig losgelassen, zur Erdoberfläche in einer gegen diese senkrechten Linie herab. Sie werden folglich hiezu getrieben durch eine Kraft oder Kraftanstrengung, die

1. [Vielleicht in Anlehnung an Schillers Gedicht ›Die Größe der Welt‹:
›... Sah sie‹ – die Sterne – ›spielen
Nach den lockenden Zielen‹]

das unmittelbare oder mittelbare Ergebnis eines Bewußtseins und eines *Willens* ist, der irgendwo existiert, wenngleich wir nicht vermögen ihn auszuspüren: diese Kraft benennen wir *Schwere*.‹

›All bodies with which we are acquainted, when raised into the air and quietly abandoned, descend to the earth's surface in lines perpendicular to it. They are therefore urged thereto by a force or effort, the direct or indirect result of a consciousness and a *will* existing somewhere, though beyond our power to trace, which force we term *gravity*.‹[F]

Herschels Rezensent in der ›Edinburgh Review‹, Oktober 1833, als Engländer vor allem darauf bedacht, daß nur der Mosaische Bericht nicht gefährdet werde, als welcher ihm mehr am Herzen liegt als alle Einsicht und Wahrheit auf der Welt, nimmt großen Anstoß an dieser Stelle, bemerkt mit Recht, daß hier offenbar nicht die Rede sei vom Willen des allmächtigen Gottes, welcher die Materie nebst allen ihren Eigenschaften ins Dasein gerufen hat, will den Satz selbst durchaus nicht gelten lassen und leugnet dessen Konsequenz aus dem vorhergehenden Paragraphen, durch welchen

---

F. Dasselbe hat sogar schon *Kopernikus* gesagt: ›Equidem existimo gravitatem non aliud esse quam *appetentiam quandam* naturalem partibus inditam a divina providentia opificis universorum, ut in unitatem integritatemque suam se conferant in formam globi coeuntes. Quam affectionem credibile est etiam soli, lunae ceterisque errantium fulgoribus inesse, ut eius efficacia, in ea, qua se repraesentant, rotunditate permaneant, quae nihilominus multis modis suos efficiunt circuitus.‹ [Ich glaube, daß die Schwere nichts anderes ist als ein natürliches Verlangen, welches allen Teilen eingeflößt ist von der göttlichen Vorsehung des Urhebers aller Dinge, so daß sie ihre Einheit und Vollkommenheit erstreben dadurch, daß sie in eine Kugelgestalt eingehen. Dieses Streben scheint auch der Sonne, dem Monde und den übrigen Planeten innezuwohnen, vermöge dessen sie in der Rundung beharren, in der sie sich darstellen, dessenungeachtet sie auf vielerlei Art ihre Umläufe ausführen.] (Nicolaus Copernici ›De revolutionibus‹ [orbium caelestium] lib. 1, cap. 9. – Vgl. ›Exposition des découvertes de M. le Chevalier Newton‹ par M. Maclaurin, traduit de l'Anglois par M. Lavirotte, Paris 1749, S. 45).

Herschel hat offenbar eingesehn, daß, wenn wir nicht wie *Cartesius* [Descartes] die Schwere durch einen Stoß von außen erklären wollen, wir schlechterdings einen Körpern einwohnenden Willen annehmen müssen. Non datur tertium. [Eine dritte Möglichkeit gibt es

Herschel ihn hat begründen wollen. Ich bin der Meinung, daß er allerdings aus diesem folgen würde (weil der Ursprung eines Begriffs dessen Inhalt bestimmt), daß jedoch dieser Vordersatz selbst falsch ist. Es ist nämlich die Behauptung, daß der Ursprung des Begriffes der Kausalität die Erfahrung sei, und zwar die, welche wir machen, indem wir durch eigene Kraftanstrengung auf die Körper der Außenwelt wirken. Nur wo wie in England der Tag der Kantischen Philosophie noch nicht angebrochen ist, kann man an einen Ursprung des Begriffs der Kausalität aus der Erfahrung denken (abgesehn von den Philosophie-Professoren, welche Kants Lehren in den Wind schlagen und mich keiner Beachtung wert halten); am wenigsten aber kann man es, wenn man meinen von dem Kantischen ganz verschiedenen Beweis der Apriorität jenes Begriffs kennt, der darauf beruht, daß die Erkenntnis der Kausalität notwendig vorhergängige Bedingung der Anschauung der Außenwelt selbst ist, als welche nur zustande kommt durch den vom Verstande vollzogenen *Übergang* von der Empfindung im Sinnesorgan zu deren *Ursache*, die sich nunmehr, im ebenfalls a priori angeschauten Raum, als *Objekt* darstellt. Da nun die Anschauung der Ob-

nicht.] ›Die Materie kann *nur* durch *mechanische* Kräfte bewegt werden‹ – dies ist die stillschweigende Voraussetzung der französischen und ihnen nachtretenden deutschen Physiker, welche alles mechanisch zu erklären suchen, den Magnetismus, das Licht etc. – Freilich muß, wer keinen *Willen* in den Dingen annimmt, auch wie Cartesius und Lesage die Schwere durch Stoß von außen erklären. Denn wirklich steht die Alternative fest, entweder den Ursprung jeder Bewegung ganz in die äußere Ursache zu verlegen, wo dann jede Bewegung auf Stoß erfolgt, oder aber *im Bewegten* selbst einen *innern Drang* anzunehmen, infolge dessen es sich bewegt und den wir *Schwere* nennen. Einen solchen innern Drang können wir uns aber nicht anders erklären, ja nur denken als eben das, was in uns der Wille ist; bloß daß hier seine Richtung nicht so einseitig und (auf der Erde) stets senkrecht abwärts gehend ausfällt wie dort; sondern sehr mannigfaltig wechselnd je nach Maßgabe der Bilder, die sein Intellekt, bis zu welchem er hier seine Empfänglichkeit gesteigert hat, ihm vorhält, dennoch aber stets mit derselben Notwendigkeit wie dort. Daß das Wesen der Kräfte in der unorganischen Natur identisch mit dem Willen in uns ist, stellt sich jedem, der ernstlich nachdenkt, mit völliger Gewißheit und als erwiesene Wahrheit dar. Daß sie paradox erscheint, deutet bloß auf die Wichtigkeit der Entdeckung.

jekte unserm bewußten Wirken auf sie vorhergehn muß; so kann die Erfahrung von diesem nicht erst die Quelle des Kausalitätsbegriffs sein: denn ehe ich auf die Dinge wirke, müssen sie auf mich gewirkt haben, als Motive. Ich habe alles hieher Gehörige ausführlich erörtert im zweiten Bande meines Hauptwerks Kap. 4, S. 38–42 *[Bd. 2, S. 53]*, und in der zweiten Auflage der Abhandlung ›Über den Satz vom Grunde‹ § 21, woselbst S. 74 *[vgl. S. 69]* auch die von *Herschel* adoptierte Annahme ihre spezielle Widerlegung findet, brauche also nicht hier von neuem darauf einzugehn. Sogar aber empirisch ließe solche Annahme sich widerlegen, indem aus ihr folgen würde, daß ein ohne Arme und Beine geborner Mensch keine Kunde von der Kausalität, mithin auch keine Anschauung der Außenwelt erhalten könnte: dies hat jedoch die Natur faktisch widerlegt mittelst eines Unglücksfalles dieser Art, den ich aus der Quelle wiedergegeben habe im soeben angeführten Kapitel meines Hauptwerks S. 40. – Bei unserm in Rede stehenden Ausspruch Herschels wäre also wieder einmal der Fall eingetreten, daß eine wahre Konklusion aus falschen Prämissen gefolgert wird: dies entsteht allemal dann, wann wir durch ein richtiges Aperçu eine Wahrheit unmittelbar einsehn, aber das Herausfinden und Deutlichmachen ihrer Erkenntnisgründe uns mißlingt, indem wir diese nicht zum deutlichen Bewußtsein bringen können. Denn bei jeder ursprünglichen Einsicht ist die Überzeugung früher da als der Beweis: dieser wird erst hinterher dazu ersonnen.

Die flüssige Materie macht durch die vollkommene Verschiebbarkeit aller ihrer Teile die unmittelbare Äußerung der Schwere in jedem derselben augenfälliger, als die feste es kann. Daher, um jenes Aperçus, welches die wahre Quelle des *Herschelschen* Ausspruchs ist, teilhaft zu werden, betrachte man aufmerksam den gewaltsamen Fall eines Stroms über Felsenmassen und frage sich, ob dieses so entschiedene Streben, dieses Toben ohne eine Kraftanstrengung vor sich gehn kann und ob eine Kraftanstrengung ohne Willen sich denken läßt. Und ebenso überall, wo wir eines ursprünglich Bewegten, einer unvermittelten ersten Kraft innewerden, sind wir genötigt, ihr inneres Wesen als Willen zu denken. – Soviel steht fest, daß hier *Herschel* wie alle im obigen von mir angeführten Empiriker so verschiedener Fächer in seiner Untersuchung an die Grenze geführt war, wo das Physische nur noch das Metaphysische hinter sich hat, welches ihm Stillstand gebot, und daß eben auch er wie sie alle jenseit der Grenze nur noch *Willen* sehn konnte.

Übrigens ist hier *Herschel* wie die meisten jener Empiriker noch in der Meinung befangen, daß Wille von Bewußtsein unzertrennlich sei. Da ich über diesen Irrtum und seine Berichtigung durch meine Lehre mich im obigen genugsam ausgelassen habe, ist es nicht nötig, hier von neuem darauf einzugehn.

Seit Anfang dieses Jahrhunderts hat man gar oft dem Unorganischen ein *Leben* beilegen wollen: sehr fälschlich. Lebendig und organisch sind Wechselbegriffe; auch hört mit dem Tode das Organische auf, organisch zu sein. In der ganzen Natur aber ist keine Grenze so scharf gezogen wie die zwischen Organischem und Unorganischem, d. h. dem, wo die Form das Wesentliche und Bleibende, die Materie das Akzidentelle und Wechselnde ist – und dem, wo dies sich gerade umgekehrt verhält. Die Grenze schwankt hier nicht wie vielleicht zwischen Tier und Pflanze, fest und flüssig, Gas und Dampf: also sie aufheben wollen heißt absichtlich Verwirrung in unsere Begriffe bringen. Hingegen daß dem Leblosen, dem Unorganischen, ein *Wille* beizulegen sei, habe ich zuerst gesagt. Denn bei mir ist nicht wie in der bisherigen Meinung der Wille ein Akzidenz des Erkennens und mithin des Lebens; sondern das Leben selbst ist Erscheinung des Willens. Die Erkenntnis hingegen ist wirklich ein Akzidenz des Lebens und dieses der Materie. Aber die Materie selbst ist bloß die Wahrnehmbarkeit der Erscheinungen des Willens. Daher hat man in jedem Streben, welches aus der Natur eines materiellen Wesens hervorgeht und eigentlich diese Natur ausmacht oder durch diese Natur sich erscheinend manifestiert, ein *Wollen* zu erkennen, und es gibt demnach keine Materie ohne Willensäußerung. Die niedrigste und deshalb allgemeinste Willensäußerung ist die Schwere:

daher hat man sie eine der Materie wesentliche Grundkraft genannt.

Die gewöhnliche Ansicht der Natur nimmt an, daß es *zwei* grundverschiedene Prinzipien der Bewegung gebe, daß also die Bewegung eines Körpers *zweierlei Ursprung* haben könne, daß sie nämlich entweder von innen ausgehe, wo man sie dem *Willen* zuschreibt, oder von außen, wo sie durch *Ursachen* entsteht. Diese Grundansicht wird meistens als sich von selbst verstehend vorausgesetzt und nur gelegentlich ausdrücklich hervorgehoben: doch will ich, vollkommener Gewißheit halber, einige Stellen, wo dies geschieht, aus den ältesten und den neuesten Zeiten nachweisen. Schon *Platon* im ›Phaedrus‹ ([p. 245 E], p. 319 editio Bipontini) stellt den Gegensatz auf zwischen dem sich von innen Bewegenden (Seele) und dem, was die Bewegung nur von außen empfängt (Körper) – τὸ ὑφ' ἑαυτοῦ κινούμενον καὶ τό, ᾧ ἔξωθεν τὸ κινεῖσθαι [das sich von innen Bewegende und das, was die Bewegung von außen empfängt]. Auch im zehnten Buch ›De legibus‹ (p. 85) finden wir dieselbe Antithese wieder. Nach ihm hat *Cicero* sie wiederholt in den beiden letzten Kapiteln des ›Somnium Scipionis‹. – Ebenso stellt *Aristoteles*, ›Physica‹ 7, 2 [p. 243 a 11] den Grundsatz auf: Ἅπαν τὸ φερόμενον ἢ ὑφ' ἑαυτοῦ κινεῖται ἢ ὑπ' ἄλλου. (Quidquid fertur, a se movetur aut ab alio.) [Alles, was seinen Ort ändert, wird entweder von sich selbst bewegt oder von einem andern.] Im folgenden Buche, cap. 4 und 5, kommt er auf denselben Gegensatz zurück und knüpft weitläuftige Untersuchungen daran, bei denen er eben infolge der Falschheit des Gegensatzes in große Verlegenheiten gerät. Auch Maclaurin in seinem ›Account of Newtons discoveries‹ p. 102 legt diese Grundansicht dar als seinen Ausgangspunkt. – Und noch in neuester Zeit kommt Jean Jacques *Rousseau* sehr naiv und unbefangen mit demselben Gegensatz heran in der berühmten ›Profession de foi du vicaire Savoyard‹ (also ›Emile‹ 4, p. 27 editio Bipontini): ›J'apperçois dans les corps deux sortes de mouvement, savoir: mouvement communiqué, et mouvement spontané ou volontaire: dans le premier la cause motrice est étrangère au corps mû; et dans le second elle est en lui-même.‹ [Ich bemerke in den Körpern zwei Arten der Bewegung, nämlich eine mitgeteilte Bewegung und eine spontane oder willkürliche Bewegung; im ersten Fall ist die bewegende Ursache dem bewegten Körper fremd, im zweiten wohnt sie ihm selbst inne.] – Aber sogar noch in unsern Tagen und im hochtrabenden, gedunsenen Stil derselben läßt *Burdach* (›Physiologie‹ Bd. 4, S. 323) sich also vernehmen: ›Der Bestimmungsgrund einer Bewegung liegt entweder innerhalb oder außerhalb dessen, was sich bewegt. Die Materie ist äußeres Dasein, hat Bewegungskräfte, aber setzt dieselben erst bei gewissen räumlichen Verhältnissen und äußern Gegensätzen in Tätigkeit: nur die Seele ist ein immerfort tätiges Inneres, und nur der beseelte Körper findet in sich unabhängig von äußern mechanischen Verhältnissen Anlaß zu Bewegungen und bewegt sich eigenmächtig.‹

Ich nun aber muß hier wie einst Abälard sagen: ›si omnes patres sic, at ego non sic‹ [wenn auch alle Kirchenväter so sagen, ich aber sage nicht so]; denn im Gegensatz zu dieser Grundansicht, so alt und allgemein sie auch sein mag, geht meine Lehre dahin, daß es *nicht* zwei grundverschiedene Ursprünge der Bewegung gibt, daß sie *nicht* entweder von innen ausgeht, wo man sie dem Willen zuschreibt, oder von außen, wo sie aus Ursachen entspringt; sondern daß beides unzertrennlich ist und bei jeder Bewegung eines Körpers zugleich stattfindet. Denn die eingeständlich aus dem *Willen* entspringende Bewegung setzt immer auch eine *Ursache* voraus: diese ist bei erkennenden Wesen ein Motiv; ohne sie ist jedoch auch bei diesen die Bewegung unmöglich. Und andrerseits, die eingeständlich durch eine äußere *Ursache* bewirkte Bewegung eines Körpers ist an sich doch Äußerung seines *Willens*, welche durch die Ursache bloß hervorgerufen wird. Es gibt demnach nur ein einziges, einförmiges, durchgängiges und ausnahmsloses Prinzip aller Bewegung: ihre innere Bedingung ist *Wille*, ihr äußerer Anlaß *Ursache*, welche nach Beschaffenheit des Bewegten auch in Gestalt des Reizes oder des Motivs auftreten kann.

Alles dasjenige an den Dingen, was nur empirisch, nur a posteriori erkannt wird, ist an sich *Wille*: hingegen soweit die Dinge a priori bestimmbar sind, gehören sie allein der *Vorstellung* an, der bloßen Erscheinung. Daher nimmt die Verständlichkeit der Naturerscheinungen in dem Maße ab, als in ihnen der Wille sich immer deutlicher manifestiert, d. h. als sie immer höher auf der Wesenleiter stehn: hingegen ist ihre Verständlichkeit um so größer, je geringer ihr empirischer Gehalt ist; weil sie um so mehr auf dem Gebiet der bloßen *Vorstellung* bleiben, deren uns a priori bewußte Formen das Prinzip der Verständlichkeit sind. Demgemäß hat man völlige, durchgängige Begreiflichkeit nur so lange, als man sich ganz auf diesem Gebiete hält, mithin bloße Vorstellung ohne empirischen Gehalt vor sich hat, bloße Form; also in den Wissenschaften a priori, in der Arithmetik, Geometrie, Phoronomie und in der Logik: hier ist alles im höchsten Grade faßlich, die Einsichten sind völlig klar und genügend und lassen nichts zu wünschen übrig; indem es uns sogar zu denken unmöglich ist, daß irgend etwas sich anders verhalten könne: welches alles daher kommt, daß wir es hier ganz allein mit den Formen unsers eigenen Intellekts zu tun haben. Also je mehr Verständlichkeit an einem Verhältnisse ist, desto mehr besteht es in der bloßen Erscheinung und betrifft nicht das Wesen an sich selbst. Die angewandte Mathematik, also Mechanik, Hydraulik usw., betrachtet die niedrigsten Stufen der Objektivation des Willens, wo noch das meiste auf dem Gebiete der bloßen Vorstellung liegt, hat aber doch schon ein empirisches Element, an welchem die gänzliche Faßlichkeit, Durchsichtigkeit sich trübt und mit welchem das Unerklärliche eintritt. Nur einige Teile der Physik und Chemie vertragen aus demselben Grunde noch eine mathematische Behandlung: höher hinauf in der Wesenleiter fällt sie ganz weg; gerade weil der Gehalt der Erscheinung die Form überwiegt. Dieser Gehalt ist Wille, das Aposteriori, das Ding an sich, das Freie, das Grundlose. Unter der Rubrik Pflanzen-Physiologie habe ich gezeigt, wie bei lebenden und erkennenden Wesen das Motiv und der Willensakt, das Vorstellen und Wollen immer deutlicher sich sondern und auseinandertreten, je höher man in der Wesenleiter steigt. Ebenso nun sondert sich nach demselben Maßstab auch im unorganischen Naturreich die Ursache immer mehr von der Wirkung, und in demselben Maß tritt das rein Empirische, welches eben Erscheinung des Willens ist, immer deutlicher hervor; aber eben damit nimmt die Verständlichkeit ab. Dies verdient eine ausführlichere Erörterung, welcher ich meinen Leser seine ungeteilte Aufmerksamkeit zu schenken bitte; da solche ganz besonders geeignet ist, den Grundgedanken meiner Lehre sowohl in Hinsicht auf Faßlichkeit als auf Evidenz in das hellste Licht zu stellen. Hierin aber besteht alles, was ich zu tun vermag: hingegen zu machen, daß meinen Zeitgenossen Gedanken willkommner seien als Wortkram, steht nicht in meiner Macht; sondern nur, mich zu trösten, daß ich nicht der Mann meiner Zeit bin.

Auf der niedrigsten Stufe der Natur sind Ursache und Wirkung ganz gleichartig und ganz gleichmäßig; weshalb wir hier die Kausalverknüpfung am vollkommensten verstehn: z.B. die Ursache der Bewegung einer gestoßenen Kugel ist die einer andern, welche ebensoviel Bewegung verliert, als jene erhält. Hier haben wir die größtmögliche Faßlichkeit der Kausalität. Das dabei doch noch vorhandene Geheimnisvolle beschränkt sich auf die Möglichkeit des Überganges der Bewegung – eines Unkörperlichen – aus einem Körper in den andern. Die Empfänglichkeit der Körper in dieser Art ist so gering, daß die hervorzubringende Wirkung ganz und gar aus der Ursache herüberwandern muß. Dasselbe gilt von allen rein mechanischen Wirkungen, und wenn wir sie nicht alle ebenso augenblicklich begreifen; so liegt dies bloß daran, daß Nebenumstände sie uns verdecken oder die komplizierte Verbindung vieler Ursachen und Wirkungen uns verwirrt: an sich ist die mechanische Kausalität überall gleich faßlich, nämlich im höchsten Grad, weil hier Ursache und Wirkung nicht *qualitativ* verschieden sind, und wo sie es *quantitativ* sind, wie beim Hebel, die Sache sich aus bloß räumlichen und zeitlichen Verhältnissen deutlich machen läßt. Sobald aber Gewichte mitwirken, tritt ein zweites Geheimnisvolles, die Schwerkraft, hinzu; wirken elastische Körper, auch die Federkraft. – Schon anders ist es, wenn wir auf der Stufenleiter der Erscheinungen uns irgend erheben. Erwärmung als Ursache und Ausdehnung, Flüssigwerden, Verflüchtigung oder Kristallisation als Wirkung sind nicht gleichartig: daher ist ihr kausaler Zusammenhang nicht verständlich. Die Faßlichkeit der Kausalität hat abgenommen: was durch eine mindere Wärme flüssig wurde, wird durch eine vermehrte verflüchtigt; was bei einer geringeren Wärme kristallisiert, wird bei einer größeren geschmolzen. Wärme macht Wachs weich, Ton hart; Licht macht Wachs weiß, Chlorsilber schwarz. Wenn nun gar zwei Salze einander zersetzen, zwei neue sich bilden; so ist uns die Wahlverwandtschaft ein tiefes Geheimnis, und die Eigenschaften der zwei neuen Körper sind nicht die Vereinigung der Eigenschaften ihrer getrennten Bestandteile. Jedoch können wir der Zusammensetzung noch folgen und nachweisen, woraus die neuen Körper entstanden, können auch das Verbundene wieder trennen, dasselbe Quantum dabei herstellend. Also zwischen Ursache und Wirkung ist hier merkliche Heterogeneität und Inkommensurabilität eingetreten: die Kausalität ist geheimnisvoller geworden. Beides ist noch mehr der Fall, wenn wir die Wirkungen der Elektrizität oder der Voltaschen Säule vergleichen mit ihren Ursachen, mit Reibung des Glases oder Aufschichtung und Oxydation der Platten. Hier verschwindet schon alle Ähnlichkeit zwischen Ursache und Wirkung: die Kausalität hüllt sich in dichten Schleier, welchen einigermaßen zu lüften Männer wie Davy, Ampère, Faraday mit größter Anstrengung sich bemüht haben. Bloß die *Gesetze* der Wirkungsart lassen sich ihr noch abmerken und auf ein Schema wie $+$ E und $-$ E, Mitteilung, Verteilung, Schlag, Entzündung, Zersetzung, Laden, Isolierung, Entladen, elektrische Strömung u. dgl. bringen, auf welches wir die Wirkung zurückführen, auch sie beliebig leiten können: aber der Vorgang selbst bleibt ein Unbekanntes, ein x. Hier also ist Ursache und Wirkung ganz heterogen, ihre Verbindung unverständlich, und die Körper zeigen große Empfänglichkeit für einen kausalen Einfluß, dessen Wesen uns ein Geheimnis bleibt. Auch scheint uns in dem Maße, als wir höher steigen, in der Wirkung mehr und in der Ursache weniger zu liegen. Dieses alles ist daher noch mehr der Fall, wenn wir uns bis zu den organischen Reichen erheben, wo das Phänomen des Lebens sich kundgibt. Wenn man, wie in China üblich, eine Grube mit faulendem Holze füllt, dieses mit Blättern desselben Baumes bedeckt und Salpeterauflösung wiederholt daraufgießt; so entsteht eine reichliche Vegetation eßbarer Pilze. Etwas Heu, mit Wasser begossen, liefert eine Welt raschbeweglicher Infusionstierchen. Wie heterogen ist hier Wirkung und Ursache, und wie viel mehr scheint in jener als in dieser zu liegen! Zwischen dem bisweilen jahrhunderte-, ja jahrtausendealten Samenkorn und dem Baum, zwischen dem Erdreich und dem spezifischen so höchst verschiedenen Saft unzähliger Pflanzen, heilsamer, giftiger, nährender, die *ein* Boden trägt, *ein* Sonnenlicht bescheint, *ein* Regenschauer tränkt, ist keine Ähnlichkeit mehr und deshalb keine Verständlichkeit für uns. Denn die Kausalität tritt hier schon in höherer Potenz auf, nämlich als Reiz und Empfänglichkeit für solchen. Nur das Schema von Ursache und Wirkung ist uns geblieben: wir erkennen dieses als Ursache, jenes als Wirkung, aber gar nichts von der Art und Weise der Kausalität. Und nicht nur findet keine qualitative Ähnlichkeit zwischen der Ursache und der Wirkung statt, sondern auch kein quantitatives Verhältnis: mehr und mehr erscheint die Wirkung beträchtlicher als die Ursache; auch wächst die Wirkung des Reizes nicht nach Maßgabe seiner Steigerung, sondern oft ist es umgekehrt. Treten wir nun aber gar in das Reich der *erkennenden* Wesen; so ist zwischen der Handlung und dem Gegenstand, der als Vorstellung solche hervorruft, weder irgendeine Ähnlichkeit noch ein Verhältnis. Inzwischen ist bei dem auf *anschauliche* Vorstellungen beschränkten Tiere noch die *Gegenwart* des als Motiv wirkenden Objekts nötig; welches sodann augenblicklich und unausbleiblich wirkt (Dressur, d.i. durch Furcht erzwungene Gewohnheit beiseitegesetzt): denn das Tier kann keinen Begriff mit sich herumtragen, der es vom Eindrucke der Gegenwart unabhängig machte, die Möglichkeit der Überlegung gäbe und es zum vorsätzlichen Handeln befähigte. Dies kann der Mensch. Vollends also bei vernünftigen Wesen ist das Motiv sogar nicht mehr ein Gegenwärtiges, ein Anschauliches, ein Vorhandenes, ein Reales, sondern ein bloßer Begriff, der sein gegenwärtiges Dasein allein im Gehirne des Handelnden hat, aber abgezogen ist aus vielen verschiedenartigen Anschauungen, aus der Erfahrung vergangener Jahre oder auch durch Worte überliefert. Die Sonderung zwischen Ursache und Wirkung ist so übergroß geworden, und die Wirkung ist im Verhältnis zur Ursache so stark angewachsen, daß es dem rohen Verstande nunmehr erscheint, als sei gar keine Ursache mehr vorhanden, der Willensakt hänge von gar nichts ab, sei grundlos, d. h. frei. Dieserhalb eben stellen sich die Bewegungen unsers Leibes, wenn wir sie von außen reflektierend anschauen, als ein ohne Ursache Geschehendes, d. h. eigentlich als ein Wunder dar. Nur Erfahrung und Nachsinnen belehren uns, daß diese Bewegungen wie alle andern allein möglich sind durch eine Ursache, die hier Motiv heißt, und daß in jener Stufenfolge die Ursache nur an materialer Realität hinter der Wirkung zurückgeblieben ist, hingegen an dynamischer, an Energie, gleichen Schritt mit ihr gehalten hat. – Also auf dieser Stufe, der höchsten in der Natur, hat uns mehr als irgendwo die Verständlichkeit der Kausalität verlassen. Nur das bloße Schema, ganz allgemein genommen, ist noch übriggeblieben, und es bedarf der reifen Reflexion, um auch hier noch dessen Anwendbarkeit und die Notwendigkeit zu erkennen, die jenes Schema überall herbeiführt.

Nun aber – so wie man, in die Grotte von Posilippo gehend, immer mehr ins Dunkle gerät, bis, nachdem man die Mitte überschritten hat, nunmehr das Tageslicht des andern Endes den Weg zu erleuchten anfängt; geradeso hier – wo das nach außen gerichtete Licht des Verstandes mit seiner Form der Kausalität, nachdem es immer mehr vom Dunkel überwältigt wurde, zuletzt nur noch einen schwachen und ungewissen Schimmer verbreitete; eben da kommt eine Aufklärung völlig anderer Art, von einer ganz andern Seite, aus unserm eigenen Innern ihm entgegen durch den zufälligen Umstand, daß wir, die Urteilenden, gerade hier die zu beurteilenden Objekte selbst sind. Für die äußere Anschauung und den in ihr tätigen Verstand hatte sich die zunehmende Schwierigkeit des anfangs so klaren Verständnisses der Kausalverbindung allmälig so gesteigert, daß diese bei den animalischen Aktionen zuletzt fast zweifelhaft wurde und solche sogar als eine Art Wunder erblicken ließ: gerade jetzt aber kommt von einer ganz andern Seite, aus dem eigenen Selbst des Beobachters die unmittelbare Belehrung, daß in jenen Aktionen der Wille das Agens ist, der Wille, der ihm bekannter und vertrauter ist als alles, was die äußere Anschauung jemals liefern kann. Diese Erkenntnis ganz allein muß dem Philosophen der Schlüssel werden zur Einsicht in das Innere aller jener Vorgänge der erkenntnislosen Natur, bei denen zwar die Kausalerklärung genügender war als bei den zuletzt betrachteten und um so klärer, je weiter sie von diesen weg lagen, jedoch auch dort noch immer ein unbekanntes x zurückließ und nie das Innere des Vorgangs ganz aufhellen konnte, selbst nicht bei dem durch Stoß bewegten oder durch Schwere herabgezogenen Körper. Dieses x hatte sich immer weiter ausgedehnt und zuletzt auf den höchsten Stufen die Kausalerklärung ganz zurückgedrängt, dann aber, als diese am wenigsten leisten konnte, sich als *Wille* entschleiert – dem Mephistopheles zu vergleichen, wann er infolge gelehrter Angriffe aus dem kolossal gewordenen Pudel, dessen Kern er war, hervortritt. *Die Identität dieses x* auch auf den niedrigen Stufen, wo es nur schwach hervortrat, dann auf den höheren, wo es seine Dunkelheit mehr und mehr verbreitete, endlich auf den höchsten, wo es alles beschattete, und zuletzt auf dem Punkt, wo es in unserer eigenen Erscheinung sich dem Selbstbewußtsein als Wille kundgibt, anzuerkennen ist infolge der hier durchgeführten Betrachtung wohl unumgänglich. Die zwei urverschiedenen Quellen unserer Erkenntnis, die äußere und die innere, müssen an diesem Punkte durch Reflexion in Verbindung gesetzt werden. Ganz allein aus dieser Verbindung entspringt das Verständnis der Natur und des eigenen Selbst: dann aber ist das Innere der Natur unserm Intellekt, dem für sich allein stets nur das Äußere zugänglich ist, erschlossen, und das Geheimnis, dem die Philosophie so lange nachforscht, liegt offen.

Dann nämlich wird deutlich, was eigentlich das Reale und was das Ideale (das Ding an sich und die Erscheinung) sei; wodurch die Hauptfrage, um welche sich die Philosophie seit Cartesius [Descartes] dreht, erledigt wird, die Frage nach dem Verhältnis dieser beiden, deren totale Diversität Kant auf das gründlichste mit beispiellosem Tiefsinn dargetan hatte und deren absolute Identität gleich darauf Windbeutel, auf den Kredit intellektualer Anschauung, behaupteten. Wenn man hingegen sich jener Einsicht, welche wirklich die einzige und enge Pforte zur Wahrheit ist, entzieht; so wird man nie zum Verständnis des innern Wesens der Natur gelangen, als zu welchem es durchaus keinen andern Weg gibt; vielmehr fällt man einem fernerhin unauflöslichen Irrtum anheim. Nämlich man behält, wie oben gesagt, zwei grundverschiedene Urprinzipien der Bewegung, zwischen denen eine feste Scheidewand steht: die Bewegung durch Ursachen und die durch Willen. Die erstere bleibt dann ihrem Innern nach ewig unverständlich, weil alle ihre Erklärungen jenes unauflösliche x zurücklassen, das um so viel mehr in sich faßt, je höher das Objekt der Betrachtung steht – und die zweite, die Bewegung durch Willen, steht da als dem Prinzip der Kausalität gänzlich entzogen, als grundlos, als Freiheit der einzelnen Handlungen, also als völlig der Natur entgegengesetzt und absolut unerklärlich. Vollziehn wir hingegen die oben geforderte Vereinigung der äußern mit der innern Erkenntnis da, wo sie sich berühren; so erkennen wir trotz aller akzidentellen Verschiedenheiten zwei Identitäten, nämlich die der Kausalität mit sich selbst auf allen Stufen und die des zuerst unbekannten x (d. h. der Naturkräfte und Lebenserscheinungen) mit dem Willen in uns. Wir erkennen, sage ich, erstlich das identische Wesen der Kausalität in den verschiedenen Gestalten, die es auf verschiedenen Stufen annehmen muß und nun sich zeigen mag als mechanische, chemische, physikalische Ursache, als Reiz, als anschauliches Motiv, als abstraktes, gedachtes Motiv: wir erkennen es als eins und dasselbe sowohl da, wo der stoßende Körper soviel Bewegung verliert, als er mitteilt, als da, wo Gedanken mit Gedanken kämpfen und der siegende Gedanke als stärkstes

Motiv den Menschen in Bewegung setzt, welche Bewegung nun mit nicht geringerer Notwendigkeit erfolgt als die der gestoßenen Kugel. Statt da, wo wir selbst das Bewegte sind und daher das Innere des Vorgangs uns intim und durchaus bekannt ist, von diesem innern Licht geblendet und verwirrt zu werden und dadurch uns dem sonstigen in der ganzen Natur uns vorliegenden Kausalzusammenhange zu entfremden und die Einsicht in ihn uns auf immer zu verschließen; bringen wir die neue, von innen erhaltene Erkenntnis zur äußern hinzu als ihren Schlüssel und erkennen die zweite Identität, die Identität unsers Willens mit jenem uns bis dahin unbekannten x, das in aller Kausalerklärung übrigbleibt. Demzufolge sagen wir alsdann: auch dort, wo die palpabelste Ursache die Wirkung herbeiführt, ist jenes dabei noch vorhandene Geheimnisvolle, jenes x oder das eigentlich Innere des Vorgangs, das wahre Agens, das An-sich dieser Erscheinung – welche uns am Ende doch nur als Vorstellung und nach den Formen und Gesetzen der Vorstellung gegeben ist – wesentlich dasselbe mit dem, was bei den Aktionen unsers ebenso als Anschauung und Vorstellung uns gegebenen Leibes uns intim und unmittelbar bekannt ist als *Wille*. – Dies ist (gebärdet euch wie ihr wollt!) das Fundament der wahren Philosophie: und wenn es dieses Jahrhundert nicht einsieht; so werden es viele folgende. ›Tempo è galantuomo! (se nessun' altro).‹[1] [Die Zeit ist ein Ehrenmann! (wenn auch sonst keiner).] – Wie wir also einerseits das Wesen der Kausalität, welches seine größte Deutlichkeit nur auf den niedrigsten Stufen der Objektivation des Willens (d. i. der Natur) hat, wiedererkennen auf allen Stufen, auch den höchsten; so erkennen wir auch andererseits das Wesen des Willens auf allen Stufen wieder, auch den tiefsten, obgleich wir nur auf der allerhöchsten diese Erkenntnis unmittelbar erhalten. Der alte Irrtum sagt: wo Wille ist, ist keine Kausalität mehr, und wo Kausalität, kein Wille. Wir aber sagen: überall wo Kausalität ist, ist Wille; und kein Wille agiert ohne Kausalität. Das punctum controversiae [der Streit-

1. [Italienisches Sprichwort; svw.: die Zeit vergeht schnell, wenn auch sonst nichts.]

punkt] ist also, ob Wille und Kausalität in einem und demselben Vorgange zugleich und zusammen bestehn können und müssen. Was die Erkenntnis, daß es allerdings so sei, erschwert, ist der Umstand, daß Kausalität und Wille auf zwei grundverschiedene Weisen erkannt werden: Kausalität ganz von außen, ganz mittelbar, ganz durch den Verstand; Wille ganz von innen, ganz unmittelbar; und daß daher, je klärer in jedem gegebenen Fall die Erkenntnis des einen, desto dunkler die des andern ist. Daher erkennen wir, wo die Kausalität am faßlichsten ist, am wenigsten das Wesen des Willens; und wo der Wille unleugbar sich kundgibt, wird die Kausalität so verdunkelt, daß der rohe Verstand es wagen konnte, sie wegzuleugnen. – Nun aber ist Kausalität, wie wir von Kant gelernt haben, nichts weiter als die a priori erkennbare Form des Verstandes selbst, also das Wesen der *Vorstellung* als solcher, welche die eine Seite der Welt ist; die andre Seite ist *Wille*: er ist das Ding an sich. Jenes in umgekehrtem Verhältnis stehende Deutlichwerden der Kausalität und des Willens, jenes wechselweise Vor- und Zurücktreten beider liegt also daran, daß, je mehr uns ein Ding bloß als Erscheinung, d.h. als Vorstellung, gegeben ist, desto deutlicher zeigt sich die apriorische Form der Vorstellung, d.i. die Kausalität; so bei der leblosen Natur – umgekehrt aber, je unmittelbarer uns der Wille bewußt ist, desto mehr tritt die Form der Vorstellung, die Kausalität, zurück; so an uns selbst. Also je näher eine Seite der Welt herantritt, desto mehr verlieren wir die andre aus dem Gesicht.

LINGUISTIK

Unter dieser Rubrik habe ich bloß eine von mir selbst in diesen letzten Jahren gemachte Bemerkung mitzuteilen, welche bisher der Aufmerksamkeit entgangen zu sein scheint. Daß sie jedoch Berücksichtigung verdiene, bezeugt *Senecas* Ausspruch: ›Mira in quibusdam rebus verborum proprietas est, et consuetudo sermonis antiqui quaedam efficacissimis notis signat.‹ [Erstaunlich ist für manche Dinge das Treffende des Ausdrucks, und der Sprachgebrauch der Alten bezeichnet vieles in der wirksamsten Weise.] (›Epistulae‹ 81,9). Und *Lichtenberg* sagt: ›Wenn man viel selbst denkt, so findet man viele Weisheit in die Sprache eingetragen. Es ist wohl nicht wahrscheinlich, daß man alles selbst hineinträgt, sondern es liegt wirklich viel Weisheit darin‹ [›Vermischte Schriften‹, 1844, 1, S. 326].

In sehr vielen, vielleicht in allen Sprachen wird das Wirken auch der erkenntnislosen, ja der leblosen Körper durch Wollen ausgedrückt, ihnen also ein Wille vorweg beigelegt; hingegen niemals ein Erkennen, Vorstellen, Wahrnehmen, Denken: kein Ausdruck, der dieses enthielte, ist mir bekannt.

So sagt Seneca (›Quaestiones naturales‹ 2, 24 [§§ 2–3]) vom herabgeschleuderten Feuer des Blitzes: ›In his ignibus accidit, quod arboribus, quarum cacumina, si tenera sunt, ita deorsum trahi possunt, ut etiam terram attingant; sed cum permiseris, in locum suum exsilient. Itaque non est, quod eum spectes cuiusque rei habitum, qui illi non *ex voluntate* est. Si ignem permittis ire, quo *velit*, caelum repetet.‹ [Hierbei geht es dem Feuer wie den Bäumen, deren biegsame Wipfel so nach unten gezogen werden können, daß sie sogar die Erde berühren; aber wenn du sie losläßt, werden sie an ihren

Ort emporfahren. Es ist daher nicht angemessen, bei einem Ding diejenige Lage im Auge zu haben, die nicht nach seinem *Willen* ist. Wenn du dem Feuer erlaubst, dahin zu gehen, wohin es *will*, so wird es zum Himmel emporstreben.] In allgemeinerem Sinne sagt *Plinius:* ›Nec quaerenda in ulla parte naturae ratio, sed voluntas.‹ [Auch ist nicht Vernunft in irgendeinem Teile der Natur zu suchen, sondern Wille.] (›Historia naturalis‹ 37, 15). Nicht minder liefert das Griechische uns Belege: *Aristoteles,* indem er die Schwere erläutert, sagt (›De caelo‹ 2, cap. 13 [p. 294a 13]): Μικρὸν μὲν μόριον τῆς γῆς, ἐὰν μετεωρισθὲν ἀφεθῇ, φέρεται καὶ μένειν οὐκ ἐθέλει. (Parva quaedam terrae pars, si elevata dimittitur, fertur neque vult manere.) [Wenn irgendein Teilchen der Erde in die Höhe gehoben und losgelassen wird, so stürzt es herunter und *will* nicht bleiben.] Und im folgenden Kapitel [p. 297b 21]: Δεῖ δὲ ἕκαστον λέγειν τοιοῦτον εἶναι, ὃ φύσει βούλεται εἶναι καὶ ὃ ὑπάρχει, ἀλλὰ μή, ὃ βίᾳ καὶ παρὰ φύσιν. (Unumquodque autem tale dicere oportet, quale natura sua esse vult et quod est, sed non id, quod violentia et praeter naturam est.) [Man muß aber von jedem Ding sagen, daß es so ist, wie es nach seiner Natur sein *will* und ist, nicht aber, was es durch Gewalt und gegen seine Natur ist.] Sehr bedeutend und schon mehr als bloß linguistisch ist es, daß Aristoteles in der ›Ethica magna‹ 1, cap. 14 [p. 1188b 7], wo ausdrücklich sowohl von leblosen Wesen (dem Feuer, das nach oben, und der Erde, die nach unten strebt) als von Tieren die Rede ist, sagt, sie könnten gezwungen werden, etwas gegen ihre Natur oder ihren Willen zu tun: παρὰ φύσιν τι ἢ παρ' ἃ βούλονται ποιεῖν – also als Paraphrase des παρὰ φύσιν sehr richtig παρ' ἃ βούλονται setzt. – *Anakreon,* in der 29. Ode, εἰς Βάθυλλον, wo er das Bildnis seines Geliebten bestellt, sagt von den Haaren: ῞Ελικας δ' ἐλευθέρους μοι πλοκάμων ἄτακτα συνθεὶς ἄφες, ὡς θέλωσι, κεῖθ σαι. (Capillorum cirros incomposite iungens, sine, utut volunt, iacere.) [Doch die Windungen der Locken lasse, wenn das Haar du ordnest, frei so, wie sie wollen, flattern; ›Anacreontea‹ 16, 7.] Im Deutschen sagt *Bürger:* ›Hinab *will* der Bach, nicht hinan.‹ Auch im gemeinen Leben

LINGUISTIK

sagen wir täglich: ›Das Wasser siedet, es will überlaufen‹ – ›Das Gefäß will bersten‹ – ›Die Leiter will nicht stehn‹. – ›Le feu ne veut pas brûler‹ – ›La corde, une fois tordue, veut toujours se retordre.‹ [Das Feuer will nicht brennen – Das Seil, einmal gedreht, will immer in seine Windungen zurückgehen.] – Im Englischen ist das Verbum ›wollen‹ sogar das Auxiliar des Futurums aller übrigen Verben geworden, wodurch ausgedrückt wird, daß jedem Wirken ein Wollen zum Grunde liegt. Übrigens aber wird das Streben erkenntnisloser und lebloser Dinge noch ausdrücklich mit ›to want‹ bezeichnet, welches Wort der Ausdruck für jedes menschliche Begehren und Streben ist: ›The water wants to get out‹ – ›The steam wants to make itself way through.‹ [Das Wasser möchte ausfließen – Der Dampf sucht nach einem Weg, um auszuströmen.] – Im Italienischen gleichfalls: ›Vuol piovere‹ – ›Quest' orologio non vuol andare.‹ [Es will regnen – Diese Uhr will nicht gehen.] Außerdem noch ist in diese Sprache der Begriff des Wollens so tief eingedrungen, daß er zur Bezeichnung jedes Erfordernisses, jedes Notwendigseins angewandt wird: ›Vi vuol un contrapeso‹ – ›Vi vuol pazienza.‹ [Es verlangt ein Gegengewicht – Es erfordert Geduld.]

Sogar in der von allen Sprachen des Sanskrit-Stammes von Grund aus verschiedenen chinesischen finden wir ein sehr ausdrückliches hieher gehöriges Beispiel: nämlich im Kommentar zum ›Y-king‹ heißt es nach der genauen Übersetzung des Paters Regis: ›Yang seu materia caelestis *vult* rursus ingredi vel (ut verbis doctoris Tching-tse utar) *vult* rursus esse in superiore loco; scilicet illius naturae ratio ita fert seu innata lex.‹ [Das Yang, der himmlische Stoff, will wieder dorthin gelangen oder (um mich der Worte des Lehrers Tching-tse zu bedienen) er will wieder die obere Stelle einnehmen; denn so bringt es die Art seiner Natur oder ein ihr innewohnendes Gesetz mit sich.] (›Y-king‹, editio Julius Mohl, vol. 1, p. 341).

Entschieden mehr als linguistisch, nämlich Ausdruck des innig verstandenen und gefühlten Hergangs im chemischen Prozesse ist es, wenn *Liebig* in seiner ›Chemie in ihrer Anwendung auf Agrikultur‹ S. 394 sagt: ›Es entsteht Aldehyd, welcher mit derselben *Begierde* wie schweflige Säure sich direkt mit Sauerstoff zu Essigsäure verbindet.‹ – Und abermals in seiner ›Chemie in Anwendung auf Physiologie‹: ›Der Aldehyd, welcher mit *großer Begierde* Sauerstoff aus der Luft anzieht‹. Da er, von derselben Erscheinung redend, sich zweimal dieses Ausdrucks bedient; so ist es nicht zufällig, sondern weil nur dieser Ausdruck der Sache entspricht[F].

Die Sprache also, dieser unmittelbarste Abdruck unsrer Gedanken gibt Anzeige, daß wir genötigt sind, jeden innern Trieb als ein Wollen zu denken; aber keineswegs legt sie den Dingen auch Erkenntnis bei. Die vielleicht ausnahmslose Übereinstimmung der Sprachen in diesem Punkt bezeugt, daß es kein bloßer Tropos sei, sondern daß ein tiefwurzelndes Gefühl vom Wesen der Dinge hier den Ausdruck bestimmt.

F. Auch die Französischen Chemiker sagen z. B.: ›Il est évident que les métaux ne sont pas tous également *avides* d'oxygène ... la difficulté de la réduction devait correspondre nécessairement à une *avidité* fort grande du métal pur pour l'oxygène.‹ [Es ist klar, daß die Metalle nicht alle gleichmäßig erpicht sind auf den Sauerstoff ... die Schwierigkeit der Reduktion müßte notwendigerweise mit einer sehr großen Begierde nach dem Sauerstoff korrespondieren.] (siehe Paul de Rémusat: ›La chimie à l'exposition, l'aluminium‹ in der ›Revue des deux mondes‹, 1855, pag. 649).

Schon Vaninus (›De admirandis naturae arcanis‹ pag. 170) sagt: ›Argentum vivum etiam in aqua conglobatur, quemadmodum et in plumbi scobe etiam: at a scobe non refugit (dies gegen eine angeführte Meinung des Cardanus), imo ex ea, quantum potest, colligit: quod nequit (scil. colligere), ut censeo, *invitum* relinquit: *natura enim et sua appetit et vorat.*‹ [Das Quecksilber nimmt auch im Wasser Kugelgestalt an sowie auch im abgefeilten Bleistaube, hält sich aber nicht von dem Feilstaube frei, sondern nimmt davon auf, soviel es kann; und was es nicht (aufzunehmen) vermag, das läßt es, wie ich meine, wider Willen zurück: denn die Natur begehrt nach dem, was ihr gehört, und verschlingt es.] Dies ist offenbar mehr als sprachlich: er legt ganz entschieden dem Quecksilber einen Willen bei. Und so wird man überall finden, daß, wenn in Physik und Chemie zurückgegangen wird auf die Grundkräfte und die ersten nicht weiter abzuleitenden Eigenschaften der Körper, diese alsdann durch Ausdrücke bezeichnet werden, welche dem Willen und seinen Äußerungen angehören.

ANIMALISCHER MAGNETISMUS UND MAGIE

Als im Jahre 1818 mein Hauptwerk erschien, hatte der animalische Magnetismus erst kürzlich seine Existenz erkämpft. Hinsichtlich der Erklärung desselben aber war zwar auf den passiven Teil, also auf das, was mit dem Patienten dabei vorgeht, einiges Licht geworfen, indem der von *Reil* hervorgehobene Gegensatz zwischen Zerebral- und Ganglien-system zum Prinzip der Erklärung gemacht worden war; hingegen der aktive Teil, das eigentliche Agens, vermöge dessen der Magnetiseur diese Phänomene hervorruft, lag noch ganz im dunkeln. Man tappte noch unter allerhand materiellen Erklärungsprinzipien, der Art wie Mesmers alles durchdringender Weltäther oder andererseits die von Stieglitz als Ursache angenommene Hautausdünstung des Magnetiseurs u. dgl. mehr. Allenfalls erhob man sich zu einem Nervengeist, der aber nur ein Wort für eine unbekannte Sache ist. Kaum mochte einzelnen durch Praxis tiefer Eingeweihten die Wahrheit einzuleuchten angefangen haben. Ich aber war noch weit davon entfernt, vom Magnetismus eine direkte Bestätigung meiner Lehre zu hoffen.

Aber ›dies diem docet‹[1] [ein Tag lehrt den andern], und so hat seit jener Zeit die große Lehrmeisterin Erfahrung es zutage gefördert, daß jenes tief eingreifende Agens – welches, vom Magnetiseur ausgehend, Wirkungen hervorruft, die dem gesetzmäßigen Naturlauf so ganz entgegen scheinen, daß der lange Zweifel an ihnen, die hartnäckige Ungläubigkeit, das Verurteilen von einer Kommission, unter deren Mitgliedern Franklin und Lavoisier waren, kurz: alles, was in der ersten wie in der zweiten Periode sich dagegen

1. [Nach Publilius Syrus sprichwörtlich]

gestellt hat (nur nicht das in England bis vor kurzem herrschende rohe und stupide Verurteilen ohne Untersuchung) völlig zu entschuldigen ist – daß, sage ich, jenes Agens nichts anderes ist als *der Wille* des Magnetisierenden. Ich glaube nicht, daß heutzutage unter denen, welche Praxis mit Einsicht verbinden, noch irgendein Zweifel hierüber obwaltet, und halte es daher für überflüssig, die zahlreichen dies bekräftigenden Aussprüche der Magnetiseurs anzuführen[F]. So ist denn die Losung *Puységurs* und der älteren französischen Magnetiseurs ›veuillez et croyez!‹ [wollet und glaubet], d. h. ›wolle mit Zuversicht!‹ nicht nur durch die Zeit bewährt worden, sondern hat sich zu einer richtigen Einsicht in den Vorgang selbst entwickelt[FF]. Aus *Kiesers* [System des] ›Tellurismus‹ [oder tierischen Magnetismus], der wohl noch immer das gründlichste und ausführlichste Lehrbuch des animalischen Magnetismus ist, geht zur Genüge hervor, daß kein magnetischer Akt ohne den Willen wirksam ist, hingegen der bloße Wille ohne äußern Akt jede magnetische Wirkung hervorbringen kann. Die Manipulation scheint nur ein Mittel zu sein, den Willensakt und seine Richtung zu fixieren und gleichsam zu verkörpern. In diesem Sinne sagt Kieser (›Tellurismus‹ Bd. 1, S. 379): ›Insofern die Hände des Menschen als diejenigen Organe, welche die handelnde Tätigkeit des Menschen‹ (d. i. den Willen) ›am sichtbarsten ausdrücken, die wirkenden Organe beim Magnetisieren sind, entsteht die magnetische Manipulation.‹ Noch genauer drückt sich hierüber *de Lausanne*, ein franzö-

---

F. Nur *eine* Schrift aus ganz neuer Zeit will ich erwähnen, welche ausdrücklich die Absicht hat darzutun, daß der Wille des Magnetiseurs das eigentlich Wirkende ist: ›Qu'est-ce que le magnétisme?‹ par Edouard Gromier, Lyon 1850.

FF. Aber schon Puységur selbst, im Jahre 1784, sagt: ›Lorsque vous avez magnétisé le malade, votre but était de l'endormir, et vous y avez réussi par le seul acte de votre volonté; c'est de même par un autre acte de volonté que vous le réveillez.‹ [Wenn man den Kranken magnetisiert hat, so war der Zweck, ihn einzuschläfern; und man erreicht es lediglich durch seinen eigenen Willensakt, und ebenso beruht es auf einem neuen Willensakte, daß man ihn aufweckt.] (Puységur: ›Magnétisme animal‹, 2ème édition 1820, ›Catéchisme magnétique‹ p. 150-171).

sischer Magnetiseur, aus in den ›Annales du magnétisme animal‹, 1814–1816, Heft 4, indem er sagt: ›L'action du magnétisme dépend de la seule volonté, il est vrai; mais l'homme ayant *une forme extérieure et sensible*, tout ce qui est à son usage, tout ce qui doit agir sur lui, doit nécessairement en avoir une, et pour que la volonté agisse, il faut qu'elle employe un mode d'action.‹ [Die Tätigkeit des Magnetisierens hängt allerdings nur vom Willen ab; aber da der Mensch eine äußere und wahrnehmbare Gestalt besitzt, so muß auch alles, was zu seinem Gebrauche dient, und alles, was auf ihn wirken soll, notwendigerweise eine solche besitzen, und damit der Wille wirken kann, muß er eine Art Handlung anwenden.] Da nach meiner Lehre der Organismus die bloße Erscheinung, Sichtbarkeit, Objektität des Willens, ja eigentlich nur der im Gehirn als Vorstellung angeschaute Wille selbst ist; so fällt der äußere Akt der Manipulation auch mit dem innern Willensakt zusammen[L]. Wo aber ohne jenen gewirkt wird, geschieht es gewissermaßen künstlich, durch einen Umweg, indem die Phantasie den äußern Akt, bisweilen sogar die persönliche Gegenwart ersetzt: daher es eben auch viel schwieriger ist und seltner gelingt. Demgemäß führt Kieser an, daß auf den Somnambulen das laute Wort ›Schlaf!‹ oder ›Du sollst!‹ stärker wirkt als das bloß innere Wollen des Magnetiseurs. – Hingegen ist die Manipulation und der äußere Akt überhaupt eigentlich ein unfehlbares Mittel zur Fixierung und Tätigkeit des Willens des Magnetiseurs, eben weil äußere Akte ohne allen Willen gar nicht möglich sind, indem ja der Leib und seine Organe nichts als die Sichtbarkeit des Willens selbst sind. Hieraus erklärt es sich, daß Magnetiseurs bisweilen ohne bewußte Anstrengung ihres Willens und beinahe gedankenlos magnetisieren, aber doch wirken. Überhaupt ist es nicht das Bewußtsein des Wollens, die

---

L. Im *Magnetiseur* nimmt der Wille einen gewissen Charakter von Allmacht an und in der *Somnambule* der Intellekt den der Allwissenheit. Dabei werden beide gewissermaßen zu *einem* Individuo: sein Wille beherrscht sie, und ihr Intellekt ist seiner Gedanken und sinnlichen Empfindungen teilhaft.

Reflexion über dasselbe, sondern das reine, von aller Vorstellung möglichst gesonderte Wollen selbst, welches magnetisch wirkt. Daher finden wir in den Vorschriften für den Magnetiseur, welche Kieser (›Tellurismus‹ Bd. 1, S. 400 ff.) gibt, alles Denken und Reflektieren des Arztes wie des Patienten auf ihr beiderseitiges Tun und Leiden, alle äußeren Eindrücke, welche Vorstellungen erregen, alles Gespräch zwischen beiden, alle fremde Gegenwart, ja das Tageslicht usw. ausdrücklich untersagt und empfohlen, daß alles soviel als möglich unbewußt vorgehe; wie dies auch von sympathetischen Kuren gilt. Der wahre Grund von dem allen ist, daß hier der Wille in seiner Ursprünglichkeit, als Ding an sich, wirksam ist; welches erfordert, daß die Vorstellung als ein von ihm verschiedenes Gebiet, ein Sekundäres, möglichst ausgeschlossen werde. Faktische Belege der Wahrheit, daß das eigentlich Wirkende beim Magnetisieren der Wille ist und jeder äußere Akt nur sein Vehikel, findet man in allen neuern und bessern Schriften über den Magnetismus, und es wäre eine unnötige Weitläuftigkeit, sie hier zu wiederholen; jedoch will ich *einen* hersetzen, nicht weil er besonders auffallend ist, sondern weil er von einem außerordentlichen Manne herrührt und als dessen Zeugnis ein eigentümliches Interesse hat: Jean Paul ist es, der in einem Briefe (abgedruckt in ›Wahrheit aus Jean Pauls Leben‹ Bd. 8, S. 120) sagt: ›Ich habe in einer großen Gesellschaft eine Frau von K. durch bloßes *festwollendes* Anblicken, wovon niemand wußte, zweimal beinahe in Schlaf gebracht und vorher zu Herzklopfen, Erbleichen, bis ihr S. helfen mußte.‹ Auch wird heutzutage der gewöhnlichen Manipulation oft ein bloßes Fassen und Halten der Hände des Patienten, unter festem Anblicken desselben, mit größtem Erfolge substituiert; eben weil auch dieser äußere Akt geeignet ist, den Willen in bestimmter Richtung zu fixieren. Diese unmittelbare Gewalt, welche der Wille auf andere ausüben kann, legen aber mehr als alles die wundervollen Versuche des Herrn *Dupotet* und seiner Schüler an den Tag, welche derselbe in Paris sogar öffentlich vornimmt und in denen er durch seinen bloßen, mit wenigen Gebärden unterstützten Willen die fremde Person nach Belieben lenkt und bestimmt, ja sie zu den unerhörtesten Konsortionen zwingt. Einen kurzen Bericht darüber erteilt ein anscheinend durchaus ehrlich abgefaßtes Schriftchen: ›Erster Blick in die Wunderwelt des Magnetismus‹ von Karl Scholl, 1853[F].

Einen Beleg anderer Art zu der in Rede stehenden Wahrheit gibt auch, was in den ›Mitteilungen über die Somnambule Auguste K. in Dresden‹, 1843, diese selbst S. 53 aussagt: ›Ich befand mich im Halbschlaf; mein Bruder wollte ein ihm bekanntes Stück spielen. Ich bat ihn, weil mir das Stück nicht gefalle, es nicht zu spielen. Er versuchte es dennoch, und so brachte ich es durch meinen entgegenstrebenden festen Willen so weit, daß er mit aller Anstrengung sich auf das Stück nicht mehr besinnen konnte.‹ – Den höchsten Klimax aber erreicht die Sache, wenn diese unmittelbare Gewalt des Willens sich sogar auf leblose Körper erstreckt. So unglaublich dies scheint, so liegen dennoch zwei von ganz verschiedenen Seiten kommende Berichte darüber vor. Nämlich in dem soeben genannten Buche wird S. 115, 116 und 318 mit Anführung der Zeugen erzählt, daß diese Somnambule die Nadel des Kompasses einmal um 7°, ein andermal um 4°, und zwar mit viermaliger Wiederholung des Experiments ohne allen Gebrauch der Hände durch ihren bloßen Willen mittelst Fixierung des Blicks auf die Nadel abgelenkt hat. – Sodann berichtet aus der englischen Zeitschrift ›Britannia‹ ›Galignani's Messenger‹ vom 23. Oktober 1851, daß die Somnambule Prudence Bernard aus Paris in einer öffentlichen Sitzung in London die Nadel eines Kompasses durch das bloße Hin- und Herdrehn ihres Kopfes genötigt hat, dieser Bewegung zu folgen; wobei Herr *Brewster*, der Sohn des Physikers, und zwei andere Herren aus dem Publiko die Stelle der Geschwornen vertraten (acted as jurors).

F. Im Jahre 1854 habe ich das Glück gehabt, die außerordentlichen Leistungen dieser Art des Herrn *Regazzoni* aus Bergamo hier zu sehn, in denen die unmittelbare, also magische Gewalt seines Willens über andere unverkennbar und im höchsten Grade erstaunlich war und deren Echtheit keinem zweifelhaft bleiben konnte als etwan dem, welchem die Natur alle Fähigkeit zur Auffassung pathologischer Zu-

Sehn wir nun also den Willen, welchen ich als das Ding an sich, das allein Reale in allem Dasein, den Kern der Natur aufgestellt habe, vom menschlichen Individuo aus im animalischen Magnetismus und darüber hinaus Dinge verstände gänzlich versagt hätte; dergleichen Subjekte gibt es jedoch: man muß aus ihnen Juristen, Geistliche, Kaufleute oder Soldaten machen; nur um des Himmels willen keine Ärzte: denn der Erfolg würde mörderisch sein, sintemal in der Medizin die Diagnose die Hauptsache ist. – Seine mit ihm in Rapport stehende Somnambule konnte er beliebig in vollständige *Katalepsie* versetzen, ja er konnte durch seinen bloßen Willen ohne Gestus, wenn sie ging und er hinter ihr stand, sie rücklings niederwerfen. Er konnte sie lähmen, in Starrkrampf versetzen, mit erweiterten Pupillen, völliger Unempfindlichkeit und den unverkennbarsten Zeichen eines völlig kataleptischen Zustandes. Eine Dame aus dem Publiko ließ er Klavier spielen und dann, fünfzehn Schritte hinter ihr stehend, lähmte er sie durch Willen mit Gestus so, daß sie nicht weiterspielen konnte. Dann stellte er sie gegen eine Säule und zauberte sie fest, daß sie nicht vom Fleck konnte, trotz der größten Anstrengung. – *Nach meiner Beobachtung* sind fast alle seine Stücke daraus zu erklären, daß er das *Gehirn vom Rückenmark isoliert*, entweder gänzlich, wodurch alle sensibeln und motorischen Nerven gelähmt werden und völlige Katalepsie entsteht; oder die Lähmung bloß die *motorischen* Nerven trifft, wo die Sensibilität bleibt, also der Kopf sein Bewußtsein behält, auf einem ganz scheintoten Körper sitzend. Ebenso wirkt die Strychnine: sie lähmt allein die motorischen Nerven, bis zum völligen Tetanus, der zum Erstickungstode führt; hingegen läßt sie die sensibeln Nerven, folglich auch das Bewußtsein unversehrt. Dasselbe leistet *Regazzoni* durch den magischen Einfluß seines Willens. Der Augenblick jener *Isolation* ist durch eine gewisse eigentümliche Erschütterung des Patienten deutlich sichtbar. Über die Leistungen *Regazzonis* und ihre für jeden, dem nicht aller Sinn für die Auffassung der organischen Natur verschlossen ist, unverkennbare Echtheit empfehle ich eine kleine französische Schrift von L. A. V. Dubourg: ›Antoine Regazzoni de Bergame à Francfort sur Main‹, Frankfurt, November 1854, 31 Seiten, 8°.

Im ›Journal du Magnétisme‹, édition Dupotet, vom 25. August 1856, Rezension einer Schrift ›De la *catalepsie*, mémoire couronné‹, 1856, 4°, sagt der Rezensent Morin: ›La plupart des caractères, qui distinguent la *catalepsie*, peuvent être obtenus artificiellement et sans danger sur les sujets magnétiques, et c'est même là un des exercices les plus ordinaires des séances magnétiques.‹ [Die meisten Merkmale, welche die Katalepsie ausmachen, können künstlich und ohne Gefahr an den magnetisierten Personen hervorgerufen werden, und dies ist sogar eine der gewöhnlichsten Übungen in den magnetischen Sitzungen.]

richten, welche nach der Kausalverbindung, d.h. dem Gesetz des Naturlaufs, nicht zu erklären sind, ja dieses Gesetz gewissermaßen aufheben und wirkliche actio in distans [Wirkung in die Ferne] ausüben, mithin eine übernatürliche, d.i. metaphysische Herrschaft über die Natur an den Tag legen – so wüßte ich nicht, welche tatsächlichere Bestätigung meiner Lehre noch zu verlangen bliebe. Wird doch sogar infolge seiner Erfahrungen ein mit meiner Philosophie ohne Zweifel unbekannter Magnetiseur, Graf Szapary, dahin gebracht, daß er dem Titel seines Buches, ›Ein Wort über animalischen Magnetismus, Seelenkörper und Lebensessenz‹, 1840, als Erläuterung die denkwürdigen Worte hinzufügt: ›oder physische Beweise, daß der animalisch-magnetische Strom das Element und *der Wille das Prinzip alles geistigen und körperlichen Lebens sei.*‹ – Der animalische Magnetismus tritt demnach geradezu als die *praktische Metaphysik* auf, als welche schon Baco von Verulam in seiner Klassifikation der Wissenschaften (›Instauratio magna‹ lib. 3) die *Magie* bezeichnete[1]: er ist die empirische oder Experimental-Metaphysik. – Weil ferner im animalischen Magnetismus der Wille als Ding an sich hervortritt, sehn wir das der bloßen Erscheinung angehörige principium individuationis [Prinzip der Individuation] (Raum und Zeit) alsbald vereitelt: seine die Individuen sondernden Schranken werden durchbrochen; zwischen Magnetiseur und Somnambule sind Räume keine Trennung, Gemeinschaft der Gedanken und Willensbewegungen tritt ein: der Zustand des Hellsehns setzt über die der bloßen Erscheinung angehörenden, durch Raum und Zeit bedingten Verhältnisse, Nähe und Ferne, Gegenwart und Zukunft, hinaus.

Infolge eines solchen Tatbestandes hat allmälig, trotz so vielen entgegenstehenden Gründen und Vorurteilen, die Meinung sich geltend gemacht, ja fast zur Gewißheit erhoben, daß der animalische Magnetismus und seine Phänomene identisch sind mit einem Teil der ehemaligen *Magie*, jener berüchtigten geheimen Kunst, von deren Realität nicht etwan bloß die sie so hart verfolgenden christlichen

1. [›De dignitate et augmentis scientiae‹ 3, 5]

Jahrhunderte, sondern ebensosehr alle Völker der ganzen Erde, selbst die wilden nicht ausgeschlossen, alle Zeitalter hindurch überzeugt gewesen sind und auf deren schädliche Anwendung schon die Zwölf Tafeln der Römer[F], die Bücher Mosis und selbst Platons elftes Buch von den ›Gesetzen‹ die Todesstrafe setzen. Wie ernstlich es damit auch in der aufgeklärtesten Römerzeit unter den Antoninen genommen wurde, beweist die schöne gerichtliche Verteidigungsrede des Apuleius wider die gegen ihn erhobene und sein Leben bedrohende (›Oratio de magia‹ p. 104, editio Bipontini) Anklage der Zauberei, in welcher er allein bemüht ist, den Vorwurf von sich abzuwälzen, nicht aber die Möglichkeit der Magie irgend leugnet, vielmehr in eben solche läppische Details eingeht, wie in den Hexenprozessen des Mittelalters zu figurieren pflegen. Ganz allein das letztverflossene Jahrhundert in Europa macht in Hinsicht auf jenen Glauben eine Ausnahme, und zwar infolge der von Balthasar Bekker, Thomasius und einigen andern in der guten Absicht, den grausamen Hexenprozessen auf immer die Türe zu schließen, behaupteten Unmöglichkeit aller Magie. Diese Meinung, von der Philosophie desselben Jahrhunderts begünstigt, gewann damals die Oberhand, jedoch nur unter den gelehrten und gebildeten Ständen. Das Volk hat nie aufgehört, an Magie zu glauben, sogar nicht in England, dessen gebildete Klassen hingegen mit einem sie erniedrigenden Köhlerglauben in Religionssachen einen unerschütterlichen Thomas- oder Thomasius-Unglauben an alle Tatsachen, welche über die Gesetze von Stoß und Gegenstoß oder Säure und Alkali hinausgehn, zu vereinigen verstehn und es sich nicht von ihrem großen Landsmann gesagt sein lassen wollen, daß es mehr Dinge im Himmel und auf Erden gibt, als ihre Philosophie sich träumen läßt[1]. – Ein Zweig der alten Magie hat sich unter dem Volke sogar offenkundig in täglicher Ausübung erhalten, welches er wegen seiner wohltätigen Absicht durfte, nämlich die sympathetischen Kuren, an deren Realität wohl kaum zu zweifeln ist. Am alltäglichsten ist die

---

F. Plinius: ›Historia naturalis‹ lib. 30, cap. 3
1. [Shakespeare: ›Hamlet‹ 1,5]

sympathetische Kur[L] der Warzen, deren Wirksamkeit bereits der behutsame und empirische Baco von Verulam aus eigener Erfahrung bestätigt (›Silva silvarum‹ § 997); sodann ist das Besprechen der Gesichtsrose, und zwar mit Erfolg so häufig, daß es leicht ist, sich davon zu überzeugen; ebenfalls das Besprechen des Fiebers gelingt oft u. dgl. mehr[F].

L. Die englischen Zeitungen (um Ende August 1845) erzählen mit großem Hohn als unerhörten Aberglauben, daß ein junger Mann, der lange am stets wiederkehrenden kalten Fieber (ague fever) litt und vergeblich von den Ärzten behandelt [worden] war, auf Rat einer weisen Frau folgendes *sympathetisches Mittel* gebraucht hat und genesen ist – eine Spinne, in einer leeren Nußschale eingesperrt, diese zugebunden und am Halse getragen: wie die Spinne abzehrt, stirbt und verwest, weicht das Fieber. Kommt vor in Most: ›Sympathie‹ [›Die sympathetischen Mittel und Kurmethoden‹]. – Folgende (vgl. Kiesers ›Archiv‹ [für tierischen Magnetismus] Bd. 5, Stück 3, S. 106; Bd. 8, Stück 3, S. 145–148; und Bd. 9) *sympathetische Kur* hat mir Dr. Neef als unter seinen Augen ausgeführt und gelungen erzählt. Es betraf ein Überbein an der Hand: dasselbe wurde mit einem Ei gerieben, so lange, bis die Stelle sich etwas feucht zeigte, und dann dieses Ei in einem Roßameisenhaufen (einen halben Zoll große rötliche Ameisen) vergraben. Gleich in der ersten Nacht empfand die Patientin ein unerträgliches Kribbeln wie von Ameisen an der Stelle, und von dem an schwand das Überbein; bis es nach einiger Zeit ganz weg war und auch nicht wiederkam.

F. In den ›Times‹, 1855, June 12, pag. 10 wird erzählt: ›*A horse-charmer.* – On the voyage to England the ship ›Simla‹ experienced some heavy weather in the Bay of Biscay, in which the horses suffered severely, and some, including a charger of General Scarlett, became unmanageable. A valuable mare was so very bad, that a pistol was got ready to shoot her and to end her misery; when a Russian officer recommended a Cossak prisoner to be sent for, as he was a ›juggler‹ and could, by charms, cure any malady in a horse. He was sent for, and immediately said he could cure it at once. He was closely watched, but the only thing they could observe him do was to take his sash off and tie a knot in it three several times. However the mare, in a few minutes, got on her feet and began to eat heartily, and rapidly recovered.‹ [Ein Pferdebeschwörer. – Auf der Fahrt nach England wurde das Schiff ›Simla‹ in der Bucht von Biskaya von heftigem Unwetter betroffen, bei dem die Pferde schwer zu leiden hatten, und manche, unter andern ein Schlachtroß des Generals Scarlett, waren nicht mehr zu bändigen. Ein wertvolles Roß war so übel daran, daß man schon eine Pistole bereitmachte, es zu erschießen und seinem Elend ein Ende zu machen, als ein russischer Offizier empfahl, einen gefangenen Kosaken herbeizuholen, da er ein Gaukelkünstler sei und

– Daß hiebei das eigentliche Agens nicht die sinnlosen Worte und Zeremonien, sondern wie beim Magnetisieren der Wille des Heilenden ist, bedarf nach dem oben über Magnetismus Gesagten keiner Auseinandersetzung. Beispiele sympathetischer Kuren finden die mit denselben noch Unbekannten in Kiesers ›Archiv für den tierischen Magnetismus‹ Bd. 5, Heft 3, S. 106; Bd. 8, Heft 3, S. 145; Bd. 9, Heft 2, S. 172 und Bd. 9, Heft 1, S. 128. Auch das Buch des Dr. *Most*, ›Über sympathetische Mittel und Kuren‹, 1842, ist zur vorläufigen Bekanntschaft mit der Sache brauchbar[F].
– Also diese zwei Tatsachen, animalischer Magnetismus und sympathetische Kuren, beglaubigen empirisch die Möglichkeit einer der physischen entgegengesetzten magischen Wirkung, welche das verflossene Jahrhundert so peremptorisch verworfen hatte, indem es durchaus keine andere als die physische nach dem begreiflichen Kausalnexus herbeigeführte Wirkung als möglich gelten lassen wollte.

Ein glücklicher Umstand ist es, daß die in unsern Tagen eingetretene Berichtigung dieser Ansicht von der Arzneiwissenschaft ausgegangen ist; weil diese zugleich dafür bürgt, daß das Pendel der Meinung nicht wieder einen zu starken Impuls nach der entgegengesetzten Seite erhalten und wir in den Aberglauben roher Zeiten zurückgeworfen werden könnten. Auch ist es, wie gesagt, nur ein Teil der Magie, dessen Realität durch den animalischen Magnetismus und die sympathetischen Kuren gerettet wird: sie befaßte noch viel mehr, wovon ein großer Teil dem alten Verdammungsurteil bis auf weiteres unterworfen oder dahingestellt bleiben, ein anderer aber durch seine Analogie mit dem animalischen Magnetismus wenigstens als möglich

durch Beschwörung jede Krankheit an einem Pferde kurieren könne. Er wurde geholt und erklärte ohne weiteres, das Pferd sofort heilen zu können. Man beobachtete ihn genau, aber das einzige, was man dabei wahrnehmen konnte, war nur, daß er seinen Gürtel abnahm und dreimal einen Knoten in denselben machte. Und doch stellte sich das Roß in wenigen Minuten auf die Beine, begann mit Lust zu essen und war alsbald wieder gesund.]

F. Schon Plinius [›Historia naturalis‹] gibt im 28. Buch, Kap. 6 bis 17 eine Menge sympathetischer Kuren an.

gedacht werden muß. Nämlich der animalische Magnetismus und die sympathetischen Kuren liefern nur wohltätige, Heilung bezweckende Einwirkungen, denen ähnlich, welche in der Geschichte der Magie als Werk der in Spanien sogenannten saludadores (Delrio, ›Disquisitionum magicarum‹ lib. 3, pars 2, quaest. 4, schol. 7; und Bodinus, ›De magorum daemonomania‹ lib. 3, 2) auftreten, die aber ebenfalls das Verdammungsurteil der Kirche erfuhren; die Magie hingegen wurde viel öfter in verderblicher Absicht angewandt. Nach der Analogie ist es jedoch mehr als wahrscheinlich, daß die inwohnende Kraft, welche, auf das fremde Individuum unmittelbar wirkend, einen heilsamen Einfluß auszuüben vermag, wenigstens ebenso mächtig sein wird, nachteilig und zerstörend auf ihn zu wirken. Wenn daher irgendein Teil der alten Magie, außer dem, der sich auf animalischen Magnetismus und sympathetische Kuren zurückführen läßt, Realität hatte; so war es gewiß dasjenige, was als maleficium [Zauberei] und fascinatio [Behexung] bezeichnet wird und gerade zu den meisten Hexenprozessen Anlaß gab. In dem oben angeführten Buche von *Most* findet man auch ein paar Tatsachen, die entschieden dem maleficio beizuzählen sind (nämlich S. 40, 41 und Nr. 89, 91 und 97); auch in Kiesers ›Archiv‹, in der von Bd. 9 bis 12 durchgehenden Krankengeschichte von Bende Bendsen, kommen Fälle vor von übertragenen Krankheiten, besonders auf Hunde, die daran gestorben sind. Daß die fascinatio schon dem Demokritos bekannt war, der sie als Tatsache zu erklären versuchte, ersehn wir aus Plutarchs ›Symposiacae quaestiones‹ quaestio 5, 7, 6. Nimmt man nun diese Erzählungen als wahr an; so hat man den Schlüssel zu dem Verbrechen der Hexerei, dessen eifrige Verfolgung danach doch nicht alles Grundes entbehrt hätte. Wenn sie gleich in den allermeisten Fällen auf Irrtum und Mißbrauch beruht hat; so dürfen wir doch nicht unsere Vorfahren für so ganz verblendet halten, daß sie so viele Jahrhunderte hindurch mit so grausamer Strenge ein Verbrechen verfolgt hätten, welches ganz und gar nicht möglich gewesen wäre. Auch wird uns von jenem Gesichtspunkt aus begreiflich, warum bis auf den heutigen

Tag in allen Ländern das Volk gewisse Krankheitsfälle hartnäckig einem maleficio zuschreibt und nicht davon abzubringen ist. – Wenn wir nun also durch die Fortschritte der Zeit bewogen werden, einen Teil jener verrufenen Kunst als nicht so eitel anzusehn, wie das vergangene Jahrhundert annahm; so ist dennoch nirgends mehr als hier Behutsamkeit nötig, um aus einem Wust von Lug, Trug und Unsinn, dergleichen wir in den Schriften des Agrippa von Nettesheim, Wierus, Bodinus, Delrio, Bindsfeldt u. a. aufbewahrt finden, die vereinzelten Wahrheiten herauszufischen. Denn Lüge und Betrug, überall in der Welt häufig, haben nirgends einen so freien Spielraum als da, wo die Gesetze der Natur eingeständlich verlassen, ja für aufgehoben erklärt werden. Daher sehn wir auf der schmalen Basis des wenigen, was an der Magie Wahres gewesen sein mag, ein himmelhohes Gebäude der abenteuerlichsten Märchen, der wildesten Fratzen aufgebaut und infolge derselben die blutigsten Grausamkeiten Jahrhunderte hindurch ausgeübt; bei welcher Betrachtung die psychologische Reflexion über die Empfänglichkeit des menschlichen Intellekts für den unglaublichsten, ja grenzenlosen Unsinn und die Bereitwilligkeit des menschlichen Herzens, ihn durch Grausamkeiten zu besiegeln, die Oberhand gewinnt.

Was heutzutage in Deutschland bei den Gelehrten das Urteil über die Magie modifiziert hat, ist jedoch nicht ganz allein der animalische Magnetismus; sondern jene Änderung war im tiefern Grunde vorbereitet durch die von Kant hervorgebrachte Umwandlung der Philosophie, welche in diesem wie in andern Stücken einen Fundamentalunterschied zwischen deutscher und anderer europäischer Bildung setzt. – Um über alle geheime Sympathie oder gar magische Wirkung vorweg zu lächeln, muß man die Welt gar sehr, ja ganz und gar begreiflich finden. Das kann man aber nur, wenn man mit überaus flachem Blick in sie hineinschaut, der keine Ahndung davon zuläßt, daß wir in ein Meer von Rätseln und Unbegreiflichkeiten versenkt sind und unmittelbar weder die Dinge noch uns selbst von Grund aus kennen und verstehn. Die dieser Gesinnung entgegengesetzte ist es eben, welche macht, daß fast alle große[n] Männer unabhängig von Zeit und Nation einen gewissen Anstrich von Aberglauben verraten haben. Wenn unsere natürliche Erkenntnisweise eine solche wäre, welche uns die Dinge an sich und folglich auch die absolut wahren Verhältnisse und Beziehungen der Dinge unmittelbar überlieferte; dann wären wir allerdings berechtigt, alles Vorherwissen des Künftigen, alle Erscheinungen Abwesender oder Sterbender oder gar Gestorbener und alle magische Einwirkung a priori und folglich unbedingt zu verwerfen. Wenn aber, wie Kant lehrt, was wir erkennen, bloße Erscheinungen sind, deren Formen und Gesetze sich nicht auf die Dinge an sich selbst erstrecken; so ist eine solche Verwerfung offenbar voreilig, da sie sich auf Gesetze stützt, deren Apriorität sie gerade auf Erscheinungen beschränkt, hingegen die Dinge an sich, zu denen auch unser eigenes inneres Selbst gehören muß, von ihnen unberührt läßt. Eben diese aber können Verhältnisse zu uns haben, aus denen die genannten Vorgänge entsprängen, über welche demnach die Entscheidung a posteriori abzuwarten, nicht ihr vorzugreifen ist. Daß Engländer und Franzosen bei der Verwerfung a priori solcher Vorgänge hartnäckig verharren, beruht im Grunde darauf, daß sie im wesentlichen noch der Lockeschen Philosophie untertan sind, welcher zufolge wir bloß nach Abzug der Sinnesempfindung die Dinge an sich erkennen: demgemäß werden dann die Gesetze der materiellen Welt für unbedingte gehalten und kein anderer als influxus physicus [physischer Einfluß] gelten gelassen. Sie glauben demnach zwar an eine Physik, aber an keine Metaphysik und statuieren demgemäß keine andere als die sogenannte ›natürliche Magie‹, welcher Ausdruck dieselbe contradictio in adiecto [denselben Widerspruch im Beiwort] enthält wie ›übernatürliche Physik‹, jedoch unzähligemal im Ernst gebraucht ist, letzterer hingegen nur *einmal*, im Scherz, von Lichtenberg[1]. Das Volk hingegen, mit seinem stets bereiten Glauben an übernatürliche Einflüsse überhaupt, spricht darin auf seine Weise die wenn auch nur gefühlte Überzeu-

1. [›Vermischte Schriften‹, 1844, Bd. 3, S. 185]

gung aus, daß, was wir wahrnehmen und auffassen, bloße Erscheinungen sind, keine Dinge an sich. Daß dies nicht zu viel gesagt sei, mag hier eine Stelle aus Kants ›Grundlegung zur Metaphysik der Sitten‹ belegen: ›Es ist eine Bemerkung, welche anzustellen eben kein subtiles Nachdenken erfordern wird, sondern von der man annehmen kann, daß sie wohl der gemeinste Verstand, obzwar nach seiner Art durch eine dunkle Unterscheidung der Urteilskraft, die er Gefühl nennt, machen mag: daß alle Vorstellungen, die uns ohne unsere Willkür kommen (wie die der Sinne), uns die Gegenstände nicht anders zu erkennen geben, als sie uns affizieren, wobei, was sie an sich sein mögen, uns unbekannt bleibt; mithin daß, was diese Art Vorstellungen betrifft, wir dadurch auch bei der angestrengtesten Aufmerksamkeit und Deutlichkeit, die der Verstand nur immer hinzufügen mag, doch bloß zur Erkenntnis der *Erscheinungen*, niemals der *Dinge an sich selbst* gelangen können. Sobald dieser Unterschied einmal gemacht ist, so folgt von selbst, daß man hinter den Erscheinungen doch noch etwas anderes, was nicht Erscheinung ist, nämlich die Dinge an sich einräumen und annehmen müsse‹ (dritte Auflage S. 105).

Wenn man Dietrich Tiedemanns ›Geschichte der Magie‹ unter dem Titel ›Disputatio de quaestione, quae fuerit artium magicarum origo‹, Marburg 1787, eine von der Göttinger Sozietät gekrönte Preisschrift, liest; so erstaunt man über die Beharrlichkeit, mit welcher, so vielen Mißlingens ungeachtet, überall und jederzeit die Menschheit den Gedanken der Magie verfolgt hat, und wird daraus schließen, daß er einen tiefen Grund, wenigstens in der Natur des Menschen, wenn nicht der Dinge überhaupt, haben müsse, nicht aber eine willkürlich ersonnene Grille sein könne. Obgleich die Definition der *Magie* bei den Schriftstellern darüber verschieden ausfällt; so ist doch der Grundgedanke dabei nirgends zu verkennen. Nämlich zu allen Zeiten und in allen Ländern hat man die Meinung gehegt, daß außer der regelrechten Art, Veränderungen in der Welt hervorzubringen mittelst des Kausalnexus der Körper, es noch eine andere, von jener ganz verschiedene Art geben müsse, die gar nicht auf dem Kausalnexus beruhe; daher auch ihre Mittel offenbar absurd erschienen, wenn man sie im Sinn jener ersten Art auffaßte, indem die Unangemessenheit der angewandten Ursache zur beabsichtigten Wirkung in die Augen fiel und der Kausalnexus zwischen beiden unmöglich war. Allein die dabei gemachte Voraussetzung war, daß es außer der äußern den nexum physicum [physischen Zusammenhang] begründenden Verbindung zwischen den Erscheinungen dieser Welt noch eine andere, durch das Wesen an sich aller Dinge gehende geben müsse, gleichsam eine unterirdische Verbindung, vermöge welcher von *einem* Punkt der Erscheinung aus unmittelbar auf jeden andern gewirkt werden könne durch einen nexum metaphysicum [metaphysischen Zusammenhang]; daß demnach ein Wirken auf die Dinge von innen statt des gewöhnlichen von außen, ein Wirken der Erscheinung auf die Erscheinung vermöge des Wesens an sich, welches in allen Erscheinungen eines und dasselbe ist, möglich sein müsse; daß, wie wir kausal als natura naturata [geschaffene Natur] wirken, wir auch wohl eines Wirkens als natura naturans[1] [schaffende Natur] fähig sein und für den Augenblick den Mikrokosmos als Makrokosmos geltend machen könnten; daß die Scheidewände der Individuen und [der] Sonderung, so fest sie auch seien, doch gelegentlich eine Kommunikation gleichsam hinter den Kulissen oder wie ein heimliches Spielen unterm Tisch zulassen könnten; und daß, wie es im somnambulen Hellsehn eine Aufhebung der individuellen Isolation der *Erkenntnis* gibt, es auch eine Aufhebung der individuellen Isolation des *Willens* geben könne. Ein solcher Gedanke kann nicht empirisch entstanden noch kann die Bestätigung durch Erfahrung es sein, die ihn alle Zeiten hindurch in allen Ländern erhalten hat: denn in den allermeisten Fällen mußte die Erfahrung ihm geradezu entgegen ausfallen. Ich bin daher der Meinung, daß der Ursprung dieses in der ganzen Menschheit so allgemeinen, ja so vieler entgegenstehender Erfahrung und dem gemeinen Menschenverstande

1. [Termini Spinozas]

zum Trotz unvertilgbaren Gedankens sehr tief zu suchen ist, nämlich in dem innern Gefühl der Allmacht des Willens an sich, jenes Willens, welcher das innere Wesen des Menschen und zugleich der ganzen Natur ist, und in der sich daran knüpfenden Voraussetzung, daß jene Allmacht wohl einmal auf irgendeine Weise auch vom Individuo aus geltend gemacht werden könnte. Man war nicht fähig zu untersuchen und zu sondern, was jenem Willen als Ding an sich und was ihm in seiner einzelnen Erscheinung möglich sein möchte; sondern nahm ohne weiteres an, er vermöge unter gewissen Umständen die Schranke der Individuation zu durchbrechen: denn jenes Gefühl widerstrebte beharrlich der von der Erfahrung aufgedrungenen Erkenntnis, daß

> Der Gott, der mir im Busen wohnt,
> Kann tief mein Innerstes erregen,
> Der über allen meinen Kräften thront,
> Er kann nach außen nichts bewegen.
> [Goethe, ›Faust‹ 1, Vers 1566–1569]

Dem dargelegten Grundgedanken gemäß finden wir, daß bei allen Versuchen zur Magie das angewandte physische Mittel immer nur als Vehikel eines Metaphysischen genommen wurde; indem es sonst offenbar kein Verhältnis zur beabsichtigten Wirkung haben konnte: dergleichen waren fremde Worte, symbolische Handlungen, gezeichnete Figuren, Wachsbilder u. dgl. mehr. Und jenem ursprünglichen Gefühle gemäß sehn wir, daß das von solchem Vehikel Getragene zuletzt immer ein Akt des *Willens* war, den man daran knüpfte. Der sehr natürliche Anlaß hiezu war, daß man in den Bewegungen des eigenen Leibes jeden Augenblick einen völlig unerklärlichen, also offenbar metaphysischen Einfluß des Willens gewahr wurde: sollte dieser, dachte man, sich nicht auch auf andere Körper erstrecken können? Hiezu den Weg zu finden, die Isolation, in welcher der Wille sich in jedem Individuo befindet, aufzuheben, eine Vergrößerung der unmittelbaren Willenssphäre über den eigenen Leib des Wollenden hinaus zu gewinnen – das war die Aufgabe der Magie.

Jedoch fehlte viel, daß dieser Grundgedanke, aus dem eigentlich die Magie entsprungen zu sein scheint, sofort ins deutliche Bewußtsein übergegangen und in abstracto erkannt worden wäre und die Magie sogleich sich selbst verstanden hätte. Nur bei einigen denkenden und gelehrten Schriftstellern früherer Jahrhunderte finden wir, wie ich bald durch Anführungen belegen werde, den deutlichen Gedanken, daß im *Willen* selbst die magische Kraft liege und daß die abenteuerlichen Zeichen und Akte, nebst den sie begleitenden sinnlosen Worten, welche für Beschwörungs- und Bindemittel der Dämonen galten, bloße Vehikel und Fixierungsmittel des *Willens* seien, wodurch der Willensakt, der magisch wirken soll, aufhört, ein bloßer Wunsch zu sein, und zur Tat wird, ein corpus erhält (wie Paracelsus sagt), auch gewissermaßen die ausdrückliche Erklärung des individuellen Willens abgegeben wird, daß er jetzt sich als allgemeiner, als Wille an sich geltend macht. Denn bei jedem magischen Akt, sympathetischer Kur oder was es sei, ist die äußere Handlung (das Bindemittel) eben das, was beim Magnetisieren das Streichen ist, also eigentlich nicht das Wesentliche, sondern das Vehikel, das, wodurch der Wille, der allein das eigentliche Agens ist, seine Richtung und Fixation in der Körperwelt erhält und übertritt in die Realität: daher ist es in der Regel unerläßlich. – Bei den übrigen Schriftstellern jener Zeiten steht jenem Grundgedanken der Magie entsprechend bloß der Zweck fest, nach Willkür eine absolute Herrschaft über die Natur auszuüben. Aber zu dem Gedanken, daß solche eine unmittelbare sein müsse, konnten sie sich nicht erheben, sondern dachten sie durchaus als eine *mittelbare*. Denn überall hatten die Landesreligionen die Natur unter die Herrschaft von Göttern und Dämonen gestellt. Diese nun seinem Willen gemäß zu lenken, zu seinem Dienst zu bewegen, ja zu zwingen ward das Streben des Magikers, und ihnen schrieb er zu, was ihm etwan gelingen mochte; geradeso, wie Mesmer anfangs den Erfolg seines Magnetisierens den Magnetstäben zuschrieb, die er in den Händen hielt, statt seinem Willen, der das wahre Agens war. So wurde die Sache bei allen polytheistischen Völkern genommen, und so verstehn auch Plotinos[1] und besonders Iamblichos die Magie, also als *Theurgie*; welchen Ausdruck zuerst Porphyrios gebraucht hat. Dieser Auslegung war der Polytheismus, diese göttliche Aristokratie, günstig, indem er die Herrschaft über die verschiedenen Kräfte der Natur an ebenso viele Götter und Dämonen verteilt hatte, welche wenigstens größtenteils nur personifizierte Naturkräfte waren und von welchen der Magiker bald diesen, bald jenen für sich gewann oder sich dienstbar machte. Allein in der göttlichen Monarchie, wo die ganze Natur einem Einzigen gehorsamt, wäre es ein zu verwegener Gedanke gewesen, mit diesem ein Privatbündnis schließen oder gar eine Herrschaft über ihn ausüben zu wollen. Daher stand, wo Judentum, Christentum oder Islam herrschte, jener Auslegung die Allmacht des alleinigen Gottes im Wege, an welche der Magiker sich nicht wagen konnte. Da blieb ihm dann nichts übrig, als seine Zuflucht zum Teufel zu nehmen, mit welchem Rebellen oder wohl gar unmittelbarem Deszendenten Ahrimans, dem doch noch immer einige Macht über die Natur zustand, er nun ein Bündnis schloß und dadurch sich seiner Hülfe versicherte: dies war die ›schwarze Magie‹. Ihr Gegensatz, die weiße, war dies dadurch, daß der Zauberer sich nicht mit dem Teufel befreundete; sondern die Erlaubnis oder gar Mitwirkung des alleinigen Gottes selbst, zur Erbittung der Engel, nachsuchte, öfter aber durch Nennung der selteneren hebräischen Namen und Titel desselben, wie Adonai u. dgl., die Teufel heranrief und zum Gehorsam zwang, ohne seinerseits ihnen etwas zu versprechen: Höllenzwang[2]. – Alle diese bloßen Auslegungen und Einkleidungen der Sache wurden aber so ganz für das Wesen derselben und für objektive Vorgänge genommen, daß alle die Schriftsteller, welche die Magie nicht aus eigener Praxis, sondern nur aus

---

[1]. Plotinos verrät hie und da eine richtigere Einsicht, z. B. ›Enneades‹ 2, lib. 3, cap. 7. – ›Enneades‹ 4, lib. 3, cap. 12. – et lib. 4, cap. 40, 43. – et lib. 9, cap. 3.
[2]. Delrio: ›Disquisitionum magicarum‹ lib. 2, quaestio 2. – Agrippa a Nettesheim: ›De [incertitudine et] vanitate scientiarum‹ cap. 45.

zweiter Hand kennen, wie Bodinus, Delrio, Bindsfeldt usw., das Wesen derselben dahin bestimmen, daß sie ein Wirken nicht durch Naturkräfte noch auf natürlichem Wege, sondern durch Hülfe des Teufels sei. Dies war und blieb auch überall die geltende allgemeine Meinung, örtlich nach den Landesreligionen modifiziert: sie auch war die Grundlage der Gesetze gegen Zauberei und der Hexenprozesse; ebenfalls waren in der Regel gegen sie die Bestreitungen der Möglichkeit der Magie gerichtet. Eine solche *objektive* Auffassung und Auslegung der Sache mußte aber notwendig eintreten, schon wegen des entschiedenen Realismus, welcher, wie im Altertum, so auch im Mittelalter, in Europa durchaus herrschte und erst durch Cartesius [Descartes] erschüttert wurde. Bis dahin hatte der Mensch noch nicht gelernt, die Spekulation auf die geheimnisvollen Tiefen seines eigenen Innern zu richten; sondern er suchte alles außer sich. Und gar den Willen, den er in sich selbst fand, zum Herrn der Natur zu machen war ein so kühner Gedanke, daß man davor erschrocken wäre: also machte man ihn zum Herrn über die fingierten Wesen, denen der herrschende Aberglaube Macht über die Natur eingeräumt hatte, um ihn so wenigstens mittelbar zum Herrn der Natur zu machen. Übrigens sind Dämonen und Götter jeder Art doch immer Hypostasen, mittelst welcher die Gläubigen jeder Farbe und Sekte sich das *Metaphysische*, das *hinter* der Natur Liegende, ihr Dasein und Bestand Erteilende und daher sie Beherrschende faßlich machen. Wenn also gesagt wird, die Magie wirke durch Hülfe der Dämonen; so ist der diesem Gedanken zum Grunde liegende Sinn doch noch immer, daß sie ein Wirken nicht auf physischem, sondern auf *metaphysischem* Wege, nicht natürliches, sondern übernatürliches Wirken sei. Erkennen wir nun aber in dem wenigen Tatsächlichen, welches für die Realität der Magie spricht, nämlich animalischer Magnetismus und sympathetische Kuren, nichts anderes als ein unmittelbares Wirken des Willens, der hier außerhalb des wollenden Individuums, wie sonst nur innerhalb, seine unmittelbare Kraft äußert; und sehn wir, wie ich bald zeigen und durch entscheidende unzweideutige Anführungen belegen werde, die in die alte Magie tiefer Eingeweihten alle Wirkungen derselben allein aus dem *Willen* des Zaubernden herleiten – so ist dies allerdings ein starker empirischer Beleg meiner Lehre, daß das Metaphysische überhaupt, das allein noch außerhalb der Vorstellung Vorhandene, das Ding an sich der Welt nichts anderes ist als das, was wir in uns als *Willen* erkennen.

Wenn nun jene Magiker die unmittelbare Herrschaft, die der Wille bisweilen über die Natur ausüben mag, sich als eine bloß mittelbare, durch Hülfe der Dämonen, dachten; so konnte dies kein Hindernis ihres Wirkens sein, wenn und wo überhaupt ein solches stattgefunden haben mag. Denn eben weil in Dingen dieser Art der Wille an sich in seiner Ursprünglichkeit und daher gesondert von der Vorstellung tätig ist; so können falsche Begriffe des Intellekts sein Wirken nicht vereiteln, sondern Theorie und Praxis liegen hier gar weit auseinander: die Falschheit jener steht dieser nicht im Wege, und die richtige Theorie befähigt nicht zur Praxis. Mesmer schrieb anfangs sein Wirken den Magnetstäben zu, die er in den Händen hielt, und erklärte nachher die Wunder des animalischen Magnetismus nach einer materialistischen Theorie von einem feinen, alles durchdringenden Fluidum, wirkte aber nichtsdestoweniger mit erstaunlicher Macht. Ich habe einen Gutsbesitzer gekannt, dessen Bauern von alters her gewohnt waren, daß ihre Fieberanfälle durch Besprechen des gnädigen Herrn vertrieben wurden; obgleich er nun von der Unmöglichkeit aller Dinge dieser Art sich völlig überzeugt hielt, tat er aus Gutmütigkeit nach herkömmlicher Weise den Bauern ihren Willen und oft mit günstigem Erfolg, den er dann dem festen Zutrauen der Bauern zuschrieb, ohne zu erwägen, daß ein solches auch die so oft ganz unnütze Arznei vieler vertrauensvollen Kranken erfolgreich machen müßte.

War nun beschriebenermaßen die Theurgie und Dämonomagie bloße Auslegung und Einkleidung der Sache, bloße Schale, bei der jedoch die meisten stehnblieben; so hat es dennoch nicht an Leuten gefehlt, die, ins Innere blickend, sehr wohl erkannten, daß, was bei etwanigen magischen

Einflüssen wirkte, durchaus nichts anderes war als der *Wille*. Diese Tiefersehenden haben wir aber nicht zu suchen bei denen, die zur Magie fremd, ja feindlich hinzutraten, und gerade von diesen sind die meisten Bücher über dieselbe: es sind Leute, welche die Magie bloß aus den Gerichtssälen und Zeugenverhören kennen, daher bloß die Außenseite derselben beschreiben, ja die eigentlichen Prozeduren dabei, wo solche ihnen etwan durch Geständnisse bekanntgeworden, behutsam verschweigen, um das entsetzliche Laster der Zauberei nicht zu verbreiten; der Art sind Bodinus, Delrio, Bindsfeldt u.a. mehr. Hingegen sind es die Philosophen und Naturforscher jener Zeiten des herrschenden Aberglaubens, bei denen wir über das eigentliche Wesen der Sache Aufschlüsse zu suchen haben. Aus ihren Aussagen aber geht auf das deutlichste hervor, daß bei der Magie, ganz so wie beim animalischen Magnetismus, das eigentliche Agens nichts anderes als der *Wille* ist. Dies zu belegen muß ich einige Zitate beibringen. Schon *Roger Bacon*, im 13. Jahrhundert, sagt: ›Si aliqua anima maligna cogitat fortiter de infectione alterius atque ardenter desideret et certitudinaliter intendat atque vehementer consideret se posse nocere, non est dubium, quin natura oboediat cogitationibus animae.‹ [Wenn ein übelgesinnter Mensch mit Entschiedenheit daran denkt, einem andern zu schaden, wenn er es heftig begehrt, mit Bestimmtheit seine Absicht darauf richtet und fest davon überzeugt ist, daß er ihm schaden kann, so ist nicht zu bezweifeln, daß die Natur den Absichten seines Willens gehorchen wird.] (Opus maius, Londini 1733, pag. 252). Besonders aber ist es *Theophrastus Paracelsus*, welcher über das innere Wesen der Magie mehr Aufschlüsse gibt als wohl irgendein anderer und sogar sich nicht scheut, die Prozeduren dabei genau zu beschreiben, namentlich (nach der Straßburger Ausgabe seiner Schriften in zwei Foliobänden, 1603) Bd. 1, S. 91, 353 ff. und 789. – Bd. 2, S. 362, 496. – Er sagt Bd. 1, S. 19: ›Merken von wächsernen Bildern ein solches: so ich in meinem Willen Feindschaft trage gegen einen andern; so muß die Feindschaft vollbracht werden durch ein medium, d.i. ein corpus. Also ist es möglich, daß mein Geist ohne meines Leibes Hülfe durch mein Schwert einen andern steche oder verwunde durch mein *inbrünstiges Begehren*. Also ist auch möglich, daß ich durch meinen *Willen* den Geist meines Widersachers bringe in das Bild und ihn dann krümme, lähme, nach meinem Gefallen. – Ihr sollt wissen, daß die Wirkung des *Willens* ein großer Punkt ist in der Arznei. Denn einem, der ihm selbst nichts Gutes gönnt und ihn selber haßt, ist's möglich, daß das, so er ihm selber flucht, ankommt. Denn Fluchen kommt aus Verhängung des Geistes. Ist also möglich, daß die Bilder verflucht werden in Krankheiten usw. . . . Eine solche Wirkung geschieht auch im Vieh, und darin viel leichter als im Menschen: denn des Menschen Geist wehrt sich mehr als der des Viehs.‹

S. 375: ›Daraus denn folgt, daß ein Bild dem andern zaubert: nicht aus Kraft der Charaktere oder dergleichen, durch Jungfrauenwachs; sondern die Imagination überwindet seine eigene Konstellation, daß sie ein Mittel wird zu vollenden seines Himmels Willen, d. i. seines Menschen.‹

S. 334: ›Alles Imaginieren des Menschen kommt aus dem Herzen: das Herz ist die Sonne im mikrokosmo. Und alles Imaginieren des Menschen aus der kleinen Sonne mikrokosmi geht in die Sonne der großen Welt, in das Herz makrokosmi. So ist die imaginatio mikrokosmi ein Samen, welcher materialisch wird usw.‹

S. 364: ›Euch ist genugsam wissend, was die strenge Imagination tut, welche ein Anfang ist aller magischen Werke.‹

S. 789: ›Also auch mein Gedanke ist Zusehn auf einen Zweck. Nun darf ich das Auge nicht dahinkehren mit meinen Händen; sondern meine Imagination kehrt dasselbe, wohin ich begehre. Also auch vom Gehn zu verstehn ist: ich begehre, setze mir vor, also bewegt sich mein Leib; und je fester mein Gedanke ist, je fester ist, daß ich lauf'. Also allein imaginatio ist eine Bewegerin meines Laufs.‹

S. 837: ›Imaginatio, die wider mich gebraucht wird, mag also streng gebraucht werden, daß ich durch eines andern imaginatio mag getötet werden.‹

Bd. 2, S. 274: ›Die Imagination ist aus der Lust und Begierde: die Lust gibt Neid, Haß; denn sie geschehn nicht, du habest denn Lust dazu. So du nun Lust hast, so folget auf das der Imagination Werk. Diese Lust muß sein so schnell, begierig, behend wie die einer Frau, die schwanger ist usw. – Ein gemeiner Fluch wird gemeiniglich wahr: warum? er gehet von Herzen: und in dem Von-Herzen-Gehn liegt und gebiert sich der Same. Also auch Vater- und Mutter-Flüche gehn also vom Herzen. Der armen Leute Fluch ist auch imaginatio usw. Der Gefangenen Fluch, auch nur imaginatio, geht vom Herzen. . . . Also auch, so einer durch seine imaginatio einen erstechen will, erlähmen usw., so muß er das Ding und Instrument erst in sich attrahieren, dann mag er's imprimieren: denn was hineinkommt, mag auch wieder hinausgehn durch die Gedanken, als ob es mit Händen geschähe. . . . Die Frauen übertreffen in solchem Imaginieren die Männer: . . . denn sie sind hitziger in der Rache.‹

S. 298: ›Die magica ist eine große verborgene Weisheit; so die Vernunft eine öffentliche große Torheit ist. . . . Gegen den Zauber schützt kein Harnisch: denn er verletzt den inwendigen Menschen, den Geist des Lebens. . . . Etliche Zauberer machen ein Bild in Gestalt eines Menschen, den sie meinen, und schlagen einen Nagel in dessen Fußsohle: der Mensch ist unsichtbar getroffen und lahm, bis der Nagel herausgezogen.‹

S. 307: ›Das sollen wir wissen, daß wir, allein durch den Glauben und unsere kräftige Imagination, eines jeglichen Menschen Geist in ein Bild mögen bringen. . . . Man bedarf keiner Beschwörung, und die Zeremonien, Zirkelmachen, Rauchwerk, sigilla usw., sind lauter Affenspiel und Verführung. – Homunculi und Bilder werden gemacht usw. . . ., in diesen werden vollbracht alle Operationen, Kräfte und Wille des Menschen. . . . Es ist ein so großes Ding um des Menschen Gemüt, daß es niemand möglich ist auszusprechen: wie Gott selbst ewig und unvergänglich ist, also auch das Gemüt des Menschen. Wenn wir Menschen unser Gemüt recht erkennten, so wäre uns nichts unmöglich auf Erden. . . . Die perfekte Imagination, die von den astris [Sternen] kommt, entspringt in dem Gemüt.‹

S. 513: ›Imaginatio wird konfirmiert und vollendet durch den Glauben, daß es wahrhaftig geschehe: denn jeder Zweifel bricht das Werk. Glaube soll die Imagination bestätigen, denn Glaube beschleußt den Willen. ... Daß aber der Mensch nicht allemal perfekt imaginiert, perfekt *glaubt*, das macht, daß die Künste ungewiß heißen müssen, so doch gewiß und ganz wohl sein mögen.‹ – Zur Erläuterung dieses letzten Satzes kann eine Stelle des Campanella im Buche ›De sensu rerum et magia‹ dienen: ›Efficiunt alii, ne homo possit futuere, si tantum credat: non enim potest facere, quod non credit posse facere.‹ [Fremder Einfluß kann es bewirken, daß der Mensch den Zeugungsakt nicht vollziehen kann, wenn er nur glaubt (ihn nicht ausführen zu können); denn er kann nicht ausführen, was er nicht ausführen zu können glaubt.] (lib. 4, cap. 18).

Im selben Sinn spricht Agrippa von Nettesheim, ›De occulta philosophia‹ lib. 1, cap. 65: ›Non minus subicitur corpus alieno animo quam alieno corpori.‹ [Der Körper ist nicht weniger dem Einfluß eines fremden Geistes als dem eines fremden Körpers unterworfen.] Und cap. 67: ›Quidquid dictat animus fortissime odientis, habet efficaciam nocendi et destruendi; similiter et in ceteris, quae affectat animus forti desiderio. Omnia enim, quae tunc agit et dictat ex characteribus, figuris, verbis, sermonibus, gestibus et eiusmodi, omnia sunt adiuvantia appetitum animae et acquirunt mirabiles quasdam virtutes, tum ab anima operantis in illa hora, quando ipsam appetitus eiusmodi maxime invadit, tum ab opportunitate et influxu caelesti animum tunc taliter movente.‹ – [Alles, was der Geist eines, der sehr starken Haß empfindet, vorschreibt, hat die Wirkung, zu schaden und zu zerstören; und ähnlich steht es bei allem, was sonst der Geist mit sehr starkem Verlangen begehrt. Denn alles, was er dann tut und befiehlt mittels Schriftzeichen, Figuren, Worten, Gesprächen, Gebärden und derartigem, das alles unterstützt das Verlangen der Seele und gewinnt gewisse wunderbare Kräfte, sei es von seiten dessen, der in dieser Stunde sich abmüht, wenn ein derartiges Verlangen seine Seele besonders erfüllt, sei es von seiten eines himmlischen Anlasses und Einflusses, der den Geist alsdann in eine solche Erregung bringt.] Cap. 68: ›Inest hominum animis virtus quaedam immutandi et ligandi res et homines ad id, quod desiderat, et omnes res oboediunt illi, quando fertur in magnum excessum alicuius passionis vel virtutis in tantum, ut superet eos, quos ligat. Radix eiusmodi ligationis ipsa est affectio animae vehemens et exterminata.‹ [Dem Geiste des Menschen wohnt eine gewisse Kraft inne, Dinge und Menschen zu bestimmen und zu binden zu dem, was er verlangt, und alle Dinge gehorchen ihm, wenn er in eine große Regung irgendeiner Leidenschaft oder Tatkraft gerät, in solchem Maße, daß er diejenigen überwindet, welche er bindet. Die Ursache einer derartigen Bindung ist die heftige und maßlose Aufregung der Seele selbst.]

Desgleichen Julius Caesar Vaninus, ›De admirandis naturae arcanis‹ lib. 4, dial. 5, p. 434: ›Vehementem imaginationem, cui spiritus et sanguis oboediunt, rem mente conceptam realiter efficere non solum intra, sed et extra.‹[F] [Daß eine

---

[F]. Ibidem pag. 440: ›Addunt Avicennae dictum: ,ad validam alicuius imaginationem cadit camelus.'‹ [Man führt den Ausspruch des Avicenna an: durch starkes Denken daran kann man ein Kamel zu Fall bringen.] Ibidem pag 478 redet er vom Nestelflechten, ›fascinatio, ne quis cum muliere coeat‹ [eine Verzauberung, damit jemand einem Weibe nicht beiwohnen könne], und sagt: ›Equidem in Germania complures allocutus sum vulgari cognomento necromantistas, qui ingenue confessi sunt se firme satis credere meras fabulas esse opiniones, quae de daemonibus vulgo circumferuntur, aliquid tamen ipsos operari vel vi herbarum commovendo phantasiam vel vi imaginationis et fidei vehementissimae, quam ipsorum nugacissimis confictis excantationibus adhibent ignarae mulieres, quibus persuadent recitatis magna cum devotione aliquibus preculis statim effici fascinum, quare credulae ex intimo cordis effundunt excantationes atque ita, non vi verborum neque vi caracterum, ut ipsae existimant, sed spiritibus (sc. vitalibus et animalibus; A[rthur] S[chopenhauer]) fascini inferendi percupidis exsufflatis proximos effascinant. Hinc fit, ut ipsi necromantici in causa propria vel aliena, si soli sint operarii, nihil unquam mirabile praestiterint: carent enim fide, quae cuncta operatur.‹ [In Deutschland habe ich mit vielen sogenannten Totenbeschwörern gesprochen, die offen bekannten, daß sie fest davon überzeugt seien, daß die Meinungen bloßes Geschwätz seien, die beim Volke über Dämonen in Umlauf gesetzt werden; daß sie aber selbst etwas ausrichten könnten,

heftige Einbildung, welcher Geist und Blut gehorchen, eine in der Vorstellung gefaßte Sache in Wahrheit zu bewirken vermag, nicht nur im Innern, sondern auch außerhalb.]

Ebenso redet *Johann Baptist van Helmont*, der sehr bemüht ist, dem Einfluß des Teufels bei der Magie möglichst viel abzudingen, um es dem Willen beizulegen. Aus der großen Sammlung seiner Werke, ›Ortus medicinae‹, bringe ich einige Stellen bei unter Anführung der einzelnen Schriften:

›*Recepta iniecta*‹ § 12: ›Cum hostis naturae (diabolus) ipsam applicationem complere ex se nequeat, suscitat ideam fortis desiderii et odii in saga, ut mutuatis istis mentalibus et liberis mediis transferat suum velle per quod, quodque afficere intendit[F]. Quorsum imprimis etiam exsecrationes cum idea desiderii et terroris odiosissimis suis scrofis praescribit.‹ [Da der Feind der Natur (der Teufel) von sich aus die Anwendung selbst nicht auszuführen vermag, so erweckt er die Vorstellung eines heftigen Verlangens und Hassens in der Zauberin, um durch Erborgung jener geistigen und willkürlichen Medien seinen Willen zu übertragen, durch den er alles zu beeinflussen strebt. Zu diesem Zwecke schreibt er namentlich auch die Verwünschungen mit der Vorstellung des Verlangens und Schreckens diesen seinen höchst widerwärtigen Säuen vor.] – § 13:

sei es, indem sie durch gewisse Kräuter die Phantasie erregen, sei es auch nur durch die Kraft der Einbildung und eines sehr starken Glaubens an die von ihnen ausgedachten höchst albernen Zauberformeln, wenn sie dieselben unwissenden Weibern beibringen, welche sie glauben machen, daß beim Hersagen gewisser Gebetlein mit großer Andacht sogleich der Zauber wirken werde; wenn diese dann in ihrer Leichtgläubigkeit aus tiefstem Herzen die Beschwörungen aussprechen, so geschehe es, daß nicht etwa durch die Kraft der Worte oder der Schriftzeichen, wie die Weiblein glauben, sondern durch die (vitalen und animalischen) Atemzüge, die sie mit dem heftigen Verlangen, zu bezaubern, ausatmen, diejenigen, die sich in ihrer Nähe befinden, bezaubert werden. Daher kommt es, daß die Totenbeschwörer selbst in eigener oder fremder Sache, wenn sie allein zu Werke gehen, niemals etwas Wunderbares hervorbringen, weil ihnen der Glaube fehlt, der alles auszurichten vermag.]

F.   Der Teufel hat sie's zwar gelehrt;
      Allein der Teufel kann's nicht machen.
                        [Goethe] ›Faust‹ [I, Vers 2376 f.]

›Quippe desiderium istud, ut est passio imaginantis, ita quoque creat ideam non quidem inanem, sed executivam atque incantamenti motivam.‹ [Denn jenes Verlangen, wie es eine Leidenschaft in der Einbildungskraft ist, so erzeugt es auch eine Vorstellung, welche nicht etwa bloß leer ist, sondern wirkt und die Bezauberung veranlaßt.] – § 19: ›Prout iam demonstravi, quod vis incantamenti potissima pendeat ab idea naturali sagae.‹ [Wie ich denn schon gezeigt habe, daß die hauptsächliche Kraft der Bezauberung von der natürlichen Vorstellung der Zauberin abhängt.]

›De iniectis materialibus‹ § 15: ›Saga per ens naturale imaginative format ideam liberam, naturalem et nocuam.... Sagae operantur virtute naturali ... Homo etiam dimittit medium aliud executivum, emanativum et mandativum ad incantandum hominem; quod medium est idea fortis desiderii. Est nempe desiderio inseparabile ferri circa optata.‹ [Die Zauberin formt vermöge ihres natürlichen Wesens in der Einbildungskraft eine willkürliche, natürliche und schädigende Vorstellung.... Die Zauberinnen wirken durch ihre natürliche Kraft.... Der Mensch entläßt auch aus sich ein fremdes wirkendes, ausströmendes und gebietendes Medium, das die Wirkung hat, einen Menschen zu bezaubern; dieses Medium ist die Vorstellung eines heftigen Verlangens. Es ist nämlich von dem Verlangen untrennbar, auf das Gewünschte hin sich zu bewegen.]

›De sympatheticis mediis‹ § 2: ›Ideae scilicet desiderii per modum influentiarum caelestium iaciuntur in proprium obiectum, utcunque localiter remotum. Diriguntur nempe a desiderio obiectum sibi specificante.‹ [Nämlich die Vorstellungen des Verlangens werden auf dem Wege himmlischer Einflüsse in ihren Gegenstand hineingeworfen, so weit derselbe auch örtlich entfernt sein mag. Denn sie werden von dem Verlangen gelenkt, das sich ein spezielles Objekt setzt.]

›De magnetica vulnerum curatione‹ § 76: ›Igitur in sanguine est quaedam potestas exstatica, quae, si quando ardenti desiderio excitata fuerit, etiam ad absens aliquod obiectum exterioris hominis spiritu deducenda sit: ea autem potestas in exteriori homine latet velut in potentia nec ducitur ad actum, nisi excitetur accensa imaginatione ferventi desiderio vel arte aliqua pari.‹ [Es liegt also in dem Blute eine gewisse ekstatische Macht, die, wenn sie einmal durch ein brennendes Verlangen aufgeregt ist, auch auf irgendeinen abwesenden Gegenstand durch den Geist des äußeren Menschen hinübergeleitet wird: diese Macht ist in dem äußern Menschen latent und gleichsam potentiell vorhanden und wird nicht aktuell, wenn sie nicht dadurch aufgeregt wird, daß die Einbildungskraft durch ein brennendes Verlangen oder ein ähnliches Mittel entflammt wird.] –

§ 98: ›Anima prorsum spiritus nequaquam posset spiritum vitalem (corporeum equidem) multo minus carnem et ossa movere aut concitare, nisi vis illi quaepiam naturalis magica tamen et spiritualis ex anima in spiritum et corpus descenderet. Cedo, quo pacto oboediret spiritus corporeus iussui animae, nisi iussus spiritum et deinceps corpus movendo foret? At extemplo contra hanc magicam motricem obicies istam esse intra concretum sibi suumque hospitium naturale, idcirco hanc, etsi magicam vocitemus, tantum erit nominis detorsio et abusus, siquidem vera et superstitiosa magica non ex anima basin desumit; cum eadem haec nil quidquam valeat, extra corpus suum movere altera re aut ciere. Respondeo vim et magicam illam naturalem animae, quae extra se agat virtute imaginis Dei latere iam obscuram in homine velut obdormire (post praevaricationem) excitationisque indigam: quae eadem, utut somnolenta ac velut ebria, alioqui sit in nobis cottidie; sufficit tamen ad obeunda munia in corpore suo: dormit itaque scientia et potestas magica et solo nutu actrix in homine.‹ [Die Seele, die ganz und gar Geist ist, würde durchaus nicht imstande sein, den Lebenshauch (der nämlich körperlich ist) und noch viel weniger das Fleisch und die Knochen zu bewegen oder zu erregen, wenn nicht eine gewisse ihr von Natur innewohnende Kraft, die jedoch magisch und geistig ist, aus der Seele in Geist und Körper herabstiege. Sage nur, auf welche Art der körperliche Geist dem Befehl der Seele gehorchen könnte, wenn nicht ein solcher Befehl vorhanden wäre, den Geist und ihm folgend den Körper zu bewegen? Aber du wirst sofort gegen die magische Bewegungskraft einwenden, daß dieselbe innerhalb des ihr Eigenen und ihrer natürlichen Behausung bleiben müsse und daß daher, wenn wir sie auch magisch nennen, dieses nur Verdrehung und Mißbrauch des Namens sei, indem die wahre und abergläubische Magie ihre Basis nicht aus der Seele entnehmen könne, da eben diese in keiner Weise imstande wäre, außerhalb ihres Körpers etwas zu bewegen, zu verändern oder zu erregen. Darauf antworte ich, daß jene der Seele natürliche Kraft und Magie, welche nach außen hin wirkt, kraft des Ebenbildes Gottes schon dunkel im Menschen verborgen liegt und gleichsam schlummert (nach dem Sündenfalle) und der Erregung bedarf; daß aber diese, wenn auch schläfrig und gleichsam trunken, immerhin stets in uns vorhanden ist; trotzdem reicht sie dazu aus, die Verrichtungen in dem eigenen Körper zu vollbringen; es schläft mithin das magische Wissen und Können, und nur auf Anregung hin wird es im Menschen wirksam.] – § 102: Satan itaque vim magicam hanc excitat (secus dormientem et scientia exterioris hominis impeditam) in suis mancipiis et inservit eadem illis ensis vice in manu potentis, id est sagae. Nec aliud prorsus Satan ad homicidium affert praeter excitationem dictae potestatis somnolentae.‹ [Der Satan also ist es, der diese magische Kraft (die gewöhnlich schlummert und durch das Bewußtsein des äußeren Menschen niedergehalten wird) in denen, die sich ihm verschrieben haben, erregt, und diesen steht dieselbe zu Gebote wie ein Schwert in der Hand des Mächtigen, d. h. der Zauberin. Und wirklich trägt der Satan nichts weiter zum Menschenmorde bei, als daß er jene schlummernde Kraft erregt.] – § 106: ›Saga in stabulo absente occidit equum: virtus quaedam naturalis a spiritu sagae et non a Satana derivatur, quae opprimat vel strangulet spiritum vitalem equi.‹ [Die Zauberin kann in einem entfernten Stalle das Pferd töten; eine gewisse natürliche Wirkungskraft geht von dem Geiste der Zauberin und nicht vom Satan aus, die imstande ist, den Lebenshauch des Pferdes zu unterdrücken und zu erwürgen.] – § 139: ›Spiritus voco magnetismi patronos non, qui ex caelo demittuntur multoque minus de infernalibus sermo est, sed de iis, qui fiunt in ipso homine sicut ex silice ignis: ex voluntate hominis nempe aliquantillum spiritus vitalis influentis desumitur et id ipsum assumit idealem entitatem, tanquam formam ad complementum. Qua nacta perfectione spiritus mediam sortem inter corpora et non corpora assumit. Mittitur autem eo, quo voluntas ipsum dirigit: idealis igitur entias ... nullis stringitur locorum, temporum aut dimensionum imperiis, ea nec daemon est nec eius ullus effectus, sed spiritualis quaedam est actio illius, nobis plane naturalis et vernacula.‹ [Als Schutzgeister des Magnetismus bezeichne ich nicht diejenigen, die vom Himmel herabkommen, und noch weniger ist hier von höllischen die Rede; sondern es sind solche, die im Menschen selbst entstehn wie das Feuer aus dem Kieselstein: nämlich nach dem Willen des Menschen wird ein klein wenig von dem einflußreichen Lebensgeiste entnommen, und ebendieses nimmt eine ideale Wesenheit an, gleichsam eine Form, um sich zu vervollständigen. Nachdem er diese Vervollständigung erlangt hat, nimmt der Geist eine Art mittlerer Beschaffenheit zwischen dem Körperlichen und Unkörperlichen an. Er läßt sich aber dahin schicken, wohin ihn der Wille lenkt; jene ideale Wesenheit also ... wird durch keine Schranken der Orte, der Zeiten oder Abstände gehemmt; sie ist kein Dämon oder die Wirkung eines solchen, sondern sie ist eine geistige Wirkung des Betreffenden, die uns ganz natürlich und vertraut ist.] – § 168: ›Ingens mysterium propalare hactenus distuli, ostendere videlicet ad manum in homine sitam esse energiam, qua solo nutu et phantasia sua queat agere extra se et imprimere virtutem aliquam influentiam deinceps perseverantem et agentem in obiectum longissime absens.‹ [Das ungeheure Geheimnis kundzumachen habe ich bisher aufgeschoben, nämlich handgreiflich zu zeigen, daß im Menschen eine Energie liegt, vermöge deren er es vermag, durch den bloßen Willen und die Phantasie außerhalb seiner zu wirken und eine Kraft zum Ausdruck zu bringen, wie auch einen Einfluß, der beharrt und sich auf ein wenn auch noch so weit entferntes Objekt erstrecken kann.]

Auch *Petrus Pomponatius* (›De incantationibus‹, Opera Basiliensa 1567, p. 44) sagt: ›Sic contingit tales esse homines, qui habeant eiusmodi vires in potentia, et per vim imaginativam et desiderativam cum actu operantur, talis virtus exit ad actum et afficit sanguinem et spiritum, quae per evaporationem petunt ad extra et producunt tales effectus.‹ [So kommt es, daß es derartige Menschen gibt, die solche Kräfte in ihrer Gewalt haben; und wenn sie sich durch die Einbildungskraft und Begehrungskraft wirklich betätigen, so schreitet eine solche Wirkungskraft zur Tat und beeinflußt Blut und Geist; solche Kräfte streben durch die Ausdünstung nach außen hin und bringen derartige Wirkungen hervor.]

Sehr merkwürdige Aufschlüsse dieser Art hat *Jane Leade* gegeben, eine Schülerin des *Pordage*, mystische Theosophin und Visionärin zu Cromwells Zeit in England. Sie gelangt zur Magie auf einem ganz eigentümlichen Wege. Wie es nämlich der charakteristische Grundzug aller Mystiker ist, daß sie Unifikation ihres eigenen Selbst mit dem Gotte ihrer Religion lehren, so auch *Jane Leade*. Nun aber wird bei ihr infolge der Einswerdung des menschlichen Willens mit dem göttlichen jener auch der Allmacht dieses teilhaft, erlangt mithin magische Gewalt. Was also andere Zauberer dem Bunde mit dem Teufel zu verdanken glauben, das schreibt sie ihrer Unifikation mit ihrem Gotte zu: ihre Magie ist demnach im eminenten Sinne eine weiße. Übrigens macht dies im Resultat und im Praktischen keinen Unterschied. Sie ist zurückhaltend und geheimnisvoll, wie dies zu ihrer Zeit notwendig war: man sieht aber doch, daß bei ihr die Sache nicht bloß ein theoretisches Korollarium, sondern aus anderweitigen Kenntnissen oder Erfahrungen entsprungen ist. Die Hauptstelle steht in ihrer ›Offenbarung der Offenbarungen‹, deutsche Übersetzung Amsterdam 1695, von S. 126 bis 151, besonders auf den Seiten, welche überschrieben sind ›Des gelassenen Willens Macht‹. Aus diesem Buche führt *Horst* in seiner Zauberbibliothek Bd. 1, S. 325 folgende Stelle an, welche jedoch mehr ein Resümee als ein wörtliches Zitat und vornehmlich aus S. 119, §§ 87 und 88 entnommen ist: ›Die magische Kraft setzt den, der sie besitzt, in den Stand, die Schöpfung, d.h. das Pflanzen-, Tier- und Mineralreich zu beherrschen und zu erneuern; so daß, wenn *viele* in *einer* magischen Kraft zusammenwirkten, die Natur paradiesisch umgeschaffen werden könnte. . . . Wie wir zu dieser magischen Kraft gelangen? In der neuen Geburt durch den Glauben, d.h. durch die Übereinstimmung unsers *Willens* mit dem göttlichen *Willen.* Denn der Glaube unterwirft uns die Welt, insofern die Übereinstimmung unsers *Willens* mit dem göttlichen zur Folge hat, daß alles, wie Paulus sagt, unser ist und uns gehorchen muß.‹ Soweit *Horst.* – S. 131 des gedachten Werkes der Jane Leade setzt sie auseinander, daß Christus seine Wunder durch die Macht seines Willens verrichtet habe, als da er zum Aussätzigen sagte: ›,Ich *will*, sei gereinigt.‹ Bisweilen aber ließ er es auf den Willen derer ankommen, die er merkte, daß sie Glauben an ihn hatten, indem er zu ihnen sagte: ,Was *wollt* ihr, daß ich euch tun solle?‹ Da ihnen zum besten dann nicht weniger, als was sie vom Herrn für sich in ihren Willen getan zu haben verlangten, ausgewirkt wurde. Diese Worte unsers Heilands verdienen, von uns wohl beachtet zu werden; sintemal *die höchste Magia im Willen liegt*, dafern er mit dem Willen des Höchsten in Vereinigung stehet: wenn diese zwei Räder ineinandergehn und gleichsam *eins* werden, so sind sie‹ usw. – S. 132 sagt sie: ›Denn was sollte einem Willen zu widerstehn vermögen, der mit Gottes Willen vereinigt ist? Ein solcher Wille stehet in sotaniger Macht, daß er allewegen sein Vorhaben ausführt. Es ist *kein nackter Wille*, der seines Kleides, der Kraft, ermangelt; sondern führt eine unüberwindliche Allmacht mit sich, wodurch er ausreuten und pflanzen, töten und lebendig machen, binden und lösen, heilen und verderben kann, welche Macht allesamt in dem königlichen freigeborenen Willen konzentriert und zusammengefaßt sein wird und die wir zu erkennen gelangen sollen, nachdem wir mit dem Heiligen Geiste eins gemacht oder zu einem Geiste und Wesen vereinigt sein werden.‹ – S. 133 heißt es: ›Wir müssen die vielen und mancherlei Willen, so aus der vermischten Essenz der Seelen erboren worden, allesamt ausdämpfen oder ersäufen und sie in der abgründlichen Tiefe verlieren, woraus alsdann der *jungfräuliche Wille* aufgehn und sich hervortun wird, welcher niemals einiges Dinges Knecht gewesen, das dem ausgearteten Menschen angehört, sondern, ganz frei und rein, mit der allmächtigen Kraft in Vereinigung stehet und unfehlbar deroselben gleich-ähnliche Früchte und Gefolgen hervorbringen wird, ... woraus das brennende Öl des Heiligen Geistes in der ihre Funken von sich aufwerfenden *Magia* aufflammt.‹

Auch *Jacob Böhme*, in seiner ›Erklärung von sechs Punkten‹, redet unter Punkt fünf von der Magie durchaus in dem hier dargelegten Sinn. Er sagt unter anderm: ›Magia ist die Mutter des Wesens aller Wesen; denn sie macht sich selber und wird in der *Begierde* verstanden. – Die rechte Magia ist kein Wesen, sondern der *begehrende Geist* des Wesens. – In summa: Magia ist das Tun im *Willengeist*.‹

Als Bestätigung oder jedenfalls als Erläuterung der dargelegten Ansicht von dem Willen als dem wahren Agens der Magie mag hier eine seltsame und artige Anekdote Platz finden, welche Campanella, ›De sensu rerum et magia‹ lib. 4, cap. 18 dem *Avicenna* nacherzählt: ›Mulieres quaedam condixerunt, ut irent animi gratia in viridarium. Una earum non iit. Ceterae colludentes arangium acceperunt et perforabant eum stilis actuis dicentes: ‚Ita perforamus mulierem talem, quae nobiscum venire detrectavit‘, et proiecto arangio intra fontem abierunt. Postmodum mulierem illam dolentem invenerunt, quod se transfigi quasi clavis acutis sentiret ab ea hora, qua arangium ceterae perforarunt: et cruciata est valde, donec arangii clavos extraxerunt imprecantes bona et salutem.‹ [Einige Weiber hatten sich verabredet, zu ihrer Erholung in einen Lustgarten zu gehen. Eine von ihnen kam nicht. Die übrigen nahmen im Scherze eine Orange und durchstachen sie mit scharfen Nadeln, wobei sie sagten: ›So durchstechen wir die Frau, die sich geweigert hat, mit uns zu gehen.‹ Darauf warfen sie die Orange in einen Brunnen und gingen davon. Sie fanden sodann jenes Weib in Schmerzen, indem sie das Gefühl hatte, gleichsam von scharfen Nadeln durchbohrt zu werden seit jener Stunde, in der die übrigen die Orange durchstochen hatten; und so wurde sie sehr gepeinigt, bis die andern die Nadeln aus der

Orange herauszogen, indem sie ihr Wohlsein und alles Gute wünschten.]

Eine sehr merkwürdige genaue Beschreibung tötender Zauberei, welche die Priester der Wilden auf der Insel Nuka-Hiva[1] angeblich mit Erfolg ausüben und deren Prozedur unsern sympathetischen Kuren völlig analog ist, gibt *Krusenstern* in seiner ›Reise um die Welt‹ [1803 bis 1806], Ausgabe in 12°, 1812, Teil 1, S. 249 ff.[F] – Sie ist besonders beachtenswert, sofern hier die Sache fern von aller europäischen Tradition doch als ganz dieselbe auftritt. Namentlich vergleiche man damit, was *Bende Bendsen* in Kiesers ›Archiv für tierischen Magnetismus‹ Bd. 9, Stück 1 in der Anmerkung S. 128–132 von Kopfschmerzen erzählt, die er selbst einem andern mittelst abgeschnittener Haare desselben angezaubert hat; welche Anmerkung er mit den Worten beschließt: ›Die sogenannte Hexenkunst, soviel ich darüber habe erfahren können, besteht in nichts anderm als in der

1. [Sie gehört zu den Markesasinseln im Stillen Ozean.]

F. Krusenstern sagt nämlich: ›Ein allgemeiner Glaube an Hexerei, welche von allen Insulanern als sehr wichtig angesehn wird, scheint mir einige Beziehung auf ihre Religion zu haben; denn es sind nur die Priester, die ihrer Aussage nach dieser Zauberkraft mächtig sind, obgleich auch einige aus dem Volke vorgeben sollen, das Geheimnis zu besitzen, wahrscheinlich um sich furchtbar machen und Geschenke erpressen zu können. Diese Zauberei, welche bei ihnen *Kaha* heißt, besteht darin, jemand, auf den sie einen Groll haben, auf eine langsame Art zu töten; zwanzig Tage sind indes der dazu bestimmte Termin. Man geht hiebei auf folgende Art zu Werke: Wer seine Rache durch Zauber ausüben will, sucht entweder den Speichel, den Urin oder die Exkremente seines Feindes auf irgendeine Art zu erlangen. Diese vermischt er mit einem Pulver, legt die gemischte Substanz in einen Beutel, der auf eine besondere Art geflochten ist, und vergräbt sie. Das wichtigste Geheimnis besteht in der Kunst, den Beutel richtig zu flechten, und in der Zubereitung des Pulvers. Sobald der Beutel vergraben ist, zeigen sich die Wirkungen bei dem, auf welchem der Zauber liegt. Er wird krank, von Tage zu Tage matter, verliert endlich ganz seine Kräfte, und nach zwanzig Tagen stirbt er gewiß. Sucht er hingegen die Rache seines Feindes abzuwenden und erkauft sein Leben mit einem Schweine oder irgendeinem andern wichtigen Geschenke, so kann er noch am neunzehnten Tage gerettet werden, und sowie der Beutel ausgegraben wird, hören auch sogleich die Zufälle der Krankheit auf. Er erholt sich nach und nach und wird nach einigen Tagen ganz wiederhergestellt.‹

Bereitung und Anwendung schädlich wirkender magnetischer Mittel, verbunden mit einer *bösen Willenseinwirkung*: dies ist der leidige Bund mit dem Satan.‹

Die Übereinstimmung aller dieser Schriftsteller sowohl unter einander als mit den Überzeugungen, zu welchen in neuerer Zeit der animalische Magnetismus geführt hat, endlich auch mit dem, was in dieser Hinsicht aus meiner spekulativen Lehre gefolgert werden könnte, ist doch wahrlich ein sehr zu beachtendes Phänomen. Soviel ist gewiß, daß allen je dagewesenen Versuchen zur Magie, sie mögen nun mit oder ohne Erfolg gemacht sein, eine Antizipation meiner Metaphysik zum Grunde liegt, indem sich in ihnen das Bewußtsein aussprach, daß das Kausalitätsgesetz bloß das Band der Erscheinungen sei, das Wesen an sich der Dinge aber davon unabhängig bliebe und daß, wenn von diesem aus, also von innen ein *unmittelbares* Wirken auf die Natur möglich sei, ein solches nur durch den *Willen* selbst vollzogen werden könne. Wollte man aber gar nach Bacos Klassifikation die Magie als die praktische Metaphysik aufstellen; so wäre gewiß, daß die zu dieser im richtigen Verhältnis stehende theoretische Metaphysik keine andere sein könnte als meine Auflösung der Welt in Wille und Vorstellung.

Der grausame Eifer, mit welchem zu allen Zeiten die Kirche die Magie verfolgt hat und von welchem der päpstliche ›Malleus maleficarum‹[1] [Hexenhammer] ein furchtbares Zeugnis ablegt, scheint nicht bloß auf den oft mit ihr verbundenen verbrecherischen Absichten noch auf der vorausgesetzten Rolle des Teufels dabei zu beruhen; sondern zum Teil hervorzugehn aus einer dunkeln Ahndung und Besorgnis, daß die Magie die Urkraft an ihre richtige Quelle zurückverlege; während die Kirche ihr eine Stelle außerhalb der Natur angewiesen hatte. (Sie wittern so etwas von dem ›Nos habitat, non tartara, sed nec sidera caeli: Spiritus, in nobis qui viget, illa facit.‹ – Im Himmel wohnt er nicht und auch nicht in der Höllen: Er kehret bei uns selber ein. Der

1. [Von den Dominikaner-Inquisitoren Heinrich Institoris und Jakob Sprenger 1487 herausgegebene Zusammenstellung von Wahnvorstellungen in bezug auf die Hexen.]

Geist, der in uns lebt, verrichtet es allein. [Agrippa von Nettesheim, ›Epistulae‹ 5,14])[1]. Diese Vermutung findet eine Bestätigung an dem Haß des so vorsorglichen englischen Klerus gegen den animalischen Magnetismus[2], wie auch an dessen lebhaftem Eifer gegen das jedenfalls harmlose Tischrücken, gegen welches aus demselben Grunde auch in Frankreich und sogar in Deutschland die Geistlichkeit ihr Anathema zu schleudern nicht unterlassen hat[F].

---

1. Vgl. *Johann Beaumont*: ›Historisch-physiologisch- und theologischer Traktat von Geistern, Erscheinungen, Hexereien und andern Zauber-Händeln‹, Halle im Magdeburgischen 1721, S. 281 *[siehe Bd. 1, S. 149]*.
2. Vgl. ›Parerga‹ Bd. 1, S. 257 *[Band 4]*
F. Am 4. August 1856 hat die Römische Inquisition an alle Bischöfe ein Zirkularschreiben erlassen, worin sie im Namen der Kirche sie auffordert, der Ausübung des animalischen Magnetismus nach Kräften entgegenzuarbeiten. Die Gründe dazu sind mit auffallender Unklarheit und Unbestimmtheit gegeben, eine Lüge läuft auch mit unter, und man merkt, daß das Sanctum Officium mit dem eigentlichen Grunde nicht herauswill. (Das Rundschreiben ist im Dezember 1856 in der ›Turiner Zeitung‹ abgedruckt, dann französisch im ›Univers‹ und von da im ›Journal des débats‹, janvier 3, 1857.)

SINOLOGIE

Für den hohen Stand der Zivilisation Chinas spricht wohl nichts so unmittelbar als die fast unglaubliche Stärke seiner Bevölkerung, welche nach Gützlaffs Angabe jetzt auf 367 Millionen Einwohner geschätzt wird[F]. Denn wir mögen Zeiten oder Länder vergleichen, so sehn wir im ganzen die Zivilisation mit der Bevölkerung gleichen Schritt halten.

Die jesuitischen Missionare des 17. und 18. Jahrhunderts ließ der zudringliche Eifer, ihre eigenen komparativ neuen Glaubenslehren jenem uralten Volke beizubringen, nebst dem eiteln Bestreben, nach frühern Spuren derselben bei ihm zu suchen, nicht dazu kommen, von den dort herrschenden sich gründlich zu unterrichten. Daher hat Europa erst in unsern Tagen vom Religionszustande Chinas einige Kenntnis erlangt. Wir wissen nämlich, daß es daselbst zuvörderst einen nationalen Naturkultus gibt, dem alle huldigen und der aus den urältesten Zeiten, angeblich aus solchen stammt, in denen das Feuer noch nicht aufgefunden war, weshalb die Tieropfer roh dargebracht wurden. Diesem Kultus gehören die Opfer an, welche der Kaiser und die Großdignitarien zu gewissen Zeitpunkten oder nach großen

---

[F]. Nach einem offiziellen chinesischen in Peking gedruckten *Zensus-Bericht*, welchen die im Jahre 1857 in Kanton und in den Palast des chinesischen Gouverneurs eingedrungenen Engländer hier vorfanden, hatte China im Jahre 1852 396 *Millionen* Einwohner, und können jetzt, beim beständigen Zuwachs, 400 Millionen angenommen werden. – Dies berichtet der ›Moniteur de la flotte‹ Ende Mai 1857. –

Nach den Berichten der russischen Geistlichen Mission zu Peking hat die offizielle Zählung von 1842 die Bevölkerung Chinas ergeben zu 414 687 000 (laut ›Revue Germanique‹).

Nach den von der russischen Gesandtschaft in Peking veröffentlichten amtlichen Tabellen betrug die Bevölkerung im Jahre 1849 415 *Millionen* (›Postzeitung‹ 1858).

Begebenheiten öffentlich darbringen. Sie sind vor allem dem blauen Himmel und der Erde gewidmet, jenem im Winter-, dieser im Sommersolstitio[1], nächstdem allen möglichen Naturpotenzen, wie dem Meere, den Bergen, den Flüssen, den Winden, dem Donner, dem Regen, dem Feuer usw., jedem von welchen ein Genius vorsteht, der zahlreiche Tempel hat: solche hat andererseits auch der jeder Provinz, Stadt, Dorf, Straße, selbst einem Familienbegräbnis, ja bisweilen einem Kaufmannsgewölbe vorstehende Genius; welche letztern freilich nur Privatkultus empfangen. Der öffentliche aber wird außerdem dargebracht den großen ehemaligen Kaisern, den Gründern der Dynastien, sodann den Heroen, d. h. allen denen, welche durch Lehre oder Tat Wohltäter der (chinesischen) Menschheit geworden sind. Auch sie haben Tempel: Konfuzius [Kung-fu-tse] allein hat deren 1650. Daher also die vielen kleinen Tempel in ganz China. An diesen Kultus der Heroen knüpft sich der Privatkultus, den jede honette Familie ihren Vorfahren auf deren Gräbern darbringt. – Außer diesem allgemeinen Natur- und Heroenkultus nun, und mehr in dogmatischer Absicht, gibt es in China drei Glaubenslehren. Erstlich die der *Tao-she* [Lehrer des Tao, d. i. der Vernunft], gegründet von *Lao-tse*, einem ältern Zeitgenossen des Konfuzius. Sie ist die Lehre von der Vernunft als innerer Weltordnung oder inwohnendem Prinzip aller Dinge, dem großen Eins, dem erhabenen Giebelbalken (*Taiki*), der alle Dachsparren trägt und doch über ihnen steht (eigentlich der alles durchdringenden Weltseele), und dem *Tao*, d. i. dem *Wege*, nämlich zum Heile, d. i. zur Erlösung von der Welt und ihrem Jammer. Eine Darstellung dieser Lehre aus ihrer Quelle hat uns im Jahr 1842 *Stanislas Julien* geliefert in der Übersetzung [der Schrift] des *Lao-tse* ›*Tao-[te]-king*‹: wir ersehn daraus, daß der Sinn und Geist der Tao-Lehre mit dem des Buddhaismus ganz übereinstimmt. Dennoch scheint jetzt diese Sekte sehr in den Hintergrund getreten und ihre Lehre, die Tao-she, in Geringschätzung geraten zu sein. – Zweitens finden wir die Weisheit des Konfuzius, der besonders die Gelehrten und Staatsmänner

1. [Sonnenwende]

SINOLOGIE

zugetan sind: nach den Übersetzungen zu urteilen eine breite, gemeinplätzige und überwiegend politische Moralphilosophie ohne Metaphysik, sie zu stützen, und die etwas ganz spezifisch Fades und Langweiliges an sich hat. – Endlich ist für die große Masse der Nation die erhabene und liebevolle Lehre Buddhas da, welcher Name oder vielmehr Titel in China Fo oder Fu ausgesprochen wird, während der Siegreich-Vollendete in der Tartarei mehr nach seinem Familiennamen Sakyamuni genannt wird, aber auch Burkhan-Bakschi, bei den Birmanen und auf Ceylon meistens Gautama, auch Tatagata, ursprünglich aber Prinz Siddharta heißt[1]. Diese

1. Zugunsten derer, die sich eine nähere Kenntnis des Buddhaismus erwerben wollen, will ich hier aus der Literatur desselben in europäischen Sprachen die Schriften aufzählen, welche ich, da ich sie besitze und mit ihnen vertraut bin, wirklich empfehlen kann: ein paar andere, z.B. von Hodgson und Abel Rémusat, lasse ich mit Vorbedacht weg. 1. ›Dsanglun, oder der Weise und der Tor‹, tibetanisch und deutsch, von Isaak Jakob Schmidt, Petersburg 1843, 2 Bde., 4°, enthält in der dem ersten, d.i. dem tibetanischen Bande vorgesetzten Vorrede von S. XXXI bis XXXVIII einen sehr kurzen, aber vortrefflichen Abriß der ganzen Lehre, sehr geeignet zur ersten Bekanntschaft mit ihr: auch ist das ganze Buch als Teil des *Kandschur* [›Kagyur‹] (kanonische Bücher) empfehlenswert. – 2. Von demselben vortrefflichen Verfasser sind mehrere in den Jahren 1829 bis 1832 und noch später in der Petersburger Akademie gehaltene deutsche Vorträge über den Buddhaismus in den betreffenden Bänden der Denkschriften der Akademie zu finden. Da sie für die Kenntnis dieser Religion überaus wertvoll sind, wäre es höchst wünschenswert, daß sie zusammengedruckt in Deutschland herausgegeben würden. – 3. Von demselben: ›Forschungen über die Tibeter und Mongolen‹, Petersburg 1824. – 4. Von demselben: ›Über die Verwandtschaft der gnostisch-theosophischen Lehren mit [den Religionssystemen des Orients und] dem Buddhaismus‹, 1828. – 5. Von demselben: ›Geschichte der Ost-Mongolen‹, Petersburg 1829, 4°, ist sehr belehrend, zumal in den Erläuterungen und dem Anhang, welche lange Auszüge aus Religionsschriften liefern, in denen viele Stellen den tiefen Sinn des Buddhaismus deutlich darlegen und den echten Geist desselben atmen. – 6. Zwei Aufsätze von Schiefner, deutsch in den ›Mélanges Asiatiques, tirés du „Bulletin historico-philologico" de l'Académie de St. Pétersbourg‹, tom. 1, 1851. – 7. Samuel Turners ›Reise an den Hof des Teshoo [Teschu] Lama‹, aus dem Englischen 1801. – 8. Bochinger: ›La vie ascétique chez les Indous et les Bouddhistes‹, Strasbourg 1831. – 9. Im siebenten Bande des ›Journal Asiatique‹, 1825, eine überaus schöne Biographie Buddhas von *Deshauterayes*. – 10. Burnouf: Intro-

Religion, welche sowohl wegen ihrer innern Vortrefflichkeit und Wahrheit als wegen der überwiegenden Anzahl ihrer Bekenner als die vornehmste auf Erden zu betrachten ist[L],

duction à l'histoire du Buddhisme‹ vol. 1, 1844, 4°. – 11. Rgya Tcher Rola: [›Histoire de Bouddha Chaky Mouni‹], traduit du Tibétain par Foucaux, 1848, 4°. Dies ist die Lalita vistara, d. h. Buddhas Leben, das Evangelium der Buddhaisten. – 12. ›Foe Koue Ki, relation des royaumes Bouddhiques‹, traduit du Chinois par Abel Rémusat, 1836, 4°. – 13. ›Déscription du Tibet‹, traduit du Chinois en Russe par Bitchourin, et du Russe en Français par Klaproth, 1831. – 14. Klaproth: ›Fragments Bouddhiques‹, aus dem ›Nouveau Journal Asiatiques‹, Mars 1831, besonders abgedruckt. – 15. Spiegel: [›Kammarakya‹, liber] ›De officiis sacerdotum Buddhicorum‹, palice et latine, 1841. – 16. Derselbe, ›Anecdota Palica‹, 1845. – 17. ›Dhammapadam‹, palice edidit et latine vertit Fausböll, Havniae [Kopenhagen] 1855. – 18. ›Asiatic researches‹ vol. 6 (Buchanan: ›On the religion of the Burmas‹) und vol. 20, Calcutta 1839, part 2, enthält drei sehr wichtige Aufsätze von *Csoma Körösi*, welche Analysen der Bücher des Kandschur enthalten. – 19. Sangermano: ›Description of the Burmese Empire‹, Rome 1833. – 20. Turnour: ›The ‚Mahavansa'‹, Ceylon 1836 [Candy 1837]. – 21. Upham: ›The ‚Mahavansa'‹, ‚Rajaratnacari' et ‚Raja-vali'‹, 3 vol., 1833. – 22. Eiusdem: ›Doctrine of Buddhism‹, 1829, fol. – 23. Spence Hardy: ›Eastern monachism‹, 1850. – 24. Eiusdem: ›Manual of Buddhism‹, 1853. – Diese zwei vortrefflichen, nach einem zwanzigjährigen Aufenthalt in Ceylon und mündlicher Belehrung der Priester daselbst verfaßten Bücher haben mir in das Innerste des buddhaistischen Dogmas mehr Einsicht gegeben als irgend andere *[vgl. Band 5, § 140].* Sie verdienen ins Deutsche übersetzt zu werden, aber unverkürzt, weil sonst leicht das Beste ausfallen könnte. – 25. ›Leben des Buddha‹, aus dem Chinesischen von *Palladji*, im ›Archiv für wissenschaftliche Kunde von Rußland‹, herausgegeben von Erman, Bd. 15, Heft 1, 1856. – 26. Carl Friedrich *Köppen*, ›Die Religion des Buddha‹, 1857, ein mit großer Belesenheit, ernstlichem Fleiß und auch mit Verstand und Einsicht aus allen hier genannten und manchen andern Schriften ausgezogenes vollständiges Kompendium des Buddhaismus, welches alles Wesentliche desselben enthält.

L. Der Verfall des Christentum rückt sichtlich heran. Dereinst wird gewiß indische Weisheit sich über Europa verbreiten. Denn der in allem andern den übrigen weit vorangehende Teil der Menschheit kann nicht in der Hauptsache große Kinder bleiben; angesehn, daß das metaphysische Bedürfnis unabweisbar, Philosophie aber immer nur für wenige ist. Jener Eintritt der Upanischaden-Lehre oder auch des Buddhaismus würde aber nicht wie einst der des Christentums in den unteren Schichten der Gesellschaft anfangen, sondern in den obern; wodurch jene Lehren sogleich in gereinigter Gestalt und möglichst frei von mythischen Zutaten auftreten werden.

herrscht in größten Teile Asiens und zählt nach Spence Hardy, dem neuesten Forscher, 369 Millionen Gläubige, also bei weitem mehr als irgendeine andere. – Diese drei Religionen Chinas, von denen die verbreiteteste, der Buddhaismus, sich, was sehr zu seinem Vorteil spricht, ohne allen Schutz des Staates bloß durch eigene Kraft erhält, sind weit davon entfernt, sich anzufeinden, sondern bestehn ruhig nebeneinander; ja haben vielleicht durch wechselseitigen Einfluß eine gewisse Übereinstimmung miteinander; so daß es sogar eine sprüchwörtliche Redensart ist, daß ›die drei Lehren nur *eine* sind‹. Der Kaiser als solcher bekennt sich zu allen dreien: viele Kaiser jedoch bis auf die neueste Zeit sind dem Buddhaismus speziell zugetan gewesen; wovon auch ihre tiefe Ehrfurcht vor dem Dalai-Lama und sogar vor dem Teschu-Lama zeugt, welchem sie unweigerlich den Vorrang zugestehn. – Diese drei Religionen sind sämtlich weder monotheistisch noch polytheistisch und, wenigstens der Buddhaismus, auch nicht pantheistisch, da Buddha eine in Sünde und Leiden versunkene Welt, deren Wesen, sämtlich dem Tode verfallen, eine kurze Weile dadurch bestehn, daß eines das andere verzehrt, nicht für eine Theophanie angesehn hat. Überhaupt enthält das Wort Pantheismus eigentlich einen Widerspruch, bezeichnet einen sich selbst aufhebenden Begriff, der daher von denen, welche Ernst verstehn, nie anders genommen worden ist denn als eine höfliche Wendung; weshalb es auch den geistreichen und scharfsinnigen Philosophen des vorigen Jahrhunderts nie eingefallen ist, den Spinoza deswegen, weil er die Welt ›Deus‹ nennt, für keinen Atheisten zu halten: vielmehr war die Entdeckung, daß er dies nicht sei, den nichts als Worte kennenden Spaßphilosophen unserer Zeit vorbehalten, die sich auch etwas darauf zugute tun und demgemäß von Akosmismus reden: die Schäker! Ich aber möchte unmaßgeblich raten, den Worten ihre Bedeutung zu lassen, und wo man etwas anderes meint, auch ein anderes Wort zu gebrauchen, also die Welt Welt und die Götter Götter zu nennen.

Die Europäer, welche vom Religionszustande Chinas Kunde zu gewinnen sich bemühten, gingen dabei, wie es gewöhnlich ist und früher auch Griechen und Römer in analogen Verhältnissen getan haben, zuerst auf Berührungspunkte mit ihrem eigenen einheimischen Glauben aus. Da nun in ihrer Denkweise der Begriff der Religion mit dem des Theismus beinahe identifiziert, wenigstens so eng verwachsen war, daß er sich nicht leicht davon trennen ließ; da überdies in Europa, ehe man genauere Kenntnis Asiens hatte, zum Zwecke des Arguments e consensu gentium [aus der Übereinstimmung der Völker] die sehr falsche Meinung verbreitet war, daß alle Völker der Erde einen alleinigen, wenigstens einen obersten Gott und Weltschöpfer verehrten, welches nicht anders ist, als wenn den Chinesen aufgebunden wird, alle Fürsten auf der Welt seien ihrem Kaiser tributär; und da sie sich in einem Lande befanden, wo sie Tempel, Priester, Klöster in Menge und religiöse Gebräuche in häufiger Ausübung sahen, gingen sie von der festen Voraussetzung aus, auch hier Theismus, wenngleich in sehr fremder Gestalt finden zu müssen. Nachdem sie aber ihre Erwartung getäuscht sahen und fanden, daß man von dergleichen Dingen keinen Begriff, ja, um sie auszudrücken, keine Worte hatte, war es nach dem Geiste, in welchem sie ihre Untersuchungen betrieben, natürlich, daß ihre erste Kunde von jenen Religionen mehr in dem bestand, was solche *nicht* enthielten, als in ihrem positiven Inhalt, in welchem sich zurechtzufinden überdies europäischen Köpfen aus vielen Gründen schwer fallen muß, z.B. schon, weil sie im Optimismus erzogen sind, dort hingegen das Dasein selbst als ein Übel und die Welt als ein Schauplatz des Jammers angesehn wird, auf welchem es besser wäre, sich nicht zu befinden; sodann wegen des dem Buddhaismus wie dem Hinduismus wesentlichen entschiedenen Idealismus, einer Ansicht, die in Europa bloß als ein kaum ernstlich zu denkendes Paradoxon gewisser abnormer Philosophen gekannt, in Asien aber selbst dem Volksglauben einverleibt ist, da sie in Hindostan als Lehre von der *Maja* allgemein gilt und in Tibet, dem Hauptsitze der buddhaistischen Kirche, sogar äußerst populär vorgetragen wird, indem man bei einer großen Feierlichkeit auch eine religiöse Komödie aufführt, welche den Dalai-Lama in Kontrovers mit dem Ober-Teufel darstellt: jener verficht den Idealismus, dieser den Realismus, wobei er unter anderm sagt: ›Was durch die fünf Quellen aller Erkenntnis (die Sinne) wahrgenommen wird, ist keine Täuschung, und was ihr lehrt, ist nicht wahr.‹ Nach langer Disputation wird endlich die Sache durch Würfeln entschieden: der Realist, d. i. der Teufel, verliert und wird mit allgemeinem Hohn verjagt[1]. Wenn man diese Grundunterschiede der ganzen Denkungsart im Auge behält, wird man es verzeihlich, sogar natürlich finden, daß die Europäer, indem sie den Religionen Asiens nachforschten, zuvörderst bei dem negativen, der Sache eigentlich fremden Standpunkte stehnblieben, weshalb wir eine Menge sich darauf beziehender, die positive Kenntnis aber gar nicht fördernder Äußerungen finden, welche alle darauf hinauslaufen, daß den Buddhaisten und den Chinesen überhaupt der Monotheismus – freilich eine ausschließlich jüdische Lehre – fremd ist. Z. B. in den ›Lettres édifiantes‹ (édition de 1819 vol. 8, p. 46) heißt es: ›Die Buddhaisten, deren Meinung von der Seelenwanderung allgemein angenommen worden, werden des Atheismus beschuldigt‹ und in den ›Asiatic researches‹ vol. 6, p. 255: ›Die Religion der Birmanen (d. i. Buddhaismus) zeigt sie uns als eine Nation, welche schon weit über die Roheit des wilden Zustandes hinaus ist und in allen Handlungen des Lebens sehr unter dem Einfluß religiöser Meinungen steht, dennoch aber keine Kenntnis hat von einem höchsten Wesen, dem Schöpfer und Erhalter der Welt. Jedoch ist das Moralsystem, welches ihre Fabeln anempfehlen, vielleicht so gut als irgendeines von denen, welche die unter dem Menschengeschlechte herrschenden Religionslehren predigen.‹ – Ebendaselbst S. 258: ›Gautamas (d. i. Buddhas) Anhänger sind, genau zu reden, Atheisten.‹ – Ebendaselbst S. 180: ›Gautamas Sekte hält den Glauben an ein göttliches Wesen, welches die Welt geschaffen, für höchst irreligiös (impious).‹ – Ebendaselbst S.

---

1. ›Description du Tibet‹, traduit du Chinois en Russe par Bitchourin, et du Russe en Français par Klaproth, Paris 1831, p. 65. – Auch im ›Asiatic Journal‹, new series vol. 1, p. 15. – Köppen: ›Die Lamaische Hierarchie‹ [und Kirche] S. 315.

268 führt Buchanan an, daß der Zarado oder Oberpriester der Buddhaisten in Ava, Atuli, in einem Aufsatz über seine Religion, den er einem katholischen Bischof übergab, unter die sechs verdammlichen Ketzereien auch die Lehre zählte, ›daß ein Wesen dasei, welches die Welt und alle Dinge in der Welt geschaffen habe und das allein würdig sei, angebetet zu werden‹. Genau dasselbe berichtet *Sangermano* in seiner ›Description of the Burmese Empire‹, Rome 1833, p. 81, und er beschließt die Anführung der sechs schweren Ketzereien mit den Worten: ›Der letzte dieser Betrüger lehrte, daß es ein höchstes Wesen gebe, den Schöpfer der Welt und aller Dinge darin, und daß dieser allein der Anbetung würdig sei‹ (the last of these impostors taught that there exists a Supreme Being, the Creator of the world and all things in it, and that he alone is worthy of adoration). Auch Colebrooke, in seinem in den ›Transactions of the Royal Asiatic [London] Society‹ vol. 1 befindlichen und auch in seinen ›Miscellaneous essays‹ abgedruckten ›Essay on the philosophy of the Hindus‹, sagt S. 236: ›Die Sekten der Dschaina und Buddha sind wirklich atheistisch, indem sie keinen Schöpfer der Welt oder höchste, regierende Vorsehung anerkennen.‹ – Imgleichen sagt Isaak Jakob Schmidt in seinen ›Forschungen über Mongolen und Tibeter‹ S. 180: ›Das System des Buddhaismus kennt kein ewiges, unerschaffenes, einiges göttliches Wesen, das vor allen Zeiten war und alles Sichtbare und Unsichtbare erschaffen hat: diese Idee ist ihm ganz fremd, und man findet in den buddhaistischen Büchern nicht die geringste Spur davon.‹ – Nicht minder sehn wir den gelehrten Sinologen *Morrison* in seinem ›Chinese dictionary‹, Macao 1815 und folgendes Jahr, vol. 1, p. 217 sich bemühen, in den chinesischen Dogmen die Spuren eines Gottes aufzufinden, und bereit, alles, was dahin zu deuten scheint, möglichst günstig auszulegen, jedoch zuletzt eingestehn, daß dergleichen nicht deutlich darin zu finden ist. Ebendaselbst S. 268 ff. bei Erklärung der Worte *tung* und *tsing*, d.i. Bewegung und Ruhe, als auf welchen die chinesische Kosmogonie beruht, erneuert er diese Untersuchung und schließt mit den Worten: ›Es ist vielleicht unmöglich, dieses System von der

Beschuldigung des Atheismus freizusprechen.‹ – Auch noch neuerlich sagt *Upham* in seiner ›History and doctrine of Buddhism‹, London 1829, S. 102: ›Der Buddhaismus legt uns eine Welt dar ohne einen moralischen Regierer, Lenker oder Schöpfer.‹ Auch der deutsche Sinologe *Neumann* sagt in seiner weiter unten näher bezeichneten Abhandlung S. 10 f.: ›In China, in dessen Sprache weder Mohammedaner noch Christen ein Wort fanden, um den theologischen Begriff der Gottheit zu bezeichnen ... Die Wörter Gott, Seele, Geist, als etwas von der Materie Unabhängiges und sie willkürlich Beherrschendes, kennt die chinesische Sprache gar nicht ... So innig ist dieser Ideengang mit der Sprache selbst verwachsen, daß es unmöglich ist, den ersten Vers des Genesis ohne weitläuftige Umschreibung ins Chinesische so zu übersetzen, daß es wirklich Chinesisch ist.‹ – Ebendarum hat Sir George Staunton 1848 ein Buch herausgegeben, betitelt: ›Untersuchung über die passende Art, beim Übersetzen der Heiligen Schrift ins Chinesische das Wort *Gott* auszudrücken‹ (An inquiry into the proper mode of rendering the word God in translating the Sacred Scriptures into the Chinese language)[F].

[F]. Folgende Äußerung eines amerikanischen Schiffers, der nach Japan gekommen war, ist belustigend durch die Naivetät, mit der er voraussetzt, daß die Menschheit aus lauter Juden bestehn müsse. In den ›Times‹ vom 18. Oktober 1854 wird erzählt, daß ein amerikanisches Schiff unter Kapitän Burr nach Jeddo-Bay in Japan gekommen ist, und dessen Erzählung von seiner günstigen Aufnahme daselbst mitgeteilt. Am Schlusse heißt's:
›He likewise asserts the Japanese to be a *nation of atheists*, denying the existence of a God and selecting as an object of worship either the spiritual Emperor at Meaco, or any other Japanese. He was told by the interpreters that formerly their religion was similar to that of China, but that the belief in a supreme Being has latterly been entirely discarded (dabei ist ein Irrtum) and they professed to be much shocked at Deejunokee (ein etwas amerikanisierter Japaner) declaring his belief in the Deity etc.‹ [Ebenso behauptet er, die Japaner seien ein Volk von Atheisten, weil sie das Dasein Gottes leugneten und als Gegenstand ihrer Verehrung entweder den geistlichen Kaiser von Meako oder irgendeinen anderen Japaner wählten. Der Dolmetscher erklärte ihm, daß ehemals ihre Religion der chinesischen ähnlich gewesen sei, daß sie aber neuerdings den Glauben an ein höchstes Wesen ganz abgeschafft hätten und versicherten, großen Anstoß an den Deejunokees zu nehmen, die sich zum Glauben an die Gottheit bekennen usw.]

Durch diese Auseinandersetzung und Anführungen habe ich nur die höchst merkwürdige Stelle, welche mitzuteilen der Zweck gegenwärtiger Rubrik ist, einleiten und verständlicher machen wollen, indem ich dem Leser den Standpunkt, von welchem aus jene Nachforschungen geschahen, vergegenwärtigte und dadurch das Verhältnis derselben zu ihrem Gegenstand aufklärte. Als nämlich die Europäer in China auf dem oben bezeichneten Wege und in dem angegebenen Sinne forschten und ihre Fragen immer auf das oberste Prinzip aller Dinge, die weltregierende Macht usf. gerichtet waren, hatte man sie öfter hingewiesen auf dasjenige, welches mit dem Worte *tien* (englisch: t'hëen) bezeichnet wird. Dieses Wortes nächste Bedeutung ist nun ›Himmel‹, wie auch Morrison in seinem Diktionär angibt. Allein es ist bekannt genug, daß es auch in tropischer Bedeutung gebraucht wird und dann einen metaphysischen Sinn erhält. Schon in den ›Lettres édifiantes‹ (édition de 1819, vol. 11, p. 461) finden wir hierüber die Erklärung: ›*Hing-tien* ist der materielle und sichtbare Himmel; *Chin-tien* der geistige und unsichtbare.‹ Auch Sonnerat in seiner ›Reise nach Ostindien und China‹ Buch 4, Kap. 1 sagt: ›Als sich die Jesuiten mit den übrigen Missionaren stritten, ob das Wort *tien* Himmel oder Gott bedeute, sahen die Chinesen diese Fremden als ein unruhiges Volk an und jagten sie nach Macao.‹ Jedenfalls konnten Europäer zuerst bei diesem Worte hoffen, auf der Spur der so beharrlich gesuchten Analogie chinesischer Metaphysik mit ihrem eigenen Glauben zu sein, und Nachforschungen dieser Art sind es ohne Zweifel, die zu dem Resultat geführt haben, welches wir mitgeteilt finden in einem Aufsatz, überschrieben ›Chinesische Schöpfungstheorie‹ und befindlich im ›Asiatic Journal‹ vol. 22, anno 1826. Über den darin erwähnten *Tschu-fu-tse*, auch *Tschu-hsi* genannt, bemerke ich, daß er im 12. Jahrhundert unserer Zeitrechnung gelebt hat und der berühmteste aller chinesischen Gelehrten ist; weil er die gesamte Weisheit der Früheren zusammengebracht und systematisiert hat. Sein Werk ist die Grundlage des jetzigen chinesischen Unterrichts und seine Auktorität vom größten Gewicht. Am angeführten Orte also heißt es S. 41 und 42: ›Es möchte scheinen, daß das Wort *tien* ‚das Höchste unter den Großen' oder ‚über alles, was groß auf Erden ist' bezeichnet: jedoch ist im Sprachgebrauch die Unbestimmtheit seiner Bedeutung ohne allen Vergleich größer als die des Ausdrucks *Himmel* in den europäischen Sprachen . . .‹

›Tschu-fu-tse sagt: ‚daß der Himmel *einen Menschen* (d. i. ein weises Wesen) habe, welcher daselbst über Verbrechen richte und entscheide, ist etwas, das schlechterdings nicht gesagt werden sollte; aber auch andererseits darf nicht behauptet werden, daß es gar nichts gebe, eine höchste Kontrolle über diese Dinge auszuüben'.

Derselbe Schriftsteller wurde befragt über das *Herz des Himmels*, ob es erkennend sei oder nicht, und gab zur Antwort: ‚Man darf nicht sagen, daß der Geist der Natur unintelligent wäre; aber er hat keine Ähnlichkeit mit dem Denken des Menschen . . .‘

Nach einer ihrer Auktoritäten wird *tien* Regierer oder Herrscher (tschu) genannt wegen des Begriffes der höchsten Macht, und eine andere drückt sich so darüber aus: ‚Wenn der Himmel (tien) keinen absichtsvollen Geist hätte; so würde es sich zutragen, daß von der Kuh ein Pferd geboren würde und der Pfirsichbaum eine Birnblüte trüge'. – Andererseits wird gesagt, daß *der Geist des Himmels abzuleiten sei aus dem, was der Wille des Menschengeschlechts ist!*‹ (Durch das Ausrufungszeichen hat der englische Übersetzer seine Verwunderung ausdrücken wollen.) Ich gebe den Text:

›The word *t'hëen* would seem to denote ‚the highest of the great' or ‚above all what is great on earth': but in practise its vagueness of signification is beyond all comparison greater, than that of the term *Heaven* in European languages. . . . Cho-foo-tze tells us that, to affirm, that heaven has a *man* (i. e. a sapient Being) there to judge and determine crimes, should not by any means be said; nor, on the other hand, must it be affirmed that there is nothing at all to exercise a supreme control over these things.'

The same author being asked about *the heart of heaven*, whether it was intelligent or not, answered: it must not be said that the mind of nature is unintelligent, but it does not resemble the cogitations of man ...

According to one of their authorities, *t'hëen* is called ruler or sovereign (choo), from the idea of the supreme control, and another expresses himself thus: ‚had heaven (t'hëen) no designing mind, then it must happen, that the cow might bring forth a horse, and on the peach-tree be produced the blossom of the pear'. On the other hand it is said, that *the mind of Heaven is deducible from what is the will of mankind!*‹

Die Übereinstimmung dieses letzten Aufschlusses mit meiner Lehre ist so auffallend und überraschend, daß, wäre die Stelle nicht volle acht Jahr nach Erscheinen meines Werks gedruckt worden, man wohl nicht verfehlen würde zu behaupten, ich hätte meinen Grundgedanken daher genommen. Denn bekanntlich sind gegen neue Gedanken der Hauptschutzwehren drei: Nicht-Notiz-Nehmen, Nicht-Gelten-Lassen und zuletzt Behaupten, es sei schon längst dagewesen. Allein die Unabhängigkeit meines Grundgedankens von dieser chinesischen Auktorität steht aus den angegebenen Gründen fest: denn daß ich der chinesischen Sprache nicht kundig, folglich nicht imstande bin, aus chinesischen, andern unbekannten Originalwerken Gedanken zu eigenem Gebrauch zu schöpfen, wird man mir hoffentlich glauben. Bei weiterer Nachforschung habe ich herausgebracht, daß die angeführte Stelle sehr wahrscheinlich und fast gewiß aus Morrisons ›Chinesischem Wörterbuch‹ entnommen ist, woselbst sie unter dem Zeichen *tien* zu finden sein wird: mir fehlt nur die Gelegenheit, es zu verifizieren[F]. – *Illgens*

[F] Laut Briefen von Doß vom 26. Februar und 8. Juni 1857 stehn in Morrisons ›Chinese dictionary‹, Macao 1815, vol. I, pag. 576 unter 天 t'hëen die hier angeführten Stellen in etwas anderer Ordnung, aber ziemlich denselben Worten. Bloß die wichtige Stelle am Schluß weicht ab und lautet: ›Heaven makes the mind of mankind its mind; in most ancient discussions respecting Heaven, its mind, or will, was *divined* (so steht's und nicht *derived* [abgeleitet]) from what was the will of mankind.‹ [Der Himmel mache den Geist der Menschen zu seinem Geiste; in sehr alten Erörterungen über den Himmel werde sein Geist oder Wille daraus erschlossen, was der Wille des Menschen sei.] – Neumann hat dem Doß die Stelle unabhängig von Morrison übersetzt, und dies Ende lautet: ›Durch das Herz des Volkes wird der Himmel gewöhnlich offenbart.‹

›Zeitschrift für historische Theologie‹ Bd. 7, 1837, enthält einen Aufsatz von *Neumann:* ›Die Natur- und Religions-Philosophie der Chinesen nach dem Werke des *Tschu-hsi*‹, in welchem von S. 60 bis S. 63 Stellen vorkommen, die mit denen aus dem ›Asiatic Journal‹ hier angeführten offenbar eine gemeinschaftliche Quelle haben. Allein sie sind mit der in Deutschland so häufigen Unentschiedenheit des Ausdrucks abgefaßt, welche das deutliche Verständnis ausschließt. Zudem merkt man, daß dieser Übersetzer des Tschu-hsi seinen Text nicht vollkommen verstanden hat; woraus ihm jedoch kein Vorwurf erwächst in Betracht der sehr großen Schwierigkeit dieser Sprache für Europäer und der Unzulänglichkeit der Hülfsmittel. Inzwischen erhalten wir daraus nicht die gewünschte Aufklärung. Wir müssen daher uns mit der Hoffnung trösten, daß bei dem freier gewordenen Verkehr mit China irgendein Engländer uns einmal über das obige in so beklagenswerter Kürze mitgeteilte Dogma näheren und gründlichen Aufschluß erteilen wird.

HINWEISUNG AUF DIE ETHIK

Die Bestätigungen der übrigen Teile meiner Lehre bleiben aus im Eingang angeführten Gründen von meiner heutigen Aufgabe ausgeschlossen. Jedoch sei mir am Schluß eine ganz allgemeine Hinweisung auf die *Ethik* vergönnt.

Von jeher haben alle Völker erkannt, daß die Welt außer ihrer physischen Bedeutung auch noch eine moralische hat. Doch ist es überall nur zu einem undeutlichen Bewußtsein der Sache gekommen, welches, seinen Ausdruck suchend, sich in mancherlei Bilder und Mythen kleidete. Dies sind die Religionen. Die Philosophen ihrerseits sind allezeit bemüht gewesen, ein klares Verständnis der Sache zu erlangen, und ihre sämtlichen Systeme mit Ausnahme der streng materialistischen stimmen bei aller ihrer sonstigen Verschiedenheit darin überein, daß das Wichtigste, ja allein Wesentliche des ganzen Daseins, das, worauf alles ankommt, die eigentliche Bedeutung, der Wendepunkt, die Pointe (sit venia verbo [mit Verlaub zu sagen; nach Plinius, ›Epistulae‹ 5, 6, 46]) desselben in der Moralität des menschlichen Handelns liege. Aber über den Sinn hievon, über die Art und Weise, über die Möglichkeit der Sache sind sie sämtlich wieder höchst uneinig und haben einen Abgrund von Dunkelheit vor sich. Da ergibt sich, daß Moral-Predigen leicht, Moral-Begründen schwer ist[1]. Eben weil jener Punkt durch das Gewissen festgestellt ist, wird er zum Probierstein der Systeme; indem von der Metaphysik mit Recht verlangt wird, daß sie die Stütze der Ethik sei: und nun entsteht das schwere Problem, aller Erfahrung zuwider die physische Ordnung der Dinge als von einer moralischen abhängig nachzuweisen, einen

1. [*Vgl. S. 629 und 814*]

Zusammenhang aufzufinden zwischen der Kraft, die, nach ewigen Naturgesetzen wirksam, der Welt Bestand erteilt und der Moralität in der menschlichen Brust. Hier sind daher auch die besten gescheitert: *Spinoza* klebt bisweilen vermittelst Sophismen eine Tugendlehre an seinen fatalistischen Pantheismus, noch öfter aber läßt er die Moral gar arg im Stich. *Kant* läßt, nachdem die theoretische Vernunft am Ende ist, seinen aus bloßen Begriffen herausgeklaubten[1] kategorischen Imperativ als deus ex machina auftreten mit einem absoluten Soll, dessen Fehler recht deutlich wurde, als *Fichte*, der immer Überbieten für Übertreffen hielt, dasselbe mit Christian-Wolffischer Breite und Langweiligkeit zu einem kompletten System des *moralischen Fatalismus* ausspann in seinem ›System der Sittenlehre‹ und dann es kürzer darlegte in seinem letzten Pamphlet ›Die Wissenschaftslehre im allgemeinen Umrisse‹, 1810.

Von diesem Gesichtspunkt aus hat nun doch wohl unleugbar ein System, welches die Realität alles Daseins und die Wurzel der gesamten Natur in den *Willen* legt und in diesem das Herz der Welt nachweist, wenigstens ein starkes Präjudiz für sich. Denn es erreicht auf geradem und einfachem Wege, ja hält schon, ehe es an die Ethik geht, dasjenige in der Hand, was die andern erst auf weitaussehenden und stets mißlichen Umwegen zu erreichen suchen. Auch ist es wahrlich nimmermehr zu erreichen als mittelst der Einsicht, daß die in der Natur treibende und wirkende Kraft, welche unserm Intellekt diese anschauliche Welt darstellt, identisch ist mit dem Willen in uns. Nur *die* Metaphysik ist wirklich und unmittelbar die Stütze der Ethik, welche schon selbst ursprünglich ethisch ist, aus dem Stoffe der Ethik, dem Willen, konstruiert ist; weshalb ich mit viel besserem Recht meine Metaphysik hätte ›Ethik‹ betiteln können als Spinoza, bei dem dies fast wie Ironie aussieht und sich behaupten ließe, daß sie den Namen wie ›lucus a non lucendo‹[2] [es heißt

---

1. Siehe meine Preisschrift ›Über die Grundlage der Moral‹ §6 [*S. 655*].
2. [Die scherzhafte Etymologie des Wortes lucus geht auf Quintilian: ›Institutiones oratoriae‹ 6, 34 oder auf den Grammatiker Lykomedes zurück.]

‚lucus' (Wald), weil es darin nicht hell ist] führt, da er nur durch Sophismen die Moral einem System anheften konnte, aus welchem sie konsequent nimmermehr hervorgehn würde: auch verleugnet er sie meistens geradezu mit empörender Dreistigkeit (z. B. ›Ethica‹ 4, prop. 37, schol. 2). – Überhaupt darf ich kühn behaupten, daß nie ein philosophisches System so ganz aus *einem* Stück geschnitten war wie meines, ohne Fugen und Flickwerk. Es ist, wie ich in der Vorrede zu demselben gesagt habe *[Bd. 1, S. 7]*, die Entfaltung eines einzigen Gedankens; wodurch das alte ἁπλοῦς ὁ μῦθος τῆς ἀληθείας ἔφυ [wer Wahrheit hat zu sagen, drückt sich einfach aus; Euripides, ›Phoenissae‹ 469] sich abermals bestätigt. – Sodann ist hier noch in Erwägung zu ziehn, daß Freiheit und Verantwortlichkeit, diese Grundpfeiler aller Ethik, ohne die Voraussetzung der Aseität des Willens sich wohl mit Worten behaupten, aber schlechterdings nicht denken lassen. Wer dieses bestreiten will, hat zuvor das Axiom, welches schon die Scholastiker aufstellten: ›operari sequitur esse‹ [was man tut, folgt aus dem, was man ist; Pomponatius, ›De animi immortalitate‹ p. 76] (d. h. aus der Beschaffenheit jedes Wesens folgt sein Wirken), umzustoßen oder die Folgerung aus demselben: ›unde esse, inde operari‹ [wie sein Wesen ist, so ist sein Wirken], als falsch nachzuweisen. Verantwortlichkeit hat Freiheit, diese aber Ursprünglichkeit zur Bedingung. Denn ich *will*, je nachdem ich *bin*: daher muß ich *sein*, je nachdem ich *will*. Also ist Aseität des Willens die erste Bedingung einer ernstlich gedachten Ethik, und mit Recht sagt Spinoza: ›Ea res libera dicetur, quae ex sola suae naturae necessitate *existit* et a se sola ad agendum determinatur.‹ [Dasjenige wird frei zu nennen sein, was aus der bloßen Notwendigkeit seiner Natur existiert und nur durch sich selbst zum Handeln bestimmt wird.] (›Ethica‹ 1, definitio 7). Abhängigkeit dem Sein und Wesen nach, verbunden mit Freiheit dem Tun nach, ist ein Widerspruch. Wenn Prometheus seine Machwerke wegen ihres Tuns zur Rede stellen wollte; so würden diese mit vollem Rechte antworten: ›Wir konnten nur handeln, je nachdem wir waren: denn aus der Beschaffenheit fließt das Wirken. War unser Handeln schlecht, so lag das an unserer Beschaffenheit; sie ist dein Werk: strafe dich selbst.‹¹ Nicht anders steht es mit der Unzerstörbarkeit unsers wahren Wesens durch den Tod; welche ohne Aseität desselben nicht ernstlich gedacht werden kann, wie auch schwerlich ohne fundamentale Sonderung des Willens vom Intellekt. Der letztere Punkt gehört meiner Philosophie an; den ersteren aber hat schon Aristoteles (›De caelo‹ I, 12 [p. 282a 30]) gründlich dargetan, indem er ausführlich zeigt, daß nur das Unentstandene unvergänglich sein kann und daß beide Begriffe einander bedingen: Ταῦτα ἀλλήλοις ἀκολουθεῖ καὶ τό τε ἀγένητον ἄφθαρτον καὶ τὸ ἄφθαρτον ἀγένητον. ... Τὸ γὰρ γενητὸν καὶ τὸ φθαρτὸν ἀκολουθοῦσιν ἀλλήλοις. ... Εἰ γενητόν τι, φθαρτὸν ἀνάγκη. (Haec mutuo se sequuntur atque ingenerabile est incorruptibile et incorruptibile ingenerabile. ... Generabile enim et corruptibile mutuo se sequuntur. ... Si generabile est, et corruptibile esse necesse est.) [Dies folgt aus einander, das Unentstandene ist unvergänglich und das Unvergängliche unentstanden ... Denn Entstandensein und Vergänglichsein folgt aus einander ... Ist etwas entstanden, so muß es auch vergänglich sein.] So haben es auch unter den alten Philosophen alle die, welche eine Unsterblichkeit der Seele lehrten, verstanden, und keinem ist es in den Sinn gekommen, einem irgendwie *entstandenen* Wesen endlose Dauer beilegen zu wollen. Von der Verlegenheit, zu der die entgegengesetzte Annahme führt, zeugt in der Kirche die Kontroverse der Präexistentianer, Kreatianer und Traducianer².

Ferner ist ein der Ethik verwandter Punkt der Optimismus aller philosophischen Systeme, der, als obligat, in keinem fehlen darf: denn die Welt will hören, daß sie löblich und vortrefflich sei, und die Philosophen wollen der Welt gefallen. Mit mir steht es anders: ich habe gesehn, was der Welt gefällt, und werde daher ihr zu Gefallen keinen Schritt vom Pfade der Wahrheit abgehn. Also weicht auch in diesem Punkt mein System von den übrigen ab und steht allein.

1. Vgl. ›Parerga‹ I, S. 115 ff. *[Band 4]*
2. [Die Traducianer nahmen an, daß ein stofflicher Ableger (tradux) aus der Seele des Vaters in den Leib des Neugeborenen übergehe.]

Aber nachdem jene sämtlich ihre Demonstrationen vollendet und dazu ihr Lied von der besten Welt gesungen haben; da kommt zuletzt, hinten im System, als ein später Rächer des Unbilds wie ein Geist aus den Gräbern, wie der steinerne Gast zum ›Don Juan‹ die Frage nach dem Ursprung des Übels, des ungeheueren, namenlosen Übels, des entsetzlichen, herzzerreißenden Jammers in der Welt – und sie verstummen oder haben nichts als Worte, leere, tönende Worte, um eine so schwere Rechnung abzuzahlen. Hingegen wenn schon in der Grundlage eines Systems das Dasein des Übels mit dem der Welt verwebt ist, da hat es jenes Gespenst nicht zu fürchten; wie ein inokuliertes Kind nicht die Pocken. Dies aber ist der Fall, wenn die Freiheit statt in das ›operari‹ in das ›esse‹ gelegt wird und nun aus ihr das Böse, das Übel und die Welt hervorgeht. – Übrigens aber ist es billig, mir als einem Mann des Ernstes zu gestatten, daß ich nur von Dingen rede, die ich wirklich kenne, und nur Worte gebrauche, mit denen ich einen ganz bestimmten Sinn verknüpfe; da nur ein solcher sich andern mit Sicherheit mitteilen läßt und *Vauvenargues* ganz recht hat zu sagen: ›La clarté est la bonne foi des philosophes.‹ [Die Klarheit ist der Kreditbrief der Philosophen; ›Réflexions et maximes‹ 729.] Wenn ich also sage ›Wille, Wille zum Leben‹; so ist das kein ens rationis [Gedankending], keine von mir selbst gemachte Hypostase, auch kein Wort von ungewisser, schwankender Bedeutung; sondern wer mich frägt, was es sei, den weise ich an sein eigenes Inneres, wo er es vollständig, ja in kolossaler Größe vorfindet als ein wahres ens realissimum [allerrealstes Wesen]. Ich habe demnach nicht die Welt aus dem Unbekannten erklärt; vielmehr aus dem Bekanntesten, das es gibt und welches uns auf eine ganz andere Art bekannt ist als alles übrige. – Was endlich das Paradoxe betrifft, welches den asketischen Resultaten meiner Ethik vorgeworfen worden ist, an denen sogar der mich sonst so günstig beurteilende *Jean Paul* Anstoß nahm, durch welche auch Herr *Rätze* (der nicht wußte, daß gegen mich nur die Sekretierungsmethode die anwandbare sei) veranlaßt wurde, im Jahr 1820 ein wohlgemeintes Buch gegen mich zu schreiben, und die seitdem das stehende Thema des Tadels meiner Philosophie geworden sind; so bitte ich zu erwägen, daß dergleichen nur in diesem nordwestlichen Winkel des alten Kontinents, ja selbst hier nur in protestantischen Landen paradox heißen kann; hingegen im ganzen weiten Asien, überall, wo noch nicht der abscheuliche Islam mit Feuer und Schwert die alten tiefsinnigen Religionen der Menschheit verdrängt hat, eher den Vorwurf der Trivialität zu fürchten haben würde[1]. Ich getröste mich demnach, daß meine Ethik in Beziehung auf den Upanischad der heiligen Veden, wie auch auf die Weltreligion Buddhas völlig orthodox ist, ja selbst mit dem alten echten Christentum nicht im Widerspruch steht. Gegen alle sonstigen Verketzerungen aber bin ich gepanzert und habe dreifaches Erz um die Brust.

---

[1]. Wer hierüber in der Kürze und doch vollständig belehrt sein will, lese die vortreffliche Schrift des verstorbenen Pfarrers *Bochinger:* ›La vie contemplative, ascétique et monastique chez les Indous et chez les peuples Bouddhistes‹, Strasbourg 1831.

SCHLUSS

Den in dieser Abhandlung aufgezählten, gewiß auffallenden Bestätigungen, welche die empirischen Wissenschaften meiner Lehre seit ihrem Auftreten, aber unabhängig von ihr geliefert haben, reihen sich ohne Zweifel noch viele an, die nicht zu meiner Kunde gekommen sind: denn wie gering ist der Teil der in allen Sprachen so tätig betriebenen naturwissenschaftlichen Literatur, welchen kennenzulernen Zeit, Gelegenheit und Geduld des einzelnen hinreicht. Aber auch schon das hier Mitgeteilte gibt mir die Zuversicht, daß die Zeit meiner Philosophie entgegenreift, und mit herzstärkender Freude sehe ich, wie im Laufe der Jahre allmälig die empirischen Wissenschaften auftreten als unverdächtige Zeugen für eine Lehre, über welche die ›Philosophen von Profession‹ (diese charakteristische Benennung, sogar auch die des ›philosophischen Gewerbes‹ geben einige naiv sich selbst) siebenzehn Jahre hindurch ein staatskluges, unverbrüchliches Schweigen beobachtet und von ihr zu reden dem in ihre Politik uneingeweihten Jean Paul[1] überlassen haben. Denn sie zu loben mag ihnen verfänglich, sie aber zu tadeln bei genauer Erwägung nicht so recht sicher geschienen haben, und das Publikum, welches nicht ›von der Profession und dem Gewerbe‹ ist, damit bekanntzumachen, daß man sehr ernstlich philosophieren könne, ohne weder unverständlich noch langweilig zu sein, mochte auch eben nicht vonnöten scheinen: wozu also hätten sie sich mit ihr kompromittieren sollen, da ja durch Schweigen sich niemand verrät, die beliebte Sekretierungsmethode als bewährtes Mittel gegen Verdienste zur Hand und soviel bald ausgemacht war, daß bei dermaligen Zeitumständen jene Philosophie sich nicht wohl qualifiziere, vom Katheder doziert zu werden, welches denn doch, nach ihrer Herzensmeinung, der wahre und letzte Zweck aller Philosophie ist – so sehr und so gewiß, daß, wenn vom hohen Olymp herab die splitternackte Wahrheit käme, jedoch, was sie brächte,

---

1. ›Nachschule zur ästhetischen Vorschule.‹ – Das Vorhergehende bezieht sich auf 1835, die Zeit der ersten Auflage dieser Abhandlung.

den durch dermalige Zeitumstände hervorgerufenen Anforderungen und den Zwecken hoher Vorgesetzter nicht entsprechend befunden würde, die Herren ›von der Profession und dem Gewerbe‹ mit dieser indezenten Nymphe wahrlich auch keine Zeit verlieren, sondern sie eiligst nach ihrem Olymp zurückkomplimentieren, dann drei Finger auf den Mund legen und ungestört bei ihren Kompendien bleiben würden. Denn freilich, wer mit dieser nackten Schönheit, dieser lockenden Sirene, dieser Braut ohne Aussteuer buhlt, der muß dem Glück entsagen, ein Staats- und Kathederphilosoph zu sein. Er wird, wenn er es hochbringt, ein Dachkammerphilosoph. Allein dagegen wird er statt eines Publikums von erwerblustigen Brotstudenten eines haben, das aus den seltenen, auserlesenen denkenden Wesen besteht, die spärlich ausgestreut unter der zahllosen Menge einzeln im Laufe der Zeit fast wie ein Naturspiel erscheinen. Und aus der Ferne winkt eine dankbare Nachwelt. Aber die müssen gar keine Ahndung davon haben, wie schön, wie liebenswert die Wahrheit sei, welche Freude im Verfolgen ihrer Spur, welche Wonne in ihrem Genusse liege, die sich einbilden können, daß, wer ihr Antlitz geschaut hat, sie verlassen, sie verleugnen, sie verunstalten könnte um jener ihren prostituierten Beifall oder ihre Ämter oder ihr Geld oder gar ihre Hofratstitel. Eher würde man Brillen schleifen wie Spinoza oder Wasser schöpfen wie Kleanthes. Sie mögen daher auch ferner es halten, wie sie wollen: die Wahrheit wird dem ›Gewerbe‹ zu Gefallen keine andere werden. Wirklich ist die ernstlich gemeinte Philosophie den Universitäten, als wo die Wissenschaften unter Vormundschaft des Staates stehn, entwachsen. Vielleicht aber kann es mit ihr dahin kommen, daß sie den geheimen Wissenschaften beigezählt wird; während ihre Afterart, jene ›ancilla theologiae‹ der Universitäten, jene schlechte Doublette der Scholastik, deren oberstes Kriterium philosophischer Wahrheit der Landeskatechismus ist, desto lauter die Hörsäle widerhallen läßt. – ›You that way; we this way‹[1] (Shakespeare, ›Love's labour's lost‹, the end [5, 2]).

1. Ihr dahin, wir dorthin.

DIE BEIDEN GRUNDPROBLEME
DER ETHIK

BEHANDELT IN ZWEI AKADEMISCHEN PREISSCHRIFTEN

VON DR. ARTHUR SCHOPENHAUER

MITGLIEDE DER KÖNIGLICH NORWEGISCHEN

SOZIETÄT DER WISSENSCHAFTEN

Μεγάλη ἡ ἀλήθεια καὶ ὑπερισχύει.
[Groß ist die Wahrheit und behält den Sieg.

ESRA 4, 41]

I. Über die Freiheit des menschlichen Willens,
gekrönt von der Königlich Norwegischen Sozietät
der Wissenschaften zu Drontheim
am 26. Januar 1839

II. Über das Fundament der Moral,
nicht gekrönt von der Königlich Dänischen Sozietät
der Wissenschaften zu Kopenhagen
den 30. Januar 1840

VORREDE ZUR ERSTEN AUFLAGE

Unabhängig voneinander auf äußern Anlaß entstanden, ergänzen diese beiden Abhandlungen sich dennoch gegenseitig zu einem System der Grundwahrheiten der Ethik, in welchem man hoffentlich einen Fortschritt dieser Wissenschaft, die seit einem halben Jahrhundert Rasttag gehalten hat, nicht verkennen wird. Jedoch durfte keine von beiden sich auf die andere und ebensowenig auf meine früheren Schriften berufen; weil jede für eine andere Akademie geschrieben und strenges Inkognito hiebei die bekannte Bedingung ist. Daher auch war nicht zu vermeiden, daß einige Punkte in beiden berührt wurden; indem nichts vorausgesetzt werden konnte und überall ab ovo[1] [vom Ei an] anzufangen war. Es sind eigentlich spezielle Ausführungen zweier Lehren, die sich den Grundzügen nach im vierten Buche der ›Welt als Wille und Vorstellung‹ [Bd. 1, S. 373–558] finden, dort aber aus meiner Metaphysik, also synthetisch und a priori abgeleitet wurden, hier hingegen, wo der Sache nach keine Voraussetzungen gestattet waren, analytisch und a posteriori begründet auftreten: daher, was dort das Erste war, hier das Letzte ist. Aber gerade durch dieses Ausgehn von dem allen gemeinsamen Standpunkt, wie auch durch die spezielle Ausführung, haben beide Lehren an Faßlichkeit, Überzeugungskraft und Entfaltung ihrer Bedeutsamkeit hier sehr gewonnen. Demnach sind diese beiden Abhandlungen als Ergänzung des vierten Buches meines Hauptwerks anzusehn, geradeso wie meine Schrift ›Über den Willen in der Natur‹ [S. 301] eine sehr wesentliche und wichtige Ergänzung des zweiten Buches [Bd. 1, S. 149–241] ist. Übrigens, so heterogen auch der Gegenstand der zuletztgenannten Schrift dem der gegenwärtigen zu sein scheint; so ist dennoch zwischen ihnen wirklicher Zusammenhang, ja jene Schrift ist gewissermaßen der Schlüssel zur gegenwärtigen, und die Einsicht in diesen Zusammenhang vollendet allererst das vollkommene Verständnis beider. Wenn einmal die Zeit gekommen sein wird, wo man mich liest, wird man finden, daß

1. [Nämlich vom Anfang der Mahlzeit an; vgl. Horaz: ›Saturae‹ 1, 3, 6]

meine Philosophie ist wie Theben mit hundert Toren: von allen Seiten kann man hinein und durch jedes auf geradem Wege bis zum Mittelpunkt gelangen.

Noch habe ich zu bemerken, daß die erste dieser beiden Abhandlungen bereits im neuesten Bande der zu Drontheim erscheinenden Denkschriften der Königlich Norwegischen Sozietät der Wissenschaften ihre Stelle gefunden hat. Diese Akademie hat in Betracht der weiten Entfernung Drontheims von Deutschland mir die von ihr erbetene Erlaubnis, einen Abdruck dieser Preisschrift für Deutschland veranstalten zu dürfen, mit der größten Bereitwilligkeit und Liberalität gewährt, wofür ich derselben meinen aufrichtigen Dank hiemit öffentlich abstatte.

Die zweite Abhandlung ist von der Königlich Dänischen Sozietät der Wissenschaften *nicht* gekrönt worden, obschon keine andere da war, mit ihr zu kompetieren. Da diese Sozietät ihr Urteil über meine Arbeit veröffentlicht hat, bin ich berechtigt, dasselbe zu beleuchten und darauf zu replizieren. Der Leser findet dasselbe hinter der betreffenden Abhandlung *[S. 814]* und wird daraus ersehn, daß die Königliche Sozietät an meiner Arbeit durchaus nichts zu loben, sondern nur zu tadeln gefunden hat und daß dieser Tadel in drei verschiedenen Ausstellungen besteht, die ich jetzt einzeln durchgehn werde.

Der erste und hauptsächliche Tadel, dem die beiden andern nur akzessorisch beigegeben sind, ist dieser, daß ich die Frage mißverstanden hätte, indem ich irrigerweise vermeint hätte, es würde verlangt, daß man das Prinzip der Ethik aufstelle: hingegen wäre die Frage eigentlich und hauptsächlich gewesen nach dem *Nexus der Metaphysik mit der Ethik*. Diesen Nexus darzulegen hätte ich ganz unterlassen (omisso enim eo, quod potissimum postulabatur), sagt das Urteil im *Anfang*; jedoch drei Zeilen weiter hat es dies wieder vergessen und sagt das Gegenteil, nämlich: ich hätte denselben dargelegt (principii ethicae et metaphysicae suae nexum exponit), jedoch hätte ich dieses als einen Anhang und als etwas, darin ich mehr, als verlangt worden, leistete, geliefert.

Von diesem Widerspruch des Urteils mit sich selbst will ich ganz absehn: ich halte ihn für ein Kind der Verlegenheit, in welcher es abgefaßt worden. Hingegen bitte ich den gerechten und gelehrten Leser, die von der Dänischen Akademie gestellte *Preisfrage* mit der ihr vorgesetzten *Einleitung,* wie beide, nebst meiner Verdeutschung derselben, der Abhandlung vorgedruckt stehn *[S. 631],* jetzt aufmerksam zu durchlesen und sodann zu entscheiden, *wonach diese Frage eigentlich frägt,* ob nach dem letzten Grunde, dem Prinzip, dem Fundament, der wahren und eigentlichen Quelle der Ethik – oder aber nach dem Nexus zwischen Ethik und Metaphysik. – Um dem Leser die Sache zu erleichtern, will ich jetzt Einleitung und Frage analysierend durchgehn und den Sinn derselben auf das deutlichste hervorheben. Die *Einleitung* zur Frage sagt uns, ›es gebe eine notwendige Idee der Moralität oder einen Urbegriff vom moralischen Gesetze, der zwiefach hervortrete, nämlich einerseits in der Moral als Wissenschaft und andererseits *im wirklichen Leben*: in diesem letztern zeige derselbe sich wiederum zwiefach, nämlich teils im Urteil über unsere eigenen, teils in dem über die Handlungen anderer. An diesen ursprünglichen Begriff der Moralität knüpften sich dann wieder andere, welche auf ihm beruheten. Auf diese Einleitung gründet nun die Sozietät ihre Frage, nämlich, wo denn *die Quelle und Grundlage der Moral* zu suchen sei? ob vielleicht in einer ursprünglichen Idee der Moralität, die etwan tatsächlich und unmittelbar im Bewußtsein oder Gewissen läge? diese müßte alsdann analysiert werden, wie auch die hieraus hervorgehenden Begriffe; oder aber ob die Moral einen andern Erkenntnisgrund habe?‹ – [Im] Latein lautet die Frage, wenn vom Unwesentlichen entkleidet und in eine ganz deutliche Stellung gebracht, also: ›Ubinam sunt quaerenda fons et fundamentum philosophiae moralis? Suntne quaerenda in explicatione ideae moralitatis, quae conscientia immediate contineatur? an in alio cognoscendi principio?‹ [Wo sind die Quelle und das Fundament der Moralphilosophie zu suchen? Sind sie zu suchen in der Erklärung der Idee der Moralität, die in einem unmittelbaren Bewußtsein besteht, oder in einem anderen Erkenntnisgrunde?] Dieser letzte Fragesatz zeigt aufs deutlichste an, daß überhaupt nach dem *Erkenntnisgrunde der Moral* gefragt wird. Zum Überfluß will ich jetzt noch eine paraphrastische Exegese der Frage hinzufügen. Die Einleitung geht aus von zwei ganz *empirischen* Bemerkungen: ›Es gebe‹, sagt sie, ›faktisch eine *Moralwissenschaft*; und ebenfalls sei es Tatsache, daß im *wirklichen Leben* moralische Begriffe sich bemerkbar machten; nämlich teils indem wir selbst in unserm Gewissen über unsere Handlungen moralisch richteten, teils indem wir die Handlungen anderer in moralischer Hinsicht beurteilten. Imgleichen wären mancherlei moralische Begriffe, z.B. Pflicht, Zurechnung u. dgl. in allgemeiner Geltung. In diesem allen nun trete doch eine ursprüngliche Idee der Moralität, ein Grundgedanke von einem moralischen Gesetze hervor, dessen Notwendigkeit jedoch eine eigentümliche und nicht eine bloß *logische* sei: d.h. welche nicht nach dem bloßen Satze vom Widerspruch aus den zu beurteilenden Handlungen oder den diesen zum Grunde liegenden Maximen bewiesen werden könne. Von diesem moralischen Urbegriff gingen nachher die übrigen moralischen Hauptbegriffe aus und wären von ihm abhängig, daher auch unzertrennlich. – Worauf nun aber dieses alles beruhe? – das wäre doch ein wichtiger Gegenstand der Forschung. – Daher also stelle die Sozietät folgende Aufgabe: *die Quelle, d.h. der Ursprung der Moral, die Grundlage* derselben soll *gesucht* werden (quaerenda sunt). *Wo* soll sie gesucht werden? d.h. wo ist sie zu finden? Etwan in einer uns angeborenen, in unserm Bewußtsein oder Gewissen liegenden *Idee der Moralität*? Diese, nebst den von ihr abhängigen Begriffen brauchte dann bloß analysiert (explicandis) zu werden. Oder aber ist sie woanders zu suchen? d.h. hat die Moral vielleicht einen ganz andern Erkenntnisgrund unserer Pflichten zu ihrer Quelle als den soeben vorschlags- und beispielsweise angeführten?‹ – Dieses ist der ausführlicher und deutlicher, aber treu und genau wiedergegebene Inhalt der Einleitung und Frage.

Wem kann nun hiebei auch nur der leiseste Zweifel bleiben daran, daß die Königliche Sozietät nach der *Quelle*, dem Ursprung, der Grundlage, dem letzten Erkenntnisgrunde *der Moral* frägt? – Nun kann aber die Quelle und Grundlage der *Moral* schlechterdings keine andere sein als die der *Moralität* selbst: denn was theoretisch und ideal *Moral* ist, das ist praktisch und real *Moralität*. Die Quelle *dieser* aber muß notwendig der letzte Grund zu allem moralischen Wohlverhalten sein: eben diesen Grund muß daher auch ihrerseits die *Moral* aufstellen, um sich bei allem, was sie dem Menschen vorschreibt, darauf zu stützen und zu berufen; wenn sie nicht etwan ihre Vorschriften entweder ganz aus der Luft greifen oder aber sie falsch begründen will. Sie hat also diesen letzten Grund aller Moralität nachzuweisen: denn als wissenschaftliches Gebäude hat sie ihn zum Grundstein, wie die Moralität als Praxis ihn zum Ursprung hat. Er ist also unleugbar das ›fundamentum philosophiae moralis‹, danach die Aufgabe frägt: folglich ist es klar wie der Tag, daß die Aufgabe wirklich verlangt, daß *ein Prinzip der Ethik* gesucht und aufgestellt werde (›ut principium aliquod ethicae conderetur‹) nicht in dem Sinn einer bloßen obersten Vorschrift oder Grundregel, sondern eines *Realgrundes aller Moralität und deshalb Erkenntnisgrundes der Moral*. – Dieses *leugnet* nun aber das Urteil, indem es sagt, daß, weil ich es vermeint hätte, meine Abhandlung nicht gekrönt werden könne. Allein das wird und muß jeder vermeinen, der die Aufgabe liest: denn es steht eben schwarz auf weiß mit klaren, unzweideutigen Worten da und ist nicht wegzuleugnen, solange die Worte der lateinischen Sprache ihren Sinn behalten.

Ich bin hierin weitläufig gewesen: aber die Sache ist wichtig und merkwürdig. Denn hieraus ist klar und gewiß, daß, *was diese Akademie gefragt zu haben leugnet, sie offenbar und unwidersprechlich gefragt hat.* – Dagegen behauptet sie, etwas anderes gefragt zu haben. Nämlich der *Nexus zwischen Metaphysik und Moral* sei der Hauptgegenstand der Preisfrage (diese allein kann unter ›ipsum thema‹ verstanden werden) gewesen. Jetzt beliebe der Leser nachzusehn, ob davon *ein Wort* in der Preisfrage oder in der Einleitung zu finden sei: keine Silbe und auch keine Andeutung. Wer nach der Verbindung zweier Wissenschaften frägt, muß sie denn doch beide nennen: aber der Metaphysik geschieht weder in der Frage noch in der Einleitung Erwähnung. Übrigens wird dieser ganze Hauptsatz des Urteils deutlicher, wenn man ihn aus der verkehrten Stellung in die natürliche bringt, wo er in genau denselben Worten lautet: ›Ipsum thema eiusmodi disputationem flagitabat, in qua vel praecipuo loco metaphysicae et ethicae nexus consideraretur: sed scriptor omisso eo, quod potissimum postulabatur, hoc expetivit putavit, ut principium aliquod ethicae conderetur: itaque eam partem commentationis suae, in qua principii ethicae a se propositi et metaphysicae suae nexum exponit, appendicis loco habuit, in qua plus, quam postulatum esset, praestaret.‹ [Dieses Thema forderte eine solche Untersuchung, in der vor allen Dingen der Zusammenhang der Metaphysik und der Ethik betrachtet werden sollte: aber indem der Verfasser das überging, was vor allem gefordert worden war, hat er geglaubt, daß es sich darum handele, irgendein Prinzip der Ethik aufzustellen; daher hat er den Teil seiner Abhandlung, in dem er den Zusammenhang des von ihm aufgestellten ethischen Prinzips mit seiner Metaphysik erörtert, nur in einem Anhang dargelegt, in dem er mehr, als gefordert worden wäre, darbot; *vgl. S. 815*]. Auch liegt die Frage nach dem Nexus zwischen Metaphysik und Moral schlechterdings nicht in dem Gesichtspunkte, von welchem die *Einleitung* der Frage ausgeht: denn diese hebt an mit *empirischen* Bemerkungen, beruft sich auf die *im gemeinen Leben* vorkommenden moralischen Beurteilungen u. dgl., frägt sodann, worauf denn das alles zuletzt beruhe? und schlägt endlich als Beispiel einer möglichen Auflösung eine angeborene, im Bewußtsein liegende Idee der Moralität vor, nimmt also in ihrem Beispiel versuchsweise und problematisch eine bloße *psychologische Tatsache* und nicht ein metaphysisches Theorem als Lösung an. Hiedurch aber gibt sie deutlich zu erkennen, daß sie die Begründung der Moral durch irgendeine *Tatsache*, sei es des Bewußtseins oder der Außenwelt, verlangt, nicht aber dieselbe aus den Träumen irgendeiner

Metaphysik abgeleitet zu sehn erwartet: daher würde die Akademie eine Preisschrift, welche die Frage auf diese Art gelöst hätte, mit vollem Rechte haben abweisen können. Man erwäge das wohl. Nun kommt aber noch hinzu, daß die angeblich aufgestellte, jedoch nirgends zu findende Frage nach dem *Nexus der Metaphysik mit der Moral* eine ganz unbeantwortbare, folglich, wenn wir der Akademie einige Einsicht zutrauen, eine *unmögliche* wäre: *unbeantwortbar*, weil es eben keine *Metaphysik schlechthin* gibt, sondern nur verschiedene (und zwar höchst verschiedene) *Metaphysiken*, d. h. allerlei Versuche zur Metaphysik, in beträchtlicher Anzahl, nämlich so viele, als es jemals Philosophen gegeben hat, von denen daher jede ein ganz anderes Lied singt, die also von Grund aus differieren und dissentieren. Demnach ließe sich wohl fragen nach dem Nexus zwischen der Aristotelischen, Epikurischen, Spinozischen, Leibnizischen, Lockeschen oder sonst einer bestimmt angegebenen Metaphysik und der Ethik; aber nie und nimmermehr nach dem Nexus zwischen der *Metaphysik schlechthin* und der Ethik: weil diese Frage gar keinen bestimmten Sinn hätte, da sie das Verhältnis zwischen einer gegebenen und einer ganz unbestimmten, ja vielleicht unmöglichen Sache fordert. Denn solange es keine als objektiv anerkannte und unleugbare Metaphysik, also eine *Metaphysik schlechthin* gibt, wissen wir nicht einmal, ob eine solche überhaupt auch nur möglich ist, noch, was sie sein wird und sein kann. Wollte man inzwischen urgieren, daß wir doch einen ganz allgemeinen, also freilich unbestimmten Begriff von der *Metaphysik überhaupt* hätten, in Hinsicht auf welchen nach dem Nexus überhaupt zwischen dieser Metaphysik in abstracto und der Ethik gefragt werden könnte; so ist das zugegeben: jedoch würde die Antwort auf die in diesem Sinn genommene Frage so leicht und einfach sein, daß einen Preis auf dieselbe zu setzen lächerlich wäre. Sie könnte nämlich nichts weiter besagen, als daß eine wahre und vollkommene Metaphysik auch der Ethik ihre feste Stütze, ihre letzten Gründe darbieten müsse. Zudem findet man diesen Gedanken gleich im ersten Paragraphen meiner Abhandlung ausgeführt, wo ich unter den Schwierigkeiten der vorliegenden Frage besonders *die* nachweise, daß sie ihrer Natur nach die Begründung der Ethik durch irgendeine gegebene Metaphysik, von der man ausginge und auf die man sich stützen könnte, ausschließt.

Ich habe also im obigen unwidersprechlich nachgewiesen, daß die Königlich Dänische Sozietät das wirklich gefragt hat, was sie gefragt zu haben leugnet; hingegen das, was sie gefragt zu haben behauptet, *nicht* gefragt hat, ja nicht einmal hat fragen können. Dieses Verfahren der Königlich Dänischen Sozietät wäre nach dem von mir aufgestellten Moralprinzip freilich nicht recht: allein da dieselbe mein Moralprinzip nicht gelten läßt; so wird sie wohl ein anderes haben, nach welchem es recht ist.

Was nun aber die Dänische Akademie *wirklich* gefragt hat, das habe ich genau beantwortet. Ich habe zuvörderst in einem *negativen* Teile dargetan, daß das Prinzip der Ethik nicht da liegt, wo man es seit sechzig Jahren als sicher nachgewiesen annimmt. Sodann habe ich im *positiven* Teile die echte Quelle moralisch lobenswerter Handlungen aufgedeckt und habe wirklich *bewiesen*, daß diese es sei und keine andere es sein könne. Schließlich habe ich die Verbindung gezeigt, in welcher dieser ethische Realgrund mit – nicht *meiner* Metaphysik, wie das Urteil fälschlich angibt, auch nicht mit irgendeiner bestimmten Metaphysik sondern mit – einem allgemeinen Grundgedanken steht, der sehr vielen, vielleicht den meisten, ohne Zweifel den ältesten, nach meiner Meinung den wahrsten metaphysischen Systemen gemeinsam ist. Diese metaphysische Darstellung habe ich nicht, wie das Urteil sagt, als einen Anhang, sondern als das letzte Kapitel der Abhandlung gegeben: es ist der Schlußstein des Ganzen, eine Betrachtung höherer Art, in die es ausläuft. Daß ich dabei gesagt habe, ich leistete hierin mehr als die Aufgabe eigentlich verlange, kommt ebendaher, daß diese mit keinem Worte auf eine metaphysische Erklärung hindeutet, viel weniger, wie das Urteil behauptet, ganz eigentlich auf eine solche gerichtet wäre. Ob nun übrigens diese metaphysische Auseinandersetzung eine Zugabe,

d. h. etwas, darin ich mehr leiste, als gefordert worden, sei oder nicht, ist Nebensache, ja gleichgültig: genug, daß sie dasteht. Daß aber das Urteil *dies* gegen mich geltend machen will, zeugt von seiner Verlegenheit: es greift nach allem, um nur etwas gegen meine Arbeit vorzubringen. Übrigens mußte der Natur der Sache nach jene metaphysische Betrachtung den Schluß der Abhandlung machen. Denn wäre sie vorangegangen; so hätte aus ihr das Prinzip der Ethik *synthetisch* abgeleitet werden müssen; was nur dann möglich gewesen wäre, wenn die Akademie gesagt hätte, aus welcher der vielen so höchst verschiedenen Metaphysiken sie ein ethisches Prinzip abgeleitet zu sehn beliebe: die Wahrheit eines solchen aber wäre alsdann ganz von der dabei vorausgesetzten Metaphysik abhängig, also problematisch geblieben. Demnach machte die Natur der Frage eine *analytische* Begründung des moralischen Urprinzips, d. h. eine Begründung, die ohne Voraussetzung irgendeiner Metaphysik aus der Wirklichkeit der Dinge geschöpft wird, notwendig. Eben weil in neuerer Zeit dieser Weg als der allein sichere allgemein erkannt worden, hat *Kant*, wie auch schon die ihm vorhergegangenen englischen Moralisten, sich bemüht, das Moralprinzip unabhängig von jeder metaphysischen Voraussetzung auf analytischem Wege zu begründen. Davon wieder abzugehn wäre ein offenbarer Rückschritt. Hätte diesen die Akademie dennoch verlangt; so mußte sie wenigstens dies auf das bestimmteste aussprechen: aber in ihrer Frage liegt nicht einmal eine Andeutung davon.

Da übrigens die Dänische Akademie über das Grundgebrechen meiner Arbeit großmütig geschwiegen hat, werde ich mich hüten, es aufzudecken. Ich fürchte nur, dies wird uns nichts helfen; indem ich vorhersehe, daß die Naseweisheit des Lesers der Abhandlung dem faulen Fleck doch auf die Spur kommen wird. Allenfalls könnte es ihn irreführen, daß meine norwegische Abhandlung mit demselben Grundgebrechen wenigstens ebensosehr behaftet ist. Die Königlich Norwegische Sozietät hat sich dadurch freilich nicht abhalten lassen, meine Arbeit zu krönen. Dieser Akademie anzugehören ist aber auch eine Ehre, deren Wert ich mit jedem Tage deutlicher einsehn und vollständiger ermessen lerne. Denn sie kennt, als Akademie, kein anderes Interesse als das der Wahrheit, des Lichts, der Förderung menschlicher Einsicht und Erkenntnisse. Eine Akademie ist kein Glaubenstribunal. Wohl aber hat eine jede, ehe sie so hohe, ernste und bedenkliche Fragen wie die beiden vorliegenden als Preisfragen aufstellt, vorher bei sich selbst auszumachen und festzustellen, ob sie auch wirklich bereit ist, der Wahrheit, wie sie immer lauten möge (denn das kann sie nicht vorher wissen), öffentlich beizutreten. Denn hinterher, nachdem auf eine ernste Frage eine ernste Antwort eingegangen, ist es nicht mehr an der Zeit, sie zurückzunehmen. Und wenn einmal der steinerne Gast geladen worden, da ist bei dessen Eintritt selbst Don Juan zu sehr ein Gentleman, als daß er seine Einladung verleugnen sollte. Diese Bedenklichkeit ist ohne Zweifel der Grund, weshalb die Akademien Europas sich in der Regel wohl hüten, Fragen solcher Art aufzustellen: wirklich sind die zwei vorliegenden die ersten, welche ich mich entsinne erlebt zu haben, weshalb eben pour la rareté du fait [wegen der Seltenheit der Sache] ich ihre Beantwortung unternahm. Denn obwohl mir seit geraumer Zeit klargeworden, daß ich die Philosophie zu ernstlich nehme, als daß ich ein Professor derselben hätte werden können; so habe ich doch nicht geglaubt, daß derselbe Fehler mir auch bei einer Akademie entgegenstehn könne.

Der zweite Tadel der Königlich Dänischen Sozietät lautet: ›Scriptor neque ipsa disserendi forma nobis satisfecit‹ [Der Schreiber hat uns weder durch die Form seiner Abhandlung befriedigt ...] Dagegen ist nichts zu sagen: es ist das subjektive Urteil der Königlich Dänischen Sozietät[1], zu dessen Erläuterung ich meine Arbeit veröffentliche und derselben das Urteil beifüge, damit es nicht verlorengehe, sondern aufbewahrt bleibe

1.   Sie sagen: das mutet mich nicht an!
      Und meinen, sie hätten's abgetan. *Goethe* [›Sprichwörtlich‹]
                                  Zusatz zur zweiten Auflage

Ἔστ' ἂν ὕδωρ τε ῥέῃ καὶ δένδρεα μακρὰ τεθήλῃ
Ἥλιός τ' ἀνιὼν φαίνῃ λαμπρή τε σελήνη
Καὶ ποταμοὶ πλήθωσιν, ἀνακλύζῃ δὲ θάλασσα,
Ἀγγελέω παριοῦσι, Μίδας ὅτι τῇδε τέθαπται[1].
(Dum fluit unda levis, sublimis nascitur arbor,
Dum sol exoriens et splendida luna relucet,
Dum fluvii labuntur, inundant littora fluctus,
Usque Midam viatori narro hic esse sepultum.)
[Solang' fließet das Wasser und wachsen mächtige Bäume,
Solang' aufgeht die Sonne und scheint, solange der
Mond glänzt
Und die Flüsse ihr Wasser, die Meere ihr Rauschen
behalten,
Werde ich melden dem Wandrer, daß hier liegt Midas
begraben.
Platon, ›Phaedrus‹ p. 264 D]

Ich bemerke hiebei, daß ich hier die Abhandlung so gebe, wie ich sie eingesandt habe: d. h. ich habe nichts gestrichen noch verändert; die wenigen kurzen und nicht wesentlichen Zusätze aber, welche ich nach der Absendung beigeschrieben, bezeichne ich durch ein Kreuz am Anfang und Ende eines jeden derselben, um allen Ein- und Ausreden zuvorzukommen[2].

Das Urteil fügt zu obigem hinzu: ›neque reapse hoc fundamentum sufficere evicit.‹ [... noch auch in der Sache diese Grundlage als ausreichend nachgewiesen ...] Dagegen berufe ich mich darauf, daß ich meine Begründung der Moral wirklich und ernstlich *bewiesen* habe, mit einer Strenge, welche der mathematischen nahekommt. Dies ist in der *Moral* ohne Vorgang und nur dadurch möglich geworden,

---

1. Der letzte Vers war in der ersten Auflage weggelassen unter der Voraussetzung, daß der Leser ihn ergänzen würde.
2. Dies gilt nur von der ersten Auflage: in der gegenwärtigen sind die Kreuze weggelassen, weil sie etwas Störendes haben, zumal da jetzt zahlreiche neue Zusätze hinzugekommen sind. Daher muß, wer die Abhandlung genau in der Gestalt, in welcher sie der Akademie eingesandt worden, kennenlernen will, die erste Auflage zur Hand nehmen *[vgl. Textkritisches Nachwort S. 856].*

daß ich, tiefer, als bisher geschehn, in die Natur des menschlichen Willens eindringend, die drei letzten Triebfedern desselben, aus denen alle seine Handlungen entspringen, zutage gebracht und bloßgelegt habe.

Im Urteil folgt aber noch gar: ›quin ipse contra esse confiteri coactus est.‹ [... vielmehr sich genötigt gesehen, selbst das Gegenteil einzugestehen.] Wenn das heißen soll, ich selbst hätte meine Moralbegründung für ungenügend erklärt; so wird der Leser sehn, daß davon keine Spur zu finden und so etwas mir nicht eingefallen ist. Sollte aber vielleicht mit jener Phrase etwan gar darauf angespielt sein, daß ich an einer Stelle gesagt habe, die Verwerflichkeit der widernatürlichen Wollustsünden sei nicht aus demselben Prinzip mit den Tugenden der Gerechtigkeit und Menschenliebe abzuleiten – so hieße dies aus wenigem viel gemacht und wäre nur ein abermaliger Beweis, wie man zur Verwerfung meiner Arbeit nach allem gegriffen hat. Zum Schlusse und Abschiede erteilt mir sodann die Königlich Dänische Sozietät noch einen derben Verweis, wozu, selbst wenn dessen Inhalt gegründet wäre, ich ihre Berechtigung nicht einsehe. Ich werde ihr also darauf dienen. Er lautet: ›Plures recentioris aetatis summos philosophos tam indecenter commemorari, ut iustam et gravem offensionem habeat.‹ [Mehrere hervorragende Philosophen der Neuzeit werden so unziemlich erwähnt, daß es gerechten und schweren Anstoß erregt.] Diese ›summi philosophi‹ sind nämlich – *Fichte* und *Hegel*! Denn über diese allein habe ich mich in starken und derben Ausdrücken, mithin so ausgesprochen, daß die von der Dänischen Akademie gebrauchte Phrase möglicherweise Anwendung finden könnte: ja der darin ausgesprochene Tadel würde, an sich selbst, sogar gerecht sein, wenn diese Leute ›summi philosophi‹ wären. Dies allein ist der Punkt, worauf es hier ankommt.

Was *Fichten* betrifft, so findet man in der Abhandlung nur das Urteil wiederholt und ausgeführt, was ich bereits vor 22 Jahren in meinem Hauptwerke *[vgl. Bd. 1, S. 187]* über ihn abgegeben habe. Soweit es hier zur Sprache kam, habe ich dasselbe durch einen *Fichten* eigens gewidmeten ausführlichen Paragraphen motiviert, aus welchem genugsam hervorgeht, wie weit er davon entfernt war, ein ›summus philosophus‹ zu sein: dennoch habe ich ihn als einen ›Talent-Mann‹ hoch über *Hegeln* gestellt. Über diesen allein habe ich ohne Kommentar mein unqualifiziertes Verdammungsurteil in den entschiedensten Ausdrücken ergehn lassen. Denn ihm geht, meiner Überzeugung nach, nicht nur alles Verdienst um die Philosophie ab; sondern er hat auf dieselbe und dadurch auf die deutsche Literatur überhaupt einen höchst verderblichen, recht eigentlich verdummenden, man könnte sagen: pestilenzialischen Einfluß gehabt, welchem daher bei jeder Gelegenheit auf das nachdrücklichste entgegenzuwirken die Pflicht jedes selbst zu denken und selbst zu urteilen Fähigen ist. Denn schweigen wir, wer soll dann sprechen? Nebst *Fichten* also ist es *Hegel*, auf den sich der am Schlusse des Urteils mir erteilte Verweis bezieht; ja von ihm ist, da er am schlimmsten weggekommen, vornehmlich die Rede, wenn die Königlich Dänische Sozietät von ›recentioris aetatis summis philosophis‹ spricht, gegen welche ich unanständigerweise es an schuldigem Respekt habe fehlen lassen. Sie erklärt also öffentlich von eben dem Richterstuhl herab, von welchem sie Arbeiten wie meine mit unqualifiziertem Tadel verwirft, diesen *Hegel* für einen ›summus philosophus‹.

Wenn ein Bund zur Verherrlichung des Schlechten verschworener Journalschreiber, wenn besoldete Professoren der Hegelei und schmachtende Privatdozenten, die es werden möchten, jenen sehr gewöhnlichen Kopf, aber ungewöhnlichen Scharlatan als den größten Philosophen, den je die Welt besessen, unermüdlich und mit beispielloser Unverschämtheit in alle vier Winde ausschreien; so ist das keiner ernsten Berücksichtigung wert, um so weniger, als die plumpe Absichtlichkeit dieses elenden Treibens nachgerade selbst dem wenig Geübten augenfällig werden muß. Wenn es aber so weit kommt, daß eine ausländische Akademie jenen Philosophaster als einen ›summus philosophus‹ in Schutz nehmen will, ja sich erlaubt, den Mann zu schmähen, der redlich und unerschrocken dem falschen, erschlichenen, gekauften und zusammengelogenen Ruhm mit *dem* Nachdruck sich entgegenstellt, der allein jenem frechen Anpreisen und Aufdringen des Falschen, Schlechten und Kopfverderbenden angemessen ist; so wird die Sache ernsthaft: denn ein so beglaubigtes Urteil könnte Unkundige zu großem und schädlichem Irrtum verleiten. Es muß daher *neutralisiert* werden: und dies muß, da ich nicht die Auktorität einer Akademie habe, durch Gründe und Belege geschehn. Solche also will ich jetzt so deutlich und faßlich darlegen, daß sie hoffentlich dienen werden, der Dänischen Akademie den Horazianischen Rat:

Qualem commendes, etiam atque etiam adspice, ne mox
Incutiant aliena tibi peccata pudorem,
[Wen du empfehlen willst, den prüfe ernstlich, damit du
Nicht zu erröten brauchst über Sünden, die andre begangen.
›Epistulae‹ 1, 18, 76]
für die Zukunft zu empfehlen.

Wenn ich nun zu diesem Zwecke sagte, die sogenannte Philosophie dieses *Hegels* sei eine kolossale Mystifikation, welche noch der Nachwelt das unerschöpfliche Thema des Spottes über unsere Zeit liefern wird, eine alle Geisteskräfte lähmende, alles wirkliche Denken erstickende und mittelst des frevelhaftesten Mißbrauchs der Sprache an dessen Stelle den hohlsten, sinnleersten, gedankenlosesten, mithin, wie der Erfolg bestätigt, verdummendesten Wortkram setzende Pseudophilosophie, welche mit einem aus der Luft gegriffenen und absurden Einfall zum Kern sowohl der Gründe als der Folgen entbehrt, d. h. durch nichts bewiesen wird noch selbst irgend etwas beweist oder erklärt, dabei noch, der Originalität ermangelnd, eine bloße Parodie des scholastischen Realismus und zugleich des *Spinozismus*, welches Monstrum auch noch von der Kehrseite das Christentum vorstellen soll, also

Πρόσθε λέων, ὄπιθεν δὲ δράκων, μέσση δὲ χίμαιρα,
(Ora leonis erant, venter capra, cauda draconis),
[Vorn ein Löwe, von hinten ein Drache und Ziege inmitten,
›Ilias‹ 6, 181]

so würde ich recht haben. Wenn ich ferner sagte, dieser ›summus philosophus‹ der Dänischen Akademie habe Unsinn geschmiert wie kein Sterblicher je vor ihm, so daß, wer sein gepriesenes Werk, die sogenannte ›Phänomenologie des Geistes‹[1], lesen könne, ohne daß ihm dabei zumute würde, als wäre er im Tollhause – hinein gehöre; so würde ich nicht minder recht haben. Allein da ließe ich der Dänischen Akademie den Ausweg, zu sagen, die hohen Lehren jener Weisheit wären niedrigen Intelligenzen wie meiner nicht erreichbar und was mir Unsinn scheine, wäre bodenloser Tiefsinn. Da muß ich denn freilich nach einer festern Handhabe suchen, die nicht abgleiten kann, und den Gegner da in die Enge treiben, wo keine Hintertüre vorhanden ist. Demnach werde ich jetzt unwiderleglich beweisen, daß diesem ›summo philosopho‹ der Dänischen Akademie sogar der gemeine Menschenverstand, so gemein er auch ist, abging. Daß man aber auch ohne diesen ein ›summus philosophus‹ sein könne, ist eine Thesis, welche die Akademie nicht aufstellen wird. Jenen Mangel aber werde ich durch *drei* verschiedene Beispiele erhärten. Und diese werde ich entnehmen *dem* Buche, bei welchem er am allermeisten sich hätte besinnen, sich zusammennehmen und überlegen sollen, was er schrieb, nämlich aus seinem Studentenkompendio, betitelt ›Enzyklopädie der philosophischen Wissenschaften‹, welches Buch ein Hegelianer die Bibel der Hegelianer genannt hat.

Daselbst also, in der Abteilung ›Physik‹ § 293 (zweite Auflage von 1827), handelt er vom spezifischen Gewichte, welches er spezifische Schwere nennt, und bestreitet die Annahme, daß dasselbe auf Verschiedenheit der Porosität beruhe, durch folgendes Argument: ›Ein Beispiel vom *existierenden* Spezifizieren der Schwere ist die Erscheinung, daß ein auf seinem Unterstützungspunkte gleichgewichtig schwebender Eisenstab, wie er *magnetisiert* wird, sein Gleichgewicht verliert und sich an dem einen Pole jetzt schwerer

---

[1]. Heißt eigentlich ›System der Wissenschaft‹, Bamberg 1807. In dieser Originalausgabe muß man es lesen, da es in den ›Operibus omnibus‹ von dem edierenden assecla [Nachtreter] etwas glattgeleckt sein soll.

zeigt als an dem andern. Hier wird der eine Teil so infiziert, daß er, ohne sein Volumen zu verändern, schwerer wird; die Materie, deren Masse nicht vermehrt worden, ist somit *spezifisch* schwerer geworden.‹ – Hier macht also der ›summus philosophus‹ der Dänischen Akademie folgenden Schluß: ›Wenn ein in seinem Schwerpunkt unterstützter Stab nachmals auf einer Seite schwerer wird; so senkt er sich nach dieser Seite: nun aber senkt ein Eisenstab, nachdem er magnetisiert worden, sich nach einer Seite: also ist er daselbst schwerer geworden.‹ Ein würdiges Analogon zu dem Schluß: ›Alle Gänse haben zwei Beine, du hast zwei Beine, also bist du eine Gans.‹ Denn in kategorische Form gebracht, lautet der Hegelsche Syllogismus: ›Alles, was auf einer Seite schwerer wird, senkt sich nach der Seite: dieser magnetisierte Stab senkt sich nach einer Seite: also ist er daselbst schwerer geworden.‹ Das ist die Syllogistik dieses ›summi philosophi‹ und Reformators der Logik, dem man leider vergessen hat beizubringen, daß ›e meris affirmativis in secunda figura nihil sequitur‹ [sich aus zwei bejahenden Prämissen in der zweiten Figur kein Schluß ziehen läßt]. Im Ernst aber ist es die *angeborene* Logik, welche jedem gesunden und geraden Verstande dergleichen Schlüsse unmöglich macht und deren Abwesenheit das Wort *Unverstand* bezeichnet. Wie sehr ein Lehrbuch, welches Argumentationen dieser Art enthält und vom Schwererwerden der Körper ohne Vermehrung ihrer Masse redet, geeignet ist, den geraden Verstand der jungen Leute schief und krumm zu biegen, bedarf keiner Auseinandersetzung. – Welches das erste war.

Das zweite Beispiel vom Mangel des gemeinen Menschenverstandes in dem ›summo philosopho‹ der Dänischen Akademie beurkundet der § 269 desselben Haupt- und Lehrwerks in dem Satz: ›Zunächst widerspricht die Gravitation unmittelbar dem Gesetze der Trägheit, denn vermöge jener strebt die Materie *aus sich selbst* zur andern hin.‹ – Wie?! nicht zu begreifen, daß es dem Gesetze der Trägheit so wenig zuwiderläuft, daß ein Körper von einem andern *angezogen*, als daß er von ihm *gestoßen* wird?! Im einen wie im andern Fall ist es ja der Hinzutritt einer äußern Ursache, welcher die bis dahin bestehende Ruhe oder Bewegung aufhebt oder verändert; und zwar so, daß beim Anziehn wie beim Stoßen Wirkung und Gegenwirkung einander gleich sind. – Und eine solche Albernheit so dummdreist hinzuschreiben! Und dies in ein Lehrbuch für Studenten, die dadurch an den ersten Grundbegriffen der Naturlehre, die keinem Gelehrten fremdbleiben dürfen, gänzlich und vielleicht auf immer irregemacht werden. Freilich, je unverdienter der Ruhm, desto dreister macht er. – Dem, der denken kann (welches nicht der Fall unsers ›summi philosophi‹ war, der bloß ›den Gedanken‹ stets im Munde führte, wie die Wirtshäuser den Fürsten, der nie bei ihnen einkehrt, im Schilde), ist es nicht erklärlicher, daß ein Körper den andern fortstößt, als daß er ihn anzieht; da dem einen wie dem andern unerklärte Naturkräfte, wie solche jede Kausalerklärung zur Voraussetzung hat, zum Grunde liegen. Will man daher sagen, daß ein Körper, der von einem andern vermöge der Gravitation angezogen wird, ›aus sich selbst‹ zu ihm hinstrebt; so muß man auch sagen, daß der gestoßene Körper ›aus sich selbst‹ vor dem stoßenden flieht, und wie im einen, so im andern das Gesetz der Trägheit aufgehoben sehn. Das Gesetz der Trägheit fließt unmittelbar aus dem der Kausalität, ja ist eigentlich nur dessen Kehrseite: ›Jede Veränderung wird durch eine Ursache herbeigeführt‹, sagt das Gesetz der Kausalität; ›wo keine Ursache hinzukommt, tritt keine Veränderung ein‹, sagt das Gesetz der Trägheit. Daher würde eine Tatsache, die dem Gesetz der Trägheit widerspräche, geradezu auch dem der Kausalität, d.h. dem a priori Gewissen, widersprechen und uns eine Wirkung ohne Ursache zeigen: welches anzunehmen der Kern alles *Unverstandes* ist. – Welches das zweite war.

Die dritte Probe der ebengenannten angeborenen Eigenschaft legt der ›summus philosophus‹ der Dänischen Akademie im § 298 desselben Meisterwerkes ab, woselbst er, gegen die Erklärung der Elastizität durch Poren polemisierend, sagt: ›Wenn zwar sonst in abstracto zugegeben wird, daß die Materie vergänglich, nicht absolut sei, so wird sich doch in der Anwendung dagegen gesträubt ...; so daß in der Tat die Materie als *absolut-selbständig, ewig* angenommen wird. Dieser Irrtum wird durch den allgemeinen Irrtum des Verstandes eingeführt, daß usw.‹ – Welcher Dummkopf hat je zugegeben, daß *die Materie vergänglich* sei? Und welcher nennt das Gegenteil einen Irrtum? – Daß die Materie *beharrt*, d. h. daß sie nicht gleich allem andern entsteht und vergeht, sondern, unzerstörbar wie unentstanden, allezeit hindurch ist und bleibt, daher ihr Quantum weder vermehrt noch vermindert werden kann; dies ist eine Erkenntnis a priori, so fest und sicher wie irgendeine mathematische. Ein Entstehn und Vergehn von Materie auch nur vorzustellen ist uns schlechterdings unmöglich: weil die Form unsers Verstandes es nicht zuläßt. Dies leugnen, dies für einen Irrtum erklären heißt daher allem Verstande geradezu entsagen. – Welches also das dritte war. – Selbst das Prädikat *absolut* kann mit Fug und Recht der Materie beigelegt werden, indem es besagt, daß ihr Dasein ganz außerhalb des Gebietes der Kausalität liegt und nicht mit eingeht in die endlose Kette von Ursachen und Wirkungen, als welche nur ihre Akzidenzien, Zustände, Formen betrifft und unter einander verbindet: auf diese, auf die *an* der Materie vorgehenden *Veränderungen* allein erstreckt sich das Gesetz der Kausalität mit seinem Entstehn und Vergehn, nicht auf die Materie. Ja jenes Prädikat *absolut* hat an der Materie seinen alleinigen Beleg, dadurch es Realität erhält und zulässig ist, außerdem es ein Prädikat, für welches gar kein Subjekt zu finden, mithin ein aus der Luft gegriffener, durch nichts zu realisierender Begriff sein würde, nichts weiter als ein wohlaufgeblasener Spielball der Spaßphilosophen. – Beiläufig legt obiger Ausspruch dieses *Hegels* recht naiv an den Tag, welcher Altenweiber-und-Rocken-Philosophie so ein sublimer, hypertranszendenter, aerobatischer[1] und bodenlos tiefer Philosoph eigentlich in seinem Herzen kindlich zugetan ist und welche Sätze er nie sich hat beigehn lassen, in Frage zu ziehn.

Also der ›summus philosophus‹ der Dänischen Akademie lehrt ausdrücklich: daß Körper ohne Vermehrung ihrer

---

1. [In der Art eines Seiltänzers]

Masse schwerer werden können und daß dies namentlich der Fall sei bei einem magnetisierten Eisenstabe; desgleichen, daß die Gravitation dem Gesetze der Trägheit widerspreche; endlich auch, daß die Materie vergänglich sei. Diese drei Beispiele werden wohl genügen zu zeigen, was fein lang hervorguckt, sobald die dichte Hülle des aller Menschenvernunft hohnsprechenden, unsinnigen Galimathias, in welche gewickelt der ›summus philosophus‹ einherzuschreiten und dem geistigen Pöbel zu imponieren pflegt, einmal eine Öffnung läßt. Man sagt: ›ex ungue leonem‹[1] [an der Tatze (erkennt man) den Löwen], aber ich muß, decenter oder indecenter, sagen: ›ex aure asinum‹ [an den Ohren (erkennt man) den Esel]. – Übrigens mag jetzt aus den drei hier vorgelegten speciminibus philosophiae Hegelianae [Beispielen der Hegelschen Philosophie] der Gerechte und Unparteiische beurteilen, wer eigentlich ›indecenter commemoravit‹: der, welcher einen solchen Absurditätenlehrer ohne Umstände einen Scharlatan nannte, oder der, welcher ex cathedra academica [von der akademischen Lehrkanzel aus] dekretierte, er sei ein ›summus philosophus‹?

Noch habe ich hinzuzufügen, daß ich aus einer so reichen Auswahl von Absurditäten jeder Art, wie die Werke des ›summi philosophi‹ darbieten, den drei eben präsentierten deshalb den Vorzug gegeben habe, weil bei ihrem Gegenstand es sich einerseits nicht handelt um schwierige, vielleicht unlösbare philosophische Probleme, die demnach eine Verschiedenheit der Ansicht zulassen; und andererseits nicht um spezielle physikalische Wahrheiten, welche genauere empirische Kenntnisse voraussetzen; sondern es sich hier handelt um Einsichten a priori, d.h. um Probleme, die jeder durch bloßes Nachdenken lösen kann: daher eben ein verkehrtes Urteil in Dingen dieser Art ein entschiedenes und unleugbares Zeichen ganz ungewöhnlichen Unverstandes ist, das dreiste Aufstellen solcher Unsinnslehren aber in einem Lehrbuch für Studenten uns sehn läßt, welche

---

1. [Von Plutarch ›De defectu oraculorum‹ cap. 3, p. 410 C als Ausspruch des Alkaios angeführt; er bedeutet svw.: ›der Klaue nach den Löwen malen‹.]

Frechheit sich eines gemeinen Kopfes bemächtigt, wenn man ihn als einen großen Geist ausschreit. Daher dies zu tun ein Mittel ist, welches kein Zweck rechtfertigen kann. Mit den drei hier dargelegten ›speciminibus in physicis‹ halte man zusammen die Stelle im § 98 desselben Meisterwerks, welche anhebt: ›Indem ferner der Repulsivkraft...‹ – und sehe, mit welcher unendlichen Vornehmigkeit dieser Sünder herabblickt auf *Newtons* allgemeine Attraktion und *Kants* ›Metaphysische Anfangsgründe der Naturwissenschaft‹. Wer Geduld hat, lese nun noch die §§ 40 bis 62, wo der ›summus philosophus‹ eine verdrehte Darstellung der Kantischen Philosophie gibt und nun, unfähig, die Größe der Verdienste *Kants* zu ermessen, auch von der Natur zu niedrig gestellt, um sich an der so unaussprechlich seltenen Erscheinung eines wahrhaft großen Geistes freuen zu können, statt dessen von der Höhe selbstbewußter unendlicher Überlegenheit vornehm herabblickt auf diesen großen, großen Mann als auf einen, den er hundertmal übersieht und in dessen schwachen, schülerhaften Versuchen er mit kalter Geringschätzung halb ironisch, halb mitleidig die Fehler und Mißgriffe zur Belehrung seiner Schüler nachweist. Auch § 254 gehört dahin. Diese Vornehmtuerei gegen echte Verdienste ist freilich ein bekannter Kunstgriff aller Scharlatane zu Fuß und zu Pferde, verfehlt jedoch Schwachköpfen gegenüber nicht leicht ihre Wirkung. Daher eben auch nächst der Unsinnsschmiererei die Vornehmtuerei der Hauptkniff auch dieses Scharlatans war, so daß er bei jeder Gelegenheit nicht bloß auf fremde Philosopheme, sondern auch auf jede Wissenschaft und ihre Methode, auf alles, was der menschliche Geist im Laufe der Jahrhunderte durch Scharfsinn, Mühe und Fleiß sich erworben hat, vornehm, fastidiös, schnöde und höhnisch herabblickt von der Höhe seines Wortgebäudes und dadurch auch wirklich von der in seinem Abrakadabra[1] verschlossenen Weisheit eine hohe Meinung beim deutschen Publiko erregt hat, als welches eben denkt:

---

1. [Zauberwort, svw. sinnloses Gewäsch]

Sie sehen stolz und unzufrieden aus:
Sie scheinen mir aus einem edlen Haus[1].
[Goethe, ›Faust‹ 1, Vers 2177f.]

Urteilen aus eigenen Mitteln ist das Vorrecht weniger: die übrigen leitet Auktorität und Beispiel. Sie sehn mit fremden Augen und hören mit fremden Ohren. Daher ist es gar leicht, zu denken, wie jetzt alle Welt denkt; aber zu denken, wie alle Welt über dreißig Jahre denken wird, ist nicht jedermanns Sache. Wer nun also, an die ›estime sur parole‹ [Hochachtung auf bloße Versicherung hin] gewöhnt, die Verehrungswürdigkeit eines Schriftstellers auf *Kredit* angenommen hat, solche aber nachher auch bei andern geltend machen will, kann leicht in die Lage dessen geraten, der einen schlechten Wechsel diskontiert hat, welchen er, als er ihn honoriert zu sehn erwartet, mit bitterm Protest zurückerhält und sich die Lehre geben muß, ein andermal die Firma des Ausstellers und die der Indossenten besser zu prüfen. Ich müßte meine aufrichtige Überzeugung verleugnen, wenn ich nicht annähme, daß auf den Ehrentitel eines ›summi philosophi‹, welchen die Dänische Akademie in bezug auf jenen Papier-, Zeit- und Kopf-Verderber gebraucht hat, das in Deutschland über denselben künstlich veranstaltete Lobgeschrei, nebst der großen Anzahl seiner Parteigänger überwiegenden Einfluß gehabt hat. Deshalb scheint es mir zweckmäßig, der Königlich Dänischen Sozietät die schöne Stelle in Erinnerung zu bringen, mit welcher ein wirklicher ›summus philosophus‹: *Locke* (dem es zur Ehre gereicht, von *Fichten* der schlechteste aller Philosophen genannt zu sein), das vorletzte Kapitel seines berühmten Meisterwerkes schließt und die ich hier zugunsten des deutschen Lesers deutsch wiedergeben will:

›So groß auch der Lärm ist, der in der Welt über Irrtümer und Meinungen gemacht wird; so muß ich doch der Menschheit die Gerechtigkeit widerfahren lassen, zu sagen, daß nicht so viele, als man gewöhnlich annimmt, in Irrtümern und falschen Meinungen befangen sind. Nicht daß ich

1. [Im Original stehen die Verse in umgekehrter Reihenfolge.]

dächte, sie erkennten die Wahrheit; sondern weil sie hinsichtlich jener Lehren, mit welchen sie sich und andern soviel zu schaffen machen, in der Tat gar keine Meinungen und Gedanken haben. Denn wenn jemand den größten Teil aller Parteigänger der meisten Sekten auf der Welt ein wenig katechisierte; so würde er nicht finden, daß sie hinsichtlich der Dinge, für die sie so gewaltig eifern, irgendeine Meinung selbst hegten, und noch weniger würde er Ursache finden zu glauben, daß sie eine solche infolge einer Prüfung der Gründe und eines Anscheins der Wahrheit angenommen hätten; sondern sie sind entschlossen, der Partei, für welche Erziehung oder Interesse sie geworben haben, fest anzuhängen, und legen gleich dem gemeinen Soldaten im Heere ihren Mut und Eifer an den Tag, der Lenkung ihrer Führer gemäß, ohne die Sache, für welche sie streiten, jemals zu prüfen oder auch selbst nur zu kennen. Wenn der Lebenswandel eines Menschen anzeigt, daß er auf die Religion keine ernstliche Rücksicht nimmt; warum sollen wir denn glauben, daß er über die Satzungen der Kirche sich den Kopf zerbrechen und sich anstrengen werde, die Gründe dieser oder jener Lehre zu prüfen? Ihm genügt es, daß er, seinen Lenkern gehorsam, Hand und Zunge stets bereithabe zur Unterstützung der gemeinsamen Sache, um dadurch sich denen zu bewähren, welche ihm Ansehn, Beförderung und Protektion in der Gesellschaft, der er angehört, erteilen können. So werden Menschen Bekenner und Vorkämpfer von Meinungen, von welchen sie nie sich überzeugt, deren Proselyten sie nie geworden, ja die niemals ihnen auch nur im Kopf herumgegangen sind. Obwohl man also nicht sagen kann, daß die Zahl der unwahrscheinlichen und irrigen Meinungen in der Welt kleiner sei, als sie vorliegt; so ist doch gewiß, daß denselben wenigere wirklich anhängen und sie fälschlich für Wahrheiten halten, als man sich vorzustellen pflegt.‹

Wohl hat *Locke* recht: wer gute Löhnung gibt, findet jederzeit eine Armee, und sollte auch seine Sache die schlechteste auf der Welt sein. Durch tüchtige Subsidien kann man sogut wie einen schlechten Prätendenten auch einen schlechten Philosophen eine Weile obenauf erhalten. Jedoch hat *Locke* hier noch eine ganze Klasse der Anhänger irriger Meinungen und Verbreiter falschen Ruhmes unberücksichtigt gelassen, und zwar die, welche den rechten Troß, das gros de l'armée derselben ausmacht: ich meine die Zahl derer, welche nicht prätendieren, z.B. Professoren der Hegelei zu werden oder sonstige Pfründen zu genießen, sondern als reine Gimpel (gulls) im Gefühl der völligen Impotenz ihrer Urteilskraft denen, die ihnen zu imponieren verstehn, nachschwätzen, wo sie Zulauf sehn, sich anschließen und mitrollen und, wo sie Lärm hören, mitschreien. Um nun die von *Locke* erteilte Erklärung eines zu allen Zeiten sich wiederholenden Phänomens auch von dieser Seite zu ergänzen, will ich eine Stelle aus meinem spanischen Favoritautor mitteilen, welche, da sie durchaus belustigend ist und eine Probe aus einem vortrefflichen, in Deutschland so gut wie unbekannten Buche gibt, dem Leser jedenfalls willkommen sein wird. Besonders aber soll diese Stelle vielen jungen und alten Gecken in Deutschland zum Spiegel dienen, welche im stillen, aber tiefen Bewußtsein ihres geistigen Unvermögens den Schalken das Lob des *Hegels* nachsingen und in den nichtssagenden oder gar nonsensikalischen Aussprüchen dieses philosophischen Scharlatans wundertiefe Weisheit zu finden affektieren. ›Exempla sunt odiosa‹ [Beispiele sind anstößig]; daher ich ihnen, nur in abstracto genommen, die Lektion widme, daß man durch nichts sich so tief intellektuell herabsetzt wie durch das Bewundern und Preisen des Schlechten. Denn Helvétius sagt mit Recht: ›Le degré d'esprit nécessaire pour nous plaire, est une mesure assez exacte du degré d'esprit que nous avons.‹ [Das Maß von Geist, welches erforderlich ist, um uns zu gefallen, ist ein ziemlich genauer Gradmesser für das Maß von Geist, welches wir besitzen; ›De l'esprit‹ discours 2, chap. 10 note.] Viel eher ist das Verkennen des Guten auf eine Weile zu entschuldigen: denn das Vortrefflichste in jeder Gattung tritt vermöge seiner Ursprünglichkeit so neu und fremd an uns heran, daß, um es auf den ersten Blick zu erkennen, nicht nur Verstand, sondern auch große

Bildung in der Gattung desselben erfordert wird: daher es in der Regel eine späte und um so spätere Anerkennung findet, als es höherer Gattung ist und die wirklichen Erleuchter der Menschheit das Schicksal der Fixsterne teilen, deren Licht viele Jahre braucht, ehe es bis zum Gesichtskreise der Menschen herabgelangt. Hingegen Verehrung des Schlechten, Falschen, Geistlosen oder gar Absurden, ja Unsinnigen läßt keine Entschuldigung zu; sondern man beweist dadurch unwiderruflich, daß man ein Tropf ist und folglich es bis ans Ende seiner Tage bleiben wird: denn Verstand wird nicht erlernt. – Andererseits aber bin ich, indem ich auf erhaltene Provokation die Hegelei, diese Pest der deutschen Literatur, einmal nach Verdienst behandele, des Dankes der Redlichen und Einsichtigen, die es noch geben mag, gewiß. Denn sie werden ganz der Meinung sein, welche *Voltaire* und *Goethe* in auffallender Übereinstimmung so ausdrücken: ›La faveur prodiguée aux mauvais ouvrages est aussi contraire aux progrès de l'esprit que le déchainement contre les bons.‹ [Die Gunst, die man an schlechte Werke verschwendet, ist dem Fortschritt ebenso hinderlich wie der heftige Angriff gegen gute Werke.] (›Lettre à la Duchesse du Maine‹[1]). ›Der eigentliche Obskurantismus ist nicht, daß man die Ausbreitung des Wahren, Klaren, Nützlichen hindert, sondern daß man das Falsche in Kurs bringt‹ (›Nachgelassene Werke‹ Bd. 9, S. 54 [›Maximen und Reflexionen‹ 2, 84]). Welche Zeit aber hätte ein so planmäßiges und gewaltsames In-Kurs-Bringen des ganz Schlechten erlebt wie diese letzten zwanzig Jahre in Deutschland? Welche andere hätte eine ähnliche Apotheose des Unsinns und Aberwitzes aufzuweisen? Für welche andere scheint Schillers Vers:

> Ich sah des Ruhmes heil'ge Kränze
> Auf der gemeinen Stirn entweiht [›Die Ideale‹ 9]

so prophetisch bestimmt gewesen? Daher eben ist die spanische Rhapsodie, welche ich zum heitern Schluß dieser Vorrede mitteilen will, so wundervoll zeitgemäß, daß der Ver-

1. [Als Vorrede zum ›Orest‹ in ›Theâtre de Voltaire‹, 1772, 3, 129]

dacht entstehn könnte, sie sei 1840 und nicht 1640 abgefaßt: dieserhalb diene zur Nachricht, daß ich sie treu übersetze aus dem ›Criticon‹ de Baltazar Gracian, parte 3, crisi 4, p. 285 des ersten Bandes der ersten Antwerpener Quartausgabe der ›Obras de Lorenzo Gracian‹ von 1702:

›... Der Führer und Entzifferer unserer beiden Reisenden[1] fand aber unter allen die Seiler allein zu loben: weil sie in umgekehrter Richtung aller übrigen gehn. –

Als sie nun angelangt waren, wurde ihre Aufmerksamkeit durch das Gehör erregt. Nachdem sie sich nach allen Seiten umgesehn, erblickten sie auf einer gemeinen Bretterbühne einen tüchtigen Schwadroneur, umringt von einem großen Mühlrade Volks, welches hier eben gemahlen und bearbeitet wurde. Er hielt sie als seine Gefangenen fest, bei den Ohren angekettet; wiewohl nicht mit der goldenen Kette des Thebaners[2], sondern mit einem eisernen Zaum. Dieser Kerl also bot mit gewaltigem Maulwerk, welches dazu unerläßlich ist, Wunderdinge zur Schau aus. ‚Nunmehro, meine Herren‘, sagte er, ‚will ich Ihnen ein geflügeltes Wunder, welches dabei ein Wunder an Verstand ist, vorzeigen. Es freut mich, daß ich mit Personen von Einsicht, mit ganzen Leuten zu tun habe: jedoch muß ich bemerken, daß, wenn etwan jemand unter Ihnen eben nicht mit einem ganz außerordentlichen Verstande begabt sein sollte, er sich jetzt nur gleich entfernen kann, da die hohen und subtilen Dinge, welche nunmehr vorkommen werden, ihm nicht verständlich sein können. Also aufgepaßt, meine Herren von Einsicht und Verstand! Es wird nunmehro der Adler des Jupiter auftreten, welcher redet und argumentiert, wie es sich für einen

---

1. Sie sind Critilo, der Vater, und Andrenio, der Sohn. Der Entzifferer ist der Desengaño, d.h. die Enttäuschung: er ist der zweite Sohn der Wahrheit, deren Erstgeborener der Haß ist: ›Veritas odium parit.‹ [Die Wahrheit gebiert den Haß.]
2. Er meint den Herkules, von welchem er parte 2, crisi 2, p. 133 (wie auch in der ›Agudeza y arte‹ discurso 19 und gleichfalls im ›Discreto‹ p. 398) sagt, daß von seiner Zunge Kettchen ausgegangen wären, welche die übrigen an den Ohren gefesselt hielten. Er verwechselt ihn jedoch (durch ein Emblem des Alciatus verleitet) mit dem Merkur, welcher als Gott der Beredsamkeit so abgebildet wurde.

solchen schickt, scherzt wie ein Zoilos und stichelt wie ein Aristarch. Kein Wort wird aus seinem Munde gehn, welches nicht ein Mysterium in sich schlösse, nicht einen witzigen Gedanken mit hundert Anspielungen auf hundert Dinge enthielte. Alles, was er sagt, werden Sentenzen von der *erhabensten Tiefe*[1] sein'. – ,Das wird', sagte *Critilo*, ,ohne Zweifel irgendein Reicher oder Mächtiger sein: denn wäre er arm, würde alles, was er sagte, nichts taugen. Mit einer silbernen Stimme singt sich's gut, und mit einem goldenen Schnabel redet sich's noch schöner.' – ,Wohlan!' fuhr der Scharlatan fort, ,mögen sich nunmehr die Herren empfehlen, welche nicht selbst Adler an Verstand sind: denn für sie ist hier jetzt nichts zu holen.' – Was ist das? Keiner geht fort? Keiner rührt sich? – Die Sache war, daß keiner sich zu der Einsicht, daß er ohne Einsicht sei, bekannte, vielmehr alle sich für sehr einsichtig hielten, ihren Verstand ungemein ästimierten und eine hohe Meinung von sich hegten. Jetzt zog er an einem groben Zaum, und es erschien – das dümmste der Tiere: denn auch es nur zu nennen ist beleidigend. ,Hier sehn Sie', schrie der Betrüger, ,einen Adler, einen Adler an allen glänzenden Eigenschaften, am Denken und am Reden. Daß sich nur keiner beigehn lasse, das Gegenteil zu sagen: denn da würde er seinem Verstande schlechte Ehre machen.' – ,Beim Himmel', rief einer, ,ich sehe seine Flügel: o, wie großartig sie sind!' – ,Und ich', sagte ein anderer, ,kann die Federn darauf zählen: ach, wie sie so fein sind!' – ,Ihr seht es wohl nicht?' sprach einer zu seinem Nachbarn. ,Ich nicht?!' schrie dieser, ,ei, wie deutlich!' Aber ein redlicher und verständiger Mann sagte zu seinem Nachbarn: ,So wahr ich ein ehrlicher Mann bin, ich sehe nicht, daß da ein Adler sei noch daß er Federn habe, wohl aber vier lahme Beine und einen ganz respektabeln Zagel (Schwanz).' – ,St! St!' erwiderte ein Freund, ,sagt das nicht, Ihr richtet Euch zugrunde: sie werden meinen, Ihr wäret ein großer Et-cetera. Ihr hört ja, was wir andern sa-

---

[1]. Ausdruck Hegels in der Hegelzeitung, vulgo: ›Jahrbücher der wissenschaftlichen Literatur‹, 1827, Nr. 7. Das Original hat bloß ›profundidades y sentencias‹ [tiefe Gedanken und Aussprüche].

gen und tun: also folgt dem Strom.' – ‚Ich schwöre bei allen Heiligen', sagte ein anderer ebenfalls ehrlicher Mann, ‚daß das nicht nur kein Adler ist, sondern sogar sein Antipode: ich sage, es ist ein großer Et-cetera.' – ‚Schweig doch, schweig!' sagte, ihn mit dem Ellenbogen stoßend, sein Freund, ‚willst du von allen ausgelacht werden? Du darfst nicht anders sagen, als daß es ein Adler sei, dächtest du auch ganz das Gegenteil: so machen wir's ja alle.' – ‚Bemerken Sie nicht', schrie der Scharlatan, ‚die Feinheiten, welche er vorbringt? Wer die nicht faßte und fühlte, müßte von allem Genie entblößt sein.' Auf der Stelle sprang ein Bakkalaureus hervor, ausrufend: ‚Wie herrlich! Welche große[n] Gedanken! Das Vortrefflichste der Welt! Welche Sentenzen! Laßt sie mich aufschreiben! Es wäre ewig schade, wenn auch nur ein Jota davon verlorenginge: (und nach seinem Hinscheiden werde ich meine Hefte edieren.)'[1] – In diesem Augenblick erhob das Wundertier jenen seinen ohrzerreißenden Gesang, der eine ganze Ratsversammlung aus der Fassung bringen kann, und begleitete ihn mit einem solchen Strom von Ungebührlichkeiten, daß alle verdutzt dastanden, einander ansehend. ‚Aufgeschaut, aufgeschaut, meine gescheuten[2] Leute', rief eilig der verschmitzte Betrüger, ‚aufgeschaut und auf den Fußspitzen gestanden! Das nenne ich reden! Gibt es einen zweiten Apollon wie diesen? Was dünkt euch von der Zartheit seiner Gedanken, von der Beredsamkeit seiner Sprache? Gibt es auf der Welt einen größern Verstand?' – Die Umstehenden blickten einander an: aber keiner wagte zu mucksen noch zu äußern, was er dachte und was eben die Wahrheit war, um nur nicht für einen Dummkopf gehalten zu werden: vielmehr brachen alle mit *einer* Stimme in Lob und Beifall aus. ‚Ach, dieser

---

1. Lectio spuria uncis inclusa [Unechter Zusatz, in Klammern gesetzt].
2. Man soll schreiben ›gescheut‹ und nicht ›gescheit‹: der Etymologie des Worts liegt der Gedanke zum Grunde, welchen *Chamfort* sehr artig so ausdrückt: ›L'écriture a dit que le commencement de la sagesse était la crainte de Dieu; moi, je crois que c'est la crainte des hommes.‹ [Die Schrift hat gesagt, der Anfang der Weisheit ist die Scheu vor Gott; ich aber glaube, es ist die Scheu vor den Menschen; ›Maximes et pensées‹ chap. 2.]

Schnabel', rief eine lächerliche Schwätzerin, ,reißt mich ganz hin: den ganzen Tag könnte ich ihm zuhören.' – ,Und mich soll der Teufel holen', sprach fein leise ein Gescheuter, ,wenn es nicht ein Esel ist und allerorten bleibt: werde mich jedoch hüten, dergleichen zu sagen.' – ,Bei meiner Treue', sagte ein anderer, ,das war ja keine Rede, sondern ein Eselsgeschrei: aber wehe dem, der so etwas sagen wollte! Das geht jetzt so in der Welt: der Maulwurf gilt für einen Luchs, der Frosch für einen Kanarienvogel, die Henne für einen Löwen, die Grille für einen Stieglitz, der Esel für einen Adler. Was ist denn mir am Gegenteil gelegen? Meine Gedanken habe ich für mich, rede dabei wie alle und: laßt uns leben! Das ist's, worauf es ankommt.'

Critilo war aufs äußerste gebracht, solche Gemeinheit von der einen und solche Verschmitztheit von der anderen Seite sehn zu müssen. ,Kann die Narrheit sich so der Köpfe bemeistern?' dachte er. Aber der Spitzbube von Aufschneider lachte unter dem Schatten seiner großen Nase über alle und sprach, wie in der Komödie beiseite, triumphierend zu sich selbst: ,*Habe* ich sie dir alle zum besten? Könnte eine Kupplerin mehr leisten?' Und von neuem gab er ihnen hundert Abgeschmacktheiten zu verdauen, wobei er abermals rief: ,Daß nur keiner sage, es sei nicht so: sonst stempelt er sich zum Dummkopf.' Dadurch stieg nun jener niederträchtige Beifall immer höher: auch *Andrenio* machte es schon wie alle. – Aber *Critilo*, der es nicht länger aushalten konnte, wollte platzen. Er wandte sich zu seinem verstummten Entzifferer mit den Worten: ,Wie lange soll dieser Mensch unsere Geduld mißbrauchen, und wie lange willst du schweigen? Geht doch die Unverschämtheit und Gemeinheit über alle Grenzen!' – Worauf jener: ,Habe nur Geduld, bis die Zeit es aussagt: die wird schon, wie sie immer tut, die Wahrheit nachholen. Warte nur, daß das Ungetüm uns das Schwanzteil zukehre, und dann wirst du eben die, welche es jetzt bewundern, es verwünschen hören.' Und genauso fiel es aus, als der Betrüger seinen Diphthong von Adler und Esel (so erlogen jener, wie richtig dieser) wieder hineinzog. Im selben Augenblick fing einer und der andere an, mit der

Sprache herauszurücken: ‚Bei meiner Treue', sagte der eine, ‚das war ja kein Genie, sondern ein Esel.' – ‚Was für Narren wir gewesen sind!' rief ein anderer: und so machten sie sich gegenseitig Mut, bis es hieß: ‚Hat man je eine ähnliche Betrügerei gesehn? Er hat wahrhaftig nicht ein einziges Wort gesprochen, woran etwas gewesen wäre, und wir klatschten ihm Beifall. Kurzum, es war ein Esel, und wir verdienen, gesaumsattelt zu werden.'

Aber eben jetzt trat von neuem der Scharlatan hervor, ein anderes und größeres Wunder verheißend: ‚Nunmehro', sagte er, ‚werde ich Ihnen wirklich nichts Geringeres vorführen als einen weltberühmten Riesen, neben welchem *Enceladus* und *Typhoeus* sich gar nicht sehn lassen dürften. Ich muß jedoch zugleich erwähnen, daß, wer ihm „Riese!" zurufen wird, dadurch sein Glück macht: denn dem wird er zu großen Ehren verhelfen, wird Reichtümer auf ihn häufen, Tausende, ja Zehntausende von Piastern Einkünfte, dazu Würde, Amt und Stelle. Hingegen wehe dem, der keinen Riesen in ihm erkennt: nicht nur wird er keine Gnadenbezeugung erreichen, sondern ihn werden Blitz und Strafe erreichen. Aufgeschaut, die ganze Welt! Nun kommt er, nun zeigt er sich, o wie er emporragt!' – Eine Gardine ging auf, und es erschien ein Männchen, welches, auf einen Hebekran gestellt, nicht mehr sichtbar gewesen wäre, groß wie vom Ellenbogen bis zur Hand, ein Nichts, ein Pygmäe in jeder Hinsicht, im Wesen und im Tun. ‚Nun, was macht ihr? Warum schreiet ihr nicht? Warum applaudiert ihr nicht? Erhebet eure Stimme, Redner! Singet, Dichter! Schreibt, Genies! Euer Chorus sei: der berühmte, der außerordentliche, der große Mann!' – Alle standen erstarrt und fragten einander mit den Augen: ‚Was hat der von einem Riesen? Welchen Zug eines Helden seht ihr an ihm?' – Aber schon fing der Haufen der Schmeichler lauter und immer lauter zu schreien an: ‚Ja, ja! der Riese, der Riese! der erste Mann der Welt! Welch ein großer Fürst war jener! Welch ein tapfrer Marschall dieser! Welch ein trefflicher Minister der und der!' Sogleich regnete es Dublonen über sie. Da schrieben die Autoren! schon nicht mehr Geschichte, sondern Panegyri-

ken. Die Dichter, sogar *Pedro Mateo*[1] selbst, nagten an den
Nägeln, um zu Brote zu gelangen. Und niemand war da, der
es gewagt hätte, das Gegenteil zu sagen. Vielmehr schrien
alle um die Wette: ‚Der Riese! der große, der allergrößte
Riese!' Denn jeder hoffte ein Amt, eine Pfründe. Im stillen
und innerlich sagten sie freilich: ‚Wie tapfer ich lüge! Er ist
noch immer nicht gewachsen, sondern bleibt ein Zwerg.
Aber was soll ich machen? Geht ihr hin und sagt, was ihr
denkt: dann seht zu, was euch das einbringen wird. Hingegen, wie *ich* es mache, habe ich Bekleidung und Essen und
Trinken und kann glänzen und werde ein großer Mann.
Mag er daher sein, was er will: er soll der ganzen Welt zum
Trotz ein Riese sein.' – *Andrenio* fing an, dem Strome zu folgen, und schrie auch: ‚Der Riese, der Riese, der ungeheure
Riese!' Und augenblicklich regnete es Geschenke und Dublonen über ihn; da rief er aus: ‚Das, das ist Lebensweisheit!'
Aber *Critilo* stand da und wollte außer sich geraten: ‚Ich
berste, wenn ich nicht rede', sagte er. ‚Rede nicht', sprach
der Entzifferer, ‚und renne nicht in dein Verderben. Warte
nur, daß dieser Riese uns den Rücken kehre, und du wirst
sehn, wie es geht.' So traf es ein: denn sobald jener seine
Riesenrolle ausgespielt hatte und nun sich zurückzog in die
Leichentüchergarderobe, da hoben alle an: ‚Welche Pinsel
sind wir doch gewesen! das war ja kein Riese, sondern ein
Pygmäe, an dem nichts und der zu nichts war', und fragten sich
untereinander, wie es nur möglich gewesen. *Critilo* aber sprach:
‚Welch ein Unterschied ist es doch, ob man von einem bei
seinem Leben oder nach dem Tode redet. Wie ändert die
Abwesenheit die Sprache: wie groß ist doch die Entfernung
zwischen über unsern Köpfen und unter unsern Füßen!'

Allein die Betrügereien jenes modernen *Sinon* waren noch
nicht zu Ende. Jetzt warf er sich auf die andere Seite und
holte ausgezeichnete Männer, wahre Riesen hervor, die er
für Zwerge ausgab, für Leute, die nichts taugten, nichts wären, ja weniger als nichts: wozu denn alle Ja sagten und wofür jene gelten mußten, ohne daß die Leute von Urteil und

---

1. Er hat Heinrich IV. besungen: siehe ›Criticon‹ parte 3, crisi 12,
p. 376.

Kritik zu mucksen gewagt hätten. Ja er führte den Phönix vor und sagte, es wäre ein Käfer. Alle sprachen richtig Ja, das wäre er: und dafür mußte er nun gelten.‹ –

Soweit Gracian, und soviel von dem ›summo philosopho‹, vor welchem die Dänische Akademie ganz ehrlich meint Respekt fordern zu dürfen: wodurch sie mich in den Fall gesetzt hat, für die mir erteilte Lektion ihr mit einer Gegenlektion zu dienen.

Noch habe ich zu bemerken, daß das Publikum gegenwärtige zwei Preisschriften ein halbes Jahr früher erhalten haben würde, wenn ich mich nicht fest darauf verlassen hätte, daß die Königlich Dänische Sozietät, wie es recht ist und alle Akademien tun, in demselben Blatte, darin sie ihre Preisfragen für das Ausland publiziert (hier die ›Hallesche Literaturzeitung‹), auch die Entscheidung derselben bekanntmachen würde. Das tut sie aber nicht, sondern man muß die Entscheidung aus Kopenhagen einholen, welches um so schwieriger ist, als nicht einmal der Zeitpunkt derselben in der Preisfrage angegeben wird. Diesen Weg habe ich daher sechs Monate zu spät eingeschlagen[1].

Frankfurt a. M., im September 1840.

---

[1]. Sie hat ihr Urteil jedoch nachträglich publiziert, d. h. nach dem Erscheinen gegenwärtiger Ethik und dieser Rüge. Nämlich im Intelligenzblatt der ›Halleschen Literaturzeitung‹, November 1840, Nr. 59, wie auch in dem der ›Jenaischen Literaturzeitung‹ desselben Monats hat sie dasselbe abdrucken lassen – also im November publiziert, was im Januar entschieden worden.

VORREDE ZUR ZWEITEN AUFLAGE

Beide Preisschriften haben in dieser zweiten Auflage ziemlich beträchtliche Zusätze erhalten, welche meistens nicht lang, aber an vielen Stellen eingefügt sind und zum gründlichen Verständnis des Ganzen beitragen werden. Nach der Seitenzahl kann man sie nicht abschätzen; wegen des größern Formats gegenwärtiger Auflage. Überdies würden sie noch zahlreicher sein, wenn nicht die Ungewißheit, ob ich diese zweite Auflage erleben würde, mich in der Zwischenzeit genötigt hätte, die hieher gehörigen Gedanken sukzessiv, wo ich es eben konnte, einstweilen niederzulegen, nämlich teils im zweiten Bande meines Hauptwerkes, Kap. 47 *[Bd. 2, S. 754–772]*, und teils in ›Parerga und Paralipomena‹ Bd. 2, Kap. 8 *[Band 5]*.

Die von der Dänischen Akademie verworfene und bloß mit einem öffentlichen Verweis belohnte Abhandlung über das Fundament der Moral erscheint also hier nach zwanzig Jahren in zweiter Auflage. Über das Urteil der Akademie habe ich die nötige Auseinandersetzung schon in der ersten Vorrede gegeben und daselbst vor allen Dingen nachgewiesen, daß in demselben die Akademie leugnet, gefragt zu haben, was sie gefragt hat, hingegen gefragt zu haben behauptet, was sie durchaus nicht gefragt hat: und zwar habe ich dieses (S. 484–495) so klar, ausführlich und gründlich dargetan, daß kein Rabulist auf der Welt sie davon weißbrennen kann. Was es nun aber hiemit auf sich habe, brauche ich nicht erst zu sagen. Über das Verfahren der Akademie im ganzen aber habe ich jetzt nach zwanzigjähriger Zeit zur kühlsten Überlegung noch folgendes hinzuzufügen.

Wenn der Zweck der Akademien wäre, die Wahrheit möglichst zu unterdrücken, Geist und Talent nach Kräften zu ersticken und den Ruhm der Windbeutel und Scharlatane tapfer aufrechtzuerhalten; so hätte diesmal unsere Dänische Akademie demselben vortrefflich entsprochen. Weil ich nun aber mit dem von mir verlangten Respekt vor Windbeuteln und Scharlatanen, welche von feilen Lobsängern und betörten Gimpeln für große Denker ausgeschrien sind, ihr nicht dienen kann; so will ich statt dessen den Herren von der Dänischen Akademie einen nützlichen Rat erteilen. Wenn die Herren Preisfragen in die Welt ergehn lassen, müssen sie vorher sich eine Portion Urteilskraft anschaffen, wenigstens soviel man fürs Haus braucht, gerade nur, um nötigenfalls doch Hafer von Spreu unterscheiden zu können. Denn außerdem, wenn es da in secunda Petri[1] [Pierre de la Ramée] gar zu schlecht bestellt ist, kann man garstig anlaufen. Nämlich auf Midas-Urteil folgt Midas-Schicksal und bleibt nicht aus. Nichts kann davor schützen; keine gravitätische[n] Gesichter und vornehme[n] Mienen können helfen. Auch kommt es zutage. Wie dicke Perrücken man auch aufsetzen mag – es fehlt doch nicht an indiskreten Barbieren, an indiskretem Schilfrohr, ja heutzutage nimmt man sich nicht die Mühe, dazu erst ein Loch in die Erde zu bohren. – Zu diesem allen kommt nun aber noch die kindliche Zuversicht, mir einen öffentlichen Verweis zu erteilen und ihn in deutschen Literaturzeitungen abdrucken zu lassen, darüber, daß ich nicht so pinselhaft gewesen bin, mir imponieren zu lassen durch den von demütigen Ministerkreaturen angestimmten und vom hirnlosen literarischen Pöbel lange fortgesetzten Lobgesang, um daraufhin bloße Gaukler, die nie die Wahrheit, sondern stets nur ihre eigene Sache gesucht haben, mit der Dänischen Akademie für ›summi philosophi‹ zu halten. Ist es denn diesen Akademikern gar nicht eingefallen, sich erst zu fragen, ob sie auch nur einen Schatten von Berechtigung hätten, mir über meine Ansichten öffentliche Verweise zu erteilen? Sind sie so gänzlich von allen Göttern verlassen, daß ihnen dies nicht in den Sinn kam? – Jetzt kommen die Folgen: die Nemesis ist da; schon rauscht das Schilfrohr! Ich bin, dem vieljährigen vereinten Widerstande sämtlicher Philosophie-Professoren zum Trotz, endlich durchgedrungen, und über die ›summi philosophi‹ unserer Akademiker gehn dem gelehrten Publiko die Augen immer weiter auf: wenn sie auch noch von armseligen Philosophie-Professoren, die sich längst mit ihnen kompromittiert haben

---

1. ›Dialectices Petri Rami‹ pars secunda, quae est ›De iudicio‹ [Vom Urteil].

und zudem ihrer als Stoff zu Vorlesungen bedürfen, noch ein Weilchen mit schwachen Kräften aufrechterhalten werden; so sind sie doch gar sehr in der öffentlichen Ästimation gesunken, und besonders geht Hegel mit starken Schritten der Verachtung entgegen, die seiner bei der Nachwelt wartet. Die Meinung über ihn hat sich seit zwanzig Jahren dem Ausgang, mit welchem die in der ersten Vorrede mitgeteilte Allegorie Gracians schließt, schon auf drei Viertel des Weges genähert und wird ihn in einigen Jahren ganz erreicht haben, um völlig mit dem Urteil zusammenzutreffen, welches vor zwanzig Jahren der Dänischen Akademie ›tam iustam et gravem offensionem‹ *[vgl. S. 815]* gegeben hat. Daher will ich als Gegengeschenk für ihren Verweis der Dänischen Akademie ein Goethesches Gedicht in ihr Album verehren:

> Das Schlechte kannst du immer loben,
> Du hast dafür sogleich den Lohn!
> In deinem Pfuhle schwimmst du oben
> Und *bist der Pfuscher Schutzpatron.*
>
> Das Gute schelten? Magst's probieren!
> Es geht, wenn du dich frech erkühnst:
> Doch treten, wenn's die Menschen spüren,
> Sie dich in Quark, wie du's verdienst.
> [›Zahme Xenien‹ 5, Vers 1315–1322]

Daß unsere deutschen Philosophie-Professoren den Inhalt der vorliegenden ethischen Preisschriften keiner Berücksichtigung, geschweige Beherzigung wert gehalten haben, ist schon von mir in der Abhandlung ›Über den Satz vom Grunde‹ S. 47 bis 49 der zweiten Auflage *[S. 63 f.]* gebührend anerkannt worden und versteht sich überdies von selbst. Wie sollten doch hohe Geister dieser Gattung auf das achten, was Leutchen wie ich sagen! Leutchen, auf die sie in ihren Schriften höchstens im Vorübergehn und von oben herab einen Blick der Geringschätzung und des Tadels werfen. Nein, was ich vorbringe, ficht sie nicht an: sie bleiben bei ihrer Willensfreiheit und ihrem Sittengesetz; sollten auch die Gründe dagegen so zahlreich sein wie die Brombeeren. Denn jene gehören zu den obligaten Artikeln, und sie wissen, wozu sie da sind: ›in maiorem Dei gloriam‹ sind sie da und verdienen sämtlich, Mitglieder der Königlich Dänischen Akademie zu werden.

Frankfurt a. M., im August 1860.

PREISSCHRIFT
ÜBER DIE FREIHEIT DES WILLENS

GEKRÖNT VON DER KÖNIGLICH NORWEGISCHEN SOZIETÄT

DER WISSENSCHAFTEN ZU DRONTHEIM

AM 26. JANUAR 1839

Motto:
La liberté est un mystère[1].
[Die Freiheit ist ein Mysterium.

HELVÉTIUS
›De l'esprit‹ discours 1, chap. 4]

---

1. *[Vgl. Bd. 1, S. 548, Anmerkung]*

Die von der Königlichen Sozietät aufgestellte Frage lautet: ›Num liberum hominum arbitrium e sui ipsius conscientia demonstrari potest?‹
Verdeutscht: ›Läßt die Freiheit des menschlichen Willens sich aus dem Selbstbewußtsein beweisen?‹

I.
BEGRIFFSBESTIMMUNGEN

Bei einer so wichtigen, ernsten und schwierigen Frage, die im wesentlichen mit einem Hauptproblem der gesamten Philosophie mittlerer und neuerer Zeit zusammenfällt, ist große Genauigkeit und daher eine Analyse der in der Frage vorkommenden Hauptbegriffe gewiß an ihrer Stelle.

1. Was heißt Freiheit?

Dieser Begriff ist, genau betrachtet, ein *negativer*. Wir denken durch ihn nur die Abwesenheit alles Hindernden und Hemmenden: dieses hingegen muß, als Kraft äußernd, ein Positives sein. Der möglichen Beschaffenheit dieses Hemmenden entsprechend hat der Begriff drei sehr verschiedene Unterarten: physische, intellektuelle und moralische Freiheit.

a) *Physische Freiheit* ist die Abwesenheit der *materiellen* Hindernisse jeder Art. Daher sagen wir: freier Himmel, freie Aussicht, freie Luft, freies Feld, ein freier Platz, freie Wärme (die nicht chemisch gebunden ist), freie Elektrizität, freier

Lauf des Stroms, wo er nicht mehr durch Berge oder Schleusen gehemmt ist usw. Selbst freie Wohnung, freie Kost, freie Presse, postfreier Brief bezeichnet die Abwesenheit der lästigen Bedingungen, welche als Hindernisse des Genusses solchen Dingen anzuhängen pflegen. Am häufigsten aber ist in unserm Denken der Begriff der Freiheit das Prädikat animalischer Wesen, deren Eigentümliches ist, daß ihre Bewegungen von *ihrem Willen* ausgehn, willkürlich sind und demnach alsdann *frei* genannt werden, wann kein materielles Hindernis dies unmöglich macht. Da nun diese Hindernisse sehr verschiedener Art sein können, das durch sie Gehinderte aber stets *der Wille* ist; so faßt man der Einfachheit halber den Begriff lieber von der positiven Seite und denkt dadurch alles, was sich allein durch seinen Willen bewegt oder allein aus seinem Willen handelt: welche Umwendung des Begriffs im wesentlichen nichts ändert. Demnach werden in dieser *physischen* Bedeutung des Begriffs der Freiheit Tiere und Menschen dann *frei* genannt, wann weder Bande noch Kerker noch Lähmung, also überhaupt kein *physisches*, *materielles* Hindernis ihre Handlungen hemmt, sondern diese ihrem *Willen* gemäß vor sich gehn.

Diese *physische Bedeutung* des Begriffs der Freiheit, und besonders als Prädikat animalischer Wesen ist die ursprüngliche, unmittelbare und daher allerhäufigste, in welcher er ebendeshalb auch keinem Zweifel oder Kontrovers unterworfen ist, sondern seine Realität stets durch die Erfahrung beglaubigen kann. Denn sobald ein animalisches Wesen nur aus seinem *Willen* handelt, ist es, in dieser Bedeutung, *frei*: wobei keine Rücksicht darauf genommen wird, was etwan auf seinen Willen selbst Einfluß haben mag. Denn nur auf das *Können*, d. h. eben auf die Abwesenheit *physischer* Hindernisse seiner Aktionen bezieht sich der Begriff der Freiheit in dieser seiner ursprünglichen, unmittelbaren und daher populären Bedeutung. Daher sagt man: frei ist der Vogel in der Luft, das Wild im Walde; frei ist der Mensch von Natur; nur der Freie ist glücklich. Auch ein Volk nennt man frei und versteht darunter, daß es allein nach Gesetzen regiert wird, diese Gesetze aber selbst gegeben hat: denn alsdann befolgt es überall nur seinen eigenen Willen. Die politische Freiheit ist demnach der physischen beizuzählen.

Sobald wir aber von dieser *physischen* Freiheit abgehn und die zwei andern Arten derselben betrachten, haben wir es nicht mehr mit dem populären, sondern mit einem *philosophischen* Sinne des Begriffs zu tun, der bekanntlich vielen Schwierigkeiten den Weg öffnet. Er zerfällt in zwei gänzlich verschiedene Arten: die intellektuelle und die moralische Freiheit.

b) Die *intellektuelle Freiheit*, τὸ ἑκούσιον καὶ ἀκούσιον κατὰ διάνοιαν [die freiwillige und unfreiwillige Denkkraft betreffend] bei Aristoteles [›Ethica ad Eudemium‹ 2, 7, p. 1223 a 23 f.], wird hier bloß zum Behuf der Vollständigkeit der Begriffseinteilung in Betracht gezogen: ich erlaube mir daher, ihre Erörterung hinauszusetzen bis ganz ans Ende dieser Abhandlung, als wo die in ihr zu gebrauchenden Begriffe schon im Vorhergegangenen ihre Erklärung gefunden haben werden, so daß sie dann in der Kürze wird abgehandelt werden können. In der Einteilung aber mußte sie, als der physischen Freiheit zunächst verwandt, ihre Stelle neben dieser haben.

c) Ich wende mich also gleich zur dritten Art, zur *moralischen Freiheit*, als welche eigentlich das liberum arbitrium [die freie Willensentscheidung] ist, von dem die Frage der Königlichen Sozietät redet.

Dieser Begriff knüpft sich an den der physischen Freiheit von einer Seite, die auch seine notwendig viel spätere Entstehung begreiflich macht. Die physische Freiheit bezieht sich, wie gesagt, nur auf materielle Hindernisse, bei deren Abwesenheit sie sogleich da ist. Nun aber bemerkte man in manchen Fällen, daß ein Mensch, ohne durch materielle Hindernisse gehemmt zu sein, durch bloße Motive, wie etwan Drohungen, Versprechungen, Gefahren u. dgl., abgehalten wurde zu handeln, wie es außer dem gewiß seinem Willen gemäß gewesen sein würde. Man warf daher die Frage auf, ob ein solcher Mensch noch *frei* gewesen wäre? oder ob wirklich ein starkes Gegenmotiv die dem eigentlichen Willen gemäße Handlung ebenso hemmen und unmöglich machen könne wie ein physisches Hindernis? Die Antwort darauf konnte dem gesunden Verstande nicht schwer werden: daß nämlich niemals ein Motiv so wirken könne wie ein physisches Hindernis; indem dieses leicht die menschlichen Körperkräfte überhaupt unbedingt übersteige, hingegen ein Motiv nie an sich selbst unwiderstehlich sein, nie eine unbedingte Gewalt haben, sondern immer noch möglicherweise durch ein *stärkeres Gegenmotiv* überwogen werden könne, wenn nur ein solches vorhanden und der im individuellen Fall gegebene Mensch durch dasselbe bestimmbar wäre; wie wir denn auch häufig sehn, daß sogar das gemeinhin stärkste aller Motive, die Erhaltung des Lebens, doch überwogen wird von andern Motiven: z. B. beim Selbstmord und bei Aufopferung des Lebens für andere, für Meinungen und für mancherlei Interessen; und umgekehrt, daß alle Grade der ausgesuchtesten Marter auf der Folterbank bisweilen überwunden worden sind von dem bloßen Gedanken, daß sonst das Leben verlorengehe. Wenn aber auch hieraus erhellte, daß die Motive keinen rein objektiven und absoluten Zwang mit sich führen, so konnte ihnen doch ein subjektiver und relativer, nämlich für die Person des Beteiligten zustehn; welches im Resultat dasselbe war. Daher blieb die Frage: ist der Wille selbst frei? – Hier war nun also der Begriff der Freiheit, den man bis dahin nur in bezug auf das *Können* gedacht hatte, in Beziehung auf das *Wollen* gesetzt worden und das Problem entstanden, ob denn das Wollen selbst *frei* wäre. Aber diese Verbindung mit dem *Wollen* einzugehn zeigt bei näherer Betrachtung der ursprüngliche, rein empirische und daher populäre Begriff von Freiheit sich unfähig. Denn nach diesem bedeutet ›frei‹ – ›*dem eigenen Willen gemäß*‹: frägt man nun, ob der Wille selbst frei sei; so frägt man, ob der Wille sich selber gemäß sei: was sich zwar von selbst versteht, womit aber auch nichts gesagt ist. Dem empirischen Begriff der Freiheit zufolge heißt es: ›Frei bin ich, wenn ich *tun* kann, *was ich will*‹; und durch das ›Was ich will‹ ist da schon die Freiheit entschieden. Jetzt aber, da wir nach der Freiheit des *Wollens* selbst fragen, würde demgemäß diese Frage sich so stellen: ›Kannst du auch *wollen*, was du willst?!‹ – welches herauskommt, als ob das Wollen noch von einem andern, hinter ihm liegenden Wollen abhinge. Und gesetzt, diese Frage würde bejaht; so entstände alsbald die zweite: ›Kannst du auch wollen, was du wollen willst?‹ und so würde es ins unendliche höher hinaufgeschoben werden, indem wir immer *ein* Wollen von einem früheren oder tiefer liegenden abhängig dächten und vergeblich strebten, auf diesem Wege zuletzt eines zu erreichen, welches wir als von gar nichts abhängig denken und annehmen müßten. Wollten wir aber ein solches annehmen; so könnten wir ebensogut das erste als das beliebig letzte dazu nehmen, wodurch denn aber die Frage auf die ganz einfache ›kannst du wollen?‹ zurückgeführt würde. Ob aber die bloße Bejahung dieser Frage die Freiheit des Wollens entscheidet, ist, was man wissen wollte, und bleibt unerledigt. Der ursprüngliche empirische, vom Tun hergenommene Begriff der Freiheit weigert sich also, eine direkte Verbindung mit dem des Willens einzugehn. Dieserhalb mußte man, um dennoch den Begriff der Freiheit auf den Willen anwenden zu können, ihn dadurch modifizieren, daß man ihn abstrakter faßte. Dies geschah, indem man durch den Begriff der *Freiheit* nur im allgemeinen die Abwesenheit aller *Notwendigkeit* dachte. Hiebei behält der Begriff den *negativen* Charakter, den ich ihm gleich anfangs zuerkannt hatte. Zunächst wäre demnach der Begriff der *Notwendigkeit* als der jenem *negativen* Bedeutung gebende *positive* Begriff zu erörtern.

Wir fragen also: was heißt *notwendig?* Die gewöhnliche Erklärung: ›Notwendig ist, dessen Gegenteil unmöglich, oder was nicht anders sein kann‹ – ist eine bloße Worterklärung, eine Umschreibung des Begriffs, die unsere Einsicht nicht vermehrt. Als die Real-Erklärung aber stelle ich diese auf: *Notwendig ist, was aus einem gegebenen zureichenden Grunde folgt*: welcher Satz wie jede richtige Definition sich auch umkehren läßt. Je nachdem nun dieser zureichende Grund ein logischer oder ein mathematischer oder ein physischer, genannt Ursache, ist, wird die *Notwendigkeit* eine logische (wie die der Konklusion, wenn die Prämissen gegeben sind), eine mathematische (z. B. die Gleichheit der Seiten des Dreiecks, wenn die Winkel gleich sind) oder eine physische, reale (wie der Eintritt der Wirkung, sobald die Ursache da ist) sein: immer aber hängt sie mit gleicher Strenge der Folge an, wenn der Grund gegeben ist. Nur sofern wir etwas als Folge aus einem gegebenen Grunde begreifen, erkennen wir es als notwendig, und umgekehrt, sobald wir etwas als Folge eines zureichenden Grundes erkennen, sehn wir ein, daß es notwendig ist: denn alle Gründe sind zwingend. Diese Real-Erklärung ist so adäquat und erschöpfend, daß Notwendigkeit und ›Folge aus einem gegebenen zureichenden Grunde‹ geradezu Wechselbegriffe sind, d. h. überall der eine an die Stelle des andern gesetzt werden kann[1]. – Demnach wäre Abwesenheit der Notwendigkeit identisch mit Abwesenheit eines bestimmenden zureichenden Grundes. Als das Gegenteil des *Notwendigen* wird jedoch das *Zufällige* gedacht; was hiemit nicht streitet. Nämlich jedes Zufällige ist nur *relativ* ein solches. Denn in der realen Welt, wo allein das Zufällige anzutreffen, ist jede Begebenheit *notwendig* in bezug auf ihre Ursache: hingegen in bezug auf alles übrige, womit sie etwan in Raum und Zeit zusammentrifft, ist sie *zufällig*. Nun müßte aber das Freie, da Abwesenheit der Notwendigkeit sein Merkmal ist, das schlechthin von gar keiner Ursache Abhängige sein, mithin definiert werden als das *absolut Zufällige*: ein höchst problematischer Begriff, dessen Denkbarkeit ich nicht verbürge, der jedoch sonderbarerweise mit dem der *Freiheit* zusammentrifft. Jedenfalls bleibt das *Freie* das in keiner Beziehung Notwendige, welches heißt: von keinem Grunde Abhängige. Dieser Begriff nun, angewandt auf den Willen des Menschen, würde besagen, daß ein individueller Wille in seinen Äußerungen (Willensakten) nicht durch Ursachen oder zureichende Gründe überhaupt bestimmt würde; da außerdem, weil die Folge aus einem gegebenen Grunde (welcher Art dieser auch sei) allemal *notwendig* ist, seine Akte nicht frei, sondern notwendig wären. Hierauf beruht *Kants* Definition, nach welcher Freiheit das

---

1. Man findet die Erörterung des Begriffes der Notwendigkeit in meiner Abhandlung ›Über den Satz vom Grunde‹, zweite Auflage § 49 *[S. 181]*.

Vermögen ist, eine Reihe von Veränderungen *von selbst* anzufangen. Denn dies ›von selbst‹ heißt, auf seine wahre Bedeutung zurückgeführt, ›ohne vorhergegangene Ursache‹: dies aber ist identisch mit ›ohne Notwendigkeit‹. So daß, wenngleich jene Definition dem Begriff der Freiheit den Anschein gibt, als wäre er ein positiver, bei näherer Betrachtung doch seine negative Natur wieder hervortritt. – Ein freier Wille also wäre ein solcher, der nicht durch Gründe – und da jedes ein anderes Bestimmende ein Grund, bei realen Dingen ein Real-Grund, d. i. Ursache sein muß – ein solcher, der durch gar nichts bestimmt würde; dessen einzelne Äußerungen (Willensakte) also schlechthin und ganz ursprünglich aus ihm selbst hervorgingen, ohne durch vorhergängige Bedingungen notwendig herbeigeführt, also auch ohne durch irgend etwas, einer Regel gemäß, bestimmt zu sein. Bei diesem Begriff geht das deutliche Denken uns deshalb aus, weil der Satz vom Grunde in allen seinen Bedeutungen die wesentliche Form unsers gesamten Erkenntnisvermögens ist, hier aber aufgegeben werden soll. Inzwischen fehlt es auch für diesen Begriff nicht an einem terminus technicus: er heißt liberum arbitrium indifferentiae [die freie, nach keiner Seite beeinflußte Willensentscheidung]. Dieser Begriff ist übrigens der einzige deutlich bestimmte, feste und entschiedene von dem, was Willensfreiheit genannt wird; daher man sich von ihm nicht entfernen kann, ohne in schwankende, nebelichte Erklärungen, hinter denen sich zaudernde Halbheit verbirgt, zu geraten: wie wenn von Gründen geredet wird, die ihre Folgen nicht notwendig herbeiführen. Jede Folge aus einem Grunde ist notwendig, und jede Notwendigkeit ist Folge aus einem Grunde. Aus der Annahme eines solchen liberi arbitrii indifferentiae ist die nächste diesen Begriff selbst charakterisierende Folge und daher als sein Merkmal festzustellen, daß einem damit begabten menschlichen Individuo unter gegebenen ganz individuell und durchgängig bestimmten äußern Umständen zwei einander diametral entgegengesetzte Handlungen gleichmöglich sind.

2. Was heißt Selbstbewußtsein?

Antwort: das Bewußtsein des *eigenen Selbst* im Gegensatz des Bewußtseins *anderer Dinge*, welches letztere das Erkenntnisvermögen ist. Dieses nun enthält zwar, ehe noch jene andern Dinge darin vorkommen, gewisse Formen der Art und Weise dieses Vorkommens, welche demnach Bedingungen der Möglichkeit ihres objektiven Daseins, d. h. ihres Daseins als Objekte für uns sind: dergleichen sind bekanntlich Zeit, Raum, Kausalität. Obgleich nun diese Formen des Erkennens in uns selbst liegen; so ist dies doch nur zu dem Behuf, daß wir uns *anderer Dinge* als solcher bewußt werden können und in durchgängiger Beziehung auf diese: daher wir jene Formen, wenn sie gleich in uns liegen, nicht als zum *Selbstbewußtsein* gehörig anzusehn haben, vielmehr als *das Bewußtsein anderer Dinge*, d. i. die objektive Erkenntnis möglich machend.

Ferner werde ich nicht etwan durch den Doppelsinn des in der Aufgabe gebrauchten Wortes ›conscientia‹[1] mich verleiten lassen, die unter dem Namen des Gewissens, auch wohl der praktischen Vernunft, mit ihren von *Kant* behaupteten kategorischen Imperativen bekannten moralischen Regungen des Menschen zum Selbstbewußtsein zu ziehn; teils weil solche erst infolge der Erfahrung und Reflexion, also infolge des Bewußtseins anderer Dinge eintreten, teils weil die Grenzlinie zwischen dem, was in ihnen der menschlichen Natur ursprünglich und eigen angehört, und dem, was moralische und religiöse Bildung hinzufügt, noch nicht scharf und unwidersprechlich gezogen ist. Zudem es auch wohl nicht die Absicht der Königlichen Sozietät sein kann, durch Hineinziehung des Gewissens in das Selbstbewußtsein die Frage auf den Boden der Moral hinübergespielt und nun *Kants* moralischen Beweis oder vielmehr Postulat der Freiheit aus dem a priori bewußten Moralgesetze vermöge des Schlusses: ›Du kannst, weil du sollst‹ wiederholt zu sehn.

Aus dem Gesagten erhellt, daß von unserm gesamten Be-

1. [Bewußtsein und Gewissen (=Bewußtsein des getanen Rechts oder Unrechts)]

wußtsein überhaupt der bei weitem größte Teil nicht das *Selbstbewußtsein*, sondern das *Bewußtsein anderer Dinge* oder das Erkenntnisvermögen ist. Dieses ist mit allen seinen Kräften nach außen gerichtet und ist der Schauplatz (ja, von einem tiefern Forschungspunkte aus, die Bedingung) der realen Außenwelt, gegen die es sich zunächst anschaulich auffassend verhält und nachher das auf diesem Wege Gewonnene gleichsam ruminierend zu Begriffen verarbeitet, in deren endlosen mit Hülfe der Worte vollzogenen Kombinationen *das Denken* besteht. – Also allererst, was wir nach Abzug dieses bei weitem allergrößten Teiles unsers gesamten Bewußtseins übrigbehalten, wäre das *Selbstbewußtsein*. Wir übersehn schon von hier, daß der Reichtum desselben nicht groß sein kann: daher, wenn die nachgesuchten Data zum Beweise der Willensfreiheit in demselben wirklich liegen sollten, wir hoffen dürfen, daß sie uns nicht entgehn werden. Als das Organ des Selbstbewußtseins hat man auch einen *innern Sinn*[1] aufgestellt, der jedoch mehr im bildlichen als im eigentlichen Verstande zu nehmen ist: denn das Selbstbewußtsein ist unmittelbar. Wie dem auch sei, so ist unsere nächste Frage: was enthält nun das Selbstbewußtsein? oder: wie wird der Mensch sich seines eigenen Selbsts unmittelbar bewußt? Antwort: durchaus als eines *Wollenden*. Jeder wird bei Beobachtung des eigenen Selbstbewußtseins bald gewahr werden, daß sein Gegenstand allezeit das eigene Wollen ist. Hierunter hat man aber freilich nicht bloß die entschiedenen, sofort zur Tat werdenden Willensakte und die förmlichen Entschlüsse, nebst den aus ihnen hervorgehenden Handlungen zu verstehn; sondern wer nur irgend das Wesentliche auch unter verschiedenen Modifikationen des Grades und der Art festzuhalten vermag, wird keinen Anstand nehmen, auch alles Begehren, Streben, Wünschen, Verlangen, Sehnen, Hoffen, Lieben, Freuen, Jubeln u. dgl., nicht weniger alles Nichtwollen oder Widerstreben, alles Verab-

---

1. Er findet sich schon beim Cicero als ›tactus interior‹: ›Academicae quaestiones‹ 4, 7. Deutlicher beim Augustinus: ›De libero arbitrio‹ 2, 3 sqq. Dann bei Cartesius: ›Principia philosophiae‹ 4, 190; und ganz ausgeführt bei Locke.

scheuen, Fliehen, Fürchten, Zürnen, Hassen, Trauern, Schmerzleiden, kurz: alle Affekte und Leidenschaften den Äußerungen des Wollens beizuzählen; da diese Affekte und Leidenschaften nur mehr oder minder schwache oder starke, bald heftige und stürmische, bald sanfte und leise Bewegungen des entweder gehemmten oder losgelassenen, befriedigten oder unbefriedigten eigenen Willens sind und sich alle auf Erreichen oder Verfehlen des Gewollten und Erdulden oder Überwinden des Verabscheuten in mannigfaltigen Wendungen beziehn: sie sind also entschiedene Affektionen desselben Willens, der in den Entschlüssen und Handlungen tätig ist[1]. Sogar aber gehört ebendahin das, was man Gefühle der Lust und Unlust nennt: diese sind zwar in großer Mannigfaltigkeit von Graden und Arten vorhanden, lassen sich aber doch allemal zurückführen auf begehrende oder verabscheuende Affektionen, also auf den als befriedigt oder unbefriedigt, gehemmt oder losgelassen sich seiner bewußtwerdenden Willen selbst: ja dieses erstreckt sich bis auf die körperlichen angenehmen oder schmerzlichen und alle zwischen diesen beiden Extremen liegenden zahllosen Empfindungen; da das Wesen aller dieser Affektionen darin besteht, daß sie als ein dem Willen Gemäßes oder ihm Widerwärtiges unmittelbar ins Selbstbewußtsein treten. Des eigenen Leibes ist man sogar, genau betrachtet, sich unmittelbar nur bewußt als des nach außen wirkenden Organs des Willens

---

1. Es ist sehr beachtenswert, daß schon der Kirchenvater *Augustinus* dies vollkommen erkannt hat, während so viele Neuere mit ihrem angeblichen ›Gefühlsvermögen‹ es nicht einsehn. Nämlich ›De civitate Dei‹ lib. 14, cap. 6 redet er von den ›affectionibus animi‹, welche er im vorhergehenden Buche unter vier Kategorien: ›cupiditas‹, ›timor‹, ›laetitia‹, ›tristitia‹ [Begierde, Furcht, Freude, Traurigkeit] gebracht hat, und sagt: ›Voluntas est quippe in omnibus, imo omnes nihil aliud quam voluntates sunt: nam quid est cupiditas et laetitia nisi voluntas in eorum consensionem, quae volumus? et quid est metus atque tristitia nisi voluntas in dissensionem ab his, quae nolumus?‹ [Nämlich in ihnen allen steckt der Wille, ja sie alle sind nichts anderes als Willensregungen: denn was sind Begierde und Freude anderes als der Wille, dem zuzustimmen, was wir wollen? und was sind Furcht und Traurigkeit anderes als der Wille, dem nicht zuzustimmen, was wir nicht wollen?]

und des Sitzes der Empfänglichkeit für angenehme oder schmerzliche Empfindungen, welche aber selbst, wie soeben gesagt, auf ganz unmittelbare Affektionen des Willens, die ihm entweder gemäß oder widrig sind, zurücklaufen. Wir mögen übrigens diese bloßen Gefühle der Lust oder Unlust mit einrechnen oder nicht; jedenfalls finden wir, daß alle jene Bewegungen des Willens, jenes wechselnde Wollen und Nichtwollen, welches in seinem beständigen Ebben und Fluten den alleinigen Gegenstand des Selbstbewußtseins oder, wenn man will, des innern Sinnes ausmacht, in durchgängiger und von allen Seiten anerkannter Beziehung steht zu dem in der Außenwelt Wahrgenommenen und Erkannten. Dieses hingegen liegt, wie gesagt, nicht mehr im Bereich des unmittelbaren *Selbstbewußtseins*, an dessen Grenze also, wo es an das Gebiet des *Bewußtseins anderer Dinge* stößt, wir angelangt sind, sobald wir die Außenwelt berühren. Die in dieser wahrgenommenen Gegenstände sind aber der Stoff und der Anlaß aller jener Bewegungen und Akte des Willens. Man wird dies nicht als eine petitio principii [Erschleichung des Beweisgrundes] auslegen: denn daß unser Wollen stets äußere Objekte zum Gegenstande hat, auf die es gerichtet ist, um die es sich dreht und die als Motive es wenigstens veranlassen, kann keiner in Abrede stellen; da er sonst einen von der Außenwelt völlig abgeschlossenen und im finstern Innern des Selbstbewußtseins eingesperrten Willen übrigbehielte. Bloß die Notwendigkeit, mit der jene in der Außenwelt gelegenen Dinge die Akte des Willens bestimmen, ist uns für jetzt noch problematisch.

Mit dem *Willen* also finden wir das Selbstbewußtsein sehr stark, eigentlich sogar ausschließlich beschäftigt. Ob dasselbe nun aber in diesem seinem alleinigen Stoff Data antrifft, aus denen die *Freiheit* eben jenes Willens im oben dargelegten, auch allein deutlichen und bestimmten Sinne des Worts hervorginge, ist unser Augenmerk, darauf wir jetzt gerade zusteuern wollen, nachdem wir bis hieher uns ihm zwar nur lavierend, aber doch schon merklich genähert haben.

II.
DER WILLE VOR DEM SELBSTBEWUSSTSEIN

Wenn ein Mensch *will*; so will er auch etwas: sein Willensakt ist allemal auf einen Gegenstand gerichtet und läßt sich nur in Beziehung auf einen solchen denken. Was heißt nun: ›etwas wollen‹? Es heißt: der Willensakt, welcher selbst zunächst nur Gegenstand des Selbstbewußtseins ist, entsteht auf Anlaß von etwas, das zum Bewußtsein *anderer Dinge* gehört, also ein Objekt des Erkenntnisvermögens ist, welches Objekt in dieser Beziehung *Motiv* genannt wird und zugleich der Stoff des Willensaktes ist, indem dieser darauf gerichtet ist, d. h. irgendeine Veränderung daran bezweckt, also darauf reagiert: in dieser *Reaktion* besteht sein ganzes Wesen. Hieraus ist schon klar, daß er ohne dasselbe nicht eintreten könnte; da es ihm sowohl an Anlaß als an Stoff fehlen würde. Allein es frägt sich, ob, wenn dieses Objekt für das Erkenntnisvermögen dasteht, der Willensakt nun auch eintreten *muß* oder vielmehr ausbleiben und entweder gar keiner oder auch ein ganz anderer, wohl gar entgegengesetzter entstehn könnte, also ob jene Reaktion auch ausbleiben oder unter völlig gleichen Umständen verschieden, ja entgegengesetzt ausfallen könne. Dies heißt in der Kürze: wird der Willensakt durch das Motiv mit Notwendigkeit hervorgerufen? oder behält vielmehr beim Eintritt dieses ins Bewußtsein der Wille gänzliche Freiheit zu wollen oder nicht zu wollen? Hier also ist der Begriff der Freiheit in jenem oben erörterten und als hier allein anwendbar nachgewiesenen abstrakten Sinn als bloße Negation der Notwendigkeit genommen und somit unser Problem festgestellt. Im unmittelbaren *Selbstbewußtsein* aber haben wir die Data zur Lösung desselben zu suchen und werden zu dem Ende dessen Aussage genau prüfen, nicht aber durch eine summarische Entscheidung den Knoten zerhauen wie *Cartesius* [Descartes], der ohne weiteres die Behauptung aufstellte: ›Libertatis autem et indifferentiae, quae in nobis est, nos ita conscios esse, ut nihil sit, quod evidentius et perfectius comprehendamus.‹ [Dagegen sind wir uns unserer Freiheit und Bestimmungslosigkeit so genau bewußt, daß wir nichts anderes so klar und vollkommen begreifen.] (›Principia philosophiae‹ 1, § 41). Das Unstatthafte dieser Behauptung hat schon *Leibniz* gerügt (›Théodicée‹ 1, § 50, et 3, § 292), der doch selbst in diesem Punkt nur ein schwankes Rohr im Winde war und nach den widersprechendsten Äußerungen endlich zu dem Resultate gelangt, daß der Wille durch die Motive zwar inkliniert, aber nicht nezessitiert würde. Er sagt nämlich: ›Omnes actiones sunt determinatae et nunquam indifferentes, quia semper datur ratio inclinans quidem, non tamen necessitans, ut sic potius quam aliter fiat.‹ [Alle Handlungen sind determiniert und niemals indifferent, weil immer ein Grund vorhanden ist, der uns inkliniert, wenn auch nicht nezessitiert, daß wir vielmehr so und nicht anders handeln.] (Leibniz, ›De libertate‹ [in:] ›Opera‹, editio Erdmann p. 669). Dies gibt mir Anlaß zu bemerken, daß ein solcher Mittelweg zwischen der oben gestellten Alternative nicht haltbar ist und man nicht, einer gewissen beliebten Halbheit gemäß, sagen kann, die Motive bestimmten den Willen nur gewissermaßen, er erleide ihre Einwirkung, aber nur bis zu einem gewissen Grade, und dann könne er sich ihr entziehn. Denn sobald wir einer gegebenen Kraft Kausalität zugestanden haben, also erkannt haben, daß sie wirkt; so bedarf es bei etwanigem Widerstande nur der Verstärkung der Kraft nach Maßgabe des Widerstandes, und sie wird ihre Wirkung vollenden. Wer mit zehn Dukaten nicht zu bestechen ist, aber wankt, wird es mit hundert sein, usf.

Wir wenden uns also mit unserm Problem an das unmittelbare *Selbstbewußtsein*, in dem Sinn, den wir oben festgestellt haben. Welchen Aufschluß gibt uns nun wohl dieses Selbstbewußtsein über jene abstrakte Frage, nämlich über die Anwendbarkeit oder Nichtanwendbarkeit des Begriffs der *Notwendigkeit* auf den Eintritt des Willensaktes nach gegebenem, d. h. dem Intellekt vorgestellten Motiv? oder über die Möglichkeit oder Unmöglichkeit seines Ausbleibens in solchem Fall? Wir würden uns sehr getäuscht finden, wenn wir gründliche und tiefgehende Aufschlüsse über Kausalität überhaupt und Motivation insbesondere, wie auch über die etwanige Notwendigkeit, welche beide mit sich führen, von diesem Selbstbewußtsein erwarteten; da dasselbe, wie es allen Menschen einwohnt, ein viel zu einfaches und beschränktes Ding ist, als daß es von dergleichen mitreden könnte: vielmehr sind diese Begriffe aus dem reinen Verstande, der nach außen gerichtet ist, geschöpft und können allererst vor dem Forum der reflektierenden Vernunft zur Sprache gebracht werden. Jenes natürliche, einfache, ja einfältige Selbstbewußtsein hingegen kann nicht einmal die Frage verstehn, geschweige sie beantworten. Seine Aussage über die Willensakte, welche jeder in seinem eigenen Innern behorchen mag, wird, wenn von allem Fremdartigen und Unwesentlichen entblößt und auf ihren nackten Gehalt zurückgeführt, sich etwan so ausdrücken lassen: ›Ich kann wollen, und wann ich eine Handlung wollen werde, so werden die beweglichen Glieder meines Leibes dieselbe sofort vollziehn, sobald ich nur will, ganz unausbleiblich.‹ Das heißt in der Kürze: ›*Ich kann tun, was ich will.*‹ Weiter geht die Aussage des unmittelbaren Selbstbewußtseins nicht, wie man sie auch wenden und in welcher Form man auch die Frage stellen mag. Seine Aussage bezieht sich also immer auf das *Tun-Können, dem Willen gemäß*: dies aber ist der gleich anfangs aufgestellte empirische, ursprüngliche und populäre Begriff der Freiheit, nach welchem *frei* bedeutet ›*dem Willen gemäß*‹. Diese Freiheit wird das Selbstbewußtsein unbedingt aussagen. Aber es ist nicht die, wonach wir fragen. Das Selbstbewußtsein sagt die Freiheit des *Tuns* aus – unter Voraussetzung des *Wollens*: aber die Freiheit des *Wollens* ist es, danach gefragt worden. Wir forschen nämlich nach dem Verhältnis des Wollens selbst zum Motiv: hierüber aber enthält jene Aussage ›Ich kann tun, was ich will‹ nichts. Die Abhängigkeit unsers Tuns, d. h. unserer körperlichen Aktionen, von unserm Willen, welche das Selbstbewußtsein allerdings aussagt, ist etwas ganz anderes als die Unabhängigkeit unserer Willensakte von den äußern Umständen, welche die Willensfreiheit ausmachen würde, über welche aber das Selbstbewußtsein nichts aussagen kann, weil sie außerhalb seiner Sphäre liegt, indem sie das Kausalverhältnis der

Außenwelt (die uns als Bewußtsein von andern Dingen gegeben ist) zu unsern Entschlüssen betrifft, das Selbstbewußtsein aber nicht die Beziehung dessen, was ganz außer seinem Bereiche liegt, zu dem, was innerhalb desselben ist, beurteilen kann. Denn keine Erkenntniskraft kann ein Verhältnis feststellen, von dessen Gliedern das eine ihr auf keine Weise gegeben werden kann. Offenbar aber liegen die *Objekte* des Wollens, welche eben den Willensakt bestimmen, außerhalb der Grenzen des *Selbstbewußtseins* im Bewußtsein *von andern Dingen*; der Willensakt selbst allein *in* demselben, und nach dem Kausalverhältnis jener zu diesem wird gefragt. Sache des Selbstbewußtseins ist allein der Willensakt, nebst seiner absoluten Herrschaft über die Glieder des Leibes, welche eigentlich mit dem ›Was ich will‹ gemeint ist. Auch ist es erst der Gebrauch dieser Herrschaft, d.i. *die Tat*, die ihn selbst für das Selbstbewußtsein zum Willensakte stempelt. Denn solange er im Werden begriffen ist, heißt er *Wunsch*, wenn fertig, *Entschluß*; daß er aber dies sei, beweist dem Selbstbewußtsein selbst erst die *Tat*: denn bis zur ihr ist es veränderlich. Und hier stehn wir schon gleich an der Hauptquelle jenes allerdings nicht zu leugnenden Scheines, vermöge dessen der Unbefangene (d.i. philosophisch Rohe) meint, daß ihm in einem gegebenen Fall entgegengesetzte Willensakte möglich wären, und dabei auf sein Selbstbewußtsein pocht, welches, meint er, dies aussagte. Er verwechselt nämlich Wünschen mit Wollen. *Wünschen* kann er Entgegengesetztes[1]; aber *Wollen* nur eines davon: und welches dieses sei, offenbart auch dem Selbstbewußtsein allererst *die Tat*. Über die gesetzmäßige Notwendigkeit aber, vermöge deren von entgegengesetzten Wünschen der eine und nicht der andere zu Willensakt und [zur] Tat wird, kann ebendeshalb das Selbstbewußtsein nichts enthalten, da es das Resultat so ganz a posteriori erfährt, nicht aber a priori weiß. Entgegengesetzte Wünsche mit ihren Motiven steigen vor ihm auf und nieder, abwechselnd und wiederholt: über jeden derselben sagt es aus, daß er zur Tat werden wird, wenn er zum Willensakt wird. Denn diese letztere rein *subjektive* Möglichkeit ist zwar

---

1. Siehe darüber ›Parerga‹ Bd. 2, § 327 der ersten Auflage *[Band 5]*.

zu jedem vorhanden und ist eben das ›Ich kann tun, was ich will‹. Aber diese *subjektive* Möglichkeit ist ganz hypothetisch; sie besagt bloß: ›*Wenn* ich dies will, kann ich es *tun*.‹ Allein die zum Wollen erforderliche Bestimmung liegt nicht darin; da das Selbstbewußtsein bloß das Wollen, nicht aber die zum Wollen bestimmenden Gründe enthält, welche im Bewußtsein anderer Dinge, d.h. im Erkenntnisvermögen liegen. Hingegen ist es die *objektive* Möglichkeit, die den Ausschlag gibt: diese aber liegt außerhalb des Selbstbewußtseins in der Welt der Objekte, zu denen das Motiv und der Mensch als Objekt gehört, ist daher dem Selbstbewußtsein fremd und gehört dem Bewußtsein anderer Dinge an. Jene *subjektive* Möglichkeit ist gleicher Art mit der, welche im Steine liegt, Funken zu geben, jedoch bedingt ist durch den Stahl, an welchem die *objektive* Möglichkeit haftet. Ich werde hierauf von der andern Seite zurückkommen im folgenden Abschnitt, wo wir den Willen nicht mehr wie hier von innen, sondern von außen betrachten und also die *objektive* Möglichkeit des Willensaktes untersuchen werden: alsdann wird die Sache, nachdem sie so von zwei verschiedenen Seiten beleuchtet worden, ihre volle Deutlichkeit erhalten und auch durch Beispiele erläutert werden.

Also das im Selbstbewußtsein liegende Gefühl ›Ich kann tun, was ich will‹ begleitet uns beständig, besagt aber bloß, daß die Entschlüsse oder entschiedenen Akte unsers Willens, obwohl in der dunkeln Tiefe unsers Innern entspringend, allemal gleich übergehn werden in die anschauliche Welt, da zu ihr unser Leib wie alles andere gehört. Dies Bewußtsein bildet die Brücke zwischen Innenwelt und Außenwelt, welche sonst durch eine bodenlose Kluft getrennt blieben; indem alsdann in der letztern bloße von uns in jedem Sinn unabhängige Anschauungen als Objekte – in der erstern lauter erfolglose und bloß gefühlte Willensakte liegen würden. – Befragte man einen ganz unbefangenen Menschen; so würde er jenes unmittelbare Bewußtsein, welches so häufig für das einer vermeinten Willensfreiheit gehalten wird, etwan so ausdrücken: ›Ich kann tun, was ich will: will ich links gehn, so gehe ich links; will ich rechts gehn, so gehe ich rechts. Das hängt ganz allein von meinem Willen ab: ich bin also frei.‹ Diese Aussage ist allerdings vollkommen wahr und richtig; nur liegt bei ihr der Wille schon in der Voraussetzung: sie nimmt nämlich an, daß er sich schon entschieden habe; also kann über sein eigenes Freisein dadurch nichts ausgemacht werden. Denn sie redet keineswegs von der Abhängigkeit oder Unabhängigkeit des *Eintrittes* des Willensaktes selbst, sondern nur von den *Folgen* dieses Akts, sobald er eintritt, oder, genauer zu reden, von seiner unausbleiblichen Erscheinung als Leibesaktion. Das jener Aussage zum Grunde liegende Bewußtsein ist es aber ganz allein, was den Unbefangenen, d. h. den philosophisch rohen Menschen, der dabei jedoch in andern Fächern ein großer Gelehrter sein kann, die Willensfreiheit für etwas so ganz unmittelbar Gewisses halten läßt, daß er sie als unzweifelhafte Wahrheit ausspricht und eigentlich gar nicht glauben kann, die Philosophen zweifelten im Ernste daran, sondern in seinem Herzen meint, all das Gerede darüber sei bloße Fechtübung der Schuldialektik und im Grunde Spaß. Eben aber weil ihm die durch jenes Bewußtsein gegebene und allerdings wichtige Gewißheit stets so sehr zur Hand ist und zudem, weil der Mensch als ein zunächst und wesentlich praktisches, nicht theoretisches Wesen sich der aktiven Seite seiner Willensakte, d. h. der ihrer Wirksamkeit sehr viel deutlicher bewußt wird als der *passiven*, d. h. der ihrer Abhängigkeit; so hält es schwer, dem philosophisch rohen Menschen den eigentlichen Sinn unsers Problems faßlich zu machen und ihn dahin zu bringen, daß er begreift, die Frage sei jetzt nicht nach den *Folgen,* sondern nach den *Gründen* seines jedesmaligen Wollens; sein *Tun* zwar hänge ganz allein von seinem *Wollen* ab, jetzt aber verlange man zu wissen, wovon denn *sein Wollen selbst* abhänge, ob von gar nichts oder von etwas? er könne allerdings das eine *tun,* wenn er wolle, und ebensogut das andere *tun,* wenn er wolle: aber er solle jetzt sich besinnen, ob er denn auch das eine wie das andere zu *wollen* fähig sei. Stellt man nun in dieser Absicht dem Menschen die Frage etwan so: ›Kannst du wirklich von in dir aufgestiegenen entgegengesetzten Wünschen dem einen sowohl als dem andern

Folge leisten? z.B. bei einer Wahl zwischen zwei einander ausschließenden Gegenständen des Besitzes ebensogut den einen als den andern vorziehn?‹ Da wird er sagen: ›Vielleicht kann mir die Wahl schwerfallen: immer jedoch wird es ganz allein von mir abhängen, ob ich das eine oder das andere wählen *will*, und von keiner andern Gewalt: da habe ich volle Freiheit, welches ich *will*, zu erwählen, und dabei werde ich immer ganz allein meinen *Willen* befolgen.‹ – Sagt man nun: ›Aber dein Wollen selbst, wovon hängt das ab?‹ so antwortet der Mensch aus dem Selbstbewußtsein: ›Von gar nichts als von mir! Ich kann wollen, was ich will: was ich will, das will ich.‹ – Und letzteres sagt er, ohne dabei die Tautologie zu beabsichtigen oder auch nur im Innersten seines Bewußtseins sich auf den Satz der Identität zu stützen, vermöge dessen allein das wahr ist. Sondern hier aufs äußerste bedrängt, redet er von einem Wollen seines Wollens, welches ist, als ob er von einem Ich seines Ichs redete. Man hat ihn auf den Kern seines Selbstbewußtseins zurückgetrieben, wo er sein Ich und seinen Willen als ununterscheidbar antrifft, aber nichts übrigbleibt, um beide zu beurteilen. Ob bei jener Wahl sein *Wollen selbst* des einen und nicht des andern, da seine Person und die Gegenstände der Wahl hier als gegeben angenommen sind, irgend möglicherweise auch anders ausfallen könnte, als es zuletzt ausfällt; oder ob durch die eben angegebenen Data dasselbe so notwendig festgestellt ist, wie daß im Triangel dem größten Winkel die größte Seite gegenüberliegt; das ist eine Frage, die dem natürlichen *Selbstbewußtsein* so fern liegt, daß es nicht einmal zu ihrem Verständnis zu bringen ist, geschweige daß es die Antwort auf sie fertig oder auch nur als unentwickelten Keim in sich trüge und sie nur naiv von sich zu geben brauchte. – Angegebenermaßen wird also der unbefangene, aber philosophisch rohe Mensch immer noch vor der Perplexität, welche die Frage, wenn wirklich verstanden, herbeiführen muß, sich zu flüchten suchen hinter jene unmittelbare Gewißheit ›Was ich will, kann ich tun, und ich will, was ich will‹, wie oben gesagt. Dies wird er immer von neuem versuchen, unzähligemal; so daß es schwerhalten wird, ihn vor der eigentlichen Frage, der er immer zu entschlüpfen sucht, zum Stehn zu bringen. Und dies ist ihm nicht zu verargen: denn die Frage ist wirklich eine höchst bedenkliche. Sie greift mit forschender Hand in das allerinnerste Wesen des Menschen: sie will wissen, ob auch er wie alles übrige in der Welt ein durch seine Beschaffenheit selbst ein für allemal entschiedenes Wesen sei, welches wie jedes andere in der Natur seine bestimmten, beharrlichen Eigenschaften habe, aus denen seine Reaktionen auf entstehenden äußern Anlaß notwendig hervorgehn, die demnach ihren von dieser Seite unabänderlichen Charakter tragen und folglich in dem, was an ihnen etwan modifikabel sein mag, der Bestimmung durch die Anlässe von außen gänzlich preisgegeben sind; oder ob er allein eine Ausnahme von der ganzen Natur mache. Gelingt es dennoch endlich, ihn vor dieser so bedenklichen Frage zum Stehn zu bringen und ihm deutlich zu machen, daß hier nach dem Ursprung seiner Willensakte selbst, nach der etwanigen Regel oder gänzlichen Regellosigkeit ihres Entstehns geforscht wird; so wird man entdecken, daß das unmittelbare Selbstbewußtsein hierüber keine Auskunft enthält, indem der unbefangene Mensch hier selbst davon abgeht und seine Ratlosigkeit durch Nachsinnen und allerlei Erklärungsversuche an den Tag legt, deren Gründe er bald aus der Erfahrung, wie er sie an sich und andern gemacht hat, bald aus allgemeinen Verstandesregeln zu nehmen versucht, dabei aber durch die Unsicherheit und das Schwanken seiner Erklärungen genugsam zeigt, daß sein unmittelbares Selbstbewußtsein über die richtig verstandene Frage keine Auskunft liefert, wie es vorhin über die irrig verstandene sie gleich bereithatte. Dies liegt im letzten Grunde daran, daß des Menschen Wille sein eigentliches Selbst, der wahre Kern seines Wesens ist: daher macht derselbe den Grund seines Bewußtseins aus als ein schlechthin Gegebenes und Vorhandenes, darüber er nicht hinauskann. Denn er selbst ist, wie er will, und will, wie er ist. Daher ihn fragen, ob er auch anders wollen könnte, als er will, heißt ihn fragen, ob er auch wohl ein anderer sein könnte als er selbst: und das weiß er nicht. Ebendeshalb muß auch der

Philosoph, der sich von jenem bloß durch die Übung unterscheidet, wenn er in dieser schwierigen Angelegenheit zur Klarheit kommen will, an seinen Verstand, der Erkenntnisse a priori liefert, an die solche überdenkende Vernunft und an die Erfahrung, welche sein und anderer Tun zur Auslegung und Kontrolle solcher Verstandeserkenntnis ihm vorführt, als letzte und allein kompetente Instanz sich wenden, deren Entscheidung zwar nicht so leicht, so unmittelbar und einfach wie die des Selbstbewußtseins, dafür aber doch zur Sache und ausreichend sein wird. Der Kopf ist es, der die Frage aufgeworfen hat, und er auch muß sie beantworten.

Übrigens darf es uns nicht wundern, daß auf jene abstruse, spekulative, schwierige und bedenkliche Frage das unmittelbare Selbstbewußtsein keine Antwort aufzuweisen hat. Denn dieses ist ein sehr beschränkter Teil unsers gesamten Bewußtseins, welches, in seinem Innern dunkel, mit allen seinen objektiven Erkenntniskräften ganz nach außen gerichtet ist. Alle seine vollkommen sicheren, d. h. a priori gewissen Erkenntnisse betreffen ja allein die Außenwelt, und da kann es denn nach gewissen allgemeinen Gesetzen, die in ihm selbst wurzeln, sicher entscheiden, was da draußen möglich, was unmöglich, was notwendig sei, und bringt auf diesem Wege reine Mathematik, reine Logik, ja reine Fundamental-Naturwissenschaft a priori zustande. Demnächst liefert die Anwendung seiner ihm a priori bewußten Formen auf die in der Sinnesempfindung gegebenen Data ihm die anschauliche reale Außenwelt und damit die Erfahrung: ferner wird die Anwendung der Logik und der dieser zum Grunde liegenden Denkfähigkeit auf jene Außenwelt die Begriffe, die Welt der Gedanken liefern, dadurch wieder die Wissenschaften, deren Leistungen usw. *Da draußen* also liegt vor seinen Blicken große Helle und Klarheit. Aber *innen* ist es finster, wie ein gut geschwärztes Fernrohr: kein Satz a priori erhellt die Nacht seines eigenen Innern; sondern diese Leuchttürme strahlen nur nach außen. Dem sogenannten innern Sinn liegt, wie oben erörtert, nichts vor als der eigene Wille, auf dessen Bewegungen eigentlich auch alle sogenannten innern Gefühle zurückzuführen sind. Alles aber, was diese innere Wahrnehmung des Willens liefert, läuft, wie oben gezeigt, zurück auf Wollen und Nichtwollen, nebst der belobten Gewißheit ›Was ich *will*, das kann ich *tun*‹, welches eigentlich besagt: ›Jeden Akt meines Willens sehe ich sofort (auf eine mir ganz unbegreifliche Weise) als eine Aktion meines Leibes sich darstellen‹ – und, genau genommen, für das erkennende Subjekt ein Erfahrungssatz ist. Darüber hinaus ist hier nichts zu finden. Für die aufgeworfene Frage ist also der angegangene Richterstuhl inkompetent: ja sie kann in ihrem wahren Sinn gar nicht vor ihn gebracht werden, da er sie nicht versteht.

Den auf unsere Anfrage beim Selbstbewußtsein erhaltenen Bescheid resümiere ich jetzt nochmals in kürzerer und leichterer Wendung: Das *Selbstbewußtsein* eines jeden sagt sehr deutlich aus, daß er tun kann, was er will. Da nun auch ganz entgegengesetzte Handlungen, als von ihm *gewollt*, gedacht werden können; so folgt allerdings, daß er auch Entgegengesetztes tun kann, *wenn er will*. Dies verwechselt nun der rohe Verstand damit, daß er in einem gegebenen Fall auch Entgegengesetztes *wollen* könne, und nennt dies *die Freiheit des Willens*. Allein daß er in einem gegebenen Fall Entgegengesetztes *wollen* könne, ist schlechterdings nicht in obiger Aussage enthalten, sondern bloß dies, daß von zwei entgegengesetzten Handlungen er, wenn er *diese will*, sie tun kann, und wenn er *jene will*, sie ebenfalls tun kann: ob er aber die eine sowohl als die andere im gegebenen Fall *wollen könne*, bleibt dadurch unausgemacht und ist Gegenstand einer tiefern Untersuchung, als durch das bloße Selbstbewußtsein entschieden werden kann. Die kürzeste, wenngleich scholastische Formel für dieses Resultat würde lauten: die Aussage des Selbstbewußtseins betrifft den Willen bloß a parte post; die Frage nach der Freiheit hingegen a parte ante. – Also jene unleugbare Aussage des Selbstbewußtseins ›Ich kann tun, was ich will‹ enthält und entscheidet durchaus nichts über die Freiheit des Willens, als welche darin bestehn würde, daß der jedesmalige Willensakt selbst im einzelnen individuellen Fall, also bei gegebenem individuellem Charakter nicht durch die äußern Umstände, in denen hier dieser Mensch sich befindet, notwendig bestimmt würde, sondern jetzt so und auch anders ausfallen könnte. Hierüber aber bleibt das Selbstbewußtsein völlig stumm: denn die Sache liegt ganz außer seinem Bereich; da sie auf dem Kausalverhältnis zwischen der Außenwelt und dem Menschen beruht. Wenn man einen Menschen von gesundem Verstande, aber ohne philosophische Bildung frägt, worin denn die auf Aussage seines Selbstbewußtseins so zuverlässig von ihm behauptete Willensfreiheit bestehe; so wird er antworten: ›Darin, daß ich tun kann, was ich will, sobald ich nicht physisch gehemmt bin.‹ Also ist es immer das Verhältnis seines *Tuns* zu seinem *Wollen*, wovon er redet. Dies aber ist, wie im ersten Abschnitt gezeigt, noch bloß die *physische* Freiheit. Frägt man ihn weiter, ob er alsdann im gegebenen Fall sowohl eine Sache als ihr Gegenteil *wollen* könne; so wird er zwar im ersten Eifer es bejahen: sobald er aber den Sinn der Frage zu begreifen anfängt, wird er auch anfangen, bedenklich zu werden, endlich in Unsicherheit und Verwirrung geraten und aus dieser sich am besten wieder hinter sein Thema ›Ich kann tun, was ich will‹ retten und daselbst gegen alle Gründe und alles Räsonnement verschanzen. Die berichtigte Antwort auf sein Thema aber würde, wie ich im folgenden Abschnitt außer Zweifel zu setzen hoffe, lauten: ›Du kannst *tun*, was du *willst*: aber du kannst in jedem gegebenen Augenblick deines Lebens nur *ein* Bestimmtes *wollen* und schlechterdings nichts anderes als dieses eine.‹

Durch die in diesem Abschnitte enthaltene Auseinandersetzung wäre nun eigentlich schon die Frage der Königlichen Sozietät, und zwar verneinend beantwortet; wiewohl nur in der Hauptsache, indem auch diese Darlegung des Tatbestandes im Selbstbewußtsein noch einige Vervollständigung im Nachfolgenden erhalten wird. Nun aber auch für diese unsere verneinende Antwort gibt es in *einem* Fall noch eine Kontrolle. Wenn wir nämlich uns jetzt mit der Frage an diejenige Behörde, zu welcher als der allein kompetenten wir im Vorhergehenden verwiesen wurden, nämlich an den reinen Verstand, die über die Data desselben reflektierende Vernunft und die im Gefolge beider gehende Erfahrung wenden und deren Entscheidung fiele etwan dahin aus, daß ein liberum arbitrium überhaupt nicht existiere, sondern das Handeln des Menschen wie alles andere in der Natur in jedem gegebenen Fall als eine notwendig eintretende Wirkung erfolge; so würde uns dieses noch die Gewißheit geben, daß im unmittelbaren Selbstbewußtsein Data, aus denen das nachgefragte liberum arbitrium sich beweisen ließe, auch *nicht einmal liegen können*; wodurch mittelst des Schlusses a non posse ad non esse [von der Unmöglichkeit auf die Nichtwirklichkeit], welcher der einzige mögliche Weg ist, *negative* Wahrheiten a priori festzustellen, unsere Entscheidung zu der bisher dargelegten empirischen noch eine rationelle Begründung erhalten würde, mithin alsdann doppelt sichergestellt wäre. Denn ein entschiedener Widerspruch zwischen den unmittelbaren Aussagen des Selbstbewußtseins und den Ergebnissen aus den Grundsätzen des reinen Verstandes, nebst ihrer Anwendung auf Erfahrung, darf nicht als möglich angenommen werden: ein solches lügenhaftes Selbstbewußtsein kann das unserige nicht sein. Wobei zu bemerken ist, daß selbst die von *Kant* über dieses Thema aufgestellte vorgebliche Antinomie auch bei ihm selbst nicht etwan dadurch entstehn soll, daß Thesis und Antithesis von verschiedenen Erkenntnisquellen, die eine etwan von Aussagen des Selbstbewußtseins, die andere von Vernunft und Erfahrung ausginge; sondern Thesis und Antithesis vernünfteln beide aus angeblich objektiven Gründen; wobei aber die Thesis auf gar nichts als auf der faulen Vernunft, d.h. dem Bedürfnis, im regressus irgend einmal stille zu stehn, fußet, die Antithesis hingegen alle objektiven Gründe wirklich für sich hat.

Diese demnach jetzt vorzunehmende *indirekte*, auf dem Felde des Erkenntnisvermögens und der ihm vorliegenden Außenwelt sich haltende Untersuchung wird aber zugleich viel Licht zurückwerfen auf die bis hieher vollzogene *direkte* und so zur Ergänzung derselben dienen, indem sie die natürlichen Täuschungen aufdecken wird, die aus der falschen Auslegung jener so höchst einfachen Aussage des Selbstbewußtseins entstehn, wann dieses in Konflikt gerät mit dem Bewußtsein von andern Dingen, welches das Erkenntnisvermögen ist und in einem und demselben Subjekt mit dem Selbstbewußtsein wurzelt. Ja erst am Schluß dieser indirekten Untersuchung wird uns über den wahren Sinn und Inhalt jenes alle unsere Handlungen begleitenden ›Ich will‹ und über das Bewußtsein der Ursprünglichkeit und Eigenmächtigkeit, vermöge dessen sie *unsere* Handlungen sind, einiges Licht aufgehn; wodurch die bis hieher geführte direkte Untersuchung allererst ihre Vollendung erhalten wird.

III.
DER WILLE VOR DEM BEWUSSTSEIN ANDERER DINGE

Wenn wir uns nun an das Erkenntnisvermögen mit unserm Probleme wenden; so wissen wir zum voraus, daß, da dieses Vermögen wesentlich nach außen gerichtet ist, der Wille für dasselbe nicht ein Gegenstand unmittelbarer Wahrnehmung sein kann, wie er dies für das dennoch in unserer Sache inkompetent befundene Selbstbewußtsein war; sondern daß hier nur die mit einem Willen begabten *Wesen* betrachtet werden können, welche vor dem Erkenntnisvermögen als objektive und äußere Erscheinungen, d.i. als Gegenstände der Erfahrung dastehn und nunmehr als solche zu untersuchen und zu beurteilen sind teils nach allgemeinen für die Erfahrung überhaupt ihrer Möglichkeit nach feststehenden, a priori gewissen Regeln, teils nach den Tatsachen, welche die fertige und wirklich vorhandene Erfahrung liefert. Also nicht mehr wie vorhin mit dem *Willen* selbst, wie er nur dem innern Sinne offenliegt; sondern mit den wollenden, *vom Willen bewegten Wesen*, welche Gegenstände der äußern Sinne sind, haben wir es hier zu tun. Wenn wir nun auch dadurch in den Nachteil versetzt sind, den eigentlichen Gegenstand unsers Forschens nur mittelbar und aus größerer Entfernung betrachten zu müssen; so wird dieselbe überwogen durch den Vorteil, daß wir uns jetzt eines viel vollkommeneren Organons bei unserer Untersuchung bedienen können, als das dunkle, dumpfe, einseitige, direkte Selbstbewußtsein, der sogenannte innere Sinn war: nämlich des mit allen äußern Sinnen und allen Kräften zum *objektiven* Auffassen ausgerüsteten *Verstandes*.

Als die allgemeinste und grundwesentliche Form dieses Verstandes finden wir das *Gesetz der Kausalität*, da sogar allein durch dessen Vermittelung die Anschauung der realen Außenwelt zustande kommt, als bei welcher wir die in unsern Sinnesorganen empfundenen Affektionen und Veränderungen sogleich und ganz unmittelbar als ›*Wirkungen*‹ auffassen und (ohne Anleitung, Belehrung und Erfahrung) augenblicklich von ihnen den Übergang machen zu ihren ›*Ursachen*‹, welche nunmehr eben durch diesen Verstandesprozeß als *Objekte im Raum* sich darstellen[1]. Hieraus erhellt unwidersprechlich, daß das *Gesetz der Kausalität* uns a priori, folglich als ein hinsichtlich der Möglichkeit aller Erfahrung überhaupt *notwendiges* bewußt ist; ohne daß wir des indirekten, schwierigen, ja ungenügenden Beweises, den Kant für diese wichtige Wahrheit gegeben hat, bedürften. Das Gesetz der Kausalität steht a priori fest als die allgemeine Regel, welcher alle reale[n] Objekte der Außenwelt ohne Ausnahme unterworfen sind. Diese Ausnahmslosigkeit verdankt es eben seiner Apriorität. Dasselbe bezieht sich wesentlich und ausschließlich auf *Veränderungen* und besagt, daß, wo und wann in der objektiven, realen materiellen Welt irgend etwas, groß oder klein, viel oder wenig sich *verändert*, notwendig gleich *vorher* auch etwas anderes sich *verändert* haben muß und, damit *dieses* sich *veränderte, vor ihm* wieder ein anderes, und so ins unendliche, ohne daß irgendein Anfangspunkt dieser regressiven Reihe von Veränderungen, welche die Zeit erfüllt wie die Materie den Raum, jemals abzusehn oder auch nur als möglich zu denken, geschweige vorauszusetzen wäre. Denn die unermüdlich sich erneuernde Frage: ›Was führte diese Veränderung herbei?‹ gestattet

---

1. Die gründliche Ausführung dieser Lehre findet man in der Abhandlung ›Über den Satz vom Grunde‹, § 21 der zweiten Auflage *[S. 67–106]*.

dem Verstande nimmermehr einen letzten Ruhepunkt; wie sehr er auch dabei ermüden mag: weshalb eine erste Ursache geradeso undenkbar ist wie ein Anfang der Zeit oder eine Grenze des Raumes. – Nicht minder besagt das Gesetz der Kausalität, daß, wenn die frühere Veränderung – *die Ursache* – eingetreten ist, die dadurch herbeigeführte spätere – *die Wirkung* – ganz unausbleiblich eintreten muß, mithin *notwendig* erfolgt. Durch diesen Charakter von *Notwendigkeit* bewährt sich das Gesetz der Kausalität als eine Gestaltung des *Satzes vom Grunde*, welcher die allgemeinste Form unsers gesamten Erkenntnisvermögens ist und wie in der realen Welt als Ursächlichkeit, so in der Gedankenwelt als logisches Gesetz vom Erkenntnisgrunde, und selbst im leeren, aber a priori angeschauten Raume als Gesetz der streng notwendigen Abhängigkeit der Lage aller Teile desselben gegenseitig von einander auftritt – welche notwendige Abhängigkeit speziell und ausführlich nachzuweisen das alleinige Thema der Geometrie ist. Daher eben, wie ich schon im Anfange erörtert habe, ›notwendig sein‹ und ›Folge eines gegebenen Grundes sein‹ Wechselbegriffe sind.

Alle an den objektiven, in der realen Außenwelt liegenden Gegenständen vorgehende *Veränderungen* sind also dem Gesetz der *Kausalität* unterworfen und treten daher, wann und wo sie eintreten, allemal als *notwendig* und unausbleiblich ein. – Eine Ausnahme hievon kann es nicht geben, da die Regel a priori für alle Möglichkeit der Erfahrung feststeht. Hinsichtlich ihrer *Anwendung* aber auf einen gegebenen Fall ist bloß zu fragen, ob es sich um eine *Veränderung* eines in der äußern Erfahrung gegebenen realen Objekts handelt: sobald dies ist, unterliegen seine Veränderungen der Anwendung des Gesetzes der Kausalität, d.h. müssen durch eine Ursache, eben darum aber *notwendig* herbeigeführt sein.

Gehn wir nun mit unserer allgemeinen, a priori gewissen und daher für alle mögliche Erfahrung ohne Ausnahme gültigen Regel an diese Erfahrung selbst näher heran und betrachten die in derselben gegebenen realen Objekte, auf deren etwan eintretende Veränderungen unsere Regel sich bezieht; so bemerken wir bald an diesen Objekten einige tief eingreifende Hauptunterschiede, nach denen sie auch längst klassifiziert sind: nämlich sie sind teils unorganische, d. h. leblose, teils organische, d. h. lebendige, und diese wieder teils Pflanzen, teils Tiere. Diese letzteren wieder finden wir, wenn auch im wesentlichen einander ähnlich und ihrem Begriff entsprechend, doch in einer überaus mannigfaltigen und fein nuancierten Stufenfolge der Vollkommenheit, von den der Pflanze noch nahe verwandten, schwer von ihr zu unterscheidenden an bis hinauf zu den vollendetesten, dem Begriffe des Tiers am vollkommensten entsprechenden: auf dem Gipfel dieser Stufenfolge sehn wir den Menschen – uns selbst.

Betrachten wir nun, ohne uns durch jene Mannigfaltigkeit irremachen zu lassen, alle diese Wesen sämtlich nur als objektive, reale Gegenstände der Erfahrung und schreiten demgemäß zur Anwendung unsers für die Möglichkeit aller Erfahrung a priori feststehenden Gesetzes der Kausalität auf die mit solchen Wesen etwan vorgehenden Veränderungen; so werden wir finden, daß zwar die Erfahrung überall dem a priori gewissen Gesetze gemäß ausfällt; jedoch der in Erinnerung gebrachten großen *Verschiedenheit* im Wesen aller jener Erfahrungsobjekte auch eine ihr angemessene Modifikation in der Art, wie die Kausalität ihr Recht an ihnen geltend macht, entspricht. Näher: es zeigt sich, dem dreifachen Unterschiede von unorganischen Körpern, Pflanzen und Tieren entsprechend, die alle ihre Veränderungen leitende Kausalität ebenfalls in drei Formen, nämlich als *Ursache* im engsten Sinne des Worts oder als *Reiz* oder als *Motivation* – ohne daß durch diese Modifikation ihre Gültigkeit a priori und folglich die durch sie gesetzte Notwendigkeit des Erfolgs im mindesten beeinträchtigt würde.

Die *Ursache* im engsten Sinne des Worts ist die, vermöge welcher alle mechanischen, physikalischen und chemischen Veränderungen der Erfahrungsgegenstände eintreten. Sie charakterisiert sich überall durch zwei Merkmale: erstlich dadurch, daß bei ihr das dritte Newtonische Grundgesetz ›Wirkung und Gegenwirkung sind einander gleich‹ seine Anwendung findet: d. h. der vorhergehende Zustand, welcher Ursache heißt, erfährt eine gleiche Veränderung wie der nachfolgende, welcher Wirkung heißt. – Zweitens dadurch, daß, dem zweiten Newtonischen Gesetze gemäß, allemal der Grad der Wirkung dem Grade der Ursache genau angemessen ist, folglich eine Verstärkung dieser auch eine gleiche Verstärkung jener herbeiführt; so daß, wenn nur einmal die Wirkungsart bekannt ist, sofort aus dem Grade der Intensität der Ursache auch der Grad der Wirkung, und vice versa [umgekehrt], sich wissen, messen und berechnen läßt. Bei empirischer Anwendung dieses zweiten Merkmals darf man jedoch nicht die eigentliche Wirkung verwechseln mit ihrer augenfälligen Erscheinung. Z.B.: man darf nicht erwarten, daß bei der Zusammendrückung eines Körpers sein Umfang immerfort abnehme in dem Verhältnis, wie die zusammendrückende Kraft zunimmt. Denn der Raum, in den man den Körper zwängt, nimmt immer ab, folglich der Widerstand zu: und wenn nun gleich auch hier die eigentliche Wirkung, welche die Verdichtung ist, wirklich nach Maßgabe der Ursache wächst, wie das Mariottesche Gesetz besagt; so ist dies doch nicht von jener ihrer augenfälligen Erscheinung zu verstehn. Ferner wird in vielen Fällen, bei gewissen und bestimmten Graden der Einwirkung, mit einem Male die ganze Wirkungsart sich ändern, eigentlich weil die Art der Gegenwirkung sich ändert, weil die bisherige Art derselben in einem Körper von endlicher Größe erschöpft war; so z.B. wird dem Wasser zugeleitete Wärme bis zu einem gewissen Grad Erhitzung bewirken, über diesen Grad hinaus aber nur schnelle Verflüchtigung: bei dieser tritt aber wieder dasselbe Verhältnis ein zwischen dem Grade der Ursache und dem der Wirkung: und so ist es in vielen Fällen. Solche *Ursachen im engsten Sinn* sind es nun, welche die Veränderungen aller *leblosen*, *d.i. unorganischen* Körper bewirken. Die Erkenntnis und Voraussetzung von Ursachen dieser Art leitet die Betrachtung aller der Veränderungen, welche der Gegenstand der Mechanik, Hydrodynamik, Physik und Chemie sind. Das ausschließliche Bestimmtwerden durch Ursachen dieser Art allein ist daher das eigentliche und wesentliche Merkmal eines unorganischen oder leblosen Körpers.

Die zweite Art der Ursachen ist der *Reiz*, d. h. diejenige Ursache, welche erstlich selbst *keine* mit ihrer Einwirkung im Verhältnis stehende Gegenwirkung erleidet und zweitens, zwischen deren Intensität und der Intensität der Wirkung durchaus keine Gleichmäßigkeit stattfindet. Folglich kann hier nicht der Grad der Wirkung gemessen und vorher bestimmt werden nach dem Grade der Ursache: vielmehr kann eine kleine Vermehrung des Reizes eine sehr große der Wirkung verursachen oder auch umgekehrt die vorige Wirkung ganz aufheben, ja eine entgegengesetzte herbeiführen. Z. B.: Pflanzen können bekanntlich durch Wärme oder auch der Erde beigemischten Kalk zu einem außerordentlich schnellen Wachstum getrieben werden, indem jene Ursachen als Reize ihrer Lebenskraft wirken: wird jedoch hiebei der angemessene Grad des Reizes um ein weniges überschritten; so wird der Erfolg statt des erhöhten und beschleunigten Lebens der Tod der Pflanze sein. So auch können wir durch Wein oder Opium unsere Geisteskräfte anspannen und beträchtlich erhöhen: wird aber das rechte Maß des Reizes überschritten; so wird der Erfolg gerade der entgegengesetzte sein. – Diese Art der Ursachen, also *Reize* sind es, welche alle Veränderungen der Organismen *als solcher* bestimmen. Alle Veränderungen und Entwickelungen der Pflanzen und alle bloß organische[n] und vegetative[n] Veränderungen oder Funktionen tierischer Leiber gehn auf *Reize* vor sich. In dieser Art wirkt auf sie das Licht, die Wärme, die Luft, die Nahrung, jedes Pharmakon, jede Berührung, die Befruchtung usw. – Während dabei das Leben der Tiere noch eine ganz andere Sphäre hat, von der ich gleich reden werde, so geht hingegen das ganze Leben der *Pflanzen* ausschließlich nach *Reizen* vor sich. Alle ihre Assimilation, [ihr] Wachstum, Hinstreben mit der Krone nach dem Lichte, mit den Wurzeln nach besserm Boden, ihre Befruchtung, Keimung usw. ist Veränderung auf *Reize*. Bei einzelnen wenigen Gattungen kommt hinzu noch eine eigentümliche schnelle Bewegung, die ebenfalls nur auf Reize erfolgt, wegen welcher sie jedoch sensitive Pflanzen genannt werden. Bekanntlich sind dies hauptsächlich Mimosa pudica [schamhafte Mimose], Hedysarum gyrans [bengalischer Schildklee] und Dionaea muscipula [Fliegenklappe]. Das Bestimmtwerden ausschließlich und ohne Ausnahme durch *Reize* ist der Charakter der Pflanze. Mithin ist *Pflanze* jeder Körper, dessen eigentümliche, seiner Natur angemessene Bewegungen und Veränderungen allemal und ausschließlich auf *Reize* erfolgen.

Die dritte Art der bewegenden Ursachen ist die, welche den Charakter der *Tiere* bezeichnet: es ist die *Motivation*, d.h. die durch das *Erkennen* hindurchgehende Kausalität. Sie tritt in der Stufenfolge der Naturwesen auf dem Punkt ein, wo das kompliziertere und daher mannigfaltige Bedürfnisse habende Wesen diese nicht mehr bloß auf Anlaß des Reizes befriedigen konnte, als welcher abgewartet werden muß; sondern es imstande sein mußte, die Mittel der Befriedigung zu wählen, zu ergreifen, ja aufzusuchen. Deshalb tritt bei Wesen dieser Art an die Stelle der bloßen Empfänglichkeit für *Reize* und der Bewegung auf solche die Empfänglichkeit für *Motive*, d.h. ein Vorstellungsvermögen, ein Intellekt in unzähligen Abstufungen der Vollkommenheit, materiell sich darstellend als Nervensystem und Gehirn, und eben damit das Bewußtsein. Daß dem tierischen Leben ein Pflanzenleben zur Basis dient, welches als solches eben nur auf *Reize* vor sich geht, ist bekannt. Aber alle die Bewegungen, welche das Tier als *Tier* vollzieht und welche ebendeshalb von dem abhängen, was die Physiologie *animalische Funktionen* nennt, geschehn infolge eines erkannten Objekts, also *auf Motive*. Demnach ist ein *Tier* jeder Körper, dessen eigentümliche, seiner Natur angemessene äußere Bewegungen und Veränderungen allemal *auf Motive*, d.h. auf gewisse seinem hiebei schon vorausgesetzten Bewußtsein gegenwärtige *Vorstellungen* erfolgen. So unendliche Abstufungen in der Reihe der Tiere die Fähigkeit zu Vorstellungen und eben damit das Bewußtsein auch haben mag; so ist doch in jedem so viel davon vorhanden, daß das Motiv sich ihm darstellt und seine Bewegung veranlaßt: wobei dem nunmehr vorhandenen Selbstbewußtsein die innere bewegende Kraft, deren einzelne Äußerung durch das Motiv hervorgerufen wird, als dasjenige sich kundgibt, was wir mit dem Worte *Wille* bezeichnen.

Ob nun aber ein gegebener Körper sich auf *Reize* oder auf *Motive* bewege, kann auch für die Beobachtung von außen, welche hier unser Standpunkt ist, nie zweifelhaft bleiben: so augenscheinlich verschieden ist die Wirkungsart eines Reizes von der eines Motivs. Denn der Reiz wirkt stets durch unmittelbare Berührung oder sogar Intussuszeption[1], und wo auch diese nicht sichtbar ist wie [dort], wo der Reiz die Luft, das Licht, die Wärme ist; so verrät sie sich doch dadurch, daß die Wirkung ein unverkennbares Verhältnis zur Dauer und Intensität des Reizes hat, wenngleich dieses Verhältnis nicht bei allen Graden des Reizes dasselbe bleibt. Wo hingegen ein *Motiv* die Bewegung verursacht, fallen alle solche Unterschiede ganz weg. Denn hier ist das eigentliche und nächste Medium der Einwirkung nicht die Atmosphäre, sondern ganz allein die *Erkenntnis*. Das als Motiv wirkende Objekt braucht durchaus nichts weiter als *wahrgenommen, erkannt* zu sein; wobei es ganz einerlei ist, wie lange, ob nahe oder ferne und wie deutlich es in die Apperzeption gekommen. Alle diese Unterschiede verändern hier den Grad der Wirkung ganz und gar nicht: sobald es nur wahrgenommen worden, wirkt es auf ganz gleiche Weise; vorausgesetzt, daß es überhaupt ein Bestimmungsgrund des hier zu erregenden Willens sei. Denn auch die physikalischen und chemischen Ursachen, desgleichen die Reize wirken ebenfalls nur, sofern der zu affizierende Körper für sie *empfänglich* ist. Ich sagte eben ›des hier zu erregenden Willens‹: denn, wie schon erwähnt, als das, was das Wort *Wille* bezeichnet, gibt sich hier dem Wesen selbst innerlich und unmittelbar dasjenige kund, was eigentlich dem Motiv die Kraft zu wirken erteilt, die geheime Springfeder der durch dasselbe hervorgerufenen Bewegung. Bei ausschließlich auf Reize sich bewegenden Körpern (Pflanzen) nennen wir jene beharrende, innere Bedingung Lebenskraft – bei den bloß auf Ursachen im engsten Sinne sich bewegenden Körpern nennen wir sie Naturkraft oder Qualität: immer wird sie von den Erklä-

1. [Aufnahme in das Innere]

rungen als das Unerklärliche vorausgesetzt; weil hier im Innern der Wesen kein Selbstbewußtsein ist, dem sie unmittelbar zugänglich wäre. Ob nun aber diese in solchen erkenntnislosen, sogar leblosen Wesen liegende innere Bedingung ihrer Reaktion auf äußere Ursachen, wenn man, von der *Erscheinung überhaupt* abgehend, nach demjenigen forschen wollte, was *Kant* das Ding an sich nennt, etwan ihrem Wesen nach identisch wäre mit dem, was wir in uns den *Willen* nennen, wie ein Philosoph neuerer Zeit uns wirklich hat andemonstrieren wollen – dies lasse ich dahingestellt, ohne jedoch dem gerade widersprechen zu wollen[1].

Hingegen darf ich nicht den Unterschied unerörtert lassen, welchen bei der Motivation das Auszeichnende des menschlichen Bewußtseins vor jedem tierischen herbeiführt. Dieses, welches eigentlich das Wort *Vernunft* bezeichnet, besteht darin, daß der Mensch nicht wie das Tier bloß der *anschauenden* Auffassung der Außenwelt fähig ist, sondern aus dieser Allgemeinbegriffe (notiones universales) zu abstrahieren vermag, welche er, um sie in seinem sinnlichen Bewußtsein fixieren und festhalten zu können, mit Worten bezeichnet und nun damit zahllose Kombinationen vornimmt, die zwar immer, wie auch die Begriffe, aus denen sie bestehn, auf die anschaulich erkannte Welt sich beziehn, jedoch eigentlich das ausmachen, was man *denken* nennt und wodurch die großen Vorzüge des Menschengeschlechts vor allen übrigen möglich werden, nämlich Sprache, Besonnenheit, Rückblick auf das Vergangene, Sorge für das Künftige, Absicht, Vorsatz, planmäßiges, gemeinsames Handeln vieler, Staat, Wissenschaften, Künste usf. Alles dieses beruht auf der einzigen Fähigkeit, nichtanschauliche, abstrakte allgemeine Vorstellungen zu haben, die man *Begriffe* (d.i. Inbegriffe der Dinge) nennt, weil jeder derselben vieles Einzelne unter sich begreift. Dieser Fähigkeit entbehren die Tiere, selbst die allerklügsten: sie haben daher keine andere als *anschauliche* Vorstellungen und erkennen demnach nur das gerade Gegenwärtige, leben allein in der Gegenwart.

1. Es versteht sich, daß ich hier mich selbst meine und nur des erforderten Inkognitos wegen nicht in der ersten Person reden durfte.

Die Motive, durch die ihr Wille bewegt wird, müssen daher allemal anschaulich und gegenwärtig sein. Hievon aber ist die Folge, daß ihnen äußerst wenig *Wahl* gestattet ist, nämlich bloß zwischen dem ihrem beschränkten Gesichtskreise und Auffassungsvermögen anschaulich Vorliegenden und also in Zeit und Raum Gegenwärtigen, wovon nun das als Motiv stärkere ihren Willen sofort bestimmt; wodurch die Kausalität des Motivs hier sehr augenfällig wird. Eine *scheinbare* Ausnahme macht die *Dressur*, welche die durch das Medium der Gewohnheit wirkende Furcht ist; eine gewissermaßen *wirkliche* der Instinkt, sofern vermöge desselben das Tier im *Ganzen* seiner Handlungsweise nicht eigentlich durch Motive, sondern durch innern Zug und Trieb in Bewegung gesetzt wird, welcher jedoch seine nähere Bestimmung im Detail der *einzelnen* Handlungen und für jeden Augenblick doch wieder durch Motive erhält, also in die Regel zurückkehrt. Die nähere Erörterung des Instinkts würde mich hier zu weit von meinem Thema abführen: ihr ist das 27. Kapitel des zweiten Bandes meines Hauptwerks [*Bd. 2, S. 443-451*] gewidmet. – Der Mensch hingegen hat vermöge seiner Fähigkeit *nichtanschaulicher* Vorstellungen, vermittelst deren er *denkt und reflektiert*, einen unendlich weiteren Gesichtskreis, welcher das Abwesende, das Vergangene, das Zukünftige begreift: dadurch hat er eine sehr viel größere Sphäre der Einwirkung von Motiven und folglich auch der Wahl als das auf die enge Gegenwart beschränkte Tier. Nicht das seiner sinnlichen Anschauung Vorliegende, in Raum und Zeit Gegenwärtige ist es in der Regel, was sein Tun bestimmt: vielmehr sind es bloße *Gedanken*, die er in seinem Kopfe überall mit sich herumträgt und die ihn vom Eindruck der Gegenwart unabhängig machen. Wenn sie aber dies zu tun verfehlen, nennt man sein Handeln unvernünftig: dasselbe wird hingegen als *vernünftig* gelobt, wenn es ausschließlich nach wohlüberlegten Gedanken und daher völlig unabhängig vom Eindruck der anschaulichen Gegenwart vollzogen wird. Eben dieses, daß der Mensch durch eine eigene Klasse von Vorstellungen (abstrakte Begriffe, Gedanken), welche das Tier nicht hat, aktuiert wird, ist selbst äußerlich sichtbar, indem es allem seinen Tun, sogar dem unbedeutendsten, ja allen seinen Bewegungen und Schritten den Charakter des *Vorsätzlichen und Absichtlichen* aufdrückt; wodurch sein Treiben von dem der Tiere so augenfällig verschieden ist, daß man geradezu sieht, wie gleichsam feine unsichtbare Fäden (die aus bloßen Gedanken bestehenden Motive) seine Bewegungen lenken, während die der Tiere von den groben sichtbaren Stricken des anschaulich Gegenwärtigen gezogen werden. Weiter aber geht der Unterschied nicht. *Motiv* wird der Gedanke, wie die Anschauung *Motiv* wird, sobald sie auf den vorliegenden Willen zu wirken vermag. Alle Motive aber sind Ursachen, und alle Kausalität führt Notwendigkeit mit sich. Der Mensch kann nun mittelst seines Denkvermögens die Motive, deren Einfluß auf seinen Willen er spürt, in beliebiger Ordnung abwechselnd und wiederholt sich vergegenwärtigen, um sie seinem Willen vorzuhalten, welches *überlegen* heißt: er ist deliberationsfähig und hat vermöge dieser Fähigkeit eine weit größere *Wahl*, als dem Tiere möglich ist. Hiedurch ist er allerdings *relativ frei*, nämlich frei vom unmittelbaren Zwange der *anschaulich gegenwärtigen*, auf seinen Willen als Motive wirkenden Objekte, welchem das Tier schlechthin unterworfen ist: er hingegen bestimmt sich unabhängig von den gegenwärtigen Objekten nach Gedanken, welche *seine* Motive sind. Diese *relative* Freiheit ist es wohl auch im Grunde, was gebildete, aber nicht tief denkende Leute unter der Willensfreiheit, die der Mensch offenbar vor dem Tiere voraushabe, verstehn. Dieselbe ist jedoch eine bloß *relative*, nämlich in Beziehung auf das anschaulich Gegenwärtige, und eine bloß *komparative*, nämlich im Vergleich mit dem *Tiere*. Durch sie ist ganz allein *die Art* der Motivation geändert, hingegen die *Notwendigkeit* der Wirkung der Motive im mindesten nicht aufgehoben oder auch nur verringert. Das *abstrakte*, in einem bloßen *Gedanken* bestehende Motiv ist eine äußere, den Willen bestimmende Ursache sogut wie das anschauliche, in einem realen gegenwärtigen Objekt bestehende: folglich ist es eine Ursache wie jede andere, ist sogar auch wie die andern stets ein Reales, Materielles, sofern es allemal zuletzt doch auf einem irgendwann und irgendwo erhaltenen Eindruck *von außen* beruht. Es hat bloß die Länge des Leitungsdrahtes voraus; wodurch ich bezeichnen will, daß es nicht wie die bloß *anschaulichen* Motive an eine gewisse *Nähe* im Raum und in der Zeit gebunden ist; sondern durch die größte Entfernung, durch die längste Zeit und durch eine Vermittelung von Begriffen und Gedanken in langer Verkettung hindurch wirken kann: welches eine Folge der Beschaffenheit und eminenten Empfänglichkeit des Organs ist, das zunächst seine Einwirkung erfährt und aufnimmt, nämlich des menschlichen Gehirns oder der *Vernunft*. Dies hebt jedoch seine *Ursächlichkeit* und die mit ihr gesetzte *Notwendigkeit* im mindesten nicht auf. Daher kann nur eine sehr oberflächliche Ansicht jene relative und komparative Freiheit für eine absolute, ein liberum arbitrium indifferentiae halten. Die durch sie entstehende Deliberationsfähigkeit gibt in der Tat nichts anderes als den sehr oft peinlichen *Konflikt der Motive*, dem die Unentschlossenheit vorsitzt und dessen Kampfplatz nun das ganze Gemüt und Bewußtsein des Menschen ist. Er läßt nämlich die Motive wiederholt ihre Kraft gegeneinander an seinem Willen versuchen, wodurch dieser in dieselbe Lage gerät, in der ein Körper ist, auf welchen verschiedene Kräfte in entgegengesetzten Richtungen wirken – bis zuletzt das entschieden stärkste Motiv die andern aus dem Felde schlägt und den Willen bestimmt; welcher Ausgang Entschluß heißt und als Resultat des Kampfes mit völliger *Notwendigkeit* eintritt.

Überblicken wir jetzt nochmals die ganze Reihe der Formen der Kausalität, in der sich *Ursachen* im engsten Sinne des Worts, sodann *Reize* und endlich *Motive*, welche wieder in anschauliche und abstrakte zerfallen, deutlich von einander sondern; so werden wir bemerken, daß, indem wir die Reihe der Wesen in dieser Hinsicht von unten nach oben durchgehn, die Ursache und ihre Wirkung mehr und mehr auseinandertreten, sich deutlicher sondern und heterogener werden, wobei die Ursache immer weniger materiell und palpabel wird, daher denn immer weniger in der Ursache und immer mehr in der Wirkung zu liegen scheint; durch welches, alles zusammengenommen, der Zusammenhang zwischen Ursache und Wirkung an unmittelbarer Faßlichkeit und Verständlichkeit verliert. Nämlich alles eben Angeführte ist am wenigsten der Fall bei der *mechanischen* Kausalität, welche deshalb die *faßlichste* von allen ist: hieraus entsprang im vorigen Jahrhundert das falsche in Frankreich sich noch erhaltende, neuerlich aber auch in Deutschland aufgekommene Bestreben, jede andere auf diese zurückzuführen und alle physikalischen und chemischen Vorgänge aus mechanischen Ursachen zu erklären, aus jenen aber wieder den Lebensprozeß. Der stoßende Körper bewegt den ruhenden, und so viel Bewegung er mitteilt, so viel verliert er; hier sehn wir gleichsam die Ursache in die Wirkung hinüberwandern: beide sind ganz homogen, genau kommensurabel und dabei palpabel. Und so ist es eigentlich bei allen rein mechanischen Wirkungen. Aber man wird finden, daß dies alles weniger und weniger der Fall ist, hingegen das oben Gesagte eintritt, je höher wir hinaufsteigen, wenn wir auf jeder Stufe das Verhältnis zwischen Ursache und Wirkung betrachten, z. B. zwischen der Wärme als Ursache und ihren verschiedenen Wirkungen, wie Ausdehnung, Glühen, Schmelzen, Verflüchtigung, Verbrennung, Thermo-Elektrizität usw., oder zwischen Verdunstung als Ursache und Erkältung oder Kristallisation als Wirkungen; oder zwischen Reibung des Glases als Ursache und freier Elektrizität mit ihren seltsamen Phänomenen als Wirkung; oder zwischen langsamer Oxydation der Platten als Ursache und Galvanismus mit allen seinen elektrischen, chemischen, magnetischen Phänomenen als Wirkung. Also Ursache und Wirkung *sondern* sich mehr und mehr, werden *heterogener*, ihr Zusammenhang *unverständlicher*, die Wirkung scheint mehr zu enthalten, als die Ursache ihr liefern konnte; da diese sich immer weniger materiell und palpabel zeigt. Dies alles tritt noch deutlicher ein, wenn wir zu den *organischen* Körpern übergehn, wo nun bloße *Reize*, teils äußere, wie die des Lichts, der Wärme, der Luft, des Erdbodens, der Nahrung, teils innere, der Säfte und Teile auf einander, die Ursachen sind, und als ihre Wirkung das Leben in seiner unendlichen Komplikation und in zahllosen Verschiedenheiten der Art in den mannigfaltigen Gestalten der Pflanzen- und Tierwelt sich darstellt[1].

Hat nun aber bei dieser mehr und mehr eintretenden Heterogeneität, Inkommensurabilität und Unverständlichkeit des Verhältnisses zwischen Ursache und Wirkung etwan auch die durch dasselbe gesetzte *Notwendigkeit* abgenommen? Keineswegs, nicht im mindesten. So notwendig, wie die rollende Kugel die ruhende in Bewegung setzt, muß auch die Leidener Flasche bei Berührung mit der andern Hand sich entladen – muß auch Arsenik jedes Lebende töten – muß auch das Samenkorn, welches trocken aufbewahrt Jahrtausende hindurch keine Veränderung zeigte, sobald es in den gehörigen Boden gebracht, dem Einflusse der Luft, des Lichtes, der Wärme, der Feuchtigkeit ausgesetzt ist, keimen, wachsen und sich zur Pflanze entwickeln. Die Ursache ist komplizierter, die Wirkung heterogener, aber die Notwendigkeit, mit der sie eintritt, nicht um ein Haarbreit geringer.

Bei dem Leben der Pflanze und dem vegetativen Leben des Tieres ist der Reiz von der durch ihn hervorgerufenen organischen Funktion zwar in jeder Hinsicht höchst verschieden, und beide sind deutlich gesondert: jedoch sind sie noch nicht eigentlich *getrennt*; sondern zwischen ihnen muß ein Kontakt, sei er auch noch so fein und unsichtbar, vorhanden sein. Die gänzliche Trennung tritt erst ein beim animalen Leben, dessen Aktionen durch Motive hervorgerufen werden, wodurch nun die Ursache, welche bisher mit der Wirkung noch immer materiell zusammenhing, ganz von ihr losgerissen dasteht, ganz anderer Natur, ein zunächst Immaterielles, eine bloße Vorstellung ist. Im *Motiv* also, welches die Bewegung des Tieres hervorruft, hat jene Heterogeneität zwischen Ursache und Wirkung, die Sonderung beider von einander, die Inkommensurabilität derselben, die

---

1. Die ausführlichere Darlegung dieses Auseinandertretens der Ursache und Wirkung findet man im ›Willen in der Natur‹, Rubrik ›Astronomie‹, S. 80ff. der zweiten Auflage *[S. 403]*.

Immaterialität der Ursache und daher ihr scheinbares Zuwenig-Enthalten gegen die Wirkung den höchsten Grad erreicht, und die Unbegreiflichkeit des Verhältnisses zwischen beiden würde sich zu einer absoluten steigern, wenn wir wie die übrigen Kausalverhältnisse auch dieses bloß *von außen* kennten: so aber ergänzt hier eine Erkenntnis ganz anderer Art, eine *innere*, die äußere, und der Vorgang, welcher als Wirkung nach eingetretener Ursache hier stattfand, ist uns intim bekannt; wir bezeichnen ihn durch einen terminus ad hoc: Willen. Daß jedoch auch hier nicht, sowenig wie oben beim Reiz, das Kausalverhältnis an *Notwendigkeit* eingebüßt habe, sprechen wir aus, sobald wir es als *Kausalverhältnis* erkennen und durch diese unserm Verstande wesentliche Form denken. Zudem finden wir die Motivation den zwei andern oben erörterten Gestaltungen des Kausalverhältnisses völlig analog und nur als die höchste Stufe, zu der diese sich in ganz allmäligem Übergange erheben. Auf den niedrigsten Stufen des tierischen Lebens ist das *Motiv* noch dem *Reize* nahe verwandt: Zoophyten [Pflanzentiere], Radiarien [Strahlentierchen] überhaupt, Akephalen [Muscheltiere] unter den Mollusken haben nur eine schwache Dämmerung von Bewußtsein, gerade soviel, als nötig ist, ihre Nahrung oder Beute wahrzunehmen und sie an sich zu reißen, wenn sie sich darbietet, und allenfalls ihren Ort gegen einen günstigeren zu vertauschen: daher liegt auf diesen niedrigen Stufen die Wirkung des Motivs uns noch ganz so deutlich, unmittelbar, entschieden und unzweideutig vor wie die des Reizes. Kleine Insekten werden vom Scheine des Lichtes bis in die Flamme gezogen; Fliegen setzen sich der Eidechse, die eben vor ihren Augen ihresgleichen verschlang, zutraulich auf den Kopf. Wer wird hier von Freiheit träumen? Bei den oberen, intelligenteren Tieren wird die Wirkung der Motive immer mittelbarer: nämlich das Motiv trennt sich deutlicher von der Handlung, die es hervorruft; so daß man sogar diese Verschiedenheit der Entfernung zwischen Motiv und Handlung zum Maßstabe der Intelligenz der Tiere gebrauchen könnte. Beim Menschen wird sie unermeßlich. Hingegen auch bei den klügsten Tieren muß die Vorstellung, die zum Motiv ihres Tuns wird, noch immer eine *anschauliche* sein: selbst wo schon eine Wahl möglich wird, kann sie nur zwischen dem anschaulich Gegenwärtigen statthaben. Der Hund steht zaudernd zwischen dem Ruf seines Herrn und dem Anblick einer Hündin: das stärkere Motiv wird seine Bewegung bestimmen; dann aber erfolgt sie so notwendig wie eine mechanische Wirkung. Sehn wir doch auch bei dieser einen aus dem Gleichgewicht gebrachten Körper eine Zeitlang abwechselnd nach der einen und der andern Seite wanken, bis sich entscheidet, auf welcher sein Schwerpunkt liegt, und er nach dieser hinstürzt. Solange nun die Motivation auf *anschauliche* Vorstellungen beschränkt ist, wird ihre Verwandtschaft mit dem Reiz und der Ursache überhaupt noch dadurch augenfällig, daß das Motiv als wirkende Ursache ein Reales, ein Gegenwärtiges sein, ja durch Licht, Schall, Geruch, wenn auch sehr mittelbar, doch noch physisch auf die Sinne wirken muß. Zudem liegt hier dem Beobachter die Ursache so offen vor wie die Wirkung: er sieht das Motiv eintreten und das Tun des Tieres unausbleiblich erfolgen, solange kein anderes ebenso augenfälliges Motiv oder [keine] Dressur entgegenwirkt. Den Zusammenhang zwischen beiden zu bezweifeln ist unmöglich. Daher wird es auch niemandem einfallen, den Tieren ein liberum arbitrium indifferentiae, d.h. ein durch keine Ursache bestimmtes Tun beizulegen.

Wo nun aber das Bewußtsein ein vernünftiges, also ein der nichtanschauenden Erkenntnis, d.h. der Begriffe und Gedanken fähiges ist, da werden die Motive von der Gegenwart und realen Umgebung ganz unabhängig und bleiben dadurch dem Zuschauer verborgen. Denn sie sind jetzt bloße Gedanken, die der Mensch in seinem Kopfe herumträgt, deren Entstehung jedoch außerhalb desselben, oft sogar weit entfernt liegt, nämlich bald in der eigenen Erfahrung vergangener Jahre, bald in fremder Überlieferung durch Worte und Schrift selbst aus den fernsten Zeiten, jedoch so, daß ihr *Ursprung immer real und objektiv* ist, wiewohl durch die oft schwierige Kombination komplizierter äußerer Umstände viele Irrtümer und mittelst der Überlieferung viele Täuschungen, folglich auch viele Torheiten unter den Motiven sind. Hiezu kommt noch, daß der Mensch die Motive seines Tuns oft vor allen andern verbirgt, bisweilen sogar vor sich selbst, nämlich da, wo er sich scheut zu erkennen, was eigentlich es ist, das ihn bewegt, dieses oder jenes zu tun. Inzwischen sieht man sein Tun erfolgen und sucht durch Konjekturen die Motive zu ergründen, welche man dabei so fest und zuversichtlich voraussetzt wie die Ursache jeder Bewegung lebloser Körper, die man hätte erfolgen sehn; in der Überzeugung, daß das eine wie das andere ohne Ursache unmöglich ist. Dementsprechend bringt man auch umgekehrt bei seinen eigenen Plänen und Unternehmungen die Wirkung der Motive auf die Menschen mit einer Sicherheit in Anschlag, welche der, womit man die mechanischen Wirkungen mechanischer Vorrichtungen berechnet, völlig gleichkommen würde, wenn man die individuellen Charaktere der hier zu behandelnden Menschen so genau kennte wie dort die Länge und Dicke der Balken, die Durchmesser der Räder, das Gewicht der Lasten usw. Diese Voraussetzung befolgt jeder, solange er nach außen blickt, es mit andern zu tun hat und praktische Zwecke verfolgt: denn zu diesen ist der menschliche Verstand bestimmt. Aber versucht er, die Sache theoretisch und philosophisch zu beurteilen, als wozu die menschliche Intelligenz eigentlich nicht bestimmt ist, und macht nun sich selbst zum Gegenstande der Beurteilung; so läßt er sich durch die eben geschilderte immaterielle Beschaffenheit abstrakter, aus bloßen Gedanken bestehender Motive, weil sie an keine Gegenwart und Umgebung gebunden sind und ihre Hindernisse selbst wieder nur in bloßen Gedanken als Gegenmotiven finden, so weit irreleiten, daß er ihr Dasein oder doch die Notwendigkeit ihres Wirkens bezweifelt und meint, was getan wird, könne ebensogut auch unterbleiben, der Wille entscheide sich von selbst ohne Ursache und jeder seiner Akte wäre ein erster Anfang einer unabsehbaren Reihe dadurch herbeigeführter Veränderungen. Diesen Irrtum unterstützt nun ganz besonders die falsche Auslegung jener im ersten Abschnitt hinlänglich geprüften Aussage des Selbstbewußtseins ›Ich kann tun, was ich will‹; zumal wenn diese wie zu jeder Zeit auch bei Einwirkung mehrerer vorderhand bloß sollizitierender und einander ausschließender Motive anklingt. Dieses zusammengenommen also ist die Quelle der natürlichen Täuschung, aus welcher der Irrtum erwächst, in unserm Selbstbewußtsein liege die Gewißheit einer Freiheit unsers Willens in dem Sinne, daß er allen Gesetzen des reinen Verstandes und der Natur zuwider ein ohne zureichende Gründe sich Entscheidendes sei, dessen Entschlüsse unter gegebenen Umständen bei einem und demselben Menschen so oder auch entgegengesetzt ausfallen könnten.

Um die Entstehung dieses für unser Thema so wichtigen Irrtums speziell und aufs deutlichste zu erläutern und dadurch die im vorigen Abschnitt angestellte Untersuchung des Selbstbewußtseins zu ergänzen, wollen wir uns einen Menschen denken, der, etwan auf der Gasse stehend, zu sich sagte: ›Es ist 6 Uhr abends, die Tagesarbeit ist beendigt. Ich kann jetzt einen Spaziergang machen; oder ich kann in den Klub gehn; ich kann auch auf den Turm steigen, die Sonne untergehn zu sehn; ich kann auch ins Theater gehn; ich kann auch diesen oder aber jenen Freund besuchen; ja ich kann auch zum Tor hinauslaufen, in die weite Welt, und nie wiederkommen. Das alles steht allein bei mir, ich habe völlige Freiheit dazu; tue jedoch davon jetzt nichts, sondern gehe ebenso freiwillig nach Hause, zu meiner Frau.‹ Das ist geradeso, als wenn das Wasser spräche: ›Ich kann hohe Wellen schlagen (ja! nämlich im Meer und Sturm), ich kann reißend hinabeilen (ja! nämlich im Bette des Stroms), ich kann schäumend und sprudelnd hinunterstürzen (ja! nämlich im Wasserfall), ich kann frei als Strahl in die Luft steigen (ja! nämlich im Springbrunnen), ich kann endlich gar verkochen und verschwinden (ja! bei 80° Wärme); tue jedoch von dem allen jetzt nichts, sondern bleibe freiwillig, ruhig und klar im spiegelnden Teiche.‹ Wie das Wasser jenes alles nur dann kann, wann die bestimmenden Ursachen zum einen oder zum andern eintreten;

ebenso kann jener Mensch, was er zu können wähnt, nicht anders als unter derselben Bedingung. Bis die Ursachen eintreten, ist es ihm unmöglich: dann aber *muß* er es sogut wie das Wasser, sobald es in die entsprechenden Umstände versetzt ist. Sein Irrtum und überhaupt die Täuschung, welche aus dem falsch ausgelegten Selbstbewußtsein hier entsteht, daß er jenes alles jetzt gleich könne, beruht, genau betrachtet, darauf, daß seiner Phantasie nur *ein* Bild zur Zeit gegenwärtig sein kann und für den Augenblick alles andere ausschließt. Stellt er nun das Motiv zu einer jener als möglich proponierten Handlungen sich vor; so fühlt er sogleich dessen Wirkung auf seinen Willen, der dadurch sollizitiert wird: dies heißt in der Kunstsprache eine velleitas [Willensregung]. Nun meint er aber, er könne diese auch zu einer voluntas [einem Willen] erheben, d.h. die proponierte Handlung ausführen: allein dies ist Täuschung. Denn alsbald würde die Besonnenheit eintreten und die nach andern Seiten ziehenden oder die entgegenstehenden Motive ihm in Erinnerung bringen: worauf er sehn würde, daß es nicht zur Tat kommt. Bei einem solchen sukzessiven Vorstellen verschiedener einander ausschließender Motive unter steter Begleitung des innern ›Ich kann tun, was ich will‹ dreht sich gleichsam der Wille wie eine Wetterfahne auf wohlgeschmierter Angel und bei unstetem Winde sofort nach jedem Motiv hin, welches die Einbildungskraft ihm vorhält, sukzessiv nach allen als möglich vorliegenden Motiven, und bei jedem denkt der Mensch, er könne es *wollen* und also die Fahne auf diesem Punkte fixieren; welches bloße Täuschung ist. Denn sein ›Ich kann dies wollen‹ ist in Wahrheit hypothetisch und führt den Beisatz mit sich ›Wenn ich nicht lieber jenes andere wollte‹: der hebt aber jenes Wollen-Können auf. – Kehren wir zu jenem aufgestellten um sechs Uhr deliberierenden Menschen zurück und denken uns, er bemerke jetzt, daß ich hinter ihm stehe, über ihn philosophiere und seine Freiheit zu allen jenen ihm möglichen Handlungen abstreite; so könnte es leicht geschehn, daß er, um mich zu widerlegen, eine davon ausführte: dann wäre aber gerade mein Leugnen und dessen Wirkung auf seinen

Widerspruchsgeist das ihn dazu nötigende Motiv gewesen. Jedoch würde dasselbe ihn nur zu einer oder der andern von den *leichteren* unter den oben angeführten Handlungen bewegen können, z.B. ins Theater zu gehn; aber keineswegs zur zuletzt genannten, nämlich in die weite Welt zu laufen: dazu wäre das Motiv viel zu schwach. – Ebenso irrig meint mancher, indem er ein geladenes Pistol in der Hand hält, er könne sich damit erschießen. Dazu ist das wenigste jenes mechanische Ausführungsmittel, die Hauptsache aber ein überaus starkes und daher seltenes Motiv, welches die ungeheure Kraft hat, die nötig ist, um die Lust zum Leben oder richtiger die Furcht vor dem Tode zu überwiegen: erst nachdem ein solches eingetreten, kann er sich wirklich erschießen und muß es; es sei denn, daß ein noch stärkeres Gegenmotiv, wenn überhaupt ein solches möglich ist, die Tat verhindere.

Ich kann tun, was ich will: ich kann, *wenn ich will*, alles, was ich habe, den Armen geben und dadurch selbst einer werden – wenn ich *will*! – Aber ich vermag nicht, es zu *wollen*; weil die entgegenstehenden Motive viel zuviel Gewalt über mich haben, als daß ich es könnte. Hingegen wenn ich einen andern Charakter hätte, und zwar in dem Maße, daß ich ein Heiliger wäre, dann würde ich es wollen können; dann aber würde ich auch nicht umhinkönnen, es zu wollen, würde es also tun müssen. – Dies alles besteht vollkommen wohl mit dem ›Ich kann *tun*, was ich *will*‹ des Selbstbewußtseins, worin noch heutzutage einige gedankenlose Philosophaster die Freiheit des Willens zu sehn vermeinen und sie demnach als eine gegebene Tatsache des Bewußtseins geltend machen. Unter diesen zeichnet sich aus Herr *Cousin* und verdient deshalb hier eine mention honorable [ehrende Erwähnung], da er in seinem ›Cours d'histoire de la philosophie‹, professé en 1819/20 et publié par Vacherot, 1841, lehrt, daß die Freiheit des Willens die zuverlässigste Tatsache des Bewußtseins sei (vol. 1, p. 19f.), und *Kanten* tadelt, daß er dieselbe bloß aus dem Moralgesetz bewiesen und als ein Postulat aufgestellt habe, da sie doch eine Tatsache sei: ›Pourquoi démontrer ce qu'il suffit

de constater?‹ [Warum beweisen, wo es genügt festzustellen] (p. 50); ›la liberté est un fait, et non une croyance‹ [die Freiheit ist eine Tatsache und nicht ein Glaube] (ibidem).
– Inzwischen fehlt es auch in Deutschland nicht an Ignoranten, die alles, was seit zwei Jahrhunderten große Denker darüber gesagt haben, in den Wind schlagen und auf die im vorigen Abschnitt analysierte, von ihnen wie vom großen Haufen falsch aufgefaßte Tatsache des Selbstbewußtseins pochend, die Freiheit des Willens als tatsächlich gegeben präkonisieren. Doch tue ich ihnen vielleicht unrecht; indem es sein kann, daß sie nicht so unwissend sind, wie sie scheinen, sondern bloß hungrig und daher für ein sehr trockenes Stück Brot alles lehren, was einem hohen Ministerio wohlgefällig sein könnte.

Es ist durchaus weder Metapher noch Hyperbel, sondern ganz trockene und buchstäbliche Wahrheit, daß, sowenig eine Kugel auf dem Billard in Bewegung geraten kann, ehe sie einen Stoß erhält, ebensowenig ein Mensch von seinem Stuhle aufstehn kann, ehe ein Motiv ihn wegzieht oder treibt: dann aber ist sein Aufstehn so notwendig und unausbleiblich wie das Rollen der Kugel nach dem Stoß. Und zu erwarten, daß einer etwas tue, wozu ihn durchaus kein Interesse auffordert, ist wie erwarten, daß ein Stück Holz sich zu mir bewege ohne einen Strick, der es zöge. Wer etwan, dergleichen behauptend, in einer Gesellschaft hartnäckigen Widerspruch erführe, würde am kürzesten aus der Sache kommen, wenn er durch einen Dritten plötzlich mit lauter und ernster Stimme rufen ließe: ›Das Gebälk stürzt ein!‹ Wodurch die Widersprecher zu der Einsicht gelangen würden, daß ein Motiv ebenso mächtig ist, die Leute zum Hause hinauszuwerfen, wie die handfesteste mechanische Ursache.

Denn der Mensch ist wie alle Gegenstände der Erfahrung eine Erscheinung in Zeit und Raum, und da das Gesetz der Kausalität für alle diese a priori und folglich ausnahmslos gilt, muß auch er ihm unterworfen sein. So sagt es der reine Verstand a priori, so bestätigt es die durch die ganze Natur geführte Analogie und so bezeugt es die Erfahrung jeden Augenblick, wenn man sich nicht täuschen läßt durch den

Schein, der dadurch herbeigeführt wird, daß, indem die Naturwesen, sich höher und höher steigernd, komplizierter werden und ihre Empfänglichkeit von der bloß mechanischen zur chemischen, elektrischen, reizbaren, sensibeln, intellektuellen und endlich rationellen sich erhebt und verfeinert, auch die Natur der *einwirkenden Ursachen* hiemit gleichen Schritt halten und auf jeder Stufe den Wesen, auf welche gewirkt werden soll, entsprechend ausfallen muß: daher dann auch die Ursachen immer weniger palpabel und materiell sich darstellen; so daß sie zuletzt nicht mehr dem Auge sichtbar, wohl aber dem Verstande erreichbar sind, der sie im einzelnen Fall mit unerschütterlicher Zuversicht voraussetzt und bei gehörigem Forschen auch entdeckt. Denn hier sind die wirkenden Ursachen gesteigert zu bloßen Gedanken, die mit andern Gedanken kämpfen, bis der mächtigste von ihnen den Ausschlag gibt und den Menschen in Bewegung setzt; welches alles in ebensolcher Strenge des Kausalzusammenhanges vor sich geht, wie wenn rein mechanische Ursachen in komplizierter Verbindung einander entgegenwirken und der berechnete Erfolg unfehlbar eintritt. Den Augenschein der Ursachlosigkeit wegen Unsichtbarkeit der Ursache haben die im Glase nach allen Richtungen umherhüpfenden elektrisierten Korkkügelchen ebensosehr wie die Bewegungen des Menschen: das Urteil aber kommt nicht dem Auge zu, sondern dem Verstande.

Unter Voraussetzung der Willensfreiheit wäre jede menschliche Handlung ein unerklärliches Wunder – eine Wirkung ohne Ursache. Und wenn man den Versuch wagt, ein solches liberum arbitrium indifferentiae sich vorstellig zu machen; so wird man bald innewerden, daß dabei recht eigentlich der Verstand stillesteht: er hat keine Form, so etwas zu denken. Denn der Satz vom Grunde, das Prinzip durchgängiger Bestimmung und Abhängigkeit der Erscheinungen von einander ist die allgemeinste Form unsers Erkenntnisvermögens, die nach Verschiedenheit der Objekte desselben auch selbst verschiedene Gestalten annimmt. Hier aber sollen wir etwas denken, das bestimmt, ohne bestimmt zu werden, das von nichts abhängt, aber von ihm das andere, das ohne Nötigung, folglich ohne Grund jetzt A wirkt, während es ebensowohl B oder C oder D wirken könnte, und zwar ganz und gar könnte, unter denselben Umständen könnte, d. h. ohne daß jetzt in A etwas läge, was ihm einen Vorzug (denn der wäre Motivation, also Kausalität) vor B, C, D erteilte. Wir werden hier auf den gleich anfangs als problematisch aufgestellten Begriff des *absolut Zufälligen* zurückgeführt. Ich wiederhole es: dabei steht ganz eigentlich der Verstand stille, wenn man nur vermag, ihn daranzubringen.

Jetzt aber wollen wir uns auch daran erinnern, was überhaupt eine *Ursache* ist: die vorhergehende Veränderung, welche die nachfolgende notwendig macht. Keineswegs bringt irgendeine Ursache in der Welt ihre Wirkung ganz und gar hervor oder macht sie aus nichts. Vielmehr ist allemal etwas da, worauf sie wirkt, und sie veranlaßt bloß zu dieser Zeit, an diesem Ort und an diesem bestimmten Wesen eine Veränderung, welche stets der Natur des Wesens gemäß ist, zu der also die *Kraft* bereits in diesem Wesen liegen mußte. Mithin entspringt jede Wirkung aus zwei Faktoren, einem innern und einem äußern: nämlich aus der ursprünglichen Kraft dessen, worauf gewirkt wird, und der bestimmenden Ursache, welche jene nötigt, sich jetzt hier zu äußern. Ursprüngliche Kraft setzt jede Kausalität und jede Erklärung aus ihr voraus: daher eben letztere nie alles erklärt, sondern stets ein Unerklärliches übrigläßt. Dies sehn wir in der gesamten Physik und Chemie: überall werden bei ihren Erklärungen die Naturkräfte vorausgesetzt, die sich in den Phänomenen äußern und in der Zurückführung auf welche die ganze Erklärung besteht. Eine Naturkraft selbst ist keiner Erklärung unterworfen, sondern ist das Prinzip aller Erklärung. Ebenso ist sie selbst auch keiner Kausalität unterworfen; sondern sie ist gerade das, was jeder Ursache die Kausalität, d. h. die Fähigkeit zu wirken verleiht. Sie selbst ist die gemeinsame Unterlage aller Wirkungen dieser Art und in jeder derselben gegenwärtig. So werden die Phänomene des Magnetismus auf eine ursprüngliche Kraft, genannt Elektrizität, zurückgeführt.

Hierbei steht die Erklärung stille: sie gibt bloß die Bedingungen an, unter denen eine solche Kraft sich äußert, d. h. die Ursachen, welche ihre Wirksamkeit hervorrufen. Die Erklärungen der himmlischen Mechanik setzen die Gravitation als Kraft voraus, vermöge welcher hier die einzelnen Ursachen, die den Gang der Weltkörper bestimmen, wirken. Die Erklärungen der Chemie setzen die geheimen Kräfte voraus, welche sich als Wahlverwandtschaften nach gewissen stöchiometrischen[1] Verhältnissen äußern und auf denen alle die Wirkungen zuletzt beruhen, welche, durch Ursachen, die man angibt, hervorgerufen, pünktlich eintreten. Ebenso setzen alle Erklärungen der Physiologie die Lebenskraft voraus, als welche auf spezifische innere und äußere Reize bestimmt reagiert. Und so ist es durchgängig überall. Selbst die Ursachen, mit denen die so faßliche Mechanik sich beschäftigt, wie Stoß und Druck, haben die Undurchdringlichkeit, Kohäsion, Starrheit, Härte, Trägheit, Schwere, Elastizität zur Voraussetzung, welche nicht weniger als die eben erwähnten unergründliche Naturkräfte sind. Also überall bestimmen die Ursachen nichts weiter als das Wann und Wo der *Äußerungen* ursprünglicher unerklärlicher Kräfte, unter deren Voraussetzung allein sie Ursachen sind, d. h. gewisse Wirkungen notwendig herbeiführen.

Wie nun dies bei den Ursachen im engsten Sinne und bei den Reizen der Fall ist, so nicht minder bei den *Motiven*; da ja die Motivation nicht im wesentlichen von der Kausalität verschieden, sondern nur eine Art derselben, nämlich die durch das Medium der Erkenntnis hindurchgehende Kausalität ist. Auch hier also ruft die Ursache nur die Äußerung einer nicht weiter auf Ursachen zurückzuführenden, folglich nicht weiter zu erklärenden Kraft hervor, welche Kraft, die hier *Wille* heißt, uns aber nicht bloß von außen wie die andern Naturkräfte, sondern vermöge des Selbstbewußtseins auch von innen und unmittelbar bekannt ist. Nur unter der Voraussetzung, daß ein solcher Wille vorhanden und, im einzelnen Fall, daß er von bestimmter Beschaffenheit sei,

1. [Die Gewichtsverhältnisse chemischer Verbindungen und deren Zusammensetzung betreffend]

wirken die auf ihn gerichteten Ursachen, hier Motive genannt. Diese speziell und individuell bestimmte Beschaffenheit des Willens, vermöge deren seine Reaktion auf dieselben Motive in jedem Menschen eine andere ist, macht das aus, was man dessen *Charakter* nennt, und zwar, weil er nicht a priori, sondern nur durch Erfahrung bekannt wird, *empirischen Charakter*. Durch ihn ist zunächst die Wirkungsart der verschiedenartigen Motive auf den gegebenen Menschen bestimmt. Denn er liegt allen Wirkungen, welche die Motive hervorrufen, so zum Grunde wie die allgemeinen Naturkräfte den durch Ursachen im engsten Sinn hervorgerufenen Wirkungen und die Lebenskraft den Wirkungen der Reize. Und wie die Naturkräfte, so ist auch er ursprünglich, unveränderlich, unerklärlich. Bei den Tieren ist er in jeder Spezies, beim Menschen in jedem Individuo ein anderer. Nur in den allerobersten, klügsten Tieren zeigt sich schon ein merklicher Individualcharakter, wiewohl mit durchaus überwiegendem Charakter der Spezies.

Der *Charakter des Menschen* ist 1. *individuell*: er ist in jedem ein anderer. Zwar liegt der Charakter der Spezies allen zum Grunde, daher die Haupteigenschaften sich in jedem wiederfinden. Allein hier ist ein so bedeutendes Mehr und Minder des Grades, eine solche Verschiedenheit der Kombination und Modifikation der Eigenschaften durch einander, daß man annehmen kann, der moralische Unterschied der Charaktere komme dem der intellektuellen Fähigkeiten gleich, was viel sagen will, und beide seien ohne Vergleich größer als die körperliche Verschiedenheit zwischen Riese und Zwerg, Apollon und Thersites. Daher ist die Wirkung desselben Motivs auf verschiedene Menschen eine ganz verschiedene; wie das Sonnenlicht Wachs weiß, aber Chlorsilber schwarz färbt, die Wärme Wachs erweicht, aber Ton verhärtet. Deshalb kann man aus der Kenntnis des Motivs allein nicht die Tat vorhersagen, sondern muß hiezu auch den Charakter genau kennen.

2. Der Charakter des Menschen ist *empirisch*: durch Erfahrung allein lernt man ihn kennen, nicht bloß an andern, sondern auch an sich selbst. Daher wird man oft, wie über

andere, so auch über sich selbst enttäuscht, wenn man entdeckt, daß man diese oder jene Eigenschaft, z. B. Gerechtigkeit, Uneigennützigkeit, Mut, nicht in dem Grade besitzt, als man gütigst voraussetzte. Daher auch bleibt bei einer vorliegenden schweren Wahl unser eigener Entschluß gleich einem fremden uns selber so lange ein Geheimnis, bis jene entschieden ist: bald glauben wir, daß sie auf diese, bald, daß sie auf jene Seite fallen werde, je nachdem dieses oder jenes Motiv dem Willen von der Erkenntnis näher vorgehalten wird und seine Kraft an ihm versucht, wobei denn jenes ›Ich kann tun, was ich will‹ den Schein der Willensfreiheit hervorbringt. Endlich macht das stärkere Motiv seine Gewalt über den Willen geltend, und die Wahl fällt oft anders aus, als wir anfangs vermuteten. Daher endlich kann keiner wissen, wie ein anderer, und auch nicht, wie er selbst in irgendeiner bestimmten Lage handeln wird, ehe er darin gewesen: nur nach bestandener Probe ist er des andern und erst dann auch seiner selbst gewiß. Dann aber *ist* er es: erprobte Freunde, geprüfte Diener sind sicher. Überhaupt behandeln wir einen uns genau bekannten Menschen wie jede andere Sache, deren Eigenschaften wir bereits kennengelernt haben, und sehn mit Zuversicht vorher, was von ihm zu erwarten steht und was nicht. Wer einmal etwas getan, wird es vorkommendenfalls wieder tun, im Guten wie im Bösen. Darum wird, wer großer, außerordentlicher Hülfe bedarf, sich an den wenden, der Proben des Edelmutes abgelegt hat: und wer einen Mörder dingen will, wird sich unter den Leuten umsehn, die schon die Hände im Blute gehabt haben. Nach Herodots Erzählung ([›Historiae‹] 7, 164) war Gelon von Syrakus in die Notwendigkeit versetzt, eine sehr große Geldsumme einem Manne gänzlich anzuvertrauen, indem er sie ihm unter freier Disposition darüber ins Ausland mitgeben mußte: er erwählte dazu den Kadmos, als welcher einen Beweis seltener, ja unerhörter Redlichkeit und Gewissenhaftigkeit abgelegt hatte. Sein Zutrauen bewährte sich vollkommen. – Gleichermaßen erwächst erst aus der Erfahrung, und wenn die Gelegenheit kommt, die Bekanntschaft mit uns selbst, auf welche das Selbstvertrauen oder Mißtrauen sich gründet. Je nachdem wir in einem Fall Besonnenheit, Mut, Redlichkeit, Verschwiegenheit, Feinheit, oder was sonst er heischen mochte, gezeigt haben oder aber der Mangel an solchen Tugenden zutage gekommen ist – sind wir infolge der mit uns gemachten Bekanntschaft hinterher zufrieden mit uns selbst oder das Gegenteil. Erst die genaue Kenntnis seines eigenen empirischen Charakters gibt dem Menschen das, was man *erworbenen Charakter* nennt: derjenige besitzt ihn, der seine eigenen Eigenschaften, gute wie schlechte, genau kennt und dadurch sicher weiß, was er sich zutrauen und zumuten darf, was aber nicht. Er spielt seine eigene Rolle, die er zuvor, vermöge seines empirischen Charakters, nur naturalisierte, jetzt kunstmäßig und methodisch, mit Festigkeit und Anstand, ohne jemals, wie man sagt, aus dem Charakter zu fallen, was stets beweist, daß einer im einzelnen Fall sich über sich selbst im Irrtum befand.

3. Der Charakter des Menschen ist *konstant*: er bleibt derselbe das ganze Leben hindurch. Unter der veränderlichen Hülle seiner Jahre, seiner Verhältnisse, selbst seiner Kenntnisse und Ansichten steckt wie ein Krebs in seiner Schale der identische und eigentliche Mensch, ganz unveränderlich und immer derselbe. Bloß in der Richtung und dem Stoff erfährt sein Charakter die scheinbaren Modifikationen, welche Folge der Verschiedenheit der Lebensalter und ihrer Bedürfnisse sind. *Der Mensch ändert sich nie*: wie er in einem Falle gehandelt hat, so wird er unter völlig gleichen Umständen (zu denen jedoch auch die richtige Kenntnis dieser Umstände gehört) stets wieder handeln. Die Bestätigung dieser Wahrheit kann man aus der täglichen Erfahrung entnehmen: am frappantesten aber erhält man sie, wenn man einen Bekannten nach zwanzig bis dreißig Jahren wiederfindet und ihn nun bald genau auf denselben Streichen betrifft wie ehemals. – Zwar wird mancher diese Wahrheit mit Worten leugnen: er selbst setzt sie jedoch bei seinem Handeln voraus, indem er dem, den er *einmal* unredlich befunden, nie wieder traut, wohl aber sich auf den verläßt, der sich früher redlich bewiesen. Denn auf jener Wahrheit beruht die Möglichkeit aller Menschenkenntnis und des festen Vertrauens auf die

Geprüften, Erprobten, Bewährten. Sogar wenn ein solches
Zutrauen uns einmal getäuscht hat, sagen wir nie: ›Sein
Charakter hat sich geändert‹, sondern: ›Ich habe mich in
ihm geirrt.‹ – Auf ihr beruht es, daß, wenn wir den moralischen Wert einer Handlung beurteilen wollen, wir vor allem
über ihr Motiv Gewißheit zu erlangen suchen, dann aber
unser Lob oder Tadel nicht das Motiv trifft, sondern den
Charakter, der sich durch ein solches Motiv bestimmen ließ,
als den zweiten und allein dem Menschen inhärierenden
Faktor dieser Tat. – Auf derselben Wahrheit beruht es, daß
die wahre Ehre (nicht die ritterliche oder Narren-Ehre), einmal verloren, nie wieder herzustellen ist, sondern der Makel
einer einzigen nichtswürdigen Handlung dem Menschen
auf immer anklebt, ihn, wie man sagt, brandmarkt. Daher
das Sprichwort: ›Wer *einmal* stiehlt, ist sein Lebtag ein Dieb.‹
– Auf ihr beruht es, daß, wenn bei wichtigen Staatshändeln
es einmal kommen kann, daß der Verrat gewollt, daher der
Verräter gesucht, gebraucht und belohnt wird; dann, nach
erreichtem Zweck, die Klugheit gebietet, ihn zu entfernen,
weil die Umstände veränderlich sind, sein Charakter aber
unveränderlich. – Auf ihr beruht es, daß der größte Fehler
eines dramatischen Dichters dieser ist, daß seine Charaktere
nicht gehalten sind, d. h. nicht gleich den von großen Dich-
tern dargestellten mit der Konstanz und strengen Konsequenz einer Naturkraft durchgeführt sind; wie ich dieses
letztere in einem ausführlichen Beispiele am Shakespeare[1]
nachgewiesen habe in ›Parerga‹ Bd. 2, § 118 (S. 196 der ersten
Auflage *[Band 5]*).– Ja auf derselben Wahrheit beruht die
Möglichkeit des Gewissens, sofern dieses oft noch im späten
Alter die Untaten der Jugend uns vorhält, wie z.B. dem Jean
Jacques Rousseau nach vierzig Jahren, daß er die Magd Ma-
rion eines Diebstahls beschuldigt hatte, den er selbst begangen. Dies ist nur unter der Voraussetzung möglich, daß der
Charakter unverändert derselbe geblieben; da im Gegenteil
die lächerlichsten Irrtümer, die gröbste Unwissenheit, die
wunderlichsten Torheiten unserer Jugend uns im Alter nicht
beschämen: denn das hat sich geändert, die waren Sache der

---

1. [Graf Northumberland in ›Richard II.‹, ›Henry IV.‹ 1. und 2. Teil]

Erkenntnis, wir sind davon zurückgekommen, haben sie längst abgelegt wie unsere Jugendkleider. – Auf derselben Wahrheit beruht es, daß ein Mensch, selbst bei der deutlichsten Erkenntnis, ja Verabscheuung seiner moralischen Fehler und Gebrechen, ja beim aufrichtigsten Vorsatz der Besserung doch eigentlich sich nicht bessert, sondern trotz ernsten Vorsätzen und redlichem Versprechen sich bei erneuerter Gelegenheit doch wieder auf denselben Pfaden wie zuvor zu seiner eigenen Überraschung betreffen läßt. Bloß seine *Erkenntnis* läßt sich berichtigen; daher er zu der Einsicht gelangen kann, daß diese oder jene Mittel, die er früher anwandte, nicht zu seinem Zwecke führen oder mehr Nachteil als Gewinn bringen: dann ändert er die Mittel, nicht die Zwecke. Hierauf beruht das amerikanische Pönitentiarsystem: es unternimmt nicht, den *Charakter*, das *Herz* des Menschen zu bessern, wohl aber ihm dem *Kopf* zurechtzusetzen und ihm zu zeigen, daß er die Zwecke, denen er vermöge seines Charakters unwandelbar nachstrebt, auf dem bisher gegangenen Wege der Unredlichkeit weit schwerer und mit viel größeren Mühseligkeiten und Gefahren erreichen würde als auf dem der Ehrlichkeit, Arbeit und Genügsamkeit. Überhaupt liegt allein in der *Erkenntnis* die Sphäre und der Bereich aller Besserung und Veredelung. Der Charakter ist unveränderlich, die Motive wirken mit Notwendigkeit: aber sie haben durch die *Erkenntnis* hindurchzugehn, als welche das Medium der Motive ist. Diese aber ist der mannigfaltigsten Erweiterung, der immerwährenden Berichtigung in unzähligen Graden fähig: dahin arbeitet alle Erziehung. Die Ausbildung der Vernunft durch Kenntnisse und Einsichten jeder Art ist dadurch moralisch wichtig, daß sie Motiven, für welche ohne sie der Mensch verschlossen bliebe, den Zugang öffnet. Solange er diese nicht verstehn konnte, waren sie für seinen Willen nicht vorhanden. Daher kann unter gleichen äußern Umständen die Lage eines Menschen das zweite Mal doch in der Tat eine ganz andere sein als das erste: wenn er nämlich erst in der Zwischenzeit fähig geworden ist, jene Umstände richtig und vollständig zu begreifen; wodurch jetzt Motive auf ihn wirken, denen er früher unzugänglich war. In diesem Sinn sagten die Scholastiker sehr richtig: ›Causa finalis (Zweck, Motiv) movet non secundum suum esse reale, sed secundum esse cognitum.‹ [Die Endursache wirkt nicht nach ihrem wirklichen, sondern nach ihrem erkannten Wesen; nach Suarez, ›Disputationes metaphysicae‹ disp. 23, sect. 7 et 8]. Weiter aber als auf die Berichtigung der Erkenntnis erstreckt sich keine moralische Einwirkung; und das Unternehmen, die Charakterfehler eines Menschen durch Reden und Moralisieren aufheben und so seinen Charakter selbst, seine eigentliche Moralität umschaffen zu wollen, ist ganz gleich mit dem Vorhaben, Blei durch äußere Einwirkung in Gold zu verwandeln oder eine Eiche durch sorgfältige Pflege dahin zu bringen, daß sie Aprikosen trüge.

Die Überzeugung von der Unveränderlichkeit des Charakters finden wir als eine unzweifelhafte schon von *Apuleius* ausgesprochen in seiner ›Oratio de magia‹, woselbst er, sich gegen die Beschuldigung der Zauberei verteidigend, an seinen bekannten Charakter appelliert und sagt: ›Certum indicem cuiusque animum esse, qui semper eodem ingenio ad virtutem vel ad malitiam moratus firmum argumentum est accipiendi criminis aut respuendi.‹ [Daß ein sicherer Beweis in dem Charakter jedes Menschen liegt, der, von Natur stets in derselben Weise zur Tugend oder zur Bosheit veranlagt, ein sicherer Grund dafür ist, ein Verbrechen zu begehen oder zu unterlassen.]

4. Der individuelle Charakter ist *angeboren*: er ist kein Werk der Kunst oder der dem Zufall unterworfenen Umstände, sondern das Werk der Natur selbst. Er offenbart sich schon im Kinde, zeigt dort im kleinen, was er künftig im großen sein wird. Daher legen bei der allergleichesten Erziehung und Umgebung zwei Kinder den grundverschiedensten Charakter aufs deutlichste an den Tag: es ist derselbe, den sie als Greise tragen werden. Er ist sogar, in seinen Grundzügen, erblich, aber nur vom Vater, die Intelligenz hingegen von der Mutter; worüber ich auf Kap. 43 des zweiten Bandes meines Hauptwerkes *[Bd. 2, S. 660–678]* verweise.

Aus dieser Darlegung des Wesens des individuellen Charakters folgt allerdings, daß Tugenden und Laster angeboren sind. Diese Wahrheit mag manchem Vorurteil und mancher Rockenphilosophie mit ihren sogenannten praktischen Interessen, d. h. ihren kleinen, engen Begriffen und beschränkten Kinderschulansichten ungelegen kommen: sie war aber schon die Überzeugung des Vaters der Moral, des *Sokrates*, der laut Angabe des *Aristoteles* (›Ethica magna‹ 1, 9 [p. 1187 a 7]) behauptete, οὐκ ἐφ' ἡμῖν γενέσθαι τὸ σπουδαίους εἶναι ἢ φαύλους κ. τ. λ. (in arbitrio nostro positum non esse nos probos vel malos esse etc.) [daß es nicht bei uns stehe, gut oder böse zu werden usw.]. Was Aristoteles hier dagegen erinnert, ist offenbar schlecht: auch teilt er selbst jene Meinung des Sokrates und spricht sie auf das deutlichste aus in der ›Ethica ad Nicomachum‹ 6, 13 [p. 1144 b 4]: Πᾶσι γὰρ δοκεῖ ἕκαστα τῶν ἠθῶν ὑπάρχειν φύσει πως· καὶ γὰρ δίκαιοι καὶ σωφρονικοὶ καὶ ἀνδρεῖοι καὶ τἆλλα ἔχομεν εὐθὺς ἐκ γενετῆς. (Singuli enim mores in omnibus hominibusque quodammodo videntur inesse natura: namque ad iustitiam, temperantiam, fortitudinem ceterasque virtutes proclivitatem statim habemus, cum primum nascimur.) [Denn allen sind, wie es scheint, die einzelnen Charakterzüge schon irgendwie von Natur eigen; denn gerecht und mäßig und tapfer (zu sein) und derartiges mehr ist uns schon von Geburt an eigen.] Und wenn man die sämtlichen Tugenden und Laster in dem Buche des Aristoteles ›De virtutibus et vitiis‹, wo sie zu kurzer Übersicht zusammengestellt sind, überschaut; so wird man finden, daß sie sämtlich an wirklichen Menschen sich nur denken lassen als *angeborene* Eigenschaften und nur als solche echt wären: hingegen aus der Reflexion hervorgegangen und willkürlich angenommen, würden sie eigentlich auf eine Art *Verstellung* hinauslaufen, unecht sein, daher auch auf ihren Fortbestand und ihre Bewährung im Drange der Umstände dann durchaus nicht zu rechnen sein würde. Und auch wenn man die beim Aristoteles und allen Alten fehlende christliche Tugend der Liebe (caritas) hinzufügt; so verhält es sich mit ihr nicht anders. Wie sollte auch die unermüdliche Güte des *einen* Menschen und die unverbesserliche, tief wurzelnde Bosheit des andern, der Charakter der Antonine, des Hadrian, des Titus einerseits und der des Caligula, Nero, Domitian andererseits von außen angeflogen, das Werk zufälliger Umstände oder bloßer Erkenntnis und Belehrung sein! Hatte doch gerade Nero den Seneca zum Erzieher. – Vielmehr liegt im angeborenen Charakter, diesem eigentlichen Kern des ganzen Menschen, der Keim aller seiner Tugenden und Laster. Diese dem unbefangenen Menschen natürliche Überzeugung hat auch die Hand des *Velleius Paterculus* geführt, als er ([›Historiae romanae‹] 2, 35) über den Cato folgendes niederschrieb: ›Homo virtuti consimillimus et per omnia genio diis quam hominibus propior: qui nunquam recte fecit, ut facere videretur, sed quia *aliter facere non poterat*.‹[1] [Ein Mann, welcher der Tugend aufs nächste verwandt war und in allen Stücken durch seine Naturanlage den Göttern näherstand als den Menschen: ein Mann, der niemals recht handelte, um ein Rechthandelnder zu scheinen, sondern weil er nicht anders handeln konnte.]

Woraus hingegen unter der Annahme der Willensfreiheit Tugend und Laster oder überhaupt die Tatsache, daß zwei gleich erzogene Menschen unter völlig gleichen Umständen und Anlässen ganz verschieden, ja entgegengesetzt handeln, eigentlich entspringen soll, ist schlechterdings nicht abzusehn. Die tatsächliche, ursprüngliche Grundverschiedenheit der Charaktere ist unvereinbar mit der Annahme einer solchen Willensfreiheit, die darin besteht, daß jedem Menschen in jeder Lage entgegengesetzte Handlungen gleich möglich sein sollen. Denn da muß sein Charakter von Hause aus eine tabula rasa sein, wie nach *Locke* der Intellekt, und darf keine angeborene Neigung nach einer oder der andern Seite haben; weil diese eben schon das vollkommene Gleichgewicht, welches man im libero arbitrio indifferentiae denkt, aufheben

---

1. Diese Stelle wird allmälig zu einem regulären Armaturstück im Zeughause der Deterministen, welche Ehre der gute alte Historiker vor 1800 Jahren sich gewiß nicht träumen ließ. Zuerst hat sie *Hobbes* gelobt, nach ihm *Priestley*. Dann hat sie *Schelling* in seiner Abhandlung ›Über die Freiheit‹ S. 478 in einer zu seinen Zwecken etwas verfälschten Übersetzung wiedergegeben; weshalb er auch den Velleius Paterculus nicht namentlich anführt, sondern, so klug wie vornehm, sagt: ›ein Alter‹. Endlich habe auch ich nicht ermangeln wollen, sie beizubringen, da sie wirklich zur Sache ist.

würde. Im *Subjektiven* kann also unter jener Annahme der Grund der in Betrachtung genommenen Verschiedenheit der Handlungsweise verschiedener Menschen nicht liegen; aber noch weniger im *Objektiven*: denn alsdann wären es ja die Objekte, welche das Handeln bestimmten, und die verlangte Freiheit ginge ganz und gar verloren. Da bliebe allenfalls nur noch der Ausweg übrig, den Ursprung jener tatsächlichen großen Verschiedenheit der Handlungsweisen in die Mitte zwischen Subjekt und Objekt zu verlegen, nämlich sie entstehn zu lassen aus der verschiedenen Art, wie das Objektive vom Subjektiven aufgefaßt, d. h. wie es von verschiedenen Menschen *erkannt* würde. Dann liefe aber alles auf richtige oder falsche *Erkenntnis* der vorliegenden Umstände zurück, wodurch der moralische Unterschied der Handlungsweisen zu einer bloßen Verschiedenheit der Richtigkeit des Urteils umgestaltet und die Moral in Logik verwandelt würde. Versuchten nun die Anhänger der Willensfreiheit zuletzt noch sich aus jenem schlimmen Dilemma dadurch zu retten, daß sie sagten: angeborene Verschiedenheit der Charaktere gebe es zwar nicht, aber es entstände eine dergleichen Verschiedenheit aus äußeren Umständen, Eindrücken, Erfahrungen, Beispiel, Lehren usw.; und wenn auf diese Weise einmal der Charakter zustande gekommen wäre; so erklärte sich aus ihm nachher die Verschiedenheit des Handelns, so ist darauf zu sagen: erstlich, daß demnach der Charakter sich sehr spät einstellen würde (während er tatsächlich schon in Kindern zu erkennen ist) und die meisten Menschen sterben würden, ehe sie einen Charakter erlangt hätten; zweitens aber, daß alle jene äußeren Umstände, deren Werk der Charakter sein sollte, ganz außer unserer Macht liegen und vom Zufall (oder wenn man will: von der Vorsehung) so oder anders herbeigeführt würden; wenn nun also aus diesen der Charakter und aus diesem wieder die Verschiedenheit des Handelns entspränge; so würde alle moralische Verantwortlichkeit für diese letztere ganz und gar wegfallen, da sie offenbar zuletzt das Werk des Zufalls oder der Vorsehung wäre. So sehn wir also unter der Annahme der Willensfreiheit d Ursprung der Verschiedenheit der Handlungsweisen und damit der Tugend oder des Lasters, nebst der Verantwortlichkeit, ohne allen Anhalt schweben und nirgends ein Plätzchen finden, Wurzel darauf zu schlagen. Hieraus aber ergibt sich, daß jene Annahme, sosehr sie auch auf den ersten Blick dem rohen Verstande zusagt, doch im Grunde ebensosehr mit unsern moralischen Überzeugungen im Widerspruch steht als, wie genugsam gezeigt, mit der obersten Grundregel unsers Verstandes.

Die Notwendigkeit, mit der, wie ich oben ausführlich dargetan habe, die Motive wie alle Ursachen überhaupt wirken, ist keine voraussetzungslose. Jetzt haben wir ihre Voraussetzung, den Grund und Boden, worauf sie fußt, kennengelernt: es ist der angeborene *individuelle Charakter*. Wie jede Wirkung in der unbelebten Natur ein notwendiges Produkt zweier Faktoren ist, nämlich der hier sich äußernden allgemeinen *Naturkraft* und der diese Äußerung hier hervorrufenden einzelnen *Ursache*; geradeso ist jede Tat eines Menschen das notwendige Produkt seines *Charakters* und des eingetretenen *Motivs*. Sind diese beiden gegeben, so erfolgt sie unausbleiblich. Damit eine andere entstände, müßte entweder ein anderes Motiv oder ein anderer Charakter gesetzt werden. Auch würde jede Tat sich mit Sicherheit vorhersagen, ja berechnen lassen; wenn nicht teils der Charakter sehr schwer zu erforschen, teils auch das Motiv oft verborgen und stets der Gegenwirkung anderer Motive, die allein in der Gedankensphäre des Menschen, andern unzugänglich liegen, bloßgestellt wäre. Durch den angeborenen Charakter des Menschen sind schon die Zwecke überhaupt, welchen er unabänderlich nachstrebt, im wesentlichen bestimmt: die Mittel, welche er dazu ergreift, werden bestimmt teils durch die äußeren Umstände, teils durch seine Auffassung derselben, deren Richtigkeit wieder von seinem Verstande und dessen Bildung abhängt. Als Endresultat von dem allen erfolgen nun seine einzelnen Taten, mithin die ganze Rolle, welche er in der Welt zu spielen hat. – Ebenso richtig daher, wie poetisch aufgefaßt, findet man das Resultat der hier dargelegten Lehre vom individuellen Charakter ausgesprochen in einer der schönsten Strophen Goethes:

> Wie an dem Tag, der dich der Welt verliehen,
> Die Sonne stand zum Gruße der Planeten,
> Bist alsobald und fort und fort gediehen
> Nach dem Gesetz, wonach du angetreten.
> So mußt du sein, dir kannst du nicht entfliehen,
> So sagten schon Sibyllen, so Propheten;
> Und keine Zeit und keine Macht zerstückelt
> Geprägte Form, die lebend sich entwickelt.
>
> [›Urworte, Orphisch‹ 1]

Jene Voraussetzung also, auf der überhaupt die Notwendigkeit der Wirkungen aller Ursachen beruht, ist das innere Wesen jedes Dinges, sei dasselbe nun bloß eine in diesem sich äußernde allgemeine Naturkraft oder sei es Lebenskraft oder sei es Wille: immer wird jegliches Wesen, welcher Art es auch sei, auf Anlaß der einwirkenden Ursachen seiner eigentümlichen Natur gemäß reagieren. Dieses Gesetz, dem alle Dinge der Welt ohne Ausnahme unterworfen sind, drückten die Scholastiker aus in der Formel ›operari sequitur esse‹ [was man tut, folgt aus dem, was man ist; Pomponatius, ›De animi immortalitate‹ p. 76]. Demselben zufolge prüft der Chemiker die Körper durch Reagenzien und der Mensch den Menschen durch die Proben, auf welche er ihn stellt. In allen Fällen werden die äußeren Ursachen mit Notwendigkeit hervorrufen, was in dem Wesen steckt: denn dieses kann nicht anders reagieren als nach dem, wie es ist.

Hier ist daran zu erinnern, daß jede existentia eine essentia voraussetzt: d.h. jedes Seiende muß eben auch *etwas* sein, ein bestimmtes Wesen haben. Es kann nicht *dasein* und dabei doch *nichts* sein, nämlich so etwas wie das ens metaphysicum, d.h. ein Ding, welches *ist* und weiter nichts als *ist*, ohne alle Bestimmungen und Eigenschaften und folglich ohne die aus diesen fließende entschiedene Wirkungsart: sondern sowenig eine essentia ohne existentia eine Realität liefert (was Kant durch das bekannte Beispiel von hundert Talern erläutert hat); ebensowenig vermag dies eine existentia ohne essentia. Denn jedes Seiende muß eine ihm wesentliche eigentümliche Natur haben, vermöge welcher es ist, was es ist, die es stets behauptet, deren Äußerungen von den Ursachen mit Notwendigkeit hervorgerufen werden; während hingegen diese Natur selbst keineswegs das Werk jener Ursachen noch durch dieselben modifikabel ist. Alles dieses aber gilt vom Menschen und seinem Willen ebensosehr wie von allen übrigen Wesen in der Natur. Auch er hat zur existentia eine essentia, d. h. grundwesentliche Eigenschaften, die eben seinen Charakter ausmachen und nur der Veranlassung von außen bedürfen, um hervorzutreten. Folglich zu erwarten, daß ein Mensch bei gleichem Anlaß einmal so, ein andermal aber ganz anders handeln werde, wäre, wie wenn man erwarten wollte, daß derselbe Baum, der diesen Sommer Kirschen trug, im nächsten Birnen tragen werde. Die Willensfreiheit bedeutet, genau betrachtet, eine existentia ohne essentia; welches heißt, daß etwas *sei* und dabei doch *nichts sei*, welches wiederum heißt, *nicht sei*, also ein Widerspruch ist.

Der Einsicht hierin, wie auch in die a priori gewisse und daher ausnahmslose Gültigkeit des Gesetzes der Kausalität, ist es zuzuschreiben, daß alle wirklich tiefen Denker aller Zeiten, so verschieden auch ihre sonstigen Ansichten sein mochten, darin übereinstimmten, daß sie die Notwendigkeit der Willensakte bei eintretenden Motiven behaupteten und das liberum arbitrium verwarfen. Sogar haben sie, eben weil die unberechenbar große Majorität der zum Denken unfähigen und dem Scheine und Vorurteil preisgegebenen Menge dieser Wahrheit allezeit hartnäckig widerstrebte, sie auf die Spitze gestellt, um sie in den entschiedensten, ja übermütigsten Ausdrücken zu behaupten. Der bekannteste von diesen ist der Esel des *Buridan*, nach welchem man jedoch seit ungefähr hundert Jahren in den von *Buridan* noch vorhandenen Schriften vergeblich sucht. Ich selbst besitze eine augenscheinlich noch im fünfzehnten Jahrhundert gedruckte Ausgabe seiner ›Sophismata‹ ohne Druckort noch Jahreszahl noch Seitenzahl, in der ich oft vergeblich danach gesucht habe, obgleich fast auf jeder Seite Esel als Beispiele vorkommen. *Bayle*, dessen Artikel *Buridan* die Grundlage alles seitdem darüber Geschriebenen ist, sagt sehr unrichtig, daß man nur von dem *einen* Sophisma Buridans wisse; da ich einen ganzen Quartanten Sophismata von ihm habe. Auch hätte *Bayle,* da er die Sache so ausführlich behandelt, wissen sollen, was jedoch auch seitdem nicht bemerkt zu sein scheint, daß jenes Beispiel, welches gewissermaßen zum Symbol oder Typus der großen hier von mir verfochtenen Wahrheit geworden ist, weit älter ist als *Buridan.* Es findet sich im *Dante,* der das ganze Wissen seiner Zeit innehatte, vor Buridan lebte und nicht von Eseln, sondern von Menschen redet, mit folgenden Worten, welche das vierte Buch seines ›Paradiso‹ eröffnen:

> Intra duo cibi, distanti e moventi
> D'un modo, prima si morrìa di fame,
> Che liber' uomo l'un recasse a' denti[1].

Ja es findet sich schon im *Aristoteles,* ›De caelo‹ 2, 13 [p. 295 b 32] mit diesen Worten: Καὶ ὁ λόγος τοῦ πεινῶντος καὶ διψῶντος σφόδρα μέν, ὁμοίως δὲ καὶ τῶν ἐδωδίμων καὶ ποτῶν ἴσον ἀπέχοντος καὶ γὰρ τοῦτον ἠρεμεῖν ἀναγκαῖον. (Item ea, quae de sitiente vehementer esurienteque dicuntur, cum aeque ab his, quae eduntur atque bibuntur, distat: quiescat enim necesse est). [Ebenso das Beispiel von dem in hohem Grade, aber dabei gleich stark Hungernden und Durstenden, wenn er von Speise und Trank gleich weit entfernt ist, denn dieser muß notwendigerweise unbeweglich stehen bleiben.] *Buridan,* der aus diesen Quellen das Beispiel überkommen hatte, vertauschte den Menschen gegen einen Esel bloß, weil es die Gewohnheit dieses dürftigen Scholastikers ist, zu seinen Beispielen entweder Sokrates und Platon oder asinum [den Esel] zu nehmen.

Die Frage nach der Willensfreiheit ist wirklich ein Probierstein, an welchem man die tiefdenkenden Geister von den oberflächlichen unterscheiden kann, oder ein Grenzstein, wo beide auseinandergehn, indem die ersteren sämtlich das notwendige Erfolgen der Handlung bei gegebenem Charakter und Motiv behaupten, die letztern hingegen mit dem gro-

---

1. Inter duos cibos aeque remotos unoque modo motos constitutus, homo prius fame periret, quam ut, absoluta libertate usus, unum eorum dentibus admoveret *[vgl. S. 402].*

ßen Haufen der Willensfreiheit anhängen. Sodann gibt es noch einen Mittelschlag, welcher, sich verlegen fühlend, hin und her laviert, sich und andern den Zielpunkt verrückt, sich hinter Worte und Phrasen flüchtet oder die Frage so lange dreht und verdreht, bis man nicht mehr weiß, worauf sie hinauslief. So hat es schon *Leibniz* gemacht, der viel mehr Mathematiker und Polyhistor als Philosoph war[1]. Aber um solche Hin- und Her-Redner zur Sache zu bringen, muß man ihnen die Frage folgendermaßen stellen und nicht davon abgehn:

1. Sind einem gegebenen Menschen unter gegebenen Umständen zwei Handlungen möglich oder nur *eine*? – Antwort aller Tiefdenkenden: Nur *eine*.

2. Konnte der zurückgelegte Lebenslauf eines gegebenen Menschen – angesehn, daß einerseits sein Charakter unveränderlich feststeht und andererseits die Umstände, deren Einwirkung er zu erfahren hatte, durchweg und bis auf das kleinste herab von äußeren Ursachen, die stets mit strenger Notwendigkeit eintreten und deren aus lauter ebenso notwendigen Gliedern bestehende Kette ins unendliche hinaufläuft, notwendig bestimmt wurden – irgend worin auch nur im geringsten in irgendeinem Vorgang, einer Szene anders ausfallen, als er ausgefallen ist? – Nein! ist die konsequente und richtige Antwort.

Die Folgerung aus beiden Sätzen ist: *Alles, was geschieht, vom Größten bis zum Kleinsten, geschieht notwendig*. Quidquid fit, necessario fit.

Wer bei diesen Sätzen erschrickt, hat noch einiges zu lernen und anderes zu verlernen: danach aber wird er erkennen, daß sie die ergiebigste Quelle des Trostes und der Beruhigung sind. – Unsere Taten sind allerdings kein erster Anfang, daher in ihnen nichts wirklich Neues zum Dasein gelangt: sondern *durch das, was wir tun, erfahren wir bloß, was wir sind*.

Auf der wenn auch nicht deutlich erkannten, doch gefühlten Überzeugung von der strengen Notwendigkeit alles Geschehenden beruht auch die bei den Alten so feststehende

---

[1] Leibnizens Haltlosigkeit in diesem Punkte zeigt sich am deutlichsten in seinem Briefe an *Coste*, ›Opera philosophiae‹, editio Erdmann p. 447; demnächst auch in der ›Théodicée‹ § 45–53.

Ansicht vom Fatum, der εἱμαρμένη [des Schicksals], wie auch der Fatalismus der Mohammedaner, sogar auch der überall unvertilgbare Glaube an omina [Vorzeichen], weil eben selbst der kleinste Zufall notwendig eintritt und alle Begebenheiten sozusagen miteinander Tempo halten, mithin alles in allem wiederklingt. Endlich hängt sogar dies damit zusammen, daß, wer ohne die leiseste Absicht und ganz zufällig einen andern verstümmelt oder getötet hat, dieses piaculum [Unglück] sein ganzes Leben hindurch betrauert mit einem Gefühl, welches dem der Schuld verwandt scheint, und auch von andern als persona piacularis (Unglücksmensch) eine eigene Art von Diskredit erfährt. Ja sogar auf die christliche Lehre von der Gnadenwahl ist die gefühlte Überzeugung von der Unveränderlichkeit des Charakters und der Notwendigkeit seiner Äußerungen wohl nicht ohne Einfluß gewesen. – Endlich will ich noch folgende ganz beiläufige Bemerkung hier nicht unterdrücken, die jeder, je nachdem er über gewisse Dinge denkt, beliebig stehn- oder fallenlassen mag. Wenn wir die strenge Notwendigkeit alles Geschehenden vermöge einer alle Vorgänge ohne Unterschied verknüpfenden Kausalkette nicht annehmen, sondern diese letztere an unzähligen Stellen durch eine absolute Freiheit unterbrochen werden lassen; so wird alles *Vorhersehn des Zukünftigen* im Traume, im hellsehenden Somnambulismus und im zweiten Gesicht (second sight) selbst *objektiv*, folglich absolut *unmöglich*, mithin undenkbar; weil es dann gar keine objektiv wirkliche Zukunft gibt, die auch nur möglicherweise vorhergesehn werden könnte: statt daß wir jetzt doch nur die *subjektiven* Bedingungen hiezu, also die *subjektive* Möglichkeit bezweifeln. Und selbst dieser Zweifel kann bei den Wohlunterrichteten heutzutage nicht mehr Raum gewinnen, nachdem unzählige Zeugnisse von glaubwürdigster Seite jene Antizipationen der Zukunft festgestellt haben.

Ich füge noch ein paar Betrachtungen als Korollarien zur festgestellten Lehre von der Notwendigkeit alles Geschehenden hinzu.

Was würde aus dieser Welt werden, wenn nicht die Notwendigkeit alle Dinge durchzöge und zusammenhielte, besonders aber der Zeugung der Individuen vorstände? Ein Monstrum, ein Schutthaufen, eine Fratze ohne Sinn und Bedeutung – nämlich das Werk des wahren und eigentlichen Zufalls. –

Wünschen, daß irgendein Vorfall nicht geschehn wäre, ist eine törichte Selbstquälerei: denn es heißt etwas absolut Unmögliches wünschen und ist so unvernünftig wie der Wunsch, daß die Sonne im Westen aufginge. Weil eben alles Geschehende, Großes wie Kleines, *streng* notwendig eintritt, ist es durchaus eitel, darüber nachzudenken, wie geringfügig und zufällig die Ursachen waren, welche jenen Vorfall herbeigeführt haben und wie so sehr leicht sie hätten anders sein können: denn dies ist illusorisch; indem sie alle mit ebenso strenger Notwendigkeit eingetreten sind und mit ebenso vollkommener Macht gewirkt haben wie die, infolge welcher die Sonne im Osten aufgeht. Wir sollen vielmehr die Begebenheiten, wie sie eintreten, mit eben dem Auge betrachten wie das Gedruckte, welches wir lesen, wohl wissend, daß es dastand, ehe wir es lasen.

IV.
VORGÄNGER

Zum Beleg der obigen Behauptung über das Urteil aller tiefen Denker hinsichtlich unsers Problems will ich von den großen Männern, welche sich in diesem Sinne ausgesprochen haben, einige in Erinnerung bringen.

Zuvörderst, um diejenigen zu beruhigen, welche etwan glauben könnten, daß Religionsgründe der von mir verfochtenen Wahrheit entgegenständen, erinnere ich daran, daß schon Jeremias (10, 23) gesagt hat: ›Des Menschen Tun stehet nicht in seiner Gewalt, und stehet in niemandes Macht, wie er wandele oder seinen Gang richte.‹ Besonders aber berufe ich mich auf *Luther*, welcher in einem eigens dazu geschriebenen Buche ›De servo arbitrio‹ mit seiner ganzen Heftigkeit die Willensfreiheit bestreitet. Ein Paar Stellen daraus reichen hin, seine Meinung zu charakterisieren, die er natürlich nicht mit philosophischen, sondern mit theologischen Gründen unterstützt. Ich zitiere sie nach der Ausgabe von Sebastian Schmidt, Straßburg 1707. – Daselbst S. 145 heißt es: ›Quare simul in omnium cordibus scriptum invenitur liberum arbitrium nihil esse; licet obscuretur tot disputationibus contrariis et tanta tot virorum auctoritate.‹ [Darum finden wir gleichmäßig in aller Herzen eingeschrieben, daß der freie Wille nichts ist; wenn auch diese Überzeugung durch so viele gegenteilige Behauptungen und vielfältige Autoritäten verdunkelt wird.] – S. 214: ›Hoc loco admonitos velim liberi arbitrii tutores, ut sciant sese esse abnegatores Christi, dum asserunt liberum arbitrium.‹ [Hier möchte ich die Verfechter der Willensfreiheit daran erinnern, zu bedenken, daß sie mit ihrer Willensfreiheit Christum verleugnen.] – S. 220: ›Contra liberum arbitrium pugnabunt Scripturae testimonia, quotquot de Christo loquuntur. At ea sunt innumerabilia, imo tota Scriptura. Ideo, si Scriptura iudice causam agimus, omnibus modis vicero, ut ne iota unum aut apex sit reliquus, qui non damnet dogma liberi arbitrii.‹ [Gegen die Freiheit des Willens streiten alle Zeugnisse der Schrift, die von Christus handeln. Deren sind aber unzählige, ja die ganze Schrift handelt von ihm. Wenn wir daher die Schrift zum Richter in dieser Sache machen, so werde ich auf alle Weise darin recht behalten, daß nicht ein Jota oder Strichlein übrigbleibt, das nicht die Lehre vom freien Willen verdammt.] –

Jetzt zu den Philosophen. Die Alten sind hier nicht ernstlich in Betracht zu ziehn, da ihre Philosophie, gleichsam noch im Stande der Unschuld, die zwei tiefsten und bedenklichsten Probleme der neuern Philosophie noch nicht zum deutlichen Bewußtsein gebracht hatte, nämlich die Frage nach der Freiheit des Willens und die nach der Realität der Außenwelt oder dem Verhältnis des Idealen zum Realen. Wie weit übrigens das Problem von der Freiheit des Willens den Alten klargeworden, kann man ziemlich ersehn aus des Aristoteles ›Ethica ad Nicomachum‹ 3, cap. 1–8, wo man finden wird, daß sein Denken darüber im wesentlichen bloß die physische und die intellektuelle Freiheit betrifft, daher er stets nur von ἑκούσιον καὶ ἀκούσιον [willkürlich und unwillkürlich] redet, willkürlich und frei als einerlei nehmend. Das sehr viel schwerere Problem der *moralischen Freiheit* hat sich ihm noch nicht dargestellt, obgleich allerdings bisweilen seine Gedanken bis dahin reichen, besonders ›Ethica ad Nicomachum‹ 2, cap. 2, und 3, cap. 7, wo er aber in den Fehler verfällt, den Charakter aus den Taten abzuleiten, statt umgekehrt. Ebenso kritisiert er sehr fälschlich die oben von mir angeführte Überzeugung des Sokrates: an andern Stellen aber hat er diese wieder zu der seinigen gemacht, z. B. ›Ethica ad Nicomachum‹ 10, cap. 10 [p. 1179 b 21]: Τὸ μὲν οὖν τῆς φύσεως δῆλον, ὡς οὐκ ἐφ' ἡμῖν ὑπάρχει, ἀλλὰ διά τινας θείας αἰτίας τοῖς ὡς ἀληθῶς εὐτυχέσιν ὑπάρχει. (Quod igitur a natura tribuitur, id in nostra potestate non esse, sed ab aliqua divina causa profectum inesse in iis, qui revera sunt fortunati, perspicuum est.) [Was aber die Naturanlage betrifft, so ist klar, daß sie nicht in unserer Gewalt liegt, sondern infolge einer göttlichen Schickung dem wahrhaft Glücklichen zu eigen ist.] – Mox [Bald darauf, p. 1179 b 29]: Δεῖ δὴ τὸ ἦθος προϋπάρχειν πως οἰκεῖον τῆς ἀρετῆς, στέργον τὸ καλὸν καὶ δυσχεραῖνον τὸ αἰσχρόν. (Mores igitur ante quodammodo insint oportet ad virtutem accommodati, qui honestum amplectantur, turpitudineque offendantur.) [Es muß also der Charakter irgendwie vorher vorhanden sein, wie er, als der Tugend verwandt, das Gute liebt und sich über das Böse entrüstet.] – welches zu der oben von mir beigebrachten Stelle stimmt, wie auch zu ›Ethica magna‹ 1, cap. 11 [p. 1187 b 28]: Οὐκ ἔσται ὁ προαιρούμενος εἶναι σπουδαιότατος, ἂν μὴ καὶ ἡ φύσις ὑπάρξῃ, βελτίων μέντοι ἔσται. (Non enim, ut quisque voluerit, erit omnium optimus, nisi etiam natura exstiterit, melior quidem recte erit.) [Man kann nicht durch den bloßen Vorsatz der Beste werden, wenn nicht auch die Naturanlage dazu vorhanden ist, wohl aber besser.] In gleichem Sinn behandelt Aristoteles die Frage nach der Willensfreiheit in der ›Ethica magna‹ 1, cap. 9–18 und ›Ethica Eudemia‹ 2, cap. 6–10, wo er dem eigentlichen Problem noch etwas näher kommt: doch ist alles schwankend und oberflächlich. Es ist überall seine Methode, nicht direkt auf die Sachen einzugehn, analytisch verfahrend; sondern, synthetisch, aus äußern Merkmalen Schlüsse zu ziehn: statt einzudringen, um zum Kern der Dinge zu gelangen, hält er sich an äußere Kennzeichen, sogar an Worte. Diese Methode führt leicht irre und, bei tiefern Problemen, nie zum Ziele. Hier nun bleibt er vor dem vermeintlichen Gegensatz zwischen dem Notwendigen und dem Willkürlichen, ἀναγκαῖον καὶ ἑκούσιον, stehn wie vor einer Mauer: über diese hinaus aber liegt erst die Einsicht, daß das Willkürliche gerade *als solches notwendig* ist, vermöge des Motivs, ohne welches ein Willensakt sowenig wie ohne ein wollendes Subjekt möglich ist und welches Motiv eine Ursache ist sogut wie die mechanische, von der es nur im unwesentlichen sich unterscheidet; sagt er doch selbst (›Ethica Eudemia‹ 2, cap. 10 [p. 1226 b 26]): Ἡ γὰρ οὗ ἕνεκα μία τῶν αἰτίων ἐστίν. (Nam id, cuius gratia, una e causarum numero est.) [Denn der Zweck ist eine der (vier) Arten der Ursachen.] Daher eben ist jener Gegensatz zwischen dem Willkürlichen und [dem] Notwendigen ein grundfalscher; wenn es gleich vielen angeblichen Philosophen noch heute ebenso geht wie dem Aristoteles.

Schon ziemlich deutlich legt das Problem der Willensfreiheit *Cicero* dar im Buche ›De fato‹ cap. 10 und cap. 17. Der Gegenstand seiner Abhandlung führt allerdings sehr leicht und natürlich darauf hin. Er selbst hält es mit der Willensfreiheit: aber wir sehn, daß schon Chrysippos und Diodoros sich das Problem mehr oder weniger deutlich zum Bewußtsein gebracht haben müssen. – Beachtenswert ist auch das dreißigste Totengespräch des *Lukianos* zwischen Minos und Sostratos, welches die Willensfreiheit und mit ihr die Verantwortlichkeit leugnet.

Aber gewissermaßen ist bereits das vierte Buch der Makkabäer in der Septuaginta (bei Luther fehlt es) eine Abhandlung über die Willensfreiheit; sofern es sich zur Aufgabe macht, den Beweis zu führen, daß die Vernunft (λογισμός) die Kraft besitzt, alle Leidenschaften und Affekte zu überwinden, und dies belegt durch die jüdischen Märtyrer im zweiten Buch.

Die älteste mir bekannte deutliche Erkenntnis unsers Problems zeigt sich bei *Clemens Alexandrinus*, indem er (›Stromata‹ 1, cap. 17) sagt: Οὔτε δὲ οἱ ἔπαινοι οὔτε οἱ ψόγοι οὔθ᾽ αἱ τιμαὶ οὔθ᾽ αἱ κολάσεις δίκαιαι, μὴ τῆς ψυχῆς ἐχούσης τὴν ἐξουσίαν τῆς ὁρμῆς καὶ ἀφορμῆς, ἀλλ᾽ ἀκουσίου τῆς κακίας οὔσης. (Nec laudes nec vituperationes nec honores nec supplicia iusta sunt, si anima non habeat liberam potestatem et appetendi et abstinendi, sed sit vitium involuntarium.) [Weder Lob noch Tadel, weder Ehrung noch Bestrafung sind berechtigt, wenn nicht die Seele das Vermögen des Strebens und Widerstandes besitzt, sondern die Schlechtigkeit unfreiwillig ist.] – dann nach einem sich auf früher Gesagtes beziehenden Zwischensatz: ἵν᾽ ὅτι μάλιστα ὁ θεὸς μὲν ἡμῖν κακίας ἀναίτιος (ut vel maxime quidem Deus nobis non sit causa vitii) [so daß um so mehr an unserem Bösen die Gottheit ohne Schuld ist[1]; ebenda § 84]. Dieser höchst beachtenswerte Nachsatz zeigt, in welchem Sinne die Kirche sogleich das Problem faßte und welche Entscheidung sie als ihrem Interesse gemäß sofort antizipierte. – Beinahe zweihundert Jahre später finden wir die Lehre vom freien Willen bereits ausführlich behandelt von *Nemesios* in seinem Werke ›De natura hominis‹ cap. 35, am Ende, und cap. 39 bis 41. Die Freiheit des Willens wird hier ohne weiteres mit der Willkür oder Wahlentscheidung identifiziert und demnach eifrigst behauptet und dargetan. Doch ist es immer schon eine Ventilation der Sache.

Aber das völlig entwickelte Bewußtsein unsers Problems mit allem, was daran hängt, finden wir zuerst beim Kirchenvater *Augustinus*, der deshalb, obwohl weit mehr Theolog als Philosoph, hier in Betracht kommt. Sogleich jedoch sehn wir ihn durch dasselbe in merkliche Verlegenheit und unsicheres Schwanken versetzt, welches ihn bis zu Inkonsequenzen und Widersprüchen führt in seinen drei Büchern ›De libero arbitrio‹. Einerseits will er nicht wie *Pelagius* der Freiheit des Willens so viel einräumen, daß dadurch die Erbsünde, die Notwendigkeit der Erlösung und die freie Gnadenwahl aufgehoben würde, mithin der Mensch durch eige-

1. [Vgl. Platon: ›Res publica‹ p. 617 E]

ne Kräfte gerecht und der Seligkeit würdig werden könnte. Er gibt sogar in dem ›Argumento‹ in libros [in] ›De libero arbitrio‹ ex lib. 1, cap. 9 retractationum desumto[1] zu verstehn, daß er für diese Seite der Kontroverse (die Luther später so heftig verfocht) noch mehr gesagt haben würde, wenn jene Bücher nicht vor dem Auftreten des *Pelagius* geschrieben wären, gegen dessen Meinung er alsdann das Buch ›De natura et gratia‹ abfaßte. Inzwischen sagt er schon ›De libero arbitrio‹ 3, cap. 18: ›Nunc autem homo non est bonus nec habet in potestate, ut bonus sit, sive non videndo, qualis esse debeat, sive videndo et non volendo esse, qualem debere se videt.‹ [Jetzt aber steht es so, daß der Mensch nicht gut ist und es nicht in seiner Gewalt hat, gut zu sein, mag er nun nicht sehen, wie er sein sollte, oder mag er es sehen und nicht so sein wollen, wie er sieht, daß er sein müßte.] – Mox [Bald darauf]: ›Vel ignorando non habet liberum arbitrium voluntatis ad eligendum, quid recte faciat; vel resistente carnali consuetudine, quae violentia mortalis successionis quodammodo naturaliter inolevit, videat, quid recte faciendum sit, et velit nec possit implere.‹ [Mag es nun sein, daß er aus Unkenntnis nicht die freie Willensentscheidung besitzt, das zu wählen, was er eigentlich tun sollte; oder mag es sein, daß er vermöge der fleischlichen Gewohnheit, die durch die Macht der todbringenden Erbsünde gewissermaßen naturgemäß sich noch gesteigert hat, zwar sieht, wie er richtig handeln sollte und auch möchte, aber es nicht durchführen kann.] – und im erwähnten ›Argumento‹: ›Voluntas ergo ipsa nisi gratia Dei liberatur a servitute, qua facta est serva peccati, et, ut vitia superet, adiuvetur, recte pieque vivi non potest a mortalibus.‹ [Wenn also der Wille selbst nicht durch die göttliche Gnade von der Knechtschaft, durch die er zum Knecht der Sünde geworden ist, befreit und in der Überwindung der Laster unterstützt wird, so kann von den Sterblichen nicht recht und fromm gelebt werden.]

Andererseits jedoch bewogen ihn folgende drei Gründe, die Freiheit des Willens zu verteidigen:

1. Seine Opposition gegen die *Manichäer*, gegen welche

1. [durch Weigerung auf sich nehmen.]

ausdrücklich die Bücher ›De libero arbitrio‹ gerichtet sind, weil sie den freien Willen leugneten und eine andere Urquelle des Bösen wie des Übels annahmen. Auf sie spielt er schon im letzten Kapitel des Buches ›De animae quantitate‹ an: ›Datum est animae liberum arbitrium, quod qui nugatoriis ratiocinationibus labefactare conantur, usque adeo caeci sunt, ut . . .‹ etc. [Dem Menschen ist die freie Wahlentscheidung verliehen, und wer diese durch possenhafte Vernünfteleien zu erschüttern versucht, der ist so blind, daß . . . usw.].

2. Die natürliche, von mir aufgedeckte Täuschung, vermöge welcher das ›Ich kann tun, was ich will‹ für die Freiheit des Willens angesehn und ›*willkürlich*‹ als sofort identisch mit ›*frei*‹ genommen wird: ›De libero arbitrio‹ 1, cap. 12. ›Quid enim tam in voluntate quam ipsa voluntas situm est?‹ [Denn was liegt so sehr in der Macht des Willens wie der Wille selbst?]

3. Die Notwendigkeit, die moralische Verantwortlichkeit des Menschen mit der Gerechtigkeit Gottes in Einklang zu bringen. Nämlich dem Scharfsinn des Augustinus ist eine höchst ernstliche Bedenklichkeit nicht entgangen, deren Beseitigung so schwierig ist, daß, soviel mir bekannt, alle späteren Philosophen mit Ausnahme dreier, die wir deshalb sogleich näher betrachten werden, sie lieber fein leise umschlichen haben, als wäre sie nicht vorhanden. Augustinus hingegen spricht sie mit edler Offenheit ganz unumwunden aus gleich in den Eingangsworten der Bücher ›De libero arbitrio‹ [1, cap. 1, § 1]: ›Dic mihi, quaeso, utrum Deus non sit auctor mali?‹ [Sage mir bitte, ob nicht Gott der Urheber des Bösen ist?] – Und dann ausführlicher gleich im zweiten Kapitel: ›Movet autem animum, si peccata ex his animabus sunt, quas Deus creavit, illae autem animae ex Deo; quomodo non parvo intervallo peccata referantur in Deum.‹ [Folgende Frage beunruhigt mein Gemüt: wenn die Sünden von jenen Seelen herstammen, welche Gott geschaffen hat, jene Seelen aber von Gott herstammen, wie ist es anders möglich, als daß die Sünden mittelbar auf Gott zurückfallen.] Worauf der Interlokutor versetzt: ›Id nunc plane abs te

dictum est, quod me cogitantem satis excruciat.« [Jetzt hast du gerade das gesagt, was auch mich in meinen Gedanken nicht wenig quält.] – Diese höchst bedenkliche Betrachtung hat *Luther* wieder aufgenommen und mit der ganzen Heftigkeit seiner Beredsamkeit hervorgehoben, ›De servo arbitrio‹ S. 144: ›At talem oportere esse Deum, qui *libertate* sua *necessitatem* imponat nobis, ipsa ratio naturalis cogitur confiteri. – Concessa praescientia et omnipotentia sequitur naturaliter irrefragabili consequentia nos per nos ipsos non esse factos nec vivere nec agere quidquam, sed per illius omnipotentiam. . . . Pugnat ex diametro praescientia et omnipotentia Dei cum nostro libero arbitrio. – Omnes homines coguntur inevitabili consequentia admittere nos non fieri nostra voluntate, sed necessitate; ita nos non facere quod libet, pro iure liberi arbitrii, sed prout Deus praescivit et *agit* consilio et virtute infallibili et immutabili‹ etc. [Aber daß Gott ein solcher sein muß, der vermöge seiner Freiheit uns der Notwendigkeit unterwirft, das muß schon die natürliche Vernunft zugeben. – Wenn man die Allwissenheit und Allmacht zugibt, so folgt naturgemäß und unwidersprechlich, daß wir nicht durch uns selbst gemacht sind oder leben oder irgend etwas tun, sondern nur durch seine Allmacht . . . Die Allwissenheit und Allmacht Gottes steht in äußerstem Widerspruch zu der Freiheit unseres Willens. – Alle Menschen werden mit unvermeidlicher Folgerichtigkeit gezwungen, anzuerkennen, daß wir nicht durch unseren Willen, sondern durch die Notwendigkeit zu dem werden, was wir sind, daß wir mithin nicht tun können, was uns beliebt, vermöge einer Freiheit des Willens, sondern vielmehr je nachdem Gott es vorgesehen hat und durch unfehlbaren und unwandelbaren Ratschluß und Willen ausführt, usw.]

Ganz erfüllt von dieser Erkenntnis finden wir am Anfang des 17. Jahrhunderts den *Vanini*. Sie ist der Kern und die Seele seiner beharrlichen, wiewohl unter dem Druck der Zeit möglichst schlau verhehlten Auflehnung gegen den Theismus. Bei jeder Gelegenheit kommt er darauf zurück und wird nicht müde, sie von den verschiedensten Gesichtspunkten aus darzulegen. Z.B. in seinem ›Amphitheatro aeternae providentiae«, exercitatio 16, sagt er: ›Si Deus vult peccata, igitur facit; scriptum est enim: ‚Omnia, quaecunque voluit, fecit'. Si non vult, tamen committuntur, erit ergo dicendus improvidus vel impotens vel crudelis, cum voti sui compos fieri aut nesciat aut nequeat aut negligat ... Philosophi inquiunt: si nollet Deus pessimas ac nefarias in orbe vigere actiones, procul dubio uno nutu extra mundi limites omnia flagitia exterminaret profligaretque: quis enim nostrum divinae potest resistere voluntati? Quomodo invito Deo patrantur scelera, si in actu quoque peccandi scelestis vires subministrat? Ad haec, si contra Dei voluntatem homo labitur, Deus erit inferior homine, qui ei adversatur et praevalet. Hinc deducunt: Deus ita desiderat hunc mundum, qualis est; si meliorem vellet, meliorem haberet.‹ [Wenn Gott die Sünden will, so wird er sie folglich bewirken; denn es steht geschrieben: ‚Alles, was er will, bewirkt er'. Wenn er sie nicht will und sie trotzdem begangen werden, so müssen wir ihn entweder für nicht voraussehend oder nicht für allmächtig oder für grausam erklären; da er dann seinen Ratschluß nicht durchführt, sei es durch Unwissenheit oder Ohnmacht oder Nachlässigkeit ... Die Philosophen sagen: wenn Gott nicht wollte, daß die schändlichen und niederträchtigen Handlungen in der Welt bestünden, so würde er ohne Zweifel alle Schandtaten mit einem Winke aus der Welt verbannen und vernichten; denn wer von uns wäre imstande, dem göttlichen Willen zu widerstehen? Wie sollten die Verbrechen gegen Gottes Willen vollbracht werden, wenn er auch bei jeder sündigen Handlung dem Verbrecher die Kraft dazu verleiht? Ferner, wenn der Mensch entgegen dem Willen Gottes strauchelt, so ist also Gott schwächer als der Mensch, der sich ihm widersetzt und ihn besiegt. Hieraus ergibt sich, daß Gott die Welt so will, wie sie ist; wenn er eine bessere Welt haben wollte, dann hätte er eine bessere.] – Und exercitatio 44 heißt es: ›Instrumentum movetur prout a suo principali dirigitur; sed nostra voluntas in suis operationibus se habet tanquam instrumentum, Deus vero ut agens principale; ergo si haec male operatur, Deo imputandum est. ... Voluntas nostra non solum quoad motum, sed quoad substantiam quoque tota a Deo dependet; quare nihil est, quod eidem imputari vere possit, neque ex parte substantiae neque operationis, sed totum Deo, qui voluntatem sic formavit, et ita movet.... Cum essentia et motus voluntatis sit a Deo, adscribi eidem debent vel bonae vel malae voluntatis operationes, si haec ad illum se habet velut instrumentum.‹ [Das Werkzeug wird so bewegt, wie es von seinem Besitzer gelenkt wird: aber unser Wille verhält sich bei seinen Verrichtungen wie ein Werkzeug, Gott hingegen wie das eigentliche Agens; wenn folglich der Wille schlecht handelt, so trägt Gott daran die Schuld ... Unser Wille hängt nicht nur nach seinem Wirken, sondern auch nach seinem Wesen ganz von Gott ab; es gibt deshalb nichts, wofür man in Wahrheit dem Willen schuld geben könnte, sei es seinem Wesen oder seinem Wirken nach, sondern für alles nur Gott schuld geben muß, der den Willen so geschaffen hat und so in Bewegung setzt ... Da das Wesen und die Betätigung des Willens von Gott herrührt, so müssen diesem die guten wie die bösen Wirkungen des Willens zugerechnet werden, wenn der Wille sich zu Gott wie ein Werkzeug verhält.] Man muß aber bei *Vanini* im Auge behalten, daß er durchgängig das Stratagem gebraucht, in der Person eines Gegners seine wirkliche Meinung als die, welche er perhorresziert und widerlegen will, aufzustellen und sie überzeugend und gründlich darzutun; um ihr sodann in eigener Person mit seichten Gründen und lahmen Argumenten entgegenzutreten und darauf, tanquam re bene gesta [als hätte er seine Sache gut gemacht], triumphierend abzugehn – sich auf die Malignität seines Lesers verlassend. Durch diese Verschmitztheit hat er sogar die hochgelehrte Sorbonne getäuscht, welche, jenes alles für bare Münze nehmend, vor seine gottlosesten Schriften treuherzig ihr Imprimatur gesetzt hat. Mit desto herzlicherer Freude sah sie ihn drei Jahre darauf lebendig verbrannt werden, nachdem ihm zuvor die gotteslästerliche Zunge ausgeschnitten worden. Dies nämlich ist doch das eigentlich kräftige Argument der Theologen, und seitdem es ihnen benommen ist, gehn die Sachen sehr rückwärts.

Unter den Philosophen im engern Sinn ist, wenn ich nicht irre, *Hume* der erste, welcher nicht um die zuerst von Augustinus angeregte schwere Bedenklichkeit herumgeschlichen ist, sondern sie, ohne jedoch des Augustinus oder Luthers, geschweige Vaninis zu gedenken, unverhohlen darlegt in seinem ›Essay on liberty and necessity‹, wo es gegen das Ende heißt: ›The ultimate author of all our volitions is the creator of the world, who first bestowed motion on this immense machine, and placed all beings in that particular position, whence every subsequent event, by an inevitable necessity, must result. Human actions therefore either can have no turpitude at all, as proceeding from so good a cause, or, if they have any turpitude, they must involve our creator in the same guilt, while he is acknowledged to be their ultimate cause and author. For as a man, who fired a mine, is answerable for all the consequences, whether the train employed be long or short; so wherever a continued chain of necessary causes is fixed, that Being, either finite or infinite, who produces the first, is likewise the author of all the rest[1]. Er macht einen Versuch, diese Bedenklichkeit zu lösen, gesteht aber am Schluß, daß er sie für unlösbar hält.

Auch *Kant* gerät unabhängig von seinen Vorgängern an den nämlichen Stein des Anstoßes in der ›Kritik der praktischen Vernunft‹, S. 180 ff. der vierten Auflage und S. 232 der Rosenkranzischen: ›Es scheint doch, man müsse, sobald

1. Manchen deutschen Lesern wird eine Übersetzung dieser und der übrigen englischen Stellen willkommen sein:

›Der letzte Urheber aller unserer Willensakte ist der Schöpfer der Welt, als welcher diese unermeßliche Maschine zuerst in Bewegung gesetzt und alle Wesen in die besondere Lage gebracht hat, aus welcher jede nachmalige Begebenheit mit unvermeidlicher Notwendigkeit erfolgen mußte. Dieserhalb sind menschliche Handlungen entweder gar keiner Schlechtigkeit fähig, weil sie von einer so guten Ursache ausgehn; oder aber, wenn sie irgend schlecht sein können, so verwickeln sie unsern Schöpfer in dieselbe Schuld, indem er anerkanntermaßen ihre letzte Ursache, ihr Urheber ist. Denn wie ein Mann, der eine Mine anzündet, für alle Folgen hievon verantwortlich ist, der Schwefelfaden mag lang oder kurz gewesen sein; ebenso ist überall, wo eine ununterbrochene Verkettung notwendig wirkender Ursachen feststeht, das Wesen, es sei endlich oder unendlich, welches die erste bewirkt, auch der Urheber aller übrigen.‹

man annimmt, Gott als allgemeines Urwesen sei die *Ursache* auch *der Existenz der Substanz*, auch einräumen, die Handlungen des Menschen haben in demjenigen ihren bestimmenden Grund, was gänzlich außer seiner Gewalt ist, nämlich in der Kausalität eines von ihm unterschiedenen höchsten Wesens, von welchem das Dasein des ersteren und die ganze Bestimmung seiner Kausalität ganz und gar abhängt. ... Der Mensch wäre ein Vaucançonscher Automat, gezimmert und aufgezogen vom obersten Meister aller Kunstwerke, und das Selbstbewußtsein würde es zwar zu einem denkenden Automat machen, in welchem aber das Bewußtsein seiner Spontaneität, wenn sie für Freiheit gehalten wird, bloße Täuschung wäre, indem sie nur komparativ so genannt zu werden verdient, weil die nächsten bestimmenden Ursachen seiner Bewegung und eine lange Reihe derselben zu ihren bestimmenden Ursachen hinauf zwar innerlich sind, die letzte und höchste aber doch gänzlich in einer fremden Hand angetroffen wird.‹ – Er sucht nun diese große Bedenklichkeit durch die Unterscheidung zwischen Ding an sich und Erscheinung zu heben: durch diese aber wird so offenbar im wesentlichen der Sache nichts geändert, daß ich überzeugt bin, es sei ihm damit gar nicht Ernst gewesen. Auch gesteht er selbst das Unzulängliche seiner Auflösung ein (S. 184), wo er hinzufügt: ›Allein ist denn jede andere, die man versucht hat oder versuchen mag, leichter und faßlicher? Eher möchte man sagen, die dogmatischen Lehrer der Metaphysik hätten mehr ihre *Verschmitztheit* als Aufrichtigkeit darin bewiesen, daß sie diesen schwierigen Punkt so weit wie möglich aus den Augen brachten, in der Hoffnung, daß, wenn sie davon gar nicht sprächen, auch wohl niemand leichtlich an ihn denken würde.‹

Ich kehre nach dieser sehr beachtenswerten Zusammenstellung höchst heterogener Stimmen, die alle dasselbe sagen, zu unserm Kirchenvater zurück. Die Gründe, mit welchen er die schon von ihm in ihrer ganzen Schwere gefühlte Bedenklichkeit zu beseitigen hofft, sind theologische, nicht philosophische, also nicht von unbedingter Gültigkeit. Die Unterstützung derselben ist, wie gesagt, der dritte Grund zu den zwei oben angeführten, warum er ein dem Menschen von Gott verliehenes liberum arbitrium zu verteidigen sucht. Ein solches, da es sich zwischen den Schöpfer und die Sünden seines Geschöpfes trennend in die Mitte stellte, wäre auch wirklich zur Beseitigung der ganzen Bedenklichkeit hinreichend; wenn es nur, wie es leicht mit Worten gesagt ist und allenfalls dem nicht viel weiter als diese gehenden Denken genügen mag, auch bei der ernstlichen und tiefern Betrachtung wenigstens *denkbar* bliebe. Allein wie soll man sich vorstellig machen, daß ein Wesen, welches seiner ganzen existentia und essentia nach das Werk eines andern ist, doch sich selbst uranfänglich und von Grund aus bestimmen und demnach für sein Tun verantwortlich sein könne? Der Satz ›operari sequitur esse‹, d. h. die Wirkungen jedes Wesens folgen aus seiner Beschaffenheit, stößt jene Annahme um, ist aber selbst unumstößlich. Handelt ein Mensch schlecht, so kommt es daher, daß er schlecht *ist*. An jenen Satz aber knüpft sich sein Korollarium: ›ergo unde esse, inde operari.‹ [folglich: wovon das Sein, davon rührt auch das Wirken her.] Was würde man von dem Uhrmacher sagen, der seiner Uhr zürnte, weil sie unrichtig ginge? Wenn man auch noch so gern den Willen zu einer tabula rasa machen möchte; so wird man doch nicht umhinkönnen einzugestehen, daß, wenn z.B. von zwei Menschen der eine in moralischer Hinsicht eine der des andern ganz entgegengesetzte Handlungsweise befolgt, diese Verschiedenheit, die doch irgend woraus entspringen muß, ihren Grund entweder in den äußern Umständen hat, wo dann die Schuld offenbar nicht die Menschen trifft, oder aber in einer ursprünglichen Verschiedenheit ihres Willens selbst, wo dann Schuld und Verdienst abermals nicht sie trifft, wenn ihr ganzes Sein und Wesen das Werk eines andern ist. Nachdem die angeführten großen Männer sich vergeblich angestrengt haben, aus diesem Labyrinth einen Ausweg zu finden, gestehe ich willig ein, daß die moralische Verantwortlichkeit des menschlichen Willens ohne Aseität desselben zu denken auch meine Fassungskraft übersteigt. Dasselbe Unvermögen ist es ohne Zweifel gewesen, was die siebente der acht Definitionen, mit welchen *Spinoza* seine ›Ethik‹ eröffnet, diktiert hat: ›Ea res libera dicetur, quae ex sola naturae suae necessitate existit et a se sola ad agendum determinatur; necessaria autem vel potius coacta, quae ab alio determinatur ad existendum et operandum.‹ [Diejenige Sache muß frei genannt werden, die nur aus der Notwendigkeit ihrer eigenen Natur existiert und durch sich allein zum Handeln bestimmt wird; diejenige aber heißt notwendig oder vielmehr gezwungen, die von einem andern zum Existieren und Wirken bestimmt wird.]

Wenn nämlich eine schlechte Handlung aus der Natur, d.i. der angeborenen Beschaffenheit des Menschen entspringt, so liegt die Schuld offenbar am Urheber dieser Natur. Deshalb hat man den freien Willen erfunden. Aber woraus nun unter Annahme desselben sie entspringen soll, ist schlechterdings nicht einzusehn; weil er im Grunde eine bloß *negative* Eigenschaft ist und nur besagt, daß nichts den Menschen nötigt oder hindert, so oder so zu handeln. Dadurch aber wird nimmermehr klar, *woraus* denn zuletzt die Handlung entspringt, da sie nicht aus der angeborenen oder angeschaffenen Beschaffenheit des Menschen hervorgehn soll, indem sie alsdann seinem Schöpfer zur Last fiele; noch aus den äußern Umständen allein, indem sie alsdann dem Zufall zuzuschreiben wäre; der Mensch also jedenfalls schuldlos bliebe – während er doch dafür verantwortlich gemacht wird. Das natürliche Bild eines freien Willens ist eine unbeschwerte Waage: sie hängt ruhig da und wird nie aus ihrem Gleichgewicht kommen, wenn nicht in eine ihrer Schalen etwas gelegt wird. Sowenig wie sie aus sich selbst die Bewegung, kann der freie Wille aus sich selbst eine Handlung hervorbringen; weil eben aus nichts nichts wird. Soll die Waage sich nach einer Seite senken; so muß ein fremder Körper ihr aufgelegt werden, der dann die Quelle der Bewegung ist. Ebenso muß die menschliche Handlung durch etwas hervorgebracht werden, welches *positiv* wirkt und etwas mehr ist als eine bloß *negative* Freiheit. Dies aber kann nur zweierlei sein: entweder tun es die Motive an und für sich, d.h. die äußern Umstände; dann ist offenbar der

Mensch unverantwortlich für die Handlung; auch müßten alsdann alle Menschen unter gleichen Umständen ganz gleich handeln – oder aber es entspringt aus seiner Empfänglichkeit für solche Motive, also aus dem angeborenen Charakter, d.h. aus den dem Menschen ursprünglich einwohnenden Neigungen, welche in den Individuen verschieden sein können und kraft deren die Motive wirken. Dann aber ist der Wille kein freier mehr: denn diese Neigungen sind das auf die Schale der Waage gelegte Gewicht. Die Verantwortlichkeit fällt auf den zurück, der sie hineingelegt hat, d.h. dessen Werk der Mensch mit solchen Neigungen ist. Daher ist er nur in dem Fall, daß er selbst sein eigenes Werk sei, d.h. Aseität habe, für sein Tun verantwortlich.

Der ganze hier dargelegte Gesichtspunkt der Sache läßt ermessen, was alles an der Freiheit des Willens hängt, als welche eine unerläßliche Kluft bildet zwischen dem Schöpfer und den Sünden seines Geschöpfs; woraus begreiflich wird, warum die Theologen sie so beharrlich festhalten und ihre Schildknappen, die Philosophie-Professoren, sie pflichtschuldigst dabei so eifrig unterstützen, daß sie, für die bündigsten Gegenbeweise großer Denker taub und blind, den freien Willen festhalten und dafür kämpfen wie ›pro ara et focis‹ [für Haus und Herd; nach Cicero, ›De natura deorum‹ 3, 40, 94].

Um aber endlich meinen oben unterbrochenen Bericht über den *Augustinus* zu beschließen; so geht seine Meinung im ganzen dahin, daß der Mensch eigentlich nur vor dem Sündenfall einen ganz freien Willen gehabt habe, nach demselben aber, der Erbsünde anheimgefallen, von der Gnadenwahl und Erlösung sein Heil zu hoffen habe – welches gesprochen heißt wie ein Kirchenvater.

Inzwischen ist durch den *Augustinus* und seinen Streit mit Manichäern und Pelagianern die Philosophie zum Bewußtsein unsers Problems erwacht. Von nun an wurde es ihr durch die Scholastiker allmälig deutlicher, wovon *Buridans* Sophisma und die oben angeführte Stelle *Dantes* Zeugnis ablegen. – Wer aber zuerst der Sache auf den Grund gekommen, ist allem Anschein nach *Thomas Hobbes*, dessen diesem

Gegenstand eigens gewidmete Schrift ›Quaestiones de libertate et necessitate, contra Doctorem Branhallum‹ 1656 erschien: sie ist jetzt selten. In englischer Sprache findet sie sich in Thomas Hobbes' ›Moral and political works‹, ein Band in Folio, London 1750, S. 469 ff., woraus ich folgende Hauptstelle hersetze.

S. 483: ›6. Nothing takes a beginning from itself; but from the action of some other immediate agent, without itself. Therefore, when first a man has an appetite or will to something, to which immediately before he had no appetite nor will; the cause of his will is not the will itself, but something else not in his own disposing. So that, whereas it is out of controversy, that of voluntary actions the will is the necessary cause, and by this which is said, the will is also necessarily *caused* by other things, whereof it disposes not, it follows that voluntary actions have all of them necessary causes, and therefore are *necessitated*.

7. I hold *that* to be a *sufficient* cause, to which nothing is wanting that is needfull to the producing of the *effect*. The same is also a *necessary* cause: for, if it be possible that a *sufficient* cause shall not bring forth the *effect*, then there wanted somewhat, which was needfull to the producing of it; and so the cause was not *sufficient*. But if it be impossible that a *sufficient* cause should not produce the effect; then is a *sufficient* cause a *necessary* cause. Hence it is manifest, that whatever is produced, is produced *necessarily*. For whatsoever is produced has had a *sufficient* cause to produce it, or else it had not been: and therefore also *voluntary* actions are *necessitated*.

8. That ordinary definition of a free agent (namely that a free agent is that, which, when all things are present, which are needfull to produce the effect, can nevertheless not produce it) implies a contradiction and is nonsense; being as much as to say, the cause may be *sufficient*, that is to say *necessary*, and yet the effect shall not follow‹. –

S. 485: ›Every accident, how contingent soever it seem, or how *voluntary* soever it be, is produced *necessarily*.‹[1]

---

[1] 6. Nichts fängt von selbst an, sondern jedes durch die Einwirkung irgendeiner andern außer ihm gelegenen unmittelbaren Ursache.

In seinem berühmten Buche ›De cive‹ cap. 1, § 7 sagt er: ›Fertur unusquisque ad appetitionem eius, quod sibi bonum, et ad fugam eius, quod sibi malum est, maxime autem maximi malorum naturalium, quae est mors; idque necessitate quadam naturae non minore, quam qua fertur lapis deorsum.‹ [Ein jeder wird getrieben, das zu begehren, was für ihn gut, und das zu fliehen, was für ihn schlecht ist, am meisten aber dasjenige, welches das größte der natürlichen Übel ist, nämlich den Tod; und das geschieht vermöge einer ebenso großen Naturnotwendigkeit, wie die ist, vermöge deren der Stein nach unten fällt.]

Gleich nach *Hobbes* sehn wir den *Spinoza* von derselben Überzeugung durchdrungen. Seine Lehre in diesem Punkte zu charakterisieren werden ein paar Stellen hinreichen:

›Ethica‹ pars 1, prop. 32: ›Voluntas non potest vocari

Daher, wenn jetzt ein Mensch etwas wünscht oder will, was er unmittelbar vorher nicht wünschte noch wollte; so ist die Ursache seines Wollens nicht dies Wollen selbst, sondern etwas anderes nicht von ihm Abhängendes. Demnach, da der Wille unstreitig die notwendige Ursache der willkürlichen Handlungen ist und, dem eben Gesagten zufolge, der Wille notwendig verursacht wird durch andere von ihm unabhängige Dinge; so folgt, daß alle willkürlichen Handlungen *notwendige* Ursachen haben, also *nezessitiert* sind.

7. Als eine *zureichende* Ursache erkenne ich *die* an, welcher nichts abgeht von dem, was zur Hervorbringung der *Wirkung* nötig ist. Eine solche aber ist zugleich eine *notwendige* Ursache. Denn wenn es möglich wäre, daß eine *zureichende* Ursache ihre Wirkung nicht hervorbrächte; so müßte ihr etwas zur Hervorbringung dieser Nötiges gefehlt haben: dann aber war die Ursache nicht *zureichend*. Wenn es aber unmöglich ist, daß eine *zureichende* Ursache ihre Wirkung nicht hervorbrächte; dann ist eine *zureichende* Ursache auch eine *notwendige* Ursache. Hieraus folgt offenbar, daß alles, was hervorgebracht wird, *notwendig* hervorgebracht wird. Denn alles, was hervorgebracht ist, hat eine *zureichende* Ursache gehabt, die es hervorbrachte; sonst wäre es nie entstanden: also sind auch die *willkürlichen* Handlungen nezessitiert.

8. Jene gewöhnliche Definition eines frei Handelnden (daß es nämlich ein solches wäre, welches, wenn alles zur Hervorbringung der Wirkung Nötige beisammen wäre, diese dennoch auch *nicht* hervorbringen könnte) enthält einen Widerspruch und ist Unsinn; da sie besagt, daß eine Ursache *zureichend*, *d.i. notwendig* sein und die Wirkung doch ausbleiben könne.

S. 485: Jede Begebenheit, so *zufällig* sie scheinen oder so *willkürlich* sie sein mag, erfolgt *notwendig*.

causa libera, sed tantum necessaria.‹ – Corollarium 2: ›Nam voluntas ut reliqua omnia causa indiget, a qua ad operandum certo modo determinatur.‹ [Der Wille kann nicht eine freie, sondern nur eine notwendige Ursache genannt werden. – Denn der Wille bedarf ebenso wie alles andere einer Ursache, von der er zum Handeln in bestimmter Weise gezwungen wird.]

Ibidem pars 2, [prop. 49] scholium ultimum: ›Quod denique ad quartam obiectionem (de Buridani asina) attinet, dico me omnino concedere, quod homo in tali aequilibrio positus (nempe qui nihil aliud percipit quam sitim et famem, talem cibum et talem potum, qui aeque ab eo distant) fame et siti peribit.‹ [Was endlich die vierte Einwendung (von der Eselin des Buridan) betrifft, so erkläre ich, ganz und gar zuzugeben, daß ein Mensch, wenn er in einer solchen Gleichgewichtslage sich befände (nämlich daß er nichts anderes wahrnähme als Durst und Hunger und dabei eine Speise und einen Trank, die gleich weit von ihm entfernt wären), vor Hunger und Durst sterben müßte.]

Ibidem pars 3, prop. 2, scholium: ›Mentis decreta eadem necessitate in mente oriuntur ac ideae rerum actu existentium. Qui igitur credunt se ex libero mentis decreto loqui vel tacere vel quidquam agere, oculis apertis somniant. [Die Beschlüsse des Geistes entstehen mit derselben Notwendigkeit in dem Geiste wie die Ideen der in Wirklichkeit existierenden Dinge. Wer also glaubt, daß er aus freiem Entschluß des Geistes redet oder schweigt oder sonst etwas tut, der träumt mit offenen Augen.] – ›Epistula‹ 62: ›Unaquaeque res necessario a causa externa aliqua determinatur ad existendum et operandum certa ac determinata ratione. Ex. gr. lapis a causa externa ipsum impellente certam motus quantitatem accipit, qua postea moveri necessario perget. Concipe iam lapidem, dum moveri pergit, cogitare et scire se, quantum potest, conari, ut moveri pergat. Hic sane lapis, quandoquidem sui tantummodo conatus est conscius et minime indifferens, se liberrimum esse et nulla alia de causa in motu perseverare credet, quam quia vult. Atque haec humana illa libertas est, quam omnes habere iactant et quae in hoc solo consistit, quod homines sui appetitus sint conscii et causarum, a quibus determinantur, ignari.... His, quaenam mea de libera et coacta necessitate deque ficta humana libertate sit sententia, satis explicui.‹ [Jedes Ding wird mit Notwendigkeit von irgendeiner äußeren Ursache bestimmt, in gewisser und determinierter Weise zu existieren und zu wirken. Z. B. der Stein empfängt von einer äußeren Ursache, die ihn antreibt, ein bestimmtes Maß von Bewegung, vermöge dessen er weiterhin fortfahren muß, sich mit Notwendigkeit zu bewegen. Nun nimm an, der Stein, der fortfährt, sich zu bewegen, denke und sei sich bewußt, nach Kräften bestrebt zu sein, in der Bewegung fortzufahren. Dann wird dieser Stein, da er nur seines Strebens sich bewußt und keineswegs dagegen gleichgültig ist, glauben, ganz frei zu sein und aus keiner anderen Ursache in seiner Bewegung zu beharren, als weil er es will. Und so ist es auch mit jener menschlichen Freiheit, die zu haben alle sich rühmen und die nur darin besteht, daß die Menschen sich nur ihres Wollens bewußt sind und die Ursachen, durch die sie bestimmt werden, ignorieren... Damit habe ich zur Genüge erklärt, wie ich über die freie und erzwungene Notwendigkeit und die eingebildete Freiheit des Menschen denke.]

Ein beachtenswerter Umstand aber ist es, daß *Spinoza* zu dieser Einsicht erst in seinen letzten (d. i. vierziger) Jahren gelangt ist, nachdem er früher, im Jahr 1665, als er noch Cartesianer war, in seinen ›Cogitatis metaphysicis‹ [2], cap. 12 die entgegengesetzte Meinung entschieden und lebhaft verteidigt und sogar im geraden Widerspruch mit dem soeben angeführten scholio ultimo partis 2 hinsichtlich des Buridanschen Sophismas gesagt hatte: ›Si enim hominem loco asinae ponamus in tali aequilibrio positum, homo non pro re cogitante, sed pro turpissimo asino erit habendus, si fame et siti pereat.‹ [Denn wenn wir annehmen, ein Mensch befinde sich statt der Eselin in einer solchen Gleichgewichtslage, so wäre der Mensch nicht für ein denkendes Wesen, sondern für einen ganz dummen Esel zu halten, wenn er vor Hunger und Durst umkäme.]

Dieselbe Meinungsveränderung und Bekehrung werde ich weiter unten von zwei andern großen Männern zu berichten haben. Dies beweist, wie schwierig und tiefliegend die rechte Einsicht in unser Problem ist.

Hume, in seinem ›Essay on liberty and necessity‹, aus welchem ich bereits oben eine Stelle beizubringen hatte, schreibt mit der klarsten Überzeugung von der Notwendigkeit der einzelnen Willensakte bei gegebenen Motiven und trägt sie in seiner allgemeinfaßlichen Weise höchst deutlich vor. Er sagt: ›Thus it appears that the conjunction between motives and voluntary actions is as regular and uniform as that between the cause and effect in any part of nature.‹ Und weiterhin: ›It seems almost impossible, therefore, to engage either in science or action of any kind, without acknowledging the doctrine of necessity and this inference from motives to voluntary actions, from character to conduct‹[1].

Aber kein Schriftsteller hat die Notwendigkeit der Willensakte so ausführlich und überzeugend dargetan wie *Priestley* in seinem diesem Gegenstand ausschließlich gewidmeten Werke ›The doctrine of philosophical necessity‹. Wen dieses überaus klar und faßlich geschriebene Buch nicht überzeugt, dessen Verstand muß durch Vorurteile wirklich paralysiert sein. Zur Charakterisierung seiner Resultate setze ich einige Stellen her, welche ich nach der zweiten Ausgabe, Birmingham 1782, zitiere.

Vorrede S. XX: ›There is no absurdity more glaring to my understanding, than the notion of philosophical liberty.‹ – S. 26: ›Without a miracle, or the intervention of some foreign cause, no volition or action of any man could have been otherwise, than it has been.‹ – S. 37: ›Though an inclination

---

1. So ergibt sich, daß die Verbindung zwischen Motiven und willkürlichen Handlungen so regelmäßig und gleichförmig ist, wie die zwischen Ursache und Wirkung in irgendeinem Teile der Natur nur sein kann. ... Es scheint demnach fast unmöglich, weder in der Wissenschaft noch auch in Handlungen irgendeiner Art etwas zu unternehmen, ohne die Lehre von der Notwendigkeit und jenen Schluß von Motiven auf Willensakte, vom Charakter auf die Handlungsweise anzuerkennen.

of affection of mind be not gravity, it influences me and acts upon me as certainly and necessarily, as this power does upon a stone.‹ – S. 43: ›Saying that the will is *self-determined*, gives no idea at all, or rather implies an absurdity, viz: that a *determination*, which is an *effect*, takes place, without any cause at all. For exclusive of every thing that comes under the denomination of *motive*, there is really nothing at all left, to produce the determination. Let a man use what *words* he pleases, he can have no more *conception* how we can sometimes be determined by motives, and sometimes without any motive, than he can have of a scale being sometimes weighed down by weights, and sometimes by a kind of substance that has no weight at all, which, whatever it be in itself, must, with respect to the scale be *nothing*.‹ – S. 66: ›In proper philosophical language, the motive ought to be called the *proper cause* of the action. It is as much so as anything in nature is the cause of anything else.‹ – S. 84: ›It will never be in our power to choose two things, when all the previous circumstances are the very same‹. – S. 90: ›A man indeed, when he reproaches himself for any particular action in his passed conduct, may fancy that, if he was in the same situation again, he would have acted differently. But this is a mere *deception*; and if he examines himself strictly, and takes in all circumstances, he may be satisfied that, with the same inward disposition of mind, and with precisely the same view of things, that he had then, and exclusive of all others; that he has acquired by reflection *since*, he could not have acted otherwise than he did.‹ – S. 287: ›In short, there is no choice in the case, but of the doctrine of necessity or absolute nonsense‹[1]. –

---

1. S. xx: Für meinen Verstand gibt es keine handgreiflichere Absurdität als den Begriff der moralischen Freiheit. – S. 26: Ohne ein Wunder oder die Dazwischenkunft irgendeiner äußern Ursache hat kein Willensakt oder Handlung irgendeines Menschen anders ausfallen können, als sie ausgefallen ist. – S. 37: Obwohl eine Neigung oder Bestimmung meines Gemütes nicht die Schwerkraft ist; so hat sie doch einen ebenso sichern und notwendigen Einfluß und [eine] Wirkung auf mich wie jene Kraft auf einen Stein. – S. 43: Der Ausdruck, daß der Wille ein *Sich-selbst-Bestimmendes* sei, gibt gar keinen Begriff oder viel-

Nun ist zu bemerken, daß es dem *Priestley* geradeso gegangen ist wie dem *Spinoza* und noch einem sogleich anzuführenden sehr großen Manne. *Priestley* sagt nämlich in der Vorrede zur ersten Ausgabe S. XXVII: ›I was not however a ready convert to the doctrine of necessity. Like Dr. Hartley himself, I gave up my liberty with great reluctance, and in a long correspondence, which I once had on the subject, I maintained very strenuously the doctrine of liberty, and did not at all yield to the arguments then proposed to me‹[1].

Der dritte große Mann, dem es ebenso ergangen, ist *Voltaire*, welcher es mit der ihm eigenen Liebenswürdigkeit und

mehr: enthält eine Absurdität, nämlich diese, daß eine *Bestimmung*, welche eine Wirkung ist, eintritt ohne irgendeine Ursache. Denn ausschließlich von allem, was unter der Benennung *Motiv* verstanden wird, bleibt in der Tat gar nichts übrig, was jene Bestimmung hervorbringen könnte. Gebrauche einer, als für *Worte* er will: einen *Begriff* davon, daß wir bisweilen durch Motive, bisweilen aber ohne alle Motive zu etwas bestimmt würden, kann er doch nicht mehr haben als davon, daß eine Waagschale bisweilen durch Gewichte herabgezogen würde, bisweilen aber durch eine Art Substanz, die gar kein Gewicht hätte und die, was immer sie auch an sich selbst sein möchte, in Hinsicht auf die Waagschale *nichts* wäre. – S. 66: Im angemessenen philosophischen Ausdruck sollte das Motiv die *eigentliche Ursache* der Handlung genannt werden: denn die ist es so sehr, wie irgend etwas in der Natur die Ursache eines andern ist. – S. 84: Nie wird es in unserer Macht stehn, zwei verschiedene Wahlen zu treffen, wenn alle vorhergängigen Umstände genau dieselben sind. – S. 90: Allerdings kann ein Mensch, der sich über irgendeine bestimmte Handlung in seinem vergangenen Lebenslaufe Vorwürfe macht, sich einbilden, daß, wenn er wieder in derselben Lage wäre, er anders handeln würde. Allein dies ist bloße *Täuschung*: wenn er sich strenge prüft und alle Umstände in Anschlag bringt; so kann er sich überzeugen, daß bei derselben innern Stimmung und genau derselben Ansicht der Dinge, die er damals hatte, mit Ausschluß aller andern *seitdem* durch Überlegung erlangten Ansichten er nicht anders handeln konnte, als wie er gehandelt hat. – S. 287: Kurzum, es liegt hier keine andere Wahl vor als die zwischen der Lehre von der Notwendigkeit oder absolutem Unsinn.

1. Ich bin jedoch nicht leicht zu der Lehre von der Notwendigkeit zu bekehren gewesen. Wie Dr. Hartley selbst habe ich meine Freiheit nur mit großem Widerstreben aufgegeben: in einem langen Briefwechsel, den ich einst über diesen Gegenstand geführt habe, behauptete ich sehr eifrig die Lehre von der Freiheit und gab keineswegs den Gründen nach, die man mir entgegensetzte.

Naivetät berichtet. Nämlich in seinem ›Traité de métaphysique‹, chap. 7 hatte er die sogenannte Willensfreiheit ausführlich und lebhaft verteidigt. Allein in seinem mehr als vierzig Jahre später geschriebenen Buche ›Le philosophe ignorant‹ lehrt er die strenge Nezessitation der Willensakte im 13. Kapitel, welches er so beschließt: ›Archimède est également nécessité de rester dans sa chambre, quand on l'y enferme, et quand il est si fortement occupé d'un problème, qu'il ne reçoit pas l'idée de sortir: ‚Ducunt volentem fata, nolentem trahunt' [Seneca, ›Epistulae‹ 107, 11]. *L'ignorant qui pense ainsi n'a pas toujours pensé de même*, mais il est enfin contraint de se rendre.‹ [Archimedes ist mit gleicher Notwendigkeit gezwungen, in seinem Zimmer zu bleiben, als wenn man ihn darin einschlösse, wenn er so sehr in ein Problem vertieft ist, daß er nicht daran denkt hinauszugehen: ‚Den Willigen führt das Geschick, den Nichtwilligen schleift es mit.' Der Tor, der so denkt, hat nicht immer so gedacht; aber er wurde schließlich gezwungen, sich zu ergeben.] Im darauffolgenden Buche ›Le principe d'action‹ sagt er chap. 13: ›Une boule, qui en pousse une autre, un chien de chasse, qui court nécessairement et volontairement après un cerf, ce cerf, qui franchit un fossé immense avec non moins de nécessité et de volonté: tout cela n'est pas plus invinciblement déterminé que nous le sommes à tout ce que nous faisons.‹ [Eine Kugel, die auf eine andere stößt, ein Jagdhund, der notwendig und mit Willen einen Hirsch verfolgt, dieser Hirsch, der einen breiten Graben mit nicht weniger Notwendigkeit und Willen überspringt: alles das ist nicht unwiderstehlicher determiniert, als wir es sind bei allem, was wir tun.]

Diese gleichmäßige Bekehrung dreier so höchst eminenter Köpfe zu unserer Einsicht muß denn doch wohl jeden stutzig machen, der mit dem gar nicht zur Sache redenden ›Aber ich kann doch tun, was ich will‹ seines einfältigen Selbstbewußtseins wohlgegründete Wahrheiten anzufechten unternimmt.

Nach diesen seinen nächsten Vorgängern darf es uns nicht wundern, daß *Kant* die Notwendigkeit, mit welcher der empirische Charakter durch die Motive zu Handlungen bestimmt wird, als eine wie bei ihm, so auch bei andern bereits ausgemachte Sache nahm und sich nicht damit aufhielt, sie von neuem zu beweisen. Seine ›Ideen zu einer allgemeinen Geschichte‹ hebt er so an: ›Was man sich auch in metaphysischer Absicht für einen Begriff von der *Freiheit des Willens* machen möge; so sind doch die *Erscheinungen* desselben, die menschlichen Handlungen ebensowohl als jede andere Naturbegebenheit nach allgemeinen Naturgesetzen bestimmt.‹ – In der ›Kritik der reinen Vernunft‹ (S. 548 der ersten oder S. 577 der fünften Auflage) sagt er: ›Weil der empirische Charakter selbst aus den Erscheinungen als Wirkung und aus der Regel derselben, welche Erfahrung an die Hand gibt, gezogen werden muß; so sind alle Handlungen des Menschen in der Erscheinung aus seinem empirischen Charakter und den mitwirkenden andern Ursachen nach der Ordnung der Natur bestimmt: und wenn wir alle Erscheinungen seiner Willkür bis auf den Grund erforschen könnten; so würde es keine einzige menschliche Handlung geben, die wir nicht mit Gewißheit vorhersagen und aus ihren vorhergehenden Bedingungen als notwendig erkennen könnten. In Ansehung dieses empirischen Charakters gibt es also keine Freiheit, und nach diesem können wir doch allein den Menschen betrachten, wenn wir lediglich *beobachten* und, wie es in der Anthropologie geschieht, von seinen Handlungen die bewegenden Ursachen physiologisch erforschen wollen.‹ – Ebendaselbst S. 798 der ersten oder S. 826 der fünften Auflage heißt es: ›Der Wille mag auch frei sein, so kann dies doch nur die intelligible Ursache unsers Wollens angehn. Denn was die Phänomene der Äußerungen desselben, d. i. die Handlungen betrifft, so müssen wir nach einer unverletzlichen Grundmaxime, ohne welche wir keine Vernunft im empirischen Gebrauch ausüben können, sie niemals anders als alle übrigen Erscheinungen der Natur, nämlich nach unwandelbaren Gesetzen derselben erklären.‹ – Ferner in der ›Kritik der praktischen Vernunft‹ (S. 177 der vierten Auflage oder S. 230 der Rosenkranzischen): ›Man kann also einräumen, daß, wenn es für uns möglich wäre, in eines Menschen Denkungsart so, wie sie sich durch innere sowohl als äußere Handlungen zeigt, so tiefe Einsicht zu haben, daß jede, auch die mindeste Triebfeder dazu uns bekannt würde, imgleichen alle auf diese wirkenden äußeren Veranlassungen, man eines Menschen Verhalten auf die Zukunft mit Gewißheit so wie eine Mond- oder Sonnenfinsternis ausrechnen könnte.‹

Hieran aber knüpft er seine Lehre vom Zusammenbestehn der Freiheit mit der Notwendigkeit vermöge der Unterscheidung des intelligibeln Charakters vom empirischen, auf welche Ansicht, da ich mich gänzlich zu ihr bekenne, ich weiter unten zurückkommen werde. *Kant* hat sie zweimal vorgetragen, nämlich in der ›Kritik der reinen Vernunft‹ (S. 532 bis 554 der ersten oder S. 560 bis 582 der fünften Auflage), noch deutlicher aber in der ›Kritik der praktischen Vernunft‹ (S. 169 bis 179 der vierten Auflage oder S. 224 bis 231 der Rosenkranzischen); diese überaus tiefgedachten Stellen muß jeder lesen, der eine gründliche Erkenntnis von der Vereinbarkeit der menschlichen Freiheit mit der Notwendigkeit der Handlungen erlangen will. –

Von den Leistungen aller dieser edeln und ehrwürdigen Vorgänger unterscheidet gegenwärtige Abhandlung des Gegenstandes sich bis hieher hauptsächlich in zwei Punkten: erstlich dadurch, daß ich auf Anleitung der Preisfrage die innere Wahrnehmung des Willens im Selbstbewußtsein von der äußern streng gesondert und jede von beiden für sich betrachtet habe, wodurch die Aufdeckung der Quelle der auf die meisten Menschen so unwiderstehlich wirkenden Täuschung allererst möglich geworden; zweitens dadurch, daß ich den Willen im Zusammenhange mit der gesamten übrigen Natur in Betracht gezogen habe, was keiner vor mir getan und wodurch allererst der Gegenstand mit derjenigen Gründlichkeit, methodischen Einsicht und Ganzheit, deren er fähig ist, abgehandelt werden konnte.

Jetzt noch ein paar Worte über einige Schriftsteller, die nach *Kant* geschrieben haben, welche ich jedoch nicht als meine Vorgänger betrachte.

Von der soeben belobten höchst wichtigen Lehre *Kants* über den intelligibeln und empirischen Charakter hat eine erläuternde Paraphrase *Schelling* geliefert in seiner ›Untersuchung über die menschliche Freiheit‹, S. 465 bis 471. Diese Paraphrase kann durch die Lebhaftigkeit ihres Kolorits dienen, manchem die Sache faßlicher zu machen, als die gründliche, aber trockene Kantische Darstellung es vermag. Inzwischen darf ich derselben nicht erwähnen, ohne zur Ehre der Wahrheit und *Kants* zu rügen, daß *Schelling* hier, wo er eine der wichtigsten und bewunderungswürdigsten, ja meines Erachtens die tiefsinnigste aller Kantischen Lehren vorträgt, nicht deutlich ausspricht, daß, was er jetzt darlegt, dem Inhalte nach *Kanten* angehört, vielmehr sich so ausdrückt, daß die allermeisten Leser, als welchen der Inhalt der weitläuftigen und schwierigen Werke des großen Mannes nicht genau gegenwärtig ist, wähnen müssen, hier *Schellings* eigene Gedanken zu lesen. Wie sehr hierin der Erfolg der Absicht entsprochen hat, will ich nur durch *einen* Beleg aus vielen zeigen. Noch heutigentages sagt ein junger Professor der Philosophie in Halle, Herr Erdmann, in seinem Buche von 1837, betitelt ›Leib und Seele‹, S. 101: ›Wenn auch Leibniz ähnlich wie Schelling in seiner Abhandlung ‚Über die Freiheit' die Seele vor aller Zeit sich bestimmen läßt‹ usw. *Schelling* steht also hier zu *Kant* in der glücklichen Lage des *Amerigo* zum *Columbus*: mit seinem Namen wird die fremde Entdeckung gestempelt. Er hat es aber auch seiner Klugheit und nicht dem Zufall zu danken. Denn er hebt S. 465 an: ›Überhaupt hat erst der *Idealismus* die Lehre von der Freiheit in dasjenige Gebiet erhoben‹, usw., und nun folgen unmittelbar die Kantischen Gedanken. Also statt hier, der Redlichkeit gemäß, zu sagen *Kant*, sagt er klüglich *der Idealismus*: unter diesem vieldeutigen Ausdruck wird jedoch hier jeder *Fichtes* und *Schellings* erste fichtianische Philosophie verstehn, nicht aber *Kants* Lehre; da dieser gegen die Benennung *Idealismus* für seine Philosophie protestiert (z.B. ›Prolegomena‹ S. 51 und S. 155 Rosenkranzische Ausgabe) und sogar seiner zweiten Auflage der ›Kritik der reinen Vernunft‹ S. 274 eine ›Widerlegung des Idealismus‹ eingefügt hatte. Auf der folgenden Seite erwähnt nun *Schelling* sehr klüglich in einer beiläufigen Phrase den ›Kantischen

Begriff‹, um nämlich die zu beschwichtigen, welche schon wissen, daß es Kantischer Reichtum ist, den man hier so pomphaft als eigene Ware auskramt. Dann aber wird noch gar S. 472 aller Wahrheit und Gerechtigkeit zum Trotz gesagt, *Kant* hätte sich *nicht* zu derjenigen Ansicht in der Theorie erhoben, usw.; während aus den beiden oben von mir zum Nachlesen empfohlenen unsterblichen Stellen *Kants* jeder deutlich sehn kann, daß gerade diese Ansicht ihm allein ursprünglich angehört, welche ohne ihn noch tausend solche Köpfe wie die Herren *Fichte* und *Schelling* nimmermehr zu fassen fähig gewesen wären. Da ich hier von der Abhandlung *Schellings* zu sprechen hatte, durfte ich über diesen Punkt nicht schweigen, sondern habe nur meine Pflicht erfüllt gegen jenen großen Lehrer der Menschheit, der ganz allein neben *Goethe* der gerechte Stolz der deutschen Nation ist, indem ich, was unwidersprechlich ihm allein angehört, ihm vindiziere – zumal in einer Zeit, von der ganz eigentlich *Goethes* Wort gilt: ›Das Knabenvolk ist Herr der Bahn‹ [›Parabolisch‹ 7, 8]. – Übrigens hat *Schelling* in derselben Abhandlung ebensowenig Anstand genommen, die Gedanken, ja die Worte *Jacob Böhmes* sich zuzueignen, ohne seine Quelle zu verraten.

Außer dieser Paraphrase Kantischer Gedanken enthalten jene ›Untersuchungen über die Freiheit‹ nichts, was dienen könnte, uns neue oder gründliche Aufklärungen über dieselbe zu verschaffen. Dies kündigt sich auch schon gleich anfangs durch die Definition an, die Freiheit sei ›ein Vermögen des Guten und Bösen‹. Für den Katechismus mag eine solche Definition tauglich sein: in der Philosophie aber ist damit nichts gesagt und folglich auch nichts anzufangen. Denn Gutes und Böses sind weit davon entfernt, einfache Begriffe (notiones simplices) zu sein, die, an sich selbst klar, keiner Erklärung, Feststellung und Begründung bedürften. Überhaupt handelt nur ein kleiner Teil jener Abhandlung von der Freiheit: ihr Hauptinhalt ist vielmehr ein ausführlicher Bericht über einen Gott, mit welchem der Herr Verfasser intime Bekanntschaft verrät, da er uns sogar dessen Entstehung beschreibt; nur ist zu bedauern, daß er mit keinem Worte erwähnt, wie er denn zu dieser Bekanntschaft gekommen sei. Den Anfang der Abhandlung macht ein Gewebe von Sophismen, deren Seichtigkeit jeder erkennen wird, der sich durch die Dreistigkeit des Tons nicht einschüchtern läßt.

Seitdem und infolge dieses und ähnlicher Erzeugnisse ist nun in der deutschen Philosophie an die Stelle deutlicher Begriffe und redlichen Forschens ›intellektuale Anschauung‹ und ›absolutes Denken‹ getreten: Imponieren, Verdutzen, Mystifizieren, dem Leser durch allerlei Kunstgriffe Sand in die Augen streuen ist die Methode geworden, und durchgängig leitet statt der Einsicht die Absicht den Vortrag. Durch welches alles denn die Philosophie, wenn man sie noch so nennen will, mehr und mehr und immer tiefer hat sinken müssen, bis sie zuletzt die tiefste Stufe der Erniedrigung erreichte in der Ministerkreatur *Hegel*: dieser, um die durch *Kant* errungene Freiheit des Denkens wieder zu ersticken, machte nunmehr die Philosophie, die Tochter der Vernunft und künftige Mutter der Wahrheit, zum Werkzeug der Staatszwecke, des Obskurantismus und protestantischen Jesuitismus: um aber die Schmach zu verhüllen und zugleich die größtmögliche Verdummung der Köpfe herbeizuführen, zog er den Deckmantel des hohlsten Wortkrams und des unsinnigsten Galimathias, der jemals, wenigstens außer dem Tollhause, gehört worden, darüber.

In England und Frankreich steht die Philosophie, im ganzen genommen, fast noch da, wo *Locke* und *Condillac* sie gelassen haben. *Maine de Biran*, von seinem Herausgeber, Herrn *Cousin*, ›le premier métaphysicien français de mon temps‹ genannt, ist in seinen 1834 erschienenen ›Nouvelles considérations du physique et moral‹ ein fanatischer Bekenner des liberi arbitrii indifferentiae und nimmt es als eine Sache, die sich ganz und gar von selbst versteht. Nicht anders machen es manche der deutschen neueren philosophischen Skribenten: das liberum arbitrium indifferentiae, unter dem Namen ›sittliche Freiheit‹, tritt als eine ausgemachte Sache bei ihnen auf, gerade als ob alle die oben angeführten großen Männer nie dagewesen wären. Sie erklären die

Freiheit des Willens für unmittelbar im Selbstbewußtsein
gegeben und dadurch so unerschütterlich festgestellt, daß
alle Argumente dagegen nichts anderes als Sophismen sein
können. Diese erhabene Zuversicht entspringt bloß daraus,
daß die Guten gar nicht wissen, was Freiheit des Willens ist
und bedeutet; sondern in ihrer Unschuld nichts anderes
darunter verstehn als die in unserm zweiten Abschnitt
analysierte Herrschaft des Willens über die Glieder des Leibes, an welcher doch wohl nie ein vernünftiger Mensch gezweifelt hat und deren Ausdruck eben jenes ›Ich kann tun,
was ich will‹ ist. Dies, meinen sie ganz ehrlich, sei die Freiheit des Willens, und pochen darauf, daß sie über allen
Zweifel erhaben ist. Es ist eben der Stand der Unschuld,
in welchen nach so vielen großen Vorgängern die Hegelsche
Philosophie den deutschen denkenden Geist zurückversetzt
hat. Leuten dieses Schlages könnte man freilich zurufen:

> Seid ihr nicht wie die Weiber, die beständig
> Zurück nur kommen auf ihr erstes Wort,
> Wenn man Vernunft gesprochen stundenlang?
> [Schiller, ›Wallensteins Tod‹ 2, 3]

Jedoch mögen bei manchen unter ihnen die oben angedeuteten theologischen Motive im stillen wirksam sein.

Und dann wieder die medizinischen, zoologischen, historischen, politischen und belletristischen Schriftsteller unserer
Tage, wie äußerst gern ergreifen sie jede Gelegenheit, um
die ›Freiheit des Menschen‹, die ›sittliche Freiheit‹ zu erwähnen! Sie dünken sich etwas damit. Auf eine Erklärung
derselben lassen sie sich freilich nicht ein: aber wenn man sie
examinieren dürfte, würde man finden, daß sie dabei entweder gar nichts oder aber unser altes, ehrliches, wohlbe-
kanntes liberum arbitrium indifferentiae denken, in so vornehme Redensarten sie es auch kleiden möchten, also einen
Begriff, von dessen Unstatthaftigkeit den großen Haufen zu
überzeugen wohl nimmer gelingen wird, von welchem jedoch Gelehrte sich hüten sollten mit so viel Unschuld zu
reden. Daher eben gibt es auch einige Verzagte unter ihnen,
welche sehr belustigend sind, indem sie nicht mehr sich

unterstehn, von der Freiheit des *Willens* zu reden, sondern, um es fein zu machen, statt dessen sagen: ›Freiheit des *Geistes*‹ und damit durchzuschleichen hoffen. Was sie sich dabei denken, weiß ich glücklicherweise dem mich fragend ansehenden Leser anzugeben: Nichts, rein gar nichts – als daß es eben nach guter deutscher Art und Kunst ein unentschiedener, ja eigentlich nichtssagender Ausdruck ist, welcher einen ihrer Leerheit und Feigheit erwünschten Hinterhalt gewährt: zum Entwischen. Das Wort ›Geist‹, eigentlich ein tropischer Ausdruck, bezeichnet überall die *intellektuellen* Fähigkeiten im Gegensatz des Willens: diese aber sollen in ihrem Wirken durchaus nicht frei sein, sondern sich zunächst den Regeln der Logik, sodann aber dem jedesmaligen *Objekt* ihres Erkennens anpassen, fügen und unterwerfen, damit sie rein, d. h. *objektiv* auffassen und es nie heiße: ›stat pro ratione voluntas‹ [der Wunsch überhebt mich der Gründe; Juvenal, ›Saturae‹ 6, 223]. Überhaupt ist dieser ›Geist‹, der in jetziger deutscher Literatur sich überall herumtreibt, ein durchaus verdächtiger Geselle, den man daher, wo er sich betreffen läßt, nach seinem Paß fragen soll. Der mit Feigheit verbundenen Gedankenarmut als Maske zu dienen ist sein häufigstes Gewerbe. Übrigens ist das Wort *Geist* bekanntlich mit dem Worte *Gas* verwandt, welches, aus dem Arabischen und der Alchimie stammend, Dunst oder Luft bedeutet, eben wie auch spiritus, πνεῦμα, animus, verwandt [ist] mit ἄνεμος [Wind].

Besagtermaßen also steht es hinsichtlich unsers Themas in der philosophischen und in der weitern gelehrten Welt nach allem, was die angeführten großen Geister darüber gelehrt haben; woran sich abermals bestätigt, daß nicht allein die Natur zu allen Zeiten nur höchst wenige wirkliche Denker als seltene Ausnahmen hervorgebracht hat; sondern diese wenigen selbst stets auch nur für sehr wenige dagewesen sind. Daher eben behaupten Wahn und Irrtum fortwährend die Herrschaft. –

Bei einem moralischen Gegenstande ist auch das Zeugnis der großen Dichter von Gewicht. Sie reden nicht nach systematischer Untersuchung, aber ihrem Tiefblick liegt die menschliche Natur offen: daher treffen ihre Aussagen unmittelbar die Wahrheit. – Im *Shakespeare*, ›Measure for measure‹ act 2, scene 2, bittet Isabella den Reichsverweser Angelo um Gnade für ihren zum Tode verurteilten Bruder:

> *Angelo.* I will not do it.
> *Isabella.* But can you, if you would?
> *Angelo.* Look, what I *will* not, that I *cannot* do[1].

In ›Twelfth night‹ act 1 heißt es:

> Fate, show thy force, ourselves we do not owe,
> What is decree'd must be, and be this so[2].

Auch *Walter Scott*, dieser große Kenner und Maler des menschlichen Herzens und seiner geheimsten Regungen, hat jene tiefliegende Wahrheit rein zutage gefördert in seinem ›St. Ronan's well‹ vol. 3, chapter 6. Er stellt eine sterbende reuige Sünderin dar, die auf dem Sterbebette ihr geängstigtes Gewissen durch Geständnisse zu erleichtern sucht, und mitten unter diesen läßt er sie sagen:

›Go, and leave me to my fate; I am the most detestable wretch, that ever lived – detestable to myself, worst of all; because even in my penitence there is a secret whisper that tells me, that were I as I have been, I would again act over all the wickedness I have done, and much worse. Oh! for Heavens assistance, to crush the wicked thought!‹[3]

Einen Beleg zu *dieser* dichterischen Darstellung liefert folgende ihr parallele Tatsache, welche zugleich die Lehre von der Konstanz des Charakters auf das stärkeste bestätigt. Sie ist 1845 aus der französischen Zeitung ›La Presse‹ in die

---

1. *Angelo.* Ich will es nicht tun.
   Isabella. Aber könntet Ihr's, wenn Ihr wolltet?
   Angelo. Seht, was ich nicht *will*, das *kann* ich nicht [tun].
2. Jetzt kannst du deine Macht, o Schicksal, zeigen:
   Was sein soll, muß geschehn, und keiner ist sein eigen.
3. Geht und überlaßt mich meinem Schicksale. Ich bin das elendeste und abscheulichste Geschöpf, das je gelebt hat – mir selber am abscheulichsten. Denn mitten in meiner Reue flüstert etwas mir heimlich zu, daß, wenn ich wieder wäre, wie ich gewesen bin, ich alle Schlechtigkeiten, die ich begangen habe, abermals begehn würde, ja noch schlimmere dazu. O, um des Himmels Beistand, den nichtswürdigen Gedanken zu ersticken!

›Times‹ vom 2. Juli 1845 übergegangen, woraus ich sie übersetze. Die Überschrift lautet:

Militärische Hinrichtung zu Oran

›Am 24. März war der Spanier Aguilar, alias Gomez, zum Tode verurteilt worden. Am Tage vor der Hinrichtung sagte er im Gespräch mit seinem Kerkermeister: ›Ich bin nicht so schuldig, wie man mich dargestellt hat: ich bin angeklagt, dreißig Mordtaten begangen zu haben; während ich doch nur 26 begangen habe. Von Kindheit auf durstete ich nach Blut: als ich 7$^{1}/_{2}$ Jahre alt war, erstach ich ein Kind. Ich habe eine schwangere Frau gemordet und in späterer Zeit einen spanischen Offizier, infolge wovon ich mich genötigt sah, aus Spanien zu entfliehn. Ich flüchtete nach Frankreich, woselbst ich zwei Verbrechen begangen habe, ehe ich in die Fremdenlegion trat. Unter allen meinen Verbrechen bereue ich am meisten folgendes: Im Jahr 1841 nahm ich an der Spitze meiner Kompagnie einen deputierten General-Commissär, der von einem Sergeanten, einem Korporal und sieben Mann eskortiert war, gefangen: ich ließ sie alle enthaupten. Der Tod dieser Leute lastet schwer auf mir: ich sehe sie in meinen Träumen, und morgen werde ich sie erblicken in den mich zu erschießen beorderten Soldaten. *Nichtsdestoweniger würde ich, wenn ich meine Freiheit wiedererhielte, noch andere morden*‹.‹

Auch folgende Stelle in *Goethes* ›Iphigenie‹ (Akt 4, Szene 2) gehört hieher:

Arkas. Denn du hast nicht der Treue Rat geachtet.
Iphigenie. Was ich vermochte, hab' ich gern getan.
Arkas. Noch änderst du den Sinn zur rechten Zeit.
Iphigenie. Das steht nun einmal nicht in unserer Macht.

Auch eine berühmte Stelle in *Schillers* ›Wallenstein‹ [2, 3] spricht unsere Grundwahrheit aus:

Des Menschen Taten und Gedanken, wißt,
Sind nicht wie Meeres blind bewegte Wellen.
Die inn're Welt, sein Mikrokosmus, ist
Der tiefe Schacht, aus dem sie ewig quellen.

Sie sind *notwendig* wie des Baumes Frucht,
Sie kann der Zufall gaukelnd nicht verwandeln.
Hab' ich des Menschen Kern erst untersucht,
So weiß ich auch sein Wollen und sein Handeln.

V.
SCHLUSS UND HÖHERE ANSICHT

Alle jene sowohl poetischen als philosophischen glorreichen Vorgänger in der von mir verfochtenen Wahrheit habe ich hier gern in Erinnerung gebracht. Inzwischen sind nicht Auktoritäten, sondern Gründe die Waffe des Philosophen; daher ich nur mit diesen meine Sache geführt habe und doch hoffe, ihr eine solche Evidenz gegeben zu haben, daß ich jetzt wohl berechtigt bin, die Folgerung ›a non posse ad non esse‹ [von der Unmöglichkeit auf die Unwirklichkeit] zu ziehn; wodurch die oben bei Untersuchung des Selbstbewußtseins direkt und tatsächlich, folglich a posteriori begründete Verneinung der von der Königlichen Sozietät aufgestellten Frage jetzt auch mittelbar und a priori begründet ist: indem, was überhaupt nicht vorhanden ist, auch nicht im Selbstbewußtsein Data haben kann, aus denen es sich beweisen ließe.

Wenn nun auch die hier verfochtene Wahrheit zu denen gehören mag, welche den vorgefaßten Meinungen der kurzsichtigen Menge entgegen, ja dem Schwachen und Unwissenden anstößig sein können; so hat mich dies nicht abhalten dürfen, sie ohne Umschweife und ohne Rückhalt darzulegen: angesehn, daß ich hier nicht zum Volke, sondern zu einer erleuchteten Akademie rede, welche ihre sehr zeitgemäße Frage nicht aufgestellt hat zur Beseitigung des Vorurteils, sondern zur Ehre der Wahrheit. – Überdies wird der redliche Wahrheitsforscher, solange es sich noch darum handelt, eine Wahrheit festzustellen und zu beglaubigen, stets ganz allein auf ihre Gründe und nicht auf ihre Folgen sehn, als wozu die Zeit dann sein wird, wann sie selbst feststeht. Unbekümmert um die Folgen allein die Gründe prüfen und nicht erst fragen, ob eine erkannte Wahrheit auch mit dem System unserer übrigen Überzeugungen in Einklang stehe oder nicht – dies ist es, was schon *Kant* empfiehlt, dessen Worte ich hier zu wiederholen mich nicht entbrechen kann: ›Dies bestärkt die schon von andern erkannte und gepriesene Maxime, in jeder wissenschaftlichen Untersuchung mit aller möglichen Genauigkeit und Offenheit seinen Gang ungestört fortzusetzen, ohne sich an das zu kehren, wowider sie außer ihrem Felde etwan verstoßen möchte, sondern sie für sich allein, soviel man kann, wahr und vollständig zu vollführen. Öftere Beobachtung hat mich überzeugt, daß, wenn man dieses Geschäft zu Ende gebracht hat, das, was in der Hälfte desselben in Betracht anderer Lehren außerhalb mir bisweilen sehr bedenklich schien, wenn ich diese Bedenklichkeit nur so lange aus den Augen ließ und bloß auf mein Geschäft achthatte, bis es vollendet sei, endlich auf unerwartete Weise mit demjenigen vollkommen zusammenstimmte, was sich ohne die mindeste Rücksicht auf jene Lehren ohne Parteilichkeit und Vorliebe für dieselben von selbst gefunden hatte. Schriftsteller würden sich manche Irrtümer, manche verlorene Mühe (weil sie auf Blendwerk gestellt war) ersparen, wenn sie sich nur entschließen könnten, mit etwas mehr Offenheit zu Werke zu gehn‹ (›Kritik der praktischen Vernunft‹, S. 190 der vierten Auflage oder S. 239 der Rosenkranzischen).

Unsere metaphysischen Kenntnisse überhaupt sind doch wohl noch himmelweit davon entfernt, eine solche Gewißheit zu haben, daß man irgendeine gründlich erwiesene Wahrheit darum verwerfen sollte, weil ihre Folgen nicht zu jenen passen. Vielmehr ist jede errungene und festgestellte Wahrheit ein eroberter Teil des Gebiets der Probleme des Wissens überhaupt und ein fester Punkt, die Hebel anzulegen, welche andere Lasten bewegen werden, ja von welchem aus man sich in günstigen Fällen mit einem Male zu einer höhern Ansicht des Ganzen, als man bisher gehabt, emporschwingt. Denn die Verkettung der Wahrheiten ist in jedem Gebiete des Wissens so groß, daß, wer sich in den ganz sichern Besitz einer einzigen gesetzt hat, allenfalls hoffen darf, von da aus das Ganze zu erobern. Wie bei einer schwierigen algebraischen Aufgabe eine einzige positiv gegebene Größe von unschätzbarem Wert ist, weil sie die Lösung möglich macht; so ist in der schwierigsten aller menschlichen Aufgaben, welches die Metaphysik ist, die sichere a priori und a posteriori bewiesene Erkenntnis der strengen Notwendigkeit, mit der aus gegebenem Charakter und gegebenen Motiven die Taten erfolgen, ein solches unschätzbares Datum, von welchem ganz allein ausgehend man zur Lösung der gesamten Aufgabe gelangen kann. Daher muß alles, was nicht eine feste, wissenschaftliche Beglaubigung aufzuweisen hat, einer solchen wohlbegründeten Wahrheit, wo es ihr im Wege steht, weichen, nicht aber diese jenem: und keineswegs darf sie sich zu Akkommodationen und Beschränkungen verstehn, um sich mit unbewiesenen und vielleicht irrigen Behauptungen in Einklang zu setzen.

Noch eine allgemeine Bemerkung sei mir hier erlaubt. Ein Rückblick auf unser Resultat gibt zu der Betrachtung Anlaß, daß in Hinsicht der zwei Probleme, welche schon im vorigen Abschnitt als die tiefsten der Philosophie der Neueren, hingegen den Alten nicht deutlich bewußt bezeichnet wurden – nämlich das Problem von der Willensfreiheit und das vom Verhältnis zwischen Idealem und Realem – der gesunde, aber rohe Verstand nicht nur inkompetent ist; sondern sogar einen entschiedenen natürlichen Hang zum Irrtum hat, von welchem ihn zurückzubringen es einer schon weit gediehenen Philosophie bedarf. Es ist ihm nämlich wirklich natürlich, hinsichtlich auf das *Erkennen* viel zuviel dem *Objekt* beizumessen; daher es *Lockes* und *Kants* bedurfte, um zu zeigen, wie sehr viel davon aus dem *Subjekt* entspringt. Hinsichtlich auf das *Wollen* hingegen hat er umgekehrt den Hang, viel zuwenig dem *Objekt* und viel zuviel dem *Subjekt* beizulegen, indem er dasselbe ganz und gar von *diesem* ausgehn läßt, ohne den im *Objekt* gelegenen Faktor, die Motive, gehörig in Anschlag zu bringen, welche eigentlich die ganze individuelle Beschaffenheit der Handlungen bestimmen, während nur ihr Allgemeines und Wesentliches, nämlich ihr moralischer Grundcharakter vom *Subjekt* ausgeht. Eine solche dem Verstande natürliche Verkehrtheit in spekulativen Forschungen darf uns jedoch nicht wundern; da er ursprünglich allein zu praktischen und keineswegs zu spekulativen Zwecken bestimmt ist. –

Wenn wir nun infolge unserer bisherigen Darstellung alle Freiheit des menschlichen Handelns völlig aufgehoben und dasselbe als durchweg der strengsten Notwendigkeit unterworfen erkannt haben; so sind wir eben dadurch auf den Punkt geführt, auf welchem wir *die wahre moralische Freiheit*, welche höherer Art ist, werden begreifen können.

Es gibt nämlich noch eine Tatsache des Bewußtseins, von welcher ich bisher, um den Gang der Untersuchung nicht zu stören, gänzlich abgesehn habe. Diese ist das völlig deutliche und sichere Gefühl der *Verantwortlichkeit* für das, was wir tun, der *Zurechnungsfähigkeit* für unsere Handlungen, beruhend auf der unerschütterlichen Gewißheit, daß wir selbst *die Täter unserer Taten* sind. Vermöge dieses Bewußtseins kommt es keinem, auch dem nicht, der von der im bisherigen dargelegten Notwendigkeit, mit welcher unsere Handlungen eintreten, völlig überzeugt ist, jemals in den Sinn, sich für ein Vergehn durch diese Notwendigkeit zu entschuldigen und die Schuld von sich auf die Motive zu wälzen, da ja bei deren Eintritt die Tat unausbleiblich war. Denn er sieht sehr wohl ein, daß diese Notwendigkeit eine *subjektive* Bedingung hat und daß hier objective, d. h. unter den vorhandenen Umständen, also unter der Einwirkung der Motive, die ihn bestimmt haben, doch eine ganz andere Handlung, ja die der seinigen gerade entgegengesetzte sehr wohl möglich war und hätte geschehn können, *wenn nur er ein anderer gewesen wäre*: hieran allein hat es gelegen. *Ihm*, weil er dieser und kein anderer ist, weil er einen solchen und solchen Charakter hat, war freilich keine andere Handlung möglich; aber an sich selbst, also objective, war sie möglich. Die *Verantwortlichkeit*, deren er sich bewußt ist, trifft daher bloß zunächst und ostensibel die Tat, im Grunde aber *seinen Charakter*: für *diesen* fühlt er sich verantwortlich. Und für *diesen* machen ihn auch die andern verantwortlich, indem ihr Urteil sogleich die Tat verläßt, um die Eigenschaften des Täters festzustellen: ›er ist ein schlechter Mensch, ein Bösewicht‹ – oder ›er ist ein Spitzbube‹ – oder ›er ist eine kleine, falsche, niederträchtige Seele‹ – so lautet ihr Urteil, und auf seinen *Charakter* laufen ihre Vorwürfe zurück. Die Tat, nebst dem Motiv, kommt dabei bloß als Zeugnis von dem Charakter des Täters in Betracht, gilt aber als sicheres Symptom desselben, wodurch er unwiderruflich und auf immer festgestellt ist. Überaus richtig sagt daher Aristoteles: Ἐγκωμιάζομεν πράξαντας· τὰ δ'ἔργα σημεῖα τῆς ἕξεώς ἐστι, ἐπεὶ ἐπαινοῖμεν ἂν καὶ μὴ πεπραγότα, εἰ πιστεύοιμεν εἶναι τοιοῦτον (›Rhetorica‹ 1, cap. 9). (Encomio celebramus eos, qui egerunt: opera autem signa habitus sunt; quoniam laudaremus etiam, qui non egisset, si crederemus esse talem.) [Wir loben diejenigen, die eine Handlung vollbracht haben, aber die Handlungen sind Anzeichen des Charakters; denn wir würden auch loben, wenn die Handlung unterbliebe, falls wir nur glaubten, daß einer dazu fähig wäre.] Also nicht auf die vorübergehende Tat, sondern auf die bleibenden Eigenschaften des Täters, d. h. des Charakters, aus welchem sie hervorgegangen, wirft sich der Haß, der Abscheu und die Verachtung. Daher sind in allen Sprachen die Epitheta moralischer Schlechtigkeit, die Schimpfnamen, welche sie bezeichnen, vielmehr Prädikate des *Menschen* als der Handlungen. Dem *Charakter* werden sie angehängt: denn dieser hat die Schuld zu tragen, deren er auf Anlaß der Taten bloß überführt worden.

Da, wo die *Schuld* liegt, muß auch die *Verantwortlichkeit* liegen: und da diese das alleinige Datum ist, welches auf moralische Freiheit zu schließen berechtigt; so muß auch die *Freiheit* ebendaselbst liegen, also im *Charakter* des Menschen; um so mehr, als wir uns hinlänglich überzeugt haben, daß sie unmittelbar in den einzelnen Handlungen nicht anzutreffen ist, als welche unter Voraussetzung des Charakters streng nezessitiert eintreten. Der Charakter aber ist, wie im dritten Abschnitt gezeigt worden, angeboren und unveränderlich.

Die Freiheit in diesem Sinn also, dem alleinigen, zu welchem die Data vorliegen, wollen wir jetzt noch etwas näher betrachten, um, nachdem wir sie aus einer Tatsache des Bewußtseins erschlossen und ihren Ort gefunden haben, sie auch, soweit es möglich sein möchte, philosophisch zu begreifen.

Im dritten Abschnitte hatte sich ergeben, daß jede Handlung eines Menschen das Produkt zweier Faktoren sei: seines Charakters mit dem Motiv. Dies bedeutet keineswegs, daß sie ein Mittleres, gleichsam ein Kompromiß zwischen dem Motiv und dem Charakter sei; sondern sie tut beiden volles Genüge, indem sie ihrer ganzen Möglichkeit nach auf beiden zugleich beruht, nämlich darauf, daß das wirkende Motiv auf diesen Charakter treffe und dieser Charakter durch ein solches Motiv bestimmbar sei. Der Charakter ist die empirisch erkannte beharrliche und unveränderliche Beschaffenheit eines individuellen Willens. Da nun dieser Charakter ein ebenso notwendiger Faktor jeder Handlung ist wie das Motiv; so erklärt sich hiedurch das Gefühl, daß unsere Taten von uns selbst ausgehn, oder jenes ›*Ich will*‹, welches alle unsere Handlungen begleitet und vermöge dessen jeder sie als *seine* Taten anerkennen muß, für welche er sich daher moralisch verantwortlich fühlt. Dieses ist nun wieder eben jenes oben bei Untersuchung des Selbstbewußtseins gefundene ›Ich will, und will stets nur, was ich will‹ – welches den rohen Verstand verleitet, eine absolute Freiheit des Tuns und Lassens, ein liberum arbitrium indifferentiae hartnäckig zu behaupten. Allein es ist nichts weiter als das Bewußtsein des zweiten Faktors der Handlung, welcher für sich allein ganz unfähig wäre, sie hervorzubringen, hingegen beim Eintritt des Motivs ebenso unfähig ist, sie zu unterlassen. Aber erst indem er auf diese Weise in Tätigkeit versetzt wird, gibt er seine eigene Beschaffenheit dem Erkenntnisvermögen kund, als welches wesentlich nach außen, nicht nach innen gerichtet, sogar die Beschaffenheit des eigenen Willens erst aus seinen Handlungen empirisch kennenlernt. Diese nähere und immer intimer werdende Bekanntschaft ist es eigentlich, was man *das Gewissen* nennt, welches auch ebendeshalb *direkt* erst *nach* der Handlung laut wird; *vorher* höchstens nur *indirekt*, indem es etwan mittelst der Reflexion und [durch] Rückblick auf ähnliche Fälle, über die es sich schon erklärt hat, als ein künftig Eintretendes bei der Überlegung in Anschlag gebracht wird.

Hier ist nun der Ort, an die schon im vorigen Abschnitt erwähnte Darstellung zu erinnern, welche *Kant* von dem Verhältnis zwischen empirischem und intelligibelm Charakter und dadurch von der Vereinbarkeit der Freiheit mit der Notwendigkeit gegeben hat und welche zum Schönsten und Tiefgedachtesten gehört, was dieser große Geist, ja was Menschen jemals hervorgebracht haben. Ich habe mich nur darauf zu berufen, da es eine überflüssige Weitläufigkeit wäre, es hier zu wiederholen. Aber nur daraus läßt sich, soweit menschliche Kräfte es vermögen, begreifen, wie die strenge Notwendigkeit unserer Handlungen doch zusammenbesteht mit derjenigen Freiheit, von welcher das Gefühl der Verantwortlichkeit Zeugnis ablegt und vermöge welcher wir die Täter unserer Taten und diese uns moralisch zuzurechnen sind. – Jenes von *Kant* dargelegte Verhältnis des empirischen zum intelligibeln Charakter beruht ganz und gar auf dem, was den Grundzug seiner gesamten Philosophie ausmacht, nämlich auf der Unterscheidung zwischen Erscheinung und Ding an sich: und wie bei ihm die vollkommene *empirische Realität* der Erfahrungswelt zusammenbesteht mit ihrer *transzendentalen Idealität*; ebenso die strenge *empirische Notwendigkeit* des Handelns mit dessen *transzendentaler Freiheit*. Der empirische Charakter nämlich ist wie der ganze Mensch als Gegenstand der Erfahrung eine bloße Erscheinung, daher an die Formen aller Erscheinung, Zeit, Raum und Kausalität, gebunden und deren Gesetzen unterworfen: hingegen ist die als Ding an sich von diesen Formen unabhängige und deshalb keinem Zeitunterschied unterworfene, mithin beharrende und unveränderliche Bedingung und Grundlage dieser ganzen Erscheinung sein *intelligibler Charakter*, d.h. sein Wille als Ding an sich, welchem in solcher Eigenschaft allerdings auch absolute Freiheit, d.h. Unabhängigkeit vom Gesetze der Kausalität (als einer bloßen Form der Erscheinungen) zukommt. Diese Freiheit aber ist eine *transzendentale*, d. h. nicht in der Erscheinung hervortretende, sondern nur insofern vorhandene, als wir von der Erscheinung und allen ihren Formen abstrahieren, um zu dem zu gelangen, was außer aller Zeit als das innere Wesen des Menschen an sich selbst zu denken ist. Vermöge dieser Freiheit sind alle Taten des Menschen sein eigenes Werk; so notwendig sie auch aus dem empirischen Charakter bei seinem Zusammentreffen mit den Motiven hervorgehn; weil dieser empirische Charakter bloß die Erscheinung des intelligibeln in unserm an Zeit, Raum und Kausalität gebundenen *Erkenntnisvermögen*, d. h. die Art und Weise ist, wie diesem das Wesen an sich unsers eigenen Selbst sich darstellt. Demzufolge ist zwar der *Wille* frei, aber nur an sich selbst und außerhalb der Erscheinung: in dieser hingegen stellt er sich schon mit einem bestimmten Charakter dar, welchem alle seine Taten gemäß sein und daher, wenn durch die hinzugetretenen Motive näher bestimmt, notwendig *so* und nicht anders ausfallen müssen.

Dieser Weg führt, wie leicht abzusehn, dahin, daß wir das Werk unserer *Freiheit* nicht mehr, wie es die gemeine Ansicht tut, in unsern einzelnen Handlungen, sondern im ganzen Sein und Wesen (existentia et essentia) des Menschen selbst zu suchen haben, welches gedacht werden muß als seine freie Tat, die bloß für das an Zeit, Raum und Kausalität geknüpfte Erkenntnisvermögen in einer Vielheit und Verschiedenheit von Handlungen sich darstellt, welche aber, eben wegen der ursprünglichen Einheit des in ihnen sich Darstellenden, alle genau denselben Charakter tragen müssen und daher als von den jedesmaligen Motiven, von denen sie hervorgerufen und im einzelnen bestimmt werden, streng nezessitiert erscheinen. Demnach steht für die Welt der Erfahrung das ›operari sequitur esse‹ ohne Ausnahme fest. Jedes Ding wirkt gemäß seiner Beschaffenheit, und sein auf Ursachen erfolgendes Wirken gibt diese Beschaffenheit kund. Jeder Mensch handelt nach dem, wie er ist, und die demgemäß jedesmal notwendige Handlung wird im individuellen Fall allein durch die Motive bestimmt. Die *Freiheit*, welche daher im ›operari‹ nicht anzutreffen sein kann, *muß im*

›esse‹ *liegen.* Es ist ein Grundirrtum, ein ὕστερον πρότερον [Nachfolgendes anstelle des Vorhergehenden; Verwechslung von Grund und Folge] aller Zeiten gewesen, die Notwendigkeit dem ›esse‹ und die Freiheit dem ›operari‹ beizulegen. Umgekehrt: *im ›esse‹ allein liegt die Freiheit*; aber aus ihm und den Motiven folgt das ›operari‹ mit Notwendigkeit: und *an dem, was wir tun, erkennen wir, was wir sind.* Hierauf und nicht auf dem vermeinten libero arbitrio indifferentiae beruht das Bewußtsein der Verantwortlichkeit und die moralische Tendenz des Lebens. Es kommt alles darauf an, was einer *ist*; was er *tut*, wird sich daraus von selbst ergeben als ein notwendiges Korollarium. Das alle unsere Taten trotz ihrer Abhängigkeit von den Motiven unleugbar begleitende Bewußtsein der Eigenmächtigkeit und Ursprünglichkeit, vermöge dessen sie *unsere* Taten sind, trügt demnach nicht: aber sein wahrer Inhalt reicht weiter als die Taten und fängt höher oben an, indem unser Sein und Wesen selbst, von welchem alle Taten (auf Anlaß der Motive) notwendig ausgehn, in Wahrheit mit darin begriffen ist. In diesem Sinne kann man jenes Bewußtsein der Eigenmächtigkeit und Ursprünglichkeit, wie auch das der Verantwortlichkeit, welches unser Handeln begleitet, mit einem Zeiger vergleichen, der auf einen entfernteren Gegenstand hinweist, als der in derselben Richtung näherliegende ist, auf den er zu weisen scheint.

Mit *einem* Wort: Der Mensch tut allezeit nur, was er will, und tut es doch notwendig. Das liegt aber daran, daß er schon *ist*, was er will: denn aus dem, was er *ist*, folgt notwendig alles, was er jedesmal tut. Betrachtet man sein Tun obiective, also von außen; so erkennt man apodiktisch, daß es wie das Wirken jedes Naturwesens dem Kausalitätsgesetze in seiner ganzen Strenge unterworfen sein muß: subiective hingegen fühlt jeder, daß er stets nur tut, was er *will*. Dies besagt aber bloß, daß sein Wirken die reine Äußerung seines selbst-eigenen Wesens ist. Dasselbe würde daher jedes, selbst das niedrigste Naturwesen fühlen, wenn es fühlen könnte.

Die *Freiheit* ist also durch meine Darstellung nicht aufgehoben, sondern bloß hinausgerückt, nämlich aus dem Gebiete der einzelnen Handlungen, wo sie erweislich nicht anzutreffen ist, hinauf in eine höhere, aber unserer Erkenntnis nicht so leicht zugängliche Region: d.h. sie ist transzendental. Und dies ist denn auch der Sinn, in welchem ich jenen Ausspruch des Malebranche: ›La liberté est un mystère‹[1] verstanden wissen möchte, unter dessen Ägide gegenwärtige Abhandlung die von der Königlichen Sozietät gestellte Aufgabe zu lösen versucht hat.

ANHANG

ZUR ERGÄNZUNG DES ERSTEN ABSCHNITTES

Infolge der gleich anfangs aufgestellten Einteilung der Freiheit in physische, intellektuelle und moralische habe ich, nachdem die erstere und letztere abgehandelt sind, jetzt noch die zweite zu erörtern, welches bloß der Vollständigkeit wegen und daher in der Kürze geschehn soll.

Der Intellekt oder das Erkenntnisvermögen ist das *Medium der Motive*, durch welches nämlich hindurch sie auf den Willen, welcher der eigentliche Kern des Menschen ist, wirken. Nur sofern dieses Medium der Motive sich in einem normalen Zustande befindet, seine Funktionen regelrecht vollzieht und daher die Motive unverfälscht, wie sie in der realen Außenwelt vorliegen, dem Willen zur Wahl darstellt, kann dieser sich seiner Natur, d.h. dem individuellen Charakter des Menschen gemäß entscheiden, also *ungehindert* nach seinem selbst-eigenen Wesen sich äußern: dann ist der Mensch *intellektuell frei*, d.h. seine Handlungen sind das reine Resultat der Reaktion seines Willens auf Motive, die in der Außenwelt ihm ebenso wie allen andern vorliegen. Demzufolge sind sie ihm alsdann moralisch und auch juridisch zuzurechnen.

Diese intellektuelle Freiheit wird *aufgehoben* entweder dadurch, daß das Medium der Motive, das Erkenntnisvermögen, auf die Dauer oder nur vorübergehend zerrüttet ist, oder dadurch, daß äußere Umstände im einzelnen Fall die Auffassung der Motive verfälschen. Ersteres ist der Fall im Wahnsinn, Delirium, Paroxysmus und [in der] Schlaftrunkenheit; letzteres bei einem entschiedenen und unverschuldeten Irr-

1. [*Vgl. Bd. 1, S. 548*]

tum, z.B. wenn man Gift statt Arznei eingießt oder den nächtlich eintretenden Diener für einen Räuber hält und erschießt, u. dgl. mehr. Denn in beiden Fällen sind die Motive verfälscht, weshalb der Wille sich nicht so entscheiden kann, wie er unter den vorliegenden Umständen es würde, wenn der Intellekt sie ihm richtig überlieferte. Die unter solchen Umständen begangenen Verbrechen sind daher auch nicht gesetzlich strafbar. Denn die Gesetze gehn aus von der richtigen Voraussetzung, daß der Wille nicht moralisch frei sei, in welchem Fall man ihn nicht *lenken* könnte; sondern daß er der Nötigung durch Motive unterworfen sei: demgemäß wollen sie allen etwanigen Motiven zu Verbrechen stärkere Gegenmotive in den angedrohten Strafen entgegenstellen, und ein Kriminalkodex ist nichts anderes als ein Verzeichnis von Gegenmotiven zu verbrecherischen Handlungen. Ergibt sich aber, daß der Intellekt, durch den diese Gegenmotive zu wirken hatten, unfähig war, sie aufzunehmen und dem Willen vorzuhalten; so war ihre Wirkung unmöglich: sie waren für ihn nicht vorhanden. Es ist, wie wenn man findet, daß einer der Fäden, die eine Maschine zu bewegen hatten, gerissen sei. Die Schuld geht daher in solchem Fall vom Willen auf den Intellekt über: dieser aber ist keiner Strafe unterworfen; sondern mit dem Willen allein haben es die Gesetze wie die Moral zu tun. Er allein ist der eigentliche Mensch: der Intellekt ist bloß sein Organ, seine Fühlhörner nach außen, d.i. das Medium der Wirkung auf ihn durch Motive.

Ebensowenig sind dergleichen Taten *moralisch* zuzurechnen. Denn sie sind kein Zug des Charakters des Menschen: er hat entweder etwas anderes getan, als er zu tun wähnte, oder war unfähig, an das zu denken, was ihn davon hätte abhalten sollen, d.h. die Gegenmotive zuzulassen. Es ist damit, wie wenn ein chemisch zu untersuchender Stoff der Einwirkung mehrerer Reagenzien ausgesetzt wird, damit man sehe, zu welchem er die stärkste Verwandtschaft hat: findet sich nach gemachtem Experiment, daß durch ein zufälliges Hindernis das eine Reagens gar nicht hat einwirken können; so ist das Experiment ungültig.

Die intellektuelle Freiheit, welche wir hier als ganz aufgehoben betrachteten, kann ferner auch bloß *vermindert* oder partiell aufgehoben werden. Dies geschieht besonders durch den Affekt und durch den Rausch. Der *Affekt* ist die plötzliche, heftige Erregung des Willens durch eine von außen eindringende, zum Motiv werdende Vorstellung, die eine solche Lebhaftigkeit hat, daß sie alle andern, welche ihr als Gegenmotive entgegenwirken könnten, verdunkelt und nicht deutlich ins Bewußtsein kommen läßt. Diese letzteren, welche meistens nur abstrakter Natur, bloße Gedanken sind, während jene erstere ein Anschauliches, Gegenwärtiges ist, kommen dabei gleichsam nicht zum Schuß und haben also nicht, was man auf englisch fair play [ehrliches Spiel] nennt: die Tat ist schon geschehn, ehe sie kontragieren konnten. Es ist, wie wenn im Duell der eine vor dem Kommandowort losschießt. Auch hier ist demnach sowohl die juridische als die moralische Verantwortlichkeit nach Beschaffenheit der Umstände mehr oder weniger, doch immer zum Teil aufgehoben. In England wird ein in vollkommener Übereilung und ohne die geringste Überlegung im heftigsten plötzlich erregten Zorn begangener Mord manslaughter [Totschlag] genannt und leicht, ja bisweilen gar nicht bestraft. – Der *Rausch* ist ein Zustand, der zu Affekten disponiert, indem er die Lebhaftigkeit der anschaulichen Vorstellungen erhöht, das Denken in abstracto dagegen schwächt und dabei noch die Energie des Willens steigert. An die Stelle der Verantwortlichkeit für die Taten tritt hier die für den Rausch selbst: daher er juridisch nicht entschuldigt, obgleich hier die intellektuelle Freiheit zum Teil aufgehoben ist.

Von dieser intellektuellen Freiheit, τὸ ἑκούσιον καὶ ἀκούσιον κατὰ διάνοιαν *[vgl. S. 523]*, redet schon, wiewohl sehr kurz und ungenügend, *Aristoteles* in der ›Ethica Eudemia‹ 2, cap. 7 et 9, und etwas ausführlicher in der ›Ethica ad Nicomachum‹ 3, cap. 2. – Sie ist gemeint, wenn die medicina forensis [Gerichtsmedizin] und die Kriminaljustiz frägt, ob ein Verbrecher im Zustande der Freiheit und folglich zurechnungsfähig gewesen sei.

Im allgemeinen also sind als unter Abwesenheit der intellektuellen Freiheit begangen alle die Verbrechen anzusehn, bei denen der Mensch entweder nicht wußte, was er tat, oder schlechterdings nicht fähig war zu bedenken, was ihn davon hätte abhalten sollen, nämlich die Folgen der Tat. In solchen Fällen ist er demnach nicht zu strafen.

Die hingegen, welche meinen, daß schon wegen der Nichtexistenz der *moralischen* Freiheit und daraus folgender Unausbleiblichkeit aller Handlungen eines gegebenen Menschen kein Verbrecher gestraft werden dürfte, gehn von der falschen Ansicht der Strafe aus, daß sie eine Heimsuchung der Verbrechen ihrer selbst wegen, ein Vergelten des Bösen mit Bösem aus moralischen Gründen sei. Ein solches aber, wenngleich Kant es gelehrt hat, wäre absurd, zwecklos und durchaus unberechtet. Denn wie wäre doch ein Mensch befugt, sich zum absoluten Richter des andern in moralischer Hinsicht aufzuwerfen und als solcher seiner Sünden wegen ihn zu peinigen! Vielmehr hat das Gesetz, d.i. die Androhung der Strafe den Zweck, das Gegenmotiv zu den noch nicht begangenen Verbrechen zu sein. Verfehlt es im einzelnen Fall diese seine Wirkung; so muß es vollzogen werden, weil es sonst sie auch in allen zukünftigen Fällen verfehlen würde. Der Verbrecher seinerseits erleidet in diesem Fall die Strafe eigentlich doch infolge seiner moralischen Beschaffenheit, als welche im Verein mit den Umständen, welche die Motive waren, und seinem Intellekt, der ihm die Hoffnung der Strafe zu entgehn vorspiegelte, die Tat unausbleiblich herbeigeführt hat. Hierin könnte ihm nur dann Unrecht geschehn, wenn sein moralischer Charakter nicht sein eigenes Werk, seine intelligible Tat, sondern das Werk eines andern wäre. Dasselbe Verhältnis der Tat zu ihrer Folge findet statt, wenn die Folgen seines lasterhaften Tuns nicht nach menschlichen, sondern nach Naturgesetzen eintreten, z.B. wenn liederliche Ausschweifungen schreckliche Krankheiten herbeiführen, oder auch, wenn er beim Versuch eines Einbruchs durch einen Zufall verunglückt, z.B. in dem Schweinestall, in den er bei Nacht einbricht, um dessen gewöhnlichen Bewohner abzuführen, statt seiner den Bären, dessen Führer am Abend in diesem Wirtshause eingekehrt ist, vorfindet, welcher ihm mit offenen Armen entgegenkommt.

PREISSCHRIFT
ÜBER DIE GRUNDLAGE DER MORAL

NICHT GEKRÖNT VON DER KÖNIGLICH DÄNISCHEN SOZIETÄT
DER WISSENSCHAFTEN ZU KOPENHAGEN
AM 30. JANUAR 1840

Motto:

Moral predigen ist leicht, Moral begründen schwer.

SCHOPENHAUER
›Über den Willen in der Natur‹ S. 128 *[S. 472]*

Die von der Königlichen Sozietät aufgestellte Frage, nebst vorangeschickter Einleitung, lautet:

Cum primitiva moralitatis idea sive de summa lege morali principalis notio sua quadam propria eaque minime logicae necessitate tum in ea disciplina appareat, cui propositum est cognitionem τοῦ ἠθικοῦ explicare, tum in vita partim in conscientiae iudicio de nostris actionibus, partim in censura morali de actionibus aliorum hominum; cumque complures, quae ab illa idea inseparabiles sunt eamque tanquam originem respiciunt notiones principales ad τὸ ἠθικόν spectantes, velut officii notio et imputationis, eadem necessitate eodemque ambitu vim suam exserant – et tamen inter eos cursus viasque, quas nostrae aetatis meditatio philosophica persequitur, magni momenti esse videatur hoc argumentum ad disputationem revocare – cupit Societas, ut accurate haec quaestio perpendatur et pertractetur:

Philosophiae moralis fons et fundamentum utrum in idea moralitatis, quae immediate conscientia contineatur et ceteris notionibus fundamentalibus, quae ex illa prodeant, explicandis *quaerenda sunt* an in alio cognoscendi principio?

Verdeutscht:

Da die ursprüngliche Idee der Moralität oder der Hauptbegriff vom obersten Moralgesetze mit einer ihr eigentümlichen, jedoch keineswegs logischen Notwendigkeit sowohl in derjenigen Wissenschaft hervortritt, deren Zweck ist, die Erkenntnis des Sittlichen darzulegen, als auch im wirklichen Leben, woselbst sie sich teils im Urteil des Gewissens über unsere eigenen Handlungen, teils in unserer moralischen Beurteilung der Handlungen anderer zeigt; und da ferner mehrere von jener Idee unzertrennliche und aus ihr entsprungene moralische Hauptbegriffe, wie z. B. der Begriff der Pflicht und der der Zurechnung, mit gleicher Notwendigkeit und in gleichem Umfang sich geltend machen – und da es doch bei den Wegen, welche die philosophische Forschung unserer Zeit verfolgt, sehr wichtig scheint, diesen Gegenstand wieder zur Untersuchung zu bringen – so wünscht die Sozietät, daß folgende Frage sorgfältig überlegt und abgehandelt werde:

Ist *die Quelle und Grundlage der Moral zu suchen* in einer unmittelbar im Bewußtsein (oder Gewissen) liegenden Idee der Moralität und in der Analyse der übrigen aus dieser entspringenden moralischen Grundbegriffe oder aber in einem andern Erkenntnisgrunde?

I.

EINLEITUNG

§ 1
Über das Problem

Eine von der Königlich *Holländischen* Sozietät zu Haarlem 1810 aufgestellte und von Johann Christian Friedrich *Meister* erledigte Preisfrage ›Warum die Philosophen in den ersten Grundsätzen der Moral so sehr abweichen, aber in den Folgerungen und den Pflichten, die sie aus ihren Grundsätzen ableiten, übereinstimmen?‹ – war eine gar leichte Aufgabe im Vergleich mit der vorliegenden. Denn:

1. Die gegenwärtige Frage der Königlichen Sozietät ist auf nichts Geringeres gerichtet als auf das objektiv wahre Fundament der Moral und folglich auch der Moralität. Eine Akademie ist es, welche die Frage aufwirft: sie will als solche keine auf praktische Zwecke gerichtete Ermahnung zur Rechtlichkeit und Tugend, gestützt auf Gründe, deren Scheinbarkeit man hervorhebt und deren Schwäche man

verschleiert, wie dies bei Vorträgen für das Volk geschieht: sondern da sie als Akademie nur theoretische und nicht praktische Zwecke kennt, will sie die rein philosophische, d. h. von allen positiven Satzungen, allen unbewiesenen Voraussetzungen und sonach von allen metaphysischen oder auch mythischen Hypostasen unabhängige, objektive, unverschleierte und nackte Darlegung des letzten Grundes zu allem moralischen Wohlverhalten. – Dies aber ist ein Problem, dessen überschwengliche Schwierigkeit dadurch bezeugt wird, daß nicht nur die Philosophen aller Zeiten und Länder sich daran die Zähne stumpfgebissen haben, sondern sogar alle Götter des Orients und Okzidents demselben ihr Dasein verdanken. Wird es daher bei dieser Gelegenheit gelöst, so wird fürwahr die Königliche Sozietät ihr Gold nicht übel angelegt haben.

2. Überdies unterliegt die theoretische Untersuchung des Fundaments der Moral dem ganz eigenen Nachteil, daß sie leicht für ein Unterwühlen desselben, welches den Sturz des Gebäudes selbst nach sich ziehn könnte, gehalten wird. Denn das praktische Interesse liegt hier dem theoretischen so nahe, daß sein wohlgemeinter Eifer schwer zurückzuhalten ist von unzeitiger Einmischung. Nicht jeder vermag das rein theoretische allem Interesse, selbst dem moralisch-praktischen entfremdete Forschen nach objektiver Wahrheit deutlich zu unterscheiden vom frevelhaften Angriff auf geheiligte Herzensüberzeugung. Daher muß, wer hier Hand ans Werk legt, zu seiner Ermutigung sich allezeit gegenwärtig halten, daß vom Tun und Treiben der Menschen wie vom Gewühl und Lärm des Marktes nichts weiter abliegt als das in tiefe Stille zurückgezogene Heiligtum der Akademie, wohin kein Laut von außen dringen darf und wo keine andere[n] Götter ein Standbild haben als ganz allein die hehre nackte Wahrheit.

Die Konklusion aus diesen beiden Prämissen ist, daß mir eine völlige Parrhesia[1], nebst dem Recht, alles zu bezweifeln, gestattet sein muß; und daß, wenn ich selbst so nur irgend etwas in dieser Sache *wirklich* leiste – es viel geleistet sein wird.

1. [Redefreiheit]

Aber noch andere Schwierigkeiten stehn mir entgegen. Es kommt hinzu, daß die Königliche Sozietät das Fundament der Ethik allein für sich abgesondert, in einer kurzen Monographie dargelegt, folglich außer seinem Zusammenhange mit dem gesamten System irgendeiner Philosophie, d. h. der eigentlichen Metaphysik verlangt. Dies muß die Leistung nicht nur erschweren, sondern sogar notwendig unvollkommen machen. Schon *Christian Wolff* sagt: ›Tenebrae in philosophia practica non dispelluntur nisi luce metaphysica affulgente‹ [Die Finsternis in der praktischen Philosophie wird nicht verscheucht, wenn nicht das Licht der Metaphysik sie erleuchtet] (›Philosophia practica‹ pars 2, § 28), und *Kant*: ›Die Metaphysik muß vorangehn, und ohne sie kann es überall keine Moralphilosophie geben‹ (›Grundlegung zur Metaphysik der Sitten‹, Vorrede). Denn wie jede Religion auf Erden, indem sie Moralität vorschreibt, solche nicht auf sich beruhen läßt, sondern ihr eine Stütze gibt an der Dogmatik, deren Hauptzweck gerade dies ist; so muß in der Philosophie das ethische Fundament, welches es auch sei, selbst wieder seinen Anhaltspunkt und seine Stütze haben an irgendeiner Metaphysik, d. h. an der gegebenen Erklärung der Welt und des Daseins überhaupt; indem der letzte und wahre Aufschluß über das innere Wesen des Ganzen der Dinge notwendig eng zusammenhangen muß mit dem über die ethische Bedeutung des menschlichen Handelns und jedenfalls dasjenige, was als Fundament der Moralität aufgestellt wird, wenn es nicht ein bloßer abstrakter Satz, der ohne Anhalt in der realen Welt frei in der Luft schwebt, sein darf, irgendeine entweder in der objektiven Welt oder im menschlichen Bewußtsein gelegene Tatsache sein muß, die als solche selbst wieder nur Phänomen sein kann und folglich wie alle Phänomene der Welt einer ferneren Erklärung bedarf, welche dann von der Metaphysik gefordert wird. Überhaupt ist die Philosophie so sehr ein zusammenhängendes Ganzes, daß es unmöglich ist, irgendeinen Teil derselben erschöpfend darzulegen, ohne alles übrige mitzugeben. Daher sagt Platon ganz richtig: Ψυχῆς οὖν φύσιν ἀξίως λόγου κατανοῆσαι οἴει δυνατὸν εἶναι ἄνευ τῆς τοῦ ὅλου φύσεως; (Animae vero naturam absque totius natura sufficienter cognosci posse existimas? [Hältst du es für möglich, die Natur der Seele richtig zu erkennen, ohne daß man die Natur des Weltganzen kennt?] (›Phaedrus‹ [p. 270 C], p. 371 editio Bipontini). Metaphysik der Natur, Metaphysik der Sitten und Metaphysik des Schönen setzen sich wechselseitig voraus und vollenden erst in ihrem Zusammenhange die Erklärung des Wesens der Dinge und des Daseins überhaupt. Daher, wer *eine* von diesen dreien bis auf ihren letzten Grund durchgeführt hätte, zugleich die andern in seine Erklärung mit hineingezogen haben müßte; gleichwie, wer von irgend*einem* Dinge in der Welt ein erschöpfendes, bis auf den letzten Grund klares Verständnis hätte, auch die ganze übrige Welt vollkommen verstanden haben würde.

Von einer gegebenen und als wahr angenommenen Metaphysik aus würde man auf *synthetischem* Wege zum Fundament der Ethik gelangen; wodurch dieses selbst von unten aufgebaut sein würde, folglich die Ethik fest gestützt aufträte. Hingegen bei der durch die Aufgabe notwendig gemachten Sonderung der Ethik von aller Metaphysik bleibt nichts übrig als das *analytische* Verfahren, welches von Tatsachen entweder der äußern Erfahrung oder des Bewußtseins ausgeht. Diese letztern kann es zwar auf ihre letzte Wurzel im Gemüte des Menschen zurückführen, welche dann aber als Grundfaktum, als Urphänomen stehnbleiben muß, ohne weiter auf irgend etwas zurückgeführt zu werden; wodurch denn die ganze Erklärung eine bloß *psychologische* bleibt. Höchstens kann noch akzessorisch ihr Zusammenhang mit irgendeiner allgemeinen metaphysischen Grundansicht angedeutet werden. Hingegen würde jenes Grundfaktum, jenes ethische Urphänomen selbst wieder begründet werden können, wenn man, die Metaphysik zuerst abhandelnd, aus ihr, synthetisch verfahrend, die Ethik ableiten dürfte. Dies hieße aber ein vollständiges System der Philosophie aufstellen; wodurch die Grenze der gestellten Frage weit überschritten würde. Ich bin also genötigt, die Frage innerhalb der Grenzen zu beantworten, welche sie durch ihre Vereinzelung selbst gezogen hat.

Und nun endlich noch wird das Fundament, auf welches ich die Ethik zu stellen beabsichtige, sehr schmal ausfallen: wodurch von dem Vielen, was an den Handlungen der Menschen legal, billigungs- und lobenswert ist, nur der kleinere Teil als aus rein moralischen Bewegungsgründen entsprungen sich ergeben, der größere Teil aber anderartigen Motiven anheimfallen wird. Dies befriedigt weniger und fällt nicht so glänzend in die Augen wie etwan ein kategorischer Imperativ, der stets zu Befehl steht, um selbst wieder zu befehlen, was getan und was gelassen werden soll; anderer materieller Moralbegründungen gar zu geschweigen. Da bleibt mir nichts übrig, als an den Spruch des Koheleth (4, 6) zu erinnern: ›Es ist besser eine Hand voll mit Ruhe denn beide Fäuste voll mit Mühe und Eitelkeit.‹ Des Echten, Probehaltigen und Unzerstörbaren ist in aller Erkenntnis stets wenig; wie die Erzstufe wenige Unzen Gold in einem Zentner Stein verlarvt enthält. Aber ob man nun wirklich mit mir den *sichern* Besitz dem *großen*, das wenige Gold, welches im Tiegel zurückbleibt, der ausgedehnten Masse, die herangeschleppt wurde, vorziehn – oder ob man vielmehr mich beschuldigen werde, der Moral ihr Fundament mehr entzogen als gegeben zu haben, sofern ich nachweise, daß die legalen und lobenswerten Handlungen der Menschen oft gar keinen und meistens nur einen *kleinen* Teil rein moralischen Gehalts besitzen, im übrigen aber auf Motiven beruhen, deren Wirksamkeit zuletzt auf den Egoismus des Handelnden zurückzuführen ist – dies alles muß ich dahingestellt sein lassen, nicht ohne Besorgnis, ja mit Resignation; da ich schon längst dem Ritter *von Zimmermann* beistimme, wenn er sagt: ›Denke im Herzen, bis in den Tod, nichts sei in der Welt so selten wie ein guter Richter‹ (›Über die Einsamkeit‹ Teil 1, Kap. 3, S. 93). Ja ich sehe schon im Geiste meine Darstellung, welche für alles echte, freiwillige Rechttun, für alle Menschenliebe, allen Edelmut, wo sie je gefunden sein mögen, nur eine so schmale Basis aufzuweisen hat neben denen der Kompetitoren, welche breite, jeder beliebigen Last gewachsene und dabei jedem Zweifler mit einem drohenden Seitenblick auf seine eigene Moralität ins

Gewissen zu schiebende Fundamente der Moral zuversichtlich hinstellen – so arm und kleinlaut dastehn wie vor dem König *Lear* die Cordelia mit der wortarmen Versicherung ihrer pflichtmäßigen Gesinnung neben den überschwenglichen Beteuerungen ihrer beredteren Schwestern. – Da bedarf es wohl einer Herzstärkung durch einen gelehrten Weidspruch wie: ›Magna est vis veritatis et praevalebit‹ [Groß ist die Macht der Wahrheit und behält den Sieg; Esra 4, 41] – der doch den, der gelebt und geleistet hat, nicht mehr sehr ermutigt. Inzwischen will ich es einmal mit der Wahrheit wagen: denn was *mir* begegnet, wird ihr *mit* begegnet sein.

§ 2
Allgemeiner Rückblick

Dem Volk wird die Moral durch die Theologie begründet als ausgesprochener Wille Gottes. Die Philosophen hingegen, mit wenigen Ausnahmen, sehn wir sorgfältig bemüht, diese Art der Begründung ganz auszuschließen, ja, um nur sie zu vermeiden, lieber zu sophistischen Gründen ihre Zuflucht nehmen. Woher dieser Gegensatz? Gewiß läßt sich keine wirksamere Begründung der Moral denken als die theologische: denn wer würde so vermessen sein, sich dem Willen des Allmächtigen und Allwissenden zu widersetzen? Gewiß niemand; wenn nur derselbe auf eine ganz authentische, keinem Zweifel Raum gestattende, sozusagen offizielle Weise verkündigt wäre. Aber diese Bedingung ist es, die sich nicht erfüllen läßt. Vielmehr sucht man umgekehrt das als Wille Gottes verkündigte Gesetz dadurch als solches zu beglaubigen, daß man dessen Übereinstimmung mit unsern anderweitigen, also natürlichen moralischen Einsichten nachweist, appelliert mithin an diese als das Unmittelbarere und Gewissere. Hiezu kommt noch die Erkenntnis, daß ein bloß durch angedrohte Strafe und verheißene Belohnung zuwege gebrachtes moralisches Handeln mehr dem Scheine als der Wahrheit nach ein solches sein würde; weil es ja im Grunde auf Egoismus beruhte und, was dabei in letzter Instanz den Ausschlag gäbe, die größere oder geringere Leichtigkeit wäre, mit der einer vor dem andern aus unzureichenden Gründen glaubte. Seitdem nun aber gar *Kant* die bis dahin für fest geltenden Fundamente der *spekulativen Theologie* zerstört hat und dann diese, welche bisher die Trägerin der Ethik gewesen war, jetzt umgekehrt auf die Ethik stützen wollte, um ihr so eine wenn auch nur ideelle Existenz zu verschaffen; da ist weniger als jemals an eine Begründung der Ethik durch die Theologie zu denken, indem man nun nicht mehr weiß, welche von beiden die Last und welche die Stütze sein soll, und am Ende in einen circulus vitiosus [fehlerhaften Zirkel, der den Beweisgrund beweist] geriete.

Eben durch den Einfluß der *Kantischen Philosophie*, sodann durch die gleichzeitige Einwirkung der beispiellosen Fortschritte sämtlicher Naturwissenschaften, in Hinsicht auf welche jedes frühere Zeitalter gegen unseres als das der Kindheit erscheint, und endlich durch die Bekanntschaft mit der Sanskritliteratur, mit dem Brahmanismus und Buddhaismus, diesen ältesten und am weitesten verbreiteten, also der Zeit und dem Raume nach vornehmsten Religionen der Menschheit, welche ja auch die heimatliche Urreligion unsers eigenen bekanntlich asiatischen Stammes sind, der jetzt in seiner fremden Heimat wieder eine späte Kunde von ihnen erhält – durch alles dieses, sage ich, haben im Laufe der letzten fünfzig Jahre die philosophischen Grundüberzeugungen der Gelehrten Europas eine Umwandlung erlitten, welche vielleicht mancher sich nur zögernd eingesteht, die aber doch nicht abzuleugnen ist. Infolge derselben sind auch die alten Stützen der *Ethik* morsch geworden: doch ist die Zuversicht geblieben, daß diese selbst nie sinken kann; woraus die Überzeugung hervorgeht, daß es für sie noch andere Stützen als die bisherigen geben müsse, welche den vorgeschrittenen Einsichten des Zeitalters angemessen wären. Ohne Zweifel ist es die Erkenntnis dieses mehr und mehr fühlbar werdenden Bedürfnisses, welche die Königliche Sozietät zu der vorliegenden bedeutsamen Preisfrage veranlaßt hat. –

Zu allen Zeiten ist viele und gute Moral gepredigt worden; aber die Begründung derselben hat stets im argen gelegen. Im ganzen ist bei dieser das Bestreben sichtbar, irgendeine objektive Wahrheit zu finden, aus welcher die ethischen Vorschriften sich logisch ableiten ließen: man hat dieselbe in der Natur der Dinge oder in der des Menschen gesucht; aber vergebens. Immer ergab sich, daß der Wille des Menschen nur auf sein eigenes Wohlsein, dessen Summe man unter dem Begriff *Glückseligkeit* denkt, gerichtet sei, welches Streben ihm auf einen ganz andern Weg leitet, als den die Moral ihm vorzeichnen möchte. Nun versuchte man die Glückseligkeit bald als *identisch* mit der Tugend, bald aber als eine *Folge* und Wirkung derselben darzustellen: beides ist allezeit mißlungen; obwohl man die Sophismen dabei nicht gespart hat. Man versuchte es sodann mit rein objektiven, abstrakten, bald a posteriori, bald a priori gefundenen Sätzen, aus denen das ethische Wohlverhalten sich allenfalls folgern ließe: aber diesen gebrach es an einem Anhaltspunkt in der Natur des Menschen, vermöge dessen sie die Macht gehabt hätten, seinem egoistischen Hange entgegen seine Bestrebungen zu leiten. Alles dieses durch Aufzählung und Kritik aller bisherigen Grundlagen der Moral hier zu erhärten scheint mir überflüssig; nicht nur weil ich die Meinung des Augustinus [›De civitate Dei‹ 19, cap. 3] teile: ›Non est pro magno habendum, quid homines senserint, sed quae sit rei veritas‹ [Es kommt nicht so sehr darauf an, was die Menschen meinen, sondern was die Wahrheit ist]; sondern auch weil es hieße γλαῦκας εἰς Ἀθήνας κομίζειν[1] [Eulen nach Athen zu tragen], indem der Königlichen Sozietät die früheren Versuche, die Ethik zu begründen, genugsam bekannt sind und sie durch die Preisfrage selbst zu erkennen gibt, daß sie auch von der Unzulänglichkeit derselben überzeugt ist. Der weniger gelehrte Leser findet eine zwar nicht vollständige, aber doch in der Hauptsache genügende Zusammenstellung der bisherigen Versuche in *Garves* ›Übersicht der vornehmsten Prinzipien der Sittenlehre‹, ferner in *Stäudlins* ›Geschichte der Moralphilosophie‹ und ähnlichen Büchern. – Niederschlagend ist freilich die Betrachtung, daß es der Ethik, dieser das Leben unmittelbar betreffenden

---

1. [Nach Aristophanes: ›Aves‹ 301, svw. etwas Unnötiges tun.]

Wissenschaft, nicht besser gegangen ist als der abstrusen Metaphysik und sie, seit *Sokrates* sie gründete, stets betrieben, doch noch ihren ersten Grundsatz sucht. Aber dagegen ist auch in der Ethik weit mehr als in irgendeiner andern Wissenschaft das Wesentliche in den ersten Grundsätzen enthalten; indem die Ableitungen hier so leicht sind, daß sie sich von selbst machen. Denn zu *schließen* sind alle, zu *urteilen* wenige fähig. Daher eben sind lange Lehrbücher und Vorträge der Moral so überflüssig wie langweilig. Daß ich inzwischen alle die früheren Grundlagen der Ethik als bekannt voraussetzen darf, ist mir eine Erleichterung. Denn wer überblickt, wie sowohl die Philosophen des Altertums als die der neuern Zeit (dem Mittelalter genügte der Kirchenglaube) zu den verschiedensten, mitunter wunderlichsten Argumenten gegriffen haben, um für die so allgemein anerkannten Forderungen der Moral ein nachweisbares Fundament zu liefern, und dies dennoch mit offenbar schlechtem Erfolg – der wird die Schwierigkeit des Problems ermessen und danach meine Leistung beurteilen. Und wer gesehn hat, wie alle bisher eingeschlagenen Wege nicht zum Ziele führten, wird williger mit mir einen davon sehr verschiedenen betreten, den man bisher entweder nicht gesehn hat oder aber verächtlich liegenließ; vielleicht weil er der natürlichste war[1]. In der Tat wird meine Lösung des Problems manchen an das Ei des Columbus erinnern.

Ganz allein dem *neuesten* Versuch, die Ethik zu begründen, dem *Kantischen*, werde ich eine kritische Untersuchung, und zwar eine desto ausführlichere widmen; teils weil die große Moralreform *Kants* dieser Wissenschaft eine Grundlage gab, die wirkliche Vorzüge vor den früheren hatte; teils weil sie noch immer das letzte Bedeutende ist, das in der Ethik geschehn; daher *Kants* Begründung derselben noch heutzutage

---

1. Io dir non vi saprei per qual sventura,
    O piuttosto per qual fatalità,
    Da noi credito ottien più l'impostura,
    Che la semplice e nuda verità.   Casti.

(Ich weiß es nicht zu sagen, durch welchen Unfall, oder vielmehr durch welches Mißgeschick, bei uns der Trug leichter Glauben findet als die einfache und nackte Wahrheit.)

in allgemeiner Geltung steht und durchgängig gelehrt wird, wenn auch durch einige Änderungen in der Darstellung und den Ausdrücken anders aufgeputzt. Sie ist die Ethik der letzten sechzig Jahre, welche weggeräumt werden muß, ehe wir einen andern Weg einschlagen. Hiezu kommt, daß die Prüfung derselben mir Anlaß geben wird, die meisten ethischen Grundbegriffe zu untersuchen und zu erörtern, um das Ergebnis hieraus später voraussetzen zu können. Besonders aber wird, weil die Gegensätze sich erläutern, die Kritik der Kantischen Moralbegründung die beste Vorbereitung und Anleitung, ja der gerade Weg zu der meinigen sein, als welche in den wesentlichsten Punkten der Kantischen diametral entgegengesetzt ist. Dieserwegen würde es das verkehrteste Beginnen sein, wenn man die jetzt folgende Kritik überspringen wollte, um gleich an den positiven Teil meiner Darstellung zu gehn, als welcher dann nur halb verständlich sein würde.

Überhaupt ist es jetzt wirklich an der Zeit, daß die Ethik einmal ernstlich ins Verhör genommen werde. Seit mehr als einem halben Jahrhundert liegt sie auf dem bequemen Ruhepolster, welches *Kant* ihr untergebreitet hatte: dem kategorischen Imperativ der praktischen Vernunft. In unsern Tagen jedoch wird dieser meistens unter dem weniger prunkenden, aber glatteren und kurrenteren Titel ›das Sittengesetz‹ eingeführt, unter welchem er nach einer leichten Verbeugung vor Vernunft und Erfahrung unbesehen durchschlüpft: ist er aber einmal im Hause, dann wird des Befehlens und Kommandierens kein Ende, ohne daß er je weiter Rede stände. – Daß *Kant* als der Erfinder der Sache, und nachdem er gröbere Irrtümer dadurch verdrängt hatte, sich dabei beruhigte, war recht und notwendig. Aber nun sehn zu müssen, wie auf dem von ihm gelegten und seitdem immer breitergetretenen Ruhepolster jetzt sogar die Esel sich wälzen – das ist hart: ich meine die täglichen Kompendienschreiber, die mit der gelassenen Zuversicht des Unverstandes vermeinen, die Ethik begründet zu haben, wenn sie nur sich auf jenes unserer *Vernunft* angeblich einwohnende ›*Sittengesetz*‹ berufen und dann getrost jenes weitschweifige und konfuse Phrasengewebe daraufsetzen, mit dem sie die klärsten und einfachsten Verhältnisse des Lebens unverständlich zu machen verstehn – ohne bei solchem Unternehmen jemals sich ernstlich gefragt zu haben, ob denn auch wirklich so ein ›*Sittengesetz*‹ als bequemer Kodex der Moral in unserm Kopf, Brust oder Herzen geschrieben stehe. Daher bekenne ich das besondere Vergnügen, mit dem ich jetzt darangehe, der Moral das breite Ruhepolster wegzuziehn, und spreche unverhohlen mein Vorhaben aus, die praktische Vernunft und den kategorischen Imperativ *Kants* als völlig unberechtigte, grundlose und erdichtete Annahmen nachzuweisen, darzutun, daß auch *Kants* Ethik eines soliden Fundaments ermangelt, und somit die Moral wieder ihrer alten gänzlichen Ratlosigkeit zu überantworten, in welcher sie dastehn muß, ehe ich darangehe, das wahre in unserm Wesen gegründete und ungezweifelt wirksame moralische Prinzip der menschlichen Natur darzulegen. Denn da dieses kein so breites Fundament darbietet wie jenes Ruhepolster; so werden die, welche die Sache bequemer gewohnt sind, ihren alten Ruheplatz nicht eher verlassen, als bis sie die tiefe Höhlung des Bodens, auf dem er steht, deutlich wahrgenommen haben.

II.

KRITIK DES VON KANT DER ETHIK GEGEBENEN FUNDAMENTS

§ 3
Übersicht

Kant hat in der Ethik das große Verdienst, sie von allem *Eudaimonismos* gereinigt zu haben. Die Ethik der Alten war Eudaimonik; die der Neueren meistens Heilslehre. Die Alten wollten Tugend und Glückseligkeit als identisch nachweisen: aber diese waren wie zwei Figuren, die sich nie decken, wie man sie auch legen mag. Die Neueren wollten nicht nach dem *Satze der Identität*, sondern nach dem *des Grundes* beide in

Verbindung setzen, also die Glückseligkeit zur Folge der Tugend machen; wobei sie aber entweder eine andere als die möglicherweise erkennbare Welt oder Sophismen zu Hülfe nehmen mußten. Unter den Alten macht *Platon* allein eine Ausnahme: seine Ethik ist nicht eudaimonistisch; dafür aber wird sie mystisch. Hingegen ist sogar die Ethik der Kyniker und Stoiker nur ein Eudaimonismos besonderer Art; welches zu beweisen es mir nicht an Gründen und Belegen, wohl aber bei meinem jetzigen Vorhaben an Raum gebricht[1]. Bei den Alten und Neueren also, *Platon* allein ausgenommen, war die Tugend nur Mittel zum Zweck. Freilich, wenn man es strengnehmen wollte, so hätte auch *Kant* den Eudaimonismos mehr scheinbar als wirklich aus der Ethik verbannt. Denn er läßt zwischen Tugend und Glückseligkeit doch noch eine geheime Verbindung übrig in seiner Lehre vom höchsten Gut, wo sie in einem entlegenen und dunkeln Kapitel zusammenkommen, während öffentlich die Tugend gegen die Glückseligkeit ganz fremd tut. Davon abgesehn, tritt bei *Kant* das ethische Prinzip als ein von der Erfahrung und ihrer Belehrung ganz unabhängiges, [als] ein transzendentales oder metaphysisches auf. Er erkennt an, daß die menschliche Handlungsweise eine Bedeutung habe, die über alle Möglichkeit der Erfahrung hinausgeht und ebendeshalb die eigentliche Brücke zu dem ist, was er die intelligible Welt, ›mundum noumenon‹, die Welt der Dinge an sich nennt.

Den Ruhm, welchen die Kantische Ethik erlangt hat, verdankt sie neben ihren soeben berührten Vorzügen der moralischen Reinigkeit und Erhabenheit ihrer Resultate. An diese hielten sich die meisten, ohne sich sonderlich mit der Begründung derselben zu befassen, als welche sehr komplex, abstrakt und in einer überaus künstlichen Form dargestellt ist, auf welche Kant seinen ganzen Scharfsinn und [seine] Kombinationsgabe verwenden mußte, um ihr ein haltbares Ansehn zu geben. Glücklicherweise hat er der Darstellung

---

1. Die ausführliche Darlegung findet man in der ›Welt als Wille und Vorstellung‹ Bd. 1, § 16, S. 103 ff. und Bd. 2, Kap. 16, S. 166 ff. der dritten Auflage *[Bd. 1, S. 137–147; Bd. 2, S. 190–206]*.

des *Fundaments* seiner Ethik abgesondert von dieser selbst ein eigenes Werk gewidmet, die ›*Grundlegung zur Metaphysik der Sitten*‹, deren Thema also genau dasselbe ist mit dem Gegenstande unserer Preisfrage. Denn er sagt daselbst S. XIII der Vorrede: ›Gegenwärtige *Grundlegung* ist nichts mehr als die Aufsuchung und Festsetzung des obersten Prinzips der Moralität, welche allein ein in seiner Absicht ganzes und von aller andern sittlichen Untersuchung abzusonderndes Geschäft ausmacht.‹ Wir finden in diesem Buche die Grundlage, also das Wesentliche seiner Ethik streng systematisch, bündig und scharf dargestellt wie sonst in keinem andern. Außerdem hat dasselbe noch den bedeutenden Vorzug, das älteste seiner moralischen Werke, nur vier Jahre jünger als die ›Kritik der reinen Vernunft‹ und mithin aus der Zeit zu sein, wo, obwohl er schon 61 Jahre zählte, der nachteilige Einfluß des Alters auf seinen Geist doch noch nicht merklich war. Dieser ist hingegen schon deutlich zu spüren in der ›*Kritik der praktischen Vernunft*‹, welche 1788, also ein Jahr später fällt als die unglückliche Umarbeitung der ›Kritik der reinen Vernunft‹ in der *zweiten Auflage*, durch welche er dieses sein unsterbliches Hauptwerk offenbar verdorben hat; worüber wir in der Vorrede zur neuen von *Rosenkranz* besorgten Ausgabe eine Auseinandersetzung erhalten haben, der ich nach eigener Prüfung der Sache nicht anders als beistimmen kann[1]. *Die* ›*Kritik der praktischen Vernunft*‹ enthält im wesentlichen dasselbe, was die oben erwähnte ›*Grundlegung*‹; nur daß diese es in konziser und strengerer Form gibt, jene hingegen mit großer Breite der Ausführung und durch Abschweifungen unterbrochen, auch zur Erhöhung des Eindrucks durch einige moralische Deklamationen unterstützt. Kant hatte, als er dies schrieb, endlich und spät seinen wohlverdienten Ruhm erlangt: dadurch einer grenzenlosen Aufmerksamkeit gewiß, ließ er der Redseligkeit des Alters schon mehr Spielraum. Als der ›*Kritik der praktischen Vernunft*‹ hingegen eigentümlich ist anzuführen: erstlich die über alles Lob erhabene und gewiß früher abgefaßte Darstellung des

---

1. Sie rührt von mir selbst her; aber hier spreche ich inkognito *[vgl. Bd. 1, S. 587]*.

Verhältnisses zwischen Freiheit und Notwendigkeit (S. 169 bis 179 der vierten Auflage und S. 224 bis 231 bei Rosenkranz), welche indessen gänzlich mit *der* übereinstimmt, die er in der ›Kritik der *reinen* Vernunft‹ (S. 560 bis 586; R., S. 438 ff.) gibt; und zweitens die Moraltheologie, welche man mehr und mehr für das erkennen wird, was Kant eigentlich damit gewollt hat. Endlich in den ›*Metaphysischen Anfangsgründen der Tugendlehre*‹, diesem Seitenstück zu seiner deplorablen ›Rechtslehre‹ und abgefaßt im Jahre 1797, ist der Einfluß der Altersschwäche überwiegend. Aus allen diesen Gründen nehme ich in gegenwärtiger Kritik die zuerst genannte ›*Grundlegung zur Metaphysik der Sitten*‹ zu meinem Leitfaden, und auf diese beziehn sich alle ohne weitern Beisatz von mir angeführten Seitenzahlen, welches ich zu merken bitte. Die beiden andern Werke aber werde ich nur akzessorisch und sekundär in Betracht nehmen. Dem Verständnis gegenwärtiger die Kantische Ethik im tiefsten Grunde unterwühlenden Kritik wird es überaus förderlich sein, wenn der Leser jene ›*Grundlegung*‹ Kants, auf die sie sich zunächst bezieht, zumal da diese nur 128 und XIV Seiten (bei Rosenkranz in allem nur hundert Seiten) füllt, zuvor mit Aufmerksamkeit nochmals durchlesen will, um sich den Inhalt derselben wieder ganz zu vergegenwärtigen. Ich zitiere sie nach der dritten Auflage von 1792 und füge die Seitenzahl der neuen Gesamtausgabe von *Rosenkranz* mit vorgesetztem R. hinzu.

§ 4
Von der imperativen Form der Kantischen Ethik

Kants πρῶτον ψεῦδος[1] [erster falscher Schritt] liegt in seinem Begriff von der Ethik selbst, den wir am deutlichsten ausgesprochen finden S. 62 (R., S. 54): ›In einer praktischen Philosophie ist es nicht darum zu tun, Gründe anzugeben von dem, was geschieht, sondern Gesetze von dem, was *geschehn soll, ob es gleich niemals geschieht.*‹ – Dies ist schon eine ent-

---

1. [Fehler in einer Prämisse, der zu einer falschen Konklusion führt; vgl. Aristoteles: ›Analytica posteriora‹ cap. 18, p. 66a 16.]

schiedene petitio principii [Erschleichung des Beweisgrundes]. Wer sagt euch, daß es Gesetze gibt, denen unser Handeln sich unterwerfen *soll*? Wer sagt euch, daß *geschehn soll, was nie geschieht*? Was berechtigt euch, dies vorweg anzunehmen und demnächst eine Ethik in legislatorisch-imperativer Form als die allein mögliche uns sofort aufzudringen? Ich sage im Gegensatz zu Kant, daß der Ethiker wie der Philosoph überhaupt sich begnügen muß mit der Erklärung und Deutung des Gegebenen, also des wirklich Seienden oder Geschehenden, um zu einem *Verständnis* desselben zu gelangen, und daß er hieran vollauf zu tun hat, viel mehr, als bis heute nach abgelaufenen Jahrtausenden getan ist. Obiger Kantischen petitio principii gemäß wird gleich in der durchaus zur Sache gehörenden Vorrede *vor* aller Untersuchung angenommen, daß es rein *moralische Gesetze* gebe; welche Annahme nachher stehnbleibt und die tiefste Grundlage des ganzen Systems ist. Wir wollen aber doch zuvor den Begriff eines *Gesetzes* untersuchen. Die eigentliche und ursprüngliche Bedeutung desselben beschränkt sich auf das bürgerliche *Gesetz* (lex, νόμος) eine menschliche Einrichtung, auf menschlicher Willkür beruhend. Eine zweite, abgeleitete, tropische, metaphorische Bedeutung hat der Begriff *Gesetz* in seiner Anwendung auf die Natur, deren teils a priori erkannte, teils ihr empirisch abgemerkte sich stets gleichbleibende Verfahrungsweisen wir, metaphorisch, Naturgesetze nennen. Nur ein sehr kleiner Teil dieser Naturgesetze ist es, der sich a priori einsehn läßt und das ausmacht, was Kant scharfsinnig und vortrefflich ausgesondert und unter dem Namen *Metaphysik der Natur* zusammengestellt hat. Für den *menschlichen Willen* gibt es allerdings auch ein *Gesetz*, sofern der Mensch zur Natur gehört, und zwar ein streng nachweisbares, ein unverbrüchliches, ausnahmsloses, felsenfeststehendes, welches nicht wie der kategorische Imperativ vel quasi [nur gewissermaßen], sondern *wirklich* Notwendigkeit mit sich führt: es ist das *Gesetz der Motivation*, eine Form des Kausalitätsgesetzes, nämlich die durch das Erkennen vermittelte Kausalität. Dies ist das einzige nachweisbare Gesetz für den menschlichen Willen, dem dieser *als solcher* unterworfen ist. Es besagt, daß jede Handlung nur infolge eines zureichenden Motivs eintreten kann. Es ist, wie das Gesetz der Kausalität überhaupt, ein Naturgesetz. Hingegen *moralische* Gesetze, unabhängig von menschlicher Satzung, Staatseinrichtung oder Religionslehre, dürfen ohne Beweis nicht als vorhanden angenommen werden: *Kant* begeht also durch diese Vorausnahme eine petitio principii. Sie erscheint um so dreister, als er sogleich S. VI der Vorrede hinzufügt, daß ein moralisches Gesetz ›*absolute Notwendigkeit*‹ bei sich führen soll. Eine solche aber hat überall zum Merkmal die Unausbleiblichkeit des Erfolgs: wie kann nun von absoluter Notwendigkeit die Rede sein bei diesen angeblichen moralischen Gesetzen – als ein Beispiel von welchen er ›Du *sollt* (sic) nicht lügen‹ anführt – da sie bekanntlich und, wie er selbst eingesteht, meistens, ja in der Regel erfolglos bleiben? Um in der wissenschaftlichen Ethik außer dem Gesetze der Motivation noch andere ursprüngliche und von aller Menschensatzung unabhängige Gesetze für den Willen anzunehmen, hat man sie ihrer ganzen Existenz nach zu beweisen und abzuleiten; wenn man darauf bedacht ist, in der Ethik die Redlichkeit nicht bloß anzuempfehlen, sondern auch zu üben. Bis jener Beweis geführt worden, erkenne ich für die Einführung des Begriffes *Gesetz*, *Vorschrift*, *Soll* in die Ethik keinen andern Ursprung an als einen der Philosophie fremden, den Mosaischen Dekalog. Diesen Ursprung verrät sogar naiv auch im obigen, dem ersten von Kant aufgestellten Beispiel eines moralischen Gesetzes, die Orthographie ›du *sollt*‹. Ein Begriff, der keinen andern als solchen Ursprung aufzuweisen hat, darf aber nicht so ohne weiteres sich in die philosophische Ethik drängen, sondern wird hinausgewiesen, bis er durch rechtmäßigen Beweis beglaubigt und eingeführt ist. Bei Kant haben wir an ihm die erste petitio principii, und sie ist groß.

Wie nun mittelst derselben Kant in der Vorrede den Begriff des *Moralgesetzes* ohne weiteres als gegeben und unbezweifelt vorhanden genommen hatte; ebenso macht er es S. 8 (R., S. 16) mit dem jenem eng verwandten Begriff der *Pflicht*, welcher, ohne weitere Prüfung zu bestehn, als in die Ethik gehörig hineingelassen wird. Allein ich bin genötigt, hier abermals Protest einzulegen. Dieser Begriff samt seinen Anverwandten, also dem des *Gesetzes, Gebotes, Sollens* u. dgl. hat, in diesem unbedingten Sinn genommen, seinen Ursprung in der theologischen Moral und bleibt in der philosophischen so lange ein Fremdling, bis er eine gültige Beglaubigung aus dem Wesen der menschlichen Natur oder dem der objektiven Welt beigebracht hat. Bis dahin erkenne ich für ihn und seine Anverwandten keinen andern Ursprung als den Dekalog. Überhaupt hat in den christlichen Jahrhunderten die philosophische Ethik ihre Form unbewußt von der theologischen genommen: da nun diese wesentlich eine *gebietende* ist; so ist auch die philosophische in der Form von Vorschrift und Pflichtenlehre aufgetreten, in aller Unschuld und ohne zu ahnden, daß hiezu erst eine anderweitige Befugnis nötig sei; vielmehr vermeinend, dies sei eben ihre eigene und natürliche Gestalt. So unleugbar und von allen Völkern, Zeiten und Glaubenslehren, auch von allen Philosophen (mit Ausnahme der englischen Materialisten) anerkannt die metaphysische, d. h. über dieses erscheinende Dasein hinaus sich erstreckende und die Ewigkeit berührende ethische Bedeutsamkeit des menschlichen Handelns ist; sowenig ist es dieser wesentlich, in der Form des Gebietens und Gehorchens, des Gesetzes und der Pflicht aufgefaßt zu werden. Getrennt von den theologischen Voraussetzungen, aus denen sie hervorgegangen, verlieren überdem diese Begriffe eigentlich alle Bedeutung, und wenn man wie Kant jene dadurch zu ersetzen vermeint, daß man von *absolutem* Sollen und *unbedingter* Pflicht redet; so speist man den Leser mit Worten ab, ja gibt ihm eigentlich eine contradictio in adiecto [einen Widerspruch im Beiwort] zu verdauen. Jedes *Soll* hat allen Sinn und Bedeutung schlechterdings nur in Beziehung auf angedrohte Strafe oder verheißene Belohnung. Daher sagt auch, lange, ehe an Kant gedacht wurde, schon *Locke*: ›For since it would be utterly in vain, to suppose a rule set to the free actions of man, without annexing to it some enforcement of good and evil to determine his will; we must, wherever we suppose a law, suppose also some reward or punishment annexed to that law‹[1] (›On understanding‹ book 2, chapt. 33, § 6). Jedes Sollen ist also notwendig durch Strafe oder Belohnung bedingt, mithin, in Kants Sprache zu reden, wesentlich und unausweichbar *hypothetisch* und niemals, wie er behauptet, *kategorisch*. Werden aber jene Bedingungen weggedacht, so bleibt der Begriff des Sollens sinnleer: daher *absolutes Sollen* allerdings eine contradictio in adiecto ist. Eine gebietende Stimme, sie mag nun von innen oder von außen kommen, ist es schlechterdings unmöglich sich anders als drohend oder versprechend zu denken: dann aber wird der Gehorsam gegen sie zwar nach Umständen klug oder dumm, jedoch stets eigennützig, mithin ohne moralischen Wert sein. Die völlige Undenkbarkeit und Widersinnigkeit dieses der Ethik *Kants* zum Grunde liegenden Begriffs eines *unbedingten Sollens* tritt in seinem System selbst später, nämlich in der ›Kritik der praktischen Vernunft‹ hervor; wie ein verlarvtes Gift im Organismus nicht bleiben kann, sondern endlich hervorbrechen und sich Luft machen muß. Nämlich jenes so *unbedingte Soll* postuliert sich hinterher doch eine Bedingung und sogar mehr als eine, nämlich eine Belohnung, dazu die Unsterblichkeit des zu Belohnenden und einen Belohner. Das ist freilich notwendig, wenn man einmal Pflicht und Soll zum Grundbegriff der Ethik gemacht hat; da diese Begriffe wesentlich relativ sind und alle Bedeutung nur haben durch angedrohte Strafe oder verheißene Belohnung. Dieser Lohn, der für die Tugend, welche also nur scheinbar unentgeltlich arbeitete, hinterdrein postuliert wird, tritt aber anständig verschleiert auf unter dem Namen des *höchsten Guts*, welches die Vereinigung der Tugend und Glückseligkeit ist. Dieses ist aber im Grunde nichts anderes als die auf Glückseligkeit ausgehende, folglich auf Eigennutz gestützte Moral oder Eudaimonismos, welche *Kant* als heteronomisch feierlich zur

1. Denn da es durchaus vergeblich sein würde, eine den freien Handlungen des Menschen gezogene Richtschnur anzunehmen, ohne derselben etwas anzuhängen, was ihr Nachdruck erteilte, indem es mittelst Wohl und Wehe seinen Willen bestimmte; so müssen wir überall, wo wir *ein Gesetz* annehmen, auch irgendeine diesem Gesetz anhängende Belohnung oder Strafe annehmen (›Über den Verstand‹ Bd. 2, Kap. 33, § 6).

Haupttüre seines Systems hinausgeworfen hatte und die sich nun unter dem Namen *höchstes Gut* zur Hintertüre wieder hereinschleicht. So rächt sich die einen Widerspruch verbergende Annahme des *unbedingten, absoluten Sollens*. Das *bedingte* Sollen andererseits kann freilich kein ethischer Grundbegriff sein, weil alles, was mit Hinsicht auf Lohn oder Strafe geschieht, notwendig egoistisches Tun und als solches ohne rein moralischen Wert ist. – Aus allem diesen wird ersichtlich, daß es einer großartigern und unbefangenern Auffassung der Ethik bedarf, wenn es ernst damit ist, die sich über die Erscheinung hinauserstreckende ewige Bedeutsamkeit des menschlichen Handelns wirklich ergründen zu wollen.

Wie alles *Sollen* schlechterdings an eine Bedingung gebunden ist, so auch alle *Pflicht*. Denn beide Begriffe sind sich sehr nahe verwandt und beinahe identisch. Der einzige Unterschied zwischen ihnen möchte sein, daß *Sollen überhaupt* auch auf bloßem Zwange beruhen kann, *Pflicht* hingegen Verpflichtung, d.h. Übernahme der Pflicht voraussetzt – eine solche hat statt zwischen Herrn und Diener, Vorgesetztem und Untergebenen, Regierung und Untertanen. Eben weil keiner eine Pflicht unentgeltlich übernimmt, gibt jede Pflicht auch ein Recht. Der Sklave hat keine Pflicht, weil er kein Recht hat; aber es gibt ein *Soll* für ihn, welches auf bloßem Zwange beruht. Im folgenden Teile werde ich die alleinige Bedeutung, welche der Begriff *Pflicht* in der Ethik hat, aufstellen.

Die Fassung der Ethik in einer *imperativen* Form als *Pflichtenlehre* und das Denken des moralischen Wertes oder Unwertes menschlicher Handlungen als Erfüllung oder Verletzung von *Pflichten* stammen mitsamt dem *Sollen* unleugbar nur aus der theologischen Moral und demnächst aus dem Dekalog. Demgemäß beruht sie wesentlich auf der Voraussetzung der Abhängigkeit des Menschen von einem andern ihm gebietenden und Belohnung oder Strafe ankündigenden Willen und ist davon nicht zu trennen. So ausgemacht die Voraussetzung eines solchen in der Theologie ist; sowenig darf sie stillschweigend und ohne weiteres in die philosophische Moral gezogen werden. Dann aber darf man auch nicht vorweg annehmen, daß in dieser *die impera-*

tive Form, das Aufstellen von Geboten, Gesetzen und Pflichten sich von selbst verstehe und ihr wesentlich sei; wobei es ein schlechter Notbehelf ist, die solchen Begriffen ihrer Natur nach wesentlich anhängende äußere Bedingung durch das Wort ›absolut‹ oder ›kategorisch‹ zu ersetzen, als wodurch, wie gesagt, eine contradictio in adiecto entsteht.

Nachdem nun aber Kant diese *imperative Form* der Ethik stillschweigend und unbesehen von der theologischen Moral entlehnt hatte, deren Voraussetzungen, also die Theologie, derselben eigentlich zum Grunde liegen und in der Tat als das, wodurch allein sie Bedeutung und Sinn hat, unzertrennlich von ihr, ja implizite darin enthalten sind; da hatte er nachher leichtes Spiel, am Ende seiner Darstellung aus seiner Moral wieder eine Theologie zu entwickeln, die bekannte Moraltheologie. Denn da brauchte er nur die Begriffe, welche, implizite durch das *Soll* gesetzt, seiner Moral versteckt zum Grunde lagen, ausdrücklich hervorzuholen und jetzt sie explizite als Postulate der praktischen Vernunft aufzustellen. So erschien denn zur großen Erbauung der Welt eine Theologie, die bloß auf Moral gestützt, ja aus dieser hervorgegangen war. Das kam aber daher, daß diese Moral selbst auf versteckten theologischen Voraussetzungen beruht. Ich beabsichtige kein spöttisches Gleichnis: aber in der Form hat die Sache Analogie mit der Überraschung, die ein Künstler in der natürlichen Magie uns bereitet, indem er eine Sache uns da finden läßt, wohin er sie zuvor weislich praktiziert hatte. – In abstracto ausgesprochen, ist Kants Verfahren dieses, daß er zum Resultat machte, was das Prinzip oder die Voraussetzung hätte sein müssen (die Theologie), und zur Voraussetzung nahm, was als Resultat hätte abgeleitet werden sollen (das Gebot). Nachdem er nun aber so das Ding auf den Kopf gestellt hatte, erkannte es niemand, ja er selbst nicht für das, was es war, nämlich die alte, wohlbekannte theologische Moral. Die Ausführung dieses Kunststücks werden wir in dem sechsten und siebenten Paragraphen betrachten *[S. 655–689].*

Allerdings war schon vor *Kant* die Fassung der Moral in der imperativen Form und als Pflichtenlehre auch in der

Philosophie in häufigem Gebrauch: nur gründete man dann auch die Moral selbst auf den Willen eines schon anderweitig bewiesenen Gottes und blieb konsequent. Sobald man aber wie *Kant* eine hievon unabhängige Begründung unternahm und die Ethik ohne metaphysische Voraussetzungen feststellen wollte, war man auch nicht mehr berechtigt, jene imperative Form, jenes ›Du sollst‹ und ›Es ist deine Pflicht‹ ohne anderweitige Ableitung zum Grunde zu legen.

§ 5
Von der Annahme der Pflichten gegen uns selbst insbesondere

Kant ließ aber diese ihm so sehr willkommene Form der Pflichtenlehre auch in der Ausführung insofern unangetastet, als er wie seine Vorgänger neben den Pflichten gegen andere auch Pflichten gegen uns selbst aufstellte. Da ich diese Annahme geradezu verwerfe; so will ich hier, wo der Zusammenhang es am besten verträgt, meine Erklärung darüber episodisch einschalten.

Pflichten gegen uns selbst müssen wie alle Pflichten entweder Rechts- oder Liebespflichten sein. *Rechtspflichten* gegen uns selbst sind unmöglich wegen des selbst-evidenten Grundsatzes: ›Volenti non fit iniuria‹[1] [Dem, der es so haben will, geschieht kein Unrecht]; da nämlich das, was ich tue, allemal das ist, was ich will; so geschieht mir von mir selbst auch stets nur, was ich will, folglich nie Unrecht. Was aber die *Liebespflichten* gegen uns selbst betrifft, so findet hier die Moral ihre Arbeit bereits getan und kommt zu spät. Die Unmöglichkeit der Verletzung der Pflicht der Selbstliebe wird schon vom obersten Gebot der christlichen Moral vorausgesetzt: ›Liebe deinen Nächsten wie dich selbst‹ [Matth. 22, 39]; wonach die Liebe, die jeder zu sich selbst hegt, als das Maximum und die Bedingung jeder andern Liebe vorweg angenommen, keineswegs aber hinzugesetzt wird: ›Liebe dich selbst wie deinen Nächsten‹; als wobei jeder fühlen würde, daß es zuwenig gefordert sei: auch würde dieses die einzige Pflicht sein, bei der ein ›opus supereroga-

1. [Vgl. Aristoteles: ›Ethica ad Nicomachum‹ 5, cap. 15, p. 1138a 12]

tionis‹ [eine Leistung, die über die Forderung hinausgeht] an der Tagesordnung wäre. Selbst *Kant* sagt in den ›Metaphysischen Anfangsgründen zur Tugendlehre‹ S. 13 (R., S. 230): ›Was jeder unvermeidlich schon von selbst will, das gehört nicht unter den Begriff der Pflicht.‹ Dieser Begriff von Pflichten gegen uns selbst hat sich indessen noch immer in Ansehn erhalten und steht allgemein in besonderer Gunst; worüber man sich nicht zu wundern hat. Aber eine belustigende Wirkung tut er in Fällen, wo die Leute anfangen, um ihre Person besorgt zu werden, und nun ganz ernsthaft von der Pflicht der Selbsterhaltung reden; während man genugsam merkt, daß die Furcht ihnen schon Beine machen wird und es keines Pflichtgebots bedarf, um nachzuschieben.

Was man gewöhnlich als Pflichten gegen uns selbst aufstellt, ist zuvörderst ein in Vorurteilen stark befangenes und aus den seichtesten Gründen geführtes Räsonnement gegen den *Selbstmord.* Dem Menschen allein, der nicht wie das Tier bloß den *körperlichen,* auf die Gegenwart beschränkten, sondern auch den ungleich größeren, von Zukunft und Vergangenheit borgenden *geistigen* Leiden preisgegeben ist, hat die Natur als Kompensation das Vorrecht verliehn, sein Leben, auch ehe sie selbst ihm ein Ziel setzt, beliebig enden zu können und demnach nicht wie das Tier notwendig, solange er *kann,* sondern auch nur, solange er *will,* zu leben. Ob er nun aus ethischen Gründen dieses Vorrechts sich wieder zu begeben habe, ist eine schwierige Frage, die wenigstens nicht durch die gebräuchlichen seichten Argumente entschieden werden kann. Auch die Gründe gegen den Selbstmord, welche *Kant* S. 53 (R., S. 48) und S. 67 (R., S. 57) anzuführen nicht verschmäht, kann ich gewissenhafterweise nicht anders betiteln als Armseligkeiten, die nicht einmal eine Antwort verdienen. Man muß lachen, wenn man denkt, daß dergleichen Reflexionen dem Cato, der Kleopatra, dem Cocceius Nerva (Tacitus, ›Annalen‹ 6, 26) oder der Arria des Paetus (Plinius, ›Epistulae‹ 3, 16) den Dolch hätten aus den Händen winden sollen. Wenn es wirklich echte moralische Motive gegen den Selbstmord gibt, so liegen diese jedenfalls sehr tief und sind nicht mit dem Senkblei der gewöhnlichen Ethik zu erreichen; sondern gehören einer höhern Betrachtungsweise an, als sogar dem Standpunkt gegenwärtiger Abhandlung angemessen ist[1].

Was nun noch außerdem unter der Rubrik von Selbstpflichten vorgetragen zu werden pflegt, sind teils Klugheitsregeln, teils diätetische Vorschriften, welche alle beide nicht in die eigentliche Moral gehören. Endlich noch zieht man hieher das Verbot widernatürlicher Wollust, also der Onanie, Päderastie und Bestialität. Von diesen nun ist erstlich die Onanie hauptsächlich ein Laster der Kindheit, und sie zu bekämpfen ist vielmehr Sache der Diätetik als der Ethik; daher eben auch die Bücher gegen sie von Medizinern (wie Tissot u. a.) verfaßt sind, nicht von Moralisten. Wenn, nachdem Diätetik und Hygiene das Ihrige in dieser Sache getan und mit unabweisbaren Gründen sie niedergeschmettert haben, jetzt noch die Moral sie in die Hand nehmen will, findet sie so sehr schon getane Arbeit, daß ihr wenig übrigbleibt. – Die Bestialität nun wieder ist ein völlig abnormales, sehr selten vorkommendes Vergehn, also wirklich etwas Exzeptionelles und dabei in so hohem Grade empörend und der menschlichen Natur entgegen, daß es selbst mehr, als irgendwelche Vernunftgründe vermöchten, gegen sich selbst spricht und abschreckt. Übrigens ist es als Degradation der menschlichen Natur ganz eigentlich ein Vergehn gegen die Spezies als solche und in abstracto; nicht gegen menschliche Individuen. – Von den drei in Rede stehenden Geschlechtsvergehn fällt demnach bloß die Päderastie der Ethik anheim und wird daselbst ungezwungen ihre Stelle finden bei Abhandlung der Gerechtigkeit: diese nämlich wird durch sie verletzt, und kann hiegegen das ›Volenti non fit iniuria‹ nicht geltend gemacht werden: denn das Unrecht besteht in der Verführung des jüngern und unerfahrenen Teils, welcher physisch und moralisch dadurch verdorben wird.

---

1. Es sind asketische Gründe: man findet sie im vierten Buche meines Hauptwerks Bd. 1, § 69 *[Bd. 1, S. 541–546]*.

§ 6
Vom Fundament der Kantischen Ethik

An die im § 4 als petitio principii nachgewiesene *imperative Form* der Ethik knüpft sich unmittelbar eine Lieblingsvorstellung *Kants*, die zwar zu entschuldigen, aber nicht anzunehmen ist. – Wir sehn bisweilen einen Arzt, der ein Mittel mit glänzendem Erfolge angewandt hat, dasselbe fortan in fast allen Krankheiten geben: ihm vergleiche ich *Kanten*. Er hat durch die Scheidung des Apriori von dem Aposteriori in der menschlichen Erkenntnis die glänzendste und folgenreichste Entdeckung gemacht, deren die Metaphysik sich rühmen kann. Was Wunder, daß er nun diese Methode und Sonderung überall anzuwenden sucht? Auch die *Ethik* soll daher aus einem reinen, d. h. a priori erkennbaren und aus einem empirischen Teile bestehn. Letztern weist er als für die *Begründung* der Ethik unzulässig ab. Erstern aber herauszufinden und gesondert darzustellen ist sein Vorhaben in der ›Grundlegung der Metaphysik der Sitten‹, welche demgemäß eine Wissenschaft rein a priori sein soll, in dem Sinne wie die von ihm aufgestellten ›Metaphysischen Anfangsgründe der Naturwissenschaft‹. Sonach soll nun jenes ohne Berechtigung und ohne Ableitung oder Beweis als vorhanden zum voraus angenommene *moralische Gesetz* noch dazu ein a priori erkennbares, von aller *innern* wie *äußern Erfahrung* unabhängiges, ›*lediglich auf Begriffen der reinen Vernunft beruhendes*, es soll ein *synthetischer Satz a priori* sein‹ (›Kritik der praktischen Vernunft‹, S. 56 der vierten Auflage; R., S. 142); hiemit hängt genau zusammen, daß dasselbe bloß *formal* sein muß wie alles a priori Erkannte, mithin bloß auf die *Form*, nicht auf den *Inhalt* der Handlungen sich beziehn muß. – Man denke, was das sagen will! – Er fügt (S. VI der Vorrede zur Grundlegung; R., S. 5) ausdrücklich hinzu, daß es ›nicht in der Natur des Menschen (dem Subjektiven) noch in den Umständen in der Welt (dem Objektiven) gesucht werden dürfe‹ und (ebendaselbst S. VII; R., S. 6), daß ›*nicht das mindeste dabei entlehnt werden dürfe aus der Kenntnis des Menschen, d.i. der Anthropologie*‹. Er wiederholt noch

(S. 59; R., S. 52), ›daß man sich ja nicht in den Sinn kommen lassen dürfe, die Realität seines Moralprinzips aus der besondern Beschaffenheit der menschlichen Natur ableiten zu wollen‹; desgleichen (S. 60; R., S. 52), daß ›alles, was aus einer besondern Naturanlage der Menschheit, aus gewissen Gefühlen und [einem] Hange, ja sogar womöglich aus einer besondern Richtung, die der menschlichen Natur eigen wäre und nicht notwendig für den Willen *jedes vernünftigen Wesens* gelten müßte, abgeleitet wird‹, keine Grundlage für das moralische Gesetz abgeben könne. Dies bezeugt unwidersprechlich, daß er das angebliche Moralgesetz *nicht als eine Tatsache des Bewußtseins,* ein empirisch Nachweisbares aufstellt; wofür die Philosophaster neuerer Zeit samt und sonders es ausgeben möchten. – Wie alle innere, so weist er noch entschiedener alle äußere Erfahrung ab, indem er jede empirische Grundlage der Moral verwirft. Er gründet also, welches ich wohl zu merken bitte, sein Moralprinzip nicht auf irgendeine nachweisbare *Tatsache des Bewußtseins,* etwan eine innere Anlage – sowenig wie auf irgendein objektives Verhältnis der Dinge in der Außenwelt. Nein! das wäre eine empirische Grundlage. Sondern *reine Begriffe a priori,* d.h. Begriffe, die noch gar keinen Inhalt aus der äußern oder innern Erfahrung haben, also pure Schale ohne Kern sind, sollen die Grundlage der Moral sein. Man erwäge, wieviel das sagen will: das menschliche Bewußtsein sowohl als die ganze Außenwelt samt aller Erfahrung und [allen] Tatsachen in ihnen ist unter unsern Füßen weggezogen. Wir haben nichts, worauf wir stehn. Woran aber sollen wir uns halten? An ein Paar ganz abstrakter, noch völlig stoffloser Begriffe, die ebenfalls gänzlich in der Luft schweben. Aus diesen, ja eigentlich aus der bloßen Form ihrer Verbindung zu Urteilen soll ein *Gesetz* hervorgehn, welches mit sogenannter *absoluter Notwendigkeit* gelten und die Kraft haben soll, dem Drange der Begierden, dem Sturm der Leidenschaft, der Riesengröße des Egoismus Zaum und Gebiß anzulegen. Das wollen wir denn doch sehn.

Mit diesem vorgefaßten Begriff von der unumgänglich nötigen *Apriorität* und Reinheit von allem Empirischen für die Grundlage der Moral ist eine zweite Lieblingsvorstellung Kants eng verknüpft: nämlich das aufzustellende Moralprinzip, da es ein *synthetischer Satz a priori von bloß formellem Inhalt*, mithin ganz Sache der *reinen Vernunft* sein muß, soll als solches auch nicht für *Menschen allein*, sondern *für alle möglichen vernünftigen Wesen* und ›allein darum‹, also nebenbei und per accidens [durch Zufall] auch für die Menschen gelten. Denn dafür ist es auf *reine* Vernunft (die nichts als sich selbst und den Satz vom Widerspruch kennt) und nicht auf irgendein Gefühl basiert. Diese *reine Vernunft* wird also hier nicht als eine Erkenntniskraft des *Menschen*, was sie doch allein ist, genommen; sondern *als etwas für sich Bestehendes hypostasiert* ohne alle Befugnis und zu perniziosestem[1] Beispiel und Vorgang; welches zu belegen unsere jetzige erbärmliche philosophische Zeitperiode dienen kann. Inzwischen ist diese Aufstellung der Moral nicht für Menschen als Menschen, sondern für *alle vernünftige[n] Wesen* als solche *Kanten* eine so angelegene Hauptsache und Lieblingsvorstellung, daß er nicht müde wird, sie bei jeder Gelegenheit zu wiederholen. Ich sage dagegen, daß man nie zur Aufstellung eines Genus befugt ist, welches uns nur in einer einzigen Spezies gegeben ist, in dessen Begriff man daher schlechterdings nichts bringen könnte, als was man dieser *einen* Spezies entnommen hätte, daher was man vom Genus aussagte, doch immer nur von der *einen* Spezies zu verstehn sein würde; während, indem man, um das Genus zu bilden, unbefugt weggedacht hätte, was dieser Spezies zukommt, man vielleicht gerade die Bedingung der Möglichkeit der übriggelassenen und als Genus hypostasierten Eigenschaften aufgehoben hätte. Wie wir die *Intelligenz überhaupt* schlechterdings nur als eine Eigenschaft animalischer Wesen kennen und deshalb nimmermehr berechtigt sind, sie als außerdem und unabhängig von der animalischen Natur existierend zu denken; so kennen wir die *Vernunft* allein als Eigenschaft des menschlichen Geschlechts und sind schlechterdings nicht befugt, sie als außer diesem existierend zu denken und ein Genus ›Vernünftige Wesen‹ aufzustellen, welches von

1. [unheilvollstem]

seiner alleinigen Spezies ›Mensch‹ verschieden wäre, noch weniger aber, für solche imaginäre *vernünftige Wesen in abstracto* Gesetze aufzustellen. Von vernünftigen Wesen außer dem Menschen zu reden ist nicht anders, als wenn man von *schweren Wesen* außer den Körpern reden wollte. Man kann sich des Verdachts nicht erwehren, daß *Kant* dabei ein wenig an die lieben Engelein gedacht oder doch auf deren Beistand in der Überzeugung des Lesers gezählt habe. Jedenfalls liegt darin eine stille Voraussetzung der anima rationalis [des vernünftigen Seelenteils], welche, von der anima sensitiva und anima vegetativa [dem wahrnehmenden und dem vegetativen Seelenteil] ganz verschieden, nach dem Tode übrigbliebe und dann weiter nichts wäre als eben rationalis. Aber dieser völlig transzendenten Hypostase hat er doch selbst in der ›Kritik der reinen Vernunft‹ ausdrücklich und ausführlich ein Ende gemacht. Inzwischen sieht man in der Kantischen Ethik, zumal in der ›Kritik der praktischen Vernunft‹ stets im Hintergrunde den Gedanken schweben, daß das innere und ewige Wesen des Menschen in der *Vernunft* bestände. Ich muß hier, wo die Sache nur beiläufig zur Sprache kommt, es bei der bloßen Assertion des Gegenteils bewenden lassen, daß nämlich die Vernunft wie das Erkenntnisvermögen überhaupt ein Sekundäres, ein der Erscheinung Angehöriges, ja durch den Organismus Bedingtes, hingegen der eigentliche Kern, das allein Metaphysische und daher Unzerstörbare im Menschen *sein Wille* ist.

Indem also *Kant* die Methode, welche er mit so vielem Glück in der theoretischen Philosophie angewandt hatte, auf die praktische übertragen und demnach auch hier die reine Erkenntnis a priori von der empirischen a posteriori trennen wollte, nahm er an, daß, wie wir die Gesetze des Raums, der Zeit und der Kausalität a priori erkennen; so auch oder doch auf analoge Weise die moralische Richtschnur für unser Tun vor aller Erfahrung uns gegeben sei und sich äußere als kategorischer Imperativ, als absolutes Soll. Aber wie himmelweit ist der *Unterschied* zwischen jenen theoretischen Erkenntnissen a priori, welche darauf beruhen, daß sie die bloßen Formen, d. h. Funktionen unsers Intellekts ausdrücken, mittelst deren allein wir eine objektive Welt aufzufassen fähig sind, in denen diese sich also darstellen *muß*, daher eben für dieselbe jene Formen absolut gesetzgebend sind, so daß alle Erfahrung jedesmal ihnen genau entsprechen *muß*, wie alles, was ich durch ein blaues Glas sehe, sich blau darstellen *muß* – und jenem angeblichen Moralgesetz a priori, dem die Erfahrung bei jedem Schritte hohnspricht, ja, nach *Kanten* selbst, es zweifelhaft läßt, ob sie sich auch nur ein einziges Mal wirklich nach demselben gerichtet habe. Welche ganz disparate[n] Dinge werden hier unter den Begriff der *Apriorität* zusammengestellt! Zudem übersah *Kant*, daß seiner eigenen Lehre zufolge in der theoretischen Philosophie gerade die *Apriorität* der erwähnten von der Erfahrung unabhängigen Erkenntnisse sie auf die bloße *Erscheinung*, d.h. die Vorstellung der Welt in unserm Kopfe beschränkt und ihnen alle Gültigkeit hinsichtlich auf das *Wesen an sich* der Dinge, d.h. das unabhängig von unserer Auffassung Vorhandene völlig benimmt. Diesem entsprechend müßte auch in der praktischen Philosophie sein angebliches Moralgesetz, wenn es a priori in unserm Kopfe entsteht, gleichfalls nur eine Form der *Erscheinung* sein und das Wesen an sich der Dinge unberührt lassen. Allein diese Konsequenz würde im größten Widerspruch sowohl mit der Sache selbst als mit *Kants* Ansichten derselben stehn; da er durchgängig (z.B. ›Kritik der praktischen Vernunft‹ S. 175; R., S. 228) gerade *das Moralische in uns* als in der engsten Verbindung mit dem wahren *Wesen an sich* der Dinge, ja als unmittelbar dieses treffend darstellt; auch in der ›Kritik der reinen Vernunft‹ überall, wo das geheimnisvolle *Ding an sich* irgend deutlicher hervortritt, es sich zu erkennen gibt als *das Moralische* in uns, *als Wille*. – Aber darüber hat er sich hinweggesetzt.

Ich habe § 4 gezeigt, daß Kant die *imperative Form* der Ethik, also den Begriff des Sollens, des Gesetzes und der Pflicht ohne weiteres aus der theologischen Moral herübergenommen, während er das, was diesen Begriffen dort allein Kraft und Bedeutung verleiht, doch zurücklassen mußte. Um nun aber doch jene Begriffe zu begründen, geht er so weit zu verlangen, daß der *Begriff der Pflicht* selbst auch der *Grund der Erfüllung* dieser, also *das Verpflichtende* sei. Eine Handlung, sagt er (S. 11; R., S. 18), habe erst dann echten moralischen Wert, wann sie lediglich aus *Pflicht* und bloß um der *Pflicht* willen geschehe ohne irgendeine Neigung zu ihr. Der Wert des Charakters hebe erst da an, wenn jemand, ohne Sympathie des Herzens kalt und gleichgültig gegen die Leiden anderer und *nicht eigentlich zum Menschenfreunde geboren*, doch bloß der leidigen *Pflicht* halber Wohltaten erzeigte. Diese das echte moralische Gefühl empörende Behauptung, diese der christlichen Sittenlehre, welche die Liebe über alles setzt und ohne sie nichts gelten läßt (1. Korinther 13, 3), gerade entgegengesetzte Apotheose der Lieblosigkeit, diesen taktlosen moralischen Pedantismus hat *Schiller* in zwei treffenden Epigrammen persifliert, überschrieben ›Gewissensskrupel‹ und ›Entscheidung‹. Die nächste Veranlassung zu diesen scheinen einige ganz hieher gehörige Stellen der ›Kritik der praktischen Vernunft‹ gegeben zu haben, so z. B. S. 150; R., S. 211: ›Die Gesinnung, die dem Menschen das moralische Gesetz zu befolgen obliegt, ist, es aus *Pflicht*, nicht aus *freiwilliger Zuneigung* und auch allenfalls *unbefohlener*, von selbst gern unternommener Bestrebung zu befolgen.‹ – *Befohlen* muß es sein! Welche Sklavenmoral! Und ebendaselbst (S. 213; R., S. 257), wo es heißt, ›daß Gefühle des Mitleids und der weichherzigen Teilnahme wohldenkenden Personen selbst lästig wären, weil sie ihre überlegten Maximen in Verwirrung brächten und daher den Wunsch bewirkten, ihrer entledigt und allein der gesetzgebenden Vernunft unterworfen zu sein‹. Ich behaupte zuversichtlich, daß, was dem obigen (S. 11; R., S. 18 geschilderten) lieblosen, gegen fremde Leiden gleichgültigen Wohltäter die Hand öffnet (wenn er nicht Nebenabsichten hat), nimmermehr etwas anderes sein kann als sklavische Deisidaimonie[1], gleichviel ob er seinen Fetisch ›kategorischen Imperativ‹ betitelt oder Vitzliputzli[2]. Was

---
1. [Furcht vor Dämonen]
2. Richtiger [aztekisch] Huitzilopotchli: mexikanische [Kriegs-]Gottheit.

anderes könnte denn ein hartes Herz bewegen als nur die Furcht?

Obigen Ansichten entsprechend soll (nach S. 13; R., S. 19) der moralische Wert einer Handlung durchaus nicht in der *Absicht* liegen, in der sie geschah, sondern in der Maxime, die man befolgte. Wogegen ich zu bedenken gebe, daß die *Absicht allein* über moralischen Wert oder Unwert einer Tat entscheidet, weshalb dieselbe Tat, je nach ihrer Absicht, verwerflich oder lobenswert sein kann. Daher auch, sooft unter Menschen eine Handlung von irgend moralischem Belange diskutiert wird, jeder nach der *Absicht* forscht und nach dieser allein die Handlung beurteilt; wie auch andererseits mit der *Absicht* allein jeder sich rechtfertigt, wenn er seine Handlung mißdeutet sieht, oder sich entschuldigt, wenn sie einen nachteiligen Erfolg gehabt.

S. 14; R., S. 20 erhalten wir endlich die Definition des Grundbegriffes der ganzen Kantischen Ethik, der *Pflicht*: sie sei ›*die Notwendigkeit einer Handlung aus Achtung vor dem Gesetz*‹. – Aber was *notwendig ist*, das geschieht und ist unausbleiblich; hingegen die Handlungen aus reiner Pflicht bleiben nicht nur meistens aus; sondern sogar gesteht Kant selbst (S. 25; R., S. 28), daß man von der Gesinnung, aus reiner Pflicht zu handeln, *gar keine sichere[n] Beispiele* habe – und (S. 26; R., S. 29) ›es sei schlechterdings unmöglich, durch Erfahrung *einen einzigen Fall* mit Gewißheit auszumachen, wo eine pflichtmäßige Handlung lediglich auf der Vorstellung der Pflicht beruht habe‹ (und ebenso S. 28; R., S. 30, und S. 49; R., S. 50). In welchem Sinn kann denn einer solchen Handlung *Notwendigkeit* beigelegt werden? Da es billig ist, einen Autor stets auf das günstigste auszulegen, wollen wir sagen, daß seine Meinung dahin geht, eine pflichtmäßige Handlung sei *objektiv* notwendig, aber *subjektiv* zufällig. Allein gerade das ist nicht so leicht gedacht wie gesagt: wo ist denn das *Objekt* dieser *objektiven* Notwendigkeit, deren Erfolg in der objektiven Realität meistens und vielleicht immer ausbleibt? Bei aller Billigkeit der Auslegung kann ich doch nicht umhin zu sagen, daß der Ausdruck der Definition ›*Notwendigkeit einer Handlung*‹ nichts anderes ist als eine künstlich versteckte, sehr gezwungene Umschreibung des Wortes *Soll*. Diese Absicht wird uns noch deutlicher, wenn wir bemerken, daß in derselben Definition das Wort *Achtung* gebraucht ist, wo *Gehorsam* gemeint war. Nämlich in der Anmerkung S. 16; R., S. 21 heißt es: ›*Achtung* bedeutet bloß die Unterordnung meines Willens unter einem Gesetz. Die unmittelbare Bestimmung durchs Gesetz und das Bewußtsein derselben heißt *Achtung*.‹ – In welcher Sprache? Was hier angegeben ist, heißt auf deutsch *Gehorsam*. Da aber das Wort *Achtung* nicht ohne Grund so unpassend an die Stelle des Wortes *Gehorsam* gesetzt sein kann; so muß es wohl irgendeiner Absicht dienen, und diese ist offenbar keine andere, als die Abstammung der imperativen Form und des Pflichtbegriffs aus der *theologischen* Moral zu verschleiern; wie wir vorhin sahen, daß der Ausdruck *Notwendigkeit einer Handlung*, der so sehr gezwungen und ungeschickt die Stelle des *Soll* vertritt, nur deshalb gewählt war, weil das *Soll* gerade die Sprache des *Dekalogs* ist. Obige Definition: ›Pflicht ist die Notwendigkeit einer Handlung aus Achtung vor dem Gesetz‹ würde also in ungezwungener und unverdeckter Sprache, d.h. ohne Maske lauten: ›*Pflicht* bedeutet eine Handlung, die aus *Gehorsam* gegen ein Gesetz geschehn *soll*.‹ – Dies ist ›des Pudels Kern‹.

Nun aber das *Gesetz*, dieser letzte Grundstein der Kantischen Ethik! *Was ist sein Inhalt? Und wo steht es geschrieben?* Dies ist die Hauptfrage. Ich bemerke zunächst, daß es *zwei* Fragen sind: Die eine geht auf das *Prinzip*, die andere auf das *Fundament* der Ethik – zwei ganz verschiedene Dinge, obwohl sie meistens und bisweilen wohl absichtlich vermischt werden.

Das *Prinzip* oder der oberste *Grundsatz* einer Ethik ist der kürzeste und bündigste Ausdruck für die Handlungsweise, die sie vorschreibt, oder, wenn sie keine imperative Form hätte, die Handlungsweise, welcher sie eigentlichen moralischen Wert zuerkennt. Es ist mithin ihre durch *einen* Satz ausgedrückte Anweisung zur Tugend überhaupt, also das ὅ, τι [Daß] der Tugend. – Das *Fundament* einer Ethik hingegen ist das διότι [Weshalb] der Tugend, der *Grund* jener Verpflichtung oder Anempfehlung oder Belobung, er mag nun in der Natur des Menschen oder in äußeren Weltverhältnissen oder worin sonst gesucht werden. Wie in *allen* Wissenschaften sollte man auch in der *Ethik* das ὅ, τι vom διότι deutlich unterscheiden. Die meisten Ethiker verwischen hingegen geflissentlich diesen Unterschied: wahrscheinlich weil das ὅ, τι so leicht, das διότι hingegen so entsetzlich schwer anzugeben ist; daher man gern die Armut auf der *einen* Seite durch den Reichtum auf der *andern* zu kompensieren und mittelst Zusammenfassung beider in *einen* Satz eine glückliche Vermählung der πενία [Armut] mit dem πόρος¹ [Reichtum] zustande zu bringen sucht. Meistens geschieht dies dadurch, daß man das jedem wohlbekannte ὅ, τι nicht in seiner Einfachheit ausspricht, sondern es in eine künstliche Formel zwängt, aus der es erst als Konklusion gegebener Prämissen geschlossen werden muß; wobei dann dem Leser zumute wird, als hätte er nicht bloß die Sache, sondern auch den Grund der Sache erfahren. Hievon kann man sich an den meisten allbekannten Moralprinzipien leicht überzeugen. Da nun aber ich im folgenden Teil dergleichen Kunststücke nicht auch vorhabe, sondern ehrlich zu verfahren und nicht das *Prinzip* der Ethik zugleich als ihr *Fundament* geltend zu machen, vielmehr beide ganz deutlich zu sondern gedenke; so will ich jenes ὅ, τι, also das *Prinzip*, den *Grundsatz*, über dessen Inhalt alle Ethiker eigentlich einig sind, in so verschiedene Formen sie ihn auch kleiden, gleich hier auf *den* Ausdruck zurückführen, den ich für den allereinfachsten und reinsten halte: ›Neminem laede, imo omnes, quantum potes, iuva!‹ [Verletze niemanden, vielmehr hilf allen, soviel du kannst!] Dies ist eigentlich der Satz, welchen zu *begründen* alle Sittenlehrer sich abmühen, das gemeinsame Resultat ihrer so verschiedenartigen Deduktionen: es ist das ὅ, τι, zu welchem das διότι noch immer gesucht wird, die Folge, zu der man den Grund verlangt, folglich selbst erst das Datum, zu welchem das Quaesitum das Problem jeder Ethik, wie auch der vorliegenden Preisfrage ist. Die Lösung dieses Problems wird das eigentliche *Fundament* der Ethik liefern, welches man wie

1. [Vgl. Platon: ›Symposium‹ p. 203 B]

den Stein der Weisen seit Jahrtausenden sucht. Daß aber das Datum, das ὅ, τι, das Prinzip, wirklich seinen reinsten Ausdruck an obiger Formel hat, ist daraus ersichtlich, daß diese zu jedem andern Moralprinzip sich als Konklusion zu den Prämissen, also als das, wohin man eigentlich will, verhält; so daß jedes andere Moralprinzip als eine Umschreibung, ein indirekter oder verblümter Ausdruck jenes einfachen Satzes anzusehn ist. Dies gilt z. B. selbst von dem für einfach gehaltenen trivialen Grundsatz: ›Quod tibi fieri non vis, alteri ne feceris‹[1] [Was du nicht willst, das man dir tu, das füg' auch keinem andern zu], dessen Mangel, daß er bloß die Rechts- und nicht die Tugendpflichten ausdrückt, durch eine Wiederholung ohne ›non‹ und ›ne‹ leicht abzuhelfen ist. Denn auch er will alsdann eigentlich sagen: ›Neminem laede; imo omnes, quantum potes, iuva‹; führt aber auf einem Umweg dahin und gewinnt dadurch das Ansehn, als hätte er auch den Realgrund, das διότι jener Vorschrift gegeben; was doch nicht der Fall ist, da daraus, daß ich nicht will, daß mir etwas geschehe, keineswegs folgt, daß ich es andern nicht tun solle. Dasselbe gilt von jedem bisher aufgestellten *Prinzip* oder obersten *Grundsatz* der Moral.

Wenn wir jetzt zurückkehren zu unserer obigen Frage: wie lautet denn das *Gesetz*, in dessen Befolgung, nach *Kant*, die *Pflicht* besteht; und worauf ist es gegründet? – so werden wir finden, daß auch *Kant* das *Prinzip* der Moral mit dem *Fundament* derselben auf eine sehr künstliche Weise eng verknüpft hat. Ich erinnere nunmehr an die schon anfangs in Erwägung genommene Forderung *Kants*, daß das Moralprinzip rein a priori und rein formal, ja ein synthetischer Satz a priori sein soll und daher keinen materialen Inhalt haben und auf gar nichts Empirischem, d. h. weder auf etwas Objektivem in der Außenwelt noch auf etwas Subjektivem im Bewußtsein, dergleichen irgendein Gefühl, Neigung, Trieb wäre, beruhen darf. *Kant* war sich der Schwierigkeit dieser Aufgabe deutlich bewußt; da er (S. 60; R., S. 53) sagt: ›Hier sehn wir nun die Philosophie in der Tat auf einen mißlichen Standpunkt gestellt, der fest sein soll,

---

1. Hugo Grotius führt ihn auf Kaiser Severus zurück *[vgl. Bd. 1, S. 704]*.

unerachtet er weder im Himmel noch auf Erden an etwas hängt oder woran gestützt wird.‹ Um so mehr müssen wir mit Spannung der Lösung der Aufgabe, die er sich selbst gestellt hat, entgegensehn und begierig erwarten, wie nun etwas aus nichts werden, d.h. aus rein apriorischen Begriffen ohne allen empirischen und materialen Inhalt die Gesetze des materialen menschlichen Handelns konkreszieren sollen – ein Prozeß, als dessen Symbol wir jenen chemischen betrachten können, vermöge dessen aus drei unsichtbaren Gasen (Azot, Hydrogen, Chlor), also im scheinbar leeren Raum vor unsern Augen fester Salmiak entsteht. – Ich will aber den Prozeß, durch welchen *Kant* diese schwierige Aufgabe löst, deutlicher, als er selbst gewollt oder gekonnt hat, darlegen. Dies möchte um so nötiger sein, als derselbe selten recht verstanden zu sein scheint. Denn fast alle Kantianer sind in den Irrtum geraten, daß *Kant* den kategorischen Imperativ unmittelbar als eine Tatsache des Bewußtseins aufstelle: dann wäre er aber *anthropologisch* durch *Erfahrung*, wenngleich innere, also *empirisch* begründet; welches der Ansicht *Kants* schnurstracks entgegenläuft und von ihm wiederholentlich abgewiesen wird. Daher sagt er (S. 48; R., S. 44), ›es sei nicht empirisch auszumachen, ob es überall irgendeinen solchen kategorischen Imperativ gebe‹; wie auch (S. 49; R., S. 45), ›die Möglichkeit des kategorischen Imperativs sei ganz a priori zu untersuchen; da uns hier nicht der Vorteil zustatten komme, daß dessen Wirklichkeit in der Erfahrung gegeben sei‹. Aber schon sein erster Schüler, *Reinhold*, ist in jenem Irrtum befangen, da er in seinen ›Beiträgen zur Übersicht der Philosophie am Anfange des 19. Jahrhunderts‹ Heft 2, S. 21 sagt: ›*Kant* nimmt das Moralgesetz als ein unmittelbar gewisses Faktum, als ursprüngliche Tatsache des moralischen Bewußtseins an.‹ Hätte aber *Kant* den kategorischen Imperativ als Tatsache des Bewußtseins, mithin empirisch begründen wollen; so würde er nicht ermangelt haben, ihn wenigstens als solche nachzuweisen. Aber nirgends findet sich dergleichen. Meines Wissens geschieht das erste Auftreten des kategorischen Imperativs in der ›Kritik der reinen Vernunft‹ (S. 802 der ersten und S. 830 der fünften Auflage), wo derselbe unangemeldet und mit dem vorhergegangenen Satze nur durch ein völlig unberechtigtes ›Daher‹ zusammenhängend, ganz ex nunc [aus dem Augenblick] auftritt. Förmlich eingeführt wird er zuerst in der hier von uns in besondere Betrachtung genommenen ›Grundlage zur Metaphysik der Sitten‹, und zwar ganz auf apriorischem Wege durch eine Deduktion aus Begriffen. Hingegen eine im fünften Heft der ebengenannten, für die kritische Philosophie so wichtigen Zeitschrift *Reinholds* befindliche ›formula concordiae des Kritizismus‹ stellt S. 122 sogar folgenden Satz auf: ›Wir unterscheiden das moralische Selbstbewußtsein von der *Erfahrung*, mit welcher dasselbe als eine ursprüngliche *Tatsache*, über welche kein Wissen hinausgehn kann, im menschlichen Bewußtsein verbunden ist, und wir verstehn unter jenem Selbstbewußtsein das *unmittelbare Bewußtsein der Pflicht*, d.h. der *Notwendigkeit*, die von Lust und Unlust unabhängige Gesetzmäßigkeit des Willens zur Triebfeder und Richtschnur der Willenshandlungen anzunehmen.‹ – Da hätten wir freilich ›einen erklecklichen Satz, ja, und der auch was setzt‹[1] (Schiller [›Die Philosophen‹]). Aber im Ernst: zu welcher unverschämten petitio principii sehn wir hier Kants Moralgesetz angewachsen! Wenn *das* wahr wäre, so hätte freilich die Ethik ein Fundament von unvergleichlicher Solidität, und es bedürfte keiner Preisfragen, um zum Aufsuchen desselben zu ermuntern. Dann wäre [es] aber auch das größte Wunder, daß man eine solche Tatsache des Bewußtseins so spät entdeckt hätte; während man Jahrtausende hindurch eifrig und mühsam nach einer Grundlage für die Moral suchte. Wodurch aber *Kant* selbst zu dem gerügten Irrtum Anlaß gegeben, werde ich weiter unten beibringen. Dennoch könnte man sich über das unangefochtene Herrschen eines solchen Grundirrtums unter den Kantianern wundern: aber haben sie, während sie zahllose Bücher über *Kants* Philosophie schrieben, doch nicht einmal die Verunstaltung bemerkt, welche die ›Kritik der reinen Vernunft‹

1. [Eigentlich: ›Einen erklecklichen Satz will ich und der auch was setzt.‹]

in der zweiten Auflage erfuhr und vermöge der sie ein inkohärentes, sich selber widersprechendes Buch wurde; was erst jetzt an den Tag gekommen und, wie mir dünkt, ganz richtig auseinandergesetzt ist in Rosenkranzens Vorrede[1] zum zweiten Band der Gesamtausgabe der Kantischen Werke. Man muß bedenken, daß vielen Gelehrten das unablässige Lehren vom Katheder und in Schriften zum gründlichen Lernen nur wenig Zeit läßt. Das ›docendo disco‹[2] [durch Lehren lerne ich] ist nicht unbedingt wahr, vielmehr möchte man bisweilen es parodieren: ›Semper docendo nihil disco‹ [Durch fortwährendes Lehren komme ich nicht zum Lernen]; und sogar ist nicht ganz ohne Grund, was *Diderot* dem Neffen Rameaus in den Mund legt: ›Und diese Lehrer, glaubt ihr denn, daß sie die Wissenschaften verstehn werden, worin sie Unterricht geben? Possen, lieber Herr, Possen. Besäßen sie diese Kenntnisse hinlänglich, um sie zu lehren, so lehrten sie sie nicht.‹ – ›Und warum?‹ – ›Sie hätten ihr Leben verwendet, sie zu studieren‹ [›Rameaus Neffe, ein Dialog von Diderot‹] (Goethes Übersetzung S. 104). – Auch Lichtenberg sagt: ›Ich habe das schon mehr bemerkt, die Leute von Profession wissen oft das Beste nicht‹ [›Vermischte Schriften‹ 1, S. 169]. Was aber (zur Kantischen Moral zurückzukehren) das Publikum betrifft; so setzen die meisten, wenn nur das Resultat zu ihren moralischen Gefühlen stimmt, sofort voraus, es werde mit der Ableitung desselben schon seine Richtigkeit haben, und werden sich mit dieser, wenn sie schwierig aussieht, nicht tief einlassen; sondern sich hierin auf die ›Leute vom Fach‹ verlassen.

Kants Begründung seines Moralgesetzes ist also keineswegs die empirische Nachweisung desselben als einer Tatsache des Bewußtseins noch eine Appellation an das moralische Gefühl noch eine petitio principii unter dem vornehmen modernen Namen eines ›absoluten Postulats‹; sondern es ist ein sehr subtiler Gedankenprozeß, welchen er uns zweimal (S. 17 und 51; R., S. 22 und 46) vorführt und von dem folgendes die verdeutlichte Darstellung ist.

1. [*Vgl. S. 644*]
2. [Vgl. Seneca: ›Epistulae‹ 7]

Da *Kant*, indem er alle empirische[n] Triebfedern des Willens verschmähete, alles Objektive und alles Subjektive, darauf ein Gesetz für denselben zu gründen wäre, als empirisch zum voraus weggenommen hat; so bleibt ihm zum *Stoff* dieses *Gesetzes* nichts übrig als dessen eigene *Form*. Diese nun ist eben nur die *Gesetzmäßigkeit*. *Die Gesetzmäßigkeit* aber besteht im Gelten für alle, also in der *Allgemeingültigkeit*. Diese demnach wird zum *Stoff*. Folglich ist der Inhalt des Gesetzes nichts anderes als seine *Allgemeingültigkeit* selbst. Demzufolge wird es lauten: ›Handle nur nach der Maxime, von der du zugleich wollen kannst, daß sie allgemeines Gesetz für alle vernünftige[n] Wesen werde.‹ – Dieses also ist die so allgemein verkannte eigentliche *Begründung des Moralprinzips Kants*, mithin das *Fundament* seiner ganzen Ethik. – Man vergleiche noch ›Kritik der praktischen Vernunft‹ (S. 61; R., S. 147) das Ende der Anmerkung 1. – Dem großen Scharfsinn, womit *Kant* das Kunststück ausgeführt hat, zolle ich meine aufrichtige Bewunderung, fahre aber in meiner ernsten Prüfung nach dem Maßstabe der Wahrheit fort. Ich bemerke nur noch zum Behuf nachheriger Wiederaufnahme, daß die *Vernunft*, indem und insofern sie das eben dargelegte spezielle Räsonnement vollzieht, den Namen der *praktischen Vernunft* erhält. Der kategorische Imperativ der praktischen Vernunft ist aber das aus dem dargelegten Gedankenprozeß sich als Resultat ergebende Gesetz: also ist die praktische Vernunft keineswegs, wie die meisten, und auch schon *Fichte*, es ansahen, ein nicht weiter zurückzuführendes besonderes Vermögen, eine qualitas occulta [verborgene Eigenschaft], eine Art Moralitäts-Instinkt, dem ›moral sense‹ des Hutcheson ähnlich; sondern ist (wie auch *Kant* in der Vorrede S. XII; R., S. 8, und oft genug außerdem sagt) eins und dasselbe mit der *theoretischen Vernunft*, ist nämlich diese selbst, sofern sie den dargelegten Gedankenprozeß vollzieht. *Fichte* nämlich nennt den kategorischen Imperativ Kants ein *absolutes Postulat* (›Grundlage der gesamten Wissenschaftslehre‹, Tübingen 1802, S. 240, Anmerkung). Dies ist der moderne, beschönigende Ausdruck für petitio principii, und so auch hat er selbst den kategorischen Imperativ durchgängig genommen, ist also im oben gerügten Irrtum mitbegriffen.

Der Einwand nun, welchem jene von *Kant* der Moral gegebene Grundlage zunächst und unmittelbar unterliegt, ist, daß dieser Ursprung eines Moralgesetzes in uns darum unmöglich ist, weil er voraussetzt, daß der Mensch ganz von selbst auf den Einfall käme, sich nach einem *Gesetz* für seinen Willen, dem dieser sich zu unterwerfen und zu fügen hätte, umzusehn und zu erkundigen. Dies aber kann ihm unmöglich von selbst in den Sinn kommen, sondern höchstens nur, nachdem schon eine andere positiv wirksame, reale und als solche sich von selbst ankündigende, ungerufen auf ihn einwirkende, ja eindringende moralische Triebfeder den ersten Anstoß und Anlaß dazu gegeben hätte. So etwas aber würde der Annahme Kants widerstreiten, welcher zufolge der obige Gedankenprozeß *selbst* der Ursprung aller moralischen Begriffe, das punctum saliens [der springende Punkt] der Moralität sein soll. Solange nun also jenes *nicht* der Fall ist, indem es ex hypothesi keine andere moralische Triebfeder als den dargelegten Gedankenprozeß gibt; solange bleibt die Richtschnur des menschlichen Handelns allein der Egoismus am Leitfaden des Gesetzes der Motivation, d.h. die jedesmaligen ganz empirischen und egoistischen Motive bestimmen in jedem einzelnen Fall das Handeln des Menschen allein und ungestört; da unter dieser Voraussetzung keine Aufforderung für ihn und gar kein Grund vorhanden ist, weswegen es ihm einfallen sollte, nach einem Gesetz zu fragen, welches sein Wollen beschränkte und dem er dieses zu unterwerfen hätte, geschweige nach einem solchen zu forschen und zu grübeln, wodurch es allererst möglich würde, daß er auf den sonderbaren Gedankengang der obigen Reflexion geriete. Hiebei ist es einerlei, welchen Grad der Deutlichkeit man dem Kantischen Reflexionsprozesse geben will, ob man ihn etwan herabstimmen möchte zu einer nur dunkel gefühlten Überlegung. Denn keine Änderung hierin ficht die Grundwahrheiten an, daß aus nichts nichts wird und daß eine Wirkung eine Ursache verlangt. Die moralische Triebfeder muß schlechterdings wie jedes den Willen bewegende Motiv eine sich von selbst ankündigende, deshalb positiv wirkende, folglich *reale* sein: und da für den Menschen nur das Empirische oder doch als möglicherweise empirisch vorhanden Vorausgesetzte Realität hat; so muß die moralische Triebfeder in der Tat eine *empirische* sein und als solche ungerufen sich ankündigen, an uns kommen, ohne auf unser Fragen danach zu warten von selbst auf uns eindringen und dies mit solcher Gewalt, daß sie die entgegenstehenden riesenstarken egoistischen Motive wenigstens möglicherweise überwinden kann. Denn die Moral hat es mit dem *wirklichen* Handeln des Menschen und nicht mit apriorischem Kartenhäuserbau zu tun, an dessen Ergebnisse sich im Ernste und Drange des Lebens kein Mensch kehren würde, deren Wirkung daher dem Sturm der Leidenschaften gegenüber soviel sein würde wie die einer Klistierspritze bei einer Feuersbrunst. Ich habe schon oben erwähnt, daß *Kant* es als ein großes Verdienst seines Moralgesetzes betrachtet, daß es bloß auf abstrakte reine Begriffe a priori, folglich auf *reine Vernunft* gegründet ist, als wodurch es nicht bloß für Menschen, sondern für alle vernünftige[n] Wesen als solche gültig sei. Wir müssen um so mehr bedauern, daß reine abstrakte Begriffe a priori ohne realen Gehalt und ohne alle irgendwie empirische Grundlage wenigstens *Menschen* nie in Bewegung setzen können: von andern vernünftigen Wesen kann ich nicht mitreden. Daher ist der zweite Fehler der Kantischen Grundlage der Moralität Mangel an realem Gehalt. Dieser ist bisher nicht bemerkt worden, weil das oben deutlich dargelegte eigentliche *Fundament* der Kantischen Moral wahrscheinlich den allerwenigsten von denen, die es zelebriert und propagiert haben, von Grund aus deutlich gewesen ist. Der zweite Fehler also ist gänzlicher Mangel an Realität und dadurch an möglicher Wirksamkeit. Es schwebt in der Luft als ein Spinnengewebe der subtilsten, inhaltsleersten Begriffe, ist auf nichts basiert, kann daher nichts tragen und nichts bewegen. Und dennoch hat *Kant* demselben eine Last von unendlicher Schwere aufgebürdet, nämlich die Voraussetzung der Freiheit des Willens. Trotz seiner wiederholt ausgesprochenen Überzeugung, daß Freiheit in den Handlungen des Menschen schlechterdings nicht statthaben kann, daß sie theoretisch nicht einmal ihrer Möglichkeit nach eingesehn werden kann (›Kritik der praktischen Vernunft‹ S. 168; R., S. 223), daß, wenn genaue Kenntnis des Charakters eines Menschen und aller auf ihn einwirkenden Motive gegeben wäre, das Handeln desselben sich so sicher und genau wie eine Mondfinsternis würde ausrechnen lassen (ebendaselbst, S. 177; R., S. 230), wird dennoch bloß auf den Kredit jenes so in der Luft schwebenden Fundaments der Moral die *Freiheit*, wenn auch nur idealiter und als ein Postulat angenommen durch den berühmten Schluß: ›Du kannst, denn Du sollst.‹[1] Aber wenn man einmal deutlich erkannt hat, daß eine Sache nicht *ist* und nicht *sein kann*, was hilft da alles Postulieren? Da wäre vielmehr das, worauf das Postulat sich gründet, zu verwerfen, weil es eine unmögliche Voraussetzung ist, nach der Regel: ›A non posse ad non esse valet consequentia‹ [Was nicht möglich ist, ist auch nicht wirklich] und mittelst eines apagogischen Beweises, der also hier den kategorischen Imperativ umstieße. Statt dessen aber wird hier eine falsche Lehre auf die andere gebauet.

Der Unzulänglichkeit eines allein aus einem Paar ganz abstrakter und inhaltsleerer Begriffe bestehenden Fundaments der Moral muß *Kant* selbst im stillen sich bewußt gewesen sein. Denn in der ›Kritik der praktischen Vernunft‹, wo er, wie gesagt, überhaupt schon weniger strenge und methodisch zu Werke geht, auch durch seinen nunmehr errungenen Ruhm kühner geworden ist, verändert ganz allmälig das Fundament der Ethik seine Natur, vergißt beinahe, daß es ein bloßes Gewebe abstrakter Begriffskombinationen ist, und scheint substantieller werden zu wollen. So z. B. ist daselbst (S. 81; R., S. 163) ›das moralische Gesetz *gleichsam ein Faktum der reinen Vernunft*‹. Was soll man bei diesem seltsamen Ausdruck sich denken? Das Faktische wird sonst überall dem aus reiner Vernunft Erkennbaren entgegengesetzt. – Imgleichen ist ebendaselbst (S. 83; R., S. 164) die Rede von

---

1. [In dieser Formulierung bei Kant nicht nachweisbar; vgl. jedoch Schiller: ›Die Philosophen‹ und oben S. 314.]

›einer den Willen *unmittelbar* bestimmenden Vernunft‹ usf. – Dabei nun sei man eingedenk, daß er jede anthropologische Begründung, jede Nachweisung des kategorischen Imperativs als einer Tatsache des Bewußtseins in der *Grundlegung* ausdrücklich und wiederholt ablehnt, weil sie *empirisch* sein würde. – Jedoch durch solche beiläufige Äußerungen dreist gemacht, gingen die Nachfolger *Kants* sehr viel weiter auf jenem Wege fort. *Fichte* (›System der Sittenlehre‹ S. 49) warnt geradezu, ›daß man sich nicht verleiten lasse, das Bewußtsein, daß wir Pflichten haben, weiter zu erklären und aus Gründen außer ihm ableiten zu wollen, weil dies der Würde und Absolutheit des Gesetzes Eintrag tue‹. Schöne excuse! – Und dann ebendaselbst (S. 66) sagt er, ›das Prinzip der Sittlichkeit sei ein Gedanke, der sich auf die *intellektuelle Anschauung* der absoluten Tätigkeit der Intelligenz gründe und der unmittelbare Begriff der reinen Intelligenz von sich selbst sei‹. Hinter welche Floskeln doch so ein Windbeutel seine Ratlosigkeit versteckt! – Wer sich überzeugen will, wie gänzlich die Kantianer *Kants* ursprüngliche Begründung und Ableitung des Moralgesetzes allmälig vergaßen und ignorierten, sehe einen sehr lesenswerten Aufsatz nach in *Reinholds* ›Beiträgen zur Übersicht der Philosophie im Anfang des 19. Jahrhunderts‹ Heft 2, 1801. Daselbst (S. 105 und S. 106) wird behauptet, ›daß in der Kantischen Philosophie die Autonomie (welche *eins* ist mit dem kategorischen Imperativ) eine Tatsache des Bewußtseins und auf nichts weiter zurückzuführen sei, indem sie sich durch ein unmittelbares Bewußtsein ankündige‹. – Dann wäre sie anthropologisch, mithin empirisch begründet, was *Kants* ausdrücklichen und wiederholten Erklärungen zuwiderläuft. – Dennoch wird ebendaselbst (S. 108) gesagt: ›Sowohl in der praktischen Philosophie des Kritizismus als auch in der gesamten gereinigten oder höhern Transzendentalphilosophie ist die Autonomie das durch sich selbst Begründete und Begründende und keiner weitern Begründung Fähige und Bedürftige, das schlechthin Ursprüngliche, durch sich selbst Wahre und Gewisse, das Urwahre, das prius κατ' ἐξοχήν, das absolute Prinzip. – Wer daher von dieser Autonomie einen Grund außer ihr selber vermutet, fordert oder sucht, von dem muß die Kantische Schule glauben, daß es ihm entweder an moralischem Bewußtsein fehle[1] oder daß er dasselbe in der Spekulation durch falsche Grundbegriffe verkenne. Die *Fichte-Schellingische* Schule erklärt ihn mit derjenigen Geistlosigkeit behaftet, welche zum Philosophieren unfähig macht und den Charakter des unheiligen Pöbels und trägen Viehes oder, wie *Schelling* sich schonender ausdrückt, des profanum vulgus[2] [gemeinen Pöbels] und ignavum pecus[3] [feigen Gesindels] ausmacht.‹ Wie es um die Wahrheit einer Lehre stehn müsse, die man mit solchen Trümpfen zu ertrotzen sucht, fühlt jeder. Inzwischen müssen wir doch aus dem Respekt, den diese einflößten, die wahrhaft kindliche Gläubigkeit erklären, mit der die Kantianer den kategorischen Imperativ annahmen und fortan als ausgemachte Sache behandelten. Denn da hier das Bestreiten einer theoretischen Behauptung leicht verwechselt werden konnte mit moralischer Ruchlosigkeit; so ließ jeder, wenn er auch von dem kategorischen Imperativ in seinem eigenen Bewußtsein nicht viel gewahr wurde, doch lieber hievon nichts laut werden, weil er im stillen glaubte, daß bei andern derselbe wohl stärkere Entwickelung haben und deutlicher hervortreten würde. Denn das Innere seines Gewissens kehrt keiner gern nach außen.

Mehr und mehr also erscheint in der Kantischen Schule die praktische Vernunft mit ihrem kategorischen Imperativ als eine hyperphysische Tatsache, als ein delphischer Tempel im menschlichen Gemüt, aus dessen finsterem Heiligtum Orakelsprüche, zwar leider nicht, was geschehn *wird*, aber doch, was geschehn *soll*, untrüglich verkündigen. Diese einmal angenommene oder vielmehr erschlichene und ertrotzte *Unmittelbarkeit der praktischen Vernunft* wurde späterhin leider auch auf die *theoretische* übertragen; zumal da

---

1. Dacht' ich's doch! Wissen sie nichts Vernünftiges mehr zu erwidern, Schieben sie's einem geschwind in das Gewissen hinein.
          Schiller [›Die Philosophen‹]
2. [Nach Horaz: ›Carmina‹ 3, 1, 1]
3. [Nach Horaz: ›Epistulae‹ 1, 19, 19]

Kant selbst oft gesagt hatte, daß beide doch nur *eine* und dieselbe Vernunft seien (z. B. Vorrede S. XII; R., S. 8). Denn nachdem einmal zugestanden war, daß es in Hinsicht auf das *Praktische* eine ex tripode [vom Dreifuß (der Pythia) aus] diktierende Vernunft gebe, so lag der Schritt sehr nahe, ihrer Schwester, ja eigentlich sogar Konsubstanzialin, der *theoretischen Vernunft*, denselben Vorzug einzuräumen und sie für ebenso reichsunmittelbar wie jene zu erklären, wovon der Vorteil so unermeßlich wie augenfällig war. Nun strömten alle Philosophaster und Phantasten, den Atheistendenunzianten Friedrich Heinrich Jacobi an der Spitze, nach diesem ihnen unerwartet aufgegangenen Pförtlein hin, um ihre Sächelchen zu Markte zu bringen oder um von den alten Erbstücken, welche Kants Lehre zu zermalmen drohte, wenigstens das Liebste zu retten. – Wie im Leben des einzelnen *ein* Fehltritt der Jugend oft den ganzen Lebenslauf verdirbt, so hatte jene einzige von *Kant* gemachte falsche Annahme einer mit völlig transzendenten Kreditiven ausgestatteten und wie die höchsten Appellationshöfe ›ohne Gründe‹ entscheidenden praktischen Vernunft zur Folge, daß aus der strengen, nüchternen kritischen Philosophie die ihr heterogensten Lehren entsprangen, die Lehren von einer das ›*Übersinnliche*‹ erst bloß leise ›*ahndenden*‹, dann schon deutlich ›*vernehmenden*‹, endlich gar leibhaftig ›*intellektual anschauenden*‹ Vernunft, für deren ›absolute‹, d. h. ex tripode gegebene Aussprüche und Offenbarungen jetzt jeder Phantast seine Träumereien ausgeben konnte. Dies neue Privilegium ist redlich benutzt worden. Hier also liegt der Ursprung jener unmittelbar nach Kants Lehre auftretenden philosophischen Methode, die im Mystifizieren, Imponieren, Täuschen, Sand-in-die-Augen-Streuen und Windbeuteln besteht, deren Zeitraum die Geschichte der Philosophie einst unter dem Titel ›Periode der Unredlichkeit‹ anführen wird. Denn der *Charakter der Redlichkeit*, des gemeinschaftlichen Forschens mit dem Leser, welchen die Schriften aller früheren Philosophen tragen, ist hier verschwunden: nicht belehren, sondern betören will der Philosophaster dieser Zeit seinen Leser: davon zeugt jede Seite. Als Heroen dieser

Periode glänzen *Fichte* und *Schelling*, zuletzt aber auch der selbst ihrer ganz unwürdige und sehr viel tiefer als diese Talent-Männer stehende plumpe, geistlose Scharlatan *Hegel*. Den Chorus machten allerlei Philosophie-Professoren, welche mit ernsthafter Miene vom Unendlichen, vom Absoluten und [von] vielen andern Dingen, von denen sie schlechterdings nichts wissen konnten, ihrem Publiko vorerzählten.

Als Stufe zu jenem *Prophetentum der Vernunft* mußte sogar der armselige Witz dienen, daß, weil das Wort *Vernunft* von *Vernehmen* kommt, dasselbe besage, daß die Vernunft ein Vermögen sei, jenes sogenannte ›Übersinnliche‹ (νεφελοκοκκυγία, Wolkenkuckucksheim) zu *vernehmen*. Der Einfall fand ungemessenen Beifall, wurde in Deutschland dreißig Jahre hindurch mit unsäglichem Genügen unablässig wiederholt, ja zum Grundstein philosophischer Lehrgebäude gemacht – während es am Tage liegt, daß freilich *Vernunft* von *Vernehmen* kommt, aber nur weil sie dem Menschen den Vorzug vor dem Tiere gibt, nicht bloß zu *hören*, sondern auch zu *vernehmen*, jedoch nicht, was in Wolkenkuckucksheim vorgeht, sondern was *ein* vernünftiger Mensch dem *andern* sagt: das wird von diesem *vernommen*, und die Fähigkeit dazu heißt *Vernunft*. So haben alle Völker, alle Zeiten, alle Sprachen den Begriff der Vernunft gefaßt, nämlich als das Vermögen allgemeiner, abstrakter, nichtanschaulicher Vorstellungen, genannt *Begriffe*, welche bezeichnet und fixiert werden durch Worte: dies Vermögen allein ist es, welches der Mensch vor dem Tiere wirklich voraushat. Denn diese abstrakten Vorstellungen, Begriffe, d.h. *Inbegriffe* vieler Einzeldinge bedingen *die Sprache*, mittelst ihrer das eigentliche *Denken*, mittelst dieses das Bewußtsein nicht bloß der Gegenwart, welches auch die Tiere haben, sondern der Vergangenheit und der Zukunft als solcher und hiedurch wieder die deutliche Erinnerung, die Besonnenheit, die Vorsorge, die Absicht, das planvolle Zusammenwirken vieler, den Staat, die Gewerbe, Künste, Wissenschaften, Religionen und Philosophien, kurz: alles das, was das Leben des Menschen von dem des Tieres so auffallend unterscheidet. Für das Tier gibt es bloß *anschauliche* Vorstellungen und daher auch nur anschauliche Motive: die Abhängigkeit seiner Willensakte von den Motiven ist deshalb augenfällig. Beim Menschen hat diese nicht weniger statt, und auch ihn bewegen (unter Voraussetzung seines individuellen Charakters) die Motive mit strengster Notwendigkeit: allein diese sind meistens nicht *anschauliche*, sondern *abstrakte* Vorstellungen, d.h. Begriffe, Gedanken, die jedoch das Resultat früherer Anschauungen, also der Einwirkungen von außen auf ihn sind. Dies aber gibt ihm eine *relative* Freiheit, nämlich im Vergleich mit dem Tiere. Denn ihn bestimmt nicht wie das Tier die *anschauliche* gegenwärtige Umgebung, sondern seine aus früheren Erfahrungen abgezogenen oder durch Belehrung überkommenen Gedanken. Daher liegt das Motiv, welches auch ihn notwendig bewegt, dem Zuschauer nicht zugleich mit der Tat vor Augen; sondern er trägt es in seinem Kopfe herum. Dies gibt nicht nur seinem Tun und Treiben im ganzen, sondern schon allen seinen Bewegungen einen von denen des Tieres augenfällig verschiedenen Charakter: er wird gleichsam von feineren, nicht sichtbaren Fäden gezogen; daher tragen alle seine Bewegungen das Gepräge des Vorsätzlichen und Absichtlichen, welches ihnen einen Anschein von Unabhängigkeit gibt, der sie augenfällig von denen des Tieres unterscheidet. Alle diese großen Verschiedenheiten hängen aber ganz und gar ab von der Fähigkeit *abstrakter Vorstellungen, Begriffe*. Diese Fähigkeit daher ist das Wesentliche *der Vernunft*, d.h. des den Menschen auszeichnenden Vermögens, genannt τὸ λογιμόν, τὸ λογιστικόν, ratio, la ragione, il discorso, raison, reason, discourse of reason. – Frägt man mich aber, was zum Unterschiede davon der *Verstand*, νοῦς, intellectus, entendement, understanding, sei; so sage ich: er ist dasjenige Erkenntnisvermögen, welches auch die Tiere haben, nur in verschiedenem Grade, und wir im höchsten, nämlich das unmittelbare, aller Erfahrung vorhergängige Bewußtsein des *Kausalitätsgesetzes*, als welches die Form des Verstandes selbst ausmacht und worin sein ganzes Wesen besteht. Von ihm hängt zuvörderst die Anschauung der Außenwelt ab: denn die Sinne für sich allein sind bloß der

Empfindung fähig, die noch lange keine *Anschauung* ist, sondern allererst deren Material: Νοῦς ὁρᾷ καὶ νοῦς ἀκούει, τἄλλα κωφὰ καὶ τυφλά. (Mens videt, mens audit, cetera surda et caeca.) [Nur der Verstand kann sehen und hören, alles andere ist taub und blind; Ausspruch des Epicharm bei Plutarch, ›De sollertia animi‹ cap. 3, p. 961 A]. Die *Anschauung* entsteht dadurch, daß wir die Empfindung der Sinnesorgane unmittelbar beziehn auf deren *Ursache*, die sich eben durch diesen Akt der Intelligenz als *äußeres Objekt* in unserer Anschauungsform *Raum* darstellt. Dies eben beweist, daß das Kausalitätsgesetz uns a priori bewußt ist und nicht aus der Erfahrung stammt, indem diese selbst, da sie die Anschauung voraussetzt, erst durch dasselbe möglich wird. In der *Vollkommenheit* dieser ganz unmittelbaren Auffassung der *Kausalitätsverhältnisse* besteht alle Überlegenheit des Verstandes, alle Klugheit, Sagazität, Penetration, [aller] Scharfsinn; denn jene liegt aller Kenntnis des *Zusammenhanges* der Dinge, im weitesten Sinn des Worts, zum Grunde. Ihre Schärfe und Richtigkeit macht den einen *verständiger*, klüger, schlauer als den andern. *Vernünftig* hingegen hat man zu allen Zeiten *den* Menschen genannt, der sich nicht durch die *anschaulichen* Eindrücke, sondern durch *Gedanken* und *Begriffe* leiten läßt und daher stets überlegt, konsequent und besonnen zu Werke geht. Ein solches Handeln heißt überall ein *vernünftiges Handeln*. Keineswegs aber impliziert dieses Rechtschaffenheit und Menschenliebe. Vielmehr kann man höchst vernünftig, also überlegt, besonnen, konsequent, planvoll und methodisch zu Werke gehn, dabei aber doch die eigennützigsten, ungerechtesten, sogar ruchlosesten Maximen befolgen. Daher ist es *vor Kant* keinem Menschen je eingefallen, das gerechte, tugendhafte und edle Handeln mit dem *vernünftigen* Handeln zu identifizieren: sondern man hat beide vollkommen unterschieden und auseinandergehalten. Das eine beruht auf der *Art der Motivation*, das andere auf der *Verschiedenheit der Grundmaximen*. Bloß nach *Kant*, da die Tugend aus reiner Vernunft entspringen sollte, ist tugendhaft und vernünftig eines und dasselbe – dem Sprachgebrauch aller Völker, der nicht zufällig, sondern das

Werk der allgemeinen menschlichen und daher übereinstimmenden Erkenntnis ist, zum Trotz. Vernünftig und lasterhaft lassen sich sehr wohl vereinigen, ja erst durch ihre Vereinigung sind große, weitgreifende Verbrechen möglich. Ebenso besteht unvernünftig und edelmütig sehr wohl zusammen: z. B. wenn ich heute dem Dürftigen gebe, was ich selbst morgen noch dringender als er bedürfen werde; wenn ich mich hinreißen lasse, einem Notleidenden die Summe zu schenken, auf die mein Gläubiger wartet; und so in sehr vielen Fällen.

Aber, wie gesagt, diese Erhebung der Vernunft zur Quelle aller Tugend, beruhend auf der Behauptung, daß sie als *praktische Vernunft* unbedingte Imperative, rein a priori, orakularisch von sich gebe und, zusammengefaßt mit der in der ›Kritik der reinen Vernunft‹ aufgestellten falschen Erklärung der *theoretischen Vernunft*, daß sie ein wesentlich auf das zu drei angeblichen Ideen sich gestaltende *Unbedingte* (dessen Unmöglichkeit zugleich der Verstand a priori erkenne) gerichtetes Vermögen sei, führte als ›exemplar vitiis imitabile‹ [ein Vorbild, das zur Nachahmung seiner Fehler verleitet; Horaz, ›Epistulae‹ I, 19, 17] die Fasel-Philosophen, Jacobi an der Spitze, auf jene das ›*Übersinnliche*‹ unmittelbar *vernehmende Vernunft* und auf die absurde Behauptung, die Vernunft sei ein wesentlich auf Dinge jenseit aller Erfahrung, also auf *Metaphysik* angelegtes Vermögen und erkenne unmittelbar und intuitiv die letzten Gründe aller Dinge und alles Daseins, das Übersinnliche, das Absolute, die Gottheit u. dgl. mehr. – Solchen Behauptungen hätte längst, wenn man seine Vernunft, statt sie zu vergöttern, hätte brauchen wollen, die einfache Bemerkung sich entgegenstellen müssen, daß, wenn der Mensch vermöge eines eigentümlichen Organs zur Lösung des Rätsels der Welt, welches seine Vernunft ausmache, eine angeborene, nur der Entwickelung bedürftige Metaphysik in sich trüge; alsdann über die Gegenstände der Metaphysik ebenso vollkommene Übereinstimmung unter den Menschen herrschen müßte wie über die Wahrheiten der Arithmetik und Geometrie; wodurch es ganz unmöglich würde, daß auf der Erde eine große Anzahl grundverschiedener Religionen und eine noch größere grundverschiedener philosophischer Systeme sich vorfände – vielmehr alsdann jeder, der in religiösen oder philosophischen Ansichten von den übrigen abwiche, sogleich angesehn werden müßte wie einer, bei dem es nicht recht richtig ist. – Nicht weniger hätte folgende einfache Bemerkung sich aufdringen müssen. Wenn wir eine Affenspezies entdeckten, welche sich *Werkzeuge* zum Kampf oder zum Bauen oder sonst einem Gebrauch absichtlich verfertigte; so würden wir sofort ihr *Vernunft* zugestehn: finden wir hingegen wilde Völker ohne alle Metaphysik oder Religion, wie es deren gibt; so fällt uns nicht ein, ihnen deshalb die *Vernunft* abzusprechen. Die ihre vorgeblichen übersinnlichen Kenntnisse *beweisende* Vernunft hat *Kant* durch seine Kritik in ihre Schranken zurückgewiesen; aber jene Jacobische, das Übersinnliche unmittelbar *vernehmende* Vernunft müßte er wahrlich *unter* aller Kritik befunden haben. Inzwischen wird eine dergleichen reichsunmittelbare Vernunft noch immer auf den Universitäten den unschuldigen Jünglingen aufgebunden.

Anmerkung

Wenn wir der Annahme der praktischen Vernunft ganz auf den Grund kommen wollen, müssen wir ihren Stammbaum etwas höher hinauf verfolgen. Da finden wir, daß sie von einer Lehre stammt, die *Kant* selbst gründlich widerlegt hat, welche aber dennoch hier als Reminiszenz früherer Denkungsart seiner Annahme einer praktischen Vernunft mit ihren Imperativen und ihrer Autonomie heimlich, ja ihm selbst unbewußt zum Grunde liegt. Es ist die rationale Psychologie, welcher zufolge der Mensch aus zwei völlig heterogenen Substanzen zusammengesetzt ist, dem materiellen Leibe und der immateriellen Seele. *Platon* ist der erste, der dieses Dogma förmlich aufgestellt und als objektive Wahrheit zu beweisen gesucht hat. *Cartesius* [Descartes] aber führte es auf den Gipfel der Vollendung und stellte es auf die Spitze, indem er ihm die genaueste Ausführung und wissenschaftliche Strenge verlieh. Aber ebendadurch kam die Falschheit desselben zutage und wurde sukzessive von *Spinoza*, *Locke* und *Kant* dargetan. Von *Spinoza* (dessen Philosophie hauptsächlich im Widerlegen des zwiefachen Dualismus seines Lehrers besteht), indem er, den zwei Substanzen des Cartesius geradezu und ausdrücklich entgegen, zu seinem Hauptsatz machte: ›Substantia cogitans et substantia extensa una eademque est substantia, quae iam sub hoc, iam sub illo attributo comprehenditur.‹ [Die denkende Substanz und die ausgedehnte Substanz ist eine und dieselbe Substanz, die bald unter diesem, bald unter jenem Attribut aufgefaßt wird; ›Ethica‹ 2, prop. 2, schol.] Von *Locke*, indem er die angeborenen Ideen bestritt, alle Erkenntnis aus der sinnlichen ableitete und lehrte, es sei nicht unmöglich, daß die Materie denken könne. Von *Kant* durch die Kritik der rationalen Psychologie, wie sie in der ersten Ausgabe steht. Wogegen andererseits *Leibniz* und *Wolff* die schlechte Partei verfochten: dies hat *Leibnizen* die unverdiente Ehre verschafft, dem ihm so heterogenen großen *Platon* verglichen zu werden. Dies alles auszuführen ist hier nicht der Ort. Dieser rationalen Psychologie nun zufolge war die Seele ein ursprünglich und wesentlich *erkennendes* und erst infolge davon auch ein wollendes Wesen. Je nachdem sie nun in diesen ihren Grundtätigkeiten rein für sich und unvermischt mit dem Leibe oder aber in Verbindung mit diesem zu Werke ging, hatte sie ein höheres und niederes Erkenntnis- und ebenso ein dergleichen Willensvermögen. Im höhern Vermögen war die immaterielle Seele ganz für sich und ohne Mitwirkung des Leibes tätig; da war sie intellectus purus [reines Erkennen] und hatte es mit lauter ihr allein angehörigen, daher gar nicht sinnlichen, sondern rein geistigen Vorstellungen und eben dergleichen Willensakten zu tun, welche sämtlich nichts Sinnliches, als welches vom Leibe herrührte, an sich trügen[1]. Da erkannte sie nun lauter reine abstracta, universalia, angeborene Begriffe, aeternae verita-

---

[1] ›Intellectio pura est intellectio, quae circa nullas imagines corporeas versatur.‹ [Die reine Erkenntnis ist diejenige, die es nicht mit körperlichen Bildern zu tun hat.] (Cartesius, ›Meditationes‹ p. 188 [richtig: 6, alinea 2]).

tes [ewige Wahrheiten] u. dgl. Und demgemäß stand auch ihr Wollen allein unter dem Einfluß solcher rein geistigen Vorstellungen. Dagegen war das *niedere* Erkenntnis- und Willensvermögen das Werk der mit dem Leibe und dessen Organen im Verein wirkenden und eng verknüpften, dadurch aber in ihrer rein geistigen Wirksamkeit beeinträchtigten Seele. Hieher sollte nun gehören jedes *anschauende* Erkennen, welches demgemäß das undeutliche und verworrene, das *abstrakte* hingegen, aus abgezogenen Begriffen bestehende das deutliche sein sollte! Der nun durch solche sinnlich bedingte Erkenntnis bestimmte Wille war der niedrigste und meistens schlechte: denn sein war das durch Sinnenreiz geleitete Wollen; während jenes andere das lautere von reiner Vernunft geleitete und der immateriellen Seele allein angehörige Wollen war. Am deutlichsten ausgeführt hat diese Lehre der Cartesianer De la Forge in seinem ›Tractatus de mente humana‹; daselbst cap. 23 heißt es: ›Non nisi eadem voluntas est, quae appellatur appetitus sensitivus, quando excitatur per iudicia, quae formantur consequenter ad perceptiones sensuum; et quae appetitus rationalis nominatur, cum mens iudicia format de propriis suis ideis independenter a cogitationibus sensuum confusis, quae inclinationum eius sunt causae. ... Id, quod occasionem dedit, ut duae istae diversae voluntatis propensiones pro duobus diversis appetitibus sumerentur, est, quod saepissime unus alteri opponatur, quia propositum, quod mens superaedificat propriis suis perceptionibus, non semper consentit cum cogitationibus, quae menti a corporis dispositione suggeruntur, per quam saepe obligatur ad aliquid volendum, dum ratio eius eam aliud optare facit.‹ [Es ist nur ein und derselbe Wille, der einerseits das sinnliche Begehren genannt wird, wenn er durch Urteile erregt wird, die im Gefolge der Sinneswahrnehmungen entstehen, und andererseits das vernünftige Begehren genannt wird, wenn der Geist in bezug auf seine eigenen Ideen Urteile bildet, unabhängig von den verworrenen Vorstellungen der Sinne, welche die Ursache seiner Neigungen sind ... Was aber Veranlassung war, daß man jene beiden verschiedenen Neigungen des Willens für zwei verschiedene Begehrungsvermögen hielt, das war der Umstand, daß sich sehr häufig das eine Begehrungsvermögen dem andern entgegensetzt, weil die Vorsätze, die der Geist auf seinen eigenen Wahrnehmungen aufbaut, nicht immer übereinstimmen mit denjenigen Gedanken, die dem Geiste von den körperlichen Zuständen eingegeben werden, durch die er oft bestimmt wird, etwas zu wollen, während seine Vernunft ihn bestimmen möchte, etwas anderes zu wollen.] – Aus der undeutlich bewußten Reminiszenz solcher Ansichten stammt zuletzt *Kants* Lehre von der *Autonomie* des Willens, welche als Stimme der reinen praktischen Vernunft für alle vernünftige[n] Wesen als solche gesetzgebend ist und bloß *formelle* Bestimmungsgründe kennt im Gegensatz der *materiellen*, als welche allein das niedere Begehrungsvermögen bestimmen, dem jenes obere entgegenwirkt.

Übrigens ist jene ganze erst von *Cartesius* recht systematisch dargestellte Ansicht doch schon beim Aristoteles zu finden, welcher sie deutlich genug vorträgt ›De anima‹ I, cap. 1. Vorbereitet und angedeutet hat sie sogar schon Platon im ›Phaedo‹ (S. 188 und 189 editio Bipontini). – Hingegen infolge der Cartesischen Systematisierung und Konsolidation derselben finden wir sie hundert Jahre später ganz dreist geworden, auf die Spitze gestellt und gerade dadurch der Enttäuschung entgegengeführt. Nämlich als ein Resümee der damals geltenden Ansicht bietet sich uns dar Muratori, ›Della forza della fantasia‹ cap. 1 bis 4 et 13. Da ist die Phantasie, deren Funktion die ganze Anschauung der Außenwelt auf Data der Sinne ist, ein rein materielles körperliches zerebrales Organ (das niedere Erkenntnisvermögen), und der immateriellen Seele bleibt bloß das Denken, Reflektieren und Beschließen. – Dadurch aber wird die Sache offenbar bedenklich, und dies mußte man fühlen. Denn ist die Materie der anschauenden, so komplizierten Auffassung der Welt fähig; so ist nicht zu begreifen, warum sie nicht auch der Abstraktion aus dieser Anschauung und dadurch alles übrigen fähig sein sollte. Offenbar ist die Abstraktion nichts weiter als ein Fallenlassen der zum jedesmaligen Zweck nicht nötigen Bestimmungen, also der Individual- und Spezial-Differenzen, z.B. wenn ich von dem, was dem Schaf, dem Ochsen, dem Hirsch, dem Kamel usw. eigentümlich ist, absehe und so zu dem Begriff Wiederkäuer gelange; bei welcher Operation die Vorstellungen die Anschaulichkeit einbüßen und eben als bloß abstrakte, nichtanschauliche Vorstellungen, Begriffe nunmehr des Wortes bedürfen, um im Bewußtsein fixiert und gehandhabt werden zu können. – Bei dem allen jedoch sehn wir *Kanten* noch unter dem Einfluß der Nachwirkung jener alten Lehre stehn bei Aufstellung seiner praktischen Vernunft mit ihren Imperativen.

§ 7
Vom obersten Grundsatz der Kantischen Ethik

Nachdem ich im vorigen Paragraphen die eigentliche *Grundlage* der Kantischen Ethik geprüft habe, gehe ich jetzt zu dem auf diesem Fundament ruhenden, mit ihm aber genau verbundenen, ja verwachsenen *obersten Grundsatz* der Moral. Wir erinnern uns, daß er lautete: ›Handle nur nach der Maxime, von der du zugleich *wollen kannst,* daß sie als allgemeines Gesetz für alle vernünftige[n] Wesen gelte.‹ – Sehn wir darüber hinweg, daß es ein sonderbares Verfahren ist, dem, der angenommenermaßen ein Gesetz für sein Tun und Lassen sucht, den Bescheid zu erteilen, er solle gar erst eins für das Tun und Lassen aller möglichen vernünftigen Wesen suchen; und bleiben wir bei der Tatsache stehn, daß jene von *Kant* aufgestellte Grundregel offenbar noch nicht das Moralprinzip selbst ist, sondern erst eine heuristische Regel dazu, d.h. eine Anweisung, wo es zu suchen sei; also gleichsam zwar noch nicht bares Geld, aber eine sichere Anweisung. Wer nun ist es eigentlich, der diese realisieren soll? Die Wahrheit gleich heraus zu sagen: ein hier sehr unerwarteter Zahlmeister – niemand anders als der *Egoismus;* wie ich sogleich deutlich zeigen werde.

Also die Maxime selbst, von der ich *wollen* kann, daß nach ihr alle handelten, wäre erst das wirkliche Moralprinzip. Mein *Wollen-Können* ist die Angel, um welche die gegebene Weisung sich dreht. Aber was *kann* ich denn eigentlich wollen und was nicht? Offenbar bedarf ich, um zu bestimmen, was ich in der besagten Hinsicht wollen kann, wieder eines Regulativs: und an diesem hätte ich allererst den Schlüssel zu der gleich einem versiegelten Befehl gegebenen Weisung. Wo ist nun dieses Regulativ zu suchen? – Unmöglich irgendwo anders als in meinem Egoismus, dieser nächsten, stets bereiten, ursprünglichen und lebendigen Norm aller Willensakte, die vor jedem Moralprinzip wenigstens das ius primi occupantis [das Recht der ersten Besitzergreifung] voraushat. – Die in *Kants* oberster Regel enthaltene Anweisung zur Auffindung des eigentlichen Moralprinzips beruht nämlich auf der stillschweigenden Voraussetzung, daß ich nur *das* wollen kann, wobei ich mich am besten stehe. Da ich nun bei der Feststellung einer allgemein zu befolgenden Maxime notwendig mich nicht bloß als den allemal aktiven, sondern auch als den eventualiter und zuzeiten *passiven* Teil betrachten muß; so entscheidet von diesem Standpunkt aus mein *Egoismus* sich für Gerechtigkeit und Menschenliebe; nicht weil er sie zu *üben*, sondern weil er sie zu *erfahren* Lust hat und im Sinne jenes Geizhalses, der, nach angehörter Predigt über Wohltätigkeit, ausruft:

> Wie gründlich ausgeführt, wie schön! –
> Fast möcht' ich betteln gehn.

Diesen unentbehrlichen Schlüssel zu der Weisung, in welcher *Kants* oberster Grundsatz der Moral besteht, kann er nicht umhin auch selbst hinzuzufügen: jedoch tut er dies nicht sogleich bei Aufstellung desselben, als welches Anstoß geben könnte; sondern in anständiger Entfernung davon und tiefer im Text, damit es nicht in die Augen springe, daß hier trotz den erhabenen Anstalten a priori eigentlich der Egoismus auf dem Richterstuhl sitzt und den Ausschlag gibt, und nachdem er vom Gesichtspunkt der eventualiter *passiven* Seite aus entschieden hat, dies für die *aktive* geltend gemacht wird. Also (S. 19; R., S. 24) heißt es, ›daß ich ein allgemeines Gesetz, zu lügen, nicht *wollen könne*, weil man mir dann nicht mehr glauben oder mich *mit gleicher Münze* bezahlen würde‹. – S. 55; R., S. 49: ›Die Allgemeinheit eines

Gesetzes, daß jeder, was ihm einfällt, versprechen könne mit dem Vorsatz, es nicht zu halten, würde das Versprechen und den Zweck, den man damit haben mag, selbst unmöglich machen; indem *niemand glauben* würde.‹ – S. 56; R., S. 50 heißt es in Beziehung auf die Maxime der *Lieblosigkeit*: ›Ein Wille, der dieses beschlösse, würde sich selbst widersprechen, indem doch *Fälle sich ereignen können,* wo *er* anderer Liebe und Teilnahme *bedarf* und wo er durch ein solches aus seinem eigenen Willen entsprungenes Naturgesetz sich selbst alle *Hoffnung des Beistandes, den er sich wünscht,* rauben würde.‹ – Ebenfalls in der ›Kritik der praktischen Vernunft‹ (Teil 1, Buch 1, Hauptstück 2, S. 123; R., S. 192): ›Wenn jeder anderer Not mit völliger Gleichgültigkeit ansähe und *Du gehörtest mit* zu einer solchen Ordnung der Dinge; würdest Du darin wohl mit Einstimmung Deines Willens sein?‹ – ›Quam temere in nosmet legem sancimus iniquam!‹ [Wie leichtfertig erkennen wir an, was gegen uns selbst spricht; Horaz, ›Saturae‹ 1, 3, 67] – wäre die Antwort. Diese Stellen erklären genugsam, in welchem Sinn das ›*Wollen-Können*‹ in Kants Moralprinzip zu verstehn sei. Aber am allerdeutlichsten ist diese wahre Bewandtnis des Kantischen Moralprinzips ausgesprochen in den ›Metaphysischen Anfangsgründen der Tugendlehre‹ § 30: ›*Denn* jeder wünscht, daß *ihm geholfen werde.* Wenn er aber seine Maxime, andern nicht helfen zu wollen, laut werden ließe; so würde jeder *befugt sein,* ihm Beistand zu versagen. Also widerstreitet die eigennützige Maxime sich selbst.‹ *Befugt sein* heißt es, *befugt sein!* Also ist hier so deutlich wie nur immer möglich ausgesprochen, daß die moralische Verpflichtung ganz und gar auf vorausgesetzter *Reziprozität* beruhe, folglich schlechthin egoistisch ist und vom Egoismus ihre Auslegung erhält, als welcher unter der Bedingung der *Reziprozität* sich klüglich zu einem Kompromiß versteht. Zur Begründung des Prinzips des Staatsvereins wäre das tauglich, aber nicht zu der des Moralprinzips. Wenn daher in der ›Grundlegung‹ (S. 81; R., S. 67) gesagt wird: ›Das Prinzip: Handle jederzeit nach der Maxime, deren Allgemeinheit als Gesetzes Du zugleich wollen kannst – ist die einzige Bedingung, unter der ein Wille niemals mit sich selbst in Widerstreit sein kann‹ – so ist die wahre Auslegung des Wortes *Widerstreit* diese, daß, wenn ein Wille die Maxime der Ungerechtigkeit und Lieblosigkeit sanktioniert hätte, er nachmals, wenn er eventualiter der *leidende Teil* würde, sie revozieren und dadurch sich *widersprechen* würde.

Aus dieser Erklärung ist vollkommen klar, daß jene Kantische Grundregel nicht, wie er unablässig behauptet, ein *kategorischer*, sondern in der Tat ein *hypothetischer* Imperativ ist, indem demselben stillschweigend die *Bedingung* zum Grunde liegt, daß das für mein *Handeln* aufzustellende Gesetz, indem ich es zum *allgemeinen* erhebe, auch Gesetz für mein *Leiden* wird und ich unter dieser Bedingung als der eventualiter *passive* Teil Ungerechtigkeit und Lieblosigkeit allerdings *nicht wollen kann*. Hebe ich aber diese Bedingung auf und denke mich, etwan im Vertrauen auf meine überlegen Geistes- und Leibeskräfte, stets nur als den *aktiven* und nie als den *passiven* Teil bei der zu erwählenden allgemeingültigen Maxime; so kann ich, vorausgesetzt, daß es kein anderes Fundament der Moral als das Kantische gebe, sehr wohl Ungerechtigkeit und Lieblosigkeit als allgemeine Maxime wollen und demnach die Welt regeln

> ... upon the simple plan,
> That they should take, who have the power,
> And they should keep, who can[1].
>
> *Wordsworth*, [›Robert Roy's Grave‹]

Also zu dem im vorigen Paragraphen dargelegten Mangel an realer *Begründung* des Kantischen obersten Grundsatzes der Moral gesellt sich, *Kants* ausdrücklicher Versicherung zuwider, die versteckte *hypothetische* Beschaffenheit desselben, vermöge deren er sogar auf bloßen *Egoismus* basiert ist, als welcher der geheime Ausleger der in demselben gegebenen Weisung ist. Hiezu kommt nun ferner, daß er, bloß als Formel betrachtet, nur eine Umschreibung, Einkleidung,

---

1.   ... nach diesem simpeln Plan,
 Daß nehmen soll, wer es vermag,
 Behalten soll, wer kann.

[ein] verblümter Ausdruck der allbekannten Regel ›Quod tibi fieri non vis, alteri ne feceris‹ *[vgl. S. 664]* ist, wenn man nämlich diese, indem man sie ohne ›non‹ und ›ne‹ wiederholt, von dem Makel befreit, allein die Rechts- und nicht die Liebespflichten zu enthalten. Denn offenbar ist dieses die Maxime, nach der ich (versteht sich: mit Rücksicht auf meine möglicherweise *passive* Rolle, mithin auf meinen Egoismus) allein wollen kann, daß alle handeln. Diese Regel ›quod tibi fieri‹ etc. ist aber selbst wieder nur eine Umschreibung oder, wenn man will, Prämisse des von mir als der einfachste und reinste Ausdruck der von allen Moralsystemen einstimmig geforderten Handlungsweise aufgestellten Satzes: ›Neminem laede, imo omnes, quantum potes, iuva!‹ *[vgl. S. 663]* Dieser ist und bleibt der wahre reine Inhalt aller Moral. Aber worauf er sich gründe? was es sei, das dieser Forderung Kraft erteilt? – dies ist das alte schwere Problem, welches auch heute uns wieder vorliegt. Denn von der andern Seite schreiet mit lauter Stimme der Egoismus: ›Neminem iuva, imo omnes, si forte conducit, laede!‹ [Hilf niemandem, vielmehr verletze alle, wenn es dir gerade nützt!] Ja die Bosheit gibt die Variante: ›Imo omnes, quantum potes, laede!‹ [Vielmehr verletze alle, soviel du kannst!] Diesem Egoismus, und der Bosheit dazu einen ihnen gewachsenen und sogar überlegenen Kämpen entgegenzustellen – das ist das Problem aller Ethik. ›Hic Rhodus, hic salta!‹[1] [Hier ist Rhodos, hier springe!]

Kant gedenkt (S. 57; R., S. 60) sein aufgestelltes Moralprinzip noch dadurch zu bewähren, daß er die längst erkannte und allerdings im Wesen der Moralität gegründete Einteilung der Pflichten in Rechtspflichten (auch genannt vollkommene, unerläßliche, engere Pflichten) und in Tugendpflichten (auch genannt unvollkommene, weitere, verdienstliche, am besten aber Liebespflichten) daraus abzuleiten unternimmt. Allein der Versuch fällt so gezwungen und offenbar schlecht aus, daß er stark wider das aufgestellte oberste Prinzip zeugt. Da sollen nämlich die Rechtspflichten auf einer Maxime beruhen, deren Gegenteil, als allgemeines

1. [Nach Äsop: ›Fabulae‹ 203 bei Erasmus: ›Adagia‹ p. 641, seit dem 17. Jahrhundert sprichwörtlich.]

Naturgesetz genommen, gar nicht einmal ohne Widerspruch *gedacht werden könne*; die Tugendpflichten aber auf einer Maxime, deren Gegenteil man zwar als allgemeines Naturgesetz *denken,* aber unmöglich *wollen* könne. – Nun bitte ich den Leser zu bedenken, daß die Maxime der Ungerechtigkeit, das Herrschen der Gewalt statt des Rechts, welches demnach als Naturgesetz auch nur zu *denken* unmöglich sein soll, eigentlich das wirklich und faktisch in der Natur herrschende Gesetz ist, nicht etwan nur in der Tierwelt, sondern auch in der Menschenwelt: seinen nachteiligen Folgen hat man bei den zivilisierten Völkern durch die Staatseinrichtung vorzubeugen gesucht. Sobald aber diese, wo und wie es sei, aufgehoben oder eludiert wird, tritt jenes Naturgesetz gleich wieder ein. Fortwährend aber herrscht es zwischen Volk und Volk; der zwischen diesen übliche Gerechtigkeits-Jargon ist bekanntlich ein bloßer Kanzleistil der Diplomatik: die rohe Gewalt entscheidet. Hingegen echte, d. i. unerzwungene Gerechtigkeit kommt zwar ganz gewiß, jedoch stets nur als Ausnahme von jenem Naturgesetze vor. Obendrein belegt *Kant* in den Beispielen, die er jener Einteilung vorangeschickt hat, die Rechtspflichten zuerst (S. 53; R., S. 48) durch die sogenannte Pflicht gegen sich selbst, sein Leben nicht freiwillig zu enden, wenn die Übel die Annehmlichkeiten überwiegen. Diese Maxime also soll als allgemeines Naturgesetz auch nur *zu denken* unmöglich sein. Ich sage, daß, da hier die Staatsgewalt nicht ins Mittel treten kann, gerade jene Maxime sich ungehindert als *wirklich bestehendes Naturgesetz* erweist. Denn ganz gewiß ist es allgemeine Regel, daß der Mensch wirklich zum Selbstmord greift, sobald der angeborene riesenstarke Trieb zur Erhaltung des Lebens von der Größe der Leiden entschieden überwältigt wird: dies zeigt die tägliche Erfahrung. Daß es aber überhaupt irgendeinen Gedanken gebe, der ihn davon abhalten könne, nachdem die mit der Natur jedes Lebenden innig verknüpfte, so mächtige Todesfurcht sich hiezu machtlos erwiesen, also einen Gedanken, der noch stärker wäre als diese – ist eine gewagte Voraussetzung, um so mehr, wenn man sieht, daß dieser Gedanke so schwer herauszufinden ist, daß die Moralisten ihn noch nicht bestimmt anzugeben wissen. Wenigstens haben Argumente der Art, wie *Kant* sie bei dieser Gelegenheit (S. 53; R., S. 48, und auch S. 67; R., S. 57) gegen den Selbstmord aufstellt, zuverlässig noch keinen Lebensmüden auch nur einen Augenblick zurückgehalten. Also ein unstreitig faktisch bestehendes und täglich wirkendes Naturgesetz wird zugunsten der Pflichteneinteilung aus dem Kantischen Moralprinzip für ohne Widerspruch *auch nur zu denken* unmöglich erklärt! – Ich gestehe, daß ich nicht ohne Befriedigung von hier einen Blick vorwärts werfe auf die im folgenden Teile von mir aufzustellende Begründung der Moral, aus welcher die Einteilung in Rechts- und Liebespflichten (richtiger in Gerechtigkeit und Menschenliebe) sich völlig ungezwungen ergibt durch ein aus der Natur der Sache hervorgehendes Trennungsprinzip, welches ganz von selbst eine scharfe Grenzlinie zieht; so daß meine Begründung der Moral jene Bewährung in der Tat aufzuweisen hat, auf welche hier *Kant* für die seinige ganz unbegründete Ansprüche macht.

§ 8
Von den abgeleiteten Formen des obersten Grundsatzes der Kantischen Ethik

Bekanntlich hat *Kant* den obersten Grundsatz seiner Ethik noch in einem zweiten ganz andern Ausdruck aufgestellt, in welchem er nicht wie im ersten bloß indirekt als Anweisung, wie er zu suchen sei, sondern direkt ausgesprochen wird. Zu diesem bahnt er sich den Weg (von S. 63; R., S. 55 an), und zwar durch höchst seltsame, geschrobene, ja verschrobene Definitionen der Begriffe *Zweck und Mittel*, welche sich doch viel einfacher und richtiger so definieren lassen: *Zweck* ist das direkte Motiv eines Willensaktes, *Mittel* das indirekte (›simplex sigillum veri‹[1] [das Einfache ist ein Kennzeichen des Wahren]). Er aber schleicht durch seine wunderlichen Definitionen zu dem Satz: ›Der Mensch, und überhaupt jedes vernünftige Wesen, existiert *als Zweck an sich selbst*.‹ – Allein

---

1. [Dieser Ausspruch des Arztes Hermann Boerhaave, 1668–1738, steht auf seinem Denkmal in der Peterskirche zu Leiden.]

ich muß geradezu sagen, daß ›*als Zweck an sich selbst existieren*‹ ein Ungedanke, eine contradictio in adiecto ist. Zweck sein bedeutet: gewollt werden. Jeder Zweck ist es nur in Beziehung auf einen Willen, dessen Zweck, d. h., wie gesagt, dessen direktes Motiv er ist. Nur in dieser Relation hat der Begriff *Zweck* einen Sinn und verliert diesen, sobald er aus ihr herausgerissen wird. Diese ihm wesentliche Relation schließt aber notwendig alles ›*An-sich*‹ aus. ›Zweck an sich‹ ist gerade wie ›Freund an sich – Feind an sich – Oheim an sich – Nord oder Ost an sich – oben oder unten an sich‹ u.dgl. mehr. Im Grunde aber hat es mit dem ›Zweck an sich‹ dieselbe Bewandtnis wie mit dem ›absoluten Soll‹: beiden liegt heimlich, sogar unbewußt derselbe Gedanke als Bedingung zum Grunde: der theologische. – Nicht besser steht es mit dem ›*absoluten Wert*‹, der solchem angeblichen, aber undenkbaren *Zweck an sich* zukommen soll. Denn auch diesen muß ich ohne Gnade als contradictio in adiecto stempeln. Jeder *Wert* ist eine Vergleichungsgröße, und sogar steht er notwendig in doppelter Relation: denn erstlich ist er *relativ*, indem er *für* jemanden ist, und zweitens ist er *komparativ*, indem er im Vergleich mit etwas anderm, wonach er geschätzt wird, ist. Aus diesen zwei Relationen hinausgesetzt, verliert der Begriff *Wert* allen Sinn und Bedeutung. Dies ist zu klar, als daß es noch einer weitern Auseinandersetzung bedürfte. – Wie nun jene zwei Definitionen die Logik beleidigen, so beleidigt die echte Moral der Satz (S. 65; R., S. 56), daß die vernunftlosen Wesen (also die Tiere) *Sachen* wären und daher auch bloß als *Mittel*, die nicht zugleich *Zweck* sind, behandelt werden dürften. In Übereinstimmung hiemit wird in den ›Metaphysischen Anfangsgründen der Tugendlehre‹ § 16 ausdrücklich gesagt: ›Der Mensch kann keine Pflicht gegen irgendein Wesen haben als bloß gegen den Menschen‹; und dann heißt es § 17: ›Die grausame Behandlung der Tiere ist der Pflicht des Menschen *gegen sich selbst* entgegen; weil sie das Mitgefühl an ihrem Leiden im Menschen abstumpft, wodurch eine der Moralität im Verhältnis *zu andern Menschen* sehr diensame natürliche Anlage geschwächt wird.‹ – Also bloß zur Übung soll man mit Tieren Mitleid haben, und sie sind gleichsam das pathologische Phantom zur Übung des Mitleids mit Menschen. Ich finde mit dem ganzen nicht-islamisierten (d. h. nicht-judaisierten) Asien solche Sätze empörend und abscheulich. Zugleich zeigt sich hier abermals, wie gänzlich diese philosophische Moral, die, wie oben dargelegt, nur eine verkleidete theologische ist, eigentlich von der biblischen abhängt. Weil nämlich (wovon weiterhin) die christliche Moral die Tiere nicht berücksichtigt; so sind diese sofort auch in der philosophischen Moral vogelfrei, sind bloße ›Sachen‹, bloße *Mittel* zu beliebigen Zwecken, also etwan zu Vivisektionen, Parforcejagden, Stiergefechten, Wettrennen, zu Tode peitschen vor dem unbeweglichen Steinkarren u. dgl. – Pfui! über eine solche Parias-, Schandalas- und Mletschas-Moral – die das ewige Wesen verkennt, welches in allem, was Leben hat, da-ist und aus allen Augen, die das Sonnenlicht sehn, mit unergründlicher Bedeutsamkeit hervorleuchtet. Aber jene Moral kennt und berücksichtigt allein die eigene werte Spezies, deren Merkmal *Vernunft* ihr die Bedingung ist, unter welcher ein Wesen Gegenstand moralischer Berücksichtigung sein kann.

Auf so holperichtem Wege, ja per fas et nefas [mit Recht wie mit Unrecht] gelangt dann *Kant* zum zweiten Ausdruck des Grundprinzips seiner Ethik: ›Handle so, daß Du die Menschheit sowohl in deiner Person als in der Person eines jeden andern jederzeit zugleich als Zweck, niemals bloß als Mittel brauchest.‹ Auf sehr künstliche Weise und durch einen weiten Umweg ist hiemit gesagt: ›Berücksichtige nicht Dich allein, sondern auch die andern‹; und dieses wiederum ist eine Umschreibung des Satzes ›Quod tibi fieri non vis, alteri ne feceris‹ *[vgl. S. 664]*, welcher, wie gesagt, selbst wieder nur die Prämissen enthält zu der Konklusion, die der letzte wahre Zielpunkt aller Moral und alles Moralisierens ist: ›Neminem laede, imo omnes, quantum potes, iuva‹ *[vgl. S. 663]*, welcher Satz wie alles Schöne sich nackt am besten ausnimmt. – Nur sind in jene zweite Moralformel *Kants* die angeblichen Selbstpflichten absichtlich und schwerfällig genug mit hineingezogen. Über diese habe ich mich oben erklärt.

Einzuwenden wäre übrigens gegen jene Formel, daß der

hinzurichtende Verbrecher, und zwar mit Recht und Fug allein als Mittel und nicht als Zweck behandelt wird, nämlich als unerläßliches Mittel, dem Gesetz durch seine Erfüllung die Kraft, abzuschrecken, zu erhalten, als worin dessen Zweck besteht.

Wenn nun gleich diese zweite Formel *Kants* weder für die *Begründung* der Moral etwas leistet noch auch für den adäquaten und unmittelbaren Ausdruck ihrer Vorschriften – oberstes Prinzip – gelten kann; so hat sie andererseits das Verdienst, ein feines psychologisch-moralisches Aperçu zu enthalten, indem sie den *Egoismus* durch ein höchst charakteristisches Merkmal bezeichnet, welches wohl verdient, hier näher entwickelt zu werden. Dieser *Egoismus* nämlich, von dem wir alle strotzen und welchen als unsere partie honteuse [unseren schamhaften Teil] zu verstecken wir die *Höflichkeit* erfunden haben, guckt aus allen ihm übergeworfenen Schleiern meistens dadurch hervor, daß wir in jedem, der uns vorkommt, wie instinktmäßig zunächst nur ein mögliches *Mittel* zu irgendeinem unserer stets zahlreichen *Zwecke* suchen. Bei jeder neuen Bekanntschaft ist meistens unser erster Gedanke, ob der Mann uns nicht zu irgend etwas nützlich werden könnte: wenn er dies nun *nicht* kann; so ist er den meisten, sobald sie sich hievon überzeugt haben, auch selbst *nichts*. In jedem andern ein mögliches Mittel zu unsern Zwecken, also ein Werkzeug zu suchen liegt beinahe schon in der Natur des menschlichen Blicks: ob nun aber etwan das Werkzeug beim Gebrauche mehr oder weniger zu *leiden* haben werde ist ein Gedanke, der viel später und oft gar nicht nachkommt. Daß wir diese Sinnesart bei andern voraussetzen, zeigt sich an mancherlei, z.B. daran, daß, wenn wir von jemandem Auskunft oder Rat verlangen, wir alles Vertrauen zu seinen Aussagen verlieren, sobald wir entdecken, daß er irgendein wenn auch nur kleines oder entferntes *Interesse* bei der Sache haben könnte. Denn da setzen wir sogleich voraus, er werde uns zum Mittel seiner Zwecke machen und seinen Rat daher nicht seiner *Einsicht*, sondern seiner *Absicht* gemäß erteilen; selbst wenn jene auch noch so groß und diese noch so klein sein sollte. Denn wir wissen nur zu wohl, daß eine Kubiklinie Absicht mehr wiegt, als eine Kubikrute Einsicht. Andererseits wird in solchem Falle bei unserer Frage: ›Was soll ich tun?‹ dem andern oft gar nichts anderes einfallen, als was wir *seinen* Zwecken gemäß zu tun hätten: dieses also wird er alsdann, ohne an *unsere* Zwecke auch nur zu denken, sogleich und wie mechanisch antworten, indem sein Wille unmittelbar die Antwort diktiert, ehe nur die Frage zum Forum seines wirklichen Urteils gelangen konnte, und er also uns seinen Zwecken gemäß zu lenken sucht, ohne sich dessen auch nur bewußt zu werden, sondern selbst vermeinend, aus Einsicht zu reden, während aus ihm nur die Absicht redet; ja er kann hierin so weit gehn, ganz eigentlich zu lügen, ohne es selbst zu merken. So überwiegend ist der Einfluß des Willens über den der Erkenntnis. Demzufolge ist darüber, ob einer aus Einsicht oder aus Absicht redet, nicht einmal das Zeugnis seines eigenen Bewußtseins gültig, meistens aber das seines Interesses. Einen andern Fall zu nehmen: wer, von Feinden verfolgt, in Todesangst einen ihm begegnenden Tabulettkrämer nach einem Seitenwege frägt, kann erleben, daß dieser ihm die Frage entgegnet: ›Ob er von seiner Ware nichts brauchen könne?‹ – Damit soll nicht gesagt sein, daß es sich *stets* so verhalte: vielmehr wird allerdings mancher Mensch am Wohl und Wehe des andern unmittelbar wirklichen Anteil nehmen oder, in *Kants* Sprache, ihn als Zweck und nicht als Mittel ansehn. Wie nahe oder fern nun aber jedem einzelnen der Gedanke liegt, den andern statt wie gewöhnlich als Mittel, einmal als Zweck zu betrachten – dies ist das Maß der großen ethischen Verschiedenheit der Charaktere: und worauf es hiebei in letzter Instanz ankomme – das wird eben das wahre Fundament der Ethik sein, zu welchem ich erst im folgenden Teile schreite.

Kant hat also in seiner zweiten Formel den Egoismus und dessen Gegenteil durch ein höchst charakteristisches Merkmal bezeichnet; welchen Glanzpunkt ich um so lieber hervorgehoben und durch Erläuterung in helles Licht gestellt habe, als ich im übrigen von der Grundlage seiner Ethik leider nur wenig gelten lassen kann.

Die dritte und letzte Form, in der Kant sein Moralprinzip aufgestellt, ist die *Autonomie* des Willens: ›Der Wille jedes vernünftigen Wesens ist allgemein gesetzgebend für alle vernünftige[n] Wesen.‹ Dies folgt freilich aus der ersten Form. Aus der gegenwärtigen soll nun aber (laut S. 71; R., S. 60) hervorgehn, daß das spezifische Unterscheidungszeichen des kategorischen Imperativs dieses sei, daß beim Wollen aus Pflicht der Wille sich *von allem Interesse lossage*. Alle früheren Moralprinzipien wären deshalb verunglückt, ›weil sie den Handlungen immer, sei es als Zwang oder Reiz, ein *Interesse* zum Grunde legten, *dies mochte nun ein eigenes oder ein fremdes Interesse sein*‹ (S. 73; R., S. 62; auch ein *fremdes*, welches [ich] wohl zu merken bitte). ›Hingegen ein allgemein gesetzgebender Wille schreibe Handlungen aus *Pflicht* vor, die sich auf *gar kein Interesse gründen*.‹ Jetzt aber bitte ich zu bedenken, was das eigentlich sagen will: in der Tat nichts Geringeres als ein Wollen *ohne Motiv*, also eine Wirkung ohne Ursache. Interesse und Motiv sind Wechselbegriffe: heißt nicht Interesse ›quod mea interest‹, woran mir gelegen ist? Und ist dies nicht überhaupt alles, was meinen Willen anregt und bewegt? Was ist folglich ein Interesse anderes als die Einwirkung eines Motivs auf den Willen? Wo also ein *Motiv* den Willen bewegt, da hat er ein *Interesse*: wo ihn aber kein Motiv bewegt, da kann er wahrlich sowenig handeln, als ein Stein ohne Stoß oder Zug von der Stelle kann. Dies werde ich gelehrten Lesern doch nicht erst zu demonstrieren brauchen. Hieraus aber folgt, daß jede Handlung, da sie notwendig ein *Motiv* haben muß, auch notwendig ein *Interesse* voraussetzt. *Kant* aber stellt eine zweite ganz neue Art von Handlungen auf, welche ohne alles Interesse, d.h. ohne Motiv vor sich gehn. Und dies sollten die Handlungen der Gerechtigkeit und Menschenliebe sein! Zur Widerlegung dieser monstrosen Annahme bedurfte es nur der Zurückführung derselben auf ihren eigentlichen Sinn, der durch das Spiel mit dem Worte *Interesse* versteckt war. – Inzwischen feiert *Kant* (S. 74 ff.; R., S. 62) den Triumph seiner Autonomie des Willens in der Aufstellung eines moralischen Utopiens unter dem Namen eines *Reiches der Zwecke*, welches bevölkert ist von lauter *vernünftigen Wesen* in abstracto, die samt und sonders beständig wollen, ohne irgend *etwas* zu wollen (d.i. ohne Interesse); nur dieses *eine* wollen sie: daß alle stets nach *einer* Maxime wollen (d.i. Autonomie). ›Difficile est satiram non scribere.‹ [Schwer ist es, keine Satire zu schreiben; Juvenal, ›Saturae‹ 1, 30.]

Aber noch auf etwas anderes von beschwerlicheren Folgen als dieses kleine unschuldige Reich der Zwecke, welches man als vollkommen harmlos ruhig liegenlassen kann, leitet *Kanten* seine Autonomie des Willens, nämlich auf den Begriff der *Würde des Menschen*. Diese nämlich beruht bloß auf dessen *Autonomie* und besteht darin, daß das Gesetz, dem er folgen soll, von ihm selbst gegeben ist – also er zu demselben in dem Verhältnis steht wie die konstitutionellen Untertanen zu dem ihrigen. – Das möchte als Ausschmückung des Kantischen Moralsystems immerhin dastehn. Allein dieser Ausdruck ›*Würde des Menschen*‹, einmal von *Kant* ausgesprochen, wurde nachher das Schibboleth[1] aller rat- und gedankenlosen Moralisten, die ihren Mangel an einer wirklichen oder wenigstens doch irgend etwas sagenden Grundlage der Moral hinter jenen imponierenden Ausdruck ›*Würde des Menschen*‹ versteckten, klug darauf rechnend, daß auch ihr Leser sich gern mit einer solchen *Würde* angetan sehn und demnach damit zufriedengestellt sein würde[2]. Wir wollen jedoch auch diesen Begriff etwas näher untersuchen und auf Realität prüfen. – *Kant* (S. 79; R., S. 66) definiert *Würde* als ›einen unbedingten, unvergleichbaren Wert‹. Dies ist eine Erklärung, die durch ihren erhabenen Klang dermaßen imponiert, daß nicht leicht einer sich untersteht, heranzutreten, um sie in der Nähe zu untersuchen, wo er dann finden würde, daß eben auch sie nur eine hohle Hyperbel ist, in deren Innerem als nagender Wurm die contradictio in adiecto nistet. Jeder *Wert* ist die Schätzung einer Sache im Vergleich mit einer

---

1. [Nach dem Buch der Richter 12, 5f. Erkennungszeichen für die Zugehörigkeit zu einer Partei.]

2. Der erste, der den Begriff der ›Würde des Menschen‹ ausdrücklich und ausschließlich zum Grundstein der Ethik gemacht und diese demnach ausgeführt hat, scheint gewesen zu sein Georg Wilhelm Block in seiner ›Neuen Grundlegung zur Philosophie der Sitten‹, 1802.

andern, also ein Vergleichungsbegriff, mithin relativ, und diese Relativität macht eben das Wesen des Begriffes *Wert* aus. Schon die Stoiker haben (nach Diogenes Laertios, ›De vitis, dogmatibus et apophthegmatibus philosophorum‹ lib. 7, cap. 106) richtig gelehrt: Τὴν δὲ ἀξίαν εἶναι ἀμοιβὴν δοκιμαστοῦ, ἣν ἂν ὁ ἔμπειρος τῶν πραγμάτων τάξῃ· ὅμοιον εἰπεῖν ἀμείβεσθαι πυροὺς πρὸς τὰς σὺν ἡμιόνῳ κριθάς. (Existimationem esse probati remunerationem, quamcunque statuerit peritus rerum; quod huiusmodi est, ac si dicas commutare cum hordeo adiecto mulo triticum.) [Der Wert sei das Entgelt für etwas Abgeschätztes, wie ihn ein Sachkundiger taxiere; wie wenn man sagt, man tausche den Weizen gegen die Gerste mitsamt dem Esel.] Ein *unvergleichbarer*, *unbedingter absoluter Wert*, dergleichen die *Würde* sein soll, ist demnach wie so vieles in der Philosophie die mit Worten gestellte Aufgabe zu einem Gedanken, der sich gar nicht denken läßt, sowenig wie die höchste Zahl oder der größte Raum.

> Denn eben wo Begriffe fehlen,
> Da stellt ein *Wort* zu rechter Zeit sich ein.
> [Goethe, ›Faust‹ 1, Vers 1995 f.]

So war denn auch hier an der ›Würde des Menschen‹ ein höchst willkommenes Wort auf die Bahn geworfen, an welchem nunmehr jede durch alle Klassen der Pflichten und alle Fälle der Kasuistik ausgesponnene Moral ein breites Fundament fand, von welchem herab sie mit Behagen weiter predigen konnte.

Am Schlusse seiner Darstellung (S. 124; R., S. 97) sagt *Kant*: ›Wie nun aber *reine Vernunft* ohne andere Triebfedern, die irgendwoher sonst genommen sein mögen, für sich selbst *praktisch* sein, d.i. wie das *bloße Prinzip der Allgemeingültigkeit aller ihrer Maximen* als Gesetze ohne allen Gegenstand des Willens, woran man zum voraus irgendein Interesse nehmen dürfte, für sich selbst eine Triebfeder abgeben und ein Interesse, welches rein moralisch heißen würde, bewirken oder, mit andern Worten, wie reine Vernunft praktisch sein könne? – das zu erklären ist alle menschliche Vernunft unvermögend und alle Mühe und Arbeit verloren.‹ – Nun sollte man denken, daß, wenn etwas, dessen Dasein behauptet wird, nicht einmal seiner Möglichkeit nach begriffen werden kann, es doch faktisch in seiner Wirklichkeit nachgewiesen sein müsse: allein der kategorische Imperativ der praktischen Vernunft wird ausdrücklich *nicht* als eine Tatsache des Bewußtseins aufgestellt oder sonst durch Erfahrung begründet. Vielmehr werden wir oft genug verwarnt, daß er *nicht* auf solchem anthropologisch-empirischen Wege zu suchen sei (z.B. S. VI der Vorrede; R., S. 5, und S. 59, 60; R., S. 52). Dazu noch wird uns wiederholt (z.B. S. 48; R., S. 44) versichert, ›daß durch kein Beispiel, mithin empirisch auszumachen sei, ob es überall einen dergleichen Imperativ gebe‹, und (S. 49; R., S. 45) ›daß die Wirklichkeit des kategorischen Imperativs nicht in der Erfahrung gegeben sei‹. – Wenn man das zusammenfaßt, so könnte man wirklich auf den Verdacht geraten, *Kant* habe seine Leser zum besten. Wenn nun gleich dieses dem heutigen deutschen philosophischen Publiko gegenüber wohl erlaubt und recht sein möchte; so hatte doch dasselbe sich zu *Kants* Zeiten noch nicht so wie seitdem signalisiert: und außerdem war gerade die Ethik das am wenigsten zum Scherze geeignete Thema. Wir müssen also bei der Überzeugung stehnbleiben, daß, was weder *als möglich* begriffen noch *als wirklich* nachgewiesen werden kann, keine Beglaubigung seines Daseins hat. – Wenn wir nun aber auch nur versuchen, es bloß mittelst der Phantasie zu erfassen und uns einen Menschen vorzustellen, dessen Gemüt von einem in lauter kategorischen Imperativen redenden *absoluten Soll* wie von einem Dämon besessen wäre, der, den Neigungen und Wünschen desselben entgegen, dessen Handlungen beständig zu lenken verlangte – so erblicken wir hierin kein richtiges Bild der Natur des Menschen oder der Vorgänge unsers Innern: wohl aber erkennen wir ein erkünsteltes Substitut der theologischen Moral, zu welcher es sich verhält wie ein hölzernes Bein zu einem lebendigen.

Unser Resultat ist also, daß die Kantische Ethik sogut wie alle früheren jedes sichern Fundaments entbehrt. Sie ist, wie ich durch die gleich anfangs angestellte Prüfung ihrer *imperativen Form* gezeigt habe, im Grunde nur eine Umkehrung der theologischen Moral und eine Vermummung derselben in sehr abstrakte und scheinbar a priori gefundene Formeln. Diese Vermummung mußte um so künstlicher und unkenntlicher sein, als *Kant* dabei zuverlässig sogar sich selber täuschte und wirklich vermeinte, die offenbar nur in der theologischen Moral einen Sinn habenden Begriffe des *Pflichtgebots* und des *Gesetzes* unabhängig von aller Theologie feststellen und auf reine Erkenntnis a priori gründen zu können: wogegen ich genugsam nachgewiesen habe, daß jene Begriffe bei ihm, jedes realen Fundaments entbehrend, frei in der Luft schweben. Unter seinen eigenen Händen entschleiert sich denn auch gegen das Ende die verlarvte *theologische Moral* in der Lehre *vom höchsten Gut*, in den *Postulaten der praktischen Vernunft* und endlich in *der Moraltheologie*. Doch hat alles dieses weder ihn noch das Publikum über den wahren Zusammenhang der Sache enttäuscht: vielmehr freueten beide sich, alle diese Glaubensartikel jetzt durch die Ethik (wenngleich nur idealiter und zum praktischen Behuf) begründet zu sehn. Denn sie nahmen treuherzig die Folge für den Grund und den Grund für die Folge, indem sie nicht sahen, daß jener Ethik alle diese angeblichen Folgerungen aus ihr schon als stillschweigende und versteckte, aber unumgänglich nötige Voraussetzungen zum Grunde lagen.

Wenn mir jetzt am Schlusse dieser scharfen und selbst den Leser anstrengenden Untersuchung zur Aufheiterung ein scherzhaftes, ja frivoles Gleichnis gestattet sein sollte; so würde ich *Kanten* in jener Selbstmystifikation mit einem Manne vergleichen, der auf einem Maskenball den ganzen Abend mit einer maskierten Schönen buhlt, im Wahn, eine Eroberung zu machen; bis sie am Ende sich entlarvt und zu erkennen gibt – als seine Frau.

§ 9
Kants Lehre vom Gewissen

Die angebliche praktische Vernunft mit ihrem kategorischen Imperativ ist offenbar am nächsten verwandt mit dem *Gewissen*, wiewohl von diesem *erstlich* darin wesentlich verschieden, daß der kategorische Imperativ, als gebietend, notwendig *vor* der Tat spricht, das Gewissen aber eigentlich erst hinterher. *Vor* der Tat kann es höchstens *indirekt* sprechen, nämlich mittelst der Reflexion, welche ihm die Erinnerung früherer Fälle vorhält, wo ähnliche Taten hinterher die Mißbilligung des Gewissens erfahren haben. Hierauf scheint mir sogar die Etymologie des Wortes *Gewissen* zu beruhen, indem nur das bereits Geschehene *gewiß ist*. Nämlich in jedem, auch dem besten Menschen steigen auf äußern Anlaß, erregten Affekt oder aus innerer Verstimmung unreine, niedrige, boshafte Gedanken und Wünsche auf: für diese aber ist er moralisch nicht verantwortlich, und dürfen sie sein Gewissen nicht belasten. Denn sie zeigen nur an, was *der Mensch überhaupt*, nicht aber, was *er*, der sie denkt, zu tun fähig wäre. Denn andere Motive, die nur nicht augenblicklich und mit jenen zugleich ins Bewußtsein treten, stehn ihnen bei ihm entgegen; so daß sie nie zu Taten werden können: daher sie der überstimmten Minorität einer beschließenden Versammlung gleichen. An den *Taten* allein lernt ein jeder sich selbst so wie die andern empirisch kennen, und nur *sie* belasten das *Gewissen*. Denn sie allein sind nicht problematisch wie die Gedanken, sondern im Gegensatz hievon *gewiß*, stehn unveränderlich da, werden nicht bloß gedacht, sondern *gewußt*. Mit dem Lateinischen conscientia verhält es sich ebenso; es ist das Horazische ›conscire sibi, pallescere culpa‹[1]. Ebenso mit συνείδησις [Bewußtsein, Gewissen]. Es ist das *Wissen* des Menschen um das, was er getan hat. Zweitens nimmt das Gewissen seinen Stoff stets aus der Erfahrung, welches der angebliche kategorische Imperativ nicht kann, da er rein a priori ist. – Inzwischen dürfen wir voraussetzen, daß *Kants* Lehre vom Gewissen auch auf jenen von ihm neu eingeführten Begriff Licht zurückwerfen werde. Die Hauptdarstellung desselben findet sich in den ›Metaphysischen Anfangsgründen zur Tugendlehre‹ § 13, welche wenigen Seiten ich bei der jetzt folgenden Kritik derselben *als vorliegend voraussetze*.

Diese Kantische Darstellung des Gewissens macht einen

1. [Bei Horaz: ›Epistulae‹, 1, 1, 61 ›Nil conscire sibi, nulla pallescere culpa‹; Keiner Schuld sich bewußt zu sein, bei nichts zu erblassen.]

höchst imposanten Eindruck, vor welchem man mit ehrfurchtsvoller Scheu stehn blieb und sich um so weniger getraute, dagegen etwas einzuwenden, als man befürchten mußte, seine theoretische Einrede mit einer praktischen verwechselt zu sehn und, wenn man die Richtigkeit der Kantischen Darstellung leugnete, für gewissenlos zu gelten. Mich kann das nicht irremachen, da es sich hier um Theorie, nicht um Praxis handelt und nicht abgesehn ist auf Moral-Predigen, sondern auf strenge Prüfung der letzten Gründe der Ethik.

Zuvörderst bedient *Kant* sich durchweg *lateinischer juridischer Ausdrücke*, die doch wenig geeignet scheinen, die geheimsten Regungen des menschlichen Herzens wiederzugeben. Aber diese Sprache und die juridische Darstellung behält er vom Anfang bis zu Ende bei: sie scheint also der Sache wesentlich und eigen. Es wird uns da im Innern des Gemüts ein vollständiger Gerichtshof vorgeführt mit Prozeß, Richter, Ankläger, Verteidiger, Urteilsspruch. Verhielte sich nun wirklich der innere Vorgang so, wie *Kant* ihn darstellt; so müßte man sich wundern, daß noch irgendein Mensch, ich will nicht sagen, so *schlecht*, aber so *dumm* sein könnte, gegen das Gewissen zu handeln. Denn eine solche übernatürliche Anstalt ganz eigener Art in unserm Selbstbewußtsein, ein solches vermummtes Femgericht im geheimnisvollen Dunkel unsers Innern müßte jedem ein Grausen und eine Deisidaimonie[1] einjagen, die ihn wahrlich abhielte, kurze, flüchtige Vorteile zu ergreifen gegen das Verbot und unter den Drohungen übernatürlicher, sich so deutlich und so nahe ankündigender furchtbarer Mächte. – In der Wirklichkeit hingegen sehn wir umgekehrt die Wirksamkeit des Gewissens allgemein für so schwach gelten, daß alle Völker darauf bedacht gewesen sind, ihr durch positive Religion zu Hülfe zu kommen oder gar sie dadurch völlig zu ersetzen. Auch hätte bei einer solchen Beschaffenheit des Gewissens die gegenwärtige Preisfrage der Königlichen Sozietät gar nie in den Sinn kommen können.

Bei näherer Betrachtung der Kantischen Darstellung fin-

1. *[Vgl. S. 660]*

den wir jedoch, daß der imposante Effekt derselben hauptsächlich dadurch erreicht wird, daß *Kant* der moralischen Selbstbeurteilung eine Form als eigen und wesentlich beilegt, die dies ganz und gar nicht ist, sondern ihr nur ebenso angepaßt werden kann wie jeder andern dem eigentlichen Moralischen ganz fremden Rumination dessen, was wir getan haben und hätten anders tun können. Denn nicht nur wird ebenfalls das offenbar unechte, erkünstelte, auf bloßen Aberglauben gegründete Gewissen – z. B. wenn ein Hindu sich vorwirft, zum Morde einer Kuh Anlaß gegeben zu haben, oder ein Jude sich erinnert, am Sabbat eine Pfeife im Hause geraucht zu haben – dieselbe Form des Anklagens, Verteidigens und Richtens gelegentlich annehmen; sondern sogar auch diejenige Selbstprüfung, welche von gar keinem ethischen Gesichtspunkte ausgeht, ja eher unmoralischer als moralischer Art ist, wird ebenfalls oft in solcher Form auftreten. So z. B. wenn ich für einen Freund gutmütiger-, aber unüberlegterweise mich verbürgt habe und nun am Abend mir deutlich wird, welche schwere Verantwortlichkeit ich da auf mich genommen habe und wie es leicht kommen könne, daß ich dadurch in großen Schaden gerate, den die alte Weisheitsstimme: Ἐγγύα, πάρα δ'ἄτα[1] [Übernimm eine Bürgschaft, und schon ist das Unheil da] mir prophezeit; da tritt ebenfalls in meinem Innern der Ankläger auf und auch ihm gegenüber der Advokat, welcher meine übereilte Verbürgung durch den Drang der Umstände, der Verbindlichkeiten, durch die Unverfänglichkeit der Sache, ja durch Belobung meiner Gutmütigkeit zu beschönigen sucht, und zuletzt auch der Richter, der unerbittlich das Urteil ›Dummer Streich!‹ fällt, unter welchem ich zusammensinke.

Und wie mit der von *Kant* beliebten Gerichtsform, so steht es auch mit dem größten Teil seiner übrigen Schilderung. Z. B. was er gleich anfangs des Paragraphen vom Gewissen als diesem eigentümlich sagt, gilt auch von jedem Skrupel ganz anderer Art: es kann ganz wörtlich verstanden werden vom heimlichen Bewußtsein eines Rentiers, daß seine Ausgaben die Zinsen weit übersteigen, das Kapital angegriffen

1. [Delphische Weihinschrift, vgl. Platon: ›Charmides‹ 165 A]

werde und allmälig dahinschmelzen müsse: ›Es folgt ihm wie sein Schatten, wenn er zu entfliehn gedenkt: er kann sich zwar durch Lüste und Zerstreuungen betäuben oder in Schlaf bringen, aber nicht vermeiden, dann und wann zu sich selbst zu kommen oder zu erwachen, wo er alsbald die furchtbare Stimme desselben vernimmt‹ usw. – Nachdem er nun jene Gerichtsform als der Sache wesentlich geschildert und daher vom Anfang bis zum Ende beibehalten hat, benutzt er sie zu folgendem fein angelegten Sophisma. Er sagt: ›Daß aber der durch sein Gewissen *Angeklagte* mit dem *Richter als eine und dieselbe Person* vorgestellt werde, ist eine ungereimte Vorstellungsart von einem Gerichtshofe: denn da würde ja der Ankläger jederzeit verlieren‹, welches er noch durch eine sehr geschrobene und unklare Anmerkung erläutert. Daraus nun folgert er, daß wir, um nicht in Widerspruch zu geraten, uns den innern Richter (in jenem gerichtlichen Gewissensdrama) als von uns verschieden, als *einen andern* denken müssen und diesen als einen Herzenskündiger, einen Allwissenden, einen Allverpflichtenden und, als exekutive Gewalt, einen Allmächtigen; so daß er jetzt auf ganz ebener Bahn seinen Leser vom Gewissen zur Deisidaimonie als einer ganz notwendigen Konsequenz desselben führt, heimlich darauf vertrauend, daß dieser ihm dahin um so williger folgen wird, als die früheste Erziehung ihm solche Begriffe geläufig, ja zur andern Natur gemacht hat. Daher denn *Kant* hier leichtes Spiel findet; welches er jedoch hätte verschmähen und darauf bedacht sein sollen, Redlichkeit hier nicht nur zu *predigen*, sondern auch zu *üben*. – Ich leugne schlechthin den oben angeführten Satz, auf dem alle jene Folgerungen beruhen; ja ich erkläre ihn für einen Winkelzug. *Es ist nicht wahr*, daß der Ankläger jederzeit verlieren müsse, wenn der Angeklagte mit dem Richter *eine* Person ist; wenigstens nicht beim *innern* Gerichtshofe: hat denn in meinem obigen Beispiel von der Verbürgung der Ankläger verloren? – Oder mußte man dabei, um nicht in Widerspruch zu geraten, auch hier eine solche Prosopopoiia[1] vornehmen und

1. [Personifikation, Darstellung des Dinglich-Leblosen in menschlicher oder tierischer Gestalt]

sich notwendig *einen andern* objektiv als denjenigen denken, dessen Urteilsspruch jenes Donnerwort ›Dummer Streich!‹ gewesen wäre? Etwan einen leibhaftigen Merkur oder eine Personifikation der von Homer (›Ilias‹ 23, 313 seq.) empfohlenen μῆτις [des klugen Rates], und demnach auch hier den Weg der Deisidaimonie einschlagen, wiewohl der heidnischen?

Daß *Kant* bei seiner Darstellung sich verwahrt, seiner schon hier kurz, aber doch im wesentlichen angedeuteten Moraltheologie keine objektive Geltung beizulegen, sondern sie nur als subjektiv notwendige Form hinzustellen; dies spricht ihn nicht los von der Willkürlichkeit, mit der er sie wenn auch nur als subjektiv notwendig konstruiert; da solches mittelst ganz ungegründeter Annahmen geschieht. Soviel ist also gewiß, daß die ganze juridisch-dramatische Form, in der *Kant* das Gewissen darstellt und sie als *eins* mit der Sache selbst durchweg und bis ans Ende beibehält, um endlich Folgerungen daraus zu ziehn, dem Gewissen völlig unwesentlich und keineswegs eigentümlich ist. Vielmehr ist sie eine viel allgemeinere Form, welche die Überlegung jeder praktischen Angelegenheit leicht annimmt und die hauptsächlich entspringt aus dem dabei meistens eintretenden Konflikt entgegengesetzter Motive, deren Gewicht die reflektierende Vernunft sukzessive prüft; wobei es gleichviel ist, ob diese Motive moralischer oder egoistischer Art sind und ob es eine Deliberation des noch zu Tuenden oder eine Rumination des schon Vollzogenen betrifft. Entkleiden wir nun aber *Kants* Darstellung von dieser ihr nur beliebig gegebenen dramatisch-juridischen Form; so verschwindet auch der sie umgebende Nimbus, nebst dem imposanten Effekt derselben, und bloß dies bleibt übrig, daß beim Nachdenken über unsere Handlungen uns bisweilen eine Unzufriedenheit mit uns selbst von besonderer Art anwandelt, welche das Eigene hat, nicht den Erfolg, sondern die Handlung selbst zu betreffen und nicht wie jede andere, in der wir das Unkluge unsers Tuns bereuen, auf *egoistischen* Gründen zu beruhen; indem wir hier gerade damit unzufrieden sind, daß wir *zu* egoistisch gehandelt haben, *zu* sehr unser eigenes, *zu* wenig das Wohl anderer berücksichtigt oder wohl gar ohne eigenen Vorteil das *Wehe* anderer seiner selbst wegen uns zum Zwecke gemacht haben. Daß wir darüber mit uns selbst unzufrieden sein und uns betrüben können über Leiden, die wir nicht *gelitten*, sondern *verursacht* haben, dies ist die nackte Tatsache, und diese wird niemand leugnen. Den Zusammenhang derselben mit der allein probehaltigen Basis der Ethik werden wir weiterhin untersuchen. *Kant* aber hat wie ein kluger Sachwalter aus dem ursprünglichen Faktum durch Ausschmückung und Vergrößerung desselben soviel als irgend möglich zu machen gesucht, um eine recht breite Basis für seine Moral und Moraltheologie vorweg zu haben.

§ 10
Kants Lehre vom intelligibeln und empirischen Charakter Theorie der Freiheit

Nachdem ich im Dienste der Wahrheit auf die Kantische Ethik Angriffe getan habe, welche nicht wie die bisherigen nur die Oberfläche treffen, sondern sie in ihrem tiefsten Grunde unterwühlen, scheint mir die Gerechtigkeit zu fordern, daß ich nicht von ihr scheide, ohne *Kants* größtes und glänzendes Verdienst um die Ethik in Erinnerung gebracht zu haben. Dieses besteht in der Lehre vom Zusammenbestehn der Freiheit mit der Notwendigkeit, welche er zuerst in der ›Kritik der reinen Vernunft‹ (S. 533 bis 554 der ersten und S. 561 bis 582 der fünften Auflage) vorträgt, jedoch eine noch deutlichere Darstellung davon in der ›Kritik der praktischen Vernunft‹ (vierte Auflage S. 169 bis 179; R., S. 224 bis 231) gibt.

Hobbes zuerst, dann *Spinoza*, dann *Hume*, auch *Holbach*, im ›Système de la nature‹, und endlich am ausführlichsten und gründlichsten *Priestley* hatten die vollkommene und strenge Notwendigkeit der Willensakte bei eintretenden Motiven so deutlich bewiesen und außer Zweifel gestellt, daß sie den vollkommen demonstrierten Wahrheiten beizuzählen ist: daher nur Unwissenheit und Roheit von einer Freiheit in den einzelnen Handlungen des Menschen, einem libero arbitrio indifferentiae [einer freien, von keiner Seite beeinflußten Willensentscheidung], zu reden fortfahren konnte. Auch *Kant* nahm infolge der unwiderleglichen Gründe dieser Vorgänger die vollkommene Notwendigkeit der Willensakte als eine ausgemachte Sache, an welcher kein Zweifel mehr obwalten konnte; wie dies alle die Stellen beweisen, in welchen er allein vom *theoretischen* Gesichtspunkt aus von der Freiheit redet. Dabei bleibt es jedoch wahr, daß unsere Handlungen von einem Bewußtsein der Eigenmächtigkeit und Ursprünglichkeit begleitet sind, vermöge dessen wir sie als unser Werk erkennen und jeder mit untrüglicher Gewißheit sich als den wirklichen Täter seiner Taten und für dieselben moralisch *verantwortlich* fühlt. Da nun aber die *Verantwortlichkeit* eine Möglichkeit, anders gehandelt zu haben, mithin Freiheit auf irgendeine Weise voraussetzt; so liegt im Bewußtsein der Verantwortlichkeit mittelbar auch das der Freiheit. Zur Lösung dieses aus der Sache selbst hervorgehenden Widerspruches ward nun *Kants* tiefsinnige Unterscheidung zwischen Erscheinung und Ding an sich, welche der innerste Kern seiner ganzen Philosophie und eben deren Hauptverdienst ist, der endlich gefundene Schlüssel.

Das Individuum, bei seinem unveränderlichen angeborenen Charakter in allen seinen Äußerungen durch das Gesetz der Kausalität, die hier, als durch den Intellekt vermittelt, Motivation heißt, streng bestimmt, ist nur die *Erscheinung*. Das dieser zum Grunde liegende *Ding an sich* ist, als außer Raum und Zeit befindlich, frei von aller Sukzession und Vielheit der Akte *eines* und unveränderlich. Seine Beschaffenheit *an sich* ist der *intelligible Charakter*, welcher in allen Taten des Individui gleichmäßig gegenwärtig und in ihnen allen wie das Petschaft in tausend Siegeln ausgeprägt den in der Zeit und Sukzession der Akte sich darstellenden *empirischen Charakter* dieser Erscheinung bestimmt, die daher in allen ihren Äußerungen, welche von den Motiven hervorgerufen werden, die Konstanz eines Naturgesetzes zeigen muß; weshalb alle ihre Akte streng notwendig erfolgen. Hiedurch war nun auch jene Unveränderlichkeit, jene unbiegsame Starrheit des empirischen Charakters jedes Menschen, welche denkende Köpfe von jeher wahrgenommen hatten (während die übrigen meinten, durch vernünftige Vorstellungen und moralische Vermahnungen sei der Charakter eines Menschen umzugestalten), auf einen rationellen Grund zurückgeführt, mithin auch für die Philosophie festgestellt und diese dadurch mit der Erfahrung in Einklang gebracht; so daß sie nicht länger beschämt wurde von der Volksweisheit, welche jene Wahrheit längst ausgesprochen hatte in dem spanischen Sprichwort: ›Lo que entra con el capillo, sale con la mortaja‹ (Das, was mit der Kindermütze hineinkommt, geht mit dem Leichentuche wieder heraus), oder: ›Lo que en la leche se mama, en la mortaja se derrama‹ ([Das,] was mit der Milch eingesogen wird, wird ins Leichentuch wieder ausgegossen).

Diese Lehre *Kants* vom Zusammenbestehn der Freiheit mit der Notwendigkeit halte ich für die größte aller Leistungen des menschlichen Tiefsinns. Sie, nebst der transzendentalen Ästhetik, sind die zwei großen Diamanten in der Krone des Kantischen Ruhmes, der nie verhallen wird. – Bekanntlich hat *Schelling* in seiner Abhandlung ›Über die Freiheit‹ eine durch ihr lebhaftes Kolorit und [ihre] anschauliche Darstellung für viele faßlichere Paraphrase jener Lehre *Kants* gegeben, welche ich loben würde, wenn *Schelling* die Redlichkeit gehabt hätte, dabei zu sagen, daß er hier *Kants* Weisheit, nicht seine eigene vorträgt, wofür ein Teil des philosophischen Publikums sie noch heute hält *[vgl. S. 607 f.]*.

Nun kann man aber diese Kantische Lehre und das Wesen der Freiheit überhaupt auch dadurch sich faßlicher machen, daß man sie mit einer allgemeinen Wahrheit in Verbindung setzt, als deren bündigsten Ausdruck ich einen von den Scholastikern öfter ausgesprochenen Satz ansehe: ›Operari sequitur esse‹ [Was man tut, folgt aus dem, was man ist; Pomponatius, ›De animi immortalitate‹ p. 76] – d.h. jedes Ding in der Welt wirkt nach dem, wie es ist, nach seiner Beschaffenheit, in welcher daher alle seine Äußerungen schon potentia [der Möglichkeit nach] enthalten sind, actu [in Wirklichkeit] aber eintreten, wann äußere Ursachen sie hervorrufen; wodurch denn eben jene Beschaffenheit selbst sich kundgibt. Diese ist der *empirische Charakter*, hingegen dessen innerer der Erfahrung nicht zugängliche letzte Grund ist der *intelligible Charakter*, d. h. das Wesen *an sich* dieses Dinges. Der Mensch macht hierin keine Ausnahme von der übrigen Natur: auch er hat seine feststehende Beschaffenheit, seinen unveränderlichen Charakter, der jedoch ganz individuell und bei jedem ein anderer ist. Dieser ist eben *empirisch* für unsere Auffassung, aber ebendeshalb nur *Erscheinung*: was er hingegen seinem Wesen an sich selbst nach sein mag, heißt der *intelligible Charakter*. Seine sämtlichen Handlungen, ihrer äußern Beschaffenheit nach durch die Motive bestimmt, können nie anders als diesem unveränderlichen individuellen Charakter gemäß ausfallen: wie einer ist, so muß er handeln. Daher ist dem gegebenen Individuo in jedem gegebenen einzelnen Fall schlechterdings nur *eine* Handlung möglich: ›operari sequitur esse‹. Die Freiheit gehört nicht dem empirischen, sondern allein dem intelligibeln Charakter an. Das ›operari‹ eines gegebenen Menschen ist von außen durch die Motive, von innen durch seinen Charakter notwendig bestimmt: daher alles, was er tut, notwendig eintritt. Aber in seinem ›esse‹, da liegt die Freiheit. Er hätte ein anderer *sein* können: und in dem, was er *ist*, liegt Schuld und Verdienst. Denn alles, was er tut, ergibt sich daraus von selbst als ein bloßes Korollarium. – Durch *Kants* Theorie werden wir eigentlich von dem Grundirrtum zurückgebracht, der die Notwendigkeit ins ›esse‹ und die Freiheit ins ›operari‹ verlegte, und werden zu der Erkenntnis geführt, daß es sich gerade umgekehrt verhält. Deshalb betrifft die moralische Verantwortlichkeit des Menschen zwar zunächst und ostensibel das, was er tut, im Grunde aber das, was er *ist*; da, dieses vorausgesetzt, sein Tun beim Eintritt der Motive nie anders ausfallen konnte, als es ausgefallen ist. Aber so strenge auch die Notwendigkeit ist, mit welcher bei gegebenem Charakter die Taten von den Motiven hervorgerufen werden; so wird es dennoch keinem, selbst dem nicht, der hievon überzeugt ist, je einfallen, sich dadurch diskulpieren und die Schuld auf die Motive wälzen zu wollen: denn er erkennt deutlich, daß hier der Sache und den Anlässen nach, also obiective, eine ganz andere, sogar eine entgegengesetzte Handlung sehr wohl möglich war, ja eingetreten sein würde, *wenn nur er ein anderer gewesen* wäre. Daß aber er, wie es sich aus der Handlung ergibt, ein solcher und kein anderer ist – das ist es, wofür er sich verantwortlich fühlt: hier im ›esse‹ liegt die Stelle, welche der Stachel des Gewissens trifft. Denn das Gewissen ist eben nur die aus der eigenen Handlungsweise entstehende und immer intimer werdende Bekanntschaft mit dem eigenen Selbst. Daher wird vom Gewissen zwar auf Anlaß des ›operari‹ doch eigentlich das ›esse‹ angeschuldigt. Da wir uns der *Freiheit* nur mittelst der *Verantwortlichkeit* bewußt sind; so muß, wo diese liegt, auch jene liegen: also im ›esse‹. Das ›operari‹ fällt der Notwendigkeit anheim. Aber wie die andern, so lernen wir auch uns selbst nur *empirisch* kennen und haben von unserm Charakter keine Erkenntnis a priori. Vielmehr hegen wir von diesem ursprünglich eine sehr hohe Meinung, indem das ›Quisque praesumitur bonus, donec probetur contrarium‹ [Von jedem nimmt man im voraus an, daß er gut ist, solange nicht das Gegenteil erwiesen ist] auch vor dem innern foro [Gerichtshof] gilt.

Anmerkung

Wer das Wesentliche eines Gedankens auch in ganz verschiedenen Einkleidungen desselben wiederzuerkennen fähig ist, wird mit mir einsehn, daß jene Kantische Lehre vom intelligibeln und empirischen Charakter eine zur abstrakten Deutlichkeit erhobene Einsicht ist, die schon Platon gehabt hat, welcher jedoch, weil er die Idealität der Zeit nicht erkannt hatte, sie nur in zeitlicher Form, mithin bloß mythisch und in Verbindung mit der Metempsychose darlegen konnte. Diese Erkenntnis der Identität beider Lehren wird nun aber sehr verdeutlicht durch die Erläuterung und Ausführung des Platonischen Mythos, welche Porphyrios mit so großer Klarheit und Bestimmtheit gegeben hat, daß die Übereinstimmung mit der abstrakten Kantischen Lehre bei ihm unverkennbar hervortritt. Aus einer nicht mehr vor-

handenen Schrift von ihm hat uns diese Erörterung, in welcher er den hier in Rede stehenden, von Platon in der zweiten Hälfte des zehnten Buches der ›Republik‹ gegebenen Mythos genau und speziell kommentiert, Stobaios in extenso aufbehalten im zweiten Buch seiner ›Eklogen‹ Kap. 8, §§ 37–40, welcher Abschnitt daher höchst lesenswert ist. Zur Probe bringe ich daraus den kurzen § 39 hier bei, damit der teilnehmende Leser angereizt werde, den Stobaios selbst zur Hand zu nehmen. Er wird alsdann erkennen, daß jener Platonische Mythos angesehn werden kann als eine Allegorie der großen und tiefen Erkenntnis, welche Kant in ihrer abstrakten Reinheit als Lehre vom intelligibeln und empirischen Charakter aufgestellt hat, und daß folglich diese im wesentlichen schon vor Jahrtausenden von Platon erlangt war, ja noch viel höher hinaufreicht, da Porphyrios der Meinung ist, daß Platon sie von den Ägyptern überkommen habe. Nun aber liegt sie schon in der Metempsychosenlehre des Brahmanismus, von welchem höchst wahrscheinlich die Weisheit der ägyptischen Priester abstammt.
– Der besagte § 39 lautet:

Τὸ γὰρ ὅλον βούλημα τοιοῦτ' ἔοικεν εἶναι τὸ τοῦ Πλάτωνος· ἔχειν μὲν τὸ αὐτεξούσιον τὰς ψυχάς, πρὶν εἰς σώματα καὶ βίους διαφόρους ἐμπεσεῖν, εἰς τὸ ἢ τοῦτον τὸν βίον ἑλέσθαι ἢ ἄλλον, ὃν μετὰ ποιᾶς ζωῆς καὶ σώματος οἰκείου τῇ ζωῇ ἐκτελέσειν μέλλει. (καὶ γὰρ λέοντος βίον ἐπ' αὐτῇ εἶναι ἑλέσθαι καὶ ἀνδρός). Κἀκεῖνο μέντοι τὸ αὐτεξούσιον ἅμα τῇ πρός τινα τῶν τοιούτων βίων πτώσει ἐμπεπόδισται. Κατελθοῦσαι γὰρ εἰς τὰ σώματα καὶ ἀντὶ ψυχῶν ἀπολύτων γεγονυῖαι ψυχαὶ ζώων τὸ αὐτεξούσιον φέρουσιν οἰκεῖον τῇ τοῦ ζώου κατασκευῇ καὶ ἐφ' ὧν μὲν εἶναι πολύνουν καὶ πολυκίνητον ὡς ἐπ' ἀνθρώπου, ἐφ' ὧν δὲ ὀλιγοκίνητον καὶ μονότροπον ὡς ἐπὶ τῶν ἄλλων σχεδὸν πάντων ζώων. Ἠρθῆσθαι δὲ τὸ αὐτεξούσιον τοῦτο ἀπὸ τῆς κατασκευῆς κινούμενον μὲν ἐξ αὐτοῦ, φερόμενον δὲ κατὰ τὰς ἐκ τῆς κατασκευῆς γιγνομένας προθυμίας. (Omnino enim Platonis sententia haec videtur esse: habere quidem animas, priusquam in corpora vitaeque certa genera incidant, vel eius vel alterius vitae eligendae potestatem, quam in corpore vitae conveniente degant [nam et leonis vitam et hominis ipsis licere eligere]; simul vero cum vita aliqua adepta libertatem illam tolli. Cum vero in corpora descenderint et ex liberis animalibus factae sint animalium animae, libertatem animalis organismo convenientem nanciscuntur, esse autem eam alibi valde intelligentem et mobilem ut in homine, alibi vero simplicem et parum mobilem ut fere in omnibus ceteris animalibus. Pendere autem hanc libertatem sic ab animalis organismo, ut per se quidem moveatur, iuxta illius autem appetitiones feratur.) [Denn alles, was Platon sagen will, scheint folgendes zu sein: Die Seelen haben die Willensfreiheit, ehe sie in die Körper und in die verschiedenen Lebensformen eingehen, die eine oder die andere Lebensform zu wählen, die sie sodann durch das entsprechende Leben und den der Seele angemessenen Körper zur Ausführung bringen (denn er sagt, daß es bei ihr stehe, das Leben eines Löwen oder das eines Menschen zu erwählen). Jene Willensfreiheit aber ist, sobald die Seele irgendeiner derartigen Lebensform verfallen ist, aufgehoben. Denn nachdem die Seelen in die Körper gelangt und aus freien Seelen zu Lebewesen geworden sind, haben sie nur diejenige Freiheit, die der Beschaffenheit des betreffenden Lebewesens eigen ist, so daß sie manchmal sehr verständig und vielfach erregbar sind wie in einem Menschen, manchmal hingegen wenig erregbar und einfältig wie beinahe bei allen anderen Lebewesen. Die Art der Freiheit aber hängt von der jeweiligen Beschaffenheit ab, indem sie sich zwar aus sich selbst heraus betätigt, aber gemäß der aus der jeweiligen Beschaffenheit entspringenden Gesinnung geleitet wird.]

§ 11
Die Fichtesche Ethik als Vergrößerungsspiegel der Fehler der Kantischen

Wie in der Anatomie und Zoologie dem Schüler manche Dinge nicht so augenfällig an Präparaten und Naturprodukten werden wie an Kupferstichen, welche dieselben mit einiger Übertreibung darstellen; so kann ich dem, welchem nach der in den obigen Paragraphen gegebenen Kritik die Nichtigkeit der Kantischen Grundlage der Ethik noch nicht vollkommen eingeleuchtet hätte, als ein Mittel zur Verdeutlichung dieser Erkenntnis *Fichtes* ›System der Sittenlehre‹ empfehlen.

Wie nämlich im alten deutschen Puppenspiel dem Kaiser oder sonstigen Helden allemal der Hanswurst beigegeben war, welcher alles, was der Held gesagt oder getan hatte, nachher in *seiner* Manier und mit Übertreibung wiederholte; so steht hinter dem großen *Kant* der Urheber der Wissenschaftslehre, richtiger: Wissenschaftsleere[1]. Wie dieser Mann seinen dem deutschen philosophischen Publiko gegenüber ganz passenden und zu billigenden Plan, mittelst einer philosophischen Mystifikation Aufsehn zu erregen, um infolge desselben seine und der Seinigen Wohlfahrt zu begründen, vorzüglich dadurch ausführte, daß er *Kanten* in allen Stücken *überbot*, als dessen lebendiger Superlativ auftrat und durch Vergrößerung der hervorstechenden Teile ganz eigentlich eine Karikatur der Kantischen Philosophie zustande brachte; so hat er dieses auch in der Ethik geleistet. In seinem ›System der Sittenlehre‹ finden wir den kategorischen Imperativ herangewachsen zu einem despotischen Imperativ: das absolute Soll, die gesetzgebende Vernunft und das Pflichtgebot haben sich entwickelt zu einem *moralischen Fatum*, einer unergründlichen Notwendigkeit, daß das Menschengeschlecht gewissen Maximen streng gemäß handle (S. 308 bis 309), als woran, nach den moralischen Anstalten zu urteilen, sehr viel gelegen sein muß, obwohl man nirgends eigentlich erfährt, *was*, sondern nur soviel sieht, daß, wie den Bienen ein Trieb einwohnt, gemeinschaftlich Zellen und einen Stock zu bauen, so in den Menschen angeblich ein Trieb liegen soll, gemeinschaftlich eine große, streng moralische Weltkomödie aufzuführen, zu welcher wir die bloßen Drahtpuppen wären und nichts weiter; wiewohl mit dem bedeutenden Unterschiede, daß der Bienenstock denn doch wirklich zustande kommt, hingegen statt der moralischen

1. *[Vgl. S. 105]*

Weltkomödie in der Tat eine höchst unmoralische aufgeführt wird. So sehn wir denn hier die imperative Form der Kantischen Ethik, das Sittengesetz und absolute Soll weiter geführt, bis ein *System des moralischen Fatalismus* daraus geworden, dessen Ausführung bisweilen in das Komische übergeht[1].

Wenn in *Kants* Ethik ein gewisser moralischer Pedantismus zu spüren ist; so gibt bei *Fichte* die lächerlichste moralische Pedanterei reichen Stoff zur Satire. Man lese z. B. S. 407 bis 409 die Entscheidung des bekannten kasuistischen Exempels, wo von zwei Menschenleben eines verloren werden muß. Ebenso finden wir alle Fehler *Kants* in den Superlativ gesteigert, z. B. S. 199: ›Den Trieben der Sympathie, des Mitleids, der *Menschenliebe* zufolge zu handeln ist schlechthin nicht moralisch, sondern insofern gegen die Moral.‹ (!) – S. 402: ›Die Triebfeder der Dienstfertigkeit muß nie eine unbesonnene Gutherzigkeit sein, sondern der deutlich gedachte Zweck, die Kausalität der Vernunft soviel als mög-

1. Zum Beleg des Gesagten will ich hier nur einigen wenigen Stellen Raum gestatten. S. 196: ›Der sittliche Trieb ist absolut, er fordert schlechthin, ohne allen Zweck außer ihm selbst.‹ – S. 232: ›Nun soll zufolge des Sittengesetzes das empirische Zeitwesen ein genauer Abdruck des ursprünglichen Ich werden.‹ – S. 308: ›Der ganze Mensch ist Vehikul des Sittengesetzes.‹ – S. 342: ›Ich bin nur Instrument, bloßes Werkzeug des Sittengesetzes, schlechthin nicht Zweck.‹ – S. 343: ›Jeder ist Zweck als Mittel, die Vernunft zu realisieren; dies ist der letzte Endzweck seines Daseins: dazu allein ist er da, und wenn dies nicht geschehn sollte, so braucht er überhaupt nicht zu sein.‹ – S. 347: ›Ich bin Werkzeug des Sittengesetzes in der Sinnenwelt!‹ – S. 360: ›Es ist Verordnung des Sittengesetzes, den Leib zu ernähren, die Gesundheit desselben zu befördern: es versteht sich, daß dies in keinem Sinne und zu keinem andern Zweck geschehn darf, als um ein *tüchtiges Werkzeug* zur Beförderung des *Vernunftzwecks* zu sein‹ (vgl. S. 371). – S. 376: ›Jeder menschliche Leib ist Werkzeug zur Beförderung des Vernunftzwecks; daher muß die höchstmögliche Tauglichkeit jedes Werkzeugs dazu mir Zweck sein: ich muß sonach Sorgfalt für jeden tragen.‹ – Dies ist seine Ableitung der Menschenliebe! – S. 377: ›Ich kann und darf für mich selbst nur sorgen, lediglich weil und inwiefern ich *ein Werkzeug des Sittengesetzes* bin.‹ – S. 388: ›Einen Verfolgten mit Gefahr des eigenen Lebens zu verteidigen ist absolute Schuldigkeit – sobald Menschenleben in Gefahr ist, habt ihr nicht mehr das Recht, auf die Sicherheit eures eigenen zu denken.‹ – S. 420: ›Es gibt gar keine Ansicht meines Nebenmenschen auf dem Gebiete des Sittengesetzes als die, daß er sei ein *Werkzeug* der Vernunft.‹

lich zu befördern.‹ – Zwischen jenen Pedantereien guckt nun aber *Fichtes* eigentliche philosophische Roheit – wie sie zu erwarten ist bei einem Mann, dem das Lehren nie Zeit zum Lernen gelassen hat – augenfällig hervor, indem er das liberum arbitrium indifferentiae ernstlich aufstellt und mit den gemeinsten Gründen befestigt (S. 160, 173, 205, 208, 237, 259, 261). – Wer noch nicht vollkommen überzeugt ist, daß das Motiv, obgleich durch das Medium der Erkenntnis einwirkend, eine Ursache ist wie jede andere, folglich dieselbe Notwendigkeit des Erfolgs wie jede andere mit sich führt, daher alle menschlichen Handlungen streng notwendig erfolgen – der ist noch philosophisch roh und nicht in den Elementen der philosophischen Erkenntnis unterrichtet. Die Einsicht in die strenge Notwendigkeit der menschlichen Handlungen ist die Grenzlinie, welche die philosophischen Köpfe von den andern scheidet: und an dieser angelangt, zeigt *Fichte* deutlich, daß er zu den andern gehört. Daß er dann wieder, *Kants* Spur nachgehend (S. 303), Dinge sagt, die mit obigen Stellen in geradem Widerspruch stehn, beweist wie so viele andere Widersprüche in seinen Schriften nur, daß er als einer, dem es mit Erforschung der Wahrheit nie ernst war, gar keine feste Grundüberzeugung hatte; wie sie denn zu seinen Zwecken auch ganz und gar nicht nötig war. Nichts ist lächerlicher, als daß man diesem Mann die strengste Konsequenz nachgerühmt hat, indem man seinen pedantischen, triviale Dinge breit demonstrierenden Ton richtig dafür annahm.

Die vollkommenste Entwickelung jenes *Systems des moralischen Fatalismus Fichtes* findet man in seiner letzten Schrift: ›Die Wissenschaftslehre in ihrem allgemeinen Umrisse dargestellt‹, Berlin 1810, welche den Vorzug hat, nur 46 Seiten 12° stark zu sein und doch seine ganze Philosophie in nuce zu enthalten, weshalb sie allen denen zu empfehlen ist, welche ihre Zeit für zu kostbar halten, als daß sie mit den in Christian-Wolffischer Breite und Langweiligkeit abgefaßten und eigentlich auf Täuschung, nicht auf Belehrung des Lesers abgesehenen größeren Produktionen dieses Mannes vergeudet werden dürfte. In dieser kleinen Schrift also heißt es S. 32: ›Die Anschauung einer Sinnenwelt war nur dazu da, daß an dieser Welt das Ich als *absolut sollendes* sich sichtbar würde.‹ – S. 33 kommt gar ›das *Soll* der Sichtbarkeit des *Soll*‹ und S. 36 ›ein *Soll* des Ersehns, daß ich *soll*‹. – Dahin also hat als ›exemplar vitiis imitabile‹ *[vgl. S. 678]* die *imperative Form* der Ethik *Kants* mit ihrem unerwiesenen *Soll,* das sie als ein gar bequemes ποῦ στῶ[1] [einen Standort] sich erbat, gleich nach *Kanten* geführt.

Übrigens stößt alles hier Gesagte *Fichtes* Verdienst nicht um, welches darin besteht, die Philosophie *Kants,* dieses späte Meisterstück des menschlichen Tiefsinns, bei der Nation, unter der es auftrat, verdunkelt, ja verdrängt zu haben durch windbeutelnde Superlative, durch Extravaganzen und den unter der Larve des Tiefsinns auftretenden Unsinn seiner ›Grundlage der gesamten Wissenschaftslehre‹ und hiedurch der Welt unwiderleglich gezeigt zu haben, welches die Kompetenz des deutschen philosophischen Publikums sei; da er es die Rolle eines Kindes spielen ließ, dem man ein kostbares Kleinod aus den Händen lockt, indem man ihm ein Nürnberger Spielzeug dafür hinhält. Sein dadurch erlangter Ruhm lebt auf Kredit noch heute fort, und noch heute wird *Fichte* stets neben *Kant* genannt, als noch so einer ('Ηρακλῆς καὶ πίθηκος[2], id est: Hercules et simia! [das heißt: Herakles und der Affe]), ja oft über ihn gestellt[3]. Daher hat auch sein Beispiel jene von gleichem Geiste beseelten und mit gleichem Erfolge gekrönten Nachfolger in der Kunst philosophischer Mystifikation des deutschen Publikums hervorgerufen, die jeder kennt und von denen ausführlich zu reden hier nicht der Ort ist; obwohl ihre re-

---

1. *[Vgl. S. 66 und 397]*
2. *[Vgl. S. 326]*
3. Ich belege dieses durch eine Stelle aus der allerneuesten philosophischen Literatur. Herr *Feuerbach*, ein Hegelianer (c'est tout dire [das besagt alles]), läßt sich in seinem Buche ›*Pierre Bayle*, ein Beitrag zur Geschichte der Philosophie‹, 1838, S. 80 also vernehmen: ›Noch erhabener als Kants sind aber Fichtes Ideen, die er in seiner ‚Sittenlehre' und zerstreut in seinen übrigen Schriften aussprach. Das Christentum hat an Erhabenheit nichts, was es den Ideen *Fichtes* an die Seite stellen könnte.‹

spektiven Meinungen noch immer von den Philosophie-Professoren lang und breit dargelegt und ernsthaft diskutiert werden, als ob man es wirklich mit Philosophen zu tun hätte. Fichten also ist es zu verdanken, daß lukulente Akten da sind, um einst revidiert zu werden vor dem Richterstuhle der Nachwelt, diesem Kassationshofe der Urteile der Mitwelt, welcher zu fast allen Zeiten für das echte Verdienst *das* hat sein müssen, was das Jüngste Gericht für die Heiligen ist.

III.

BEGRÜNDUNG DER ETHIK

§ 12
Anforderungen

Also auch *Kants* Begründung der Ethik, seit sechzig Jahren für ein festes Fundament derselben gehalten, versinkt vor unsern Augen in den tiefen, vielleicht unausfüllbaren Abgrund der philosophischen Irrtümer, indem sie sich als eine unstatthafte Annahme und als eine bloße Verkleidung der theologischen Moral erweist. – Daß die früheren Versuche, die Ethik zu begründen, noch weniger genügen können, darf ich, wie gesagt, als bekannt voraussetzen. Es sind meistens unerwiesene, aus der Luft gegriffene Behauptungen und zugleich, wie eben auch *Kants* Begründung selbst, künstliche Subtilitäten, welche die feinsten Unterscheidungen verlangen und auf den abstraktesten Begriffen beruhen, schwierige Kombinationen, heuristische Regeln, Sätze, die auf einer Nadelspitze balancieren, und stelzbeinige Maximen, von deren Höhe herab man das wirkliche Leben und sein Gewühl nicht mehr sehn kann. Daher sind sie allerdings trefflich geeignet, in den Hörsälen widerzuhallen und eine Übung des Scharfsinnes abzugeben: aber dergleichen kann es nicht sein, was den in jedem Menschen dennoch wirklich vorhandenen Aufruf zum Rechttun und Wohltun hervorbringt, noch kann es den starken Antrieben zur Ungerechtigkeit und Härte das Gleichgewicht halten noch auch den Vorwürfen des Gewissens zum Grunde liegen, welche auf die Verletzung solcher spitzfindigen Maximen zurückführen zu wollen nur dienen kann, diese lächerlich zu machen. Künstliche Begriffs-Kombinationen jener Art können also, wenn wir die Sache ernstlich nehmen, nimmermehr den wahren Antrieb zur Gerechtigkeit und Menschenliebe enthalten. Dieser muß vielmehr etwas sein, das wenig Nachdenken, noch weniger Abstraktion und Kombination erfordert, das, von der Verstandesbildung unabhängig, jeden, auch den rohesten Menschen anspreche, bloß auf anschaulicher Auffassung beruhe und unmittelbar aus der Realität der Dinge sich aufdringe. Solange die Ethik nicht ein Fundament dieser Art aufzuweisen hat, mag sie in den Hörsälen disputieren und paradieren: das wirkliche Leben wird ihr hohnsprechen. Ich muß daher den Ethikern den paradoxen Rat erteilen, sich erst ein wenig im Menschenleben umzusehn.

§ 13
Skeptische Ansicht

Oder aber ginge vielleicht aus dem Rückblicke auf die seit mehr als zweitausend Jahren vergeblich gemachten Versuche, eine sichere Grundlage für die Moral zu finden, hervor, daß es gar keine natürliche, von menschlicher Satzung unabhängige Moral gebe, sondern diese durch und durch ein Artefakt sei, ein Mittel, erfunden zur bessern Bändigung des eigensüchtigen und boshaften Menschengeschlechts, und daß sie demnach ohne die Stütze der positiven Religionen dahinfallen würde, weil sie keine innere Beglaubigung und keine natürliche Grundlage hätte? Justiz und Polizei können nicht überall ausreichen: es gibt Vergehungen, deren Entdeckung zu schwer, ja einige, deren Bestrafung mißlich ist; wo uns also der öffentliche Schutz verläßt. Zudem kann das bürgerliche Gesetz höchstens Gerechtigkeit, nicht aber Menschenliebe und Wohltun erzwingen, schon weil hiebei jeder der passive, keiner aber der aktive Teil würde sein wollen. Dies hat die Hypothese veranlaßt, daß die Moral allein auf der Religion beruhe und beide zum Zweck hätten, das Komplement zur notwendigen Unzulänglichkeit der Staatseinrichtung und Gesetzgebung zu sein. Eine natürliche, d. h. bloß auf die Natur der Dinge oder des Menschen gegründete Moral könne es demnach nicht geben: woraus sich erkläre, daß die Philosophen umsonst bestrebt sind, ihr Fundament zu suchen. Diese Meinung ist nicht ohne Scheinbarkeit; schon die Pyrrhoniker stellten sie auf:

Οὔτε ἀγαθόν τί ἐστι φύσει οὔτε κακόν,

ἀλλὰ πρὸς ἀνθρώπων ταῦτα νόῳ κέκριται,

κατὰ τὸν Τίμωνα. (Neque est aliquod bonum natura, neque malum, ‚sed haec ex arbitrio hominum diiudicantur' – secundum Timonem.) [Von Natur gibt es weder Gutes noch Böses, ‚sondern den Unterschied hat menschliche Meinung gemacht', wie Timon sagt.] (Sextus Empiricus, ›Adversus mathematicos‹ 11, 140), und auch in neuerer Zeit haben ausgezeichnete Denker sich zu ihr bekannt. Sie verdient daher eine sorgfältige Prüfung, wenn es gleich bequemer wäre, sie durch einen inquisitoriellen Seitenblick auf das Gewissen derer, in denen ein solcher Gedanke aufsteigen konnte, zu beseitigen.

Man würde sich in einem großen und sehr jugendlichen Irrtum befinden, wenn man glaubte, daß alle gerechte[n] und legale[n] Handlungen der Menschen moralischen Ursprungs wären. Vielmehr ist zwischen der Gerechtigkeit, welche die Menschen ausüben, und der echten Redlichkeit des Herzens meistens ein analoges Verhältnis wie zwischen den Äußerungen der Höflichkeit und der echten Liebe des Nächsten, welche nicht wie jene zum Schein, sondern wirklich den Egoismus überwindet. Die überall zur Schau getragene Rechtlichkeit der Gesinnung, welche über jeden Zweifel erhaben sein will, nebst der hohen Indignation, welche durch die leiseste Andeutung eines Verdachts in dieser Hinsicht rege wird und bereit ist, in den feurigsten Zorn überzugehn – dies alles wird nur der Unerfahrene und Einfältige sofort für bare Münze und Wirkung eines zarten moralischen

Gefühls oder Gewissens nehmen. In Wahrheit beruht die allgemeine im menschlichen Verkehr ausgeübte und als felsenfeste Maxime behauptete Rechtlichkeit hauptsächlich auf zwei äußeren Notwendigkeiten: erstlich auf der gesetzlichen Ordnung, mittelst welcher die öffentliche Gewalt die Rechte eines jeden schützt, und zweitens auf der erkannten Notwendigkeit des guten Namens oder der bürgerlichen Ehre zum Fortkommen in der Welt, mittelst welcher die Schritte eines jeden unter der Aufsicht der öffentlichen Meinung stehn, welche, unerbittlich strenge, auch einen einzigen Fehltritt in diesem Stücke nie verzeiht, sondern ihn als einen unauslöschlichen Makel dem Schuldigen bis an den Tod nachträgt. Hierin ist sie wirklich weise: denn sie geht von dem Grundsatze ›operari sequitur esse‹ und demnach von der Überzeugung aus, daß der Charakter unveränderlich sei und daher, was einer *ein*mal getan hat, er unter ganz gleichen Umständen unausbleiblich wieder tun werde. Diese zwei Wächter also sind es, welche die öffentliche Rechtlichkeit bewachen und ohne welche wir, unverhohlen gesagt, übel daran wären, vorzüglich in Hinsicht auf den Besitz, diesen Hauptpunkt im menschlichen Leben, um welchen hauptsächlich dessen Tun und Treiben sich dreht. Denn die rein ethischen Motive zur Ehrlichkeit, angenommen, daß sie vorhanden sind, können meistenteils nur nach einem weiten Umwege ihre Anwendung auf den bürgerlichen Besitz finden. Sie können nämlich sich zunächst und unmittelbar allein auf das *natürliche* Recht beziehn; auf das *positive* aber erst mittelbar, sofern nämlich jenes ihm zum Grunde liegt. Das natürliche Recht aber haftet an keinem andern Eigentum als an dem durch eigene Mühe erworbenen, durch dessen Angriff die darauf verwendeten Kräfte des Besitzers mit angegriffen, ihm also geraubt werden. – Die Präokkupationstheorie verwerfe ich unbedingt, kann jedoch nicht hier auf ihre Widerlegung eingehn[1]. – Nun soll freilich jeder auf positives Recht gegründete Besitz, wenn auch durch noch so viele Mittelglieder zuletzt und in

---

[1]. Siehe ›Die Welt als Wille und Vorstellung‹ Bd. 1, § 62, S. 396 ff. und Bd. 2, Kap. 47, S. 682 *[Bd. 1, S. 457–478; Bd. 2, S. 754–772]*.

erster Quelle auf dem natürlichen Eigentumsrechte beruhen. Aber wie weit liegt nicht in den meisten Fällen unser bürgerlicher Besitz von jener Urquelle des natürlichen Eigentumsrechtes ab! Meistens hat er mit diesem einen sehr schwer oder gar nicht nachweisbaren Zusammenhang: unser Eigentum ist geerbt, erheiratet, in der Lotterie gewonnen oder, wenn auch das nicht, doch nicht durch eigentliche Arbeit im Schweiße des Angesichts, sondern durch kluge Gedanken und Einfälle erworben, z.B. im Spekulationshandel, ja mitunter auch durch dumme Einfälle, welche mittelst des Zufalls der deus eventus [Gott Erfolg] gekrönt und verherrlicht hat. In den wenigsten Fällen ist es eigentlich die Frucht wirklicher Mühe und Arbeit, und selbst dann ist diese oft nur eine geistige wie die der Advokaten, Ärzte, Beamten, Lehrer, welche nach dem Blicke des rohen Menschen wenig Anstrengung zu kosten scheint. Es bedarf schon bedeutender Bildung, um bei allem solchen Besitz das ethische Recht zu erkennen und es demnach aus rein moralischem Antriebe zu achten. – Demzufolge betrachten viele im stillen das Eigentum der andern als allein nach positivem Rechte besessen. Finden sie daher Mittel, es ihnen mittelst Benutzung, ja auch nur Umgehung der Gesetze zu entreißen; so tragen sie kein Bedenken: denn ihnen scheint, daß jene es auf demselben Wege verlören, auf welchem sie es früher erlangt hatten, und sie sehn daher ihre eigenen Ansprüche als ebensogut begründet an wie die des frühern Besitzers. Von ihrem Gesichtspunkt aus ist in der bürgerlichen Gesellschaft an die Stelle des Rechtes des Stärkern das des Klügern getreten. – Inzwischen ist *der Reiche* oft wirklich von einer unverbrüchlichen Rechtlichkeit, weil er von ganzem Herzen einer Regel zugetan ist und eine Maxime aufrechterhält, auf deren Befolgung sein ganzer Besitz mit dem vielen, was er dadurch vor andern voraushat, beruht; daher er zu dem Grundsatze ›suum cuique‹[1] [jedem das Seine] sich in vollem Ernst bekennt und nicht davon ab-

---

1. [Nach Gellius: ›Noctes Atticae‹ 13, 24, 1 Ausspruch des älteren Cato; vgl. Cicero ›De legibus‹ 1, 6, 19 und zuvor Platon: ›Res publica‹ 1, p. 331 E.]

weicht. Es gibt in der Tat eine solche *objektive* Anhänglichkeit an Treue und Glauben, mit dem Entschluß, sie heilig zu halten, die bloß darauf beruht, daß Treue und Glauben die Grundlage alles freien Verkehrs unter Menschen, der guten Ordnung und des sichern Besitzes sind, daher sie *uns selbst* gar oft zugute kommen und in dieser Hinsicht sogar mit Opfern aufrechtgehalten werden müssen; wie man ja an einen guten Acker auch etwas *wendet*. Doch wird man die so begründete Redlichkeit in der Regel nur bei wohlhabenden oder wenigstens einem einträglichen Erwerb obliegenden Leuten finden, am allermeisten bei Kaufleuten, als welche die deutlichste Überzeugung haben, daß Handel und Wandel am gegenseitigen Vertrauen und Kredit ihre unentbehrliche Stütze haben; weshalb auch die kaufmännische Ehre eine ganz spezielle ist. – Hingegen *der Arme*, der bei der Sache zu kurz gekommen ist und vermöge der Ungleichheit des Besitzes sich zu Mangel und schwerer Arbeit verdammt sieht, während andere vor seinen Augen im Überfluß und Müßiggange leben, der wird schwerlich erkennen, daß dieser Ungleichheit eine entsprechende der Verdienste und des redlichen Erwerbes zum Grunde liege. Wenn er aber dies *nicht* erkennt, woher soll er dann den rein ethischen Antrieb zur Ehrlichkeit nehmen, der ihn abhält, seine Hand nach dem fremden Überflusse auszustrecken? Meistens ist es die gesetzliche Ordnung, die ihn zurückhält. Aber wenn einmal die seltene Gelegenheit kommt, wo er, vor der Wirkung des Gesetzes gesichert, durch eine einzige Tat die drückende Last des Mangels, welche der Anblick des fremden Überflusses noch fühlbarer macht, von sich wälzen und auch *sich* in den Besitz der so oft beneideten Genüsse setzen könnte, was wird da seine Hand zurückhalten? Religiöse Dogmen? Selten ist der Glaube so fest. Ein rein moralisches Motiv zur Gerechtigkeit? Vielleicht in einzelnen Fällen: aber in den allermeisten wird es dann nur die auch dem geringen Manne sehr angelegene Sorge für seinen guten Namen, seine bürgerliche Ehre sein, die augenscheinliche Gefahr, durch eine solche Tat auf immer ausgestoßen zu werden aus der großen Freimaurerloge der ehrlichen Leute, welche das Gesetz der Rechtlichkeit befolgen und danach auf der ganzen Erde das Eigentum unter sich verteilt haben und verwalten, die Gefahr, infolge einer einzigen unehrlichen Handlung zeitlebens ein Paria der bürgerlichen Gesellschaft zu sein, einer, dem keiner mehr traut, dessen Gemeinschaft jeder flieht und dem dadurch alles Fortkommen abgeschnitten ist, d.h. mit *einem* Wort: ›ein Kerl, der gestohlen hat‹ – und auf den das Sprichwort geht: ›Wer *einmal* stiehlt, ist zeitlebens ein Dieb.‹

Dies also sind die Wächter der öffentlichen Rechtlichkeit: und wer gelebt und die Augen offengehabt hat, wird eingestehn, daß bei weitem die allermeiste Ehrlichkeit im menschlichen Verkehr nur ihnen zu verdanken ist, ja daß es nicht an Leuten fehlt, die auch *ihrer* Wachsamkeit sich zu entziehn hoffen und die daher Gerechtigkeit und Redlichkeit nur als ein Aushängeschild, als eine Flagge betrachten, unter deren Schutz man seine Kapereien mit desto besserm Erfolge ausführt. Wir haben also nicht sogleich in heiligem Eifer aufzufahren und in Harnisch zu geraten, wenn ein Moralist einmal das Problem aufwirft, ob nicht vielleicht alle Redlichkeit und Gerechtigkeit im Grunde bloß konventionell wäre, und er demnächst, dieses Prinzip weiter verfolgend, auch die ganze übrige Moral auf entferntere mittelbare, zuletzt aber doch egoistische Gründe zurückzuführen sich bemüht, wie Holbach, Helvétius, d'Alembert und andere ihrer Zeit es scharfsinnig versucht haben. Von dem größten Teil der gerechten Handlungen ist dies sogar wirklich wahr und richtig, wie ich im obigen gezeigt habe. Daß es auch von einem beträchtlichen Teil der Handlungen der Menschenliebe wahr sei, leidet keinen Zweifel; da sie oft aus Ostentation, sehr oft aus dem Glauben an eine dereinstige Retribution, die wohl gar in der Quadrat- oder vollends Kubikzahl geleistet würde, hervorgehn, auch noch andere egoistische Gründe zulassen. Allein ebenso gewiß ist es, daß es Handlungen uneigennütziger Menschenliebe und ganz freiwilliger Gerechtigkeit gibt. Beweise der letzteren sind, um mich nicht auf Tatsachen des Bewußtseins, sondern nur der Erfahrung zu berufen, die einzelnen, aber unzweifelhaften

Fälle, wo nicht nur die Gefahr gesetzlicher Verfolgung, sondern auch die der Entdeckung und selbst jedes Verdachtes ganz ausgeschlossen war und dennoch selbst vom Armen dem Reichen das Seinige gegeben wurde: z.B., wo ein Verlorenes und Gefundenes, wo ein von einem Dritten und bereits Verstorbenen Deponiertes dem Eigentümer gebracht wurde, wo ein im geheimen von einem Landesflüchtigen bei einem armen Manne gemachtes Depositum treulich bewahrt und zurückgegeben wurde. Dergleichen Fälle gibt es ohne Zweifel: allein die Überraschung, die Rührung, die Hochachtung, womit wir sie entgegennehmen, bezeugen deutlich, daß sie zu den unerwarteten Dingen, den seltenen Ausnahmen gehören. Es gibt in der Tat wahrhaft ehrliche Leute – wie es auch wirklich vierblätterigen Klee gibt: aber *Hamlet* [2, 2] spricht ohne Hyperbel, wenn er sagt: ›To be honest, as this world goes, is to be one man pick'd out of ten thousand.‹[1] – Gegen den Einwand, daß den obenerwähnten Handlungen zuletzt religiöse Dogmen, mithin Rücksicht auf Strafe und Belohnung in einer andern Welt zum Grunde lagen, würden sich auch wohl Fälle nachweisen lassen, wo die Vollbringer derselben gar keinem Religionsglauben anhingen; was lange nicht so selten ist wie das öffentliche Bekenntnis der Sache.

Man beruft sich der *skeptischen Ansicht* gegenüber zunächst auf das *Gewissen*. Aber auch gegen *dessen* natürlichen Ursprung werden Zweifel erhoben. Wenigstens gibt es auch eine conscientia spuria [ein unechtes Gewissen], die oft mit demselben verwechselt wird. Die Reue und Beängstigung, welche mancher über das, was er getan hat, empfindet, ist oft im Grunde nichts anderes als die Furcht vor dem, was ihm dafür geschehn kann. Die Verletzung äußerlicher, willkürlicher und sogar abgeschmackter Satzungen quält manchen mit inneren Vorwürfen ganz nach Art des Gewissens. So z.B. liegt es manchem bigotten Juden wirklich schwer auf dem Herzen, daß, obgleich es im zweiten Buch Mose, Kap. 35, 3 heißt: ›Ihr sollt kein Feuer anzünden am Sabbattage

---

[1]. Nach dem Laufe dieser Welt heißt ehrlich sein: ein aus zehntausend Auserwählter sein.

in allen euren Wohnungen‹, er doch am Sonnabend zu Hause eine Pfeife geraucht hat. Manchen Edelmann oder Offizier nagt der heimliche Selbstvorwurf, daß er bei irgendeinem Vorwurf den Gesetzen des Narrenkodex, den man ritterliche Ehre nennt, nicht gehörig nachgekommen sei: dies geht so weit, daß mancher dieses Standes, wenn in die Unmöglichkeit versetzt, sein gegebenes Ehrenwort zu halten oder auch nur besagtem Kodex bei Streitigkeiten Genüge zu leisten, sich totschießen wird. (Ich habe beides erlebt.) Hingegen wird derselbe Mann alle Tage leichten Herzens sein Wort brechen, sobald nur nicht das Schibboleth ›Ehre‹ hinzugefügt war. – Überhaupt jede Inkonsequenz, jede Unbedachtsamkeit, jedes Handeln gegen unsere Vorsätze, Grundsätze, Überzeugungen, welcher Art sie auch seien, ja jede Indiskretion, jeder Fehlgriff, jede Balourdise[1] wurmt uns hinterher im stillen und läßt einen Stachel im Herzen zurück. Mancher würde sich wundern, wenn er sähe, woraus sein Gewissen, das ihm ganz stattlich vorkommt, eigentlich zusammengesetzt ist: etwan aus $1/5$ Menschenfurcht, $1/5$ Deisidaimonie, $1/5$ Vorurteil, $1/5$ Eitelkeit und $1/5$ Gewohnheit; so daß er im Grunde nicht besser ist als jener Engländer, der geradezu sagte: ›I cannot afford to keep a conscience.‹ (Ein Gewissen zu halten ist für mich zu kostspielig.) – Religiöse Leute, jedes Glaubens, verstehn unter *Gewissen* sehr oft nichts anderes als die Dogmen und Vorschriften ihrer Religion und die in Beziehung auf diese vorgenommene Selbstprüfung: in diesem Sinne werden ja auch die Ausdrücke *Gewissenszwang* und *Gewissensfreiheit* genommen. Die Theologen, Scholastiker und Kasuistiker der mittlern und spätern Zeit nahmen es ebenso: alles, was einer von Satzungen und Vorschriften der Kirche wußte, nebst dem Vorsatz, es zu glauben und zu befolgen, machte sein *Gewissen* aus. Demgemäß gab es ein zweifelndes, ein meinendes, ein irrendes Gewissen u. dgl. mehr, zu deren Berichtigung man sich einen Gewissensrat hielt. Wie wenig der Begriff des Gewissens gleich andern Begriffen durch sein Objekt selbst festgestellt ist, wie verschieden er von verschiedenen

1. [Tölpelei]

gefaßt worden, wie schwankend und unsicher er bei den Schriftstellern erscheint, kann man in der Kürze ersehn aus *Stäudlins* ›Geschichte der Lehre vom Gewissen‹. Alles dieses ist nicht geeignet, die Realität des Begriffes zu beglaubigen, und hat daher die Frage veranlaßt, ob es denn auch wirklich ein eigentliches, angeborenes Gewissen gebe? Ich bin bereits § 10 *[S. 704]* bei der Lehre von der Freiheit veranlaßt worden, meinen Begriff vom Gewissen kurz anzugeben, und werde weiter unten darauf zurückkommen.

Diese sämtlichen skeptischen Bedenklichkeiten reichen zwar keineswegs hin, das Dasein aller echten Moralität abzuleugnen, wohl aber unsere Erwartungen von der moralischen Anlage im Menschen und mithin vom natürlichen Fundament der Ethik zu mäßigen; da so vieles, was diesem zugeschrieben wird, nachweislich von andern Triebfedern herrührt und die Betrachtung der moralischen Verderbnis der Welt genugsam beweist, daß die Triebfeder zum Guten keine sehr mächtige sein kann, zumal weil sie oft selbst da nicht wirkt, wo die ihr entgegenstehenden Motive nicht stark sind; wiewohl hiebei der individuelle Unterschied der Charaktere seine volle Gültigkeit behauptet. Inzwischen wird die Erkenntnis jener moralischen Verderbnis dadurch erschwert, daß die Äußerungen derselben gehemmt und verdeckt werden durch die gesetzliche Ordnung, durch die Notwendigkeit der Ehre, ja auch noch durch die Höflichkeit. Endlich kommt noch hinzu, daß man bei der Erziehung die Moralität der Zöglinge dadurch zu befördern vermeint, daß man ihnen Rechtlichkeit und Tugend als die in der Welt allgemein befolgten Maximen darstellt: wenn nun später die Erfahrung sie, und oft zu ihrem großen Schaden, eines andern belehrt; so kann die Entdeckung, daß ihre Jugendlehrer die ersten waren, welche sie betrogen, nachteiliger auf ihre eigene Moralität wirken, als wenn diese Lehrer ihnen das erste Beispiel der Offenherzigkeit und Redlichkeit selbst gegeben und unverhohlen gesagt hätten: ›Die Welt liegt im argen, die Menschen sind nicht, wie sie sein sollten; aber laß es Dich nicht irren und sei Du besser.‹ – Alles dieses, wie gesagt, erschwert unsere Erkenntnis der wirklichen Immoralität des Menschengeschlechts. Der Staat, dieses Meisterstück des sich selbst verstehenden, vernünftigen, aufsummierten Egoismus aller, hat den Schutz der Rechte eines jeden in die Hände einer Gewalt gegeben, welche, der Macht jedes einzelnen unendlich überlegen, ihn zwingt, die Rechte aller andern zu achten. Da kann der grenzenlose Egoismus fast aller, die Bosheit vieler, die Grausamkeit mancher sich nicht hervortun: der Zwang hat alle gebändigt. Die hieraus entspringende Täuschung ist so groß, daß, wenn wir in einzelnen Fällen, wo die Staatsgewalt nicht schützen kann oder eludiert wird, die unersättliche Habsucht, die niederträchtige Geldgier, die tief versteckte Falschheit, die tückische Bosheit der Menschen hervortreten sehn, wir oft zurückschrecken und ein Zetergeschrei erheben, vermeinend, ein noch nie gesehnes Monstrum sei uns aufgestoßen: allein ohne den Zwang der Gesetze und die Notwendigkeit der bürgerlichen Ehre würden dergleichen Vorgänge ganz an der Tagesordnung sein. Kriminalgeschichten und Beschreibungen anarchischer Zustände muß man lesen, um zu erkennen, was in moralischer Hinsicht der Mensch eigentlich ist. Diese Tausende, die da vor unsern Augen im friedlichen Verkehr sich durcheinanderdrängen, sind anzusehn als ebenso viele Tiger und Wölfe, deren Gebiß durch einen starken Maulkorb gesichert ist. Daher, wenn man sich die Staatsgewalt einmal aufgehoben, d. h. jenen Maulkorb abgeworfen denkt, jeder Einsichtige zurückbebt vor dem Schauspiele, das dann zu erwarten stände; wodurch er zu erkennen gibt, wie wenig Wirkung er der Religion, dem Gewissen oder dem natürlichen Fundament der Moral, welches es auch immer sein möge, im Grunde zutraut. Aber gerade alsdann würde jenen freigelassenen unmoralischen Potenzen gegenüber auch die wahre moralische Triebfeder im Menschen ihre Wirksamkeit unverdeckt zeigen, folglich am leichtesten erkannt werden können; wobei zugleich die unglaublich große moralische Verschiedenheit der Charaktere unverschleiert hervortreten und ebensogroß befunden werden würde wie die intellektuelle der Köpfe; womit gewiß viel gesagt ist.

Man wird mir vielleicht entgegensetzen wollen, daß die Ethik es nicht damit zu tun habe, wie die Menschen wirklich handeln, sondern die Wissenschaft sei, welche angibt, wie sie handeln *sollen*. Dies ist aber gerade der Grundsatz, den ich leugne, nachdem ich im kritischen Teile dieser Abhandlung genugsam dargetan habe, daß der Begriff des *Sollens*, die *imperative Form* der Ethik, allein in der theologischen Moral gilt, außerhalb derselben aber allen Sinn und [alle] Bedeutung verliert. Ich setze hingegen der Ethik den Zweck, die in moralischer Hinsicht höchst verschiedene Handlungsweise der Menschen zu deuten, zu erklären und auf ihren letzten Grund zurückzuführen. Daher bleibt zur Auffindung des Fundaments der Ethik kein anderer Weg als der empirische, nämlich zu untersuchen, ob es überhaupt Handlungen gibt, denen wir *echten moralischen Wert* zuerkennen müssen – welches die Handlungen freiwilliger Gerechtigkeit, reiner Menschenliebe und wirklichen Edelmuts sein werden. Diese sind sodann als ein gegebenes Phänomen zu betrachten, welches wir richtig zu erklären, d.h. auf seine wahren Gründe zurückzuführen, mithin die jedenfalls eigentümliche Triebfeder nachzuweisen haben, welche den Menschen zu Handlungen dieser von jeder andern spezifisch verschiedenen Art bewegt. Diese Triebfeder, nebst der Empfänglichkeit für sie, wird der letzte Grund der Moralität und die Kenntnis derselben das Fundament der Moral sein. Dies ist der bescheidene Weg, auf welchen ich die Ethik hinweise. Wem er, als keine Konstruktion a priori, keine absolute Gesetzgebung für alle vernünftige[n] Wesen in abstracto enthaltend, nicht vornehm, kathedralisch und akademisch genug dünkt, der mag zurückkehren zu den kategorischen Imperativen, zum Schibboleth der ›Würde des Menschen‹; zu den hohlen Redensarten, den Hirngespinsten und Seifenblasen der Schulen, zu Prinzipien, denen die Erfahrung bei jedem Schritte hohnspricht und von welchen außerhalb der Hörsäle kein Mensch etwas weiß noch jemals empfunden hat. Dem auf meinem Wege sich ergebenden Fundament der Moral hingegen steht die Erfahrung zur Seite und legt täglich und stündlich ihr stilles Zeugnis für dasselbe ab.

§ 14
Antimoralische[1] Triebfedern

Die Haupt- und Grundtriebfeder im Menschen wie im Tiere ist der *Egoismus*, d.h. der Drang zum Dasein und Wohlsein. – Das deutsche Wort *Selbstsucht* führt einen falschen Nebenbegriff von Krankheit mit sich. Das Wort *Eigennutz* aber bezeichnet den Egoismus, sofern er unter Leitung der Vernunft steht, welche ihn befähigt, vermöge der Reflexion seine Zwecke *planmäßig* zu verfolgen; daher man die Tiere wohl egoistisch, aber nicht eigennützig nennen kann. Ich will also für den allgemeinern Begriff das Wort *Egoismus* beibehalten. – Dieser *Egoismus* ist im Tiere wie im Menschen mit dem innersten Kern und Wesen desselben aufs genaueste verknüpft, ja eigentlich identisch. Daher entspringen in der Regel alle seine Handlungen aus dem Egoismus, und aus diesem zunächst ist allemal die Erklärung einer gegebenen Handlung zu versuchen; wie denn auch auf denselben die Berechnung aller Mittel, dadurch man den Menschen nach irgendeinem Ziele hinzulenken sucht, durchgängig gegründet ist. Der *Egoismus* ist seiner Natur nach grenzenlos: der Mensch will unbedingt sein Dasein erhalten, will es von Schmerzen, zu denen auch aller Mangel und [jede] Entbehrung gehört, unbedingt frei, will die größtmögliche Summe von Wohlsein und will jeden Genuß, zu dem er fähig ist, ja sucht wo möglich noch neue Fähigkeiten zum Genusse in sich zu entwickeln. Alles, was sich dem Streben seines Egoismus entgegenstellt, erregt seinen Unwillen, Zorn, Haß: er wird es als seinen Feind zu vernichten suchen. Er will wo möglich

1. Ich erlaube mir die regelwidrige Zusammensetzung des Wortes, da ›antiethisch‹ hier nicht bezeichnend sein würde. Das jetzt in Mode gekommene ›sittlich und unsittlich‹ aber ist ein schlechtes Substitut für ›moralisch und unmoralisch‹: erstlich weil ›moralisch‹ ein wissenschaftlicher Begriff ist, dem als solchem eine griechische oder lateinische Bezeichnung gebührt, aus Gründen, welche man findet in meinem Hauptwerke, Bd. 2, Kap. 12, S. 134ff. *[Bd. 2, S. 158–161]*, und zweitens weil ›sittlich‹ ein schwacher und zahmer Ausdruck ist, schwer zu unterscheiden von ›sittsam‹, dessen populäre Benennung ›zimperlich‹ ist. Der Deutschtümelei muß man keine Konzessionen machen.

alles genießen, alles haben; da aber dies unmöglich ist, wenigstens alles beherrschen: ›Alles für mich, und nichts für die andern‹ – ist sein Wahlspruch. Der Egoismus ist kolossal: er überragt die Welt. Denn wenn jedem einzelnen die Wahl gegeben würde zwischen seiner eigenen und der übrigen Welt Vernichtung; so brauche ich nicht zu sagen, wohin sie bei den allermeisten ausschlagen würde. Demgemäß macht jeder sich zum Mittelpunkte der Welt, bezieht alles auf sich und wird, was nur vorgeht, z. B. die größten Veränderungen im Schicksale der Völker, zunächst auf *sein* Interesse dabei beziehn und, sei dieses auch noch so klein und mittelbar, vor allem daran denken. Keinen größern Kontrast gibt es als den zwischen dem hohen und exklusiven Anteil, den jeder an seinem eigenen Selbst nimmt, und der Gleichgültigkeit, mit der in der Regel alle andern eben jenes Selbst betrachten; wie er ihres. Es hat sogar seine komische Seite, die zahllosen Individuen zu sehn, deren jedes wenigstens in praktischer Hinsicht sich allein für *real* hält und die andern gewissermaßen als bloße Phantome betrachtet. Dies beruht zuletzt darauf, daß jeder sich selber *unmittelbar* gegeben ist, die andern aber ihm nur *mittelbar* durch die Vorstellung von ihnen in seinem Kopfe: und die Unmittelbarkeit behauptet ihr Recht. Nämlich infolge der jedem Bewußtsein wesentlichen Subjektivität ist jeder sich selber die ganze Welt: denn alles Objektive existiert nur mittelbar, als bloße Vorstellung des Subjekts; so daß stets alles am Selbstbewußtsein hängt. Die einzige Welt, welche jeder wirklich kennt und von der er weiß, trägt er in sich als seine Vorstellung, und ist daher das Zentrum derselben. Deshalb eben ist jeder sich alles in allem: er findet sich als den Inhaber aller Realität, und kann ihm nichts wichtiger sein als er selbst. Während nun in seiner subjektiven Ansicht sein Selbst sich in dieser kolossalen Größe darstellt, schrumpft es in der objektiven beinahe zu nichts ein, nämlich zu ungefähr ein Milliardstel der jetzt lebenden Menschheit. Dabei nun weiß er völlig gewiß, daß eben jenes über alles wichtige Selbst, dieser Mikrokosmos, als dessen bloße Modifikation oder Akzidenz der Makrokosmos auftritt, also seine ganze Welt untergehn muß im Tode, der daher für ihn gleichbedeutend ist mit dem Weltuntergange. Dieses also sind die Elemente, woraus auf der Basis des Willens zum Leben der Egoismus erwächst, welcher zwischen Mensch und Mensch stets wie ein breiter Graben liegt. Springt wirklich einmal einer darüber dem andern zu Hülfe, so ist es wie ein Wunder, welches Staunen erregt und Beifall einerntet. Oben § 8 bei Erläuterung des Kantischen Moralprinzips habe ich Gelegenheit gehabt auszuführen, wie der Egoismus sich im Alltagsleben zeigt, wo er trotz der Höflichkeit, die man ihm als Feigenblatt vorsteckt, doch stets aus irgendeiner Ecke hervorguckt. Die Höflichkeit nämlich ist die konventionelle und systematische Verleugnung des Egoismus in den Kleinigkeiten des täglichen Verkehrs und ist freilich anerkannte Heuchelei: dennoch wird sie gefordert und gelobt; weil, was sie verbirgt, der Egoismus, so garstig ist, daß man es nicht sehn will, obschon man weiß, daß es da ist: wie man widerliche Gegenstände wenigstens durch einen Vorhang bedeckt wissen will. – Da der Egoismus, wo ihm nicht entweder äußere Gewalt, welcher auch jede Furcht, sei sie vor irdischen oder überirdischen Mächten, beizuzählen ist, oder aber die echte moralische Triebfeder entgegenwirkt, seine Zwecke unbedingt verfolgt; so würde bei der zahllosen Menge egoistischer Individuen das ›bellum omnium contra omnes‹ [der Krieg aller gegen alle; Hobbes, ›Leviathan‹ 1, 13] an der Tagesordnung sein, zum Unheil aller. Daher die reflektierende Vernunft sehr bald die Staatseinrichtung erfindet, welche, aus gegenseitiger Furcht vor gegenseitiger Gewalt entspringend, den nachteiligen Folgen des allgemeinen Egoismus so weit vorbeugt, als es auf dem *negativen* Wege geschehn kann. Wo hingegen jene zwei ihm entgegenstehenden Potenzen nicht zur Wirksamkeit gelangen, wird er sich sofort in seiner ganzen furchtbaren Größe zeigen, und das Phänomen wird kein schönes sein. Indem ich, um ohne Weitläufigkeit die Stärke dieser antimoralischen Potenz auszudrücken, darauf bedacht war, die Größe des Egoismus mit *einem* Zuge zu bezeichnen und deshalb nach irgendeiner recht emphatischen Hyperbel suchte, bin ich zuletzt auf diese geraten: mancher Mensch wäre imstande, einen andern totzuschlagen, bloß um mit dessen Fette sich die Stiefel zu schmieren. Aber dabei blieb mir doch der Skrupel, ob es auch wirklich eine Hyperbel sei. – Der *Egoismus* also ist die erste und hauptsächlichste, wiewohl nicht die einzige Macht, welche *die moralische Triebfeder* zu bekämpfen hat. Man sieht schon hier, daß diese, um wider einen solchen Gegner aufzutreten, etwas Realeres sein muß als eine spitzfindige Klügelei oder eine aprioristische Seifenblase. – Inzwischen ist im Kriege das erste, daß man den Feind rekognosziert. In dem bevorstehenden Kampfe wird der *Egoismus* als die Hauptmacht seiner Seite vorzüglich sich der Tugend der *Gerechtigkeit* entgegenstellen, welche nach meiner Ansicht die erste und recht eigentliche Kardinaltugend ist.

Hingegen wird der Tugend der *Menschenliebe* öfter das *Übelwollen* oder die *Gehässigkeit* gegenübertreten. Daher wollen wir den Ursprung und die Gradationen dieser zunächst betrachten. Das *Übelwollen* in den niederen Graden ist sehr häufig, ja fast gewöhnlich, und es erreicht leicht die höheren. *Goethe* hat wohl recht zu sagen, daß in dieser Welt Gleichgültigkeit und Abneigung recht eigentlich zu Hause sind (›Wahlverwandtschaften‹ Teil 1, Kap. 3). Es ist sehr glücklich für uns, daß Klugheit und Höflichkeit ihren Mantel darüber decken und uns nicht sehn lassen, wie allgemein das gegenseitige Übelwollen ist und wie das ›bellum omnium contra omnes‹ wenigstens in Gedanken fortgesetzt wird. Aber gelegentlich kommt es doch zum Vorschein, z. B. bei der so häufigen und so schonungslosen übeln Nachrede; ganz sichtbar aber wird es bei den Ausbrüchen des Zorns, welche meistens ihren Anlaß um ein Vielfaches übersteigen und so stark nicht ausfallen könnten, wenn sie nicht wie das Schießpulver in der Flinte komprimiert gewesen wären als lange gehegter, im Innern brütender Haß. – Großenteils entsteht das Übelwollen aus den unvermeidlichen und bei jedem Schritt eintretenden Kollisionen des Egoismus. Sodann wird es auch objektiv erregt durch den Anblick der Laster, Fehler, Schwächen, Torheiten, Mängel und Unvollkommenheiten aller Art, welchen mehr oder weniger jeder den andern, wenigstens gelegentlich, darbietet. Es kann hiemit so weit kommen, daß vielleicht manchem, zumal in Augenblicken hypochondrischer Verstimmung, die Welt, von der ästhetischen Seite betrachtet, als ein Karikaturenkabinett, von der intellektuellen, als ein Narrenhaus, und von der moralischen – als eine Gaunerherberge erscheint. Wird solche Verstimmung bleibend, so entsteht Misanthropie. – Endlich ist eine Hauptquelle des Übelwollens der *Neid*; oder vielmehr dieser selbst *ist* schon Übelwollen, erregt durch fremdes Glück, Besitz oder Vorzüge. Kein Mensch ist ganz frei davon, und schon Herodot (›Historiae‹] 3, 80) hat es gesagt: Φθόνος ἀρχῆθεν ἐμφύεται ἀνθρώπῳ (Invidia ab origine homini insita est.) [Der Neid ist von Anfang an dem Menschen eingeboren.] Jedoch sind die Grade desselben sehr verschieden. Am unversöhnlichsten und giftigsten ist er, wenn auf persönliche Eigenschaften gerichtet, weil hier dem Neider keine Hoffnung bleibt, und zugleich am niederträchtigsten; weil er haßt, was er lieben und verehren sollte; allein es ist so:

> Di lor par più, che d'altri, invidia s'abbia,
> Che per se stessi son levati a volo,
> Uscendo fuor della commune gabbia[1],

klagt schon Petrarca [›Trionfo di tempo‹ 91 f.]. Ausführlichere Betrachtungen über den Neid findet man im zweiten Bande der ›Parerga‹ § 114 *[Band 5].* – In gewissem Betracht ist das Gegenteil des Neides die *Schadenfreude*. Jedoch ist Neid zu fühlen menschlich; Schadenfreude zu genießen teuflisch. Es gibt kein unfehlbareres Zeichen eines ganz schlechten Herzens und tiefer moralischer Nichtswürdigkeit als einen Zug reiner, herzlicher Schadenfreude. Man soll den, an welchem man ihn wahrgenommen, auf immer meiden: ›Hic niger est, hunc tu, Romane, caveto.‹ [Dieser ist schwarz, den sollst du meiden, o Römer; Horaz, ›Saturae‹ 1, 4, 85.] – Neid und Schadenfreude sind an sich bloß theore-

---

1. Noch mehr als andre scheint man die zu neiden,
   Die, durch der eignen Flügel Kraft gehoben,
   Aus dem gemeinen Käfig aller scheiden.

tisch: praktisch werden sie Bosheit und Grausamkeit. Der Egoismus kann zu Verbrechen und Untaten aller Art führen: aber der dadurch verursachte Schaden und Schmerz anderer ist ihm bloß Mittel, nicht Zweck, tritt also nur akzidentell dabei ein. Der Bosheit und Grausamkeit hingegen sind die Leiden und Schmerzen anderer Zweck an sich und dessen Erreichen Genuß. Dieserhalb machen jene eine höhere Potenz moralischer Schlechtigkeit aus. Die Maxime des äußersten Egoismus ist: ›Neminem iuva, imo omnes, si forte conducit (also immer noch bedingt), laede!‹ Die Maxime der Bosheit ist: ›Omnes, quantum potes, laede!‹ *[vgl. S. 687]* – Wie Schadenfreude nur theoretische Grausamkeit ist, so Grausamkeit nur praktische Schadenfreude, und diese wird als jene auftreten, sobald die Gelegenheit kommt.

Die aus den beiden angegebenen Grundpotenzen entspringenden speziellen Laster nachzuweisen wäre nur in einer ausgeführten Ethik an seinem Platz. Eine solche würde etwan aus dem *Egoismus* ableiten Gier, Völlerei, Wollust, Eigennutz, Geiz, Habsucht, Ungerechtigkeit, Hartherzigkeit, Stolz, Hoffart usw. – aus der *Gehässigkeit* aber Mißgunst, Neid, Übelwollen, Bosheit, Schadenfreude, spähende Neugier, Verleumdung, Insolenz, Petulanz[1], Haß, Zorn, Verrat, Tücke, Rachsucht, Grausamkeit usw. – Die erste Wurzel ist mehr tierisch, die zweite mehr teuflisch. Das Vorwalten der einen oder der andern oder aber der weiterhin erst nachzuweisenden moralischen Triebfeder gibt die Hauptlinie in der ethischen Klassifikation der Charaktere. Ganz ohne etwas von allen dreien ist kein Mensch.

Hiemit hätte ich denn die allerdings erschreckliche Heerschau der antimoralischen Potenzen beendigt, welche an die der Fürsten der Finsternis im Pandaimonion bei *Milton* erinnert. Mein Plan brachte es jedoch mit sich, daß ich zuerst diese düstere Seite der menschlichen Natur in Betracht nähme, wodurch mein Weg freilich von dem aller andern Moralisten abweicht und dem des *Dante* ähnlich wird, der zuerst in die Hölle führt.

1. [Unverschämtheit, Übermut]

Durch die hier gegebene Übersicht der antimoralischen Potenzen wird deutlich, wie sehr schwer das Problem ist, eine Triebfeder aufzufinden, die den Menschen zu einer allen jenen tief in seiner Natur wurzelnden Neigungen entgegengesetzten Handlungsweise bewegen könnte oder, wenn etwan diese letztere in der Erfahrung gegeben wäre, von ihr genügende und ungekünstelte Rechenschaft erteilte. So schwer ist das Problem, daß man zu seiner Lösung für die Menschheit im Großen überall die Maschinerie aus einer andern Welt hat zu Hülfe nehmen müssen. Man deutete auf Götter hin, deren Wille und Gebot die hier geforderte Handlungsweise wäre und welche diesem Gebot durch Strafen und Belohnungen entweder in dieser oder in einer andern Welt, wohin wir durch den Tod versetzt würden, Nachdruck erteilten. Angenommen, daß der Glaube an eine Lehre dieser Art, wie es durch sehr frühzeitiges Einprägen allerdings möglich ist, allgemein Wurzel faßte, und auch, was aber sehr viel schwerer hält und viel weniger Bestätigung in der Erfahrung aufzuweisen hat, daß er die beabsichtigte Wirkung hervorbrächte; so würde dadurch zwar Legalität der Handlungen selbst über die Grenze hinaus, bis zu welcher Justiz und Polizei reichen können, zuwege gebracht sein: aber jeder fühlt, daß es keineswegs dasjenige wäre, was wir eigentlich unter Moralität der Gesinnung verstehn. Denn offenbar würden alle durch Motive *solcher Art* hervorgerufene[n] Handlungen immer nur im bloßen Egoismus wurzeln. Wie sollte nämlich von Uneigennützigkeit die Rede sein können, wo mich Belohnung lockt oder angedrohte Strafe abschreckt? Eine festgeglaubte Belohnung in einer andern Welt ist anzusehn wie ein vollkommen sicherer, aber auf sehr lange Sicht ausgestellter Wechsel. Die überall so häufige Verheißung befriedigter Bettler, daß dem Geber die Gabe in jener Welt tausendfach erstattet werden wird, mag manchen Geizhals zu reichlichem Almosen bewegen, die er als gute Geldanlegung vergnügt austeilt, fest überzeugt, nun auch in jener Welt sogleich wieder als ein steinreicher Mann aufzuerstehn. – Für die große Masse des Volkes muß es vielleicht bei Antrieben dieser Art sein Bewenden haben: demgemäß denn auch die verschiedenen Religionen, welche eben die Metaphysik des Volkes sind, sie ihm vorhalten. Hiebei ist jedoch anzumerken, daß wir über die wahren Motive unsers eigenen Tuns bisweilen ebensosehr im Irrtum sind wie über die des fremden: daher zuverlässig mancher, indem er von seinen edelsten Handlungen nur durch Motive obiger Art sich Rechenschaft zu geben weiß, dennoch aus viel edleren und reineren, aber auch viel schwerer deutlich zu machenden Triebfedern handelt und wirklich aus unmittelbarer Liebe des Nächsten tut, was er bloß durch seines Gottes Geheiß zu erklären versteht. Die Philosophie hingegen sucht hier wie überall die wahren, letzten, auf die Natur des Menschen gegründeten, von allen mythischen Auslegungen, religiösen Dogmen und transzendenten Hypostasen unabhängigen Aufschlüsse über das vorliegende Problem und verlangt sie in der äußern oder innern Erfahrung nachgewiesen zu sehn. Unsere vorliegende Aufgabe aber ist eine philosophische; daher wir von allen durch Religionen bedingten Auflösungen derselben gänzlich abzusehn haben, an welche ich, bloß um die große Schwierigkeit des Problems ins Licht zu stellen, hier erinnert habe.

§ 15
Kriterium der Handlungen von moralischem Wert

Jetzt wäre zunächst die empirische Frage zu erledigen, ob Handlungen freiwilliger Gerechtigkeit und uneigennütziger Menschenliebe, die alsdann bis zum Edelmut und Großmut gehn mag, in der Erfahrung vorkommen. Leider läßt die Frage sich doch nicht ganz rein empirisch entscheiden; weil in der Erfahrung allemal nur die *Tat* gegeben ist, die *Antriebe* aber nicht zutage liegen: daher stets die Möglichkeit übrigbleibt, daß auf eine gerechte oder gute Handlung ein egoistisches Motiv Einfluß gehabt hätte. Ich will mich nicht des unerlaubten Kunstgriffs bedienen, hier in einer theoretischen Untersuchung die Sache dem Leser ins Gewissen zu schieben[1]. Aber ich glaube, daß sehr wenige sein werden,

1. *[Vgl. S. 673]*

die es bezweifeln und nicht aus eigener Erfahrung die Überzeugung haben, daß man oft gerecht handelt einzig und allein, damit dem andern kein Unrecht geschehe, ja daß es Leute gibt, denen gleichsam der Grundsatz, dem andern sein Recht widerfahren zu lassen, *angeboren* ist, die daher niemandem absichtlich zu nahe treten, die ihren Vorteil nicht unbedingt suchen, sondern dabei auch die Rechte anderer berücksichtigen, die bei gegenseitig übernommenen Verpflichtungen nicht bloß darüber wachen, daß der andere das Seinige *leiste*, sondern auch darüber, daß er das Seinige *empfange*, indem sie aufrichtig nicht wollen, daß, wer mit ihnen handelt, zu kurz komme. Dies sind *die wahrhaft ehrlichen Leute*, die wenigen aequi [Gerechten] unter der Unzahl der iniqui [Ungerechten]. Aber solche Leute gibt es. Imgleichen wird man mir, denke ich, zugestehn, daß mancher hilft und gibt, leistet und entsagt, ohne in seinem Herzen eine weitere Absicht zu haben, als daß dem andern, dessen Not er sieht, geholfen werde. Und daß Arnold von Winkelried, als er ausrief: ›Trüwen, lieben Eidgenossen, wullt's minem Wip und Kinde gedenken!‹ und dann so viele feindliche Speere umarmte, als er fassen konnte – dabei eine eigennützige Absicht gehabt habe; das denke sich, wer es kann: ich vermag es nicht. – Auf Fälle freier Gerechtigkeit, die ohne Schikane und Obstination nicht abzuleugnen sind, habe ich schon oben § 13 aufmerksam gemacht. – Sollte aber dennoch jemand darauf bestehn, mir das Vorkommen aller solcher Handlungen abzuleugnen; dann würde ihm zufolge die Moral eine Wissenschaft ohne reales Objekt sein gleich der Astrologie und Alchimie, und es wäre verlorene Zeit, über ihre Grundlage noch ferner zu disputieren. Mit ihm wäre ich daher zu Ende und rede zu denen, welche die Realität der Sache einräumen.

Handlungen der besagten Art sind es also allein, denen man eigentlichen *moralischen Wert* zugesteht. Als das Eigentümliche und Charakteristische derselben finden wir die Ausschließung derjenigen Art von Motiven, durch welche sonst alle menschliche[n] Handlungen hervorgerufen werden, nämlich der *eigennützigen* im weitesten Sinne des Worts.

Daher eben die Entdeckung eines eigennützigen Motivs, wenn es das einzige war, den moralischen Wert einer Handlung ganz aufhebt und, wenn es akzessorisch wirkte, ihn schmälert. Die Abwesenheit aller egoistischen Motivation ist also *das Kriterium einer Handlung von moralischem Wert.* Zwar ließe sich einwenden, daß auch die Handlungen reiner Bosheit und Grausamkeit nicht *eigennützig* sind: jedoch liegt am Tage, daß diese hier nicht gemeint sein können, da sie das Gegenteil der in Rede stehenden Handlungen sind. Wer indessen auf die Strenge der Definition hält, mag jene Handlungen durch das ihnen wesentliche Merkmal, daß sie fremdes Leiden bezwecken, ausdrücklich ausscheiden. – Als ganz inneres und daher nicht so evidentes Merkmal der Handlungen von moralischem Wert kommt hinzu, daß sie eine gewisse Zufriedenheit mit uns selbst zurücklassen, welche man den Beifall des Gewissens nennt; wie denn gleichfalls die ihnen entgegengesetzten Handlungen der Ungerechtigkeit und Lieblosigkeit, noch mehr die der Bosheit und Grausamkeit eine entgegengesetzte innere Selbstbeurteilung erfahren; ferner noch als sekundäres und akzidentelles äußeres Merkmal, daß die Handlungen der ersten Art den Beifall und die Achtung der unbeteiligten Zeugen, die der zweiten das Gegenteil hervorrufen.

Die so festgestellten und als faktisch gegeben zugestandenen Handlungen von moralischem Wert haben wir nun als das vorliegende und zu erklärende Phänomen zu betrachten und demnach zu untersuchen, *was* es sei, das den Menschen zu Handlungen dieser Art bewegen kann; welche Untersuchung, wenn sie uns gelingt, die echte moralische Triebfeder notwendig an den Tag bringen muß, wodurch, da auf diese alle Ethik sich zu stützen hat, unser Problem gelöst wäre.

§ 16
Aufstellung und Beweis der allein echten moralischen Triebfeder

Nach den bisherigen unumgänglich nötigen Vorbereitungen komme ich zur Nachweisung der wahren allen Handlungen von echtem moralischem Wert zum Grunde liegenden Triebfeder, und als diese wird sich uns eine solche ergeben, welche durch ihren Ernst und durch ihre unzweifelbare Realität gar weit absteht von allen den Spitzfindigkeiten, Klügeleien, Sophismen, aus der Luft gegriffenen Behauptungen und apriorischen Seifenblasen, welche die bisherigen Systeme zur Quelle des moralischen Handelns und zur Grundlage der Ethik haben machen wollen. Da ich diese moralische Triebfeder nicht etwan zur beliebigen Annahme *vorschlagen*, sondern als die allein mögliche wirklich *beweisen* will, dieser Beweis aber die Zusammenfassung vieler Gedanken erfordert; so stelle ich einige Prämissen voran, welche die Voraussetzungen der Beweisführung sind und gar wohl als *Axiomata* gelten können bis auf die zwei letzten, die sich auf oben gegebene Auseinandersetzungen berufen.

1. Keine Handlung kann ohne zureichendes Motiv geschehn; sowenig, als ein Stein ohne zureichenden Stoß oder Zug sich bewegen kann.

2. Ebensowenig kann eine Handlung, zu welcher ein für den Charakter des Handelnden zureichendes Motiv vorhanden ist, unterbleiben, wenn nicht ein stärkeres Gegenmotiv ihre Unterlassung notwendig macht.

3. Was den Willen bewegt, ist allein Wohl und Wehe überhaupt und im weitesten Sinne des Worts genommen; wie auch umgekehrt Wohl und Wehe bedeutet ›einem Willen gemäß oder entgegen‹. Also muß jedes Motiv eine Beziehung auf Wohl und Wehe haben.

4. Folglich bezieht jede Handlung sich auf ein für Wohl und Wehe empfängliches Wesen als ihren letzten Zweck.

5. Dieses Wesen ist entweder der Handelnde selbst oder ein anderer, welcher alsdann bei der Handlung *passive* beteiligt ist, indem sie zu seinem Schaden oder zu seinem Nutz und Frommen geschieht.

6. Jede Handlung, deren letzter Zweck das Wohl und Wehe des Handelnden selbst ist, ist eine *egoistische*.

7. Alles hier von Handlungen Gesagte gilt ebensowohl von [der] Unterlassung solcher Handlungen, zu welchen Motiv und Gegenmotiv vorliegt.

8. Infolge der im vorhergehenden Paragraphen gegebenen Auseinandersetzung schließen *Egoismus* und *moralischer Wert* einer Handlung einander schlechthin aus. Hat eine Handlung einen egoistischen Zweck zum Motiv; so kann sie keinen moralischen Wert haben: soll eine Handlung moralischen Wert haben; so darf kein egoistischer Zweck, unmittelbar oder mittelbar, nahe oder fern, ihr Motiv sein.

9. Infolge der § 5 vollzogenen Elimination der vorgeblichen Pflichten gegen uns selbst kann die moralische Bedeutsamkeit einer Handlung nur liegen in ihrer Beziehung auf andere: nur in Hinsicht auf diese kann sie moralischen Wert oder Verwerflichkeit haben und demnach eine Handlung der Gerechtigkeit oder Menschenliebe, wie auch das Gegenteil beider sein.

Aus diesen Prämissen ist folgendes evident: Das *Wohl und Wehe*, welches (laut Prämisse 3) jeder Handlung oder Unterlassung als letzter Zweck zum Grunde liegen muß, ist entweder das des Handelnden selbst oder das irgendeines andern bei der Handlung passive Beteiligten. Im *ersten Falle* ist die Handlung notwendig *egoistisch*; weil ihr ein interessiertes Motiv zum Grunde liegt. Dies ist nicht bloß der Fall bei Handlungen, die man offenbar zu seinem eigenen Nutzen und Vorteil unternimmt, dergleichen die allermeisten sind; sondern es tritt ebensowohl ein, sobald man von einer Handlung irgendeinen entfernten Erfolg, sei es in dieser oder einer andern Welt, *für sich* erwartet; oder wenn man dabei seine Ehre, seinen Ruf bei den Leuten, die Hochachtung irgend jemandes, die Sympathie der Zuschauer u. dgl. mehr im Auge hat; nicht weniger, wenn man durch diese Handlung eine Maxime aufrechtzuerhalten beabsichtigt, von deren allgemeiner Befolgung man eventualiter einen Vorteil *für sich selbst* erwartet wie etwan die der Gerechtigkeit, des allgemeinen hülfreichen Beistandes usw. – ebenfalls, wenn man irgendeinem absoluten Gebot, welches von einer zwar unbekannten, aber doch offenbar überlegenen Macht ausginge, Folge zu leisten für geraten hielte; da alsdann nichts anderes als *die Furcht* vor den nachteiligen Folgen des *Ungehorsams*, wenn sie auch bloß allgemein und unbestimmt gedacht werden, dazu bewegen kann – desgleichen, wenn man seine eigene hohe Meinung von sich selbst, seinem Werte oder [seiner] Würde, deutlich oder undeutlich begriffen, die man außer dem aufgeben müßte und dadurch seinen Stolz gekränkt sähe, durch irgendeine Handlung oder Unterlassung zu behaupten trachtet – endlich auch, wenn man nach *Wolffischen* Prinzipien dadurch an seiner eigenen Vervollkommnung arbeiten will. Kurzum: man setze zum letzten Beweggrund einer Handlung, was man wolle; immer wird sich ergeben, daß auf irgendeinem Umwege zuletzt *das eigene Wohl und Wehe des Handelnden* die eigentliche Triebfeder, mithin die Handlung *egoistisch*, folglich *ohne moralischen Wert* ist. Nur einen einzigen Fall gibt es, in welchem dies nicht statthat: nämlich wenn der letzte Beweggrund zu einer Handlung oder Unterlassung geradezu und ausschließlich im *Wohl und Wehe* irgendeines dabei passive beteiligten *andern* liegt, also der aktive Teil bei seinem Handeln oder Unterlassen ganz allein das Wohl und Wehe eines *andern* im Auge hat und durchaus nichts bezweckt, als daß jener andere unverletzt bleibe oder gar Hülfe, Beistand und Erleichterung erhalte. *Dieser Zweck allein* drückt einer Handlung oder Unterlassung den Stempel des *moralischen Wertes* auf; welcher demnach ausschließlich darauf beruht, daß die Handlung bloß zu Nutz und Frommen *eines andern* geschehe oder unterbleibe. Sobald nämlich dies *nicht* der Fall ist; so kann das *Wohl und Wehe*, welches zu *jeder* Handlung treibt oder von ihr abhält, nur das *des Handelnden selbst* sein: dann aber ist die Handlung oder Unterlassung allemal *egoistisch*, mithin *ohne moralischen Wert*.

Wenn nun aber meine Handlung ganz allein *des andern wegen* geschehen soll; so muß *sein Wohl und Wehe unmittelbar mein Motiv* sein: so wie bei allen andern Handlungen das *meinige* es ist. Dies bringt unser Problem auf einen engern Ausdruck, nämlich diesen: wie ist es irgend möglich, daß das Wohl und Wehe *eines andern* unmittelbar, d. h. ganz so wie sonst nur mein eigenes meinen Willen bewege, also direkt mein Motiv werde, und sogar es bisweilen in dem Grade werde, daß ich demselben mein eigenes Wohl und Wehe, diese sonst alleinige Quelle meiner Motive mehr oder weniger nachsetze? – Offenbar nur dadurch, daß jener andere *der letzte Zweck* meines Willens wird ganz so, wie sonst ich selbst es bin: also dadurch, daß ich ganz unmittelbar *sein* Wohl will und *sein* Wehe nicht will, so unmittelbar wie sonst nur *das meinige.* Dies aber setzt notwendig voraus, daß ich bei *seinem* Wehe als solchem geradezu mit leide, *sein* Wehe fühle wie sonst nur meines und deshalb sein Wohl unmittelbar will wie sonst nur meines. Dies erfordert aber, daß ich auf irgendeine Weise *mit ihm identifiziert* sei, d. h. daß jener gänzliche *Unterschied* zwischen mir und jedem andern, auf welchem gerade mein Egoismus beruht, wenigstens in einem gewissen Grade aufgehoben sei. Da ich nun aber doch nicht *in der Haut* des andern stecke, so kann allein vermittelst der *Erkenntnis,* die ich von ihm habe, d. h. der Vorstellung von ihm in meinem Kopf, ich mich so weit mit ihm identifizieren, daß meine Tat jenen Unterschied als aufgehoben ankündigt. Der hier analysierte Vorgang aber ist kein erträumter oder aus der Luft gegriffener, sondern ein ganz wirklicher, ja keineswegs seltener: es ist das alltägliche Phänomen des *Mitleids,* d. h. der ganz unmittelbaren, von allen anderweitigen Rücksichten unabhängigen *Teilnahme* zunächst am *Leiden* eines andern und dadurch an der Verhinderung oder Aufhebung dieses Leidens, als worin zuletzt alle Befriedigung und alles Wohlsein und Glück besteht. Dieses Mitleid ganz allein ist die wirkliche Basis aller *freien* Gerechtigkeit und aller *echten* Menschenliebe. Nur sofern eine Handlung aus ihm entsprungen ist, hat sie moralischen Wert: und jede aus irgendwelchen andern Motiven hervorgehende hat keinen. Sobald dieses Mitleid rege wird, liegt mir das Wohl und Wehe des andern unmittelbar am Herzen, ganz in derselben Art, wenn auch nicht stets in demselben Grade wie sonst allein das meinige: also ist jetzt der Unterschied zwischen ihm und mir kein absoluter mehr.

Allerdings ist dieser Vorgang erstaunenswürdig, ja mysteriös. Er ist in Wahrheit das große Mysterium der Ethik, ihr Urphänomen und der Grenzstein, über welchen hinaus nur noch die metaphysische Spekulation einen Schritt wagen kann. Wir sehn in jenem Vorgang die Scheidewand, welche nach dem Lichte der Natur (wie alte Theologen die Vernunft nennen) Wesen von Wesen durchaus trennt, aufgehoben und das Nicht-Ich gewissermaßen zum Ich geworden. Übrigens wollen wir die metaphysische Auslegung des Phänomens für jetzt unberührt lassen und fürs erste sehn, ob alle Handlungen der freien Gerechtigkeit und der echten Menschenliebe wirklich aus diesem Vorgange fließen. Dann wird unser Problem gelöst sein, indem wir das letzte Fundament der Moralität in der menschlichen Natur selbst werden nachgewiesen haben, welches Fundament nicht selbst wieder ein Problem der *Ethik* sein kann, wohl aber, wie alles Bestehende *als solches*, der *Metaphysik*. Allein die metaphysische Auslegung des ethischen Urphänomens liegt schon über die von der Königlichen Sozietät gestellte Frage, als welche auf die Grundlage der Ethik gerichtet ist, hinaus und kann allenfalls nur als eine beliebig zu gebende und beliebig zu nehmende Zugabe beigefügt werden. – Bevor ich nun aber zur Ableitung der Kardinaltugenden aus der aufgestellten Grundtriebfeder schreite, habe ich noch zwei wesentliche Bemerkungen nachträglich beizubringen.

1. Zum Behuf leichterer Faßlichkeit habe ich die obige Ableitung des Mitleids als alleiniger Quelle der Handlungen von moralischem Wert dadurch vereinfacht, daß ich die Triebfeder der *Bosheit*, als welche, uneigennützig wie das Mitleid, den fremden *Schmerz* zu ihrem letzten Zwecke macht, absichtlich außer acht gelassen habe. Jetzt aber können wir mit Hinzuziehung derselben den oben gegebenen Beweis vollständiger und stringenter so resümieren:

Es gibt überhaupt nur *drei Grundtriebfedern* der menschlichen Handlungen; und allein durch Erregung derselben wirken alle irgend möglichen Motive. Sie sind:

a) Egoismus, der das eigene Wohl will (ist grenzenlos).
b) Bosheit, die das fremde Wehe will (geht bis zur äußersten Grausamkeit).
c) Mitleid, welches das fremde Wohl will (geht bis zum Edelmut und zur Großmut).

Jede menschliche Handlung muß auf eine dieser Triebfedern zurückzuführen sein; wiewohl auch zwei derselben vereint wirken können. Da wir nun Handlungen von moralischem Wert als faktisch gegeben angenommen haben; so müssen auch sie aus einer dieser Grundtriebfedern hervorgehn. Sie können aber vermöge Prämisse 8 nicht aus der *ersten* Triebfeder entspringen noch weniger aus der *zweiten*; da alle aus dieser hervorgehenden Handlungen moralisch verwerflich sind, während die erste zum Teil moralisch indifferente liefert. Also müssen sie von der *dritten* Triebfeder ausgehn, und dies wird seine Bestätigung a posteriori im folgenden erhalten.

2. Die unmittelbare Teilnahme am andern ist auf sein *Leiden* beschränkt und wird nicht, wenigstens nicht direkt, auch durch sein *Wohlsein* erregt: sondern dieses an und für sich läßt uns gleichgültig. Dies sagt ebenfalls *Jean Jacques Rousseau* im ›Emile‹ (livre 4): ›Première maxime: Il n'est pas dans le cœur humain, de se mettre à la place des gens, qui sont plus heureux que nous, mais seulement de ceux, qui sont plus à plaindre‹ etc. [Erster Grundsatz: Es ist dem menschlichen Herzen nicht eigen, sich an die Stelle derer zu setzen, die glücklicher sind als wir, sondern nur derer, die beklagenswerter sind usw.]

Der Grund hievon ist, daß der Schmerz, das Leiden, wozu aller Mangel, Entbehrung, Bedürfnis, ja jeder Wunsch gehört, *das Positive, das unmittelbar Empfundene* ist. Hingegen besteht die Natur der Befriedigung, des Genusses, des Glücks nur darin, daß eine Entbehrung aufgehoben, ein Schmerz gestillt ist. Diese wirken also *negativ*. Daher eben ist Bedürfnis und Wunsch die Bedingung jedes Genusses. Dies erkannte schon *Platon* und nahm nur die Wohlgerüche und die Geistesfreuden aus (›Res publica‹ 9, p. 264 sq. editio Bipontini). Auch *Voltaire* sagt: ›Il n'est de vrais plaisirs, qu'avec de vrais besoins.‹ [Es gibt keine wahren Genüsse ohne wahre Bedürfnisse; ›Précis de l'ecclésiaste‹ v. 30.] Also das *Positive*, das sich durch sich selbst Kundgebende ist der Schmerz; Befriedigung und Genüsse sind das *Negative*, die bloße Aufhebung jenes erstern. Hierauf zunächst beruht es, daß nur das Leiden, der Mangel, die Gefahr, die Hülflosigkeit des andern direkt und als solche unsere Teilnahme erwecken. Der Glückliche, Zufriedene *als solcher* läßt uns gleichgültig, eigentlich weil sein Zustand ein negativer ist: die Abwesenheit des Schmerzes, des Mangels und der Not. Wir können zwar über das Glück, das Wohlsein, den Genuß anderer uns freuen: dies ist dann aber sekundär und dadurch vermittelt, daß vorher ihr Leiden und Entbehren uns betrübt hatte; oder aber auch wir nehmen teil an dem Beglückten und Genießenden nicht *als solchem*, sondern sofern er unser Kind, Vater, Freund, Verwandter, Diener, Untertan u. dgl. ist. Aber nicht der Beglückte und Genießende *rein als solcher* erregt unsere unmittelbare Teilnahme, wie es der Leidende, Entbehrende, Unglückliche *rein als solcher* tut. Erregt doch sogar auch *für uns selbst* eigentlich nur unser Leiden, wohin auch jeder Mangel, Bedürfnis, Wunsch, ja die Langeweile zu zählen ist, unsere Tätigkeit; während ein Zustand der Zufriedenheit und Beglückung uns untätig und in träger Ruhe läßt: wie sollte es in Hinsicht auf andere nicht ebenso sein, da ja unsere Teilnahme auf einer Identifikation mit ihnen beruht? Sogar kann der Anblick des Glücklichen und Genießenden *rein als solchen* sehr leicht unsern Neid erregen, zu welchem die Anlage in jedem Menschen liegt und welcher seine Stelle oben unter den antimoralischen Potenzen gefunden hat.

Infolge der oben gegebenen Darstellung des Mitleids als eines unmittelbaren Motiviertwerdens durch die Leiden des andern muß ich noch den nachmals oft wiederholten Irrtum des *Cassina* (›Saggio analitico sulla compassione‹, 1788; deutsch von Pockels, 1790) rügen, welcher meint, das Mitleid entstehe durch eine augenblickliche Täuschung der Phantasie, indem wir selbst uns an die Stelle des Leidenden versetzten und nun in der Einbildung *seine* Schmerzen an *unserer* Person zu leiden wähnten. So ist es keineswegs; sondern es bleibt uns gerade jeden Augenblick klar und gegenwärtig, daß *er* der Leidende ist, nicht *wir*: und geradezu *in seiner* Person, nicht in unserer fühlen wir das Leiden, zu unserer Betrübnis. Wir leiden *mit* ihm, also *in* ihm: wir fühlen seinen Schmerz als den *seinen* und haben nicht die Einbildung, daß es der unserige sei: ja je glücklicher unser eigener Zustand ist und je mehr also das Bewußtsein desselben mit der Lage des andern kontrastiert, desto empfänglicher sind wir für das Mitleid. Die Erklärung der Möglichkeit dieses höchst wichtigen Phänomens ist aber nicht so leicht noch auf dem bloß psychologischen Wege zu erreichen, wie *Cassina* es versuchte. Sie kann nur metaphysisch ausfallen, und eine solche werde ich im letzten Abschnitt zu geben versuchen.

Jetzt aber gehe ich an die Ableitung der Handlungen von echtem moralischem Wert aus der nachgewiesenen Quelle derselben. Als die allgemeine Maxime solcher Handlungen und folglich als den obersten Grundsatz der Ethik habe ich schon im vorigen Abschnitte die Regel aufgestellt: ›Neminem laede, imo omnes, quantum potes, iuva!‹ *[vgl. S. 663]* Da diese Maxime *zwei* Sätze enthält; so zerfallen die ihr entsprechenden Handlungen von selbst in zwei Klassen.

§ 17
Die Tugend der Gerechtigkeit

Bei näherer Betrachtung des oben als ethisches Urphänomen nachgewiesenen Vorgangs des Mitleids ist auf den ersten Blick ersichtlich, daß es zwei deutlich getrennte Grade gibt, in welchen das Leiden eines andern unmittelbar mein Motiv werden, d. h. mich zum Tun oder Lassen bestimmen kann: nämlich zuerst nur in dem Grade, daß es, egoistischen oder boshaften Motiven entgegenwirkend, mich abhält, dem andern ein Leiden zu verursachen, also herbeizuführen, was noch nicht ist, selbst Ursache fremder Schmerzen zu werden; sodann aber in dem höhern Grade, wo das Mitleid, positiv wirkend, mich zu tätiger Hülfe antreibt. Die Trennung zwischen sogenannten Rechts- und Tugendpflichten, richtiger zwischen Gerechtigkeit und Menschenliebe, welche bei *Kant* so gezwungen herauskam, ergibt sich hier ganz und gar von selbst und bezeugt dadurch die Richtigkeit des Prinzips: es ist die natürliche, unverkennbare und scharfe Grenze zwischen dem Negativen und Positiven, zwischen Nichtverletzen und Helfen. Die bisherige Benennung ›Rechts- und Tugendpflichten‹, letztere auch Liebespflichten, unvollkommene Pflichten genannt, hat zuvörderst den Fehler, daß sie das Genus der Spezies koordiniert: denn die Gerechtigkeit ist auch eine Tugend. Sodann liegt derselben die viel zu weite Ausdehnung des Begriffes *Pflicht* zum Grunde, den ich weiter unten in seine wahren Schranken zurückführen werde. An die Stelle obiger zwei Pflichten setze ich daher zwei Tugenden: die der Gerechtigkeit und die der Menschenliebe, welche ich Kardinaltugenden nenne, weil aus ihnen alle übrigen praktisch hervorgehn und theoretisch sich ableiten lassen. Beide wurzeln in dem natürlichen Mitleid. Dieses Mitleid selbst aber ist eine unleugbare Tatsache des menschlichen Bewußtseins, ist diesem wesentlich eigen, beruht nicht auf Voraussetzungen, Begriffen, Religionen, Dogmen, Mythen, Erziehung und Bildung; sondern ist ursprünglich und unmittelbar, liegt in der menschlichen Natur selbst, hält ebendeshalb unter allen Verhältnissen stich und zeigt sich in allen Ländern und Zeiten; daher an dasselbe als an etwas in jedem Menschen notwendig Vorhandenes überall zuversichtlich appelliert wird, und nirgends gehört es zu den ›fremden Göttern‹. Hingegen nennt man den, dem es zu mangeln scheint, einen Unmenschen; wie auch ›Menschlichkeit‹ oft als Synonym von Mitleid gebraucht wird.

Der erste Grad der Wirksamkeit dieser echten und natürlichen moralischen Triebfeder ist also nur *negativ*. Ursprünglich sind wir alle zur Ungerechtigkeit und Gewalt geneigt, weil unser Bedürfnis, unsere Begierde, unser Zorn und Haß unmittelbar ins Bewußtsein treten und daher das ius primi occupantis [das Recht der ersten Besitzergreifung] haben; hingegen die fremden Leiden, welche unsere Ungerechtigkeit und Gewalt verursacht, nur auf dem sekundären Wege der *Vorstellung* und erst durch die Erfahrung, also *mittelbar* ins Bewußtsein kommen: daher sagt *Seneca:* ›Ad neminem ante bona mens venit quam mala.‹ [Keinem frommt die gute Gesinnung früher als die böse.] (›Epistulae‹ 50 [7]). Der erste Grad der Wirkung des Mitleids ist also, daß es den von mir selbst infolge der mir einwohnenden antimoralischen Potenzen andern zu verursachenden Leiden hemmend entgegentritt, mir ›Halt!‹ zuruft und sich als eine Schutzwehr vor den andern stellt, die ihn vor der Verletzung bewahrt, zu welcher außerdem mein Egoismus oder [meine] Bosheit mich treiben würde. Dergestalt entspringt aus diesem ersten Grade des Mitleids die Maxime ›neminem laede‹, d. i. der Grundsatz der *Gerechtigkeit,* welche Tugend ihren lautern, rein moralischen, von aller Beimischung freien Ursprung allein hier hat und nirgends außerdem haben kann, weil sie sonst auf Egoismus beruhen müßte. Ist mein Gemüt bis zu jenem Grade für das Mitleid empfänglich, so wird dasselbe mich zurückhalten, wo und wann ich, um meine Zwecke zu erreichen, fremdes Leiden als Mittel gebrauchen möchte; gleichviel, ob dieses Leiden ein augenblickliches oder später eintretendes, ein direktes oder indirektes, durch Zwischenglieder vermitteltes sei. Folglich werde ich dann sowenig das Eigentum als die Person des andern angreifen, ihm sowenig geistige als körperliche Leiden verursachen, also nicht nur mich jeder physischen Verletzung enthalten; sondern auch ebensowenig auf geistigem Wege ihm Schmerz bereiten, durch Kränkung, Ängstigung, Ärger oder Verleumdung. Dasselbe Mitleid wird mich abhalten, die Befriedigung meiner Lüste auf Kosten des Lebensglückes weiblicher Individuen zu suchen oder das Weib eines andern zu verführen oder auch Jünglinge moralisch und physisch zu verderben durch Verleitung zur Päderastie. Jedoch ist keineswegs erforderlich, daß in jedem einzelnen Fall das Mitleid wirklich erregt werde; wo es auch oft zu spät käme: sondern aus der *ein für allemal* erlangten Kenntnis von dem Leiden, welches jede ungerechte Handlung notwendig über andere bringt und welches durch das Gefühl des Unrechterduldens, d. h. der fremden Übermacht geschärft wird, geht in edeln Gemütern die Maxime ›neminem laede‹ hervor, und die vernünftige Überlegung erhebt sie zu dem *ein für allemal* gefaßten festen Vorsatz, die Rechte eines jeden zu achten, sich keinen Eingriff in dieselben zu erlauben, sich von dem Selbstvorwurf, die Ursache fremder Leiden zu sein, frei zu erhalten und demnach nicht die Lasten und Leiden des Lebens, welche die Umstände jedem zuführen, durch Gewalt oder List auf andere zu wälzen, sondern sein beschiedenes Teil selbst zu tragen, um nicht das eines andern zu verdoppeln. Denn obwohl *Grundsätze* und abstrakte Erkenntnis überhaupt keineswegs die Urquelle oder erste Grundlage der Moralität sind; so sind sie doch zu einem moralischen Lebenswandel unentbehrlich als das Behältnis, das Reservoir, in welchem die aus der Quelle aller Moralität, als welche nicht in jedem Augenblicke fließt, entsprungene Gesinnung aufbewahrt wird, um, wenn der Fall der Anwendung kommt, durch Ableitungskanäle dahin zu fließen. Es verhält sich also im Moralischen wie im Physiologischen, wo z.B. die Gallenblase als Reservoir des Produkts der Leber notwendig ist, und in vielen ähnlichen Fällen. Ohne fest gefaßte *Grundsätze* würden wir den antimoralischen Triebfedern, wenn sie durch äußere Eindrücke zu Affekten erregt sind, unwiderstehlich preisgegeben sein. Das Festhalten und Befolgen der Grundsätze, den ihnen entgegenwirkenden Motiven zum Trotz, ist *Selbstbeherrschung*. Hier liegt auch die Ursache, warum die Weiber, als welche wegen der Schwäche ihrer Vernunft, allgemeine *Grundsätze* zu verstehn, festzuhalten und zur Richtschnur zu nehmen, weit weniger als die Männer fähig sind, in der Tugend der Gerechtigkeit, also auch [der] Redlichkeit und Gewissenhaftigkeit diesen in der Regel nachstehn; daher Ungerechtigkeit und Falschheit ihre häufigsten Laster sind und Lügen ihr eigentliches Element: hingegen übertreffen sie die Männer in der Tugend der *Menschenliebe*; denn zu dieser ist der Anlaß meistens *anschaulich* und redet daher unmittelbar zum Mitleid, für welches die Weiber entschieden leichter empfänglich sind. Aber nur das Anschauliche, Gegenwärtige, unmittelbar Reale hat wahre Existenz für sie: das nur mittelst der Begriffe erkennbare Entfernte, Abwesende, Vergangene, Zukünftige ist ihnen nicht wohl faßlich. Also ist auch hier Kompensation: Gerechtigkeit ist mehr die männliche, Menschenliebe mehr die weibliche Tugend. Der Gedanke, Weiber das Richteramt verwalten zu sehn, erregt Lachen; aber die Barmherzigen Schwestern übertreffen sogar die Barmherzigen Brüder. Nun aber gar das *Tier* ist, da ihm die abstrakte oder Vernunft-Erkenntnis gänzlich fehlt, durchaus keiner Vorsätze, geschweige Grundsätze und mithin keiner *Selbstbeherrschung* fähig, sondern dem Eindruck und Affekt wehrlos hingegeben. Daher eben hat es keine bewußte *Moralität*; wiewohl die Spezies große Unterschiede der Bosheit und Güte des Charakters zeigen und in den obersten Geschlechtern selbst die Individuen. – Dem Gesagten zufolge wirkt in den einzelnen Handlungen des Gerechten das Mitleid nur noch indirekt, mittelst der Grundsätze, und nicht sowohl actu als potentia; etwan so, wie in der Statik die durch größere Länge des einen Waagebalkens bewirkte größere *Geschwindigkeit*, vermöge welcher die kleinere Masse der größeren das Gleichgewicht hält, im Zustand der Ruhe nur potentia und doch völlig sogut wie actu wirkt. Jedoch bleibt dabei das Mitleid stets bereit, auch actu hervorzutreten: daher, wenn etwan in einzelnen Fällen die erwählte Maxime der Gerechtigkeit wankt, zur Unterstützung derselben und zur Belebung der gerechten Vorsätze kein Motiv (die egoistischen beiseite gesetzt) wirksamer ist als das aus der Urquelle selbst, dem Mitleid, geschöpfte. Dies gilt nicht etwan bloß, wo es die Verletzung der Person, sondern auch, wo es die des Eigentums betrifft, z.B. wenn jemand eine gefundene Sache von Wert zu behalten Lust spürt; so wird – mit Ausschluß aller Klugheits- und aller Religionsmotive dagegen – nichts ihn so leicht auf die Bahn der Gerechtigkeit zurückbringen wie die Vorstellung der Sorge, des Herzeleids und der Wehklage des Verlierers. Im Gefühl dieser Wahrheit geschieht es oft, daß dem öffentlichen Aufruf zur Wiederbringung verlorenen Geldes die Versicherung hinzugefügt wird, der Verlierer sei ein armer Mensch, ein Dienstbote u.dgl.

Diese Betrachtungen werden es hoffentlich deutlich machen, daß, sowenig es auf den ersten Blick scheinen mag, allerdings auch die Gerechtigkeit als echte, freie Tugend ihren Ursprung im Mitleid hat. Wem dennoch dieser Boden zu dürftig scheinen möchte, als daß jene große, recht eigentliche Kardinaltugend bloß in ihm wurzeln könnte, der erinnere sich aus dem Obigen, wie gering das Maß der echten, freiwilligen, uneigennützigen und ungeschminkten Gerechtigkeit ist, die sich unter Menschen findet; wie diese immer nur als überraschende Ausnahme vorkommt und zu ihrer Afterart, der auf bloßer Klugheit beruhenden und überall laut angekündigten Gerechtigkeit, sich der Qualität und Quantität nach verhält wie Gold zu Kupfer. Ich möchte diese letztere δικαιοσύνη πάνδημος [die irdische Gerechtigkeit], die andere οὐρανία [die himmlische] nennen; da ja sie es ist, welche nach Hesiodos im Eisernen Zeitalter die Erde verläßt, um bei den himmlischen Göttern zu wohnen. Für diese seltene und auf Erden stets nur exotische Pflanze ist die nachgewiesene Wurzel stark genug.

Die *Ungerechtigkeit* oder das *Unrecht* besteht demnach allemal in der *Verletzung* eines andern. Daher ist der Begriff des *Unrechts* ein *positiver* und dem des *Rechts* vorhergängig, als welcher der *negative* ist und bloß die Handlungen bezeichnet, welche man ausüben kann, ohne andere zu verletzen, d.h. ohne *Unrecht* zu tun. Daß zu diesen auch alle Handlungen gehören, welche allein den Zweck haben, versuchtes Unrecht abzuwehren, ist leicht abzusehn. Denn keine Teilnahme am andern, kein Mitleid mit ihm kann mich auffordern, mich von ihm verletzen zu lassen, d.h. Unrecht zu leiden. Daß der Begriff des *Rechts* der *negative* sei, im Gegensatz des *Unrechts* als des *positiven*, gibt sich auch zu erkennen in der ersten Erklärung, welche der Vater der philosophischen Rechtslehre, *Hugo Grotius*, am Eingange seines Werkes von jenem Begriffe aufstellt: ›Ius hic nihil aliud, quam quod iustum est, significat idque negante magis sensu quam aiente, ut ius sit, quod iniustum non est.‹ [Recht bedeutet hier nichts anderes als das, was gerecht ist, und zwar mehr in negativem als in positivem Sinne, sofern Recht ist, was nicht ungerecht ist.] (De iure belli et pacis‹ lib. 1, cap. 1, § 3). Die Negativität der Gerechtigkeit bewährt sich, dem

Anschein entgegen, selbst in der trivialen Definition: ›Jedem das Seinige geben.‹ Ist es das Seinige, braucht man es ihm nicht zu geben; bedeutet also: ›Keinem das Seinige nehmen.‹ – Weil die Forderung der Gerechtigkeit bloß negativ ist, läßt sie sich erzwingen: denn das ›neminem laede‹ kann von allen zugleich geübt werden. Die Zwangsanstalt hiezu ist *der Staat*, dessen alleiniger Zweck ist, die einzelnen vor einander und das Ganze vor äußeren Feinden zu schützen. Einige deutsche Philosophaster dieses feilen Zeitalters möchten ihn verdrehn zu einer Moralitäts-Erziehungs-und-Erbauungs-Anstalt: wobei im Hintergrunde der jesuitische Zweck lauert, die persönliche Freiheit und individuelle Entwickelung des einzelnen aufzuheben, um ihn zum bloßen Rade einer chinesischen Staats- und Religions-Maschine zu machen. Dies aber ist der Weg, auf welchem man weiland zu Inquisitionen, Autos da Fé und Religionskriegen gelangt ist; Friedrichs des Großen Wort: ›In meinem Lande soll jeder seine Seligkeit nach seiner eigenen Façon besorgen können‹[1], besagte, daß er ihn nie betreten wolle. Hingegen sehn wir auch jetzt noch überall (mit mehr scheinbarer als wirklicher Ausnahme Nordamerikas) den Staat auch die Sorge für das metaphysische Bedürfnis seiner Mitglieder übernehmen. Die Regierungen scheinen zu ihrem Prinzip den Satz des Quintus Curtius [Rufus] gewählt zu haben: ›Nulla res efficacius multitudinem regit quam superstitio: alioquin impotens, saeva, mutabilis, ubi vana religione capta est, melius vatibus quam ducibus suis paret.‹ [Nichts regiert die Menge wirksamer als der Aberglaube, so daß sie, die in der Regel zügellose, grausame und wankelmütige, sobald sie vom Religionswahn ergriffen ist, eher ihren Priestern als ihren Heerführern gehorcht; ›Historiae Alexandri Magni‹ 4, 10, 7.]

Die Begriffe *Unrecht* und *Recht*, als gleichbedeutend mit Verletzung und Nichtverletzung, zu welcher letztern auch das Abwehren der Verletzung gehört, sind offenbar unab-

---

1. [›Die Religionen müssen alle tolleriert werden, und muß der Fiskal nur das Auge darauf haben, daß keine der andern Abtrug tue, denn hier muß ein jeder nach seiner Façon selig werden‹, Anton Büsching: ›Charakter Friedrichs II., Königs von Preußen‹, 1788, S. 118.]

hängig von aller positiven Gesetzgebung und dieser vorhergehend: also gibt es ein rein ethisches Recht oder Naturrecht und eine reine, d. h. von aller positiven Satzung unabhängige Rechtslehre. Die Grundsätze derselben haben zwar insofern einen empirischen Ursprung, als sie auf Anlaß des Begriffs der *Verletzung* entstehn, an sich selbst aber beruhen sie auf dem reinen Verstande, welcher a priori das Prinzip an die Hand gibt: ›causa causae est causa effectus‹ [die Ursache einer Ursache ist auch die Ursache von deren Wirkung]; welches hier besagt, daß von dem, was ich tun muß, um die Verletzung eines andern von mir abzuwehren, er selbst die Ursache ist und nicht ich; also ich mich allen Beeinträchtigungen von seiner Seite widersetzen kann, ohne ihm Unrecht zu tun. Es ist gleichsam ein moralisches Reperkussionsgesetz. Also aus der Verbindung des empirischen Begriffes der Verletzung mit jener Regel, die der reine Verstand an die Hand gibt, entstehn die Grundbegriffe von Unrecht und Recht, die jeder a priori faßt und auf Anlaß der Erfahrung sogleich anwendet. Den dieses leugnenden Empiriker darf man, da bei ihm allein Erfahrung gilt, nur auf die Wilden hinweisen, die alle ganz richtig, oft auch fein und genau Unrecht und Recht unterscheiden; welches sehr in die Augen fällt bei ihrem Tauschhandel und andern Übereinkünften mit der Mannschaft europäischer Schiffe und bei ihren Besuchen auf diesen. Sie sind dreist und zuversichtlich, wo sie recht haben, hingegen ängstlich, wenn das Recht nicht auf ihrer Seite ist. Bei Streitigkeiten lassen sie sich eine rechtliche Ausgleichung gefallen, hingegen reizt ungerechtes Verfahren sie zum Kriege. – Die *Rechtslehre* ist ein Teil der Moral, welche die Handlungen feststellt, die man nicht ausüben darf, wenn man nicht andere verletzen, d. h. Unrecht begehn will. Die Moral hat also hiebei den *aktiven* Teil im Auge. Die Gesetzgebung aber nimmt dieses Kapitel der Moral, um es in Rücksicht auf die *passive* Seite, also umgekehrt zu gebrauchen und dieselben Handlungen zu betrachten als solche, die keiner, da ihm kein Unrecht widerfahren soll, zu leiden braucht. Gegen diese Handlungen errichtet nun der Staat das Bollwerk der Gesetze als positives Recht.

Seine Absicht ist, daß keiner Unrecht *leide*: die Absicht der moralischen Rechtslehre hingegen, daß keiner Unrecht *tue*[1].

Bei jeder ungerechten Handlung ist das Unrecht der *Qualität* nach dasselbe, nämlich Verletzung eines andern, es sei an seiner Person, seiner Freiheit, seinem Eigentum, seiner Ehre. Aber der *Quantität* nach kann es sehr verschieden sein. Diese Verschiedenheit der *Größe des Unrechts* scheint von den Moralisten noch nicht gehörig untersucht zu sein, wird jedoch im wirklichen Leben überall anerkannt, indem die Größe des Tadels, den man darüber ergehn läßt, ihr entspricht. Gleichermaßen verhält es sich mit der *Gerechtigkeit* der Handlungen. Um dies zu erläutern: z. B. wer, dem Hungertode nahe, ein Brot stiehlt, begeht ein Unrecht; aber wie klein ist seine Ungerechtigkeit gegen die eines Reichen, der auf irgendeine Weise einen Armen um sein letztes Eigentum bringt. Der Reiche, welcher seinen Tagelöhner bezahlt, handelt gerecht: aber wie klein ist diese Gerechtigkeit gegen die eines Armen, der eine gefundene Goldbörse dem Reichen freiwillig zurückbringt. Das Maß dieser so bedeutenden Verschiedenheit in der *Quantität* der Gerechtigkeit und Ungerechtigkeit (bei stets gleicher Qualität) ist aber kein direktes und absolutes wie das auf dem Maßstabe, sondern ein mittelbares und relatives wie das der Sinus und Tangenten. Ich stelle dazu folgende Formel auf: die Größe der Ungerechtigkeit meiner Handlung ist gleich der Größe des Übels, welches ich einem andern dadurch zufüge, dividiert durch die Größe des Vorteils, den ich selbst dadurch erlange – und die Größe der Gerechtigkeit meiner Handlung ist gleich der Größe des Vorteils, den mir die Verletzung des andern bringen würde, dividiert durch die Größe des Schadens, den er dadurch erleiden würde. – Nun aber gibt es außerdem noch eine *doppelte Ungerechtigkeit*, die von jeder einfachen, sei diese noch so groß, spezifisch verschieden ist, welches sich dadurch kundgibt, daß die Größe der Indignation des unbeteiligten Zeugen, welche stets der Größe der Ungerechtigkeit proportional ausfällt, bei der doppelten allein den höchsten Grad er-

---

[1]. Die ausgeführte Rechtslehre findet man in der ›Welt als Wille und Vorstellung‹ Bd. 1, § 62 *[Bd. 1, S. 457–478]*.

reicht und diese verabscheut als etwas Empörendes und Himmelschreiendes, als eine Untat, ein ἄγος [ein Frevel], bei welchem gleichsam die Götter ihr Antlitz verhüllen. Diese *doppelte Ungerechtigkeit* hat statt, wo jemand ausdrücklich die Verpflichtung übernommen hat, einen andern in einer bestimmten Hinsicht zu schützen, folglich die Nichterfüllung dieser Verpflichtung schon Verletzung des andern, mithin Unrecht wäre; er nun aber noch überdies jenen andern eben darin, wo er ihn schützen sollte, selbst angreift und verletzt. Dies ist z. B. der Fall, wo der bestellte Wächter oder Geleitsmann zum Mörder, der betraute Hüter zum Dieb wird, der Vormund die Mündel um ihr Eigentum bringt, der Advokat prävariziert[1], der Richter sich bestechen läßt, der um Rat Gebetene dem Frager absichtlich einen verderblichen Rat erteilt – welches alles zusammen unter dem Begriff des *Verrats* gedacht wird, welcher der Abscheu der Welt ist: diesem gemäß setzt auch *Dante* die Verräter in den tiefuntersten Grund der Hölle, wo der Satan selbst sich aufhält (›Inferno‹ 11, 61 bis 66).

Da nun hier der Begriff der *Verpflichtung* zur Sprache gekommen, ist es der Ort, den in der Ethik wie im Leben so häufig angewandten Begriff der *Pflicht*, dem jedoch eine zu große Ausdehnung gegeben wird, festzustellen. Wir haben gefunden, daß das Unrecht allemal in der Verletzung eines andern besteht, sei es an seiner Person, seiner Freiheit, seinem Eigentum oder seiner Ehre. Hieraus scheint zu folgen, daß jedes Unrecht ein positiver Angriff, eine Tat sein müsse. Allein es gibt Handlungen, deren bloße *Unterlassung* ein Unrecht ist: solche Handlungen heißen *Pflichten*. Dieses ist die wahre philosophische Definition des Begriffs der *Pflicht*, welcher hingegen alle Eigentümlichkeit einbüßt und dadurch verlorengeht, wenn man wie in der bisherigen Moral jede lobenswerte Handlungsweise *Pflicht* nennen will, wobei man vergißt, daß, was *Pflicht* ist, auch *Schuldigkeit* sein muß. *Pflicht*, τὸ δέον, le devoir, duty *ist also eine Handlung, durch deren bloße Unterlassung man einen andern verletzt, d. h. Unrecht*

---

1. [übernimmt die Vertretung beider Parteien in ein und derselben Rechtssache]

begeht. Offenbar kann dies nur dadurch der Fall sein, daß der Unterlasser sich zu einer solchen Handlung anheischig gemacht, d.h. eben *verpflichtet* hat. Demnach beruhen alle Pflichten auf eingegangener Verpflichtung. Diese ist in der Regel eine ausdrückliche gegenseitige Übereinkunft, wie z.B. zwischen Fürst und Volk, Regierung und Beamten, Herrn und Diener, Advokat und Klienten, Arzt und Kranken, überhaupt zwischen einem jeden, der eine Leistung irgendeiner Art übernommen hat, und seinem Besteller im weitesten Sinne des Worts. Darum gibt jede Pflicht ein Recht, weil keiner sich ohne Motiv, d.h. hier: ohne irgendeinen Vorteil für sich verpflichten kann. Nur *eine* Verpflichtung ist mir bekannt, die *nicht* mittelst einer Übereinkunft, sondern unmittelbar durch eine bloße Handlung übernommen wird; weil der, gegen den man sie hat, noch nicht da war, als man sie übernahm: es ist die der Eltern gegen ihre Kinder. Wer ein Kind in die Welt setzt, hat die *Pflicht*, es zu erhalten, bis es sich selbst zu erhalten fähig ist: und sollte diese Zeit wie bei einem Blinden, Krüppel, Kretinen u.dgl. *nie* eintreten, so hört auch die Pflicht nie auf. Denn durch das bloße Nichtleisten der Hülfe, also eine Unterlassung, würde er sein Kind verletzen, ja dem Untergange zuführen. Die moralische Pflicht der Kinder gegen die Eltern ist nicht so unmittelbar und entschieden. Sie beruht darauf, daß, weil jede Pflicht ein Recht gibt, auch die Eltern eines gegen die Kinder haben müssen, welches bei diesen die Pflicht des Gehorsams begründet, die aber nachmals mit dem Recht, aus welchem sie entstanden ist, auch aufhört. An ihre Stelle wird alsdann Dankbarkeit treten für das, was die Eltern mehr getan, als strenge ihre Pflicht war. Jedoch, ein so häßliches, oft selbst empörendes Laster auch der Undank ist; so ist Dankbarkeit doch nicht *Pflicht* zu nennen: weil ihr Ausbleiben keine Verletzung des andern, also kein *Unrecht* ist. Außerdem müßte der Wohltäter vermeint haben, stillschweigend einen Handel abzuschließen. – Allenfalls könnte man als unmittelbar durch eine Handlung entstehende Verpflichtung den Ersatz für angerichteten Schaden geltend machen. Jedoch ist dieser als Aufhebung der Folgen einer ungerechten Handlung eine bloße Bemühung, sie auszulöschen, etwas rein Negatives, das darauf beruht, daß die Handlung selbst hätte unterbleiben sollen. – Noch sei hier bemerkt, daß die Billigkeit der Feind der Gerechtigkeit ist und ihr oft gröblich zusetzt: daher man ihr nicht zuviel einräumen soll. Der Deutsche ist ein Freund der Billigkeit, der Engländer hält es mit der Gerechtigkeit.

Das Gesetz der Motivation ist ebenso streng wie das der physischen Kausalität, führt also einen ebenso unwiderstehlichen Zwang mit sich. Dementsprechend gibt es zur Ausübung des Unrechts zwei Wege, den der *Gewalt* und den der *List*. Wie ich durch Gewalt einen andern töten oder berauben oder mir zu gehorchen zwingen kann; so kann ich alles dieses auch durch List ausführen, indem ich seinem Intellekt falsche Motive vorschiebe, infolge welcher er tun muß, was er außer dem nicht tun würde. Dies geschieht mittelst der *Lüge*, deren Unrechtmäßigkeit allein hierauf beruht, ihr also nur anhängt, sofern sie ein Werkzeug der List, d.h. des Zwanges mittelst der Motivation ist. Dies aber ist sie in der Regel. Denn zunächst kann mein Lügen selbst nicht ohne Motiv geschehn: dies Motiv aber wird mit den seltensten Ausnahmen ein ungerechtes, nämlich die Absicht sein, andere, über die ich keine Gewalt habe, nach meinem Willen zu leiten, d.h. sie mittelst der Motivation zu zwingen. Diese Absicht liegt sogar auch der bloß windbeutelnden Lüge zum Grunde, indem, wer sie braucht, sich dadurch bei andern in höheres Ansehn, als ihm zusteht, zu setzen sucht. – Die Verbindlichkeit des *Versprechens* und des *Vertrages* beruht darauf, daß sie, wenn nicht erfüllt, die feierlichste Lüge sind, deren Absicht, moralischen Zwang über andere auszuüben, hier um so evidenter ist, als das Motiv der Lüge, die verlangte Leistung des Gegenparts, ausdrücklich ausgesprochen ist. Das Verächtliche des Betrugs kommt daher, daß er durch Gleisnerei seinen Mann entwaffnet, ehe er ihn angreift. Der *Verrat* ist sein Gipfel und wird, weil er in die Kategorie der *doppelten Ungerechtigkeit* gehört, tief verabscheut. Aber wie ich ohne Unrecht, also mit Recht Gewalt durch Gewalt vertreiben kann; so kann ich, wo mir die Gewalt abgeht oder es mir bequemer scheint, es auch durch List. Ich habe also in den Fällen, wo ich ein Recht zur Gewalt habe, es auch *zur Lüge*: so z. B. gegen Räuber und unberechtigte Gewältiger jeder Art, die ich demnach durch List in eine Falle locke. Darum bindet ein gewaltsam abgezwungenes Versprechen nicht. – Aber *das Recht zur Lüge* geht in der Tat noch weiter: es tritt ein bei jeder völlig unbefugten Frage, welche meine persönlichen oder meine Geschäftsangelegenheiten betrifft, mithin vorwitzig ist und deren Beantwortung nicht nur, sondern schon deren bloße Zurückweisung durch ›Ich will's nicht sagen‹ als Verdacht erweckend mich in Gefahr bringen würde. Hier ist die Lüge die Notwehr gegen unbefugte Neugier, deren Motiv meistens kein wohlwollendes ist. Denn wie ich das Recht habe, dem vorausgesetzten bösen Willen anderer und der demnach präsumierten physischen Gewalt physischen Widerstand auf Gefahr des Beeinträchtigers zum voraus entgegenzustellen und also als Präventivmaßregel meine Gartenmauer mit scharfen Spitzen zu verwahren, nachts auf meinem Hofe böse Hunde loszulassen, ja, nach Umständen, selbst Fußangeln und Selbstschüsse zu stellen, deren schlimme Folgen der Eindringer sich selber zuzuschreiben hat; so habe ich auch das Recht, dasjenige auf alle Weise geheimzuhalten, dessen Kenntnis mich dem Angriff anderer bloßstellen würde, und habe auch Ursache dazu, weil ich auch hier den bösen Willen anderer als sehr leicht möglich annehmen und die Vorkehrungen dagegen zum voraus treffen muß. Daher sagt Ariosto:

> Quantunque il simular sia le più volte
> Ripreso, e dia di mala mente indici,
> Si trova pure in molte cose e molte
> Avere fatti evidenti benefici,
> E danni e biasmi e morti avere tolte:
> Che non conversiam' sempre con gli amici,
> In questa assai più oscura che serena
> Vita mortal, tutta d'invidia piena[1].
>
> (›Orlando furioso‹ 4, 1)

[1]. Sosehr auch meistens die Verstellung getadelt wird und von schlechter Absicht zeugt; so hat sie dennoch in gar vielen Dingen

Ich darf also ohne Unrecht selbst der bloß präsumierten Beeinträchtigung durch List zum voraus List entgegenstellen und brauche daher nicht dem, der unbefugt in meine Privatverhältnisse späht, Rede zu stehn noch durch die Antwort: ›Dies will ich geheimhalten‹ die Stelle anzuzeigen, wo ein mir gefährliches, ihm vielleicht vorteilhaftes, jedenfalls ihm Macht über mich verleihendes Geheimnis liegt:

Scire volunt secreta domus atque inde timeri.
[Wissen will man Geheimes, um dadurch furchtbar zu werden.
Juvenal, ›Saturae‹ 3, 113]

Sondern ich bin alsdann befugt, ihn mit einer Lüge abzufertigen auf seine Gefahr, falls sie ihn in schädlichen Irrtum versetzt. Denn hier ist die Lüge das einzige Mittel, der vorwitzigen und verdächtigen Neugier zu begegnen: ich stehe daher im Fall der Notwehr. ›Ask me no questions, and I'll tell you no lies‹[1] ist hier die richtige Maxime. Nämlich bei den Engländern, denen der Vorwurf der Lüge als die schwerste Beleidigung gilt und die ebendaher wirklich weniger lügen als die andern Nationen, werden dementsprechend alle unbefugten die Verhältnisse des andern betreffenden Fragen als eine Ungezogenheit angesehn, welche der Ausdruck ›to ask questions‹ bezeichnet. – Auch verfährt nach dem oben aufgestellten Prinzip jeder Verständige, selbst wenn er von der strengsten Rechtlichkeit ist. Kehrt er z.B. von einem entlegenen Orte zurück, wo er Geld erhoben hat, und ein unbekannter Reisender gesellt sich zu ihm, frägt wie gewöhnlich erst *Wohin* und dann *Woher*, darauf allmälig auch, was ihn an jenen Ort geführt haben mag – so wird jener eine Lüge antworten, um der Gefahr des Raubes vorzubeugen. Wer in dem Hause, in welchem ein Mann, um dessen Tochter er wirbt, wohnt, angetroffen und nach der Ursache seiner unvermuteten Anwesenheit gefragt wird, gibt,

---

augenfällig Gutes gestiftet, indem sie dem Schaden, der Schande und dem Tode vorbeugte: denn nicht immer reden wir mit Freunden in diesem viel mehr finstern als heitern sterblichen Leben, welches von Neide strotzt.

1. Frag du mich nicht aus, [so] will ich dich nicht belügen.

wenn er nicht auf den Kopf gefallen ist, unbedenklich eine falsche an. Und so kommen gar viele Fälle vor, in denen jeder Vernünftige ohne allen Gewissensskrupel lügt. Diese Ansicht allein beseitigt den schreienden Widerspruch zwischen der Moral, die gelehrt, und der, die täglich selbst von den Redlichsten und Besten ausgeübt wird. Jedoch muß dabei die angegebene Einschränkung auf den Fall der Notwehr streng festgehalten werden; da außer dem diese Lehre abscheulichem Mißbrauche offenstände: denn an sich ist die Lüge ein sehr gefährliches Werkzeug. Aber wie trotz dem Landfrieden das Gesetz jedem erlaubt, Waffen zu tragen und zu gebrauchen, nämlich im Fall der Notwehr; so gestattet für denselben Fall, aber ebenso auch *nur* für diesen die Moral den Gebrauch der Lüge. Diesen Fall der Notwehr gegen Gewalt oder List ausgenommen, ist jede Lüge ein Unrecht; daher die Gerechtigkeit Wahrhaftigkeit gegen jedermann fordert. Aber gegen die völlig unbedingte, ausnahmslose und im Wesen der Sache liegende Verwerflichkeit der Lüge spricht schon dies, daß es Fälle gibt, wo lügen sogar *Pflicht* ist, namentlich für Ärzte; ebenfalls, daß es *edelmütige* Lügen gibt, z.B. die des Marquis Posa im ›Don Carlos‹, die in der ›Gerusalemme liberata‹ 2, 22 und überhaupt in allen den Fällen, wo einer die Schuld des andern auf sich laden will; endlich, daß sogar Jesus Christus einmal absichtlich die Unwahrheit gesagt hat (Joh. 7, 8). Demgemäß sagt *Campanella* in seinen ›Poesie filosofiche‹, madrigale 9 geradezu: ›Bello è il mentir, se a fare gran ben' si trova‹[1]. – Dagegen aber ist die gangbare Lehre von der Notlüge ein elender Flicken auf dem Kleide einer armseligen Moral. – Die auf *Kants* Veranlassung in manchen Kompendien gegebenen Ableitungen der Unrechtmäßigkeit der Lüge aus dem *Sprachvermögen* des Menschen sind so platt, kindisch und abgeschmackt, daß man, nur um ihnen hohnzusprechen, versucht werden könnte, sich dem Teufel in die Arme zu werfen und mit *Talleyrand* zu sagen: ›L'homme a reçu la parole pour pouvoir cacher sa pensée.‹[2] [Der Mensch hat die Sprache erhalten, um seine

1. Schön ist das Lügen, wenn es viel Gutes stiftet.
2. *[Vgl. S. 14]*

Gedanken verbergen zu können.] – *Kants* bei jeder Gelegenheit zur Schau getragener unbedingter und grenzenloser Abscheu gegen die Lüge beruht entweder auf Affektation oder auf Vorurteil: in dem Kapitel seiner ›Tugendlehre‹ von der Lüge schilt er diese zwar mit allen ehrenrührigen Prädikaten, bringt aber gar keinen eigentlichen Grund für ihre Verwerflichkeit bei; welches doch wirksamer gewesen wäre. Deklamieren ist leichter als Beweisen und Moralisieren leichter als Aufrichtigsein. *Kant* hätte besser getan, jenen speziellen Eifer gegen die *Schadenfreude* loszulassen: diese, nicht die Lüge, ist das eigentlich teuflische Laster. Denn sie ist das gerade Gegenteil des Mitleids und ist nichts anderes als die ohnmächtige Grausamkeit, welche die Leiden, in denen sie andere so gern erblickt, selbst herbeizuführen unfähig dem Zufall dankt, der es statt ihrer tat. – Daß nach dem Prinzip der ritterlichen Ehre der Vorwurf der Lüge als so sehr schwer und eigentlich mit dem Blute des Anschuldigers abzuwaschen genommen wird, liegt nicht daran, daß die Lüge *unrecht* ist, da alsdann die Anschuldigung eines durch Gewalt verübten Unrechts ebenso schwer kränken müßte, was bekanntlich nicht der Fall ist; sondern es liegt daran, daß nach dem Prinzip der ritterlichen Ehre eigentlich die Gewalt das Recht begründet: wer nun, um ein Unrecht auszuführen, zur Lüge greift, beweist, daß ihm die Gewalt oder der zur Anwendung dieser nötige Mut abgeht. Jede Lüge zeugt von Furcht: das bricht den Stab über ihn.

§ 18
Die Tugend der Menschenliebe

Die Gerechtigkeit ist also die erste und grundwesentliche Kardinaltugend. Als solche haben auch die Philosophen des Altertums sie anerkannt, jedoch ihr drei andere unpassend gewählte koordiniert. Hingegen haben sie die Menschenliebe (caritas, ἀγάπη) noch nicht als Tugend aufgestellt: selbst der in der Moral sich am höchsten erhebende *Platon* gelangt doch nur bis zur freiwilligen, uneigennützigen Gerechtigkeit. Praktisch und faktisch ist zwar zu jeder Zeit Menschenliebe dagewesen: aber theoretisch zur Sprache gebracht und förmlich als Tugend, und zwar als die größte von allen aufgestellt, sogar auch auf die Feinde ausgedehnt wurde sie zuerst vom Christentum, dessen allergrößtes Verdienst eben hierin besteht: wiewohl nur hinsichtlich auf Europa; da in Asien schon tausend Jahre früher die unbegrenzte Liebe des Nächsten ebensowohl Gegenstand der Lehre und Vorschrift wie der Ausübung gewesen war, indem Veda und [Manava-] Dharmah-Sastra[1], Itihasa und Purana, wie auch die Lehre des Buddhas Sakiamuni nicht müde werden, sie zu predigen. – Und wenn wir es streng nehmen wollen, so lassen sich auch bei den Alten Spuren der Anempfehlung der Menschenliebe finden, z. B. beim *Cicero*, ›De finibus bonorum et malorum‹ 5, 23; sogar schon beim Pythagoras, nach Iamblichos, ›De vita Pythagorae‹ cap. 33. Mir liegt jetzt die philosophische Ableitung dieser Tugend aus meinem Prinzip ob.

Der zweite Grad, in welchem mittelst des oben tatsächlich nachgewiesenen, wiewohl seinem Ursprung nach geheimnisvollen Vorgangs des *Mitleids* das fremde Leiden an sich selbst und als solches unmittelbar mein Motiv wird, sondert sich von dem ersten deutlich ab durch den *positiven Charakter* der daraus hervorgehenden Handlungen; indem alsdann das Mitleid nicht bloß mich abhält, den andern zu verletzen, sondern sogar mich antreibt, ihm zu helfen. Je nachdem nun teils jene unmittelbare Teilnahme lebhaft und tiefgefühlt, teils die fremde Not groß und dringend ist, werde ich durch jenes rein moralische Motiv bewogen werden, ein größeres oder geringeres Opfer dem Bedürfnis oder der Not des andern zu bringen, welches in der Anstrengung meiner leiblichen oder geistigen Kräfte für ihn, in meinem Eigentum, in meiner Gesundheit, Freiheit, sogar in meinem Leben bestehen kann. Hier also, in der unmittelbaren, auf keine Argumentation gestützten noch deren bedürfenden Teilnahme liegt der allein lautere Ursprung der Menschenliebe, der caritas, ἀγάπη, also derjenigen Tugend, deren Maxime ist: ›omnes, quantum potes, iuva‹ [hilf allen, soviel du kannst] und aus welcher alles das fließt, was die Ethik unter

1. [Sammlung von Rechtsvorschriften des Manu]

dem Namen Tugendpflichten, Liebespflichten, unvollkommene Pflichten vorschreibt. Diese ganz unmittelbare, ja instinktartige Teilnahme am fremden Leiden, also das Mitleid ist die alleinige Quelle solcher Handlungen, wenn sie *moralischen Wert haben,* d.h. von allen egoistischen Motiven rein sein und ebendeshalb in uns selbst diejenige innere Zufriedenheit erwecken sollen, welche man das gute, befriedigte, lobende Gewissen nennt; wie auch bei dem Zuschauer die eigentümliche Beistimmung, Hochachtung, Bewunderung und sogar demütigenden Rückblick auf sich selbst hervorrufen sollen, welcher eine nicht abzuleugnende Tatsache ist. Hat hingegen eine wohltätige Handlung irgendein anderes Motiv; so kann sie nicht anders als egoistisch sein, wenn sie nicht gar boshaft ist. Denn entsprechend den oben aufgestellten Urtriebfedern aller Handlungen, nämlich Egoismus, Bosheit, Mitleid lassen sich die *Motive,* welche überhaupt den Menschen bewegen können, unter drei ganz allgemeine und oberste Klassen bringen: 1. eigenes Wohl, 2. fremdes Wehe, 3. fremdes Wohl. Ist nun das Motiv einer wohltätigen Handlung nicht aus der *dritten* Klasse; so muß es schlechterdings *der ersten* oder *zweiten* angehören. *Letzteres* ist wirklich bisweilen der Fall: z.B. wenn ich einem wohltue, um einen andern, dem ich nicht wohltue, zu kränken oder ihm sein Leiden noch fühlbarer zu machen; oder auch um einen Dritten, der demselben nicht wohltat, zu beschämen; oder endlich um den, dem ich wohltue, dadurch zu demütigen. *Ersteres* aber ist viel öfter der Fall, nämlich sobald ich bei einer guten Tat, sei es auch noch so entfernt und auf weitestem Umwege, *mein eigenes Wohl* im Auge habe; also wenn mich Rücksicht auf Belohnung in dieser oder einer andern Welt oder die zu erlangende Hochschätzung und der Ruf eines edeln Herzens oder die Überlegung, daß der, dem heute ich helfe, mir einmal wieder helfen oder sonst nützen und dienen könne; endlich auch, wenn mich der Gedanke treibt, die Maxime des Edelmuts oder der Wohltätigkeit müsse aufrechterhalten werden, da sie mir doch auch einmal zugute kommen könne; kurz: sobald mein Zweck irgendein anderer ist als ganz allein der rein *objektive,* daß ich dem andern geholfen, ihn aus seiner Not und Bedrängnis gerissen, ihn von seinem Leiden befreit wissen will: und nichts darüber und nichts danebenǃ Nur dann und ganz allein dann habe ich wirklich jene Menschenliebe, caritas, ἀγάπη, bewiesen, welche gepredigt zu haben das große, auszeichnende Verdienst des Christentums ist. Aber gerade die Vorschriften, welche das Evangelium seinem Geheiß der Liebe hinzufügt, wie: μὴ γνώτω ἡ ἀριστερά σου, τί ποιεῖ ἡ δεξία σου (sinistra tua manus haud cognoscat, quae dextra facit) [laß deine Linke nicht wissen, was die Rechte tut; Matth. 6, 3] und ähnliche, sind auf das Gefühl dessen gegründet, was ich hier deduziert habe, daß nämlich ganz allein die fremde Not und keine andere Rücksicht mein Motiv sein muß, wenn meine Handlung moralischen Wert haben soll. Ganz richtig wird ebendaselbst (Matth. 6, 2) gesagt, daß die, welche mit Ostentation geben, ihren Lohn dahin haben. Aber die Veden erteilen auch hier uns gleichsam die höhere Weihe, indem sie wiederholentlich versichern, daß, wer irgendeinen Lohn seiner Werke begehrt, noch auf dem Wege der Finsternis begriffen und zur Erlösung nicht reif sei. – Wenn einer, indem er ein Almosen gibt, mich früge, was er davon hat; so wäre meine gewissenhafte Antwort: ›Dieses, daß jenem Armen sein Schicksal um so viel erleichtert wird; außerdem aber schlechterdings nichts. Ist dir nun damit nicht gedient und daran eigentlich nichts gelegen; so hast du eigentlich nicht ein Almosen geben, sondern einen Kauf tun wollen: da bist du um dein Geld betrogen. Ist dir aber daran gelegen, daß jener, den der Mangel drückt, weniger leide; so hast du eben deinen Zweck erreicht, hast dies davon, daß er weniger leidet, und siehst genau, wieweit deine Gabe sich belohnt.‹

Wie ist es nun aber möglich, daß ein Leiden, welches nicht *meines* ist, nicht *mich* trifft, doch ebenso unmittelbar wie sonst nur mein eigenes Motiv für mich werden, mich zum Handeln bewegen soll? Wie gesagt, nur dadurch, daß ich es, obgleich mir nur als ein Äußeres, bloß vermittelst der äußern Anschauung oder Kunde gegeben, dennoch *mitempfinde*, es als *meines fühle* und doch nicht *in mir*, sondern *in einem andern*, und also eintritt, was schon *Calderon* ausspricht:

>   ... que entre el ver
> Padecer y el padecer
> Ninguna distancia habia.
> (... daß zwischen Leiden
> Sehn und leiden
> Kein Unterschied sei.)
> ›No siempre el peor es cierto‹ jornada 2, p. 229

Dies aber setzt voraus, daß ich mich mit dem andern gewissermaßen identifiziert habe und folglich die Schranke zwischen Ich und Nicht-Ich für den Augenblick aufgehoben sei: nur dann wird die Angelegenheit des andern, sein Bedürfnis, seine Not, sein Leiden unmittelbar zum meinigen; dann erblicke ich ihn nicht mehr, wie ihn doch die empirische Anschauung gibt, als ein mir Fremdes, mir Gleichgültiges, von mir gänzlich Verschiedenes; sondern *in ihm* leide ich mit, trotzdem daß seine Haut meine Nerven nicht einschließt. Nur dadurch kann *sein* Wehe, *seine* Not Motiv *für mich* werden: außer dem kann es durchaus nur meine eigene. *Dieser Vorgang* ist, ich wiederhole es, *mysteriös*: denn er ist etwas, wovon die Vernunft keine unmittelbare Rechenschaft geben kann und dessen Gründe auf dem Wege der Erfahrung nicht auszumitteln sind. Und doch ist er alltäglich. Jeder hat ihn oft an sich selbst erlebt, sogar dem Hartherzigsten und Selbstsüchtigsten ist er nicht fremdgeblieben. Er tritt täglich ein, vor unsern Augen, im Einzelnen, im Kleinen, überall, wo auf unmittelbaren Antrieb ohne viel Überlegung ein Mensch dem andern hilft und beispringt, ja bisweilen selbst sein Leben für einen, den er zum ersten Male sieht, in die augenscheinlichste Gefahr setzt, ohne mehr dabei zu denken als eben, daß er die große Not und Gefahr des andern sieht. Er tritt im Großen ein, wenn nach langer Überlegung und schwerer Debatte die hochherzige britische Nation zwanzig Millionen Pfund Sterling hingibt, um den Negersklaven in ihren Kolonien die Freiheit zu erkaufen; unter dem Beifallsjubel einer ganzen Welt. Wer diese schöne Handlung im großen Stil dem Mitleid als Triebfeder absprechen wollte, um sie dem Christentum zuzuschreiben, bedenke, daß im ganzen Neuen Testament kein Wort gegen die Sklaverei gesagt ist, so allgemein auch damals die Sache war; und daß vielmehr noch 1860 in Nordamerika bei Debatten über die Sklaverei einer sich darauf berufen hat, daß Abraham und Jakob auch Sklaven gehalten haben.

Was nun in jedem einzelnen Fall die praktischen Ergebnisse jenes mysteriösen innern Vorganges sein werden, mag die Ethik in Kapiteln und Paragraphen über Tugendpflichten oder Liebespflichten oder unvollkommene Pflichten oder wie sonst auseinandersetzen. Die Wurzel, die Grundlage von dem allen ist die hier dargelegte, aus welcher der Grundsatz entspringt: ›omnes, quantum potes, iuva‹; und aus diesem ist hier alles übrige gar leicht abzuleiten, wie aus der ersten Hälfte meines Prinzips, also aus dem ›neminem laede‹ alle Pflichten der Gerechtigkeit. Die Ethik ist in Wahrheit die leichteste aller Wissenschaften; wie es auch nicht anders zu erwarten steht, da jeder die Obliegenheit hat, sie selbst zu konstruieren, selbst aus dem obersten Grundsatz, der in seinem Herzen wurzelt, die Regel für jeden vorkommenden Fall abzuleiten: denn wenige haben die Muße und Geduld, eine fertig konstruierte Ethik zu erlernen. Aus der Gerechtigkeit und Menschenliebe fließen sämtliche Tugenden, daher sind jene die Kardinaltugenden, mit deren Ableitung der Grundstein der Ethik gelegt ist. – Gerechtigkeit ist der ganze ethische Inhalt des Alten Testaments und Menschenliebe der des Neuen: diese ist die καινὴ ἐντολή [das neue Gebot] (Joh. 13, 34), in welcher nach Paulus (Röm. 13, 8–10) alle christlichen Tugenden enthalten sind.

§ 19
Bestätigungen des dargelegten Fundaments der Moral

Die jetzt ausgesprochene Wahrheit, daß das Mitleid als die einzige nicht-egoistische auch die alleinige echt moralische Triebfeder sei, ist seltsamer-, ja fast unbegreiflicherweise paradox. Ich will daher versuchen, sie den Überzeugungen des Lesers dadurch zu entfremden, daß ich sie als durch die

Erfahrung und die Aussprüche des allgemeinen Menschengefühls bestätigt nachweise.

1. Zu diesem Zweck will ich zuvörderst einen beliebig erdachten Fall zum Beispiel nehmen, der in dieser Untersuchung als experimentum crucis [entscheidende Probe] gelten kann. Um mir aber nicht die Sache leicht zu machen, nehme ich keinen Fall der Menschenliebe, sondern eine Rechtsverletzung, und zwar die stärkste. – Man setze zwei junge Leute, Gaius und Titus, beide leidenschaftlich verliebt, doch jeder in ein anderes Mädchen; und jedem stehe ein wegen äußerer Umstände bevorzugter Nebenbuhler durchaus im Wege. Beide seien entschlossen, jeder den seinigen aus der Welt zu schaffen, und beide seien vor aller Entdeckung, sogar vor jedem Verdacht vollkommen gesichert. Als jedoch jeder seinerseits an die nähere Veranstaltung des Mordes geht, stehn beide nach einem Kampfe mit sich selbst davon ab. Über die Gründe dieses Aufgebens ihres Entschlusses sollen sie uns aufrichtige und deutliche Rechenschaft ablegen. – Nun soll die Rechenschaft, welche Gaius gibt, ganz in die Wahl des Lesers gestellt sein. Er mag etwan durch religiöse Gründe wie den Willen Gottes, die dereinstige Vergeltung, das künftige Gericht u.dgl. abgehalten worden sein. – Oder aber er sage: ›Ich bedachte, daß die Maxime meines Verfahrens in diesem Fall sich nicht geeignet haben würde, eine allgemeingültige Regel für alle möglichen vernünftigen Wesen abzugeben, indem ich ja meinen Nebenbuhler allein als Mittel und nicht zugleich als Zweck behandelt haben würde.‹ – Oder er sage mit *Fichte*: ›Jedes Menschenleben ist Mittel zur Realisation des Sittengesetzes: also kann ich nicht, ohne gegen die Realisation des Sittengesetzes gleichgültig zu sein, einen vernichten, der zu derselben beizutragen bestimmt ist‹ (›Sittenlehre‹ S. 373). (Diesem Skrupel, beiläufig gesagt, könnte er dadurch begegnen, daß er im Besitz seiner Geliebten bald ein neues Instrument des Sittengesetzes zu produzieren hofft.) – Oder er sage nach *Wollastone*: ›Ich habe überlegt, daß jene Handlung der Ausdruck eines unwahren Satzes sein würde.‹ – Oder er sage nach *Hutcheson*: ›Der moralische Sinn, dessen Empfindungen

wie die jedes andern Sinnes nicht weiter erklärlich sind, hat mich bestimmt, es sein zu lassen.‹ – Oder er sage nach *Adam Smith*: ›Ich sah voraus, daß meine Handlung gar keine Sympathie mit mir in den Zuschauern derselben erregt haben würde.‹ – Oder nach *Christian Wolff*: ›Ich erkannte, daß ich dadurch meiner eigenen Vervollkommnung entgegenarbeiten und auch keine fremde befördern würde.‹ – Oder er sage nach *Spinoza*: ›Homini nihil utilius homine: ergo hominem interimere nolui.‹ [Nichts ist dem Menschen nützlicher als der Mensch: daher habe ich den Menschen nicht töten mögen; ›Ethica‹ 4, prop. 18, schol.] – Kurz: er sage, was man will. – Aber *Titus*, dessen Rechenschaft ich mir vorbehalte, der sage: ›Wie es zu den Anstalten kam und ich deshalb für den Augenblick mich nicht mit meiner Leidenschaft, sondern mit jenem Nebenbuhler zu beschäftigen hatte; da zuerst wurde mir recht deutlich, was jetzt mit ihm eigentlich vorgehn sollte. Aber nun ergriff mich Mitleid und Erbarmen, es jammerte mich seiner, ich konnte es nicht übers Herz bringen: ich habe es nicht tun können.‹ – Jetzt frage ich jeden redlichen und unbefangenen Leser: Welcher von beiden ist der bessere Mensch? – Welchem von beiden möchte er sein eigenes Schicksal lieber in die Hand geben? – Welcher von ihnen ist durch das reinere Motiv zurückgehalten worden? – Wo liegt demnach das Fundament der Moral?

2. Nichts empört so im tiefsten Grunde unser moralisches Gefühl wie Grausamkeit. Jedes andere Verbrechen können wir verzeihen, nur Grausamkeit nicht. Der Grund hievon ist, daß Grausamkeit das gerade Gegenteil des Mitleids ist. Wenn wir von einer sehr grausamen Tat Kunde erhalten, wie z. B. die ist, welche eben jetzt die Zeitungen berichten von einer Mutter, die ihren fünfjährigen Knaben dadurch gemordet hat, daß sie ihm siedendes Öl in den Schlund goß, und ihr jüngeres Kind dadurch, daß sie es lebendig begrub – oder die, welche eben aus Algier gemeldet wird, daß nach einem zufälligen Streit und Kampf zwischen einem Spanier und einem Algierer dieser als der stärkere jenem die ganze untere Kinnlade rein ausriß und als Trophäe davon-

trug, jenen lebend zurücklassend – dann werden wir von Entsetzen ergriffen und rufen aus: ›Wie ist es möglich, so etwas zu tun?‹ – Was ist der Sinn dieser Frage? Ist er vielleicht: Wie ist es möglich, die Strafen des künftigen Lebens so wenig zu fürchten? – Schwerlich. – Oder: Wie ist es möglich, nach einer Maxime zu handeln, die so gar nicht geeignet ist, ein allgemeines Gesetz für alle vernünftigen Wesen zu werden? – Gewiß nicht. – Oder: Wie ist es möglich, seine eigene und die fremde Vollkommenheit so sehr zu vernachlässigen? – Ebensowenig. – Der Sinn jener Frage ist ganz gewiß bloß dieser: Wie ist es möglich, so ganz ohne Mitleid zu sein? – Also ist es der größte Mangel an Mitleid, der einer Tat den Stempel der tiefsten moralischen Verworfenheit und Abscheulichkeit aufdrückt. Folglich ist Mitleid die eigentliche moralische Triebfeder.

3. Überhaupt ist die von mir aufgestellte Grundlage der Moral und Triebfeder der Moralität die einzige, der sich eine reale, ja ausgedehnte Wirksamkeit nachrühmen läßt. Denn von den übrigen Moralprinzipien der Philosophen wird dies wohl niemand behaupten wollen; da diese aus abstrakten, zum Teil selbst spitzfindigen Sätzen bestehn ohne anderes Fundament als eine künstliche Begriffskombination, so daß ihre Anwendung auf das wirkliche Handeln sogar oft eine lächerliche Seite haben würde. Eine gute Tat, bloß aus Rücksicht auf das Kantische Moralprinzip vollbracht, würde im Grunde das Werk eines philosophischen Pedantismus sein oder aber auf Selbsttäuschung hinauslaufen, indem die Vernunft des Handelnden eine Tat, welche andere, vielleicht edlere Triebfedern hätte, als das Produkt des kategorischen Imperativs und des auf nichts gestützten Begriffs der Pflicht auslegte. Aber nicht nur von den *philosophischen*, auf bloße Theorie berechneten, sondern sogar auch von den ganz zum praktischen Behuf aufgestellten *religiösen* Moralprinzipien läßt sich selten eine entschiedene Wirksamkeit nachweisen. Dies sehn wir zuvörderst daran, daß trotz der großen Religionsverschiedenheit auf Erden der Grad der Moralität oder vielmehr Immoralität durchaus keine jener entsprechende Verschiedenheit aufweist, son-

dern im wesentlichen so ziemlich überall derselbe ist. Nur muß man nicht Roheit und Verfeinerung mit Moralität und Immoralität verwechseln. Die Religion der Griechen hatte eine äußerst geringe, fast nur auf den Eid beschränkte moralische Tendenz; es wurde kein Dogma gelehrt und keine Moral öffentlich gepredigt: wir sehn aber nicht, daß deshalb die Griechen, alles zusammengenommen, moralisch schlechter gewesen wären als die Menschen der christlichen Jahrhunderte. Die Moral des Christentums ist viel höherer Art als die der übrigen Religionen, die jemals in Europa aufgetreten sind: aber wer deshalb glauben wollte, daß die europäische Moralität sich in eben dem Maße verbessert hätte und jetzt wenigstens unter den gleichzeitigen exzellierte, den würde man nicht nur bald überführen können, daß unter Mohammedanern, Gebern[1], Hindu und Buddhaisten mindestens ebensoviel Redlichkeit, Treue, Toleranz, Sanftmut, Wohltätigkeit, Edelmut und Selbstverleugnung gefunden wird als unter den christlichen Völkern; sondern sogar würde das lange Verzeichnis unmenschlicher Grausamkeiten, die das Christentum begleitet haben, in den zahlreichen Religionskriegen, den unverantwortlichen Kreuzzügen, in der Ausrottung eines großen Teils der Ureinwohner Amerikas und [der] Bevölkerung dieses Weltteils mit aus Afrika herangeschleppten, ohne Recht, ohne einen Schein des Rechts ihren Familien, ihrem Vaterlande, ihrem Weltteil entrissenen und zu endloser Zuchthausarbeit verdammten Negersklaven[2], in den unermüdlichen Ketzerverfolgungen und himmelschreienden Inquisitionsgerichten, in der Bartholomäusnacht, in der Hinrichtung von 18000 Niederländern durch Alba, usw. usw. – eher einen Ausschlag zuungunsten des Christentums besorgen lassen. Überhaupt aber, wenn man die vortreffliche Moral, welche die christliche und mehr oder weniger jede Religion predigt,

1. [Bezeichnung der Mohammedaner für die Bekenner des Persismus in Persien und Ostindien, auch Parsen genannt]
2. Nocht jetzt wird nach Buxton: ›The African slavetrade‹, 1839, ihre Zahl *jährlich* durch ungefähr 150000 frische Afrikaner vermehrt, bei deren Einfangung und Reise über 200000 andere jämmerlich umkommen.

vergleicht mit der Praxis ihrer Bekenner und sich vorstellt, wohin es mit dieser kommen würde, wenn nicht der weltliche Arm die Verbrechen verhinderte, ja was wir zu befürchten hätten, wenn auch nur auf *einen* Tag alle Gesetze aufgehoben würden; so wird man bekennen müssen, daß die Wirkung aller Religionen auf die Moralität eigentlich sehr geringe ist. Hieran ist freilich die Glaubensschwäche schuld. Theoretisch und solange es bei der frommen Betrachtung bleibt, scheint jedem sein Glaube fest. Allein die Tat ist der harte Probierstein aller unserer Überzeugungen: wenn es zu ihr kommt und nun der Glaube durch große Entsagungen und schwere Opfer bewährt werden soll; da zeigt sich die Schwäche desselben. Wenn ein Mensch ein Verbrechen ernstlich meditiert; so hat er die Schranke der echten reinen Moralität bereits durchbrochen: danach aber ist das erste, was ihn aufhält, allemal der Gedanke an Justiz und Polizei. Entschlägt er sich dessen durch die Hoffnung, diesen zu entgehn; so ist die zweite Schranke, die sich ihm entgegenstellt, die Rücksicht auf seine Ehre. Kommt er nun aber auch über diese Schutzwehr hinweg; so ist sehr viel dagegen zu wetten, daß nach Überwindung dieser zwei mächtigen Widerstände jetzt noch irgendein Religionsdogma Macht genug über ihn haben werde, um ihn von der Tat zurückzuhalten. Denn wen nahe und gewisse Gefahren nicht abschrecken, den werden die entfernten und bloß auf Glauben beruhenden schwerlich in Zaum halten. Überdies läßt sich gegen jede ganz allein aus religiösen Überzeugungen hervorgegangene gute Handlung noch einwenden, daß sie nicht uneigennützig gewesen, sondern aus Rücksicht auf Lohn und Strafe geschehn sei, folglich keinen rein moralischen Wert habe. Diese Einsicht finden wir stark ausgedrückt in einem Briefe des berühmten Großherzogs Carl August von Weimar, wo es heißt: ›Baron *Weyhers* fand selber, das müsse ein schlechter Kerl sein, der durch Religion gut und nicht von Natur dazu geneigt sei. In vino veritas‹ [Im Wein liegt Wahrheit] (Briefe an Johann Heinrich Merck 229). – Nun betrachte man dagegen die von mir aufgestellte moralische Triebfeder. Wer wagt es, einen Augenblick in

Abrede zu stellen, daß sie zu allen Zeiten, unter allen Völkern, in allen Lagen des Lebens, auch im gesetzlosen Zustande, auch mitten unter den Greueln der Revolutionen und Kriege, und im Großen wie im Kleinen, jeden Tag und jede Stunde, eine entschiedene und wahrhaft wundersame Wirksamkeit äußert, täglich vieles Unrecht verhindert, gar manche gute Tat ohne alle Hoffnung auf Lohn und oft ganz unerwartet ins Dasein ruft und daß, wo sie und nur sie allein wirksam gewesen, wir alle mit Rührung und Hochachtung der Tat den echten moralischen Wert unbedingt zugestehn.

4. Denn grenzenloses Mitleid mit allen lebenden Wesen ist der festeste und sicherste Bürge für das sittliche Wohlverhalten und bedarf keiner Kasuistik. Wer davon erfüllt ist, wird zuverlässig keinen verletzen, keinen beeinträchtigen, keinem wehe tun, vielmehr mit jedem Nachsicht haben, jedem verzeihen, jedem helfen, soviel er vermag, und alle seine Handlungen werden das Gepräge der Gerechtigkeit und Menschenliebe tragen. Hingegen versuche man einmal zu sagen: ›Dieser Mensch ist tugendhaft, aber er kennt kein Mitleid.‹ Oder: ›Es ist ein ungerechter und boshafter Mensch; jedoch ist er sehr mitleidig‹ – so wird der Widerspruch fühlbar. – Der Geschmack ist verschieden; aber ich weiß mir kein schöneres Gebet als das, womit die alt-indischen Schauspiele (wie in früheren Zeiten die englischen mit dem für den König) schließen. Es lautet: ›Mögen alle lebenden Wesen von Schmerzen frei bleiben!‹

5. Auch aus einzelnen Zügen läßt sich entnehmen, daß die wahre moralische Grundtriebfeder das Mitleid ist. Es ist z.B. ebenso unrecht, einen Reichen wie einen Armen durch gefahrlose legale Kniffe um hundert Taler zu bringen: aber die Vorwürfe des Gewissens und der Tadel der unbeteiligten Zeugen werden im zweiten Fall sehr viel lauter und heftiger ausfallen; daher auch schon Aristoteles sagt: Δεινότερον δέ ἐστι τὸν ἀτυχοῦντα ἢ τὸν εὐτυχοῦντα ἀδικεῖν. (Iniquius autem est, iniuriam homini infortunato quam fortunato intulisse.) [Es ist schmählicher, einem Unglücklichen Unrecht zu tun als einem Glücklichen.] (›Problemata‹ 29, 2 [p. 950b 3]). Hingegen werden die Vorwürfe noch

leiser als im ersten Falle sein, wenn es eine Staatskasse ist, die man übervorteilt hat: denn diese kann kein Gegenstand des Mitleids sein. Man sieht, daß nicht unmittelbar die Rechtsverletzung, sondern zunächst das dadurch auf den andern gebrachte Leiden den Stoff des eigenen und fremden Tadels liefert. Die bloße Rechtsverletzung als solche, z.B. die obige gegen eine Staatskasse, wird zwar auch vom Gewissen und von andern gemißbilligt werden, aber nur sofern die Maxime, *jedes* Recht zu achten, welche den wahrhaft ehrlichen Mann macht, dadurch gebrochen ist; also mittelbar und im geringern Grade. War es jedoch eine *anvertraute* Staatskasse, so ist der Fall ein ganz anderer, indem hier der oben festgestellte Begriff der *doppelten Ungerechtigkeit* mit seinen spezifischen Eigenschaften eintritt. Auf dem hier Auseinandergesetzten beruht es, daß der schwerste Vorwurf, welcher habsüchtigen Erpressern und legalen Schurken überall gemacht wird, der ist, daß sie das Gut der Witwen und Waisen an sich gerissen haben: eben weil diese, als ganz hülflos, mehr noch als andere hätten das Mitleid erwecken sollen. Der gänzliche Mangel an diesem ist es also, welcher den Menschen der Ruchlosigkeit überführt.

6. Noch augenscheinlicher als der Gerechtigkeit liegt der Menschenliebe Mitleid zum Grunde. Keiner wird von andern Beweise echter Menschenliebe erhalten, solange es ihm in jedem Betracht wohlgeht. Der Glückliche kann zwar das Wohlwollen seiner Angehörigen und Freunde vielfach erfahren: aber die Äußerungen jener reinen, uneigennützigen, objektiven Teilnahme am fremden Zustand und Schicksal, welche Wirkung der Menschenliebe sind, bleiben dem in irgendeinem Betracht Leidenden aufbehalten. Denn an dem Glücklichen *als solchem* nehmen wir nicht teil; vielmehr bleibt er *als solcher* unserm Herzen fremd: ›Habeat sibi sua.‹ [Möge er das Seinige für sich behalten.] Ja er wird, wenn er viel vor andern voraushat, leicht Neid erregen, welcher droht bei seinem einstigen Sturz von der Höhe des Glücks sich in Schadenfreude zu verwandeln. Jedoch bleibt diese Drohung meistens unerfüllt, und es kommt nicht zu dem Sophokleischen: Γελῶσι δ' ἐχθροί (Rident inimici.) [Die

Feinde triumphieren; ›Electra‹ 1153.] Denn sobald der Glückliche stürzt, geht eine große Umgestaltung in den Herzen der übrigen vor, welche für unsere Betrachtung belehrend ist. Nämlich zuvörderst zeigt sich jetzt, welcher Art der Anteil war, den die Freunde seines Glücks an ihm nahmen: ›Diffugiunt cadis cum faece siccatis amici.‹ [Sind erst die Krüge leer, so fliehen mit dem Reste die Freunde; Horaz ›Carmina‹ 1, 35, 26.] Aber andererseits, was er mehr fürchtete als das Unglück selbst und was zu denken ihm unerträglich fiel, das Frohlocken der Neider seines Glücks, das Hohngelächter der Schadenfreude bleibt meistens aus: der Neid ist versöhnt, er ist mit seiner Ursache verschwunden, und das jetzt an seine Stelle tretende Mitleid gebiert die Menschenliebe. Oft haben die Neider und Feinde eines Glücklichen bei seinem Sturz sich in schonende, tröstende und helfende Freunde verwandelt. Wer hat nicht, wenigstens in schwächeren Graden, etwas der Art an sich selbst erlebt und, von irgendeinem Unglücksfall betroffen, mit Überraschung gesehn, daß die, welche bisher die größte Kälte, sogar Übelwollen gegen ihn verrieten, jetzt mit ungeheuchelter Teilnahme an ihn herantraten! Denn Unglück ist die Bedingung des Mitleids und Mitleid die Quelle der Menschenliebe. – Dieser Betrachtung verwandt ist die Bemerkung, daß unsern Zorn, selbst wenn er gerecht ist, nichts so schnell besänftigt wie hinsichtlich des Gegenstandes desselben die Rede: ›Es ist ein Unglücklicher.‹ Denn was für das Feuer der Regen, das ist für den Zorn das Mitleid. Dieserhalb rate ich dem, der nicht gern etwas zu bereuen haben möchte, daß, wenn er von Zorn gegen einen andern entbrannt, diesem ein großes Leid zuzufügen gedenkt – er sich lebhaft vorstellen möge, er hätte es ihm bereits zugefügt, sähe ihn jetzt mit seinen geistigen oder körperlichen Schmerzen oder [mit] Not und Elend ringen und müßte zu sich sagen: das ist mein Werk. Wenn *irgend etwas*, so vermag *dieses* seinen Zorn zu dämpfen. Denn Mitleid ist das rechte Gegengift des Zorns, und durch jenen Kunstgriff gegen sich selbst antizipiert man, während es noch Zeit ist,

> la pitié, dont la voix,
> Alors qu'on est vengé, fait entendre ses lois.
> [das Mitleid, dessen Stimme,
> Nachdem man Rache nahm, sein Gebot vernehmen läßt.]
> *Voltaire,* ›Sémiramis‹ acte 5, scène 6

Überhaupt wird unsere gehässige Stimmung gegen andere durch nichts so leicht beseitigt, als wenn wir einen Gesichtspunkt fassen, von welchem aus sie unser Mitleid in Anspruch nehmen. – Sogar daß Eltern in der Regel das kränkliche Kind am meisten lieben, beruht darauf, daß es immerfort Mitleid erregt.

7. Die von mir aufgestellte moralische Triebfeder bewährt sich als die echte ferner dadurch, daß sie auch *die Tiere* in ihren Schutz nimmt, für welche in den andern europäischen Moralsystemen so unverantwortlich schlecht gesorgt ist. Die vermeinte Rechtlosigkeit der Tiere, der Wahn, daß unser Handeln gegen sie ohne moralische Bedeutung sei oder, wie es in der Sprache jener Moral heißt, daß es gegen Tiere keine Pflichten gebe, ist geradezu eine empörende Roheit und Barbarei des Okzidents, deren Quelle im Judentum liegt. In der Philosophie beruht sie auf der aller Evidenz zum Trotz angenommenen gänzlichen Verschiedenheit zwischen Mensch und Tier, welche bekanntlich am entschiedensten und grellsten von *Cartesius* [Descartes] ausgesprochen ward, als eine notwendige Konsequenz seiner Irrtümer. Als nämlich die Cartesisch-Leibniz-Wolffische Philosophie aus abstrakten Begriffen die rationale Psychologie aufbaute und eine unsterbliche ›anima rationalis‹ konstruierte; da traten die natürlichen Ansprüche der Tierwelt diesem exklusiven Privilegio und Unsterblichkeits-Patent der Menschenspezies augenscheinlich entgegen, und die Natur legte wie bei allen solchen Gelegenheiten still ihren Protest ein. Nun mußten die von ihrem intellektuellen Gewissen geängstigten Philosophen suchen, die rationale Psychologie durch die empirische zu stützen, und daher bemüht sein, zwischen Mensch und Tier eine ungeheuere Kluft, einen unermeßlichen Abstand zu eröffnen, um aller

Evidenz zum Trotz sie als von Grund aus verschieden darzustellen. Solcher Bemühungen spottet schon *Boileau:*

> Les animaux ont-ils des universités?
> Voit-on fleurir chez eux les quatre facultés?
> [Die Tiere, – haben sie denn Universitäten?
> Sieht man bei ihnen blühn die vier Fakultäten?
> ›Satire‹ 8, 165]

Da sollten am Ende gar die Tiere sich nicht von der Außenwelt zu unterscheiden wissen und kein Bewußtsein ihrer selbst, kein Ich haben! Gegen solche abgeschmackte[n] Behauptungen darf man nur auf den jedem Tiere, selbst dem kleinsten und letzten, inwohnenden grenzenlosen Egoismus hindeuten, der hinlänglich bezeugt, wie sehr die Tiere sich ihres Ichs, der Welt oder dem Nicht-Ich gegenüber bewußt sind. Wenn so ein Cartesianer sich zwischen den Klauen eines Tigers befände, würde er auf das deutlichste innewerden, welchen scharfen Unterschied ein solcher zwischen seinem Ich und Nicht-Ich setzt. Solchen Sophistikationen der Philosophen entsprechend finden wir auf dem populären Wege die Eigenheit mancher Sprachen, namentlich der deutschen, daß sie für das Essen, Trinken, Schwangersein, Gebären, Sterben und den Leichnam der Tiere ganz eigene Worte haben, um nicht die gebrauchen zu müssen, welche jene Akte beim Menschen bezeichnen, und so unter der Diversität der Worte die vollkommene Identität der Sache zu verstecken. Da die alten Sprachen eine solche Duplizität der Ausdrücke nicht kennen, sondern unbefangen dieselbe Sache mit demselben Worte bezeichnen; so ist jener elende Kunstgriff ohne Zweifel das Werk europäischer Pfaffenschaft, die in ihrer Profanität nicht glaubt weit genug gehn zu können im Verleugnen und Lästern des ewigen Wesens, welches in allen Tieren lebt; wodurch sie den Grund gelegt hat zu der in Europa üblichen Härte und Grausamkeit gegen Tiere, auf welche ein Hochasiate nur mit gerechtem Abscheu hinsehn kann. In der englischen Sprache begegnen wir jenem nichtswürdigen Kunstgriff nicht; ohne Zweifel, weil die Sachsen, als sie England eroberten, noch keine Christen waren. Dagegen findet sich ein Analogon desselben in der Eigentümlichkeit, daß im Englischen alle Tiere generis neutrius sind und daher durch das Pronomen ›it‹ (es) vertreten werden, ganz wie leblose Dinge; welches, zumal bei den Primaten, wie Hunde, Affen usw., ganz empörend ausfällt und unverkennbar ein Pfaffenkniff ist, um die Tiere zu Sachen herabzusetzen. Die alten Ägypter, deren ganzes Leben religiösen Zwecken geweiht war, setzten in denselben Grüften die Mumien der Menschen und die der Ibisse, Krokodile usw. bei: aber in Europa ist es ein Greuel und Verbrechen, wenn der treue Hund neben der Ruhestätte seines Herrn begraben wird, auf welcher er bisweilen aus einer Treue und Anhänglichkeit, wie sie beim Menschengeschlechte nicht gefunden wird, seinen eigenen Tod abgewartet hat. – Auf die Erkenntnis der Identität des Wesentlichen in der Erscheinung des Tiers und der des Menschen leitet nichts entschiedener hin als die Beschäftigung mit Zoologie und Anatomie: was soll man daher sagen, wenn heutzutage (1839) ein frömmelnder Zootom[1] einen absoluten und radikalen Unterschied zwischen Mensch und Tier zu urgieren sich erdreistet und hierin so weit geht, die redlichen Zoologen, welche fern von aller Pfäfferei, Augendienerei und Tartüffianismus an der Hand der Natur und [der] Wahrheit ihren Weg verfolgen, anzugreifen und zu verunglimpfen?

Man muß wahrlich an allen Sinnen blind oder vom ›foetor Iudaicus‹ [Knoblauchgeruch] total chloroformiert sein, um nicht zu erkennen, daß das Wesentliche und Hauptsächliche im Tiere und im Menschen dasselbe ist und daß, was beide unterscheidet, nicht im Primären, im Prinzip, im Archaios, im innern Wesen, im Kern beider Erscheinungen liegt, als welcher in der einen wie in der andern *der Wille* des Individuums ist, sondern allein im Sekundären, im Intellekt, im Grad der Erkenntniskraft, welcher beim Menschen durch das hinzugekommene Vermögen *abstrakter* Er-

---

1. [Nach einem Brief Schopenhauers an Frauenstädt vom 12. September 1852 war es Rudolph Wagner, dessen ›Lehrbuch der Physiologie‹ 1839 erschien.]

kenntnis, genannt *Vernunft*, ein ungleich höherer ist, jedoch
erweislich nur vermöge einer größern zerebralen Entwickelung, also der somatischen Verschiedenheit eines einzigen
Teiles, des Gehirns, und namentlich seiner Quantität nach.
Hingegen ist des Gleichartigen zwischen Tier und Mensch
sowohl psychisch als somatisch ohne allen Vergleich mehr.
So einem okzidentalischen, judaisierten Tierverächter und
Vernunftidolater[1] muß man in Erinnerung bringen, daß, wie
er von *seiner* Mutter, so auch der Hund von der *seinigen* gesäugt worden ist. Daß sogar *Kant* in jenen Fehler der Zeit-
und Landesgenossen gefallen ist, habe ich oben gerügt. Daß
die Moral des Christentums die Tiere nicht berücksichtigt,
ist ein Mangel derselben, den es besser ist einzugestehn als
zu perpetuieren und über den man sich um so mehr wundern muß, als diese Moral im übrigen die größte Übereinstimmung zeigt mit der des Brahmanismus und Buddhaismus, bloß weniger stark ausgedrückt und nicht bis zu den
Extremen durchgeführt ist; daher man kaum zweifeln kann,
daß sie wie auch die Idee von einem Mensch gewordenen
Gotte (Avatar) aus Indien stammt und über Ägypten nach
Judäa gekommen sein mag; so daß das Christentum ein Abglanz indischen Urlichtes von den Ruinen Ägyptens wäre,
welcher aber leider auf jüdischen Boden fiel. Als ein artiges
Symbol des eben gerügten Mangels in der christlichen Moral,
bei ihrer sonstigen großen Übereinstimmung mit der indischen, ließe sich der Umstand auffassen, daß Johannes der
Täufer ganz in der Weise eines indischen Saniassi auftritt,
dabei aber – in Tierfelle gekleidet! welches bekanntlich jedem Hindu ein Greuel sein würde; da sogar die Königliche
Sozietät zu Kalkutta ihr Exemplar der Veden nur unter dem
Versprechen erhielt, daß sie es nicht nach europäischer
Weise in Leder binden lassen würde: daher es sich in ihrer
Bibliothek in Seide gebunden vorfindet. Einen ähnlichen
charakteristischen Kontrast bietet die evangelische Geschichte vom Fischzuge Petri, den der Heiland durch ein
Wunder dermaßen segnet, daß die Boote mit Fischen bis
zum Sinken überfüllt werden (Luk. 5), mit der Geschichte

1. [Vernunftanbeter]

von dem in ägyptische Weisheit eingeweihten Pythagoras, welcher den Fischern ihren Zug, während das Netz noch unter dem Wasser liegt, abkauft, um sodann allen gefangenen Fischen ihre Freiheit zu schenken (Apuleius, ›De magia‹ p. 36, editio Bipontini). – Mitleid mit Tieren hängt mit der Güte des Charakters so genau zusammen, daß man zuversichtlich behaupten darf, wer gegen Tiere grausam ist, könne kein guter Mensch sein. Auch zeigt dieses Mitleid sich als aus derselben Quelle mit der gegen Menschen zu übenden Tugend entsprungen. So z. B. werden feinfühlende Personen bei der Erinnerung, daß sie, in übler Laune, im Zorn oder vom Wein erhitzt, ihren Hund, ihr Pferd, ihren Affen unverdienter- oder unnötigerweise oder über die Gebühr gemißhandelt haben, dieselbe Reue, dieselbe Unzufriedenheit mit sich selbst empfinden, welche bei der Erinnerung an gegen Menschen verübtes Unrecht empfunden wird, wo sie die Stimme des strafenden Gewissens heißt. Ich erinnere mich, gelesen zu haben, daß ein Engländer, der in Indien auf der Jagd einen Affen geschossen hatte, den Blick, welchen dieser im Sterben auf ihn warf, nicht vergessen gekonnt und seitdem nie mehr auf Affen geschossen hat. Ebenso Wilhelm Harris, ein wahrer Nimrod, der, bloß um das Vergnügen der Jagd zu genießen, in den Jahren 1836 und 1837 tief in das innere Afrika reiste. In seiner 1838 zu Bombay erschienenen Reise erzählt er, daß, nachdem er den ersten Elefanten, welches ein weiblicher war, erlegt hatte und am folgenden Morgen das gefallene Tier aufsuchte, alle anderen Elefanten aus der Gegend entflohen waren: bloß das Junge des gefallenen hatte die Nacht bei der toten Mutter zugebracht, kam jetzt, alle Furcht vergessend, den Jägern mit den lebhaftesten und deutlichsten Bezeugungen seines trostlosen Jammers entgegen und umschlang sie mit seinem kleinen Rüssel, um ihre Hülfe anzurufen. Da, sagt Harris, habe ihn eine wahre Reue über seine Tat ergriffen und sei ihm zumute gewesen, als hätte er einen Mord begangen. Diese feinfühlende englische Nation sehn wir vor allen anderen durch ein hervorstechendes Mitleid mit Tieren ausgezeichnet, welches sich bei jeder Gelegenheit kundgibt und die Macht gehabt hat, dieselbe, dem sie übrigens degradierenden ›kalten Aberglauben‹[1] zum Trotz, dahin zu bewegen, daß sie die in der Moral von der Religion gelassene Lücke durch die Gesetzgebung ausfüllte. Denn diese Lücke eben ist Ursache, daß man in Europa und Amerika der Tier-Schutz-Vereine bedarf, welche selbst nur mittelst Hülfe der Justiz und Polizei wirken können. In Asien gewähren die Religionen den Tieren hinlänglichen Schutz, daher dort kein Mensch an dergleichen Vereine denkt. Indessen erwacht auch in Europa mehr und mehr der Sinn für die Rechte der Tiere in dem Maße, als die seltsamen Begriffe von einer bloß zum Nutzen und Ergötzen der Menschen ins Dasein gekommenen Tierwelt, infolge welcher man die Tiere ganz als Sachen behandelt, allmälig verblassen und verschwinden. Denn diese sind die Quelle der rohen und ganz rücksichtslosen Behandlung der Tiere in Europa, und habe ich den alttestamentlichen Ursprung derselben nachgewiesen im zweiten Bande der ›Parerga‹ § 177 *[Band 5]*. Zum Ruhme der Engländer also sei es gesagt, daß bei ihnen zuerst das Gesetz auch die Tiere ganz ernstlich gegen grausame Behandlung in Schutz genommen hat und der Bösewicht es wirklich büßen muß, daß er gegen Tiere, selbst wenn sie ihm gehören, gefrevelt hat. Ja hiemit noch nicht zufrieden, besteht in London eine zum Schutz der Tiere freiwillig zusammengetretene Gesellschaft, ›Society for the prevention of cruelty to animals‹, welche auf Privatwegen mit bedeutendem Aufwande sehr viel tut, um der Tierquälerei entgegenzuarbeiten. Ihre Emissarien passen heimlich auf, um nachher als Denunzianten der Quäler sprachloser, empfindender Wesen aufzutreten, und überall hat man deren Gegenwart zu befürchten[2]. Bei steilen Brücken

1. *[Vgl. Bd. 2, S. 439]*
2. Wie ernstlich die Sache genommen wird, zeigt das folgende ganz frische Beispiel, welches ich aus dem ›Birmingham-Journal‹ vom Dezember 1839 übersetze: ›Gefangennehmung einer Gesellschaft von 84 Hundehetzern. – Da man erfahren hatte, daß gestern auf dem Plan in der Fuchsstraße zu Birmingham eine Hundehetze stattfinden sollte, ergriff die Gesellschaft der Tierfreunde Vorsichtsmaßregeln, um sich der Hülfe der Polizei zu versichern, von welcher ein starkes Detache-

in London hält die Gesellschaft ein Gespann Pferde, welches jedem schwer beladenen Wagen unentgeltlich vorgelegt wird. Ist das nicht schön? Erzwingt es nicht unsern Beifall sogut wie eine Wohltat gegen Menschen? Auch die Philanthropic Society zu London setzte ihrerseits im Jahre 1837 einen Preis von 30 Pfund aus für die beste Darlegung moralischer Gründe gegen Tierquälerei, welche jedoch hauptsächlich aus dem Christentum genommen sein sollten, wodurch freilich die Aufgabe erschwert war: der Preis ist 1839 dem Herrn MacNamara zuerkannt worden. In Philadelphia

ment nach dem Kampfplatze marschierte und, sobald es eingelassen worden, die gesamte gegenwärtige Gesellschaft arretierte. Diese Teilnehmer wurden nunmehr paarweise mit Handschlingen aneinandergebunden und dann das Ganze durch ein langes Seil in der Mitte vereinigt: so wurden sie nach dem Polizeiamt geführt, woselbst der Bürgermeister mit dem Magistrat Sitzung hielt. Die beiden Hauptpersonen wurden jede zu einer Strafe von 1 Pfund Sterling nebst $8^{1}/_{2}$ Schilling Kosten und im Nichtzahlungsfall zu vierzehn Tage schwerer Arbeit im Zuchthause verurteilt. Die übrigen wurden entlassen.‹ – Die Stutzer, welche bei solchen noblen Plaisiers nie zu fehlen pflegen, werden in der Prozession sehr geniert ausgesehn haben. – Aber ein noch strengeres Exempel aus neuerer Zeit finden wir in den ›Times‹ vom 6. April 1855, S. 6, und zwar eigentlich von dieser Zeitung selbst statuiert. Sie berichtet nämlich den gerichtlich gewordenen Fall der Tochter eines sehr begüterten schottischen Baronets, welche ihr Pferd höchst grausam mit Knüttel und Messer gepeinigt hatte, wofür sie zu 5 Pfund Sterling Strafe verurteilt worden war. Daraus nun aber macht so ein Mädchen sich nichts und würde also eigentlich ungestraft davongehüpft sein, wenn nicht die ›Times‹ mit der rechten und empfindlichen Züchtigung nachgekommen wären, indem sie, die Vor- und Zunamen des Mädchens zweimal mit großen Buchstaben hinsetzend, fortfahren: ›Wir können nicht umhin zu sagen, daß ein paar Monat Gefängnisstrafe, nebst einigen, privatim, aber vom handfestesten Weibe in Hampshire applizierten Auspeitschungen eine viel passendere Bestrafung der Miß N. N. gewesen sein würde. Eine Elende dieser Art hat alle ihrem Geschlechte zustehenden Rücksichten und Vorrechte verwirkt: wir können sie nicht mehr als ein Weib betrachten.‹ – Ich widme diese Zeitungsnachrichten besonders den jetzt in Deutschland errichteten Vereinen gegen Tierquälerei, damit sie sehn, wie man es angreifen muß, wenn es etwas werden soll; wiewohl ich dem preiswürdigen Eifer des Herrn Hofrat Perner in München, der sich diesem Zweige der Wohltätigkeit gänzlich gewidmet hat und die Anregung dazu über ganz Deutschland verbreitet, meine volle Anerkennung zolle.

besteht zu ähnlichen Zwecken eine Animals Friends Society. Dem Präsidenten derselben hat Thomas Forster (ein Engländer) sein Buch ›Philozoia, moral reflections on the actual condition of animals and the means of improving the same‹ (Brüssel 1839) dediziert. Das Buch ist originell und gut geschrieben. Als Engländer sucht der Verfasser seine Ermahnungen zu menschlicher Behandlung der Tiere natürlich auch auf die Bibel zu stützen, gleitet jedoch überall ab; so daß er endlich zu dem Argument greift, Jesus Christus sei ja im Stalle bei Öchselein und Eselein geboren, wodurch symbolisch angedeutet wäre, daß wir die Tiere als unsere Brüder zu betrachten und demgemäß zu behandeln hätten. – Alles hier Angeführte bezeugt, daß die in Rede stehende moralische Saite nachgerade auch in der okzidentalischen Welt anzuklingen beginnt. Daß übrigens das Mitleid mit Tieren nicht so weit führen muß, daß wir wie die Brahmanen uns der tierischen Nahrung zu enthalten hätten, beruht darauf, daß in der Natur die Fähigkeit zum Leiden gleichen Schritt hält mit der Intelligenz; weshalb der Mensch durch Entbehrung der tierischen Nahrung, zumal im Norden, mehr leiden würde, als das Tier durch einen schnellen und stets unvorhergesehenen Tod, welchen man jedoch mittelst Chloroform noch mehr erleichtern sollte. Ohne tierische Nahrung hingegen würde das Menschengeschlecht im Norden nicht einmal bestehn können. Nach demselben Maßstabe läßt der Mensch das Tier auch für sich arbeiten, und nur das Übermaß der aufgelegten Anstrengung wird zur Grausamkeit.

8. Sehn wir einmal ganz ab von aller vielleicht möglichen metaphysischen Erforschung des letzten Grundes jenes Mitleids, aus welchem allein die nicht-egoistischen Handlungen hervorgehn können, und betrachten wir dasselbe vom empirischen Standpunkt aus bloß als Naturanstalt; so wird jedem einleuchten, daß zu möglichster Linderung der zahllosen und vielgestalteten Leiden, denen unser Leben ausgesetzt ist und welchen keiner ganz entgeht, wie zugleich als Gegengewicht des brennenden Egoismus, der alle Wesen erfüllt und oft in Bosheit übergeht – die Natur nichts

Wirksameres leisten konnte, als daß sie in das menschliche Herz jene wundersame Anlage pflanzte, vermöge welcher das Leiden des einen vom andern mitempfunden wird und aus der die Stimme hervorgeht, welche, je nachdem der Anlaß ist, diesem ›Schone!‹, jenem ›Hilf!‹ stark und vernehmlich zuruft. Gewiß war von dem hieraus entspringenden gegenseitigen Beistande für die Wohlfahrt aller mehr zu hoffen als von einem allgemeinen und abstrakten, aus gewissen Vernunftbetrachtungen und Begriffskombinationen sich ergebenden strengen Pflichtgebot, von welchem um so weniger Erfolg zu erwarten stände, als dem rohen Menschen allgemeine Sätze und abstrakte Wahrheiten ganz unverständlich sind, indem für ihn nur das Konkrete etwas ist – die ganze Menschheit aber, mit Ausnahme eines äußerst kleinen Teils, stets roh war und bleiben muß, weil die viele für das Ganze unumgänglich nötige körperliche Arbeit die Ausbildung des Geistes nicht zuläßt. Hingegen zur Erweckung des als die *alleinige Quelle uneigennütziger Handlungen und deshalb als die wahre Basis der Moralität* nachgewiesenen Mitleids bedarf es keiner abstrakten, sondern nur der anschauenden Erkenntnis, der bloßen Auffassung des konkreten Falles, auf welche dasselbe ohne weitere Gedankenvermittlung sogleich anspricht.

9. In völliger Übereinstimmung mit dieser letzten Betrachtung werden wir folgenden Umstand finden. Die Begründung, welche ich der Ethik gegeben habe, läßt mich zwar unter den Schulphilosophen ohne Vorgänger, ja sie ist in Beziehung auf die Lehrmeinungen dieser paradox, indem manche von ihnen, z.B. die Stoiker (Seneca, ›De clementia‹ 2, 5), Spinoza (›Ethica‹ 4, prop. 50), Kant (›Kritik der praktischen Vernunft‹ S. 213; R., S. 257), das Mitleid geradezu verwerfen und tadeln. Dagegen aber hat meine Begründung die Auktorität des größten Moralisten der ganzen neuern Zeit für sich: denn dies ist ohne Zweifel Jean Jacques Rousseau, der tiefe Kenner des menschlichen Herzens, der seine Weisheit nicht aus Büchern, sondern aus dem Leben schöpfte und seine Lehre nicht für das Katheder, sondern für die Menschheit bestimmte, er, der Feind der Vorurteile, der

Zögling der Natur, welchem allein sie die Gabe verliehen hatte, moralisieren zu können, ohne langweilig zu sein, weil er die Wahrheit traf und das Herz rührte. Von ihm also will ich einige Stellen zur Bestätigung meiner Ansicht herzusetzen mir erlauben, nachdem ich im bisherigen mit Anführungen so sparsam wie möglich gewesen bin.

Im ›Discours sur l'origine de l'inégalité‹ S. 91 (editio Bipontini) sagt er: ›Il y a un autre principe, que Hobbes n'a point apperçu, et qui ayant été donné à l'homme pour adoucir, en certaines circonstances, la férocité de son amour-propre, tempère l'ardeur qu'il a pour son bien-être par une *répugnance innée à voir souffrir son semblable*. Je ne crois pas avoir aucune contradiction à craindre en accordant à l'homme *la seule vertu naturelle* qu'ait été forcé de reconnaître le détracteur le plus outré des vertus humaines. Je parle *de la pitié*‹ etc. [Es gibt ein anderes Prinzip, das Hobbes gar nicht bemerkt hat und das dem Menschen verliehen worden ist, um unter gewissen Umständen die Rauheit seiner Eigenliebe zu mildern und um den Eifer, den er für sein eigenes Wohlergehen hat, zu dämpfen durch ein angeborenes Widerstreben, seinesgleichen leiden zu sehen. Ich glaube keinen Widerspruch befürchten zu müssen, wenn ich dem Menschen die einzige natürliche Tugend zuschreibe, die der eifrigste Verkleinerer der menschlichen Tugend anzuerkennen gezwungen ist. Ich meine das Mitleid, usw.] – S. 92: ›Mandeville a bien senti qu'avec toute leur morale les hommes n'eussent jamais été que des monstres, si la nature ne leur eut donné *la pitié* à l'appui de la raison: mais il n'a pas vu, que *de cette seule qualité découlent toutes les vertus sociales*, qu'il veut disputer aux hommes. En effet qu'est-ce que la générosité, la clémence, l'humanité, sinon *la pitié* appliquée aux faibles, aux coupables, ou à l'espèce humaine en général? La bienveillance et l'amitié même sont, à le bien prendre, des productions d'une pitié constante, fixée sur un objet particulier; car désirer que quelqu'un ne souffre point, qu'est-ce autre-chose, que désirer qu'il soit heureux? ...La commisération sera d'autant plus énergique, que *l'animal spectateur s'identifiera* plus intimément *avec l'animal souffrant*.‹ –

[Mandeville hat richtig erkannt, daß die Menschen mit aller ihrer Moral nie etwas anderes gewesen wären als Scheusale, hätte nicht die Natur ihnen zur Unterstützung ihrer Vernunft das Mitleid gegeben; aber er hat nicht gesehen, daß allein aus dieser Eigenschaft alle sozialen Tugenden entspringen, die er den Menschen absprechen will. Und in der Tat: was sind Großmut, Milde, Humanität anderes als ein Mitleid, das sich der Schwachen, der Schuldigen, ja der ganzen Menschheit annimmt? Das Wohlwollen und selbst die Freundschaft sind, recht verstanden, die Folgen eines beständigen Mitleids, das sich auf einen besonderen Gegenstand richtet; denn zu wünschen, daß jemand nicht leide, ist doch nichts anderes als zu wünschen, er möge glücklich sein ... Das Mitgefühl wird um so stärker sein, je inniger sich der Zuschauer mit dem Leidenden identifiziert.]
S. 94: ›Il est donc bien certain, que la pitié est un sentiment naturel, qui, modérant dans chaque individu l'amour de soi-même, concourt à la conservation mutuelle de toute l'espèce. C'est elle, qui dans l'état de nature, tient lieu de lois, de mœurs et de vertus, avec cet avantage, que nul ne sera tenté de désobéir à sa douce voix: c'est elle, qui détournera tout sauvage robuste d'enlever à un faible enfant ou à un vieillard infirme sa subsistance acquise avec peine, si lui même espère pouvoir trouver la sienne ailleurs: c'est elle qui, au lieu de cette maxime sublime de justice raisonnée: ,Fais à autrui comme tu veux qu'on te fasse', inspire à tous les hommes cette autre maxime de bonté naturelle, bien moins parfaite, mais plus utile peut-être que la précédente: ,Fais ton bien avec le moindre mal d'autrui qu'il est possible.' C'est, en un mot, *dans ce sentiment naturel plutôt, que dans les arguments subtils, qu'il faut chercher la cause de la répugnance qu'éprouverait tout homme à mal faire*, même indépendamment des maximes de l'éducation.‹ [Es ist also ganz gewiß, daß das Mitleid ein natürliches Gefühl ist, das in jedem Individuum die Liebe zu sich selbst mildert und dadurch zur wechselseitigen Erhaltung der ganzen Gattung beiträgt. Das Mitleid ist es, das im Naturzustande alle Gesetze, Sitten und Tugenden ersetzt und dabei den Vorzug hat, daß

keiner versuchen wird, seiner sanften Stimme ungehorsam zu sein; das Mitleid ist es, das jeden rohen Wilden abhalten wird, einem schwachen Kinde oder einem hilflosen Greise seinen mühsam erlangten Lebensunterhalt zu rauben, solange er selbst hoffen kann, die seinige auf anderem Wege zu finden; das Mitleid ist es, das statt jener erhabenen Maxime der vernünftigen Gerechtigkeit: ‚Behandle den andern, wie du willst, daß man dich behandle‘ allen Menschen jene andere weniger vollkommene, aber vielleicht nützlichere Maxime der natürlichen Güte einflößt: ‚Betreibe dein Wohlsein so, daß die anderen möglichst wenig darunter leiden.‘ Mit einem Worte: in diesem natürlichen Gefühl hat man viel mehr als in spitzfindigen Argumenten die Ursache für das Widerstreben zu sehen, Böses zu tun, das jeder ganz unabhängig von Grundsätzen der Erziehung empfindet.] – Hiemit vergleiche man, was er sagt im ›Emile‹ livre 4, p. 115–120 (editio Bipontini), wo es unter anderm heißt: ›En effet, comment nous laissons-nous émouvoir à la pitié, si ce n'est en nous transportant hors de nous et en nous *identifiant avec l'animal souffrant; en quittant, pour ainsi dire, notre être, pour prendre le sien?* Nous ne souffrons qu'autant que nous jugeons qu'il souffre: *ce n'est pas dans nous, c'est dans lui, que nous souffrons;* ... offrir au jeune homme des objets, sur lesquels puisse agir la force expansive de son cœur, qui le dilatent, qui l'étendent sur les autres êtres, qui le fassent partout *se retrouver hors de lui;* écarter avec soin ceux, qui le resserrent, le concentrent, et tendent le ressort *du moi humain*‹ etc. [In der Tat: wie ist es möglich, daß wir uns zum Mitleid bewegen lassen, wenn nicht dadurch, daß wir uns außerhalb unserer selbst versetzen und uns mit dem Wesen, das leidet, identifizieren, wenn nicht dadurch, daß wir sozusagen unser Selbst aufgeben, um das seinige anzunehmen? Wir leiden dabei nur in dem Maße, wie wir glauben, daß es leidet; nicht in uns leiden wir, sondern in ihm; ... man muß dem jungen Menschen Gegenstände vorführen, bei denen sich die expansive Kraft seines Herzens betätigen kann, die es ausweiten, die es über die anderen Wesen ausdehnen, die ihn veranlassen, sich überall außerhalb seiner wiederzufinden; man muß aber sorgfältig alles vermeiden, was sein Herz einengen und zusammenziehen, was die Triebfeder des menschlichen Ichs anspannen könnte, usw.] –

Von Auktoritäten abseiten der Schulen, wie gesagt, entblößt, führe ich noch an, daß die *Chinesen* fünf Kardinaltugenden (tschang) annehmen, unter welchen das Mitleid (sin) obenansteht. Die übrigen vier sind: Gerechtigkeit, Höflichkeit, Weisheit und Aufrichtigkeit[1]. Dementsprechend sehn wir auch bei den Hindu auf den zum Andenken verstorbener Fürsten errichteten Gedächtnistafeln unter den ihnen nachgerühmten Tugenden das Mitleid mit Menschen und Tieren die erste Stelle einnehmen. In Athen hatte das Mitleid einen Altar auf dem Forum: Ἀθηναίοις δὲ ἐν τῇ ἀγορᾷ ἐστι Ἐλέου βωμός, ᾧ μάλιστα θεῶν ἐς ἀνθρώπινον βίον καὶ μεταβολὰς πραγμάτων ὅτι ὠφέλιμος μόνοι τιμὰς Ἑλλήνων νέμουσιν Ἀθηναῖοι. (Pausanias, ›Periegesis‹] 1, 17 [1]). (Atheniensibus in foro commiserationis ara est, quippe cui inter omnes deos vitam humanam et mutationem rerum maxime adiuvanti, soli inter Graecos, honores tribuunt Athenienses.) [Die Athener haben auf dem Markt einen Altar des Mitleids, eines Gottes, dem die Athener allein unter den Griechen Verehrung erweisen, weil er am meisten unter allen Göttern im menschlichen Leben und in seinen Wechselfällen von Einfluß ist.] Diesen Altar erwähnt auch Lukianos im ›Timon‹ § 99. – Ein von Stobaios uns aufbehaltener Ausspruch des Phokion stellt das Mitleid als das Allerheiligste im Menschen dar: Οὔτε ἐξ ἱεροῦ βωμόν, οὔτε ἐκ τῆς ἀνθρωπίνης φύσεως ἀφαιρετέον τὸν ἔλεον. (Nec aram e fano nec commiserationem e vita humana tollendam esse.) [Man darf den Altar nicht aus dem Tempel und schon gar nicht das Mitleid aus dem Menschenleben reißen; ›Florilegium‹ 1, 31.] In der ›Sapientia Indorum‹, welches die griechische Übersetzung des ›Pandschatantra‹ ist, heißt es (sectio 3, p. 220): Λέγεται γάρ, ὡς πρώτη τῶν ἀρετῶν ἡ ἐλεημοσύνη. (Princeps virtutum mi-

---

1. ›Journal Asiatique‹ vol. 9, p. 62, zu vergleichen mit ›Meng-tse‹ editio Stanislas Julien, 1824, lib. 1, § 45; auch mit ›Meng-tse‹ in den ›Livres sacrés de l'orient‹ par Pauthier p. 281.

sericordia censetur). [Als die erste aller Tugenden wird das Mitleid angesehen.] Man sieht, daß alle Zeiten und alle Länder sehr wohl die Quelle der Moralität erkannt haben, nur Europa nicht; woran allein der foetor Iudaicus schuld ist, der hier alles und alles durchzieht: da muß es dann schlechterdings ein Pflichtgebot, ein Sittengesetz, ein Imperativ, kurzum: eine Ordre und Kommando sein, dem pariert wird; davon gehn sie nicht ab und wollen nicht einsehn, daß dergleichen immer nur den Egoismus zur Grundlage hat. Bei einzelnen freilich und Überlegenen hat die gefühlte Wahrheit sich kundgegeben: so bei Rousseau, wie oben angeführt; und auch Lessing, in einem Briefe von 1756, sagt: ›Der mitleidigste Mensch ist der beste Mensch, zu allen gesellschaftlichen Tugenden, zu allen Arten der Großmut der aufgelegteste.‹

§ 20
Vom ethischen Unterschiede der Charaktere

Die letzte Frage, deren Beantwortung zur Vollständigkeit des dargelegten Fundaments der Ethik gehört, ist diese: Worauf beruht der so große Unterschied im moralischen Verhalten der Menschen? Wenn Mitleid die Grundtriebfeder aller echten, d.h. uneigennützigen Gerechtigkeit und Menschenliebe ist; warum wird der eine, der andere aber nicht dadurch bewogen? – Vermag vielleicht die Ethik, indem sie die moralische Triebfeder aufdeckt, auch sie in Tätigkeit zu versetzen? Kann sie den hartherzigen Menschen in einen mitleidigen und dadurch in einen gerechten und menschenfreundlichen umschaffen? – Gewiß nicht: der Unterschied der Charaktere ist angeboren und unvertilgbar. Dem Boshaften ist seine Bosheit so angeboren wie der Schlange ihre Giftzähne und Giftblase; und sowenig wie sie kann er es ändern. ›Velle non discitur‹ [Wollen läßt sich nicht lernen], hat der Erzieher des Nero [Seneca, ›Epistulae‹ 81, 14] gesagt. *Platon* untersucht im ›Meno‹ [p. 96 A] ausführlich, ob die Tugend sich lehren lasse oder nicht: er führt eine Stelle des Theognis an:

ἀλλὰ διδάσκων
Οὔποτε ποιήσεις τὸν κακὸν ἄνδρ' ἀγαθόν
(sed docendo
Nunquam ex malo bonum hominem facies)
[doch durch Belehrung
Wird nie der boshafte Mensch zu einem guten gemacht],

und gelangt zu dem Resultate: Ἀρετὴ ἂν εἴη οὔτε φύσει οὔτε διδακτόν· ἀλλὰ θείᾳ μοίρᾳ παραγιγνομένη ἄνευ νοῦ, οἷς ἂν παραγίγνηται. (Virtus utique nec doctrina neque natura nobis aderit, verum divina sorte absque mente, in eum, qui illam sortitus fuerit, influet.) [Die Tugend ist weder angeboren noch lehrbar, sondern sie wird durch göttliche Fügung und ohne Verstand denen zuteil, welchen sie zuteil wird; ›Meno‹ p. 99 E.] – wobei mir der Unterschied zwischen φύσει und θείᾳ μοίρᾳ ungefähr den zwischen physisch und metaphysisch zu bezeichnen scheint. Schon der Vater der Ethik, *Sokrates*, hat nach Angabe des *Aristoteles* behauptet: Οὐκ ἐφ' ἡμῖν γενέσθαι τὸ σπουδαίους εἶναι ἢ φαύλους. (In nostra potestate non est bonos aut malos esse.) [Es steht nicht bei uns, gut oder böse zu sein.] (›Ethica magna‹ 1, 9 [p 1187 a 7]). Aristoteles selbst äußert sich in gleichem Sinn: Πᾶσι γὰρ δοκεῖ ἕκαστα τῶν ἠθῶν ὑπάρχειν φύσει πως· καὶ γὰρ δίκαιοι καὶ σωφρονικοὶ καὶ ἀνδρεῖοι καὶ τἆλλα ἔχομεν εὐθὺς ἐκ γενετῆς. (Singuli enim mores in omnibus hominibus quodammodo videntur inesse natura: namque ad iustitiam, temperantiam, fortitudinem ceterasque virtutes apti atque habiles sumus, cum primum nascimur.) [Denn allen sind, wie es scheint, die einzelnen Charakterzüge schon gleichsam von Natur eigen; denn gerecht, mäßig, tapfer und derartiges mehr ist uns schon von Geburt an eigen.] (›Ethica ad Nicomachum‹ 6, 13 [p. 1144 b 4]). Desgleichen finden wir diese Überzeugung sehr entschieden ausgesprochen in den jedenfalls sehr alten, wenn auch vielleicht nicht echten Fragmenten des Pythagoreers Archytas, welche uns Stobaios aufbehalten hat im ›Florilegio‹ 1, § 77. Sie sind auch abgedruckt in den ›Opusculis Graecorum sententiosis et moralibus‹, edente

Orelio, vol. 2, p. 240. Daselbst also heißt es im dorischen Dialekt: Τὰς γὰρ λόγοις καὶ ἀποδείξεσιν ποτιχρωμένας ἀρετὰς δέον ἐπιστάμας ποταγορεύειν, ἀρετὰν δὲ τὰν ἠθικὰν καὶ βελτίσταν ἕξιν τῶ ἀλόγω μέρεος τᾶς ψυχᾶς, καθ' ἃν καὶ ποιοί τινες ἦμεν λεγόμεθα κατὰ τὸ ἦθος, οἷον ἐλευθέριοι, δίκαιοι καὶ σώφρονες. (Eas enim, quae ratione et demonstratione utuntur, virtutes fas est scientias appellare; virtutis autem nomine intelligemus moralem et optimum *animi partis ratione carentis habitum*, secundum quem qualitatem aliquam moralem habere dicimur, vocamurque v. c. liberales, iusti et temperantes.) [Denn diejenigen Tugenden, die auf Belehrung und auf Beweisen beruhen, muß man als ein Wissen bezeichnen, die ethische Tugend aber, welche die beste ist, vielmehr als eine Anlage des unvernünftigen Teils der Seele, auf Grund deren wir angesehen werden als eine bestimmte ethische Beschaffenheit besitzend, z. B. als freigebig, gerecht und mäßig.] Wenn man die sämtlichen Tugenden und Laster, welche *Aristoteles* im Buche ›De virtutibus et vitiis‹ zu kurzer Übersicht zusammengestellt hat, überblickt; so wird man finden, daß sie alle sich nur denken lassen als angeborene Eigenschaften, ja nur als solche echt sein können; hingegen wenn sie infolge vernünftiger Überlegung willkürlich angenommen wären, eigentlich auf Verstellung hinauslaufen und unecht sein würden: daher alsdann auf ihren Fortbestand und Bewährung im Drange der Umstände durchaus nicht zu rechnen wäre. Nicht anders verhält es sich mit der Tugend der Menschenliebe, die bei Aristoteles wie bei allen Alten fehlt. In gleichem Sinne daher, wenn auch seinen skeptischen Ton beibehaltend, sagt *Montaigne:* ›Serait-il vrai, que pour être bon tout-à-fait, il nous le faille être par occulte, naturelle et universelle propriété, sans loi, sans raison, sans exemple? [Ist es wahr, daß, um vollkommen gut zu sein, man es durch eine verborgene, natürliche und allgemeine Beschaffenheit, ohne Gesetz, ohne Vernunft und ohne Vorbild sein müsse? ›Essais‹] (livre 2, cap. 11). *Lichtenberg* aber sagt geradezu: ›Alle Tugend aus Vorsatz taugt nicht viel. Gefühl oder Gewohnheit ist das Ding.‹ (›Vermischte Schriften‹, ›Moralische Bemerkungen‹). Aber sogar die ursprüngliche Lehre des Christentums stimmt dieser Ansicht bei, indem es in der Bergpredigt selbst bei Lukas Kap. 6, 45 heißt: Ὁ ἀγαθὸς ἄνθρωπος ἐκ τοῦ ἀγαθοῦ θησαυροῦ τῆς καρδίας αὐτοῦ προφέρει τὸ ἀγαθόν καὶ ὁ πονηρὸς ἄνθρωπος ἐκ τοῦ πονηροῦ θησαυροῦ τῆς καρδίας αὐτοῦ προφέρει τὸ πονηρόν (Homo bonus ex bono animi sui thesauro profert bonum, malusque ex malo animi sui thesauro profert malum) [Ein guter Mensch bringt aus dem guten Schatz seines Herzens Gutes hervor; und ein boshafter Mensch bringt aus dem bösen Schatz seines Herzens Böses hervor] – nachdem in den beiden vorhergehenden Versen die bildliche Erläuterung der Sache, durch die Frucht, welche stets dem Baum gemäß ausfällt, vorangeschickt war.

Kant aber ist es, der zuerst diesen wichtigen Punkt vollkommen aufgeklärt hat durch seine große Lehre, daß dem *empirischen Charakter*, der als eine Erscheinung sich in der Zeit und in einer Vielheit von Handlungen darstellt, der *intelligible Charakter* zum Grunde liegt, welcher die Beschaffenheit des Dinges an sich jener Erscheinung und daher von Raum und Zeit, Vielheit und Veränderung unabhängig ist. Hieraus allein wird die jedem Erfahrenen bekannte, so erstaunliche starre Unveränderlichkeit der Charaktere erklärlich, welche die Wirklichkeit und Erfahrung den Versprechungen einer den Menschen moralisch bessern wollenden und von Fortschritten in der Tugend redenden Ethik allezeit siegreich entgegengehalten und dadurch bewiesen hat, daß die Tugend angeboren und nicht angepredigt wird. Wenn nicht der Charakter als Ursprüngliches unveränderlich und daher aller Besserung mittelst Berichtigung der Erkenntnis unzugänglich wäre; wenn vielmehr, wie jene platte Ethik es behauptet, eine Besserung des Charakters mittelst der Moral und demnach ›ein stetiger Fortschritt zum Guten‹ möglich wäre – so müßte, sollen nicht alle die vielen religiösen Anstalten und moralisierenden Bemühungen ihren Zweck verfehlt haben, wenigstens im Durchschnitt die ältere Hälfte der Menschen bedeutend besser als die jüngere sein. Davon ist aber so wenig eine Spur, daß wir umgekehrt eher von jungen Leuten etwas Gutes hoffen als von alten, als welche durch die Erfahrung schlimmer geworden sind. Es kann zwar kommen, daß ein Mensch im Alter etwas besser, ein anderer wiederum schlechter erscheint, als er in der Jugend war: dies liegt aber bloß daran, daß im Alter infolge der reifern und vielfach berichtigten Erkenntnis der Charakter reiner und deutlicher hervortritt; während in der Jugend Unwissenheit, Irrtümer und Chimären bald falsche Motive vorschoben, bald wirkliche verdeckten – wie dies folgt aus dem in der vorhergehenden Abhandlung S. 50ff. unter 3 Gesagten *[S. 570]*. – Daß unter den bestraften Verbrechern sich viel mehr junge als alte befinden, kommt daher, daß, wo Anlage zu dergleichen Taten im Charakter liegt, sie auch bald den Anlaß findet, als Tat hervorzutreten, und ihr Ziel, Galeere oder Galgen, erreicht: und umgekehrt, wen die Anlässe eines langen Lebens nicht zu Verbrechen haben bewegen können, der wird auch späterhin nicht leicht auf Motive dazu stoßen. Daher scheint mir der wahre Grund der dem Alter gezollten Achtung darin zu liegen, daß ein Alter die Prüfung eines langen Lebens bestanden und seine Unbescholtenheit bewahrt hat: denn dies ist die Bedingung jener Achtung. – Dieser Ansicht gemäß hat man im wirklichen Leben sich durch jene Verheißungen der Moralisten auch niemals irremachen lassen; sondern hat dem, der einmal sich schlecht erwiesen, nie mehr getraut und auf den Edelmut dessen, der einmal Proben davon abgelegt, nach allem, was sich auch verändert haben mochte, stets mit Zuversicht hingeblickt. ›Operari sequitur esse‹ ist ein fruchtbarer Satz der Scholastik: jedes Ding in der Welt wirkt nach seiner unveränderlichen Beschaffenheit, die sein Wesen, seine essentia ausmacht; so auch der Mensch. Wie einer *ist*, so wird, so muß er handeln, und das ›liberum arbitrium indifferentiae‹ ist eine längst explodierte Erfindung aus der Kindheit der Philosophie, mit welcher immerhin sich einige alte Weiber im Doktorhute noch schleppen mögen.

Die drei ethischen Grundtriebfedern des Menschen, Egoismus, Bosheit, Mitleid, sind in jedem in einem andern und unglaublich verschiedenen Verhältnisse vorhanden. Je nachdem dieses ist, werden die Motive auf ihn wirken und die Handlungen ausfallen. Über einen egoistischen Charakter werden nur egoistische Motive Gewalt haben, und die zum Mitleid wie die zur Bosheit redenden werden nicht dagegen aufkommen: er wird sowenig sein Interesse opfern, um an seinem Feinde Rache zu nehmen, als um seinem Freunde zu helfen. Ein anderer, der für boshafte Motive stark empfänglich ist, wird oft, um andern zu schaden, großen eigenen Nachteil nicht scheuen. Denn es gibt Charaktere, die im Verursachen des fremden Leidens einen Genuß finden, der das eigene ebenso große überwiegt: ›Dum alteri noceat sui negligens.‹ [Er nimmt keine Rücksicht auf sich selbst, wenn er nur dem andern schaden kann.] (Seneca, ›De ira‹ 1, 1). Diese gehn mit leidenschaftlicher Wonne in den Kampf, in welchem sie ebenso große Verletzungen zu empfangen als auszuteilen erwarten: ja sie werden mit Vorbedacht den, der ihnen ein Übel verursacht hat, morden und gleich darauf, um der Strafe zu entgehn, sich selbst; wie dies die Erfahrung sehr oft gezeigt hat. Hingegen besteht die *Güte des Herzens* in einem tief gefühlten, universellen Mitleid mit allem was Leben hat, zunächst aber mit dem Menschen; weil mit der Steigerung der Intelligenz die Empfänglichkeit für das Leiden gleichen Schritt hält: daher die unzähligen geistigen und körperlichen Leiden des Menschen das Mitleid viel stärker in Anspruch nehmen als der allein körperliche und selbst da dumpfere Schmerz des Tieres. Die Güte des Charakters wird demnach zunächst abhalten von jeder Verletzung des andern, worin es auch sei, sodann aber auch zur Hülfe auffordern, wo immer ein fremdes Leiden sich darbietet. Und auch hiemit kann es ebensoweit gehn wie in umgekehrter Richtung mit der Bosheit, nämlich bis dahin, daß Charaktere von seltener Güte sich fremdes Leiden mehr zu Herzen nehmen als eigenes und daher für andere Opfer bringen, durch welche sie selbst mehr leiden als vorhin der, dem sie geholfen. Wo mehreren oder gar vielen zugleich dadurch zu helfen ist, werden sie erforderlichenfalls sich ganz aufopfern: so Arnold von Winkelried. Vom *Paulinus*,

Bischofe zu Nola, im 5. Jahrhundert, während des Einfalls der Vandalen aus Afrika in Italien, erzählt Joseph von Müller (Weltgeschichte [›24 Bücher allgemeiner Geschichte‹], Buch 10, Kap. 10): ›Nachdem er zum Lösegeld für Gefangene alle Schätze der Kirche, sein und seiner Freunde eigenes Vermögen dargebracht und er den Jammer einer Witwe sah, deren einziger Sohn fortgeführt wurde, bot er für diesen sich selber zur Dienstbarkeit. Denn wer von gutem Alter war und nicht vom Schwerte fiel, wurde gefangen nach Karthago geführt.‹

Dieser unglaublich großen angeborenen und ursprünglichen Verschiedenheit gemäß werden jeden nur *die* Motive vorwaltend anregen, für welche er überwiegende Empfänglichkeit hat; so wie der *eine* Körper nur auf Säuren, der andere nur auf Alkalien reagiert: und wie dieses, so ist auch jenes nicht zu ändern. Die menschenfreundlichen Motive, welche für den guten Charakter so mächtige Antriebe sind, vermögen als solche nichts über den, der allein für egoistische Motive empfänglich ist. Will man nun diesen dennoch zu menschenfreundlichen Handlungen bringen; so kann es nur geschehn durch die Vorspiegelung, daß die Milderung der fremden Leiden mittelbar auf irgendeinem Wege zu *seinem eigenen Vorteil* gereicht (wie denn auch die meisten Sittenlehren eigentlich verschiedenartige Versuche in diesem Sinne sind). Dadurch wird aber sein Wille bloß irregeleitet, nicht gebessert. Zu wirklicher Besserung wäre erfordert, daß man die ganze Art seiner Empfänglichkeit für Motive umwandelte, also z.B. machte, daß dem einen fremdes Leiden als solches nicht mehr gleichgültig, dem andern die Verursachung desselben nicht mehr Genuß wäre oder einem dritten nicht jede, selbst die geringste Vermehrung des eigenen Wohlseins alle Motive anderer Art weit überwöge und unwirksam machte. Dies aber ist viel gewisser unmöglich, als daß man Blei in Gold umwandeln könnte. Denn es würde erfordern, daß man dem Menschen gleichsam das Herz im Leibe umkehrte, sein Tiefinnerstes umschüfe. Hingegen ist alles, was man zu tun vermag, daß man den *Kopf* aufhellt, die *Einsicht* berichtigt, den Menschen zu einer richtigern Auffassung des objektiv Vorhandenen, der wahren Verhältnisse des Lebens bringt. Hiedurch aber wird nichts weiter erreicht, als daß die Beschaffenheit seines Willens sich konsequenter, deutlicher und entschiedener an den Tag legt, sich unverfälscht ausspricht. Denn wie manche gute Handlungen im Grunde auf falschen Motiven, auf wohlgemeinten Vorspiegelungen eines dadurch in dieser oder jener Welt zu erlangenden eigenen Vorteils beruhen; so beruhen auch manche Missetaten bloß auf falscher Erkenntnis der menschlichen Lebensverhältnisse. Hierauf gründet sich das amerikanische Pönitentiarsystem: es beabsichtigt nicht, das *Herz* des Verbrechers zu bessern, sondern bloß ihm den *Kopf* zurechtzusetzen, damit er zu der Einsicht gelange, daß Arbeit und Ehrlichkeit ein sicherer, ja leichterer Weg zum eigenen Wohle sind als Spitzbüberei.

Durch Motive läßt sich *Legalität* erzwingen, nicht *Moralität*: man kann das *Handeln* umgestalten, nicht aber das eigentliche *Wollen*, welchem allein moralischer Wert zusteht. Man kann nicht das Ziel verändern, dem der Wille zustrebt, sondern nur den Weg, den er dahin einschlägt. Belehrung kann die Wahl der Mittel ändern, nicht aber die der letzten allgemeinen Zwecke: diese setzt jeder Wille sich seiner ursprünglichen Natur gemäß. Man kann dem Egoisten zeigen, daß er durch Aufgeben kleiner Vorteile größere erlangen wird; dem Boshaften, daß die Verursachung fremder Leiden größere auf ihn selbst bringen wird. Aber den Egoismus selbst, die Bosheit selbst wird man keinem ausreden; sowenig, wie der Katze ihre Neigung zum Mausen. Sogar auch die Güte des Charakters kann durch Vermehrung der Einsicht, durch Belehrung über die Verhältnisse des Lebens, also durch Aufhellung des Kopfes zu einer folgerechtern und vollkommenern Äußerung ihres Wesens gebracht werden, z. B. mittelst Nachweisung der entferntern Folgen, welche unser Tun für andere hat, wie etwan der Leiden, welche ihnen mittelbar und erst im Laufe der Zeit aus dieser oder jener Handlung, die wir für so schlimm nicht hielten, erwachsen; desgleichen durch Belehrung über die nachteiligen Folgen mancher gutherzigen Handlung, z. B. der Verschonung eines Verbrechers; besonders auch über den Vorrang, welcher dem ›neminem laede‹ durchgängig vor dem ›omnes iuva‹ zusteht usf. In dieser Hinsicht gibt es allerdings eine moralische Bildung und eine bessernde Ethik: aber darüber hinaus geht sie nicht, und die Schranke ist leicht abzusehn. Der Kopf wird aufgehellt; das Herz bleibt ungebessert. Das Grundwesentliche, das Entschiedene, im Moralischen wie im Intellektuellen und wie im Physischen, ist *das Angeborene*: die Kunst kann überall nur nachhelfen. Jeder ist, was er ist, gleichsam ›von Gottes Gnaden‹, iure divino, ϑείᾳ μοίρᾳ [durch göttliches Los].

> Du bist am Ende – *was du bist.*
> Setz dir Perücken auf von Millionen Locken,
> Setz deinen Fuß auf ellenhohe Socken:
> *Du bleibst doch immer, was du bist.*
> [Goethe, ›Faust‹ 1, Vers 1806–1809]

Aber schon lange höre ich den Leser die Frage aufwerfen: wo bleibt Schuld und Verdienst? – Zur Antwort hierauf verweise ich auf § 10 *[S. 704]*. Daselbst hat, was sonst *hier* vorzutragen wäre, schon seine Stelle gefunden, weil es in enger Verbindung mit *Kants* Lehre vom Zusammenbestehn der Freiheit mit der Notwendigkeit steht. Das dort Gesagte also bitte ich hier nochmals zu lesen. In Gemäßheit desselben ist das ›operari‹ beim Eintritt der Motive durchweg notwendig: daher kann die *Freiheit*, welche sich allein durch die *Verantwortlichkeit* ankündigt, nur im ›esse‹ liegen. Die Vorwürfe des Gewissens betreffen zwar zunächst und ostensibel das, was wir *getan haben*, eigentlich und im Grunde aber das, was wir *sind*, als worüber unsere Taten allein vollgültiges Zeugnis ablegen, indem sie zu unserm Charakter sich verhalten wie die Symptome zur Krankheit. In diesem ›esse‹ also, in dem, was wir *sind*, muß auch Schuld und Verdienst liegen. Was wir an andern entweder hochachten und lieben oder verachten und hassen, ist nicht ein Wandelbares und Veränderliches, sondern ein Bleibendes, ein für allemal Bestehendes: das, was sie *sind*; und kommen wir etwan von ihnen zurück; so sagen wir nicht, daß sie sich geändert, sondern wir uns in ihnen geirrt haben. Ebenso ist der Gegenstand unserer Zufriedenheit und Unzufriedenheit mit uns selbst das, *was wir sind*, unwiderruflich sind und bleiben: dies erstreckt sich sogar auf die intellektuellen, ja auf die physiognomischen Eigenschaften. Wie sollte also nicht in dem, *was wir sind*, Schuld und Verdienst liegen? – Die immer vollständiger werdende Bekanntschaft mit uns selbst, das immer mehr sich füllende *Protokoll der Taten* ist das *Gewissen*. Das Thema des Gewissens sind zunächst unsere Handlungen, und zwar sind es diejenigen, in welchen wir dem Mitleid, das uns aufforderte, andere wenigstens nicht zu verletzen, ja sogar ihnen Hülfe und Beistand zu leisten, entweder kein Gehör gegeben haben, weil Egoismus oder gar Bosheit uns leitete; oder aber mit Verleugnung dieser beiden jenem Rufe gefolgt sind. Beide Fälle zeigen die Größe des *Unterschiedes* an, den wir *zwischen uns und andern* machen. Auf *diesem Unterschiede* beruhen zuletzt die Grade der Moralität oder Immoralität, d.h. der Gerechtigkeit und Menschenliebe, wie auch ihres Gegenteils. Die immer reicher werdende Erinnerung der in dieser Hinsicht bedeutsamen Handlungen vollendet mehr und mehr das Bild unsers Charakters, die wahre Bekanntschaft mit uns selbst. Aus dieser aber erwächst Zufriedenheit oder Unzufriedenheit mit uns, mit dem, was wir *sind*, je nachdem Egoismus, Bosheit oder Mitleid vorgewaltet haben, d.h. je nachdem der Unterschied, den wir zwischen unserer Person und den übrigen gemacht haben, größer oder kleiner gewesen ist. Nach demselben Maßstabe beurteilen wir ebenfalls die andern, deren Charakter wir ebenso empirisch wie den eigenen, nur unvollkommener kennenlernen: hier tritt als Lob, Beifall, Hochachtung oder Tadel, Unwille und Verachtung auf, was bei der Selbstbeurteilung sich als Zufriedenheit oder Unzufriedenheit, die bis zur Gewissensangst gehn kann, kundgab. Daß auch die Vorwürfe, welche wir andern machen, nur *zunächst* auf die Taten, *eigentlich* aber auf den unveränderlichen Charakter derselben gerichtet sind und Tugend oder Laster als inhärierende, bleibende Eigenschaften angesehn werden, bezeugen manche sehr häufig vorkommende Redensarten, z.B.

›Jetzt sehe ich, wie du bist!‹ – ›In dir habe ich mich geirrt.‹ – ›Now I see what you are!‹ – ›Voilà donc, comme tu es!‹ – ›So bin ich nicht!‹ – ›Ich bin nicht der Mann, der fähig wäre, Sie zu hintergehn‹ u. dgl. mehr; ferner auch: ›les âmes bien nées‹; auch im Spanischen: ›bien nacido‹; εὐγενής, εὐγένεια, für tugendhaft, Tugend; ›generosioris animi amicus‹ usw.

Durch Vernunft ist das Gewissen bloß deshalb bedingt, weil nur vermöge ihrer eine deutliche und zusammenhängende Rückerinnerung möglich ist. Es liegt in der Natur der Sache, daß das Gewissen erst *hinterher* spricht; weshalb es auch das *richtende* Gewissen heißt. *Vorher* sprechen kann es nur im uneigentlichen Sinn, nämlich indirekt, indem die Reflexion aus der Erinnerung ähnlicher Fälle auf die künftige Mißbilligung einer erst projektierten Tat schließt. – So weit geht die ethische Tatsache des Bewußtseins: sie selbst bleibt als metaphysisches Problem stehn, welches nicht unmittelbar zu unserer Aufgabe gehört, jedoch im letzten Abschnitt berührt werden wird. – Zu der Erkenntnis, daß das Gewissen nur die mittelst der Taten entstehende Bekanntschaft mit dem eigenen unveränderlichen Charakter ist, stimmt es vollkommen, daß die in den verschiedenen Menschen so höchst verschiedene *Empfänglichkeit* für die Motive des Eigennutzes, des Bosheit und des Mitleids, worauf der ganze moralische Wert des Menschen beruht, nicht etwas aus einem andern Erklärliches noch durch Belehrung zu Erlangendes und daher in der Zeit Entstehendes und Veränderliches, ja vom Zufall Abhängiges, sondern angeboren, unveränderlich und nicht weiter erklärlich ist. Demgemäß ist der Lebenslauf selbst mit allem seinen vielgestalteten Treiben nichts weiter als das äußere Zifferblatt jenes innern ursprünglichen Getriebes oder der Spiegel, in welchem allein dem Intellekt eines jeden die Beschaffenheit seines eigenen Willens, der sein Kern ist, offenbar werden kann.

Wer sich die Mühe gibt, das hier und im erwähnten § 10 Gesagte recht zu durchdenken, wird in meiner Begründung der Ethik eine Konsequenz und abgerundete Ganzheit entdecken, welche allen andern abgeht, und andererseits eine Übereinstimmung mit den Tatsachen der Erfahrung, welche jene noch weniger haben. Denn nur die Wahrheit kann durchgängig mit sich und mit der Natur übereinstimmen: hingegen streiten alle falsche[n] Grundansichten innerlich mit sich selbst und nach außen mit der Erfahrung, welche bei jedem Schritte ihren stillen Protest einlegt.

Daß jedoch besonders die hier am Schlusse dargelegten Wahrheiten vielen festgewurzelten Vorurteilen und Irrtümern, namentlich einer gewissen gangbaren Kinderschulen-Moral geradezu vor den Kopf stoßen, ist mir gar wohl, jedoch ohne Reue und Bedauern bewußt. Denn erstlich spreche ich hier nicht zu Kindern noch zum Volke, sondern zu einer erleuchteten Akademie, deren rein theoretische Frage auf die letzten Grundwahrheiten der Ethik gerichtet ist und die auf eine höchst ernsthafte Frage auch eine ernste Antwort erwartet: und zweitens halte ich dafür, daß es weder privilegierte noch nützliche noch selbst unschädliche Irrtümer geben kann, sondern jeder Irrtum unendlich mehr Schaden als Nutzen stiftet. – Wollte man hingegen bestehende Vorurteile zum Maßstabe der Wahrheit oder zum Grenzstein machen, den ihre Darlegung nicht überschreiten darf, so würde es redlicher sein, philosophische Fakultäten und Akademien ganz eingehn zu lassen: denn was nicht ist, soll auch nicht scheinen.

IV.

ZUR METAPHYSISCHEN AUSLEGUNG DES ETHISCHEN URPHÄNOMENS

§ 21
Verständigung über diese Zugabe

Im bisherigen habe ich die moralische Triebfeder als Tatsache nachgewiesen und habe gezeigt, daß aus ihr allein uneigennützige Gerechtigkeit und echte Menschenliebe hervorgehn können, auf welchen zwei Kardinaltugenden alle übrigen beruhen. Zur Begründung der Ethik ist dies hinreichend, insofern diese notwendig auf irgend etwas tatsächlich und nachweisbar Vorhandenes, sei es nun in der Außenwelt oder im Bewußtsein gegeben, gestützt werden muß; wenn man nicht etwan wie manche meiner Vorgänger bloß einen abstrakten Satz beliebig annehmen und aus ihm die ethischen Vorschriften ableiten oder wie *Kant* mit einem bloßen Begriff, dem des *Gesetzes*, ebenso verfahren will. Der von der Königlichen Sozietät gestellten Aufgabe scheint mir hiedurch genügt zu sein, da solche auf das Fundament der Ethik gerichtet ist und nicht noch eine Metaphysik dazu verlangt, um wieder jenes zu begründen. Inzwischen sehe ich sehr wohl, daß der menschliche Geist hiebei die letzte Befriedigung und Beruhigung noch nicht findet. Wie am Ende jeder Forschung und jeder Realwissenschaft, so steht er auch hier vor einem Urphänomen, welches zwar alles unter ihm Begriffene und aus ihm Folgende erklärt, selbst aber unerklärt bleibt und als ein Rätsel vorliegt. Auch hier also stellt sich die Forderung einer *Metaphysik* ein, d. h. einer letzten Erklärung der Urphänomene als solcher und, wenn in ihrer Gesamtheit genommen, der Welt. Diese Forderung erhebt auch hier die Frage, warum das Vorhandene und Verstandene sich so und nicht anders verhalte und wie aus dem Wesen an sich der Dinge der dargelegte Charakter der Erscheinung hervorgehe. Ja bei der Ethik ist das Bedürfnis einer metaphysischen Grundlage um so dringender, als die philosophischen wie die religiösen Systeme darüber einig sind, daß die ethische Bedeutsamkeit der Handlungen zugleich eine metaphysische, d. h. über die bloße Erscheinung der Dinge und somit auch über alle Möglichkeit der Erfahrung hinausreichende, demnach mit dem ganzen Dasein der Welt und dem Lose des Menschen in engster Beziehung stehende sein müsse; indem die letzte Spitze, in welche die Bedeutung des Daseins überhaupt auslaufe, zuverlässig das Ethische sei. Dies letztere bewährt sich auch durch die unleugbare Tatsache, daß bei Annäherung des Todes der Gedankengang eines jeden Menschen, gleichviel ob dieser religiösen Dogmen angehangen habe oder nicht, eine *moralische* Richtung nimmt und er die Rechnung über seinen vollbrachten Lebenslauf durchaus in *moralischer* Rücksicht abzuschließen bemüht ist. Hierüber sind besonders die Zeugnisse der Alten von Gewicht; weil sie nicht unter christlichem Einfluß stehn. Ich führe demnach an, daß wir diese Tatsache bereits ausgesprochen finden in einer dem uralten Gesetzgeber Zaleukos zugeschriebenen, nach Bentley und Heyne jedoch von einem Pythagoreer herrührenden Stelle, welche Stobaios (›Florilegium‹ 44, § 20) uns aufbehalten hat: Δεῖ τίθεσθαι πρὸ ὀμμάτων τὸν καιρὸν τοῦτον, ἐν ᾧ γίγνεται τὸ τέλος ἑκάστῳ τῆς ἀπαλλαγῆς τοῦ ζῆν. Πᾶσι γὰρ ἐμπίπτει μεταμέλεια τοῖς μέλλουσι τελευτᾶν, μεμνημένοις, ὧν ἠδικήκασι, καὶ ὁρμὴ τοῦ βούλεσθαι πάντα πεπρᾶχθαι δικαίως αὐτοῖς. (Oportet ante oculos sibi ponere punctum temporis illud, quo unicuique e vita excedendum est: omnes enim moribundos paenitentia corripit, e memoria eorum, quae iniuste egerint, ac vehementer optant, omnia sibi iuste peracta fuisse.) [Man muß jene Zeit vor Augen haben, in der jedem das Ende herannaht, wo er das Leben verlassen muß. Denn alle werden, wenn sie sterben sollen, von Reue ergriffen, sobald sie an das Unrecht denken, das sie begangen haben, und von dem Wunsche, in allen Fällen gerecht gehandelt zu haben.] Imgleichen sehn wir, um an ein historisches Beispiel zu erinnern, den *Perikles* auf dem Sterbebette von allen seinen Großtaten nichts hören wollen, sondern nur davon, daß er nie einen Bürger in Trauer versetzt hatte (Plutarch in ›Pericles‹). Um nun aber einen sehr heterogenen Fall danebenzustellen, so ist mir aus dem Berichte der Aussagen vor einer englischen Jury erinnerlich, daß ein roher fünfzehnjähriger Negerjunge auf einem Schiffe, im Begriff, an einer soeben in einer Schlägerei erhaltenen Verletzung zu sterben, eilig alle Kameraden herbeiholen ließ, um sie zu fragen, ob er jemals einen von ihnen gekränkt oder beleidigt hätte, und bei der Verneinung große Beruhigung fand. Durchgängig lehrt die Erfahrung, daß Sterbende sich vor dem Scheiden mit jedem zu versöhnen wünschen. Einen anderartigen Beleg zu unserm Satze gibt die bekannte Erfahrung, daß, während für intellektuelle Leistungen, und wären sie die ersten Meisterstücke der Welt, der Urheber sehr gern einen Lohn annimmt, wenn er ihn nur erhalten kann, fast jeder, der etwas moralisch Ausgezeichnetes geleistet hat, allen Lohn dafür abweist. Dies ist besonders der Fall bei moralischen Großtaten, wann z. B. einer das Leben eines andern oder gar vieler mit Gefährdung seines eigenen gerettet hat; als wo er in der Regel, selbst wenn er arm ist, schlechterdings keinen Lohn annimmt; weil er fühlt, daß der metaphysische Wert seiner Handlung darunter leiden würde. Eine poetische Darstellung dieses Herganges liefert uns *Bürger* am Schlusse des Liedes ›Vom braven Mann‹[1]. Aber auch in der Wirklichkeit fällt es meistens so aus und ist mir in englischen Zeitungen mehrmals vorgekommen. – Diese Tatsachen sind allgemein und treten ohne Unterschied der Religion ein. Wegen dieser unleugbaren ethisch-metaphysischen Tendenz des Lebens könnte auch ohne eine in diesem Sinn gegebene Auslegung desselben keine Religion in der Welt Fuß fassen: denn mittelst ihrer ethischen Seite hat jede ihren Anhaltspunkt in den Gemütern. Jede Religion legt ihr Dogma der jedem Menschen fühlbaren, aber deshalb noch nicht verständlichen moralischen Triebfeder zum Grunde und verknüpft es so eng mit derselben, daß beide als unzertrennlich erscheinen: ja die Priester sind bemüht, Unglauben und Immoralität für eins und dasselbe auszugeben. Hierauf beruht es, daß dem Gläubigen der Ungläubige für identisch mit dem moralisch Schlechten gilt, wie wir schon daran sehn, daß Ausdrücke wie ›gottlos‹, ›atheistisch‹, ›unchristlich‹, ›Ketzer‹ u. dgl. als synonym mit ›moralisch schlecht‹ gebraucht werden. Den Religionen ist die Sache dadurch leicht gemacht, daß sie, vom *Glauben* ausgehend, diesen für ihr Dogma schlechthin, ja unter Drohungen fordern dürfen. Aber die philosophischen Systeme haben hier nicht so leichtes Spiel: daher man bei Untersuchung aller Systeme finden wird, daß es, wie mit der Begründung der Ethik, so auch mit dem Anknüpfungspunkte derselben an die gegebene Metaphysik überall äußerst schlecht bestellt ist. Und doch ist die Forderung, daß die Ethik sich auf die Metaphysik stütze, unabweisbar, wie ich dies schon in der Einleitung durch *Wolffs* und *Kants* Auktorität bekräftigt habe.

1. [›Sämtliche Schriften‹, 1796, I, S. 207]

Nun aber ist das Problem der Metaphysik so sehr das schwerste aller den menschlichen Geist beschäftigenden Probleme, daß es von vielen Denkern für schlechthin unauflösbar gehalten wird. Für mich kommt in gegenwärtigem Fall noch der ganz besondere Nachteil hinzu, den die Form einer abgerissenen Monographie herbeiführt, daß ich nämlich nicht von einem bestimmten metaphysischen Systeme, zu welchem ich mich etwan bekenne, ausgehn darf; weil ich es entweder darzulegen, welches viel zu weitläuftig, oder als gegeben und gewiß anzunehmen hätte, welches höchst mißlich sein würde. Hieraus wieder folgt, daß ich hier sowenig als im Vorhergehenden die synthetische, sondern nur die analytische Methode anwenden darf, d. h. nicht vom Grunde auf die Folgen, sondern von den Folgen auf den Grund zu gehn habe. Diese harte Notwendigkeit aber, voraussetzungslos zu verfahren und von keinem andern als dem allen gemeinsamen Standpunkt auszugehn, hat mir schon die Darlegung des Fundaments der Ethik so sehr erschwert, daß ich jetzt auf dieselbe zurücksehe wie auf ein zustande gebrachtes schweres Kunststück, dem analog, wo einer aus freier Hand gemacht hat, was sonst überall nur auf einer festen Unterlage ausgeführt wird. Vollends aber jetzt, wo die Frage nach der metaphysischen Auslegung der ethischen Grundlage angeregt ist, wird die Schwierigkeit des voraussetzungslosen Verfahrens so überwiegend, daß ich nur den Ausweg sehe, es bei ganz allgemeinen Umrissen bewenden zu lassen, mehr Andeutungen als Ausführungen zu geben, den Weg, der hier zum Ziele führt, zu zeigen, aber nicht ihn bis ans Ende zu verfolgen und überhaupt nur einen sehr geringen Teil von dem zu sagen, was ich unter andern Umständen hier vorzubringen hätte. Bei diesem Verfahren aber berufe ich mich neben den eben dargelegten Gründen darauf, daß die eigentliche Aufgabe in den vorhergehenden Abschnitten gelöst ist, folglich, was ich hier noch darüber leiste, ein ›opus supererogationis‹ [eine Leistung, die über die Forderung hinausgeht], eine beliebig zu gebende und beliebig zu nehmende *Zugabe* ist.

§ 22
Metaphysische Grundlage

Den festen Boden der Erfahrung, welcher bis hieher alle unsere Schritte getragen hat, sollen wir also jetzt verlassen, um in dem, wohin keine Erfahrung auch nur möglicherweise reichen kann, die letzte theoretische Befriedigung zu suchen, glücklich, wenn uns auch nur ein Fingerzeig, ein flüchtiger Durchblick zuteil wird, bei welchem wir uns einigermaßen beruhigen können. Hingegen was uns nicht verlassen soll, ist die bisherige Redlichkeit des Verfahrens: wir werden nicht nach der Weise der sogenannten nachkantischen Philosophie uns in Träumereien gefallen, Märchen auftischen, durch Worte zu imponieren und dem Leser Sand in die Augen zu streuen suchen; sondern ein weniges, redlich dargeboten, ist unsere Verheißung.

Das, was bis hieher Erklärungsgrund war, wird jetzt selbst unser Problem, nämlich jenes jedem Menschen angeborene und unvertilgbare natürliche Mitleid, welches sich uns als die alleinige Quelle *nicht-egoistischer Handlungen* ergeben hat: diesen aber ausschließlich kommt moralischer Wert zu. Die Weise vieler moderner Philosophen, welche die Begriffe *gut* und *böse* als *einfache*, d. h. keiner Erklärung bedürftige noch fähige Begriffe behandeln und dann meistens sehr geheimnisvoll und andächtig von einer ›Idee des Guten‹ reden, aus welcher sie die Stütze ihrer Ethik oder wenigstens einen Deckmantel ihrer Dürftigkeit machen[1], nötigt mich, hier die Erklärung einzuschalten, daß diese Begriffe nichts weniger als einfach, geschweige a priori gegeben, sondern Ausdrücke einer Relation und aus der alltäglichsten Erfahrung geschöpft sind. Alles, was den Bestrebungen irgendeines individuellen Willens gemäß ist, heißt, in Beziehung auf diesen, *gut* – gutes Essen, gute Wege, gute Vorbedeutung – das

---

1. ›Der Begriff *des Guten*, in seiner Reinheit, ist ein *Urbegriff*, eine *absolute Idee*, deren Inhalt sich im Unendlichen verliert‹ (*Bouterweck:* ›Praktische Aphorismen‹ S. 54). Man sieht, er möchte aus dem schlichten, ja trivialen Begriff *gut* am liebsten einen διπετής [ein vom Himmel gefallenes (Götterbild)] machen, um ihn als Götzen im Tempel aufstellen zu können.

Gegenteil *schlecht*, an belebten Wesen *böse*. Ein Mensch, der vermöge seines Charakters den Bestrebungen anderer nicht gern hinderlich, vielmehr, soweit er füglich kann, günstig und förderlich ist, der also andere nicht verletzt, vielmehr ihnen, wo er kann, Hülfe und Beistand leistet, wird von ihnen in ebenderselben Rücksicht *ein guter Mensch* genannt, mithin der Begriff *gut* von demselben relativen, empirischen und im passiven Subjekt gelegenen Gesichtspunkte aus auf ihn angewandt. Untersuchen wir nun aber den Charakter eines solchen Menschen nicht bloß in Hinsicht auf andere, sondern an sich selbst; so wissen wir aus dem Vorhergehenden, daß eine ganz unmittelbare Teilnahme am Wohl und Wehe anderer, als deren Quelle wir das Mitleid erkannt haben, es ist, aus welcher die Tugenden der Gerechtigkeit und Menschenliebe in ihm hervorgehn. Gehn wir aber auf das Wesentliche eines solchen Charakters zurück; so finden wir es unleugbar darin, *daß er weniger als die übrigen einen Unterschied zwischen sich und andern macht*. Dieser *Unterschied* ist in den Augen des boshaften Charakters so groß, daß ihm fremdes Leiden unmittelbar Genuß ist, den er deshalb ohne weitern eigenen Vorteil, ja selbst diesem entgegen sucht. Derselbe *Unterschied* ist in den Augen des Egoisten noch groß genug, damit er, um einen kleinen Vorteil für sich zu erlangen, großen Schaden anderer als Mittel gebrauche. Diesen beiden ist also zwischen dem *Ich*, welches sich auf ihre eigene Person beschränkt, und dem *Nicht-Ich*, welches die übrige Welt begreift, eine weite Kluft, ein mächtiger *Unterschied*: ›Pereat mundus, dum ego salvus sim‹ [Mag die Welt zugrunde gehn, wenn ich nur gerettet werde], ist ihre Maxime. Dem guten Menschen hingegen ist dieser *Unterschied* keineswegs so groß, ja in den Handlungen des Edelmuts erscheint er als aufgehoben, indem hier das fremde Wohl auf Kosten des eigenen befördert, also das fremde Ich dem eigenen gleichgesetzt wird: und wo *viele* andere zu retten sind, wird das eigene Ich ihnen gänzlich zum Opfer gebracht, indem der einzelne für viele sein Leben hingibt.

Es frägt sich jetzt, ob die letztere Auffassung des Verhältnisses zwischen dem eigenen und dem fremden Ich, welche den Handlungen des guten Charakters zum Grunde liegt, eine irrige sei und auf einer Täuschung beruhe? oder ob dies vielmehr der Fall der entgegengesetzten Auffassung sei, auf welcher der Egoismus und die Bosheit fußt? –

Diese dem Egoismus zum Grunde liegende Auffassung ist, *empirisch*, streng gerechtfertigt. Der *Unterschied* zwischen der eigenen und der fremden Person erscheint erfahrungsgemäß als ein absoluter. Die Verschiedenheit des Raumes, welche mich von dem andern trennt, trennt mich auch von seinem Wohl und Wehe. – Hiegegen wäre jedoch zunächst zu bemerken, daß die Erkenntnis, die wir vom eigenen Selbst haben, keineswegs eine erschöpfende und bis auf den letzten Grund klare ist. Durch die Anschauung, welche das Gehirn auf Data der Sinne vollzieht, also mittelbar, erkennen wir den eigenen Leib als ein Objekt im Raum und durch den innern Sinn die fortlaufende Reihe unserer Bestrebungen und Willensakte, welche auf Anlaß äußerer Motive entstehn, endlich auch die mannigfaltigen schwächeren oder stärkeren Bewegungen des eigenen Willens, auf welche alle inneren Gefühle sich zurückführen lassen. Das ist alles: denn das Erkennen wird nicht selbst wieder erkannt. Hingegen das eigentliche Substrat dieser ganzen Erscheinung, unser inneres *Wesen an sich*, das Wollende und Erkennende selbst, ist uns nicht zugänglich: wir sehn bloß nach außen, innen ist es finster. Demnach ist die Kenntnis, welche wir von uns selbst haben, keineswegs eine vollständige und erschöpfende, vielmehr sehr oberflächlich, und dem größern, ja hauptsächlichen Teil nach sind wir uns selber unbekannt und ein Rätsel, oder, wie *Kant* sagt: ›Das Ich erkennt sich nur als Erscheinung, nicht nach dem, was es an sich sein mag.‹ Jenem andern Teile nach, der in unsere Erkenntnis fällt, ist zwar jeder vom andern gänzlich verschieden: aber hieraus folgt noch nicht, daß es sich ebenso verhalte hinsichtlich des großen und wesentlichen Teiles, der jedem verdeckt und unbekannt bleibt. Für diesen ist also wenigstens eine Möglichkeit übrig, daß er in allen eines und identisch sei.

Worauf beruht alle Vielheit und numerische Verschiedenheit der Wesen? – Auf Raum und Zeit: durch diese allein ist sie möglich; da das Viele sich nur entweder als nebeneinander oder als nacheinander denken und vorstellen läßt. Weil nun das gleichartige Viele die *Individuen* sind; so nenne ich Raum und Zeit in der Hinsicht, daß sie die *Vielheit* möglich machen, das principium individuationis [Prinzip der Individuation], unbekümmert, ob dies genau der Sinn sei, in welchem die Scholastiker diesen Ausdruck nahmen.

Wenn an den Aufschlüssen, welche *Kants* bewunderungswürdiger Tiefsinn der Welt gegeben hat, *irgend etwas* unbezweifelt wahr ist, so ist es die *transzendentale Ästhetik*, also die Lehre von der Idealität des Raumes und der Zeit. Sie ist so klar begründet, daß kein irgend scheinbarer Einwand dagegen hat aufgetrieben werden können. Sie ist *Kants* Triumph und gehört zu den höchst wenigen metaphysischen Lehren, die man als wirklich bewiesen und als eigentliche Eroberungen im Felde der Metaphysik ansehn kann. Nach ihr also sind Raum und Zeit die Formen unsers eigenen Anschauungsvermögens, gehören diesem, nicht den dadurch erkannten Dingen an, können also nimmermehr eine Bestimmung der Dinge an sich selbst sein; sondern kommen nur der *Erscheinung* derselben zu, wie solche in unserm an physiologische Bedingungen gebundenen Bewußtsein der Außenwelt allein möglich ist. Ist aber dem Dinge an sich, d. h. dem wahren Wesen der Welt *Zeit* und *Raum* fremd; so ist es notwendig auch die *Vielheit*: folglich kann dasselbe in den zahllosen Erscheinungen dieser Sinnenwelt doch nur eines sein, und nur das *eine* und identische Wesen sich in diesen allen manifestieren. Und umgekehrt, was sich als ein *Vieles*, mithin in Zeit und Raum darstellt, kann nicht Ding an sich, sondern nur *Erscheinung* sein. Diese aber ist als solche bloß für unser durch vielerlei Bedingungen beschränktes, ja auf einer organischen Funktion beruhendes Bewußtsein vorhanden, nicht außer demselben.

Diese Lehre, daß alle Vielheit nur scheinbar sei, daß in allen Individuen dieser Welt, in so unendlicher Zahl sie auch nach- und nebeneinander sich darstellen, doch nur *eines* und dasselbe in ihnen allen gegenwärtige und identische, wahrhaft seiende Wesen sich manifestiere, diese Lehre ist freilich lange vor *Kant*, ja man möchte sagen: von jeher dagewesen.

Denn zuvörderst ist sie die Haupt- und Grundlehre des ältesten Buches der Welt, der heiligen *Veden*, deren dogmatischer Teil oder vielmehr esoterische Lehre uns in den *Upanischaden* vorliegt[1]. Daselbst finden wir fast auf jeder Seite jene große Lehre: sie wird unermüdlich in zahllosen Wendungen wiederholt und durch mannigfaltige Bilder und Gleichnisse erläutert. Daß sie gleichfalls der Weisheit des *Pythagoras* zum Grunde lag, ist selbst nach den kärglichen Nachrichten, die von seiner Philosophie zu uns gelangt sind, durchaus nicht zu bezweifeln. Daß in ihr allein fast die ganze Philosophie der *Eleatischen* Schule enthalten war, ist allbekannt. Später waren von ihr die *Neu-Platoniker* durchdrungen, indem sie lehrten: διὰ τὴν ἑνότητα ἁπάντων πάσας ψυχὰς μίαν εἶναι (propter omnium unitatem cunctas animas unam esse) [daß wegen der Einheit aller Dinge alle Seelen eine seien; Plotin, ›Enneades‹ 4, 9]. Im 9. Jahrhundert sehn wir sie in Europa unerwartet auftreten durch *Scotus Erigena*, der, von ihr begeistert, sich bemüht, sie in die Formen und Ausdrücke der christlichen Religion zu kleiden. Unter den Mohammedanern finden wir sie als begeisterte Mystik der *Sufis* wieder. Aber im Okzident mußte *Jordanus Brunus* [Giordano Bruno] es mit einem schmählichen und qualvollen Tode büßen, daß er dem Drange, jene Wahrheit auszusprechen, nicht hatte widerstehn können. Dennoch sehn wir auch die christlichen

---

1. Die Echtheit des ›*Oupnekhat*‹ war auf Grund einiger von mohammedanischen Abschreibern beigefügter und in den Text geratener Randglossen angefochten worden. Allein sie wird vollkommen vindiziert von dem Sanskrit-Gelehrten Friedrich Heinrich Hugo *Windischmann* (dem Sohn) in seinem ›Sancara [Samsara], sive de theologumenis Vedanticorum‹, 1833, p. XIX, ebenfalls von *Bochinger*, ›De la vie contemplative chez les Indous‹, 1831, p. 12. – Sogar der des Sanskrits unkundige Leser kann sich durch Vergleichung der neueren Übersetzungen einzelner Upanischaden von *Rammohun Roy*, *Poley* und selbst der von *Colebrooke*, wie auch der neuesten von *Röer* deutlich überzeugen, daß der von *Anquetil* streng wörtlich ins Lateinische übertragenen persischen Übersetzung des Märtyrers dieser Lehre, Sultans *Daraschakoh*, ein genaues und vollkommenes Wortverständnis zum Grunde gelegen hat; hingegen jene andern sich großenteils mit Tappen und Erraten geholfen haben, daher sie ganz gewiß viel ungenauer sind. – Näheres hierüber findet man im zweiten Bande der ›Parerga‹ Kap. 16, § 184 *[Band 5]*.

Mystiker wider Willen und Absicht sich in sie verstricken, wann und wo sie auftreten. *Spinozas* Name ist mit ihr identifiziert. In unsern Tagen endlich, nachdem *Kant* den alten Dogmatismus vernichtet hatte und die Welt erschrocken vor den rauchenden Trümmern stand, wurde jene Erkenntnis wieder auferweckt durch die eklektische Philosophie *Schellings*, der, die Lehren des Plotinos, Spinozas, Kants und Jacob Böhmes mit den Ergebnissen der neuen Naturwissenschaft amalgamierend, schleunig ein Ganzes zusammensetzte, dem dringenden Bedürfnis seiner Zeitgenossen einstweilen zu genügen, und es dann mit Variationen abspielte; infolge wovon jene Erkenntnis unter den Gelehrten Deutschlands zu durchgängiger Geltung gelangt, ja selbst unter den bloß Gebildeten fast allgemein verbreitet ist[1]. Eine Ausnahme machen allein die heutigen Universitäts-Philosophen, als welche die schwere Aufgabe haben, dem sogenannten *Pantheismus* entgegenzuarbeiten, wodurch in große Not und Verlegenheit versetzt sie in ihrer Herzensangst bald zu den kläglichsten Sophismen, bald zu den bombastischesten Phrasen greifen, um daraus irgendeinen anständigen Maskenzug zusammenzuflicken, eine beliebte und oktroyierte Rockenphilosophie darin zu kleiden. Kurzum: das ἓν καὶ πᾶν[2] [ein und alles] war zu allen Zeiten der Spott der Toren und die endlose Meditation der Weisen. Jedoch läßt der strenge Beweis desselben sich allein aus *Kants* Lehre, wie oben geschehn, führen; obwohl *Kant* selbst dies nicht getan hat, sondern nach Weise kluger Redner nur die Prämissen gab, den Zuhörern die Freude der Konklusion überlassend.

1. On peut assez longtemps, chez notre espèce,
 Fermer la porte à la raison.
 Mais, dès qu'elle entre avec adresse,
 Elle reste dans la maison,
 Et bientôt elle en est maîtresse.
 [Man kann für lange Zeit bei unserer Menschenweise
 Der Vernunft die Tür verschließen.
 Jedoch, sobald sie eintritt mit Geschicklichkeit,
 Bleibt sie im Haus,
 Und drinnen ist sie bald die Herrin.]
 Voltaire [›Lettre à Saurin‹ 10 novembre 1770]

2. *[Vgl. Bd. 2, S. 411]*

Gehört demnach Vielheit und Geschiedenheit allein der bloßen *Erscheinung* an und ist es ein und dasselbe Wesen, welches in allem Lebenden sich darstellt; so ist diejenige Auffassung, welche den Unterschied zwischen Ich und Nicht-Ich aufhebt, nicht die irrige: vielmehr muß die ihr entgegengesetzte dies sein. Auch finden wir diese letztere von den Hindus mit dem Namen *Maja*, d. h. Schein, Täuschung, Gaukelbild, bezeichnet. Jene erstere Ansicht ist es, welche wir als dem Phänomen des Mitleids zum Grunde liegend, ja dieses als den realen Ausdruck derselben gefunden haben. Sie wäre demnach die metaphysische Basis der Ethik und bestände darin, daß das *eine* Individuum im *andern* unmittelbar sich selbst, sein eigenes wahres Wesen wiedererkenne. Demnach träfe die praktische Weisheit, das Rechttun und Wohltun im Resultat genau zusammen mit der tiefsten Lehre der am weitesten gelangten theoretischen Weisheit; und der praktische Philosoph, d. h. der Gerechte, der Wohltätige, der Edelmütige, spräche durch die Tat nur dieselbe Erkenntnis aus, welche das Ergebnis des größten Tiefsinns und der mühseligsten Forschung des theoretischen Philosophen ist. Indessen steht die moralische Trefflichkeit höher denn alle theoretische Weisheit, als welche immer nur Stückwerk ist und auf dem langsamen Wege der Schlüsse zu dem Ziele gelangt, welches jene mit *einem* Schlage erreicht; und der moralisch Edle, wenn ihm auch noch so sehr die intellektuelle Trefflichkeit abgeht, legt durch sein Handeln die tiefste Erkenntnis, die höchste Weisheit an den Tag und beschämt den Genialsten und Gelehrtesten, wenn dieser durch sein Tun verrät, daß jene große Wahrheit ihm doch im Herzen fremdgeblieben ist.

›Die Individuation ist real, das principium individuationis und die auf demselben beruhende Verschiedenheit der Individuen ist die Ordnung der Dinge an sich. Jedes Individuum ist ein von allen andern von Grund aus verschiedenes Wesen. Im eigenen Selbst allein habe ich mein wahres Sein, alles andere hingegen ist Nicht-Ich und mir fremd.‹ – Dies ist die Erkenntnis, für deren Wahrheit Fleisch und Bein Zeugnis ablegen, die allem Egoismus zum Grunde liegt und deren realer Ausdruck jede lieblose, ungerechte oder boshafte Handlung ist. –

›Die Individuation ist bloße Erscheinung, entstehend mittelst Raum und Zeit, welche nichts weiter als die durch mein zerebrales Erkenntnisvermögen bedingten Formen aller seiner Objekte sind; daher auch die Vielheit und Verschiedenheit der Individuen bloße Erscheinung, d. h. nur in meiner *Vorstellung* vorhanden ist. Mein wahres inneres Wesen existiert in jedem Lebenden so unmittelbar, wie es in meinem Selbstbewußtsein sich nur mir selber kundgibt.‹ – Diese Erkenntnis, für welche im Sanskrit die Formel ›tat-tvam asi‹, d. h. ›dies bist Du‹ der stehende Ausdruck ist, ist es, die als *Mitleid* hervorbricht, auf welcher daher alle echte, d. h. ununeigennützige Tugend beruht und deren realer Ausdruck jede gute Tat ist. Diese Erkenntnis ist es im letzten Grunde, an welche jede Appellation an Milde, an Menschenliebe, an Gnade für Recht sich richtet: denn eine solche ist eine Erinnerung an die Rücksicht, in welcher wir alle eins und dasselbe Wesen sind. Hingegen beruft Egoismus, Neid, Haß, Verfolgung, Härte, Rache, Schadenfreude, Grausamkeit sich auf jene erstere Erkenntnis und beruhigt sich bei ihr. Die Rührung und Wonne, welche wir beim Anhören, noch mehr beim Anblick, am meisten beim eigenen Vollbringen einer edlen Handlung empfinden, beruht im tiefsten Grunde darauf, daß sie uns die Gewißheit gibt, daß jenseit aller Vielheit und Geschiedenheit der Individuen, die das principium individuationis uns vorhält, eine Einheit derselben liege, welche wahrhaft vorhanden, ja uns zugänglich ist, da sie ja eben faktisch hervortrat.

Je nachdem die eine oder die andere Erkenntnisweise festgehalten wird, tritt zwischen Wesen und Wesen die φιλία [Liebe] oder das νεῖκος [der Haß] des Empedokles hervor. Aber wer, vom νεῖκος beseelt, feindlich eindränge auf seinen verhaßtesten Widersacher und bis in das Tiefinnerste desselben gelangte; der würde in diesem zu seiner Überraschung sich selbst entdecken. Denn sogut wie im Traum in allen uns erscheinenden Personen wir selbst stecken, sogut ist es im Wachen der Fall – wenn auch nicht so leicht einzusehn. Aber ›tat-tvam asi‹.

Das Vorwalten der einen oder der andern jener beiden Erkenntnisweisen zeigt sich nicht bloß in den einzelnen Handlungen, sondern in der ganzen Art des Bewußtseins und der Stimmung, welche daher beim *guten* Charakter eine von der des *schlechten* so wesentlich verschiedene ist. *Dieser* empfindet überall eine starke Scheidewand zwischen sich und allem außer ihm. Die Welt ist ihm ein *absolutes Nicht-Ich* und sein Verhältnis zu ihr ein ursprünglich feindliches: dadurch wird der Grundton seiner Stimmung Gehässigkeit, Argwohn, Neid, Schadenfreude. – Der gute Charakter hingegen lebt in einer seinem Wesen homogenen Außenwelt: die andern sind ihm kein Nicht-Ich, sondern ›Ich noch einmal‹. Daher ist sein ursprüngliches Verhältnis zu jedem ein befreundetes: er fühlt sich allen Wesen im Innern verwandt, nimmt unmittelbar teil an ihrem Wohl und Wehe und setzt mit Zuversicht dieselbe Teilnahme bei ihnen voraus. Hieraus erwächst der tiefe Friede seines Innern und jene getroste, beruhigte, zufriedene Stimmung, vermöge welcher in seiner Nähe jedem wohl wird. – Der böse Charakter vertraut in der Not nicht auf den Beistand anderer: ruft er ihn an, so geschieht es ohne Zuversicht – erlangt er ihn, so empfängt er ihn ohne wahre Dankbarkeit; weil er ihn kaum anders denn als Wirkung der Torheit anderer begreifen kann. Denn sein eigenes im fremden Wesen wiederzuerkennen ist er selbst dann noch unfähig, nachdem es von dort aus sich durch unzweideutige Zeichen kundgegeben hat. Hierauf beruht eigentlich das Empörende alles Undanks. Diese moralische Isolation, in der er sich wesentlich und unausweichbar befindet, läßt ihn auch leicht in Verzweiflung geraten. – Der gute Charakter wird mit ebenso vieler Zuversicht den Beistand anderer anrufen, als er sich der Bereitwilligkeit bewußt ist, ihnen den seinigen zu leisten. Denn, wie gesagt, dem einen ist die Menschenwelt Nicht-Ich, dem andern ›Ich noch einmal‹. – Der Großmütige, welcher dem Feinde verzeiht und das Böse mit Gutem erwidert, ist erhaben und erhält das höchste Lob; weil er sein selbst-eigenes Wesen auch da noch erkannte, wo es sich entschieden verleugnete.

Jede ganz lautere Wohltat, jede völlig und wahrhaft uneigennützige Hülfe, welche als solche ausschließlich die Not des andern zum Motiv hat, ist, wenn wir bis auf den letzten Grund forschen, eigentlich eine mysteriöse Handlung, eine praktische Mystik, sofern sie zuletzt aus derselben Erkenntnis, die das Wesen aller eigentlichen Mystik ausmacht, entspringt und auf keine andere Weise mit Wahrheit erklärbar ist. Denn daß einer auch nur ein Almosen gebe, ohne dabei auf die entfernteste Weise etwas anderes zu bezwecken, als daß der Mangel, welcher den andern drückt, gemindert werde, ist nur möglich, sofern er erkennt, daß er selbst es ist, was ihm jetzt unter jener traurigen Gestalt erscheint, also daß er sein eigenes Wesen an sich in der fremden Erscheinung wiedererkenne. Daher habe ich in der vorigen Abteilung das Mitleid das große Mysterium der Ethik genannt.

Wer für sein Vaterland in den Tod geht, ist von der Täuschung freigeworden, welche das Dasein auf die eigene Person beschränkt: er dehnt sein eigenes Wesen auf seine Landsleute aus, in denen er fortlebt, ja auf die kommenden Geschlechter derselben, für welche er wirkt – wobei er den Tod betrachtet wie das Winken der Augen, welches das Sehn nicht unterbricht.

Der, dem alle andern stets Nicht-Ich waren, ja der im Grunde allein seine eigene Person für wahrhaft real hielt, die andern hingegen eigentlich nur als Phantome ansah, denen er bloß eine relative Existenz, sofern sie Mittel zu seinen Zwecken sein oder diesen entgegenstehn konnten, zuerkannte, so daß ein unermeßlicher Unterschied, eine tiefe Kluft zwischen seiner Person und allem jenem Nicht-Ich blieb, der also ausschließlich in dieser eigenen Person existierte, dieser sieht im Tode mit seinem Selbst auch alle Realität und die ganze Welt untergehn. Hingegen der, welcher in allen andern, ja in allem, was Leben hat, sein eigenes Wesen, sich selbst erblickte, dessen Dasein daher mit dem Dasein alles Lebenden zusammenfloß, der verliert durch den Tod nur einen kleinen Teil seines Daseins: er besteht fort in allen andern, in welchen er ja sein Wesen und sein Selbst stets erkannt und geliebt hat, und die Täuschung verschwindet, welche sein Bewußtsein von dem der übrigen trennte. Hierauf mag zwar nicht ganz, aber doch zum großen Teil die Verschiedenheit beruhen zwischen der Art, wie besonders gute und überwiegend böse Menschen die Todesstunde entgegennehmen. –

In allen Jahrhunderten hat die arme Wahrheit darüber erröten müssen, daß sie paradox war: und es ist doch nicht ihre Schuld. Sie kann nicht die Gestalt des thronenden allgemeinen Irrtums annehmen. Da sieht sie seufzend auf zu ihrem Schutzgott, der Zeit, welcher ihr Sieg und Ruhm zuwinkt, aber dessen Flügelschläge so groß und langsam sind, daß das Individuum darüber hinstirbt. So bin denn auch ich mir des Paradoxen, welches diese metaphysische Auslegung des ethischen Urphänomens für die an ganz anderartige Begründungen der Ethik gewöhnten okzidentalisch Gebildeten haben muß, sehr wohl bewußt, kann jedoch nicht der Wahrheit Gewalt antun. Vielmehr ist alles, was ich aus dieser Rücksicht über mich vermag, daß ich durch eine Anführung belege, wie jene Metaphysik der Ethik schon vor Jahrtausenden die Grundansicht der indischen Weisheit war, auf welche ich zurückdeute wie Kopernikus auf das von Aristoteles und Ptolemaios verdrängte Weltsystem der Pythagoreer. Im Bhagavad-Gita, lectio 13; 27, 28, heißt es nach August Wilhelm von Schlegels Übersetzung: ›Eundem in omnibus animantibus consistentem summum dominum, istis pereuntibus haud pereuntum qui cernit, is vere cernit. – Eundem vero cernens ubique praesentem dominum, non violat semet ipsum sua ipsius culpa: exinde pergit ad summum iter.‹

[Den einen höchsten Gott in allen Wesen stehend
Und lebend, wenn sie sterben, wer dieses sieht, ist sehend.
Denn welcher allerorts den höchsten Gott gefunden,
der Mann wird durch sich selbst sich selber nicht
                                  verwunden:
Er wird von dort aus seinen Weg zum Höchsten nehmen[1].]

Bei diesen Andeutungen zur Metaphysik der Ethik muß ich es bewenden lassen, obwohl noch ein bedeutender Schritt in derselben zu tun übrigbleibt. Allein dieser setzt

1. [Übersetzung nach dem Sanskrit-Text]

voraus, daß man auch in der *Ethik* selbst einen Schritt weitergegangen wäre, welches ich nicht tun durfte, weil in Europa der Ethik ihr höchstes Ziel in der Rechts- und Tugendlehre gesteckt ist und man, was über diese hinausgeht, nicht kennt oder doch nicht gelten läßt. Dieser notwendigen Unterlassung also ist es zuzuschreiben, daß die dargelegten Umrisse zur Metaphysik der Ethik noch nicht auch nur aus der Ferne den Schlußstein des ganzen Gebäudes der Metaphysik oder den eigentlichen Zusammenhang der ›Divina commedia‹ absehn lassen. Dies lag aber auch weder in der Aufgabe noch in meinem Plan. Denn man kann nicht alles in einem Tage sagen und soll auch nicht mehr antworten, als man gefragt ist.

Indem man sucht, menschliche Erkenntnis und Einsicht zu fördern, wird man stets den Widerstand des Zeitalters empfinden, gleich dem einer Last, die man zu ziehn hätte und die schwer auf den Boden drückt, aller Anstrengung trotzend. Dann muß man sich trösten mit der Gewißheit, zwar die Vorurteile gegen sich, aber die Wahrheit für sich zu haben, welche, sobald nur ihr Bundesgenosse, die Zeit, zu ihr gestoßen sein wird, des Sieges vollkommen gewiß ist, mithin, wenn auch nicht heute, doch morgen.

IUDICIUM

REGIAE DANICAE SCIENTIARUM SOCIETATIS

Quaestionem anno 1837 propositam, ›utrum philosophiae moralis fons et fundamentum in idea moralitatis, quae immediate conscientia contineatur et ceteris notionibus fundamentalibus, quae ex illa prodeant, explicandis quaerenda sint an in alio cognoscendi principio‹, unus tantum scriptor explicare conatus est, cuius commentationem germanico sermone compositam et his verbis notatam: ›Moral predigen ist leicht, Moral begründen ist[1] schwer‹ praemio dignam iudicare nequivimus. Omisso enim eo, quod potissimum postulabatur, hoc expeti putavit, ut principium aliquod ethicae conderetur, itaque eam partem commentationis suae, in qua principii ethicae a se propositi et metaphysicae suae nexum exponit, appendicis loco habuit, in qua plus, quam postulatum esset, praestaret, cum tamen ipsum thema eiusmodi disputationem flagitaret, in qua vel praecipuo loco metaphysicae et ethicae nexus consideraretur. Quod autem scriptor in sympathia fundamentum ethicae constituere conatus est, neque ipsa disserendi forma nobis satisfecit neque reapse hoc fundamentum sufficere evicit; quin ipse contra esse confiteri coactus est. Neque reticendum videtur plures recentioris aetatis summos philosophos tam indecenter commemorari, ut iustam et gravem offensionem habeat.

---

1. Dieses zweite ›*ist*‹ hat die Akademie aus eigenen Mitteln hinzugefügt, um einen Beleg zu liefern zur Lehre des [Pseudo-]Longinos (›De sublimitate‹ cap. 39), daß man durch Hinzufügung oder Wegnahme *einer* Silbe die ganze Energie einer Sentenz vernichten kann.

[URTEIL

DER KÖNIGLICH DÄNISCHEN GESELLSCHAFT
DER WISSENSCHAFTEN

Die im Jahre 1837 aufgestellte Preisfrage: ›Ist die Quelle und Grundlage der Moral in einer unmittelbar im Bewußtsein (oder Gewissen) liegenden Idee der Moralität und in der Analyse der übrigen, aus dieser entspringenden moralischen Grundbegriffe oder in einem anderen Erkenntnisgrunde zu suchen?‹ hat nur ein Bearbeiter zu beantworten unternommen, dessen deutsch geschriebene und mit dem Motto: ›Moral predigen ist leicht, Moral begründen ist schwer‹ versehene Abhandlung wir nicht als des Preises würdig haben erklären können. Denn indem er das überging, was vor allem anderen gefordert worden war, hat er geglaubt, daß es sich darum handele, irgendein Prinzip der Ethik aufzustellen, daher hat er den Teil seiner Abhandlung, in dem er den Zusammenhang des von ihm aufgestellten ethischen Prinzips mit seiner Metaphysik erörtert, nur in einem Anhange dargelegt, in dem er mehr, als gefordert worden war, darbot, während doch das Thema gerade eine solche Untersuchung verlangte, in der vor allen Dingen der Zusammenhang der Metaphysik mit der Ethik betrachtet werden sollte. Wenn aber der Verfasser versucht, die Grundlage der Moral im Mitleid nachzuweisen, so hat er uns weder durch die Form seiner Abhandlung befriedigt noch auch in der Sache diese Grundlage als ausreichend nachgewiesen, vielmehr hat er sich genötigt gesehen, selbst das Gegenteil einzugestehen. Auch kann nicht verschwiegen werden, daß mehrere hervorragende Philosophen der Neuzeit so unziemlich erwähnt werden, daß dies gerechten und schweren Anstoß erregt.]

TEXTKRITISCHES NACHWORT

Dieser Band umfaßt die kleineren Schriften, in denen Schopenhauer teils sein System vorbereitet, teils in einzelnen Richtungen näher bestimmt und vertieft. Die vorbereitenden Schriften sind die Abhandlung ›Über die vierfache Wurzel des Satzes vom zureichenden Grunde‹ und ›Über das Sehn und die Farben‹, die in der Gesamtausgabe von Julius Frauenstädt – 1877 bei F. A. Brockhaus in Leipzig (F) – mit der lateinischen Fassung der Farbenlehre (›Commentatio exponens theoriam colorum physiologicam eandemque primariam‹) den ersten Band bildeten. Die weiterführenden Schriften sind die Abhandlung ›Über den Willen in der Natur‹ und die Preisschriften über ›Die beiden Grundprobleme der Ethik‹. Sie bildeten in F als Schriften zur Naturphilosophie und zur Ethik den vierten Band. Die von Schopenhauer seit 1858 geplante Gesamtausgabe sollte die genannten Schriften in einem fünften Bande zusammenfassen, für den aber bald der dritte in Aussicht genommen wurde, ›weil er lauter integrierende Teile meiner Philosophie enthält‹ (Brief vom 22. September 1858 an F. A. Brockhaus). Diesem Plan folgte Eduard Grisebach in seiner sechsbändigen Ausgabe bei Philipp Reclam in Leipzig 1891 (G), wies jedoch die Farbenlehre (einschließlich ihrer lateinischen Fassung) in den Nachtragsband (den sechsten seiner Ausgabe). In der siebenbändigen Ausgabe Arthur Hübschers bei Eberhard Brockhaus in Wiesbaden 1946-50 (Hb) ist die Anordnung in F – nach dem Grundsatz, alle Schriften in zeitlicher Ordnung abzudrucken – beibehalten. Die vorliegende Ausgabe wählt die auf G zurückgehende Anordnung der Großherzog-Wilhelm-Ernst-Ausgabe, im Insel-Verlag o. J., deren dritten Band Max Brahn herausgab; er stellte jedoch die Farbenlehre den übrigen Schriften nach, wie Schopenhauer es in seinem Brief an F. A. Brockhaus vom 8. August 1858 vorgeschlagen hatte. Die in diesem Bande gewählte zeitliche Ordnung versucht dagegen, die Entwicklung innerhalb des Denkens und der philosophischen Interessen Schopenhauers aufzuzeigen, indem nach den Vorgang in F und Hb die Farbenlehre der Abhandlung ›Über die vierfache Wurzel des Satzes vom zureichenden Grunde‹ nachgestellt ist. Auf den Abdruck der lateinischen Fassung der Farbenlehre wurde verzichtet, sie liegt in Hb Bd. 1, S. 1–58 [dritte Zählung] vor.

I.

Die von der Philosophischen Fakultät der Universität Jena 1813 als Dissertation angenommene Schrift ›Über die vierfache Wurzel des Satzes vom zureichenden Grunde‹ erschien im gleichen Jahre in einer Auflage von 500 Stück auf Kosten des Verfassers in der Kommissionsbuchhandlung zu Rudolstadt in Thüringen (A). Da A in Hb Bd. 7, S. 5–94 [zweite Zählung] vorliegt, gibt die folgende Aufstellung, bezogen auf Seiten und Zeilen in Hb, eine Übersicht über die in der zweiten Auflage von 1847 (B) nicht aufgenommenen Textstellen. Die in eckigen Klammern hinzugefügten Stellenangaben dieser Ausgabe verweisen auf den dafür in B eingesetzten Text (über weitere Änderungen in B vgl. S. 830); fehlt dieser Hinweis, so hat der ursprüngliche Text keinen Ersatz gefunden. Demnach wurde getilgt:

Aus dem ersten Kapitel, § 3 Ein Nutzen, den diese Untersuchung haben könnte Hb 5,28–6,8 Denn auch auf die Philosophie *bis* nur nimmer philosophisch [*vgl. S. 822 zu 13,13 und 14,1*] · Hb 6,13–7,5 Ich halte zudem dafür, daß *bis* wieder, unreine nicht: [*vgl. S. 832 zu 14,6 und S. 823 zu 14,14*]

Aus dem zweiten Kapitel, § 8 Spinoza Hb 10,12–26 Man sieht die gänzliche Verwechselung *bis* Erkenntnisgrund und Folge [*vgl. S. 826 zu 26,15*] · Hb 10,34–37 (Die oben angegebenen Stellen liefern *bis* Darstellung genau verknüpft.

Aus dem dritten Kapitel, § 14 Fälle, die unter keiner der bisher aufgestellten Bedeutungen des Satzes begriffen sind Hb 17,11–19 Wenn ich in einem andern *bis* Veränderung die Rede. [*vgl. S. 830 zu 40,7*] · *aus § 16* Die Wurzel des Satzes vom zureichenden Grunde Hb 18,21–24 *die Anmerkung im Text* · Hb 18,25–20,21 § 17 Ihre Vierfachheit *und die Anmerkung* Apuleii ›Metamorphoses‹ lib. 2 in fine et lib. 3 initio [*vgl. S. 824 zu 41,24*]

Aus dem vierten Kapitel Hb 25,26–27,9 § 21 Vom unmittelbaren Objekt *mit neuem Text in B als* § 22, 106,4–107,3 *dieser Ausgabe* · Hb 27,10–29,11 § 22 Phantasmen und Träume. Phantasie · *aus § 24* Bestreitung von Kants Beweis dieses Satzes und Aufstellung eines

neuen im gleichen Sinn abgefaßten *Hb 36,12–37,35* Indessen läßt sich auch allerdings *bis* der Schluß falsch. *und die Anmerkung* · *Hb 39,28–40,14* Jene ganze Lehre Kants beruht *bis* Totalvorstellung einer Erfahrung. · *Hb 40,24–41 30* Ich stimme Kanten vollkommen bei *bis* nämlich eine zentripetale. · *Hb 42,1–43,22* Vergebens würde man die von *bis* verknüpften Vorstellungen ist. [*vgl. S. 830 zu* 115, 29] · *Hb 43,30–44,3* Daß ich demnach jene Einwendungen *bis* gegen Kant gesagt. · *Hb 44,4–45,3* § 25 Vom Mißbrauch des Gesetzes der Kausalität *mit neuem Text in B als* § 24, *116,13–34 dieser Ausgabe* · *aus* § 26 Die Zeit der Veränderung *Hb 45,13–48,27* Kant hingegen (›Kritik der reinen *bis* auf die Gegenwart. [*vgl. S. 831 zu 117,21*]
Aus dem fünften Kapitel Hb 49,6–51,4 § 27 Erklärung dieser Klasse von Objekten. Die Vernunft *mit neuem Text in B als* § 26, *120,7–123,35 dieser Ausgabe* · *Hb 52,22–29* § 30 Die Wahrheit *in neuer Formulierung in B* § 29 Satz vom zureichenden Grunde des Erkennens, *129,17–19 dieser Ausgabe verwendet* [*vgl. S. 827 zu* 129,3] · *aus* § 33 Empirische Wahrheit *Hb 54,24–56,36* ebenso verknüpft und modifiziert als *bis* nähere Erklärung folgt. [*vgl. S. 831 zu* 131,24] · *Hb 58 die Anmerkung im Text*
Aus dem sechsten Kapitel nichts
Aus dem siebenten Kapitel, § 42 Subjekt des Erkennens und Objekt *Hb 69,11–14* nicht nur weil es sich *bis* getrennt denken läßt. · *Hb 70,14–30* Sollte die von der Naturphilosophie *bis* andre Prädikate haben. [*vgl. S. 831 zu 170,15*] · *Hb 71,9–72,24* Wenn man alle Arten und *bis* denken sich einbildet. · *aus* § 43 Subjekt des Wollens *Hb 72,31–33* Es ist jedoch in jedem Bewußtsein höchst wahrscheinlich der älteste aller Erfahrungssätze, derjenige, mit dem das Erkennen anhebt. · *aus* § 44 Das Wollen *Hb 73,14–36* Denn obgleich man im Wollen *bis* Wunsch bleiben sollen. [*vgl. S. 831 zu* 172,8] · *aus* § 45 Gesetz der Motivation *Hb 74,3–10* Daß das Wollen a parte *bis* über die Freiheit. [*vgl. S. 831 zu 172,5*] · *Hb 74,29–30* und den durch dasselbe vorausgesetzten Grund das Motiv nenne. · *Hb 74,30–80,3* § 46 Motiv, Entschluß, empirischer und intelligibler Charakter · *aus* § 47 Kausalität des Willens auf das Erkennen *Hb 80,11–19* Besonders sind die schon oben *bis* unmittelbar erfolgende Wirkung, [*vgl. S. 831 zu 174,9*] · *Hb 80, 28–36* Das Motiv zur Hervorrufung solcher *bis* Genüge zu tun. · *Hb 82,27–84,17* § 49 Gefühl usw. *und Hb 84 die Anmerkung*
Aus dem achten Kapitel Hb 85,3–11 § 50 Übergang · *Hb 85,12–86,21* § 51 Andre Prinzipien der Einteilung der vier Arten von Gründen, *der seiner Bedeutung halber zitiert werden muß:* Es ist leicht zu bemerken, daß, statt die vier Gestaltungen des Satzes vom zu-

reichenden Grunde zu sondern und zu verteilen gemäß den vier
Klassen der möglichen Gegenstände unsres Vorstellungsvermögens und mir so statt einer Untersuchung zwei aufzugeben, ich
nur hätte jener meiner Einteilung der Gründe die vier Gemütskräfte nach Kantischen Grundsätzen unterlegen können und demzufolge sagen: In unserm Verstande liegt der Satz vom Grunde
des Werdens als Gesetz der Kausalität; in unsrer Vernunft als
dem Vermögen der Schlüsse der Satz vom zureichenden Grunde
des Erkennens; in unsrer reinen Sinnlichkeit der Satz vom
Grunde des Seins; und endlich den Willen leitet das Gesetz der
Motivation. Auch nach den von Kant aufgestellten Disziplinen
hätte ich meine Einteilung vornehmen können, so daß der Satz
der Kausalität in die transzendentale Logik, der Satz vom Erkenntnisgrunde in die allgemeine Logik, der vom Seinsgrunde in
die transzendentale Ästhetik und endlich das Gesetz der Motivation in die Sittenlehre gekommen wäre. Die von mir vorgezogene
Einteilung mag indessen teils durch die Darstellung selbst gerechtfertigt werden, in welche sie Untersuchungen hineingezogen
hat, die vielleicht mehr, gewiß aber ebensoviel Interesse haben
als die zum Zweck gemachte Untersuchung selbst, welche wiederum ohne sie nicht hätte gründlich zustande kommen können:
teils aber scheint mir durch jene Einteilung ein wesentliches Resultat unsrer Untersuchung in helleres Licht gestellt, nämlich
dieses, daß jene vier Gesetze alles unsres Erkennens nicht bloß
einen gemeinschaftlichen Ausdruck haben im Satz vom zureichenden Grunde, sondern daß sie ursprünglich nur ein Gesetz sind,
das nach Verschiedenheit der Gegenstände unseres Erkenntnisvermögens verschiedene Gestalten annimmt. · *Hb 89,28–90,5 § 56
Bestätigung in den Sprachen* · *Hb 90,31–91,38 § 58 Apologie über
Phantasie und Vernunft* · *aus § 59 Zwei Hauptresultate Hb 93,16–
19* Ich habe aber meine Beispiele, wenn sie gleich weniger grell sind,
lieber aus Kants eigenen Schriften genommen, weil es nicht meine
Absicht war zu kritisieren, sondern nur meine Meinung durch Beispiele zu erläutern · *Hb 92,36* berüchtigten (*vgl. 187,34*)

Die ›zweite, sehr verbesserte und beträchtlich vermehrte‹ Auflage
erschien in der Joh. Christ. Hermannschen Buchhandlung (F. E.
Suchsland) in Frankfurt am Main 1847 (B). Abgesehen von den
vorstehend aufgeführten Streichungen änderte Schopenhauer
zahlreiche Textstellen aus *A*:
Im ersten Kapitel 13,13 Nutzen dieser Untersuchung] Ein Nutzen,
den diese Untersuchung haben könnte *A* · 14,1 Überhaupt wird

der echte] Denn der *A* · 14,14–15 Hieraus erklärt sich, warum in einigen Schriften, z.B. den Schellingschen] Aber nur reine Töne klingen wieder, unreine nicht, dies gibt manchen Verdruß, durch welchen es kommen mag, daß in einigen Schriften *A* · 14,20–21 Sie ist überaus *bis* ein] Die Wichtigkeit des Satzes vom zureichenden Grunde ist so groß, daß ich zu behaupten wage, er sei die Grundlage aller Wissenschaft. Man erklärt nämlich Wissenschaft als *A*

Im zweiten Kapitel 16,8–9 Für einen solchen *bis* der] Da dieser Satz ein Grundsatz aller Erkenntnis ist, so ist auch ohne Zweifel *A* · 16,15 gewisse Wahrheit] gewissen Satz *A* · 17,30–31 mit einiger Seichtigkeit und Verworrenheit zugleich] ebenfalls ziemlich willkürlich *A* · 20,21 unsern vortrefflichen] bei dem scharfsinnigen *A* · 20,23–26 in dieser Hinsicht *bis* haben.] noch keinen deutlichen Begriff von diesem Unterschiede. *A* · 23,24–24,34 Obgleich Spinozas Philosophie *bis* Erinnerung.] Daß Spinoza von dem Unterschied zwischen Grund und Folge und Ursach und Wirkung durchaus keinen deutlichen Begriff gehabt hat, bezeugen unzählige Stellen seiner Schriften. Nur ein paar Beispiele sei es mir erlaubt anzuführen. *A* · 25,18–26,6 *die Reihenfolge der angeführten Zitate ist geändert* · 31,3–26 Leibniz hat zuerst *bis* Clarke § 125.] Leibniz ist also der erste, bei dem wir einen deutlichen Begriff jenes Unterschiedes finden. In seinen ›Principiis philosophiae‹ unterscheidet er sehr bestimmt ratio cognoscendi von causa efficiens und setzt beide als zwei Anwendungen des principii rationis sufficientis, das er hier als einen Hauptgrundsatz aller Erkenntnis förmlich aufstellt. *A* [*vgl. S. 832 zu* 31,5] · 32,31 unstatthafter] leerer *A* · 33,3–21 Daß nun Wolff *bis* werde, [*vgl. S. 830 zu* 33,21] · 33,31–34,2 Reimarus, in der *bis* damit. *in A* 34,23 *nachgestellt* · 35,23–36,5 Kants Hauptstelle über *bis* Vorgängern] Kant, mit dem eine Weltperiode in der Philosophie anhebt, hat auch auf die Logik einen wohltätigen Einfluß gehabt. Er bewirkte eine bestimmtere Absonderung der Logik von der Transzendentalphilosophie oder bisherigen Metaphysik. Unsern Satz vom zureichenden Grunde läßt Kant jedoch in beiden auftreten. In der Logik, die seinen Namen führt, nennt er ›*Kritik der reinen Vernunft*‹, *fünfte Auflage* p. 73 den Satz das Kriterium der äußern logischen Wahrheit oder der Rationabilität der Erkenntnis, auf welchem die Wirklichkeit (p. 75) der Erkenntnis beruht. In der transzendentalen Logik aber läßt er den Satz als Prinzip der Kausalität auftreten und beweist ihn sogar als solches, wovon ich seines Orts ausführlich reden werde. Obgleich er also den Unterschied anerkennt, bestimmt er doch seine Ausdrücke nicht genau nach selbigem, wie ich am Ende dieser Abhandlung zeigen werde, und gibt dadurch zu Dunkelheiten und Mißverständnissen Anlaß. *A* · 37,24 sondern] und *A* · 37,25-26 als welcher nicht *bis* gerichtet] der in einem ganz andern Sinn *A*

Im dritten Kapitel 39,5-6 Fälle, die unter *bis* sind] Fälle, die unter keiner der bisher aufgestellten Bedeutungen des Satzes begriffen sind *A* · 40,25-37 *in A als* § 15 Alle Anwendungen des Satzes müssen in bestimmte Gattungen zu teilen sein · 41,3-12 Unser erkennendes Bewußtsein *bis* kann.] Unser Bewußtsein, soweit es als Sinnlichkeit, Verstand, Vernunft erscheint, zerfällt in Subjekt und Objekt und enthält, bis dahin, nichts außer dem. Objekt für das Subjekt sein und unsre Vorstellung sein ist dasselbe. Alle unsre Vorstellungen sind Objekte des Subjekts und alle Objekte des Subjekts sind unsre Vorstellungen. Aber nichts für sich Bestehendes und Unabhängiges, auch nichts Einzelnes und Abgerissenes kann Objekt für uns werden: sondern alle unsre Vorstellungen stehn in einer gesetzmäßigen und der Form nach a priori bestimmbaren Verbindung. *A* · 41,14 in seiner Allgemeinheit] allgemein genommen *A* · 41,24-31 Diese nun sondern *bis* abgehandelt. *in A am Anfang des* § 17 Ihre Vierfachheit *(vgl. S. 820 zu Hb 18,25)* · 41,27-28 deren Anzahl sich auf vier zurückführen läßt,] von deren Anzahl ich behaupte, daß sie vier sei, *A*

Im vierten Kapitel 42,9 empirischen] das Ganze einer Erfahrung ausmachenden *A* · 42,26-27 Umriß einer transzendentalen Analysis der empirischen Realität] Umriß einer Analysis der Erfahrung. Der Verstand *A* · 43,3 alleinige] einzige *A* · 43,27-28 Die empirischen, zum *bis* gehörigen] Die vollständigen, das Ganze einer Erfahrung ausmachenden *A* · 43,30 Realität] Erfahrung *A* · 43,32-44,2 der mittelst seiner *bis* ihm,] dessen Kategorien sind die verschiedenen Weisen seines Geschäfts. Er schafft durch die innige Vereinigung jener heterogenen Formen der Sinnlichkeit die Erfahrung, d.h. eine Gesamtvorstellung, in der alle andern dieser Klasse enthalten und *A* · 44,4 unzählige Objekte] unzählige Vorstellungen (vulgo Objekte) *A* · 44,9-29 Die Ausführung der *bis* werden.] Die tiefere Betrachtung aber hievon und nähere Auseinandersetzung der Art und Weise, wie durch die Funktion des Verstandes jene Vereinigung und mit ihr die Erfahrung entsteht, d.h. eine vollständige Analysis der Erfahrung wäre ein eigenes sehr mühsames und schwieriges Geschäft, das über die Grenzen meines gegenwärtigen Vorhabens weit hinausliegt. Kants tranzszendentale Analytik des reinen Verstandes ist eine wichtige

Vorarbeit dazu. Von der Wahrheit des Gesagten im allgemeinen aber und der dadurch aufgestellten neuen Erklärung des Verstandes (die solchen von der im folgenden Kapitel ebenfalls auf eine neue Art erklärten Vernunft bestimmter, als bis jetzt geschehn, unterscheidet) kann sich jeder überzeugen durch aufmerksame Betrachtung der einzelnen Kategorien und ihrer Beziehungen auf die Formen der Sinnlichkeit. *A* · 44,34–36 zur Vorstellung der Materie und damit zu der einer beharrenden Außenwelt] zur Gesamtvorstellung einer Erfahrung *A* · 45,35–46,1 alles begreifenden Komplex der Realität] Ganze einer Erfahrung *A* · 46,3 Komplex] Gesamtvorstellung der Erfahrung *A* · 47,3–4 nicht mehr Objekt bleibt] schlechthin nichts ist *A* · 47,5–6 sofort auch alle objektive Existenz aufgehoben ist.] durchaus nichts übrigbleibt und die ihm beigelegte Existenz an sich ein Unding war und verschwindet. *A* · 47,22–25 soweit es ein bloß erkennendes ist, also innerhalb der Schranken des Intellekts, d.h. des Apparats zur Welt der Vorstellung eben nichts weiter finden kann] innerhalb der Schranken der Sinnlichkeit, des Verstandes und der Vernunft einmal nichts kennt *A* · 47,32–33 der sich zum Materialismus entwickelt.] welcher Materialismus heißt. *A* · 47,38 sehr wohl verstanden] stark einleuchtete *A* · 48,15–19 welchen Komplex *bis* verknüpft.] die wir Erfahrung nennen, enthaltenen Vorstellungen sind durch ihn eine an die andere geknüpft. *A* · 49,18–23 ist zwar insofern *bis* sie) mag im gemeinen Leben zulässig sein, ist aber eine nicht genaue Art sich auszudrücken. Denn dadurch, daß eine Bestimmung des Zustandes *A* · 49,29 Oxygens] Sauerstoffs *A* · 49,30–31 in jener Hinsicht zu entscheiden,] nach jener Sprachgewohnheit entscheiden müssen *A* · 50,8–9 Ganz falsch hingegen ist es, wenn] Auch zieht jene Sprachgewohnheit eine andere nach sich, die zu einem großen Irrtum wird, nämlich daß *A* · 12 Oxygen] Sauerstoff *A* · 14–22 zunächst, weil die *bis* Erfolgen.] sondern Kausalität ist ein Verhältnis zweier Zustände, in Beziehung auf welches der eine Ursach, der andere Wirkung heißt und ihr Nacheinander das Erfolgen. Aus dieser Betrachtung, daß das Gesetz der Kausalität sich nur auf Zustände bezieht und nicht auf Dinge, daß nur Zustände entstehn und vergehn, werden und aufhören, nicht Dinge, ergibt sich der Satz von der Beharrlichkeit der Substanz von selbst, folglich durch bloße Analyse des Begriffs Kausalität, ohne Synthesis. Dies hier nur beiläufig. *A* · 56,26–31 Da, wie im *bis* bestimmter] Da auf den ersten Zustand der zweite *A* · 107,5–6 Bestreitung des von *bis* Kausalitätsbegriffes] Bestreitung von Kants Beweis dieses Satzes und Aufstellung eines neuen im gleichen Sinn abgefaßten *A* · 8-10 Apriorität und seiner *bis* der] Beschränkung auf *A* · 26 Danach also soll] Daher kann ich nicht zugeben, daß *A* · 108,35-109,4 ausgeht von eigenen *bis* Tatsache.] zwischen dem unmittelbaren und einem vermittelten, im zweiten zwischen zwei vermittelten Objekten ist. *A* · 109,26 in dem von ihm aufgestellten Fall] dort *A* · 29 empirischen Anschauungen] unmittelbar gegenwärtigen vollständigen Vorstellungen, die keine Phantasmen sind, *A* · 31 seinen Leib, folglich eine objektive] das unmittelbare Objekt, folglich objektiv *A* · 110,15 da dies a priori feststeht:] und ich muß es sogar von jeder a priori voraussetzen: *A* · 111,2-12 die Sukzession von *bis* halten.] diejenige Sukzession, mit der wir alle andern vergleichen, die Rotation der Erde, wird ohne Zweifel objektiv von uns erkannt, aber gewiß nicht durch Vermittelung des Kausalitätsbegriffs, da ihre Ursache uns ganz unbekannt ist. *A* · 19 Aber] Ich muß dagegen einwenden: *A* · 23-112,5 Im Schlafe, also *bis* nous.‹] was, wie ich § 22 *(nur in A; vgl. S. 820 zu Hb 27,10)* gezeigt habe, dadurch geschieht, daß wir uns bewußt sind, ob die Gegenwart einer Vorstellung durch das unmittelbare Objekt vermittelt ist oder dessen Vermittelung durch Willkür hervorgerufen als eine bloße Wiederholung. Im Traum, wie gesagt, wo das unmittelbare Objekt uns entrückt ist, können wir jene Unterscheidung nicht machen, daher wir, während wir träumen, Phantasmen für reale Objekte halten und erst beim Erwachen, d.h. dem Wiedereintritt des unmittelbaren Objekts ins Bewußtsein den Irrtum erkennen, obgleich auch im Traum das Gesetz der Kausalität sein Recht behauptet hatte. *A* · 112,12 Bei diesem ganzen Beweise] Kants Beweis *A* · 16-23 ist Kant offenbar *bis* die] kann ich also nicht für gültig anerkennen. Wohl aber stimme ich ihm darin bei, daß wir der Regel, nach der die Veränderungen der Zustände realer Objekte auf einander folgen müssen, uns a priori bewußt sind, und auch in allen Folgerungen, die er daraus zieht. Der Beweis aber davon, daß wir uns des Kausalitätsgesetzes a priori bewußt sind, scheint mir schon in der *A* · 113,27-28 Grundform einer notwendigen Verbindung] Notwendigkeit einer Verbindung *A* · 115,3-4 für welche letztere *bis* ist.] welche übrigens der oben gegebene Beweis auch auf die von Kant verlangte Weise außer Zweifel setzt. *A* · 117,3-20 Da der Satz *bis* eben] Der Satz vom zureichenden Grunde des Werdens findet, wie wir gesehn, nur bei Veränderungen seine Anwendung. Ich kann nicht umhin, hier einiges zu sagen über einen von mehreren Philosophen berührten

Gegenstand, obzwar schon solcher nicht ganz notwendig hergehört, nämlich die Zeit, in der die Veränderung vorgeht. Besonders stehen Platon und Kant hier in gradem Widerspruch. Platon nämlich (›Parmenides‹ p. 138) *A*
Im fünften Kapitel 125,14–15 Ganz besonders aber sind die Begriffe] Begriffe sind deshalb *A* · 32–35 als welches eine *bis* Komplex] das eine vollständige einzelne, nur nicht durch das unmittelbare Objekt vermittelte, noch zum Ganzen *A* · 126,14–19 In Übereinstimmung mit *bis* Verstandesbegriffe.] Mit der Lehre Kants im Kapitel ›Vom Schematismus‹ (›Kritik der reinen Vernunft‹ pp. 176–181) ist das hier Gesagte offenbar im Widerstreit. *A* · 129,3–28 Aber auch das *bis* erkannte.] Unser Satz tritt also auch hier wieder auf, als Satz vom zureichenden Grunde des Erkennens, principium rationis sufficientis cognoscendi. Als Leitfaden zur Erkenntnis erhält er hier diesen Namen. – Ein Urteil, das gar keinen Grund hat, ist nicht wahr, es ist aus keiner Erkenntnis entsprungen. Wahrheit ist, wie gesagt, die Beziehung eines Urteils auf etwas außer ihm, darauf es sich stützt oder beruht und wofür daher im Teutschen der Name Grund wohlgewählt ist. *A* · 130,4–5 zurückführe. – Eine solche] beruhe. Diese *A* · 6–13 entsteht immer durch *bis* zustande.] durch ein andres ist immer Subsumtion der Begriffe: daher entsteht, wenn sie deutlich dargestellt wird, die Form eines Schlusses. *A* · 13–22 Begründung eines Urteils *bis* Wahrheit.] als Zurückführung eines Urteils auf ein anderes es immer nur mit Urteilen zu tun hat und diese nur Verknüpfung der Begriffe sind, welche letztere eben der ausschließliche Gegenstand der Vernunft sind; so ist das Schließen mit Recht für das eigentümliche Geschäft der Vernunft erklärt. *A* · 24–25 Denkgesetzen] Grundsätzen alles Denkens *A* · 36 *und* 131,1 Gesetze] Grundsätze *A* · 18–19 Eine Vorstellung der *bis* mithin] Eine *A* · 32 Transzendentale] Metaphysische *A* · 33–132,11 Die im Verstande *bis* wie:] Die Bedingungen aller Erfahrung können Grund eines Urteils sein, das alsdann ein synthetisches Urteil a priori ist. Auch ein solches Urteil hat materiale Wahrheit, und zwar metaphysische. Denn es ist durch eben das bestimmt, was die Erfahrung selbst bestimmt: nämlich entweder durch die a priori von uns angeschauten Formen der reinen Sinnlichkeit oder durch die a priori uns bewußten Kategorien des Verstandes. Solche Urteile sind z. B. folgende: *A* · 132,13 Materie kann weder entstehn noch vergehn.] Zwischen Ruhe und Bewegung ist kein Mittelzustand. *A* · 33 Gesetze] Grundsätze *A* · 133,2–3 Einem Subjekt kann ein Prädikat nicht zugleich beigelegt

und abgesprochen werden] Keinem Subjekt kommt ein Prädikat zu, welches ihm widerspricht *A* · 7 Grund] Grunde des Erkennens *A* · 14–16 wir finden alsdann *bis* bewegen.] eben wie wir die dem Leibe möglichen Bewegungen auch nur grade wie die Eigenschaften jedes andern Objekts durch die Versuche kennenlernen. *A* · 19–20 transzendentaler] metaphysischer *A, so auch weiterhin (vgl. S. 827 zu 131,32)*

Im sechsten Kapitel 157,20–30 Was diese Klasse *bis* Bewußtsein.] Dagegen sind die im Verstande liegenden Bedingungen der Gesamtvorstellung einer Erfahrung, die Kategorien, nicht für sich und abgesondert Objekte des Vorstellungsvermögens, sondern nur in den Vorstellungen, deren Bedingungen sie sind, also in concreto. Nur durch Abstraktion kann ein Begriff, d. h. eine Vorstellung von einer Vorstellung von ihnen erhalten werden, aber eine Vorstellung von ihnen ist unmöglich. *A* · 158,9–10 weder der Verstand noch die Vernunft mittelst bloßer Begriffe sie] der Verstand sie nicht *A* · 11–12 vermöge der reinen Anschauung a priori sind sie uns verständlich:] die Anschauung *A* · 13–14 ist aus bloßen Begriffen nicht deutlich zu machen.] ist mit dem Verstande durchaus nicht einzusehn. *A* · 35–159,4 In vielen Fällen *bis* aussagt.] Ich schreite nunmehr zur allgemeinen und abstrakten Aufstellung dieses Gesetzes. *A* · 159,34 ante] priori zu finden *A* · 36 post] posteriori *A*

Im siebenten Kapitel 168,11 Wollens] Willens *A* · 17–169,7 Jede Erkenntnis setzt *bis* p. 202).] Erkannt wird das Subjekt nur als ein Wollendes, eine Spontaneität, nicht aber als ein Erkennendes. Denn das vorstellende Ich, das Subjekt des Erkennens, kann, da es als notwendiges Korrelat aller Vorstellungen Bedingung derselben ist, nie selbst Vorstellung oder Objekt werden. Daher ist das Erkennen des Erkennens unmöglich: was sich auf folgende Weise erläutern läßt. Jede Erkenntnis gibt bei ihrem Entstehn einen synthetischen Satz, sei es a priori oder a posteriori. Der Satz: ›Ich erkenne‹ ist aber ein analytischer, weil das Erkennen ein vom Ich, d. h. dem Subjekt des Erkennens und Urteilens unabtrennbares und mit ihm allemal schon gesetztes Prädikat ist. Und zwar ist das Subjekt jenes analytischen Satzes nicht durch Synthesis entstanden, sondern ein im strengsten Sinn ursprünglich als Bedingung aller Vorstellungen gegebenes. Subjekt-Sein heißt weiter nichts als Erkennen wie Objekt-Sein nichts weiter wie Erkanntwerden. *A* · 169,8 Daher also gibt es kein Erkennen des Erkennens;] Das Erkennen kann also nicht wieder erkannt werden. *A* · 170,29–38 Das Verkennen dieses *bis* Vorstellungen *aus A geändert* · 171,25–26 ist der Weltknoten und daher unerklärlich.] ist schlechthin unbegreiflich. *A* · 33 Unerklärliche] Unbegreifliche *A* · 172,15–173,23 und welches wir *bis* als] Jedoch haben wir bei allen unsern Handlungen das lebendigste, uns sogar oft lästige Bewußtsein, daß ein gefaßter Entschluß aus keinem Zustand von Vorstellungen aus den drei angeführten Klassen notwendig erfolgen mußte, sondern daß er, wenn auch nicht als Wunsch, wenigstens als Entschluß nur vom Subjekt des Wollens selbst unmittelbar abhing: von diesem, dem Subjekt des Wollens, ist jedoch nur das Wollen selbst, nicht aber sein dem Wollen vorhergehender Zustand wahrnehmbar. Wir sehn hier also, daß für den Willen das Gesetz der Kausalität nicht gilt, da nach diesem jeder Zustand notwendig und jederzeit aus einem vorhergehenden erfolgt; daß aber, weil wir dennoch von jedem eignen sowohl als fremden Entschluß einen zureichenden Grund notwendig voraussetzen, hier eine eigne Gestaltung des Satzes vom zureichenden Grund herrschen müsse, den ich den *A* · 174,2 Einfluß des Willens auf das Erkennen] Kausalität des Willens auf das Erkennen *A* · 3–6 Nicht auf eigentlicher *bis* nötigt,] Der Wille hat Kausalität nicht nur auf das unmittelbare Objekt und so auf die Außenwelt, sondern auch auf das erkennende Subjekt: nämlich er kann es nötigen *A* · 176,14 hauptsächlich anschauliche] fast keine andern als vollständige *A* · 18 anschaulichen] vollständigen *A* · 18–19 Begriffen und Worten] Objekten der Vernunft *A* · 19 bisweilen] oft *A* · 22 wie Rousseau dies von sich selbst angibt: es wäre daraus zu erklären, daß dem Genie die große] weil die ungeheure *A* · 177,21 verknüpft] zusammenhängen *A*

Im achten Kapitel 178,9–16 gemäß der Regel *bis* ›Metaphysica‹ 4,1).] obwohl auch so dieser Zweck nicht ganz erreicht ist, und wegen der wechselseitigen Beziehungen aller Teile jemand, dem es um eine vollständige Einsicht in diese Abhandlung zu tun wäre, sie zweimal lesen müßte. *A* · 180,24–25 wie denn auch jedes hypothetische Urteil zuletzt auf ihm beruht,] (obwohl dieses, wie gesagt, wenn auf dem Gesetz der Motivation gegründet, nie völlige Sicherheit hat) *A* · 183,19 ante] priori *A* · 29–33 ante wie parte *bis* kann.] priori eine unendliche Ausdehnung, da jeder Augenblick durch einen früheren bedingt ist, nicht aber durch einen folgenden, wiewohl er auf diesen nähere Anweisung gibt. *A* · 184,1 transzendentalen] metaphysischen *A* · 4–6 so ist, was man jetzt verlangt, kein Erkenntnisgrund mehr, sondern eine Ursache:] so will man eine Ursach *A* · 29–33 Beruht hingegen eine *bis* nämlich] In den beiden letzten Fällen dagegen gibt es für das

Warum keine Antwort, weil es keinen Sinn hat und *A* · 185,16 in einem solchen letzten Motiv] in einer solchen Vorstellung *A* · 187,2 herabsetzt] herabwürdigt *A* · 24 welcher Art von] welches *A* · 33 unberechtigten] transzendenten *A* · 188,26 Erkenntnisvermögens] Bewußtseins *A*

Außerdem machte Schopenhauer in *B* folgende Zusätze:
Zum ersten Kapitel 5,4–5 *das Motto* · 13,11–12 der Methodenlehre 3. Hauptstück · 14,8–14 Der unechte hingegen *bis* schieben. *[vgl. S. 823 zu 14,14]* · 15,8–14 welches bereits Aristoteles *bis* (›Metaphysica‹ 5,1).
Zum zweiten Kapitel 16,20–17,4 (Necesse est, quaecunque *bis* antegressis.) · 17,12–14 (Scire autem putamus *bis* habere.) · 17,25–26 (Omnibus igitur principiis *bis* cognoscitur.) · 17,35–20,18 (Causae autem quattuor *bis* gebracht. · 20,21–23 den Anreger der *bis* Philosophie, · 21,8–23,21 Eigentlich aber ist *bis* haben. · 26,15–29 Diese Ansicht wird *bis* Cartesius. *[vgl. S. 832 zu 26,29]* · 27,19–31 Was nämlich Cartesius *bis* existentiam‹ · 27,34–30,38 Hier haben wir *bis* entgegengenommen. *[vgl. S. 832 zu 27,33]* · 31,29–31 Wolff ist also *bis* Er · 32,11–14 jedoch dient, die *bis* folgt · 32,32 überhaupt · 33,21–22 und teils, weil *bis* machen. · 34,24–35,20 § 12 Hume · 36,26–37,5 Friedrich Heinrich Jacobi *bis* verdient. · 37,28–34 (Rationem eorum quaerunt *bis* posteriora‹ 1,3 · 38,7–20 Wir werden im *bis* fordert.
Zum dritten Kapitel 40,7–24 Oder wiederum, wenn *bis* paßt. *[vgl. S. 820 zu Hb 17,11]* · 41,14–24 Obgleich dieselbe nun *bis* nun
Zum vierten Kapitel 42,8 anschaulichen · 45,8–21 Vorstellungen sind unmittelbar *bis* ist. · 45,28–31 Daß außerdem Phantasie *bis* gehört. · 45 *die Anmerkung* · 46,7–34 Diese Auffassung der *bis* Realismus · 47,6–7 das Bedingtsein des Objekts durch das Subjekt wohl fühlte · 47,10–19 nahm zuvörderst eine *bis* Dinge · 47,28–29 und dennoch etwas setzen wollen, · 47,34–35 der mit der *bis* war, · 48,32–49,9 Dieser Eintritt heißt *bis* mußte: · 49,35–50,8 Demnach mag man *bis* zerlegen. · 50,23–56,25 Den nachdenkenden Leser *bis* viele. · 56,37–38 und auf welchen *bis* beruht. · 57,3–4 den Eintritt eines neuen Zustandes · 5 wesentlichen · 7 ursprünglich · 9–107,3 Umgekehrt gibt es *bis* erhalten. *[vgl. S. 820 zu Hb 25,26]* · 109,19–26 Fixiere ich vom *bis* richtig. · 110,27–29 ebenso τὸ συμβεβηκός *bis* posteriora‹ 1,4). · 113,28–32 er ist die *bis* ist. · 115,8–28 dargelegt in der *bis* Übrigens · 29–36 zudem ist von *bis* S. 422f. · 116,2–3 (z.B. Fries, ›Kritik der Vernunft‹ Bd. 2, S. 85) · 4–5 und Großes · 13–34 Unserer bisherigen Auseinandersetzung

bis machen. *[vgl. S. 821 zu Hb 44,4]* · 117,21–119,29 sie sei im *bis* hat.
Zum fünften Kapitel 120,7–123,35 Der allein wesentliche *bis* wird. *[vgl. S. 821 zu Hb 49,6]* · 124,3–8 Unsere Vernunft oder *bis* folgendem. · 14–15 oder wie der Logarithmus zu seiner Zahl. · 23–125,14 Ihr Gebrauch ist *bis* Staats usw. · 125,22–28 Daher sagt Aristoteles *bis* drehte. · 30 Die Urteilskraft · 131,24–30 miteinander verbunden, getrennt *bis* ist. · 132,13–18 Eigentlich kann die *bis* werden. · 21 in der Vernunft gelegenen formalen · 31–32 von metalogischer Wahrheit · 133,22–28 Versuchen wir z.B. *bis* könnten. · 134,9–11 wie auch ich dies im 9. Kapitel des zweiten Bandes meines Hauptwerks getan habe. · 14–15 will sagen: die Materie · 16–156,25 § 34 Die Vernunft *[vgl. S. 821 zu Hb 49,6]*
Zum sechsten Kapitel 158,14–17 Kant belegt dies *bis* ist. · 160,22–25 dessen Worte nur dienen *bis* lehrt. · 161,30–32 und 162,1–14 Diese Bemerkung hat *bis* vergleichen). · 162,20–23 Alsdann nämlich wird *bis* est). · 163,20–27 Die Empfindung dabei *bis* gelingt. · 167,14–20 Ich kann mich *bis* Kap. 13.
Zum siebenten Kapitel 168,8–9 ist eine gar eigene, aber sehr wichtige; sie · 9 für jeden · 170,15–25 Auch von dieser *bis* nun *[vgl. S. 821 zu Hb 70,14]* · 171,4–10 Da wir dennoch *bis* sagen. · 15–22 Wenn wir in *bis* sonst · 36–172,3 Wie nun das *bis* Selbstbewußtsein. · 172,5 Gesetz der Motivation *[vgl. S. 821 zu Hb 74,3]* · 8–11 vielmehr ist es *bis* muß. · 173,26–28 Zu anderweitiger Orientierung *bis* ist. · 174,9–26 Auch hierin wird *bis* werden, · 177,6–16 Übrigens unterliegt die *bis* aber
Zum achten Kapitel 178,29–179,20 Die hier ausgesprochene *bis* darzutun. · 179,24–28 Dies ist durchaus *bis* Danach · 180,6–7 eine Kette von Veränderungen, nämlich · 8–10 Wohl aber ist *bis* hatte. · 181,16–183,14 Daß das Gesetz *bis* machen. · 184,7–29 Macht man nun *bis* haben. · 34–185,4 Denn der Satz *bis* nicht. · 185,9–11 woselbst das Motiv *bis* konnte, · 17–19 und geht, je *bis* Erkenntnisgründe. · 186,11–14 Im zweiten Bande *bis* ausgeführt. · 187,5–18 Der allgemeine Sinn *bis* ist.

Im Handexemplar von *B*, das die Stadt- und Universitätsbibliothek in Frankfurt am Main bewahrt, nahm Schopenhauer folgende Änderungen vor:
Im ersten Kapitel 14,10 vielmehr nur] wohl aber *B,F* · 27,34 Hier haben wir] Dies ist *B* · 28,3 Kausalkette] Kausalität *B* · 31,11–12 Die Unterscheidung der *bis* an,] Er deutet dabei zwar die Unterscheidung der zwei Hauptbedeutungen desselben an, *B* · 35,7–8

zu Kants tiefsinnigen] für Kants tiefsinnige *B* · 8 zu einem] für einen *B* · 11 zum] für den *B* · 53,36 fassen] nehmen *B* · 60,19 mit einem scheuen Seitenblick] fein leise *B* · 69,4 ausnahmsweise aber bis] bis gegen *B* · 75,38 also humor] also cornea, humor *B* · 83,26 welcher die] der *B* · 86,20–23 in der Hauptsache *bis* wird] Meinung, daß sie in einem Zurück- oder Vorrücken der lens mittelst Zusammenziehung des corpus vitrei bestehen, *B* · 29 deutliche Wahrnehmung] Kenntnis *B* · 89,7 acht bis zehn F] 10 *(vgl. S. 833 zu 89,7),* 6 bis 7 *B* · 90,7 Berge] Berggipfel *B* · 98,8 wann] wenn *B* · 106,1–2 Präkonen] Pronern *B* · 127,8 ist es Tätigkeit] heißt es nun *B* · 134,32 sinnlichen] durch die Sinne vermittelten *B* · 138,8 mit dem Luftballon aufsteigen] in den Luftballon steigen *B* · 141,27 diesem] dem *B (vgl. S. 833 zu 141,21)* · 143,9 Präkonen] Pronern *B* · 144,12 den] dem *B* · 150,18 des Daseins] für das Dasein *B (vgl. oben zu 35,7 und Band 5, Kap. 23, § 283)* · 153,24–29 Aber der naive *bis* er; er *zuerst in* F] Der Gouverneur seinerseits, dem sein Glaube zur zweiten Natur geworden, kann *B* · 155,24 Erschleichung] Suggestion, ja Usurpation *B* · 187,19 des soeben ausgesprochenen] dieses *B*

Außerdem machte Schopenhauer im Handexemplar von *B* folgende Zusätze:
14,6–8 ›La clarté est *bis* gesagt. · 24,34–25,18 ›Notandum dari necessario *bis* an: [*vgl. S. 823 zu 23,23*] · 25,20 *ein nach* debent.‹ *eingefügter Zusatz entspricht* 28,14–16 daß ›ex data *bis* sequuntur *und* 28,25–26 Korollarium: ›Deum omnium *bis* efficientem‹ · 26,29–27,16 Zunächst adoptiert er *bis* sui‹. · 27,33–34 taub gegen den *bis* οὐδενί. · 31,5–11 Er proklamiert ihn *bis* wird. [*vgl. S. 831 zu 31,11*] · 57,29–33 Ja wo einem *bis* sei. · 74,7–8 (ausführlichen Bericht über *bis* aveugles‹). · 79,12–17 und räumlich konstruiert *bis* erhält. · 82,3 oder vice versa · 85,12–86,10 Ein spezieller und *bis* dazu. · 86,11–12 die den Kommentar zum gegebenen Sehewinkel liefern, · 25–27 Diese Theorie findet *bis* 1841. · 88,23–24 wir, wie gesagt *bis* auch · 91,12–14 (über welchen der *bis* steht) · 91,37–96,1 Im ›Morgenblatt‹ vom *bis* hémisphères.‹ *zuerst in F nach den Hinweisen im Handexemplar* Physiologische Bestätigung durch Flourens, ›De la vie et de l'intelligence‹ 1, p. 43–47 und p. 73; Hier Caspar Hauser – siehe Franz, ›The eye‹ p. 34 – und über Haslam, ibidem p. 36; Siehe ›Über das Sehn und die Farben‹ erste Auflage zu p. 28 *zusammengestellt* [*vgl. S. 843 zu 212,1*] · 98,37–99,23 Alles Verstehn ist *bis* aus. · 99,38 die · 100,5–7 auch, wenn sie *bis* Verschmitztheit. · 101,18–19 (vgl. ›Welt als Wille und Vorstellung‹, dritte Auflage

Bd. 2, pag. 41). · 105,6–8 Da ferner ›Substanz‹ *bis* concreto. · 30–32 (Kant, ›Erklärung über *bis* Nr. 109). · 129,22–28 Im Lateinischen und *bis* erkannte. · 141,21–26 Überall ist ›vernünftig‹ *bis* Theorie. · 147,16–20 Morgen habe dann *bis* p. 97 · 148,8 (von gewissen Leuten Humanismus genannt), · 151,37–39 Auch ist Brahma *bis* erstere. · 152,3–5 desgleichen von Sangermano *bis* p. 81 *in G als Anmerkung* · 19–153,3 In seinen ›Forschungen *bis* waren.‹ *zuerst in F nach dem Hinweis* Hier Isaak Jakob Schmidts ›Forschungen im Gebiete‹ usw. S. 180 · 154,11 ohne weiteres · 154,24–25 weshalb die Philosophie-Professoren *bis* beseitigen, · 155,9–23 Ganz übereinstimmend hiemit *bis* soll. · 26–27 und statt Atheist Nichtjude, so wäre es ehrlich geredet. · 175,34–176,10 Ebendaher kommt es *bis* erhält. · 176,29–30 Auch wollen wir *bis* ist. · 182,11–21 Der bei den *bis* sind. · 184,34–185,4 Denn der Satz *bis* nicht. · 187,5–18 Der allgemeine Sinn *bis* ist.

Weitere Zusätze im Handexemplar wurden nach *Hb* als Anmerkung unter den Text gestellt und durch ein F (weil Frauenstädt sie zuerst in seine Ausgabe aufnahm) im Text gekennzeichnet; sie befinden sich auf den Seiten 79, 154, 182 und entgegen *Hb* wie *G* auf Seite 152.

Andere Bemerkungen und Zusätze im Handexemplar sind in den Text nicht aufgenommen worden oder haben schon durch Schopenhauer selbst ihre Stelle in anderen Schriften gefunden:
zu 8,23 Pythagorische? (nach Apuleius vol. 2, p. 48) *[vgl. die Anmerkung S. 8]* · *zu 67,4* ›Über das Sehn und die Farben‹ bei p. 8 *das dort im Handexemplar der ersten Auflage Beigeschriebene entspricht* 201, 12–202,3 Dennoch ist meine *bis* erwähnt. *dieses Bandes* · *zu 81,10, entspricht* 212,21–213,3 Hierauf beruht auch *bis* würde. *dieses Bandes* · *zu 89,7* 10 Zoll (siehe darüber nach ›The eye‹ – von Ammons Neffen.) *[vgl. S. 832 zu 89,7]* · *zu 98,15* Jede eigentliche Verstandesoperation ist ein Kausalurteil. · *zu 100,4* Hier das zum Werk, erste Auflage p. 32 Beigeschriebene. *dort steht* Newtons höchst scharfsinnige Entdeckung, daß die Ursache der das Fortschreiten der Nachtgleichen hervorbringenden Bewegung der Achse der Erde um die der Ekliptik in der abgeplatteten Gestalt der Erde liegt, durch welche die Wirkung der Anziehungskraft der Sonne so modifiziert wird, daß jenes Schwanken daraus entsteht (nach den ›Mémoires‹ der Französischen Akademie vol. 7, 1827, p. XXXVIII richtig und zuverlässig) – ist ganz und gar das Werk derselben Funktion des Geistes, welche als Schlauheit die Wirkung der Motive auf die Charaktere und deren

Modifikation durch zufällige Umstände richtig schätzt und abmißt und danach eine Intrige leitet: ja letztere Anwendung ist eigentlich schon von höherer und schwierigerer Art; die ganze Funktion aber steht sehr tief unter der Auffassung des Genies, deren Produkte Poesie, Kunst, Philosophie sind und die wir im dritten Buch *[Bd. 1, S. 256–274]* untersuchen werden. · *zu 128,28 entspricht gedanklich dem Anfang des § 34 in* ›Parerga‹ Bd. 2 *[Band 5]* · *zu 137,35* Belustigend ist die Naivetät der die Sache ernsthaft nehmenden holländischen Universität Leiden, deren Kuratorium des Stolpianischen Legats auf das Jahr 1845 folgende Preisfrage gestellt hat: ›Quid statuendum de sensu Dei, qui dicitur, menti humanae indito? Quod si tale placitum defendi potest, quaeritur quae sit eius sensus natura, quae necessitudo cum reliquis, mentis et ingenii humani partibus, quamque vim habeat ad firmam de Deo persuasionem? [*vgl.* ›Über die Universitäts-Philosophie‹ *in* ›Parerga‹ Bd. 1 *(Band 4)*] · *zu 153,16* Die Jahreszahl ist falsch und zwar, ni fallor, 1813, muß nachgesehen werden. *und später* 1813 wohl nicht, da ich (›Revue des deux mondes‹) die Angabe finde, daß 1796 die Engländer Ceylon den Holländern genommen haben. Auch Ernest Tennent (›Account of Ceylon‹, 1859) erwähnt, daß 1796 die Engländer den Holländern Ceylon genommen haben. Die Holländer hatten es seit 1655. · *zu 155,4 entspricht, jedoch abgeändert 467,15–20* Ebendarum hat Sir *bis* language). *dieses Bandes* · *nach 177,26 entspricht Band 5, Kap. 26, § 350a* Man suche das *bis* haben. *im Abschnitt* Psychologische Bemerkungen · *zu 182,11* Vgl. noch ›Welt als Wille und Vorstellung‹, erste Auflage pp. 647–50 das Beigeschriebene. *dort steht* Als dem ganzen Prinzip der Notwendigkeit, also dem Satz vom Grund entgegen denken wir das Freie, nämlich als das nicht wie das Zufällige relativ, sondern absolut Grundlose: dies ist der wahre Begriff desselben. Da der Satz vom Grund die allgemeine Form unsers gesamten Erkenntnisvermögens ist; so kann unter den Objekten dieses das Freie nie vorkommen, also durchaus kein Gegenstand der Erfahrung sein; vielmehr wird jedes Objekt der Erfahrung in irgendeinem Nexus gemäß dem Satz vom Grunde stehn, mithin einesteils als notwendig und andernteils als zufällig erkannt werden. Weil aber der Inhalt der Erfahrung bloße Erscheinungen sind, im Gegensatz des Dinges an sich; so bleibt das Freie oder Grundlose als Eigenschaft des Dinges an sich denkbar, wiewohl als bloß intelligibele Eigenschaft, d. h. die wir ohne empirische Erkenntnis derselben bloß im allgemeinen mittelst negativer Begriffe uns vorstellig machen. Nachdem ich nun als das Ding an sich den Willen nachgewiesen habe, findet dieser, indem er von dem Ehrenplatz des Dinges an sich Besitz nimmt, die Freiheit als diesem a priori, wenngleich nur problematisch beigelegte Eigenschaft bereits vor; während sie zugleich sein natürliches Prädikat ist, welches ihm in seiner bloßen Erscheinung abzusprechen tiefe Reflexion erfordert war – wie solche mit Hobbes anfing und mit mir ihre Vollendung erreichte. – Thomas Hobbes hatte jedoch schon vom Notwendigen und Zufälligen ganz richtige Begriffe, denn er sagt: ›Dicimus in universo omnia quae contingunt, contingere a causis necessariis, vocari autem contingentia, respectu aliorum eventum, a quibus non dependent‹ (›Philosophia prima‹ cap. 10, 5). Auch vorher, ibidem cap. 9, 10 heißt es: ›Accidentia respectu accidentium, quae antecedunt, sive tempore priora sunt, si ab illis non dependent, ut a causis, contingentia appellantur; respectu inquam, eorum a quibus non generantur; nam respectu causarum suarum, omnia aeque necessario eveniunt: si quidem enim non necessario evenerint, causas non haberent, quod de rebus generatis intellegi non potest.‹ *das weitere entspricht, jedoch abgeändert, Bd. 1, 627,4–21; der Zusatz schließt* Das, dessen Nichtsein unmöglich ist, oder das schlechthin Notwendige muß (wie Aristoteles loc. cit. ›De ortu et interitu‹ *lib 2, cap. 9 et 11* sagt) jederzeit sein: ein solches müßte nun von der Zeit und dem Raum selbst (die es stets füllen soll) unabtrennbar sein; dergleichen gibt es aber nicht: denn wir können alles aus der Zeit und dem Raume wegdenken. Am nächsten käme dem Geforderten übrigens die Materie: denn wir können uns zwar denken, sie existiere nicht; aber einmal als existierend gedacht, können wir ihr Vergehn nicht denken sowenig wie ihr Entstehn. Wenn also irgend etwas als Beleg für den Begriff eines Notwendigen Wesens gehalten werden, d.h. diesen Namen verdienen kann; so ist es die Materie.

Aufgrund des Handexemplars, das Schopenhauer zur Vorbereitung einer neuen Auflage dienen sollte, gab Julius Frauenstädt die ›dritte verbesserte und vermehrte Auflage‹ 1864 bei F. A. Brockhaus in Leipzig heraus, die in *F* wieder abgedruckt wurde. Die vorliegende Ausgabe geht von *Hb* auf *B* zurück; über die Grundsätze der Textbearbeitung vgl. Band 1, S. 726f. Gegenüber *B*, *F* und *Hb* sind folgende Abweichungen des Lautstandes zu verzeichnen:
Im ersten Kapitel 7,1 Vorrede] Vorrede zur zweiten Auflage *F* · 7,3 Jahr] Jahre *F* · 8,7 Ton] Tone *F* · 12,23 andre] andere *F*, *Hb* · 13,2 Ursprunge *Kant*] Ursprung *B*, *F* · 13,4 Gebrauche *Kant*] Ge-

brauch B, F · 13,6 Materien Kant] Materie B, F · 13,9 besondre]
besondere F, Hb · 13,10 und 26 eignen] eigenen F, Hb · 13,31
größtmögliche] größtmöglichste B, F · 14,28 αἱ fehlt F
Im zweiten Kapitel 16,20 τούτων] τούτου Platon · 18,15 deutlicher]
deutlich F · 23,30 suchte] sucht F · 24,34 Stelle] Stellen B *(vgl.S.832
zu 24,34),* F · 26,21 hierbei] hiebei F, Hb · 27,19 Cartesius F
(wegen des Zusatzes 24,34–27,16), Hb] dieser B · 27,38 Bewundrung]
Bewunderung F, Hb · 29,17 Ungrund] Urgrund F · 32,36 d.h.
fehlt F · 33,12 andrerseits] andererseits F, Hb · 33,20–21 gebrauchen] brauchen F · 34,29 als] das F · 36,5 Vorgängern *nicht ausgeführte Konjektur in* Hb] Vorgängen B, F, Hb *(vgl. S. 862 zu* 611,14) ·
37,17 andre] andere F, Hb · 37,18 Beweise] Beweisen F · 37,35 des
Zweifelhaften Hb *aus A, fehlt* B, F · 38,6 eigne] eigene F, Hb ·
38,9 insbesondre] insbesondere Hb · 38,17 hierdurch] hiedurch
F, Hb
Im dritten Kapitel 39,13 andre] andere F, Hb
Im vierten Kapitel 43,15 andrerseits] andererseits Hb · 43,28 dennoch
B, F, Hb *(vgl.* Hb *Bd. 1, S. 9 des Textkritischen Anhangs betreffend
Deussens Konjektur* demnach) · 46,29–30 Vorstellungen] Vorstellung
F · 48,21 andrer] anderer F, Hb · 49,9 der] freier F · 54,12 hierbei] hiebei F, Hb · 56,26 Paragraphen] § B, F, Hb · 34–35 hierdurch] hiedurch F, Hb · 57,12 unsrer] unserer F, Hb · 59,29 Anzeichen] Anzeigen F · 60,29 d.i.] d.h. F · 62,17 Ursache] Ursach
B, F · 64,29 besondrer] besonderer Hb · 66,35 bestehn] bestehen
F · 70,33 des einzigen Weges] dem einzigen Wege B, F · 72,26–27
Blindgeborner] Blindgeborener Hb · 73,34 vorhergängige] vorgängige F *(Druckfehler?)* · 37 erlernt] gelernt F · 74,1 Blindgeborne] Blindgeborene Hb · 74,30 besondrer] besonderer Hb · 77,3
geschehn] geschehen F · 4 stehen] stehn F, Hb · 16 zum] zu F · 79,39
anerkennenswerte] anerkennungswerte *Frankfurter Konversationsblatt,* F, Hb · 81,30 Sehnerven *wie 34 und Bd. 2,* 628,4] Sehenerven
B · 83,6 Zeichenkunst] Zeichnenkunst B, F, Hb · 85,7–9 der hundert Fuß *bis* stände, es müßte entweder fünfzigmal *oder* fünfundzwanzigmal *und* vier Fuß *heißen (vgl.* Hb *Bd. 1, S. 10 des Textkritischen
Anhangs)* · 85,16 Ansehens *Handexemplar von B*] Ansehns F, Hb · 87,23
Konturen] Konture B, F, Hb · 88,36 geringern] geringen F · 89,14
gegebenen] gegebnen B · 26–27 Begriffen und Worten *wie* 69,29]
Begriffe und Worte B, F · 37 stehnbleibt] stehen bleibt F · 91,10
und 38 Blindgebornen] Blindgeborenen Hb *(vgl. S. 832 zu* 91,37) ·
34 andrer] anderer F, Hb · 92,3–4 hielt daher Ziegen für Menschen
usw. *fehlt* F · 31 they] the F *(Druckfehler)* · 95,37 est] es F *(Druckfehler)* · 97,3 Aufstehn] Aufstehen F · 98,4 vorhergegangen] vor-

gegangen F · 23 Paragraphen] § B, F, Hb · gesehn] gesehen F · 37; 99,2 und 15 Verstehn] Verstehen F · 99,3–7 Dies erhält man bis verstand. fehlt F · 8 hingegen fehlt F · 13–14 Das Rechnen bestimmt bis unentbehrlich] Rechnungen haben bloß Wert für die Praxis, nicht für die Theorie. F · 17–18 und der geometrischen Konstruktion fehlt F · 19 Zahlenbegriffen] Zahlbegriffen F · 23–24 Leitfaden des Verstandes F, Hb (wegen des vorangehenden Zusatzes, vgl. S. 832 zu 98,37)] sein Leitfaden B · 100,7 im bloß] bloß im F · 101,38 Absichten] Ansichten F · 102,6–7 transzendentalen Kant] transzendenten B, F · 104,24 lautere] lauter F · 105,13 dazu] dann F · 107,33 Stellen] Stelle F · 108,18 oberhalb Hb aus A, fehlt B, F · 33 sie] die B (Druckfehler), F, Hb · 109,30 andrer] anderer F, Hb · 110,24 von] der F · 25 vom] von F · 113,25 Grund] Grunde F · 30 Begriffes] Begriffs F · 115,13 Erscheinungen fehlt Kant, aus dem vorangegangenen Text ergänzt] Erfahrungen F · 18 welches Kant] das B, F, Hb · 22 unmittelbare Kant, fehlt B, F, Hb · 23 dadurch Kant] so B, F, Hb · 117,22 οὐδενὶ Platon] οὐδεν B, F, Hb

Im fünften Kapitel 120,11 teilhaft] teilhaftig F · 121,12 voluminöseren] voluminöserem B, Hb · 125,22 τοῦ Aristoteles] τῶν B, F, Hb · 126,16 und 17 part] pars B, F, Hb · 127,24 herumziehn] herumziehen F · 128,6 ἔστιν] εστι Hb (Druckfehler) · 129,19 sehen] sehn F, Hb · 30 erhält] enthält F · 132,26 ›Metalogicon‹ Joannes Saresberiensis] Metalogicus B, F, Hb · 136,24 ihre] ihrer F · 37 fünfzig] funfzig B, F, Hb · 137,8–9 übersinnlichen] übersinnlicher B, Hb · 15 gerade] grade F · 138,1 Hauptwerks] Hauptwerkes F · 141,4–5 eignen] eigenen F, Hb · 143,15 ernstlichem] ernstlichen B, F, Hb · 26 angeborner] angeborenen F · 32–33 materialen] materiellen F · 144,13 angesehen] angesehn F, Hb · 147,1 geschehn] geschehen F · 20 p. 97 fehlt F · 148,14 gefallen] abgefallen F · 149,13 fünfzig] funfzig B, F, Hb · 150,5 Lauf] Laufe F · 152,31 angesehen Schmidt] angesehn Hb · 35 Jirtintschü] Jirtintschi F · 37–38 im Gebiete der ältern Bildungsgeschichte Mittelasiens‹, Petersburg 1824 F, fehlt im Handexemplar von B (vgl. S. 833 zu 152,3 und 19) · 153,3 er] derselbe F (wegen des vorangehenden Zusatzes, vgl. S. 833 zu 152,19), Hb · 29 sich gar nicht] gar sich nicht F, Hb (vgl. S. 832 zu 153,24) · 154,27 gesehn] gesehen F · 155,4 Missionar] Missionär, B, F, Hb · 33 also] als F

Im sechsten Kapitel 159,30 andre] andere Hb · 161,11 bestehn] bestehen F · 162,32 so Hb aus A, fehlt B, F · 165,22 komplizierteren] komplizierten F · 23 in F, Hb aus A, fehlt B · 167,11 nebst] neben F

Im siebenten Kapitel 172,15 er] es B · 173,18 andrer] anderer F, Hb ·

175,26–27 besondrer] besonderer *Hb* · 35 alle erworbenen] erworbene *F* · 176,34 andrerseits] andererseits *F*, *Hb*

Im achten Kapitel 182,18 ähnliche] ähnlich *F* · 184,19–20 Erkenntnisgrunde] Erkenntnisgrund *F* · 37 *und* 185,1 Grund *Handexemplar von B*] Grunde *F*, *Hb* · 186,2 Besondre] Besondere *Hb* · 187,8 Grunde] Grund *F*

II.

Die Abhandlung ›Über das Sehn und die Farben‹ erschien 1816 bei Johann Friedrich Hartknoch in Leipzig (A). Das Handexemplar Schopenhauers (Ah) befindet sich auf der Stadt- und Universitätsbibliothek zu Frankfurt am Main*. Zur Vorbereitung einer zweiten Auflage änderte Schopenhauer wiederholt und während eines längeren Zeitraums den Text und gab ihm zahlreiche Zusätze. Durchweg ist in *Ah* ›Auge‹ durch ›Retina‹ ersetzt; auf Grund der an den entsprechenden Stellen vorgenommenen Änderungen ist in dieser Ausgabe auch 227,38; 231,4; 251,12 und 16 ›des Auges‹ in ›der Retina‹ verbessert. Ebenso mußte nach *Ah* 245,13 ›Prismas‹ durch ›Spektrums‹ ersetzt werden. Ob 239,34 ›aller Dinge‹ durch Verbesserung in *Ah* ›aller möglichen Dinge‹ zu lesen ist, muß zweifelhaft bleiben. Andere in *Ah* vorgenommene Änderungen und Zusätze, sofern sie in die zweite Auflage nicht eingegangen sind, mußten in dieser Ausgabe unberücksichtigt bleiben.

Die ›zweite, verbesserte und vermehrte Auflage‹ erschien 1854 ebenfalls bei Johann Friedrich Hartknoch in Leipzig (B). Nach der Tilgung von ›Nebenerörterungen‹ (vgl. S. 194) übernahm Schopenhauer in *B* folgende Änderungen aus *Ah*:

197,18–20 Zur Auffindung dieser *bis* Verdienst.] Goethe hat durch ein doppeltes Verdienst die Auffindung einer solchen Theorie möglich gemacht. *A* · 25–26 Jenes Verdienst aber *bis* gelangen,] was wenigstens dann anerkannt werden wird, *A* · 27 ganz *fehlt A*] völlig *Ah* 200,11 in Goethes Farbenlehre] darin *A* · 25 zwar *fehlt A* · 26–27 allein eben diese *bis* infolge] welche Betrachtung jedoch, eben zufolge *A* · 28–29 als ... herausstellen] ausmachen muß *A* · 202,9 Theorie] Kritik *A* · 14 hier] da *A* · 204,16 dadurch, daß] indem *A* · 205,9 verdankt] dankt *A* · 207,4 gebrauchen] brauchen *A* · 37–38 eine speziellere Betrachtung *bis* gehört] folgende Betrachtung. Es

---

* Der Herausgeber möchte an dieser Stelle der Bibliothek danken, daß ihm dieses Exemplar zur Verfügung gestellt wurde.

gehört zur Erlernung der Anschauung auch dieses, $A \cdot 208,36$ heißen] sind $A \cdot 209,5$ Nun] Es $A \cdot 38$–$210,1$ Mit diesem Verhältnis *bis* es] Es ist hiemit $A \cdot 211,15$ Nachdem die Anschauung *bis* kann] Nunmehr aber kann, nachdem die Anschauung erlernt ist, $A \cdot 22$ Allbekannt sind] Ich weiß nur $A \cdot 37$ sondern] und $A \cdot 213,13$–14 Zugleich nun aber *bis* Betrachtung] Von diesem Punkt unsrer Betrachtung aus bietet sich A (*vgl. S. 843 zu* $213,8) \cdot 16$–17 eine solche] jene $A \cdot 31$–32 allemal entweder dadurch, daß] indem $A \cdot 36$ oder dadurch, daß] außerdem entsteht er, wenn $A \cdot 214,11$ welches] das $A \cdot 12$ die] welche $A \cdot 22$ welches] das $A \cdot 30$–31 Wenn man z.B. *bis* so] Denn wenn man etwa die Augen immer in der schielenden Lage läßt A, Denn wenn etwan die Augen auf immer die schielende Lage beibehalten $Ab \cdot 36$ dann] also jetzt $A \cdot 215,27$–28 von allen Fällen des Schielens] in allen Fällen $A \cdot 216,8$ welches] was $A \cdot 216,31$ hindurchgegangene] durchgegangene $A \cdot 217,5$–7 sie, um zu *bis* bedürfen;] die Grade der Wirkungen jedes Reizes unter einander noch immer im Verhältnis stehen *das folgende Wort durch Streichung unleserlich* der Dauer, Entfernung und Intensität des Reizes; $A \cdot 218,5$ ganz vorzüglich] nun auch A, vor allen andern $Ab \cdot 6$ demnächst] auch $A \cdot 16$–17 Dennoch wird er *bis* Hervorbringende] Immer aber wird er nur als diese Wirkung hervorbringend $A \cdot 18$–19 bedeutet, daß er *bis* bewirkt.] heißt, er wirkt im Auge die rote Farbe $A \cdot 22$–23 wir die Farbe *bis* auffassen,] die Farbe als einem Körper inhärierend erkannt wird, $A \cdot 24$ Wahrnehmung] Erkenntnis übrigens $A \cdot 219,7$–8 welche unmittelbar bloß empfunden werden.] die vom Subjekt des Erkennens unmittelbar wahrgenommen werden. $A \cdot 8$ gründliche] philosophische $A \cdot 10$–11 zu untersuchen] darzustellen $A \cdot 221,12$ die] seine $A \cdot 222,3$ tritt Untätigkeit der Retina ein.] ist Untätigkeit des Auges gegeben. $A \cdot 27$ der Retina gegeben ist.] des Auges konstituiert. $A \cdot 30$ hervorgehoben] deutlich $A \cdot 30$–31 durch die] aus der $A \cdot 223,7$ derselben] des Auges $A \cdot 16$–18 wenigstens nicht, wie *bis* geriete:] nicht aber, wie man übrigens zu glauben geneigt sein möchte, eine wirkliche Aktion, in die der vorhin ausgeruhte Teil von selbst gerät: $A \cdot 224,10$ wird] werde $A \cdot 14$ Ich werde sie sogleich] Ich bringe sie $A \cdot 225,3$ da] es $A \cdot 8$ auf] für $A \cdot 13$ Nunmehr] Jetzt $A \cdot 14$ Jetzt] Nunmehr $A \cdot 18$ nennt; wie er denn] genannt hat, $A \cdot 27$–31 Nämlich aus der *bis* mir] Mir scheint nun aus der Anschauung der besagten Phänomene, aus der aufmerksamen Vergleichung dessen, was auf eine weiße, mit dem, was auf eine gelbe Scheibe im Auge folgt, A (*vgl. S. 843 zu* $225,31$) $\cdot 226,3$ Phasen] Modifikationen $A \cdot$ hervortreten] erhellen soll *A* · 7–8 der Retina erregt *bis* erschöpft] in Anspruch genommen *A* · 9–11 die gelbe Scheibe *bis* Retina] diese hat *A* · 15 nachfolgt.] hervortritt. *A* · 227,6–7 nun also, wie *bis* jede] Es ist der Punkt der größten Energie jeder *A* · 8 Ähnlichkeit] Verwandtschaft *A* · 16–17 Jene der Farbe wesentliche innere Helle] Jenes der Farbe wesentliche innere Weiß *A* · 36 Durch] Wegen *A* · 37 gibt] ist *A* · 229,5 vorderhand] für jetzt noch *A* · 6 insofern sich] sich daher *A* · 7–8 eine so entschiedene, unmittelbare Bewährung und] volle *A* · 15 Wie nämlich] wie *A* · 37 zweier allenfalls] eines *A* · 231,17 diese] die *A* · 18 auseinandergehn] des Auges zerfallen *A* · 20 das wahre Rot] den Purpur *A*, das reine Rot *Ah* · 25 nachfolgen] folgen *A* · 35–36 muß . . . sein] derselbe ist *A* · 232,1 durch unmerkliche] in unmerklichen *A* · 3 beliebig] willkürlich *A* · annehmen will] annimmt *A* · 3–4 Nun aber finden sich] ergibt sich schon daraus, daß *A* · 5 welche] sich finden und *A* · 8–11 sie müssen daher *bis* darzustellen] daher sie gewissermaßen a priori erkannt sein müssen (ähnlich den geometrischen Figuren, die gar nicht in Wirklichkeit vollkommen zu geben *A* · 13 Wenn nun gleich] und wenngleich *A* · 234,7–8 Hingegen] Aber *A* · 8 Anzahl] Zahl *A* · 236,20–21 bis hieher Vorgetragene als feststehend genommen] bisher Gesagte für wahr erkannt *A*, statt für *in Ah* als · 24 ist] heißen kann *A*, liefert *Ah* · 34 einem gewissen Grade *bis* Dunkelheit] einer gewissen Finsternis *A* · 237,1 im] als *A* · 3 aufgefaßt] bemerkt *A*, erkannt *Ah*, *in* aufgefaßt *verbessert* · 4 bezeichnet] angedeutet *A* · 36 einander] sich gegenseitig *A* · 238,10 nachfolgendes Spektrum hervortretend] gefordertes Spektrum *A* · 13 indem ihr Inhalt *bis* ausmacht] übernehmen muß *A* · 16–17 In der dargelegten *bis* gewissermaßen] Und eben hier scheint mir auch *A* · 17–18 suchen] zu liegen *A* · 27 Tonleiter] Musik *A* · 239,9 bei allen dem auch im Newtonischen] indes auch in jenem *A* · 33–34 objektiv erkannten und *bis* Dinge] erkannten absoluten Beschaffenheiten aller Dinge *A*, in der Ontologie dargelegten absoluten Beschaffenheiten aller möglichen Dinge *Ah* · 240,6–9 sofern die Philosophen *bis* überhaupt] und sich unter anderem darin zeigte, daß unter den sogenannten sekundären Qualitäten der Dinge allemal die Farbe obenan steht und *A*, *statt* sofern *in Ah* und die · 11 mancher] er *A* · 15 man] er *A* · 16–17 dem Dinge Anhängendes *bis* Gehörendes] vom Dinge, wenn es nicht ein anders werden sollte, Unzertrennliches *A* · 241,6 oben] eben *A* · 9 welche] die *A* · 9–10 und ihrem physiologischen] nebst ihrem als physiologisch geforderten Gegensatz erscheinenden *A* · 242,26 ein Teil der Tätigkeit der Retina] im Auge ein Teil seiner Tätigkeit *A* · 31 war der unzersetzte Überrest derselben] der unzersetzte Überrest der Tätigkeit des Auges war *A* · 243,19–21 Eigentliche Überzeugung kann *bis* bewirken.] Überzeugender würde freilich das Experiment der Herstellung des Weißen aus physischen oder gar aus chemischen Farben sein. *A* · 244,26 derselben] des Auges *A*, der Retina *Ah, gestrichen* · 245,13–14 das wahre Rot (Goethes] den *A* · 246,21 subjektiv] auch subjektiv und *A* · 247,34–248,2 Endlich scheint sogar *bis* sein,] Ein auf diese Art aus einem Farbenpaar hergestelltes Weiß ist alles weiße Glas. *A*, Ein aus einem Farbenpaar hergestelltes Weiß ist sogar alles weiße Glas. *Ah* · 248,9 violettlichrot] rot *A* · 250,19–20 der Scherfferschen Erklärung geht auch] derselben geht zur Genüge *A, statt* Erklärung *in Ah* Auslegung · 36–251,8 Endlich auch auf *bis* Gelben.] endlich auch auf jeder gefärbten Fläche, wo freilich ein Konflikt dieser Farbe mit der physiologischen entsteht: ferner auch daraus, daß, wenn man, ein durch angestarrtes Violett erregtes gelbes Spektrum im Auge habend, ein blaues Papier ansieht, Grün erscheint. *A* · 251,18–20 Auch hängt dieses *bis* erscheinen. *in Ah gestrichen* · 20–22 Daß der Schatten *bis* zeigt,] Daß, wie Herr von Grotthuß *im dritten Bande der ›Beiträge zur Chemie und Physik‹ von Schweigger (vgl. A S. 60 Anmerkung)* erwähnt, der Schatten bei farbiger Beleuchtung nur dann das Komplement dieser Farbe zeigt, *A*, Diesem gewissermaßen analog ist die bekannte Tatsache, daß bei farbiger Beleuchtung der Schatten nur dann das Komplement der beleuchtenden Farbe zeigt, *Ah* · 253,12 welche] die *A* · 34 Jedoch andererseits nun] Andrerseits *A* · 254,6 von Grund aus falsch.] eine völlige Absurdität. *A* · 265,13–20 Um die Schädlichkeit *bis* Geschlechtstriebes. *in Ah gestrichen* · 266,38–267,1 Noch ein Beispiel *bis* lebte.] Menschen, die gar keine Farben sehn, müssen höchst selten sein und sind ein sehr interessantes Phänomen. In Riga lebt (oder lebte wenigstens noch vor kurzem) ein Herr von Zimmermann, der ein vollkommenes Beispiel jener Art ist. *A, der erste Satz in Ah:* Menschen, die gar keine Farben sehn, sondern alles bloß weiß, grau und schwarz wie eine getuschte Landschaft oder einen nichtilluminierten Kupferstich wahrnehmen, sind nicht so überaus selten, wie man wohl glauben mag und liefern ein meine Theorie bestätigendes Phänomen. · 267,12 um die Hälfte dunkler] noch einmal so dunkel *A* · 268,6 ist der erste und wesentlichste] wenn erschöpfend angeführt, gäbe den ersten und wesentlichsten *A (vgl. S. 844 zu 268,7)* · 10–14 An diesen ersten *bis* Retina] Als der zweite würde sich an ihn schließen die Betrachtung der Ursachen, welche, als Reize auf das Auge wirkend, nicht wie das reine Licht und das Weiße seine volle Tätigkeit *A* · 270,3–4 einiges festzustellen. Dies wäre hauptsächlich] darüber festsetzen läßt, wäre etwa *Ah* · 7–8 der Tätigkeit der Retina] seiner Tätigkeit *A* · 11 der Polarität seiner Retina] seiner Polarität *A* · 271,12 anderer Grund] andrer zureichender Grund *A*, andrer zureichender Grund vorhanden *Ah* · 272,10 der Retina] desselben *A* · 12–13 sich darstellende] erscheinende *A* · 277,7 Was nun endlich *bis* sie] Die chemische Farbe ist *A* · 281,2–4 Doch will ich *bis* möchte.] Hier möchte auch der Ort sein, eine für die Bewährung meiner Theorie nicht unwichtige Betrachtung einzuschalten. *A* · 286,35–287,4 Bloß in zwei *bis* aber] *nach dem gestrichenen § 16 Scheinbare Inkogruenz und wirkliche Übereinstimmung des physiologischen und physischen Gegensatzes der Farben ein § 17 Beschluß mit den Einleitungssätzen* Das soeben nochmals hervorgehobene Urteil über die wahre Polarität der Farben, ferner meine Meinung über das Entstehn des Violetten, endlich die Herstellung des Weißen aus Farben sind die drei Punkte, in denen ich von Goethe abweichen muß. Diese Widersprüche werden *A, in Ah* meine Meinung über *bis* endlich *gestrichen und statt* die drei] zwei (*vgl. S. 844 zu 287,1*) · 287,17 jetzt bald zwei Jahrhunderte hindurch] hundert Jahre lang *A* · 288,4–5 So teilt denn *bis* Zeiten,] Daher denn das Buch mit manchen früheren Werken von der größten Bedeutung, *A* · 6 die Ehre, nach seinem Auftreten viele Jahre hindurch] die Ehre teilt, in den ersten Jahren seines Daseins *A* · 7–8 und noch am heutigen Tage] dagegen *A* · 296,11–15 Die schwere Ungerechtigkeit *bis* aussprechen:] Von diesem Schicksal nun spricht einen Grund schon Horaz aus: *A*, Über das bisherige Schicksal der Goetheschen Farbenlehre habe ich meine Meinung nachdrücklich ausgesprochen auf meinem Blatt in dem Album, welches die Vaterstadt Goethes gelegentlich der hundertjährigen Feier seines Geburtstages eröffnet hatte, und habe denselben abdrucken lassen in meinen ›Parergis‹ vol. 2, p. 165 *[vgl. Band 5 und oben S. 201]*. Einen Grund dieses Hergangs der Dinge spricht schon Horaz aus: *Ah* · 21 Schicksal ist jedoch] ist ferner *A*

B wurde durch ›beträchtliche Zusätze‹ bereichert (vgl. S. 194). Aus einem Teil der in *Ah* eingetragenen Ergänzungen hatte Schopenhauer 1851 das Kapitel ›Zur Farbenlehre‹ im zweiten Bande der ›Parerga und Paralipomena‹ zusammengestellt, fügte sie jedoch bei der Vorbereitung von *B* wieder dem Grundtext von *A* hinzu. Im einzelnen sind folgende Zusätze zu verzeichnen:

ÜBER DAS SEHN UND DIE FARBEN

193,1–195,28 *und* 195,31–196,13 Vorrede zur zweiten Auflage · 197,15–18 Buffon hat das *bis* erhellt. · 22–25 denn, wie Jean *bis* S. 861). · 28 und wäre es auch nur in ihren Greisen. · 198,10–15 und nur lehrt *bis* bringen. · 198,37–199,9 Diese Wichtigkeit der *bis* emporragt. · 199,27–200,10 Daß er dies *bis* müßte. · 201,3–5 Von ihr ausgehend *bis* urteilen. · 12–202,3 Dennoch ist meine *bis* erwähnt. · 202,19–30 am gründlichsten Locke *bis* dürfen. · 34–203,8 Was ich demnach *bis* hat. · 205,14–15 wie aller Erfahrung · 34–206,19 Diese spezifische Verschiedenheit *bis* vertauschte. · 206,31–32 den vielerlei Farbenflecken auf einer Malerpalette ähnlich *und die Anmerkungen* · 207,38–208,26 zuallernächst das *bis* ist, · 209,1 respektiv · 4 einander · 29–33 Auf der meiner *bis* ist. · 34 viele · 35 der verschiedenen Lagen · 210,8–20 Daher, beiläufig gesagt *bis* hat! · 25–211,14 Wenn Engländer und *bis* zurück. · 212,1–213,5 Aber eine noch *bis* könnte. · 213,8–13 Wir sehn nun *bis* kommen. · 21 z. B. · 23–24 oder daß zwei *bis* sehn: · 214,2–10 oder ein ins *bis* beruht. · 14–15 also ein wirkliches *bis* abstracto. · 18–19 also keinen Grund hat. · 21 empfundenen · 25–30 z. B. durch die *bis* dadurch · 215,19–22 Ebenso würde, wer *bis* sehn. · 216,26 und des Hedysarum gyrans · 29 direkt und einfach · 217,12–18 Diese hier nur *bis* S. 45. · 32–33 den Raum in seinen drei Dimensionen ausfüllenden Körperwelt · 34–36 im bereits angezogenen *bis* worden · 218,25 bloß · 219,11–220,26 Denn um regelrecht *bis* Also · 220,26–27 der Farbe als solcher, d. h. als spezifischer Empfindung im Auge, ist · 34–221,5 Sogar in spezieller *bis* werde · 221,5 überhaupt · 7–9 und zwar näher *bis* besteht. · 12 der Retina · 222,31 (›Farbenlehre‹ · 223,17 spontan, nämlich · 19–20 (wobei man aber die Augen mit der Hand bedecken muß) · 23–24 wie dies auch Goethe angibt (›Farbenlehre‹ Bd. 1, Teil 1, § 20): · 25–37 Wenn man jedoch das *bis* erkenne. · 224,15–37 Zuvor aber muß *bis* herumschleppen. · 225,1–2 also zuvörderst zwanzig bis dreißig Sekunden hindurch · 20–27 jedoch darüber nicht *bis* will. · 31–226,1 dieses Vorgangs, welche *bis* Erklärung · 226,3–5 endlich aber ihre *bis* Sache. · 18 und in diesem Sinn, · 20 oder des Weißen · 34–227,5 Auf diesen Äquator *bis* mehr. · 227,6–7 nun also, wie solchen der Äquator darstellt, · 11–16 Durch diesen jeder *bis* augenfällig. · 228,7 also Orange · 16–22 (so ziemlich die *bis* stellen · 28–29 daher keine andere *bis* und · 32–34 weil sie das *bis* darstellen. · 229,2 (Violette) · 9–15 daß schwerlich jemand *bis* S. 15). · 230,1–2 wie ihn der *bis* darstellt, · 4–9 Liegen ja doch *bis* darstellt. · 231,25–33 Dies geschieht, weil *bis* ergänzen. · 39 und umgekehrt. · 232,11–13 und doch von *bis* werden. *und die Anmerkung* · 30–234,7

Demgemäß bezieht unsere *bis* Bruchs. · 234,14–17 Hierin liegt die *bis* hat. · 19 Chromatologisch · 235,12 nach der sie beständig streben, · 30–32 Auch fallen sie *bis* Yang. · 236,1–5 weil die hellste *bis* gleichkommt. · 24–27 Bekanntlich bezeichnet er *bis* ist. · 237, 14–25 Aus dieser Scheidung *bis* ist. · 27–29 Infolge des Unterschiedes *bis* Retina · 30 bloß · 238,8–9 als Ursache ihrer dunkleren Natur · 29–239,8 Daß er dabei *bis* gehabt. · 239,24–25 vom Objektiven zum Subjektiven · 240,25–241,2 Ein wesentlicher Unterschied *bis* anheim. · 241, 25–26 welches auf der *bis* und · 243,29–244, 11 Die Herstellung des *bis* daß · 246,1–2 (Newtons Rot) · 11–19 Man kann dies *bis* wird. · 38–247,8 Einen ähnlichen und *bis* Kerzenbeleuchtung. · 247,14–23 z.B. durch Vereinigung *bis* beleuchtet. [*vgl. S. 845 zu 247,23*] · 32–33 Bei allen diesen *bis* sein. · 248,5 ins Gelbliche ziehende · 18–250,19 sobald man nur *bis* veränderten. · 250,25–36 Dies hatte bereits *bis* beruhen. · 251,29–252,30 Gegen die Scherffersche *bis* jedoch · 253,5–9 Weil er nämlich *bis* auch · 29–31 Der wahre Grund *bis* kommen. · 254,30–259,11 Wäre dasselbe im *bis* schwebend? [*vgl. S. 845 zu 259,11*] · 259,14–16 Ja man könnte *bis* durchläßt. [*vgl.S.845 zu 259,17*] · 22–262,36 Beifolgende Figur zeigt *bis* entfernen. *und* 262 *die Anmerkung* · 263,16–264,20 Wollte man etwan *bis* nachexerzieren. · 264,28–29 Man kann sie *bis* denn · 265,38–266,3 wobei ich aus *bis* entsteht. · 266,6–9 Einen hinzukommenden Beweis *bis* Gegenständen, [*vgl. S. 845 zu 266,9*] · 12–37 liefern uns die *bis* könne. · 267,20–25 Viel weniger selten *bis* Ursache. *und die Anmerkung* [*vgl. S. 845 zu 267,25*] · 268,7–10 welche als solche *bis* müssen. · 16–269,24 Diese äußern Ursachen *bis* physischen. · 269,30–270,1 welches in letzter *bis* derselben · 270,15–16 rein objektiv · 37–38 den Äquator der oben § 5 beschriebenen Rungeschen Farbenkugel · 271,1 in zwei Hälften · 3 potentialiter · 9–10 in welchem bei *bis* teilt, · 11 und überall · 272,8–9 oder ihre schattige Natur · 25 blau wie 1 zu 3; · 273,5–277,6 Goethe stellt, nachdem *bis* entstehn. · 277,19–278,18 Diese leichte Veränderlichkeit *bis* welcher · 278,23–279,23 Andererseits nun aber *bis* schmelzen, [*vgl. S. 845 zu 279,23*] · 280,3–25 Umgekehrt verwandelt die *bis* kundgibt. [*vgl. S. 845 zu 280,25*] · 35–281,2 Die Richtigkeit der *bis* ist. · 282,13–32 Eine andere Art *bis* geben. · 283,1–28 § 14 Einige Zugaben *bis* Glases. [*vgl. S. 845 zu 283,29*] · 284,19–32 Die gefärbten Ringe *bis* verschwinden. [*vgl. S. 845 zu 284,32*] · 285,5–286,4 Bei fast allen *bis* 1, 31). [*vgl. S. 845 zu 286,4*] · 286,10–34 Ich kann nicht *bis* hat. · 287,1–3 welche letztere Goethe *bis* hat. · 288,3 daher auch jetzt nach 44 Jahren es dabei sein Bewenden hat. · 11–292,3 Um dieses Schicksal *bis* wollen.

[*vgl. unten zu* 292,3] · 292,8-13 Sie aber stellen *bis* berechnet [*vgl. unten zu* 292,13] · 21-26 Übrigens hat man *bis* selbst [*vgl. unten zu* 292,26] · 28-293,35 wären daher auch *bis* hinterdrein. [*vgl. unten zu* 293,35] · 296,28-37 Inzwischen wird auch *bis* sein.

Im Handexemplar von B (Bh) nahm Schopenhauer folgende Änderungen vor:
193,2 Buch, welches ich *bis* müssen *umgestellt* · 36 snapper-up] snatcher-away B · 195,37 wirklichen] absoluten B · 199,18 wie] als B · 211,4 Insbesondere] Besonders B · 216,8 welches] das B, was A · 224,20 weiter nichts] nichts weiter B · 250,38 ihrer] dieser B · 264,23 abnormen] krankhaften B · 284,22 hat eine beträchtliche] ist nicht ohne B · 287,36 Niemals zu fehlen] Nichts zu verfehlen B · 289,4 Thermochrose] Diffraktion B · 291,1-2 ehrlicherweise keine zu geben möglich, da sie ganz zweckwidrig] keine möglich, da sie ganz zweckwidrigerweise B · 34 indirekt die] die mittelbare B

Außerdem gab Schopenhauer in *Bh* noch folgende Zusätze:
191,1 ›Winter's tale‹ p. 489 · 195,28-31 sie nehmen eben *bis* dasteht. · 196 *die Anmerkung* · 210,20-24 (Über Kausalität zwischen *bis* S. 74). · 213,5-7 Auch wird man *bis* versuchen. · 217,21-31 und gehe damit *bis* Nämlich · 37-218,1 welcher, wie auch *bis* Sinne · 228,34-229,1 Denn in jedem *bis* fühlbar. · 236,5-15 Dieser polare Gegensatz *bis* werde. · 237,25-27 Imgleichen wird begreiflich *bis* symbolisieren. · 247,23-32 Und endlich auch *bis* Weiß. · 248,2-3 wie ich dies *bis* habe. · 259,11-14 Deshalb hat man *bis* p. 61). · 17-21 Das Wesentliche des *bis* hervorruft. · 266,9-12 gibt uns zunächst *bis* Beweis · 267,25-32 Daß eine solche *bis* 1855). · 275,12 und -aufgang · 279,23-280,3 ja sogar ein *bis* Grad.) · *zu* 24 schmelzen *die Notiz* nach Jules Jamin, ›Revue des deux mondes‹ 1856 oder 55, *daraus* 279 *Anmerkung* 1 · 280,25-34 Wie Wärme und *bis* verbrennt. · 283,29-284,18 Sogar aber ist *bis* sich. · 284,32-285,4 Etwas Spiritus über *bis* verursachen. · 286,4-11 Und die andre *bis* p. 10). · 292,3-8 Gegen Enkes Erklärung *bis* p. 893). · 13-20 wobei es eine *bis* wohlbefinden. · 26-28 oder wären die *bis* Lichter, · 293,35-296,10 Und dies ist *bis* sein.

Auf Grund des Handexemplars gab Julius Frauenstädt die ›dritte, verbesserte und vermehrte Auflage‹ 1870 bei F. A. Brockhaus in Leipzig heraus, die in der Gesamtausgabe von Frauenstädt (F) wieder abgedruckt wurde. In die dritte Auflage und in F wurden weitere Zusätze Schopenhauers aufgenommen und als Anmerkungen unter den Text gestellt. In dieser Ausgabe wurden sie mit einem F gekennzeichnet. Sie befinden sich auf den Seiten 196, 249, 279, 285 und 291. Auch in dieser Ausgabe wurde die an 294,22 anschließende Bemerkung nicht aufgenommen: ›Das Schicksal meiner Philosophie und das der Goetheschen Farbenlehre beweisen, was für ein schnöder und nichtswürdiger Geist in der deutschen Gelehrten-Republik herrschend ist.‹

Die vorliegende Ausgabe geht von *Hb* auf *B* unter Berücksichtigung von *Ab* zurück. Über die Grundsätze der Textbearbeitung vgl. Band 1, S. 726f. Gegenüber *B*, *F* und *Hb* sind folgende Abweichungen des Lautstandes zu verzeichnen:
193,35 fünfzehn] funfzehn *B*, *F*, *Hb* · 194,25 gehörige] gehöriger *B*, *F*, *Hb* · 195,29 unbesehn] unbesehns *Bh*, unbesehens *F*, *Hb* · 197,7 aber *fehlt F* · 28 Greisen] Kreisen *F* · 198,22 eher] ehr *B* · 199,18 ipsam *Spinoza*] ipsa *B*, *F*, *Hb* · 38 nur Resignation *Goethe*] nur aus Resignation *B*, *F*, *Hb* · 200,2 der] einer hypothetischen *Goethe* · 20 Goethesche] Goethische *B*, *F*, *Hb* · 32 untergeordneten] untergeordnetem *B* · 201,10 aussagte] aussagt *B*, *F* · 202,18 Dieses] Dies *F* · 204,19 d.h.] d.i. *F* · 27 andre] andere *F*, *Hb* · 205,26 sehr *fehlt F* · 207,21 nur *fehlt F* · 209,30–31 in der zweiten Auflage *fehlt F* · 210,20–21 (Über Kausalität zwischen Willen und Leibesaktion *fehlt F (vgl. S. 845 zu 210,20)* · 212,1–2 seltnere] seltenere *F*, *Hb* · 215,19 für] for *B*, *F*, *Hb* · 216,17 geschehn] geschehen *F* · 218,10 neugeborne] neugeborene *Hb* · 220,8 scharfe Grenze] scharfe Grenzen *B*, *F*, *Hb* · 15 ἐναντία] τἀναντία *Aristoteles* · 23 äußeren] äußern *F (vgl. 28)* · 222,9 Schwarzen] Schatten *F* · 224,12–13 Paragraphen] Paragraphs *B*, *F*, *Hb* · 23 Quadratzoll] Quadratzolle *B*, *F*, *Hb* · 227,6 solchen] solche *B*, *F* · 24 größre] größere *F*, *Hb* · 228,36 andre] andere *F*, *Hb* · 231,20 vollkommne] vollkommene *F*, *Hb* · 232,18 Sinn] Sinne *F* · 35 intellegi] intelligi *B*, *F*, *Hb* · 233,8–9 *und* 17 Quint oder Oktav] Quinte oder Oktave *Hb* · 233,29 verstehn] verstehen *F* · 234,21–22 zerfallene] zerfalle *B*, *F* · 31 ihr] ihre *B (Druckfehler)* · 235,32 uns *fehlt F* · 236,10 chorioiides] Choroides *B*, *F*, *Hb* · 237,4 hierbei] hiebei *F*, *Hb* · 239,34 Beschaffenheit] Beschaffenheiten *B*, *Hb* · 35 σεαυτόν] σαυτον *B*, *F* · 240,23 von *Goethe*] von der *B* · 24 fängt *Goethe*] der fängt *F* · 242,9 Fall] Falle *F* · 243,7 hiervon] hievon *F*, *Hb* · 8–9 stehnbleiben] stehen bleiben *F* · 244,8–9 geschehn] geschehen *B* · 30 besondre] besondere *Hb* · 245,6 Nebenbild *A*] Nebelbild *B (Druckfehler?)*, *F* · 247,25–27 *F setzt* (in seiner Habilitationsschrift *bis* p. 19) *vor* angebenen · 29 einer] einen *B*, *F*, *Hb* · 248,18 nur es] es nur *F* ·

38 Farbestrahlen] Farbenstrahlen *F* · 249,18 donnent *Pouillet*] donne *B, F* · 35–36 Komplementärfarben] Komplementarfarben *Entwurf zu 249,28–39* · 36 Er] und *ebenda* · 37–39 Er tut sehr *bis* einfallen. *fehlt F* · 250,5 komplementäre] komplementare *B* · 251,35 Anschauen] Schauen *F* · 252,19 Newtonischen] Newton'schen *B, F, Hb* · 21 Newtonische] Newton'sche *B, F, Hb* · 26 aber ist] ist aber *F* · 28 Ansehn] Ansehen *F* · 35 Licht] Lichte *F* · 253,14 innre] innere *F, Hb* · 256,33 anderer] andern *B (Druckfehler), F* · 259,23–24 abfallenden] abfallender *B (Druckfehler)* · 260,34 dann] denn *Hb* · 262,13 Newtonischen] Newtonianischen *B*, Neutonischen *F (vgl. zu 252,19)* · 266,4 la] nôtre *Parrot* · 12 andern] anderen *F* · 267,31 ›Researches *fehlt F* · 268,33 Ursache] Ursachen *F* · 269,24 der] den *F* · 271,6 andre] andere *F* · 34 echte *fehlt F* · 273,10–11 Finstre] Finstere *Hb* · 274,29 jeder] der *F* · 277,12 jede] jene *F* · 14 einzusehn] einzusehen *F* · 278,9 wenn *B*] wann *Hb nach Entwurf zu 277,19–278,18* · 16 ne *Vergil*] non *B, F, Hb* · 37 im] in *F* · 280,27 andre *Entwurf zu 280,25–34*] andere *F, Hb* · 281,11 wissenschaftliche] wissenschaftlich *F (Druckfehler)* · 15 vollkomne] vollkommene *F* · 20 vollkomnes] vollkommenes *F* · 29 *und* 30 andre] andere *F* · 33 vollkomnes] vollkommenes *F, Hb* · 284,4 Dies ist bestätigt] Bestätigt *Bh* · 9 gibt uns einen] ist ein *F* · 33 gewischt] ge.ischt *Bh (Schreibfehler im Entwurf zu 284,32–285,4)*, gemischt *F* · 285,31 In der ›Revue des deux mondes‹ vom 1. Januar 1858] Im ersten Januar 1858-Heft der ›Revue des deux mondes‹ *Bh* · 34 Lünelle *F, Hb*] Lünette (?) · 286,4 andre] andere *F* · 5 Grundgesetzes] Gesetzes *F* · 10 1852] 1854 *B, F* · 19 dem *fehlt B (Druckfehler), F* · 35 meine Theorie mich] mich meine Theorie *F* · 288,14 geistigen *nach ›Zur Farbenlehre‹ in Band 5*] geistige *B, Hb* · 291,16 so gern *Goethe*] sogleich *B, F, Hb* · 292,2 könnte *Bh*] könne *B, F* · 292,13 es *fehlt F* · 36 aus] uns *F* · 294,1 Tagen] Jahren *F* · 13 Lichte] Licht *F* · 13–14 (siehe Pouillet) *fehlt F* · 15–16 de l'académie des sciences‹ *fehlt F* · 23 Lichts] Lichtes *F* · 27 Hauptsache] Hauptsache, und *F* · 38 fängt *Entwurf zu 293,35–296,10*] fing *F, Hb* · 295,20 durchziehn] durchziehen *F* · 21 wann] wenn *F* · 24 sehn] sehen *F* · 27 Drehen *Entwurf zu 293,35–296,10*] Drehn *Hb* · 297,2 oder] und *F*

III.

Die Schrift ›Über den Willen in der Natur‹ erschien 1836 im Verlag von Siegmund Schmerber in Frankfurt am Main (A). Die zweite Auflage erschien, durch ›zahlreiche und zum Teil beträchtliche Zusätze‹ bereichert, 1854 im gleichen Verlag (B); vor ihrer Drucklegung nahm Schopenhauer in *A* folgende Änderungen vor: 320 *die Anmerkung 1* · 324,37-38 *und* 325,2 erkennt] kennt *A* · 325,20-326,18 ›Denn es ist *bis* werde. *in A als Anmerkung* · 326,18 also jene bessere] diese *A* · 327,30 welchen] denen *A* · 334,3-338, 13 Herr Anton Rosas *bis* lassen. *in A als Anmerkung, darin als Zusatz in B* 335,32-35 Nun aber liegt *bis* erhält. · 338,14-19 Von dieser Abschweifung *bis* beizubringen,] Ich füge jetzt einige Erläuterungen des durch Herrn Brandis bestätigten Teils meiner Lehre hinzu, *A* · 340,4 Radikal] Basis *A* · 342,34-343,1 welches vom tierischen *bis* welche] wo nicht wie im tierischen bloß anschauliche Vorstellungen, sondern abstrakte Begriffe vorhanden sind, die, *A* · 353,29 Aber] und *A* · 361,31 unter dieser Annahme] dann *A* · 365,6 seien] sind *A* · 367,33 Daher] So *A* · 369,15-16 haben ... gesucht] suchten *A* · 21-23 unser Floh ist *bis* ihnen) aber der Floß verließ sich auf seine regellosen Sprünge, zu denen er *A* · 370,11-14 daher eben haben *bis* Willens] daher solcher allein zu seinem Dienst *A* · 372,12-13 Eine eigentümliche Erläuterung unsers] Eine Erläuterung dieses *A* · 32 Allerdings hängt überall] Freilich hängt *A* · 373,35-374,2 Überall aber finden *bis* Willens.] Zugleich aber sehen wir auch hier, wie der Intellekt ursprünglich zum Dienst des Willens bestimmt ist, weshalb er in der Regel in dieser Dienstbarkeit bleibt: *A* · 375,9 metacarpus] Carpus *A* · 394,9 dem Tier und dem] für Tier und *A* · 395,5-10 sie sich der *bis* berufen.] liegt sie allem vorkantischen Dogmatismus mit seiner Ontologie und seinem Sich-Stützen auf aeternae veritates zum Grunde. *A* · 14 unsere gegenwärtige] diese *A* · 398,2 sogar] ja *A* · 401,8 anderweitige Folge der] andre Folge dieser *A* · 403,13-22 ist und 1849 *bis* läßt] schon den Beifall von ganz Europa eingeerntet hat, *A* · 406,11 solche Annahme] letzteres *A* · 12 ihr] Herschels Annahme *A* · 14-17 dies hat jedoch *bis* S. 40.] was offenbar falsch ist. *A* · 17-18 Bei unserm in *bis* Herschels] Hier *A* · 409,16-23 nun aber muß *bis* sondern] hingegen lehre, *A* · 35-36 auch in Gestalt des Reizes oder des Motivs auftreten] zum Reiz oder zum Motiv gesteigert sein *A* · 412,4-5 ist ihr kausaler *bis* verständlich.] auch nicht durch einander direkt meßbar. *A* · 10 einander] sich *A* · 413,1 Dieses alles ist daher] Und dennoch ist dieses *A* · 23-25 mehr und mehr *bis* Reizes] die Wirkung des Reizes wächst *A* · 36-38 machte, die Möglichkeit *bis* befähigte.] macht und vollen Raum zur Überlegung gibt. *A* · 421,8-9 zum Grunde liegt.] als seine Bedingung vorhergehn muß. *A* · 423,2 im Jahre 1818 mein Hauptwerk] vor siebenzehn Jahren mein Werk *A* · 424,15 wohl noch immer] bis jetzt wohl *A* · 425,15–16 ja eigentlich nur *bis* angeschaute] der in die Vorstellung getretene *A* · 428,3–429,1 im animalischen Magnetismus *bis* verrichten,] die Wunder des animalischen Magnetismus ... leisten, *A* · 429,31 Infolge eines solchen Tatbestandes hat] Sogar aber hat sich *A* · 435,12 Formen] Beschaffenheit *A* · 438,11 Individuation] Individualität *A* · 439,15 Paracelsus] Theophrastus *A* · 16 abgegeben] abgelegt *A* · 440,7 größtenteils] zum Teil *A* · 25–29 zur Erbittung der *bis* Höllenzwang.] dessen seltenere hebräische Namen und Titel wie Adonai u. dgl. er dabei ausrief, zum Zwange der Dämonen, oder auch wohl statt dieser zur Erbittung der Engel nachsuchte (Delrio, ›Disquisitionum magicarum‹ liber 2, quaestio 2). *A* · 453,13–17 gegeben, eine Schülerin *bis* ist,] eine der Zauberei ergebene Engländerin des 17. Jahrhunderts und Schülerin des Pordage, gegeben, deren Schriften ich nie habe habhaft werden können. Ich führe daher nach Horsts ›Zauberbibliothek‹ Bd. 1, S. 325 folgende Stelle aus ihrer ›Offenbarung der Offenbarungen‹, Amsterdam 1695, an: *A* · 455,15–18 Als Bestätigung oder *bis* welche] Ein sonderbarer, der dargelegten Ansicht von dem Willen als dem wahren Agens der Magie entsprechender Fall verdient nachgelesen zu werden im *A* (*vgl. S. 852 zu 455,19*) · 459,4–5 Gützlaffs Angabe jetzt *bis* wird.] einer amtlichen Zählung im Jahre 1813 sich auf 361$^{1}/_{2}$ Million Einwohner belief. *A* · 15–463,3 Wir wissen nämlich *bis* andere. *und 461–462 die Anmerkung aus dem Text in A* und wir wissen, daß daselbst drei Glaubenslehren sich finden: die uralte, von den Philosophen lange vor Konfuzius bearbeitete Lehre von der Vernunft oder Weltordnung als inwohnendem Prinzip aller Dinge, dem großen Eins, dem erhabenen Gipfel: sie scheint jetzt sehr in den Hintergrund getreten und ihre Lehrer in Geringschätzung geraten zu sein. Sodann die Weisheit des Konfuzius, der besonders die Gelehrten und Staatsmänner zugetan sind und die einer breiten, etwas gemeinplätzigen Moralphilosophie, ohne Metaphysik, sie zu stützen, ähnlich sieht. Endlich für die große Masse der Nation die erhabene, liebevolle Lehre Buddhas, dessen Namen in China Fo ausgesprochen wird, während er in der Tartarei Sakyamuni, auch Burkhan-Bakshi, in Indien aber oft Gautama heißt. Seine Lehre herrscht im größten Teile Asiens und zählt nach Upham, dem neuesten Forscher, 300 Millionen Bekenner, also unter allen Glaubenslehren auf diesem Planeten wohl die größte Anzahl. *A* · 464,19–22 und fanden, daß *bis* betrieben,] war es nach dem Gange, den ihre Untersuchung genommen hatte, *A* · 465,9 sogar] ja *A* · 465 *die Anmerkung aus dem Text in A* (nach einer aus dem Chinesischen übersetzten Beschreibung Tibets im ›Asiatic Journal‹, new series vol. 1, p. 15). · 466,1 führt Buchanan an,] wird angeführt, *A* · 469,7 Tschu-futse] Konfuzius *A* · 9 entscheide] feststelle *A* · 470,18-20 die Unabhängigkeit meines *bis* daß] nicht nur steht in Beziehung auf die angeführte merkwürdige Stelle meine Priorität (in Europa) fest; sondern ich habe auch in allen mir zugänglichen Schriften über China vergeblich nach einer Bestätigung und weitern Ausführung des in Rede stehenden chinesischen Dogmas gesucht, endlich auch bei einem berühmten Sinologen deshalb nachgefragt, der mir jedoch keinen weiteren Aufschluß geben konnte: daß aber *A* · 470,24-471,18 Bei weiterer Nachforschung *bis* wird.] angesehn, daß das Gegenteil höchst selten ist und, wo es sich findet, nicht unbekannt bleibt. Unsre Kenntnis von China ist noch so mangelhaft und fragmentarisch und die Zahl der Sinologen so klein, daß, wenn nicht ein günstiger Zufall ins Mittel tritt, es noch viele Jahre dauern kann, ehe uns über das obige in so beklagenswerter Kürze mitgeteilte Dogma das Nähere bekannt wird. *A* · 472,6-14 Von jeher haben *bis* materialistischen] Alle philosophischen Systeme mit Ausnahme des eigentlichen Materialismus *A* · 473,8 seinen aus bloßen Begriffen herausgeklaubten *und Anmerkung 1*] den *A* · 475,29-35 der, als obligat, *bis* allein.] in welchem meines abermals abweicht und allein steht. *A* · 478,24 könne] kann *A* · 24-25 weder ... noch] entweder ... oder *A* · 479,30 Vielleicht aber kann es mit ihr dahin] Inzwischen kann es dahin allmälig *A*

Als Zusätze sind in *B* zu verzeichnen:
301,1-319,25 Vorrede · 326,33-34 mit der Umschrift ›mea caligine tutus‹· 327 *die Anmerkung* · 332,18-334,2 Als ich dieses *bis* Nämlich [*vgl. S. 848 zu* 334,3] · 341,32-342,5 dies heißt, objektiv *bis* überhaupt · 342,18-26 Physiologisch läßt der *bis* wird. · 342 *die Anmerkung* · 344,1-3 Ich habe sie *bis* Willens‹. · 31 seit Haller · 345, 18-20 imgleichen, daß manche *bis* leben. · 346,16 Archäus, spiritus animales · 19-347,30 Merkwürdig und lehrreich *bis* aus.‹ · 348, 3-4 und umgekehrt erweitern *bis* sehn. · 6-15 Erich Heinrich Weber *bis* wirkt. · 349,25-26 auch bei verheeltem Zorn, · 27 erschwertes Atmen und · 29-350,1 Übelkeit beim Anblick *bis* wirken. · 350,17-20 denn er hängt *bis* Demnach · 24-26 daher ich hier *bis* verweise. · 352,19-25 Eine ähnliche Angabe *bis* breathing etc.) · 353,9-12 Das Tier wird *bis* Tanz. · 35 und nicht anzusehn, wie es hergeht, · 354,16-26 Den unter dieser *bis* wird. · 358 *und* 359 *die Anmerkung* · 359,6-8 Auch sogar Priestley *bis* unwiderleg-

lich. · 16–29 *und* 360,1–32 als wo er, *bis* erklären. · 361,5–10 Eine ausführliche Betrachtung *bis* ist. · 22–31 Dieser Meinung ist *bis* 825–843. · 362,15–23 Wer sieht nicht, *bis* kennt. · 364,1 und vor ihm Lucretius (5, 1032–39). · 12–20 Schon Aristoteles hat *bis* accommodat.) · 32 Nämlich · 367,23–25 welches beim furchtsamsten *bis* hat. · 368,15–19 Silurus, Gymnotus und *bis* Verfolger. · 21–369, 8 und ein jedes *bis* p. 355). · 369,16–19 so hat die *bis* verbreitet; · 21 die Laus der *bis* schwarz; *und Anmerkung 2* · 370,21–23 und zwar in *bis* wimmeln. · 27–372,12 Der außerordentliche Verstand *bis* ersetzt. · 372,15–16 wie schon sein lateinischer Spezialname anzeigt, · 17–31 daher es scheint *bis* aus. · 373,26–28 und seiner verhältnismäßig *bis* nachsteht, [*vgl. S. 853 zu* 373,28]. · 374,8–9 und später in *bis* erläutert. · 29–30 ich werde sogleich darauf zurückkommen. · 375,2–5 zugleich verlängert er *bis* schwingen. · 22 der Zahl nach stets · 376,3–32 Hiebei bleibt nun *bis* fehlen. · 379,6–16 welche letztere wenigstens *bis* warten.‹ · 383,6–14 Von der Gewalt *bis* haben.‹ · 384,5–12 Carl Heinrich Schultz *bis* vegetierten. · 27–385,14 Franz Julius Ferdinand *bis* zuzuerkennen.‹ · 385,31–388, 18 Über diesen Gegenstand *bis* erreichen.‹ · 390,3–7 Ich habe jedoch *bis* ist. · 393 *die Anmerkung* · 394,8–9 sowenig wie die *bis* dastehn. · 396,35–36 welcher eben die *bis* befaßt. · 397,3–4 dieses wahre ποῦ στῶ der Metaphysik, · 16 Akalephen · 35–398,1 und seine Funktion, der Verstand: · 398,22 schon · 399,8–9 und willenloses Erkennen *bis* Auffassung. · 19–401,7 Dies so wichtige *bis* sein. · 401,36–402,9 Denn für die *bis* verschleiert. · 402 *Anmerkung 2* · 403,12 Dies ist · 23 der ersten Auflage, · 404,12–13 als Engländer vor *bis* werde, · 405,11–13 (abgesehn von den *bis* halten); · 406, 3–10 Denn ehe ich *bis* einzugehn. · 11 aber · 407,30–33 Die Erkenntnis hingegen *bis* Willens. · 37–438,2 Die niedrigste und *bis* genannt. · 408,8–409,15 Diese Grundansicht wird *bis* eigenmächtig.‹ · 410,15–18 die Einsichten sind *bis* daß · 20–22 Also je mehr *bis* selbst. · 412,37–413,1 Auch scheint uns *bis* liegen. · 413,9–10 und wie viel *bis* liegen! · 23–24 mehr und mehr *bis* Ursache; · 414,3 gegenwärtiges · 6 auch · 8–9 und die Wirkung *bis* angewachsen, · 17–20 und daß in *bis* hat. · 415,22–24 dem Mephistopheles zu *bis* hervortritt. · 35–37 ist das Innere nun erschlossen, · 416,1 nämlich · 2 (das Ding an sich und die Erscheinung) · 10–13 wird man nie *bis* vielmehr · 420,5–31 In allgemeinerem Sinne *bis* setzt. · 421,22–422,7 Sogar in der *bis* entspricht. · 423, 21–22 Aber ›dies diem docet‹, und so · 424,7–9 und halte es *bis* anzuführen · 424,27–425,7 Noch genauer drückt *bis* d'action.‹ · 426,29–427,33 Auch wird heutzutage *bis* jurors). · 429,7–15 Wird doch sogar *bis* sei.‹ · 430,6–15 Wie ernstlich es *bis* pflegen. · 29–32 und es sich *bis* läßt. · 432,4–10 Beispiele sympathetischer Kuren *bis* brauchbar. · 433,20–434,3 In dem oben *bis* ist. · 436,2–32 Daß dies nicht *bis* könne. · 437,27–30 und daß, wie *bis* könne. · 439, 18–24 Denn bei jedem *bis* unerläßlich. · 440,3–4 welchen Ausdruck zuerst Porphyrius gebraucht hat. · 37–38 Agrippa a Nettesheim: ›De vanitate scientiarum‹ cap. 45. · 446,7–15 Zur Erläuterung dieses *bis* cap. 18). · 454,10–455,14 Soweit Horst. – S. 131 *bis* Willengeist.‹ · 455,19 dem Avicenna nacherzählt: *bis* salutem.‹ [*vgl. S. 849 zu* 455,15] · 456,10–457,3 Namentlich vergleiche man *bis* Satan.‹ · 457,23–458,8 Der grausame Eifer *bis* hat. · 459,10–12 nebst dem eiteln *bis* suchen, · 13 gründlich · 463,11–16 Der Kaiser als *bis* Religionen · 19–20 sämtlich dem Tode verfallen, eine kurze Weile · 32–36 und demgemäß von *bis* nennen. · 464,1–2 und früher auch *bis* haben, · 465,14–17 welche alle darauf *bis* ist. · 466,7–28 Genau dasselbe berichtet *bis* davon.‹ · 467,5–20 Auch der deutsche *bis* language). · 468,32–469,1 Über den darin *bis* also · 473,6–7 noch öfter aber läßt er die Moral gar arg im Stich. · 14–16 und dann es *bis* 1810. · 474,4–5 auch verleugnet er *bis* schol. 2). · 8–9 zu demselben · 10–12 wodurch das alte *bis* bestätigt. · 25–26 Denn ich will, *bis* will. · 27–475,2 und mit Recht *bis* selbst.‹ *und Anmerkung 1* · 475,6–27 Der letztere Punkt *bis* Traducianer. · 476,13–15 Dies aber ist *bis* hervorgeht. · 19–21 und Vauvenargues ganz *bis* philosphes.‹ · 22 also · 29–32 Ich habe demnach *bis* übrige. · 37 im Jahr 1820 · 38–477,2 und die seitdem *bis* sind; · 477,3–4 ja selbst hier nur in protestantischen Landen · 8–14 Ich getröste mich *bis* Brust. · 478,15–16 sogar auch die des ›philosophischen Gewerbes‹· 23 und dem Gewerbe‹ · 35–36 Das Vorhergehende bezieht *bis* Abhandlung. · 479,4 und dem Gewerbe‹ · 23–24 oder gar ihre Hofratstitel. · 25–30 Sie mögen daher *bis* entwachsen.

Im Handexemplar von B nahm Schopenhauer folgende Änderungen im Text vor:
338,37–38 Jene Vernunft-Idee der Seele also] Sie eben *B* · 339,32 angesehn haben] ansahen *B* · 346,12 Gedärme] Eingeweide *B* · 360,33 sich *im Handexemplar* Beweis *nachgestellt* · 370,28 nötig] notwendig *B* · 33 vorstehn] entsprechen *B* · 37 *die in B nach* verlangt *eingeschobene Klammer* (z.B. Aufschlagen der Nüsse mit Steinen, Einschieben eines Steins in die offenstehende Riesenmuschel, welche sonst zuklappen und die das Tier derselben hervorholende Hand abklemmen würde) *getilgt* (*vgl. S.* 851 *zu* 369,27) · 372,11 überwiegende] größere *B* · 375,19–21 Hat er, um *bis*

Giraffe] Hat er als Giraffe, um die Kronen hoher Bäume Afrikas benagen zu können, sich *B* · 23 bis zur Unkenntlichkeit] so diminutiv *B* · 400,25–27 dieses, löst mehr *bis* darstellt,] dieses und desto reiner objektiv stellt die Außenwelt sich dar, *B* (*vgl. S. 851 zu 399,19*) · 443,29 Besonders aber ist es] Ich nehme zuvörderst aus dem *B* · 463,2 Gläubige] Bekenner *B* · 15 unweigerlich] unbedingt *B*

Im Handexemplar von *B* machte Schopenhauer folgende Zusätze: 306,12 und ehrlich · 308,3 coram populo · 312,7 aber · 338,29–30 sogenannte Vernunft- · 36–37 als ein an *bis* sich. [*vgl. S. 852 zu 338,37*] · 339,2 Georg Ernst · 21 woselbst sie das Oberstübchen bewohnt. · 349,26–27 Erektion bei wollüstigen Vorstellungen, · 359,1 er *fehlt A, B* · 360,22–26 noch kann ein *bis* Intellekt. · 36 der Termitenbau · 368,2 (Loxia curvirostra) · 369,24 beispiellos · 373, 28–30 imgleichen zu seiner *bis* wird, · 401,5 hyperbolische · 404,13–15 als welcher ihm *bis* Welt, [*vgl. S. 851 zu 404,12*] · 408, 20–21 Nach ihm hat *bis* Scipionis‹. [*vgl. S. 851 zu 408,8*] · 29–31 Auch Maclaurin in *bis* Ausgangspunkt. [*vgl. S. 851 zu 408,8*] · 443,18–29 Schon Roger Bacon, *bis* pag. 252). · 457,32–458,1 (Sie wittern so *bis* allein. [*vgl. S. 852 zu 457,23*] · 464,11–13 welches nicht anders *bis* tributär; · 465,37–38 Köppen: ›Die Lamaische Hierarchie‹ S. 315.

Weitere Zusätze im Handexemplar wurden unter den Text gestellt und mit einem F (bzw. FF) gekennzeichnet, weil sie Frauenstädt zuerst in seine Ausgabe aufnahm. Sie befinden sich auf den Seiten 301, 302, 303, 306, 307, 308, 309, 311, 313, 314, 315, 319, 336, 346, 357, 359, 362, 368, 371, 372, 377, 379, 380, 387, 388, 404, 422, 424, 427, 430, 431, 432, 447, 448, 456, 459, 467 und 470, sowie als Ergänzung der Anmerkung auf den Seiten 461–462: 461,34–37 (ist sehr belehrend *bis* atmen), 462,14–15 (›Dhammapadam‹ *bis* 1855), 30–36 (›Leben des Buddha‹ *bis* enthält). Aus Randbemerkungen, die Schopenhauer in sein Handexemplar eintrug, ergaben sich als gleichrangig mit den vorstehenden Zusätzen Fußnoten, die den entsprechenden Textstellen zugeordnet wurden. Sie sind mit einem L gekennzeichnet und befinden sich auf den Seiten 320, 343, 376, 405 im Anschluß an die Fußnote auf Seite 404 (Die Materie kann *bis* Entdeckung), 425, 431, 462. Zu 460,5 schrieb Schopenhauer: ›Siehe noch nach Abel Rémusat ‚Nouveaux mélanges‘ vol. 1, p. 36.‹ und zu 470,38: ›Demnach würde es wohl am besten sein, hier alles so zu lassen, wie es steht.‹

Diese Ausgabe geht von *Hb* auf *B* zurück. Gegenüber *B*, *F* und *Hb* ergeben sich folgende Abweichungen des Lautstandes:
304,30 eingesehn] eingesehen *F* · 307,37 andern] anderen *F* · 308,18 Kameraden] Kamaraden *B*, *F*, *Hb* · 20 Barthélemy] Barthélemy de *B*, *F*, *Hb* · 35 Herren] Herrn *Handexemplar von B* · 38 deutlichst] deutlich *F* · 309,14 des] das *B (Druckfehler)* · 21 müsse] müßte *Hb nach Entwurf zur Vorrede* · 38 unseres] unsers *F*, *Hb* · 310,33 Physiker] Physikern *F* · 311,9 (p. 12) *fehlt F* · 23 (p. 12) *fehlt F* · 312,19 geschehn] geschehen *F* · 24 Unsinnsschmierer] Unsinnschmierer *Hb* · 313,37 Philosophie] die Philosophie *F* · 314,17 abgesehn] abgesehen *F* · 315,23 anführte] aufführte *F* · 38 oder] bis *F* · 318,25 wahrheitsdurstigen] wahrheitsdürstigen *F* · 319,10 frühern] früheren *F* · 321,22 ja *fehlt F* · 323,26 Naturwissenschaft] Naturwissenschaften *F* · 326,38 ›zungen‹, aber nicht ›hirnen‹] weder ›zungen‹ noch ›hirnen‹ *F* · 327,23 noch fast] fast noch *F* · 35 bei *fehlt F* · 35 niemandem] niemenden *B*, *F*, *Hb* · 329,8 jede *Brandis*] jene *F* · 330,27–28 Teilnahme des ganzen *Brandis*] ganze Teilnahme des *B*, *F* · 331,17 angesehn] angesehen *F* · 333,22 hatte] hat *A*, habe *F* · 334,24 ohne] so ohne *Hb aus A* · 35 Kopenhagener] Kopenhagner *B* · 335,23 Widerspruch] Widerspruche *F* · 339,1 Physiolog] Physiologe *F* · 345,27 der *fehlt F* · 34 gehn] gehen *F* · 346,30 den *fehlt F* · 350,20 Affekte] Affekten *B*, *Hb* · 351,4 sagt] sagte *F* · 352,32 ist *fehlt F* · 354,8 *und* 12 Tama-Guna] Tamas-Guna *B*, *F*, *Hb* · 25–26 nächstens aber eine *bis* wird. *fehlt F* · 360,7 ipsam *Spinoza*] ipsa *B*, *F*, *Hb* · 23 intellegibilis] intelligibilis *F*, *Hb* · 367,10 entstehn] entstehen *F* · 368,1–2 hervorzuziehn] hervorzuziehen *F* · 10 Pelikan] Pelekan *B*, *F*, *Hb* · 39 den] der *F* · 369,18 versehn] versehen *F* · 30 Bombyx] Bombex *B*, *F*, *Hb* · 31 Panorpe] Parnope *B*, *F*, *Hb* · 370,30 fünfzig] funfzig *B*, *F*, *Hb* · 371,27 keine] kleine *F* · 32 eine *fehlt F* · 373,1 die wirbellosen] wirbellose *F* · 374,7 Hauptwerkes] Hauptwerks *F* · 36 vorschieben] vorschrieben *F* · 375,17–18 ungeheueren] ungeheuern *F* · 376,20 Dies] Das *F* · 377,10 Tiers *entgegen* 4] Tieres *F* · 12 Unvollkommnes] Unvollkommenes *Hb* · 378,3 unsrer] unserer *F*, *Hb* · 379,28–29 Willensaktes] Willensakts *F* · 381,30 Trägheitskraft] Tätigkeitskraft *F* · 383,10 unsrer] unserer *F* · 385,12 andrer] anderer *F*, *Hb* · 23 den] der *B*, *F*, *Hb* · 24 von] of *B*, *F*, *Hb* · 386,11 andre] andere *F*, *Hb* · 387,29-30 weiteres] weitern *Handexemplar von B*, weiteren *F* · 388,8 Umfangs] Umfanges *F* · 389,2 Hauptsächlichste] Hauptsächliche *F* · 15 pressentir] présentir *Handexemplar von B*, *F*, *Hb* · 21 pressentiment] présentiment *Handexemplar von B*, *F*, *Hb* · 389,29 weitläuftigen] weitläufigen *F* · 391,29 ins] in *F* ·

überzugehn] überzugehen *F* · 393,5–6 vollkommner] vollkommener *Hb* · 394,3 Veränderung] Veränderungen *F* · 395,7 wurden] werden *F* · 397,9–10 vollkommner] vollkommener *F* · 398,10 sehn] sehen *F* · 15 andre] andere *F*, *Hb* · 37 verstehn] verstehen *F* · 401,30 Begriffe] Begriff *F* · 404,39 eingesehn] eingesehen *F* · 405,5 Begriffes] Begriffs *F* · 406,1 vorhergehn] vorgehn *B (Druckfehler)*, *F* · 12 geborner] geborener *Hb* · 409,28–29 andrerseits] andererseits *Hb* · 411,12 willkommner] willkommener *Hb* · 20 größtmögliche] größtmöglichste *B*, *F* · 21 vorhandene *Handexemplar von B*] vorhandne *B* · 412,21–22 Voltaschen] Voltaischen *B*, *F*, *Hb* · 414,24 reifen] reifsten *F* · 37 hier die] die hier *F* · 415,26 höheren] höhern *F* · 416,8 intellektualer] intellektueller *F* · 418,17 *und* 27 andre] andere *F* · 420,32 seines] seiner *F* · 422,8 unsrer] unserer *F* · 426,22 ein] sein *B (Druckfehler?)* · 427,37 und im höchsten Grade erstaunlich *fehlt F* · 428,32 Auffassung der organischen] organische *F* · 38 Rezension] in der Rezension *F*, *Hb* · 41 un des exercises] une des experiences *F* · 431,26 den] der *F* · 435,23 Lockeschen] Lockischen *B*, *F*, *Hb* · 30 andere] andre *F* · 439,34 ward] war *F* · 442,32 so *fehlt F* · 443,19 Si aliqua *Bacon*] Quod si ulterius aliqua *F* · 28 Opus] S. Rogeri Bacon Opus *F* · 444,3 inbrünstiges] inbrünstig *Hb nach Zitat Schopenhauers* · 7 einem] einer *B*, *F*, *Hb* · 14 denn] dann *Hb wie vor* · 19 *und* 21 des] der *Hb wie vor* · 29 kehrt dasselbe] kehret dasselbige *Hb wie vor* · 33 Laufs] Laufens *Hb wie vor* · 445,9 vom] von *B*, *Hb* · 31 diesen] denen *Hb nach Zitat Schopenhauers* · 32 so *Hb wie vor, fehlt B*, *F* · 446,16 Sinn] Sinne *F* · 446,22 et *Agrippa, fehlt B*, *F*, *Hb* · 23 forti *Agrippa*] fortissimo *B*, *F*, *Hb* · 24 sermonibus *Agrippa, fehlt B*, *F*, *Hb* · 26 operantis *Agrippa*] laborantis *B*, *F*, *Hb* · 28 et influxu *Agrippa, fehlt B*, *F*, *Hb* · 450,19 magicam] magam *B*, *F*, *Hb* · 453,2 contingit] contigit *B (Druckfehler)*, *F* · 454,9 zur] zu *B (Druckfehler)*, *F* · 13 zum] zu dem *F* · 37 worden] werden *F* · 37 sie] sich *B (Druckfehler)*, *F*, *Hb* · 455,4 Vereinigung] Verbindung *F* · 21 iit] ivit *B*, *F*, *Hb* · 458,21 französisch im] im Französischen *F* · 459,8 Missionare] Missionarien *B*, *F*, *Hb* · 17 angeblich] angeblich sogar *Hb nach Entwurf zu 459,15–463,3* · 30 (laut ›Revue Germanique‹) *fehlt F* · 460,35 Lehre] Lehrer *B*, *F*, *Hb* · 462,24 Manual] Manuel *F* · 464,8 Zwecke] Zweck *F* · 465,12 stehnblieben] stehen blieben *F* · 466,35–36 Bewegung und Ruhe *entsprechend* tung und tsing] Ruhe und Bewegung *B*, *F*, *Hb* · 467,14 weitläuftige] weitläufige *F* · 23 bestehn] bestehen *F* · 23–24 In den ›Times‹] Die ›Times‹ *F* · 24 wird erzählt] berichtet nämlich *F* · 26–27 mitgeteilt *fehlt im Handexemplar von B*, teilen ... mit *F* · 31 interpreters] interpretors

Handexemplar von B, F · 33 they] he *F* · 34 Deejunokee] Deejunoskee
F · 35 etc. *fehlt F* · 468,22 Missionaren] Missionarien *B, F, Hb* ·
38 vom größten] von größtem *F* · 476,10 Grundlage] Grundanlage
Hb aus A

IV.

›Die beiden Grundprobleme der Ethik‹ erschienen 1841 in der
Joh. Chr. Hermannschen Buchhandlung (F. A. Suchsland) in
Frankfurt am Main (A). Das Manuskript des ersten Teiles – ›Über
die Freiheit des menschlichen Willens‹ – sandte Schopenhauer
wahrscheinlich im Herbst 1837 der Königlich Norwegischen
Sozietät der Wissenschaft zu Drontheim, der es am 19. Juni 1838
vorgelegt wurde. Nach der am 27. Januar 1839 erfolgten Mitteilung an den Autor, daß seine Schrift den ausgesetzten Preis errungen habe, folgte im Sommer des gleichen Jahres die Drucklegung unter dem Titel: ›Kan Menneskets frie Villie bevises af
dets Selvbevidshed? En med det Kongelige Norske Videnskabers Selskabs storre Guldmedaille belonnet Priis Afhandling af
Dr. Arthur Schopenhauer‹ (N). Das Manuskript des zweiten
Teiles (H) – ›Über das Fundament der Moral‹ – sandte Schopenhauer am 26. Juli 1839 der Königlich Dänischen Sozietät der
Wissenschaften zu Kopenhagen, bei der es 1935 Franz Mockrauer
wiederentdeckte (vgl. Franz Mockrauer, ›Schopenhauer und
Dänemark, neue urkundliche Beiträge zur Beleuchtung dieses
Verhältnisses‹, in: Jahrbuch der Schopenhauer-Gesellschaft 22
[1935], S. 242–322 mit Abdruck der Einzelgutachten und mit textkritischen Untersuchungen). Die Zusätze, die Schopenhauer vor
der Drucklegung von *A* diesem zweiten Teil gab, machte er
besonders kenntlich (vgl. S. 493), es sind die folgenden:
629,8–9 Schopenhauer, ›Über den *bis* S. 128 · 654 *die Anmerkung*
· 667,19–21 Auch Lichtenberg sagt *bis* nicht‹ · 674,34–38 Denn
der Charakter *bis* Seite. · 679,21–682,15 Anmerkung Wenn wir
bis entgegenwirkt [*vgl. S. 860 zu* 682,16] · 696,3–10 Schon die
Stoiker *bis* triticum.) · 717,9–17 schon die Pyrrhoniker *bis* 11,140),
· 719,19–29 Demzufolge betrachten viele *bis* getreten. · 723,21–24
so daß er *bis* kostspielig.) · 27–29 in diesem Sinne *bis* genommen. ·
727,9–10 Daher man die *bis* kann. · 747,24–748,5 Hier liegt auch
bis Brüder. · 754,35–755,3 Allenfalls könnte man *bis* sollen. [*vgl.
S. 860 zu* 755,3] · 757,30–32 *und* 758,1–2 Wer in dem *bis* an. ·
760,11–14 Und wenn wir *bis* 5,23; [*vgl. S. 861 zu* 760,14] · 768,3–9
Die Religion der *bis* Jahrhunderte. *und die Anmerkung 2* · 774,18–35

Solchen Sophistikationen der *bis* kann. [*vgl. S. 861 zu* 774,35] ·
775,7–15 Die alten Ägypter *bis* hat. · 776,21–23 so daß das *bis* fiel. ·
777,22–35 Ebenso Wilhelm Harris *bis* begangen. · 778,33–779,21
Anmerkung 2 bis haben. *und* 38–40 Ich widme diese *bis* soll; *danach*
Denn mit breiten Reden von ›Momenten‹ und ›Betätigen‹ wird
da nichts geschafft. *gestrichen* [*vgl. S. 861 zu* 779,40] · 779,10–780,15
In Phildelphia besteht *bis* beginnt. · 785,25–29 Ein von Stobaios *bis*
ἔλεον. · 786,29–31 Dem Boshaften ist *bis* ändern. · 787,32–35 Desgleichen
finden wir *bis* Archytas, · 36–788,6 Sie sind auch *bis* σώφρονες.
· 789,29–790,3 Wenn nicht der *bis* sind. · 790,11–23 Daß unter
den *bis* gemäß · 800,21–23 ja die Priester *bis* auszugeben. · 811,7–13
Denn daß einer *bis* wiedererkenne.

Das Handexemplar von *A* bewahrt die Stadt- und Universitätsbibliothek
in Frankfurt am Main*. Die zweite Auflage, nach der
Vorrede durch ›ziemlich beträchtliche Zusätze‹ (vgl. S. 514) vermehrt,
erschien 1860 bei F. A. Brockhaus in Leipzig (B). Ein
Bruchstück der Druckvorlage hat sich erhalten, es umfaßt die
Seiten 231 bis 234 in *A* (760,1–764,8 ›aber theoretisch zur *bis*
die‹ der vorliegenden Ausgabe). Zur Drucklegung von *B* änderte
Schopenhauer folgende Stellen in *A*:
Über die Freiheit des Willens: 507,37–39 Er verwechselt ihn *bis*
wurde.] Mir ist der Mythos nicht bekannt. *A* · 547,37–548,1 d.h.
der vorhergehende *bis* heißt.] d.h. die Körper, welche die Träger
der Ursach und Wirkung genannten Zustände sind, werden dabei
beiderseits in gleichem Maße verändert. *A (vgl. S. 50)* · 560,19–21
so genau kennte *bis* Lasten usw.] genau genug kennte. *A* ·
561,4 vorderhand] vors Erste *A* · 565,32 Denn] vielmehr ist *A*,
entsprechend fehlt 34 ist · 567,30 folglich] also *A* · 568,3–5 vermöge
deren seine *bis* aus,] in jedem Menschen, ist *A* · 573,13 trüge] trägt
A · 35–36 worüber ich auf *bis* verweise.] beides ist jedoch bedeutenden
Modifikationen unterworfen, und kann ich hier nicht
näher darauf eingehn. *A* · 575,34 Schelling] Hr. v. Schelling *A* ·
578,32–36 sondern sowenig eine *bis* Denn] Vielmehr setzt eine
jede existentia schlechterdings eine essentia voraus: d.h. *A* ·
579,23 Sogar] Ja, *A* · 582,30–583,19 kann bei den *bis* lasen.]
fängt an nach so vielen, von verschiedenen Seiten kommenden
Zeugnissen schwer zu werden. *A (vgl. in diesem Bande Animalischer
Magnetismus und Magie S. 423–458)* · 583,28–32 erinnere
ich daran *bis* Luther,] nenne ich Luthern *A* · 586,3–5 statt einzu-

---

* Die Einsichtnahme war dem Herausgeber leider nicht verstattet.

dringen, um *bis* Methode] Das *A* · 588,4 der Kontroverse] des Kontrovers *A* · 589,23 dreier, die wir deshalb sogleich näher betrachten werden,] zweier, die ich anführen werde, *A* (*vgl. S. 860 zu 590,32*) · 593,2–3 die zuerst von Augustinus angeregte] diese *A* · 595,37 Dasselbe] Das gleiche *A* · 597,25 endlich meinen oben unterbrochenen] jetzt meinen *A* · 608,1 *und weiterhin* Schelling] Hr. v. Schelling *A* · 610,16 in der Ministerkreatur] durch *und dieser* der *A und bis 25 entsprechend umgestellt* · 611,23 wieder] gar *A* · 36–612,30 Daher eben gibt *bis* daß] Aber *A* · 614,32 spricht unsere Grundwahrheit aus:] gehört hieher *A* · 622,36–37 wird im individuellen *bis* bestimmt.] bestimmen für den individuellen Fall allein die Motive. *A*

Über die Grundlage der Moral: 654,9–10 Onanie, Päderastie und Bestialität.] Sodomie (*Unzucht mit Tieren*), Päderastie und Onanie. *A* · 10–35 Von diesen nun *bis* wird.] Diese Vergehungen sind aber eigentlich ganz sui generis und machen eine völlig abgesonderte Klasse für sich aus. In die Ethik gehören sie zwar insofern, als sie vom menschlichen Willen ausgehen. Allein sie sind so grundverschieden von dem ganzen übrigen Thema der Ethik, welches die Verhältnisse zwischen Mensch und Mensch betrifft und daher Tugenden und Laster abhandelt, die ungezwungen auf die Begriffe von Gerechtigkeit und Menschenliebe, nebst deren Gegenteil, zurücklaufen; daß ich es für unmöglich halte, ein Fundament und Prinzip der Ethik aufzustellen, aus welchem neben den zuletzt genannten eigentlichen Gegenständen derselben zugleich auch die Gründe gegen jene Wollustsünden ungezwungen abzuleiten wären. Denn nur die Betrachtung von einem sehr allgemeinen Gesichtspunkte aus, das Zusammenfassen unter den Begriff ›menschliches Tun überhaupt‹ kann beide sonst völlig heterogene[n] Gegenstände zusammenbringen. *Danach* Selbst die Päderastie unter den Begriff der Ungerechtigkeit gegen einen andern zu bringen verhindert das ›volenti non fit iniuria‹ [dem, der es so will, geschieht kein Unrecht]. *als Zusatz, dann*: Ich habe daher bei meiner im folgenden Teile aufzustellenden Begründung der Ethik die widernatürlichen Geschlechtsvergehungen ganz außer acht gelassen und kann, was ich darüber zu sagen habe, gleich hier mit Wenigem beibringen. Diese Laster widernatürlicher Wollust sind eigentlich Vergehen gegen die Spezies als solche; gegen die Spezies, durch die und in der wir unser Dasein haben: sie verletzen und vereiteln direkt die so wichtigen und der Natur so höchst angelegenen Mittel und Wege der Erhaltung dieser Spezies. Das Gewissen wird infolge derselben sich auch in ganz anderer Art beschwert fühlen als infolge der sonstigen moralischen Vergehungen, also ungerechter oder boshafter Handlungen: diese werden mehr Beängstigung, jene aber mehr Beschämung und Gefühl der Degradation zur Folge haben. *A* · 657,21–22 welches uns nur *bis* ist,] von dem man nur eine einzige Spezies kennt und *A* · 687,16 dies] das *A* · 690,24–25 als daß es *bis* bedürfte.] um noch einer weiteren Auseinandersetzung zu bedürfen. *A* · 694,4 Dies] das *A* · 715,4 Fichten] Ihm *A* · 720,15 Hingegen] Aber *A* · 724,22 Erkenntnis] Kenntnis *A* · 729,7–11 Oben § 8 bei *bis* hervorguckt. *umgestellt* · 12–14 nämlich ist die *bis* die] ist *A* · 731,14 Jedoch] nur *A* · 732,35 nähme] nahm *A* · 738,14 *nach uns selbst ist* und Nachweisung der gegen die Spezies als solche vorkommenden Vergehungen als völlig sui generis, *gestrichen (vgl. S. 654 und S. 858 zu 654,10 die in A gestrichene Stelle)* · 741,12 fürs erste] vorerst *A* · 28 Zum Behuf] Behufs *A* · 743,25 Sogar kann] Ja *A und* kann *nach solchen gestrichen* · 746,29 Individuen] Wesen *A* · 757,4 noch] oder *A* · 5 ›Dies] das *A* · 22–23 Auch verfährt nach dem oben aufgestellten Prinzip] Nach diesem *A* · 772,18 betroffen] getroffen *A* · 20 sogar] ja *A* · 773,20–21 im Judentum liegt.] vielleicht im Judentum liegen möchte. *A* · 774,15 Cartesianer] Leibnizianer *A* · 19 entsprechend] analog *A* · 778,19 Zum Ruhme der Engländer] Zu ihrem Ruhme *A (vgl. S. 861 zu 778,4)* · 21 in Schutz genommen] schützt *A* · 779,38 Zeitungsnachrichten] Zeitungsnachricht *A (vgl. S. 861 zu 779,21)* · 781,34 dies] das *A* · 799,21 Imgleichen] Demgemäß *A (vgl. S. 861 zu 799,1)* · 804,17 welche] die *A* .

In *B* machte Schopenhauer folgende Zusätze:
Über die Freiheit des Willens: 481,7 *das Motto* · 492 *die Anmerkung* · 493,4–9 Ἀγγελέω παριοῦσι, Μίδας *bis* sepultum.) *und die Anmerkungen* · 496,35 (Ora leonis erant *bis* draconis), · 507,34–36 (wie auch in *bis* p. 398) [*vgl. S. 857 zu 507,37*] · 508,36–37 vulgo: ›Jahrbücher der wissenschaftlichen Literatur‹, · 512 *die Anmerkung* · 526 *die Anmerkung* · 530 *die Anmerkung* · 533,8–16 Er sagt nämlich: *bis* p. 669). · 534,26–29 Das Selbstbewußtsein sagt *bis* werden. · 535 *die Anmerkung* · 545 *die Anmerkung* · 548,2 dem zweiten Newtonischen Gesetze gemäß · 552 *die Anmerkung* · 553, 18–20 ihr ist das *bis* gewidmet. · 28 es · 556,13–14 und so viel *bis* er; · 557 *die Anmerkung* · 563,17–564,14 Ich kann tun *bis* könnte. · 564,21–24 Und zu erwarten *bis* zöge. · 565,26–28 Unter Voraussetzung der *bis* Ursache. · 568,7–9 Durch ihn ist *bis* Denn · 569,28–570,6 Nach Herodots Erzählung *bis* Erst · 570,18–22 Unter der

veränderlichen *bis* derselbe. *darum* 23 sein Charakter] er *A* · 571, 14–15 Daher das Sprichwort: *bis* Dieb.‹ · 25–28 wie ich dieses *bis* Auflage). · 573,14–21 Die Überzeugung von *bis* respuendi. · 574, 8–9 (in arbitrio nostro *bis* esse etc.) · 16–20 (Singuli enim mores *bis* nascimur.) · 577,35–578,8 Ebenso richtig daher *bis* entwickelt. · 580,18–20 (Item ea, quae *bis* est). · 581,25–26 Quidquid fit, necessario fit. *und die Anmerkung* · 585,5 ›Ethica · 14–16 (Quod igitur a *bis* est). · 22–24 (Mores igitur ante *bis* offendantur.) · 30–32 (Non enim, ut *bis* erit). · 586,22–38 Schon ziemlich deutlich *bis* Buch. · 587,6–9 (Nec laudes nec *bis* involuntarium.) · 14–15 (ut vel maxime *bis* vitii) · 20–26 Beinahe zweihundert Jahre *bis* Sache. · 590,32–592,38 Ganz erfüllt von *bis* rückwärts. · 593,1 im engern Sinn · 5 geschweige Vaninis · 596,11–597,23 Wenn nämlich eine *bis* focis‹ · 609,19–22 Übrigens hat Schelling *bis* verraten. · 610,20 der Staatszwecke, · 38–611,16 Sie erklären die *bis* hat. · 611,21–22 Jedoch mögen bei *bis* sein. · 27 Sie dünken sich etwas damit. · 613,7–9 In ›Twelfth night‹ *bis* so. *und Anmerkung 2* · 23–26 *und* 614,1–30 Einen Beleg zu *bis* Macht. · 619,9–19 Überaus richtig sagt *bis* Also · 625,14–15 und ein Kriminalkodex *bis* Handlungen. · 626,36–627,38 sei. Im Allgemeinen *bis* entgegenkommt.

Über die Grundlage der Moral: 634,36–635,5 Daher sagt Platon *bis* Bipontini). · 640,37–39 (Ich weiß es *bis* Wahrheit.) · 643 *die Anmerkung* · 644 *die Anmerkung* · 649,7–12 Eine gebietende Stimme *bis* sein. · 656,13–14 wofür die Philosophaster *bis* möchten. · 664 *die Anmerkung* · 667,10–12 möchte man bisweilen *bis* sogar · 671, 20–21 Statt dessen aber *bis* gebauet. · 675,4–7 Den Chorus machten *bis* vorerzählten. · 677,3–4 (Mens videt, mens audit, cetera surda et caeca.) · 680,2–4 (dessen Philosophie hauptsächlich *bis* besteht), *und entsprechend* 5 des Cartesius] seines Lehrers *A*, *und die Anmerkung* · 682,16–683,10 Übrigens ist jene *bis* Imperativen. · 692,12–13 welches wohl verdient, hier näher entwickelt zu werden. · 714,29–715,4 obwohl ihre respektiven *bis* Fichten · 718 *die Anmerkung* · 720,11–15 am allermeisten bei *bis* ist. · 721,8–9 und auf den *bis* Dieb.‹ · 727,30–39 Das jetzt in *bis* machen. · 728,23–729,7 Nämlich infolge der *bis* einerntet. · 731,11–13 und schon Herodot *bis* est.) · 18 lieben und · 19–25 allein es ist *bis* § 114. *und die Anmerkung* · 738,34 mehr · 745,26–29 Hingegen nennt man *bis* wird. · 746,30–31 oder auch Jünglinge *bis* Päderastie. · 750,15–27 Dies aber ist *bis* paret.‹ *dafür* Aber dies Eldorado liegt jetzt ferner denn je. *gestrichen* · 752 *die Anmerkung* · 753,14 der um Rat *bis* 66). · 755,3–7 Noch sei hier *bis* Gerechtigkeit. · 756 *und* 757 *die Anmerkungen* · 757,1 bloß · 15–22 ›Ask me no *bis* bezeichnet. · 758,25–27

Demgemäß sagt Campanella *bis* trova.‹ *und die Anmerkung* · 760, 14–15 sogar schon beim *bis* cap. 33. · 762,9 (sinistra tua manus cognoscat, quae dextra facit) · 38–763,7 und also eintritt *bis* p. 229 · 764,2–5 und daß vielmehr *bis* haben. · 769,31–37 Diese Einsicht finden *bis* 229). · 770,33–36 daher auch schon *bis* intulisse.) · 38 werden die Vorwürfe · 771,1 Falle sein · 38 (Rident inimici.) · 772,6 Diffugiunt cadis · 773,9–11 Sogar daß Eltern *bis* erregt. · 774, 2–4 Solcher Bemühungen spottet *bis* facultés? · 35–775,7 In der englischen *bis* herabzusetzen. [*vgl. S.* 856 *zu* 774,18] · 775,13–14 wie sie beim Menschengeschlechte nicht gefunden wird, · 26–30 Man muß wahrlich *bis* beide *und bis* 776,4 nach. *geändert* · 776,33–777,5 Einen ähnlichen charakteristischen *bis* Bipontini). · 778,4–18 Denn diese Lücke *bis* § 177. · 779,21–38 Aber ein noch *bis* betrachten.‹ [*vgl. S.* 857 *zu* 778,33 *und S.* 859 *zu* 779,38] · 40–44 wiewohl ich dem *bis* zolle. · 780,22–25 welchen man jedoch *bis* können. · 782,26–38 S. 92: ›Mandeville a bien *bis* souffrant.‹ · 785, 17–25 (Atheniensibus in foro *bis* § 99. · 785 *die Anmerkung statt des in den Text nach* 8 Aufrichtigkeit *gestellten* ›Journal Asiatique‹ vol. 9, p. 62 · 27–786,14 (Nec aram e fano *bis* aufgelegteste. · 787,3–4 (sed docendo Nunquam *bis* facies) · 9–11 (Virtus utique nec *bis* influet.) · 19–20 (In nostra potestate *bis* esse.) · 25–28 (Singuli enim mores *bis* nascimur.) · 35–36 welche uns Stobaios *bis* § 77. *und auch* [*vgl. S.* 857 *zu* 787,32] · 788,1 also · 6–11 (Eas enim, quae *bis* temperantes.) · 29–789,14 In gleichem Sinne *bis* war. · 789,27–28 und dadurch bewiesen ..., daß die Tugend angeboren und nicht angepredigt wird. · 790,3–22 Es kann zwar *bis* Achtung. · 796,5 auch im Spanischen: ›bien nacido‹; · 799,1–16 Hierüber sind besonders *bis* fuisse.) · 25 aber · 35–800,12 Einen anderartigen Beleg *bis* vorgekommen. · 806,40–41 Näheres hierüber findet *bis* § 184. · 809, 35–38 Denn sogut wie *bis* asi‹. · 811,37–812,1 und die Täuschung *bis* trennte.

Weitere Zusätze in *B* liegen handschriftlich vor:
514–517 Vorrede zur zweiten Auflage · 708,22–710,11 Anmerkung Wer das *bis* feratur.) · 811,15–21 Wer für sein *bis* unterbricht.

Die vorliegende Ausgabe geht über *Hb* auf *B* zurück, behält jedoch die in *Hb* aufgrund der handschriftlichen Fragmente durchgeführte Kurzform in den Wörtern wie ›geschehn, sehn, Aufsehn, ziehn‹ usw. bei, obgleich sie in *B* durchgängig zu ›geschehen, sehen, Aufsehen, ziehen‹ usw. aufgelöst wird. Ebenso blieb die in *Hb* vereinheitlichte Schreibung ›Auktorität‹ (entsprechend der

Schreibung in ›Die Welt als Wille und Vorstellung‹) für ›Autorität‹, wie sie B hat, und ›Ursache‹ für ›Ursach‹ erhalten. Über die Grundsätze der Textbearbeitung dieser Ausgabe vgl. Bd. 1, S. 726f. Gegenüber B, F und Hb ergeben sich folgende Abweichungen des Lautstandes:

483,8 früheren] frühern F · 484,25 hauptsächliche] hauptsächlichste F · 485,22 dann] denn B · 486,34 zu Hb aus A] an B · 489,14 von] vom F · 23 objektiv] objektiv wahr Hb aus A · 490,26 steht *fehlt* A, B · 495,31 ernsten] ernstlichen Hb aus A · 497,11 festern] festen F · 21 dem] aus dem Hb aus A · 500,12 und] oder Hb aus A (*vgl. Bd. 2, 635,27 die entsprechende Korrektur Schopenhauers*) · 503,17 Indossenten] Indossanten F · 504,16 auch selbst] selbst auch Hb aus A · 507,28 Jupiter] Jupiters B, F, Hb · 511,26 im Tun Hb aus A] Tun B, F · 514,27 aber *Entwurf zu Vorrede, fehlt* B, F, Hb · 515,22 bloße] große F · 28 so *fehlt* F · 526,11 geradezu Hb aus N, fehlt B, F · 37 zweite Auflage *fehlt* F · 527,12 also] als F · 528,4 andern] anderen B · 27 hinzufügt] hinzugefügt Hb aus N · 529,34 alles Nichtwollen *entsprechend* alles Verabscheuen] als Nichtwollen B, F, Hb · alles Verabscheuen] als Verabscheuen Hb aus N · 530,5 sanfte und Hb aus N, *fehlt* B, F · 20 Extremen Hb aus N, *fehlt* B, F · 535,30 zu] zum B, F, Hb · 38 darüber *fehlt* F · 536,36 etwan] etwa B (*Druckfehler*) · 537,27 unsers] unseres B · 539,25 Verstandesregeln] Verstandsregeln F · 31 sein] sei Hb (*Druckfehler*) · 37 anderer] andrer B, F · 540,25 ihm Hb aus N, *fehlt* B, F · 541,38 individuellem] individuellen B, F, Hb · 545,37 der zweiten Auflage *fehlt* F · 547,17 unsers] unseres B · 548,20–25 wird in vielen *bis* z. B. Hb aus N, *fehlt* B, F · 550,12 mannigfaltige] mannigfaltigere Hb aus N · 559,24 niemandem] niemanden B, F, Hb · 33–34 sogar Hb aus A] gar B · 564,34 alle diese] diese alle Hb aus N, A · 566,7 als problematisch Hb aus N, *fehlt* B, F · 567,1 Hierbei] Hiebei Hb · 575,33 hat] hatte F · 584,38 die *fehlt* F · 585,26 *und* 27 zu] mit B, F, Hb · 587,3 cap.] § B, F, Hb · 590,16 etc.] usw. B, F, Hb · 592,22 Strategem] Stratagem B, F, Hb · 593,10 inevitable] unevitable B (*Druckfehler*), F · 594,8 Vaucançonscher] Vaucançonsches B, F, Hb · 11 aber *Kant, fehlt* B, F · 30 davon gar nicht *Kant*] gar nicht davon B, F · 595,28 dann] denn B (*vgl.* 30) · 602,15 this] his F (*Druckfehler*) · 607,3 imgleichen Hb aus A] ingleichen B, F · 610,22 größtmögliche] größtmöglichste B, F (*vgl.* 727,23, *wo schon* B größtmögliche) · 611,14 Vorgängern *Konjektur in* F] Vorgängen B · 612,26 ἄνεμος] ἄνεμον F · 613,13 St. Ronan's] St. Roman's Hb · 614,25 ›Iphigenie‹] ›Iphigenia‹ B, F, Hb · 26 hieher] hierher Hb · 633,27 halten] erhalten B, F, Hb · 637,10 mehr sehr] sehr mehr B,

F, *Hb* · 638,18 Brahmanismus *wie sonst*] Brahmaismus *B* (*Druckfehler*) · 25 fünfzig] funfzig *B, F, Hb* · 22 unsers] unseres *B* · 641,8 hieraus] hievon *Hb aus A* · 26 unbesehen] unbesehn *Hb* (*vgl. zu* 651,8) · 643,25 ›mundum] ›mundus *B, F, Hb* · 645,2 224] 223 *Hb* (*vgl.* 607,16) · 650,8 diesen] diesem *B, F, Hb* · 29 stammen] stammt *B, F, Hb* · 651,8 unbesehen] unbesehens *B,* unbesehns *Hb* (*vgl. zu* 641,26) · 657,9 vom] von *B* · 660,37 Huitzilopotchli] Huitzilopochtli *B, F, Hb* · 667,14 die Wissenschaften verstehn] die Grammatik, die Fabel, die Geschichte, die Geographie, die Moral verstehen *Goethe* · 672,21 und] oder *Hb aus A* · 674,11 Friedrich] J. *B, F* · 675,6 andern] anderen *F* · 680,18 dem] mit dem *Hb aus A* · 683,22 eins] eines *F* · 684,22 gründlich] herrlich *Hb aus A* · 685,21 diese] dieses *B* · 28 ist hier] hier ist *F* · 686,23 upon] the good old rule suffices them (*die gute alte Ordnung befriedigt sie*) *Wordsworth* · 27 Paragraphen] Paragraph *B, F, Hb* (*vgl.* 56,26) · 687,7 meine] eine *F* · 690,14 zum] zu *F* · 21 anderm] anderem *B* · 691,14 Mletschas- *Hb aus A*] Mlekhas *B* (*Druckfehler*), *F* · 692,31 jemendem] jemanden *B, F, Hb* · 694,11 Grunde] Grund *F* · 695,10 Kanten seine *B*] Kant in seine *Hb* (*Druckfehler*) · 39 zur *Hb aus A*] der *B, F* · 696,18 Denn *Goethe*] Doch *B, F, Hb* · 697,32 unsers] unseres *B, F* · 701,33 Paragraphen] Paragraphs *B, F, Hb* · 36 Rentiers] Rentenirs *B, F, Hb* · 703,4 von] vom *Hb aus A* · 704,22 Zusammenbestehen] Zusammenbestehn *B,* Zusammenstehn *Hb* (*Druckfehler, vgl.* 706,15) · 707,5 seine feststehende Beschaffenheit *Hb aus A, fehlt B, F* · 708,16 Erkenntnis *Hb aus A*] Kenntnis *B* · 709,6 daher *Hb aus Entwurf zu* 708,22–710,11, *fehlt B, F* · 710,5 animalibus] animabus *B, F, Hb* · 713,17 zeigt] zeigte *B, F, Hb* · 18 gehört] gehörte *B, F, Hb* · 724,4 Begriffes] Begriffs *F* · 729,35 Weitläuftigkeit *Hb aus A*] Weitläufigkeit *F* · 731,16 wenn] wann *B, F, Hb* · 35 Noch mehr als andre scheint man *nach der von Schopenhauer angegebenen Berichtigung*] Man scheinet, mehr als andre *B, F* · 732,16 angegebenen] gegebenen *F* · 733,2 sehr *aus A, fehlt B, F, Hb* · 11 geforderte] gefordete *F* (*Druckfehler*) · 733,34 reichlichem] reichlichen *Hb aus A* · 734,28 die] diese *Hb aus A* · 735,6 niemandem] niemanden *B, F, Hb* · 38 Worts] Wortes *F* · 737,5 moralischem] moralischen *B, F, Hb* · 742,23 le] la *F* · 744,15 moralischem] moralischen *B, F, Hb* · 749,13 andere] andere aber *Hb aus A* · 750,16 da] de *B, F, Hb* · 751,30 welche] welcher *B, F, Hb* · 755,17 Unrechtmäßigkeit] Verwerflichkeit *Hb entgegen A, B* · 758,15 Lüge ein Unrecht] Lüge ein Werkzeug zum Unrecht *Hb aus H, entgegen A, B* · 761,34 könne] könnte *F* · 770,26 lebenden *A*] lebende *B, F, Hb* · 774,4 les *Boileau*] des *B, F, Hb* · 776,27 Saniassi] Saniassis *B,*

F, Hb · 776,36 Boote] Böte B, F, Hb · 777,28 anderen] andern Hb aus
A · 36–37 anderen] andern F, Hb aus A · 779,34 in] im F · 785,9
woran] wovon F · 787,24 καὶ ἀνδρεῖοι *fehlt* B, F, Hb (*vgl.* 574,15) ·
788,28 bei] beim Hb aus A · 789,4 *und* 6 αὐτοῦ *fehlt Lukas* · 18–19
intelligible *wie sonst*] intelligibele B, F, Hb · 791,8–9 empfänglich]
empfanglich Hb (*Druckfehler*) · 793,14 sicherer *aus A*] sichererer
B, F, Hb · 794,9 nur] nun F · 36 Veränderliches] Verächtliches F ·
795,36 Tugend] Tugenden F · 796,29 seinem] seinen B, F, Hb ·
802,21 moderner] modernen Hb aus A · 806,26 beigefügter . . .
geratener] beigefügten . . . geratenen Hb aus A · 808,3 allem] allen
F · Hindu *wie sonst*] Hindus B, F, Hb (*vgl.* 768,15) · 809,25 Ge-
schiedenheit] Verschiedenheit B, F, Hb (*vgl.* 808,1, *wo A und B*
Geschiedenheit) · 31 das *entsprechend* νεῖκος] der B, F, Hb

INHALTSVERZEICHNIS

ÜBER DIE VIERFACHE WURZEL
DES SATZES VOM ZUREICHENDEN GRUNDE

Vorrede 7

Erstes Kapitel. Einleitung
- § 1 Die Methode 11
- § 2 Ihre Anwendung im gegenwärtigen Fall 12
- § 3 Nutzen dieser Untersuchung................ 13
- § 4 Wichtigkeit des Satzes vom zureichenden Grunde 14
- § 5 Der Satz selbst 15

Zweites Kapitel. Übersicht des Hauptsächlichsten, so bisher über den Satz vom zureichenden Grunde gelehrt worden
- § 6 Erste Aufstellung des Satzes und Unterscheidung zweier Bedeutungen desselben 16
- § 7 Cartesius 20
- § 8 Spinoza 23
- § 9 Leibniz 31
- § 10 Wolff 31
- § 11 Philosophen zwischen Wolff und Kant 33
- § 12 Hume 34
- § 13 Kant und seine Schule 35
- § 14 Über die Beweise des Satzes 37

Drittes Kapitel. Unzulänglichkeit der bisherigen Darstellung und Entwurf zu einer neuen
- § 15 Fälle, die unter den bisher aufgestellten Bedeutungen des Satzes nicht begriffen sind 39
- § 16 Die Wurzel des Satzes vom zureichenden Grund 41

Viertes Kapitel. Über die erste Klasse der Objekte für das Subjekt und die in ihr herrschende Gestaltung des Satzes vom zureichenden Grunde

§ 17 Allgemeine Erklärung dieser Klasse von Objekten 42
§ 18 Umriß einer transzendentalen Analysis der empirischen Realität.......................... 42
§ 19 Unmittelbare Gegenwart der Vorstellungen .. 44
§ 20 Satz vom zureichenden Grunde des Werdens .. 48
§ 21 Apriorität des Kausalitätsbegriffes – Intellektualität der empirischen Anschauung – Der Verstand............................... 67
§ 22 Vom unmittelbaren Objekt 106
§ 23 Bestreitung des von Kant aufgestellten Beweises der Apriorität des Kausalitätsbegriffes 107
§ 24 Vom Mißbrauch des Gesetzes der Kausalität .. 116
§ 25 Die Zeit der Veränderung 117

Fünftes Kapitel. Über die zweite Klasse der Objekte für das Subjekt und die in ihr herrschende Gestaltung des Satzes vom zureichenden Grunde

§ 26 Erklärung dieser Klasse von Objekten 120
§ 27 Nutzen der Begriffe........................ 124
§ 28 Repräsentanten der Begriffe. Die Urteilskraft .. 125
§ 29 Satz vom zureichenden Grunde des Erkennens . 129
§ 30 Logische Wahrheit 129
§ 31 Empirische Wahrheit 131
§ 32 Transzendentale Wahrheit 131
§ 33 Metalogische Wahrheit 132
§ 34 Die Vernunft 134

Sechstes Kapitel. Über die dritte Klasse der Objekte für das Subjekt und die in ihr herrschende Gestaltung des Satzes vom zureichenden Grunde

§ 35 Erklärung dieser Klasse von Objekten........ 157
§ 36 Satz vom Grunde des Seins 158
§ 37 Seinsgrund im Raume 159
§ 38 Seinsgrund in der Zeit. Arithmetik 160
§ 39 Geometrie................................. 160

Siebentes Kapitel. Über die vierte Klasse der Objekte für das Subjekt und die in ihr herrschende Gestaltung des Satzes vom zureichenden Grunde

§ 40 Allgemeine Erklärung...................... 168
§ 41 Subjekt des Erkennens und Objekt 168
§ 42 Subjekt des Wollens..................... 171
§ 43 Das Wollen. Gesetz der Motivation.......... 172
§ 44 Einfluß des Willens auf das Erkennen 174
§ 45 Gedächtnis................................. 175

Achtes Kapitel. Allgemeine Bemerkungen und Resultate

§ 46 Die systematische Ordnung................. 178
§ 47 Zeitverhältnis zwischen Grund und Folge 179
§ 48 Reziprokation der Gründe................... 180
§ 49 Die Notwendigkeit 181
§ 50 Reihen der Gründe und Folgen 183
§ 51 Jede Wissenschaft hat eine der Gestaltungen des Satzes vom Grunde vor den andern zum Leitfaden 185
§ 52 Zwei Hauptresultate........................ 186

ÜBER DAS SEHN UND DIE FARBEN

Vorrede zur zweiten Auflage 193
Einleitung 197

Erstes Kapitel. Vom Sehn

§ 1 Verständigkeit der Anschauung – Unterscheidung des Verstandes von der Vernunft und des Scheines vom Irrtum – Erkenntnis, der Charakter der Tierheit – Anwendung alles Gesagten auf die Anschauung durch das Auge................. 204

Zweites Kapitel. Von den Farben

§ 2 Volle Tätigkeit der Retina 219
§ 3 Intensiv geteilte Tätigkeit der Retina 222

§ 4 Extensiv geteilte Tätigkeit der Retina 222
§ 5 Qualitativ geteilte Tätigkeit der Retina..... 224
§ 6 Polarität der Retina und Polarität überhaupt . 234
§ 7 Die schattige Natur der Farbe 236
§ 8 Verhältnis der aufgestellten Theorie zur Newtonischen 238
§ 9 Ungeteilter Rest der Tätigkeit der Retina 241
§ 10 Herstellung des Weißen aus Farben 242
§ 11 Die drei Arten der Teilung der Tätigkeit der Retina im Verein 263
§ 12 Von einigen Verletzungen und einem abnormen Zustande des Auges 264
§ 13 Von den äußeren Reizen, welche die qualitative Teilung der Tätigkeit der Retina erregen 268
§ 14 Einige Zugaben zu Goethes Lehre von der Entstehung der physischen Farben 283

ÜBER DEN WILLEN IN DER NATUR

Vorrede.. 301
Einleitung 320
Physiologie und Pathologie 328
Vergleichende Anatomie......................... 355
Pflanzen-Physiologie 381
Physische Astronomie........................... 403
Linguistik 419
Animalischer Magnetismus und Magie 423
Sinologie 459
Hinweisung auf die Ethik 472
Schluß 478

DIE BEIDEN GRUNDPROBLEME DER ETHIK

Vorrede zur ersten Auflage 483
Vorrede zur zweiten Auflage 514

PREISSCHRIFT
ÜBER DIE FREIHEIT DES WILLENS

I. Begriffsbestimmungen 521
II. Der Wille vor dem Selbstbewußtsein 532
III. Der Wille vor dem Bewußtsein anderer Dinge... 544
IV. Vorgänger 583
V. Schluß und höhere Ansicht 615
Anhang. Zur Ergänzung des ersten Abschnittes 624

PREISSCHRIFT
ÜBER DIE GRUNDLAGE DER MORAL

I. Einleitung
§ 1 Über das Problem 632
§ 2 Allgemeiner Rückblick 637

II. Kritik des von Kant der Ethik gegebenen Fundaments
§ 3 Übersicht 642
§ 4 Von der imperativen Form der Kantischen Ethik 645
§ 5 Von der Annahme der Pflichten gegen uns selbst insbesondere 652
§ 6 Vom Fundament der Kantischen Ethik 655
Anmerkung............................ 679
§ 7 Vom obersten Grundsatz der Kantischen Ethik 683
§ 8 Von den abgeleiteten Formen des obersten Grundsatzes der Kantischen Ethik 689
§ 9 Kants Lehre vom Gewissen 698
§ 10 Kants Lehre vom intelligibeln und empirischen Charakter – Theorie der Freiheit 704
Anmerkung............................ 708
§ 11 Die Fichtesche Ethik als Vergrößerungsspiegel der Fehler der Kantischen 710

III. Begründung der Ethik
§ 12 Anforderungen 715
§ 13 Skeptische Ansicht 716

§ 14 Antimoralische Triebfedern 727
§ 15 Kriterium der Handlungen von moralischem
     Wert 734
§ 16 Aufstellung und Beweis der allein echten moralischen Triebfeder 737
§ 17 Die Tugend der Gerechtigkeit 744
§ 18 Die Tugend der Menschenliebe 759
§ 19 Bestätigungen des dargelegten Fundaments der
     Moral 764
§ 20 Vom ethischen Unterschiede der Charaktere .. 786

IV. Zur metaphysischen Auslegung des ethischen
    Urphänomens
§ 21 Verständigung über diese Zugabe 797
§ 22 Metaphysische Grundlage 802

Iudicium Regiae Danicae Scientiarum Societatis 814

Textkritisches Nachwort...................... 817

Ein Register der Namen, Sachen und Begriffe befindet sich in Band 5